ANATOMÍA

SISTEMAS Y APARATOS

Sistema nervioso
Comprende al cerebro, la médula espinal, los nervios, los ojos y los oídos

Sistema endocrino
Produce las hormonas que coordinan las funciones del cuerpo

Aparato circulatorio
Comprende el corazón, las venas, las arterias y la sangre

Aparato muscular
Tiene relación estrecha con el tejido óseo

Aparato respiratorio
Comprende la nariz, la garganta, los bronquios y los pulmones

Aparato digestivo
Comprende la boca, los dientes, el estómago, los intestinos y el hígado

Aparato genital
Permite la reproducción y en el caso de la mujer la gestación

Aparato urinario
Comprende los riñones y la vejiga. Limpia la sangre y, a través de la orina expulsa los desechos del cuerpo

Esqueleto
Sirve de estructura al cuerpo y junto con los músculos permite que éste se mueva

ANATOMÍA

CLASES DE CÉLULAS

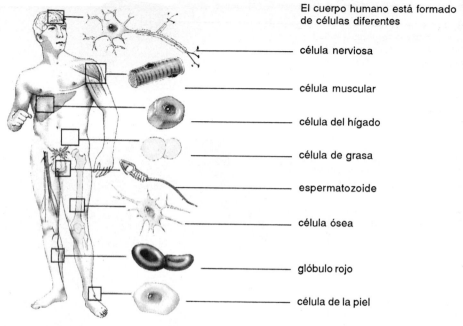

El cuerpo humano está formado
de células diferentes

célula nerviosa

célula muscular

célula del hígado

célula de grasa

espermatozoide

célula ósea

glóbulo rojo

célula de la piel

LAS ARTICULACIONES

Las articulaciones unen dos o más huesos

mano

codo

cadera

pie

semimóvil

bisagra

rótula

plana

BIOLOGÍA

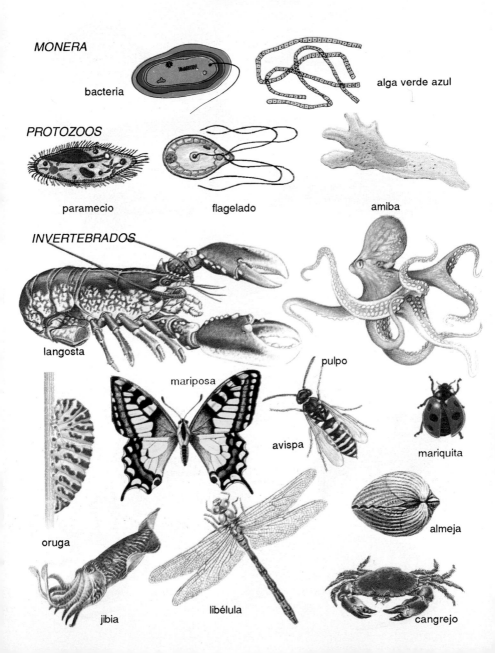

MONERA

bacteria

alga verde azul

PROTOZOOS

paramecio

flagelado

amiba

INVERTEBRADOS

langosta

pulpo

mariposa

avispa

mariquita

oruga

almeja

jibia

libélula

cangrejo

BIOLOGÍA

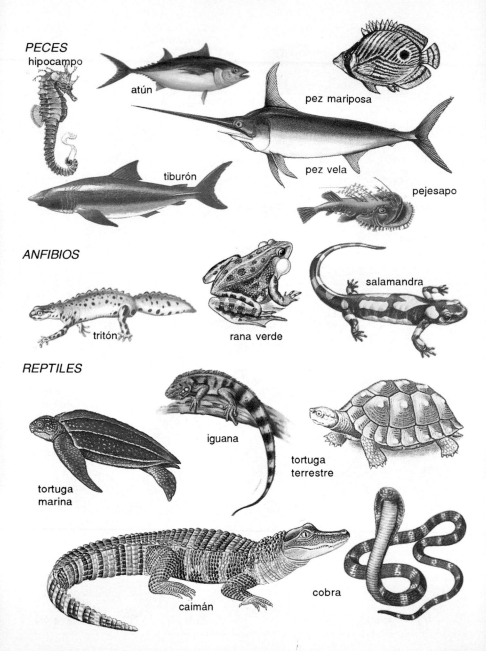

PECES

hipocampo

atún

pez mariposa

pez vela

tiburón

pejesapo

ANFIBIOS

salamandra

tritón

rana verde

REPTILES

iguana

tortuga
terrestre

tortuga
marina

caimán

cobra

BIOLOGÍA

AVES

águila
real

flamingo

fragatas

macho   hembra

tucán

MAMÍFEROS

león

cachalote

ardilla

canguro

orangután

oso

BIOLOGÍA

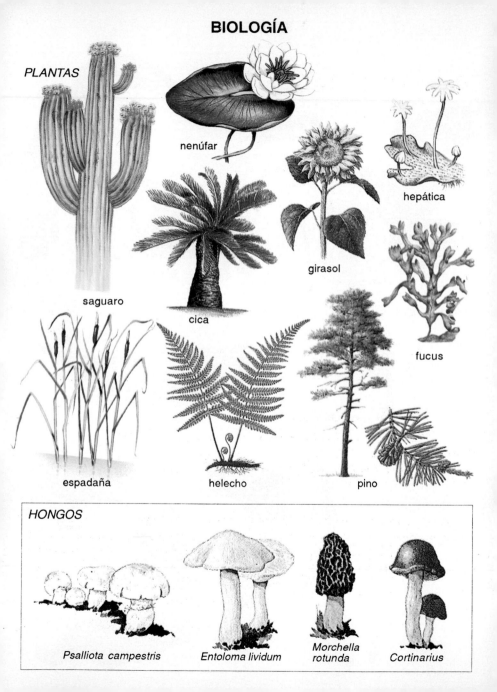

PLANTAS

nenúfar

hepática

saguaro

cica

girasol

fucus

espadaña

helecho

pino

HONGOS

Psalliota campestris

Entoloma lividum

Morchella rotunda

Cortinarius

BIOLOGÍA

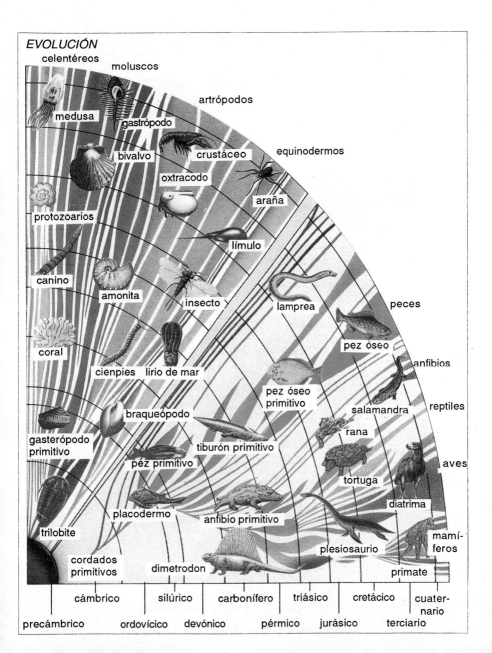

EVOLUCIÓN

celentéreos
moluscos
artrópodos
medusa
gastrópodo
bivalvo
crustáceo
equinodermos
oxtracodo
araña
protozoarios
límulo
canino
amonita
insecto
lamprea
peces
pez óseo
coral
anfibios
cienpies   lirio de mar
pez óseo
primitivo
reptiles
braqueópodo
salamandra
gasterópodo
primitivo
rana
tiburón primitivo
péz primitivo
aves
tortuga
placodermo
anfibio primitivo
diatrima
trilobite
mamí-
feros
cordados
primitivos
dimetrodon
plesiosaurio
primate

| precámbrico | cámbrico | ordovícico | silúrico | devónico | carbonífero | pérmico | triásico | jurásico | cretácico | terciario | cuaternario |

FÍSICA

COLOR

Color pigmento

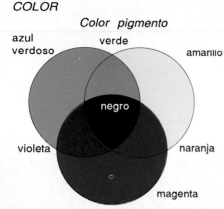

azul
verdoso
verde
amarillo
negro
violeta
naranja
magenta

Color luz

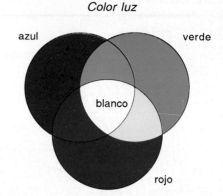

azul
verde
blanco
rojo

Al mezclar colores llamados primarios (amarillo, rojo violáceo y azul verdoso) podemos obtener los colores llamados secundarios (naranja, violeta y verde) y obtendremos el negro si mezclamos los tres colores primarios.

Si se proyectan luces de colores (azul, verde y rojo) en idéntica proporción en un pantalla blanca se obtendrá una luz blanca.

LENTES

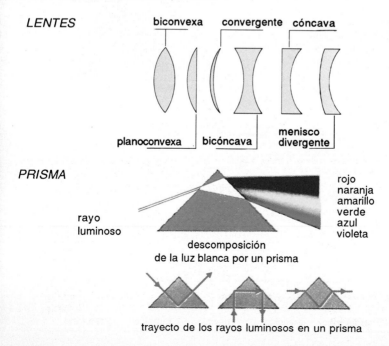

biconvexa   convergente   cóncava

planoconvexa   bicóncava   menisco divergente

PRISMA

rayo luminoso

rojo
naranja
amarillo
verde
azul
violeta

descomposición de la luz blanca por un prisma

trayecto de los rayos luminosos en un prisma

LAROUSSE
diccionario escolar

A
B
C
D
E
F
G
H
I
J
K
L
M
N
Ñ
O
P
Q
R
S
T
U
V
W
X
Y
Z

LAROUSSE

diccionario escolar

por

Ramón García-Pelayo y Gross

Profesor de la Universidad de París (Sorbona)
y del Instituto de Estudios Políticos de París
Miembro c. de la Academia Argentina de Letras,
de la Academia de San Dionisio de Ciencias, Artes y Letras,
de la Academia Boliviana de la Historia
y de la Real Academia de Bellas Artes de San Telmo

LAROUSSE

Av. Diagonal 407 Bis-10   Dinamarca 81   21 Rue du Montparnasse   Valentín Gómez 3530
08008 Barcelona   México 06600, D. F.   75298 París Cedex 06   1191 Buenos Aires

© Larousse, S. A.

© Larousse-Bordas

"D. R." © MCMLXXXVIII, por Ediciones Larousse, S. A. de C. V.
Dinamarca núm. 81, México 06600, D. F.

*Esta obra no puede ser reproducida, total o
parcialmente, sin autorización escrita del editor.*

PRIMERA EDICIÓN — 76ª reimpresión

ISBN 2-03-450005-X (Larousse, S. A.)
ISBN 970-607-010-9 (Ediciones Larousse)

**Larousse y el logotipo Larousse son
marcas registradas de Larousse, S. A.**

Impreso en México — Printed in Mexico

PRÓLOGO

Los adelantos de la educación, el acrecentamiento del ansia de saber y la evolución de las ciencias y del mundo nacido de la tecnología han hecho cada vez más necesaria la construcción de verdaderos útiles culturales consagrados a exponer las heterogéneas indicaciones fundamentales de los progresos técnicos e innovadores de nuestra época. Esta ampliación del grado de instrucción lleva aparejada una notable avidez por dominar la expresión oral y escrita, ya que la lengua, vehículo difusor de la civilización, órgano pedagógico primordial, ha sido, desde las épocas más remotas, un signo distintivo del nivel social de las personas.

Este DICCIONARIO ESCOLAR *manual de consulta* destinado a los estudiantes y concebido según un plan esencialmente didáctico, ofrece, en la gama de obras publicadas por Larousse, un indispensable y genuino instrumento de trabajo para quienes intentan dar un nombre a una realidad o hallar la solución adecuada a las ilimitadas incógnitas que día tras día les presenta el uso del castellano. En sus páginas, dentro de definiciones redactadas en frases cortas, explícitas, puntuales y adornadas, siempre que lo hemos estimado oportuno, con ejemplos que esclarecerán el sentido de cada acepción en el contexto de una oración, se registran el léxico corriente y coloquial, numerosos tecnicismos (automóvil, aeronáutica, radio, televisión, teatro, cinematografía, deportes, electrónica, informática, etc.), neologismos, extranjerismos y particularismos o variantes idiomáticas de los países americanos hispanohablantes a quienes se debe la inmensidad del campo lingüístico que ilustramos.

Pecaríamos de inmodestos pensando que nuestra labor tiene carácter exhaustivo. No existe razón alguna para que así sea, dadas la brevedad y la diversidad de su contenido; creemos, no obstante, en su utilidad más que cierta para los que «practican» el español como medio de comunicación y para el entendimiento del sistema que éste configura.

Un diccionario supone una creación continua. Agradeceríamos por tanto a quien encontrara algún error u omisión que tuviese la amabilidad de hacer llegar hasta nosotros sus observaciones críticas para permitirnos, por medio de la actualización constante que requiere una obra de esta índole, eliminar cualquier clase de deficiencia.

Ramón García-Pelayo y Gross

ABREVIATURAS

abrev.	Abreviatura	*Fam.*	Familiar	*Nícar.*	Voz de Nicaragua
a. de J.C.	Antes de Jesucristo	*Farm.*	Farmacia	NO.	Noroeste
adj.	Adjetivo	*Fig.*	Figurado	norteam.	Norteamericano
adv.	Adverbio, adverbial	*Fil.*	Filosofía	n. pr.	Nombre propio
afl.	Afluente	*Filip.*	Voz de Filipinas	núm.	número
Agr.	Agricultura	*Fís.*	Física	O.	Oeste
alem.	Alemán	*Fisiol.*	Fisiología	*Observ.*	Observación
alt.	Altura	*flam.*	Flamenco	*Ópt.*	Óptica
amb.	Ambiguo	*For.*	Forense	pág.	Página
Amer.	Americanismo	*Fort.*	Fortificación	pal.	Palabra
Amér. C.	Voz de América	*Fot.*	Fotografía	*Pan.*	Voz de Panamá
	Central	fr.	Frase, francés	*Parag.*	Voz del Paraguay
Anat.	Anatomía	fut.	Futuro	peníns.	Península
And.	Andalucismo	*Galic.*	Galicismo	*Per.*	Peruanismo
ant.	Antiguamente,	gén.	Género	pers.	Persona, personal
	antes, anticuado	*Geogr.*	Geografía	*Pint.*	Pintura
Antill.	Voz de las Antillas	*Geol.*	Geología	pl.	Plural
archip.	Archipiélago	*Geom.*	Geometría	pobl.	Población
Arg.	Argentinismo	ger.	Gerundio	*Poét.*	Poética
Arq.	Arquitectura	*Gob.*	Gobierno	*Pop.*	Popular
art.	Artículo	*Gral.*	General	*Por ext.*	Por extensión
Astr.	Astronomía,	*Gram.*	Gramática	pos.	Posesivo
	astronáutica	*Guat.*	Voz de Guatemala	pot.	Potencial
aum.	Aumentativo	h. y hab.	Habitantes	p. p.	Participio pasivo
Autom.	Automovilismo	*Hist.*	Historia	pr.	Principal, pronúnciese,
barb.	Barbarismo	*Hist. nat.*	Historia natural		pronominal, premio
Biol.	Biología	*Hond.*	Voz de Honduras	pref.	Prefijo
Blas.	Blasón	i.	Intransitivo	prep.	Preposición
Bol.	Bolivianismo	ilustr.	Ilustración	pres.	Presente, presidente
Bot.	Botánica	imper.	Imperativo	pret.	Pretérito
c.	Ciudad, como	imperf.	Imperfecto	*P. Rico*	Voz de Puerto Rico
cab.	Cabecera	impers.	Impersonal	pron.	Pronombre
cap.	Capital	*Impr.*	Imprenta	prov.	Provincia, proverbio
cat.	Catalán	ind.	Indicativo, industria	*Provinc.*	Provincianismo
Chil.	Chilenismo	indet.	indeterminado	P. us.	Poco usado
Cin.	Cinematografía	ingl.	Inglés	*Quím.*	Química
Cir.	Cirugía	interj.	Interjección	*Rad.*	Radiotécnica
Col.	Colombianismo	interr.	Interrogativo	ref.	Refinería
Com.	Comercio	inv.	Invariable	*Rel.*	Religión
com.	Común, comuna	*Irón.*	Irónico	rel.	Relativo
conj.	Conjunción	irreg.	Irregular	Rep.	República
cord.	Cordillera	*ital.*	Italiano	*Ret.*	Retórica
C. Rica	Voz de Costa Rica	izq.	Izquierdo, izquierda	rev.	Revolución
Cub.	Cubanismo	km	Kilómetros	*Riopl.*	Voz rioplatense
d. de J.C.	Después de Jesucristo	lat.	Latín	S., s.	Sur, siglo, sustantivo
dem.	Demostrativo	*Lit.*	Literatura	*Salv.*	Voz de El Salvador
Dep.	Deportes	loc.	Locución	SE.	Sureste
dep.	Departamento	*lunf.*	Lunfardo	símb.	Símbolo
der.	Derecha, derecho	m.	Metros	sing.	Singular
des.	Desembocadura,	m.	Masculino, modo,	SO.	Suroeste
	desemboca		murió, muerto	subj.	Subjuntivo
Despect.	Despectivo	*Mar.*	Marina	sup.	Superficie
determ.	Determinado	*Mat.*	Matemáticas	t.	Transitivo, tiempo
dim.	Diminutivo	máx.	Máxima	*Taurom.*	Tauromaquia
distr.	Distrito	*Mec.*	Mecánica	tb., t.	También
Dom.	Voz de la República Do-	*Med.*	Medicina	*Teatr.*	Teatro
	minicana	*Metal.*	Metalurgia	*Tecn.*	Tecnicismo
E.	Este	*Méx.*	Voz de México	*Teol.*	Teología
Ecuad.	Voz del Ecuador	*Mil.*	Militar	térm. mun.	Término municipal
ej.	Ejemplo	*Min.*	Mineralogía, mina	territ.	Territorio
Electr.	Electricidad	min.	Minuto	ú.	Úsase
Equit.	Equitación	*Mit.*	Mitología	*Urug.*	Voz del Uruguay
esp.	Español	mun.	Municipio	V., v.	Véase, verbo, villa
Est.	Estado	*Mús.*	Música	*Venez.*	Voz de Venezuela
etc.	Etcétera	N.	Norte	*Veter.*	Veterinaria
exclamat.	Exclamativo	n.	Nació, nacido, nombre	*Vulg.*	Vulgarismo
expr.	Expresión	NE.	Noreste	yac.	Yacimientos
f.	Femenino	*Neol.*	Neologismo	*Zool.*	Zoología

INSTRUCCIONES PARA EL USO
DEL DICCIONARIO

A continuación encontrarán algunas indicaciones que consideramos necesarias para el manejo de este diccionario.

· Las diferentes acepciones de cada vocablo están separadas entre sí por dos barras (‖). A veces, una definición va precedida de una abreviatura, que indica el carácter técnico de la palabra, su condición de figurada, familiar o popular o el uso exclusivo de esa voz en algún país de América.

· En el caso de que una abreviatura sea común a dos o más acepciones sucesivas, éstas aparecen separadas entre sí por una sola barra (|).

· En cuanto a la estructura interna de los artículos lingüísticos, conviene señalar las siguientes particularidades: 1.º los sustantivos que tienen dos géneros (m. y f.) figuran en la misma reseña; para pasar de uno a otro se ponen dos barras y una raya (‖ —) y a continuación el género correspondiente, con letra mayúscula (M. o F.); 2.º los adjetivos pueden presentarse de tres formas: a) cuando la palabra sólo tiene una función adjetiva, en cuyo caso se advierte simplemente (V. gr. **pedregoso, sa**); b) cuando la palabra es a la vez adjetivo y sustantivo, ambos con el mismo sentido, se señala adj. y s., si se aplica a los dos géneros (v. gr. **demócrata, americano, na**), mientras que si el sustantivo es sólo aplicable a uno de los géneros se pone adj. y s. m. o adj. y s.f (v. gr. **misógino, na**); c) cuando el vocablo tiene un significado adjetivo y también uno o varios significados sustantivos, se define en primer lugar el adjetivo y a continuación se ponen dos barras y raya (‖ —) seguidas del género en mayúscula y de la explicación correspondiente (v. gr. **secreto, ta**). Finalmente, una palabra que es más que nada adjetiva puede ir

seguida de las abreviaturas (ú.t.c.s.) o (ú.t.c.f.), para indicar que es posible usarla también como sustantivo (v. gr. **chumbo**); 3.º los adverbios, modos adverbiales, preposiciones, conjunciones e interjecciones figuran siempre después de los adjetivos y sustantivos, separados de éstos mediante dos barras y rayas (‖ —).

· Las acepciones transitivas, intransitivas y pronominales de los verbos, cada una de ellas con sus expresiones correspondientes, van separadas por dos barras y raya (‖ —). A veces un verbo tratado como transitivo puede usarse también como intransitivo o pronominal, con un sentido fácilmente deducible. En tal caso esta posibilidad se indica abreviadamente entre paréntesis (ú.t.c.i) o (ú.t.c.pr.).

· Las expresiones y frases figuradas, familiares o técnicas se incluyen en la parte gramatical a que pertenecen y van separadas de la acepción por dos barras y raya (‖ —), en el caso de que sean más de una. Si varias de éstas corresponden a una misma rúbrica entonces van separadas entre sí por una barra (|).

· Con el fin de ganar espacio, se ha prescindido de los adverbios terminados en -mente y de algunos derivados y compuestos formados por la adición de una partícula antepuesta o pospuesta, particularmente con los aumentativos y diminutivos de formación regular.

· Para concluir, señalaremos que cuando una palabra tiene dos ortografías distintas se ha dado la preferencia a la más corriente, a la cual se remite desde la otra (v. gr. **sustituir** y **substituir**).

a

a f. Primera letra del alfabeto castellano y primera de sus vocales. (Pl. *aes.*) || — A, símbolo del *amperio*.
a prep. Denota: 1.º Dirección: *voy a Madrid*; 2.º Término del movimiento: *llegó a Lima*; 3.º Lugar o tiempo: *sembrar a los cuatro vientos*; 4.º Situación: *a mi derecha*; 5.º Espacio de tiempo o de lugar: *de diez a once de la mañana*; 6.º Modo de la acción: *a pie*; 7.º Distribución o proporción: *a veinte por cabeza*; 8.º Comparación o contraposición: *va mucho de uno a otro*; 9.º Complemento directo de persona: *escribo a mi padre*; 10.º Finalidad: *salió a decirme adiós*; 11.º Hipótesis: *a decir verdad*; 12.º Medida: *a litros*; 13.º Orden: *¡a trabajar!*; 14.º Al mismo tiempo que: *a la puesta del sol*. || Se antepone al precio: *a veinte pesetas los cien gramos*. || Da principio a muchas frases adverbiales: *a veces; a bulto; a tientas*. || De manera: *a la criolla*. || Con: *dibujar a pluma*. || Hacia: *vino a mí con mala cara*. || Hasta: *con el agua a la cintura*. || Junto a, cerca de: *a orillas del mar*. || Para: *a beneficio propio*. || Por: *a petición mía*. || Según: *a lo que parece*.
abacá m. *Bot.* Planta textil.
abacería f. Tienda de comestibles.
ábaco m. Marco de madera con alambres paralelos por los que corren diez bolas movibles que sirven para enseñar a contar.
abad m. Superior de un monasterio: *el abad de Montserrat*.
abadejo m. Bacalao.
abadesa f. Superiora.
abadía f. Iglesia o monasterio regido por un abad o una abadesa y el territorio o jurisdicción de éstos.
abajeño, ña adj. y s. De las costas.
abajo adv. Hacia lugar o parte inferior: *echar abajo*. || En lugar o parte inferior.
abalanzarse v. pr. Arrojarse.
abalorio m. Cuentas de vidrio.
abandonar v. t. Dejar a una persona o cosa. || *Fig.* Renunciar. || No hacer caso de algo. || — V. pr. Prestar poco interés.
abandono m. Acción y efecto de abandonar o abandonarse. || Descuido. || Renuncia a participar o seguir en una competición deportiva.
abanicar v. t. Hacer aire con el abanico (ú. t. c. pr.).
abanico m. Instrumento para hacer aire. || *Fig.* Gama.
abaratamiento m. Acción y efecto de abaratar o abaratarse.
abaratar v. t. e i. Disminuir de precio.
abarca f. Calzado rústico.
abarcar v. t. Ceñir, rodear. || Comprender, contener. || Alcanzar con la vista.

abarquillarse v. pr. Curvarse.
abarrotado, da adj. Muy lleno.
abarrotar v. t. *Fig.* Atestar, llenar con exceso (ú. t. c. pr.).
abarrote m. *Mar.* Fardo pequeño. || — Pl. *Amer.* Comestibles. || Tienda de comestibles.
abarrotero, ra m. y f. *Amer.* Persona que tiene un ultramarino.
abastecedor, ra adj. y s. Que abastece.
abastecer v. t. Aprovisionar.
abastecimiento m. Acción y efecto de abastecer o abastecerse.
abasto m. Provisión de víveres.
abate m. Clérigo.
abatimiento m. Desaliento.
abatir v. t. Derribar. || Bajar. || *Fig.* Hacer perder el ánimo. || Desarmar, desmontar.
abdicación f. Acción y efecto de abdicar.
abdicar v. t. Renunciar al trono.
abdomen m. Vientre.
abdominal adj. Del abdomen.
abecé m. Alfabeto.
abecedario m. Alfabeto.
abedul m. Árbol betuláceo.
abeja f. Insecto que produce la cera y la miel.
abejaruco m. Ave que se alimenta de abejas.
abejorro m. Insecto himenóptero.
aberración f. Error de juicio.
abertura f. Acción de abrir o abrirse. || Hendidura o grieta.
abeto m. Árbol conífero.
abierto, ta adj. Llano, raso: *campo abierto*. || *Fig.* Sincero, comunicativo.
abigarrar v. t. Dar a una cosa varios colores mal combinados.
abisal adj. De las profundidades submarinas.
abisinio, nia adj. y s. De Abisinia.
abismar v. t. Hundir en un abismo. || Confundir, abatir (ú. t. c. pr.).
abismo m. Sima, gran profundidad. || *Fig.* Cosa inmensa.
abjuración f. Acción de abjurar.
abjurar v. t. Renunciar a una religión o sentimiento.
ablación f. *Cir.* Extirpación de cualquier parte del cuerpo.
ablandamiento m. Acción y efecto de ablandar o ablandarse.
ablandar v. t. Poner blanda.
ablande m. *Arg.* Rodaje de un automóvil.
ablativo adj. y s. m. *Gram.* Dícese de uno de los casos de la declinación gramatical que expresa relación de procedencia, situación, modo, tiempo, etc.
ablución f. Lavado.

abnegación f. Renuncia de los propios intereses a favor de Dios o del prójimo.

abnegarse v. pr. Sacrificarse.

abocar v. t. Acercar, aproximar.

abocetar v. t. Ejecutar un boceto.

abochornar v. t. Avergonzar.

abofetear v. t. Pegar bofetadas.

abogacía f. Profesión del abogado.

abogado, da m. y f. Persona que defiende en juicio los intereses de los litigantes sobre cuestiones jurídicas. || *Fig.* Defensor.

abogar v. i. Defender en juicio.

abolengo m. Ascendencia.

abolición f. Acción y efecto de abolir.

abolir v. t. Derogar, dejar sin vigor un precepto o costumbre, suprimir.

abollar v. t. Hacer bollos.

abombado, da adj. De figura convexa.

abominable adj. Detestable.

abominación f. Aversión.

abominar v. t. Detestar.

abonado, da m. y f. Persona que ha tomado un abono. || — M. Abono de tierras.

abonar v. t. Acreditar, dar por bueno. || Asentar en los libros de cuentas una partida a favor de alguien. || Anotar en cuenta. || Pagar. || Poner abono en la tierra. || Tomar un abono para otro. || — V. pr. Tomar un abono.

abono m. Derecho del que se abona o suscribe. || Materia con que se fertiliza la tierra. || Pago.

abordaje m. Acción de abordar.

abordar v. t. e i. Atracar una nave. || *Fig.* Acercarse a uno para hablarle. | Emprender, empezar un asunto.

aborigen adj. y s. Originario del país en que vive.

aborrecer v. t. Detestar.

aborrecimiento m. Odio.

abortar v. t. e i. Parir antes de tiempo.

aborto m. Acción de abortar. || *Fig.* Feo.

abotagarse o **abotargarse** v. pr. Hincharse el cuerpo.

abotonar v. t. Cerrar con botones.

abovedar v. t. Cubrir con bóveda.

abra f. Bahía pequeña.

abrasar v. t. Quemar, reducir a brasa. || Calentar demasiado.

abrasión f. Acción y efecto de raer o desgastar por fricción.

abrasivo, va adj. Relativo a la abrasión. || — M. Cuerpo para pulimentar.

abrazadera f. Aro que sirve para asegurar una cosa.

abrazar v. t. Rodear con los brazos. || *Fig.* Rodear. | Adoptar.

abrazo m. Acción de abrazar.

abrelatas m. inv. Instrumento para abrir latas de conservas.

abrevadero m. Pila donde beben los animales.

abrevar v. t. Dar de beber.

abreviación f. Acción y efecto de abreviar.

abreviado, da adj. Reducido.

abreviar v. t. Hacer más breve.

abreviatura f. Representación abreviada de una palabra.

abrigar v. t. Poner al abrigo. || Cubrir una cosa o persona con algo para que no se enfríe. || *Fig.*

Tratándose de ideas, afectos, etc., tenerlos. || — V. pr. Ponerse cosas de abrigo.

abrigo m. Sitio donde se puede uno resguardar del frío o de la lluvia. || *Fig.* Amparo. || Cobijo, refugio. || Prenda que sirve para abrigar.

abril m. Cuarto mes del año que tiene 30 días.

abrillantar v. t. Dar brillo.

abrir v. t. Hacer que lo que estaba cerrado deje de estarlo. || Romper, despegar el sobre de una carta. || Extender: *abrir la mano.* || Horadar, hacer: *abrir un túnel.* || Principiar, inaugurar. || Ir a la cabeza o delante: *abrir la marcha.* || Ingresar dinero en un banco para tener en él cuenta.

abrochar v. t. Cerrar con broches, botones, etc. (ú. t. c. pr.).

abrogación f. Acción y efecto de abrogar o abrogarse.

abrogar v. t. *For.* Derogar (ú. t. c. pr.).

abroncar v. t. Echar una bronca.

abrumar v. t. Agobiar.

abrupto, ta adj. Cortado a pico.

absceso m. *Med.* Acumulación de pus en un tejido orgánico.

abscisa f. *Geom.* Una de las dos coordenadas que determinan la posición de un punto en un plano.

absentismo m. Falta o ausencia de los obreros al trabajo.

ábside amb. Parte del templo situada en la parte posterior del mismo.

absolución f. Acción de absolver.

absolutismo m. Gobierno absoluto.

absoluto, ta adj. Que excluye toda relación: *proposición absoluta.* || Ilimitado, no limitado por una constitución: *poder absoluto.* || Sin restricción: *necesidad absoluta.* || Completo, total: *mi certeza es absoluta.*

absolver v. t. Liberar de algún cargo u obligación. || *For.* Dar por libre al reo.

absorbente adj. Que absorbe.

absorber v. t. Atraer un cuerpo y retener entre sus moléculas las de otro en estado líquido o gaseoso. || *Fig.* Consumir enteramente: *el juego le absorbió la fortuna.* || — V. pr. Ensimismarse.

absorción f. Acto de absorber.

absorto, ta adj. Abstraído.

abstemio, mia adj. y s. Que no bebe vino.

abstención f. Acción de abstenerse.

abstencionista adj. y s. Que se abstiene.

abstenerse v. pr. Privarse de algo o impedirse hacer o tomar algo. || No tomar parte en un voto.

abstinencia f. Acción de abstenerse.

abstinente adj. y s. Que se abstiene.

abstracción f. Acción de abstraer. || *Hacer abstracción de,* no tener en cuenta.

abstracto, ta adj. Genérico, no concreto. || *Fig.* Difícil de comprender.

abstraer v. t. Considerar separadamente las cosas unidas entre sí. || — V. pr. Entregarse a la meditación.

abstruso, sa adj. Incomprensible.

absuelto, ta p. p. irreg. de *absolver.*

absurdo, da adj. Contrario a la razón. || — M. Dicho o hecho contrario a la razón.

abubilla f. Pájaro insectívoro.

abuchear v. t. Sisear.

abucheo m. Acción de abuchear.

abuela f. Madre del padre o de la madre.

abuelo m. Padre del padre o de la madre.
abuhardillado, da adj. Con el techo en pendiente.
abulia f. Falta de voluntad.
abúlico, ca adj. y s. Que padece abulia.
abultamiento m. Bulto.
abultar v. t. Aumentar el tamaño de una cosa. || *Fig.* Aumentar.
abundamiento m. Abundancia.
abundancia f. Gran cantidad.
abundante adj. Que abunda.
abundar v. i. Haber gran cantidad de una cosa. || Tener en abundancia.
aburguesarse v. pr. Adquirir cualidades de burgués.
aburrido, da adj. Cansado, fastidiado: *aburrido de la vida.* || Que aburre o cansa.
aburrimiento m. Cansancio, fastidio, tedio.
aburrir v. t. Molestar, fastidiar, cansar. || — V. pr. Fastidiarse, hastiarse.
abusar v. i. Usar mal o indebidamente de alguna cosa.
abusivo, va adj. Que abusa.
abuso m. Uso indebido, excesivo o injusto. || Cosa abusiva.
abyección f. Bajeza.
abyecto, ta adj. Bajo, vil.
Ac, símbolo químico del *actinio.*
acá adv. Aquí.
acabado, da adj. Perfecto, completo, consumado. || Arruinado: *un negociante acabado.* || *Producto acabado,* producto industrial listo para su utilización.
acabar v. t. Poner o dar fin a una cosa. || Dar muerte a un herido. || — V. i. Terminar. || — *Acabar de,* seguido de un infinitivo, haber ocurrido: *acaba de llegar.* || *Acabar por,* seguido de un infinitivo, llegar el momento de producirse: *acabaron por aceptar.*
acabóse m. *Fam.* El colmo.
acacia f. Árbol de flores amarillas olorosas.
academia f. Sociedad literaria, científica o artística: *Academia Española de la Lengua.* || Establecimiento de enseñanza para ciertas carreras o profesiones.
académico, ca adj. Relativo a las academias. || Aplícase a los estudios, diplomas o títulos cursados en la Universidad. || Dícese del año escolar. || Correcto, clásico: *estilo académico.* || — M. y f. Miembro de una academia.
acaecer v. i. Suceder.
acallar v. t. Hacer callar.
acaloramiento m. Ardor.
acalorar v. t. Dar o causar calor.
acampar v. i. Detenerse, hacer alto en el campo. || Vivir en una tienda de campaña o en un camping.
acanalar v. t. Hacer canales o estrías en alguna cosa.
acantilado, da adj. Aplícase a la cosa cortada verticalmente. || — M. Escarpa casi vertical en un terreno.
acanto m. Planta de hojas espinosas.
acantonamiento m. Acción y efecto de acantonar fuerzas.
acantonar v. t. Distribuir y alojar tropas en varios lugares.
acaparador, ra adj. y s. Que acapara.

acaparamiento m. Acción y efecto de acaparar, retención.
acaparar v. t. Adquirir y retener un producto comercial para provocar su escasez y especular con él.
acápite m. *Amer.* Párrafo. || *Punto acápite,* punto y aparte.
acapulquense y **acapulqueño, ña** adj. y s. De Acapulco (México).
acaramelar v. t. Bañar de caramelo. || — V. pr. Mostrarse muy cariñoso o dulce.
acariciar v. t. Hacer caricias. || *Fig.* Tratar con amor y ternura. | Tocar suavemente.
acarrear v. t. Transportar de cualquier otra manera. || *Fig.* Ocasionar.
acarreo m. Transporte.
acartonarse v. pr. Endurecerse como cartón.
acaso m. Casualidad. || — Adv. Quizá, tal vez. || *Por si acaso,* por si sucede algo.
acatamiento m. Obediencia.
acatar v. t. Obedecer. || Respetar, observar.
acatarrar v. t. Resfriar (ú. t. c. pr.).
acaudalado, da adj. y s. Rico.
acaudalar v. t. Hacer o reunir caudal y dinero. || Acumular.
acaudillar v. t. Mandar como jefe.
acceder v. i. Consentir. || Convenir.
accesible adj. De fácil acceso.
accesión f. Acción y efecto de acceder.
accésit m. Recompensa inmediatamente inferior al premio.
acceso m. Acción de llegar o acercarse. || Entrada o paso. || *Fig.* Comunicación con alguno: *hombre de fácil acceso.* | Arrebato, exaltación: *acceso de cólera.*
accesorio, ria adj. Que depende de lo principal. || — M. Elemento, pieza o utensilio auxiliar: *accesorios de automóvil.* || Objeto utilizado para completar una decoración teatral o de cine.
accidentado, da adj. Abrupto. || — M. y f. Víctima de un accidente.
accidental adj. No esencial. || Casual.
accidentar v. t. Causar un accidente.
accidente m. Calidad no esencial. || Suceso eventual, imprevisto: *accidente de aviación.* || Desigualdad: *accidentes del terreno.*
acción f. Ejercicio de una potencia: *la acción de la lluvia.* || Efecto de hacer, hecho, acto: *buena acción.* || Operación o impresión de cualquier agente en el paciente. || Gesto, ademán. || *Com.* Título que representa los derechos de un socio en algunas sociedades. || *Fig.* Fuerza con que un cuerpo obra sobre otro. || *For.* Demanda judicial. || *Mil.* Combate. || Serie de los acontecimientos narrados en un relato, en un drama.
accionamiento m. Puesta en marcha.
accionar v. t. Poner en movimiento.
accionariado m. Conjunto de accionistas de una sociedad.
accionario, ria adj. Relativo a las acciones. || — M. y f. Accionista.
accionista com. Poseedor de acciones de una sociedad.
acechanza f. Acecho.
acechar v. t. Observar, vigilar.
acecho m. Acción de acechar.
acedera f. Planta comestible.

acedía f. Calidad de ácido. || Acidez de estómago. || Platija, pez.

aceitar v. t. Engrasar con aceite.

aceite m. Líquido graso y untuoso que se saca de diversas sustancias vegetales o animales o cualquier otra grasa empleada como lubricante.

aceitoso, sa adj. Que tiene aceite.

aceituna f. Fruto del olivo.

aceitunado, da adj. Verdoso.

aceleración f. Aumento de velocidad.

acelerador, ra adj. Que acelera. || — M. Mecanismo del automóvil que regula la entrada de la mezcla explosiva en el motor para hacer variar su velocidad. || Pedal con el que se pone en acción ese mecanismo.

acelerar v. t. Dar celeridad, activar. || — V. i. Aumentar la velocidad de un motor. || — V. pr. Apresurarse.

acelerón m. Acción de pisar el acelerador.

acelga f. Planta hortense comestible.

acémila f. Mula.

acendrado, da adj. Puro y sin mancha.

acendramiento m. Acción de acendrar.

acendrar v. t. Purificar.

acento m. Intensidad con que se hiere determinada sílaba al pronunciar una palabra. || Signo para indicarla (´). || Pronunciación particular: *acento catalán.*

acentuación f. Acción y efecto de acentuar: *acentuación viciosa.*

acentuado, da adj. Que lleva acento. || Acusado.

acentuar v. t. Levantar el tono en las vocales tónicas. || Poner el acento ortográfico. || *Fig.* Subrayar una palabra o frase para llamar la atención. | Aumentar, resaltar. || — V. pr. Aumentar.

acepción f. Significado en que se toma una palabra.

aceptable adj. Que puede ser aceptado.

aceptación f. Acción de aceptar.

aceptar v. t. Recibir uno lo que le dan, ofrecen o encargan. || Aprobar, dar por bueno.

acequia f. Canal.

acera f. Orilla de la calle.

acerar v. t. Convertir en acero. || Recubrir de acero. || Poner aceras: *acerar las calles.*

acerbo, ba adj. Mordaz.

acerca adv. *Acerca de,* sobre aquello de que se trata.

acercamiento m. Acción y efecto de acercar o acercarse.

acercar v. t. Poner cerca o a menor distancia, aproximar. || — V. pr. Aproximarse. || Ir.

acerería y **acería** f. Fábrica de acero.

acerico m. Almohadilla para alfileres.

acero m. Aleación de hierro y carbono. || *Fig.* Arma blanca.

acérrimo, ma adj. *Fig.* Muy fuerte.

acertado, da adj. Hecho con acierto.

acertante adj. y s. Que acierta: *boleto acertante.*

acertar v. t. Atinar, dar en el sitio propuesto. || Hallar, dar con. || Dar con lo cierto, atinar, elegir bien. || Hacer con acierto una cosa (ú. t. c. i.).

acertijo m. Adivinanza.

acervo m. Conjunto de bienes en común. || *Fig.* Conjunto de valores.

achabacanar v. t. Volver chabacano.

achacar v. t. Imputar.

achacoso, sa adj. Con achaques.

achantar v. t. *Fam.* Hacer callar. || Acobardar. | — V. pr. *Fam.* Acobardarse. | Aguantarse. | Callarse.

achaque m. Indisposición habitual.

acharar v. t. Avergonzar.

achatamiento m. Acción y efecto de achatar o achatarse.

achatar v. t. Poner chato.

achicar v. t. Disminuir. || Extraer el agua de una mina, de una embarcación. || *Fig.* Humillar. || Acobardar (ú. t. c. pr.).

achicharrar v. t. Freír, asar o tostar demasiado (ú. t. c. pr.).

achicoria f. Planta de hojas recortadas, ásperas y comestibles.

achispar v. t. Embriagar ligeramente a uno (ú. t. c. pr.).

acholar v. t. Avergonzar.

achuchar v. t. *Fam.* Empujar.

acicalar v. t. *Fig.* Adornar o arreglar mucho (ú. t. c. pr.).

acicate m. *Fig.* Incentivo.

acidez f. Calidad de ácido.

acidificar v. t. Hacer ácida una cosa. || — V. pr. Volverse ácido.

ácido, da adj. De sabor agrio. || *Fig.* Amargo, áspero, desabrido. || — M. *Quím.* Cualquier cuerpo compuesto que contiene hidrógeno que, al ser sustituido por radicales o un metal, forma sales.

acierto m. Acción y efecto de acertar.

aclamación f. Acción y efecto de aclamar.

aclamar v. t. Vitorear, dar voces la multitud en honor de una persona.

aclaración f. Acción de aclarar.

aclarar v. t. Disipar lo que ofusca la claridad de una cosa. || Hacer menos espeso. || Hacer más perceptible la voz. || Volver a lavar la ropa con agua sola. || *Fig.* Poner en claro. || — V. i. Amanecer. || Disiparse las nubes o la niebla. || — V. pr. Entender, comprender. || *Fam.* Explicarse, dar precisiones.

aclimatación f. y **aclimatamiento** m. Acción y efecto de aclimatar o aclimatarse.

aclimatar v. t. Acostumbrar. || *Fig.* Introducir en otro país. || — V. pr. Acostumbrarse a vivir en un nuevo lugar.

acné f. Enfermedad cutánea.

acobardamiento m. Miedo.

acobardar v. t. Causar miedo (ú. t. c. pr.).

acodar v. t. Doblar en ángulo recto. || — V. pr. Apoyar los codos sobre alguna parte.

acogedor, ra adj. y s. Que acoge.

acoger v. t. Admitir uno en su casa. || Proteger, amparar. || *Fig.* Dispensar buena aceptación. || — V. pr. Refugiarse. || *Fig.* Valerse de un pretexto, recurrir a.

acogida f. Recibimiento.

acólito m. Monaguillo. || *Fig.* Adicto.

acometedor, ra adj. Que acomete.

acometer v. t. Atacar, embestir con ímpetu. || Emprender, intentar. || Venir súbitamente una enfermedad, el sueño, un deseo, etc.

acometida f. Ataque. || Lugar en el que la línea de conducción de un fluido enlaza con la principal.

acometividad f. Agresividad.

acomodación f. Acción de acomodar.

acomodador, ra adj. Que acomoda. || — M. y f. En los espectáculos, persona que designa a los asistentes su respectivo asiento.

acomodar v. t. Ordenar, componer, ajustar. || Colocar a uno en un espectáculo. || Dar colocación o empleo. || — V. t. Venir bien a uno una cosa, convenirle. || — V. pr. Avenirse, conformarse. || Colocarse, ponerse: *se acomodó en su silla.*

acompañamiento m. Acción y efecto de acompañar o acompañarse.

acompañante, ta adj. y s. Que acompaña.

acompañar v. t. Estar o ir en compañía de otro. || Adjuntar o agregar una cosa a otra. || Compartir: *le acompaño en su sentimiento.*

acomplejado, da adj. y s. Lleno de complejos.

acomplejar v. t. Dar complejos. || — V. pr. Padecer complejos.

acondicionado, da adj. *Aire acondicionado,* el dotado artificialmente de una temperatura y graduación higrométrica determinadas.

acondicionamiento m. Acción y efecto de acondicionar.

acondicionar v. t. Dar cierta calidad o condición. || Dar temperatura, presión y el grado de humedad convenientes a un local cerrado.

acongojar v. t. Angustiar.

aconsejable adj. Que se puede aconsejar.

aconsejar v. t. Dar consejo.

acontecer v. i. Suceder.

acontecimiento m. Suceso.

acopio m. Reunión.

acoplar v. t. Unir entre sí dos piezas de modo que ajusten exactamente. || Parear o unir dos animales para yunta o tronco. || Adaptar, encajar. || *Fís.* Agrupar dos aparatos o sistemas.

acoquinamiento m. Miedo.

acoquinarse v. pr. Asustarse.

acorazado m. Buque de guerra blindado.

acorazar v. t. Revestir con láminas de hierro o acero.

acorchar v. t. Cubrir con corcho. || — V. pr. Ponerse fofo como el corcho. || *Fig.* Entorpecerse los miembros del cuerpo.

acordar v. t. Determinar de común acuerdo o por mayoría de votos. || Resolver. || Convenir, ponerse de acuerdo. || *Mús.* Afinar los instrumentos o las voces. || Traer a la memoria. || — V. pr. Venir a la memoria.

acorde adj. Conforme. || Con armonía. || — M. *Mús.* Conjunto de tres o más sonidos diferentes combinados armónicamente.

acordeón m. Instrumento músico de viento.

acordeonista com. Persona que toca el acordeón.

acordonamiento m. Acción y efecto de acordonar o acordonarse.

acordonar v. t. Sujetar con cordones. || *Fig.* Rodear de gente un lugar para incomunicarlo.

acorralamiento m. Acción y efecto de acorralar o acorralarse.

acorralar v. t. Encerrar en el corral. || *Fig.* Encerrar.

acortamiento m. Acción y efecto de acortar o acortarse.

acortar v. t. Reducir la longitud, duración o cantidad (ú. t. c. pr.).

acosador, ra adj. y s. Que acosa.

acosamiento m. Acción y efecto de acosar.

acosar v. t. Perseguir.

acoso m. Acosamiento.

acostar v. t. Echar o tender en la cama o en tierra. || — V. i. Llegar a la costa.

acostumbrado, da adj. Habitual.

acostumbrar v. t. Hacer adquirir costumbre. || — V. i. Tener costumbre. || — V. pr. Adaptarse. || Tomar la costumbre.

acotación f. Acotamiento. || Nota que se pone en el margen de algún escrito. || Cota de un plano o dibujo.

acotamiento m. Acción y efecto de acotar.

acotar v. t. Poner cotos. || Fijar o señalar. || Poner anotaciones.

acre adj. Áspero.

acrecentamiento m. Aumento.

acrecentar v. t. Aumentar.

acrecer v. t. e i. Aumentar.

acreditado, da adj. Que tiene crédito.

acreditar v. t. Hacer digno de crédito o reputación. || Dar fama o crédito. || Dar seguridad de que una persona o cosa es lo que representa o parece. || Confirmar. || *Com.* Abonar, anotar en el haber. || — V. pr. Conseguir crédito o fama. || Presentar sus cartas credenciales un embajador.

acreedor, ra m. y f. Persona a quien se debe algo. || — Adj. Merecedor.

acribillar v. t. Abrir muchos agujeros en alguna cosa. || Hacer muchas heridas o picaduras.

acrílico m. Fibra textil sintética que resulta de la polimerización del nitrilo acrílico con otros monómeros.

acrimonia f. Desabrimiento.

acriollado, da adj. Que parece criollo.

acriollarse v. pr. *Amer.* Acomodarse el extranjero a los usos del país en que vive.

acrisolar v. t. Purificar.

acristalar v. t. Poner cristales.

acritud f. Acrimonia. || Calidad de acre.

acrobacia f. Acrobatismo. || Evolución espectacular que efectúa un aviador en el aire.

acróbata com. Persona que ejecuta ejercicios difíciles, y, a veces peligrosos, en los circos, etc.

acrobatismo m. Profesión y ejercicios del acróbata.

acrópolis f. Sitio elevado y fortificado en las ciudades antiguas.

acta f. Relación escrita de lo tratado en una reunión. || Certificación en que consta la elección de una persona.

actinio m. Metal radiactivo.

actitud f. Postura del cuerpo humano: *actitud graciosa.* || *Fig.* Disposición de ánimo.

activación f. Acción de activar.

activar v. t. Avivar, excitar, acelerar. || Hacer más activo. || Hacer que un cuerpo químico sea más activo: *activar el carbón.* || — V. pr. Agitarse.

actividad f. Facultad de obrar. || Diligencia, prontitud, eficacia.

activo, va adj. Que obra: *vida activa.* || Vivo, laborioso. || *Gram.* Que denota acción en sentido gramatical: *verbo activo.* | — M. Total de lo que posee un comerciante. || *En activo,* en funciones.

acto m. Hecho: *acto heroico.* || Tratándose de un ser vivo, movimiento adaptado a un fin: *acto instintivo.* || División de la obra teatral.

actor, triz m. y f. Artista de una obra de teatro o film. || Persona que toma parte activa en algo.

actuación f. Acción y efecto de actuar.

actual adj. Presente.

actualidad f. Tiempo presente.
actualización f. Acción de actualizar.
actualizar v. t. Volver actual.
actuar v. t. Poner en acción. || — V. i. Ejercer actos o funciones propias de su cargo. || Representar un papel en una obra de teatro o en una película.
acuarela f. Pintura que se hace con colores diluidos en agua.
acuarelista com. Pintor de acuarelas.
acuario m. Depósito de agua donde se tienen peces vivos.
acuartelamiento m. Acción y efecto de acuartelar o acuartelarse.
acuartelar v. t. *Mil.* Poner la tropa en cuarteles (ú. t. c. pr.).
acuático, ca adj. Del agua.
acuatizar v. i. Posarse un hidroavión en el agua.
acuchillar v. t. Dar cuchilladas. || Matar a cuchillo, apuñalar. || *Fig.* Hacer aberturas semejantes a cuchilladas en los vestidos. || Raspar o alisar un entarimado.
acuciante o **acuciador, ra** adj. Que acucia: *deseo acuciante.*
acuciar v. t. Estimular, dar prisa. || Desear con vehemencia.
acudir v. i. Ir a. || Valerse de una cosa para un fin: *acudir a un recurso.*
acueducto m. Conducto artificial subterráneo o elevado para conducir agua.
acuerdo m. Resolución tomada por dos o más personas o adoptada en tribunal, junta o asamblea. || Unión, armonía: *en perfecto acuerdo.* || Pacto, tratado.
acumulación f. Acción de acumular.
acumulador, ra adj. y s. Que acumula. || — M. Aparato que almacena energía eléctrica para restituirla en el momento deseado.
acumulamiento m. Acumulación.
acumular v. t. Juntar.
acuñar v. t. Imprimir monedas y medallas por medio del cuño o troquel.
acuoso, sa adj. De agua. || Parecido al agua. || Abundante en agua.
acupuntura f. *Cir.* Operación que consiste en clavar agujas en el cuerpo con fin terapéutico.
acusación f. Acción de acusar o acusarse.
acusado, da m. y f. Persona a quien se acusa. || — Adj. Notable.
acusador, ra adj. y s. Que acusa.
acusar v. t. Imputar a uno algún delito o culpa. || Tachar, calificar. || Censurar, reprender. || Denunciar, delatar. || Indicar, avisar. || Manifestar, revelar. || *For.* Exponer los cargos y las pruebas contra el acusado.
acusativo m. *Gram.* Uno de los seis casos de la declinación.
acuse m. Acción y efecto de acusar el recibo de cartas, etc.
acusica adj. y s. Delator.
acústica f. Parte de la física que trata de la formación y propagación de los sonidos.
acústico, ca adj. Relativo al órgano del oído o a la acústica.
adagio m. Sentencia breve, las más de las veces de carácter moral. || *Mús.* Ritmo bastante lento.
adalid m. Caudillo, jefe.

adaptable adj. Que se puede adaptar.
adaptación f. Acción y efecto de adaptar o adaptarse.
adaptar v. t. Acomodar, ajustar una cosa a otra (ú. t. c. pr.).
adecentar v. t. Poner decente.
adecuación f. Adaptación.
adecuado, da adj. Apropiado.
adecuar v. t. Acomodar.
adefesio m. Persona fea.
adelantado, da adj. Precoz. || Evolucionado. || — M. (Ant.) Gobernador de una provincia fronteriza, justicia mayor del reino. || Título concedido, hasta fines del s. XVI, a la primera autoridad política, militar y judicial en las colonias españolas de América.
adelantamiento m. Acción y efecto de adelantar o adelantarse. || Dignidad de adelantado y territorio de su jurisdicción. || *Fig.* Progreso, mejora.
adelantar v. t. Mover o llevar hacia adelante. || Acelerar, apresurar. || Anticipar. || Dejar atrás: *adelantar un coche* (ú. t. c. pr.). || Tratándose del reloj, hacer que señale hora posterior a la que es. || *Fig.* Aumentar, mejorar. || — V. i. Andar el reloj más aprisa de lo debido.
adelante adv. Más allá.
adelanto m. Anticipo de un pago. || Adelantamiento. || Progreso.
adelfa f. Arbusto parecido al laurel.
adelgazar v. t. Poner delgado (ú. t. c. i.).
ademán m. Movimiento del cuerpo con que se manifiesta un afecto del ánimo.
además adv. A más de esto.
adenoides f. pl. Hipertrofia del tejido ganglionar en la rinofaringe.
adentrarse v. pr. Penetrar.
adentro adv. A o en lo interior.
adepto, ta adj. y s. Afiliado a una secta o asociación.
aderezar v. t. Adornar. || Sazonar.
aderezo m. Acción de aderezar.
adeudar v. t. Deber.
adherencia f. Acción y efecto de pegarse una cosa con otra.
adherente adj. Que adhiere o se adhiere. || — Com. Persona que forma parte de un grupo.
adherir v. i. Pegarse, unirse una cosa con otra. || — V. pr. *Fig.* Mostrar adhesión por una idea, doctrina, etc., abrazarla.
adhesión f. Adherencia. || *Fig.* Acción y efecto de adherir o adherirse: *adhesión a un partido.*
adhesivo, va adj. Capaz de adherirse. || — M. Sustancia adhesiva.
adicción f. Hábito de consumir drogas.
adición f. Acción de añadir o agregar. || *Mat.* Operación de sumar.
adicional adj. Que se adiciona.
adicionar v. t. Agregar.
adicto, ta adj. y s. Partidario. || Que tiene el hábito de tomar drogas.
adiestramiento m. Acción y efecto de adiestrar o adiestrarse.
adiestrar v. t. Hacer diestro (ú. t. c. pr.). || Enseñar, instruir.
adinerado, da adj. y s. Rico.
adiós m. Despedida. || — Interj. ¡Hasta la vista!
adiposidad f. Calidad de adiposo.

aditivo m. Añadido.
adivinación f. Acción y efecto de adivinar.
adivinador, ra adj. y s. Que adivina.
adivinanza f. Acertijo.
adivinar v. t. Descubrir lo futuro o lo oculto. ‖ Acertar un enigma.
adivino, na m. y f. Persona que adivina.
adjetivar v. t. Aplicar adjetivos. ‖ Dar al nombre valor de adjetivo (ú. t. c. pr.). ‖ Calificar.
adjetivo, va adj. Que se refiere a una cualidad o accidente. ‖ *Gram.* Perteneciente al adjetivo. ‖ — M. Palabra que se agrega al sustantivo para designar una cualidad o determinar o limitar su extensión.
adjudicación f. Acción y efecto de adjudicar o adjudicarse.
adjudicar v. t. Declarar que una cosa corresponde a una persona. ‖ — V. pr. Apropiarse. ‖ Conseguir.
adjuntar v. t. Unir una cosa con otra.
adjunto, ta adj. Que va unido.
administración f. Acción de administrar. ‖ Empleo del administrador. ‖ Ciencia del gobierno de un Estado.
administrador, ra adj. y s. Dícese de la persona que administra.
administrar v. t. Gobernar, regir: *administrar el Estado.* ‖ Conferir: *administrar los sacramentos.* ‖ Tratándose de medicamentos, aplicarlos. ‖ Dar, propinar: *administrar una paliza.*
admirable adj. Digno de admiración.
admiración f. Sensación de sorpresa, placer y respeto que se experimenta ante una cosa hermosa o buena. ‖ Signo ortográfico (¡ !) usado para expresar admiración.
admirador, ra adj. y s. Que admira.
admirar v. t. Mirar con entusiasmo, sorpresa o placer. ‖ Causar sorpresa o placer. ‖ — V. pr. Asombrarse.
admisible adj. Que se admite.
admisión f. Acción de admitir.
admitir v. t. Recibir, dar entrada. ‖ Aceptar, reconocer. ‖ Permitir, tolerar.
admonición f. Amonestación.
adobar v. t. Componer, preparar. ‖ Guisar, aderezar. ‖ Poner en adobo.
adobe m. Ladrillo secado al sol.
adobo m. Salsa para sazonar y conservar las carnes, el pescado.
adocenado, da adj. Vulgar.
adoctrinamiento m. Acción y efecto de adoctrinar.
adoctrinar v. t. Instruir, enseñar (ú. t. c. pr.).
adolecer v. i. Caer enfermo o padecer una dolencia habitual. ‖ *Fig.* Tener algún defecto.
adolescencia f. Período entre la infancia y la edad adulta.
adolescente adj. y s. Que está en la adolescencia.
adonde adv. Donde.
adopción f. Acción de adoptar.
adoptar v. t. Prohijar. ‖ Admitir alguna opinión o doctrina. ‖ Aprobar.
adoptivo, va adj. Que ha sido adoptado.
adoquín m. Piedra labrada para empedrados. ‖ *Fam.* Necio.
adoquinado m. Suelo con adoquines.
adoquinar v. t. Empedrar con adoquines.
adoración f. Acción de adorar.
adorador, ra adj. y s. Que adora.

adorar v. t. Amar en extremo.
adormecer v. t. Dar o causar sueño. ‖ *Fig.* Calmar, sosegar. ‖ — V. pr. Empezar a dormirse. ‖ Entorpecerse un miembro.
adormecimiento m. Acción y efecto de adormecer o adormecerse.
adormidera f. Planta papaverácea de cuyo fruto se saca el opio.
adormilarse v. pr. Dormirse a medias.
adornar v. t. Engalanar con adornos.
adorno m. Lo que sirve para hermosear personas o cosas.
adosar v. t. Arrimar.
adquiridor, ra adj. y s. Comprador.
adquirir v. t. Alcanzar. ‖ Hacer propio pagando cierta cantidad.
adquisición f. Acción de adquirir.
adrede adv. De intento.
adrenalina f. Hormona segregada por la masa medular de las glándulas suprarrenales.
adsorbente adj. y s. m. Capaz de adsorción.
adsorber v. t. Fijar por adsorción.
adsorción f. *Fís.* Penetración de un gas o líquido en un sólido.
aduana f. Administración que percibe los derechos sobre las mercancías importadas o exportadas.
aducir v. t. Presentar o alegar pruebas, razones, etc.
adueñarse v. pr. Hacerse dueño.
adulación f. Lisonja, halago.
adulador, ra adj. y s. Lisonjero, que adula.
adular v. t. Halagar.
adulteración f. Acción y efecto de adulterar o adulterarse.
adulterar v. i. Cometer adulterio. ‖ — V. t. Falsificar.
adulterino, na adj. Procedente de adulterio. ‖ Relativo al adulterio. ‖ Falsificado.
adulterio m. Ayuntamiento carnal fuera del matrimonio. ‖ Falsificación, fraude.
adúltero, ra adj. y s. Que comete adulterio.
adulto, ta adj. y s. Llegado al término de la adolescencia.
advenedizo, za adj. y s. Persona humilde que ha conseguido cierta fortuna y pretende figurar en la alta sociedad.
advenimiento m. Venida o llegada. ‖ Subida al trono.
advenir v. i. Venir, llegar.
adverbial adj. De adverbio.
adverbio m. *Gram.* Parte de la oración que modifica la significación del verbo, del adjetivo o de otro adverbio.
adversario, ria m. y f. Rival.
adversidad f. Calidad de adverso.
adverso, sa adj. Contrario.
advertencia f. Acción y efecto de advertir.
advertir v. t. Observar. ‖ Llamar la atención, señalar. ‖ — V. i. Caer en la cuenta.
adviento m. Tiempo litúrgico que precede a la Navidad.
adyacente adj. Contiguo.
aéreo, a adj. De aire o relativo a él. ‖ De la aviación.
aerobús m. Nombre registrado de un avión capaz de transportar unos 250 pasajeros.
aerodinámica f. Parte de la mecánica que estudia el movimiento de los gases.

aeródromo m. Campo para el despegue y aterrizaje de aviones.

aeronauta com. Persona que practica la navegación aérea.

aeronáutico, ca adj. Relativo a la aeronáutica. || — F. Ciencia de la navegación aérea.

aeronaval adj. De la marina de guerra y de la aviación.

aeronave f. Nombre genérico de todos los vehículos capaces de navegar por el aire.

aeroplano m. Avión.

aeropuerto m. Conjunto de las instalaciones preparadas para el funcionamiento regular de las líneas aéreas de transporte.

aerospacial adj. Relativo a la vez a la aeronáutica y a la astronáutica.

aerotransportar v. t. Transportar por vía aérea.

aerovía f. Ruta aérea.

afabilidad f. Calidad de afable.

afable adj. Agradable.

afán m. Anhelo vehemente.

afasia f. Pérdida de la palabra.

afear v. t. Hacer o poner feo. || *Fig.* Tachar, vituperar.

afección f. Amor, cariño. || Impresión: *afección del ánimo.* || Enfermedad.

afectación f. Acción de afectar.

afectado, da adj. Que muestra afectación. || Aparente, fingido. || Perjudicado. || Aquejado, afligido.

afectar v. t. Hacer algo sin sencillez. || Fingir. || *Med.* Producir alteración en algún órgano. || Dañar. || Atañer, tocar.

afectividad f. Calidad de afectivo.

afectivo, va adj. Sensible. || Cariñoso.

afecto, ta adj. Inclinado a una persona o cosa. || — M. Cariño, amistad.

afectuoso, sa adj. Cariñoso.

afeitado m. Acción y efecto de afeitar.

afeitar v. t. Cortar con navaja o maquinilla la barba o el pelo.

afeite m. Cosmético.

afeminado, da adj. y s. m. Dícese del hombre que en su comportamiento o manera de vestirse se parece a las mujeres.

afeminar v. t. Volver afeminado.

affaire m. (pal. fr.). Caso: *el muy controvertido affaire Dreyfus en Francia.* || Asunto.

afianzar v. t. Dar fianza o garantía. || Afirmar o asegurar con puntales.

afición f. Inclinación. || Conjunto de aficionados.

aficionado, da adj. y s. Que tiene afición a una cosa. || Que cultiva algún arte o deporte sin tenerlo por oficio.

aficionar v. t. Inclinar. || — V. pr. Gustarle a una persona o cosa.

afilar v. t. Sacar filo o punta.

afiliación f. Acción de afiliar.

afiliado, da adj. y s. Que pertenece a una asociación o partido.

afiliar v. t. Asociar una persona a una corporación o sociedad (ú. t. c. pr.).

afín adj. Próximo, contiguo.

afinar v. t. Hacer fino. || Purificar los metales. || Poner en tono justo los instrumentos músicos.

afincarse v. pr. Establecerse.

afinidad f. Semejanza o analogía de una cosa con otra. || Parentesco entre un cónyuge y los deudos del otro.

afirmación f. Acción de afirmar.

afirmar v. t. Poner firme, dar firmeza. || Sostener o dar por cierta alguna cosa.

afirmativo, va adj. Que afirma.

aflicción f. Pesar, sentimiento.

aflictivo, va adj. Que causa aflicción.

afligir v. t. Causar pena. || — V. pr. Sentir pesar.

aflojar v. t. Disminuir la presión o tirantez.

aflorar v. i. Asomar un mineral a la superficie de un terreno.

afluencia f. Acción de afluir.

afluente m. Río que desemboca en otro principal.

afluir v. i. Acudir en abundancia. || Verter un río sus aguas en otro o en un lago o mar.

afonía f. Falta de voz.

afónico, ca adj. Falto de voz.

aforar v. t. Calcular la capacidad de un recipiente.

aforismo m. Sentencia breve.

aforo m. Acción y efecto de aforar. || Cabida de una sala de espectáculos.

afortunado, da adj. Que tiene fortuna o buena suerte.

afrancesar v. t. Dar carácter francés a una persona o cosa (ú. t. c. pr.).

afrecho m. Salvado.

afrenta f. Vergüenza y deshonor.

afrentar v. t. Causar afrenta.

africano, na adj. y s. De África.

afroasiático, ca adj. y s. Relativo a la vez a África y a Asia.

afrocubano, na adj. Relativo a la música o arte cubanos de influencia africana.

afrontamiento m. Acción de afrontar.

afrontar v. t. Poner una cosa enfrente de otra. || Carear. || Hacer frente.

afta f. Úlcera en la boca.

afuera adv. Fuera del sitio en que uno está. || En la parte exterior. || — F. pl. Alrededores de una población.

Ag, símbolo químico de la *plata.*

agachar v. t. Inclinar o bajar una parte del cuerpo (ú. t. c. pr.).

agalla f. Órgano de la respiración de los peces. || *Fig. y fam.* Valor.

agamí m. Ave zancuda de América del Sur.

ágape m. Banquete.

agarrada f. *Fam.* Altercado.

agarradero m. Asa o mango.

agarrar v. t. Asir fuertemente. || Coger, tomar. || *Fig. y fam.* Conseguir. | Contraer una enfermedad. || — V. pr. Asirse con fuerza. || *Fig. y fam.* Tratándose de enfermedades, apoderarse de uno. || Disputarse.

agarrotado, da adj. Dícese de la pieza que no funciona por falta de engrase. || Dícese de los músculos o tendones que se contraen e impiden su normal funcionamiento. || *Fig.* Tieso y rígido.

agarrotamiento m. Acción y efecto de agarrotar o agarrotarse.

agarrotar v. t. Dar garrote al reo. || — V. pr. Entumecerse los miembros del cuerpo humano. || *Tecn.* Moverse con dificultad una pieza por falta de engrase.

agasajar v. t. Obsequiar.

agasajo m. Muestra de afecto o consideración. ‖ Fiesta, convite.

ágata f. Cuarzo jaspeado.

agaucharse v. pr. Tomar las costumbres del gaucho.

agave f. Pita.

agavillar v. t. Formar gavillas.

agencia f. Empresa comercial para la gestión de asuntos ajenos.

agenciar v. t. Proporcionar (ú. t. c. pr.). ‖ — V. pr. Hacer las diligencias oportunas.

agenda f. Librito de notas.

agente m. Todo lo que obra: *agentes atmosféricos.* ‖ El que obra con poder de otro: *agente diplomático.* ‖ Persona o cosa que produce un efecto.

agigantar v. t. Dar proporciones gigantescas.

ágil adj. Ligero, pronto.

agilidad f. Ligereza, prontitud.

agilización f. Aceleración, acción de agilizar.

agilizar v. t. Dar mayor rapidez.

agio m. Beneficio que se obtiene del cambio de la moneda o de descontar letras, pagarés, etc. ‖ Especulación sobre el alza y la baja de los fondos públicos.

agiotaje m. Agio. ‖ Especulación que perjudica a terceros.

agitación f. Acción de agitar.

agitador, ra adj. Que agita. ‖ — M. y f. Persona que provoca conflictos.

agitanar v. t. Dar carácter gitano.

agitar v. t. Mover violentamente. ‖ *Fig.* Turbar el ánimo. ‖ Excitar (ú. t. c. pr.).

aglomeración f. Acción y efecto de aglomerar o aglomerarse. ‖ Gran acumulación de personas o cosas: *aglomeración urbana.*

aglomerar v. t. Amontonar. ‖ — V. pr. Reunirse, juntarse.

aglutinar v. t. Unir.

agobiar v. t. *Fig.* Causar gran molestia o fatiga.

agobio m. Sofocación, angustia.

agolparse v. pr. Juntarse de golpe.

agonía f. Últimos momentos del moribundo. ‖ *Fig.* Final.

agonizante adj. y s. Que agoniza.

agonizar v. i. Estar en la agonía. ‖ Extinguirse o terminarse. ‖ *Fig.* Sufrir angustiosamente.

ágora f. Plaza pública en las ciudades de la Grecia antigua.

agorar v. t. Predecir, presagiar.

agorero, ra adj. y s. Que adivina o que predice males.

agostar v. t. Secar el excesivo calor las plantas.

agosteño, ña adj. De agosto.

agosto m. Octavo mes del año que tiene 31 días.

agotador, ra adj. Que agota.

agotamiento m. Acción de agotar.

agotar v. t. *Fig.* Gastar del todo. ‖ Terminar con una cosa. ‖ Tratar a fondo: *agotar un tema.* ‖ — V. pr. *Fig.* Extenuarse.

agracejo m. Árbol de flores amarillas.

agraciado, da adj. Gracioso, hermoso. ‖ Que ha obtenido una recompensa, afortunado en un sorteo (ú. t. c. s.).

agraciar v. t. Embellecer, hermosear. ‖ Conceder una gracia o merced.

agradable adj. Que agrada.

agradar v. i. Complacer, gustar. ‖ — V. pr. Sentir agrado.

agradecer v. t. Sentir o mostrar gratitud.

agradecimiento m. Gratitud.

agrado m. Afabilidad, trato amable. ‖ Voluntad o gusto.

agrandamiento m. Acción de agrandar.

agrandar v. t. Hacer mayor.

agrario, ria adj. Del campo.

agravación f. y **agravamiento** m. Acción y efecto de agravar o agravarse.

agravante adj. y s. Que agrava.

agravar v. t. Hacer más grave (ú. t. c. pr.).

agraviar v. t. Hacer agravio. ‖ — V. pr. Ofenderse.

agravio m. Afrenta, ofensa.

agraz m. Uva sin madurar.

agredido, da adj. y s. Que ha sufrido agresión.

agredir v. t. Acometer, atacar.

agregación f. Incorporación.

agregado m. Conjunto de cosas homogéneas que forman cuerpo. ‖ Especialista comercial, cultural, militar, etc., de una embajada. ‖ Profesor de instituto o universidad de rango inmediatamente inferior al de catedrático.

agreganduría f. Cargo y oficina de un agregado diplomático.

agregar v. t. Añadir.

agremiar v. t. Reunir en gremio o formar gremios (ú. t. c. pr.).

agresión f. Ataque.

agresividad f. Acometividad.

agresivo, va adj. Que ataca. ‖ *Fig.* Acometedor, emprendedor.

agresor, ra adj. y s. Persona que comete agresión.

agreste adj. Rústico.

agriar v. t. Poner agrio (ú. t. c. s.).

agrícola adj. De la agricultura.

agricultor, ra adj. y s. Persona que labra o cultiva la tierra.

agricultura f. Labranza o cultivo de la tierra.

agrietamiento m. Grieta.

agrietar v. t. Abrir grietas (ú. t. c. pr.).

agringarse v. pr. *Amer.* Tomar modales de gringo.

agrio, gria adj. Ácido. ‖ *Fig.* Acre, áspero, desabrido. ‖ — M. Sabor agrio. ‖ — Pl. Frutas agrias o agridulces, como el limón, las naranjas, los pomelos, etc.

agrisar v. t. Dar color gris.

agro m. Campo.

agronomía f. Ciencia o teoría de la agricultura.

agrónomo adj. y s. m. Dícese de la persona que se dedica a la agronomía.

agropecuario, ria adj. De la agricultura y la ganadería.

agrupación f. y **agrupamiento** m. Acción y efecto de agrupar o agruparse. ‖ Conjunto de personas agrupadas.

agrupar v. t. Reunir en grupo (ú. t. c. pr.).

agua f. Líquido transparente, insípido e inodoro. ‖ Lluvia. ‖ Licor obtenido por destilación o por infusión. ‖ Vertiente de un tejado. ‖ — *Agua de socorro,* bautismo sin solemnidad. ‖ *Aguas minerales,* las cargadas de sustancias minerales, generalmente medicinales. ‖ *Aguas territoriales,* parte del mar cercano a las costas de un Estado y sometido a su jurisdicción.

aguacate m. Árbol de fruto muy sabroso. || *Méx. Pop.* Testículo.

aguacero m. Lluvia repentina.

aguada f. Pintura con color disuelto en agua. || Dibujo hecho con esta pintura.

aguado, da adj. Mezclado con agua. || *Fig.* Turbado.

aguador, ra m. y f. Persona que lleva o vende agua.

aguafiestas com. inv. Persona que fastidia o turba una diversión.

aguantaderas f. pl. *Fam.* Aguante, paciencia.

aguantar v. t. Sufrir, soportar. || Resistir, soportar un peso. || Reprimir, contener. || Esperar. || — V. i. Resistir. || — V. pr. Callarse, contenerse. || Tolerar, resignarse.

aguante m. Paciencia.

aguar v. t. Mezclar con agua. || *Fig.* Turbar, estropear.

aguardar v. t. Esperar.

aguardiente m. Bebida que, por destilación, se saca del vino y otras sustancias.

aguarrás m. Aceite volátil de trementina.

aguascalentense adj. y s. De Aguascalientes (México).

aguatinta f. Procedimiento de grabado al aguafuerte. || — M. Grabado o estampa realizada por este procedimiento.

agudeza f. Calidad de agudo. || *Fig.* Perspicacia. | Dicho agudo.

agudización f. Agudizamiento.

agudizamiento m. Agravamiento. || Intensificación.

agudizar v. t. Hacer aguda una cosa. || *Fig.* Acentuar, intensificar. || — V. pr. Agravarse: *agudizarse una enfermedad.*

agudo, da adj. Delgado, afilado. || *Fig.* Sutil, perspicaz. | Vivo, gracioso, penetrante. || *Gram.* Dícese de la voz cuyo acento tónico carga en la última sílaba. || *Mús.* Aplícase al sonido alto por contraposición al bajo. || *Ángulo agudo,* aquel cuyo valor no llega a los noventa grados.

agüero m. Presagio.

aguerrir v. t. Dar experiencia (ú. t. c. pr.).

aguijón m. Dardo de los insectos.

aguijonamiento m. Acción y efecto de aguijonear.

aguijonear v. t. Estimular.

águila f. Ave rapaz diurna, de vista muy penetrante y vuelo rapidísimo. || *Fig.* Persona de mucha perspicacia.

aguileño, ña adj. Dícese de la nariz encorvada.

aguilucho m. Pollo de águila.

aguinaldo m. Regalo que se da en Navidad o en Reyes o Epifanía.

aguja f. Barrita puntiaguda de acero, con un ojo en el extremo superior por donde se pasa el hilo con que se cose. || Varilla de metal que sirve para diversos usos: *aguja de hacer medias.* || Extremo de un campanario, de un obelisco. || Tubito metálico que se acopla a la jeringuilla para poner inyecciones. || Púa del gramófono o del tocadiscos.

agujerear v. t. Hacer agujeros (ú. t. c. pr.).

agujero m. Abertura.

agujetas f. pl. Dolores que se sienten en el cuerpo después de un ejercicio violento.

agustino, na adj. y s. Religioso de la orden de San Agustín.

agutí m. Pequeño roedor.

aguzanieves f. inv. Pájaro de color negro y blanco.

aguzar v. t. Hacer o sacar punta. || Afilar, sacar filo. || *Fig.* Estimular.

¡ah! interj. Expresa generalmente admiración, sorpresa o pena.

aherrojar v. t. Encadenar.

ahí adv. En ese lugar o a ese lugar: *ahí está ella.* || En esto o en eso: *ahí está la dificultad.* || *Por ahí,* no lejos: *salir un rato por ahí.*

ahijado, da m. y f. Cualquier persona respecto a sus padrinos.

ahijamiento m. Adopción.

ahijar v. t. Prohijar.

ahínco m. Empeño grande.

ahíto, ta adj. Harto.

ahogar v. t. Quitar la vida a alguien impidiéndole la respiración. || Tratándose del fuego, apagarlo, sofocarlo. || En el ajedrez, hacer que el rey adverso no pueda moverse sin quedar en jaque. || *Fig.* Reprimir. || Hacer desaparecer, borrar. || — V. pr. Perecer en el agua. || Asfixiarse. || Estrangularse. || Sentir sofocación.

ahogo m. Opresión en el pecho. || *Fig.* Aprieto, congoja, angustia.

ahondar v. t. Hacer más hondo.

ahora adv. En este momento. || Pronto: *hasta ahora.* || *Fig.* Hace poco tiempo. | Dentro de poco tiempo. || *Ahora que,* pero. || — Conj. Ora, bien, ya. || Pero, sin embargo.

ahorcado, da m. y f. Persona ajusticiada en la horca.

ahorcar v. t. Quitar a uno la vida colgándole del cuello en la horca u otra parte (ú. t. c. pr.). || Abandonar, dejar.

ahorita adv. Ahora mismo.

ahormar v. t. Ajustar una cosa a su horma o molde (ú. t. c. pr.).

ahorrador, ra adj. y s. Que ahorra.

ahorrar v. t. Reservar una parte del gasto ordinario (ú. t. c. pr.). || *Fig.* Evitar algún trabajo, riesgo u otra cosa (ú. t. c. pr.).

ahorrativo, va adj. Que ahorra.

ahorro m. Acción de ahorrar. || Lo que se ahorra. || *Fig.* Economía.

ahuecamiento m. Acción y efecto de ahuecarse.

ahuecar v. t. Poner hueca o cóncava una cosa. || *Fig.* Tratándose de la voz, hacerla más grave.

ahuilote m. *Méx.* Bejuco de fruto comestible. || Este fruto.

ahuizote m. *Méx.* Nutria, animal que, según los aztecas, anuncia desgracias. | Mal presagio. | Persona fastidiosa.

ahumado, da adj. Secado al humo. || *Fam.* Ebrio. || — M. Acción de ahumar.

ahumar v. t. Poner una cosa al humo. || Llenar de humo. || — V. i. Despedir humo. || *Fam.* Emborrachar (ú. m. c. pr.).

ahuyentar v. t. Hacer huir.

aíllo m. (voz quechua). *Amer.* Casta, linaje. | Comunidad agraria. | *Per.* Boleadora.

aimara y **aimará** adj. y s. Dícese del individuo de un pueblo indio de Bolivia y del Perú que vive cerca del lago Titicaca. || — M. Lengua que habla.

airar v. t. Irritar, encolerizar.

aire m. Fluido gaseoso que forma la atmósfera de la Tierra. Ú. t. en pl.: *volar por los aires.* || Viento o corriente de aire. || *Fig.* Parecido a las personas o cosas. | Aspecto: *con aire triste*. | Vanidad: *se da unos aires*.

aireación f. Ventilación.

aireado, da adj. Ventilado.

airear v. t. Poner al aire, ventilar. || *Fig.* Dar publicidad o actualidad a una cosa. || — V. pr. Ponerse al aire para refrescarse.

airoso, sa adj. *Fig.* Garboso.

aislacionismo m. Política de un país que no interviene en los asuntos internacionales.

aislado, da adj. Apartado.

aislador, ra adj. y s. m. *Fís.* Aplícase a los cuerpos que interceptan el paso de la electricidad.

aislamiento m. Acción y efecto de aislar o aislarse.

aislante adj. Que aísla. || — M. Sustancia o cuerpo que aísla del calor, electricidad, sonido, etc.

aislar v. t. Cercar por todas partes. || Dejar solo, incomunicar.

ajar v. t. Quitar el brillo, la frescura: *flores ajadas* (ú. t. c. pr.). || Arrugar.

ajardinar v. t. Convertir en jardín un terreno.

ajedrecista com. Persona que juega al ajedrez.

ajedrez m. Juego entre dos personas, que se juega con 32 piezas movibles.

ajeno, na adj. Que pertenece a otro. || Extraño, de nación o familia distinta. || Que nada tiene que ver.

ajetrearse v. pr. Atarearse.

ajetreo m. Acción de ajetrearse.

ají m. *Amer.* Pimiento picante, chile.

ajimez m. Ventana arqueada en cuyo centro hay una columna.

ajo m. Planta cuyo bulbo se usa como condimento.

ajonjolí m. *Bot.* Sésamo.

ajuar m. Muebles, alhajas y ropas que aporta la mujer al matrimonio.

ajumarse v. pr. *Pop.* Emborracharse.

ajustamiento m. Acción de ajustar.

ajustar v. t. Poner justa una cosa, arreglarla: *ajustar un vestido al cuerpo*. || Conformar, acomodar. || Concertar. || Ordenar, arreglar: *ajustar un horario*. || Concretar el precio. || Liquidar una cuenta. || Asestar, dar. || — V. pr. Adaptarse.

ajuste m. Acción de ajustar.

ajusticiado, da m. y f. Reo a quien se ha aplicado la pena de muerte.

ajusticiamiento m. Acción y efecto de ajusticiar.

ajusticiar v. t. Castigar con la pena de muerte.

al, contracción de la prep. *a* y el artículo *el: vi al profesor*.

Al, símbolo del *aluminio*.

ala f. Parte del cuerpo de algunos animales, de la que se sirven para volar. || *Por ext.* Cada una de las partes laterales de alguna cosa. || Parte del sombrero que rodea la copa. || Extremo en deportes.

alabanza f. Elogio.

alabar v. t. Elogiar.

alabarda f. Pica con cuchilla.

alabardero m. Soldado armado de alabarda.

alabastro m. Mármol translúcido.

álabe m. Paleta de una rueda hidráulica.

alabeo m. Vicio que toma una tabla u otra pieza de madera al combarse.

alacena f. Hueco hecho en la pared, con puertas y anaqueles, a modo de armario.

alacrán m. Arácnido pulmonado.

alajuelense adj. y s. De Alajuela (Costa Rica).

alamar m. Cairel.

alambicado, da adj. Muy complicado.

alambicar v. t. Destilar. || *Fig.* Examinar muy detenidamente. | Complicar, sutilizar con exceso.

alambique m. Aparato empleado para destilar.

alambrada f. Red de alambre grueso.

alambrado m. Alambrera.

alambrar v. t. Poner una alambrera.

alambre m. Hilo de metal.

alambrera f. Tela de alambre que se coloca en las ventanas.

alameda f. Sitio con álamos.

álamo m. Árbol que crece en las regiones templadas. || Su madera.

alano, na adj. y s. Aplícase al pueblo bárbaro que invadió España en 406. || — M. Perro grande y fuerte, de pelo corto.

alarde m. Demostración.

alardear v. i. Hacer alarde.

alardeo m. Ostentación, alarde.

alargamiento m. Acción de alargar.

alargar v. t. Estirar, dar mayor longitud. || Hacer que una cosa dure más tiempo. || Retardar, diferir. || Dar. || Dar cuerda, o ir soltando poco a poco un cabo, maroma, etc. || *Fig.* Aumentar. || — V. pr. Hacerse más largo. || *Fig.* Extenderse en lo que se habla o escribe. || *Fam.* Ir.

alarido m. Grito lastimero.

alarma f. Señal dada para que se prepare inmediatamente la tropa a la defensa o al combate. || *Fig.* Inquietud, sobresalto.

alarmante adj. Que alarma.

alarmar v. t. Dar la alarma. || *Fig.* Asustar, inquietar. || — V. pr. Inquietarse.

alarmismo m. Exageración de los peligros reales.

alavense y **alavés, esa** adj. y s. De Álava (España).

alazán, ana adj. y s. Dícese del caballo de color canela.

alba f. Luz del día antes de salir el sol: *clarea ya el alba*. || Vestidura blanca que los sacerdotes se ponen sobre el hábito.

albacea com. Ejecutor testamentario.

albacetense y **albaceteño, ña** adj. y s. De Albacete (España).

albahaca f. Planta labiada de flores blancas y olor aromático.

albanés, esa adj. y s. De Albania. || — M. Lengua hablada en Albania.

albañil m. Obrero que ejecuta obras de construcción.

albañilería f. Arte de construir edificios.

albarán m. Nota de entrega de una mercancía.

albarda f. Silla de las caballerías de carga.

albaricoque m. Fruto del albaricoquero. || Albaricoquero.

albaricoquero m. Árbol rosáceo de fruto amarillo.

albatros m. inv. Ave marina blanca.

albayalde m. Carbonato de plomo.

albedrío m. Potestad de obrar por reflexión y elección.

alberca f. Depósito de agua con muros de fábrica. || *Méx.* Piscina.

albérchigo m. Variedad de melocotón. || Alberchiguero. || Albaricoque.

alberchiguero m. Árbol rosáceo, variedad del melocotonero.

albergar v. t. Dar albergue. || *Fig.* Alimentar: *albergamos esperanzas.* || Sentir.

albergue m. Lugar donde se hospeda.

albis (in) adv. lat. *Estar in albis*, no tener la menor idea. || *Quedarse in albis*, no comprender.

albóndiga f. Bolita de carne picada o pescado que se come guisada.

alborada f. Amanecer.

alborear v. impers. Amanecer.

albornoz m. Bata amplia de tejido esponjoso que se usa después de tomar un baño.

alborotamiento m. Alboroto.

alborotar v. i. Armar ruido, meter jaleo. || Causar desorden. || Agitarse, moverse. || — V. t. Perturbar. || Amotinar. || Desordenar. || — V. pr. Perturbarse. || Amotinarse. || Encolerizarse. || Agitarse el mar.

alboroto m. Vocerío, jaleo. || Motín, sedición. || Desorden.

alborozar v. t. Causar gran placer o alegría (ú. t. c. pr.).

alborozo m. Extraordinario regocijo.

albricias f. pl. Regalo que se da por alguna buena noticia. || — Interj. Expresión de júbilo.

albufera f. Laguna junto al mar, en playas bajas.

álbum m. Libro en blanco, cuyas hojas se llenan con composiciones literarias, sentencias, máximas, fotografías, firmas, sellos de correo, etc. || Carpeta que contiene varios discos fonográficos. (Pl. *álbumes*).

albumen m. *Bot.* Materia feculenta que envuelve el embrión de algunas semillas.

albúmina f. Sustancia blanquecina y viscosa que forma la clara del huevo y se halla en disolución en el suero de la sangre.

albur m. Pez de río, mújol. || *Fig.* Riesgo, azar: *los albures de la vida.* || *Méx.* Retruécano, equívoco.

alburero, ra adj. y s. *Méx.* Aplícase a la persona aficionada a echar albures.

alcachofa f. Planta hortense. || Pieza con muchos orificios que se adapta a la regadera, al tubo de aspiración de las bombas o a los aparatos de ducha.

alcahuete, ta m. y f. Persona que se entremete para facilitar amores ilícitos.

alcahuetear v. i. Hacer de alcahuete.

alcahuetería f. Oficio de alcahuete.

alcaide m. El que tenía a su cargo la guarda y defensa de una fortaleza. || En las cárceles, encargado de custodiar a los presos.

alcalde m. Presidente de un Ayuntamiento.

alcaldía f. Cargo y casa u oficina del alcalde. || Territorio de su jurisdicción.

álcali m. Sustancia de propiedades análogas a las de la sosa y la potasa.

alcalino, na adj. *Quím.* De álcali o que lo contiene. || *Metales alcalinos*, metales muy oxidables como el litio, potasio, rubidio, sodio y cesio.

alcalinotérreo adj. v. s. Aplícase a los metales del grupo del calcio (calcio, estroncio, bario, radio).

alcance m. Distancia a que llega el brazo. || Lo que alcanza cualquier arma. || *Fig.* Capacidad o talento. | Importancia.

alcancía f. Hucha.

alcanfor m. Sustancia aromática cristalizada.

alcanforar v. t. Mezclar con alcanfor.

alcantarilla f. Conducto subterráneo para recoger las aguas llovedizas o inmundas.

alcantarillado m. Conjunto de alcantarillas de una población.

alcantarillar v. t. Poner alcantarillas.

alcanzado, da adj. Falto, escaso.

alcanzar v. t. Llegar a juntarse con una persona o cosa que va delante. || Coger algo alargando la mano. || Alargar, tender una cosa a otro. || Llegar hasta. || Unirse, llegar a. || *Mar. la bala le alcanzó.* || Llegar a percibir con la vista, el oído o el olfato. || *Fig.* Hablando de un período de tiempo, haber uno vivido en él. | Conseguir, lograr. || — V. i. Llegar hasta cierto punto. || En ciertas armas, llegar el tiro a cierta distancia. || *Fig.* Tocar a uno una cosa o parte de ella.

alcaparra f. Arbusto caparidáceo de flores blancas. || Su fruto.

alcatraz m. Pelícano americano.

alcaucí y **alcaucil** m. Alcachofa.

alcayata f. Escarpia.

alcazaba f. Recinto fortificado.

alcázar m. Fortaleza. || *Mar.* Espacio que media entre el palo mayor y la popa.

alce m. Mamífero rumiante.

alcista com. Bolsista que juega al alza. || — Adj. Que está en alza.

alcoba f. Dormitorio.

alcohol m. Líquido obtenido por la destilación del vino y otros licores fermentados.

alcoholemia f. Presencia de alcohol en la sangre: *un grado de alcoholemia alto es muy grave en los accidentes de tráfico.*

alcohólico, ca adj. y s. Que abusa de bebidas alcohólicas.

alcoholimetría f. Evaluación de la riqueza alcohólica.

alcoholismo m. Abuso de bebidas alcohólicas. || Enfermedad causada por este abuso.

alcoholización f. *Quím.* Acción y efecto de alcoholizar.

alcoholizado, da adj. y s. Que padece alcoholismo.

alcoholizar v. t. Echar alcohol en otro líquido. || — V. pr. Contraer alcoholismo.

alcorán m. Código de Mahoma.

alcornoque m. Variedad de encina cuya corteza es el corcho. || *Fig.* Idiota, necio.

alcuzcuz m. Comida moruna hecha con pasta de sémola.

aldaba f. Pieza de metal para llamar a las puertas. || Barra o travesaño con que se aseguran los postigos o puertas. || — Pl. *Fig.* y *fam.* Protección, agarraderas.

aldea f. Pueblo de pocos vecinos.

aldeano, na adj. y s. Natural de una aldea. || Relativo a ella. || *Fig.* Rústico.

aldehído m. *Quím.* Compuesto volátil e inflamable resultante de la deshidrogenización u oxidación de ciertos alcoholes.

¡ale! interj. ¡Ea!, ¡vamos!

aleación f. Mezcla de dos o más metales.

alear v. t. Mezclar metales.

aleatorio, ria adj. Fortuito.

aleccionador, ra adj. Ejemplar.

aleccionamiento m. Enseñanza.

aleccionar v. t. Enseñar, instruir (ú. t. c. pr.).

aledaño, ña adj. Limítrofe.

alegación f. Acción de alegar.

alegar v. t. Invocar, traer uno a favor de su propósito, como prueba, algún dicho o ejemplo.

alegato m. *For.* Alegación por escrito. || *Por ext.* Razonamiento, exposición.

alegoría f. Ficción que presenta un objeto al espíritu para que sugiera la idea de otro.

alegórico, ca adj. Relativo a la alegoría.

alegrar v. t. Causar alegría. || *Fig.* Adornar, hermosear. || Subirse a la cabeza el vino.

alegre adj. Que denota u ocasiona alegría. || *Fig.* Aplícase al color muy vivo. || Excitado por la bebida.

alegreto m. *Mús.* Movimiento menos vivo que el alegro.

alegría f. Placer.

alegro m. *Mús.* Movimiento moderadamente vivo.

alejamiento m. Acción de alejar.

alejar v. t. Poner lejos. || — V. pr. Ir lejos.

alelar v. t. Poner lelo (ú. m. c. pr.).

aleluya amb. Voz que usa la Iglesia en señal de júbilo.

alemán, ana adj. y s. De Alemania. || — M. Idioma alemán.

alentado, da adj. Animado.

alentador, ra adj. Que alienta.

alentar v. t. Animar.

alergia f. Estado de una persona provocado por una sustancia, a la que es muy sensible, que causa en ella diferentes trastornos como la fiebre del heno, crisis de asma, urticaria, eczema, etc. || *Fig.* Sensibilidad extremada y contraria respecto a algo.

alero m. Parte inferior del tejado que sale fuera de la pared.

alerta adv. Con vigilancia.

alertar v. t. Poner alerta.

aleta f. Cada una de las membranas externas que tienen los peces para nadar. || *Anat.* Cada una de las dos alas de la nariz. || Parte saliente, lateral y plana de diferentes objetos.

aletargamiento m. Letargo.

aletargar v. t. Producir letargo.

aletear v. i. Agitar las alas o las aletas. || Mover los brazos.

aleteo m. Acción de aletear.

alevín o **alevino** m. Pez utilizado para poblar ríos y estanques.

alevosía f. Traición, perfidia.

alevoso, sa adj. Traidor.

alfa f. Primera letra del alfabeto griego. || *Rayos alfa,* radiaciones emitidas por los cuerpos radiactivos.

alfabético, ca adj. Relativo al alfabeto: *orden alfabético.*

alfabetización f. Acción de enseñar a leer y escribir.

alfabetizar v. t. Enseñar a leer y a escribir.

alfabeto m. Abecedario. || Reunión de todas las letras de una lengua. || En informática, sistema de signos convencionales, como perforación de tarjetas, que sirve para sustituir al conjunto de las letras y de los números.

alfalfa f. Planta forrajera.

alfanje m. Sable corto y corvo.

alfarería f. Arte de fabricar vasijas de barro. || Taller y tienda del alfarero.

alfarero, ra m. y f. Persona que fabrica vasijas de barro.

alféizar m. *Arq.* Vuelta de la pared en el corte de una puerta o ventana.

alfeñique m. Persona delicada.

alférez m. *Mil.* Oficial de categoría inferior a la de teniente.

alfil m. Pieza del juego de ajedrez que se mueve diagonalmente.

alfiler m. Clavillo de metal, con punta por uno de sus extremos y una cabecilla por el otro, que sirve para varios usos. || Joya a modo de alfiler o broche.

alfombra f. Tapiz con que se cubre el suelo de las habitaciones.

alfombrar v. t. Cubrir con alfombras.

alforja f. Talega que se echa al hombro.

alforza f. Pliegue o doblez horizontal que se hace a una ropa.

alga f. Planta que vive en el fondo de las aguas dulces o saladas.

algarabía f. Gritería confusa.

algarada f. Motín.

algarroba f. Planta de flores blancas. || Su fruto.

algarrobo m. Árbol de flores purpúreas.

algazara f. Griterío.

álgebra f. Parte de las matemáticas que estudia la cantidad considerada en abstracto y representada por letras u otros signos.

algebraico, ca y **algébrico, ca** adj. Del álgebra.

álgido, da adj. Muy frío. || *Fig.* Culminante, decisivo.

algo pron. Designa una cosa que no se quiere o no se puede nombrar: *leeré algo antes de dormirme.* || Denota cantidad indeterminada: *apostemos algo.* || *Fig.* Cosa de alguna importancia: *creerse algo.* || — Adv. Un poco: *algo tímido.*

algodón m. Planta cuyo fruto es una cápsula que contiene de quince a veinte semillas envueltas en una borra muy larga y blanca. || Esta misma borra. || Tejido hecho de esta borra.

algodonal m. Terreno poblado de plantas de algodón.

alguacil m. Oficial inferior ejecutor de los mandatos del alcalde. || El que en las corridas de toros precede a la cuadrilla durante el paseo.

alguien pron. Alguna persona.

algún adj. Apócope de *alguno.*

alguno, na adj. Se aplica a una persona o cosa con respecto a otras. || Ni poco ni mucho, bastante. || — Pron. Alguien.

alhaja f. Joya.

alhajar v. t. Adornar con alhajas.

alharaca f. Demostración excesiva de admiración, alegría.

alhelí m. Planta de flores blancas, amarillas o rojas.

aliado, da adj. y s. Unido por un pacto de alianza.

alianza f. Acción de aliarse dos o más naciones, gobiernos o personas. || Asociación. || Parentesco contraído por casamiento. || Anillo de casado.

aliar v. t. Poner de acuerdo. || — V. pr. Unirse los Estados contra enemigos comunes.

alias adv. Por otro nombre: *Juan Martín, alias «el Empecinado».* || — M. Apodo.

alibí m. Coartada.

alicaído, da adj. Desanimado.

alicantino, na adj. y s. De Alicante (España).

alicatado m. Obra de azulejos.

alicatar v. t. Revestir de azulejos.

alicate m. y **alicates** m. pl. Tenacillas de acero.

aliciente m. Incentivo, atractivo.
alícuota adj. Proporcional.
alienable adj. Enajenable.
alienación f. Acción y efecto de alienar. || Enajenación mental.
alienado, da adj. y s. Loco.
alienar v. t. Enajenar.
aliento m. Respiración.
aligator m. Cocodrilo americano de unos cinco metros de largo, de hocico ancho y corto.
aligeramiento m. Acción y efecto de aligerar o aligerarse.
aligerar v. t. Hacer menos pesado: *aligerar la carga* (ú. t. c. pr.). || Apresurar: *aligerar un trabajo*. || *Fig.* Moderar.
alijo m. Géneros de contrabando.
alimaña f. Animal dañino.
alimentación f. Acción y efecto de alimentar o alimentarse.
alimentador, ra adj. y s. Que alimenta. || — M. *Tecn.* Conductor de energía eléctrica.
alimentar v. t. Dar alimento, sustentar. || Dar a una máquina en movimiento la materia que necesita para seguir funcionando. || *Fig.* Sostener, fomentar vicios, pasiones, sentimientos, etc. || — V. pr. Tomar alimento.
alimentario, ria y **alimenticio, cia** adj. Relativo a la alimentación.
alimento m. Cualquier sustancia que sirve para nutrir.
alimón (al) loc. adv. Hecho entre dos personas que se turnan.
alineación f. Acción y efecto de alinear o alinearse. || Composición de un equipo deportivo.
alineamiento m. Alineación.
alinear v. t. Poner en línea recta: *árboles alineados* (ú. t. c. pr.). || Componer un equipo deportivo.
aliñar v. t. Arreglar, preparar. || Aderezar: *aliñar la ensalada*.
aliño m. Acción de aliñar.
alisar v. t. Poner lisa alguna cosa.
alisios adj. y s. m. pl. Aplícase a los vientos fijos que soplan de la zona tórrida.
alistamiento m. Acción de alistar.
alistar v. t. Poner en una lista a alguien. || — V. pr. Enrolarse.
aliviar v. t. Aligerar, hacer menos pesado (ú. t. c. pr.). || *Fig.* Mitigar la enfermedad (ú. t. c. pr.).
alivio m. Acción de aliviar.
aljaba f. Caja para llevar flechas y que se colgaba al hombro.
aljibe m. Cisterna para el agua llovediza. || *Mar.* Barco que suministra agua a otras embarcaciones, y por extensión el destinado a transportar petróleo.
allá adv. En aquel lugar. (Indica lugar alejado del que se habla.) || En otro tiempo. (Se refiere al tiempo remoto o pasado.)
allanamiento m. Acción y efecto de allanar o allanarse. || *For.* Acto de sujetarse a la decisión judicial. || *Allanamiento de morada,* violación de domicilio.
allanar v. t. Poner llano o igual. || *Fig.* Vencer alguna dificultad: *allanar los obstáculos*. || Entrar por la fuerza en casa ajena y recorrerla contra la voluntad de su dueño. || — V. pr. Someterse a alguna cosa.
allegado, da adj. Cercano, próximo. || — Adj. y s. Pariente.

allende adv. De la parte de allá: *allende los mares*. || Además.
allí adv. En aquel lugar o sitio. || A aquel lugar. || Entonces.
alma f. Principio de la vida. || Cualidades morales buenas o malas. || Conciencia, pensamiento íntimo. || *Fig.* Persona, individuo. || Lo que da aliento y fuerza a alguna cosa.
almacén m. Sitio donde se tienen mercancías para su custodia o venta.
almacenaje m. Derecho de almacén.
almacenamiento m. Acción y efecto de almacenar.
almacenar v. t. Guardar en almacén. || *Fig.* Reunir, guardar.
almacenista com. Dueño o encargado de un almacén. || Vendedor en un almacén.
almanaque m. Registro que comprende los días del año.
almecina f. Fruto comestible del almecino.
almecino m. Árbol que da almecinas.
almeja f. Molusco acéfalo comestible.
almena f. Cada uno de los prismas que coronan los muros de las antiguas fortalezas.
almendra f. Fruto del almendro.
almendral m. Sitio poblado de almendros.
almendro m. Árbol rosáceo de flores blancas o rosadas.
almeriense adj. y s. De Almería (España).
almiar m. Pajar.
almíbar m. Azúcar disuelto en agua y espesado al fuego.
almibarar v. t. Bañar con almíbar.
almidón m. Fécula blanca y suave al tacto que se encuentra en diferentes semillas.
almidonado, da adj. Preparado con almidón. || — M. Acción de almidonar.
almidonar v. t. Mojar la ropa en almidón desleído en agua.
alminar m. Torre de la mezquita desde la cual llama el almuédano a los fieles.
almirantazgo m. En Inglaterra, ministerio de Marina.
almirante m. Jefe de la armada.
almirez m. Mortero.
almocafre m. Instrumento de jardinero para escarbar la tierra.
almohada f. Colchoncillo para reclinar la cabeza en la cama.
almohade adj. y s. Dícese del individuo perteneciente a una dinastía beréber que destronó a los almorávides en Andalucía y África del Norte (1147 a 1269).
almohadilla f. Cojincillo que sirve para varios usos.
almohadón m. Colchoncillo, almohada grande para sentarse.
almohaza f. Instrumento de hierro para limpiar las caballerías.
almoneda f. Venta pública de bienes muebles.
almorávide adj. y s. Dícese del individuo perteneciente a una tribu guerrera del Atlas que impuso su dominio en el S. de España de 1055 a 1147.
almorranas f. pl. Varices de las venas del ano, hemorroides.
almorzar v. i. Tomar el almuerzo: *almorzar temprano*. || — V. t. Comer en el almuerzo: *almorzar chuletas*.

almuédano y **almuecín** m. Musulmán que, desde el alminar, llama al pueblo a la oración.

almuerzo m. Comida que se toma hacia el mediodía.

alocado, da adj. Algo loco.

alocar v. t. Volver loco.

alocución f. Discurso.

alojamiento m. Acción de alojar.

alojar v. t. Aposentar.

alondra f. Pájaro de color pardo y de carne delicada.

alopatía f. Terapéutica que consiste en emplear medicamentos que producen en el organismo sano efectos diferentes de los provocados por la enfermedad que se trata de combatir.

alpaca f. Rumiante de América, cubierto de pelo largo, fino y rojizo. || Pelo de este animal. || Tela hecha del pelo de este animal, o tejido abrillantado y fino empleado en la confección de trajes de verano.

alpargata f. Calzado de cáñamo o lona con suela de soga o goma.

alpargatero, ra m. y f. Persona que hace o vende alpargatas.

alpestre adj. De los Alpes.

alpinismo m. Deporte que consiste en la ascensión a altas montañas.

alpinista com. Persona aficionada al alpinismo.

alpino, na adj. De los Alpes. || Relativo al alpinismo.

alpiste m. Planta gramínea.

alquería f. Casa de campo para la labranza.

alquilar v. t. Dar o tomar alguna cosa por tiempo determinado mediante el pago de cierta cantidad.

alquiler m. Acción de alquilar. || Precio en que se alquila.

alquimia f. Arte quimérico de la transmutación de los metales.

alquitrán m. Sustancia resinosa, residuo de la destilación de la leña de pino, de la hulla, de la turba, de los lignitos y otros combustibles.

alquitranar v. t. Dar de alquitrán.

alrededor adv. Denota la situación de personas o cosas que circundan a otras. || Cerca, sobre poco más o menos. || — M. pl. Contornos: *los alrededores de Buenos Aires.*

alta f. En los hospitales, orden que se comunica a un enfermo a quien se da por sano. || Entrada de una persona en un cuerpo, profesión, etc.

altanería f. *Fig.* Altivez.

altanero, ra adj. Altivo.

altar m. Ara o piedra destinada para ofrecer el sacrificio.

altaverapacense adj. y s. De Alta Verapaz (Guatemala).

altavoz m. Aparato que transforma las oscilaciones eléctricas en ondas sonoras y eleva la intensidad del sonido.

alteración f. Acción de alterar o alterarse, modificación. || Sobresalto, inquietud. || Alboroto, motín. || Altercado, pelea.

alterar v. t. Cambiar la esencia o forma de una cosa (ú. t. c. pr.). || Perturbar, trastornar, inquietar (ú. t. c. pr.).

altercación f. y **altercado** m. Disputa, contienda.

altercar v. i. Disputar.

alternación f. Acción y efecto de alternar.

alternador adj. Que alterna. || — M. *Electr.* Máquina generadora de corriente alterna.

alternar v. t. Repetir con más o menos regularidad cosas diferentes. || Distribuir por turno. || — V. i. Sucederse unas cosas a otras repetidamente. || Tener trato amistoso las personas entre sí. || Hacer o decir una cosa o desempeñar un cargo varias personas por turno. || Hacer o decir una persona varias cosas por turno y sucesivamente. || En ciertas salas de fiestas o sitios análogos, intentar ciertas mujeres, gratificadas con un porcentaje, que los clientes consuman bebidas.

alternativa f. Acción o derecho de alternar. || Opción entre dos cosas. || Sucesión de cosas que alternan. || Opción entre dos posibilidades. || Solución de recambio. || *Taurom.* Autorización que el matador da al novillero para que alterne con él como espada. || *Alternativa de poder,* característica de un sistema político en el que dos o más partidos pueden sucederse en el poder en el marco de las instituciones existentes.

alternativo, va adj. Que se dice, hace o sucede con alternación.

alterno, na adj. Alternativo. || Que sucede cada dos días, cada dos meses, cada dos años. || *Corriente alterna,* la eléctrica que recorre un circuito ya en un sentido ya en otro.

alteza f. *Fig.* Elevación, sublimidad, excelencia: *alteza de sentimientos.* || Tratamiento honorífico que se da a los príncipes.

altibajos m. pl. Alternativa de bienes y males y de sucesos prósperos y adversos.

altipampa f. *Arg.* y *Bol.* Altiplanicie.

altiplanicie f. y **altiplano** m. *Amer.* Meseta de mucha extensión y gran altitud.

altísimo, ma adj. Muy alto. || *El Altísimo,* Dios.

altisonante adj. Muy sonoro.

altitud f. Altura.

altivez f. Soberbia.

altivo, va adj. Orgulloso.

alto, ta adj. Levantado, elevado sobre la tierra. || De altura considerable. || De gran estatura. || Sonoro, ruidoso: *en alta voz.* || *Fig.* Excelente: *alta estima.* || De gran dignidad o representación: *de alta estirpe.* || Arduo, difícil. || Superior: *altos estudios.* || Gravísimo: *alta traición.* || Caro, subido: *precio alto.* || Avanzado: *bien alta la noche.* || — M. Altura. || Sitio elevado. || Parte en que un río está cerca de su nacimiento: *el Alto Amazonas.* || Parte de un país más distante del mar: *el Alto Perú.* || *Mil.* Parada de la tropa que va marchando: *hacer alto.* || Detención o parada en general. || *Mús.* Voz de contralto. || — Adv. Arriba. || En voz fuerte o que suene bastante.

altoparlante m. *Amer.* Altavoz.

altorrelieve m. Alto relieve.

altozano m. Monte poco alto.

altramuz m. Planta de fruto velloso y aterciopelado.

altruismo m. Amor desinteresado al prójimo.

altruista adj. y s. Que profesa el altruismo.

altura f. Elevación de cualquier cuerpo sobre la superficie de la tierra. || Dimensión de un objeto desde la base hasta el vértice. || Cumbre de los montes. || Altitud con relación al nivel del mar. || Nivel: *a la misma altura.*

alubia f. Judía.

alucinación f. Acción de alucinar o alucinarse.

alucinado, da adj. y s. Que tiene alucinaciones.

alucinador, ra adj. y s. Que alucina.

alucinamiento m. Alucinación.

alucinante adj. Que alucina.

alucinar v. t. Producir alucinación.

alud m. Masa considerable de nieve que se desprende de los montes con violencia y estrépito.

aludir v. i. Referirse a una persona o cosa.

alumbrado m. Conjunto de luces que alumbran algún pueblo o sitio.

alumbramiento m. Acción y efecto de alumbrar. || Parto.

alumbrar v. t. Llenar de luz y claridad. || Poner luz en algún lugar. || *Fig.* Enseñar, ilustrar. || — V. i. Parir la mujer.

aluminio m. Metal (Al) de color y brillo parecidos a los de la plata, muy sonoro, tenaz, ligero.

alumnado m. Conjunto de alumnos.

alumno, na m. y f. Discípulo.

alunizaje m. Acción de alunizar.

alunizar v. i. Posarse un aparato astronáutico en la Luna.

alusión f. Acción de aludir.

alusivo, va adj. Que alude.

aluvión m. Inundación.

alveolo o **alvéolo** m. Celdilla.

alza f. Aumento de precio.

alzada f. Estatura del caballo hasta la cruz. || *For.* Apelación.

alzamiento m. Acción y efecto de alzar o alzarse. || Rebelión.

alzar v. t. Mover de abajo arriba una cosa. || En la misa, elevar la hostia y el cáliz después de la consagración. || Retirar la cosecha. || Levantar la voz. || — V. pr. Levantarse. || Huir con una cosa. || Sublevarse: *alzarse en armas.* || Apelar.

a. m., abrev. de *ante meridiem,* antes de mediodía.

Am, símbolo del *americio.*

ama f. Dueña de la casa o de alguna cosa. || Señora, respecto a sus criados. || Criada de un clérigo. || — *Ama de llaves* o *de gobierno,* criada encargada de las llaves y economía de la casa. || *Ama de cría* o *de leche,* mujer que cría en sus pechos a una criatura ajena. || *Ama seca,* niñera.

amabilidad f. Calidad de amable.

amable adj. Afable.

amaestramiento m. Acción y efecto de amaestrar o amaestrarse.

amaestrar v. t. Enseñar o adiestrar (ú. t. c. pr.).

amagar v. t. Dejar ver la intención de ejecutar algo. || Amenazar, hacer ademán de. || — V. i. Estar a punto de suceder. || Empezar a manifestarse una enfermedad.

amago m. Amenaza. || Señal, indicio.

amainar v. t. *Mar.* Recoger las velas de una embarcación. || — V. i. Aflojar, perder fuerza el viento.

amalgama f. Aleación de mercurio con otro metal. || *Fig.* Unión de cosas.

amalgamar v. t. *Quím.* Combinar el mercurio con otro u otros metales. || *Fig.* Unir o mezclar cosas diferentes (ú. t. c. pr.).

amamantar v. t. Dar de mamar.

amancebamiento m. Cohabitación de hombre o mujer no casados.

amancebarse v. pr. Cohabitar hombre y mujer sin estar casados.

amanecer v. i. Empezar a clarear el día. || Llegar a un lugar al rayar el día: *amanecer en Sevilla.* || *Fig.* Empezar a manifestarse.

amanecer m. y **amanecida** f. Tiempo durante el cual amanece.

amanerado, da adj. Que adolece de amaneramiento.

amaneramiento m. Acción de amanerarse.

amanerarse v. pr. Tener una persona cierta afectación en el modo de expresarse o en los gestos.

amansar v. t. Hacer manso a un animal. || *Fig.* Sosegar, apaciguar, mitigar.

amante adj. y s. Que ama. || *Fig.* Apasionado por una cosa. || — Com. Persona que ama a otra y que tiene relaciones sexuales con ella sin estar casadas.

amanuense com. Escribiente.

amañado, da adj. Hábil.

amañar v. t. Componer mañosamente alguna cosa. || — V. pr. Darse maña para hacer algo.

amapola f. Planta silvestre de flores rojas.

amar v. t. Tener amor.

amaranto m. Planta de flores aterciopeladas.

amarar v. i. Posarse en el agua un hidroavión, un vehículo espacial.

amargar v. t. Tener sabor parecido al de la hiel, el acíbar, etc. || Dar sabor desagradable.

amargo, ga adj. Que amarga. || *Fig.* Que causa aflicción o disgusto. || — M. Amargor. || *Amer.* Mate sin azúcar.

amargor m. Sabor o gusto amargo.

amargura f. Aflicción.

amarillear v. i. Mostrar alguna cosa color amarillo. || Tirar a amarillo. || Palidecer.

amarillento, ta adj. Que tira a amarillo.

amarillo, lla adj. De color semejante al del oro, al limón. || — *Med. Fiebre amarilla,* enfermedad gastrointestinal. || *Raza amarilla* o *mongólica,* raza humana de Asia oriental que tiene la piel amarilla. || — M. Color amarillo.

amarizar v. i. Amarar.

amarra f. *Mar.* Cabo o cable para amarrar. || — Pl. *Fig.* Protección.

amarraje m. Impuesto que se paga por amarrar un buque en un puerto.

amarrar v. t. Asegurar por medio de cuerdas, maromas, cadenas, etc. || *Por ext.* Sujetar. || — V. pr. *Fam.* Asegurarse.

amartelamiento m. Amor apasionado.

amartelar v. t. Atormentar con celos. || Enamorar (ú. t. c. pr.).

amartillar v. i. Poner en el disparador un arma de fuego. || *Fig.* Afianzar, asegurar.

amasar v. t. Hacer masa de harina, yeso, tierra, etc., con algún líquido.

amateur adj. y s. (pal. fr.) Aficionado: *artista amateur.*

amatista f. Cuarzo transparente de color violeta.

amauta m. Sabio, entre los antiguos peruanos.

amazona f. Mujer que monta a caballo. || Traje que suelen llevar las mujeres para montar a caballo. || Especie de papagayo de América.

amazonense adj. y s. De Amazonas.

amazónico, ca adj. Relativo al río Amazonas.

ambages m. pl. *Fig.* Rodeos.

ámbar m. Resina fósil de color amarillo. ‖ Perfume delicado.

ambateño, ña adj. y s. De Ambato (Ecuador).

ambición f. Pasión desordenada por la gloria o la fortuna.

ambicionar v. t. Desear mucho.

ambicioso, sa adj. y s. Que tiene ambición.

ambientación f. Acción de dar ambiente. ‖ Ambiente. ‖ Efectos sonoros en la radio.

ambientar v. t. Dar el ambiente adecuado. ‖ — V. pr. Acostumbrarse, aclimatarse.

ambiente adj. Aplícase a cualquier fluido que rodea un cuerpo: *el aire ambiente.* ‖ — M. Lo que rodea a las personas o cosas, medio físico o moral. ‖ Clase, grupo, sector social: *ambientes chabacanos.* ‖ *Arg.* y *Chil.* Habitación. ‖ *Medio ambiente,* compendio de valores naturales, sociales y culturales existentes en un lugar y en un momento determinado que influye en la vida material y psicológica del hombre.

ambigüedad f. Calidad de ambiguo.

ambiguo, gua adj. Incierto, confuso. ‖ *Gram.* Aplícase a los sustantivos que son indistintamente masculinos o femeninos.

ámbito m. Espacio incluido dentro de ciertos límites. ‖ Esfera, campo.

ambivalencia f. Carácter de lo que tiene dos aspectos diferentes.

ambos, bas adj. pl. El uno y el otro.

ambrosía f. Manjar exquisito.

ambulancia f. Coche para transportar heridos o enfermos.

ambulante adj. Que va de un lugar a otro. ‖ — M. *Amer.* Vendedor ambulante.

ambulatorio m. Consultorio de la Seguridad Social.

ameba f. *Zool.* Protozoo provisto de seudópodos.

amedrantar v. t. Amedrentar.

amedrentar v. t. Infundir miedo, atemorizar (ú. t. c. pr.).

amén, voz hebrea que significa *así sea,* y que se usa al final de las oraciones. ‖ — Adv. Además: *amén de lo dicho.* ‖ Excepto, salvo.

amenaza f. Dicho o hecho con que se amenaza.

amenazador, ra adj. Que amenaza.

amenazar v. t. Dar a entender con actos o palabras que se quiere hacer algún mal a otro. ‖ — V. i. Estar en peligro de suceder alguna cosa: *amenaza lluvia.*

amenidad f. Calidad de ameno.

amenizar v. t. Hacer ameno.

ameno, na adj. Grato.

americana f. Chaqueta.

americanismo m. Voz, acepción o giro propio de los americanos que hablan castellano. ‖ Ciencia de las antigüedades americanas. ‖ Sentimiento de la calidad de americano. ‖ Exaltación y defensa del espíritu y tradiciones americanos. ‖ Amor a América. ‖ Condición de americano.

americanista adj. Relativo a América. ‖ — Com. Persona que se dedica al estudio de las lenguas y antigüedades de América.

americanización f. Acción y efecto de americanizar.

americanizar v. t. Dar carácter americano. ‖ — V. pr. Volverse americano.

americano, na adj. y s. De América.

americio m. *Quím.* Elemento transuránico (Am), de número atómico 95.

amerindio, dia adj. y s. Indio americano.

ameritado, da adj. *Amer.* Que tiene muchos méritos.

ameritar v. t. *Amer.* Dar méritos. ‖ Merecer.

amerizaje m. Acción de amerizar.

amerizar v. i. Amarar.

amestizado, da adj. Que tira a mestizo.

ametrallador, ra adj. Dícese de las armas que disparan por ráfagas. ‖ — F. Arma automática que dispara los proyectiles por ráfagas.

ametrallamiento m. Acción de ametrallar.

ametrallar v. t. Disparar con ametralladora o fusil ametrallador.

amianto m. Mineral de fibras blancas.

amiba f. *Zool.* Ameba.

amigable adj. Que obra como amigo.

amígdala f. Cada una de las glándulas rojas en forma de almendra situada a uno y otro lado de la entrada del istmo de las fauces.

amigdalitis f. *Med.* Inflamación de las amígdalas.

amigo, ga adj. y s. Que tiene amistad: *persona amiga.* ‖ Amistoso. ‖ *Fig.* Aficionado o inclinado a alguna cosa: *amigo del arte.* ‖ — M. Querido, amante. ‖ Tratamiento afectuoso: *¿dónde va, amigo?*

amilanado, da adj. Acobardado.

amilanamiento m. Miedo.

amilanar v. t. Causar miedo (ú. t. c. pr.).

aminoración f. Disminución.

aminorar v. t. Disminuir.

amistad f. Afecto o cariño entre las personas. ‖ — Pl. Amigos.

amistar v. t. Unir en amistad.

amistoso, sa adj. Que demuestra amistad.

amnesia f. Pérdida de la memoria.

amnistía f. Olvido de los delitos políticos por quien tiene potestad de hacer las leyes.

amnistiar v. t. Conceder amnistía.

amo m. Dueño de alguna cosa. ‖ El que tiene uno o más criados.

amodorramiento m. Acción y efecto de amodorrarse.

amodorrarse v. pr. Caer en modorra.

amojonamiento m. Acción de amojonar.

amojonar v. t. Señalar con mojones los límites de una propiedad.

amoldamiento m. Acción de amoldar o amoldarse.

amoldar v. t. Ajustar una cosa al molde. ‖ *Fig.* Arreglar la conducta a una pauta determinada. Ú. t. c. pr.: *amoldarse a todo.*

amonestación f. Acción y efecto de amonestar.

amonestador, ra adj. y s. Que amonesta.

amonestar v. t. Advertir a una persona que ha hecho algo reprensible.

amoniaco m. Gas compuesto de nitrógeno e hidrógeno (NH_3).

amonio m. *Quím.* Radical compuesto de un átomo de nitrógeno y cuatro de hidrógeno.

amontonamiento m. Acción y efecto de amontonar o amontonarse.

amontonar v. t. Poner en montón. ‖ Reunir en abundancia.

amor m. Sentimiento que inclina el ánimo hacia lo que place: *amor a la belleza, al arte.* ‖ Persona u objeto amado. ‖ Esmero, interés: *trabajar con amor.* ‖ — Pl. Relaciones amorosas. ‖ Requiebros.

AMO

AL

17

amoral adj. Sin moral.
amoralidad f. Calidad de amoral.
amoratar v. t. Poner morada.
amordazamiento m. Acción y efecto de amordazar.
amordazar v. t. Poner mordaza.
amorfo, fa adj. Sin forma regular.
amorío m. *Fam.* Enamoramiento.
amoroso, sa adj. Que siente o manifiesta amor. || *Amer.* Encantador.
amortajamiento m. Acción de amortajar.
amortajar v. t. Poner la mortaja al difunto. || *Por ext.* Cubrir, esconder.
amortiguación f. Amortiguamiento.
amortiguador, ra adj. Que amortigua. || — M. Dispositivo que amortigua la violencia de un choque, la intensidad de un sonido o el trepidar de una máquina o vehículo automóvil: *se han roto los amortiguadores.*
amortiguamiento m. Acción y efecto de amortiguar o amortiguarse.
amortiguar v. t. Hacer menos viva o violenta una cosa (ú. t. c. pr.).
amortizable adj. Que puede amortizarse.
amortización f. Acción de amortizar.
amortizar v. t. Redimir, pagar el capital de un censo o préstamo. || Recuperar los fondos invertidos: *amortizar los gastos.* || — V. pr. Desvalorizarse periódicamente los bienes por su uso.
amoscarse v. pr. Enfadarse.
amotinamiento m. Rebelión.
amotinar v. t. Alzar en motín (ú. t. c. pr.).
amparar v. t. Proteger (ú. t. c. pr.).
amparo m. Acción y efecto de amparar o ampararse. || Defensa.
amperio m. *Electr.* Unidad de intensidad de una corriente eléctrica (símb. A) que corresponde al paso de un culombio por segundo.
ampliación f. Acción de ampliar.
ampliar v. t. Extender, dilatar. || Agrandar una fotografía.
amplificación f. Acción de amplificar.
amplificador, ra adj. y s. Que amplifica o aumenta.
amplificar v. t. Ampliar.
amplio, plia adj. Extenso.
ampolla f. Vejiga formada por la epidermis. || Tubito de vidrio que contiene un medicamento inyectable.
ampulosidad f. Calidad de ampuloso.
ampuloso, sa adj. Redundante.
amputación f. Acción y efecto de amputar.
amputar v. t. Cortar del cuerpo un miembro o parte de él.
amueblar v. t. Poner muebles.
amulatado, da adj. y s. Parecido a los mulatos.
amuleto m. Medalla u otro objeto al que se atribuye virtud de protección.
amurallado, da adj. Con murallas.
amurallar v. t. Cercar con murallas.
anacardo m. Árbol de la América tropical, de fruto comestible.
anaconda f. Serpiente americana.
anacoreta com. Persona que vive en lugar solitario dedicada a la vida contemplativa.
anacrónico, ca adj. Que padece anacronismo.
anacronismo m. Error de cronología. || Cosa impropia de las costumbres de una época.

ánade amb. *Zool.* Pato.
anafe m. Hornillo portátil.
anales m. pl. Relación de sucesos por años. || *Fig.* Crónica.
analfabetismo m. Falta de instrucción elemental en un país. || Condición de analfabeto.
analfabeto, ta adj. y s. Que no sabe leer ni escribir. || *Fig.* Ignorante.
analgesia f. *Med.* Falta o supresión de toda sensación dolorosa.
analgésico, ca adj. Relativo a la analgesia. || Que calma el dolor (ú. t. c. m.).
análisis m. Separación y distinción de las partes de un todo hasta llegar a conocer sus principios constitutivos. || Examen químico o bacteriológico de los humores, secreciones o tejidos para hacer un diagnóstico. || En informática, primera etapa de la programación para elaborar lo que tiene que resolver un ordenador.
analista com. Autor de anales. || Persona que hace análisis. || Especialista de informática que, en la primera etapa de la programación, realiza el análisis del problema planteado para la elaboración del programa de un ordenador.
analítico, ca adj. Relativo al análisis.
analizar v. t. Hacer el análisis de algo.
analogía f. Similitud.
analógico, ca adj. Análogo.
análogo, ga adj. Que tiene similitud.
ananás m. Planta bromeliácea de fruto muy fragante y carnoso en forma de piña.
anaquel m. Estante de armario.
anaranjado, da adj. De color naranja. || —M. Dicho color.
anarco adj. y s. *Fam.* Anarquista.
anarquía f. Ausencia de gobierno.
anarquismo m. Doctrina política y social que preconiza la completa libertad del individuo, la supresión de la propiedad privada y la abolición del Estado.
anarquista adj. Propio del anarquismo o de la anarquía. || — Com. Partidario de la anarquía.
anatema amb. Excomunión.
anatematizar v. t. Imponer anatema.
anatomía f. Ciencia que da a conocer el número, estructura, situación y relaciones de las diferentes partes de los cuerpos orgánicos.
anatomizar v. t. Hacer la anatomía.
anca f. Cada una de las mitades laterales de la parte posterior de los animales.
ancashino, na adj. y s. De Ancash (Perú).
ancestral adj. De los antepasados.
anchar v. t. e i. Ensanchar.
ancho, cha adj. Que tiene anchura o la tiene excesiva. || Holgado, amplio. || — M. Anchura. || *A sus anchas,* con toda la comodidad.
anchoa f. Boquerón curado en salmuera.
anchura f. Latitud, lo que es opuesto a longitud. || Amplitud. || Libertad.
ancianidad f. Vejez.
anciano, na adj. y s. Viejo.
ancla f. Instrumento de hierro para aferrar las embarcaciones al fondo del mar.
anclaje m. *Mar.* Acción de anclar la nave. || Sitio donde se ancla.
anclar v. i. Echar el ancla.

ancuditano, na adj. y s. De Ancud (Chile).

andalucismo m. Palabra o giro propios del castellano hablado en Andalucía. ‖ Amor o apego a las cosas de Andalucía.

andalucista adj. y s. De Andalucía.

andaluz, za adj. y s. De Andalucía. ‖ — M. Modalidad del castellano hablado en Andalucía.

andamio m. Armazón provisional de tablones o vigas metálicas levantado delante de una fachada para facilitar la construcción, la reparación o la pintura de muros.

andanada f. Descarga cerrada de toda la batería de cualquiera de los dos costados de un buque de guerra. ‖ Localidad cubierta y con gradas en las plazas de toros.

andante adj. Que anda. ‖ *Caballero andante,* el que viajaba en busca de aventuras.

andar v. i. Ir de un lugar a otro dando pasos. ‖ Moverse lo inanimado. ‖ Funcionar un mecanismo. ‖ *Fig.* Estar: *andar uno triste.* ‖ Pasar o correr el tiempo: *andan los días.* ‖ Con la prep. *a,* dar: *andar a palos.* ‖ Con las prep. *con* o *sin,* tener o padecer: *andar con miedo.* ‖ Seguido de *con,* manejar: *andar con pólvora.* ‖ Con la prep. *en,* hurgar: *andar en un cajón;* meterse en algo: *andar en pleitos;* estar para cumplir: *andar en los treinta años.* ‖ Antepuesto a un gerundio, denota lo que éste significa. ‖ *Fam.* Ir: *¡Anda, vete!* Con las prep. *con* o *en,* usar, emplear: *andar con bromas.* ‖ — *Fig. Andar tras algo,* pretenderlo. | *Andar tras alguno,* buscarlo. ‖ — V. t. Recorrer. ‖ — V. pr. Marcharse.

andas f. pl. Tablero con dos varas para llevar algo en hombros.

andén m. En las estaciones de ferrocarriles, acera a lo largo de la vía. ‖ Muelle de un puerto. ‖ *Amer.* Acera.

andinismo m. *Amer.* Deporte de montaña en los Andes.

andinista com. Que practica el andinismo.

andino, na adj. y s. Relativo a la cordillera de los Andes.

andrajo m. Pedazo roto o jirón.

andrajoso, sa adj. y s. Lleno de andrajos.

androceo m. Tercer verticilo de la flor formado por los estambres.

anea f. Planta tifácea.

anécdota f. Relación breve de un suceso curioso.

anecdotario m. Colección de anécdotas.

anegar v. t. Inundar.

anejo, ja adj. Anexo, dependiente: *local anejo.* ‖ — M. Cosa sujeta a otra principal.

anélidos m. pl. Animales vermiformes como la lombriz.

anemia f. Empobrecimiento de la sangre.

anémico, ca adj. y s. Relativo a la anemia. ‖ Que padece anemia.

anémona f. Planta ranunculácea de flores grandes.

anestesia f. *Med.* Privación general o parcial de la sensibilidad.

anestesiar v. t. *Med.* Provocar la anestesia: *lo anestesiaron con cloroformo.*

anestesista com. Médico o auxiliar que administra la anestesia.

anexar v. t. Anexionar.

anexión f. Acción y efecto de anexionar.

anexionar v. t. Unir una cosa a otra con dependencia de ella.

anexo, xa adj. y s. m. Unido a otra cosa y dependiente de ella.

anfibio, bia adj. Dícese de los animales y plantas que pueden vivir indistintamente en el agua y en la tierra (ú. t. c. s. m.). ‖ *Fig.* Que se desarrolla en tierra y mar. ‖ Dícese del vehículo o del aparato que puede funcionar lo mismo en tierra que en el agua o en el aire.

anfibología f. Doble sentido.

anfiteatro m. Edificio de figura redonda u oval con gradas alrededor. ‖ Conjunto de asientos en gradas semicirculares.

ánfora f. Cántaro de dos asas.

ángel m. Cualquiera de los espíritus celestes que pertenecen al último de los nueve coros. ‖ *Fig.* Gracia, simpatía, atractivo. | Persona muy dulce.

angelopolitano, na adj. y s. De Puebla de los Ángeles (México).

ángelus m. Oración que se reza por la mañana, al mediodía y al anochecer en honor de la Encarnación. ‖ Toque de oraciones.

angina f. *Med.* Inflamación de la garganta. ‖ *Angina de pecho,* afección de la región precordial que se manifiesta por crisis dolorosas y sensación de angustia.

angiospermas f. pl. Plantas cuya semilla está envuelta por un pericarpio (ú. t. c. adj.).

anglicanismo m. Conjunto de las doctrinas de la religión reformada predominante en Inglaterra.

anglicano, na adj. Relativo al anglicanismo.

anglicismo m. Giro, vocablo o modo de hablar propio del inglés y empleado en otra lengua.

anglo, gla adj. y s. Individuo de un ant. pueblo germánico que invadió Gran Bretaña en el s. vi. ‖ Inglés.

anglófilo, la adj. y s. Amigo de los ingleses.

anglofobia f. Aversión a lo inglés.

anglonormando, da adj. y s. Dícese de los normandos que se establecieron en Inglaterra en 1066.

anglosajón, ona adj. y s. De los anglosajones y, por ext., de los pueblos de raza inglesa. ‖ — M. Individuo perteneciente a unos grupos germánicos que invadieron Inglaterra a partir del s. v. ‖ Lengua germánica hablada por los anglosajones.

angoleño, ña adj. y s. De Angola (África).

angora com. Gato originario de Angora o Ankara (Turquía). ‖ Su piel.

angosto, ta adj. Estrecho.

angostura f. Estrechura.

angström m. Unidad de medida de las longitudes de onda (diezmillonésima parte de un mm).

anguila f. Pez de agua dulce.

angula f. Cría de anguila.

angular adj. De figura de ángulo.

ángulo m. *Geom.* Abertura formada por dos líneas que parten de un mismo punto. ‖ Esquina. ‖ *Fig.* Punto de vista.

anguloso, sa adj. Con ángulos.

angustia f. Aflicción, congoja.

angustiar v. t. Causar angustia.

angustioso, sa adj. Lleno de angustia. ‖ Que causa angustia.

anhelante adj. Que anhela.

anhelar v. t. Ansiar.

19

anhelo m. Deseo vehemente.

anhídrido m. *Quím.* Cuerpo que puede formar un ácido combinado con el agua.

anhidro, dra adj. Aplícase a los cuerpos que no contienen agua.

anidar v. t. Hacer su nido (ú. t. c. pr.). || *Fig.* Morar, habitar.

anilina f. *Quím.* Alcaloide artificial líquido e incoloro que se saca de la hulla.

anilla f. Anillo.

anillar v. t. Sujetar con anillos.

anillo m. Aro pequeño. || Sortija.

animación f. Acción y efecto de animar o animarse. || Vivacidad. || Concurso de gente. || Alegría.

animado, da adj. Dotado de vida. || *Fig.* Divertido, concurrido. | Movido de: *animado de buenos sentimientos.* || *Dibujos animados,* sucesión de dibujos que, cinematografiados, dan la ilusión del movimiento.

animador, ra adj. y s. Que anima.

animadversión f. Enemistad.

animal m. Ser orgánico que vive, siente y se mueve voluntariamente o por instinto. || Ser irracional por oposición al hombre. | — Adj. Relativo al animal: *funciones animales.* || *Fig.* Dícese de la persona muy ignorante.

animalada f. Burrada.

animar v. t. *Fig.* Excitar, alentar. || Dar fuerza y vigor. || Dar movimiento, alegría y vida: *animar una feria, una fiesta.* || — V. pr. cobrar ánimo. || Atreverse.

anímico, ca adj. Del alma.

ánimo m. Alma o espíritu. || Valor, energía. || Intención, voluntad.

animosidad f. Aversión, odio.

animoso, sa adj. Que tiene ánimo.

aniñado, da adj. Pueril.

anión m. *Electr.* Ion cargado negativamente.

aniquilable adj. Que se puede aniquilar.

aniquilación f. Acción de aniquilar.

aniquilador, ra adj. y s. Que aniquila.

aniquilamiento m. Aniquilación.

aniquilar v. t. Reducir a la nada, destruir por entero.

anís m. Planta umbelífera aromática. || Grano de anís bañado en azúcar. || Aguardiente de anís.

anisar v. t. Echar anís.

anisótropo, pa adj. y s. m. *Fís.* Aplícase a los cuerpos cuyas propiedades físicas varían con la dirección.

aniversario adj. Anual. || — M. Día en que se cumplen años de algún suceso.

ano m. *Anat.* Orificio del recto.

anoche adv. Ayer por la noche.

anochecer v. i. Empezar a faltar la luz del día, venir la noche. || Llegar o estar en un paraje determinado al empezar la noche.

anodino, na adj. Insípido.

ánodo m. *Electr.* Polo positivo de un generador de electricidad.

anomalía f. Irregularidad.

anómalo, la adj. Irregular.

anonadación f. o **anonadamiento** m. Aniquilamiento.

anonadar v. t. Apocar, abatir.

anonimato m. Carácter anónimo.

anónimo, ma adj. Dícese del escrito sin nombre de autor o de autor desconocido (ú. t. c. m.). ||

Sociedad anónima, asociación comercial cuyos socios, desconocidos del público, sólo son responsables por el valor del capital aportado.

anorak m. Chaquetón impermeable.

anormal adj. Irregular, contra la regla. || — Com. Persona cuyo desarrollo es deficiente.

anormalidad f. Carácter de anormal.

anotación f. Acción de anotar.

anotar v. t. Poner o tomar notas.

anquilosamiento m. Acción y efecto de anquilosarse.

anquilosar v. t. Causar anquilosis. || — V. pr. Fijarse las articulaciones. || *Fig.* Detenerse una cosa en su progreso.

anquilosis f. *Med.* Privación de movimiento en las articulaciones.

ánsar m. Ave palmípeda.

ansia f. Inquietud, aflicción. || Anhelo. || — Pl. Náuseas.

ansiar v. t. Desear con ansia.

ansiedad f. Ansia.

ansioso, sa adj. y s. Que tiene ansia.

antagonismo m. Oposición.

antagonista adj. y s. Dícese de la persona o cosa opuesta: *es mi antagonista.*

antaño adv. En tiempo antiguo.

antártico, ca adj. Austral.

ante m. Especie de ciervo. || Su piel.

ante prep. En presencia de, delante de: *ante el juez.* || Respecto de: *ante las circunstancias.*

anteanoche adv. Anteayer por la noche.

anteayer adv. El día inmediatamente anterior a ayer.

antebrazo m. Parte del brazo desde el codo hasta la muñeca.

antecedente adj. Que antecede. || — M. Acción anterior que sirve para juzgar hechos posteriores.

anteceder v. t. Preceder.

antecesor, ra adj. Anterior en tiempo. || — M. y f. Persona que precedió a otra. || Antepasado.

antedicho, cha adj. Dicho antes.

antediluviano, na adj. Anterior al diluvio.

antelación f. Anticipación.

antemano (de) adv. De antemano, antes.

ante merídiem loc. lat. Indica las horas del día desde medianoche hasta mediodía (símb. *a.m.*).

antena f. *Electr.* Conductor metálico que permite emitir y recibir las ondas electromagnéticas.

anteojo m. Instrumento de óptica para ver objetos lejanos.

antepasado, da adj. Anterior, pasado. || — M. Ascendiente.

antepecho m. Pretil.

antepenúltimo, ma adj. Dícese del que está antes del penúltimo.

anteponer v. t. Poner inmediatamente antes. || Preferir (ú. t. c. pr.).

anterior adj. Que precede.

anterioridad f. Precedencia temporal de una cosa con respecto a otra. || Prioridad.

antes adv. Expresa prioridad de tiempo o lugar: *antes de llegar.* || Denota preferencia: *antes morir que capitular.* | — Conj. Más bien, por el contrario: *no teme la muerte, antes la desea.* || — Adj. Anterior: *el día antes.*

antesala f. Pieza delante de la sala.

antiaéreo, a adj. Relativo a la defensa contra la aviación.

antialcoholismo m. Lucha contra el alcoholismo.

antiatómico, ca adj. Que se opone a los efectos de cualquier radiación y al de los proyectiles atómicos: *refugio antiatómico.*

antibiótico, ca adj. y s. m. *Med.* Dícese de las sustancias químicas que impiden la multiplicación o desarrollo de los microbios.

anticanceroso, sa adj. Adecuado para combatir el cáncer.

anticapitalista adj. y s. Hostil al sistema capitalista.

anticiclón m. Centro de elevadas presiones atmosféricas.

anticipación f. Acción y efecto de anticipar o anticiparse.

anticipado, da adj. Prematuro: *pago anticipado.* || *Por anticipado,* de antemano.

anticipar v. t. Hacer que ocurra algo antes de tiempo. || Liquidar una deuda antes del tiempo señalado. || Adelantar fechas o plazos.

anticipo m. Anticipación. || Dinero anticipado.

anticlericalismo m. Oposición al clero.

anticolonialismo m. Oposición al colonialismo.

anticonformismo m. Oposición a las costumbres establecidas.

anticristo m. Impostor que, según el Apocalipsis, ha de aparecer poco antes del fin del mundo.

anticuado, da adj. Fuera de uso.

anticuar v. t. Declarar antigua o sin uso una cosa. || – V. pr. Hacerse antiguo.

anticuario m. El que estudia las cosas antiguas. || El que las colecciona o las vende.

anticuchos m. pl. *Per.* Brochetas.

anticuerpo m. *Med.* Sustancia defensiva creada por el organismo y que se opone a la acción de las bacterias, toxinas, etc.

antídoto m. Contraveneno.

antiestético, ca adj. No estético.

antifaz m. Máscara para cubrir la cara.

antigás adj. Que sirve contra la acción de los gases tóxicos.

antigüedad f. Calidad de antiguo. || Tiempo antiguo. || Tiempo transcurrido desde el día en que se obtiene un empleo: *ascenso por antigüedad.* || – Pl. Monumentos u objetos de arte antiguos.

antiguo, gua adj. Que existe desde hace mucho tiempo: *tradición antigua.* || Pasado de moda, anticuado.

antiimperialismo m. Actitud o doctrina que se funda en la lucha contra el imperialismo.

antiinflacionista adj. Destinado a luchar contra la inflación.

antillano, na adj. y s. De las Antillas.

antílope m. Rumiante bóvido de aspecto de ciervo.

antimateria f. *Fís.* Materia hipotética que estaría constituida por antipartículas, del mismo modo que la materia lo está por partículas.

antimilitarista adj. y s. Opuesto al militarismo.

antimonio m. Metal blanco azulado brillante (Sb).

antineutrón m. Antipartícula del neutrón.

antinomia f. Contradicción entre dos leyes o principios racionales.

antinómico, ca adj. Contradictorio, que implica antinomia.

antinuclear adj. Opuesto a la utilización de la energía nuclear.

antioxidante adj. Que impide la oxidación (ú. t. c. s. m.).

antipalúdico, ca adj. Contra el paludismo (ú. t. c. s. m.).

antipapa m. Papa cismático.

antiparras f. pl. *Fam.* Gafas.

antipartícula f. *Fís.* Partícula elemental (positón, antiprotón, antineutrón) con propiedades opuestas a las de los átomos de los elementos químicos.

antipatía f. Repugnancia instintiva hacia alguien o algo.

antipático, ca adj. Que causa antipatía (ú. t. c. s.).

antipatizar v. i. *Amer.* Sentir antipatía.

antipatriota com. No patriota.

antipatriótico, ca adj. Contrario al patriotismo.

antípoda m. Persona que se halla en un lugar de la Tierra diametralmente opuesto a otra. || *Fig.* Lo que es enteramente contrario. || – Pl. Tierras situadas en lugar diametralmente opuesto.

antiproteccionismo m. Oposición al proteccionismo.

antiprotón m. Protón negativo para romper los núcleos atómicos.

antiquísimo, ma adj. Muy antiguo.

antirracismo m. Oposición al racismo.

antirracista adj. y s. Opuesto al racismo.

antirreglamentario, ria adj. Contra el reglamento.

antirrobo adj. y s. m. Dícese del dispositivo de seguridad que impide el robo.

antisemita adj. y s. Hostil a los judíos.

antisemitismo m. Movimiento hostil a los judíos.

antiséptico, ca adj. y s. m. *Med.* Dícese del producto que destruye los microbios.

antiterrorismo m. Lucha contra el terrorismo.

antiterrorista adj. Contra el terrorismo: *ley antiterrorista.*

antítesis f. *Ret.* Oposición de sentido entre dos frases o palabras: *la naturaleza es «grande» hasta en las cosas más «pequeñas».*

antitetánico, ca adj. *Med.* Dícese del remedio empleado para luchar contra el tétanos.

antitoxina f. *Med.* Sustancia que destruye las toxinas.

antituberculoso, sa adj. Que combate la tuberculosis.

antojadizo, za adj. Caprichoso.

antojarse v. pr. Desear mucho una cosa. || Sospechar.

antojito m. *Méx.* Bocado ligero.

antojo m. Deseo vivo y pasajero de algo. || – Pl. Lunares en la piel.

antología f. Colección de trozos literarios.

antológico, ca adj. Relativo a la antología.

antónimo, ma adj. y s. m. Contrario.

antorcha f. Hacha o tea para alumbrar. || *Fig.* Luz, guía.

antracita f. Carbón fósil seco.

ántrax m. *Med.* Tumor inflamatorio en el tejido subcutáneo.

antro m. Caverna, cueva.

antropofagia f. Costumbre de comer carne humana.

antropófago, ga adj. y s. Que come carne humana.

antropología f. Ciencia que trata del hombre.

antropológico, ca adj. De la antropología: *estudio antropológico.*

antropólogo, ga m. y f. Persona dedicada al estudio de la antropología.

antropomorfo, fa adj. Aplícase al mono que tiene alguna semejanza corporal con el hombre (ú. t. c. s. m.). || Que tiene forma de cabeza o de cuerpo humano.

antropopiteco m. Animal fósil del período pleistoceno.

antropozoico, ca adj. y s. *Geol.* Dícese de la era cuaternaria.

anual adj. Que sucede cada año. || Que dura un año.

anualidad f. Calidad de anual. || Importe anual de cualquier renta.

anuario m. Libro que se publica de año en año para que sirva de guía en determinadas actividades o profesiones.

anudar v. t. Hacer uno o más nudos.

anuencia f. Consentimiento.

anulación f. Acción de anular.

anulador, ra adj. y s. Que anula.

anular adj. Relativo al anillo. || De figura de anillo. || – M. Cuarto dedo de la mano (ú. t. c. adj.).

anular v. t. Dar por nulo.

anunciación f. Acción y efecto de anunciar. || Fiesta con que la Iglesia católica celebra la visita del arcángel Gabriel a la Virgen.

anunciador, ra adj. y s. Que anuncia.

anunciante adj. y s. Que anuncia. || Que hace publicidad.

anunciar v. t. Hacer saber: *anunciar una nueva.* || Publicar: *anunciar una subasta.* || – V. pr. Hacer publicidad: *se ha anunciado mucho el estreno de esa película.*

anuncio m. Aviso verbal o impreso con que se anuncia algo. || Publicidad. || Pronóstico. || Signo, índice.

anuros m. pl. Orden de batracios sin cola, que comprende las ranas, los sapos, etc. (ú. t. c. adj.).

anverso m. Haz de las monedas y medallas, de un impreso, etc.

anzoateguiense adj. y s. De Anzoátegui (Venezuela).

anzuelo m. Arponcillo que, pendiente de un sedal, sirve para pescar. || *Fig.* y *fam.* Atractivo.

añadido m. Añadidura.

añadidura f. Lo que se añade.

añadir v. t. Agregar, incorporar una cosa a otra. || Ampliar.

añagaza f. Artificio.

añejo, ja adj. Que tiene mucho tiempo: *costumbre añeja.*

añicos m. pl. Pedazos de una cosa que se rompe.

añil m. Arbusto leguminoso de cuyas hojas se saca una pasta colorante azul. || Color de esta pasta.

año m. Tiempo que tarda la Tierra en hacer su revolución alrededor del Sol: *el año consta de 52 semanas o 365 días y cuarto.* || Período de doce meses.

añoranza f. Nostalgia.

añorar v. t. Sentir nostalgia.

aojo m. Mal de ojo.

aorta f. *Anat.* Arteria principal del cuerpo que arranca del ventrículo izquierdo del corazón.

apabullar v. t. *Fig.* Reducir al silencio, dejar confuso: *le apabulló con sus argumentos.*

apacentador, ra adj. y s. Que apacienta.

apacentamiento m. Acción y efecto de apacentar. || Pasto.

apacentar v. t. Dar pasto al ganado.

apache adj. y s. Dícese de un pueblo indio del SO. de Estados Unidos y del N. de México. || – M. *Fig.* Malhechor.

apacible adj. Tranquilo.

apaciguador, ra adj. y s. Que apacigua.

apaciguamiento m. Acción y efecto de apaciguar o apaciguarse.

apaciguar v. t. Sosegar.

apadrinamiento m. Acción y efecto de apadrinar.

apadrinar v. t. Asistir como padrino a alguno. || *Fig.* Patrocinar, proteger.

apagar v. t. Extinguir el fuego o la luz. || *Fig.* Aplacar: *el tiempo apaga el rencor.* || Echar agua a la cal viva.

apaisado, da adj. Oblongo.

apalabrar v. t. Convenir de palabra.

apalancamiento m. Acción y efecto de apalancar.

apalancar v. t. Levantar, mover con palanca.

apaleamiento m. Acción y efecto de apalear.

apalear v. t. Dar golpes con un palo.

apañado, da adj. Hábil, mañoso.

apañar v. t. *Fig.* Apoderarse de una cosa. || Aderezar, preparar. | *Fam.* Remendar lo roto. | Convenir: *no me apaña nada ir tan lejos.* || – V. pr. *Fam.* Darse maña o habilidad para una cosa. || *Apañárselas,* arreglárselas.

apaño m. Arreglo. || *Fam.* Maña. | Relación amorosa irregular.

aparador m. Mueble donde se coloca lo necesario para el servicio de la mesa.

aparato m. Pompa, ostentación: *con mucho aparato.* || Máquina, conjunto de instrumentos o útiles para ejecutar un trabajo. || *Fam.* Teléfono: *¿quién está al aparato?* || *Anat.* Conjunto de órganos para una misma función. || Conjunto de los responsables y miembros permanentes de un partido o sindicato.

aparatoso, sa adj. Que tiene mucho aparato, ostentoso, pomposo. || Espectacular. || Vistoso: *traje aparatoso.*

aparcamiento m. Acción de aparcar. || Sitio donde se aparca.

aparcar v. t. Estacionar un coche.

aparcería f. Contrato o convenio de los que van a la parte en una finca rústica.

aparcero, ra m. y f. Persona que tiene aparcería con otra.

aparear v. t. Ajustar una cosa con otra de forma que queden iguales.

aparecer v. i. Manifestarse, dejarse ver (ú. t. c. pr.). || Encontrarse, hallarse: *aparecer lo perdido.*

aparecido m. Espectro de un difunto.

aparejador, ra adj. y s. Que apareja. || – M. y f. Ayudante de un arquitecto, llamado también *arquitecto técnico.*

aparejar v. t. Preparar, disponer para un fin (ú. t. c. pr.). || Poner el aparejo a las caballerías.

aparejo m. Preparación, disposición. || Arreo para cargar las caballerías. || Sistema de poleas compuestas. || Conjunto de cosas necesarias para algo: *aparejo de pescar.* || *Mar.* Conjunto de velas.

aparentar v. t. Manifestar lo que no es o no hay. || Corresponder la edad de una persona a su aspecto. || Fingir. || — V. i. Hacerse ver: *le gusta mucho aparentar.*

aparente adj. Que parece y no es: *muerte aparente.* || Visible.

aparición f. Acción de aparecer.

apariencia f. Aspecto exterior.

apartadero m. Sitio donde se aparta a los toros para enchiquerarlos. || Vía muerta donde se apartan los vagones.

apartado, da adj. Retirado, distante, remoto: *caserío apartado.* || — M. Correspondencia que se aparta en Correos para que la recoja el destinatario. || Acción de encerrar los toros en los chiqueros. || Párrafo o conjunto de párrafos de una ley, decreto, etc.

apartamento m. Piso pequeño.

apartamiento m. Acción y efecto de apartar o apartarse.

apartar v. t. Alejar: *apartar un obstáculo.* || Quitar a una persona o cosa de un lugar, dejar a un lado. || Escoger, entresacar. || *Fig.* Disuadir. || — V. i. Empezar: *apartar a correr.* || — V. pr. Alejarse. || Echarse a un lado. || Huir del peligro.

aparte adv. En otro lugar: *poner aparte.* || A un lado: *broma aparte.* || Con omisión, con preterición de: *aparte de lo dicho.* || Además. || — M. Párrafo. || *Teatr.* Lo que el personaje dice suponiendo que no le oyen los demás. || Reflexión que hace una persona para sí. || — Adj. Diferente, distinto: *es una persona aparte entre todas las demás.*

apartijo m. Separación.

apasionamiento m. Pasión.

apasionar v. t. Causar, excitar alguna pasión (ú. m. c. pr.).

apatía f. Falta de ganas.

apático, ca adj. y s. Que tiene apatía.

apátrida adj. y s. Sin patria.

apeadero m. En los ferrocarriles, sitio donde pueden bajar viajeros, pero sin estación. || *Fig.* Casa que uno habita de paso fuera de su domicilio.

apear v. t. Bajar de una caballería o carruaje (ú. t. c. pr.).

apechugar v. i. *Fig.* Resignarse, cargarse.

apedreamiento m. Acción y efecto de apedrear o apedrearse.

apedrear v. t. Tirar piedras.

apedreo m. Apedreamiento.

apegarse v. pr. Cobrar apego.

apego m. *Fig.* Cariño.

apelable adj. Que admite apelación.

apelación f. Acción de apelar.

apelar v. i. Pedir al juez o tribunal superior que revoque la sentencia del inferior. || *Fig.* Recurrir a una persona o cosa.

apelativo adj. *Gram.* Dícese del nombre común: *nombre apelativo.* || — M: Nombre de una persona.

apellidar v. t. Nombrar a uno por su apellido. || Llamar, dar por nombre. || — V. pr. Tener tal nombre o apellido: *se apellida Pelayo.*

apellido m. Nombre de familia.

apelmazar v. t. Hacer más compacto.

apenar v. t. Causar pena.

apenas adv. Casi no: *apenas se mueve.* || Luego que: *apenas llegó se puso a trabajar.*

apencar v. i. *Fam.* Apechugar.

apéndice m. Cosa adjunta o añadida a otra. || *Anat.* Parte unida al extremo de un órgano: *apéndice cecal.*

apendicitis f. *Med.* Inflamación del apéndice.

aperador m. Labrador.

apercibir v. t. Percibir.

apergaminarse v. pr. Acartonarse.

aperitivo m. Bebida que se toma antes de la comida. || Manjares que acompañan a esta bebida. || — Adj. Que estimula el apetito.

apero m. Conjunto de instrumentos y herramientas de un oficio.

apertura f. Acción de abrir. || Comienzo del curso escolar, de las sesiones de un parlamento, de una partida de ajedrez, de rugby.

aperturista adj. Relativo a la apertura.

apesadumbrar y **apesarar** v. t. Entristecer (ú. t. c. p.).

apestar v. i. Despedir mal olor.

apestoso, sa adj. Que apesta.

apétalo, la adj. Sin pétalos.

apetecer v. t. Tener ganas de alguna cosa o desearla. || — V. i. Gustar.

apetecible adj. Que apetece.

apetencia f. Movimiento instintivo del hombre a desear una cosa.

apetito m. Gana de comer. || *Fig.* Lo que excita al deseo de alguna cosa.

apetitoso, sa adj. Que excita el apetito. || Gustoso, sabroso.

apiadar v. t. Causar piedad.

ápice m. *Fig.* Parte pequeñísima.

apicultura f. Arte de criar abejas.

apilamiento m. Acción de apilar.

apilar v. t. Amontonar.

apimplarse v. pr. *Fam.* Emborracharse.

apiñamiento m. Acción y efecto de apiñar o apiñarse.

apiñar v. t. Juntar, apretar personas o cosas. Ú. t. c. pr.: *apiñarse la multitud.*

apio m. Planta hortense de raíz y tallo comestibles.

apiolar v. t. *Fam.* Matar.

apisonadora f. Máquina utilizada para afirmar caminos y pavimentos.

apisonamiento m. Acción y efecto de apisonar.

apisonar v. t. Apretar la tierra, el pavimento, etc., con apisonadora.

aplacar v. t. Amansar, suavizar: *aplacar la cólera, el enojo* (ú. t. c. pr.).

aplanadora f. *Amer.* Apisonadora.

aplanamiento m. Acción y efecto de aplanar o aplanarse.

aplanar v. t. Allanar. || *Fig.* y *fam.* Dejar a uno abatido. || — V. pr. *Fig.* Desanimarse.

aplastante adj. Que aplasta. || *Fig.* Abrumador.

aplastamiento m. Acción y efecto de aplastar o aplastarse.

aplastar v. t. Aplanar una cosa por presión o golpe. || *Fig.* Vencer.

aplatanado, da adj. *Fam.* Indolente.

aplatanamiento m. *Fam.* Indolencia.

aplatanarse v. pr. *Fam.* Ser o volverse indolente y apático.

aplaudir v. t. Palmotear en señal de aprobación. || Celebrar: *aplaudir una medida.*

aplauso m. Acción y efecto de aplaudir. || *Fig.* Aprobación.

aplazamiento m. Acción y efecto de aplazar.

aplazar v. t. Diferir, retardar. || *Arg.* y *Urug.* Suspender a uno que se examina.

aplicación f. Adaptación. || Ejecución: *la aplicación de una teoría.* || *Fig.* Esmero, diligencia.

aplicado, da adj. *Fig.* Estudioso. || Que tiene aplicación.

aplicar v. t. Poner una cosa sobre otra: *aplicar una cataplasma.* || *Fig.* Adaptar, apropiar: *aplicar las artes a la industria.* || Atribuir, referir a un caso particular. || Emplear. || – V. pr. Poner esmero, diligencia. || Concernir: *esta ley se aplica a todos.*

aplique m. Lámpara fijada en la pared.

aplomo m. Serenidad.

apocado, da adj. Pusilánime.

apocalíptico, ca adj. Terrorífico.

apocamiento m. Timidez.

apocarse v. pr. Asustarse.

apocopar v. t. *Gram.* Hacer apócope.

apócope f. *Gram.* Cambio fonético que consiste en suprimir una o más letras al fin de un vocablo: *algún es un apócope de alguno.*

apócrifo, fa adj. No auténtico.

apodar v. t. Poner motes a uno.

apoderado, da m. y f. Persona que tiene poder para representar a otra.

apoderamiento m. Acción y efecto de apoderar o apoderarse.

apoderar v. t. Hacer apoderado a una persona. || – V. pr. Hacerse dueño de una cosa. || *Fig.* Dominar.

apodo m. Sobrenombre.

apófisis f. *Anat.* Parte saliente de un hueso: *apófisis coracoides.*

apogeo m. *Astr.* Punto en que la Luna se halla a mayor distancia de la Tierra. || *Fig.* Lo sumo de la grandeza: *el apogeo de su gloria.*

apolillar v. t. Roer la polilla.

apolítico, ca adj. y s. Ajeno a la política: *sindicalismo apolítico.*

apologética f. Parte de la teología que tiene por objeto la justificación del cristianismo.

apología f. Discurso en alabanza de una persona o cosa.

apologista com. Persona que hace la apología.

apólogo m. Fábula moral.

apoltronarse v. pr. Hacerse holgazán. || Arrellanarse.

aponeurosis f. Membrana conjuntiva que envuelve los músculos.

apoplejía f. *Med.* Parálisis cerebral producida por derrame sanguíneo en el encéfalo o las meninges.

apoquinar v. i. *Pop.* Pagar.

aporrear v. t. Golpear (ú. t. c. i.).

aportación f. Acción de aportar.

aportar v. i. *Fig.* Llegar a parte no pensada: *aportó por allí.* || – V. t. Llevar uno bienes a la sociedad de la que es miembro. || *Fig.* Proporcionar o dar.

aporte m. *Amer.* Aportación.

aposentar v. t. Dar habitación y hospedaje.

aposento m. Cuarto o habitación de una casa. || Domicilio, casa.

aposición f. Efecto de poner dos o más sustantivos consecutivos sin conjunción: *Madrid, capital de España.*

apósito m. *Med.* Remedio que se aplica exteriormente, sujetándolo con paños, vendas, etc.

aposta y **apostas** adv. Adrede.

apostar v. t. e i. Hacer una apuesta. || Poner gente en un sitio para algún fin. Ú. t. c. pr.: *se apostó detrás de un coche para verla.*

apostasía f. Acción de abandonar públicamente la religión que se profesa.

apóstata adj. y s. Persona que comete apostasía.

apostatar v. i. Negar la fe cristiana.

a posteriori loc. adv. Dícese de la demostración que asciende del efecto a la causa: *razonamiento «a posteriori».*

apostilla f. Anotación.

apóstol m. Cada uno de los doce primeros discípulos de Jesucristo. || Propagador de una doctrina política.

apostolado m. Ministerio del apóstol.

apostólico, ca adj. Relativo a los apóstoles o al Papa.

apostrofar v. t. Dirigir apóstrofes.

apóstrofe amb. Palabras dirigidas con vehemencia a una persona. || *Fig.* Insulto.

apóstrofo m. Signo ortográfico (') que indica elisión de vocal.

apostura f. Actitud, prestancia.

apotema f. *Geom.* Perpendicular trazada del centro de un polígono regular a uno de sus lados.

apoteósico, ca adj. Relativo a la apoteosis: *acogida apoteósica.*

apoteosis f. Honores extraordinarios tributados a una persona.

apoyar v. t. Hacer que una cosa descanse sobre otra: *apoyar los codos en la mesa.* || Basar, fundar. || *Fig.* Favorecer: *apoyar a un candidato.* || Confirmar una opinión o doctrina: *apoyar una teoría sobre hechos indiscutibles.* || *Mil.* Prestar protección una fuerza. || – V. pr. Servirse de una persona o cosa como apoyo: *apoyarse en alguien.*

apoyo m. Lo que sostiene.

apreciable adj. Digno de estima.

apreciación f. Estimación.

apreciar v. t. Valorar. || Estimar.

aprecio m. Estima.

aprehender v. t. Coger, asir.

aprehensión f. Captura.

apremiar v. t. Dar prisa. || *For.* Compeler. || – V. i. Urgir.

apremio m. Urgencia, prisa. || Orden administrativa para obligar al pago de contribuciones. || *For.* Mandamiento judicial ejecutivo.

aprender v. t. Adquirir el conocimiento de una cosa: *aprender de memoria* (ú. t. c. pr.).

aprendiz, za m. y f. Persona que aprende un arte u oficio.

aprendizaje m. Acción de aprender algún arte u oficio. || Tiempo que en ello se emplea. || *Fig.* Primeros ensayos de una cosa.

aprensión f. Escrúpulo. || Temor infundado.

aprensivo, va adj. Temeroso.

apresar v. t. Hacer presa con las garras o colmillos. || Apoderarse.

aprestar v. t. Aparejar, preparar lo necesario. || Engomar los tejidos. || – V. pr. Estar listo para: *se aprestó a salir.*

apresto m. Acción y efecto de aprestar las telas, las pieles. || – Pl. Utensilios.

apresuramiento m. Prisa.

apresurar v. t. Dar prisa (ú. t. c. pr.). || Ejecutar con rapidez algo.

apretar v. t. Estrechar con fuerza. || Oprimir: *apretar el gatillo.* || Comprimir. || *Fig.* Activar: *apretar el paso.* || — V. i. Intensificarse: *la lluvia aprieta.*

apretón m. Estrechamiento fuerte y rápido: *apretón de manos.*

apretujar v. t. *Fam.* Apretar.

apretura f. Aprieto, dificultad.

aprieto m. Apuro.

a priori loc. adv. Dícese de los conocimientos que son anteriores a la experiencia: *juzgar «a priori».*

aprisa adv. Rápidamente.

aprisco m. Paraje donde los pastores recogen el ganado.

aprisionar v. t. Poner en prisión. || *Fig.* Atar, sujetar.

aprobación f. Acción y efecto de aprobar.

aprobado, da adj. Que ha pasado con éxito un examen. || — M. Nota de aptitud en un examen.

aprobar v. t. Dar por bueno. || Obtener una nota de aptitud en un examen (ú. t. c. i.).

apropiación f. Acción y efecto de apropiar o apropiarse.

apropiado, da adj. Adecuado.

apropiarse v. pr. Tomar, apoderarse de alguna cosa.

aprovechado, da adj. Bien empleado. || Que lo aprovecha todo o trata de sacar provecho de todo (ú. t. c. s.). || Aplicado, diligente.

aprovechamiento m. Provecho.

aprovechar v. i. Servir de provecho alguna cosa. || Adelantar en estudios, virtudes, etc. || — V. t. Emplear útilmente una cosa. || — V. pr. Sacar utilidad de alguna cosa.

aprovisionamiento m. Acción y efecto de aprovisionar o aprovisionarse.

aprovisionar v. t. Abastecer (ú. t. c. pr.).

aproximación f. Proximidad. || Acercamiento. || Número de la lotería anterior o posterior al del primer premio. || Estimación aproximada.

aproximar v. t. Acercar (ú. t. c. pr.).

ápside m. *Astr.* Cada uno de los dos extremos del eje mayor de la órbita trazada por un astro.

aptitud f. Disposición natural o adquirida. || Idoneidad para un cargo.

apto, ta adj. Hábil, a propósito para hacer alguna cosa.

apuesta f. Acción y efecto de apostar.

apunarse v. pr. *Amer.* Padecer puna o soroche.

apuntalamiento m. Acción y efecto de apuntalar.

apuntalar v. t. Poner puntales.

apuntar v. t. Dirigir hacia un punto un arma arrojadiza o de fuego. || Señalar: *apuntar con el dedo.* || Tomar nota de alguna cosa. || En el teatro, decir el texto de una obra a un actor. || Decir la lección a un alumno que no se la sabe. || *Fig.* Insinuar: *apuntar una idea.* || Señalar o indicar. || — V. i. Empezar a manifestarse una cosa: *apuntar el día.* || *Fig.* Tener como misión u objeto. || Encararse un arma. || — V. pr. Empezar a agriarse el vino. || Inscribirse.

apunte m. Nota que se toma por escrito. || Dibujo ligero. || Apuntador de teatro. || — Pl. Notas de las explicaciones de un profesor, conferenciante u orador: *tomar apuntes.*

apuntillar v. t. Dar la puntilla.

apuñalar v. t. Dar de puñaladas.

apurado, da adj. Pobre, con poco dinero. || Molesto: *estoy muy apurado.* || Falto: *apurado de tiempo.*

apurar v. t. Purificar: *apurar el oro.* || Acabar o agotar: *apurar un cigarrillo.* || *Fig.* Apremiar, dar prisa: *no me apures más.* || Molestar, afligir: *me apura decírtelo.* || — V. pr. Afligirse, acongojarse. || Preocuparse. || Apresurarse.

apuro m. Aprieto, trance, dificultad. || Escasez grande: *apuros de dinero.* || Aflicción, tristeza. || Vergüenza, sonrojo. || *Amer.* Prisa.

aquejar v. t. Sufrir, padecer.

aquel, aquella, aquello adj. y pron. Designa lo que está lejos de la persona que habla y de la persona con quien se habla. *(Aquél, aquélla* se acentúan cuando son pronombres.) || — M. *Fam.* Encanto, gracia: *tiene su aquél.* || Algo, un poco de.

aquí adv. En este lugar: *aquí ocurrió el accidente.* || A este lugar: *ven aquí.* || En esto o en eso, en esto: *de aquí viene su desgracia.* || Ahora: *aquí me las va a pagar todas.* || Entonces, en tal ocasión: *aquí no pudo contenerse.*

aquiescencia f. Consentimiento.

aquietar v. t. Sosegar.

aquilatar v. t. *Fig.* Apreciar el mérito de una persona o cosa.

Ar, símbolo químico del *argón.*

ara f. Altar en que se ofrecen sacrificios. || Piedra consagrada del altar. || *En aras de,* en honor a. || — M. Guacamayo.

árabe adj. y s. De Arabia. || — M. Lengua árabe.

arabesco, ca adj. Arábigo. || — M. Adorno formado por motivos vegetales y geométricos característicos de las construcciones árabes.

arábigo, ga adj. De Arabia. || — M. Lengua árabe.

arabizar v. t. Dar carácter árabe.

arácnidos m. pl. *Zool.* Clase de animales que comprende las arañas, escorpiones, etc. (ú. t. c. adj.).

arado m. Instrumento para labrar la tierra y abrir surcos en ella.

aragonés, esa adj. y s. De Aragón (España).

araguato m. Mono aullador.

aragüeño, ña adj. y s. De Aragua (Venezuela).

arahuaco adj. Dícese del individuo de un pueblo indio que vivió en el Alto Paraguay. || — M. Lengua que hablaba.

arancel m. Tarifa oficial de derechos de aduanas, ferrocarriles, etc. || Tasa.

arancelario, ria adj. Del arancel.

arandela f. Anillo de metal.

araña f. Arácnido pulmonado de cuatro pares de patas y abdomen no segmentado, que segrega un hilo sedoso. || Lámpara colgante con varios brazos.

arañar v. t. Raspar ligeramente con las uñas, un alfiler, etc. || Hacer rayas superficiales.

arañazo m. Rasguño.

arar v. t. Remover la tierra con el arado: *abrir surcos en la tierra arando.*

arauaco, ca adj. y s. Arawako.

araucanismo m. Voz de origen indio propia del castellano hablado en Chile. || Condición de araucano. || Afecto a lo araucano.

araucanista com. Persona que estudia la lengua y costumbres de los araucanos.

araucano, na adj. y s. De la ant. Araucania o Arauco. || De Arauco, prov. de Chile. || De Arauca

(Colombia). || — M. Lengua de los araucanos o mapuches.

araucaria f. Árbol conífero de América del Sur y Australia.

arawako, ka adj. y s. Dícese del individuo de un pueblo indio de América en la cuenca del Orinoco.

arbitraje m. Arreglo de un litigio por un árbitro y sentencia así dictada. || Acción del juez que arbitra un partido deportivo.

arbitral adj. Relativo al árbitro.

arbitrar v. t. Hacer que se observen las reglas de un juego.

arbitrariedad f. Acto o proceder contrario a la justicia, la razón o las leyes, ilegalidad.

arbitrario, ria adj. Que depende del arbitrio. || Que incluye arbitrariedad: *poder arbitrario*.

arbitrio m. Facultad que tiene la voluntad de elegir o de determinarse: *libre arbitrio*. || — Pl. Impuestos municipales para gastos públicos.

árbitro m. Persona escogida por un tribunal para decidir una diferencia. || Juez que cuida de la aplicación del reglamento en un encuentro deportivo.

árbol m. Planta perenne, de tronco leñoso y elevado, que se ramifica a mayor o menor altura del suelo. || *Mar.* Palo de un buque. || *Mec.* Eje que sirve para recibir o transmitir el movimiento en las máquinas: *árbol motor*.

arbolado m. Conjunto de árboles.

arboladura f. *Mar.* Conjunto de palos y vergas de un buque.

arboleda f. Sitio con árboles.

arborescente adj. Planta que tiene caracteres parecidos a los del árbol.

arborización f. Figura en forma de ramas de árbol que tienen algunos minerales.

arbotante m. Arco que contrarresta el empuje de otro arco o bóveda.

arbusto m. Planta de tallos leñosos y ramas desde la base.

arca f. Caja de madera con tapa asegurada con bisagras, candados o cerraduras. || — Pl. Pieza o armario metálico donde se guarda el dinero en las tesorerías. || — *Arca de Noé*, embarcación grande en que se salvaron del diluvio Noé, su familia y cierto número de animales. || *Arcas públicas*, el erario.

arcabuz m. Arma de fuego antigua.

arcada f. Conjunto o serie de arcos. || Ojo de puente. || — Pl. Náuseas.

arcaico, ca adj. Viejo.

arcaísmo m. Voz o frase anticuada.

arcángel m. Ángel de orden superior.

arcano, na adj. y s. m. Secreto.

arce m. Árbol de madera dura.

arcediano m. Dignidad eclesiástica en las iglesias catedrales.

arcén m. Espacio en la carretera entre la calzada y la cuneta.

archicofradía f. Cofradía más antigua o con mayores privilegios.

archidiócesis f. Arquidiócesis.

archiducado m. Dignidad y territorio del archiduque.

archiduque, archiduquesa m. y f. Dignidad de los príncipes de las casas de Austria y de Baviera.

archimillonario, ria adj. y s. Varias veces millonario.

archipiélago m. Conjunto de islas.

archisabido, da adj. Muy sabido.

archivador, ra adj. y s. Que archiva. || — M. Mueble o caja para archivar.

archivar v. t. Poner en el archivo.

archivero, ra m. y f. **archivista** com. Persona que archiva.

archivo m. Local donde se custodian documentos. || Fichero de informática.

archivolta f. *Arq.* Conjunto de molduras que decoran un arco.

arcilla f. Roca pulverulenta formada principalmente por un silicato alumínico.

arcilloso, sa adj. Que tiene arcilla. || Parecido a la arcilla.

arciprestazgo m. Dignidad de arcipreste. || Territorio de su jurisdicción.

arcipreste m. Primero y principal de los presbíteros.

arco m. *Geom.* Porción de curva: *arco de círculo*. || *Arq.* Fábrica en forma de arco: *arco de puente*. || Arma para disparar flechas: *tirar con arco*. || *Mús.* Varilla de cerdas para tocar el violín, contrabajo, etc.

ardentía f. Pirosis.

arder v. i. Consumirse con el fuego. || *Fig.* Estar muy agitado por una pasión. || — V. t. Abrasar, quemar.

ardid m. Artificio, maña empleada para lograr algo: *valerse de ardides*.

ardiente adj. Que arde: *carbón ardiente*. || *Fig.* Activo. | Vehemente: *deseo ardiente*.

ardilla f. Mamífero roedor de cola larga que vive en los árboles.

ardor m. Calor grande. || *Fig.* Vehemencia: *amar con ardor*. | Anhelo: *desear con ardor*. | Valor: *luchar con ardor*. || — Pl. Ardentía.

ardoroso, sa adj. Que tiene ardor. || *Fig.* Ardiente, vigoroso.

arduo, dua adj. Muy difícil.

área f. Espacio de tierra ocupado por un edificio. || Medida agraria (100 m²). || *Geom.* Superficie comprendida dentro de un perímetro: *el área de un triángulo*. || Superficie, zona, extensión. || Zona de un terreno de juego deportivo delante de la meta o portería. || *Fig.* Campo, esfera: *área de influencia*.

arel m. Criba.

arena f. Conjunto de partículas desagregadas de las rocas: *la arena de la playa*. || Metal o mineral en polvo: *arenas de oro*. || *Fig.* Lugar del combate o la lucha. | Redondel de la plaza de toros.

arenar v. t. Cubrir de arena.

arenga f. Discurso enardecedor.

arengar v. t. Dirigir una arenga.

arenque m. Pez teleósteo parecido a la sardina.

areópago m. Tribunal superior de la antigua Atenas. || *Fig.* Reunión de personas consideradas competentes en una materia.

arepa f. *Amer.* Torta de maíz con manteca que se sirve rellena de carne de cerdo, chicharrón u otra cosa.

arequipeño, ña adj. y s. De Arequipa (Perú).

arete m. Pendiente, arillo.

argamasa f. Mezcla de cal, arena y agua que se emplea en albañilería.

argelino, na adj. y s. De Argel o Argelia.

argentinidad f. Sentimiento de la nacionalidad argentina.

argentinismo m. Palabra o giro propio de los argentinos. || Carácter o condición de argentino. || Afecto a la Argentina.

argentinizar v. t. Dar carácter argentino.

argentino, na adj. y s. De lá República Argentina. || – Adj. Que tiene el sonido vibrante de la plata: *voz argentina.* || – M. Modalidad del español hablado en Argentina.

argolla f. Aro grueso de metal. || *Méx. Fam.* Suerte. || *Arg., Bol., Col.,* y *Chil.* Anillo de matrimonio.

argón m. *Quím.* Elemento simple, gaseoso, incoloro, inodoro y sin ninguna actividad química (símb. Ar.).

argot m. Germanía, jerga. || Lenguaje convencional, especialmente utilizado por un grupo, una profesión, una clase social.

argucia f. Sutileza, sofisma.

argüir v. t. Deducir, inferir. || Probar, demostrar, descubrir. || – V. i. Oponer argumentos, impugnar. || Discutir.

argumentación f. Acción de argumentar. || Argumento.

argumentar v. i. Argüir, disputar. || – V. t. Alegar.

argumento m. Razonamiento para demostrar una proposición. || Asunto o materia de una obra.

aria f. *Mús.* Composición escrita para una sola voz.

aridez f. Calidad de árido.

árido, da adj. Seco, estéril: *tierra árida.* || – M. pl. Granos, legumbres y otras cosas a que se aplican medidas de capacidad.

ariete m. Máquina militar que se empleaba antiguamente para derribar murallas. || *Fig.* En fútbol, delantero centro.

ario, ria adj. y s. De un pueblo primitivo de Asia Central del que proceden los indoeuropeos. || – M. Lengua de este pueblo.

arisco, ca adj. Desabrido.

arista f. *Geom.* y *Fort.* Línea de intersección de dos planos.

aristocracia f. Clase noble. || Gobierno de la nobleza.

aristócrata com. Persona de la aristocracia.

aristocratizar v. t. Dar carácter aristocrático (ú. t. c. pr.).

aritmética f. Ciencia de los números y libro que trata de ella.

aritmético, ca adj. Relativo a la aritmética. || Basado en la aritmética. || – M. y f. Persona que se dedica a esta ciencia.

arlequín m. Personaje cómico de la comedia italiana.

arma f. Instrumento destinado a ofender o defenderse: *arma de fuego.* || *Blas.* Escudo. || *Fig.* Medios para conseguir un fin. || *Mil.* Cada uno de los diversos institutos que constituyen la parte principal de los ejércitos combatientes: *el arma de infantería.* || – Pl. Tropas o ejércitos de un Estado: *las armas de España.* || Profesión militar. || *Taurom.* Asta, cuerno. || *Zool.* Defensas de los animales.

armada f. Conjunto de fuerzas navales de un Estado. || Escuadra.

armadía f. Conjunto de maderos unidos unos con otros para conducirlos a flote por los ríos.

armadillo m. Mamífero desdentado de la América meridional.

armador, ra m. y f. Persona que arma o monta. || – M. El que arma o equipa una embarcación.

armadura f. Conjunto de armas defensivas que protegían el cuerpo. || *Arq.* Armazón.

armamentista adj. De armamentos.

armamento m. Acción de armar. || Apresto para la guerra. || Conjunto de armas. || Armas de un soldado. || Equipo de un buque.

armar v. t. Dar armas. || Disponer para la guerra: *armar un ejército.* || Aprestar un arma para disparar: *armar el fusil.* || *Por ext.* Tensar el muelle de un mecanismo. || Concertar o montar las piezas de un mueble, artefacto, etc.: *armar una máquina.* || Fundar, asentar una cosa sobre otra. || Dar forma, resistencia o consistencia. || Equipar un barco. || *Fig.* y *fam.* Organizar. | Causar, provocar: *armar disgustos.* || – V. pr. *Fig.* Disponer deliberadamente el ánimo para conseguir un fin o resistir una contrariedad: *armarse de paciencia.* | Estallar, producirse: *se armó un escándalo.*

armario m. Mueble con puertas y anaqueles para guardar objetos o ropa.

armazón f. Armadura, estructura sobre la que se monta una cosa.

armería f. Museo de armas. || Arte de fabricar armas. || Tienda del armero.

armiño m. Mamífero de piel muy suave y delicada. || Su piel.

armisticio m. Cese de hostilidades.

armón m. *Mil.* Juego delantero de la cureña del cañón.

armonía f. Arte de formar los acordes musicales. || Unión o combinación de sonidos agradables o de las partes de un todo.

armónico, ca adj. Relativo a la armonía: *composición armónica.* || – F. Instrumento músico que se toca con los labios.

armonio m. *Mús.* Órgano pequeño al que se da aire con un fuelle movido con los pies.

armonioso, sa adj. Agradable al oído o que tiene armonía.

armonización f. Acción de armonizar.

armonizar v. t. Poner en armonía.

arnés m. Guarniciones de las caballerías.

árnica f. Planta cuyas flores y raíz se emplean en forma de tintura para heridas y contusiones.

aro m. Círculo o anillo de hierro, madera, etc. || Juguete infantil en forma de círculo de madera. || Servilletero.

aroma m. Olor muy agradable.

aromatización f. Acción de aromatizar.

aromatizar v. t. Dar aroma.

arpa f. *Mús.* Instrumento triangular de cuerdas verticales que se toca con ambas manos.

arpegio m. *Mús.* Sucesión de los sonidos de un acorde.

arpía f. *Fig.* Mujer perversa o muy fea.

arpillera f. Tejido basto.

arpista com. Persona que tañe el arpa.

arpón m. *Mar.* Dardo con ganchos para la pesca mayor.

arponear v. t. Cazar o pescar con arpón: *arponear una ballena.*

arquear v. t. Dar figura de arco: *arquear un mimbre.* || *Mar.* Medir la capacidad de un buque.

arqueo m. Acción y efecto de arquear o arquearse. || *Mar.* Reconocimiento de los caudales y papeles de una caja: *hacer el arqueo.* || *Com.* Cabida de la nave.

arqueología f. Ciencia que estudia las artes y los monumentos de la Antigüedad: *arqueología mexicana.*

arqueólogo, ga m. y f. Persona que profesa la arqueología o tiene especiales conocimientos sobre esta materia.

arquero m. Soldado que peleaba con arco. ‖ Cajero, tesorero. ‖ *Amer.* Guardameta, portero de un equipo de fútbol.

arquetipo m. Modelo original de una obra material o intelectual. ‖ Tipo ideal, ejemplo.

arquidiócesis f. Diócesis episcopal.

arquitecto, ta m. y f. Persona que ejerce la arquitectura.

arquitectónico, ca adj. De la arquitectura.

arquitectura f. Arte de proyectar, construir y adornar edificios. ‖ *Fig.* Forma, estructura.

arquitrabe m. *Arq.* Parte inferior del cornisamiento.

arrabal m. Barrio extremo o contiguo a una población.

arrabalero, ra y **arrabalesco, ca** adj. y s. Habitante de un arrabal. ‖ *Fig.* y *fam.* Vulgar, bajo.

arrabio m. Hierro bruto de primera fusión.

arracimarse v. pr. Unirse en racimo.

arraigar v. i. *Bot.* Echar raíces. ‖ *Fig.* Hacerse muy firme algo inmaterial: *arraigar una costumbre.* ‖ — V. t. Fijar, afirmar, establecer.

arraigo m. Acción y efecto de arraigar o arraigarse.

arramblar y **arramplar** v. t. *Fig.* Arrastrarlo todo llevándoselo con violencia, coger.

arrancada f. Acción de arrancar o emprender la marcha una persona, un animal, un buque, un automóvil u otro vehículo.

arrancar v. t. Sacar de raíz: *arrancar un árbol, una muela.* ‖ Sacar con violencia. ‖ *Fig.* Obtener con violencia, trabajo o astucia: *arrancar una confesión.* ‖ Separar con violencia a una persona de alguna parte o costumbre. ‖ Poner en marcha, hacer funcionar: *arrancar el barco.* ‖ Iniciarse el funcionamiento: *arrancar el motor.* ‖ — V. i. Andar, partir: *el coche arrancó.* ‖ Echar a correr. ‖ Abalanzarse, arrojarse: *el toro arrancó contra él.* ‖ *Arq.* Principiar el arco o la bóveda. ‖ — V. pr. Empezar, ponerse: *arrancarse a cantar.*

arranque m. Acción y efecto de arrancar. ‖ *Fig.* Arrebato: *arranque de ira.* | Pujanza, brío. | Ocurrencia. | Comienzo, punto de partida. ‖ *Arq.* Principio de un arco o bóveda. ‖ *Mec.* Pieza para poner en funcionamiento un motor.

arrapiezo m. Chiquillo.

arras f. pl. Lo que se da como prenda de un contrato. ‖ Monedas que al celebrarse el matrimonio entrega el desposado a la desposada.

arrasamiento m. Acción de arrasar.

arrasar v. t. Echar por tierra. ‖ — V. pr. Sumirse: *arrasarse en lágrimas.*

arrastramiento m. Acción de arrastrar.

arrastrar v. t. Llevar a una persona o cosa por el suelo, tirando de ella: *la multitud arrastró al asesino.* ‖ *Fig.* Convencer, llevar tras sí o traer a su dictamen. | Impulsar irresistiblemente: *arrastrar al crimen.* | Tener por consecuencia inevitable: *la guerra arrastra la ruina.* ‖ — V. i. Jugar triunfos en las cartas. ‖ — V. pr. Trasladarse rozando el suelo: *la culebra se arrastra.* ‖ *Fig.* Humillarse demasiado.

arrastre m. Acción de arrastrar.

arrayán m. Arbusto de flores blancas y follaje siempre verde.

¡arre! interj. Se emplea para arrear a las bestias: *¡arre, burro!*

arrear v. t. Estimular a las bestias con la voz o el látigo. ‖ Dar prisa, estimular. ‖ *Fam.* Dar, soltar (bofetada).

arrebatamiento m. Arrebato.

arrebatar v. t. Quitar o tomar algo con violencia. ‖ Coger con precipitación. ‖ *Fig.* Sacar de sí, entusiasmar. ‖ — V. pr. Enfurecerse.

arrebato m. Furor: *hablar con arrebato.* ‖ Arranque, manifestación brusca de un sentimiento. ‖ Éxtasis.

arrebol m. Color rojo de las nubes. ‖ Afeite encarnado. ‖ Rubor.

arrebolarse v. pr. Ruborizarse. ‖ Tomar un color rojizo.

arrechuchar v. t. Empujar.

arrechucho m. *Fam.* Arranque. | Indisposición repentina.

arreciar v. i. Hacerse cada vez más violenta una cosa.

arrecife m. Banco o bajo formado en el mar por rocas o pólíperos casi a flor de agua.

arrecirse v. pr. Entumecerse de frío.

arredrar v. t. *Fig.* Atemorizar (ú. t. c. pr.).

arreglado, da adj. *Fig.* Ordenado. | Razonable: *precio arreglado.*

arreglar v. t. Sujetar a regla. ‖ Reparar: *arreglar un traje.* ‖ Poner orden. ‖ Instalar. ‖ Solucionar: *arreglar un asunto.* ‖ Decorar: *arreglar un piso.* ‖ Enmendar: *arreglar una comedia.* ‖ — V. pr. Conformarse: *me arreglo con esto.* ‖ Componerse, ataviarse: *se arregló para salir.* ‖ *Fam.* Arreglárselas, componérselas.

arreglo m. Avenencia: *fórmula de arreglo.* ‖ Reparación. ‖ Adaptación. ‖ *Fam.* Amancebamiento. ‖ *Con arreglo a,* según.

arrellanarse v. pr. Sentarse con toda comodidad.

arremangar v. t. Recoger hacia arriba las mangas de la ropa (ú. t. c. pr.).

arremeter v. t. e i. Acometer.

arremetida f. Acción de arremeter.

arremolinarse v. pr. Hacer remolinos.

arrendador, ra m. y f. Persona que da en arriendo alguna cosa. ‖ Arrendatario, inquilino.

arrendamiento m. Acción de arrendar y precio en que se arrienda.

arrendar v. t. Adquirir mediante precio el disfrute temporal de bienes inmuebles.

arrendatario, ria adj. y s. Que toma en arrendamiento.

arreo m. pl. Guarniciones de las caballerías.

arrepentimiento m. Pesar.

arrepentirse v. pr. Pesarle a uno de haber hecho o no una cosa.

arrestado, da adj. y s. Preso.

arrestar v. t. Poner preso.

arresto m. Acción de arrestar. ‖ Detención provisional. ‖ Arrojo, audacia.

arriada f. Riada.

arrianismo m. Herejía de Arrio que niega la divinidad del Verbo.

arriar v. t. *Mar.* Bajar un buque las velas o las banderas.

arriate m. Cuadro de plantas.

arriba adv. A lo alto. || En lo alto, en la parte alta. || En lugar anterior. || Más de: *de cinco pesetas arriba.* || – Interj. Voz que se emplea para alentar o aclamar.

arribismo m. Ambición, deseo de triunfar a toda costa.

arribista adj. y s. Persona dispuesta a triunfar a cualquier precio.

arriendo m. Arrendamiento.

arriero m. El que conduce las caballerías de carga.

arriesgado, da adj. Peligroso.

arriesgar v. t. Poner en peligro: *arriesgar la vida.* || – V. pr. Exponerse.

arrimar v. t. Acercar: *arrimar un armario a la pared.* || *Fig.* y *fam.* Dar un golpe: *arrimar un bofetón.* || – *Fam. Arrimar el ascua a su sardina,* velar por los propios intereses. || *Fam. Arrimar el hombro,* cooperar en un trabajo. || –V. pr. Acercarse. || *Fig.* Acogerse a la protección de uno.

arrinconamiento m. Retiro.

arrinconar v. t. Poner en un rincón. || *Fig.* No hacer caso de uno.

arroba f. Peso que equivale a 11,502 kilogramos.

arrobador, ra adj. Que arroba.

arrobamiento m. Éxtasis.

arrobar v. t. Embelesar.

arrobo m. Arrobamiento.

arrocero, ra adj. Relativo al arroz || – M. y f. Persona que cultiva o vende arroz.

arrodillar v. t. Hacer que uno hinque las rodillas. || – V. i. y pr. Ponerse de rodillas.

arrogancia f. Altanería, soberbia. || Gallardía, elegancia.

arrogante adj. Altanero, soberbio. || Gallardo, elegante.

arrogarse v. pr. Atribuirse.

arrojar v. t. Lanzar: *arrojar una piedra.* || Echar: *arrojar a la basura.* || Alcanzar, totalizar: *arrojar un gran beneficio.* || *Fig.* Dar como resultado: *el debe arroja más que el haber.* || Señalar, mostrar. || *Fam.* Vomitar. || – V. pr. Precipitarse: *arrojarse al agua.* || Abalanzarse: *arrojarse contra uno.* || *Fig.* Resolverse a emprender algo.

arrojo m. Osadía, intrepidez.

arrollador, ra adj. Que arrolla. || Irresistible: *fuerza arrolladora.* || Clamoroso: *éxito arrollador.*

arrollar v. t. Envolver una cosa en forma de rollo. || Atropellar: *el coche arrolló a un peatón.* || *Fig.* Desbaratar: *arrollar al enemigo.* | Confundir a uno en la discusión.

arropar v. t. Cubrir, abrigar.

arrostrar v. t. *Fig.* Afrontar.

arroyo m. Riachuelo.

arroz m. Planta cuya semilla, blanca y harinosa, es comestible.

arrozal m. Campo de arroz.

arruga f. Pliegue.

arrugado, da adj. Con arrugas.

arrugamiento m. Acción y efecto de arrugar o arrugarse.

arrugar v. t. Hacer arrugas.

arruinamiento m. Ruina.

arruinar v. t. Causar ruina.

arrullo m. Canto monótono con que se enamoran las palomas y las tórtolas. || *Fig.* Cantarcillo para adormecer a los niños.

arsenal m. Establecimiento en que se construyen, reparan y conservan las embarcaciones. || Depósito o almacén general de armas y otros efectos de guerra.

arsénico m. Cuerpo simple (As), de número atómico 33, de color gris y brillo metálico, y densidad 5,7.

arte amb. Virtud, poder, eficacia y habilidad para hacer bien una cosa: *trabajar con arte.* || Conjunto de reglas de una profesión: *arte dramático.* || Obra humana que expresa simbólicamente, mediante diferentes materias, un aspecto de la realidad entendida estéticamente. || Conjunto de obras artísticas de un país o una época: *arte azteca.* || Aparato para pescar. || Cautela, astucia. || – *Artes liberales,* las que requieren principalmente el ejercicio de la inteligencia. || *Bellas Artes,* pintura, escultura, arquitectura, música y literatura.

— Observ. Se usa generalmente como m. en el sing. y f. en el pl.

artefacto m. Aparato.

arteria f. Cada uno de los vasos que llevan la sangre desde el corazón a las demás partes del organismo. || *Fig.* Gran vía de la comunicación: *las arterias de la ciudad.*

artero, ra adj. Astuto.

artesa f. Recipiente.

artesanado m. Conjunto de artesanos. || Actividad u oficio del artesano.

artesanía f. Clase social de los artesanos. || Arte de los artesanos.

artesano, na m. y f. Trabajador manual. || *Fig.* Autor.

artesón m. Adornos con molduras en techos y bóvedas. || Artesonado.

artesonado, da adj. Adornado con artesones. || – M. Techo de artesones.

ártico, ca adj. Relativo al polo Norte.

articulación f. *Anat.* Unión de un hueso con otro. || División o separación. || Pronunciación clara y distinta de las palabras. || *Mec.* Unión de dos piezas.

articulado m. Conjunto o serie de los artículos de un tratado, ley, reglamento, etc.

articular v. t. Unir, enlazar. || Pronunciar clara y distintamente.

articulista com. Persona que escribe artículos para un periódico.

artículo m. Una de las partes en que suelen dividirse los escritos. || Escrito publicado en un periódico. || Cada una de las divisiones de un diccionario. || Cada una de las divisiones numeradas de una ley, tratado o reglamento. || Objeto de comercio: *artículo de moda.* || *Gram.* Parte de la oración que se antepone al nombre para determinarlo.

artífice com. Persona que ejecuta una obra artística o mecánica. || *Fig.* Autor.

artificial adj. Hecho por mano del hombre. || *Fig.* Ficticio.

artificio m. Arte, habilidad con que está hecha una cosa. || Aparato, mecanismo. || *Fig.* Astucia.

artificiosidad f. Carácter de artificioso.

artificioso, sa adj. Habilidoso.

artiguense adj. y s. De Artigas (Uruguay).

artillar v. t. Armar de artillería.

artillería f. Material de guerra que comprende los cañones, morteros, etc. || Cuerpo de artilleros.

artillero m. Soldado de artillería.

artilugio m. Aparato de poca importancia. | *Fig.* Maña, trampa.

artimaña f. Trampa. || Astucia.

artista com. Persona que se dedica a alguna de las bellas artes, como el pintor, el escultor, etc. || Persona que interpreta una obra musical, teatral, cinematográfica. || — Adj. Que tiene gustos artísticos.

artístico, ca adj. Relativo a las artes.

artritis f. *Med.* Inflamación de las articulaciones: *artritis crónica.*

artrópodos m. pl. *Zool.* Animales articulados, como los crustáceos y los insectos (ú. t. c. adj.).

arveja f. Algarroba. || Guisante.

arvejal m. Terreno sembrado de arvejas.

arvejo m. Guisante.

arzobispado m. Dignidad o jurisdicción del arzobispo.

arzobispal adj. Perteneciente o relativo al arzobispo: *palacio arzobispal.*

arzobispo m. Obispo de una provincia eclesiástica de quien dependen otros sufragáneos.

arzón m. Fuste de la silla de montar.

as m. Carta de la baraja o cara del dado que lleva el número uno. || *Fig.* El primero en su clase.

As, símbolo del *arsénico.*

asa f. Asidero.

asado m. Carne asada.

asadura f. Conjunto de las entrañas del animal (ú. m. en pl.). || *Pop.* Pachorra. || *Fig. y fam. Echar las asaduras,* trabajar mucho.

asaetear v. t. Disparar saetas. || Herir o matar con saetas. || *Fig.* Importunar: *asaetear de preguntas.*

asalariado, da adj. y s. Que trabaja por salario.

asalariar v. t. Señalar a uno salario.

asaltar v. t. Acometer.

asalto m. Acción y efecto de asaltar. || *Esgr.* Combate simulado. || Cada una de las partes de un combate de boxeo.

asamblea f. Reunión de personas convocadas para un fin. || Cuerpo deliberante: *asamblea nacional.*

asambleísta com. Miembro de una asamblea.

asar v. t. Someter ciertos manjares a la acción del fuego. || *Fig.* Importunar con insistencia: *me asaron con preguntas.* || — V. pr. *Fig.* Sentir mucho calor.

asaúra f. *Fam.* Pachorra, flema. || — M. y f. *Fam.* Apático, flemático.

asaz adv. Harto, muy. || Mucho.

ascáride f. Lombriz intestinal.

ascendencia f. Serie de ascendientes o abuelos. || *Fig.* Influencia.

ascendente adj. Que asciende.

ascender v. i. Subir. || Importar: *la cuenta asciende a mil francos.* || Alcanzar, elevarse. || *Fig.* Adelantar en un empleo o dignidad. || — V. t. Dar o conceder un ascenso: *ascender un soldado a cabo.*

ascendiente m. y f. Padre o abuelo. || — M. Influencia moral.

ascensión f. Acción de ascender o subir. || Por antonomasia, la de Jesucristo a los cielos. || Fiesta con que se celebra este misterio. || Exaltación a una dignidad.

ascenso m. Adelanto de un funcionario. || Subida.

ascensor m. Aparato para subir o bajar en los edificios.

asceta com. Persona que hace vida ascética.

ascético, ca adj. Relativo al ascetismo. || Que trata de la vida ascética. || — F. Ascetismo.

ascetismo m. Profesión o doctrina de la vida ascética. || Vida austera.

asco m. Repugnancia.

ascua f. Pedazo de materia sólida candente.

asear v. t. Lavar (ú. t. c. pr.).

asechanza f. Artificio, trampa.

asechar v. t. Armar asechanzas.

asediar v. t. Poner sitio a una plaza fuerte. || *Fig.* Importunar.

asedio m. Cerco, sitio. || *Fig.* Importunidad, molestia.

asegurado, da adj. y s. Dícese de la persona que ha contratado un seguro.

asegurador, ra adj. Que asegura. || — M. y f. Persona o empresa que asegura riesgos ajenos.

asegurar v. t. Dar firmeza y seguridad a una cosa. || Afirmar, garantizar: *le aseguro que es así.* || Tranquilizar. || Proteger de riesgos: *asegurar contra incendio.* || Poner a cubierto mediante un contrato de seguro: *asegurar una finca.* || — V. pr. Cerciorarse. || Suscribir un contrato de seguro.

asemejar v. t. Hacer una cosa a semejanza de otra. || — V. i. Tener semejanza con otra cosa. || — V. pr. Mostrarse semejante.

asenso m. Aceptación, aprobación.

asentamiento m. Acción y efecto de asentar o asentarse.

asentar v. t. Colocar sobre algo sólido: *asentar cimientos.* || Establecer, fundar: *sentar el real.* || Afirmar. || Poner por escrito, anotar.

asentimiento m. Asenso.

asentir v. i. Admitir.

aseo m. Limpieza. || Pequeña habitación destinada a la limpieza del cuerpo: *cuarto de aseo.* || — Pl. Excusado.

asepsia f. *Med.* Ausencia de gérmenes patógenos. | Método para evitar las invasiones microbianas.

aséptico, ca adj. *Med.* Relativo a la asepsia: *cura aséptica.*

aseptizar v. t. Poner aséptico.

asequible adj. Que puede conseguirse o alcanzarse. || Abordable.

aserción f. Acción y efecto de afirmar.

aserradero m. Sitio donde se asierra.

aserrar v. t. Cortar con sierra.

aserto m. Aserción.

asesinar v. t. Matar alevosamente.

asesinato m. Crimen premeditado.

asesino, na adj. y s. Que asesina.

asesor, ra adj. y s. Que asesora.

asesoramiento m. Consejo.

asesorar v. t. Dar consejo o dictamen. || — V. pr. Tomar consejo.

asesoría f. Oficio de asesor.

asestar v. t. Dirigir un arma hacia un objetivo. || Descargar un proyectil o un golpe.

aseveración f. Afirmación.

aseverar v. t. Asegurar lo dicho.

asfaltado m. Acción de asfaltar.

asfaltar v. t. Revestir de asfalto.

asfalto m. Betún sólido, lustroso, que se emplea en el pavimento de carreteras, aceras, etc.

asfixia f. Suspensión de las funciones vitales por falta de respiración.

asfixiante adj. Que asfixia.

asfixiar v. t. Producir asfixia (ú. t. c. pr.).

así adv. De esta manera: *así habló*. || De tal suerte: *un amigo así no es corriente*. || Entonces: *¿así me dejas?* || — Conj. Tanto. || En consecuencia. || Por esto. || — Adj. De esta clase: *un caso así*.

asiático, ca adj. y s. De Asia.

asidero m. Asa.

asiduidad f. Frecuencia.

asiduo, dua adj. Frecuente, puntual. || — M. y f. Persona que suele frecuentar algún lugar.

asiento m. Cosa que sirve para sentarse. || Localidad en un espectáculo. || Sitio, lugar. || Base, fundamento. || Colocación. || Puesto en un tribunal o junta. || Poso de un líquido. || *Com.* Anotación en un libro de cuentas. | Capítulo de un presupuesto. | Partida de una cuenta. || *Amer.* Territorio de una mina.

asignación f. Atribución.

asignar v. t. Señalar lo que corresponde a una persona o cosa. || Destinar.

asignatura f. Materia que se enseña en un centro docente.

asilar v. t. Albergar en un asilo.

asilo m. Refugio, retiro: *derecho de asilo*. || Establecimiento en que se albergan los ancianos y desvalidos.

asimilación f. Acción de asimilar.

asimilar v. t. Asemejar, comparar. || Conceder a los individuos de una profesión los mismos derechos que a los de otra. || *Fisiol.* Apropiarse los órganos las sustancias nutritivas.

asimismo adv. También.

asir v. t. Agarrar, tomar (ú. t. c. pr.).

asirio, ria adj. y s. De Asiria.

asistencia f. Presencia. || Auditorio. || Socorro, favor, ayuda. || Tratamiento o cuidados médicos.

asistenta f. Criada que no vive en la casa.

asistente adj. y s. Que asiste, auxilia o ayuda. || Que está presente en un sitio. || — M. *Mil.* Soldado al servicio personal de un oficial. || *Asistente social,* persona contratada por entidades públicas o privadas para ayudar a solucionar los problemas sociales.

asistir v. t. Acompañar a alguno en un acto público: *asistir a un profesor.* || Socorrer: *asistir a un herido.* || Cuidar a los enfermos || Servir interinamente un criado. || Estar de parte de una persona. || — V. i. Estar presente.

asma f. *Med.* Enfermedad de los pulmones que se manifiesta por sofocaciones intermitentes.

asmático, ca adj. Del asma. || — M. y f. Persona que la padece.

asno m. Animal solípedo más pequeño que el caballo y de orejas largas. || *Fig.* Persona bruta.

asociación f. Conjunto de asociados.

asociado, da adj. y s. Dícese de la persona que acompaña a otra en alguna comisión. || — M. y f. Miembro de una asociación.

asociar v. t. Juntar una cosa con otra. || — V. pr. Reunirse para un fin.

asolamiento m. Destrucción.

asolar v. t. Destruir.

asomar v. i. Empezar a mostrarse alguna cosa. || — V. t. Sacar o mostrar una cosa por una abertura: *asomar la cabeza por la ventana* (ú. t. c. pr.). || — V. pr. Mostrarse.

asombrar v. t. *Fig.* Causar admiración o extrañeza (ú. t. c. pr.).

asombro m. Sorpresa.

asombroso, sa adj. Que causa asombro.

asomo m. Acción de asomar o asomarse. || Apariencia. || Indicio o señal.

asonada f. Motín.

asonancia f. Correspondencia de un sonido con otro.

aspa f. Brazo de un molino de viento. || Signo de la multiplicación.

aspaviento m. Gestos excesivos.

aspecto m. Apariencia.

aspereza f. Desigualdad del terreno. || Desabrimiento en el trato.

áspero, ra adj. De superficie desigual: *terreno áspero.* || Desapacible al gusto o al oído: *fruto áspero, voz áspera.* || Desabrido.

asperón m. Arenisca empleada en construcción y para fregar.

aspersión f. Acción de rociar.

áspid m. Víbora muy venenosa.

aspillera f. *Fort.* Abertura estrecha en el muro para poder disparar contra el enemigo.

aspiración f. Acción de aspirar. || Vivo anhelo.

aspirador, ra adj. Que aspira. || — M. Aspiradora. || —F. Aparato doméstico de limpieza que aspira el polvo.

aspirante adj. Que aspira: *bombo aspirante.* || — M. y f. Candidato.

aspirar v. t. e i. Atraer el aire exterior a los pulmones. || Atraer un líquido, un gas. || Ansiar: *aspirar a los honores.* || *Gram.* Pronunciar la letra *hache* como *jota.*

aspirina f. Ácido acetilsalicílico usado como analgésico y febrífugo.

asquear v. t. e i. Tener asco.

asquerosidad f. Lo que da asco.

asqueroso, sa adj. y s. Repugnante.

asta f. Palo de la pica, la lanza, la alabarda, etc. || Palo de la bandera. || Cuerno: *las astas del toro.*

astato m. Elemento químico artificial (At).

asterisco m. Signo ortográfico en forma de estrella (*) para hacer llamada a notas.

asteroide m. Planeta pequeño.

astigmatismo m. *Med.* Turbación de la vista por desigualdad en la curvatura del cristalino.

astil m. Brazo de la balanza.

astilla f. Fragmento que salta de una cosa que se parte o rompe.

astillar v. t. Hacer astillas.

astillero m. Lugar donde se construyen y reparan buques.

astracán m. Piel de cordero nonato o recién nacido, de lana rizada.

astrágalo m. Hueso corto en la parte superior y media del tarso.

astreñir v. t. Astringir.

astringir v. t. Sujetar, constreñir.

astriñir v. t. Astringir.

astro m. Cuerpo celeste. || *Fig.* Estrella de cine, etc. | Persona que sobresale en cualquier actividad.

astrología f. Predicción del porvenir mediante los astros.

astronauta com. Piloto interplanetario.

astronáutica f. Ciencia que estudia los vuelos interplanetarios. || Navegación extraterrestre.

astronáutico, ca adj. Relativo a la astronáutica.

astronave f. Vehículo destinado a la navegación interplanetaria.

astronomía f. Ciencia que trata de la posición, movimiento y constitución de los cuerpos celestes.

astronómico, ca adj. Relativo a la astronomía. || *Fig.* Exagerado.

astrónomo, ma m. y f. Persona que profesa la astronomía.

astucia f. Calidad de astuto. || Ardid, maña.

astur y **asturiano, na** adj. y s. De Asturias (España). || – M. Bable, lengua.

asturleonés, esa adj. Relativo a Asturias y León. || Natural de estas dos regiones de España (ú. t. c. s.). || Aplícase al dialecto neolatino hablado en Asturias y León (ú. t. c. s. m.).

astuto, ta adj. Sagaz, taimado.

asueto m. Vacación corta.

asumir v. t. Tomar para sí. || Aceptar.

asunceno, na y **asunceño, ña** adj. y s. De Asunción (Paraguay).

asunción f. Acción y efecto de asumir. || *Por ext.* Elevación de la Virgen Santísima al cielo.

asuncionense adj. y s. De La Asunción (Venezuela).

asunto m. Materia de que se trata.

asustadizo, za adj. Que se asusta.

asustar v. t. Dar o causar susto. Ú. t. c. pr.: *asustarse con nada.*

At, símbolo químico del *astato.*

atabal m. Timbal.

atacameño, ña adj. y s. De Atacama (Chile).

atacar v. t. Acometer: *atacar a un adversario.* || *Quím.* Ejercer acción una sustancia sobre otra: *el orín ataca al hierro.* || *Fig.* Tratándose del sueño, enfermedades, etc., acometer, dar.

atadura f. Acción de atar.

atajar v. t. *Fig.* Cortar, impedir: *atajar un incendio.* | Interrumpir a uno: *atajar al que desbarra.*

atajo m. Senda más corta.

atalaya f. Torre en lugar alto para vigilar.

atañer v. i. Corresponder.

ataque m. Acción militar ofensiva ejecutada con la idea de apoderarse de una posición o de un país. || *Fig.* Acometimiento repentino de algún mal: *ataque de apoplejía.* | Acceso: *ataque de tos.* | Crisis: *ataque de nervios.*

atar v. t. Unir, enlazar con ligaduras: *atar las manos.* || *Fig.* Impedir o quitar el movimiento. | Juntar, relacionar, conciliar. || – V. pr. *Fig.* Ceñirse a una cosa.

atardecer m. Final de la tarde.

atardecer v. i. Caer el día.

atascamiento m. Atasco.

atascar v. t. Obstruir un conducto.

atasco m. Impedimento, estorbo. || Obstrucción de un conducto. || Embotellamiento de automóviles.

ataúd m. Caja para un cadáver.

ataviar v. t. Componer, asear (ú. t. c. pr.).

atávico, ca adj. Del atavismo.

atavío m. Adorno.

atavismo m. Herencia de algunos caracteres que provienen de los antepasados.

ateísmo m. Doctrina que niega la existencia de Dios.

atemorizar v. t. Causar temor.

atemperar v. t. Templar (ú. t. c. pr.).

atenazar v. t. *Fig.* Hacer sufrir. | Atormentar.

atención f. Aplicación de la mente a un objeto. || Interés. || Cortesía, urbanidad. || – Pl. Negocios, ocupaciones. || Cumplidos, miramientos, amabilidades.

atender v. t. Acoger con favor: *atender una petición.* || Servir en una tienda: *¿le atienden?* || – V. i. y t. Aplicar el entendimiento a un objeto: *atender a una lección.* | Cuidar de una persona o cosa: *atender a un enfermo.*

ateneo m. Asociación literaria o científica: *el Ateneo de Madrid.*

atenerse v. pr. Ajustarse, sujetarse.

ateniense adj. y s. De Atenas (Grecia).

atentado m. Acto criminal contra las personas o cosas.

atentar v. i. Cometer atentado.

atento, ta adj. Que tiene fija la atención en algo. || Servicial, complaciente: *es muy atento.* || Comedido, cortés.

atenuación f. Acción y efecto de atenuar.

atenuante adj. Que atenúa. || – F. pl. Hechos que disminuyen la responsabilidad criminal.

atenuar v. t. *Fig.* Disminuir.

ateo, a adj. y s. Que no cree en Dios.

aterciopelar v. t. Poner como terciopelo.

aterido, da adj. Transido de frío.

aterirse v. pr. Tener mucho frío.

aterrador, ra adj. Que aterra.

aterrajar v. t. Labrar con terraja las roscas de tornillos y tuercas.

aterrar v. t. Causar terror (ú. t. c. s.).

aterrizaje m. Acción de aterrizar. || Toma de tierra de un avión.

aterrizar v. i. Tomar tierra un avión. || *Fig.* Llegar a un sitio.

aterrorizar v. t. Aterrar. || *Fig.* Llegar a un sitio.

atesoramiento m. Acción y efecto de atesorar.

atesorar v. t. Reunir y guardar dinero o cosas de valor.

atestación f. *For.* Deposición de testigo o de persona que afirma alguna cosa.

atestado m. Documento en que se da fe de un hecho. || Acta.

atestar v. t. Llenar. || *For.* Testificar: *atestar un hecho.*

atestiguar v. t. Declarar como testigo. || *Fig.* Dar fe, testimoniar.

atezarse v. pr. Ponerse moreno.

atiborrar v. t. Llenar (ú. t. c. pr.).

ático m. Dialecto de la lengua griega. || Último piso de una casa bajo el tejado.

atildado, da adj. Pulcro, elegante. || *Fig.* Rebuscado (estilo).

atildamiento m. Elegancia.

atildar v. t. *Fig.* Censurar. || – V. pr. Acicalarse, ataviarse.

atinado, da adj. Acertado.

atinar v. t. Acertar.

atipicidad f. Carácter de atípico.

atípico, ca adj. Que no es normal, que se sale de lo corriente.

atisbar v. t. Observar.

¡atiza! interj. Voz que denota sorpresa.

atizar v. t. Remover el fuego. || Avivar las pasiones. || *Fig.* Dar, pegar: *atizar un palo.* || – V. pr. *Pop.* Comer, beber.

atlanticense adj. y s. De Atlántico (Colombia).

atlántico, ca adj. Relativo al monte Atlas o al océano Atlántico.

atlantidense adj. y s. De Atlántida (Honduras).

atlas m. Colección de mapas.

atleta com. Persona que practica deportes. ‖ Persona corpulenta y de gran fuerza.

atlético, ca adj. Del atleta.

atletismo m. Conjunto de deportes (carreras, saltos y lanzamientos) destinados a conservar o a mejorar la condición física del hombre.

atmósfera f. Masa gaseosa que rodea el globo terráqueo, y, más generalmente, masa gaseosa que rodea cualquier astro. ‖ Aire de un lugar: *atmósfera sofocante.* ‖ Unidad de presión numéricamente igual al peso de una columna cilíndrica de mercurio de 76 cm de alto por 1 cm^2 de base. ‖ *Fig.* Medio en el que se vive.

atmosférico, ca adj. Relativo a la atmósfera.

atole m. Bebida muy común en América. (El *atole* se hace con harina de maíz, agua, leche y azúcar.)

atolladero m. Sitio donde se atascan los carruajes. ‖ *Fig.* Dificultad.

atolón m. *Geogr.* Isla de coral.

atolondramiento m. Aturdimiento.

atolondrar v. t. Aturdir (ú. t. c. pr.).

atómico, ca adj. Relativo a los átomos. ‖ — *Arma atómica,* arma que utiliza las reacciones de fisión a base de plutonio o de uranio. ‖ *Energía atómica,* la liberada por transmutaciones nucleares. ‖ *Masa atómica,* masa relativa de los átomos de diversos elementos (la del oxígeno se ha fijado convencionalmente en 16). ‖ *Número atómico,* número de un elemento en la clasificación periódica. ‖ *Proyectil atómico,* proyectil de carga atómica.

atomización f. Pulverización.

atomizador, ra adj. y s. m. Aparato para la pulverización: *frasco atomizador.*

atomizar v. t. Dividir un líquido o un sólido en partes sumamente pequeñas. ‖ Hacer sufrir los efectos de las radiaciones atómicas. ‖ Destruir por medio de armas atómicas. ‖ *Fig.* Fragmentar.

átomo m. *Quím.* Elemento primario de la composición química de los cuerpos. ‖ *Fig.* Cosa sumamente pequeña.

atonía f. Falta de vigor.

atónito, ta adj. Estupefacto.

átono, na adj. Sin vigor. ‖ *Gram.* Sin acentuación prosódica.

atontamiento m. Aturdimiento.

atontar y **atontolinar** v. t. Aturdir o atolondrar a uno.

atorar v. t. Atascar (ú. t. c. i. y pr.).

atormentar v. t. Causar dolor.

atornillar v. t. Fijar con tornillos.

atorrante adj. y s. *Arg.* Holgazán. ‖ Granuja.

atorrantismo m. *Arg.* Holgazanería. ‖ Granujería.

atorrar v. i. *Arg.* Holgazanear.

atosigamiento m. Envenenamiento. ‖ *Fig.* Acosamiento.

atosigar v. t. Envenenar. ‖ *Fig.* Fatigar a uno. ‖ Fastidiar.

atrabiliario, ria adj. De humor irritable.

atracadero m. Sitio para atracar.

atracador, ra m. y f. Salteador.

atracar v. t. *Mar.* Arrimar las embarcaciones a tierra. ‖ *Fam.* Hacer comer y beber mucho. ‖ Asaltar

a los transeúntes para desvalijarlos. ‖ — V. pr. Hartarse: *atracarse de comida.*

atracción f. Acción de atraer. ‖ *Fig.* Simpatía: *sentir atracción por una persona.* ‖ Atractivo. ‖ *Fís.* Fuerza en virtud de la cual se atraen recíprocamente las diversas partes de un todo. ‖ — Pl. Espectáculos o diversiones variados.

atraco m. Robo.

atractivo, va adj. Que atrae (ú. t. c. m.).

atraer v. t. Traer hacia sí algo.

atragantarse v. pr. Ahogarse por detenerse algo en la garganta.

atrancar v. t. Cerrar la puerta con tranca. ‖ Atascar.

atrapar v. t. *Fam.* Coger.

atraque m. Acción de atracar.

atrás adv. En la parte posterior, detrás: *ir atrás.* ‖ Antes: *algunos días atrás.* ‖ — Interj. Se emplea para mandar retroceder.

atrasado, da adj. Que adolece de debilidad mental (ú. t. c. s.). ‖ De menor desarrollo: *país atrasado.*

atrasar v. t. Retardar. ‖ Hacer retroceder las agujas del reloj. ‖ — V. i. Andar despacio: *su reloj atrasa.* ‖ — V. pr. Quedarse atrás. ‖ Llevar atraso.

atraso m. Efecto de atrasar o atrasarse. ‖ Falta de desarrollo. ‖ — Pl. *Fam.* Pagos vencidos.

atravesar v. t. Poner una cosa de modo que pase de una parte a otra. ‖ Pasar de parte a parte: *el agua atraviesa el gabán.* ‖ Pasar cruzando de una parte a otra: *atravesar la calle.* ‖ *Fig.* Pasar, vivir: *atravesar un período difícil.* ‖ Pasar, cruzar: *atravesar el pensamiento.* ‖ — V. pr. Ponerse una cosa entre otras. ‖ *Fig.* No poder sufrir a una persona.

atreverse v. pr. Osar.

atrevimiento m. Osadía.

atribución f. Acción de atribuir.

atribuir v. t. Aplicar, conceder. ‖ *Fig.* Achacar, imputar. ‖ Señalar una cosa a uno como de su competencia. ‖ — V. pr. Reivindicar, arrogarse.

atribular v. t. Afligir (ú. t. c. pr.).

atributo m. Cada una de las cualidades de un ser. ‖ Símbolo que denota el carácter y oficio de las figuras. ‖ *Gram.* Lo que se enuncia del sujeto.

atrición f. Dolor por ofender a Dios.

atril m. Mueble para sostener libros o papeles abiertos.

atrincherar v. t. *Fort.* Rodear con trincheras (ú. t. c. pr.).

atrio m. *Arq.* Patio interior cercado de pórticos. ‖ Andén delante de algunos templos y palacios.

atrocidad f. Crueldad grande. ‖ *Fam.* Necedad.

atrofia f. *Med.* Falta de desarrollo del cuerpo o de un órgano.

atrofiarse v. pr. Disminuir de tamaño.

atropellar v. t. Pasar por encima de una persona: *atropellado por un coche.* ‖ *Fig.* Proceder sin miramiento o respeto: *atropellar los principios.*

atropello m. Acción y efecto de atropellar.

atroz adj. De gran maldad, cruel. ‖ Horrible de soportar: *dolor atroz.* ‖ Desagradable, espantoso. ‖ Desmesurado, enorme.

atuendo m. Atavío.

atufar v. i. Oler mal.

atún m. Pez acantopterigio.

aturdimiento m. Perturbación de los sentidos por efecto de un golpe, un ruido muy fuerte, etc.

aturdir v. t. Causar aturdimiento.

aturrullamiento m. Turbación.

aturrullar v. t. Turbar (ú. t. c. pr.).

atusar v. pr. Recortar e igualar con tijeras: *atusar el pelo*. || Alisar, acariciar el pelo.

Au, símbolo químico del *oro*.

audacia f. Osadía.

audaz adj. y s. Osado.

audición f. Función del sentido auditivo. || Recepción de un sonido. || Acción de oír, de escuchar. || Ensayo o prueba que hace un artista ante un director de teatro o de un espectáculo de variedades.

audiencia f. Admisión a presentarse ante una autoridad: *obtener* o *dar audiencia*. || Número de personas que oyen o ven una emisión de radio o televisión. || Acto de oír los jueces a los litigantes. || Tribunal de justicia y su territorio. || Edificio donde éste se reúne. || Órgano judicial y administrativo en las antiguas colonias españolas de América.

audífono m. *Amer.* Auricular.

audiovisual adj. Aplícase al método pedagógico que utiliza los sentidos del educando, en especial el auditivo y el visual, por medio de películas, fotografías, grabaciones sonoras, etc.

auditor m. Funcionario jurídico militar o eclesiástico. || Interventor de cuentas.

auditoría f. Dignidad, tribunal o despacho del auditor. || Intervención de cuentas.

auditorio m. Local para oír conferencias, etc. || Número de asistentes.

auge m. Elevación en posición social o fortuna. || Desarrollo.

augur m. Adivino.

augurar v. t. Agorar, predecir.

augurio m. Agüero, presagio.

augusto, ta adj. Majestuoso.

aula f. Sala destinada a la enseñanza en las universidades o escuelas.

aullar v. i. Dar aullidos.

aullido m. Voz quejosa de animales.

aumentar v. t. Hacer mayor el número, el tamaño o la intensidad (ú. t. c. pr.). || Mejorar: *aumentar un sueldo*.

aumentativo, va adj. y s. m. *Gram.* Aplícase al vocablo que aumenta la significación de otro.

aumento m. Acrecentamiento.

aun adv. Denota a veces idea de encarecimiento y equivale a *hasta* en sentido afirmativo, y a *siquiera* en sentido negativo. || — Conj. *Aun cuando,* aunque.

aún adv. Todavía.

aunar v. t. Asociar para un fin.

aunque conj. Denota oposición: *aunque es malo le quiero*.

aupar v. t. *Fam.* Ayudar a subir o a levantarse. || *Fig.* Ensalzar.

aura f. Zopilote.

áureo, a adj. Dorado.

aureola f. Círculo luminoso que suele ponerse detrás de la cabeza de las imágenes religiosas. || *Fig.* Fama que alcanza una persona. || *Astr.* Luminosidad circular que envuelve al Sol o a la Luna. || Círculo, mancha de forma circular.

aureolar v. t. Ceñir la cabeza con la aureola. || *Fig.* Glorificar.

aureomicina f. Antibiótico de gran poder germicida.

aurícula f. *Anat.* Cada una de las dos cavidades de la parte superior del corazón, que recibe la sangre de las venas. | Oreja.

auricular adj. Relativo al oído o a las aurículas del corazón: *conducto auricular.* || Que ha oído: *testigo auricular.* || *Dedo auricular,* el meñique. || — M. Pieza del teléfono o de un receptor radiofónico que se aplica al oído.

auriñaciense adj. Dícese de un período del paleolítico superior entre 30 000 y 27 000 años a. de J.C. (ú. t. c. s. m.).

aurora f. Claridad que precede a la salida del Sol. || *Fig.* Principio.

auscultación f. Acción de auscultar.

auscultar v. t. *Med.* Aplicar el oído o el estetoscopio a ciertos puntos del cuerpo humano para explorar los sonidos y ruidos en las cavidades del tórax o del abdomen.

ausencia f. Acción y efecto de ausentarse o de estar ausente: *señalar una ausencia.* || Tiempo en que alguno está ausente.

ausentarse v. pr. Alejarse una persona del punto de su residencia.

ausente adj. y s. Que no está presente. || *Fig.* Distraído.

auspiciar v. t. Favorecer.

auspicio m. Agüero. || Protección, favor: *bajo los auspicios de.* || — Pl. Señales que presagian un resultado favorable o adverso.

austeridad f. Calidad de austero.

austero, ra adj. Riguroso, rígido. || Severo con uno mismo o con los demás. || Sin adornos.

austral adj. Del polo Sur.

austral m. Unidad monetaria de Argentina que sustituyó al peso en 1985.

australiano, na adj. y s. De Australia.

austriaco, ca adj. y s. De Austria.

autarcía f. Autarquía.

autarquía f. Gobierno de los ciudadanos por sí mismos. || Gobierno que no depende de una autoridad exterior. || Independencia económica de un Estado. || Autosuficiencia.

autenticidad f. Calidad de auténtico.

auténtico, ca adj. Acreditado de cierto y positivo: *relato auténtico.*

autentificar y **autentizar** v. t. Hacer auténtico, legalizar.

autillo m. Ave rapaz nocturna.

auto m. *For.* Resolución o sentencia judicial. || Composición dramática alegórica: *los autos de Calderón.* || — Pl. Procedimiento judicial. || *Auto de fe,* castigo público impuesto por la Inquisición.

auto m. *Fam.* Automóvil.

autobiografía f. Vida de una persona escrita por ella misma.

autobombo m. Elogio de sí mismo.

autobús m. Vehículo automóvil de transporte colectivo urbano.

autocar m. Autobús de turismo.

autocarril m. Autovía.

autocensura f. Censura de uno mismo.

autoclave m. Aparato para la desinfección por medio del vapor.

autocracia f. Gobierno de una sola persona.

autocrítica f. Crítica de sí mismo.

autóctono, na adj. y s. Originario del país en que vive.

autodefensa f. Defensa de sí mismo.

autodidáctico, ca y **autodidacto, ta** adj. y s. Que se instruye por sí mismo.

autódromo m. Pista para carreras de automóviles.

autoencendido m. *Mec.* Encendido espontáneo de una mezcla de gases en un motor.

autoescuela f. Escuela para enseñar a conducir automóviles.

autofinanciación f. o **autofinanciamiento** m. Financiación de una empresa con las inversiones de una parte de los beneficios.

autofinanciar v. t. Financiar con sus propios fondos (ú. t. c. pr.).

autógeno, na adj. Aplícase a la soldadura de metales hecha con soplete.

autogestión f. Gestión de una empresa por los que trabajan en ella.

autogestionario, ria adj. Relativo a la autogestión.

autogiro m. Avión provisto de un rotor horizontal que permite aterrizajes casi verticales.

autógrafo, fa adj. Dícese del texto escrito de mano de su mismo autor. || — M. Firma, acompañada a veces de una dedicatoria, que se solicita a una persona famosa.

automación f. Funcionamiento de una máquina o de un grupo de máquinas que, dirigido por un programa único, permite efectuar sin la intervención de la persona humana una serie de operaciones contables, de estadística o industriales.

autómata m. Máquina que imita los movimientos de un ser animado. || *Fig.* y *fam.* Persona que se deja dirigir por otra.

automático, ca adj. Maquinal, que se ejecuta sin participación de la voluntad. || Que obra por medios mecánicos: *teléfono automático.* || Inmediato. || — M. Botón a modo de corchete. || — F. Ciencia y técnica de la automación.

automatismo m. Ejecución de actos automáticos. || Automación.

automatización f. Acción y efecto de automatizar. || Sustitución del hombre por una máquina para realizar un trabajo determinado.

automatizar v. t. Volver automático.

automotor, triz adj. Dícese del aparato que ejecuta ciertos movimientos sin intervención exterior. || *Amer.* Automóvil: *industria automotriz.* || — M. Vehículo ferroviario con motor eléctrico o diesel.

automóvil adj. Dícese de los aparatos que se mueven solos: *lancha, coche automóvil.* || — M. Vehículo movido por un motor de explosión.

automovilismo m. Término aplicado a todo lo relativo al automóvil. || Deporte del automóvil.

automovilista com. Conductor de un automóvil.

autonomía f. Facultad de gobernarse por sus propias leyes, de gozar de entera independencia. || Potestad que dentro del Estado tiene una entidad política o administrativa para dictar, por medio de un gobierno propio, las leyes que regularán sus intereses peculiares: *la autonomía de Cataluña, del País Vasco, de Andalucía, de Cantabria, del País Valenciano, etc.* || *Fig.* Condición de la persona que no depende de otra. || Distancia máxima que puede recorrer un vehículo de motor con el depósito lleno de combustible.

autonomista adj. y s. Partidario de la autonomía.

autónomo, ma adj. Que goza de autonomía: *poder autónomo.* || Dícese de algunas entidades territoriales de España que gozan de cierta autonomía con respecto al gobierno central: *a partir de 1979 se han creado diecisiete comunidades autónomas en España.* || Dícese del trabajador que realiza de forma personal y directa una actividad económica a título lucrativo sin sujeción a un determinado contrato de trabajo (ú. t. c. s.).

autopista f. Carretera adaptada especialmente a la circulación rápida de los automóviles.

autopropulsión f. *Mec.* Propulsión de ciertos artefactos por sus propios medios.

autopsia f. *Med.* Examen anatómico y patológico del cadáver para conocer la causa de la muerte.

autor, ra m. y f. Persona que es causa de alguna cosa. || Persona que produce una obra, especialmente literaria. || *For.* Causante.

autoridad f. Derecho o poder de mandar, de hacerse obedecer. || Persona revestida de poder, mando o magistratura. || Crédito concedido a una persona o cosa en determinada materia.

autoritario, ria adj. Que tiene autoridad.

autoritarismo m. Sistema fundado en la sumisión incondicional a la autoridad. || Carácter autoritario de una persona.

autorización f. Permiso.

autorizado, da adj. Digno de respeto y de crédito. || Consagrado: *palabra autorizada por el uso.*

autorizar v. t. Dar a uno autoridad o facultad para hacer una cosa. || Permitir.

autorretrato m. Retrato que un artista, un escritor, hace de sí.

autosatisfacción f. Satisfacción de sí mismo.

autoservicio m. Almacén, tienda, restaurante, etc., en los que el cliente se sirve él mismo y paga al salir del establecimiento.

autostop m. Manera de viajar un peatón consistente en parar a un automovilista y pedirle que le lleve en su coche.

autosuficiencia f. Sentimiento de suficiencia propia.

autosugestión f. Influencia persistente de una idea en la conducta de un individuo.

autosugestionarse v. pr. Sugestionarse a sí mismo.

autovía m. Ferrocarril propulsado por un motor de combustión interna.

auxiliar adj. Que auxilia (ú. t. c. s. m.). || Dícese de los verbos como *haber* y *ser*, que sirven para conjugar los demás verbos (ú. t. c. s. m.). || — M. y f. Empleado subalterno. || Profesor que sustituye al catedrático.

auxiliar v. t. Dar auxilio.

auxilio m. Ayuda, socorro.

aval m. *Com.* Firma que se pone al pie de una letra de crédito para garantizar su pago. || Escrito en que uno responde a la conducta de otro.

avalador, ra adj. y s. Que avala.

avalancha f. Alud.

avalar v. t. Garantizar.

avance m. Acción de avanzar. || Adelanto. || Anticipo de dinero. || Balance comercial.

avante adv. *Méx.* Adelante.

avanzada f. Partida de soldados destacada para observar al enemigo.

avanzado, da adj. Adelantado: *avanzado de (en) edad.* || De ideas políticas liberales.

avanzar v. t. e i. Ir hacia adelante. || Acercarse a su fin el tiempo. || *Fig.* Progresar. || Anticipar.

avaricia f. Apego a las riquezas.

avaricioso, sa o **avariento, ta** adj. y s. Que tiene avaricia, avaro.

avaro, ra adj. y s. Que acumula dinero y no lo emplea. || *Fig.* Que reserva o escatima alguna cosa.

avasallador, ra adj. y s. Que avasalla.

avasallamiento m. Acción y efecto de avasallar o avasallarse.

avasallar v. t. Someter a obediencia.

avatar m. Vicisitud.

ave f. Animal vertebrado, ovíparo, de respiración pulmonar y sangre caliente, pico córneo, cuerpo cubierto de plumas y con dos patas y dos alas.

ave, voz lat. de salutación.

avecinar v. t. Avecindar. || — V. pr. Aproximarse, acercarse.

avecindamiento m. Acción y efecto de avecindarse.

avecindar v. t. Dar vecindad. || — V. pr. Tomar residencia en un pueblo.

avefría f. Ave zancuda con un moño de plumas en la cabeza.

avejentar v. t. Poner viejo antes de tiempo (ú. m. c. pr.).

avellana f. Fruto del avellano de corteza leñosa.

avellanador m. Especie de barrena pequeña que sirve para taladrar.

avellanar v. t. Ensanchar la entrada de un taladro por medio de una barrena o broca.

avellano m. Arbusto betuláceo cuyo fruto es la avellana.

avemaría f. Salutación del arcángel San Gabriel a la Virgen.

avena f. Planta que se cultiva para alimento de caballerías y otros animales. || Su grano.

avenal m. Terreno sembrado de avena.

avenamiento m. Drenaje.

avenar v. t. Dar salida al agua de los terrenos por medio de zanjas.

avenate m. Ataque de locura.

avenencia f. Convenio.

avenida f. Crecida impetuosa de un río. || Calle ancha con árboles.

avenido, da adj. Con los adverbios *bien* o *mal*, conforme o no con algo.

avenimiento m. Acción de avenir.

aventador, ra adj. Aplícase a la persona o aparato que avienta los granos (ú. t. c. s.).

aventajado, da adj. Que aventaja.

aventajar v. t. Llevar ventaja. || Dar ventaja. || — V. pr. Adelantarse.

aventar v. t. Hacer aire a alguna cosa. || Echar al viento.

aventura f. Suceso o lance extraño. || Casualidad. || Riesgo.

aventurado, da adj. Osado.

aventurar v. t. Poner en peligro: *aventurar su vida.* || Decir una cosa atrevida: *aventurar una doctrina.* || — V. pr. Arriesgarse.

aventurero, ra adj. Que busca aventuras. || — M. y f. Persona que busca aventuras.

avergonzar v. t. Causar vergüenza. || — V. pr. Sentir vergüenza.

avería f. *Mar.* Daño que padece un buque o su carga. || Daño que sufren las mercaderías. || Deterioro: *avería en una máquina.*

averiado, da adj. Deteriorado.

averiarse v. pr. Echarse a perder una cosa. || Estropearse.

averiguación f. Acción y efecto de averiguar.

averiguar v. t. Buscar la verdad. || — V. i. *Amer.* Discutir, debatir.

averno m. *Poét.* Infierno.

aversión f. Repugnancia, asco.

avestruz m. Ave corredora, la mayor de las conocidas.

avezar v. t. Acostumbrar. Ú. t. c. pr.: *avezarse a todo.*

aviación f. Navegación aérea con aparatos más pesados que el aire. || Ejército del Aire.

aviador, ra m. y f. Persona que tripula un aparato de aviación.

aviar v. t. Preparar algo para el camino: *aviar una maleta.* || Arreglar: *aviar la carne.* || Componer. Ú. t. c. pr.: *aviarse para ir a cenar.* || Convenir: *¿te avía si te llevo en coche?*

avícola adj. De la avicultura.

avicultor, ra m. y f. Persona que se dedica a la avicultura.

avicultura f. Arte de criar las aves y aprovechar sus productos.

avidez f. Ansia.

ávido, da adj. Codicioso.

avieso, sa adj. *Fig.* Malo.

avilés, esa adj. y s. De Ávila (España).

avillanar v. t. Hacer que uno proceda como un villano (ú. t. c. pr.).

avinagrado, da adj. Áspero.

avinagrar v. t. Poner agrio.

avío m. Preparativo, apresto. || — Pl. *Fam.* Utensilios necesarios para algo. || — *Fig.* Hacer avío, apañar, arreglar. | Hacer su avío, pensar sólo en sí.

avión m. Vehículo aéreo más pesado que el aire, capaz de desplazarse en la atmósfera mediante una o varias hélices propulsoras o mediante la expulsión de gases.

avioneta f. Avión pequeño.

avisado, da adj. Prudente.

avisador, ra adj. Que avisa.

avisar v. t. Dar noticia de una cosa. || Advertir o aconsejar. || Llamar.

aviso m. Noticia. || Consejo. || Atención, cuidado. || Prudencia. || Advertencia: *sin previo aviso.* || *Taurom.* Advertencia de la presidencia cuando el matador prolonga su faena más tiempo del reglamentario. || *Amer.* Anuncio.

avispa f. Insecto himenóptero provisto de un aguijón en la parte posterior.

avispado, da adj. Espabilado.

avispar v. t. Avivar a las caballerías. || *Fig.* Espabilar, avivar y ejercitar el entendimiento o el ingenio (ú. t. c. pr.).

avispero m. Panal de las avispas. || *Fig.* Negocio enredado.

avistar v. t. Ver.

avitaminosis f. *Med.* Carencia o escasez de vitaminas.

avituallamiento m. Acción y efecto de avituallar.

avituallar v. t. Proveer de vituallas.

avivar v. t. Encender, acalorar: *avivar una discusión.* || Dar más vigor al fuego o a los colores.

avizor adj. *¡Ojo avizor!,* ¡cuidado!

avo, ava, terminación que se añade a los números cardinales para significar las fracciones de unidad: *la dieciseisava parte.*

avutarda f. Ave zancuda.

axial o **axil** adj. Del eje.

axila f. *Anat.* Sobaco.

axilar adj. De la axila.

axioma m. Verdad evidente.

axolotl m. Ajolote.

¡ay! interj. Voz que expresa admiración o dolor: *¡ay de mí!*

aya f. V. AYO.

ayacuchano, na adj. y s. De Ayacucho (Perú).

ayacucho, cha adj. y s. De Puerto Ayacucho (Venezuela).

ayer adv. En el día anterior al de hoy. || Hace algún tiempo.

ayllu m. Aíllo.

aymará adj. y s. Aimará.

ayo, ya m. y f. Persona encargada de criar o educar a un niño.

ayocote m. *Méx.* Frijol grueso.

ayote m. *Amér. C.* Calabaza.

ayotera f. *Amér. C.* Calabaza.

ayuda f. Acción y efecto de ayudar. || Persona o cosa que ayuda. || Lavativa. || — M. Criado. *ayuda de cámara.*

ayudante adj. Que ayuda. || — M. y f. En algunos cuerpos u oficinas, oficial de clase inferior. || Profesor adjunto. || Persona que ayuda en general. || — M. *Mil.* Oficial que está a las órdenes de otro superior: *ayudante de campo.*

ayudar v. t. Prestar auxilio. || — V. pr. Prestarse socorro. || Valerse: *lo rompió ayudándose con los dientes.*

ayunar v. i. Abstenerse de comer.

ayuno m. Acción de ayunar.

ayuno, na adj. Que no ha comido. || *Fig.* Privado: *ayuno del calor materno.*

ayuntamiento m. Corporación que administra el municipio. || Casa consistorial, alcaldía. || Reunión. || Cópula carnal.

azabache m. Variedad de lignito duro de color negro de ébano.

azada y **azadón** m. Instrumento que sirve para remover la tierra.

azafata f. Criada de la reina. || Mujer que atiende al público en diversos servicios de congresos, reuniones, etc., o a los pasajeros de un avión, tren, autocar, etc.

azafrán m. Planta cuyos estigmas, de color rojo, se emplean para condimentar.

azahar m. Flor del naranjo, del limonero y del cidro.

azalea f. Planta de tamaño pequeño y flores blancas, rosadas o rosas. || Esta flor.

azar m. Hecho fortuito.

azaramiento m. Azoramiento.

azarar v. t. Avergonzar. || — V. pr. Turbarse. || Ruborizarse.

azaroso, sa adj. Desgraciado.

ázimo adj. Sin levadura.

ázoe m. *Quím.* Nitrógeno.

azogue m. Mercurio.

azor m. Ave de rapiña diurna.

azoramiento m. Acción de azorar.

azorar v. t. Azarar (ú. t. c. pr.).

azotaina f. *Fam.* Paliza.

azotar v. t. Dar azotes.

azote m. Látigo o vergajo con que se azota. || Golpe dado con él. || Embate de agua o aire. || *Fig.* Calamidad, desgracia: *la peste es un azote.* | Persona mala.

azotea f. Parte superior y llana de una casa. || *Fam.* Cabeza.

azteca adj. y s. Aplícase al individuo y a un pueblo indio invasor del territorio conocido hoy con el nombre de México. || —Adj. Relativo a los aztecas. || — M. Idioma azteca. || Moneda de oro mexicana de veinte pesos.

aztequismo m. Condición de azteca. || Afecto o admiración de lo azteca. || Voz o giro tomado de la lengua náhuatl.

azúcar amb. y mejor f. Cuerpo sólido cristalizable de color blanco soluble en el agua y extraído especialmente de la caña dulce y de la remolacha.

azucarar v. t. Bañar o endulzar con azúcar: *azucarar el café.*

azucarero, ra adj. Relativo al azúcar: *industria azucarera.* || — M. Ave trepadora de los países tropicales. || — F. Fábrica de azúcar. || — M. Vasija para poner azúcar: *un azucarero de porcelana.*

azucena f. Planta de flores blancas muy olorosas. || Su flor.

azufrar v. t. Echar azufre.

azufre m. Metaloide sólido (S), de número atómico 16, de color amarillo, insípido e inodoro, de densidad 1,96, punto de fusión 119°C y punto de ebullición 444,6°C.

azul adj. y s. m. De color de cielo sin nubes. || — *Azul celeste,* el más claro. || *Azul marino,* el oscuro.

azulado, da adj. De color azul.

azular v. t. Teñir de azul.

azulear v. i. Tirar a azul.

azulejo m. Ladrillo pequeño vidriado de varios colores.

azulete m. Viso de color azul en las ropas.

azur adj. y s. m. *Blas.* Azul.

azuzar v. t. Incitar a los perros o a cualquier otro animal para que ataquen. || *Fig.* Incitar, estimular a una persona.

b

b f. Segunda letra del alfabeto castellano y primera de sus consonantes. || — **B,** símbolo químico del *boro.*

Ba, símbolo químico del *bario.*

baba f. Saliva espesa y viscosa.

babahoyense adj. y s. De Babahoyo (Ecuador).

babear v. i. Babosear.

babel amb. *Fig.* y *fam.* Lugar en que reina el desorden.

babero m. Lienzo que se pone a los niños en el pecho. || Guardapolvos, bata.

babi m. Babero, guardapolvos.

bable m. Dialecto de los asturianos.

babor m. Lado izquierdo de la embarcación, mirando de popa a proa.

babosa f. Molusco gasterópodo.

babosear v. t. Llenar de baba.

baboso, sa adj. y s. Que babea.

babucha f. Zapatilla.

baby [*beibi*] m. (pal. ingl.). Babero, guardapolvos. || Bebé. || — Pl. *babies.*

baca f. Parte superior de los automóviles y autocares donde se colocan los equipajes.

bacalao m. Pez teleósteo comestible.

bacán m. *Arg.* Rico.

bacanal f. Orgía. || — Pl. Antiguas fiestas paganas, de carácter licencioso, celebradas en honor de Baco.

bacante f. Sacerdotisa de Baco.

bacará y **bacarrá** m. Juego de naipes en que el banquero juega contra los puntos.

bache m. Hoyo en una carretera o en un camino. || Corriente atmosférica que provoca un descenso brusco y momentáneo del avión. || — Pl. *Fig.* Momentos difíciles.

bachicha com. *Arg.* y *Chil.* Italiano. || — M. Lengua italiana.

bachiller, ra m. y f. Persona que ha obtenido el título al terminar la enseñanza media.

bachillerato m. Grado de bachiller. || Estudios necesarios para conseguirlo.

bacía f. Vasija que usan los barberos para remojar la barba.

bacilo m. Microbio del grupo de las bacterias, en forma de bastoncillo, que no suele medir más de 10 micras.

bacín m. Orinal grande.

bacinete m. Pieza de la armadura que cubría la cabeza.

bacteria f. Microorganismo vegetal unicelular de forma alargada *(bacilo)* o esférica *(coco).*

báculo m. Cayado: *báculo pastoral.* || *Fig.* Apoyo.

badajo m. Pieza metálica que hace sonar la campana.

badajocense y **badajoceño, ña** adj. y s. De Badajoz (España).

badana f. Piel curtida de oveja.

badén m. Cauce en una carretera para dar paso al agua. || Bache.

badila f. Paleta para mover la lumbre en las chimeneas y braseros.

badminton m. (voz ingl.). Juego del volante.

baffle m. (pal. ingl.). Pantalla acústica en una radio o equipo de reproducción del sonido.

bagaje m. Caudal intelectual. || Equipaje.

bagatela f. Cosa frívola.

bagazo m. Residuos de la caña de azúcar, de uva.

bagual adj. *Amer.* Bravo. | Incivil. || — M. Caballo no domado. || — F. *Arg.* Cierta canción popular.

¡bah! interj. Voz que denota duda.

bahía f. Entrada del mar en la costa, algo menor que el golfo.

bailador, ra adj. y s. Que baila.

bailaor, ra m. y f. Bailarín de flamenco.

bailar v. i. Mover el cuerpo al compás de la música. || Girar rápidamente: *la peonza baila* (ú. t. c. t.). || *Fig.* Llevar algo demasiado ancho: *mis pies bailan en los zapatos.* || — V. t. Hacer bailar. || Ejecutar un baile: *bailar un tango.*

bailarín, ina adj. Que baila (ú. t. c. s.).

baile m. Acción de bailar. || Manera de bailar. || Reunión para bailar.

bailotear v. i. Bailar sin arte.

bailoteo m. Acción de bailotear.

baja f. Disminución del precio. || *Mil.* Pérdida de un individuo. | Documento que acredita esta baja. || Cese en una corporación, profesión o carrera, por traslado, retiro u otro motivo. || Cese temporal en un servicio o trabajo a causa de enfermedad. || *Darse de baja,* dejar de pertenecer, retirarse; declararse enfermo; suspender una suscripción.

bajá m. Dignatario turco.

bajacaliforniano, na adj. y s. De Baja California (México).

bajada f. Acción de bajar.

bajamar f. Nivel inferior que alcanza el mar al fin del reflujo.

bajar v. i. Ir de un lugar a otro que esta más bajo. || Disminuir alguna cosa: *bajar la fiebre.* || *Fig.* Descender: *ha bajado mucho en mi aprecio.* || — V. t. Poner una cosa en lugar inferior al que ocupaba. || Descender: *bajar una escalera.* || Rebajar. || Disminuir el precio de una cosa. || Inclinar hacia abajo: *bajar la cerviz.* || *Fig.* Humillar: *bajar el orgullo a uno.* || — V. pr. Inclinarse. || Apearse: *bajarse del autobús.*

bajaverapacense adj. y s. De Baja Verapaz (Guatemala).

bajel m. Buque.
bajeza f. Hecho indigno.
bajío m. Banco de arena. ‖ *Amer.* Terreno bajo.
bajo, ja adj. Poco elevado: *una silla baja.* ‖ Que está en lugar inferior. ‖ De poca estatura. ‖ Inclinado hacia abajo: *con los ojos bajos.* ‖ Dicho de colores, poco vivo, pálido: *azul bajo.* ‖ *Fig.* Vulgar, grosero, ordinario: *lenguaje bajo.* ‖ Plebeyo: *los barrios bajos.* ‖ Poco considerable: *precio bajo.* ‖ Que no se oye de lejos: *en voz baja.* ‖ *Mús.* Grave: *voz baja.* ‖ — M. Lugar hondo, parte baja, hondonada. ‖ En los mares y ríos, elevación del fondo: *bajo de arena.* ‖ Parte en que un río está cerca de su desembocadura: *el Bajo Rin.* ‖ Parte de un país más distante del mar. ‖ Piso bajo: *vivo en el bajo* (ú. t. en pl.). ‖ *Mús.* Voz o instrumento que produce los sonidos más graves de la escala. ‖ Persona que canta o toca la parte de bajo. ‖ *Fig. Bajos fondos,* conjunto de gente de mala vida. ‖ — Adv. Abajo, en lugar inferior. ‖ En voz baja: *hablar bajo.* ‖ — Prep. Debajo de. ‖ En tiempos de: *bajo la dominación romana.* ‖ Con la garantía de: *bajo palabra.* ‖ Por debajo de, inferior a: *el congelador del frigorífico estaba a 15 grados bajo cero.*
bajón m. *Mús.* Instrumento de viento de sonido grave y el que lo toca. ‖ *Fig.* y *fam.* Disminución. ‖ *Dar un bajón,* sufrir un notable menoscabo en la salud.
bajonazo m. Bajón
bajorrelieve m. Obra escultórica cuyas figuras resaltan poco del plano.
bala f. Proyectil de las armas de fuego. ‖ Fardo de mercaderías.
balada f. Composición poética sentimental.
baladí adj. Fútil.
baladrón, ona adj. y s. Fanfarrón.
baladronada f. Bravuconería.
bálago m. Paja de los cereales.
balalaica f. Laúd triangular.
balance m. Movimiento de un cuerpo que se inclina alternativamente de un lado a otro. ‖ *Com.* Libro en que los comerciantes escriben sus créditos y deudas. ‖ Cuenta general que demuestra el estado de un negocio. ‖ *Fig.* Resultado de un asunto.
balancear v. i. Moverse de un lado para otro una embarcación. ‖ Columpiarse (ú. t. c. pr.). ‖ Dudar, vacilar. ‖ — V. t. Equilibrar.
balanceo m. Oscilación.
balancín m. *Mec.* Pieza o barra dotada de un movimiento oscilatorio que regula generalmente otro movimiento o le da un sentido o amplitud diferentes. ‖ Palo largo de volatinero.
balandra f. Velero pequeño.
balandro m. Velero de recreo.
balanza f. Instrumento para pesar. ‖ *Fig.* Comparación que se hace de las cosas. ‖ — *Balanza de comercio o comercial,* estado comparativo de la importación y exportación en un país. ‖ *Balanza de pagos,* relación de las transacciones entre un país y otro.
balar v. i. Dar balidos.
balasto y **balastro** m. Grava para asentar la vía del ferrocarril.
balaustrada f. Serie de balaustres.
balaustre m. Columnita de las barandillas.
balazo m. Tiro o herida de bala.
balboa m. Unidad monetaria de Panamá.

balbucear v. i. Articular mal.
balbuceo m. Acción de balbucear.
balbucir v. i. Balbucear.
balcánico, ca adj. y s. De los Balcanes.
balcón m. Ventana grande con barandilla saliente.
baldado, da adj. Tullido.
baldaquín o **baldaquino** m. Palio. ‖ Pabellón de altar, trono.
baldar v. t. Impedir o dificultar una enfermedad el uso de un miembro (ú. t. c. pr.). ‖ *Fig.* Causar a uno una gran contrariedad. ‖ — V. pr. *Fam.* Cansarse mucho.
balde m. Cubo.
balde (de) m. adv. Gratis.
baldear v. t. Regar con baldes.
baldeo m. Limpieza con cubos.
baldío, a adj. Aplícase al terreno sin cultivar (ú. t. c. s. m.). ‖ *Fig.* Vano, inútil: *esfuerzo baldío.* ‖ — M. *Amer.* Solar.
baldón m. Afrenta, oprobio.
baldosa f. Ladrillo de enlosar.
baleador, ra adj. y s. *Amer.* Que tira balazos.
balear adj. y s. De las islas Baleares (España). ‖ — M. Dialecto catalán hablado en las Baleares.
balear v. t. *Amer.* Tirotear.
baleárico, ca adj. Balear.
balénidos m. pl. Familia de cetáceos.
baleo m. *Amer.* Tiroteo.
balido m. Grito de los óvidos.
baliza f. Señal óptica, sonora o radioeléctrica para guiar los barcos y los aviones.
balizaje y **balizamiento** m. Derecho de puerto. ‖ Sistema de balizas de una ruta marítima o aérea.
balizar v. t. Señalar con balizas.
ballena f. El mayor de los cetáceos conocidos. ‖ Cada una de las láminas córneas y elásticas que posee este animal en la mandíbula superior. ‖ Varilla de metal para varios usos: *ballena de paraguas.*
ballenato m. Cría de la ballena.
ballesta f. Arma para disparar flechas y saetas. ‖ Muelle de suspensión para vehículos.
ballet m. Composición destinada a ser interpretada únicamente por la danza y la mímica. ‖ Música que la acompaña.
balneario, ria adj. Relativo a los baños. ‖ — M. Lugar donde se toman baños medicinales.
balón m. Recipiente para cuerpos gaseosos. ‖ Pelota de fútbol y juegos parecidos. ‖ Fardo grande.
baloncesto m. Juego de equipo (cinco jugadores) que consiste en lanzar el balón a un cesto colocado en alto.
balonmano m. Juego de equipo (once jugadores) en el que se emplean sólo las manos.
balonvolea m. Juego de equipo (seis jugadores) que consiste en lanzar el balón por encima de una red sin que aquél toque el suelo.
balota f. Bolilla para votar. ‖ *Amer.* Papeleta de voto.
balotaje m. En algunos países, segunda votación al no haber obtenido ningún candidato el mínimo de sufragios requerido.
balsa f. Plataforma flotante.
balsamina f. Planta de América.
bálsamo m. Líquido aromático que fluye de ciertos árboles y se usa como producto farmacéutico. ‖ *Fig.* Consuelo, alivio.

báltico, ca adj. Relativo al mar Báltico. ‖ De los países del mar Báltico.

baluarte m. Fortificación exterior de figura pentagonal. ‖ *Fig.* Amparo, defensa.

bamba f. Baile mexicano.

bambalina f. *Teatr.* Lienzo pintado que cuelga del telar.

bambino, na m. y f. (pal. ital.). *Amer.* Niño: *pelea de bambinos.*

bambolear v. i. Oscilar (ú. t. c. pr.).

bambolla f. *Fam.* Pompa.

bambú m. Planta gramínea cuyo tallo leñoso puede alcanzar más de veinte metros. (Pl. *bambúes.*)

bambuco m. Música y baile popular de Colombia.

banal adj. Trivial.

banalidad f. Trivialidad.

banana f. Banano, plátano.

bananal o **bananar** m. Plantío de bananos.

bananero, ra adj. Dícese del plantío de plátanos. ‖ Relativo a los plátanos. ‖ — M. Plátano. ‖ Barco que transporta plátanos.

banano m. Plátano.

banasta f. Cesto.

banasto m. Banasta redonda.

banca f. Asiento de madera, sin respaldo. ‖ Juego en que pone el banquero cierta suma de dinero, y los jugadores apuestan la cantidad que deseen a las cartas que ellos elijen. ‖ Cantidad puesta por el banquero en ciertos juegos: *hacer saltar la banca.* ‖ Establecimiento de crédito que efectúa las operaciones de giro, cambio y descuento de valores, y la compra y venta de efectos públicos. ‖ *Fig.* Conjunto de bancos o banqueros: *la nacionalización de la banca.* ‖ *Arg.* Tener banca, tener influencias.

bancada f. *Riopl.* Conjunto de los diputados del mismo partido en la Asamblea.

bancal m. Pedazo de tierra para sembrar. ‖ Parte de una huerta, en un terreno elevado, que forma escalón.

bancario, ria adj. Del banco.

bancarrota f. *Com.* Quiebra.

banco m. Asiento para varias personas. ‖ Tablón grueso escuadrado que sirve de mesa en ciertos oficios: *banco de carpintero.* ‖ Establecimiento público de crédito: *el Banco de España.* ‖ Acción de copar la banca en el juego. ‖ *Mar.* Bajo de gran extensión: *banco de arena.* ‖ Conjunto de peces: *banco de merluzas.* ‖ — *Banco azul,* en el Parlamento, el de los ministros. ‖ *Banco de datos,* conjunto de informaciones sobre un sector determinado que se almacenan en un ordenador para que puedan ser utilizadas por todos. ‖ *Banco de esperma, de ojos, de órganos, de sangre,* servicio público o privado destinado a recoger, conservar y distribuir a los que lo necesiten esperma, córneas, etc. ‖ *Banco de hielo,* banquisa. ‖ *Banco de pruebas,* el que determina las características de una máquina; (fig.) lo que permite evaluar las capacidades de una persona o cosa.

banda f. Faja o lista. ‖ Cinta distintiva de ciertas órdenes: *la banda de Carlos III.* ‖ Lado: *por esta banda.* ‖ Grupo de personas o animales. ‖ En el fútbol, línea que delimita el campo: *saque de banda.* ‖ *Rad.* Conjunto de frecuencias comprendidas entre dos límites: *banda reservada a la televisión.* ‖ *Blas.* Cinta que cruza el escudo de esquina a esqui-

na. ‖ *Mús.* Conjunto de músicos militares o civiles. ‖ *Banda sonora,* parte de la película en la que se graba el sonido.

bandada f. Grupo de aves que vuelan juntas. ‖ Banco de peces. ‖ Grupo de personas.

bandearse v. pr. Ingeniárselas.

bandeirante m. Aventurero, explorador en el Brasil colonial.

bandeja f. Plato grande que sirve para presentar algo.

bandera f. Pedazo de tela, colocado en un asta, que lleva los colores de una nación.

bandería f. Bando o partido.

banderilla f. Dardo adornado que clavan los toreros en el cerviguillo a los toros.

banderillear v. i. Poner banderillas.

banderillero m. Torero que banderillea.

banderín m. Bandera pequeña.

bandidaje m. Bandolerismo.

bandido m. Bandolero.

bando m. Edicto o mandato solemne: *bando de la alcaldía.* ‖ Partido, facción: *está en el bando contrario.* ‖ Bandada de pájaros.

bandolera f. Correa cruzada por el pecho en la que se cuelga un arma.

bandolerismo m. Carácter y hechos de los bandoleros.

bandolero m. Salteador de caminos.

bandoneón m. Instrumento músico de la familia de los acordeones.

bandurria f. Instrumento de cuerda parecido a la guitarra. ‖ *Zool.* Ave zancuda de América.

banjo m. Guitarra de caja circular cubierta con una piel.

banqueta f. Asiento sin respaldo.

banquete m. Comida, festín.

banquillo m. Banco bajo. ‖ Escabel para los pies. ‖ Lugar donde están los jugadores reservas y los cuidadores en un encuentro deportivo. ‖ *For.* En España, asiento del acusado. ‖ *Amer.* Patíbulo, cadalso.

banquisa f. Banco de hielo.

bañador m. Traje utilizado para bañarse en el mar, piscina, etc.

bañar v. t. Sumergir en un líquido. Ú. t. c. pr.: *bañarse en el mar.* ‖ Humedecer. ‖ Cubrir una cosa con una capa de otra sustancia: *bañado en chocolate.* ‖ Pasar por algún sitio el mar, un río, etc.

bañera f. Pila para bañarse.

bañero, ra m. y f. Persona encargada del cuidado de los que se bañan en una playa o balneario.

bañista com. Persona que se baña en una playa o balneario.

baño m. Inmersión en un líquido: *dar un baño.* ‖ Líquido para bañarse. ‖ Bañera. ‖ Sitio donde hay agua para bañarse. ‖ Aplicación medicinal del aire, vapor, etc. ‖ *Baño de sol.* ‖ Capa con que se cubre una cosa: *un baño de laca.* ‖ *Fig.* Tintura, nociones, barniz: *un baño de cultura.* ‖ *Amer.* Excusado. ‖ — Pl. Lugar donde hay aguas medicinales. ‖ Cárcel donde los moros encerraban a los cautivos: *baños de Argel.* ‖ — *Baño de asiento,* el de las nalgas. ‖ *Baño de María,* recipiente con agua puesta a calentar donde se mete otra vasija para que su contenido reciba calor suave. ‖ *Traje de baño,* bañador.

bao m. Madero transversal del buque que sostiene las cubiertas.

baobab m. Árbol bombáceo.

baptisterio m. Sitio donde está la pila bautismal. || Esta pila.

baquelita f. Resina sintética.

baqueta f. Varilla para limpiar las armas de fuego. || – Pl. Palillos del tambor.

baqueteado, da adj. Curtido.

bar m. Establecimiento en el que se venden bebidas que suelen tomarse en el mostrador.

bar m. *Fís.* Unidad de presión atmosférica equivalente a un millón de barias.

barahúnda f. Ruido, alboroto.

baraja f. Conjunto de naipes para jugar.

barajar v. t. Mezclar las cartas. || *Fig.* Mezclar: *barajar ideas.* | Manejar: *barajar datos.* | Nombrar, citar: *se barajan varios nombres para este nombramiento.*

baranda f. Barandilla.

barandal m. Larguero que sostiene los balaustres. || Barandilla.

barandilla f. Antepecho de los balcones, escaleras, etc.

baratija f. Objeto sin valor.

baratillo f. Tienda de objetos de poco valor. || Venta de mercancías a bajo precio.

barato, ta adj. De poco precio. || – Adv. Por poco precio: *salir barato.*

baratura f. Precio bajo.

barba f. Parte de la cara debajo de la boca. || Pelo que nace en esta parte del rostro. || Pelo de algunos animales en la quijada inferior: *barbas de chivo.* || – M. *Teatr.* El que hace el papel de anciano, característico.

barbacoa f. *Amer.* Especie de catre abierto y también camilla o andas. || Utensilio a modo de parrilla que sirve para asar la carne o el pescado al aire libre. || Lo asado de este modo.

barbaridad f. Calidad de bárbaro. || *Fam.* Necedad, disparate. | Atrocidad. | Gran cantidad, mucho: *una barbaridad de dinero.*

barbarie f. *Fig.* Incultura. | Crueldad: *acto de barbarie.*

barbarismo m. Vicio del lenguaje. || Idiotismo, vocablo o giro de una lengua extranjera. || *Fig.* Barbarie.

bárbaro, ra adj. Calificativo que daban los griegos y romanos a los pueblos ajenos a su cultura (ú. t. c. s.). || *Fig.* Bruto, cruel. | Arrojado, temerario. | Inculto, grosero. || *Fig. y fam.* Muy bueno, magnífico, espléndido: *una película bárbara.* | Muy grande.

barbecho m. Campo que se deja de cultivar durante cierto tiempo para que descanse.

barbería f. Establecimiento del barbero.

barbero m. El que se dedica a afeitar o a cortar el pelo. || *Méx.* Adulador.

barbián, ana adj. y s. *Fam.* Persona simpática y jovial.

barbilampiño, ña adj. y s. De poca barba.

barbilla f. Mentón, punta o remate de la barba.

barbitúrico, ca adj. y s. m. *Med.* Dícese de un radical químico, base de numerosos hipnóticos y sedantes del sistema nervioso.

barbo m. Pez de río.

barboquejo m. Cinta para sujetar el sombrero bajo la barbilla.

barbudo, da adj. Que tiene muchas barbas (ú. t. c. s.).

barca f. Embarcación pequeña.

barcada f. Carga de una barca.

barcaje m. Transporte en barca. || Su precio.

barcaza f. Lanchón.

barcelonense adj. y s. De Barcelona (Venezuela).

barcelonés, esa adj. y s. De Barcelona (España y Venezuela).

barco m. Embarcación.

bardo m. Poeta.

baremo m. Libro de cuentas ajustadas. || Tabla de tarifas.

bargueño m. Mueble de madera con cajoncitos y gavetas.

baria f. Unidad C.G.S. de presión que equivale a una dina por centímetro cuadrado.

barinense adj. y s. De Barinas, ciudad de Venezuela.

barinés, esa adj. y s. De Barinas, Estado de Venezuela.

bario m. Metal (Ba), de número atómico 56, blanco amarillo, fusible a 716°C y que tiene una densidad de 3,8.

barita f. Óxido de bario.

barítono m. *Mús.* Voz media entre la de tenor y la del bajo. | El que tiene esta voz.

barlovento m. *Mar.* Lado de donde procede el viento.

barman m. (pal. ingl.). Camarero de bar.

barniz m. Disolución de una resina en un líquido volátil. || Baño que se da a la loza o porcelana. || *Fig.* Conocimientos poco profundos, capa: *barniz literario.*

barnizar v. t. Dar barniz.

barómetro m. Instrumento que determina la presión atmosférica.

barón m. Título nobiliario.

baronesa f. Mujer del barón o que tiene este título.

barquero, ra m. y f. Persona que conduce una barca.

barquillero, ra m. y f. Persona que hace o vende barquillos.

barquillo m. Hoja delgada de pasta de harina en forma de canuto.

barquisimetano, na adj. y s. De Barquisimeto (Venezuela).

barra f. Pieza larga y estrecha de cualquier materia: *barra de acero.* || Palanca para levantar grandes pesos. || Lingote: *barra de oro.* || Barandilla que separa a los jueces del público en un tribunal. || Mostrador de un bar. || Pan de forma alargada. || En una bicicleta, tubo superior del cuadro. || *Mar.* Mando de un timón. || Pasamanos de madera a lo largo de una pared que sirve a los bailarines para apoyarse y realizar ejercicios de flexibilidad. || Conjunto de estos ejercicios. || Banco de arena en la embocadura de un río. || *Blas.* Banda que atraviesa desde el ángulo siniestro superior hasta el diestro inferior. || – *Barra americana,* bar. || *Barra fija, barras paralelas,* aparatos de gimnasia. || *Fig. Sin pararse en barras,* sin hacer caso.

barrabasada f. Burrada.

barraca f. Casa tosca. || Vivienda rústica de las huertas de Valencia y Murcia. || Caseta, puesto.

barracón m. Barraca grande.

barracuda f. Pez marino voraz.

barragana f. Concubina.
barranco m. Precipicio.
barranquillero, ra adj. y s. De Barranquilla (Colombia).
barredor, ra adj. y s. Que barre.
barrena f. Instrumento para taladrar. || Barra de hierro para sondar terrenos, agujerear rocas, etc.
barrenar v. t. Perforar con barreno.
barrendero, ra m. y f. Persona que barre.
barreno m. Orificio relleno de pólvora que se abre en la roca o mina para hacerla volar.
barreño m. Vasija de barro, de metal o de plástico que sirve para fregar y otros usos.
barrer v t. Quitar con la escoba el polvo, la basura, etc. || Pasar rozando: *su vestido barre el suelo.* || Arrastrar: *el viento barre los papeles.* || *Fig.* Quitar todo lo que había en alguna parte. || Hacer desaparecer. | Enfocar con un haz de luz electrónica la superficie de una pantalla luminiscente de un tubo o lámpara catódica.
barrera f. Valla de palos, tablas u otra cosa: *barrera de paso a nivel.* || Parapeto, antepecho. || Valla, en las plazas de toros, que resguarda a los toreros. || Primera fila de asientos en las plazas de toros. || *Fig.* Lo que separa. | Impedimento, obstáculo. || *Barrera del sonido,* aumento brusco de la resistencia del aire que se produce cuando el avión alcanza la velocidad del sonido.
barretina f. Gorro usado por los catalanes.
barriada f. Barrio.
barrica f. Tonel pequeño.
barricada f. Parapeto improvisado para estorbar el paso del enemigo.
barrido m. Acción de barrer.
barriga f. Vientre.
barrigón, ona y **barrigudo, da** adj. y s. Que tiene mucha barriga.
barril m. Tonel para guardar licores y géneros. || Medida de capacidad para el petróleo, equivalente a 159 litros.
barrilete m. Pieza del revólver donde se colocan los cartuchos.
barrillo m. Grano en el rostro.
barrio m. Cada una de las partes en que se dividen las ciudades.
barrioporteño, ña adj. y s. De Puerto Barrios (Guatemala).
barritar v. i. Berrear el elefante.
barrizal m. Lodazal.
barro m. Masa de tierra y agua. || Arcilla de alfareros: *modelar con barro.* || Recipiente hecho con ella. || Arcilla: *Dios creó al hombre con barro.* || Granillo en el rostro.
barroco, ca adj. y s. m. *Arq.* Dícese del estilo artístico caracterizado por la profusión de adornos, propios de los s. xvii y xviii, en contraposición al Renacimiento clásico.
barroquismo m. Calidad de lo barroco. || Tendencia a lo barroco. || *Fig.* Extravagancia.
barrote m. Barra gruesa.
barruntar v. t. Prever.
barrunte y **barrunto** m. Indicio, asomo. || Presentimiento.
bártulos m. pl. Trastos.
barullo m. *Fam.* Confusión.
basa f. Asiento de una columna.

basalto m. Roca volcánica muy dura.
basamento m. Cuerpo formado por la basa y el pedestal de la columna.
basar v. t. Apoyar en una base. || *Fig.* Fundar, apoyar. Ú. t c. pr.: *basarse en datos falsos.* || Situar en una base militar: *escuadrilla basada en Torrejón* (ú. t. c. pr.).
basca f. Ganas de vomitar.
bascosidad f. Ganas de vomitar.
báscula f. Aparato para pesar.
bascular v. i. Ejecutar un movimiento de báscula alrededor de un punto en equilibrio. || Inclinarse la caja de un vehículo de transporte para que la carga que contiene se vierta hacia fuera.
base f. Asiento, apoyo o superficie en que se sostiene un cuerpo. || Basa de una columna. || Parte inferior de un cuerpo. || *Fig.* Fundamento: *la base de un razonamiento.* | Origen: *la base de su riqueza.* || *Geom.* Lado o cara en que se supone descansa una figura. || *Mat.* Cantidad que ha de elevarse a una potencia dada. || *Mil.* Lugar de concentración de los medios necesarios para emprender una operación terrestre, aérea o naval: *base de operaciones; base aérea.* || *Quím.* Cuerpo que puede combinarse con los ácidos para formar sales. || Conjunto de militantes de un partido u organización sindical, y tb. de los trabajadores de una empresa o ramo industrial. || — *Base de datos,* informaciones almacenadas en un ordenador. || *Base imponible,* cantidad gravada con impuestos.
base-ball [beísbol] m. (pal. ingl.). Béisbol, pelota base.
básico, ca adj. Que sirve de base.
basílica f. Nombre de algunas iglesias.
basilisco m. Animal fabuloso. || Reptil de América parecido a la iguana.
basket o **basket-ball** [básketbol] m. (pal. ingl.). Baloncesto.
bastante adj. Suficiente: *tiene bastantes amigos.* || — Adv. Ni mucho ni poco: *hemos comido bastante.* || No poco: *bastante tonto.*
bastar v. i. Ser suficiente.
bastardear v. i. Degenerar. || — V. t. Falsear, falsificar.
bastardeo m. Degeneración.
bastardía f. Calidad de bastardo. || *Fig.* Indignidad, vileza.
bastardilla adj. y s. f. Dícese de la letra de imprenta, ligeramente inclinada hacia la derecha, que imita la escritura ordinaria hecha manualmente.
bastardo, da adj. Nacido fuera del matrimonio (ú. t. c. s.). || Que pertenece a dos géneros distintos: *estilo bastardo.* || Que no es de raza pura: *perro bastardo* (ú. t. c. s.).
bastedad f. Condición de basto.
bastidor m. Armazón de madera o metal que sirve de soporte a otros elementos: *bastidor de pintor.* || Cada uno de los lienzos pintados que, en los teatros, se pone a los lados del escenario.
bastión m. *Fort.* Baluarte.
basto, ta adj. Grosero, tosco: *tela basta.* || Ordinario, vulgar, poco fino: *hombre basto.* || — M. Albarda. || Naipe del palo de bastos. || — Pl. Uno de los cuatro palos de la baraja española.
bastón m. Palo con puño y contera para apoyarse al andar. || Insignia de autoridad civil o militar: *bastón de mando.*

basura f. Desperdicio, inmundicia.

basurero m. El que recoge la basura. || Sitio donde se arroja ésta.

bata f. Ropa larga que se usa para estar en casa o para trabajar. || Prenda que se pone sobre el vestido para que éste no se manche.

batacazo m. Caída.

batalla f. Combate.

batallar v. i. Pelear, combatir.

batallón m. Unidad militar compuesta de varias compañías.

batallón, ona adj. Combativo. || Revoltoso. || — Adj. f. Fam. Aplícase al asunto muy discutido.

batata f. Planta de raíz comestible.

bate m. Pala de béisbol.

batea f. Bandeja. || Vagón descubierto de bordes muy bajos. || Amer. Vasija para lavar.

bateador m. Jugador de béisbol.

batel m. Bote, barca.

batería f. Mil. Conjunto de cañones. | Unidad de artillería: batería contracarro. | Obra de fortificación que contiene cierto número de cañones. | Mar. Conjunto de cañones de cada puente o cubierta. || Mús. Conjunto de instrumentos de percusión de una orquesta. | Tambor y platillos de una orquesta. || Electr. Agrupación de varios acumuladores, pilas o condensadores, dispuestos en serie. | Acumulador. || Teatr. Fila de luces del proscenio. | Batería de cocina, conjunto de cacerolas y otros utensilios. || — M. Mús. El que toca la batería.

batiborrillo o **batiburrillo** m. Revoltijo, mezcolanza.

batida f. Caza que se hace batiendo el monte. || Reconocimiento de un paraje para la aprehensión de malhechores: batida de policía.

batido, da adj. Aplícase al camino muy andado. || — M. Acción de batir. || Refresco de leche o fruta pasado por la batidora.

batidor, ra adj. y s. Que bate. || El que levanta la caza en las batidas. || — F. Aparato en que se baten los alimentos.

batiente adj. Que bate. || — M. Marco de las puertas y ventanas en el que éstas baten al cerrarse. || Hoja de la puerta.

batín m. Bata corta de casa.

batir v. t. Golpear con fuerza alguna cosa: las olas baten la costa. || Alcanzar, llegar hasta: batir las murallas a cañonazos. || Dar el sol, el aire, el agua en una parte. || Superar: batir una marca. || Mover con fuerza: batir las alas. || Revolver una cosa para trabarla: batir huevos. || Martillar un metal hasta reducirlo a chapa. || Acuñar: batir moneda. || Derrotar, vencer: batir al adversario. || En fútbol, marcar un gol: batir al portero. || Cardar el pelo. || Reconocer, registrar un lugar: batir el campo. || Arg. Fam. Contar, relatar. || — V. pr. Combatir.

batracios m. pl. Clase de animales como la rana y el sapo (ú. t. c. pr.).

baturro, rra adj. y s. Aragonés.

batuta f. Varita con que marca el compás el director de orquesta.

baúl m. Maleta muy grande.

bauprés m. Mar. Palo horizontal fijado en la proa del barco.

bautismo m. Sacramento de la Iglesia que confiere el carácter de cristiano.

bautizar v. t. Administrar el bautismo. || Fig. Poner nombre: bautizar una calle. || Fam. Aguar el vino. || — V. pr. Recibir el bautismo.

bautizo m. Acción de bautizar y fiesta con que se solemniza.

bauxita f. Hidrato de alúmina que se encuentra en una roca rojiza.

bávaro, ra adj. y s. De Baviera.

baya f. Bot. Fruto carnoso con pepitas como la uva y la grosella.

bayamés, esa adj. y s. De Bayamo (Cuba).

bayeta f. Trapo de fregar.

bayo, ya adj. Blanco amarillento.

bayoneta f. Hoja de acero que se fija en el cañón del fusil.

baza f. Naipes que recoge el que gana. || Fig. Oportunidad, posibilidad.

bazar m. Tienda.

bazo, za adj. Moreno amarillento. || — M. Víscera vascular situada en el hipocondrio izquierdo entre el colon y las costillas falsas.

bazofia f. Comida mala.

bazuca y **bazooka** m. o f. Tubo portátil empleado para lanzar proyectiles contra los tanques.

be f. Nombre de la letra b.

Be, símbolo del berilio.

beata f. Fam. Mujer muy devota. || Pop. Peseta.

beatería f. Piedad exagerada.

beatificación f. Acción de beatificar.

beatificar v. t. Considerar la Iglesia a alguien entre los bienaventurados.

beatitud f. Bienaventuranza eterna. || Fam. Felicidad.

beato, ta adj. Bienaventurado. || Beatificado por la Iglesia católica (ú. t. c. s.). || Piadoso. || Fig. Que finge piedad, excesivamente devoto (ú. t. c. s.).

bebé m. Niño pequeño.

bebedor, ra adj. y s. Que bebe.

beber m. Acción y efecto de beber.

beber v. i. y t. Absorber un líquido por la boca. || Brindar: beber por la salud de uno. || Fig. Abusar de bebidas alcohólicas. | Informarse, aprender: beber en fuentes fidedignas. | Suspirar, ansiar: bebe los vientos por su novia. | Escuchar: bebía sus palabras.

bebido, da adj. Embriagado. || — F. Cualquier líquido que se bebe.

beca f. Pensión para cursar estudios. || Plaza gratuita en un colegio.

becada f. Zool. Chocha.

becado, da m. y f. Becario.

becar v. t. Conceder una beca.

becario, ria m. y f. Estudiante que tiene beca.

becerra f. Ternera de menos de un año.

becerrada f. Corrida de becerros.

becerrista com. Persona que torea becerros.

becerro m. Toro de menos de un año. || Piel de ternero curtida.

bechamel f. Salsa blanca hecha con harina, leche y mantequilla.

bedel m. En un centro docente, el que cuida del orden, anuncia la entrada o salida de las clases, etc.

beduino, na adj. y s. Árabe nómada del desierto.

befa f. Burla, escarnio.

begonia f. Planta perenne de flores rosadas sin corola. || Esta flor.

begum f. Título de algunas princesas indias.

43

behetría f. En la Edad Media, población cuyos vecinos podían elegir señor.

beige adj. De color café con leche. || — M. Este mismo color.

béisbol m. Juego de pelota practicado sobre todo en Estados Unidos.

bejuco m. Caña.

bel m. Unidad de intensidad sonora.

beldad f. Belleza o hermosura.

belén m. *Fig.* Nacimiento.

belga adj. y s. De Bélgica.

belicismo m. Tendencia belicista.

belicista adj. y s. Partidario de la guerra.

bélico, ca adj. De la guerra.

belicosidad f. Calidad de belicoso.

belicoso, sa adj. Guerrero, inclinado a la guerra. || *Fig.* Agresivo, combativo.

beligerancia f. Estado y calidad de beligerante.

beligerante adj. y s. Que participa en una guerra.

belio m. *Fís.* Bel.

bellaco, ca adj. y s. Pícaro.

bellaquería f. Ruindad, vileza.

belleza f. Armonía física o artística que inspira admiración y placer. || Mujer hermosa.

bello, lla adj. Que tiene belleza. || *Fig.* Muy bueno: *es una bella persona.*

bellota f. Fruto de la encina.

belvedere m. Mirador.

bemba f. *Amer.* Boca gruesa. | Hocico, jeta. || *Venez.* Bembo.

bembo, ba adj. *Méx.* Tonto. || *Amer.* De labio grueso.

bemol m. *Mús.* Signo que baja la nota un semitono. || Esta nota.

benceno m. Hidrocarburo incoloro, volátil y combustible, extraído de la destilación del alquitrán.

bencina f. *Quím.* Mezcla de hidrocarburo que se emplea como carburante y como solvente.

bendecir v. t. Invocar en favor de uno o de algo la bendición divina: *bendecir la mesa.* || Consagrar al culto: *bendecir un templo.* || Alabar, celebrar: *bendecir a sus protectores.*

bendición f. Acción de bendecir.

bendito, ta adj. Bienaventurado. || Dichoso. || *Fig.* y *fam.* Sencillo, de pocos alcances. Ú. t. c. s.: *ser un bendito.*

benedictino, na adj. y s. Perteneciente o relativo a la orden de San Benito, fundada en 529.

benefactor, ra adj. y s. Bienhechor.

beneficencia f. Virtud de hacer bien. || Conjunto de institutos benéficos para socorrer a las personas necesitadas.

beneficiado, da m. y f. Persona que se beneficia de algo.

beneficiador, ra adj. y s. Que beneficia.

beneficiar v. t. Hacer bien. || Hacer fructificar una cosa, mejorar: *beneficiar un terreno.* || Explotar una mina y someter los minerales a tratamiento metalúrgico. || — V. i. y pr. Sacar provecho.

beneficiario, ria adj. y s. Que goza de un beneficio.

beneficio m. Bien hecho o recibido: *colmar a uno de beneficios.* || Utilidad, provecho: *beneficio comercial.* || Producto de un espectáculo concedido a una institución benéfica o a una persona. || Cargo eclesiástico que tiene una renta. || Explotación de una mina.

beneficioso, sa adj. Benéfico.

benéfico, ca adj. Que hace bien.

benemérito, ta adj. Digno de recompensa. || *La Benemérita,* la Guardia Civil española.

beneplácito m. Aprobación.

benevolencia f. Bondad.

benévolo, la adj. Que tiene buena voluntad o afecto. || Hecho gratuitamente: *acto benévolo.* || Indulgente, tolerante.

bengala f. Cohete luminoso.

benignidad f. Calidad de benigno.

benigno, na adj. Afable, benévolo: *persona benigna.* || *Fig.* Templado: *clima benigno.* | Sin gravedad: *fiebre benigna.*

beodo, da adj. y s. Borracho.

berberecho m. Molusco bivalvo y comestible del norte de España.

berbiquí m. Taladro de mano.

berenjena f. Planta de fruto comestible de color morado.

berenjenal m. Plantío de berenjenas. || *Fam.* Asunto o situación difícil.

bergantín m. Barco de dos palos y vela cuadrada o redonda.

berilio m. Metal ligero (Be), de número atómico 4, llamado también *glucinio.*

berkelio m. Elemento químico (Bk), de número atómico 97, obtenido artificialmente al bombardear el americio con partículas alfa.

berlina f. Coche de caballos cerrado, comúnmente de dos asientos. || Automóvil cerrado de conducción interior, llamado también *sedán.* || Departamento delantero en un vehículo de viajeros.

berlinés, esa adj. y s. De Berlín.

bermejo, ja adj. Rubio rojizo.

berquelio m. Berkelio.

berraco m. Niño que berrea.

berrear v. i. Dar berridos.

berrenchín m. Berrinche.

berrendo, da adj. Aplícase al toro que tiene manchas de color distinto.

berreo m. Berrinche, berrido.

berrido m. Voz del becerro y otros animales. || Grito estridente.

berrinche m. Rabieta.

berro m. Planta comestible que crece en lugares aguanosos.

berroqueña adj. *Piedra berroqueña,* granito.

berza f. Col. || — M. pl. Berzotas.

berzas o berzotas m. y f. *Fam.* Idiota.

besar v. t. Tocar con los labios una cosa en señal de amor, saludo, amistad o reverencia (ú. t. c. pr.).

beso m. Acción y efecto de besar.

bestia f. Animal cuadrúpedo, especialmente caballerías. || — Com. *Fig.* Persona ruda, ignorante. | Persona bruta, poco delicada.

bestial adj. Brutal, irracional: *instintos bestiales.* || *Fam.* Extraordinario, estupendo: *un proyecto bestial.* | Enorme: *hambre bestial.*

bestialidad f. Brutalidad. || Pecado de lujuria cometido con una bestia. || *Fam.* Barbaridad, tontería muy grande. | Gran cantidad.

besugo m. Pez teleósteo de carne muy estimada. || *Fam.* Majadero.

besuquear v. t. *Fam.* Besar.

besuqueo m. Acción de besuquear.

beta f. Letra griega (β) que corresponde a nuestra *b*. || *Rayos* β, radiaciones emitidas por los cuerpos radiactivos.

betatrón m. Acelerador electromagnético de partículas beta que hace que éstas transmuten átomos.

bético, ca adj. De la Bética, antigua región española, correspondiente a lo que es actualmente Andalucía (ú. t. c. s.).

betuláceas f. pl. Familia de árboles angiospermos de hojas alternas (ú. t. c. adj.).

betún m. Nombre de varias sustancias naturales compuestas de carbono e hidrógeno que arden con llama, humo espeso y olor peculiar. || Crema o líquido que se usa para dar brillo al calzado.

betunero m. El que vende o fabrica betunes. || Limpiabotas.

bevatrón m. *Fís.* Acelerador de partículas capaz de generar protones con una energía igual o superior a mil millones de electronvoltios.

bey m. Gobernador turco.

Bi, símbolo del *bismuto*.

biberón m. Frasco con tetina de goma para la lactancia artificial.

biblia f. Sagrada Escritura.

bibliófilo m. Aficionado a libros.

bibliografía f. Descripción de libros, de sus ediciones, etc. || Conjunto de títulos de obras sobre un asunto: *bibliografía taurina.*

bibliográfico, ca adj. De la bibliografía: *notas bibliográficas.*

biblioteca f. Local donde se tienen libros ordenados para la lectura y la consulta. || Colección de libros, manuscritos, etc. || Librería, mueble para colocar los libros.

bibliotecario, ria m. y f. Persona encargada de una biblioteca.

bicarbonato m. *Quím.* Sal ácida del ácido carbónico. || Se dice especialmente de la sal de sodio.

bicentenario m. Segundo centenario.

bíceps adj. y s. m. Dícese de los músculos que tienen dos cabezas, especialmente el del brazo.

bicha f. Culebra.

bicharraco m. *Fam.* Animalucho. | Persona mala, tiparraco.

bicho m. Animal pequeño. || Toro de lidia. || *Fig.* Persona mala.

bici f. *Fam.* Bicicleta.

bicicleta f. Vehículo de dos ruedas iguales en que la de atrás se mueve por medio de unos pedales que actúan en una cadena.

bicoca f. *Fig.* Cosa de poca monta, fruslería. | Ganga. | Puesto ventajoso.

bicornio m. Sombrero de dos picos.

bidé m. Aparato sanitario empleado para lavados íntimos.

bidón m. Recipiente de hojalata para líquidos: *bidón de aceite.*

biela f. *Mec.* Barra metálica que une dos piezas móviles por medio de articulaciones, fijadas en los extremos de éstas, y que transforma y transmite un movimiento. || Palanca del pedal de la bicicleta.

bieldo m. Instrumento de madera, en forma de tenedor, que sirve para aventar.

bien m. Lo que la moral ordena hacer: *discernir el bien del mal.* || Lo que es bueno, favorable o conveniente: *fue un bien para mí.* || Lo que es conforme al deber: *persona de bien.* || Utilidad, beneficio: *el bien del país.* || Lo que es objeto de un derecho o de una obligación: *bien familiar.* || — Pl. Hacienda, caudal: *hombre de bienes.* || Productos: *bienes de equipo.* || — *Bienes de consumo,* aquellos que satisfacen las necesidades directas de los compradores. || *Bienes de producción,* aquellos que se utilizan para la fabricación de bienes de consumo. || *Bienes gananciales,* los que adquieren los cónyuges durante el matrimonio. || *Bienes inmuebles* o *raíces,* los que no pueden trasladarse. || *Bienes muebles,* los que pueden trasladarse. || — Adv. Correctamente: *vivir bien.* || De modo agradable: *oler bien.* || Que goza de buena salud. || De modo adecuado: *trabajo que salió bien.* || Con placer, con gusto, de buena gana. || Sin inconveniente, sin ninguna dificultad. || Muy, mucho: *llegó bien tarde.* || Bastante o mucho: *es bien malo.* || Se usa tb. para expresar el acuerdo.

bienal adj. Que sucede cada bienio. || — F. Exposición que se celebra cada dos años.

bienaventurado, da adj. y s. Que goza de Dios en el cielo. || Feliz.

bienaventuranza f. Visión beatífica de Dios en el cielo. || Prosperidad, felicidad.

bienestar m. Estado del que está bien.

bienhechor, ra adj. y s. Que hace bien.

bienio m. Período de dos años. || Aumento del sueldo que se da cada dos años de servicio activo.

bienvenida f. Parabién: *dar la bienvenida.*

bienvivir v. i. Vivir bien.

bies m. Sesgo.

bife m. *Amer.* Bistec. || *Fam. Arg.* Guantada.

biftec m. Bistec.

bifurcación f. Punto donde una cosa se divide en dos.

bifurcarse v. pr. Dividirse en dos una cosa. || Cambiar de dirección.

bigamia f. Estado del bígamo.

bígamo, ma adj. y s. Casado con dos personas al mismo tiempo.

bígaro m. Caracolillo marino.

bigote m. Pelos debajo de la nariz que cubren el labio superior.

bigudí m. Pinza o rizador sobre el cual las mujeres enroscan el pelo para ondularlo.

bija f. Árbol de América cuya semilla sirve para teñir de rojo y su fruto para hacer una bebida refrigerante y medicinal.

bikini m. Bañador de dos piezas de reducidas dimensiones.

bilabial adj. Dícese de la letra que se pronuncia con ambos labios (ú. t. c. s. f.).

bilateral adj. Relativo a ambos lados. || Que obliga a las dos partes firmantes: *contrato bilateral.*

bilbaíno, na adj. y s. De Bilbao (España).

biliar adj. De la bilis.

bilingüe adj. Que habla dos lenguas (ú. t. c. s.). || Escrito en dos idiomas.

bilingüismo m. Uso de dos idiomas: *el bilingüismo paraguayo.*

bilis f. Humor viscoso, de color amarillo verdoso, amargo, segregado por el hígado. || *Fig.* Ira, irritación.

billar m. Juego que consiste en empujar bolas de marfil con tacos sobre una mesa rectangular cubierta con un tapete verde. || La misma mesa y sala donde se juega.

billetaje m. Conjunto de billetes para un espectáculo o medio de transporte.

billete m. Carta o esquela: *billete amoroso.* || Tarjeta o documento que da derecho para entrar en alguna parte, para viajar, etc. || Papeleta que acredita la participación en una lotería. || Moneda en papel emitida por un banco o por el Tesoro público.

billetera f. y **billetero** m. Cartera para los billetes.

billón m. Un millón de millones. (En Estados Unidos, el billón equivale a mil millones.)

bimestre m. Tiempo de dos meses.

bimotor adj. y s. m. Dícese de los aviones de dos motores.

bina f. *Agr.* Acción de binar.

binadera f. Azada.

binar v. t. Arar por segunda vez las tierras.

binario, ria adj. Compuesto de dos elementos: *sistema binario.*

bingo m. Juego de azar parecido a la lotería con cartones.

binguero, ra adj. y s. Dícese del que juega al bingo o de lo relativo a este juego.

binóculo m. Anteojo para ambos ojos que se fija en la nariz.

binomio m. *Mat.* Expresión algebraica formada por dos términos, como $a - b$.

biobiense adj. y s. De Bío-Bío (Chile).

biografía f. Historia de la vida de una persona.

biografiar v. t. Escribir la biografía de una persona.

biógrafo, fa m. y f. Autor de biografías.

biología f. Ciencia que estudia las leyes de la vida.

biólogo, ga m. y f. Persona que se dedica al estudio de la biología.

biomasa f. Masa total de los seres vivos, animales y vegetales, de un biotopo.

biombo m. Mampara formada por varios bastidores articulados.

biotipo m. Forma típica de un animal o planta que caracteriza a la especie a la que pertenece.

biotopo m. Espacio geográfico en el que vive un grupo de seres sometidos a condiciones relativamente constantes o cíclicas.

bipartidismo m. Régimen caracterizado por la alternativa en el poder de dos partidos.

bipartito, ta adj. Compuesto de dos.

bípedo, da adj. y s. m. De dos pies.

biplano m. Avión con dos alas.

biquini m. Bikini.

birlar v. t. Robar.

birlibirloque m. *Por arte de birlibirloque,* extraordinariamente.

birrefringencia f. *Ópt.* Doble refracción.

birrete m. Gorro con borla negra, propio de magistrados, catedráticos, abogados, jueces. || Bonete.

birria f. *Fam.* Cosa o persona fea. | Objeto sin valor.

bis adv. Se emplea para indicar que una cosa debe repetirse. || — Adj. Duplicado, repetido: *página 94 bis.*

bisabuelo, la m. y f. Padre o madre del abuelo o de la abuela.

bisagra f. Conjunto de dos planchitas de metal articuladas entre sí que permite el movimiento de las puertas y ventanas.

bisar v. t. Repetir la ejecución de un trozo de música, canto, etc.

bisector, triz adj. *Geom.* Que divide en dos partes iguales. || — F. Línea que divide un ángulo en dos partes iguales.

bisel m. Borde cortado oblicuamente.

biselado m. Acción de biselar.

biselar v. t. Cortar en bisel.

bisemanal adj. Que se repite dos veces por semana.

bisiesto adj. Dícese del año de 366 días.

bisílabo, ba adj. De dos sílabas.

bismuto m. Metal (Bi) de número atómico 83, de color gris, fusible a 271 °C, de densidad 9,8.

bisnieto, ta m. y f. Hijo o hija del nieto.

bisonte m. Rumiante bóvido salvaje.

bisoñé m. Peluca que cubre sólo la parte anterior de la cabeza.

bisoño, ña adj. y s. Novicio.

bisté y mejor **bistec** m. Filete, lonja de carne de vaca asada.

bisturí m. Instrumento cortante usado en cirugía. (Pl. *bisturíes.*)

bisutería f. Joyería de imitación.

bit m. (pal. ingl.). En informática, unidad elemental de información que sólo puede tener dos valores distintos, generalmente de 1 a 10.

bitácora f. *Mar.* Caja de cobre, cercana al timón, donde está la brújula.

bivalente adj. *Quím.* Con dos valencias.

bizantinismo m. Carácter bizantino.

bizantino, na adj. y s. De Bizancio, hoy Estambul. || Del Imperio Bizantino. || *Fig.* Decadente, degenerado.

bizcaitarra com. Nacionalista vasco.

bizco, ca adj. y s. Que tuerce los ojos al mirar.

bizcocho m. Pan sin levadura que se cuece dos veces para conservarlo mucho tiempo. || Masa de harina, huevo y azúcar cocida al horno.

bizcotela f. Bizcocho con un baño de azúcar.

biznaga f. Planta cactácea de México, sagrada entre los aztecas. || Ramillete de jazmines clavados en una penca.

biznieto, ta m. y f. Bisnieto.

bizquear v. i. *Fam.* Ser bizco. | Quedarse estupefacto.

bizquera f. Estrabismo.

Bk, símbolo del *berkelio.*

blanco, ca adj. De color de nieve: *pan blanco.* || De color más claro que otras cosas de la misma especie: *vino blanco.* || Dícese de la raza europea o caucásica (ú. t. c. s.). || *Arma blanca,* la cortante o punzante. || — M. Color blanco. || Tabla que sirve para ejercitarse en el tiro: *hacer blanco.* || Hueco entre dos cosas. || Espacio que se deja blanco en un escrito. || *Fam.* Vaso de vino blanco. || *Fig.* Meta, objetivo. || *Blanco del ojo,* la córnea.

blancor m. Blancura.

blancura f. Calidad de blanco.

blandengue adj. Blando, de poco carácter. || — M. Soldado armado con lanza de la antigua provincia de Buenos Aires.

blandir v. t. Mover alguna cosa antes de golpear con ella.

blando, da adj. Que se deforma fácilmente: *masa blanda.* || Que cede a la presión, muelle: *colchón blando.* || Tierno: pan blando. || *Fig.* Indulgente, benévolo: *blando con los alumnos.* | Débil: *carácter blando.* | Suave, templado.

blandura f. Calidad de blando. ‖ Molicie, bienestar. ‖ Amabilidad. ‖ Lisonja, halago.
blanqueado m. Blanqueo.
blanqueador, ra adj. y s. Que blanquea.
blanquear v. t. Poner blanca una cosa: *blanquear la ropa.* ‖ Encalar las paredes: *blanquear un patio.* ‖ Poner blanco el azúcar. ‖ — V. i. Presentarse blanca una cosa. ‖ Ponerse blanca. ‖ Tirar a blanco.
blanqueo m. Encalado.
blasfemador, ra adj. y s. Blasfemo.
blasfemar v. i. Decir blasfemias.
blasfemia m. Insulto dirigido contra Dios o las cosas sagradas. ‖ *Fig.* Palabra injuriosa.
blasfemo, ma adj. y s. Que contiene blasfemia: *libro blasfemo.* ‖ — Adj. y s. Que blasfema.
blasón m. Ciencia heráldica. ‖ Cada pieza del escudo. ‖ Escudo de armas. ‖ *Fig.* Motivo de orgullo, gloria.
blasonar v. i. *Fig.* Jactarse.
blastodermo m. *Zool.* Conjunto de las células que proceden de la segmentación parcial del huevo de los animales.
blastomicetos m. pl. Familia de hongos (ú. t. c. adj.).
blenorragia f. *Med.* Inflamación infecciosa de la uretra producida por un gonococo.
blenorrea f. Blenorragia crónica.
blindado, da adj. Revestido con blindaje: *caja blindada.*
blindaje m. Revestimiento con chapas metálicas de protección.
blindar v. t. Revestir con chapas metálicas de protección.
bloc m. Conjunto de hojas de papel blanco, que se pueden separar, para dibujar o tomar apuntes.
blocaje m. Bloqueo.
blocao m. Reducto fortificado.
bloque m. Trozo grande de materia sin labrar: *bloque de piedra.* ‖ Conjunto: *bloque de papel.* ‖ Grupo, unión de varios países, partidos, etc.: *bloque soviético.* ‖ Grupo de viviendas: *bloque de casas.*
bloquear v. t. Cercar una ciudad, un puerto o un país, para cortar todo género de comunicaciones con el exterior. ‖ Inmovilizar los créditos o bienes de alguien: *bloquear la cuenta corriente.* ‖ Detener un vehículo apretando los frenos. ‖ Detener, interceptar: *bloquear el balón.* ‖ *Fig.* Impedir.
bloqueo m. Acción de bloquear.
blue-jean [*bluyin*] m. (pal. ingl.). Pantalón vaquero.
blues m. (pal. ingl.). Especie de fox trot.
bluff m. (pal. ingl.). Farol.
blusa f. Camisa de mujer.
blusón m. Blusa larga y suelta.
boa f. La mayor de las serpientes conocidas. ‖ — M. Adorno de vestir en forma de serpiente con que las mujeres cubren el cuello.
boaqueño, ña adj. y s. De Boaco (Nicaragua).
boato m. Lujo.
bobada f. Necedad.
bobalicón, ona adj. *Fam.* Bobo.
bobear v. i. Decir, hacer boberías.
bobería f. Dicho o hecho necio.
bobina f. Carrete.
bobinado m. Acción y efecto de bobinar.
bobinar v. t. Enrollar.

bobo, ba adj. y s. Tonto.
boca f. Orificio de la cabeza del hombre y los animales por el cual toman el alimento. ‖ Pinza de los crustáceos. ‖ *Fig.* Entrada, abertura: *boca de horno, de puerta.* ‖ Gusto o sabor de los vinos: *vino de buena boca.* ‖ Órgano de la palabra: *cerrar la boca.* ‖ Persona o animal a quien se mantiene: *mantener seis bocas.* ‖ Pico de una vasija. ‖ — Pl. Desembocadura de un río.
bocacalle f. Desembocadura de una calle.
bocadillo m. Emparedado, panecillo abierto o dos rebanadas de pan relleno con jamón, chorizo, queso, etc. ‖ Comida ligera. ‖ En las historias ilustradas, elemento gráfico que sale de la boca de los personajes y contiene las palabras que éstos pronuncian.
bocado m. Alimento que cabe de una vez en la boca. ‖ Un poco de comida: *comer un bocado.* ‖ Mordisco: *el perro le dio un bocado.* ‖ Pedazo de una cosa que se arranca con los dientes. ‖ Freno de la caballería.
bocal m. Jarro de boca ancha.
bocanada f. Cantidad de líquido que llena de una vez la boca. ‖ Porción de humo que se echa cuando se fuma. ‖ Ráfaga de viento.
bocata f. *Fam.* Bocadillo.
bocazas m. inv. Hablador.
bocel m. *Arq.* Moldura convexa cilíndrica: *el bocel de la columna.* ‖ Instrumento que sirve para hacer dicha moldura.
boceto m. Ensayo que hace el artista antes de empezar una obra, esbozo, bosquejo. ‖ *Fig.* Esquema, rasgos principales de una cosa.
bocha f. Bola.
bochinche m. *Fam.* Alboroto.
bochinchero, ra adj. y s. *Amer.* Alborotador.
bochorno m. Aire caliente de estío. ‖ Calor sofocante. ‖ *Fig.* Sofocación. ‖ Vergüenza.
bochornoso, sa adj. Que causa bochorno.
bocina f. Trompeta de metal para hablar a distancia. ‖ Aparato para avisar: *la bocina de un coche.*
bocinazo m. Toque de bocina. ‖ *Pop.* Grito desaforado.
bocio m. *Med.* Hipertrofia de la glándula tiroides. ‖ Tumor en el cuerpo tiroides.
bocoy m. Barril grande.
boda f. Casamiento y fiesta con que se solemniza.
bodega f. Lugar donde se guarda y cría el vino. ‖ Cosecha o mucha abundancia de vino. ‖ Despensa. ‖ Tienda donde se venden vinos. ‖ *Mar.* Espacio interior de los buques y aviones. ‖ Almacén en los puertos. ‖ *Méx.* Tienda de abarrotes.
bodegón m. Tienda de comidas. ‖ Taberna. ‖ Pintura o cuadro donde se representan cosas comestibles, vasijas, cacharros, etc.
bodrio m. Bazofia.
bofes m. pl. *Fam.* Pulmones.
bofetada f. y **bofetón** m. Golpe dado en la cara con la mano abierta. ‖ *Fig.* Afrenta, desaire. ‖ Choque. ‖ Caída.
boga f. Acción de bogar o remar. ‖ *Fig.* y *fam.* Moda: *estar en boga.*
bogar v. i. Remar.
bogavante m. *Zool.* Crustáceo marino parecido a la langosta.
bogie y **boggie** m. Carretón.
bogotano, na adj. y s. De Bogotá (Colombia).

bohemio, mia adj. y s. Bohemo. ‖ Dícese de la persona de costumbres libres y vida desordenada. ‖ Gitano. ‖ — F. Vida de bohemio. ‖ Conjunto de bohemios.

bohemo, ma adj. y s. De Bohemia (Checoslovaquia).

bohío m. *Amer.* Cabaña.

boicot m. Boicoteo.

boicoteador, ra adj. y s. Que boicotea.

boicotear v. t. Practicar el boicoteo.

boicoteo m. Rompimiento de relaciones con un individuo, una empresa o una nación para causar determinado perjuicio y obligar a que se realice lo que se exige.

boina f. Gorra redonda.

boj m. Arbusto siempre verde. ‖ Su madera.

bojar y **bojear** v. t. *Mar.* Medir el perímetro de una isla, cabo, etcétera. ‖ — V. i. Tener una isla determinada dimensión. ‖ Costear.

boje m. Conjunto de dos pares de ruedas montadas en sendos ejes que tienen los vehículos que circulan sobre vías o carriles. ‖ Boj.

bojeo m. *Mar.* Perímetro de una isla.

bol m. Taza grande sin asa.

bola f. Cuerpo esférico: *bola de marfil.* ‖ Canica: *jugar a las bolas.* ‖ Esfera empleada en el juego de bolos. ‖ La que se pone en los cojinetes o rodamientos. ‖ Pelota. ‖ Betún: *dar bola a los zapatos.* ‖ *Fig.* y *fam.* Mentira: *decir bolas.* ‖ *Amer.* Cometa redonda. ‖ Motín.

bolchevique adj. y s. Partidario del bolchevismo.

bolchevismo o **bolchevismo** m. Doctrina del Partido Comunista soviético instaurada por la revolución social de 1917.

bolchevización f. Acción y efecto de bolchevizar.

bolchevizar v. t. Aplicar los principios del bolchevismo.

boleada f. *Arg.* Cacería con boleadoras. ‖ *Méx.* Acción y efecto de dar lustre al calzado.

boleador, ra adj. y s. *Méx.* Limpiabotas.

boleadoras f. pl. *Arg.* Arma arrojadiza que consiste en dos o tres bolas unidas con correas y que se utiliza para cazar o apresar animales.

bolear v. t. *Arg.* Cazar con boleadoras. ‖ *Méx.* Limpiar el calzado.

bolero, ra adj. y s. Mentiroso. ‖ — M. Chaqueta corta que suelen usar las mujeres. ‖ *Mús.* Aire español. ‖ — F. Lugar donde se juega a los bolos.

boleta f. Billete de entrada. ‖ Papeleta de una rifa. ‖ Cédula de los militares para su alojamiento. ‖ *Amer.* Cédula para votar.

boletaje m. *Amer.* Conjunto de boletos o boletas.

boletería f. *Amer.* Taquilla.

boletero, ra m. y f. *Amer.* Persona que despacha billetes en las taquillas de los teatros, trenes, etc.

boletín m. Papel que se rellena para suscribirse a algo. ‖ Periódico que trata de asuntos especiales: *Boletín Oficial del Estado.*

boleto m. Cierta clase de hongo. ‖ *Amer.* Billete de teatro, de ferrocarril, etc. ‖ Papeleta de rifa o sorteo. ‖ Carta breve.

bólido m. *Meteor.* Masa mineral ígnea que atraviesa la atmósfera. ‖ *Fig.* Automóvil de competición muy rápido.

bolígrafo m. Lápiz estilográfico cuya punta es una bolita de acero.

bolillo m. Palito torneado para hacer encajes.

bolina f. *Mar.* Cabo con que se lleva hacia proa la relinga de una vela para que reciba mejor el viento. ‖ Sonda. ‖ *Navegar de bolina,* hacerlo contra el viento.

bolívar m. Unidad monetaria de Venezuela.

bolivarense adj. y s. De Bolívar (Ecuador y Colombia).

bolivariano, na adj. y s. Relativo a Bolívar. ‖ De Bolívar, Estado de Venezuela.

bolivariense adj. y s. De Bolívar, c. de Venezuela.

bolivianismo m. Giro propio de Bolivia. ‖ Afecto a la nación boliviana. ‖ Condición de boliviano.

boliviano, na adj. y s. De Bolivia. ‖ — M. Unidad monetaria de Bolivia. ‖ Modalidad del castellano hablado en Bolivia.

bolladura f. Hueco hecho por un golpe.

bollar v. t. Hacer bollos.

bollería f. Pastelería.

bollo m. Panecillo esponjoso de harina amasada con huevos, leche, etc. ‖ Abolladura, abultamiento o hueco hecho por un golpe en un objeto. ‖ *Fig.* Chichón: *un bollo en la cabeza.* ‖ Lío, embrollo: *se armó un bollo.*

bolo m. Palito torneado que se pone derecho en el suelo: *juego de bolos.* ‖ *Méx.* Obsequio que el padrino de un bautizo da a los niños. ‖ — Pl. Cierto juego. ‖ Bolera. ‖ *Bolo alimenticio,* alimento masticable e insalivado que se traga de una vez.

bolsa f. Recipiente flexible de tela, papel, plástico, etc., utilizado para llevar cosas. ‖ Saquillo para guardar el dinero. ‖ Arruga en los vestidos. ‖ Arruga que se forma debajo de los ojos (ú. t. en pl.). ‖ *Com.* Lonja: *Bolsa de granos.* ‖ Edificio donde se reúnen los que compran y venden acciones o títulos. ‖ Esta reunión: *hoy no hay Bolsa.* ‖ *Fig.* Bienes o dinero: *tiene llena la bolsa.* ‖ *Med.* Cavidad llena de materia: *bolsa de pus.* ‖ *Min.* Parte donde se halla metal puro. ‖ *Amer.* Bolsillo. ‖ — *Fam. Aflojar la bolsa,* dar dinero. ‖ *Bolsa de Trabajo,* organismo que centraliza ofertas y peticiones de trabajo.

bolsillo m. Bolsa para el dinero, portamonedas. ‖ Saquillo cosido a los vestidos: *bolsillos de parches.*

bolsista m. Persona que hace especulaciones en la bolsa de valores.

bolso m. Bolsa o estuche de piel u otro material que llevan en las manos las mujeres y en donde guardan los objetos de uso personal. ‖ Bolsillo, portamonedas. ‖ Cualquier caja o estuche de cuero u otro material, con asa, para llevar objetos.

bomba f. Máquina para elevar agua u otro fluido. ‖ Artefacto explosivo: *bomba de efecto retardado.* ‖ *Fig.* Noticia sensacional que causa sorpresa (ú. t. c. adj.). ‖ — *Bomba atómica,* v. ATÓMICO. ‖ *Bomba de cobalto,* generador de rayos gamma utilizados con fines terapéuticos. ‖ *Bomba H o de hidrógeno,* v. TERMONUCLEAR. ‖ *Caer como una bomba,* dar una noticia inesperada o presentarse de improviso en una reunión. ‖ — Adj. *Fam.* Extraordinario, formidable. ‖ *Fam.* Estupendamente, muy bien. ‖ *Fam. Pasarlo bomba,* pasarlo muy bien.

bombachas f. pl. *Arg.* Pantalones bombachos.

bombacho adj. m. y s. m. Dícese del calzón o pantalón ancho que se ciñe un poco más abajo de las pantorrillas (ú. más en pl.).

bombardear v. t. Atacar con artillería o arrojar bombas. ‖ Someter un cuerpo a la acción de ciertas radiaciones.

bombardeo m. Ataque de un objetivo con bombas u obuses.

bombardero, ra adj. y s. m. Que bombardea: *avión bombardero.*

bombardón m. *Mús.* Instrumento de viento.

bombear v. t. Sacar o trasegar con bomba: *bombear agua.* ‖ Dar forma abombada. ‖ Dar al balón un golpe de volea.

bombeo m. Convexidad. ‖ Acción de bombear un líquido con una bomba.

bombero m. Miembro de un cuerpo destinado a apagar incendios.

bombilla f. Ampolla o globo de cristal que contiene el filamento de la lámpara eléctrica. ‖ Tubito de caña o de metal para sorber el mate.

bombín m. Sombrero hongo.

bombo m. Tambor grande que se toca con maza. ‖ El que lo toca. ‖ Caja en que están los números de un sorteo: *bombo de la lotería.* ‖ *Fig.* Elogio exagerado: *anunciar con mucho bombo.*

bombón m. Confite de chocolate. ‖ *Fam.* Mujer muy bonita.

bombona f. Vasija.

bombonera f. Caja de bombones.

bonachón, ona adj. y s. Buenazo.

bonachonería f. Calidad de bonachón.

bonaerense adj. y s. De Buenos Aires (Argentina).

bonanza f. Tiempo sereno en el mar. ‖ *Fig.* Tranquilidad.

bondad f. Calidad de bueno.

bondadoso, sa adj. Muy bueno.

bonete m. Birrete, gorro de forma redonda. ‖ *Zool.* Redecilla de los rumiantes.

bongo m. *Amer.* Canoa india.

bongó m. Tambor de los negros de Cuba.

bongosero m. Tocador de bongó.

boniato m. Planta convolvulácea y su tubérculo.

bonificación f. Mejora. ‖ Rebaja.

bonificar v. t. Mejorar, hacer mejor una cosa.

bonito m. Pez parecido al atún.

bonito, ta adj. Bueno. ‖ Lindo, bello. ‖ *Fig.* Malo: ¡*en bonito lío estamos!*

bono m. Vale: *bono de pago al portador.* ‖ Cualquier papel fiduciario: *bonos de la deuda pública.* ‖ Vale de beneficencia.

bonzo m. Sacerdote budista.

boñiga f. Excremento del ganado.

boom [*bum*] m. (pal. ingl.). Prosperidad brusca y momentánea. ‖ Alza repentina de productos industriales, de valores de Bolsa, etc. ‖ Auge: *el boom de la novela latinoamericana.*

boquera f. Llaguita en las comisuras de los labios.

boquerón m. Pez pequeño con el que se hacen las anchoas.

boqueronense adj. y s. De Boquerón (Paraguay).

boquete m. Agujero.

boquiabierto, ta adj. Que tiene la boca abierta. ‖ *Fig.* Asombrado.

boquilla f. Abertura para sacar las aguas de riego. ‖ Parte de algunos instrumentos músicos de viento que se introduce en la boca. ‖ Tubo pequeño para fumar el cigarro. ‖ Parte de la pipa que se introduce

en la boca. ‖ Extremo del cigarro: *boquilla con filtro.* ‖ *De boquilla,* de mentirijillas.

bórax m. *Quím.* Sal blanca compuesta de ácido bórico, sosa y agua.

borbónico, ca adj. De los Borbones o propio de ellos.

borborigmo m. Ruido de los gases del abdomen.

borbotar y **borbotear** v. i. Hacer borbotones el agua.

borboteo m. Acción de borbotar.

borbotón m. Agitación del agua en ebullición. ‖ *Fig. A borbotones,* en cantidad y violentamente.

borceguí m. Bota.

borda f. *Mar.* Parte superior del costado del barco. ‖ — *Fig.* y *fam.* Arrojar o echar o *tirar por la borda,* deshacerse de algo o alguien. ‖ *Fuera borda,* embarcación con el motor fuera del casco.

bordada f. Camino del barco.

bordado, da adj. *Fig.* Perfecto, logrado. ‖ — M. Labor de relieve en tela o piel con aguja.

bordador, ra m. y f. Persona que borda.

bordar v. t. Hacer bordados. ‖ *Fig.* Realizar una cosa muy bien.

borde m. Extremo u orilla de una cosa: *el borde de la meseta.* ‖ Línea de separación entre el agua y la tierra: *al borde del río.* ‖ De las vasijas, orilla, contorno de la boca. ‖ *Fam.* Persona mala. ‖ *Al borde de,* a punto de: *estar al borde de la ruina.*

bordear v. i. *Mar.* Dar bordadas. ‖ Costear, ir por el borde (ú. t. c. t.). ‖ — V. t. Rodear. ‖ *Fig.* Estar cerca de, frisar.

bordelés, esa adj. y s. De Burdeos (Francia).

bordillo m. Borde de la acera.

bordo m. Costado de un barco.

bordón m. Bastón largo de los peregrinos. ‖ *Fig.* Muletilla, estribillo. ‖ En los instrumentos músicos, las cuerdas gruesas que hacen el bajo.

boreal adj. Del Norte.

borgoña m. Vino de Borgoña.

borgoñón, ona adj. y s. De Borgoña (Francia).

borincano, na y **borinqueño, ña** adj. y s. De Puerto Rico.

borla f. Conjunto de hebras reunidas por uno de sus cabos: *la borla del gorro militar.* ‖ Insignia de los doctores de universidad. ‖ Lo que utilizan las mujeres para darse polvos.

borne m. Botón de cobre a que se une un conducto eléctrico.

boro m. Metaloide (B) de número atómico 5, de densidad 2,45, sólido, duro y de color pardo oscuro, semejante al carbono.

borona f. Pan de maíz.

borra f. Parte basta de la lana.

borrachera f. Embriaguez.

borrachín, ina m. *Fam.* Borracho.

borracho, cha adj. Que toma bebidas alcohólicas con exceso (ú. t. c. s.). ‖ *Fig.* Dominado por una pasión.

borrador m. Escrito de primera intención que ha de sufrir correcciones. ‖ Libro en el que el comerciante hace sus cuentas provisionales. ‖ Goma de borrar.

borrar v. t. Tachar lo escrito. ‖ Hacer que la tinta desfigure lo escrito. ‖ Hacer desaparecer con la goma lo escrito. ‖ *Fig.* Hacer desaparecer, desvanecer, quitar: *bórralo de la memoria* (ú. t. c. pr.). ‖ Quitar de una lista, dar de baja en una asociación.

borrasca f. Tempestad.

borrascoso, sa adj. Que causa borrascas. || Propenso a ellas. || *Fig.* y *fam.* Desenfrenado: *vida borrascosa*.

borrego, ga m. y f. Cordero o cordera de uno o dos años. || *Fig.* y *fam.* Persona muy sencilla o ignorante. | Persona servil que hace lo mismo que los demás.

borrica f. Asna.

borricada f. Disparate.

borrico m. Asno.

borrón m. Mancha de tinta. || *Fig.* Imperfección, defecto. | Deshonra.

borroso, sa adj. Confuso, poco claro.

bosque m. Terreno con árboles. || *Fig.* Abundancia, copia.

bosquejar v. t. Trazar los rasgos principales de una pintura o escultura. || *Fig.* Esbozar, indicar de manera general.

bosquejo m. Boceto.

bostezar v. i. Abrir la boca por cansancio, sueño, aburrimiento.

bostezo m. Acto de bostezar.

bota f. Calzado que cubre el pie y parte de la pierna. || Odre pequeño para vino en el cual se bebe. || Cuba o tonel de madera.

botada f. *Amer.* Expulsión, despido.

botado, da adj. y s. *Amer.* Expósito. | Expulsado. || *Méx.* Borracho. | Barato.

botador, ra adj. *Amer.* Derrochador.

botadura f. Lanzamiento al agua de una embarcación.

botafumeiro m. Incensario.

botánica f. Ciencia que trata de los vegetales.

botánico, ca adj. Relativo a la botánica: *jardín botánico.* || — M. y f. Persona que se dedica a la botánica.

botanista com. Botánico.

botar v. t. Arrojar, tirar o echar fuera con violencia. || *Fam.* Despedir, echar a una persona: *lo botaron del colegio.* || Lanzar al agua: *botar un buque.* || *Amer.* Malgastar, despilfarrar. || — V. i. Salir despedida una cosa después de chocar con el suelo: *botar la pelota.* || Saltar: *botar de alegría.*

botaratada f. *Fam.* Tontería.

botarate m. *Fam.* Idiota.

bote m. Brinco que da el caballo. || Salto que da la pelota al chocar con el suelo. || Salto que da una persona. || Lata, vasija pequeña, comúnmente metálica: *bote de leche condensada.* || Tarro: *bote de farmacia.* || Barca, lancha sin cubierta que se mueve remando.

botella f. Vasija, generalmente de vidrio, de cuello largo. || Su contenido.

botellazo m. Golpe dado con una botella.

botellín m. Botella pequeña.

botica f. Farmacia.

boticario, ria m. y f. Farmacéutico.

botija f. Vasija de barro.

botijo m. Vasija de barro poroso con asa, boca y pitón destinada a refrescar el agua que contiene.

botín m. Bota, botina. || *Mil.* Despojo tomado al enemigo.

botina f. Calzado cuya caña pasa algo del tobillo.

botiquín m. Mueble para guardar las medicinas. || Estas medicinas.

botón m. *Bot.* Yema o brote de los vegetales. | Capullo de flor. || Disco de metal o cualquier otra materia que se pone en los vestidos para abrocharlos. || Cosa en forma de botón: *pulsar el botón.*

botonadura f. Júego de botones.

botones m. *Fam.* Recadero.

bou m. Pesca en que dos barcas tiran de una red. || Barco para esta pesca.

boutique [*butik*] f. (pal. fr.). Tienda pequeña y elegante donde se venden géneros de confección.

bóveda f. *Arq.* Construcción de forma arqueada con objeto de cubrir el espacio comprendido entre muros o pilares. | Habitación subterránea abovedada. | Cripta de las iglesias. || — *Bóveda celeste,* el firmamento. || *Bóveda craneana* (o *craneal*), interior del cráneo. || *Bóveda palatina,* cielo de la boca.

bóvidos m. pl. Familia de rumiantes que comprenden los bovinos, ovinos, caprinos, antílopes, etc.

bovino, na adj. Del buey o la vaca: *especie bovina* (ú. t. c. s. m.).

box m. (pal. ingl.). Departamento de una cuadra para un solo caballo. || Departamento de un garaje.

boxeador m. El que boxea.

boxear v. i. Luchar dos personas a puñetazos.

boxeo m. Deporte de combate en el cual dos adversarios se acometen a puñetazos.

boy m. (pal. ingl.). Mozo, muchacho. || *Boy scout,* explorador.

boya f. Cuerpo flotante sujeto al fondo del mar, de un río o de un lago para la señalización.

boyacense adj. y s. De Boyacá (Colombia).

boyante adj. *Fig.* Próspero. | Feliz.

bozal m. Capacillo que se les pone en la boca a las bestias para que puedan comer sin pararse. || Dispositivo que se pone a los perros en la boca para que no muerdan o a los terneros para que no mamen.

bozo m. Vello en la parte superior del labio.

Br, símbolo del *bromo.*

bracerismo m. *Méx.* Condición de bracero. | Conjunto de braceros.

bracero m. Peón, jornalero.

bracista com. Persona que nada a braza.

bráctea f. Hoja que nace en el pedúnculo de la flor.

braga f. Prenda interior femenina a modo de calzón (ú. m. en pl.). || Pañal de los niños.

braguero m. Vendaje para contener las hernias.

bragueta f. Abertura delantera de los pantalones de hombre.

braguetazo m. *Fam.* Casamiento por interés.

brahmán m. Bramán.

brahmánico, ca adj. Bramánico.

brahmanismo m. Bramanismo.

brain trust [*breintrost*] m. (pal. ingl.). Equipo muy selecto de colaboradores que ayuda a un ministro, director, etc., a elaborar proyectos, planes.

bramador, ra adj. Que brama.

bramán m. Sacerdote de Brama.

bramánico, ca adj. Relativo al bramanismo.

bramanismo m. Religión de la India.

bramante m. Cuerda delgada.

bramar v. i. Dar bramidos.

bramido m. Mugido, voz del toro y de otros animales. || *Fig.* Grito de cólera. | Ruido grande del viento, del mar, etc.

brancal m. Conjunto de los largueros de la armazón de un carro.

brandy m. (pal. ingl.). Coñac.

branquial adj. De las branquias.

branquias f. pl. Órganos respiratorios de peces, moluscos, batracios, etc.

braquiópodos m. pl. Animales marinos parecidos a los moluscos lamelibranquios con tentáculos alrededor de la boca (ú. t. c. adj.).

brasa f. Ascua: *asar a la brasa.*

brasero m. Recipiente redondo de metal en que se echa carbón menudo y que sirve como medio de calefacción. || *Méx.* Hogar.

brasileño, ña y **brasilero, ra** adj. y s. Del Brasil.

bravata f. Fanfarronería.

braveza f. Bravura.

bravío, vía adj. Salvaje.

bravo, va adj. Valiente. || Salvaje, que acomete con los cuernos: *toros bravos.* || Dícese del mar alborotado. || Inculto: *terreno bravo.* || Salvaje, sin civilizar: *indio bravo.* || *Fam.* Valentón. || *Fig.* y *fam.* De genio áspero, colérico, muy enojado. | — M. Aplauso: *se oían los bravos.* || — Interj. Voz que expresa aplauso.

bravucón, ona adj. y s. *Fam.* Que presume de valiente.

bravuconear v. i. Dárselas de valiente.

bravuconería f. Acción de bravucón.

bravura f. Fiereza de los animales: *la bravura de un toro.* || Valentía.

braza f. *Mar.* Medida de longitud que tiene 1,6718 metros. || Uno de los estilos en natación: *braza clásica, mariposa.*

brazada f. Movimiento que se hace con los brazos extendidos. || Movimiento de brazos.

brazalete m. Pulsera. || Brazal de la armadura antigua. || Banda que rodea el brazo más arriba del codo: *llevaba en la manga un brazalete de luto.*

brazo m. Cada uno de los dos miembros superiores del cuerpo humano desde el hombro hasta la mano. || Pata delantera de los cuadrúpedos: *los brazos de la yegua.* || Cosa de figura parecida: *los brazos del sillón, de la cruz, de la balanza.* || Rama, ramal: *los brazos de un río.* || *Fig.* Fuerza, poder. || — Pl. *Fig.* Braceros, trabajadores: *brazos para la agricultura.*

brea f. Sustancia resinosa extraída de varias plantas coníferas y obtenida por destilación del petróleo o de la hulla.

brear v. t. *Fam.* Maltratar: *brear a palos.* | Molestar: *brear a preguntas.*

brebaje m. Bebida mala.

brecha f. Boquete hecho por la artillería. || Abertura hecha en una pared. || *Fig.* Impresión.

brécol m. Variedad de col.

brega f. Lucha. || Trabajo duro.

bregar v. i. Trabajar mucho.

bretón, ona adj. y s. De Bretaña (Francia). || — M. Lengua que hablan los bretones.

breva f. Primer fruto de la higuera. || *Fig.* Ventaja, ganga.

breve adj. De poca extensión o duración. || *Gram.* Dícese de la palabra grave y de la vocal o sílaba no acentuada (ú. t. c. s. f.). || — M. Documento pontificio. || — F. *Mús.* Nota que vale dos compases mayores. || *En breve,* muy pronto.

brevedad f. Concisión.

breviario f. Libro de rezos.

brezo m. Arbusto de madera dura.

bribón, ona adj. y s. Pícaro.

bribonada f. Picardía.

bricolage o **bricolaje** m. Arreglos caseros, reparaciones de poca importancia.

brida f. Freno del caballo con las riendas y demás correaje. || Anillo que une dos tubos.

bridge m. (pal. ingl.). Juego de naipes entre cuatro personas. || Puente dental.

brigada f. *Mil.* Reunión de dos regimientos. | Nombre de otras divisiones militares: *brigada de transmisiones.* | Grado en la jerarquía militar comprendido entre los de sargento y alférez. || Conjunto de trabajadores.

brigadier m. Antiguo grado militar, correspondiente hoy al general de brigada.

brillante adj. Que brilla: *objeto brillante.* || *Fig.* Notable. || — M. Diamante labrado en facetas.

brillantez f. Brillo.

brillantina f. Producto aplicado al pelo para darle brillo.

brillar v. i. Resplandecer.

brillo m. Resplandor, destello. || Lustre: *sacar brillo a los zapatos.* || *Fig.* Lucimiento, resplandor.

brincar v. i. Dar brincos, saltar.

brinco m. Salto: *dar un brinco.*

brindar v. i. Beber a la salud de uno. || — V. t. Ofrecer a uno alguna cosa: *brindar una oportunidad.* || Dedicar el torero a alguien o al público una suerte de su faena. || — V. pr. Ofrecerse voluntariamente.

brindis m. Acción de brindar. || Palabras pronunciadas al brindar. || Acción de brindar un torero a alguien una suerte de su faena.

brío m. Energía, arresto.

brioso, sa adj. Fogoso.

brisa f. Viento fresco y suave.

brisca f. Juego de naipes.

británico, ca adj. y s. De Gran Bretaña: *súbdito británico.*

brizna f. *Fig.* Pizca, miaja.

broca f. Barrena para taladrar metales.

brocado, da adj. Dícese del tejido de seda con oro o plata (ú. t. c. s. m.).

brocal m. Pretil de la boca del pozo.

brocha f. Pincel o escobilla para pintar, afeitarse o para otros usos. || *Pintor de brocha gorda,* el pintor de paredes; (fig. y fam.) mal pintor.

brochazo m. Pasada que se da con una brocha.

broche m. Conjunto de dos piezas de metal que enganchan entre sí. || Joya en forma de imperdible.

brocheta f. Aguja en la que se ensartan trozos de carne o pescado para asarlos.

broma f. Dicho o hecho gracioso.

bromazo m. Broma pesada.

bromear v. i. Estar de broma.

bromeliáceas f. pl. Familia de monocotiledóneas originarias de América, como el ananás (ú. t. c. adj.).

bromista adj. y s. Aficionado a gastar bromas.

bromo m. *Quím.* Metaloide (Br) líquido de número atómico 35, que suele hervir a 58,8°C despidiendo unos vapores tóxicos.

bromuro m. Combinación del bromo con un radical simple o compuesto.

bronca f. Disputa ruidosa. || Represión severa.

bronce m. Aleación de cobre y estaño: *un cañón de bronce*. || *Edad del bronce*, período de la prehistoria que sigue al neolítico en el tercer milenio y concluye hacia el año 1000 a. de J.C. con el descubrimiento del hierro.

bronceado, da adj. De color de bronce. || Tostado por el sol. || — M. Acción y efecto de broncear o broncearse.

bronceador m. Aceite para broncearse.

bronceadura f. Bronceado.

broncear v. t. Pintar de color de bronce. || *Fig.* Tostar la piel del sol (ú. t. c. pr.).

bronco, ca adj. Tosco. || Aplícase al sonido ronco o grave. || Desabrido.

bronconeumonía f. *Med.* Enfermedad consistente en la inflamación de los bronquiolos y de los alveolos pulmonares.

bronquio m. *Anat.* Cada uno de los dos conductos en que se divide la tráquea (ú. más en pl.).

bronquiolo m. Cada una de las ramificaciones de los bronquios.

bronquitis f. Inflamación de la mucosa de los bronquios.

broquel m. Escudo pequeño.

broqueta f. Brocheta.

brotar v. i. Nacer las plantas: *brotar el maíz*. || Echar la planta hojas, flores o renuevos. || Manar, salir agua u otro líquido. || *Fig.* Salir, surgir o comenzar a manifestarse una cosa.

brote m. Acción de brotar.

broza f. Maleza, matorrales. || *Fig.* Relleno, paja.

bruces (de) m. adv. Boca abajo.

bruja f. Hechicera.

brujería f. Prácticas supersticiosas que cree el vulgo que realizan las brujas.

brujo, ja adj. *Fig.* Cautivador, encantador. || — M. y f. Hechicero.

brújula f. Aguja imantada que marca el norte magnético. || *Fig.* Lo que sirve de guía.

brujulear v. i. Vagar.

bruma f. Niebla que se levanta sobre el mar.

brumoso, sa adj. Nebuloso.

bruñido m. Pulimento.

bruñidor, ra adj. Que bruñe (ú. t. c. s.). || — M. Instrumento que sirve para bruñir.

bruñir v. t. Sacar brillo.

brusco, ca adj. Súbito, repentino: *cambio brusco*. || Desabrido, áspero: *gestos bruscos*.

brusquedad f. Calidad de brusco.

brutal adj. Que imita o se asemeja a los brutos: *apetitos brutales*. || *Fig.* Violento: *niño brutal*. | Falto de consideración, de delicadeza. | Enorme, mucho, formidable.

brutalidad f. Calidad de bruto.

brutalizar v. t. Ser bruto con. || — V. pr. Embrutecerse.

bruto, ta adj. Necio, falto de inteligencia. || Falto de consideración, de prudencia o de instrucción. || Tosco, sin labrar: *diamante bruto*. || Que no ha sufrido ninguna disminución a causa de determinados gastos, impuestos, retenciones: *sueldo bruto*. || Dícese del petróleo que no ha sido refinado aún. || — *En bruto*, sin pulir. || *Peso bruto*, el de un objeto y su embalaje, por oposición a *peso neto*. || — M. y f. Imbécil. || Salvaje. || — M. Animal por oposición al hombre.

bu m. *Fam.* Fantasma imaginario con el que se pretende asustar a los niños.

bucal adj. De o por la boca.

bucanero m. En América, en el s. XVI, aventurero que se dedicaba al tráfico de carnes y pieles. || Corsario que, en los s. XVII y XVIII, saqueaba las posesiones españolas en América.

buceador, ra m. y f. Persona que bucea.

bucear v. i. Nadar bajo el agua. || Trabajar como buzo. || *Fig.* Investigar un asunto.

buceo m. Acción de bucear.

buchaca f. *Amer.* Bolsa.

buchada f. Buche, bocanada.

buche m. Bolsa de las aves para recibir la comida antes de pasarla al estómago. || Estómago de ciertos animales. || Bocanada de líquido.

bucle m. Rizo del pelo.

bucólico, ca adj. Pastoril. || — F. Composición poética de tema campestre o pastoril.

buda m. Título dado por el budismo al que llega, gracias a la abstención de todo deseo, al conocimiento perfecto o iluminación y es así liberado para siempre de la transmigración.

búdico, ca adj. Del budismo.

budín m. Plato de dulce a modo de bizcocho, pudín. || Pastel de patatas o de tapioca, espinacas, etc.

budismo m. Doctrina filosófica y religiosa de Buda.

budista adj. Búdico. || — Com. Persona que profesa el budismo.

buen adj. Apócope de *bueno*.

buenaventura f. Buena suerte. || Adivinación supersticiosa.

buenazo, za adj. Muy bueno (ú. t. c. s.).

bueno, na adj. Que tiene bondad: *buen hombre*. || Que no da guerra: *niño bueno*. || Conforme con la moral: *buena conducta*. || A propósito para una cosa, favorable: *buena ocasión*. || Hábil en su oficio: *una buena costurera*. || Sano: *estar bueno*. || Agradable, divertido. || Grande: *una buena cantidad*. || Suficiente: *buena porción de comida*. || No deteriorado: *esta carne ya no está buena*. || Sencillote: *una buena chica*. || — M. Lo que es bueno. || Persona buena. || *Amer.* ¡Qué bueno!, ¡qué bien!

buey m. Toro castrado.

búfalo, la m. y f. Rumiante salvaje de Asia y África parecido al toro. || Bisonte de América.

bufanda f. Prenda de abrigo que se lleva alrededor del cuello.

bufar v. i. Resoplar con furor.

bufé m. Buffet.

bufete m. Mesa de escribir. || Despacho y clientela de abogado.

buffet [*bufé*] m. (pal. fr.). En los bailes y fiestas, mesa donde se sirven refrescos y comida ligera. || En las estaciones de ferrocarril, fonda.

bufido m. Resoplido.

bufo, fa adj. Jocoso, cómico: *actor bufo*. || — M. Bufón.

bufón, ona m. y f. Personaje que hace reír.

bufonada f. Dicho o hecho propio de bufón. || Chanza satírica.

bufonería f. Bufonada.

buganvilla f. Planta trepadora ornamental de flores moradas.

bugle m. *Mús.* Instrumento de viento con llaves y pistones.

buharda y **buhardilla** f. Ventana en el tejado de una casa. ‖ Habitación con esta clase de ventanas. ‖ Desván.

búho m. Ave rapaz nocturna.

buhonería f. Tienda ambulante.

buhonero m. Vendedor ambulante de baratijas.

buitre m. Ave rapaz que se nutre de animales muertos.

buja f. *Méx.* Buje.

buje m. Arandela interior en el cubo de las ruedas de los carruajes.

bujía f. Vela de cera. ‖ Órgano del motor de explosión que produce la chispa en los cilindros. ‖ Unidad de intensidad luminosa.

bula f. Sello de plomo de ciertos documentos pontificios. ‖ Documento pontificio que lleva este sello.

bulario m. Conjunto de las bulas.

bulbar adj. Perteneciente o relativo al bulbo, especialmente el raquídeo.

bulbo m. *Bot.* Parte abultada de la raíz de algunas plantas. ‖ *Anat.* Parte blanda y sensible en el interior del diente. ‖ *Bulbo raquídeo,* primera parte de la médula espinal.

buldog m. Cierto perro de presa.

buldozer o **bulldozer** m. Excavadora con cuchara empleada para desmonte y nivelación de terrenos.

bulerías f. pl. Cante y baile popular andaluz.

bulevar m. Avenida ancha con árboles.

búlgaro, ra adj. y s. De Bulgaria. ‖ — M. Lengua búlgara.

bulimia f. Hambre excesiva.

bulla f. Alboroto: *meter bulla.* ‖ *Fig.* Prisa: *tengo bulla.*

bullabesa f. Sopa de pescado.

bullanguero, ra adj. y s. Alborotador.

bullicio m. Ruido de multitud. ‖ Alboroto, tumulto.

bullicioso, sa adj. Muy ruidoso. ‖ Inquieto, alborotador.

bullidor, ra adj. Que bulle o se mueve con viveza (ú. t. c. s.).

bullir v. i. Moverse, agitarse.

bulo m. Noticia falsa.

bulto m. Volumen, tamaño de una cosa: *libro de poco bulto.* ‖ Cuerpo cuya figura se distingue mal: *vi un bulto en la oscuridad.* ‖ Chichón, tumor o hinchazón. ‖ Fardo, paquete: *cargado de bultos.*

bumangués, esa adj. y s. De Bucaramanga (Colombia).

bumerán y **bumerang** m. Arma arrojadiza que tiene la propiedad de volver a proximidad del lanzador. ‖ *Fig.* Acto hostil que se vuelve contra su autor.

bungalow [*búngalo*] m. (pal. ingl.). Casita de un piso.

bunquer y **bunker** m. Refugio subterráneo contra bombardeos.

buñuelo m. Masa de harina y agua que se fríe en la sartén.

B.U.P., Bachillerato Unificado y Polivalente en España.

buque m. Barco de gran tamaño propio para navegaciones de altura.

burbuja f. Glóbulo de aire o de otro gas formado en los líquidos.

burbujear v. i. Hacer o formarse burbujas.

burbujeo m. Acción de burbujear.

burdel m. Casa de prostitución.

burdo, da adj. Grosero.

burel m. Toro.

burgalés, esa adj. y s. De Burgos (España).

burgo m. Población pequeña que dependía de la ciudad en cuyo término radicaba.

burgomaestre m. Alcalde en algunas ciudades.

burgués, esa m. y f. Persona perteneciente a la clase acomodada. ‖ — Adj. Relativo a la burguesía.

burguesía f. Clase media o acomodada: *la burguesía española.*

buril m. Instrumento puntiagudo o punzón para grabar.

burla f. Mofa: *hacer burla de uno.* ‖ Chanza, broma: *entre burlas y veras.* ‖ Engaño.

burladero m. *Taurom.* Trozo de valla paralelo a las barreras para el resguardo del torero.

burlador, ra adj. y s. Que burla. ‖ — M. Seductor, libertino.

burlar v. t. Hacer burla (ú. t. c. pr.).

burlesco, ca adj. De broma.

burlón, ona adj. Que expresa burla: *sonrisa burlona.* ‖ Amigo de decir o hacer burlas (ú. t. c. s.).

buró m. Escritorio, oficina, despacho. ‖ Comité, órgano dirigente.

burocracia f. Conjunto de los empleados públicos: *la burocracia municipal.* ‖ Influencia excesiva en las administraciones.

burócrata com. Funcionario público.

burocrático, ca adj. De la burocracia: *sistema burocrático.*

burra f. Asna.

burrada f. Gran cantidad: *una burrada de chicos.* ‖ *Fig.* Necedad, barbaridad.

burro m. Asno. ‖ Cierto juego de naipes. ‖ *Fig.* Asno, necio. Ú. t. c. adj.: *es un niño muy burro.* ‖ Animal, bruto, bestia.

bursátil adj. *Com.* De la Bolsa.

bus m. Autobús.

busca f. Acción y efecto de buscar.

buscador, ra adj. y s. Que busca.

buscar v. t. Hacer diligencias para encontrar o conseguir algo: *buscar un objeto.* ‖ *Fam.* Provocar: *¡me estás buscando!*

buscavidas com. inv. *Fig.* y fam. Persona que sabe desenvolverse en la vida. ‖ Persona muy curiosa.

busilis m. *Fam.* Detalle en que se encuentra una dificultad, intríngulis.

búsqueda f. Busca.

busto m. Parte superior del cuerpo humano. ‖ Escultura, pintura o fotografía que la representa.

butaca f. Asiento con brazos. ‖ Asiento o localidad en un teatro o cine.

butano m. Hidrocarburo gaseoso empleado como combustible y que se vende, licuado, en bombonas de acero.

butifarra f. Tipo de embutido catalán hecho con carne de cerdo.

buzo m. Hombre que trabaja bajo el agua.

buzón m. Abertura para echar las cartas en el correo: *depositar publicidad en los buzones.* ‖ Receptáculo para poner las cartas.

C

c f. Tercera letra del alfabeto castellano y segunda de sus consonantes. || — **C,** letra numeral que vale 100 en la numeración romana; precedida de X (XC), vale 90. || Símbolo químico del *carbono.* || Abreviatura del *culombio.* || — °C, indicación de grados centígrados o Celsius en la escala termométrica.

ca f. *Pop.* Apócope de *casa.*

¡ca! interj. *Fam.* ¡Quiá!

Ca, símbolo químico del *calcio.*

caacupeño, ña adj. y s. De Caacupé (Paraguay).

caaguazuense adj. y s. De Caaguazú (Paraguay).

caazapeño, ña adj. y s. De Caazapá (Paraguay).

cabal adj. Preciso, exacto. || *Fig. En sus cabales,* en su sano juicio.

cábala f. *Fig.* Conjetura, suposición. Ú. m. en pl.: *hacer cábalas.* | Intriga.

cabalgador, ra m. y f. Persona que cabalga.

cabalgadura f. Bestia de carga.

cabalgar v. i. Montar a caballo (ú. t. c. t.). || Ir una cosa sobre otra.

cabalgata f. Conjunto de caballistas y de carrozas: *la cabalgata de los Reyes Magos.*

cabalístico, ca adj. Misterioso.

caballa f. Pez comestible de color azul verdoso y rayas oscuras.

caballar adj. Del caballo.

caballeresco, ca adj. Propio de caballero. || De la caballería: *novela caballeresca.* || *Fig.* Galante, elevado: *conducta caballeresca.*

caballería f. Caballo, borrico o mula que sirve para cabalgar. || Cuerpo de soldados a caballo: *el arma de caballería.*

caballeriza f. Cuadra para los caballos. || Conjunto de caballerías.

caballero, ra adj. Montado en un caballo: *caballero en un alazán.* || — M. Hidalgo, noble. || Miembro de una orden de caballería: *los caballeros de Calatrava.* || Persona condecorada con la insignia de alguna orden. || El que se conduce con distinción y cortesía: *ser un caballero.* || Persona de buen porte: *se acercó a él un caballero.* || Señor: *¡señoras y caballeros!; trajes para caballeros.* || *Caballero andante,* el que andaba por el mundo en busca de aventuras; (fig. y fam.) quijote.

caballerosidad f. Distinción, cortesía. || Conducta digna, honrada.

caballeroso, sa adj. Noble, digno. || Cortés, galante.

caballete m. Lomo de un tejado. || En el arado, caballón, lomo entre surco y surco. || Lomo de la nariz. || Soporte en que descansa el cuadro que se pinta.

caballista com. Jinete.

caballito m. Caballo pequeño. || —Pl. Tiovivo.

caballo m. Mamífero doméstico ungulado, de la familia de los équidos, con crin larga y cola cubierta de pelo, que el hombre utiliza para montar o como animal de tiro. || Carta que tiene la figura de un caballo en la baraja española. || Pieza del ajedrez que tiene figura de caballo. || *Fam.* Persona muy fuerte y resistente. | Persona grande. | Heroína. || — *Fig. Caballo de batalla,* asunto más debatido en una discusión; tema en el que sobresale una persona; punto principal. || *Caballo de Troya,* gigantesco caballo de madera en cuyo interior se ocultaron los griegos para tomar la ciudad de Troya. || *Caballo de vapor,* unidad de potencia (símb. CV) que corresponde a 75 kilográmetros por segundo.

caballón m. Lomo de tierra entre dos surcos.

cabaña f. Casilla rústica, choza. || Número de cabezas de ganado.

cabañense adj. y s. De Cabañas, dep. de El Salvador.

cabaret m. (pal. fr.). Establecimiento público en que la gente se reúne con objeto de beber, bailar y asistir a un espectáculo de variedades.

cabecear v. i. Mover la cabeza: *mula que cabecea.* || Mover la cabeza de un lado a otro en señal de negación. || Dar cabezadas el que está durmiendo. || Oscilar un barco de proa a popa. || Dar tumbos los carruajes.

cabeceo m. Movimiento hecho con la cabeza. || Oscilación de un barco o carruaje sobre su eje transversal.

cabecera f. Origen de algunas cosas. || Lugar principal: *la cabecera del tribunal.* || Parte de la cama donde se pone la cabeza. || Origen de un río. || Capital de una nación, provincia o distrito. || Grabado puesto en algunos libros en principio de capítulo. || Título grande en la parte superior de una plana de periódico. || *Médico de cabecera,* el que asiste de modo continuo al enfermo.

cabecilla m. Jefe.

cabellera f. Conjunto de los pelos de la cabeza.

cabello m. Cada uno de los pelos de la cabeza. || Cabellera.

caber v. i. y t. Poder entrar una cosa dentro de otra. || Tocarle o corresponderle a uno una cosa: *me cupo el honor de acompañarla.* || Ser posible: *no cabe la menor duda.* || — *No cabe más,* expresión que indica que ha llegado una cosa a su último punto. || *Fig. No caber en sí,* estar uno muy contento.

cabestrillo m. *Cir.* Venda sujeta al cuello para sostener la mano o el brazo rotos o heridos.

cabestro m. Cuerda o correa que se ata al cuello de las caballerías. || Buey manso con cencerro que guía a los toros.

cabeza f. Parte superior del cuerpo del hombre y superior o anterior del de muchos animales. ‖ Cráneo: *romper la cabeza a uno*. ‖ *Fig.* Imaginación, mente: *se lo metió en la cabeza.* ‖ Juicio, talento, capacidad: *hombre de cabeza.* | Vida: *defender la cabeza.* | Razón, sangre fría: *conservar la cabeza.* | Persona, individuo: *a cien por cabeza.* | Res: *rebaño de mil cabezas.* | Dirección: *estar a la cabeza de una fábrica.* ‖ Principio o parte extrema de una cosa. ‖ Primera fila: *ir a la cabeza del ejército.* ‖ Capital: *cabeza de distrito.* ‖ Nombre dado a ciertos dispositivos de aparatos o máquinas: *la cabeza sonora de un magnetófono.* ‖ — M. Jefe de una comunidad, corporación, etc.: *cabeza de un partido político.* ‖ Padre: *cabeza de familia.* . ‖ — Pl. *Ant.* y *Amer.* Fuentes de un río, nacimiento. ‖ — *Cabeza de grabación*, parte de una máquina grabadora que graba los sonidos en un soporte determinado. ‖ *Cabeza de la Iglesia*, el Papa. ‖ *Cabeza de partido*, ciudad o pueblo del que dependen otros pueblos en lo judicial. ‖ *Cabeza de puente*, posición provisional con objeto de una operación militar ulterior. ‖ *Fig. Cabeza de turco*, persona a quien se carga la culpa de todo lo malo sucedido.

cabezada f. Golpe dado con la cabeza. ‖ *Mar.* Movimiento que hace el barco bajando o subiendo alternativamente la proa. ‖ Inclinación de cabeza a modo de saludo. ‖ *Fig.* y *fam. Dar cabezadas*, inclinar la cabeza el que empieza a dormirse.

cabezal m. Almohada larga.

cabezazo m. Golpe dado con la cabeza.

cabezón, ona adj. *Fam.* De cabeza grande (ú. t. c. s.). | Testarudo (ú. t. c. s.).

cabezonada y **cabezonería** f. *Fam.* Testarudez.

cabezota f. Cabeza muy grande. ‖ — Com. *Fam.* Persona testaruda.

cabezudo, da adj. Que tiene grande la cabeza. ‖ *Fig.* y *fam.* Testarudo. ‖ — M. pl. En algunas fiestas, junto a los gigantes, figuras grotescas de enanos con gran cabeza de cartón.

cabida f. Capacidad de una cosa.

cabildante m. *Amer.* Miembro de un cabildo.

cabildeo m. Intriga: *andar de cabildeos.*

cabildo m. Ayuntamiento de una ciudad. ‖ Cuerpo de eclesiásticos capitulares de una catedral. ‖ Junta celebrada por este cuerpo. ‖ Sala donde se celebra. ‖ En Canarias, organismo que representa a los pueblos de cada isla. ‖ Junta en América creada por los españoles para velar por los intereses de las ciudades.

cabina f. Locutorio telefónico. ‖ Recinto pequeño donde hay un aparato que manejan una o más personas: *cabina de un intérprete.* ‖ En una sala de cine, recinto donde están instalados los proyectores. ‖ Camarote de barco. ‖ Departamento en los aviones para la tripulación o para los pasajeros. ‖ Caseta, recinto donde se cambian de ropa los deportistas, los que se bañan en la playa, etc.

cabizbajo, ja adj. Preocupado.

cable m. Cuerda gruesa, maroma. ‖ Hilo metálico para la conducción de electricidad, la telegrafía y la telefonía subterránea o submarina. ‖ *Mar.* Medida de 185 m. ‖ Cablegrama. ‖ *Fig.* y *fam. Echar un cable*, echar una mano.

cabo m. Punta o extremo de una cosa. ‖ Lo que queda de una cosa, pedazo. ‖ Punta de tierra que penetra en el mar. ‖ *Fig.* Fin. ‖ *Mar.* Cuerda. ‖ *Mil.* Individuo de tropa inmediatamente superior al soldado. ‖ — Pl. Tobillos y muñecas: *persona de cabos finos.* ‖ *Al cabo*, al fin. ‖ *De cabo a rabo* o *de cabo a cabo*, del principio al fin. ‖ *Estar al cabo* o *al cabo de la calle*, estar al corriente. ‖ *Llevar una cosa a cabo*, concluirla.

cabotaje m. *Mar.* Navegación a lo largo de la costa, especialmente entre los puertos de un mismo país.

cabra f. Mamífero rumiante con cuernos vueltos hacia atrás. ‖ *Fig.* y *fam. Como una cabra*, loco.

cabrales m. Queso fuerte hecho con la mezcla de leche de oveja, cabra o vaca.

cabrear v. t. *Pop.* Enojar (ú. t. c. pr.).

cabreo m. *Pop.* Enfado.

cabrero, ra m. y f. Pastor de cabras.

cabrestante m. Torno vertical para halar o tirar de un cable.

cabria f. Máquina simple con tres pies para levantar pesos.

cabrío, a adj. De las cabras.

cabriola f. Brinco.

cabrito m. Cría de la cabra. ‖ *Pop.* Persona mal intencionada. | Cabrón.

cabrón m. Macho cabrío. ‖ *Fig.* y *fam.* Marido de mujer adúltera. | Persona muy mala.

cabronada f. *Pop.* Mala pasada.

cabronazo m. *Pop.* Persona que hace jugarretas.

caca f. *Fam.* Excremento. | Porquería, inmundicia. | Cosa de poco valor.

cacahual m. *Amer.* Cacao. ‖ Plantío de cacaos.

cacahuatal m. *Amer.* Campo donde se cultivan los cacahuates.

cacahuate m. *Amer.* Cacahuete.

cacahué m. *Amer.* Cacahuete.

cacahuete m. Planta leguminosa de América y África cuyo fruto penetra en tierra para madurar. ‖ Este fruto.

cacalote m. *Méx.* Cuervo.

cacao m. Árbol, originario de México, cultivado en los países tropicales. ‖ Semilla de este árbol. ‖ *Fam.* Lío, embrollo. ‖ *Amer.* Chocolate.

cacarear v. i. Cantar el gallo o la gallina. ‖ — V. t. *Fig.* Exagerar.

cacareo m. Acción de cacarear.

cacatúa f. Ave trepadora de Oceanía, parecida al papagayo.

cacereño, ña adj. y s. De Cáceres (España).

cacería f. Partida de caza.

cacerola f. Vasija para guisar.

cacha f. Cada una de las hojas en los lados del mango de una navaja o cuchillo. ‖ Mango de cuchillo o pistola. ‖ *Fam.* Nalga.

cachalote m. Cetáceo carnívoro.

cacharrazo m. *Fam.* Porrazo, golpe. | Caída. ‖ *Fam. Amer.* Trago de licor.

cacharrería f. Tienda de loza ordinaria.

cacharro m. Vasija tosca. ‖ Pedazo o tiesto de vasija. | Recipiente. ‖ *Fam.* Cosa, trasto, cachivache, chisme generalmente de poco valor. | Máquina vieja, coche viejo y roto. | Utensilio de cocina. | Porro.

cachaza f. Pachorra, calma.

cachazudo, da adj. y s. Flemático.

cachear v. t. Registrar a gente.

cachemir m. y **cachemira** f. Tejido fabricado con pelo de una cabra de Cachemira.

cacheo m. Registro.
cachería f. Comercio y tienda de venta al por menor.
cachete m. Carrillo abultado. || Nalga. || Bofetada.
cachimba f. Pipa.
cachimbo m. *Amer.* Pipa.
cachiporra f. Porra, maza.
cachirulo m. Botijo. || *Pop.* Sombrero. || — Pl. *Fam.* Trastos, chismes, cachivaches.
cachivache m. *Fam.* Cosa inútil o de poco valor, chisme, trasto. | Vasija, utensilio.
cacho m. Trozo, pedazo. || *Amer.* Cuerno. || *Riopl.* Racimo de bananas.
cachondearse v. pr. *Pop.* Burlarse.
cachondeo m. *Pop.* Guasa.
cachondo, da adj. En celo. || *Fig.* y *Pop.* Dominado por el apetito sexual. | Gracioso.
cachorro, rra m. y f. Cría de perro, león, tigre, lobo, oso, etc.
cachua f. Baile de los indios del Perú, Ecuador y Bolivia.
cacicato y **cacicazgo** m. Dignidad de cacique. || Territorio que gobierna.
cacillo m. Cazo pequeño.
cacique m. Jefe en algunas tribus de indios americanos. || *Fig.* y *fam.* Persona muy influyente en un pueblo.
caciquear v. i. Mangonear.
caciquil adj. De cacique.
caciquismo m. Influencia abusiva de los caciques en los pueblos.
caco m. *Fig.* Ladrón.
cacofonía f. Vicio del lenguaje que consiste en la repetición de unas mismas sílabas o letras: *atónito ante ti me postro.*
cactáceas f. pl. Familia de plantas de hojas carnosas (ú. t. c. adj.).
cacto y **cactus** m. Nombre de varias plantas cactáceas como el nopal.
cacumen m. *Fig.* Caletre, cabeza.
cada adj. Úsase para designar separadamente una o más cosas o personas: *a cada cual lo suyo.* || Úsase elípticamente con sentido irónico: *vemos hombres con cada intención...* || — *Fam. Cada quisque,* cada cual. || *Cada vez que,* siempre que.
cadalso m. Patíbulo para la ejecución de un reo. || Tablado.
cadáver m. Cuerpo muerto.
cadavérico, ca adj. Del cadáver.
cadena f. Conjunto de eslabones enlazados: *cadena de reloj.* || Cuerda de presos. || Grupo de emisoras de radiodifusión o de televisión que emiten simultáneamente el mismo programa, o de periódicos que publican la misma serie de artículos. || Sistema de reproducción del sonido que consta de tocadisco, magnetófono o lector de casetes, un elemento amplificador y varios elementos reproductores (baffles). || Serie de empresas enlazadas entre sí: *cadena de hoteles.* || *Fig.* Continuación, serie, sucesión: *cadena de sucesos.* || *For.* En algunos países, pena mayor después de la muerte: *condenar a cadena perpetua.* || *Quím.* Unión de una fórmula con los átomos de carbono.
cadencia f. Ritmo, compás.
cadencioso, sa adj. Con cadencia.
cadera f. Parte del cuerpo donde se unen el muslo y el tronco.

cadete m. Alumno de una academia militar. || *Riopl.* Aprendiz.
cadmio m. Cuerpo simple (Cd), parecido al estaño, de número atómico 48, de densidad 8, que funde a 321°C.
caducar v. i. Prescribir: *caducó el pasaporte.* || Perder su fuerza un decreto o ley. || Extinguirse un derecho, un plazo, una facultad, etc.
caducidad f. Acción y efecto de caducar.
caduco, ca adj. Viejo, decrépito: *órganos caducos.* || *Bot.* Que se cae, que se marchita: *hojas caducas.* || Perecedero: *bienes caducos.* || Que ha caducado, nulo.
caer v. i. Venir un cuerpo de arriba abajo por la acción de su propio peso: *caer del tejado* (ú. t. c. pr.). || Perder el equilibrio. Ú. t. c. pr.: *se cayó bajando del caballo.* || Lanzarse, abalanzarse, arrojarse: *caer a sus pies.* || Llegar inesperadamente: *caer sobre el enemigo.* || Pender, colgar. Ú. t. c. pr.: *las ramas se caen por el peso de los frutos.* || Desprenderse: *caer las hojas del árbol.* || *Fig.* Sobrevenir una desgracia. | Incurrir: *cayó en error.* | Morir: *caer en la batalla.* | Ponerse: *caer enfermo.* | Venir a dar, dejarse coger: *caer en el garlito.* | Desaparecer: *caer la monarquía.* | Disminuir: *caer la conversación.* | Estar situado: *la ventana cae al jardín.* | Quedar incluido: *caer en una clase social.* | Llegar, venir: *cayó en mi casa.* | Declinar: *el sol cae.* | Aproximarse a su fin: *el día cae.* | Tocar: *el premio gordo cayó en Málaga.* | Coincidir: *mi santo cae en lunes.* | Entender, adivinar: *he caído en la solución.* | Recordar: *no caigo en su nombre.*
café m. Cafeto. || Semilla del cafeto. || Infusión hecha con esta semilla tostada y molida. || Establecimiento público donde se vende y toma esta bebida. || — Adj. De color de café: *tela café.*
cafeína f. Alcaloide extraído del café, del té, del mate, etc.
cafetal m. Plantación de cafetos.
cafetalero, ra adj. Del café. || — M. Dueño de un cafetal.
cafetear v. i. Tomar café.
cafetera f. Recipiente para hacer o servir el café. || *Fam.* Cosa vieja.
cafetería f. Despacho de café donde se toman también otras bebidas y se puede comer ligeramente.
cafetero, ra adj. Del café. || *Fam.* Aficionado al café. || — M. y f. Persona que cosecha café. || Dueño de un café.
cafeto m. Árbol cuya semilla es el café.
cáfila f. *Fam.* Serie.
cafre adj. y s. Habitante de la parte oriental de África del Sur. || *Fig.* Bárbaro y cruel, salvaje.
cagada f. Excremento. || *Pop.* Metedura de pata.
cagado, da adj. y s. *Pop.* Cobarde.
cagajón m. Excremento.
cagalera f. *Pop.* Diarrea. | Susto.
cagar v. i. Exonerar el vientre (ú. t. c. pr.). || — V. t. Manchar, echar a perder. || *Pop. Cagarla,* meter la pata. || — V. pr. *Pop.* Acobardarse, tener miedo.
cagarria f. Hongo comestible.
cagarruta f. Excremento del ganado menor.
cagatinta y **cagatintas** m. *Fam.* Chupatintas.
cagón, ona adj. y s. *Pop.* Miedoso.

cagueta adj. y s. *Pop.* Cagón.

caíd m. Gobernador o juez en algunos países musulmanes.

caída f. Acción y efecto de caer: *la caída de un cuerpo en el vacío.* || Bajada o declive. || *Fig.* Hundimiento, ruina: *la caída de un imperio.* || Salto de agua. || Manera de caer los paños o la ropa. || Parte donde termina una cosa. || Disminución: *caída de tensión.* || *Fig.* Pecado del primer hombre: *la caída de Adán.*

caimán m. Reptil de América, semejante al cocodrilo. || *Fig.* Zorro, persona muy astuta.

caimito m. Árbol sapotáceo de las Antillas de fruto dulce.

cairel m. Fleco de algunas ropas.

caja f. Recipiente de madera, metal, materia plástica, etc., que sirve para guardar algo: *caja para embalar.* || Su contenido. || Hueco en que está la escalera de un edificio o una chimenea. || Cubierta que tiene en su interior ciertos mecanismos: *caja del reloj, de engranajes.* || Ataúd. || Armario donde se guarda el dinero: *caja fuerte.* || Oficina o taquilla donde se recibe dinero y se hacen pagos: *caja de ahorros.* || Parte exterior de madera que cubre algunos instrumentos: *la caja de un violín.* || Organismo militar que se encarga de todo lo referente a los reclutas: *entrar en caja.* || — *Caja de cambios,* órgano que encierra los engranajes de los cambios de velocidad en un automóvil. || *Caja del tímpano,* cavidad del oído medio. || *Caja de resonancia,* la que cubre algunos instrumentos músicos. || *Caja registradora,* máquina que sirve para registrar las cantidades cobradas y abonadas.

cajamarquino, na adj. y s. De Cajamarca (Perú).

cajero, ra m. y f. Persona encargada de la caja de un comercio, banco, etc. || — M. Caja automática en un banco que permite sacar dinero con una tarjeta de crédito.

cajetilla f. Paquete de cigarrillos. || Cajita de fósforos.

cajista com. Tipógrafo que compone lo que se ha de imprimir.

cajón m. Caja grande. || Caja movible de los armarios, mesas y otros muebles. || En los estantes, espacio entre las tablas. || Puesto en un mercado. || *Amer.* Cañada por cuyo fondo corre algún río.

cakchiquel adj. Dícese de un antiguo pueblo de Guatemala y de sus habitantes (ú. t. c. s.). || — M. Lengua que hablan.

cal f. Óxido de calcio que forma la base del mármol, el yeso, la tiza, etc.

cal, símbolo de la *caloría.*

cala f. Acción y efecto de calar. || Trozo que se corta de una fruta para probarla. || La parte más baja del barco. || *Mar.* Bahía pequeña. || Supositorio. || Planta acuática de flor blanca. || *Pop.* Peseta.

calabacear v. t. *Fam.* Suspender en un examen. | Decir no a la declaración de un pretendiente.

calabacín m. Calabaza pequeña y cilíndrica. || *Fam.* Necio.

calabaza f. Planta cucurbitácea de tallos rastreros y fruto grande. || Su fruto. || *Fig.* y *fam.* Necio, idiota. | Suspenso en un examen: *recibió calabazas.* || *Dar calabazas,* rechazar la mujer a un pretendiente.

calabobos m. inv. Llovizna.

calabozo m. Lugar para encerrar a los presos.

calabrote m. *Mar.* Cable.

calado m. Bordado hecho sacando y atando hilos en una tela: *el calado de un pañuelo.* || Perforado de papel, madera, etc., a modo de encaje. || *Mar.* Parte sumergida de un barco, entre la línea de flotación y la base de la quilla: *barco de mucho calado.* | Profundidad: *puerto de poco calado.* || *Mec.* Acción de calarse un motor.

calafatear v. t. Tapar con estopa y brea las junturas de las tablas del casco de un barco para que no entre agua.

calafateo y **calafateado** m. Acción y efecto de calafatear.

calamar m. Molusco cefalópodo comestible.

calambre m. *Med.* Contracción espasmódica y dolorosa de ciertos músculos. || Sensación producida por una descarga eléctrica.

calamidad f. Desgracia general. || *Fig.* y *fam.* Persona torpe, incapaz o pobre de salud. | Mal hecho, defectuoso.

calamina f. Silicato natural de cinc. || Residuo de la combustión de los gases en los cilindros de los motores de explosión.

calamitoso, sa adj. Desgraciado.

cálamo m. Pluma.

calamocano, na adj. Ebrio.

calandra f. Calandria de coche.

calandria f. Pájaro semejante a la alondra. || Máquina para satinar el papel y las telas. || Rejilla de los radiadores de automóviles. || *Méx.* Coche viejo.

calaña f. Índole: *mala calaña.*

calar v. t. Atravesar un líquido: *el agua le caló el vestido.* || Colocarse el sombrero, la gorra. || Poner la bayoneta en el fusil. || Atravesar algo un objeto punzante. || Bordar con calados una prenda. || Examinar el interior de algo para ver lo que hay: *calar un melón.* || *Fig.* Adivinar, descubrir: *caló mis intenciones.* | Comprender. | *Amer.* Humillar. | Extraer una muestra. || — V. i. *Mar.* Llegar a una profundidad: *este buque cala demasiado.* || — V. pr. Empaparse, mojarse. || Ser atravesado por un líquido: *esta gabardina se cala.* || Ponerse: *calarse las gafas.* || Pararse bruscamente: *se me caló el motor.*

calavera f. Armazón ósea de la cabeza, cráneo. || — M. *Fig.* Juerguista.

calaverada f. Insensatez.

calcado m. Acción y efecto de calcar.

calcáneo m. Hueso del talón.

calcañar y **calcaño** m. Parte posterior de la planta del pie.

calcar v. t. Reproducir un escrito o dibujo por transparencia, papel de calco o procedimientos mecánicos. || *Fig.* Imitar.

calcáreo, a adj. Con cal.

calce m. Cuña o alza.

calceta f. Media de punto.

calcetín m. Prenda de punto que llega hasta media pantorrilla.

calchaquí adj. Dícese del indio de la tribu los diaguitas (ú. t. c. s.).

calcificación f. Depósito de sales calcáreas en los tejidos orgánicos.

calcificar v. t. Producir por medios artificiales carbonato cálcico. || — V. pr. Depositarse en los tejidos orgánicos sales de calcio.

calcinación f. Acción y efecto de calcinar o quemar.

calcinar v. t. Transformar en cal viva los minerales calcáreos. ‖ Someter a una temperatura elevada: *calcinar madera, hulla,* etc. ‖ Quemar: *con la piel calcinada.*

calcio m. Metal (Ca) de número atómico 20, de color blanco y blando, de 1,54 de densidad, que funde a los 850 °C.

calco m. Reproducción de un dibujo, obtenido por transparencia. ‖ Acción de calcar: *papel de calco.* ‖ *Fig.* Imitación servil.

calculador, ra adj. y s. Que está encargado de calcular. ‖ *Fig.* Que prevé, interesado: *mente calculadora.* ‖ — M. y f. Dispositivo mecánico o electrónico capaz de efectuar cálculos matemáticos.

calcular v. t. Hacer cálculos. ‖ Apreciar, evaluar: *calcular los gastos.*

cálculo m. Operación que se hace para conocer el resultado de la combinación de varios números: *establecer un cálculo.* ‖ Arte de resolver los problemas de aritmética. ‖ Evaluación: *cálculo de gastos.* ‖ Reflexión, prudencia: *obrar con cálculo.* ‖ *Med.* Concreción pétrea que se forma en alguna parte del cuerpo: *cálculos biliares.*

caldas f. pl. Baños termales.

caldear v. t. Calentar (ú. t. c. pr.). ‖ Poner al rojo el hierro. ‖ *Fig.* Acalorar, animar.

caldense adj. y s. De Caldas (Colombia).

caldeo m. Calentamiento.

caldeo, a adj. y s. De Caldea, nombre ant. de Babilonia. ‖ — M. Lengua caldea.

caldera f. Recipiente grande de metal en que se calienta cualquier cosa. ‖ Su contenido. ‖ Depósito en el que se hace hervir el agua: *caldera de calefacción.* ‖ *Caldera de vapor,* aparato generador del vapor en las máquinas.

calderilla f. Moneda fraccionaria de poco valor.

caldero m. Caldera pequeña.

caldillo m. Salsa, jugo.

caldo m. Líquido obtenido cociendo carne, pescado, verduras en agua. ‖ Vino o aceite: *los caldos de Jerez.* ‖ *Amer.* Jugo o guarapo de la caña de azúcar. ‖ *Caldo de cultivo,* el preparado para el desarrollo de un microbio.

caldoso, sa adj. Con caldo.

calducho m. Caldo de poca sustancia o malo de sabor.

calé adj. y s. Gitano.

calefacción f. Producción de calor: *calefacción con carbón.* ‖ Conjunto de aparatos destinados a calentar un edificio.

calendario m. Sistema de división del tiempo. ‖ Almanaque, cuadro de los días, semanas, meses, estaciones y fiestas del año. ‖ Programa, distribución en el tiempo de la labor que debe efectuarse.

calentador, ra adj. Que calienta (ú. t. c. m.).

calentamiento m. Acción y efecto de calentar o calentarse.

calentar v. t. Poner caliente. ‖ *Fig.* Enardecer: *calentar al auditorio.* ‖ *Fig.* Golpear, pegar. ‖ *Fam.* Excitar sexualmente. ‖ — V. pr. Entrar en calor. ‖ *Fig.* Animarse, exaltarse.

calentura f. Fiebre.

calenturiento, ta adj. Que padece calentura. ‖ *Fig.* Excitado.

calenturón m. Calentura grande.

caleño, ña adj. y s. De Cali (Colombia).

calera f. Cantera de caliza. ‖ Horno de cal.

calesa f. Coche hipomóvil descubierto.

caleta f. Cala, ensenada.

caletre m. *Fam.* Tino, talento.

calibración f. y **calibrado** m. Acción de dar a una pieza el calibre deseado o de verificar las dimensiones de un objeto. ‖ Mandrilado.

calibrador m. Aparato para calibrar.

calibrar v. t. Medir el calibre interior de las armas de fuego o de otros tubos. ‖ Dar el calibre que se desea. ‖ Mandrilar un tubo. ‖ *Fig.* Juzgar.

calibre m. Diámetro interior del cañón de las armas de fuego. ‖ Diámetro del proyectil o de un alambre. ‖ Diámetro interior de un cilindro. ‖ *Fig.* Tamaño, importancia: *de poco calibre.*

calidad f. Manera de ser de una persona o cosa: *artículo de buena calidad.* ‖ Clase: *tejido de muchas calidades.* ‖ Carácter, genio, índole. ‖ Valía, excelencia de una cosa. ‖ Condición social, civil, jurídica, etc.: *calidad de ciudadano.* ‖ Función: *en calidad de jefe.* ‖ Nobleza, linaje: *hombre de calidad.* ‖ Importancia: *asunto de calidad.* ‖ — Pl. Prendas morales.

cálido, da adj. Que está caliente, caluroso: *clima cálido.* ‖ *Fig.* Ardiente, vivo: *color cálido.* ‖ Afectuoso: *cálida amistad.*

caliente adj. Que tiene o da calor: *aire caliente.* ‖ *Fig.* Acalorado: *riña caliente.* ‖ Ardiente sexualmente.

califa m. Título de los príncipes musulmanes sucesores de Mahoma.

califato m. Dignidad de califa. ‖ Tiempo de su gobierno y territorio gobernado por él. ‖ Período histórico en que hubo califas.

calificación f. Acción y efecto de calificar. ‖ Nota de un examen.

calificador, ra adj. y s. Que califica.

calificar v. t. Atribuir la calidad de: *calificar un acto de heroico.* ‖ Dar o poner una nota: *calificar a un alumno.* ‖ — V. pr. En deportes, ganar las pruebas eliminatorias.

calificativo, va adj. y s. m. Que califica.

californiano, na adj. y s. De California (Estados Unidos).

californio m. Elemento químico (Cf), de número atómico 98, obtenido artificialmente sometiendo el curio a los rayos alfa.

californio, nia adj. y s. De California (Estados Unidos y México).

caligrafía f. Arte de caligrafiar.

caligrafiar v. t. Escribir con letra clara y bien formada.

calina f. Neblina. ‖ Calor.

cáliz m. Vaso sagrado donde se echa el vino para consagrar en la misa. ‖ Cubierta externa de las flores. ‖ *Fig.* Padecimiento.

callado, da adj. En silencio.

callar v. i. No hablar, guardar silencio: *los niños deben callar* (ú. t. c. pr.). ‖ Apagarse un sonido: *callaron las campanas* (ú. t. c. pr.). ‖ — V. t. No decir algo. Ú. t. c. pr.: *se calló toda la verdad.*

calle f. Vía de circulación en una población entre dos filas de casas. ‖ Conjunto de vecinos que viven en ella. ‖ Conjunto de ciudadanos: *el hombre de la calle.* ‖ Banda trazada en un campo deportivo para que el atleta corra, o línea o corchera para los nadadores.

callejear v. i. Corretear, ir de un sitio a otro sin ningún fin.

callejeo m. Acción de callejear.

callejón m. Calle pequeña y estrecha. || Espacio entre la barrera y la contrabarrera en las plazas de toros. || *Callejón sin salida,* el que sólo tiene entrada y no salida; (fig. y fam.) situación apurada de difícil salida, atolladero.

callejuela f. Calle pequeña.

callista com. Persona que se dedica a cortar y curar los callos.

callo m. Dureza producida en los pies o en las manos por el roce de un cuerpo duro. || *Fig.* y *fam.* Mujer fea. || — Pl. Pedazos del estómago de la ternera o carnero, que se comen guisados.

callosidad f. Espesor y endurecimiento de la epidermis.

calma f. Falta de movimiento, tranquilidad. || Tranquilidad, sosiego, quietud. || Cesación, interrupción momentánea: *calma en los negocios.* || Sin preocupaciones o tareas. || Flema, pachorra: *hablar con calma.* || Serenidad, conformidad. || Paciencia: *espérame con calma.* || *Calma chicha,* ausencia de viento u oleaje en el mar.

calmante adj. y s. m. Que calma.

calmar v. t. Aliviar, moderar un dolor, el frío. || Dar sosiego o calma a alguien. || — V. i. Calmarse. || — V. pr. Abonanzar el tiempo. || Tranquilizarse, sosegarse. || Caer el viento.

caló m. Lenguaje o dialecto de los gitanos.

calor m. *Fís.* Fenómeno que eleva la temperatura y dilata, funde, volatiza o descompone un cuerpo. || Calidad de lo que está caliente: *mantener el calor.* || Sensación que produce un cuerpo caliente: *este radiador da mucho calor.* || Elevación de la temperatura del cuerpo: *el calor de la fiebre.* || Temperatura elevada: *el calor canicular.* || *Fig.* Ardor, entusiasmo, viveza: *en el calor de la improvisación.* | Afecto, interés: *acoger con calor.* | Lo más vivo de la lucha: *el calor del combate.*

caloría f. *Fís.* Unidad de cantidad de calor equivalente a la cantidad de calor necesaria para elevar la temperatura de un gramo de agua de $14,5^\circ C$ a $15,5^\circ C$ con la presión atmosférica normal (simb. cal).

calostro m. Primera leche que la hembra da a su cría.

calpulli m. Entre los aztecas, cada una de las partes que se hacían de las tierras cultivadas en común.

calumnia f. Acusación falsa para causar daño en la reputación de alguien.

calumniador, ra y **calumniante** adj. y s. Que calumnia, difamador.

calumniar v. t. Atribuir falsamente a otro intenciones o actos deshonrosos.

calumnioso, sa adj. Que contiene calumnia: *escrito calumnioso.*

caluroso, sa adj. Que tiene o da calor. || *Fig.* Fervoroso: *un aplauso caluroso.*

calva f. Parte de la cabeza de la que se ha caído el pelo.

calvario m. Vía crucis. || *Fig.* Padecimiento: *sufrir un calvario.*

calvicie f. Falta de pelo.

calvinismo m. Doctrina religiosa protestante de Calvino, defensora de la predestinación.

calvinista adj. Del calvinismo. || — Com. Partidario del calvinismo.

calvo, va adj. Que ha perdido el cabello (ú. t. c. s.).

calza f. Cuña o calce para calzar.

calzada f. Parte de una calle entre las aceras o de la carretera reservada a los vehículos. || Camino empedrado en Roma.

calzado, da adj. Con zapatos. || Provisto de un calzo o calce. || — M. Lo que se pone en los pies para cubrirlos.

calzador m. Instrumento utilizado para meter el pie en el zapato.

calzar v. t. Cubrir el pie con el calzado (ú. t. c. pr.). || Llevar puestos los guantes, las espuelas, las gafas, etc. || Poner cuñas o calces: *calzar una mesa coja.* || Poner los neumáticos a un vehículo.

calzo m. Calce, cuña.

calzón m. Pantalón.

calzoncillos m. pl. Prenda interior del hombre, debajo de los pantalones.

cama f. Mueble para descansar o dormir. || Sitio donde uno se puede acostar. || Plaza en una comunidad: *hospital de cien camas.* || Pieza central del arado.

camada f. Crías de un animal.

camafeo m. Piedra preciosa.

camagua f. *Amer.* Maíz tardío.

camaleón m. Género de reptiles saurios cuyo color cambia según el medio que le rodea. || — Adj. y s. *Fig.* Que cambia de opinión.

cámara f. (Ant.) Habitación. || Habitación principal de una casa. || Cuarto de dormir: *cámara nupcial.* || Habitación de un rey, de un papa. || Tomavistas de cine o de televisión. || Armario refrigerador en el que se conservan los alimentos. || Tubo de goma, en el interior de la cubierta de un neumático o en un balón, que se hincha con aire. || *Mec.* Espacio cerrado en que tiene lugar una combustión. || Lugar en que se reúnen ciertos cuerpos profesionales: *Cámara de Comercio.* || Edificio en que se reúnen los cuerpos legislativos de un país: *Cámara de Diputados.* || Armario: *cámara acorazada.* || — *Cámara de gas,* recinto en el que, inyectando gases tóxicos, se da muerte a una persona. || *Cámara de los Comunes,* cámara baja del Parlamento británico que ejerce el poder legislativo. || *Cámara de los Lores,* cámara alta del Parlamento británico, equivalente al Senado.

cámara m. Operador de cine.

camarada com. Compañero.

camaradería f. Compañerismo.

camarero, ra m. y f. Persona que sirve a los consumidores en un café, bar, restaurante, etc.

camarilla f. Conjunto de personas que influyen en los asuntos del Estado o cerca de alguna autoridad o personalidad.

camarón m. Pequeño crustáceo decápodo marino, comestible.

camarote m. Dormitorio de barco.

camastro m. Cama mala.

cambalache m. *Fam.* Cambio.

cambalachear v. t. Cambiar.

cambiadizo, za adj. Que cambia.

cambiador, ra adj. y s. Que cambia.

cambiar v. t. Ceder una cosa por otra: *cambiar sellos con un filatelista.* || Reemplazar. || Convertir una moneda en otra. || Convertir en dinero menudo (ú. t. c. i.). || Variar, mudar. || — V. i. Mudar el viento. || Variar, alterarse: *el tiempo va a cambiar.* || Pasar otra velocidad a un automóvil. || — V. pr. Mudarse de ropa.

cambio m. Acción y efecto de cambiar. || Modificación que resulta de ello. || Trueque: *cambio de libros.* || Moneda fraccionaria. || Dinero que se da de vuelta. || Precio de cotización de los valores mercantiles. || Operación que consiste en la compra y venta de valores, monedas y billetes. || Diferencia que se paga o cobra por cambiar moneda de un país por la de otro. ||— *A las primeras de cambio,* de buenas a primeras; a la primera oportunidad. || *Cambio de marcha* o *de velocidad,* sistema de engranajes que permite ajustar la velocidad de un vehículo al régimen de revoluciones del motor.

cambista com. Persona que cambia dinero. || — M. Banquero.

camboyano, na adj. y s. De Camboya.

cambriano, na y **cámbrico, ca** adj. y s. m. *Geol.* Dícese del primer período de la era primaria, así como de sus terrenos y fósiles.

cambuí m. *Riopl.* Árbol parecido al guayabo. | Su fruto.

camelar v. t. *Fam.* Enamorar. | Embaucar con adulaciones.

cameleo m. *Fam.* Acción de camelar.

camelia f. Arbusto de flores bellas e inodoras.

camélidos m. pl. Familia de rumiantes a la que pertenecen el camello, el dromedario, la llama, la alpaca, etc. (ú. t. c. adj.).

camelista com. *Fam.* Cuentista.

camelístico, ca adj. Fantasioso.

camello m. Rumiante que tiene dos jorobas en el lomo. || *Fam.* Idiota. | Vendedor de drogas al por menor.

camelo m. *Fam.* Galanteo. | Mentira, cuento. | Bulo, noticia falsa.

camembert m. Queso de pasta fermentada.

cameraman m. (pal. ingl.). Operador de cine, cámara.

camerino m. Cuarto donde se visten los artistas en el teatro.

camilla f. Cama pequeña o portátil. || Mesa redonda cubierta con faldilla bajo la cual se pone un brasero.

camillero, ra m. y f. Persona que transporta heridos en camilla.

caminante adj. y s. Que camina.

caminar v. i. Ir de viaje. || Ir de un sitio a otro, andar. || Seguir su curso los ríos, los astros. || *Fig.* Ir.

caminata f. Recorrido largo.

camino m. Vía de tierra por donde se pasa para ir de un sitio a otro. || Cualquier vía de comunicación. || Ruta: *me lo encontré en el camino.* || Curso: *el camino de un astro.* || Viaje: *ponerse en camino.* || *Fig.* Medio para conseguir una cosa: *estar en buen camino.* | Vía, medio que conduce a un fin: *el camino de la gloria.*

camión m. Vehículo grande utilizado para transportar mercancías. || *Amer.* Autobús.

camionero, ra m. y f. Persona que conduce un camión.

camioneta f. Camión pequeño. || Autobús.

camisa f. Prenda masculina con cuello y puños que cubre el busto. || Revestimiento interior o exterior de una pieza mecánica, de un horno, de un proyectil. || Carpeta, portadocumentos. || Sobrecubierta de un libro.

camisería f. Tienda donde se venden camisas y taller o fábrica donde se hacen.

camiseta f. Prenda de vestir corta, de punto o de franela, que se pone debajo de la camisa. || Camisa de verano cuya botonadura no llega hasta el final. || La usada por los deportistas.

camisón m. Camisa de dormir.

camomila f. Manzanilla.

camorra f. Pendencia, pelea.

camorrista adj. y s. Peleón.

camote m. *Méx.* Batata, boniato.

campamento m. Acción de acampar o acamparse. || Lugar donde se acampa. || Grupo de personas acampadas.

campana f. Instrumento de bronce, de forma de copa invertida, que tiene en su interior un badajo que la golpea y la hace sonar. || *Fig.* Cualquier cosa que tiene forma semejante a este instrumento: *campana de la chimenea.* | Vaso de cristal o de vidrio utilizado para proteger ciertas cosas: *campana del queso.*

campanada f. Golpe que da el badajo en la campana. || Sonido que hace. || *Fig.* Suceso inesperado que causa escándalo o sorpresa.

campanario m. Torre de iglesia donde se colocan las campanas.

campanilla f. Campana pequeña: *la campanilla de la puerta.* || Úvula de la garganta. || Flor de la enredadera.

campanilleo m. Sonido de las campanillas.

campanilo m. Campanario de ciertas iglesias italianas.

campante adj. *Fig.* Contento de sí.

campanuláceas f. pl. *Bot.* Plantas angiospermas dicotiledóneas que tienen por tipo el farolillo o la campánula (ú. t. c. adj.).

campaña f. Expedición militar. || Período de tiempo en una guerra. || Cualquier empresa política, económica, publicitaria o de otra cosa, de poca duración, encaminada a obtener un resultado. || Campo llano.

campeador adj. Distinguido en la guerra.

campechanía f. Llaneza.

campechano, na adj. Amistoso.

campechano, na adj. y s. De Campeche (México).

campeche m. Madera dura tintórea de América.

campeón m. Vencedor de una competición deportiva: *campeón de fútbol.* || *Fig.* Defensor, paladín: *campeón de la justicia.*

campeonato m. Prueba deportiva entre varios equipos o jugadores.

campero, ra adj. Relativo al campo o en el campo. || — M. Jeep, vehículo todo terreno.

campesinado m. Conjunto o clase social de los campesinos.

campesino, na adj. Propio del campo. || Que vive en el campo (ú. t. c. s.).

campestre adj. Del campo.

camping m. Actividad que consiste en vivir al aire libre y dormir en una tienda de campaña. || Terreno reservado a esta actividad.

campiña f. Campo.

campista com. Persona que hace camping.

campo m. Terreno fuera de poblado. || Tierra laborable. || Lugar en que tiene lugar un combate: *campo de operaciones.* || Lugar donde se celebra un encuentro deportivo: *campo de fútbol.* || *Fig.* Ámbito, medio, esfera: *campo de actividad.* | Asunto, materia: el *campo de la cultura.* || Espacio en que se hace perceptible un fenómeno: *campo magnético.*

camposanto m. Cementerio.

campus m. Ciudad universitaria cerca de una población para la enseñanza y el alojamiento de los estudiantes.

camuflaje m. Acción de camuflar.

camuflar v. t. Ocultar un objetivo militar. || *Fig.* Disimular.

can m. Perro.

cana f. Cabello blanco.

canadiense adj. y s. Del Canadá.

canal m. Cauce artificial que, mediante esclusas, permite a las embarcaciones salvar las diferencias de nivel. || Paso artificial que hace comunicar entre sí a dos mares: el *canal de Panamá.* || Estrecho o brazo de mar: el *canal de la Mancha.* || Conducto excavado en la tierra por donde pasan las aguas, el gas, etc. || Vaso del organismo animal o vegetal: *canal excretor.* || Banda de frecuencia entre cuyos límites se efectúa una emisión de televisión.

canalización f. Acondicionamiento de un curso de agua para hacerlo navegable. || — Pl. Conjunto de tubos o cañerías. || *Amer.* Alcantarillado.

canalizar v. t. Abrir canales. || Hacer navegable un curso de agua. || *Fig.* Encauzar, orientar.

canalla f. Gente ruin, populacho vil. || — M. Hombre vil, miserable.

canallada f. Acción o dicho propio de un canalla.

canalón m. Cañería que recoge en los tejados el agua de los canales.

canana f. Cartuchera.

canapé m. Sofá. || Pedazo de pan untado de algo (caviar, salmón ahumado, queso, etc.).

canario m. Pájaro de color amarillo claro y de canto melodioso.

canario, ria adj. y s. De las islas Canarias (España). || — M. Modalidad del castellano hablado en Canarias.

canasta f. Cesto de mimbre ancho de boca. || Juego de naipes con dos o más barajas francesas. || Punto en el baloncesto.

canastillo m. Canasto pequeño.

canasto m. Canasta.

cáncamo m. Armella.

cancán m. Baile francés hecho en un escenario por mujeres.

cancel m. Armazón de madera que se pone delante de las puertas de los edificios, por la parte interior, para impedir la entrada del aire. || *Amer.* Biombo. || *Arg.* Cancela.

cancela f. Reja de hierro forjado en el umbral de una puerta.

cancelación f. Anulación. || Pago.

cancelar v. t. Anular. || Saldar, pagar una deuda. || Picar o fechar un billete.

cáncer m. Tumor maligno formado por la multiplicación desordenada de las células de un tejido o de un órgano. || *Fig.* Lo que destruye una sociedad, una organización, una empresa, etc.

cancerarse v. pr. Volverse canceroso. || *Fig.* Corromperse.

cancerígeno, na adj. Que provoca el cáncer.

cancerología f. Estudio del cáncer.

canceroso, sa adj. De la naturaleza del cáncer: *úlcera cancerosa.* || Atacado de cáncer (ú. t. c. s.).

cancha f. *Amer.* Campo de deportes: *cancha de fútbol.* | Hipódromo. | Patio, corral. | Trozo de un río entre dos recodos. | Habilidad adquirida con la experiencia. || *Riopl. Abrir cancha,* abrir paso.

canciller m. Antiguo dignatario que guardaba el sello real. || Empleado consular inferior al vicecónsul. || En algunos Estados, jefe del Gobierno: el *canciller alemán.* || En varios países latinoamericanos, ministro o secretario de Relaciones Exteriores.

cancillería f. Dignidad o cargo de canciller. || Oficina especial en las embajadas y consulados. || Alto centro diplomático que dirige la política exterior de un país.

canción f. Composición en verso que se puede cantar. || Su música.

cancionero m. Colección de canciones y poesías de diversos autores.

candado m. Cerradura móvil que, por medio de anillos asegura puertas, cofres, etc.

cande adj. Aplícase al azúcar cristalizado.

candeal adj. Aplícase al trigo blando y al pan hecho con él.

candela f. Lumbre, fuego. || *Fís.* Unidad legal de intensidad luminosa (símb. cd).

candelabro m. Candelero.

candelero m. Utensilio con que se sostiene una vela.

candidato, ta m. y f. Aspirante.

candidatura f. Aspiración a un honor o cargo, pretensión de alguien como candidato.

candidez f. Ingenuidad.

cándido, da adj. y s. Ingenuo.

candil m. Lámpara de aceite con una mecha.

candilejas f. pl. *Teatr.* Luces del proscenio.

candombe m. *Amer.* Baile de los negros de Sudamérica. | Tambor.

candor m. Candidez.

candoroso, sa adj. Cándido.

canela f. Corteza del canelo.

canelo m. Árbol lauráceo, cuya corteza aromática es la canela.

canelón m. Rollo de pasta relleno de carne o pescado (ú. más en pl.).

canelonense adj. y s. De Canelones (Uruguay).

cangilón m. Cada una de las vasijas de la noria o de ciertas dragas.

cangrejo m. Crustáceo fluvial o marino comestible.

canguelo m. *Pop.* Miedo.

canguro m. Mamífero marsupial de Australia y Nueva Guinea que anda a saltos.

caníbal adj. y s. Nombre que los españoles dieron a los antiguos caribes. || Antropófago. || *Fig.* Salvaje, cruel, bruto.

canicas f. pl. Juego de muchachos con bolitas de barro o de cristal. || Estas bolitas.

canicie f. Blancura del pelo.

canícula f. Verano.

canicular adj. Del verano.

cánidos m. pl. *Zool.* Familia de mamíferos carniceros cuyo tipo es el perro y el lobo (ú. t. c. adj.).

canijo, ja adj. Enclenque.

canillera f. *Amer.* Temblor en las piernas causado por miedo.

canillita m. *Amer.* Vendedor ambulante de periódicos.

canino, na adj. Relativo al perro: *raza canina.* || *Fig.* Enorme, muy grande: *hambre canina.* || — M. Colmillo (ú. también *diente canino.*)

canje m. Cambio.

canjear v. t. Cambiar, trocar.

canoa f. Embarcación de remo.

canon m. Decreto, norma relativa a la fe o a la disciplina religiosa. || Regla metódica, norma, precepto que se debe observar. || Prototipo, tipo perfecto, modelo. || Pago o precio de un arrendamiento: *canon elevado.*

canónico, ca adj. Hecho según los sagrados cánones.

canónigo m. Sacerdote.

canonización f. Inclusión en el catálogo de santos.

canonizar v. t. Declarar santo.

canoso, sa adj. Con canas.

canotié y **canotier** m. Sombrero de paja de ala plana.

cansado, da adj. Fatigado. || Fatigoso: *viaje cansado.*

cansancio m. Fatiga.

cansar v. t. Causar cansancio, fatigar. || Afectar desagradablemente: *tanta claridad cansa los ojos.* || *Fig.* Aburrir, hartar. | Fastidiar: *su habla me cansa.* || — V. pr. Fatigarse: *cansarse de caminar.*

cansino, na adj. Pesado.

cantábrico, ca adj. Concerniente a Cantabria.

cántabro, bra adj. y s. De la región autónoma de Cantabria (España).

cantador, ra m. y f. Persona que canta.

cantante adj. Que canta (ú. t. c. s.).

cantaor, ra m. y f. Cantor de flamenco.

cantar m. Composición poética, generalmente de cuatro versos, que puede ser cantada. || *Fig.* y *fam.* Asunto, cosa: *eso es ya otro cantar.* || *Cantar de gesta,* poema medieval de origen popular o anónimo, perteneciente al *mester de juglaría,* en que los héroes ensalzados son en general personajes históricos.

cantar v. t. e i. Emitir con la boca sonidos musicales: *cantó un himno.* || Producir sonidos melodiosos los pájaros, los gallos, los insectos. || *Fig.* Celebrar, ensalzar. || Decir algo con cierta entonación: *cantar los números de la lotería.* || Decir: *cantar misa.* || Anunciar los naipes cuando se tiene tute: *cantar las cuarenta.* || *Fig.* y *fam.* Confesar, declarar: *cantó de plano.*

cántara f. Cántaro.

cántaro m. Recipiente grande de barro. || Su contenido.

cantata f. Composición poética que se canta. || Su música.

cantautor, ra m. y f. Persona que compone las canciones que interpreta.

cante m. En Andalucía, cualquier género de canto popular.

cantera f. Lugar de donde se extrae piedra de construcción. || *Fig.* Sitio que proporciona personas o elementos para el ejercicio de un trabajo o profesión.

cantero m. Hombre que labra las piedras o las saca de la cantera.

cántico m. Canto religioso.

cantidad f. Todo lo que es capaz de aumento o disminución y puede medirse o numerarse. || Porción de algo: *ésta es la cantidad precisa.* || Gran número de algo. || *Mat.* Expresión de una magnitud. || — Adv. *Fam.* Mucho: *me gusta cantidad.*

cantiga f. Antigua composición poética destinada al canto.

cantimplora f. Vasija plana de metal para llevar líquidos en viajes.

cantina f. Sitio donde se sirve de comer y de beber a los soldados, a los obreros de una fábrica o a los niños de una escuela. || Puesto público, generalmente en las estaciones, en que se venden bebidas y comestibles. || *Méx.* Taberna. || *Arg.* Restaurante.

canto m. Acción y efecto de cantar. || Arte de cantar. || Serie de sonidos modulados emitidos por la voz. || Lo que se canta. || Su letra: *canto de amor.* || Canción, cualquier composición poética. || *Fig.* Cada una de las divisiones del poema épico o didáctico: *los cantos de Homero.*

canto m. Extremo o borde: *el canto de una moneda.* || Esquina o arista. || Lado. || Parte del cuchillo o sable opuesta al filo. || Corte del libro opuesto al lomo, etc. || Piedra. | *Canto rodado,* guijarro.

cantón m. Esquina. || Región, país. || División administrativa de ciertos Estados.

cantonal adj. Del cantón.

cantor, ra m. y f. Persona que canta. || Poeta. || — F. pl. *Zool.* Dícese de un orden de aves que cantan (ú. t. c. adj.).

canturrear v. t. e i. Cantar a media voz.

canturreo m. Acción de canturrear.

cánula f. Tubo corto de goma de los aparatos quirúrgicos o físicos.

canuto m. En las cañas, parte que media entre nudo y nudo. || *Amer.* Mango de la pluma de escribir, palillero.

canzonetista f. Mujer que canta canciones en público.

caña f. *Bot.* Tallo de las gramíneas: *caña del bambú.* | Nombre de varias plantas gramíneas que se crían a orillas de los ríos y estanques. | Rota. || Canilla del brazo o de la pierna. || Médula de los huesos. || Parte de la bota que cubre la pierna. || Vaso troncocónico y alto: *una caña de cerveza.* || Eje del ancla. || Cierta canción popular andaluza. || *Arq.* Fuste. || Cuerpo de varios instrumentos: *caña del timón.* || *Amer.* Ron, tafia. || *Caña de azúcar,* planta cuyo tallo está lleno de un tejido esponjoso del que se extrae el azúcar.

cañada f. Camino por el que pasan los rebaños trashumantes. || Paso o valle entre dos alturas montañosas. || *Amer.* Arroyo.

cañaduz f. Caña de azúcar.

cañamazo m. Esbozo.

cáñamo m. Planta cuyas fibras se utilizan para fabricar tejidos y cuerdas.

cañaveral m. Plantación de cañas.

cañería f. Conducto para un fluido.

cañizo m. Tejido o zarzo de caña que sirve para cubrir los techos o para dar sombra.

caño m. Tubo corto. || Albañal para las aguas sucias. || Chorro de agua.

cañón m. Tubo que sirve para varios usos: *cañón de anteojo, de órgano.* || Tubo de un arma de fuego: *el cañón del fusil.* || Pieza de artillería: *cañón antiaé-*

reo. ‖ Parte córnea y hueca de la pluma del ave. ‖ Desfiladero, paso estrecho entre montañas: *el Cañón del Colorado*.

cañonazo m. Disparo de cañón de artillería. ‖ Ruido y daño que hace. ‖ En el fútbol, chut fuerte. ‖ *Fam.* Gran sorpresa.

caoba f. Árbol de madera rojiza empleada en ebanistería. ‖ Su madera: *mesa de caoba*.

caobo m. Caoba, árbol.

caos m. Estado de confusión de la materia antes de la creación del universo. ‖ *Fig.* Confusión grande.

caótico, ca adj. Confuso.

capa f. Prenda de abrigo larga, suelta y sin mangas. ‖ Tela encarnada que usan los toreros para lidiar los toros. ‖ Vestidura sacerdotal. ‖ Lo que cubre, revestimiento: *capa de barniz*. ‖ Disposición de terrenos sedimentarios en una masa homogénea: *capa acuífera*. ‖ Cubierta con que se protege una cosa. ‖ Color de las caballerías. ‖ *Fig.* Baño, barniz, tinte: *capa de cultura*. | Apariencia: *bajo una capa de humildad*. | Pretexto. | Encubridor. | Clase, categoría: *las capas sociales*.

capacho m. Espuerta.

capacidad f. Cabida, contenido. ‖ Espacio de un sitio o local. ‖ *Fig.* Inteligencia, talento, aptitud, competencia: *hombre de gran capacidad*. ‖ *For.* Aptitud legal para gozar de un derecho.

capacitación f. Formación, acción y efecto de capacitar.

capacitar v. t. Formar, preparar, hacer apto a uno para realizar algo. ‖ Dar derecho.

capar v. t. Castrar.

caparazón m. Armadura de adorno con que se viste al caballo. ‖ Cubierta que se pone a una cosa para protegerla. ‖ Cubierta que protege el cuerpo de ciertos animales. ‖ *Fig.* Protección, coraza.

capataz m. Encargado de dirigir cierto número de trabajadores.

capaz adj. Que puede contener: *estadio capaz para cien mil personas*. ‖ *Fig.* Que puede hacer: *es capaz de matarle*. | Accesible: *capaz de compasión*. | Apto: *capaz para el cargo*. | De buen talento o instrucción. ‖ *For.* Apto legalmente para una cosa.

capcioso, sa adj. Engañoso.

capea f. Toreo con la capa. ‖ Lidia de becerros por aficionados.

capear v. t. *Taurom.* Torear con la capa. ‖ *Fig.* y fam. Entretener con pretextos: *capear a uno*. | Eludir o sortear un compromiso. ‖ Mantenerse el barco con viento contrario.

capellán m. Sacerdote de una capellanía.

capellanía f. Beneficio eclesiástico que goza un sacerdote.

capelo m. Sombrero rojo de los cardenales.

capicúa m. Cantidad que se lee lo mismo en un sentido que en otro. Ú. t. c. adj.: *el 37073 es capicúa*.

capilar adj. Relativo a la capilaridad. ‖ Del cabello. ‖ Muy fino.

capilaridad f. Calidad de capilar.

capilla f. Iglesia pequeña. ‖ Parte de una iglesia que tiene altar. ‖ Altar portátil de un regimiento. ‖ Cuerpo de músicos de una iglesia.

capirote m. Cucurucho: *capirote de los penitentes*.

capita (per) V. PER CAPITA.

capital adj. Esencial, fundamental, importante. ‖ Importantísimo: *equivocación capital*. ‖ Que es

como cabeza de una cosa: *ciudad capital de provincia*. ‖ Que cuesta la vida: *pena capital*. ‖ — M. Bienes, fortuna que uno posee: *tener mucho capital*. ‖ Dinero de que dispone una empresa. ‖ Conjunto de dinero en el aspecto financiero: *el capital y el trabajo*. ‖ *Fig.* Conjunto de recursos intelectuales de una persona. ‖ — Pl. Conjunto de todos los instrumentos de producción. ‖ — F. Ciudad de un Estado en la que reside el Gobierno. ‖ Población principal y cabeza de un distrito o provincia. ‖ *Impr.* Letra mayúscula (ú. t. c. adj.).

capitalino, na adj. y s. De la capital.

capitalismo m. Régimen económico en el que los medios de producción pertenecen a los que han invertido capitales. ‖ Conjunto de capitales y capitalistas.

capitalista adj. Relativo al capital y al capitalismo. ‖ — Com. Persona que posee dinero o que invierte capital en una empresa.

capitalización f. Acción y efecto de capitalizar. ‖ Valoración de un capital por la renta que produce.

capitalizar v. t. Determinar el capital según los intereses que produce. ‖ Agregar al capital los intereses producidos por él. ‖ *Fig.* Sacar ventaja de algo: *la izquierda capitalizó el éxito de la manifestación*. ‖ — V. i. Acumular dinero.

capitán m. Jefe de una tropa. ‖ Comandante de un barco, puerto, avión, etc. ‖ Jefe de un grupo de gente, de un equipo deportivo, de una banda.

capitana f. Mujer del capitán. ‖ *Mar.* Nave principal de una escuadra.

capitanear v. t. Acaudillar.

capitanía f. *Mil.* Empleo de capitán. ‖ Oficina del capitán. ‖ *Capitanía general*, edificio donde están las oficinas y cargo y territorio de un capitán general. (En la América española, la *capitanía general* era una demarcación territorial que gozaba de cierta independencia respecto al virreinato. Las hubo en Cuba, Guatemala, Venezuela, Chile y Puerto Rico.)

capitel m. *Arq.* Parte superior de la columna: *capitel corintio*.

capitolio m. *Fig.* Edificio majestuoso y elevado.

capitoste m. *Fam.* Mandamás.

capitulación f. Convenio de rendición de una plaza o ejército. ‖ *Fig.* Abandono de una opinión, de una actitud. ‖ — Pl. Contrato de matrimonio.

capitular v. i. Rendirse.

capítulo m. División de un libro, tratado, ley, código, etc. ‖ Asamblea o cabildo de canónigos o religiosos.

capó m. Cubierta que protege el motor de un automóvil y de un avión.

capón m. Pollo.

capot m. (pal. fr.). Capó.

capota f. Sombrero. ‖ Cubierta plegable de algunos coches.

capotaje m. Acción y efecto de capotar.

capotar v. i. Volcar un vehículo automóvil. ‖ Caer de pico un avión.

capote m. Capa ancha, con mangas y con un agujero en el centro para pasar la cabeza. ‖ Capa de los toreros.

capra f. (pal. lat.). *Capra hispánica*, cabra montés de España.

capricho m. Deseo pasajero.

caprichoso, sa adj. Que obra o se hace por capricho.

caprino, na adj. De las cabras.

cápsula f. Casquete de metal utilizado para cerrar algunas botellas. ‖ Envoltura soluble en que se encierran algunas medicinas de sabor desagradable. ‖ *Anat.* Membrana en forma de saco cerrado que se encuentra en las articulaciones y otras partes del cuerpo: *cápsula sinovial.* ‖ Cabina que ocupan los astronautas en el morro del cohete.

capsular v. t. Cerrar con cápsulas.

captación f. Acción y efecto de captar.

captar v. t. Atraer: *captar el interés.* ‖ Percibir por medio de los sentidos. ‖ Darse cuenta, percatarse de algo. ‖ Comprender. ‖ Recoger las aguas. ‖ Recibir una emisión: *captar una estación de radio.* ‖ — V. pr. Granjearse, ganarse: *se captó su enemistad.*

captor, ra adj. Que capta. ‖ Que captura (ú. t. c. s.).

captura f. Acción y efecto de capturar.

capturar v. t. Apresar.

capucha f. Parte de una prenda de vestir con forma de gorro en la parte superior de la espalda.

capuchina f. Planta de jardín.

capuchino, na adj. Dícese del religioso o religiosa de la orden de San Francisco: *fraile capuchino* (ú. t. c. s.). ‖ Relativo a esta orden. ‖ — M. Mono de América del Sur. ‖ *Amer.* Café caliente con leche.

capuchón m. Capucha.

capulí m. *Amer.* Árbol rosáceo, semejante al cerezo, de fruto comestible. | Este fruto.

capullo m. Botón de flor: *capullo de rosa.* ‖ Extremo del fruto de la bellota. ‖ Envoltura en que se refugian las orugas antes de transformarse en mariposa.

caquetense adj. y s. De Caquetá (Colombia).

caqui m. Árbol ebenáceo originario del Japón. | Su fruto. ‖ Color que va desde el amarillo ocre al verde gris (ú. t. c. adj.).

cara f. Rostro del hombre. ‖ Semblante: *tener buena cara.* ‖ Gesto: *puso mala cara.* ‖ *Fig.* Aspecto, apariencia. | Cariz: *el asunto tiene buena cara.* ‖ Fachada, frente de algunas cosas: *la cara de un edificio.* ‖ Superficie: *la cara de una página de papel.* ‖ Anverso de una moneda: *jugar a cara o cruz.* ‖ *Geom.* Cada una de las superficies que forman o limitan un poliedro. ‖ *Fig.* Descaro: *tener mucha cara.* ‖ — M. y f. Fresco, ca. ‖ — Adv. y prep. Hacia: *cara al sol.*

caraba f. *Fam.* El colmo.

carabela f. *Mar.* Antigua embarcación con tres palos.

carabina f. Arma de fuego menor que el fusil. ‖ *Fig.* y *fam.* Señora de compañía.

carabinero m. Soldado armado con carabina. ‖ En España, guardia destinado a la persecución del contrabando. ‖ Crustáceo algo mayor que la gamba.

cárabo m. Cierto insecto coleóptero.

carabobeño, ña adj. y s. De Carabobo (Venezuela).

caracará m. Ave de rapiña de América del Sur que tiene un pico grande.

caraceño, ña adj. y s. De Carazo (Nicaragua).

caracol m. Molusco gasterópodo terrestre o marino, comestible, de concha en hélice. ‖ Rizo de pelo. ‖ Vuelta o giro que hace el caballo: *hacer caracoles.*

‖ *Anat.* Cavidad del oído interno. ‖ Escalera de caracol, escalera de forma espiral. ‖ — Interj. *Fam.* ¡Caracoles!, ¡caramba!

caracola f. Caracol.

caracolear v. i. Girar.

carácter m. Signo escrito o grabado. ‖ Letra o signo de la escritura. ‖ Forma de letra. ‖ Índole o condición de una persona o cosa: *carácter oficial.* ‖ Manera de ser, particularidad, rasgo distintivo. ‖ Natural, modo de ser de una persona o pueblo: *carácter tímido.* ‖ Energía, entereza, firmeza: *mostrar carácter.* ‖ Genio, humor: *mal carácter.* ‖ Personalidad, originalidad: *facciones sin carácter.* ‖ Condición: *carácter sagrado.* ‖ Título, dignidad: *con carácter de ministro.* — Pl. Letras de imprenta.

característico, ca adj. Del carácter. ‖ Que caracteriza. ‖ — M. y f. Actor o actriz que representa papeles de personas de edad. ‖ — F. Particularidad, carácter peculiar. ‖ *Mat.* La parte entera de un logaritmo. ‖ *Arg.* Prefijo del teléfono.

caracterizar v. t. Determinar con precisión. ‖ Representar un actor su papel expresivamente. ‖ — V. pr. Manifestarse por diferentes caracteres.

caracul m. Carnero de Asia occidental y su piel.

caradura com. *Fam.* Desvergonzado, descarado. ‖ — F. Descaro, desfachatez.

carajo m. *Pop.* Órgano sexual masculino. ‖ — *Pop.* ¡Carajo!, expresión de disgusto y, a veces, de sorpresa. | De carajo, espléndido. | Importar un carajo, importar muy poco. | Irse al carajo, irse; malograrse una cosa. | Ni carajo, nada de nada.

¡caramba! interj. Voz que denota extrañeza, disgusto.

carambola f. Lance del juego de billar en que la bola atacada toca a las otras dos. ‖ *Fig.* Doble resultado que se consigue sin buscarlo. | Casualidad: *aprobó por carambola.*

caramelo m. Golosina hecha con azúcar. ‖ Azúcar fundida y endurecida al enfriarse.

caramillo m. Flautilla de caña.

carancho m. *Riopl.* Cierta ave de rapiña falcónida. ‖ *Per.* Búho.

caranday o **carandaí** m. *Amer.* Palmera alta cuya madera se emplea en las obras de construcción. ‖ Su madera.

carantoña f. *Fam.* Zalamería.

carapegüeño, ña adj. y s. De Carapeguá (Paraguay).

caraqueño, ña adj. y s. De Caracas (Venezuela).

carátula f. Careta. ‖ Profesión de comediante. ‖ *Amer.* Portada del libro. ‖ *Méx.* Esfera de un reloj.

caravana f. Grupo de viajeros que se reúnen para atravesar el desierto. ‖ Remolque habitable. ‖ Conjunto de vehículos que van unos detrás de otros.

¡caray! interj. ¡Caramba!

carbón m. Combustible sólido de color negro, de origen vegetal, que contiene una proporción elevada de carbono. ‖ Carboncillo de dibujo. | Dibujo hecho con carboncillo. | *Carbón de piedra,* hulla.

carbonada f. *Amer.* Guisado de carne mezclada con choclos, patatas, zapallos y arroz.

carbonato m. *Quím.* Sal resultante de la combinación del ácido carbónico con un radical simple o compuesto.

carboncillo m. Palillo carbonizado de madera para dibujar.

carbonera f. Lugar donde se guarda el carbón.

carbonería f. Tienda de carbón.

carbonero, ra adj. Del carbón. || – M. El que hace o vende carbón.

carbónico, ca adj. *Quím.* Aplícase a un anhídrido resultante de la unión del carbono y el oxígeno.

carbonífero, ra adj. Que contiene carbón. || Aplícase a un período de la era primaria (ú. t. c. s. m.).

carbonizar v. t. Reducir a carbón un cuerpo orgánico, calcinar.

carbono m. Cuerpo simple (C) que se encuentra puro en la naturaleza, cristalizado en el diamante y el grafito o amorfo en el carbón de piedra, antracita, lignito o turba.

carburación f. Operación que consiste en someter ciertos cuerpos a la acción del carbono. || Mezcla de aire a un carburante para formar una combinación detonante.

carburador m. Dispositivo que produce una saturación completa del gas del alumbrado o del aire por medio de vapores de esencias hidrocarburadas. || Dispositivo que mezcla la gasolina y el aire en los motores de explosión.

carburante m. Combustible utilizado en los motores de explosión o de combustión interna.

carburar v. t. Mezclarse en los motores de explosión el aire con los carburantes. || – V. i. *Fam.* Pitar, funcionar, ir bien.

carburo m. *Quím.* Combinación del carbono con un radical simple.

carcaj m. Aljaba de flechas.

carcajada f. Risa ruidosa.

carcajearse v. pr. Reírse a carcajadas.

carcamal m. *Fam.* Vejestorio.

cárcel f. Edificio donde están encerrados los presos.

carcelero, ra m. y f. Persona encargada del cuidado de la cárcel y de los presos.

carcoma f. Pequeño insecto coleóptero que roe la madera.

carcomer v. t. Roer la carcoma la madera. || *Fig.* Corroer (ú. t. c. pr.).

carda f. Acción y efecto de cardar.

cardado m. Acción de cardar.

cardán m. Articulación mecánica que permite la transmisión de un movimiento de rotación en diferentes direcciones. || Suspensión compuesta de dos círculos concéntricos cuyos ejes están en ángulo recto.

cardar v. t. Peinar con la carda las materias textiles antes de hilar. || Sacar con la carda el pelo a los paños.

cardenal m. Cada uno de los prelados que componen el Sacro Colegio de consejeros del Papa. || Equimosis, mancha amoratada en la piel a causa de un golpe.

cardenillo m. Verdín, moho.

cárdeno, na adj. Morado.

cardiaco, ca o **cardíaco, ca** adj. *Med.* Del corazón. || Dícese del que está enfermo del corazón (ú. t. c. s.).

cardias m. Orificio superior del estómago por el que éste comunica con el esófago.

cardinal adj. Principal, fundamental: *virtudes cardinales.* || – *Adjetivo numeral cardinal,* el que expresa el número, como *uno, dos, tres, cuatro,* etc. || *Puntos cardinales,* Norte, Sur, Este y Oeste.

cardiografía f. *Med.* Estudio del corazón. || Gráfico que representa sus movimientos.

cardiología f. Parte de la medicina que trata del corazón y sus enfermedades.

cardiólogo, ga m. y f. *Med.* Especialista en las enfermedades cardiacas.

cardo m. Planta espinosa.

carear v. t. Interrogar juntas dos personas para confrontar lo que dicen.

carecer v. i. Faltar, no tener.

carecimiento m. Carencia.

carena f. *Mar.* Reparación que se hace en el casco de la nave. | Parte sumergida de un barco.

carenado m., **carenadura** f. y **carenaje** m. Carena.

carenar v. t. Reparar el casco de una nave. || Dar forma aerodinámica a la carrocería de un vehículo.

carencia f. Falta o privación.

carente adj. Que carece, falto.

careo m. Confrontación.

carestía f. Falta, escasez. || Subido precio de las cosas de uso común.

careta f. Máscara.

carey m. Tortuga de mar. || Su concha.

carga f. Lo que puede llevar un hombre, un animal, un vehículo, etc. || Cantidad de pólvora destinada al lanzamiento de proyectiles en las armas de fuego o a provocar la explosión de una mina o barreno. || Acción de cargar un arma de fuego. || Cantidad de electricidad acumulada en un conductor, en un condensador o en una batería. || Producción de esta carga. || Ataque de un cuerpo militar: *carga de la tropa.* || Acción de cargar o llenar: *la carga de un camión.* || Peso que soporta una viga, estructura metálica, etc. || Tributo, impuesto, gravamen: *las cargas sociales.* || Obligación onerosa: *cargas económicas.* || *Fig.* Peso: *la carga de la edad.*

cargado, da adj. Lleno, recubierto. || Pesado: *tiempo cargado.* || Denso: *ambiente cargado.* || Fuerte: *café cargado.*

cargador, ra adj. Que carga (ú. t. c. s.).

cargante adj. y s. Fastidioso.

cargar v. t. Poner una carga sobre algo o alguien: *cargar un petrolero.* || Llenar: *cargar un horno.* || Introducir una bala o cartucho en la recámara de un arma. || Llenar abundantemente: *la mesa estaba cargada de frutas.* || Achacar: *cargar toda la responsabilidad.* || Gravar, imponer: *cargar de tributos.* || Anotar, apuntar: *cárgueme lo que le debo en mi cuenta.* || Hacer sostener un peso: *cargaron demasiado el estante.* || Atacar, acometer: *cargar a las tropas enemigas* (ú. t. c. i.). || *Fig.* y *Fam.* Fastidiar, molestar: *este trabajo me carga.* || – V. i. Apoyarse. || Pesar, recaer: *impuestos que cargan sobre el pueblo.* || Llevarse: *cargué con todas las maletas.* || Tomar a su cargo: *cargó con la responsabilidad.* || Caer: *acento que carga en la última sílaba.* || Contener, tener cabida. || – V. pr. Tomar sobre sí una carga: *cargarse de equipaje.* || Abundar en. || Romper, destruir: *se cargó los juguetes.* || *Fam.* Dar calabazas, suspender en los exámenes. | Matar: *se lo cargaron en el frente.* || Hacer, ejecutar: *se cargó todo el trabajo.*

cargo m. Empleo, puesto. || Responsabilidad, cuidado: *tomar a su cargo.* || Acusación: *testigo de cargo.* || Débito, debe: *cuenta a su cargo.* || Buque de carga, carguero.

carguero m. Buque de carga.

cariar v. t. Corroer, producir caries. || — V. pr. Ser atacado por la caries un diente, picarse.

cariátide f. *Arq.* Columna en forma de estatua de mujer con ropa talar.

caribe adj. Dícese de los individuos de un pueblo indio originario de la cuenca del Orinoco (ú. t. c. s.). || De las Antillas. || — M. Lengua de los caribes.

caribeño, ña adj. y s. Caribe.

caribú m. *Amer.* Reno.

caricato m. Actor cómico.

caricatura f. Dibujo o pintura satírica o grotesca de una persona o cosa. || Obra de arte en que se ridiculiza a una persona o cosa. || Deformación grotesca y exagerada de ciertos defectos. || Persona ridícula.

caricaturista com. Dibujante de caricaturas.

caricaturizar v. t. Representar por medio de caricatura.

caricia f. Toque en demostración de cariño.

caridad f. Amor de Dios y del prójimo. || Limosna, buena acción.

caries f. Picadura de los dientes o muelas.

carilla f. Cara, página.

cariño m. Apego, afecto, amor: *le tiene mucho cariño.* || Cuidado: *hazlo con cariño.* || — Pl. Saludos, recuerdos.

cariñoso, sa adj. Afectuoso.

carioca adj. y s. De Río de Janeiro. || — F. Danza brasileña.

carisma m. Don espiritual otorgado a grupos o individuos. || Fascinación, gran prestigio del que gozan algunas personas.

caritativo, va adj. Que tiene caridad.

cariz m. Aspecto.

carlinga f. Cabina del piloto de un avión y lugar donde toman asiento los pasajeros.

carlismo m. Doctrina de los carlistas. || Partido, comunión o agrupación de los carlistas.

carlista adj. y s. Dícese del partidario de don Carlos Isidro de Borbón, pretendiente al trono español en 1833, y de sus descendientes.

carmelita adj. y s. Dícese del religioso o de la religiosa de la orden del Carmen.

carmenar v. t. Desenmarañar el cabello, la lana o la seda.

carmesí adj. y s. m. Rojo.

carmín m. Color rojo. || Lápiz rojo de labios que emplean las mujeres. || — Adj. De color rojo: *rosa carmín.*

carnación f. Color de la carne.

carnada f. Cebo animal para pescar o cazar. || *Fig.* Trampa.

carnal adj. Relativo a la carne. || Lascivo o lujurioso: *amor carnal.* || Aplícase a los parientes colaterales en primer grado: *tío carnal.*

carnaval m. Tiempo que se destinaba a las diversiones populares desde el día de los Reyes hasta el miércoles de Ceniza. || Dícese también sólo de los tres días que preceden al miércoles de Ceniza. || Diversiones que tienen lugar en carnaval: *el carnaval de Río de Janeiro.*

carne f. Parte blanda y mollar del cuerpo del hombre y del animal. || Esta misma parte de algunos animales destinada al consumo: *carne de ternera.* || Alimento animal en contraposición a pescado.

|| Pulpa, parte blanda de la fruta. || Sensualidad: *pecado de la carne.* || El cuerpo humano, en oposición al espíritu: *el Verbo se hizo carne.* || *Carne de membrillo,* dulce hecho con la pulpa de esta fruta.

carné m. Carnet.

carnear v. t. *Amer.* Matar y descuartizar las reses. | *Fig.* Engañar.

carnero m. Animal rumiante, de cuernos en espiral, lana espesa y pezuña hendida. || Carne de este animal.

carnestolendas f. pl. Carnaval.

carnet m. Librito: *carnet de billetes.* || Agenda: *carnet de apuntes.* || Documento, cédula: *carnet de conducir, de identidad.*

carnicería f. Tienda donde se vende la carne al por menor. || *Fig.* Destrozo, mortandad grande. | Escabechina, castigo aplicado a muchas personas.

carnicero, ra adj. y s. Aplícase al animal que mata a otros para devorarlos. || Carnívoro, que le gusta la carne. || *Fam.* Cruel, inhumano. || — M. y f. Persona que vende carne al por menor.

carnitas f. pl. *Méx.* Carnes fritas y adobadas en tacos.

carnívoro, ra adj. Que se alimenta de carne. || — M. pl. Orden de mamíferos que se alimentan de carne.

caro, ra adj. Subido de precio. || Querido, amado. || — Adv. A un precio alto.

carolingio, gia adj. Relativo a Carlomagno y a sus descendientes.

carota adj. y s. *Fam.* Caradura.

carótida adj. y s. f. *Anat.* Dícese de cada una de las dos grandes arterias que por uno y otro lado del cuello llevan la sangre a la cabeza.

carpa f. Pez de agua dulce cuya carne es muy apreciada. || *Amer.* Tienda de campaña. | Puesto de feria cubierto con toldo. | Toldo de circo o de un mercado público. | Caseta de playa.

carpeta f. Especie de cartapacio para guardar papeles. || *Riopl.* Tapete verde que cubre las mesas de juego.

carpetano, na adj. y s. Dícese de un individuo de un pueblo íbero que ocupaba el centro de España.

carpintería f. Oficio y taller de carpintero. || Conjunto de las cosas de madera de una casa.

carpintero m. El que por oficio labra la madera.

carpo m. *Anat.* Parte del esqueleto correspondiente a la muñeca.

carraca f. Nave antigua de transporte. || Astillero. || Instrumento de madera, de ruido seco y desapacible: *las carracas de Semana Santa.*

carraleja f. Insecto coleóptero.

carrara m. Mármol blanco.

carrasca f. Encina generalmente pequeña.

carraspear v. i. Hablar con voz ronca. || Aclararse la voz limpiando la garganta con una tosecilla.

carraspeo m. y **carraspera** f. Cierta irritación o aspereza en la garganta.

carrera f. Paso rápido del hombre o del animal para trasladarse de un sitio a otro: *emprender la carrera.* || Espacio recorrido corriendo. || Lugar destinado para correr. || Prisa: *me di una carrera para terminar.* || Curso, recorrido de los astros: *la carrera del Sol.* || Curso del tiempo. || Calle que antes fue camino. || Camino: *la carrera de un desfile.* || Recorrido: *los soldados cubrían la carrera.* ||

Espacio recorrido por un coche de alquiler: *carrera de un taxi*. || Competición de velocidad: *carrera de automóviles*. || Lucha por alcanzar un objetivo más rápidamente que sus adversarios: *carrera de armamentos* o *armamentista*. || Línea de puntos sueltos en labores de mallas: *carrera en la media*. || Estudios: *la carrera de derecho*. || Profesión: *carrera militar*. || Línea de conducta seguida por alguien. || *Mec*. Movimiento rectilíneo de un órgano mecánico: *carrera del émbolo*.

carrerilla f. Línea de puntos que se sueltan en la media. || — *De carrerilla*, de memoria. || *Tomar carrerilla*, correr.

carreta f. Carro de dos ruedas con un madero largo, que sirve de lanza, donde se sujeta el yugo.

carrete m. Cilindro taladrado en que se arrollan el hilo, seda, etc. || *Electr*. Cilindro hueco de madera o metal en el que se arrolla un alambre. || Rollo de película para hacer fotografías. || Cilindro de metal o plástico en que se arrolla la cinta de la máquina de escribir. || Rueda en que los pescadores llevan enrollado el sedal.

carretera f. Camino empedrado, pavimentado o asfaltado.

carretilla f. Carro pequeño de mano con una rueda y dos pies o con dos, tres o cuatro ruedas. || Aparato de madera en que se colocan los niños que aprenden a andar. || *Riopl*. Carreta tirado por tres mulas. || *Carretilla elevadora*, carrito dotado de un sistema de grúa para elevar objetos pesados.

carril m. Surco que deja en el suelo de tierra la rueda. || Camino estrecho y sin asfaltar. || Vía, cada una de las barras de hierro paralelas por donde corre la locomotora y los vagones de ferrocarril. || Espacio en una calle reservado a la circulación de los medios de transportes públicos.

carrillo m. Parte carnosa de la cara, desde los pómulos hasta la mandíbula inferior. || Mesa provista de ruedas para trasladarla. || Carro pequeño con tres ruedas. || *Comer a dos carrillos*, comer mucho.

carrito m. Carrillo, mesa.

carrizo m. Planta gramínea.

carro m. Vehículo de diversas formas. (Dícese generalmente del carro grande, de dos ruedas, tirado por caballerías y dedicado a transportar cargas.) || Carga de un carro. || Cierto juego infantil. || Parte móvil de algunos aparatos: *carro de un torno*. || *Amer*. Automóvil. | Tranvía. | Coche, vagón. || *Mil*. *Carro de combate*, automóvil blindado provisto de orugas y armado con cañones y ametralladoras.

carrocería f. Taller del carrocero. || Caja de un automóvil.

carrocero m. Constructor o reparador de carrocerías.

carromato m. Carro grande.

carroña f. Carne podrida.

carroza f. Coche grande.

carrozar v. t. Poner carrocería.

carruaje m. Vehículo montado sobre ruedas.

carrusel m. Ejercicio ecuestre. || Tiovivo.

carta f. Papel escrito que se manda a una persona. || Naipe de la baraja. || Ley constitucional de un país establecida por concesión. || Lista de platos en un restaurante: *comer a la carta*. || Mapa: *carta de marear*. || — *A carta cabal*, perfectamente. || *Carta credencial*, la que acredita a un embajador o envia-

do plenipotenciario. || *Carta de crédito*, la que se da a una persona para que disfrute cierto crédito por cuenta del que la da. || *Carta de trabajo*, documento expedido por la autoridad para ejercer un oficio.

cartabón m. Instrumento a modo de escuadra que se emplea en el dibujo lineal.

cartagenero, ra adj. y s. De Cartagena (España y Colombia).

cartaginense adj. y s. Cartaginés.

cartaginés, esa adj. y s. De Cartago, ant. c. del N. de África. || De Cartago (Costa Rica).

cartapacio m. Funda o bolsa en que los niños que van al colegio llevan cuadernos y libros.

cartearse v. pr. Escribirse dos personas.

cartel m. Anuncio o aviso que se fija en sitio público. || Cuadro mural para la enseñanza en las escuelas.

cártel m. Asociación entre empresas, sindicatos o grupos políticos para llevar a cabo una acción común. || Asociación entre varias empresas de la misma índole —sin que ninguna de ellas pierda su autonomía económica— con objeto de regular los precios mediante la limitación de la producción y de la competencia.

cartelera f. Armazón para fijar anuncios o carteles. || En los periódicos, sección donde aparecen los anuncios de espectáculos.

cartelista com. Persona que dibuja carteles.

cárter m. *Mec*. Envoltura que protege un engranaje, un motor. || Esta misma pieza que a veces sirve de depósito del lubrificante.

cartera f. Especie de estuche de piel o de otro material para llevar papeles, billetes de banco, etc. || Bolsa análoga de forma mayor para llevar o guardar valores, documentos, etc. || Tira de paño que cubre la abertura del bolsillo. || Bolsillo, saquillo. || *Com*. Valores o efectos comerciales de curso legal que forman parte del activo de un comerciante, banco o sociedad: *la cartera de una compañía de seguros*. || *Fig*. Ministerio: *cartera de Marina*. || Ejercicio del ministerio: *ministro sin cartera*. || *Amer*. Bolso de señora.

cartero m. Repartidor de cartas.

cartesianismo m. Sistema metódico preconizado por Descartes.

cartílago m. *Anat*. Tejido elástico del esqueleto menos duro que el hueso.

cartilla f. Cuaderno pequeño con las letras del alfabeto. || Cuaderno con diferentes indicaciones que sirve para usos diversos: *cartilla militar, de la Caja de Ahorros*.

cartografía f. Arte de trazar mapas geográficos.

cartógrafo, fa m. y f. Persona que traza mapas geográficos.

cartomancia f. Adivinación por las cartas de la baraja.

cartón m. Conjunto de varias hojas superpuestas de pasta de papel endurecido. || Dibujo o boceto que se ejecuta antes de hacer un cuadro, fresco, tapicería o vidriera. || Caja con diez paquetes de cigarrillos. || *Cartón piedra*, pasta de papel, yeso y aceite secante que resulta muy dura.

cartuchera f. Estuche para llevar los cartuchos de un arma de fuego.

cartucho m. Carga de un arma de fuego, encerrada en un cilindro de cartón o de metal. || Bolsa de papel fuerte o de plástico en la que se meten ciertos géneros.

cartuja f. Nombre de una orden religiosa de regla muy severa. || Convento de esta orden.

cartujano, na adj. Perteneciente a la orden de la Cartuja. || Dícese del caballo jerezano de pura raza. || — Adj. y s. Cartujo, religioso.

cartujo adj. Dícese del religioso de la Cartuja (ú. t. c. s. m.).

cartulina f. Cartón delgado.

casa f. Edificio o piso dedicado a vivienda: *casa amueblada*. || Conjunto de personas que tienen el mismo domicilio: *fuimos toda la casa*. || Conjunto de los asuntos domésticos del hogar: *mujer que lleva bien su casa*. || Descendencia, dinastía: *la Casa de Borbón*. || Establecimiento o empresa comercial: *casa editorial*. || Cuadro o escaque del ajedrez, de las damas, etc. || Término con el que se designan ciertos establecimientos penitenciarios: *casa correccional*. ||—*Casa consistorial*, el Ayuntamiento. ||*Casa cuna*, hospicio. || *Casa de fieras*, sitio donde están reunidos animales para enseñarlos al público. || *Casa de huéspedes*, pensión. || *Casa de la villa*, Ayuntamiento. || *Casa de juego*, establecimiento en el que se practican juegos de azar. || *Casa de labor*, casa de los labradores. || *Casa de socorro*, estable-cimiento médico en el que se dan los primeros auxilios facultativos a los heridos o víctimas de una enfermedad repentina, de un accidente.

casabe m. Pez del mar Caribe. || Pan de yuca molida.

casaca f. Prenda de vestir de mangas anchas y faldones.

casación f. *For.* Anulación de una sentencia: *recurso de casación*.

casado, da adj. y s. Que ha contraído matrimonio.

casamiento m. Matrimonio.

casapuerta f. Portal o zaguán.

casar v. i. Unirse en matrimonio (ú. m. en pr.). || Corresponderse, armonizar: *colores que casan bien* (ú. t. c. pr.). || — V. t. Celebrar el matrimonio un sacerdote o el juez municipal. || *Fig.* Unir o juntar dos cosas de modo que hagan juego: *casar colores*. || *For.* Anular, derogar: *casar una sentencia*.

cascabel m. Bolita de metal que contiene algo en el interior que la hace sonar.

cascabelear v. i. Sonar los cascabeles.

cascabeleo m. Ruido de cascabeles.

cascada f. Salto de agua. || *Fig. En cascada*, en serie.

cascajo m. Guijo, grava.

cascanueces m. inv. Instrumento, a modo de tena-zas, para partir nueces.

cascar v. t. Rajar, hender: *cascar un huevo, una nuez*. || Perder su sonoridad habitual la voz de alguien. || *Fam.* Golpear, pegar a uno. | Charlar (ú. m. c. i.). | Pagar. | Quebrantar la salud de uno. ||—V. i. *Fam.* Morir.

cáscara f. Corteza o envoltura dura de algunas frutas o de los huevos. || Corteza de los árboles u otras cosas.

cascarón m. Cáscara del huevo.

cascarrabias com. inv. Gruñón.

casco m. Armadura para cubrir y defender la cabe-za: *casco de motorista*. || Armadura que se pone en la cabeza para sostener algo: *el casco del auricular*. || Aparato para secar el pelo. || Cráneo. || Pedazo

de una botella, una vasija o vaso que se rompe. || Pedazo de metralla. || Recinto de población: *el casco antiguo de Barcelona*. ||*And.* y *Amer.* Gajo de naranja, granada, etc. || Envase, botella: *casco paga-do*. || Pezuña, uña del pie de las caballerías. || *Blas.* Yelmo, celada. || *Mar.* Cuerpo del barco. || — Pl. *Fam.* Cabeza. | Inteligencia.

cascote m. Escombro.

caserío m. Pueblecito, conjunto de casas en el campo. || Cortijo.

casero, ra adj. Que se hace en casa: *tarta casera*. ||Que se cría en casa, doméstico. || Que se hace en las casas, sin cumplido, entre personas de confian-za. || Dícese de la persona amante de su hogar. ||— M. y f. Dueño de la casa que alquila a otros. || Persona que cuida la casa de otro, gerente. || Administrador de una finca rústica.

caseta f. Casilla. || *caseta de madera*. || Construcción pequeña de los bañistas en las playas, de los ferian-tes, expositores, etc. || Vestuario de los deportistas.

casete f. Cajita de plástico que contiene una cinta magnética para la grabación y reproducción del sonido.

casi adv. Cerca de, con poca diferencia.

casilla f. Casa pequeña: *casilla de guardagujas*. || Anaquel de un estante. || División de un papel cuadriculado. || División de un casillero, de un crucigrama, escaque de un tablero de ajedrez, etc. ||*Amer.* Apartado postal.

casillero m. Mueble con divisiones para guardar papeles, etc.

casino m. Lugar de reunión y diversión, por lo común en los balnearios. || Centro de recreo, club. || Asociación de hombres de las mismas ideas o clase. || Edificio donde se reúnen. || Lugar donde se juega al bacará, a la ruleta, etc.

caso m. Acontecimiento, suceso: *un caso extraor-dinario*. || Asunto, situación determinada: *le expuse mi caso*. || Casualidad. || Ocasión: *en este caso venga*. || Punto de consulta: *un caso difícil*. || Tipo: *es un caso de idiotez*. ||*Gram.* Relación que guardan las palabras declinables. || *Med.* Cada una de las invasiones individuales de las enfermedades epidé-micas: *caso de tifoidea*.

casón m. y **casona** f. Casa grande.

caspa f. Escamilla blanca formada en la cabeza o raíz de los pelos.

¡cáspita! interj. Denota sorpresa o admiración.

casquete m. Casco antiguo de armadura. || Gorro: *un casquete de lana*.

casquillo m. Anillo o abrazadera de metal: *casqui-llo de bayoneta*. || Parte metálica de una bombilla eléctrica. ||Parte metálica del cartucho de cartón de un arma de fuego.

casquivano, na adj. Poco serio.

cassette amb. (pal. fr.). Casete.

casta f. Raza o linaje. || Cada una de las clases hereditarias que formaban en la India la división jerárquica de la sociedad. || *Fig.* Especie o calidad de una persona o cosa. | Grupo: *una casta aparte*.

castaña f. Fruto del castaño. || *Fig.* Puñetazo. | Golpe, porrazo. | Borrachera.

castañar m. Lugar poblado de castaños.

castañazo m. *Fam.* Golpe.

castañetear v. i. Sonarle a uno los dientes: *castañe-teaba de frío*.

castañeteo m. Ruido de castañuelas, de dientes al chocar unos con otros. || Crujido de los huesos.

castaño, ña adj. Dícese del color de la cáscara de la castaña: *pelos castaños* (ú. t. c. s. m.). || — M. Árbol cuyo fruto es la castaña.

castañuela f. Instrumento músico compuesto de dos tablillas en forma de castaña que se fijan en los dedos y se repican vivamente.

castellanismo m. Palabra o giro propio de Castilla.

castellanización f. Acción y efecto de castellanizar o castellanizarse.

castellanizar v. t. Dar forma castellana a una palabra de otro idioma, hispanizar.

castellano, na adj. y s. De Castilla. || — M. Lengua neolatina hablada en España y en los lugares que un día fueron colonizados por los españoles. (Este nombre alterna con el de *español* para designar la lengua oficial de España y de los países hispanoamericanos.)

castellonense adj. y s. De Castellón de la Plana (España).

casticismo m. Pureza, propiedad en el lenguaje. || Respeto de los usos o costumbres.

casticista com. Purista en el uso de la lengua.

castidad f. Virtud opuesta a la lujuria. || Continencia absoluta.

castigar v. t. Imponer castigo al que ha cometido una falta. || Maltratar: *castigado por la vida*. || Escarmentar. || Mortificar, atormentar: *castigar su carne*.

castigo m. Pena, corrección de una falta. || *Fig.* Tormento, padecimiento, sufrimiento: *esta hija es su castigo*. || En deportes, sanción tomada contra un equipo.

castillo m. Edificio fortificado con murallas, baluartes, fosos, etc. || *Mar.* Cubierta principal del buque entre el trinquete y la proa.

castizo, za adj. Dícese de la persona o cosa que representa bien los caracteres de su raza, país, ciudad, etc., típico, genuino (ú. t. c. s.). || Dícese del lenguaje puro y del escritor castizo.

casto, ta adj. Que tiene pureza de alma, de cuerpo: *casta esposa*. || Decente: *vida casta*.

castor m. Mamífero roedor.

castración f. Ablación de las glándulas genitales en el macho.

castrar v. t. Capar, extirpar los órganos necesarios a la generación.

castrense adj. Propio del ejército o de la profesión militar.

casual adj. Que ocurre accidentalmente, por casualidad.

casualidad f. Combinación de circunstancias que no se pueden prever ni evitar, azar. || Suceso inesperado, imprevisto.

casuario f. Ave corredora.

casucha f. Casa pequeña y muy modesta.

casulla f. Vestidura sagrada que se pone el sacerdote para celebrar la misa.

cataclismo m. Cambio profundo en la superficie del globo terrestre. || *Fig.* Gran trastorno.

catacumbas f. pl. Galerías subterráneas utilizadas por los cristianos primitivos como templos y cementerios.

catadura f. Aspecto.

catafalco m. Túmulo que se levanta en las iglesias para las exequias solemnes.

catalán, ana adj. y s. De Cataluña. || — M. Idioma hablado en Cataluña, en el antiguo reino de Valencia, islas Baleares, Rosellón y Cerdaña (Francia) y ciudad de Alghero, isla de Cerdeña (Italia).

catalanidad f. Calidad de catalán.

catalanismo m. Catalanidad. || Giro o vocablo catalán. || Doctrina favorable a la autonomía o la independencia de Cataluña.

catalanista adj. y s. Partidario del catalanismo.

catalejo m. Anteojo.

catálisis f. *Quím.* Aceleración de una reacción producida por la presencia de una sustancia que permanece inalterada.

catalizador m. *Quím.* Cuerpo que puede producir la catálisis. || *Fig.* Lo que provoca y fija una reacción (ú. t. c. adj.).

catalizar v. t. *Quím.* Intervenir como catalizador en una transformación. || *Fig.* Provocar una reacción.

catalogación f. Acción de catalogar.

catalogar v. t. Clasificar.

catálogo m. Lista.

catamarqueño, ña adj. y s. De Catamarca (Argentina).

cataplasma f. *Med.* Masa de consistencia blanda, envuelta en una tela, que se aplica con fines curativos en cualquier parte del cuerpo. || *Fig.* y *fam.* Pesado, pelmazo.

¡cataplúm! interj. Onomatopeya usada para expresar un golpe, ruido o explosión.

catapulta f. Máquina de guerra antigua para arrojar piedras o flechas. || Máquina para hacer despegar aviones o cohetes en una superficie de lanzamiento reducida.

catapultar v. t. Lanzar con catapulta.

catar v. t. Probar.

catarata f. Caída grande de agua: *las cataratas del Nilo*. || *Fig.* Lluvia torrencial, aguacero. || *Med.* Opacidad del cristalino del ojo o de su membrana que produce la ceguera total o parcial.

catarro m. *Med.* Restriado.

catastro m. Censo estadístico de las fincas rústicas y urbanas de un país.

catástrofe f. Suceso inesperado y que causa desgracias. || *Fam.* Cosa mal hecha.

catastrófico, ca adj. Desastroso.

catch m. (pal. ingl.). Lucha libre.

cate m. *Pop.* Bofetón. || *Fam.* Nota de suspenso en los exámenes.

cateador m. *Amer.* El que busca yacimientos minerales.

catear v. t. Buscar. || Observar. || *Fam.* Suspender en un examen. || *Amer.* Reconocer y explorar el terreno buscando yacimientos minerales.

catecismo m. Enseñanza de los principios y los misterios de la fe cristiana. || Libro que contiene la explicación de la doctrina cristiana.

catecúmeno, na m y f. Persona que aprende los principios de la doctrina cristiana para bautizarse.

cátedra f. Asiento del profesor. || Aula, clase: *cátedra de Historia*. || *Fig.* Cargo y función del catedrático.

catedral adj. y s. f. Dícese de la iglesia episcopal.

catedrático, ca m. y f. Profesor titular de una cátedra en una facultad, instituto, etc.

categoría f. *Fig.* Condición de una persona respecto a otra: *categoría social*. | Clase de objetos semejantes.

categórico, ca adj. Rotundo.
catequesis f. Catecismo.
catequista com. Persona que enseña el catecismo.
catequización f. Acción de catequizar.
catequizar v. t. Enseñar la doctrina cristiana. || *Fig.* Adoctrinar.
caterva f. Multitud.
catetada f. Dicho o hecho propio de cateto o paleto.
cateto m. Cada lado del ángulo recto en el triángulo rectángulo.
cateto, ta adj. y s. Palurdo.
catión m. *Fís.* Ion positivo.
catódico, ca adj. Del cátodo.
cátodo m. Electrodo de un aparato eléctrico por donde sale la corriente.
catolicidad f. Calidad de católico.
catolicismo m. Religión católica. || Comunidad universal de los que viven en la religión católica.
católico, ca adj. Universal. || Relativo a la Iglesia romana: *dogma católico*. || Correcto. || — M. y f. Persona que profesa el catolicismo.
catorce adj. y s. m. Diez más cuatro. || Decimocuarto.
catorceno, na, catorzavo, va y **catorceavo, va** adj. Decimocuarto (ú. t. c. s.).
catre m. Cama ligera individual.
catrín, ina m. y f. *Méx.* Lechuguino, persona muy bien vestida, muy elegante o emperejilada. || — F. *Méx.* Medida utilizada para el pulque que equivale casi a un litro.
caucano, na adj. y s. De Cauca (Colombia).
caucásico, ca adj. y s. Del Cáucaso.
cauce m. Lecho de un río o arroyo. || *Fig.* Curso, camino seguido.
caucho m. Sustancia elástica y resistente que se extrae por incisión en varios árboles de los países tropicales. || Planta euforbiácea que produce esta sustancia.
cauchutar v. t. Poner una capa de caucho.
caución f. Garantía, fianza.
caucionar v. t. Garantizar.
caudal adj. Caudaloso: *río caudal*. || — M. Dinero, fortuna. || Cantidad de agua que lleva un río. || *Fig.* Abundancia.
caudaloso, sa adj. De mucha agua o caudal. || Rico.
caudillaje m. Mando o gobierno de un caudillo. || *Amer.* Caciquismo.
caudillismo m. Sistema del caudillaje.
caudillo m. El que manda gente de guerra. || Jefe de un gremio o comunidad: *caudillo de un partido*. || Adalid. || Título dado en España al general Franco desde 1936 hasta su muerte. || Denominación dada también en Uruguay a José Gervasio Artigas. || *Arg.* Cacique.
causa f. Lo que hace que una cosa exista, origen, principio. || Razón, motivo. || Ideal, interés: *la causa de la justicia*. || *For.* Proceso, pleito: *causa civil*.
causalidad f. Causa, origen. || *Fil.* Relación de causa y efecto.
causar v. t. Ser causa.
causticidad f. Calidad de cáustico.
cáustico, ca adj. Que quema, corrosivo. || *Fig.* Mordaz: *tono cáustico*.
cautela f. Precaución, reserva.

cauteloso, sa adj. Precavido.
cauterio m. Agente mecánico o químico que sirve para quemar o destruir las partes mórbidas de un tejido o para conseguir una acción hemostática. || *Fig.* Lo que ataja algún mal, remedio enérgico.
cauterización f. Acción y efecto de cauterizar.
cauterizar v. t. *Cir.* Quemar y curar con un cauterio. || *Fig.* Aplicar un remedio enérgico.
cautivador, ra adj. Encantador, que cautiva. || — M. y f. Seductor.
cautivar v. t. Hacer prisionero. || *Fig.* Atraer (ú. t. c. pr.).
cautiverio m. y **cautividad** f. Privación de libertad.
cautivo, va adj. y s. Prisionero.
cauto, ta adj. Precavido.
cava adj. f. *Anat.* Dícese de cada una de las dos venas mayores que desembocan en la aurícula derecha del corazón: *vena cava superior e inferior*. || — F. Acción de cavar. || Champaña. || Bodega de champaña.
cavador, ra m. y f. Persona que cava.
cavar v. t. Remover la tierra con una herramienta.
caverna f. Excavación profunda. || Cueva de ladrones. || *Med.* Cavidad que resulta en algunos tejidos orgánicos por la pérdida de sustancia: *cavernas pulmonares*.
cavernícola adj. y s. Que vive en cavernas. || *Fig.* Retrógrado.
cavernosidad f. Cavidad.
caviar m. Huevas de esturión.
cavidad f. Vacío, hueco en un cuerpo sólido: *cavidad torácica*.
cavilación f. Reflexión.
cavilar v. i. Meditar.
cayado m. Bastón. || *Cayado de la aorta*, curva que forma esta arteria al salir del corazón.
cayo m. Isla rocosa, arrecife.
caza f. Acción de cazar. || Animales que se cazan. || — M. Avión de guerra.
cazador, ra adj. y s. Que caza.
cazadora f. Chaqueta deportiva.
cazar v. t. Perseguir la caza: *cazar patos, perdices, jabalíes*. || *Fig. y fam.* Conseguir una cosa con maña: *cazar un buen destino*. | Sorprender en un descuido, error o acción que desearía ocultar: *le cacé dos faltas graves*. | Conquistar a alguien para contraer matrimonio con él.
cazo m. Cacerola.
cazoleta f. Cazuela pequeña. || Parte de la pipa donde se pone el tabaco.
cazón m. Pez muy voraz.
cazuela f. Vasija para guisar. || Cierto guisado de legumbres con carne.
cazurrería f. Calidad de cazurro.
cazurro, rra adj. De pocas palabras y encerrado en sí, huraño. || Tonto. || Astuto.
ce f. Nombre de la letra c.
Ce, símbolo químico del *cerio*.
cebada f. Planta parecida al trigo. || Su semilla.
cebadero m. El que vende cebada. || Lugar para cebar animales. || Tragante de un horno.
cebar v. t. Sobrealimentar a los animales para engordarlos. || Atraer los peces con un cebo. || *Fig.* Alimentar el fuego, la lumbre, un horno, un molino, etc. | Poner en movimiento una máquina: *cebar un motor*. | Fomentar un afecto o pasión: *cebar el*

amor, el odio. || *Riopl. Cebar el mate*, prepararlo. || — V. pr. Encarnizarse, ensañarse: *cebarse en su víctima.*

cebellina f. Variedad de marta.

cebiche m. *Amer.* Guisado de pescado o mariscos crudos con ají y limón.

cebo m. Alimento que se da a los animales para engordarlos. || Comida que se pone en un anzuelo, en una trampa, para atraer a los animales. || Pólvora con que se ceban las armas de fuego, los barrenos. || *Fig.* Aliciente, incentivo.

cebolla f. Planta hortense, liliácea, de raíz bulbosa comestible. || Bulbo de esta planta. || Bulbo: *cebolla de la azucena.* || *Fig.* Bola con agujeros que se pone en las cañerías, en el caño de la regadera, etc., para que por ellas no pase la broza u otras suciedades.

cebolleta f. Cebolla pequeña.

cebra f. Mamífero ungulado, parecido al asno, de pelaje amarillento rayado de negro. || *Fig. Paso de cebra,* parte de la calzada pintada con rayas blancas y negras donde se da preferencia a los peatones.

cebú m. Mamífero bovino con una giba en el lomo.

cecear v. i. Pronunciar la *s* como *c.*

ceceo m. Acción y efecto de cecear.

cecina f. Carne salada y seca.

ceda f. Zeda o zeta.

cedazo m. Tamiz.

ceder v. t. Dar, transferir: *ceder una propiedad.* || Dar: *ceder el sitio a una señora.* || — V. i. Renunciar: *ceder en su derecho.* || Rendirse, someterse: *ceder a sus pretensiones.* || Ponerse menos tenso. || Romperse: *el puente ha cedido.* || Disminuir: *ceder la fiebre.* || Ser inferior una persona o cosa a otra semejante: *no le cede en valentía.*

cedilla f. Virgulilla que se coloca debajo de la *c.* || La letra *c* con esa virgulilla (*ç*).

cedro m. Árbol de tronco grueso y ramas horizontales. || Su madera.

cédula f. Escrito o documento: *cédula de vecindad.* || Documento en que se reconoce una deuda. || *Amer.* Documento de identidad.

cefalitis f. Inflamación de la cabeza.

cefalópodos m. pl. Clase de moluscos sin concha con la cabeza rodeada de tentáculos y pico córneo (ú. t. c. adj.).

cegar v. i. Perder enteramente la vista. || — V. t. Dejar ciego a alguien. || Perder momentáneamente la vista. || *Fig.* Obcecar, trastornar la razón: *te ciega la pasión* (ú. t. c. i.). || Obturar, obstruir: *cegar un tubo.*

cegato, ta adj. y s. Que ve poco.

cegesimal adj. Dícese del sistema científico de medidas, llamado también C.G.S., que tiene por unidades fundamentales el centímetro, el gramo y el segundo.

ceguera y **ceguedad** f. Privación de la vista. || *Fig.* Ofuscación.

ceiba f. Árbol de tronco grueso cuyos frutos dan una especie de algodón.

ceibo m. Ceiba.

ceibón m. Árbol de Cuba.

ceja f. Parte prominente y curvilínea, cubierta de pelo, en la parte superior del ojo. || Pelo que la cubre. || *Fig.* Borde que sobresale de ciertas cosas: *la ceja de una costura.* || Cima de una sierra. || *Mús.*

Pieza de madera que tienen los instrumentos de cuerda entre el mástil y el clavijero. | Abrazadera que se pone en el mástil de la guitarra para elevar el tono de todas las cuerdas.

cejar v. i. Ceder.

celada f. Pieza de la armadura que cubría la cabeza. || Emboscada de gente armada en paraje oculto. || *Fig.* Trampa.

celar v. t. Vigilar. || Ocultar.

celda f. Cuarto o habitación de los religiosos en un convento, de los presos en una cárcel, de los internos en un colegio, etc. || Celdilla de un panal de abejas.

celebración f. Acción de celebrar.

celebrante adj. y s. Que celebra.

celebrar v. t. Exaltar, alabar. || Conmemorar, festejar. || Realizar: *hoy celebra sesión el Parlamento.* || Hacer solemnemente una ceremonia. || Decir misa (ú. t. c. i.). || Alegrarse, congratularse: *celebro tu éxito.* || Concluir: *celebraron un contrato.* || — V. pr. Verificarse una sesión, una entrevista, un encuentro deportivo, un acto.

célebre adj. Famoso, reputado.

celebridad f. Gran reputación, renombre. || Persona célebre.

celentéreos m. pl. Animales cuyo cuerpo contiene una sola cavidad digestiva y están provistos de tentáculos, como las medusas, la hidra, etc. (ú. t. c. adj.).

celeridad f. Rapidez, velocidad.

celeste adj. Del cielo. || — Adj. y s. m. Azul muy pálido.

celestial adj. Del cielo.

celestina f. *Fig.* Alcahueta.

celibato m. Soltería.

célibe adj. y s. Soltero.

celo m. Esmero o cuidado puesto en el cumplimiento de una obligación. || Recelo que inspira el bien ajeno, envidia. || Apetito de la generación en los irracionales: *estar en celo un animal.* || — Pl. Inquietud de la persona que teme que aquella a quien ama dé la preferencia a otra: *celos infundados.*

celofán m. Tejido delgado y flexible, a manera de papel transparente, que sirve de envoltura o envase.

celosía f. Enrejado de las ventanas.

celoso, sa adj. y s. Que tiene celos.

celta adj. y s. Dícese del individuo de un antiguo pueblo indogermánico establecido en las Galias (Francia), las Islas Británicas y España. || — M. Idioma de este pueblo.

celtibérico, ca adj. De los celtíberos.

celtíbero, ra y **celtibero, ra** adj. y s. De Celtiberia, pueblo de España formado por la unión de razas celta e ibera.

celtio m. *Quím.* Hafnio.

célula f. Pequeña celda, cavidad o seno. || *Bot.* y *Zool.* Elemento anatómico constitutivo de los seres vivos. || *Fig.* Grupo político: *célula comunista.* || *Célula fotoeléctrica,* V. FOTOELÉCTRICO.

celular adj. Relativo a las células.

celulitis f. Inflamación del tejido celular subcutáneo que produce obesidad.

celuloide m. *Quím.* Material plástico compuesto de nitrocelulosa y alcanfor con el que se fabrican peines, bolas de billar, pelotas, cajas, etc. || Película de cine.

celulosa f. *Quím.* Sustancia orgánica, insoluble en el agua, que forma la membrana envolvente de las células vegetales.

cementerio m. Lugar destinado a enterrar cadáveres.

cemento m. Material de construcción, formado por una mezcla de arcilla y silicatos calcinados (silicato doble de aluminio y de calcio), que, al añadirle agua, fragua o solidifica rápidamente. ‖ Tejido fibroso que cubre el marfil en la raíz de los dientes. ‖ — *Cemento armado,* cemento u hormigón reforzado interiormente con varillas de hierro o alambres. ‖ *Cemento hidráulico,* el que fragua inmediatamente bajo el agua.

cemita f. *Amér. C. y Méx.* Pastel hecho con pan rallado relleno de dulce y de alguna fruta tropical.

cena f. Comida tomada por la noche. ‖ Alimentos que se toman en ella.

cenáculo m. Sala en que celebró Jesús la última cena. ‖ *Fig.* Reunión de escritores, artistas, etc.

cenagal m. Lugar cenagoso.

cenagoso, sa adj. Con cieno.

cenar v. i. Tomar la cena. ‖ — V. t. Comer en la cena.

cencerro m. Campanilla que se cuelga al pescuezo de las reses.

cencoatl m. *Méx.* Cincuate.

cencuate m. Culebra de México.

cendal m. Tela de seda.

cenefa f. Borde o ribete: *cenefa de un vestido.* ‖ Tabla que cubre la parte inferior de la pared.

cenicero m. Platillo donde se echa la ceniza del cigarro.

ceniciento, ta adj. De color de ceniza.

cenit m. *Astr.* Punto del hemisferio celeste que corresponde verticalmente a otro de la Tierra. ‖ *Fig.* Apogeo, punto máximo.

cenital adj. Relativo al cenit.

ceniza f. Resto que queda después de una combustión completa. ‖ — Pl. Restos mortales.

cenobio m. Monasterio.

cenobita m. Monje, anacoreta.

censar v. t. Registrar en el censo. ‖ — V. i. Hacer el censo o el empadronamiento de los habitantes de una población.

censo m. En Roma, lista de personas y bienes que los censores hacían cada cinco años. ‖ Padrón o lista estadística de la población o riqueza de un país. ‖ Contribución o tributo. ‖ *For.* Contrato por el cual se sujeta un inmueble al pago de una pensión anual. ‖ Registro general de ciudadanos con derecho a voto: *censo electoral.* ‖ *Fig. y fam. Ser un censo,* ser costoso.

censor m. Antiguo magistrado de Roma. ‖ Crítico, juez. ‖ Encargado, por la autoridad, del examen de los libros, periódicos, películas, etc., desde el punto de vista moral o político. ‖ En los colegios, encargado de vigilar la observancia de los reglamentos.

censura f. Cargo y funciones del censor. ‖ Juicio o criterio acerca de la conducta ajena. ‖ Intervención de la autoridad gubernativa en las cosas públicas o privadas: *censura de prensa.* ‖ Órgano que la ejerce.

censurar v. t. Criticar. ‖ Prohibir la publicación o la representación.

centauro m. *Mit.* Monstruo mitad hombre y mitad caballo.

centavo, va adj. Centésimo. ‖ — M. Centésima parte de algunas unidades monetarias.

centella f. Rayo.

centellear v. i. Despedir destellos de luz.

centena f. Conjunto de cien unidades.

centenar m. Centena.

centenario, ria adj. Relativo a la centena. ‖ — Adj. y s. Que tiene cien o más años de edad. ‖ — M. Fiesta que se celebra cada cien años. ‖ Día en que se cumplen una o más centenas de años de un acontecimiento.

centeno m. Planta semejante al trigo.

centeno, na adj. Centésimo.

centesimal adj. Dividido en cien partes.

centésimo, ma adj. Que ocupa el orden correspondiente al número ciento. ‖ — M. Cada una de las cien partes iguales en que se divide un todo. ‖ Céntimo en Uruguay y Chile.

centigrado, da adj. Dividido en cien grados. ‖ — M. Centésima parte del grado (símb. cgr).

centigramo m. Centésima parte del gramo (símb. cg).

centímetro m. Centésima parte del metro (símb. cm).

céntimo, ma adj. Centésimo. ‖ — M. Centésima parte de la unidad monetaria.

centinela m. Soldado que hace guardia. ‖ *Fig.* Persona que vigila.

centolla f. y **centollo** m. Cangrejo.

centrado, da adj. Dícese de la cosa cuyo centro está en la posición que debe ocupar. ‖ *Fig.* Que está en su elemento. ‖ Equilibrado, sensato.

central adj. Relativo al centro. ‖ Que está en el centro. ‖ General: *calefacción central.* ‖ — F. Establecimiento central: *Central de Correos.* ‖ Fábrica productora de energía: *central nuclear.* ‖ Casa matriz o principal de una empresa o comunidad. ‖ *Cub.* Fábrica de azúcar. ‖ *Central telefónica,* local donde terminan los hilos de los circuitos telefónicos de un grupo de abonados y en el cual se efectúan las operaciones necesarias (manuales o automáticas) para el establecimiento de las comunicaciones.

centralismo m. Sistema administrativo en el que el poder central asume todas las funciones.

centralista adj. y s. Partidario de la centralización.

centralita f. Central telefónica que une los teléfonos interiores de un mismo edificio o entidad.

centralización f. Hecho de reunir todo en un centro único o acción o acto de autoridad.

centralizador, ra adj. y s. Que centraliza.

centralizar v. t. Reunir en un centro común. ‖ Asumir el poder público facultades atribuidas a organismos locales.

centrar v. t. Hacer que se reúnan en un punto los proyectiles, rayos luminosos, etc. ‖ Colocar en el centro. ‖ Determinar el punto céntrico. ‖ *Fig.* Atraer la atención, etc. ‖ Orientar. ‖ En deportes, lanzar el balón hasta el centro (ú. t. c. i.). ‖ — V. pr. Orientarse.

céntrico, ca adj. Central.

centrifugación f. Separación de los elementos de una mezcla por la fuerza centrífuga.

centrifugar v. t. Someter los componentes de una mezcla a la fuerza centrífuga para separarlos.

centrífugo, ga adj. Que aleja del centro.

centro m. *Geom.* Punto situado a igual distancia de todos los puntos de un círculo, de una esfera, etc. || Lo más alejado de la superficie exterior de una cosa. || *Fig.* Lugar de donde parten o convergen acciones coordenadas, foco: *el centro de la rebelión.* | Círculo: *en los centros diplomáticos.* || Establecimiento, organismo: *centro docente.* || Dirección general del Estado: *centro político y administrativo.* || *Fig.* Punto hacia donde se dirigen las miradas, la atención, etc.: *el centro de la curiosidad.* | Zona más concurrida de una población: *el centro de Buenos Aires.* | Lugar donde se concentra una actividad: *centro de los negocios.* || Punto de reunión: *centro literario.* || En fútbol, pase largo. || — *Centro de atracción,* punto que ejerce constante atracción sobre un cuerpo celeste. || *Centro de gravedad,* punto de un cuerpo situado de tal forma que, si se le suspendiese por él, permanecería en equilibrio en cualquier posición que se le diere.

centroamericano, na adj. y s. De América Central.

centrolense adj. y s. Del dep. Central (Paraguay).

centrosoma m. Granulación existente cerca del núcleo de las células vivas que intervienen en la mitosis.

centuplicar v. t. Hacer cien veces mayor.

céntuplo, pla adj. Cien veces mayor (ú. t. c. s. m.).

centuria f. Siglo, cien años. || Compañía de cien hombres en la milicia romana.

centurión m. Jefe de una centuria romana.

cenzontle m. Ave canora de México. || Sinsonte.

ceñir v. t. Rodear o ajustar la cintura. || Rodear: *el mar ciñe la tierra.* || Ajustar: *camiseta que ciñe el busto* (ú. t. c. pr.). || Abrazar: *ceñir a un adversario.* || — V. pr. Moderarse en los gastos, en las palabras, etc. || Limitarse, ajustarse: *me ciño a lo dicho.* || Amoldarse. || Acercarse mucho.

ceño m. Gesto de disgusto hecho arrugando la frente.

ceñudo, da adj. Con ceño.

cepa f. Parte del tronco de una planta inmediata a las raíces y que está bajo tierra.

cepillar v. t. Limpiar con cepillo. || Alisar con el cepillo de carpintero. || *Fam.* Quitar el dinero.

cepillo m. Caja para donativos: *cepillo de las iglesias.* || Herramienta de carpintero para alisar las maderas. || Utensilio formado de cerdas o filamentos análogos fijos en una chapa de forma variable: *cepillo para la ropa.*

cepo m. Gajo o rama de árbol. || Tronco de árbol cortado. || Madero grueso en que se ponen el yunque, etc. || Madero que, fijo a la pierna del reo, le servía de presión. || Trampa para cazar animales. || Cepillo de limosna. || *Fig.* Trampa.

cera f. Sustancia blanda y amarillenta segregada por las abejas y con la que éstas forman las celdillas de los panales. || Cerumen de los oídos. || Sustancia vegetal o animal hecha con ésteres alcohólicos monovalentes.

cerámica f. Arte de fabricar objetos de barro cocido.

ceramista com. Persona que fabrica objetos de cerámica.

cerbatana f. Tubo para disparar flechas soplando por un extremo.

cerca f. Vallado, valla.

cerca adv. A poca distancia, junto a: *cerca de mi casa.* || *Cerca de,* casi.

cercado m. Terreno rodeado de una valla. || Cerca, valla. || *Per.* División territorial que comprende la capital de un Estado o provincia y los pueblos que de ella dependen.

cercanía f. Proximidad. || — Pl. Alrededores: *las cercanías de Madrid.*

cercano, na adj. Próximo.

cercar v. t. Rodear.

cercenar v. t. Disminuir.

cerceta f. Ave palmípeda.

cerciorar v. t. Dar a alguien la certeza. || — V. pr. Convencerse.

cerco m. Acción de cercar. || Lo que ciñe. || Aro de un tonel. || Sitio: *alzar o levantar el cerco.* || Corrillo: *cerco de gentes.* || Cinturón, anillo: *un cerco de pueblos a su alrededor.* || Halo de los astros. || Aureola alrededor del Sol.

cercopiteco m. Mono de cola larga.

cerda f. Pelo grueso y duro del cuerpo del jabalí y cerdo, y de la cola y crines de los caballos. || Hembra del cerdo. || *Fam.* Mujer sucia o grosera o de malas intenciones.

cerdada f. *Fam.* Mala pasada.

cerdo m. Mamífero ungulado paquidermo, doméstico, de cabeza grande, orejas caídas y hocico casi cilíndrico. || *Fig.* y *fam.* Puerco, hombre sucio y grosero o de malas intenciones.

cereal m. Planta farinácea, como el trigo, maíz, centeno, cebada, avena, etc.

cerebelo m. Centro nervioso del cerebro en la cavidad craneana.

cerebral adj. Relativo al cerebro.

cerebro m. Centro nervioso que ocupa la parte superior y anterior del cráneo de los vertebrados. || *Fig.* Mente, inteligencia. | Centro de dirección.

ceremonia f. Forma exterior y regular de un culto. || Acto solemne. || Pompa, aparato: *recibir con gran ceremonia.* || Saludo.

ceremonial adj. De la ceremonia.

ceremonioso, sa adj. Que gusta de ceremonias. || Con mucha ceremonia.

cereza f. Fruto redondo del cerezo.

cerezal m. Plantío de cerezos.

cerezo m. Árbol frutal de la familia de las rosáceas de fruto comestible.

cerilla f. Fósforo. || Cerumen.

cerillo m. Cerilla, fósforo.

cerio m. Metal (Ce) de número atómico 58, duro, brillante, extraído de la cerita.

cerita f. Silicato hidratado natural de cerio.

cerner v. t. Cribar. || — V. pr. Mantenerse las aves y los aviones en el aire. || *Fig.* Amenazar.

cernícalo m. Ave de rapiña.

cernidor m. Cedazo, criba.

cernir v. t. Cerner.

cero m. Signo aritmético sin valor propio. || *Fís.* En las diversas escalas de los termómetros, manómetros, etc., punto desde el cual se cuentan los grados.

cerrado, da adj. No abierto. || *Fig.* Incomprensible: *el sentido cerrado de un escrito.* | Cubierto de nubes. | Dícese de la barba muy poblada. | En que es difícil entrar: *sociedad cerrada.* | Que encierra completamente: *curva cerrada.* || Obstinado: *actitud cerrada.* | Tupido: *lluvia cerrada.* | Poco expan-

73

sivo o comunicativo: *carácter cerrado.* | De mucho acento: *hablar un andaluz cerrado.* | Nutrido, grande: *ovación cerrada.* | Denso, completo: *noche cerrada.* ‖ Muy torpe: *hombre cerrado de mollera* (ú. t. c. s.).

cerradura f. Mecanismo con llave que sirve para cerrar.

cerrajero m. El que fabrica cerraduras, llaves, cerrojos, etc.

cerrar v. t. Hacer que una cosa que estaba abierta deje de estarlo. ‖ Asegurar con cerradura, pestillo, pasador, etc.: *cerrar con llave.* ‖ Cercar, vallar: *cerrar un terreno.* ‖ Tapar, obstruir: *cerrar un hueco.* ‖ Interrumpir el funcionamiento: *cerrar la escuela, la radio.* ‖ Fig. Impedir la entrada: *cerrar el paso.* ‖ Juntar las extremidades del cuerpo: *cerrar las piernas.* ‖ Doblar, plegar: *cerrar un paraguas.* ‖ Fig. Poner término: *cerrar una discusión.* | Dar por firme o terminado un contrato, un negocio, una cuenta, etc. ‖ Cicatrizar: *cerrar una herida.* ‖ — V. pr. Juntarse los pétalos de una flor. ‖ Cicatrizar. ‖ Encapotarse: *cerrarse el cielo.* ‖ Fig. Mantenerse uno firme en su propósito, obstinarse.

cerrazón f. Fig. Torpeza, incapacidad en comprender. | Obstinación.

cerril adj. Sin domar, salvaje. ‖ Fig. Grosero. | Terco. | Torpe.

cerro m. Elevación del terreno.

cerrojo m. Barra de hierro, movible entre dos armellas, que cierra una puerta o ventana. ‖ En los fusiles y armas ligeras, cilindro metálico que contiene los elementos de percusión, obturación y extracción del casquillo.

certamen m. Concurso sobre un tema intelectual: *certamen literario.*

certero, ra adj. Acertado.

certeza y **certidumbre** f. Conocimiento seguro y claro de algo.

certificación f. Acción y efecto de certificar. ‖ Certificado.

certificado m. Documento o escrito en que se asegura algo: *certificado médico.* ‖ Diploma. ‖ — Adj. y s. m. Dícese del envío postal que se certifica.

certificar v. t. Dar como cosa segura, afirmar. ‖ *Certificar una carta, un paquete,* obtener, mediante pago, un certificado con que se puede acreditar haber depositado el objeto en Correos.

certitud f. Certeza.

cerumen m. Secreción grasa del interior de los oídos.

cervantesco, ca y **cervantino, na** adj. Propio de Cervantes.

cervato m. Ciervo pequeño.

cervecería f. Lugar donde se fabrica o vende cerveza.

cerveza f. Bebida alcohólica hecha con granos de cebada germinados y fermentados, aromatizada con lúpulo.

cervical adj. De la cerviz.

cérvidos m. pl. Familia de mamíferos rumiantes, como el ciervo, el ante, el gamo, el corzo, el huemul, etc. (ú. t. c. adj.).

cerviz f. Parte posterior del cuello.

cesación f. Interrupción.

cesante adj. Que cesa. ‖ Dícese del empleado que queda sin empleo o a quien se priva de empleo (ú. t. c. s.).

cesantía f. Estado de cesante.

cesar v. i. Terminarse una cosa. ‖ Dejar de desempeñar algún empleo o cargo. ‖ Dejar de hacer lo que se estaba haciendo. ‖ — V. t. Hacer dimitir.

césar m. Emperador.

cesárea adj. y s. f. *Med.* Dícese de la operación de extraer el feto por incisión de la pared abdominal.

cese m. Detención, interrupción. ‖ Revocación de un cargo. ‖ Escrito en que se hace constar la revocación.

cesio m. Metal raro (Cs), de número atómico 55, semejante al potasio.

cesión f. Renuncia de alguna cosa, posesión o derecho.

césped m. Hierba corta y tupida.

cesta f. Recipiente de mimbre o junco trenzado que sirve para transportar o guardar cosas. ‖ Su contenido. ‖ Especie de pala utilizada para jugar al frontón. ‖ Red que cuelga de un aro en el juego del baloncesto. ‖ Tanto marcado en este juego.

cestapunta f. Variedad del juego del frontón.

cesto m. Cesta grande: *cesto de los papeles.*

cestodos m. pl. Orden de gusanos platelmintos, de cuerpo aplanado y largo a modo de cinta, como la solitaria (ú. t. c. adj.).

cetáceos m. pl. Orden de mamíferos marinos de gran tamaño, como la ballena, el cachalote, el delfín, etc. (ú. t. c. adj.).

cetrería f. Arte de criar halcones y demás aves de caza. ‖ Caza con halcones.

cetrino, na adj. De color amarillo verdoso.

cetro m. Bastón o insignia de mando.

ceviche m. Cebiche.

Cf, símb. químico del *californio.*

C.G.S., sistema cegesimal de medidas cuyas unidades son el centímetro (cm), el gramo (g) y el segundo (s).

ch f. Antigua letra del alfabeto español.

cha m. Sha, soberano persa.

chabacanada f. Chabacanería.

chabacanear v. i. Obrar con chabacanería.

chabacanería f. Vulgaridad.

chabacano, na adj. Vulgar (ú. t. c. s.).

chabola f. Choza. ‖ Barraca.

chabolismo m. Aglomeración de chabolas en los alrededores de una ciudad.

chac m. Entre los mayas, ayudante del sacerdote.

chacal m. Mamífero carnicero de Asia y África semejante al lobo.

chachapoyense o **chachapuyno, na** adj. y s. De Chachapoyas (Perú).

cháchara f. *Fam.* Charla.

chacina f. Carne de cerdo preparada.

chacinería f. Establecimiento donde se prepara o se vende chacina.

chaco m. *Amer.* Terreno roturado y llano de cultivo en los alrededores de las poblaciones. | Terreno con riachuelos y lagunas. | Montería de los indios.

chacona f. Composición musical.

chacota f. Burla, broma.

chacra f. *Amer.* Finca rústica.

chafalote adj. *Amer.* Vulgar, grosero.

chafar v. t. Aplastar: *chafar la fruta.* ‖ Arrugar la ropa. ‖ Fig. Estropear, echar a perder (ú. t. c. pr.).

chafirete m. *Méx.* Chófer.

chaflán m. Plano que, en lugar de esquina, une dos superficies planas que forman ángulo.

chagual m. *Amer.* Planta con cuyas fibras se fabrican cuerdas.

chal m. Especie de mantón.

chalaco, ca adj. y s. De El Callao (Perú).

chalado, da adj. y s. *Fam.* Tonto.

chaladura f. *Fam.* Tontería.

chalán, ana m. y f. Tratante de caballos o de ganado. || *Fig.* Persona poco escrupulosa en sus tratos. || — M. *Col.* y *Per.* Domador de caballos.

chalana f. Barco de fondo plano.

chalanear v. i. Negociar.

chalateco, ca adj. y s. De Chalatenango (El Salvador).

chalchihuite m. *Méx.* Piedra preciosa de color verde.

chalé m. Chalet.

chaleco m. Prenda del traje, sin mangas, que se pone sobre la camisa. || Jersey. || — *Amer. Chaleco de fuerza,* camisa de fuerza. || *Chaleco salvavidas,* prenda neumática usada en caso de naufragio.

chalet m. Casa con jardín.

chalina f. Corbata ancha. || *Amer.* Chal.

challenger m. (pal. ingl.). Aspirante a un título deportivo.

chalupa f. Lancha, bote.

chamaco, ca m. y f. Muchacho.

chamarilear v. i. Cambalachear.

chamarilero, ra m. y f. Vendedor de trastos o de cosas usadas.

chamariz m. Pájaro verdoso.

chamarro m. *Méx.* Manta burda.

chamba f. *Fam.* Chiripa, suerte. || *Méx.* Ocupación, empleo, aunque sea transitorio y poco remunerado.

chambero, ra m. y f. *Méx.* Persona que busca una chamba o que suele trabajar en chambas.

chamizo m. Choza.

champagne [-*pan*] m. (pal. fr.), **champán** m. y **champaña** m. Vino blanco espumoso de Francia.

champiñón m. Hongo comestible.

champú m. Jabón líquido para el lavado de la cabeza. || Este lavado.

chamullar v. i. *Pop.* Hablar mal.

chamuscar v. t. Quemar o tostar ligeramente. || Pasar por la llama.

chamusquina f. Acción y efecto de chamuscar o chamuscarse. || Olor a quemado. || *Fig.* y *fam.* Riña.

chance m. (pal. fr.). Oportunidad.

chancearse v. pr. Burlarse.

chancero, ra adj. Bromista.

chancha f. *Amer.* Cerda.

chanchada f. *Amer.* Acción indigna.

chanchería f. *Amer.* Tienda de embutidos.

chancho, cha adj. *Amer.* Sucio, puerco. || — M. y f. *Amer.* Cerdo.

chanchullero, ra adj. y s. Que hace chanchullos.

chanchullo m. Negocio sucio.

chancillería f. Tribunal superior de justicia donde se conocía, por apelación, de todas las causas de los demás tribunales.

chancla f. Zapato viejo. || Chancleta.

chancleta f. Zapatilla sin talón.

chanclo m. Zueco de madera utilizado en el campo. || Zapato de goma u otra materia elástica que se pone sobre el calzado.

chancro m. Úlcera sifilítica.

chandal y **chandail** m. Traje de punto que llevan los deportistas.

changa f. *Arg.* Trabajo del changador. | Trato, negocio. | Burla.

changador m. *Arg.* Mozo de cuerda.

changar v. i. *Arg.* Trabajar de cargador. | Hacer trabajos de poca monta.

chango, ga adj. *Amer.* Dícese del niño o muchacho (ú. t. c. s.). || *Chil.* Torpe y molesto. || *Méx.* Bromista. || — M. *Amer.* Cierta especie de mono.

changurro m. Centollo cocido.

chanquete m. Pez pequeño comestible de la costa de Málaga.

chantaje m. Delito que consiste en obtener dinero o conseguir favores, etc., de una persona con la amenaza de revelaciones escandalosas.

chantajista com. Persona que hace un chantaje a otra.

chanza f. Broma, burla.

¡chao! interj. *Fam.* Adiós.

chapa f. Hoja, lámina, placa o plancha de madera, metal, etc. || Cápsula, tapón corona: *chapas de botellines.* || Insignia distintiva de una profesión, de un cargo: *chapa de policía.* || Ficha, señal: *chapa del guardarropa.* || *Amer.* Cerradura.

chapapote m. *Méx.* Asfalto.

chapar v. t. Cubrir con chapas.

chaparral m. Sitio poblado de arbustos.

chaparreras f. pl. *Méx.* Zahones de piel.

chaparrón m. Lluvia fuerte.

chapetón, ona adj. y s. *Amer.* Dícese del español o europeo recién llegado a América. || *Amer. Fig.* Novato, bisoño.

chapetonada f. Primera enfermedad que padecían los españoles al llegar a América. || *Fig. Amer.* Novatada.

chapín, ina adj. y s. *Amer.* Guatemalteco. | Patituerto. || — M. Chanclo de corcho.

chapinada f. Acción o dicho propio de un guatemalteco.

chapinismo m. Palabra, giro o modo especial de hablar de los chapines o guatemaltecos. || Condición de guatemalteco. || Amor a Guatemala.

chapista m. El que hace chapas. || El que repara la carrocería de un automóvil.

chapotear v. t. Remojar, humedecer repetidas veces una cosa. || — V. i. Agitar los pies o las manos en el agua para que ésta salpique.

chapoteo m. Acción y efecto de chapotear.

chapucear v. t. Hacer algo de prisa.

chapucería f. Acción de hacer mal un trabajo. || Arreglo rápido. || Trabajo mal hecho. || Mentira, engaño.

chapucero, ra adj. Hecho de prisa y mal: *trabajo chapucero.* || — Adj. y s. Que trabaja de prisa y mal: *trabajador muy chapucero.* || Embustero, mentiroso.

chapurrar y **chapurrear** v. t. Hablar mal un idioma extranjero.

chapurreo m. *Fam.* Modo de hablar mal un idioma extranjero.

chapuz m. y **chapuza** f. Chapucería.

chapuzar v. t. Zambullir (ú. t. c. i. y pr.).

chapuzón m. Zambullida.

chaqué m. Chaqueta negra con faldones que se lleva con pantalones rayados.

chaquense y **chaqueño, ña** adj. y s. Del Chaco (Argentina y Bolivia).

chaqueta f. Prenda de vestir con mangas que cubre el busto hasta las caderas.

chaquetear v. i. *Fig.* Cambiar de ideas. || Tener miedo. || *Fam.* Bajarse.

chaqueteo m. Cambio de ideas. || Acobardamiento.

chaquetilla f. Chaqueta corta.

chaquetón m. Chaqueta amplia.

charada f. Adivinanza.

charanga f. Banda de música. || Baile familiar.

charango m. *Amer.* Bandurria pequeña.

charca f. Charco grande.

charco m. Agua u otro líquido estancados en un hoyo del terreno.

charcutería f. Tienda de embutidos.

charla f. Conversación. || Conferencia.

charlar v. i. *Fam.* Conversar.

charlatán, ana adj. y s. Parlanchín. || Curandero. || Vendedor ambulante.

charlatanería f. Palabrería.

charlista com. Persona que da charlas.

charlotada f. Corrida bufa con becerros.

charlotear v. i . Charlar.

charloteo m. Charla.

charnela f. Bisagra.

charol m. Barniz muy brillante.

charola f. *Méx.* Bandeja.

charolar v. t. Barnizar con charol.

charque y **charqui** m. *Amer.* Cecina.

charquear v. t. *Amer.* Secar la carne al sol para conservarla. || Hacer charqui.

charrada f. Dicho o hecho propios de los charros. || Baile propio de los charros. || Adorno de mal gusto.

charrán adj. y s. Granuja. || Patán.

charranada f. Grosería. || Mala jugada.

charranear v. i. Granujear.

charrandería f. Condición de charrán. || Charranada.

charreada f. Entretenimiento con ejercicios propios de los charros.

charretera f. Adorno de los militares en el hombro de la guerrera.

charro, rra adj. Nativo de la provincia de Salamanca (ú. t. c. s.). || Relativo a esta provincia. || *Fig.* Llamativo, chillón, muy recargado. | De mal gusto. || — M. Caballista mexicano que lleva un sombrero de grandes alas y un traje bordado. || Su sombrero (ú. t. c. adj.).

charrúa adj. y s. Dícese del indio de alguna de las tribus que vivían en la costa septentrional del Río de la Plata.

charter m. (pal. ingl.). Avión, fletado por una compañía de turismo o un grupo de personas, cuyas tarifas son menos elevadas que en las líneas regulares.

chascarrillo m. *Fam.* Chiste.

chasco m. Desilusión que causa un suceso contrario a lo que uno esperaba: *llevarse un chasco.* || Burla, engaño: *dar un chasco.*

chasis m. Armazón que sostiene el motor y la carrocería de un automóvil o un vehículo cualquiera.

chasquear v. i . Dar chasquidos. || — V. t. *Fig.* Decepcionar. || — V. pr. Sufrir un desengaño. || Fracasar.

chasqui m. *Amer.* Mensajero, correo. | Mensajero, emisario.

chasquido m. Ruido del látigo, de la honda al restallar o de la lengua al moverse.

chatarra f. Escoria del mineral de hierro. || Hierro viejo.

chatarrería f. Lugar donde se vende chatarra.

chatarrero, ra m. y f. Persona que coge y vende hierro viejo.

chato, ta adj. Poco prominente, aplastado: *nariz chata.* || *Fig.* De poca altura: *barco chato.* || *Fam. Dejar chato,* sorprender mucho. || — M. y f. Persona que tiene la nariz poco abultada. || *Fam.* Expresión de cariño: *¡chata mía!* || — M. Vaso pequeño de vino.

chaucha f. *Arg.* Judía verde.

chauvinismo m. Patriotería.

chauvinista adj. y s. Patriotero.

chaval, la adj. y s. *Fam.* Niño.

chavea m. *Fam.* Chaval.

chaveta f. Clavija o pasador que une dos piezas. || *Fam.* Chiflado.

chavo m. Ochavo.

chavó m. (voz gitana). Chaval.

chayote m. Fruto de la chayotera.

chayotera f. Planta trepadora americana.

che f. Nombre de la letra *ch.*

¡che! interj. Se emplea para llamar la atención de una persona.

checa f. Primera policía política de la U.R.S.S. || Organismo semejante en otros países. || Local donde se estaba.

checar v. t. *Amer.* Comprobar, cotejar. | Facturar el equipaje. | Controlar.

chécheres m. pl. *Amer.* Chismes.

checo, ca adj. y s. De Checoslovaquia. || — M. Lengua eslava hablada en Checoslovaquia.

checoslovaco, ca adj. y s. Checo.

chelín m. Moneda inglesa que vale cinco peniques.

chepa f. *Fam.* Joroba.

cheque m. *Com.* Documento en forma de orden de pago para que una persona cobre la cantidad asignada de los fondos que el expedidor tiene en una cuenta bancaria. | *Cheque de viaje,* el emitido para los turistas, que se puede cobrar en bancos de diversos países.

chequear v. t. *Amér. C.* Hacer un cheque. || Controlar, verificar. || Confrontar, cotejar. || Hacer un reconocimiento médico.

chequeo m. Control. || Cotejo. || Reconocimiento médico.

chequero m. Talonario de cheques.

chibcha adj. y s. Relativo o perteneciente a un ant. pueblo indio de América.

chic m. (pal. fr.). Distinción.

chicana f. Ardid, argucia. || Broma.

chicanear v. t. e. i. Tergiversar, trapichear.

chicano, na adj. y s. m. Dícese del norteamericano de origen mexicano. || — M. Lengua que habla.

chicarrón, ona m. y f. *Fam.* Muchacho fuerte y robusto.

chicha f. Bebida alcohólica americana hecha con maíz fermentado. || Bebida hecha con zumo de uva o manzana fermentado.

chícharo m. Guisante.

chicharra f. Cigarra, insecto.

chicharrón m. Residuo muy frito de las pellas del cerdo. ‖ Carne requemada.

chichería f. *Amer.* Tienda de chicha.

chichimeca adj. y s. Dícese del individuo de un antiguo pueblo indio de raza nahua que, procedente del N. de México, venció a los toltecas.

chichimeco, ca adj. y s. Chichimeca.

chichón m. Bulto producido por un golpe en la cabeza o frente.

chichonera f. Gorro o casco para proteger la cabeza de los golpes.

chiclayano, na adj. y s. De Chiclayo (Perú).

chicle m. Goma de mascar.

chiclé y **chicler** m. Surtidor, orificio que sirve para controlar la salida de la gasolina en un carburador.

chiclear v. i . *Méx.* Mascar chicle o goma.

chicloso, sa adj. *Amer.* Pegajoso.

chico, ca adj. Pequeño: *un libro muy chico.* ‖ *Fam. Perra chica,* moneda de poco valor. ‖ — Adj. y s. Niño, chiquillo. ‖ Término de familiaridad: *oye, chico, ¿qué haces?* ‖ — M. Fam. Recadero o aprendiz joven. ‖ — F. Niña. ‖ Muchacha. ‖ Criada.

chicolear v. i. *Fam.* Piropear. ‖ — V. pr. *Arg.* y *Per.* Divertirse.

chicoria f. Achicoria.

chicotazo m. Chorro. ‖ *Amer.* Latigazo.

chicote m. *Amer.* Látigo.

chicozapote m. Árbol de fruto comestible del cual se extrae el chicle.

chiflado, da adj. *Fam.* Loco (ú. t. c. s.). ‖ Muy enamorado. ‖ Apasionado, muy aficionado (ú. t. c. s.).

chifladura f. *Fam.* Locura. ‖ Manía. ‖ Afición exagerada. ‖ Enamoramiento grande.

chiflar v. i. *Fam.* Silbar. ‖ — V. t. Mofarse, hacer burla: *chiflar una obra de teatro.* ‖ *Fam.* Gustar mucho: *cazar es lo que le chifla.* ‖ — V. pr. *Fam.* Aficionarse mucho. ‖ Volverse medio loco.

chiflido m. Silbido.

chiflón m. *Amer.* Corriente muy sutil de aire.

chihuahuense adj. y s. De Chihuahua (México).

chilaba f. Túnica con capucha.

chilacayote m. Calabaza.

chilango m. *Méx.* Nativo de la ciudad de México, especialmente de la clase baja.

chilate m. *Amer.* Bebida hecha con chile, maíz tostado y cacao.

chile m. *Amer.* Ají, pimiento.

chilenismo m. Vocablo, giro o modo de hablar de los chilenos. ‖ Condición de chileno. ‖ Amor a Chile.

chilenizar v. t. Dar carácter chileno.

chileno, na adj. y s. De Chile. ‖ — M. Modalidad del castellano hablado en Chile.

chillar v. i. Gritar.

chillido m. Grito muy agudo.

chillón, ona adj. *Fam.* Que grita mucho. ‖ Dícese de todo sonido agudo y desagradable. ‖ *Fig.* Llamativo.

chilmole m. Salsa de chile.

chilote m. *Méx.* Bebida hecha con pulque y chile.

chilote, ta adj. y s. De Chiloé (Chile).

chilpancinqueño, ña adj. y s. De Chilpancingo (México).

chimalteco, ca adj. y s. De Chimaltenango (Guatemala).

chimboracense adj. y s. De Chimborazo, prov. del Ecuador.

chimenea f. Conducto para dar salida al humo que resulta de la combustión. ‖ Hogar para cocinar o calentarse: *chimenea de campana.*

chimpancé m. Mono antropomorfo con brazos muy largos.

chimú adj. y s. Dícese del individuo de un antiguo pueblo indio de América en el litoral N. del Perú.

china f. Piedra pequeña.

china f. Femenino de *chino.* ‖ *Amer.* Criada. ‖ Dícese en algunos puntos de la mujer guapa, en otros de la india indígena. ‖ Compañera, amiga. ‖ Querida, amante. ‖ *Arg.* y *Amér. C.* Niñera. ‖ *Méx.* y *Arg.* Criada mestiza. ‖ *Col.* Peonza.

chinaca f. *Méx.* Gente miserable.

chinampa f. Terreno de corta extensión, que antiguamente eran huertos flotantes, en las lagunas vecinas a la ciudad de México, como Xochimilco, donde se cultivan flores y verduras.

chinandegano, na adj. y s. De Chinandega (Nicaragua).

chinchar v. t. *Pop.* Molestar.

chinche f. Insecto hemíptero de cuerpo elíptico, olor fétido, parásito del hombre. ‖ Clavito metálico de cabeza grande y plana y punta corta y fina. ‖ — Com. *Fig.* y *fam.* Persona exigente y pesada o latosa. ‖ Chismoso.

chincheta f. Chinche, clavo.

chinchilla f. Mamífero roedor parecido a la ardilla. ‖ Su piel.

chinchona f. *Amer.* Quina.

chinchorrería f. *Fig.* Molestia.

chinchoso, sa adj. y s. Fastidioso.

chinchulines m. pl. *Arg.* Tripas de vacunos u ovinos que se comen también asadas.

chincol m. *Amer.* Especie de gorrión.

chincual m. *Méx.* Sarampión.

chinela f. Zapatilla sin talón.

chinga f. *Amer.* Mofeta.

chingada f. *Pop.* Molestia.

chingadura f. *Pop.* Molestia, enojo. ‖ *Amer.* Fracaso.

chingana f. *Amer.* Tabernucho. ‖ *Arg.* Fiesta entre gente baja.

chinganear v. i. *Arg.* Parrandear.

chingar v. t. *Pop.* Molestar, fastidiar. ‖ Frustrar. ‖ Perjudicar. ‖ Beber mucho. ‖ Fornicar. ‖ — V. pr. *Pop.* Enfadarse. ‖ Fastidiarse. ‖ Fracasar. ‖ Emborracharse.

chino, na adj. De China (ú. t. c. s.). ‖ *Fig.* Complicado, extraño. ‖ — M. Lengua hablada por los chinos.

chino, na adj. y s. *Amer.* Dícese del hijo de mulato y negra. ‖ Dícese del hijo de indio y negra. ‖ Sirviente, criado. ‖ — M. China, piedra. ‖ *Amer.* Enfado, irritación. ‖ Hombre del pueblo. ‖ Apelativo de cariño. ‖ — F. Véase CHINA (segundo artículo).

chipá m. *Riopl.* Torta de maíz.

chipirón m. Calamar pequeño.

chipriota adj. y s. De Chipre.

chiquear v. t. *Méx.* Mimar.

chiquero m. Toril.

chiquigüite m. *Méx.* Cesto.

chiquillada f. Niñería.

chiquillería f. *Fam.* Conjunto de chiquillos. ‖ Chiquillada.

chiquillo, lla adj. y s. Chico.

chiquimulteco, ca adj. y s. De Chiquimula (Guatemala).

chiquito, ta adj. y s. Muy pequeno. ‖ *Riopl.* Un poco: *espérese un chiquito.* ‖ — *Fig.* y *fam. Dejar chiquito,* superar en mucho. | *No andarse con chiquitas,* ir con mano dura; no dudar. ‖ — M. Vaso de vino.

chirca f. *Amer.* Árbol de madera dura, flores amarillas y fruto como almendra.

chiricano, na adj. y s. De Chiriquí (Panamá).

chirigota f. *Fam.* Cuchufleta.

chirimbolo m. *Fam.* Trasto, chisme.

chirimía f. *Mús.* Instrumento de viento semejante a la flauta.

chirimoya f. Fruto del chirimoyo.

chirimoyo m. Árbol tropical de fruto azucarado y comestible.

chiringuito m. *Fam.* Merendero.

chiripa f. *Fig.* Suerte.

chiripá m. *Chil.* y *Riopl.* Prenda de vestir de los campesinos consistente en un paño que, a modo de calzones, cubre el delantero de los muslos y se ata a la cintura. ‖ *Riopl.* Pañal del niño.

chirla f. Almeja pequeña.

chirola f. *Arg.* Ficha de metal.

chirona f. *Fam.* Prisión.

chirriar v. i. Producir cierto sonido discordante.

chirrido m. Sonido estridente.

chisgarabís m. *Fam.* Zascandil.

chismar v. t. e i. Chismear (ú. t. c. pr.).

chisme m. Murmuración, habladuría. ‖ *Fam.* Cosa, trasto.

chismear v. i. Chismorrear.

chismería f. Chisme.

chismorrear v. i. Contar chismes.

chismorreo m. y **chismorrería** f. Chismes.

chismosear v. i. Chismorrear.

chismoso, sa adj. y s. Que chismea.

chispa f. Partícula pequeña encendida que salta de la lumbre. ‖ Fenómeno luminoso que acompaña una descarga eléctrica. ‖ *Fig.* Porción pequeña, pedazo: *una chispa de pan.* | Destello: *chispa de inteligencia.* | Agudeza, viveza de ingenio: *tiene mucha chispa.* ‖ *Fam. Estar chispa,* estar medio borracho.

chispazo m. Chispa. ‖ Fenómeno súbito y pasajero del desarrollo de algo.

chispeante adj. Que chispea. ‖ *Fig.* Agudo, ingenioso. | Que despide destellos: *ojos chispeantes.*

chispear v. i. Echar chispas. ‖ Despedir destellos. ‖ — V. impers. Lloviznar.

chisporrotear v. i. Despedir reiteradamente chispas al arder una cosa. ‖ Producir ruidos parásitos: *chisporrotear la radio.*

chisporroteo m. Proyección de chispas y ruido que hace algo que está ardiendo. ‖ Ruidos parásitos en la radio.

chisquero m. Encendedor de yesca.

chistar v. i. Hablar.

chiste m. Historieta burlesca y que hace reír: *siempre está contando chistes.* ‖ Agudeza, dicho agudo. ‖ Gracia: *esto no tiene chiste.*

chistera f. Sombrero de copa alta. ‖ Cesta del pelotari.

chistoso, sa adj. Gracioso.

chistu m. Flauta de pico.

chistulari m. Músico que toca el chistu.

¡chitón! interj. ¡Silencio!

chiva f. Cría de la cabra. ‖ *Amér. C.* Manta. ‖ *Amer.* Perilla, barba.

chivar v. t. *Pop.* Fastidiar. ‖ — V. pr. *Fam.* Delatar, acusar.

chivatada f. y **chivatazo** m. *Fam.* Delación.

chivatear v. i. *Fam.* Chivar.

chivateo m. *Fam.* Chivatazo.

chivato m. Chivo de más de seis meses y de menos de un año. ‖ *Fam.* Delator.

chivo, va m. y f. Cría de la cabra. ‖ *Fig. Chivo expiatorio,* el que paga las consecuencias de algo sin merecerlo.

chocante adj. Que choca. ‖ Desagradable: *voz chocante.* ‖ Que causa extrañeza. ‖ *Col., Ecuad.* y *Méx.* Fastidioso.

chocantería f. *Amer.* Cosa desagradable y molesta.

chocar v. i. Golpearse violentamente dos cuerpos o una cosa con otra: *chocar contra,* o *con, una muralla.* ‖ *Fig.* Pelear, combatir. ‖ Causar extrañeza, extrañar, sorprender: *su conducta me choca.* ‖ — V. t. Entrechocar: *chocaron los vasos al brindar.* ‖ Estrechar: *chocaron las manos.*

chocarrería f. Grosería.

chocarrero, ra adj. Grosero (ú. t. c. s.).

chocha f. Ave zancuda.

chochear v. i. Repetir la misma cosa. ‖ Volver a la infancia un viejo.

chochera y **chochez** f. Repetición de lo mismo. ‖ Disminución de la inteligencia en los viejos. ‖ *Fam.* Admiración, cariño, amor.

chocho, cha adj. Que chochea: *viejo chocho.* ‖ *Fig.* y *fam.* Que está loco de puro cariño, que le gusta mucho.

choclo m. Chanclo. ‖ *Amer.* Mazorca de maíz sin madurar.

chocolate m. Pasta alimenticia sólida hecha con cacao y azúcar molido. ‖ Bebida hecha con esta pasta desleída en agua o leche. ‖ — Adj. inv. De color del chocolate.

chófer y **chofer** m. Conductor de un automóvil.

cholada f. y **cholerío** m. *Amer.* Conjunto de cholos.

chollo m. *Fam.* Ganga. | Suerte.

cholo, la adj. *Amer.* Dícese del mestizo de blanco e india (ú. t. c. s.). | Dícese del indio civilizado (ú. t. c. s.). ‖ *Chil.* Dícese del indio puro (ú. t. c. s.). ‖ *Arg., Bol., Chil., Ecuad.* y *Per.* Dícese de las personas que tienen la sangre mezclada (ú. t. c. s.).

cholulteco, ca adj. y s. De Cholula (México).

choluteca y **cholutecano, na** adj. y s. De Choluteca (Honduras).

chomba f. *Chil.* Chompa.

chompa f. *Per.* Suéter.

chongo m. *Méx.* Moño de pelo.

chontal adj. y s. Dícese de una tribu indígena de América Central y de los miembros de ella. ‖ *Amer.* Inculto.

chontaleño, ña adj. y s. De Chontales (Nicaragua).

chopo m. Álamo.

choque m. Encuentro violento de un cuerpo con otro: *choque de coches.* ‖ *Mil.* Combate, pelea: *un choque de tanques.* ‖ *Fig.* Disputa, lucha, contienda. | Conflicto, oposición: *choque de dos ideas.* ‖ *Med.* Conmoción: *choque nervioso.*

chorizo m. Embutido de carne de cerdo, picada y adobada con pimentón. || *Pop.* Maleante. || *Arg.* Lomo de vaca.

chorlito m. Ave zancuda.

chorotega adj. y s. Dícese del individuo de una antigua tribu india de América Central.

chorra f. *Pop.* Suerte.

chorrada f. *Pop.* Tontería.

chorrear v. i. Caer o salir un líquido formando chorro. || Salir el líquido lentamente y goteando. || *Fam.* Abundar: *el dinero chorrea en esta casa.* || – V. t. Derramar, verter: *chorreando sudor.*

chorreo m. Salida de un líquido. || *Fig.* Afluencia: *un chorro de gente.* | Gasto continuo.

chorro m. Salida de un líquido con fuerza: *un chorro de agua.* || Salida violenta de gas o vapor que sirve de fuerza propulsora. || Caída sucesiva de ciertas cosas: *un chorro de trigo.* || Gran cantidad: *un chorro de luz.* || *Arg. Fam.* Ladrón.

chotearse v. pr. *Fam.* Burlarse.

choteo m. *Fam.* Burla, pitorreo.

chotis m. Baile por parejas típico de Madrid. || Su música.

choza f. y **chozo** m. Cabaña.

christmás [*kristmas*] m. (pal. ingl.). Tarjeta de felicitación en Navidad.

chubasco m. Chaparrón.

chubasquero m. Impermeable.

chubutense adj. y s. De Chubut (Argentina).

chuchería f. Dulce, golosina.

chucho m. Perro.

chuchurrido, da adj. Marchito.

chufa f. Planta de cuyos tubérculos, comestibles, se hace horchata.

chufla f. Cuchufleta.

chuflarse y **chuflearse** v. pr. Burlarse.

chulada f. *Fam.* Desenfado. | Grosería. | Bravata. | Agudeza.

chulapería f. *Fam.* Chulería.

chulapo, pa y **chulapón, ona** adj. y s. *Fam.* Chulo.

chulear v. t. *Fam.* Burlarse, reírse. | Vivir a costa de una mujer. || – V. pr. Burlarse. | *Fam.* Presumir.

chulería f. *Fam.* Gracia, donaire. | Desfachatez. | Bravata.

chuleta f. Costilla de cerdo, ternera, cordero, etc. || *Fig.* y *fam.* Guantazo, bofetón. | Nota o papelito que llevan escondidamente los estudiantes a los exámenes y en el que están apuntadas fórmulas, resúmenes de temas, etc. || – M. *Fam.* Chulo.

chullpa o **chulpa** f. Monumento funerario precolombino en Bolivia y Perú.

chulo, la adj. Populachero, propio del pueblo de Madrid, picaresco: *andares chulos.* || Descarado, desenfadado, insolente: *no seas tan chulo.* || Bravucón, atrevido: *estuvo muy chulo con el director* (ú. t.c. s.). || Presumido, ufano: *se paseaba muy chulo con su novia al lado* (ú. t.c. s.). || Majo, de buen efecto: *¡qué coche tan chulo!* || – M. y f. Persona del pueblo bajo de Madrid. || – M. Mozo que ayudaba antiguamente a los toreros. || Rufián, que vive de las mujeres. || *Pop.* Tipejo, individuo.

chumbera f. Higuera chumba.

chumbo, ba adj. y s. m. Nopal.

chunga f. *Fam.* Burla o broma.

chunguear v. i. *Fam. Méx.* Bromear. || – V. pr. *Fam.* Burlarse, guasearse. | Bromear.

chungueo m. *Fam.* Chunga.

chupado, da adj. *Fig.* y *fam.* Muy flaco. | Fácil: *examen chupado.*

chupar v. t. Extraer con los labios el jugo de una cosa o un fluido. || Lamer: *chupar un caramelo.* || Embeber los vegetales u otra cosa un líquido, el agua o la humedad. || Mamar el niño. || *Fig.* y *fam.* Absorber. | Despojar a uno de sus bienes con astucia y engaño: *chuparle el dinero a uno.* || – V. pr. Pasar entre los labios y humedecer con saliva. || *Fam.* Enflaquecer, adelgazar. | Soportar: *chuparse seis meses de prisión.* | Emplear en provecho propio. || *Amer.* Emborracharse.

chupatintas m. inv. Oficinista.

chupe m. *Per.* Guisado de patatas, carne o camarones, huevos y queso.

chupete m. Objeto que se da a los niños de muy corta edad para que chupen. || Tetina del biberón.

chupetear v. t. e i. Chupar mucho, con fruición: *se pasaba la vida tendido en la cama chupeteando un polo helado.*

chupeteo m. Succión.

chuquisaqueño, ña adj. y s. De Chuquisaca (Bolivia).

churrasco m. *Arg.* Carne asada a la brasa.

churrasquear v.i. *Arg.* Comer un churrasco. || – V. t. *Arg.* Asar.

churrasquería f. Tienda de asados.

churrería f. Tienda de churros.

churrigueresco, ca adj. *Arq.* Dícese del estilo derivado del barroco introducido en España a principios del siglo XVIII por Churriguera, Ribera y sus discípulos (ú. t. c. s. m.). || *Fig.* Recargado, rococó, complicado.

churriguerismo m. Estilo arquitéctonico cuya característica principal fue la excesiva o recargada ornamentación.

churro m. Masa de harina y agua que se fríe y tiene forma de bastoncito alargado o en rueda.

chusco, ca adj. Gracioso, humorístico. || – M. *Fam.* Pieza de pan.

chusma f. Gentuza, populacho.

chusmaje m. *Amer.* Gente soez.

chut m. En fútbol, puntapié al balón.

chutar v. i. En fútbol, lanzar el balón de un puntapié.

chuzo m. Bastón.

Ci, símbolo del *curie.*

ciático, ca adj. De la cadera. || – F. Neuralgia del nervio ciático.

cibernética f. Ciencia que estudia los mecanismos automáticos de comunicación y de control de los seres vivos y de las máquinas.

ciboney adj. y s. Dícese del individuo de un antiguo pueblo de Cuba.

cicatería f. Avaricia.

cicatero, ra adj. y s. Tacaño.

cicatriz f. Señal que queda después de cerrarse una herida.

cicatrización f. Fenómeno que hace que una llaga o herida se cierre.

cicatrizar v. t. e i. Completar la curación de una herida o llaga.

cicerone m. Guía.

cíclico, ca adj. Relativo al ciclo: *cronología cíclica.* || Que forma parte de un ciclo literario épico: *un* *poema cíclico.* ‖ *Quím.* Dícese de los compuestos orgánicos cuyas moléculas forman una cadena cerrada.

ciclismo m. Deporte de la bicicleta.

ciclista adj. Relativo al ciclismo. ‖ — Com. Persona que practica el ciclismo.

ciclo m. Período de tiempo en que se cumple una serie de fenómenos realizados en un orden determinado. ‖ Serie de acciones, modificaciones o fenómenos que sufre un cuerpo o sistema que pasa por diferentes fases hasta volver al estado inicial. ‖ Conjunto de poemas, generalmente épicos, que tienen como tema un héroe, un personaje, un hecho: *el ciclo bretón.* ‖ Serie de conferencias sobre cierto asunto. ‖ Serie de operaciones destinadas al mismo fin: *ciclo de fabricación.*

ciclón m. Huracán.

ciclópeo, a adj. Gigantesco.

cíclopes m. pl. Gigantes monstruosos que poseían un solo ojo en medio de la frente.

ciclotrón m. Acelerador electromagnético de alta frecuencia que comunica a las partículas electrizadas gran velocidad para obtener de este modo transmutaciones y desintegraciones de átomos.

cicuta f. Planta venenosa.

cidra f. Fruto del cidro.

cidro m. Árbol de flores rojas.

ciego, ga adj. Que no ve, privado de la vista (ú. t. c. s.). ‖ *Fig.* Obcecado, enloquecido por alguna pasión: *ciego de ira.* ‖ Que no ve algo patente. ‖ Obstruido, cegado: *tubería ciega.* ‖— M. Parte del intestino grueso entre el íleon y el colon.

cielito m. *Riopl.* Baile y canto popular.

cielo m. Espacio indefinido, azul de día y poblado de estrellas por la noche, en el cual se mueven los astros. ‖ Parte del espacio que parece formar una bóveda encima de la Tierra: *levantar las manos al cielo.* ‖ Mansión de los bienaventurados: *ganarse el cielo.* ‖ *Fig.* Dios, la providencia: *rogar al cielo.* ‖ Nombre cariñoso dado a una persona amada: *¡cielo mío!* ‖ Parte superior de un espacio cerrado: *el cielo de un coche.* ‖ *Arg.* y *Urug.* Cielito, baile popular. ‖ — *Cielo de la boca,* paladar. ‖ *Cielo raso,* techo interior en el cual no se ven las vigas.

ciempiés m. inv. Miriápodo.

cien adj. Apócope de *ciento.*

ciénaga f. Lugar lleno de cieno.

ciencia f. Conocimiento exacto y razonado de las cosas por sus principios y causas. ‖ Conjunto de los conocimientos humanos. ‖ Conjunto de conocimientos relativos a un objeto determinado: *las ciencias humanas.* ‖ *Fig.* Saber o erudición. ‖ — Pl. Conjunto de conocimientos relativos a las matemáticas, física, química, etc.: *facultad de ciencias.* ‖ — *Ciencias exactas,* las matemáticas y aquellas que sólo admiten hechos demostrables. ‖ *Ciencias naturales,* las que estudian los reinos animal, vegetal y mineral.

cienfueguero, ra adj. y s. De Cienfuegos (Cuba).

cienmilésimo, ma adj. Que está en el lugar indicado por el número cien mil. ‖ — M. Cada una de las cien mil partes iguales en que se divide un todo.

cienmilímetro m. Centésima parte de un milímetro (símb. cmm).

cieno m. Fango.

científico, ca adj. Relativo a la ciencia. ‖ Que investiga sobre alguna ciencia (ú. t. c. s.).

ciento adj. y s. m. Diez veces diez. ‖ Centésimo: *número ciento.* ‖ — M. Signo o conjunto de signos que expresan la cantidad de ciento. ‖ Centena.

cierre m. Acción y efecto de cerrar o cerrarse. ‖ Clausura de tiendas o de cualquier otro establecimiento. ‖ Lo que sirve para cerrar: *el cierre de un bolso.* ‖ — *Cierre metálico,* cortina de hierro para cerrar las tiendas. ‖ *Cierre patronal,* lock out. ‖ *Amer. Cierre relámpago,* cremallera.

cierto, ta adj. Seguro: *noticia cierta.* ‖ Determinado: *cierto día.* ‖ Alguno: *ciertas sospechas.*

cierva f. Hembra del ciervo.

ciervo m. Género de mamíferos rumiantes con varios cuernos ramificados.

cierzo m. Viento frío del Norte.

cifra f. Número, signo o signos con que se representa. ‖ Escritura secreta, clave: *escrito en cifra.* ‖ Cantidad, suma.

cifrar v. t. Escribir en clave: *cifrar un telegrama.* ‖ *Fig.* Compendiar. ‖ Fijar, colocar: *cifra la ambición en una cosa.* ‖ — V. pr. Elevarse: *cifrarse en mil pesetas.*

cigala f. Crustáceo marino comestible.

cigarra f. Insecto hemíptero.

cigarrillo m. Cigarro de picadura de tabaco envuelta en papel.

cigarro m. Rollo de hojas de tabaco que se fuma: *cigarro habano.* ‖ Cigarrillo.

cigarrón m. Saltamontes.

cigoto m. *Biol.* Óvulo fertilizado.

ciguato, ta adj. y s. *Méx.* Idiota.

cigüeña f. Ave zancuda migratoria.

cigüeñal m. Eje acodado de un motor, en el que van ajustadas las bielas unidas a los pistones o émbolos, que transforma el movimiento rectilíneo de éstos en circular o rotativo.

cilicio m. Vestidura o cinturón áspero o con pinchos que se llevan sobre la carne por penitencia.

cilindrada f. Capacidad de los cilindros de un motor de explosión.

cilíndrico, ca adj. Relativo al cilindro o que tiene su forma.

cilindro m. Cuerpo de sección circular del mismo grosor en toda su longitud. ‖ Cuerpo geométrico limitado por una superficie cilíndrica y dos planos que cortan las generatrices. ‖ Cámara tubular en la que se mueve en sentido alternativo el émbolo de un motor o bomba: *automóvil de cuatro cilindros.*

cima f. Parte más alta, cumbre.

cimarrón, ona adj. *Amer.* Salvaje, montaraz. ‖ Decíase del esclavo negro que huía al campo (ú. t. c. s.). ‖ — Adj. y s. m. *Riopl.* Dícese del mate sin azúcar.

cimarronear v. t. *Riopl.* Tomar mate cimarrón. ‖ *Amer.* Huir.

címbalos m. pl. *Mús.* Platillos.

cimbel m. Ave que sirve de señuelo para cazar. ‖ *Fig.* Señuelo.

cimborrio m. Cuerpo cilíndrico que sirve de base a la cúpula.

cimbrear v. t. Hacer vibrar una vara o un palo en el aire agarrándolos por el extremo. ‖ Mover graciosamente y con garbo el cuerpo. ‖ — V. pr. Vibrar un objeto flexible. ‖ Moverse con garbo al caminar.

cimentación f. Acción y efecto de cimentar.

cimentar v. t. Poner los cimientos.

cimiento m. Parte del edificio debajo de tierra y sobre la cual estriba toda la construcción. Ú. t. c. pl.: *ya echaron los cimientos de la casa.* || *Fig.* Origen.

cimitarra f. Especie de sable curvo.

cinabrio m. Mineral compuesto de azufre y mercurio.

cinc m. Cuerpo simple, metálico (Zn), de número atómico 30 y de color blanco azulado.

cincel m. Herramienta que sirve para labrar maderas, piedras y metales.

cincelado m. Acción y efecto de cincelar.

cincelar v. t. Labrar con el cincel.

cincha f. Faja con que se asegura la silla o albarda a la caballería.

cinchar v. t. Poner la cincha a una caballería. || Asegurar con cinchos.

cincho m. Faja o cinturón.

cinco adj. Cuatro y uno: *tiene cinco niños.* || Quinto: *libro cinco.* || — M. Signo con que se representa el número cinco.

cincuate m. *Méx.* Reptil ofidio.

cincuenta adj. y s. m. Cinco veces diez. || Quincuagésimo.

cincuentavo, va adj. y s. Dícese de cada una de las cincuenta partes en que se divide un todo.

cincuentenario m. Fecha en que se cumplen los cincuenta años de un hecho.

cincuenteno, na adj. Quincuagésimo. || — F. Conjunto de cincuenta unidades.

cincuentón, ona adj. y s. Que tiene más o menos cincuenta años.

cine m. Cinematógrafo.

cineasta com. Creador o actor de películas cinematográficas.

cinemateca f. Archivo de cintas cinematográficas notables.

cinemática f. Parte de la mecánica que estudia el movimiento.

cinematografía f. Arte de representar imágenes en movimiento por medio del cinematógrafo.

cinematografiar v. t. Fotografiar una escena en movimiento destinada a ser reproducida en una pantalla.

cinematógrafo m. Aparato óptico que reproduce en proyección vistas animadas. || Local público en que se exhiben películas cinematográficas.

cinesiterapia f. Kinesiterapia.

cinético, ca adj. *Fís.* Relativo al movimiento: *energía cinética.* || — F. Teoría que explica una serie de fenómenos basándose únicamente en los movimientos de las partículas materiales.

cínico, ca adj. y s. Desvergonzado.

cinismo m. Falta de escrúpulos.

cinta f. Tira o banda de tela, papel u otra materia: *una cinta azul.* || Por ext. Lo que tiene aspecto de cinta o tira: *cinta de máquina de escribir.* || Película cinematográfica. || Tira de acero o tela dividida en metros y centímetros que sirve para medir distancias. || *Cinta aisladora* o *aislante,* la empleada para cubrir los empalmes de cables eléctricos. || *Cinta magnetofónica* o *magnética,* la de materia plástica utilizada para grabar el sonido o la voz. || *Cinta perforada,* tira de papel en la que las cifras y letras quedan registradas mediante perforaciones. || *Cinta*

transportadora, cinta sin fin flexible para transportar materias a granel.

cinto m. Cinturón. || Cintura, talle.

cintra f. Curvatura de un arco.

cintrado, da adj. Curvado.

cintura f. Talle, parte más estrecha del cuerpo humano por encima de las caderas. || *Fig. Meter en cintura,* hacer entrar en razón.

cinturita m. *Mex. Fam.* Hombre que vive de las mujeres.

cinturón m. Cinto de cuero del que cuelga la espada o el sable. || Banda de cuero, tela, plástico u otra materia con que se sujetan los pantalones, las faldas o los vestidos. || *Fig.* Fila o serie de cosas que rodean otra. || Cada una de las categorías en judo: *cinturón negro.* || *Fig. Apretarse el cinturón,* pasar privaciones.

ciprés m. Árbol de copa cónica y madera rojiza, olorosa e incorruptible.

circense adj. Del circo.

circo m. En la antigua Roma, gran espacio rectangular destinado a los juegos públicos, especialmente luchas, carreras de carros y caballos. || Local público de espectáculos, con gradas y pistas circulares donde se realizan ejercicios ecuestres y acrobáticos. || Espectáculo que allí se da. || Espacio de forma arqueada rodeado de montañas: *circo glaciar.*

circón m. Silicato de circonio.

circonio m. Metal gris (Zr).

circuito m. Contorno, límite exterior: *el circuito de París.* || Viaje organizado, periplo. || Itinerario cerrado de una prueba deportiva: *circuito automovilístico.* || Conjunto de conductores eléctricos por el que pasa una corriente. || Cada uno de los enlaces que une los mercados de servicios y de productos.

circulación f. Movimiento continuo: *circulación de la sangre.* || Tráfico, facilidad de desplazarse por medio de las vías de comunicación: *circulación de los automóviles.* || Movimiento de las monedas, de los artículos de comercio o de los valores bancarios. || Transmisión, propagación: *circulación de noticias.* || *Circulación monetaria,* dinero existente en billetes de banco.

circulante adj. Que circula.

circular adj. De forma de círculo: *objeto circular.* || — F. Carta, comunicación o aviso que se envía simultáneamente a varias personas.

circular v. i. Moverse de forma continua para alcanzar de nuevo el punto de partida: *la sangre circula por las venas.* || Pasar: *el agua circula por los tubos.* || Ir por las vías de comunicación: *circular por una autopista.* || Ir y venir, pasar: *circular por las calles.* || Pasar de mano en mano: *moneda que ya no circula.* || *Fig.* Propagarse, transmitirse: *circulan falsas noticias.*

círculo m. *Geom.* Superficie plana contenida dentro de la circunferencia. || Circunferencia. || Casino, club: *círculo de juego.* || *Fig.* Extensión: *ampliar el círculo de sus ocupaciones.* | Conjunto de amigos y de relaciones personales. | Sector social: *círculos financieros.* | *Círculo vicioso,* razonamiento en el que se toma como prueba lo que precisamente se debe demostrar. || — Pl. Medios: *en los círculos bien informados.* || *Círculos polares,* los menores de la esfera terrestre.

circuncidar v. t. Cortar circularmente una porción del prepucio.

circuncisión f. Acción y efecto de circuncidar.

circunferencia f. *Geom.* Línea curva cerrada, cuyos puntos están todos a la misma distancia de un punto interior llamado *centro*. || *Fig.* Contorno, perímetro.

circunferir v. t. Circunscribir.

circunlocución f. y **circunloquio** m. Perífrasis, manera de hablar en la que se expresa el sentido de una palabra de una forma imprecisa e indirecta.

circunscribir v. t. Limitar, mantener dentro de ciertos límites (ú. t. c. pr.).

circunscripción f. Acción y efecto de circunscribir o circunscribirse. || División administrativa, militar, electoral, eclesiástica, etc., de un territorio.

circunspección f. Prudencia.

circunspecto, ta adj. Prudente.

circunstancia f. Accidente de tiempo, lugar, modo, etc. || *For.* Particularidad que acompaña un acto: *circunstancias atenuantes.* || Situación: *circunstancia favorable.*

circunstancial adj. Que depende de una circunstancia.

circunstanciar v. t. Determinar las circunstancias de algo.

circunvalación f. Rodeo.

circunvalar v. t. Rodear.

circunvolución f. Vuelta alrededor de un centro común. || Sinuosidad del cerebro.

cirio m. Vela grande.

cirrípedos y **cirrópodos** m. pl. Crustáceos marinos que viven adheridos a las rocas (ú. t. c. adj.).

cirro m. Nube alta y blanca.

cirrosis f. Enfermedad del hígado.

cirrus m. Cirro, nube.

ciruela f. Fruto del ciruelo.

ciruelo m. Árbol rosáceo.

cirugía f. Parte de la medicina cuyo fin es la curación de las enfermedades mediante operaciones hechas con instrumentos generalmente cortantes.

cirujano, na m. y f. Médico que se dedica a la cirugía, operador.

cisandino, na adj. Del lado de acá de los Andes.

cisco m. Carbón menudo. || *Hacer cisco,* hacer trizas.

cisma m. Separación entre los miembros de una religión o comunidad.

cisne m. Ave palmípeda de cuello largo y flexible.

cisplatino, na adj. De este lado del Río de la Plata.

cisterna f. Aljibe, depósito subterráneo para recoger el agua de lluvia. || Depósito de retención de agua. || Recipiente que, en un vehículo, sirve para transportar líquidos. || — Adj. Que transporta líquidos: *camión cisterna.*

cistitis f. Inflamación de la vejiga.

cita f. Hora y lugar en que acuerdan verse dos personas. || Nota textual sacada de una obra.

citación f. Acción de citar a un acto judicial.

citar v. t. Señalar a uno día y lugar para encontrarse con él. || Decir textualmente lo que otro ha dicho o escrito. || Mencionar, aludir. || Provocar al torero al toro para que embista. || Emplazar a uno ante un juez. || — V. pr. Darse cita dos personas.

cítara f. *Mús.* Instrumento de cuerdas algo parecido a la guitarra.

citerior adj. De la parte de acá.

citialcuate m. *Méx.* Cincuate.

citoplasma m. Parte del protoplasma que en la célula rodea al núcleo.

cítrico, ca adj. Agrio (ú. t. c. m.).

ciudad f. Población grande. || — *Ciudad jardín,* aglomeración urbana con muchos espacios verdes. || *Ciudad satélite,* conjunto urbano que pertenece a una ciudad pero que está separado de ella por un espacio sin urbanizar. || *Ciudad universitaria,* conjunto de edificios universitarios y residencias para estudiantes y profesores.

ciudadanía f. Calidad y derecho de ciudadano. || Civismo. || Conjunto de ciudadanos.

ciudadano, na adj. De la ciudad. || — M. y f. Habitante o vecino de la ciudad o natural de un Estado.

ciudadela f. Recinto fortificado.

cívico, ca adj. Relativo al civismo. || Civil, de la ciudad.

civil adj. Relativo a los ciudadanos (dícese en oposición a *militar* y *eclesiástico*): *matrimonio civil.* || Concerniente a las relaciones privadas entre ciudadanos: *vida civil.* || *Fig.* Sociable, urbano. || — M. *Fam.* Guardia civil. || *Fig.* Paisano, no militar.

civilidad f. Cortesía. || Civismo.

civilización f. Acción y efecto de civilizar o civilizarse. || Conjunto de caracteres propios de un pueblo o raza o de los pueblos desarrollados: *civilización griega.*

civilizado, da adj. Aplícase al que emplea el lenguaje y las costumbres de la gente culta (ú. t. c. s.). || Que tiene civilización.

civilizar v. t. Sacar del estado de barbarie. || Educar, ilustrar (ú. t. c. pr.).

civismo m. Virtud del buen ciudadano. || Cortesía, educación.

cizalla f. Tijeras grandes o máquina para cortar metal.

cizaña f. Planta gramínea que perjudica los sembrados. || *Fig.* Cosa mala o que echa a perder otra cosa: *separar la cizaña del buen grano.* | Motivo de discordia o enemistad: *meter o sembrar cizaña.*

Cl, símbolo químico del *cloro.*

cla, V. TLA (para ciertas voces mexicanas).

clamar v. t. Desear vivamente: *clamar venganza.* || — V. i. Quejarse implorando favor o socorro. || Hablar con vehemencia. || Protestar. || Tener necesidad de algo.

clamor m. Grito: *los clamores de una muchedumbre.* || Aclamación.

clan m. En Escocia o Irlanda, tribu o familia. || Grupo de personas unidas por un interés común.

clandestinidad f. Calidad de clandestino.

clandestino, na adj. Secreto.

clara f. Parte transparente y líquida que rodea la yema del huevo. || Mezcla de cerveza y gaseosa. || — Pl. Amanecer, claridad: *me levanto a las claras del día.*

claraboya f. Ventana en el techo.

clarear v. t. Poner más claro: *clarear un color.* || Dar claridad o luz. || — V. i. Amanecer: *al clarear el día.* || Despejarse las nubes: *el cielo clarea.* || — V. pr. Transparentarse: *tu vestido se clarea.*

clarete adj. Dícese del vino tinto ligero y de color más claro que éste realizado mediante una fermentación más corta (ú. t. c. s. m.).

claridad f. Condición de claro. || Luz: *la claridad del amanecer.* || *Fig.* Nitidez: *la claridad de su prosa.* | Lucidez: *claridad de juicio.*

clarificación f. Acción de clarificar.

clarificar v. t. Poner claro un líquido: *clarificar el vino.* || Aclarar.

clarín m. Trompeta de sonido muy agudo y músico que la toca.

clarinete m. *Mús.* Instrumento de viento formado por una boquilla de lengüeta de caña y un tubo de madera con agujeros que se tapan con los dedos o con llaves. || — Com. Músico que lo toca.

clarinetista m. Músico que toca el clarinete.

clarividencia f. Lucidez.

clarividente adj. Lúcido.

claro, ra adj. Que tiene mucha luz, luminoso: *una cosa clara.* || Definido, preciso: *una fotografía clara.* || Transparente: *agua clara.* || Limpio, sin nubes: *cielo claro.* || Pálido, poco subido: *verde claro.* || Poco consistente: *chocolate claro.* || Poco apretado o tupido: *pelo claro.* || Perceptible, inteligente: *prosa clara.* || Expresado sin rebozo: *lenguaje claro.* || Evidente, manifiesto: *verdad clara.* || *Fig.* Ilustre: *de claro linaje.* || ¡*Claro!* o ¡*claro está!,* expresión usada para manifestar conformidad. || — M. Abertura. | Espacio, intervalo. || Claridad: *claro de luna.* || Calva en un bosque. || Interrupción, cese: *un claro de lluvia.* || — Adv. Claramente: *explicarse claro.*

claroscuro m. *Pint.* Técnica que utiliza sólo la luz y sombra omitiendo los diversos colores.

clase f. Conjunto de personas que tienen la misma función, los mismos intereses o la misma condición en una sociedad: *la clase obrera, campesina.* || Conjunto de objetos que poseen uno o varios caracteres comunes. || Distinción: *tiene mucha clase.* || Cada una de las grandes divisiones de los seres vivientes, subdividida en órdenes. || Conjunto de alumnos que reciben la enseñanza de un profesor: *el primero de la clase.* || Enseñanza dada por un profesor: *clase de matemáticas.* || Sala, aula en que se dan los cursos. || Actividad docente. || — *Clase media,* clase social formada por las personas que viven de un trabajo no manual. || *Clases pasivas,* la formada por las personas que reciben del Estado una pensión de jubilación, viudedad, orfandad. || *Lucha de clases,* oposición irreductible, según los principios marxistas, existente entre los trabajadores, que ponen en acción los medios de producción, y los capitalistas, que poseen estos medios.

clasicismo m. Conjunto de caracteres propios a la Antigüedad grecolatina o al período de grandes realizaciones artísticas en un país.

clásico, ca adj. Perteneciente a la Antigüedad grecolatina o al período de mayor esplendor literario o artístico de un país: *las lenguas clásicas.* || Dícese de aquello que se considera modelo en su género: *obra actualmente clásica.* || Dícese de la música de los grandes autores por oposición a la música moderna. || Conforme a un ideal, a las normas o a las costumbres establecidas: *vestido de forma muy clásica.* || *Fam.* Habitual, común, corriente.

clasificación f. Distribución sistemática en diversas categorías.

clasificador, ra adj. y s. Que clasifica.

clasificar v. t. Ordenar por clases.

claudia adj. Dícese de una clase de ciruelas muy dulces y jugosas.

claudicación f. Cojera. || *Fig.* Sometimiento.

claudicar v. i. Cojear. || *Fig.* Ceder, someterse.

claustro m. Galería que cerca el patio principal de una iglesia o convento. || Junta de los profesores de una universidad o colegio. || *Claustro materno,* matriz.

claustrofobia f. *Med.* Aversión morbosa y de angustia producida por la permanencia en lugares cerrados.

cláusula f. *For.* Cada una de las condiciones, disposiciones de un contrato, testamento, documento, etc. || *Gram.* Oración.

clausura f. Aislamiento en que viven ciertos religiosos. || Vida religiosa o encerrada en algún convento. || Acto solemne con que terminan las deliberaciones de un tribunal, asamblea o reunión, etc. || Terminación de un congreso, asamblea, etc. || Cierre.

clausurar v. t. Cerrar una universidad, las cortes, una sesión, los tribunales, etc. || Dar por terminada una exposición, una feria, etc.

clavado, da adj. Adornado con clavos. || *Fig.* Puntual, exacto: *llegó a las seis clavadas.* | Pintiparado: *este traje le está clavado.* | Parecido: *es clavado a su hermano.* || — M. *Amer.* Salto de trampolín. || *Méx.* Hombre que se tira al mar desde rocas muy elevadas.

clavar v. t. Poner clavos. || Fijar con clavos. || *Fig.* Fijar: *clavar la mirada.* || *Fig.* y *fam.* Cobrar muy caro. || — V. pr. Hincarse una cosa puntiaguda.

clave f. Explicación de los signos convenidos para escribir en cifra. || Explicación. || *Mús.* Signo que indica la entonación: *clave de sol.* || — M. *Mús.* Clavicordio. || — Adj. inv. Esencial, capital: *el argumento clave.*

clavecín m. *Mús.* Clavicordio.

clavel m. Planta de flores.

clavellina f. Cierta clase de clavel.

clavicémbalo m. *Mús.* Instrumento de cuerdas del s. XVIII, semejante al piano.

clavicordio m. *Mús.* Instrumento de cuerdas y teclado.

clavícula f. *Anat.* Cada uno de los dos huesos largos situados transversalmente en la parte superior del pecho y que unen el esternón con los omóplatos.

clavicular adj. De la clavícula.

clavija f. Pieza de madera, metal u otra materia que se usa para ensamblajes o para tapar un agujero. || La que sirve, en los instrumentos músicos con mástil, para asegurar o atirantar las cuerdas. || Parte macho de un enchufe. || Pieza con una varilla metálica utilizada para conectar un teléfono a la red.

clavo m. Piececilla metálica, con cabeza y punta, que se hinca en un cuerpo para sujetar alguna cosa. || Capullo seco de una flor que se usa como especia. || *Med.* Punto central de la masa de pus de un furúnculo o divieso.

claxon m. Bocina de los automóviles.

clearing [*klirin*] m. (pal. ingl.). Compensación en las operaciones financieras o comerciales.

83

clemencia f. Virtud que consiste en perdonar o moderar el rigor.

clemente adj. Que tiene clemencia. || *Fig.* Poco riguroso: *tiempo clemente.*

clementina f. Mandarina sin huesos.

cleptomanía f. Propensión morbosa al robo.

clerecía f. Conjunto de personas eclesiásticas.

clerical adj. Del clero.

clérigo m. Sacerdote.

clero m. Conjunto de sacerdotes.

cliché m. Plancha o grabado en metal para la impresión. || Imagen fotográfica negativa. || *Fig.* Tópico, frase hecha.

cliente, ta m. y f. Respecto de una persona que ejerce una profesión, la que utiliza sus servicios. || Respecto de un comerciante, el que compra en su establecimiento. (Puede emplearse también *cliente* en género femenino.)

clientela f. Conjunto de clientes.

clima m. Conjunto de fenómenos meteorológicos que caracterizan el estado atmosférico y su evolución en un lugar determinado. || *Fig.* Atmósfera moral.

climático, ca adj. Del clima.

climatización f. Acondicionamiento del aire.

climatizar v. t. Acondicionar el aire.

clímax m. Gradación. || Momento culminante de un proceso, de un poema o de una acción dramática o cinematográfica. || Momento o punto más alto o culminante de un proceso.

clínico, ca adj. Perteneciente o relativo a la enseñanza práctica de la medicina: *hospital clínico.* || — F. Hospital privado.

clip m. Sujetapapeles de alambre o plástico. || Alhaja o adorno femenino que se sujeta mediante presión o agujas. || Horquilla para el pelo. || Película en vídeo de corta duración en la que se exhibe o canta un artista.

clisé m. Cliché.

clítoris m. *Anat.* Pequeño órgano eréctil en la parte superior de la vulva.

cloaca f. Conducto por donde van las aguas sucias de una ciudad.

clorhídrico adj. m. *Ácido clorhídrico,* combinación de cloro e hidrógeno.

cloro m. *Quím.* Cuerpo simple (Cl), de número atómico 17, de color amarillo verdoso y olor fuerte.

clorofila f. *Bot.* Pigmento verde de los vegetales.

cloroformización f. Anestesia por medio del cloroformo.

cloroformizar v. t. Someter a la acción anestésica del cloroformo.

cloroformo m. Líquido incoloro, de olor etéreo, resultante de la acción del cloro sobre el alcohol, y que se emplea como anestésico.

cloromicetina f. Poderoso antibiótico.

club m. Asamblea política: *club revolucionario.* || Sociedad deportiva, literaria, de recreo, etc.

clube m. Club.

clueca adj. y s. f. Dícese del ave cuando empolla: *gallina clueca.*

cm, símbolo del *centímetro.*

Cm, símbolo químico del *curio.*

Co, símbolo químico del *cobalto.*

coacción f. Violencia con que se obliga a uno a hacer una cosa.

coaccionar v. t. Hacer coacción.

coactivo, va adj. Que obliga.

coadjutor, ra m. y f. Persona que ayuda a otra en sus funciones.

coadyuvar v. t. e i. Ayudar.

coagulación f. Acción de coagular.

coagular v. t. Cuajar, solidificar lo líquido. Ú. t. c. pr.: *la sangre se coagula al aire.*

coágulo m. Masa de sustancia cuajada. || Sangre coagulada.

coahuilense adj. y s. Del Estado de Coahuila (México).

coalición f. Unión.

coartada f. *For.* Prueba que hace el reo de haber estado ausente del sitio en el momento en que se cometió el delito.

coartar v. t. Limitar, restringir.

coatí m. Pequeño mamífero carnicero de América de color pardo grisáceo y cola negra.

coautor, ra m. y f. Autor con otro u otros.

coba f. *Fam.* Lisonja, halago.

cobalto m. Metal blanco rojizo (Co), de número atómico 27, densidad 8,8 y punto de fusión a 1490˚C. || *Bomba de cobalto,* generador de rayos gamma terapéuticos emitidos por una carga de radiocobalto.

cobanero, ra adj. y s. De Cobán (Guatemala).

cobarde adj. y s. Miedoso.

cobardía f. Falta de ánimo y valor, miedo.

cobaya f. y **cobayo** m. Conejillo de Indias.

cobear v. i. *Fam.* Adular.

cobertizo m. Tejado saledizo para resguardarse de la lluvia, para dar sombra, etc. || Sitio cubierto por techo saledizo.

cobertor m. Manta ligera.

cobertura f. Lo que sirve para cubrir o tapar una cosa. || Acción hecha para cubrir una responsabilidad. || Valores que sirven para garantizar una operación financiera o comercial.

cobijamiento m. Acción de cobijar.

cobijar v. t. Cubrir o tapar (ú. t. c. pr.). || Albergar (ú. t. c. pr.).

cobijeño, ña adj. y s. De Cobija (Bolivia).

cobijo m. Cobijamiento.

cobista adj. y s. *Fam.* Adulador.

cobla f. Banda de música en Cataluña.

cobol m. Lenguaje de programación usado en informática para resolver problemas de gestión.

cobra f. Serpiente venenosa.

cobrador, ra adj. y s. Que cobra.

cobranza f. Acción de cobrar.

cobrar v. t. Percibir uno lo que se le debe: *cobrar el sueldo.* || Tomar o sentir cierto afecto: *cobrar cariño.* || Coger, apoderarse. || Recuperar: *cobrar ánimo.* || Adquirir: *cobrar mala fama.* || *Fam.* Recibir castigo: *cobrar una torta.* || Recoger el resto de los animales matados por el cazador. || — V. pr. Pagarse.

cobre m. Metal (Cu), de número atómico 29, de color pardo rojizo cuando está puro. || *Amer.* Moneda de este metal de escaso valor. || Batería de cocina cuando es de este metal. || — Pl. *Mús.* Conjunto de los instrumentos metálicos de viento de una orquesta. || *Edad de o del cobre,* primer período de la edad de los metales.

cobrizo, za adj. De cobre.

cobro m. Cobranza. || Pago.

coca f. Arbusto del Perú de cuyas hojas se extrae la cocaína. || Cocaína.

cocaína f. *Fam.* Alcaloide que se extrae de la coca y que se utiliza como anestésico y como excitante.

cocainismo m. Abuso de la cocaína.

cocainómano, na adj. y s. Que abusa de tomar cocaína.

coccinela f. Mariquita.

coccinélidos m. pl. Familia de insectos coleópteros, como la mariquita (ú. t. c. adj.).

cocción f. Acción de cocer.

cóccix m. *Anat.* Hueso pequeño al final de la columna vertebral.

cocear v. i. Dar coces.

cocer v. t. Preparar los alimentos por medio del fuego. || Someter una sustancia a la acción del fuego: *cocer ladrillos*. || — V. i. Hervir un líquido: *el agua cuece*.

cochabambino, na adj. y s. De Cochabamba (Bolivia).

cochambre f. *Fam.* Suciedad.

cochambroso, sa adj. y s. Sucio.

coche m. Carruaje, generalmente de cuatro ruedas. || Automóvil: *coche de carreras*. || Vagón de ferrocarril. || Coche cama, vagón de ferrocarril con camas para dormir.

cochera adj. f. Dícese de la puerta por donde pasan los vehículos. || — F. Lugar donde se guardan los coches, garaje.

cochinería f. Porquería.

cochinilla f. Insecto hemíptero de color rojo. || Pequeño crustáceo terrestre.

cochinillo m. Lechón.

cochino, na m. y f. Cerdo. || — Adj. y s. *Fig.* y fam. Sucio, puerco. | Cicatero, ruin. | Sucio, grosero. || — Adj. *Fam.* Asqueroso.

cochura f. Cocción.

cocido m. Plato muy popular en España que consiste en un guisado de carne, tocino y chorizo con garbanzos y algunas verduras.

cociente m. Resultado obtenido al dividir una cantidad por otra. || *Cociente intelectual*, índice de la capacidad intelectual que se determina por medio de tests.

cocimiento m. Cocción.

cocina f. Habitación donde se guisa la comida. || Aparato para guisar: *una cocina de carbón*. || Arte de preparar los manjares.

cocinar v. t. Guisar.

cocinero, ra m. y f. Persona que guisa por oficio.

cockney adj. (pal. ingl.). Que pertenece a los naturales de Londres que tienen un acento popular (ú. t. c. s.). || — M. Habla jergal de los habitantes de Londres.

cock-tail [cóctel] m. (pal. ingl.). Cóctel.

coclesano, na adj. y s. De Coclé (Panamá).

coco m. Cocotero. || Fruto de este árbol. || *Bot.* Micrococo, bacteria de forma esférica. || *Fam.* Fantasma con que se mete miedo a los niños. | Cabeza. | Persona muy fea. || Moño de pelo.

cococha f. Parte carnosa en la parte baja de la merluza y del bacalao.

cocodrilo m. Reptil anfibio, de cuatro a cinco metros de largo, cubierto de escamas.

cocoliche m. *Arg.* Habla hispanoitaliana popular. || — M. y f. Persona que la habla.

cocotero m. Palmera de los países tropicales.

cóctel o **coctel** m. Combinación de bebidas alcohólicas y hielo. || Reunión donde se dan.

codaste m. *Mar.* Madero que sostiene la armazón de la popa y el timón.

codazo m. Golpe con el codo.

codear v. i. Mover mucho los codos: *abrirse paso codeando*. || *Amer.* Pedir dinero. || — V. pr. Tener trato con otras personas.

codeína f. Alcaloide calmante sacado de la morfina o del opio.

códice m. Libro manuscrito antiguo: *el códice del poema del Cid; los códices mayas*.

codicia f. Ambición, ansia exagerada.

codiciar v. t. Ambicionar, ansiar.

codicilo m. *For.* Cláusula adicional que modifica un testamento. | (Ant.) Testamento.

codicioso, sa adj. y s. Que tiene codicia.

codificación f. Recopilación de leyes. || Transformación de la formulación de un mensaje por medio de un código determinado.

codificador, ra adj. y s. Que codifica.

codificar v. t. Unir en un cuerpo único textos legislativos que tratan de la misma materia. || Transformar, mediante un código, la formulación de un mensaje.

código m. Cuerpo de leyes dispuestas según un plan metódico y sistemático. || Recopilación de las leyes y estatutos de un país: *código civil, penal, de comercio, etc.* || Reglamento: *código de la circulación*. || *Código postal*, conjunto de cifras que permite identificar la oficina de Correos encargada de repartir las cartas y que facilita la clasificación de las mismas.

codo m. Parte posterior y prominente de la articulación del brazo con el antebrazo.

codorniz f. Ave gallinácea.

coeficiente adj. Que juntamente con otra cosa produce un efecto. || — M. Índice, tasa: *coeficiente de incremento*. || Grado: *coeficiente de invalidez*. || Valor relativo que se atribuye a cada prueba de un examen. || *Mat.* Número que se coloca delante de una cantidad para multiplicarla: $2 (a + b)$.

coendú m. *Amer.* Puerco espín.

coercer v. t. Forzar.

coerción f. Obligación.

coercitivo, va adj. Que obliga.

coetáneo, a adj. y s. Contemporáneo.

coexistencia f. Existencia simultánea.

coexistente adj. Que coexiste.

coexistir v. i. Existir una persona o cosa a la vez que otra.

cofa f. *Mar.* Plataforma pequeña en un mastelero.

cofia f. Gorro de encaje o blonda que usaban las mujeres para abrigar y adornar la cabeza. || El que hoy usan las enfermeras, criadas, niñeras, etc. || *Bot.* Cubierta que protege la extremidad de las raíces, pilorriza.

cofrade com. Miembro de una cofradía.

cofradía f. Asociación o hermandad de personas devotas. || Grupo o asociación para un fin preciso.

cofre m. Caja a propósito para guardar: *cofre de alhajas*. || Baúl.

coger v. t. Asir, agarrar o tomar: *coger de o por la mano* (ú. t. c. pr.). || Apoderarse de: *coger muchos peces*. || Tomar: *cogió el trabajo que le di*. || Reco-

ger los frutos de la tierra: *coger la uva*. || Contener: *esta tinaja coge cien litros de aceite*. || Ocupar: *la alfombra coge toda la sala*. || Alcanzar, adelantar: *el coche cogió el camión*. || Apresar: *cogieron al asesino*. || Subirse: *cogí el tren*. || Encontrar: *coger a uno de buen humor*. || Sorprender: *le cogió la lluvia*. || Contraer enfermedad: *coger un resfriado*. || Experimentar, tener: *he cogido frío*. || Cubrir el macho a la hembra. || Adquirir: *cogió esa manía*. || Cobrar, tomar: *les he cogido cariño*. || Atropellar: *ser cogido por un automóvil*. || *Fig.* Entender: *no han cogido lo que te dije*. || Herir o enganchar el toro con los cuernos a uno. || Captar: *coger Radio España*. || Tomar, recoger: *he cogí sus palabras en cinta magnetofónica*. || Elegir: *he cogido lo que me pareció mejor*. || — V. i. Tomar, dirigirse: *coger a la derecha*. || *Fam.* Caber: *el coche no coge en el garaje*. || Arraigar una planta.
— OBSERV. *Coger* tiene en algunos países de América un sentido equívoco y se sustituye por otros verbos (*tomar, agarrar, alcanzar*, etc.).

cogestión f. Administración ejercida por varias personas.

cogida f. Cornada.

cogitación f. Reflexión.

cogitar v. t. Pensar.

cogollo m. Parte interior de la lechuga, la col, etc. || Brote de un árbol y otras plantas. || *Fig.* Centro. | Lo mejor, élite.

cogorza f. *Pop.* Borrachera.

cogote m. Nuca.

cogujada f. Especie de alondra.

cogulla f. Hábito religioso.

coh m. *Méx.* Tigre, jaguar.

cohabitación f. Estado de las personas que viven juntas.

cohabitar v. i. Vivir una persona con otra.

cohechar v. t. Sobornar, corromper.

cohecho m. Soborno, corrupción.

coheredero, ra m. y f. Heredero con otro u otros.

coherencia f. Cohesión.

coherente adj. Que se compone de partes unidas y armónicas.

cohesión f. Adherencia, fuerza que une las moléculas de un cuerpo. || *Fig.* Unión.

cohete m. Tubo cargado de pólvora que se eleva por sí solo y al estallar en el aire produce efectos luminosos diversos en forma y color. || Artificio de uno o más cuerpos que se mueve en el aire por propulsión a chorro y se emplea con fines de guerra o científicos: *cohete espacial*.

cohibición f. Acción y efecto de cohibir.

cohibir v. t. Coartar, contener, reprimir (ú. t. c. pr.). || Intimidar: *su presencia le cohíbe*.

cohorte f. *Fig.* Serie. | Acompañamiento.

coima f. Querida, concubina. || Soborno.

coimear v. i. *Amer.* Dejarse sobornar. | Sobornar.

coimero, ra adj. *Amer.* Que se deja sobornar (ú. t. c. s.).

coincidencia f. Concurso de circunstancias, concordancia.

coincidente adj. Que coincide.

coincidir v. i. Ajustarse una cosa con otra: *coincidir en los gustos*. || Suceder al mismo tiempo.

coipo y **coipu** m. *Arg.* y *Chil.* Especie de castor.

coito m. Cópula carnal.

cojear v. i. Caminar inclinando el cuerpo más de un lado que de otro. || No guardar el debido equilibrio un mueble en el suelo. || *Fig.* No ir bien: *negocio que cojea*.

cojera f. Defecto del cojo.

cojín m. Almohadón.

cojinete m. *Mec.* Pieza de acero o de fundición que se fija a las traviesas del ferrocarril y sujeta los rieles. | Pieza en la que se apoya y gira un eje: *cojinete de bolas*.

cojo, ja adj. y s. Que cojea. || Falto de una pierna o pata.

cok m. Coque.

col f. Planta crucífera de huerta.

cola f. Rabo largo y flexible en la región posterior del cuerpo de numerosos vertebrados, cuyo esqueleto no es más que una prolongación de la columna vertebral. || Extremidad del cuerpo opuesto a la cabeza: *la cola de un escorpión*. || Conjunto de plumas largas que tienen las aves al final del cuerpo. || Parte del vestido que cuelga o arrastra por detrás: *la cola de un traje de novia*. || Estela luminosa que acompaña el cuerpo de un cometa. || Cualquier apéndice que está en la parte de atrás de una cosa. || *Fig.* Final, último lugar: *en la cola de la lista*. | Último puesto: *la cola de la clase*. | Fila o serie de personas que esperan que les llegue su turno: *ponerse en cola*. | Consecuencias que se derivan de algo: *esto traerá mucha cola*. || Parte posterior del avión. || Sustancia de gelatina que sirve para pegar.

colaboración f. Acción y efecto de colaborar.

colaboracionismo m. En guerra, ayuda prestada al enemigo.

colaborador, ra adj. Que colabora. || Dícese de la persona que trabaja con otra en una obra común (ú. t. c. s.). || Dícese de la persona que escribe habitualmente en un periódico o revista (ú. t. c. s.).

colaborar v. i. Trabajar con otros en obras literarias, artísticas, científicas, etc. || Escribir habitualmente en un periódico o revista. || Ser colaboracionista en política.

colación f. Cotejo, comparación. || Comida ligera.

colacionar v. t. Comparar.

colada f. Lavado de ropa con lejía y esta lejía. || Ropa lavada así.

colador m. Utensilio de cocina que sirve para filtrar café, té, etc.

coladura f. Filtrado. || *Fig.* Metedura de pata. | Equivocación.

colapsar v. i. *Fig.* Paralizar o disminuir mucho una actividad (ú. t. c. pr.). || Sufrir un colapso. || — V. t. Producir colapso.

colapso m. *Med.* Postración repentina de las fuerzas vitales y de la presión arterial sin síncope. || *Fig.* Paralización. | Destrucción, aniquilamiento de una institución, sistema, estructura, etc.

colar v. t. Filtrar, pasar a través de un colador para separar las partículas sólidas que contiene. || Hacer la colada de la ropa. || Vaciar: *hierro colado*. || *Fig.* Hacer pasar como verdadero lo que no lo es. || — V. i. Pasar. || *Fig.* Intentar dar apariencia de verdad a lo que es falso: *esta noticia falsa no ha colado*. || Introducirse por un sitio estrecho. || — V. pr. Pasar una persona con disimulo a escondidas: *colarse en los toros*. || Meterse sin respetar su turno: *se coló* en la fila. ‖ *Fam.* Cometer un error, equivocarse. ‖ Meter la pata.

colateral adj. Lateral, adyacente por un lado. ‖ Aplícase al pariente que no lo es por línea directa (ú. t. c. s.).

colcha f. Cubierta de cama.

colchagüino, na adj. y s. De Colchagua (Chile).

colchón m. Saco o cojín grande, relleno de lana, pluma u otra materia esponjosa, como la goma, colocado encima de la cama para dormir. ‖ *Colchón neumático*, el que se infla con aire.

colchoneta f. Colchón estrecho.

colección f. Reunión de varias cosas que tienen entre sí cierta relación.

coleccionador, ra y **coleccionista** adj. Dícese de la persona que colecciona (ú. t. c. s.).

coleccionar v. t. Hacer colección.

colecistitis f. Inflamación de la vesícula biliar.

colecta f. Recaudación.

colectar v. t. Recaudar.

colectividad f. Comunidad de los miembros que forman una sociedad.

colectivismo m. Sistema político y económico que propugna la solución del problema social a través de la comunidad de los medios de producción en beneficio de la colectividad.

colectivista adj. Del colectivismo. ‖ — M. Partidario de este sistema.

colectivizar v. t. Poner los medios de producción y de intercambio al servicio de la colectividad por la expropiación o la nacionalización.

colectivo, va adj. Relativo a cualquier agrupación de individuos. ‖ Realizado por varios: *demanda colectiva*. ‖ — M. Conjunto de personas que participan de forma concertada en una actividad. ‖ *Arg.* Autobús pequeño.

colector m. Recaudador.

colédoco m. *Anat.* Canal del hígado que conduce la bilis al duodeno (ú. t. c. adj.).

colega com. Compañero en un colegio, iglesia, corporación, etc. ‖ Persona que tiene el mismo cargo.

colegiación f. Inscripción en un colegio oficial.

colegiado, da adj. Dícese de la persona que pertenece al colegio de su profesión: *médico colegiado* (ú. t. c. s.). ‖ Formado por varias personas: *tribunal colegiado*.

colegial adj. Relativo al colegio. ‖ Que pertenece a un capítulo de canónigos: *iglesia colegial*. ‖ — M. Estudiante en un colegio.

colegiala f. Alumna de colegio.

colegiarse v. pr. Inscribirse en un colegio. ‖ Constituirse en colegio.

colegiata f. Iglesia que posee un cabildo colegial.

colegio m. Establecimiento de enseñanza. ‖ Corporación, asociación oficial formada por individuos que pertenecen a una misma profesión: *colegio de abogados*. ‖ Conjunto de personas que tienen la misma función: *colegio cardenalicio*. ‖ — *Colegio electoral*, conjunto de personas que tienen derecho a elegir a sus representantes. ‖ *Colegio mayor*, centro público o privado, adscrito a una Universidad, que proporciona alojamiento y ambiente al estudiante contribuyendo así al pleno desarrollo de la personalidad de éste.

colegir v. t. Juntar. ‖ Deducir.

coleóptero, ra adj. y s. Dícese de los insectos que tienen boca para masticar, caparazón consistente y dos élitros córneos que cubren dos alas membranosas, plegadas cuando el animal no vuela. ‖ — M. pl. Orden de estos insectos.

cólera f. Ira, enfado. ‖ — M. *Med.* Enfermedad epidémica caracterizada por vómitos, diarreas y dolores intestinales.

colérico, ca adj. Enojado, iracundo.

colesterol m. y **colesterina** f. *Med.* Sustancia grasa que se encuentra en todas las células, en la sangre, etc., en un 1,5 a 2 por mil, y en mayor cantidad en la bilis.

coleta f. Trenza de pelo en la parte posterior de la cabeza.

coletilla f. Repetición.

colgadura f. Tapices o cortinas.

colgante adj. Que cuelga.

colgar v. t. Sujetar algo por su parte superior, pender, suspender. ‖ Ahorcar: *lo colgaron por criminal.* ‖ Poner el microteléfono en su sitio e interrumpir la comunicación telefónica. ‖ *Fig.* y *fam.* Suspender en un examen: *le colgaron dos asignaturas.* ‖ Endilgar, cargar: *me colgó un trabajo molesto.* ‖ Achacar, imputar, atribuir: *le colgaron ese sambenito.* ‖ Abandonar: *colgó los hábitos.* ‖ — V. i. Estar suspendido. ‖ Caer demasiado de un lado. ‖ *Méx.* Retrasarse.

colibrí m. Pájaro mosca.

cólico m. Trastorno orgánico que provoca contracciones espasmódicas en el colon y dolores violentos acompañados de diarrea. ‖ *Cólico nefrítico* o *renal,* el causado por el paso de un cálculo por las vías urinarias.

coliflor f. Variedad de col comestible.

coligarse v. pr. Unirse, aliarse.

colilla f. Punta de cigarrillo.

colimense o **colimeño, ña** o **colimote, ta** adj. y s. De Colima (México).

colina f. Elevación de terreno.

colindante adj. Limítrofe.

colindar v. i. Limitar.

coliseo m. Teatro.

colisión f. Choque.

colista adj. y s. Último.

colitis f. Inflamación del colon.

colla adj. Dícese del indio aimará que habita en las mesetas andinas de Bolivia y en el norte de la Argentina (ú. t. c. s.).

collado m. Colina.

collar m. Adorno que rodea el cuello. ‖ *Mec.* Anillo, abrazadera circular.

collera f. Collar de cuero para caballerías y bueyes.

colmado m. Tasca, taberna.

colmar v. t. Llenar.

colmena f. Habitación artificial para las abejas.

colmillo m. Diente canino, colocado entre los incisivos y la primera muela. ‖ Cada uno de los dos dientes largos del elefante.

colmo m. Lo que rebasa la medida. ‖ *Fig.* Complemento o término de alguna cosa: *el colmo de una obra.* ‖ Último extremo o grado máximo: *el colmo de la locura.*

colocación f. Acción y efecto de colocar o colocarse. ‖ Situación de una cosa. ‖ Empleo, puesto. ‖ Inversión de dinero.

colocar v. t. Poner en un lugar: *colocar libros en el estante.* || Hacer tomar cierta posición: *colocar los brazos en alto.* || Emplear a uno, dar un empleo: *lo colocó en la imprenta.* || Encontrar trabajo. Ú. t. c. pr.: *me coloqué en Larousse.* || Invertir dinero. || Contar, endilgar: *colocó sus chistes de siempre.* || — V. pr. Fam. Entonarse tomando drogas.

colofón m. Remate, fin.

cologaritmo m. *Mat.* Logaritmo del inverso de un número.

colombianismo m. Voz o giro del castellano hablado en Colombia. || Condición de colombiano. || Amor a Colombia y a sus cosas.

colombiano, na adj. y s. De Colombia || — M. Modalidad del castellano hablado en Colombia.

colombicultura f. Arte de criar palomas.

colombino, na adj. Relativo a Cristóbal Colón.

colon m. Parte del intestino grueso, entre el ciego y el recto.

colón m. Unidad monetaria de Costa Rica y El Salvador.

colonia f. Grupo de gente que va de un país a otro para poblarlo o establecerse en él. || País donde se establece esta gente. || Establecimiento fundado por una nación en otro país y gobernado por la metrópoli: *las colonias británicas.* || Conjunto de los naturales de un país, región o provincia que viven en una ciudad: *la colonia española de Buenos Aires.* || Reunión de personas o animales que viven juntas. || Grupo de niños que pasan juntos las vacaciones: *colonia escolar.* || Barrio en la periferia de una ciudad. || Agua de Colonia.

coloniaje m. Período de la dominación española en América. || Época colonial de cualquier país.

colonial adj. De la colonia.

colonialismo m. Doctrina imperialista que sólo considera la colonización como medio de prosperidad de la nación colonizadora.

colonialista adj. y s. Perteneciente o relativo al colonialismo.

coloniense adj. y s. De Colonia (Uruguay).

colonización f. Acción y efecto de colonizar. || Movimiento de población de un país (metrópoli) a otro (colonia). || Transformación de un país en territorio dependiente de la metrópoli.

colonizador, ra adj. y s. Que coloniza.

colonizar v. t. Transformar en colonia una tierra extranjera. || Poblar ésta de colonos.

colono m. Habitante de una colonia. || Labrador arrendatario.

coloquial adj. De la conversación.

coloquio m. Conversación. || Reunión para estudiar un problema.

color m. Impresión producida en los ojos por la luz difundida por los cuerpos. || Lo que se opone al negro o al blanco. || Sustancia colorante. || *Fig.* Brillo, luminosidad: *relato lleno de color.* | Carácter propio de una opinión, de un partido político: *ideas de un color indefinido.* | Apariencia, aspecto: *describir con colores trágicos.* || Colorido del rostro: *tienes mal color.* || Cada uno de los cuatro atributos que distinguen los palos de los naipes: *escalera de color.* || Escalera de color en el póker. || *Pop.* Droga. || — Pl. Señal distintiva que distinguen las banderas nacionales: *los colores de la Argentina.*

coloración f. Color.

colorado, da adj. Que tiene color. || Rojo (ú. t. c. s. m.). || Dícese en Uruguay del Partido Liberal y de los miembros de éste (ú. t. c. s.): *el Partido Colorado tiene como contrario al Partido Blanco o conservador.*

colorante adj. Que da color. || — M. Sustancia natural o artificial que da un color determinado.

colorar v. t. Colorear.

colorear v. t. Dar color.

colorete m. Afeite de color rojo.

colorido m. Arte de disponer el grado e intensidad de los colores de una pintura. || Efecto que resulta de la mezcla y el empleo de los colores. || *Fig.* Color: *el colorido de las mejillas.* | Brillo: *lleno de colorido.* | Animación.

colosal adj. De gran tamaño. || *Fig.* Inmenso. | Formidable.

coloso m. Estatua muy grande: *el coloso de Rodas.* || Hombre muy grande: *el coloso Sansón.* || *Fig.* Persona de gran importancia.

colúmbidos m. pl. Orden de aves (palomas, etc.) [ú. t. c. adj.].

columbrar v. t. Ver.

columna f. Pilar cilíndrico con base y capitel que sostiene un edificio: *columna corintia.* || Monumento conmemorativo en forma de columna: *la columna de Trajano.* || *Fig.* Apoyo, sostén, pilar, puntal: *las columnas de la sociedad.* || *Fís.* Masa de fluido de forma cilíndrica: *la columna del termómetro.* || *Impr.* Parte de una página de libro o diario dividida verticalmente. || *Mil.* Masa de tropas dispuestas en formación de poco frente y mucho fondo. || *Columna vertebral,* espina dorsal.

columnata f. Serie de columnas.

columpiar v. t. Mecer en el columpio.

columpio m. Asiento suspendido entre dos cuerdas para mecerse.

colusión f. Acuerdo entre varios para perjudicar a un tercero.

colza f. Especie de col de flores amarillas y semillas oleaginosas. || Esta semilla, de la que se extrae cierta clase de aceite comestible.

coma f. Signo de puntuación en forma de trazo un poco curvado hacia la izquierda que sirve para separar las diferentes frases, de una oración. || El mismo signo que se utiliza para separar la parte entera de la decimal en un número. || Ménsula de las sillas de coro. || — M. Estado mórbido caracterizado por un sopor profundo, la pérdida total o parcial de la inteligencia, de la sensibilidad y del movimiento voluntario, sin perder las funciones respiratorias y de circulación.

comadre f. Partera. || Madrina de un niño respecto del padrino o los padres del niño. || La madre respecto de la madrina.

comadrear v. i. *Fam.* Criticar.

comadreja f. Mamífero carnicero.

comadreo m. Chismorreo.

comadrona f. Partera.

comandancia f. Grado de comandante. || División militar al mando de un comandante. || Edificio donde está la oficina del Comandante militar.

comandante m. Oficial superior en los ejércitos de tierra y de aire, entre el capitán y el teniente coronel. || Militar con mando.

comandar v. t. *Mil.* Mandar.

comandita f. *Sociedad en comandita,* sociedad comercial en la que una parte de los socios aportan el capital sin participar en la gestión.

comanditar v. t. Dar fondos a una empresa industrial o comercial.

comanditario, ria adj. y s. Dícese del que aporta el capital en una sociedad en comandita.

comando m. *Mil.* Unidad militar de pocos elementos encargada de misiones especiales.

comarca f. Región.

comayagüense adj. y s. De Comayagua (Honduras).

comba f. Saltador, cuerda para saltar. || Juego de niñas en que se salta con una cuerda.

combar v. t. Torcer (ú. t. c. pr.).

combate m. Lucha.

combatiente adj. y s. Luchador.

combatir v. i. Luchar. || — V. t. Golpear, batir el viento, las olas. || Luchar contra, oponerse a: *combatir la fiebre, el terrorismo.*

combatividad f. Inclinación a la lucha, al combate.

combativo, va adj. Luchador.

combinación f. Unión, arreglo, en cierto orden, de cosas semejantes o diversas. || Unión de varios cuerpos químicos para formar uno nuevo. || Prenda de ropa interior de las mujeres debajo del vestido. || Bebida alcohólica hecha mezclando otras. || *Mat.* Cada una de las formas en que es posible agrupar *n* objetos de entre *m* dados. || Clave que permite abrir un candado o caja fuerte. || *Fig.* Medidas tomadas o cálculos para asegurar el éxito de una empresa. | Arreglo, intriga. | Plan. || Enlace entre diferentes medios de transporte público.

combinado m. Complejo industrial. || Combinación, bebida. || *Dep.* Equipo formado por una selección de jugadores de diversa procedencia. || Aparato telefónico que reúne el micrófono y el auricular en una sola pieza. || *Plato combinado,* plato de comida compuesto de diferentes manjares.

combinar v. t. Unir varias cosas para conseguir cierto resultado.

combustible adj. Que puede quemarse. || — M. Materia cuya combustión produce energía calorífica.

combustión f. Acción de arder.

comedia f. Obra dramática de enredo festivo y desenlace feliz. || *Fig.* Ficción.

comediante, ta m. y f. Actor o actriz. || *Fig. y fam.* Farsante.

comedido, da adj. Mesurado.

comedimiento m. Moderación.

comediógrafo, fa m. y f. Autor de comedias.

comedirse v. pr. Moderarse.

comedor m. Habitación para comer, y muebles que la adornan. || Casa de comidas.

comején m. Insecto de los países cálidos que roe la madera.

comendador m. Caballero que tiene encomienda.

comensal com. Cada una de las personas que comen en la misma mesa.

comentador, ra m. y f. Persona que comenta. || Persona que comenta una emisión de radio o de televisión.

comentar v. t. Hacer comentarios.

comentario m. Exposición e interpretación oral o escrita de noticias o de un texto.

comentarista com. Comentador.

comenzar v. t. e i. Empezar.

comer m. Comida, alimento.

comer v. i. Masticar y desmenuzar los alimentos en la boca y pasarlos al estómago (ú. t. c. t. y pr.). || Tomar alimento: *comer de todo.* || Tomar la comida principal: *comer al mediodía.* || — V. t. Tomar como alimento: *comer carne.* || *Fig.* Desgastar: *el sol come los colores* (ú. t. c. pr.). | Corroer los metales. | Sentir desazón: *los celos te comen.* | En el ajedrez y juego de damas, ganar una pieza: *comer un peón.* || — V. pr. Tomar como alimento. || *Fig.* Saltar algo al hablar, al leer o al escribir: *comerse una línea.*

comercial adj. Relativo al comercio. || De fácil venta.

comercialidad f. Carácter comercial.

comercialismo m. Espíritu comercial excesivo, mercantilismo.

comercialización f. Introducción de un producto en los canales comerciales.

comercializar v. t. Dar carácter comercial. || Introducir un producto en el mercado de manera que sea posible su venta.

comerciante adj. Que comercia (ú. t. c. s.). || — Com. Persona que se dedica al comercio.

comerciar v. i. Negociar, comprar y vender con fin lucrativo.

comercio m. Compra y venta o cambio de productos naturales e industriales. || Conjunto de comerciantes. || Establecimiento comercial. || *Fig.* Comunicación y trato de personas.

comestible adj. Que se puede comer. || — M. Alimento (ú. m. en pl.).

cometa m. *Astr.* Astro generalmente formado por un núcleo poco denso y una atmósfera luminosa que le precede, le envuelve o le sigue según su posición respecto al Sol y que describe una órbita muy excéntrica. || — F. Juguete hecho con un armazón de cañas y papel o tela que se mantiene en el aire sujeto con una cuerda.

cometer v. t. Incurrir.

cometido m. Tarea, misión.

comezón f. Picazón.

comicidad f. Carácter cómico.

comicios m. pl. Asamblea del pueblo romano. || Elecciones.

cómico, ca adj. *Fig.* Divertido, gracioso. || — M. y f. Comediante, actor.

comics m. pl. (pal. ingl.). Tebeos, historietas ilustradas.

comida f. Alimento del cuerpo. || Alimento que se toma a ciertas horas: *hacer tres comidas al día.* || Almuerzo.

comidilla f. Tema de conversación.

comienzo m. Principio.

comillas f. pl. *Gram.* Signo ortográfico («») al principio y fin de las citas.

comilón, ona adj. y s. Que come mucho. || — F. Festín.

comino m. Planta de semillas aromáticas usadas como condimento. || *Fig.* Niño. | Poco: *importar un comino.*

comisaría f. Lugar y oficina de los comisarios de la política gubernativa. || *Amer.* Territorio gobernado por un comisario.

comisariato m. Comisaría.

comisario m. Jefe de policía. ‖ Delegado de una comisión. ‖ *Amer.* En algunos países, gobernador de una división administrativa del territorio.

comisión f. Cometido: *la comisión de un delito.* ‖ Delegación, orden y facultad que se da a una persona para que ejecute algún encargo. ‖ Delegación, conjunto de personas delegadas por una corporación. ‖ Porcentaje que recibe alguien en un negocio de compraventa o por ocuparse de asuntos ajenos.

comisionado, da adj. y s. Encargado.

comisionista com. Persona que vende y compra por cuenta de otra persona y cobra una comisión.

comiso m. Confiscación.

comisura f. Punto de unión de ciertas partes: *comisura de los labios, de los huesos del cráneo.*

comité m. Comisión o junta. ‖ *Comité de empresa,* comisión integrada por los representantes de los obreros, empleados y cargos superiores que, bajo la presidencia del jefe de empresa, asume algunas funciones de gestión y de control.

comitiva f. Acompañamiento.

como adv. Lo mismo que, del modo que: *haz como quieras.* ‖ Tal como: *un hombre como él.* ‖ En calidad de: *asistió como testigo.* ‖ Porque: *como recibí tarde tu invitación, no pude venir.* ‖ Según: *como dice la Biblia.* ‖ — Conj. Sí: *como no lo hagas te castigaré.*

cómo adv. De qué manera, de qué modo: *no sé cómo agradecerle.* ‖ Por qué: *¿cómo no viniste?* ‖ — M. El modo como se hace algo. ‖ — Interj. Denota sorpresa o indignación. ‖ *Amer.* ¡*Cómo no!,* ciertamente.

cómoda f. Mueble con cajones.

comodidad f. Calidad de cómodo.

comodín m. Lo que puede servir para todo. ‖ Naipe que tiene el valor que se le quiera dar.

cómodo, da adj. Fácil, manejable: *un trabajo cómodo.* ‖ Acomodadizo: *carácter cómodo.* ‖ Agradable.

comodoro m. *Mar.* Jefe de marina inferior al contraalmirante.

comoquiera adv. De cualquier modo.

compactar v. t. Hacer compacta una cosa.

compacto, ta adj. De textura apretada. ‖ *Fig.* Denso, apretado.

compadecer v. t. Sentir compasión.

compadraje m. Amistad entre compadres. ‖ *Fig.* Conchabamiento.

compadrazgo m. Parentesco entre el padrino de un niño y los padres de éste. ‖ Compadraje.

compadre m. Padrino del niño respecto de los padres y la madrina de éste. ‖ *Fam.* Amigo o conocido.

compadrear v. i. Hacer o tener amistad. ‖ *Riopl.* Vanagloriarse. ‖ Bromear.

compadreo m. Compadraje.

compadrito, ta adj. *Riopl.* Fanfarrón. ‖ Chulo (ú. t. c. s.). ‖ Vistoso, llamativo.

compaginar v. t. Poner en buen orden cosas que tienen alguna relación mutua. ‖ Hacer compatible, combinar (ú. t. c. pr.). ‖ *Impr.* Ajustar.

compaña f. Compañía. ‖ Amante.

compañerismo m. Relación entre compañeros y armonía entre ellos.

compañero, ra m. y f. Persona que acompaña a otra para algún fin o que convive con ella o tiene relaciones amorosas con la misma. ‖ Persona que hace alguna cosa con otra. ‖ Cada una de las personas miembros de un mismo cuerpo, comunidad, centro de estudios, equipo deportivo, etc. ‖ *Fig.* Cosa que hace juego o forma pareja con otra.

compañía f. Efecto de acompañar. ‖ Persona que acompaña a otra. ‖ Sociedad o junta de varias personas unidas para un mismo fin. ‖ Reunión de personas que forman un cuerpo: *compañía teatral.* ‖ Empresa industrial o comercial: *compañía de seguros.* ‖ *Mil.* Unidad de infantería mandada por un capitán.

comparación f. Acción de comparar.

comparar v. t. Examinar las semejanzas y las diferencias que hay entre las personas y las cosas.

comparativo, va adj. Que expresa comparación. ‖ — M. *Gram.* Segundo grado de comparación de los adjetivos.

comparecencia f. Presentación de una persona ante el juez.

comparecer v. i. Presentarse.

comparsa f. Acompañamiento, grupo: *comparsa numerosa.* ‖ Grupo de gente con máscaras. ‖ — Com. *Teatr.* Figurante. ‖ Extra (cine). ‖ *Fig.* Persona que desempeña un papel sin importancia en algo.

compartimentar v. t. Dividir en compartimientos.

compartimento y **compartimiento** m. Acción y efecto de compartir. ‖ Departamento de un vagón, de un casillero, etc. ‖ Parte, sección.

compartir v. t. Repartir, dividir en partes. ‖ Participar uno en alguna cosa. ‖ *Compartir una opinión,* tener la misma que otra persona.

compás m. Instrumento de dos brazos articulados para trazar circunferencias o medir. ‖ *Fig.* Regla o medida de alguna cosa. ‖ Ritmo. ‖ *Mús.* División de la duración musical en partes iguales: *compás de dos por cuatro.*

compasión f. Piedad.

compasivo, va adj. Que siente compasión.

compatibilidad f. Calidad de compatible.

compatible adj. Que puede coexistir.

compatriota com. Nacido en la misma patria.

compeler v. t. Forzar, obligar.

compendiar v. t. Resumir.

compendio m. Síntesis.

compenetración f. Penetración mutua.

compenetrarse v. pr. Penetrar las partículas de una sustancia entre las de otra, o recíprocamente. ‖ *Fig.* Identificarse las personas en ideas y sentimientos.

compensación f. Acción de compensar. ‖ Indemnización: *dar algo en compensación.* ‖ Operación financiera en la que las compras y ventas se saldan por medio de transferencias recíprocas sin intervención del dinero. ‖ Pago similar efectuado por las naciones respecto a los créditos del comercio internacional (llamado también *clearing*).

compensar v. t. Equilibrar un efecto con otro, neutralizar. ‖ Indemnizar, resarcir los daños.

competencia f. Rivalidad entre varias personas que persiguen el mismo objeto. ‖ Conjunto de los que ejercen el mismo comercio, la misma industria: *superar a la competencia.* ‖ Atribución para juzgar: *competencia de un tribunal.*

competente adj. Que tiene aptitud para resolver un asunto: *juez competente.* || Capaz o conocedor: *persona muy competente.*

competer v. i. Ser de la competencia de.

competición f. Prueba deportiva. || Competencia entre comerciantes.

competidor, ra adj. y s. Rival. || Concursante en una prueba deportiva.

competir v. i. Rivalizar, oponerse dos o más personas para un puesto o para demostrar superioridad en algo. || Rivalizar en el comercio.

competitividad f. Carácter de lo que es competitivo.

competitivo, va adj. Capaz de competir con otros.

compilación f. Colección.

compilar v. t. Reunir.

compinche com. *Fam.* Amigote.

complacencia f. Satisfacción.

complacer v. t. Ser agradable. || Dar satisfacción y placer (ú. t. c. pr.).

complaciente adj. Solícito, amable. || Indulgente con las faltas.

complejidad f. Calidad de complejo.

complejo, ja adj. Formado de elementos diferentes: *carácter complejo.* || Complicado: *asunto complejo.* || *Mat. Número complejo,* el formado por unidades de diferente especie. || — M. Cuerpo químico obtenido por la asociación de diferentes moléculas. || Conjunto o combinado de industrias que se dedican a cierta producción: *un complejo siderúrgico.* || Tendencia independiente e inconsciente de la voluntad de uno que condiciona su conducta: *tiene un complejo de superioridad.*

complementar v. t. Completar.

complementariedad f. Calidad de complementario.

complementario, ria adj. Que completa.

complemento m. Lo que completa una cosa. || *Geom.* Lo que falta añadir a un ángulo agudo para obtener un ángulo recto. || *Gram.* Palabra u oración que añade algo al sentido de otro vocablo o frase: *los complementos del verbo se dividen en directos, indirectos y circunstanciales.*

completar v. t. Hacer una cosa completa (ú. t. c. pr.).

completo, ta adj. Entero, íntegro, que tiene todos los elementos necesarios. || Acabado, perfecto: *un deportista completo.* || Lleno: *autobús completo.* || Absoluto: *un completo fracaso.*

complexión f. Constitución.

complicación f. Estado de lo que es complicado. || Dificultad. || *Med.* Síntoma distinto de los habituales de una enfermedad.

complicar v. t. Hacer difícil de comprender. || Comprometer o mezclar en un asunto. || — V. pr. Hacerse difícil. || Presentarse dificultades. || Agravarse una enfermedad.

cómplice com. Copartícipe en un delito. || *Fig.* Que ayuda.

complicidad f. Participación en un crimen, en un delito.

complot y **compló** m. Conspiración.

complutense adj. y s. De Alcalá de Henares (España).

componedor, ra m. y f. Mediador.

componenda f. Combinación.

componente adj. y s. Que forma parte de un todo.

componer v. t. Constituir un todo con diferentes partes. || Hacer una obra literaria o de música: *componer un concierto.* || *Impr.* Reunir caracteres o tipos de letras: *componer en itálicas.* || Adornar, ataviar. || Reparar, arreglar una cosa rota: *componer un mueble.* || *Amer.* Reducir la luxación de un hueso. || — V. i. Hacer versos o composiciones musicales. || — V. pr. Estar formado. || Arreglarse, ataviarse. || Ponerse de acuerdo. || *Fig.* y *fam. Componérselas,* manejárselas.

comportamiento m. Conducta.

comportar v. t. *Fig.* Sufrir, aguantar, sobrellevar. || — V. pr. Conducirse.

composición f. Acción y efecto de componer. || Manera como forman un todo diferentes partes. || Proporción de los elementos que forman parte de un cuerpo compuesto. || Obra científica, musical, literaria o artística. || Parte de la música relativa a las reglas que deben aplicarse a la creación de obras. || Arte de agrupar las figuras y accesorios para conseguir el mejor efecto en pintura y escultura. || Ejercicio de redacción. || *Impr.* Conjunto de líneas, galeradas y páginas antes de la Imposición.

compositor, ra adj. y s. Que compone.

compostelano, na adj. y s. De Santiago de Compostela (España).

compostura f. Arreglo, reparación: *compostura de un reloj.* || Aseo o arreglo de una persona. || Manera de comportarse.

compota f. Fruta cocida con azúcar.

compra f. Adquisición mediante pago. || Cosa comprada. || Conjunto de comestibles comprados para el consumo diario.

comprador, ra adj. y s. Que compra.

comprar v. t. Adquirir por dinero. || *Fig.* Sobornar con dinero.

compraventa f. Contrato de compra y venta.

comprender v. t. Contener, constar de. || Entender: *no comprendo bien.* || — V. pr. Avenirse dos personas.

comprensión f. Acción de comprender.

comprensivo, va adj. Que tiene facultad de comprender o entender.

compresión f. Acción y efecto de comprimir. || *Mec.* En un motor, presión alcanzada por la mezcla detonante en la cámara de explosión antes del encendido.

compresor, ra adj. Que comprime.

comprimido, da adj. Disminuido de volumen: *aire comprimido.* || Aplastado. || — M. *Farm.* Pastilla.

comprimir v. t. Hacer presión sobre un cuerpo de modo que ocupe menos volumen.

comprobación f. Acción y efecto de comprobar.

comprobante adj. Que comprueba. || — M. Prueba, justificación. || Recibo.

comprobar v. t. Verificar, confirmar algo.

comprometer v. t. Poner en un compromiso. || Obligar a uno a una cosa (ú. t. c. pr.).

comprometido, da adj. En situación dificultosa. || Que está obligado a hacer una cosa.

compromisario, ria adj. y s. Delegado, representante.

compromiso m. Convenio entre litigantes para aceptar un fallo. || Obligación contraída, palabra dada: *cumplir sus compromisos.* || Dificultad, apuro:

poner en un compromiso. ‖ Esponsales: compromiso matrimonial.

compuerta f. Portón movible.

compuesto, ta adj. Constituido por varias partes (ú. t. c. m.). ‖ Arreglado, acicalado. ‖ Reparado. ‖ *Gram.* Aplícase a los tiempos de un verbo que se conjugan con el participio pasivo precedido de un auxiliar: *he dado.*

compulsar v. t. Cotejar. ‖ *Amer.* Obligar.

compunción f. Tristeza.

compungirse v. pr. Entristecerse.

computación f. Cómputo.

computadora f. Ordenador.

computadorizar v. t. Computarizar.

computar v. t. Calcular. ‖ Contar.

computarizar y **computerizar** v. t. Tratar con un ordenador o computadora.

cómputo m. Cuenta, cálculo.

comulgar v. i. Recibir la comunión. ‖ *Fig.* Tener ideas comunes.

común adj. Aplícase a las cosas que pertenecen a todos: *bienes comunes.* ‖ Admitido por la mayor parte: *opinión común.* ‖ Que se ejecuta con otros: *obra común.* ‖ General, universal: *interés común.* ‖ Vulgar: *modales comunes.* ‖ *Gram.* Nombre común, el que conviene a todos los seres de la misma especie. ‖ — M. Todo el pueblo, todo el mundo.

comuna f. *Amer.* Municipio.

comunal adj. Del municipio.

comunero, ra adj. y s. Partidario de las comunidades (v. esta palabra).

comunicación f. Acción de comunicar. ‖ Escrito: *comunicación oficial.* ‖ Enlace entre dos puntos: *comunicación telefónica.* ‖ Trato entre personas. ‖ — Pl. Correspondencia postal, telegráfica, telefónica. ‖ Medios de transporte: *barrio con malas comunicaciones.*

comunicado, da adj. Que tiene medios de transporte: *barrio bien comunicado.* ‖ — M. Aviso oficial que se transmite a la prensa.

comunicar v. t. Transmitir: *comunicar un virus.* ‖ Hacer partícipe a otro de lo que uno conoce o tiene. ‖ — V. i. Estar en relaciones: *comunicar con una persona* (ú. t. c. pr.). ‖ Estar unidos por un paso común: *cuartos que comunican* (ú. t. c. pr.).

comunicativo, va adj. Que se comunica.

comunidad f. Estado de lo que es común. ‖ Asociación de personas que tienen un interés común. ‖ Sociedad religiosa sometida a una regla común. ‖ — Pl. (Ant.) Levantamientos populares habidos en Castilla (1520), en Paraguay (1717) y en el virreinato de Nueva Granada (1780). ‖ *Comunidades autónomas.* V. AUTONOMÍA y AUTÓNOMO.

comunión f. Ceremonia y recepción del sacramento de la Eucaristía. ‖ Comunidad de ideas.

comunismo m. Teoría de la colectivización de los medios de producción y de la repartición de los bienes de consumo según las necesidades del individuo. ‖ Aplicación política de esta teoría.

comunista adj. Relativo al comunismo. ‖ Partidario de esta teoría (ú. t. c. s.).

con prep. Indica el medio o la manera de hacer alguna cosa: *comer con tenedor.* ‖ Juntamente: *salir con un amigo.*

conato m. Intento, tentativa.

concadenar y **concatenar** v. t. Enlazar.

concatenación f. Relación.

concavidad f. Calidad de cóncavo. ‖ Parte cóncava, cavidad.

cóncavo, va adj. Que forma una cavidad: *lente cóncava.*

concebir v. i. y t. Quedar embarazada la hembra. ‖ *Fig.* Pensar.

conceder v. t. Dar.

concejal m. Miembro de un ayuntamiento.

concejo m. Ayuntamiento.

concentración f. Acción de concentrar. ‖ Reunión en público de personas para manifestarse. ‖ *Fig.* Abstracción.

concentrado m. Producto en el que se ha hecho desaparecer el agua.

concentrar v. t. Reunir en un centro (ú. t. c. pr.). ‖ Reunir en un mismo punto: *concentrar tropas* (ú. t. c. pr.). ‖ Tender hacia un único objetivo: *concentrar las energías.* ‖ Reducir la proporción de agua: *concentrar leche.* ‖ — V. pr. Reflexionar profundamente.

concepción f. Acción y efecto de concebir. ‖ Por antonomasia, la de la Virgen. ‖ Su festividad (8 de diciembre). ‖ Idea, concepto.

conceptismo m. Estilo literario, caracterizado por la sutileza conceptual.

concepto m. Idea.

conceptual adj. Del concepto.

conceptuar v. t. Juzgar.

concerniente adj. Relativo a.

concernir v. i. Atañer, afectar.

concertación f. Acción de concertarse. ‖ Convenio, acuerdo.

concertar v. t. Proyectar en común. ‖ Ponerse de acuerdo sobre el precio de algo. ‖ Aunar, poner en común: *concertar esfuerzos.* ‖ Pactar, tratar: *concertar la paz.* ‖ — V. pr. Ponerse de acuerdo.

concertista com. *Mús.* Solista de un concierto.

concesión f. Privilegio que da el Estado para explotar algo: *concesión minera.* ‖ Cosa concedida. ‖ *Fig.* Renuncia a sus derechos, a sus pretensiones: *hacer concesiones.*

concesionario, ria adj. Que tiene una concesión (ú. t. c. s.). ‖ Dícese del intermediario comercial que ha recibido de un productor el derecho exclusivo de venta en una región determinada (ú. t. c. s.). ‖ — F. Empresa que tiene este derecho.

concha f. Caparazón que cubre el cuerpo de ciertos animales, como tortugas, moluscos, crustáceos, etc.

conchabarse v. pr. Confabularse.

conchavo m. *Amer.* Contratación del servicio doméstico por medio de una agencia.

concho m. *Amer.* Sedimento, poso.

conciencia f. Conocimiento, noción: *tener conciencia de sus actos.* ‖ Sentimiento por el cual aprecia el hombre sus acciones: *escuchar la voz de la conciencia.*

concienzudo, da adj. Que hace todo con mucho cuidado.

concierto m. Ejecución musical, pública o privada. ‖ Lugar donde se verifica. ‖ Composición musical para orquesta y un instrumento solista. ‖ Acuerdo.

conciliábulo m. Reunión secreta.

conciliación f. Acción y efecto de conciliar.

conciliador, ra adj. Que concilia.

conciliar adj. Del concilio.

conciliar v. t. Poner de acuerdo a los que estaban opuestos entre sí: *el juez concilió las partes.* || Hacer compatibles. || *Conciliar el sueño,* conseguir dormirse. || — V. pr. Granjearse: *conciliarse la amistad.*

concilio m. Junta o congreso.

concisión f. Brevedad.

conciso, sa adj. Breve.

conciudadano, na m. y f. Persona de la misma ciudad o nación.

cónclave m. Asamblea en que los cardenales eligen al Papa.

concluir v. t. Acabar, dar fin, finalizar: *ayer concluyó el año.* || Sacar como consecuencia: *concluí que era él el culpable.* || Deducir. || — V. i. Determinar, decidir: *concluyeron en pedir un armisticio* (ú. t. c. t.).

conclusión f. Término, fin. || Consecuencia sacada de un razonamiento. || Acuerdo, decisión.

concluyente adj. Categórico.

concomerse v. pr. Consumirse de impaciencia.

concordancia f. Conformidad. || *Gram.* Correspondencia entre dos o más palabras variables.

concordar v. t. Poner de acuerdo. || — V. i. Estar de acuerdo. || *Gram.* Formar concordancia.

concordato m. Tratado entre la Santa Sede y un Estado.

concorde adj. Conforme.

concordia f. Acuerdo, conformidad.

concretar v. t. Precisar. || Materializar (ú. t. c. pr.). || — V. pr. Limitarse.

concretización f. Materialización.

concretizar v. t. Materializar (ú. t. c. pr.).

concreto, ta adj. Determinado, preciso, || — M. *Amer.* Hormigón.

concubina f. Mujer que vive con un hombre sin estar casada con él.

concubinato m. Cohabitación de un hombre y de una mujer que no están casados.

conculcar v. t. Infringir.

concupiscencia f. Deseo excesivo de los bienes materiales.

concupiscente adj. y s. Dominado por la concupiscencia.

concurrencia f. Asistencia, reunión en un sitio. || Simultaneidad de dos sucesos.

concurrente adj. y s. Asistente, que concurre. || Participante en un concurso.

concurrido, da adj. Que atrae a mucha gente. || De mucho tráfico: *calle concurrida.*

concurrir v. i. Asistir, ir o acudir al mismo lugar o tiempo. || Influir, contribuir: *concurrir al éxito de una obra.* || Participar, tomar parte en un concurso: *concurrir a una oposición.* || Coincidir en el tiempo o en el lugar: *concurren en él todas las virtudes.*

concursante m. y f. Participante en un concurso.

concurso m. Reunión simultánea de personas o sucesos. || Cooperación, contribución, ayuda. || Licitación para adjudicar algo: *concurso de Obras Públicas.* || Oposición, certamen: *concurso de belleza.* || Prueba deportiva: *concurso hípico.*

condado m. Dignidad o territorio de jurisdicción de un conde.

conde m. Título de nobleza entre el marqués y el vizconde.

condecoración f. Acción y efecto de condecorar. || Cruz, insignia de una orden.

condecorar v. t. Otorgar o imponer una condecoración.

condena f. Decisión o sentencia de un tribunal criminal que pronuncia una pena. || Esta misma pena.

condenación f. Condena.

condenado, da adj. y s. Sometido a una pena por un tribunal. || Que está en el infierno. || — Adj. *Fam.* Malo, travieso: *estos condenados niños.* | Enfadoso, maldito: ¡*condenados zapatos!*

condenar v. t. Declarar culpable. || Censurar, reprobar una doctrina u opinión. || Reducir a, forzar a: *condenar al silencio.* || Desaprobar: *condenar una costumbre.* || Tabicar: *condenar una puerta.* || — V. pr. Incurrir en la pena eterna.

condensación f. Paso de un vapor al estado líquido o al estado sólido. || *Fig.* Síntesis, resumen.

condensador, ra adj. Que condensa. || — M. *Electr.* Sistema de dos conductores o armaduras, separados por un medio aislante, que acumula cargas eléctricas de signos opuestos. || En general, aparato para condensar un vapor.

condensar v. t. Hacer pasar un cuerpo del estado gaseoso al estado líquido. || *Fig.* Sintetizar, resumir.

condescendencia f. Benevolencia, tolerancia.

condescender v. i. Aceptar, satisfacer los deseos de otro.

condescendiente adj. Que condesciende.

condición f. Manera de ser, naturaleza, índole. || Estado social: *de condición modesta.* || Circunstancia exterior de la que dependen las personas o las cosas. || Cláusula, convenio: *condiciones de un pacto.* || — Pl. Cualidades. || Estado: *carne en malas condiciones.*

condicional adj. Dependiente de una condición. || *Gram.* Dícese de la oración, o de la conjunción que la introduce, que expresa una condición. || — M. Tiempo verbal del indicativo que expresa una acción futura en relación con el pasado, una acción eventual que depende de una condición o una hipótesis.

condicionar v. t. Supeditar.

condimentación f. Aderezo.

condimentar v. t. Sazonar.

condimento m. Sustancia empleada en pequeña cantidad para sazonar los alimentos, como el vinagre, el tomillo, etc.

condiscípulo, la m. y f. Compañero de estudios.

condolencia f. Pésame. | Pesar.

condolerse v. pr. Compadecerse.

condominio m. Propiedad en común.

cóndor m. Ave rapaz.

conducción f. Acción y efecto de conducir.

conducir v. t. Guiar: *conducir un coche* (ú. t. c. i.). || Llevar: *conducir al colegio.* || Dirigir, mandar: *conducir tropas.* || Impulsar, llevar: *conducir a la desesperación.* || Transportar un fluido por una tubería, cable, etc. || — V. i. Llevar: *carretera que conduce a París.* || Convenir. || — V. pr. Portarse.

conducta f. Comportamiento.

conducto m. Canal, tubo. || *Fig.* Camino: *por conducto jerárquico.* || Canal: *conducto lagrimal.*

conductor, ra adj. y s. Que conduce (ú. t. c. s.): *conductor de masas.* || Chófer, que conduce (ú. t. c. s.): *conductor de automóvil*. || Dícese de los cuerpos que transmiten el calor o la electricidad (ú. t. c. s. m.).

conectar v. t. *Electr.* Establecer la comunicación entre dos o más circuitos. || *Mec.* Comunicar el movimiento de una máquina a otro aparato. || *Fig.* Poner en relación o contacto.

conejillo m. *Conejillo de Indias*, pequeño mamífero roedor que se emplea para experimentos de laboratorio.

conejo m. Mamífero roedor.

conexión f. Enlace, relación, encadenamiento: *no hay conexión entre ambas cosas*. || *Electr.* Unión de un aparato eléctrico a un circuito. | Enchufe. || — Pl. Amistades.

conexionar v. t. Enlazar. || *Electr.* Enchufar. || — V. pr. Contraer conexiones.

confabulación f. Conjuración.

confección f. Hechura de un traje. || Fabricación en serie de ropa de vestir. || Preparación. || *Impr.* Compaginación.

confeccionado, da adj. Dícese de la ropa no hecha a medida.

confeccionar v. t. Hacer. || *Impr.* Ajustar, compaginar.

confederación f. Unión.

confederado, da adj. y s. Que forma parte de una confederación.

confederar v. t. Reunir en confederación (ú. t. c. pr.).

conferencia f. Reunión de personas que tratan de cuestiones internacionales o de temas de interés común. || Discurso destinado a un público que trata de asuntos de índole literaria, artística, científica, etc. || Comunicación telefónica entre dos cuidades.

conferenciante com. Persona que pronuncia una conferencia.

conferenciar v. i. Conversar.

conferir v. t. Dar, otorgar.

confesar v. t. Decir sus pecados en la confesión (ú. t. c. pr.). || Oír en confesión: *confesar a un penitente.* || Proclamar: *confesar la fe.* || *Fig.* Declarar, reconocer.

confesión f. Declaración de los pecados propios. || Afirmación pública de una creencia, etc. || Declaración de una falta, etc.

confeso, sa adj. Que ha confesado su delito: *confeso de su error.*

confesor m. Sacerdote que confiesa.

confetis m. pl. Papelillos que se tiran en carnaval u otras fiestas.

confianza f. Sentimiento del que confía, esperanza en una persona o cosa: *él me da confianza.* || Actitud del que confía en sí mismo, seguridad: *tengo confianza en mí.* || Sentimiento de seguridad: *la confianza ha desaparecido.* || Apoyo dado al Gobierno por la mayoría del Parlamento. || Familiaridad: *tengo mucha confianza con él.*

confiar v. t. Dejar al cuidado: *confiar su hijo a sus padres.* || Suponer: *confío en que no lloverá.* || Esperar: *confiaba en su apoyo.* || Fiar, fiarse: *yo confío en su probidad.* || Tener confianza: *confío en mi memoria.* || Decir en confianza: *me confió su pena.*

confidencia f. Revelación de un secreto.

confidencial adj. Reservado.

confidente m. y f. Persona a quien se confían secretos íntimos.

configuración f. Aspecto general.

configurar v. t. Dar forma a.

confín adj. Limítrofe. || — M. pl. Límites. || El sitio más lejano.

confinamiento m. Destierro.

confinar v. i. Limitar: *México confina con los Estados Unidos.* || — V. t. Desterrar. || Meter en un campo de concentración.

confirmación f. Ratificación, corroboración. || Sacramento de la Iglesia que confirma la gracia adquirida por el bautismo.

confirmar v. t. Corroborar la verdad o certeza de una cosa: *confirmar un hecho.* || Ratificar. || Dar validez definitiva: *confirmar una sentencia.* || Dar mayor firmeza o seguridad: *esto confirmó mis dudas.* || Asegurar la habitación ya retenida en un hotel, una cita, un billete de avión, etc. || Conferir la confirmación religiosa.

confiscación f. Acto de pasar al Estado los bienes de una persona o parte de ellos a causa de una condena.

confiscar v. t. Apoderarse el Estado de bienes de una persona.

confitar v. t. Cubrir las frutas con azúcar o cocerlas en almíbar.

confite m. Golosina pequeña.

confitería f. Tienda donde se venden dulces. || *Arg.* Cafetería.

conflagración f. Guerra.

conflictivo, va adj. Que implica conflictos.

conflicto m. Choque, combate: *conflicto entre dos países.* || Lucha de sentimientos contrarios, antagonismo: *conflicto de intereses.* || *Fig.* Situación difícil.

confluencia f. Acción de confluir. || Paraje donde confluyen dos ríos, caminos, etc.

confluir v. i. Unirse.

conformación f. Colocación, distribución de las partes de un todo.

conformar v. t. Poner de acuerdo. || — V. i. Estar de acuerdo una persona con otra. || — V. pr. Resignarse, contentarse.

conforme adj. Igual. || Que conviene: *conforme con sus ideales.* || De acuerdo: *estar conforme.* || *Fig.* Contento, resignado: *conforme con su suerte.* || — M. Aprobación puesta al pie de un escrito. || — Adv. Según, con arreglo a: *conforme amanezca iré.* || A medida que: *colóquense conforme lleguen.* || Como, de la misma manera: *te lo cuento conforme lo vi.* || — Interj. ¡De acuerdo!

conformidad f. Acuerdo, concordancia. || Aprobación, asentimiento, consentimiento.

conformismo m. Aceptación de todo lo establecido.

confort m. (pal. fr.). Comodidad.

confortable adj. Cómodo.

confortar v. t. Reconfortar. || Alentar.

confraternizar v. i. Fraternizar.

confrontación f. Careo entre dos o más personas. || Cotejo.

confrontar v. t. Poner frente a frente, carear. || Comparar.

confundir v. t. Mezclar cosas diversas. || Reunir en un todo. || Equivocar: *confundir el camino.* || Tomar por: *confundir una cosa con otra.* || *Fig.* Humillar:

confundió a sus adversarios. | Turbar, dejar confuso (ú. t. c. pr.). | — V. pr. Equivocarse: *me he confundido.* || Estar desdibujado, confuso: *su silueta se confundía en la oscuridad.*

confusión f. Desorden, falta de orden. || Falta de claridad: *confusión de ideas.* || Error: *confusión de nombres.* || *Fig.* Vergüenza.

confusionismo m. Confusión.

confuso, sa adj. Desordenado, revuelto. || Oscuro, poco claro, dudoso: *sentido confuso.* || Que no puede distinguirse: *luz confusa.* || Vago, incierto: *recuerdo confuso.* || *Fig.* Avergonzado.

congelación f. Paso de un cuerpo del estado líquido al sólido. || Esta misma transformación. || Enfriamiento de ciertos alimentos para conservarlos durante mucho tiempo. || Bloqueo: *congelación salarial.*

congelador m. Aparato de tipo industrial o doméstico para congelar alimentos.

congelados m. pl. Alimentos congelados.

congelar v. t. Solidificar por el frío un líquido (ú. t. c. pr.). || Enfriar ciertos alimentos para conservarlos: *carne congelada.* || Bloquear o inmovilizar el Estado ciertos fondos monetarios para que el propietario no pueda utilizarlos. || Impedir, por decisión gubernamental, que aumenten los sueldos, los precios, etc.

congeniar v. i. Estar bien avenidos los caracteres de varias personas.

congénito, ta adj. De nacimiento. || *Fig.* Innato.

congestión f. Afluencia excesiva de sangre en algún órgano del cuerpo. || *Fig.* Aglomeración anormal del tráfico de una vía pública.

congestionar v. t. Producir congestión en una parte del cuerpo. || — V. pr. Acumularse la sangre en una parte del organismo. || *Fig.* Aglomerarse el tráfico de vehículos.

conglomerado m. Roca compuesta por la aglomeración de fragmentos diversos reunidos por un cemento calcáreo o silíceo. || Masa compacta de materiales unidos artificialmente.

conglomerar v. t. Reunir en una sola masa.

congoja f. Angustia.

congoleño, ña y **congolés, esa** adj. y s. Del Congo.

congraciarse v. pr. Atraerse la benevolencia de uno.

congratulación f. Felicitación.

congratular v. t. Felicitar (ú. t. c. pr.).

congregación f. Reunión de personas religiosas o seglares que viven regidas por los mismos estatutos. || Asamblea de prelados y cardenales que examina ciertos asuntos en el Vaticano.

congregar v. t. Reunir.

congresista com. Asistente a un congreso.

congreso m. Asamblea, reunión, junta de personas para deliberar sobre ciertos asuntos. || Asamblea nacional. || Edificio donde está.

congruencia f. Relación lógica.

congruente adj. Conveniente.

cónico, ca adj. De figura de cono.

conífero, ra adj. Dícese de las plantas y árboles gimnospermos de fruto cónico, como el pino (ú. t. c. f.).

conjetura f. Opinión basada en apariencias, en probabilidades.

conjeturar v. t. Suponer.

conjugación f. *Gram.* Acción y efecto de conjugar. | Modo de conjugar un verbo.

conjugar v. t. Poner un verbo en sus diferentes formas para denotar los modos, tiempos, números y personas. || *Fig.* Reunir, juntar: *conjugar esfuerzos.*

conjunción f. Reunión: *conjunción de hechos.* || *Gram.* Palabra invariable que enlaza dos vocablos o dos oraciones.

conjuntar v. t. Reunir.

conjuntiva f. *Anat.* Mucosa que cubre la parte anterior del ojo.

conjuntivitis f. inv. *Med.* Inflamación de la conjuntiva.

conjunto, ta adj. Unido: *un trabajo conjunto.* || Mixto: *base conjunta de dos naciones.* || — M. Reunión: *conjunto artístico, deportivo.* || Reunión de cosas que se hacen al mismo tiempo: *movimiento de conjunto.* || Totalidad: *en su conjunto.* || Juego de prendas de vestir destinadas a llevarse al mismo tiempo: *un conjunto de lana.*

conjura y **conjuración** f. Conspiración.

conjurar v. i. Conspirar (ú. t. c. pr.).

conllevar v. t. *Fig.* Sufrir.

conmemoración f. Ceremonia hecha en recuerdo de un acontecimiento importante. || *Fig.* Recuerdo.

conmemorar v. t. Recordar.

conmigo ablativo sing. del pron. pers. *yo,* en género m. y f.: *ven conmigo.*

conminación f. Amenaza.

conminar v. t. Amenazar.

conmiseración f. Compasión.

conmoción f. Perturbación violenta del cuerpo, choque. || Emoción fuerte. || *Fig.* Trastorno, disturbio: *conmoción política.*

conmocionar v. t. Causar conmoción.

conmovedor, ra adj. Que emociona.

conmover v. t. Perturbar, hacer vacilar. || Emocionar, turbar (ú. t. c. pr.). || Estremecer.

conmuta f. *Amer.* Permuta.

conmutación f. Cambio. || Indulto parcial que altera la naturaleza del castigo en favor del reo.

conmutador, ra adj. Que conmuta. || — M. *Electr.* Dispositivo para invertir el sentido de la corriente o hacer pasar voluntariamente la corriente por diferentes aparatos. || *Arg.* y *Col.* Centralita telefónica.

conmutar v. t. Cambiar.

connivencia f. Complicidad.

connotación f. Significado.

connotado, da adj. *Amer.* Notable.

connotar v. t. Implicar, sugerir un significado que viene a sumarse al sentido propio. || Significar.

cono m. Superficie engendrada por una recta, o *generatriz,* que pasa por un punto fijo, llamado *vértice* del cono, que se encuentra sobre una curva fija o *directriz.* || Cualquier cuerpo que tiene la forma de este sólido: *un cono de luz.* || Fruto de las coníferas. || Cúspide de un volcán.

conocedor, ra adj. Informado (ú. t. c. s.).

conocer v. t. Saber. || Saber, tener en la cabeza: *conocer su apellido.* || Estar en relación: *lo conozco mucho.* || Haber visto: *lo conozco de vista.* || Tener experiencia de: *conocer a las gentes.* || Sufrir, soportar: *conocí la miseria.* || Ser distinguido por los demás: *hacerse conocer.* || Reconocer: *conocer por la voz.* || Ser experto o perito: *conoce mucho de música.* || Distinguir: *está tan viejo que ya no conoce*

95

a *nadie.* ‖ Ser competente: *juez que conoce este asunto.* ‖ — V. pr. Tener una idea cabal de uno mismo: *conócete a ti mismo.* ‖ Tener trato: *se conocen de siempre.*

conocido, da adj. Que se conoce. ‖ — M. y f. Persona con quien se ha tenido algún trato, pero no amistad.

conocimiento m. Noción, idea. ‖ Información: *tengo conocimiento de eso.* ‖ Sentido: *perdí el conocimiento.* ‖ — Pl. Saber, erudición: *tiene muchos conocimientos.* ‖ Personas con las que se tiene relación.

conque conj. Por consiguiente.

conquense adj. y s. De la ciudad de Cuenca (España).

conquista f. Acción y efecto de conquistar. ‖ Cosa conquistada.

conquistador, ra adj. y s. Que conquista. ‖ Dícese particularmente de los españoles que llevaron a cabo la conquista de América. ‖ *Fig.* Aplícase a la persona que enamora a muchas del otro sexo.

conquistar v. t. Ganar, apoderarse con las armas. ‖ *Fig.* Captar la voluntad de uno: *su simpatía nos ha conquistado.* | Enamorar. | Conseguir, lograr.

consabido, da adj. Conocido de antes. ‖ Acostumbrado, repetido.

consagración f. Acción y efecto de consagrar a Dios.

consagrado, da adj. Que ha recibido la consagración religiosa. ‖ *Fig.* Dedicado: *monumento consagrado a la Victoria.* ‖ Destinado: *consagrado al arte.* | Sancionado, ratificado: *consagrado por el uso.*

consagrar v. t. Dar carácter sagrado, dedicar a Dios. ‖ En la misa, transformar el sacerdote el pan y el vino en cuerpo y sangre de Jesucristo. ‖ *Fig.* Emplear, dedicar. | Sancionar, ratificar. | Acreditar, confirmar. ‖ — V. pr. *Fig.* Dedicarse.

consanguíneo, a adj. y s. Dícese de los hermanos hijos de un mismo padre y de madre diferente. ‖ Dícese de las personas que tienen un antepasado común.

consanguinidad f. Ascendencia común.

consciente adj. Que tiene conciencia o noción de algo.

conscripción f. *Arg.* Servicio militar.

consecución f. Obtención.

consecuencia f. Hecho que se deduce de otro.

consecuente adj. Que sigue inmediatamente a otra cosa. ‖ Aplícase a la persona que mantiene sus ideas o principios.

consecutivo, va adj. Que sigue.

conseguir v. t. Lograr, obtener.

consejero, ra m. y f. Persona que aconseja. ‖ Miembro de un consejo.

consejo m. Parecer o dictamen. ‖ Asamblea, junta o reunión de personas que tiene como misión dirigir, guiar, administrar. ‖ Tribunal de jurisdicción superior: *Consejo de Castilla.* ‖ Organismo consultivo: *Consejo Superior de Agricultura.* ‖ Sesión que celebra.

consenso m. Consentimiento, aprobación. ‖ Acuerdo.

consentido, da adj. Mimado con exceso: *hijo consentido.* ‖ Dícese del marido que tolera el adulterio de su mujer.

consentidor, ra adj. Que consiente (ú. t. c. s.).

consentimiento m. Permiso, autorización. ‖ Acuerdo.

consentir v. t. e i. Dejar, permitir, autorizar una cosa. ‖ — V. t. Mimar a un niño.

conserje m. Portero. ‖ Empleado en la conserjería de un hotel.

conserjería f. Cargo y habitación de conserje. ‖ Departamento de un hotel donde los clientes dejan las llaves y recogen la correspondencia o avisos.

conserva f. Sustancia alimenticia envasada que se puede guardar mucho tiempo.

conservación f. Acción y efecto de conservar o conservarse.

conservador, ra adj. Que conserva. ‖ Poco amigo de cambios o reformas (ú. t. c. s.). ‖ En política, defensor de las instituciones tradicionales y enemigo de las innovaciones (ú. t. c. s.). ‖ — M. y f. Título de ciertos funcionarios: *conservador de museo.*

conservadurismo m. Actitud o tendencia de los que son contrarios a las innovaciones políticas y sociales.

conservar v. t. Mantener una cosa o cuidar de su permanencia: *conservar la juventud.* ‖ Guardar cuidadosamente: *conservar un secreto.* ‖ No perder: *conservar las amistades.* ‖ Retener: *conservar el calor.* ‖ — V. pr. Durar, permanecer.

conservatismo m. Conservadurismo.

conservatorio m. Escuela oficial de música o de teatro.

considerable adj. Importante.

consideración f. Examen atento: *digno de consideración.* ‖ Pensamiento. ‖ Estima, aprecio. ‖ Trato respetuoso. ‖ Cortesía, educación, respeto. ‖ *Fig.* Razón, motivos: *en consideración a su edad.* ‖ — Pl. Reflexiones. ‖ Buen trato. ‖ *Tomar en consideración,* tener en cuenta.

considerar v. t. Pensar, reflexionar con atención. ‖ Juzgar, examinar. ‖ Tener en cuenta. ‖ Creer: *lo considero fácil.* ‖ Tratar a una persona con respeto o aprecio. ‖ — V. pr. Pensar, creer.

consigna f. *Mil.* Órdenes que se dan al que manda o vigila un puesto: *la consigna del centinela.* ‖ Órdenes recibidas: *observar la consigna.* ‖ En las estaciones, aeropuertos, etc., lugar en el que los viajeros depositan sus equipajes.

consignación f. Acción y efecto de consignar. ‖ Cantidad consignada en un presupuesto.

consignar v. t. Entregar en depósito: *consignar una maleta.* ‖ *Com.* Dirigir a un consignatario: *consignar una mercancía.* ‖ Poner por escrito: *consignar lo ocurrido.* ‖ Señalar una cantidad en un presupuesto.

consignatorio m. *Com.* Negociante al que se dirige una mercancía.

consigo ablativo sing. y pl. de la forma reflexiva *se,* *sí* del pron. pers. de 3.ª pers., en género m. y f.: *se llevó consigo a los rehenes.*

consiguiente adj. Que depende o resulta de otra cosa. ‖ *Por consiguiente,* por lo tanto.

consistencia f. Estado de un líquido que se solidifica. ‖ Cohesión de los cuerpos sólidos: *la consistencia del hormigón.* ‖ *Fig.* Estabilidad, firmeza, solidez: *su argumentación tenía gran consistencia.*

consistente adj. Que consiste. ‖ Que tiene consistencia, cohesión.

consistir v. i. Residir, radicar. ‖ Estar compuesto o formado.

consistorial adj. Del consistorio. || Del ayuntamiento.

consistorio m. Junta de cardenales convocada por el Papa. || Asamblea de ministros protestantes o de rabinos. || Ayuntamiento.

consola f. Mesa de adorno puesta junto a una pared. || Pupitre de un ordenador.

consolación f. Consuelo.

consolar v. t. Aliviar la pena o el dolor de uno (ú. t. c. pr.).

consolidación f. Mayor solidez. || Acción de consolidar una deuda.

consolidar v. t. Dar firmeza y solidez a una cosa. || Fig. Asegurar, hacer duradero. || Convertir una deuda a corto o medio plazo en una a largo plazo.

consomé m. Caldo.

consonante adj. y s. f. Dícese de las letras que sólo pueden pronunciarse combinadas con una vocal.

consorcio m. Asociación de empresas.

consorte com. Cónyuge.

conspiración f. Conjura.

conspirador, ra m. y f. Persona que conspira.

conspirar v. i. Unirse varias personas para derribar un gobierno. || Unirse contra un particular para hacerle daño.

constancia f. Perseverancia. || Circunstancia de hacer constar o saber: *dejar constancia*.

constante adj. Que consta. || Que tiene constancia. || Duradero. || — F. Mat. Cantidad que guarda valor fijo.

constar v. i. Ser cierto. || Componerse, estar formado de diferentes partes: *consta de dos partes*. || Estar, figurar: *esta cláusula consta en el contrato*.

constatación f. Acción de constatar.

constatar v. t. Comprobar.

constelación f. Conjunto de estrellas fijas y vecinas que tienen una forma invariable que le ha valido un nombre determinado. || Fig. Grupo de cosas o personas.

consternación f. Profunda aflicción.

consternar v. t. Causar gran aflicción, pena (ú. t. c. pr.).

constipado m. Resfriado.

constipar v. t. Resfriar.

constitución f. Acción y efecto de constituir. || Esencia y calidades de una cosa: *la constitución del agua*. || Forma o sistema de gobierno de cada Estado. || Ley fundamental de la organización de un Estado.

constitucional adj. Perteneciente a la Constitución. ||Sujeto a una Constitución: *monarquía constitucional.* || Partidario de una Constitución (ú. t. c. s.).

constitucionalismo m. Sistema, régimen constitucional.

constitucionalizar v. t. Dar carácter constitucional.

constituir v. t. Formar, componer: *constituir un gobierno*. || Ser: *esto no constituye una falta*. || Hacer: *le constituyó heredero*. || Organizar: *constituir una sociedad*. || Establecer: *constituir una pensión*. || — V. pr. Asumir una obligación, un cargo o cuidado. || Personarse, presentarse: *se constituyó en el lugar*. || Entregarse: *me constituí prisionero*.

constituyente adj. Dícese del elemento que entra en la composición de una cosa (ú. t. c. s. m.). || Dícese de las asambleas convocadas para elaborar una Constitución (ú. t. c. s. f.).

constreñimiento m. Coacción.

constreñir v. t. Obligar, forzar.

construcción f. Acción y efecto de construir. || Edificio construido. || *Gram.* Disposición de las palabras en una oración.

construir v. t. Poner en orden los elementos diversos que forman un edificio, una máquina, un aparato. || Imaginar, idear. || *Gram.* Colocar, en la oración, las palabras en cierto orden.

consuelo m. Sentimiento de alivio.

consuetudinario, ria adj. Referente a las costumbres.

cónsul m. Magistrado romano que compartía con otro durante un año la magistratura suprema de la República. || Agente diplomático con misión de proteger a sus compatriotas en el extranjero.

consulado m. Dignidad de cónsul romano. || Su duración. || Hoy, cargo, oficina y jurisdicción del cónsul de un país.

consulta f. Petición de un consejo, de un parecer, etc. || Examen de un enfermo por un médico. || Consultorio.

consultar v. t. e i. Preguntar su parecer a alguien, asesorarse. || Buscar una explicación, una aclaración: *consultar el diccionario*.

consultorio m. Establecimiento donde se informa o consulta. || Sección en un periódico o emisora de radio que responde a las preguntas del público. || Local donde el médico recibe y atiende a los pacientes.

consumación f. Perpetración: *la consumación de un crimen*. || Fin.

consumado, da adj. Perfecto.

consumar v. t. Realizar.

consumición f. Acción y efecto de consumir. || Bebida tomada en un bar, sala de fiestas, etc.

consumidor, ra adj. y s. Dícese de la persona que compra en una tienda o utiliza los servicios de un restaurante, bar, etc.

consumir v. t. Destruir: *consumido por las llamas.* || Comer o beber: *consumir alimentos*. || Gastar: *coche que consume mucha gasolina*. || Fig. Agotar: *nos consumen las preocupaciones*. || Tomar alguna bebida o comida en un establecimiento (ú. t. c. i.).

consumo m. Gasto que se hace de los productos naturales o industriales: *bienes de consumo*. || — Pl. Impuesto que gravaba los productos que entraban en una población.

consunción f. Acción de consumir.

consustancial adj. Que es de la misma sustancia.

contabilidad f. Ciencia y arte de llevar las cuentas. || Conjunto de las cuentas de una persona o de una colectividad. || Servicio encargado de llevar las cuentas.

contabilizar v. t. Anotar en los libros de cuentas. || Contar.

contable adj. Que se puede anotar en las cuentas. ||— Com. Tenedor de libros de cuentas, persona que lleva las cuentas.

contactar v. t. Entrar en contacto.

contacto m. Relación de los cuerpos que se tocan. || Dispositivo que permite la abertura y el cierre de un circuito eléctrico. || Enlace: *contactos radiofónicos.* || Trato, relación: *ponerse en contacto con él.* || *Méx.* Enchufe.

contador m. Nombre dado a varios aparatos que miden una función.

contagiar v. t. Comunicar a otro una enfermedad o costumbres. || — V. pr. Adquirir por contagio. || *Fig.* Transmitirse.

contagio m. Transmisión de una enfermedad específica por contacto. || Germen de la enfermedad contagiosa. || La misma enfermedad. || *Fig.* Transmisión: *el contagio del vicio.* | Imitación involuntaria: *el contagio de la risa.*

container m. (pal. ingl.). Contenedor.

contaminación f. Contagio.

contaminar v. t. Contagiar.

contante adj. Efectivo: *dinero contante.*

contar v. t. Calcular: *cuenta lo que hemos dejado.* || Poner en el número de: *contar entre sus amistades.* || Tener: *contar poca edad.* || Poseer: *cuenta cinco millones de habitantes.* || Relatar, narrar: *contar sus aventuras.* || Enumerar: *contar los niños.* || Tener intención de: *cuento irme mañana.* || — V. i. Decir los números: *cuenta hasta cinco.* || Hacer cálculos: *contar con los dedos.* || Hacer cuentas. || Equivaler: *cuento por cinco.* || Tener en cuenta: *lo dicho no cuenta.* || Importar, interesar: *lo que cuenta es su edad.* || Considerar, pensar.

contemplación f. Acción de contemplar. || — Pl. Miramientos.

contemplar v. t. Mirar.

contemporáneo, a adj. y s. Que existe al mismo tiempo. || Del tiempo actual.

contemporización f. Acción y efecto de contemporizar.

contemporizar v. i. Ser tolerante o acomodaticio, transigir.

contención f. Acción de contener.

contencioso, sa adj. Litigioso. || — M. Conjunto de litigios.

contender v. i. Pelear.

contendiente adj. y s. Que lucha.

contenedor m. Caja metálica, de tipos y dimensiones normalizados, que facilita el transporte de las mercancías.

contener v. t. Llevar dentro de sí una cosa a otra. || Mantener en ciertos límites: *contener a la multitud.* || Encerrar, decir: *libro que contiene la verdad.* || *Fig.* Mantener en la sumisión: *contener un pueblo.* | Reprimir o moderar: *contener su ira.* || — V. pr. Dominarse.

contenido m. Cosa contenida.

contentamiento m. Contento.

contentar v. t. Poner contento (ú. t. c. pr.).

contento, ta adj. Alegre. || Satisfecho. || — M. Satisfacción.

contera f. Remate con que se protege el extremo de algo.

contestación f. Respuesta. || Crítica sistemática del orden político, económico y social vigente.

contestar v. t. Responder. || Impugnar.

contestatario, ria adj. y s. Que protesta.

contexto m. Disposición de una obra literaria. || Enredo, trabazón. || *Fig.* Hilo de un relato, discurso, etc. | Conjunto del texto que rodea una palabra o frase. | Conjunto de circunstancias en las que se sitúa un hecho.

contextura f. Estructura.

contienda f. Guerra. || Lucha.

contigo ablativo sing. del pron. pers. *tú,* en género m. y f.: *llévame contigo.*

contigüidad f. Vecindad.

contiguo, gua adj. Inmediato.

continencia f. Abstinencia de los deleites carnales.

continental adj. Relativo a los países de un continente o a las continentes.

continente adj. Que contiene a otro. || Que tiene continencia, casto. || — M. Cosa que contiene a otra: *el continente y el contenido.* || Gran extensión de tierra que se puede recorrer sin atravesar el mar.

contingencia f. Posibilidad de que una cosa suceda o no.

contingentar v. t. Establecer un cupo.

contingente adj. Que puede o no suceder. || — M. Contingencia. || *Com.* Cantidad máxima de una mercancía que un país acepta importar en un período de tiempo determinado, cupo.

continuación f. Prolongación.

continuador, ra adj. y s. Que continúa.

continuar v. t. Seguir lo comenzado. || — V. i. Proseguir: *la sesión continúa.* || — V. pr. Seguir.

continuidad f. Carácter de continuo. || *Solución de continuidad,* interrupción.

continuo, nua adj. No dividido: *línea continua.* || Que dura sin interrupción: *lluvia continua.* || Incesante: *temor continuo.* || Dícese de la corriente eléctrica de intensidad constante que circula siempre en el mismo sentido.

contonearse v. pr. Mover al andar los hombros y las caderas.

contoneo m. Movimiento de la persona que se contonea.

contorno m. Territorio que rodea un lugar. Ú. m. en pl.: *los contornos de una ciudad.* || Línea que limita una figura.

contorsión f. Movimiento violento de los miembros o facciones.

contorsionarse v. pr. Hacer contorsiones.

contra prep. Indica: 1.º Contacto: *apretado contra su pecho;* 2.º Oposición: *obrar contra nuestras costumbres;* 3.º Hostilidad: *ir contra el enemigo;* 4.º Defensa: *remedio contra la tos;* 5.º Apoyo: *está contra la muralla;* 6.º Cambio: *dar contra recibo.* || — M. Lo opuesto: *defender el pro y el contra.* || — F. *Fam.* Dificultad, inconveniente. || *Fam. Llevarle a uno la contra,* oponerse siempre a lo que dice o desea.

contraatacar v. t. Efectuar un contraataque.

contraataque m. Acción de pasar de la defensiva a la ofensiva.

contrabajo m. *Mús.* El mayor y más grave de los instrumentos de cuerda y arco. | Persona que lo toca. | Voz más grave que la del bajo y persona que la tiene.

contrabandear v. i. Hacer contrabando.

contrabandista adj. y s. Que hace contrabando.

contrabando m. Introducción en un país, sin pagar los derechos de aduanas, de mercancías u objetos prohibidos.

contrabarrera f. Segunda fila en los tendidos de las plazas de toros.

contracción f. Disminución del volumen de un cuerpo. || Respuesta mecánica de un músculo correspondiente a una excitación que hace que éste disminuya de longitud y aumente de tamaño. || *Gram.* Unión de dos sílabas, de dos vocales en una, como *al* (a el), *del* (de el).

contracepción f. Infecundidad.

contraceptivo, va y **contraconceptivo, va** adj. y s. m. Anticonceptivo.

contrachapar y **contrachapear** v. t. Poner chapas de madera.

contráctil adj. Que se contrae.

contradecir v. t. Decir lo contrario de lo que otro afirma. || — V. pr. Estar en contradicción.

contradicción f. Acción y efecto de contradecir o contradecirse.

contradictor, ra y **contradictorio, ria** adj. Que contradice.

contraer v. t. Disminuir de volumen (ú. t. c. pr.). || Adquirir: _contraer una costumbre._ || — _Contraer deudas,_ entramparse. || _Contraer matrimonio,_ casarse.

contraespionaje m. Servicio de seguridad encargado de descubrir la actividad de los agentes de información enemigos.

contrafoque m. Foque pequeño.

contrafuerte m. _Arq._ Pilar que sostiene o refuerza un muro.

contrahacer v. t. Imitar.

contrahecho, cha adj. Deforme.

contraindicación f. Peligro que implica la administración de un medicamento determinado.

contraindicar v. t. Disuadir de la utilidad de un medicamento normalmente peligroso, porque puede resultar peligroso en determinadas circunstancias. || _Fig._ Estar contraindicado, ser perjudicial.

contralmirante m. Jefe de marina inferior al almirante.

contralor m. _Amer._ Inspector de la contabilidad oficial.

contraloría f. _Amer._ Servicio encargado de inspeccionar los gastos públicos.

contralto m. _Mús._ Voz femenina entre tiple y tenor. || — M. y f. La que la tiene.

contraluz f. Vista de las cosas desde el lado opuesto a la luz.

contramano (a) m. adv. En dirección contraria a la indicada.

contramarca f. Segunda marca que se pone en algo.

contraofensiva f. _Mil._ Operación ofensiva con la que se responde a otra del enemigo.

contraorden f. Orden opuesta a la dada anteriormente.

contrapartida f. Asiento para corregir un error en una cuenta. || Lo que se da a cambio de otra cosa.

contrapelo (a) m. adv. En contra del sentido normal.

contrapesar v. t. Hacer contrapeso.

contrapeso m. Peso que sirve para equilibrar otro. || Añadido con que se completa un peso.

contraponer v. t. Oponer (ú. t. c. pr.).

contraportada f. Cuarta página de la cubierta de un libro o revista.

contraposición f. Oposición.

contraproducente adj. De efecto contrario al deseado.

contraposición y **contrapropuesta** f. Proposición con que se contesta o se impugna otra ya formulada sobre determinada materia.

contrapunto m. Disciplina musical que combina diferentes líneas melódicas.

contrariado, da adj. Molesto.

contrariar v. t. Oponerse a las palabras, acciones o voluntad de otro. || Disgustar, causar disgusto.

contrariedad f. Oposición de una cosa con otra.

contrario, ria adj. Que se opone a. || En sentido diferente: _en dirección contraria._ || — M. y f. Adversario, enemigo. || — M. Palabra que, por su significado, se opone a otra, antónimo: _orgullo_ y _modestia son contrarios._ || Lo que se opone a algo.

contrarrestar v. t. Hacer frente, oponerse. || Neutralizar una cosa los efectos de otra.

contrarrevolución f. Movimiento político que combate una revolución.

contrarrevolucionario, ria adj. y s. Favorable a la contrarrevolución.

contrasentido m. Lo que se opone a la realidad, a lo que debe ser.

contraseña f. Señal convenida para reconocerse. || _Mil._ Seña dada al centinela para ser reconocido, consigna. || Tarjeta que se da en los espectáculos a los espectadores que quieren salir en el entreacto para poder luego entrar.

contrastar v. t. Formar contraste. || Ser muy diferente, no parecerse en nada. || — V. t. Someter a prueba la veracidad de algo.

contraste m. Acción y efecto de contrastar. || Oposición: _contraste de sombra y luz._ || Señal que se pone en los objetos de plata y oro para dar fe de su autenticidad.

contrata f. Contrato.

contratación f. Contrato.

contratante adj. y s. Que suscribe un contrato.

contratar v. t. Hacer un contrato.

contraterrorismo m. Conjunto de acciones para responder al terrorismo.

contraterrorista adj. Relativo al contraterrorismo. || — Com. Persona que ejecuta actos de contraterrorismo.

contratiempo m. Suceso imprevisto.

contratipo m. Facsímil de una imagen fotográfica realizado al fotografiar esta misma imagen. || Copia positiva de un fotolito realizada a partir del negativo del original.

contratista com. Persona que ejecuta una obra por contrata.

contrato m. Pacto entre dos o más personas y documento en que consta.

contratorpedero m. Barco destinado a la persecución de torpederos.

contravalor m. Valor dado a cambio de otro.

contravención f. Infracción.

contraveneno m. Antídoto.

contravenir v. i. Obrar en contra de lo que está mandado.

contraventor, ra adj. y s. Infractor.

contrayente adj. Que contrae. || Aplícase sobre todo a la persona que contrae matrimonio (ú. t. c. s.).

contribución f. Acción de contribuir, parte realizada en una obra común. || Participación: _la contribución de las ciencias al progreso._ || Carga que se aporta a un gasto común, particularmente a los gastos del Estado o de una colectividad pública, impuesto.

contribuir v. i. y t. Intervenir, cooperar en algo: *contribuir al éxito de una empresa.* ‖ Dar, pagar una parte de una obra común. ‖ Pagar impuestos.

contribuyente adj. y s. Que contribuye. ‖ Dícese de la persona que paga impuestos al Estado o a una colectividad pública.

contrición f. Pesar de haber ofendido a Dios: *acto de contrición.*

contrincante com. Competidor.

contrito, ta adj. Arrepentido.

control m. Verificación, comprehensión, intervención, fiscalización. ‖ Inspección. ‖ Vigilancia. ‖ Lugar donde se verifica esta inspección. ‖ Contraste de pesas y medidas. ‖ Autoridad: *territorio bajo el control de las Naciones Unidas.* ‖ Revisión de entradas. ‖ Regulación: *control de nacimientos.* ‖ Dominio: *control de sí mismo.*

controlable adj. Que se puede controlar.

controlar v. t. Inspeccionar. ‖ Verificar, comprobar. ‖ Fiscalizar, intervenir. ‖ Revisar en los ferrocarriles. ‖ Contrastar pesas y medidas. ‖ Regular los precios, las cuentas, la natalidad. ‖ Vigilar. ‖ Dominar: *controlar sus nervios.* ‖ — V. pr. Dominarse, retenerse.

controversia f. Debate, discusión.

controvertir v. i. Discutir (ú. t. c. t.).

contumacia f. Obstinación.

contumaz adj. Obstinado.

contundencia f. Calidad de contundente.

contundente adj. Categórico.

contusión f. Lesión.

conurbación f. Conjunto urbano formado por la reunión de varias poblaciones vecinas.

convalecencia f. Estado del convaleciente.

convalecer v. i. Recobrar las fuerzas perdidas por enfermedad.

convaleciente adj. y s. Que se repone de una enfermedad.

convalidación f. Acción de convalidar.

convalidar v. t. Ratificar, confirmar. ‖ Reconocer la autoridad académica la equivalencia de unas asignaturas o estudios efectuados en otros centros de enseñanza.

convencer v. t. Persuadir, conseguir que uno reconozca una cosa (ú. t. c. pr.). ‖ Gustar: *no me convence ese automóvil.*

convencimiento m. Certeza.

convención f. Acuerdo, pacto. ‖ Asamblea.

convencional adj. Relativo al convenio o convención.

conveniencia f. Calidad de lo que conviene o es apropiado a.

conveniente adj. Que conviene.

convenio m. Pacto, acuerdo.

convenir v. t. e i. Acordar, decidir algo entre varios: *convenimos irnos juntos.* ‖ Asentir: *convengo en que no tengo razón.* ‖ Ser conveniente o apropiado: *no te conviene esa colocación.* ‖ Venir bien: *no me conviene ese precio.*

convento m. Casa de religiosos.

convergencia f. Dirección común hacia el mismo punto.

convergente adj. Que converge.

converger y **convergir** v. i. Dirigirse a un mismo punto.

conversación f. Charla, plática.

conversador, ra adj. y s. Que conversa.

conversar v. i. Hablar.

conversión f. Acción de convertir.

converso, sa adj. Dícese de los moros y judíos que se convirtieron al catolicismo (ú. t. c. s.).

convertidor m. *Tecn.* Aparato para transformar el hierro fundido en acero. | Transformador de corriente.

convertir v. t. Cambiar una cosa en otra, transformarla. ‖ Hacer cambiar de religión, parecer u opinión: *convertir a los ateos* (ú. t. c. pr.).

convexidad f. Curvatura hacia el exterior.

convexo, xa adj. Esférico.

convicción f. Convencimiento.

convicto, ta adj. *For.* Aplícase al reo a quien se ha probado el delito.

convidado, da m. y f. Invitado.

convidar v. t. Ofrecer una persona a otra que la acompañe a comer, a una fiesta, etc. ‖ *Fig.* Mover, incitar.

convincente adj. Que convence.

convite m. Invitación.

convivencia f. Vida en común.

convivir v. i. Vivir con otra u otras personas, cohabitar. ‖ Coexistir.

convocación f. Convocatoria.

convocar v. t. Citar.

convocatorio, ria adj. Que convoca. ‖ — F. Escrito o anuncio con que se convoca.

convolvuláceas f. pl. Plantas de fruto capsular como la batata (ú. t. c. adj.).

convoy m. Grupo de naves, vehículos, etc., escoltados. ‖ Vinagreras. ‖ *Fig.* Séquito. ‖ *Fam.* Cowboy, vaquero.

convulsión f. Contracción involuntaria de los músculos. ‖ *Fig.* Trastorno.

convulsionar v. t. Producir convulsiones.

convulsivo, va adj. Relativo a la convulsión.

conyugal adj. De los cónyuges.

cónyuge com. Cada uno de los esposos en relación con el otro.

coñac m. Aguardiente envejecido en toneles de roble, según se hace en Cognac (Francia).

coño m. Parte exterior del aparato genital femenino.

cooperación f. Participación en una obra común.

cooperador, ra y **cooperante** adj. y s. Que coopera.

cooperar v. i. Obrar para el mismo fin con otra u otras personas.

cooperativa f. Sociedad formada por productores o consumidores para producir, vender o comprar en común.

cooperativismo m. Doctrina económica de las sociedades cooperativas.

coordenadas f. pl. *Geom.* Líneas que determinan la posición de un punto en el espacio o en una superficie.

coordinación f. Acción de coordinar.

coordinador, ra adj. y s. Que coordina.

coordinar v. t. Disponer cosas metódicamente. ‖ Reunir esfuerzos para un objetivo común.

copa f. Vaso con pie para beber. ‖ Su contenido. ‖ Parte superior de las ramas de un árbol o de un sombrero. ‖ Premio que se concede en algunos certámenes deportivos: *copa de plata.* ‖ Competición deportiva para lograr este premio. ‖ — Pl. Uno de los palos de la baraja española.

copaneco, ca adj. y s. De Copán (Honduras).

copar v. t. En los juegos de azar, hacer una puesta equivalente a todo el dinero de la banca. ‖ *Fig.* En unas elecciones, conseguir todos los puestos. | Acaparar.

copartícipe com. Que participa o comparte con otro en alguna cosa.

copear v. i. Tomar copas.

copeck f. Moneda rusa.

copete m. Tupé. ‖ Moño de plumas de algunas aves.

copia f. Abundancia de una cosa. ‖ Reproducción de un escrito, de un texto musical u obra artística. ‖ Fotocopia.

copiador, ra adj. y s. Que copia. ‖ — M. Libro en el que se copian las cartas. ‖ — F. Fotocopiadora.

copiapeño, ña adj. y s. De Copiapó (Chile).

copiar v. t. Reproducir lo escrito, una obra de arte. ‖ Escribir lo que otro dicta. ‖ Imitar: *copiar a un autor.* ‖ Plagiar el ejercicio de otro en un examen.

copiosidad f. Abundancia.

copioso, sa adj. Abundante.

copista com. Copiador.

copla f. Canción popular.

copo m. Pequeña masa que cae al nevar. ‖ Bolsa que forman algunas redes de pescar.

copón m. Copa grande en que se guarda la Eucaristía.

coposesión f. Posesión con otro.

copra f. Médula del coco, de la palma, de la que se extrae el aceite.

coproducción f. Producción en común: *película en coproducción.*

coproductor, ra adj. y s. Que produce en común.

copropiedad f. Propiedad en común.

copropietario, ria adj. y s. Que posee bienes con otras personas.

cópula f. Unión. ‖ Coito.

copulativo, va adj. Que une.

copyright [-rait] m. (palabra ingl.). Derecho de propiedad literaria.

coque m. Carbón poroso.

coqueta adj. y s. f. Dícese de la mujer que desea gustar a los hombres. ‖ — F. Tocador.

coquetear v. i. Tratar de agradar por mera vanidad. ‖ Flirtear.

coqueteo m. Coquetería, flirteo.

coquetería f. Deseo de una persona de agradar a otras. ‖ Afición a arreglarse y vestirse bien.

coqueto, ta y **coquetón, ona** adj. *Fam.* Atractivo, agradable. ‖ Bastante grande: *una cantidad de dinero coquetano.* ‖ — M. y f. Persona que desea agradar a las del sexo opuesto.

coquificar v. t. Transformar la hulla en coque.

coquimbano, na adj. De Coquimbo (Chile).

coquina f. Almeja pequeña.

coracero m. Soldado con coraza.

coraje m. Valor. ‖ Rabia.

coral m. Celentéreo cuya estructura calcárea de color blanco, rosado o encarnado se emplea en joyería. ‖ — F. Culebra venenosa de América del Sur.

coral adj. *Mús.* Relativo al coro. ‖ — F. *Mús.* Composición para coro. | Masa coral.

coraza f. Armadura que protegía el pecho y la espalda. ‖ *Mar.* Cubierta metálica de un buque. ‖ *Fig.* Lo que defiende o protege.

corazón m. Órgano hueco de forma ovoide, situado en el pecho del hombre, que constituye el elemento central de la circulación de la sangre. ‖ *Por ext.* Parte anterior del pecho en la que se sienten los latidos de este órgano. ‖ *Fig.* Figura en forma de corazón en los naipes franceses. | Parte central o esencial de una cosa: *corazón de alcachofa.* | Asiento de los sentimientos, de la sensibilidad; conjunto de las facultades afectivas y morales: *entristecer los corazones.* | Asiento de los sentimientos altruistas: *tener buen corazón.* | Valor, energía: *yo no tengo corazón para hacer eso.* | Sentido moral, conciencia: *muchacha de corazón puro.* | Centro: *en el corazón de la población.* | Término afectuoso: *¡corazón mío!*

corazonada f. Presentimiento.

corbata f. Tira de tela que se anudan los hombres al cuello de la camisa para adorno.

corbeta f. Barco de guerra ligero.

corcel m. Caballo.

corchea f. *Mús.* Nota cuyo valor es la mitad de una negra.

corchete m. Broche compuesto de macho y hembra. ‖ Signo, que tiene la figura de [ ], utilizado a modo de paréntesis.

corcho m. Corteza del alcornoque. ‖ Tapón de corcho.

corcova f. Joroba.

cordada f. Grupo de montañeros unidos por una cuerda.

cordados m. pl. *Zool.* Tipo de metazoos que comprende los vertebrados y seres afines (ú. t. c. adj.).

cordel m. Cuerda.

cordera f. Oveja.

cordero m. Cría de la oveja que no pasa de un año. ‖ Piel curtida de cordero. ‖ *Fig.* y *fam.* Hombre muy dócil. ‖ *Cordero de Dios* o *Divino Cordero,* Jesucristo.

cordial adj. Afectuoso.

cordialidad f. Calidad de cordial.

cordillera f. Serie de montañas enlazadas entre sí.

cordillerano, na adj. Relativo a la cordillera, especialmente a la de los Andes. ‖ — Adj. y s. De Las Cordilleras (Paraguay).

córdoba m. Moneda de Nicaragua.

cordobense adj. y s. De Córdoba (Colombia).

cordobés, esa adj. y s. De Córdoba (España y Argentina). ‖ Cordobense.

cordón m. Cuerda pequeña: *los cordones de los zapatos.* ‖ Cable o hilo que conduce la electricidad. ‖ Serie de personas o cosas destinadas a proteger o vigilar: *cordón sanitario.* ‖ *Anat.* Fibra: *cordón nervioso.* ‖ *Riopl.* Bordillo de la acera. ‖ *Cordón umbilical,* conjunto de vasos que unen la placenta materna con el vientre del feto.

cordura f. Juicio, sensatez.

coreano, na adj. y s. De Corea.

corear v. t. Repetir en coro.

coreografía f. Arte de la danza. ‖ Arte de componer bailes.

coreógrafo, fa m. y f. Persona que dirige la ejecución de un ballet.

coriano, na adj. y s. De Coro (Venezuela).

corindón m. Piedra preciosa entre cuyas variedades se encuentra el zafiro y el rubí.

corista m. Religioso que asiste al coro. || — Com. *Teatr.* Persona que canta en un coro. || — F. Artista femenina que forma parte del conjunto de una revista teatral.

coriza f. Catarro nasal.

cormorán m. Cuervo marino.

cornada f. Golpe dado por el toro con el cuerno. || Herida producida.

cornamenta f. Conjunto de los cuernos de un animal.

cornamusa f. Especie de gaita.

córnea f. Membrana transparente y abombada de la parte exterior del globo del ojo.

cornear v. t. Dar cornadas.

corned beef [*cornbif*] m. (pal. ingl.). Conserva salada de carne de buey.

corneja f. Especie de búho.

córner m. En fútbol, saque de esquina.

corneta f. *Mús.* Instrumento de viento parecido al clarín. || — M. Músico que toca la corneta.

cornetín m. Instrumento músico de pistones o llaves. || Músico que lo toca.

cornezuelo m. Honguillo ascomiceto parásito del centeno.

cornisa f. *Arq.* Adorno compuesto de molduras saledizas que corona un entablamento. || Carretera escarpada y tortuosa al borde del mar o en una montaña.

cornisamento y **cornisamiento** m. *Arg.* Conjunto de molduras que coronan un orden de arquitectura o un edificio.

cornúpeta y **cornúpeto** m. Toro de lidia.

coro m. Reunión de cantores para ejecutar una obra musical en común. || Título dado a las piezas musicales compuestas para ser cantadas por un conjunto de voces. || Grupo de personas que ejecutan un baile reunidas. || Parte de una iglesia en la que están los religiosos. || Nombre dado a las jerarquías de ángeles y a ciertas categorías de santos: *coro celestial*. || *Fig.* Conjunto de personas que tienen la misma opinión.

corola f. *Bot.* Segunda envoltura de las flores que protege los estambres y el pistilo.

corolario m. Proposición que se desprende de lo demostrado anteriormente.

corona f. Guirnalda de flores o de otra cosa que rodea la cabeza como adorno o como signo de distinción. || Joya de metal que se pone en la cabeza como signo de dignidad, autoridad o potencia: *corona imperial*. || Monarquía: *decíase partidario de la corona*. || Adorno en forma de corona: *corona funeraria*. || Parte de un diente o muela junto a la encía. || Forro de oro o de otro metal para cubrir un diente o muela estropeados. || Unidad monetaria de diversos países (Dinamarca, Noruega, Suecia, Islandia, Checoslovaquia) o pieza de moneda (Gran Bretaña).

coronación f. Acción de coronar o coronarse un soberano. || Ceremonia con que se celebra la posesión oficial del trono por un rey. || *Fig.* Remate, fin. | Colmo.

coronamiento m. *Fig.* Remate, final. || *Arq.* Adorno que remata un edificio.

coronar v. t. Colocar la corona en la cabeza: *coronar al vencedor*. || Elegir por soberano: *coronar al rey.*

|| *Fig.* Rematar, acabar, servir de remate: *este éxito coronó su vida.* || Llegar a la cúspide de un monte. || — V. pr. *Fig.* Cubrirse. || Ponerse una corona.

coronel m. Oficial superior del ejército que manda un regimiento.

coronilla f. Parte superior de la cabeza.

corporación f. Asociación de personas de la misma profesión.

corporal adj. Del cuerpo.

corporativismo m. Doctrina económica y social que defiende la creación de instituciones profesionales corporativas dotadas de varios poderes económicos, sociales e incluso políticos.

corpulencia f. Volumen que tiene un cuerpo.

corpulento, ta adj. Alto y gordo. || Grande.

Corpus o **Corpus Christi** m. Jueves en que la Iglesia católica conmemora la institución de la Eucaristía.

corpúsculo m. Partícula pequeña.

corral m. Sitio cerrado y descubierto destinado a los animales domésticos. || Patio de una casa de vecinos. || Patio al aire libre donde antiguamente se representaban las obras teatrales.

correa f. Tira de cuero o cosa que se le asemeja: *correa de un reloj*. || Cinturón de cuero. || *Correa de transmisión*, correa sin fin que permite un movimiento circular.

correaje m. Conjunto de correas.

corrección f. Acción de corregir, de enmendar. | Revisión, señalando las faltas, del ejercicio de un alumno, de los que sufren un examen, de una obra, de un original escrito, etc. || Reprimenda, reprensión. || Comportamiento conforme a las normas de trato social.

correccional adj. Que sirve para corregir. || — M. Establecimiento penitenciario en que se cumplen ciertas penas de prisión.

correctivo, va adj. Que corrige.

correcto, ta adj. Conforme a las normas. || Bien educado.

corrector, ra adj. y s. Que corrige.

corredor, ra adj. Que corre. || — M. y f. Persona que participa en una carrera. || Persona intermediaria en compras y ventas: *corredor de fincas*. || — M. Pasillo de una casa. || — F. pl. Orden de aves, como el avestruz (ú. t. c. adj.).

corregidor m. (Ant.) Oficial de justicia en algunas poblaciones. | Alcalde nombrado por el rey.

corregimiento m. Empleo, jurisdicción y oficina del corregidor.

corregir v. t. Quitar los errores. || Amonestar, castigar. || — V. pr. Enmendarse.

correlación f. Relación recíproca.

correlacionar v. t. Relacionar.

correlativo, va adj. Que tiene o indica relación. || Consecutivo.

correntino, na adj. y s. De Corrientes (Argentina).

correo m. Encargado de llevar y traer la correspondencia. || Administración pública para el transporte de la correspondencia: *la administración de Correos* (ú. t. en pl.). || Oficina de dicha administración (ú. t. en pl.). || Correspondencia que se recibe o expide. || Buzón para las cartas. || Tren correo.

correoso, sa adj. Flexible.

correr v. i. Ir muy rápidamente: *correr tras uno*. || Hacer algo rápidamente. || Participar en una carrera.

Ú. t. c. t.: *correr los mil metros*. ‖ Fluir: *el río corre entre los árboles*. ‖ Soplar: *correr el viento*. ‖ Extenderse: *el camino corre de Norte a Sur*. ‖ Transcurrir el tiempo. ‖ Propagarse, difundirse: *corre la voz que...* ‖ Ser válido: *esta moneda ya no corre*. ‖ Encargarse: *correr con los gastos*. ‖ *A todo correr*, con gran velocidad. ‖ — V. t. Perseguir, acosar: *correr un ciervo*. ‖ Lidiar toros. ‖ Recorrer: *correr el mundo*. ‖ Deslizar: *corre un poco la mesa*. ‖ Echar: *correr el pestillo*. ‖ Tender o recoger: *correr las cortinas*. ‖ Estar expuesto a: *correr peligro*. ‖ *Fig.* Avergonzar, confundir. ‖ — V. pr. Apartarse, hacerse a un lado. ‖ *Fam.* Ruborizarse.

correría f. Incursión armada.

correspondencia f. Relación, concordancia. ‖ Comunicación entre dos localidades, dos vehículos públicos. ‖ Intercambio de cartas. ‖ Cartas recibidas y expedidas.

corresponder v. i. Pagar a alguien con una atención semejante a la que él ha tenido antes. ‖ Estar en relación una cosa con otra. ‖ Ser adecuado. ‖ Tocar: *te corresponde a ti hacerlo*. ‖ Concordar: *no corresponde a lo que imaginaba*. ‖ Tener un sentimiento recíproco: *él la quiere y ella le corresponde*.

correspondiente adj. Que corresponde.

corresponsal adj. y s. Aplícase al periodista que envía noticias a su periódico desde otro país.

corretaje m. Profesión de corredor y comisión que éste cobra.

corretear v. i. *Fam.* Callejear. ‖ Correr de un lado para otro.

correteo m. Acción de corretear.

corrida f. Lidia de toros.

corrido, da adj. Que excede un poco lo justo: *un kilo corrido*. ‖ Contiguo, seguido: *balcón corrido*. ‖ *Fig.* Avergonzado. ‖ Experimentado. ‖ — M. Música y baile mexicano.

corriente adj. Que corre: *agua corriente*. ‖ Dícese del tiempo que transcurre: *el mes corriente*. ‖ Frecuente, habitual: *cosa corriente*. ‖ Ordinario: *vino corriente*. ‖ Acostumbrado, habitual: *la moda corriente*. ‖ Común, no extraordinario: *es una comida corriente*. ‖ *Cuenta corriente*, la que se tiene en un banco. ‖ — F. Movimiento de traslación de las aguas o del aire en dirección determinada: *corriente marina*. ‖ *Fís.* Electricidad transmitida a lo largo de un conductor. ‖ *Fig.* Curso, dirección que llevan algunas cosas: *la corriente de la opinión*. ‖ Tiro de aire que hay en un local cerrado entre las puertas y las ventanas.

corrillo m. Grupo de personas reunido.

corrimiento m. Deslizamiento: *corrimiento de tierras*.

corro m. Grupo de personas alrededor de algo o de alguien. ‖ Danza ejecutada por varias personas que forman un círculo, cogidas de las manos: *bailan en corro*. ‖ Grupo de cotizaciones de Bolsa: *el corro bancario*.

corroboración f. Confirmación.

corroborar v. t. Confirmar.

corroer v. t. Desgastar lentamente.

corromper v. t. Alterar, dañar, podrir. ‖ Echar a perder (ú. t. c. pr.). ‖ *Fig.* Depravar: *corromper las costumbres*. ‖ Pervertir: *corromper a una mujer*. ‖ Sobornar.

corrosión f. Acción y efecto propio de las sustancias corrosivas.

corrosivo, va adj. Que corroe (ú. t. c. s. m.). ‖ *Fig.* Virulento.

corrupción f. Putrefacción. ‖ *Fig.* Soborno. ‖ Vicio introducido en las cosas no materiales: *corrupción de la moral*.

corruptela f. Corrupción.

corruptibilidad f. Calidad de lo que puede ser corrompido.

corrupto, ta adj. Corrompido.

corruptor, ra adj. y s. Que corrompe.

corsario, ria adj. y s. *Mar.* Aplícase al barco armado para perseguir a los piratas o a los enemigos y al que lo manda. ‖ — M. Pirata.

corsé m. Prenda interior para ceñirse el cuerpo.

corso, sa adj. y s. De Córcega (Francia).

cortacircuitos m. inv. *Electr.* Aparato que interrumpe automáticamente la corriente.

cortado, da adj. Coagulado: *leche cortada*. ‖ *Fig.* Turbado: *quedarse cortado*. ‖ — M. Taza de café con muy poca leche. ‖ — F. *Arg.* Travesía entre dos calles. ‖ Atajo.

cortadura f. Incisión.

cortapisa f. Restricción, traba.

cortar v. t. Separar por medio de un instrumento afilado: *cortó las ramas*. ‖ Amputar un miembro: *le cortaron la pierna*. ‖ Hacer una raja, rajar. Ú. t. c. i.: *el filo de esta cartulina corta*. ‖ Separar y dar la forma adecuada a las telas en confección: *cortar un traje*. ‖ Dividir: *calle cortada en dos*. ‖ Interpretar, interrumpir: *cortar las comunicaciones*. ‖ Hacer una pausa en la frase: *estilo cortado*. ‖ Hacer disminuir la graduación: *cortar el vino con agua*. ‖ *Geom.* Dividir una línea a otra con un punto común o una superficie a otra con una línea común (ú. t. c. pr.). ‖ Dividir la baraja de cartas en dos partes, poniendo una debajo de otra. ‖ Impedir que continúe su proceso: *cortar los abusos*. ‖ Avergonzar, confundir. Ú. m. c. pr.: *me cortan las personas tan importantes*. ‖ — V. i. Tomar el camino más corto: *cortar por un atajo*. ‖ — V. pr. Coagularse, cuajarse.

corte m. Acción de cortar. ‖ División de un tejido para la confección de un vestido: *traje de buen corte*. ‖ Cantidad de tela necesaria para hacer un traje. ‖ Manera de estar hecho un vestido: *chaqueta de corte elegante*. ‖ *Fig.* Figura, forma, contorno: *el corte de su cara*. ‖ Concepción, realización: *es un montaje teatral de corte muy moderno*. ‖ Separación de las cartas de una baraja en dos partes. ‖ Herida o raja efectuada con un instrumento cortante. ‖ Interrupción: *corte del agua*. ‖ Borde afilado de un cuchillo o una herramienta. ‖ *Fam.* Vergüenza. ‖ — F. El rey y sus servidores que habitan en el palacio. ‖ Lugar donde están establecidos: *la villa y corte*. ‖ Séquito que acompaña a un rey. ‖ *Amer.* Tribunal de justicia. ‖ *Hacer la corte*, galantear a una dama. ‖ — Pl. Asamblea legislativa o consultiva formada por el Senado y el Congreso.

cortedad f. Escasez. ‖ Timidez.

cortejar v. t. Galantear.

cortejo m. Séquito.

cortés adj. Educado.

cortesano, na adj. Relativo a la corte. ‖ Que es miembro de la corte real (ú. t. c. s.).

cortesía f. Demostración de respeto.

corteza f. Capa exterior.

cortijo m. Finca con casa de labranza.

cortina f. Tela que cubre una puerta, ventana, etc. || *Fig.* Lo que oculta algo.

cortinaje m. Conjunto de cortinas.

cortisona f. *Med.* Hormona de la corteza de las glándulas suprarrenales aplicada a la artritis y a ciertas enfermedades de la sangre.

corto, ta adj. De poca longitud o duración: *falda corta, guerra corta.* || Escaso: *corto de dinero.* || *Fig.* De poco talento: *corto de alcances.* | Tímido, timorato, vergonzoso (ú. t. c. s.). || — M. Cortometraje.

cortocircuito m. Fenómeno eléctrico producido al conectar con un conductor de poca resistencia dos puntos entre los cuales hay un potencial diferente.

cortometraje m. Película cinematográfica de poca duración.

coruñés, esa adj. y s. De La Coruña (España).

corva f. Parte de detrás de la rodilla.

corvejón m. Corva.

córvidos m. pl. Pájaros dentirrostros de pico largo y gran tamaño, como el cuervo (ú. t. c. adj.).

corvina f. Pez marino.

corzo, za m. y f. Cuadrúpedo rumiante cérvido con cuernos cortos.

cosa f. Palabra indeterminada cuyo significado (materia, objetos, bienes, palabras, acontecimientos, asuntos) se precisa por lo que la precede o la sigue: *se puede decir muchas cosas en pocas palabras.* || Ser inanimado, por oposición a ser animado: *personas y cosas.* || Realidad, por oposición a apariencia: *estudiar el fondo de las cosas.* || Lo que se piensa, lo que se hace, lo que pasa: *hizo grandes cosas en su vida.* || Lo que depende de nosotros, lo que se posee: *estas cosas son suyas.* || Ocurrencia, agudeza. || — Pl. Hechos o dichos propios de alguien: *ésas son cosas de Ramón.*

cosaco, ca adj. y s. Dícese del habitante de algunos distritos de Rusia. || — M. Soldado de un cuerpo de caballería ruso.

coscorrón m. Golpe en la cabeza.

cosecante f. Secante del complemento de un ángulo o de un arco.

cosecha f. Conjunto de frutos que se recogen de la tierra.

cosechadora f. Máquina para segar y agavillar la cosecha.

cosechar v. i. Hacer la cosecha. || — V. t. Recoger los frutos del campo. || *Fig.* Obtener, ganar.

coseno m. Seno del complemento de un ángulo.

coser v. t. Unir con hilo, generalmente enhebrado en la aguja. || *Fig.* Unir una cosa a otra: *coser papeles.*

cosido m. Costura.

cosmético, ca adj. y s. m. Dícese de ciertos productos de belleza para el cutis o para fijar el pelo.

cósmico, ca adj. Del universo.

cosmología f. Ciencia de las leyes generales que rigen el mundo.

cosmonauta com. Piloto o pasajero de un vehículo espacial.

cosmonáutica f. Astronáutica.

cosmopolita adj. Aplícase a la persona que ha vivido en muchos países y ha adquirido las costumbres de ellos (ú. t. c. s.). || Dícese de los lugares donde hay muchos extranjeros y de las costumbres influenciadas por éstos.

cosmos m. Universo.

coso m. Plaza de toros.

cosquillas f. pl. Excitación nerviosa que se experimenta en ciertas partes del cuerpo cuando son tocadas por otra persona y que provoca la risa y hasta convulsión.

cosquillear v. t. Hacer cosquillas.

cosquilleo m. Sensación que producen las cosquillas.

costa f. Orilla del mar y tierra que está cerca de ella. || — Pl. *For.* Gastos judiciales: *las costas del juicio.* || *A costa de,* a expensas de.

costado m. Lado.

costar v. i. Valer una determinada cosa cierto precio. || Causar gastos: *me costará caro.* || *Fig.* Ser penoso o difícil: *le cuesta mucho decirlo.* || Ocasionar molestias: *las promesas cuestan poco.* || — V. t. Causar, ocasionar: *me costó trabajo hacerlo.* || Ocasionar una pérdida: *le costó la vida.* || Consumir tiempo: *le costó dos días realizarlo.*

costarricense y **costarriqueño, ña** adj. y s. De Costa Rica. || — M. Modalidad del castellano hablado en Costa Rica.

costarriqueñismo m. Vocablo o giro propio de los costarriqueños. || Carácter propio de Costa Rica. || Afecto a Costa Rica.

coste m. Precio en dinero.

costear v. t. Pagar el gasto: *costeó sus estudios* (ú. t. c. pr.). || *Mar.* Navegar cerca de la costa. || — V. pr. Cubrir los gastos.

costilla f. *Anat.* Cada uno de los huesos que forman la caja torácica. || *Fam.* Esposa.

costo m. Coste.

costoso, sa adj. Que cuesta mucho.

costra f. Corteza exterior.

costumbre f. Hábito, uso.

costura f. Unión de dos piezas cosidas. || Oficio de confeccionar vestidos.

costurera f. Mujer que cose.

costurero m. Caja, mesita o cesto para la costura.

cota f. Armadura antigua: *cota de mallas.* || Número que indica la dimensión en un diseño o plano, o una diferencia de nivel entre dos puntos. || Altura señalada en un mapa. || *Fig.* Nivel, altura.

cotangente f. Tangente del complemento o de un ángulo o de un arco.

cotejar v. t. Comparar.

cotejo m. Comparación.

coterráneo, a adj. y s. Del mismo país.

cotidiano, na adj. Diario.

cotiledón m. *Bot.* Parte de la semilla que rodea el embrión.

cotilla com. *Fam.* Persona chismosa.

cotillear v. i. *Fam.* Chismorrear.

cotilleo m. *Fam.* Chismorreo.

cotización f. Valor de los títulos negociables en la Bolsa y cuadro que señala el precio de ciertas mercancías. || Cuota.

cotizar v. t. Satisfacer o pagar una cuota. || Asignar o poner un precio en la Bolsa o en el mercado a acciones mercantiles o a cualquier otro valor (ú. t. c. pr.). || Gozar o tener una persona o cosa cierta estimación pública (ú. t. c. pr.). || Pagar una persona la parte que le corresponde en un conjunto de gastos colectivos, en contribuciones, suscripciones, etc. || Fijar, estimar, poner precio a determinada cosa. || Estimar, valorar. || *Amer.* Imponer, fijar una cuota.

coto m. Vedado, terreno acotado. || *Fig.* Término, fin: *poner coto al vicio.*

cotopaxense adj. y s. De Cotopaxi (Ecuador).

cotorra f. Papagayo.

cotorrear v. i. Hablar demasiado.

cotorreo m. Charla sin sustancia.

C.O.U., en España, Curso de Orientación Universitaria.

covacha f. Cueva. || *Fam.* Zaquizamí.

cow-boy [kao-] m. (pal. ingl.). Vaquero norteamericano.

coya f. Entre los incas peruanos, mujer del emperador o princesa.

coyotaje m. *Méx.* Acción de coyotear. | Remuneración del coyote.

coyote m. Lobo de México y América Central. || *Méx.* Traficante en operaciones de Bolsa. | Persona que se encarga de hacer los trámites de otro mediante remuneración.

coyotear v. i. *Méx.* Actuar como coyote.

coyoteo m. *Méx.* Acción de coyotear.

coyuntura f. Articulación o juntura movible de un hueso con otro. || *Fig.* Oportunidad, ocasión, circunstancia. | Pronóstico sobre la evolución próxima en el sector económico, social, político o demográfico, basado en una comparación de la situación presente con la pasada y en datos estadísticos. | Conjunto de elementos que constituye la situación presente.

coyuntural adj. De la coyuntura.

coz f. Golpe violento dado con el pie.

Cr, símbolo químico del *cromo.*

crac m. Quiebra, bancarrota.

cracking m. (pal. ingl.). Procedimiento de refinado que modifica la composición de una fracción de petróleo mediante los efectos de la temperatura, la presión y, generalmente, de un catalizador.

craneal y **craneano, na** adj. Del cráneo.

cráneo m. Caja ósea en que está el encéfalo. || *Fig.* Cabeza.

crápula f. Libertinaje. || — Adj. y s. Crapuloso.

craqueo m. Cracking.

craso, sa adj. Grande.

cráter m. Boca de volcán.

crawl [krol] m. (pal. ingl.). Forma de nadar consistente en un movimiento rotatorio de los brazos y con los pies golpeando el agua.

creación f. Acto de crear.

creacionismo m. Doctrina poética, reacción contra la técnica modernista.

creador, ra adj. y s. Que crea.

crear v. t. Producir algo de la nada. || Engendrar. || Hacer Dios el mundo. || *Fig.* Inventar. | Fundar: *crear una academia.* || Establecer: *crear un premio.* || Instituir un cargo. || Designar: *creado Papa.*

crecer v. i. Aumentar insensiblemente: *los días crecen.* || Desarrollarse: *el árbol ha crecido.* || Ponerse más alto: *crecer con la edad.* || Aumentar la parte iluminada de la Luna. || Aumentar, hacerse mucho más grande: *creció su animosidad.* || Aumentar de caudal un río. || — V. pr. Envanecerse. || Ser más osado.

creces f. pl. Aumento.

crecida f. Aumento de caudal de una corriente de agua.

crecido, da adj. Grande: *una suma crecida.* || De edad: *hijos crecidos.*

crecimiento m. Acción de crecer.

credencial adj. Que acredita. || — F. pl. Cartas que acreditan a un embajador. || *Amer.* Pase. | Permiso.

credibilidad f. Calidad de creíble.

crédito m. Confianza, creencia otorgada a una cosa o a una persona digna de fe. || Influencia que se tiene a causa de la confianza que se inspira. || Reputación de ser solvente: *persona de crédito.* || Plazo concedido para un pago. || Préstamo concedido por un banco. || Parte de la cuenta en la que figura el haber. || Cantidad que puede cobrar uno como acreedor. || *A crédito,* sin pagar inmediatamente.

credo m. Oración, símbolo de la fe. || *Fig.* Conjunto de principios que rigen la conducta o las opiniones de alguien.

credulidad f. Facilidad en creerse todo.

crédulo, la adj. Que cree fácilmente lo que se le dice (ú. t. c. s.).

creencia f. Acción de creer.

creer v. t. Tener por cierto, aceptar como verdad: *creo lo que me dices* (ú. t. c. pr.). || Pensar, estimar, juzgar: *creo que vendrá* (ú. t. c. pr.). || Imaginar, suponer: *nunca lo hubiera creído* (ú. t. c. pr.). || — V. i. Dar por cierta su existencia: *creo en la vida eterna.* || Tener fe en la veracidad de algo. || Tener fe en la eficacia de algo. || — V. pr. Tener muy buena opinión de sí mismo.

creído, da adj. Confiado. || Engreído, vanidoso (ú. t. c. s.).

crema f. Nata de la leche. || Dulce de leche, huevos, azúcar, etc. || Cosmético para el cutis. || Líquido extraído de ciertos frutos: *crema de cacao.* || Betún: *crema para el calzado.* || *Fig.* Lo mejor, la nata: *la crema de la sociedad.* || *Gram.* Diéresis. || — Adj. De color blanco amarillento.

cremación f. Incineración.

cremallera f. *Mec.* Barra con dientes que engranan con un piñón. || Cierre que consiste en dos tiras flexibles con dientes por las que se desliza una corredera.

crepé m. (pal. fr.). Crespón.

crepitación f. Acción de crepitar.

crepitar v. i. Hacer ruido semejante a los chasquidos de la leña que arde.

crepuscular adj. Del crepúsculo.

crepúsculo m. Luz del amanecer y del anochecer. || *Fig.* Decadencia.

crespón m. Tela de seda de urdimbre muy retorcida.

cresta f. Carnosidad en la cabeza de algunas aves.

cretino, na adj. y s. Idiota.

cretona f. Tela de algodón con dibujos.

creyente adj. y s. Que cree.

cría f. Acción y efecto de criar: *cría extensiva.* || Niño o animal mientras se está criando. || Conjunto de hijos que tienen los animales de una vez.

criadilla f. Testículo de reses.

criado, da adj. Con los adverbios *bien* o *mal,* de buena o mala educación. || — M. y f. Persona que sirve a otra por dinero y se ocupa de las faenas domésticas.

criador, ra adj. y s. Que cría animales domésticos: *criador de caballos, gallinas*. ‖ Vinicultor: *criador de vinos*.

crianza f. Acción de criar.

criar v. t. Amamantar a las crías con su leche. ‖ Alimentar a un niño: *criar con biberón*. ‖ Cuidar animales: *criar toros*. ‖ Producir: *criar piojos*. ‖ Educar, cuidar en la niñez: *ella me crió*. ‖ Someter el vino a los cuidados propios de su elaboración. ‖ Cultivar plantas. ‖ *Fig.* Crear, ocasionar, provocar: *no críes motivos para que te castiguen*. ‖ — V. pr. Desarrollarse, crecer, hacerse hombres: *los niños se crían al aire libre*. ‖ Hacerse: *criarse el vinagre*.

criatura f. Niño.

criba f. Tamiz para cribar.

cribado f. Operación de cribar.

cribar v. t. Pasar por la criba.

cricquet y **cricket** m. Juego de pelota, con palas de madera, entre dos equipos de once jugadores.

crimen m. Delito grave.

criminal adj. Del crimen: *atentado criminal*. ‖ Autor de un crimen (ú. t. c. s.).

crin f. Pelos largos en el cuello de algunos animales.

crío m. *Fam.* Niño.

criollaje m. *Arg.* Conjunto de criollos.

criollismo m. Carácter criollo. ‖ Afición a las cosas criollas.

criollo, lla adj. y s. Aplícase al blanco nacido en las colonias y a los españoles nacidos en América. ‖ Dícese del negro nacido en América. ‖ Aplícase en América a los animales, plantas, etc., que proceden del país, cuando hay que distinguirlos de los extranjeros.

cripta f. Parte subterránea de una iglesia donde se enterraba a los muertos.

criptógamo, ma adj. y s. f. Dícese de las plantas que tienen ocultos los órganos reproductores.

criptón m. *Quím.* Gas existente en el aire (símb. Kr), de número atómico 36.

criquet m. Cricquet.

crisálida f. Ninfa de insecto.

crisantemo m. Planta de hermosas flores ornamentales.

crisis f. Cambio brusco que se produce en el transcurso de una enfermedad y que es síntoma de empeoramiento o de mejora. ‖ Ataque: *crisis de rabia*. ‖ Manifestación profunda de un sentimiento: *crisis de melancolía*. ‖ *Fig.* Momento difícil, dificultad: *crisis financiera*. ‖ Falta, penuria, escasez: *crisis de mano de obra*. ‖ Ruptura del equilibrio entre la producción y el consumo caracterizada por la súbita baja de los precios, quiebras y paro.

crismas m. Christmas.

crisol m. Recipiente empleado para fundir y purificar metales a gran temperatura. ‖ *Fig.* Lugar en el que se mezclan o funden diversas cosas.

crispar v. t. Poner nervioso (ú. t. c. pr.).

cristal m. Vidrio incoloro y transparente. ‖ Objeto de cristal. ‖ Hoja de vidrio que se pone en las ventanas.

cristalera f. Armario con cristales. ‖ Puerta de cristales. ‖ Techo de cristales.

cristalería f. Fábrica o tienda de objetos de cristal, de placas de vidrio para las ventanas. ‖ Conjunto de vasos, copas, jarras, etc., para el servicio de mesa.

cristalino, na adj. De la naturaleza del cristal. ‖ Semejante a él por la transparencia o sonoridad. ‖ — M. Elemento constitutivo del ojo, de forma de lente biconvexa, que reproduce en la retina la imagen de los objetos.

cristalización f. Acción de cristalizar.

cristalizar v. t. Tomar forma de cristales (ú. t. c. pr.). ‖ *Fig.* Formar un conjunto de diferentes elementos dispersos: *cristalizar el descontento*. ‖ — V. i. *Fig.* Concretarse.

cristiandad f. Conjunto de los fieles cristianos. ‖ Cristianismo.

cristianismo m. Religión cristiana. ‖ Conjunto de los cristianos.

cristianización f. Acción y efecto de cristianizar.

cristianizar v. t. Convertir a la religión cristiana. ‖ Dar carácter cristiano.

cristiano, na adj. Que está bautizado y profesa la religión de Cristo (ú. t. c. s.). ‖ Propio de la religión de Cristo.

cristobalense adj. y s. De San Cristóbal (Venezuela).

criterio m. Norma para juzgar, estimar o conocer la verdad. ‖ Juicio, discernimiento. ‖ Opinión, parecer. ‖ Prueba deportiva.

crítica f. V. CRÍTICO.

criticar v. t. Enjuiciar, analizar las cualidades o defectos de las obras literarias o artísticas. ‖ Censurar, decir un juicio desfavorable de persona o cosa. ‖ Murmurar.

crítico, ca adj. Producido por una crisis, por un ataque: *época crítica*. ‖ Decisivo: *momento crítico*. ‖ Difícil, peligroso: *situación crítica*. ‖ Preciso: *vino en aquella hora crítica*. ‖ Oportuno, conveniente: *lo dijo en el momento crítico*. ‖ Que juzga: *análisis crítico*. ‖ — M. Persona que estudia, analiza o juzga las obras artísticas o literarias: *crítico de un periódico*. ‖ — F. Juicio que se hace sobre las obras literarias o artísticas. ‖ Conjunto de personas que lo hacen: *la crítica es unánime*. ‖ Actividad de los críticos: *escribe crítica teatral*. ‖ Ataque, censura: *estoy harto de tus críticas*. ‖ Murmuración.

critiqueo m. *Fam.* Crítica.

croar v. i. Cantar las ranas.

croata adj. y s. De Croacia (Yugoslavia). ‖ — M. Idioma hablado en Croacia.

cromar v. t. Cubrir con cromo.

cromático, ca adj. De los colores.

cromo m. Metal de color gris claro (Cr), de número atómico 14, duro e inoxidable. ‖ Estampa, grabado en color.

cromosoma m. Elemento que en forma de corpúsculos, filamentos o bastoncillos existe en el núcleo de las células en el momento de su división o mitosis.

crónica f. Relato de hechos históricos por el orden que sucedieron. ‖ Artículo de periódico en que se relatan los hechos o las noticias de la actualidad.

crónico, ca adj. Constante.

cronista com. Persona que escribe crónicas en los periódicos.

crónlech m. Monumento megalítico consistente en varios menhires que cercan un terreno pequeño.

cronología f. Orden y fecha de los acontecimientos históricos.

cronometraje m. Medición del tiempo.

cronometrar v. t. Medir el tiempo.

cronómetro m. Reloj de precisión.

croquet m. Juego que consiste en hacer pasar bajo unos arcos una bola de madera impulsada con un mazo.

croqueta f. Fritura de carne, pescado u otro ingrediente, de forma ovalada.

croquis m. Apunto, diseño.

cross-country [-kountri] m. (pal. ingl.). Carrera de obstáculos a campo traviesa.

croupier m. (pal. fr.). Empleado que talla en una casa de juego.

cruce m. Acción de cruzar o de cruzarse. || Lugar donde se cortan mutuamente dos líneas: *el cruce de dos caminos.* || Paso de peatones. || Reproducción sexual a partir de dos seres de razas diferentes.

cruceño, ña adj. y s. De Santa Cruz (Bolivia).

crucería f. *Arq.* Adorno propio del estilo gótico compuesto de molduras que se cruzan.

crucero m. Espacio de una iglesia en que se cruzan la nave mayor y la transversal. || Viaje de turismo por mar o por aire. || Barco de guerra de reconocimiento, escolta o vigilancia.

crucial adj. Fundamental.

crucíferas f. pl. Plantas cuyas flores tienen cuatro pétalos en cruz, como la col o el nabo (ú. t. c. adj.).

crucificado, da adj. Clavado en cruz. || — M. *El Crucificado,* Jesucristo.

crucificar v. t. Clavar una persona en una cruz. || *Fig.* Martirizar.

crucifijo m. Imagen de Jesús crucificado.

crucifixión f. Acción de crucificar.

crucigrama m. Juego o pasatiempo que consiste en encontrar ciertas palabras, según una definición dada, y ponerlas en unos casilleros de tal modo que colocadas vertical y horizontalmente algunas de sus letras coincidan.

crudeza f. Calidad de riguroso, de severo: *la crudeza del tiempo.* || Realismo de una descripción. || Ausencia de atenuantes, franqueza.

crudo, da adj. Que aún no ha cocido: *carne cruda.* || Sin preparar: *seda cruda.* || De color amarillento: *camisa cruda.* || Dícese del petróleo sin refinar (ú. t. c. s. m.).

cruel adj. Que indica crueldad.

crueldad f. Placer o gozo que se siente haciendo sufrir o viendo sufrir. || Rigor, dureza. || Sentimiento sin compasión, despiadado. || Acto maligno.

cruento, ta adj. Sangriento.

crujido m. Sonido de lo que cruje.

crujir v. i. Hacer un ruido.

crustáceos m. pl. Clase de animales articulados, del orden de los artrópodos, acuáticos, de respiración branquial y con un caparazón de quitina y calcáreo, como los cangrejos, langostinos, bogavantes, langostas, percebes, etc. (ú. t. c. adj.).

cruz f. Figura formada de dos líneas que se atraviesan o cortan perpendicularmente. || Instrumento de suplicio formado por un madero hincado verticalmente, atravesado por otro horizontal en la parte superior, del que se suspendían o clavaban los criminales. || Objeto que representa la cruz de Jesucristo. || Símbolo del cristiano en memoria de la crucifixión de Jesús. || Distintivo de ciertas órdenes y condecoraciones religiosas, militares o civiles. || Reverso de las medallas o monedas: *jugar a cara o cruz.* || *Fig.* Aflicción, pesar: *ser un hijo la cruz de sus padres.*

cruzada f. Expedición para reconquistar Tierra Santa. || Tropa que iba en ella. || *Fig.* Campaña en pro de algún fin.

cruzado, da adj. Atravesado. || Rayado: *cheque cruzado.* || Dícese del animal nacido de padres de raza distinta. || Dícese de la chaqueta o abrigo cuya parte delantera se sobrepone una a otra. || *Palabras cruzadas,* crucigrama. || — M. Soldado de una cruzada. || Unidad monetaria del Brasil que sustituyó al cruzeiro en 1986.

cruzamiento m. Cruce.

cruzar v. t. Atravesar una cosa con otra en forma de cruz. || Atravesar: *cruzar la calle.* || Acoplar hembras y machos de distintas razas. || Poner a una persona la cruz y el hábito de una orden. || Pasar por un sitio dos personas o cosas que vienen en dirección opuesta (ú. t. c. pr.). || Trazar en un cheque dos rayas paralelas para que éste sólo pueda ser cobrado por medio de una cuenta corriente de la persona a quien va dirigido.

cruzeiro m. Unidad monetaria del Brasil, sustituida por el cruzado en 1986.

Cs, símbolo químico del *cesio.*

Cu, símbolo químico del *cobre.*

cu f. Nombre de la letra *q.*

cuaderno m. Conjunto de pliegos de papel cosidos en forma de libro. || Libro de apuntes.

cuadra f. Lugar donde están las caballerías, caballeriza. || Conjunto de caballos o de automóviles de un mismo propietario. || *Fam.* Lugar muy sucio. || *Amer.* Manzana de casas y distancia entre las esquinas de dos calles. | Medida de longitud entre cien y ciento cincuenta metros.

cuadrado, da adj. De forma cuadrangular. || *Fig.* Rechoncho, gordo y bajo. || *Geom.* Raíz cuadrada de un número, el que, multiplicado por sí mismo, da un producto igual a aquel número: *la raíz cuadrada de 64 es 8 y se escribe* $\sqrt{64} = 8$. || — M. *Geom.* Cuadrilátero de lados y ángulos iguales. || *Mat.* Segunda potencia de un número: *el cuadrado de 6 es 36.*

cuadragenario, ria adj. y s. De cuarenta años.

cuadragésimo, ma adj. Que está en el lugar del número cuarenta. || — M. La cuadragésima parte de un todo.

cuadrangular adj. De cuatro ángulos.

cuadrante m. Cuarta parte del círculo limitada por dos radios.

cuadrar v. t. Dar a una cosa forma de cuadro o cuadrada. || *Mat.* Elevar una cantidad al cuadrado o a la segunda potencia. || *Geom.* Determinar el cuadrado de superficie equivalente a la de otra figura. || — V. i. Conformarse una cosa con otra: *su carácter no cuadra con el mío.* || Acomodar o convenir una cosa. || Casar, estar de acuerdo. || Salir exactas las cuentas. || — V. pr. Ponerse firme un militar delante de un superior. || Pararse el caballo o el toro con las cuatro patas en firme. || *Fig.* y *fam.* Mostrar uno firmeza o rigidez en una actitud.

cuadríceps adj. y s. Dícese del músculo con cuatro inserciones en la parte anterior del muslo.

cuadriculado, da adj. Cuadrado.

cuadricular v. t. Dividir en cuadros.

cuadrienio m. Cuatro años.

cuadriga f. Carro de cuatro caballos.

cuadrilátero, ra adj. Con cuatro lados. || — M. *Geom.* Polígono de cuatro lados.

cuadrilla f. Brigada, conjunto de personas que realizan juntas una misma obra. || Conjunto de subalternos que ayudan y torean con el mismo matador. || Banda: *cuadrilla de malhechores.*

cuadringentésimo, ma adj. Que está en el lugar del número cuatrocientos. || — M. Cada una de las cuatrocientas partes iguales en que se divide un todo.

cuadriplicar v. t. e i. Cuadruplicar.

cuadro, dra adj. Cuadrado. || — M. Rectángulo. || Lienzo, pintura: *cuadro de Velázquez.* || Marco. || Dibujo en forma de cuadrícula en un tejido. || Armadura de la bicicleta. || Parte de un jardín con plantas en forma de cuadro. || Representación sinóptica. || *Fig.* Descripción de un suceso: *cuadro de costumbres.* || Escena, espectáculo: *cuadro horripilante.* || *Mil.* Conjunto de los jefes de un regimiento. || Ejecutivo, miembro dirigente.

cuadrumano, na adj. y s. Primate.

cuadrúpedo, da adj. y s. m. Dícese del animal con cuatro pies.

cuádruple y **cuádruplo** adj. Cuatro veces mayor (ú. t. c. s. m.). || Dícese de la serie de cuatro cosas iguales o semejantes.

cuadruplicación f. Multiplicación por cuatro.

cuadruplicar v. t. e i. Multiplicar por cuatro una cantidad.

cuajar v. t. Unir y trabar las partes de un líquido para convertirlo en sólido (ú. t. c. pr.). || — V. i. *Fig.* y *fam.* Llegar a realizarse, lograrse: *no cuajó su negocio.* | Gustar: *no cuajó esta moda.* | Convertirse: *cuajó en un gran artista.*

cuajarón m. Porción de líquido cuajado. || Coágulo de sangre.

cual pron. relativo. Precedido del artículo equivale al pron. *que.* || Carece de artículo cuando significa *como.* || Se usa con acento en frases interrogativas o dubitativas. (En este caso no lleva nunca artículo.) || Contrapónese a *tal* con igual sentido: *cual el padre, tal el hijo.* || Ú. c. pron. indeterminado, repetido, para designar personas o cosas sin nombrarlas. (En tal caso lleva acento: *todos contribuyeron, cuál más, cuál menos, a este éxito.*) || — Adv. Como: *cual se lo cuento.* || En sentido ponderativo lleva acento y significa *de qué modo.*

cualesquiera pron. Pl. de *cualquiera.*

cualidad f. Cada una de las circunstancias o caracteres que distinguen a las personas o cosas.

cualificación f. Categoría en la que se califica un trabajador según la formación y la experiencia que tiene.

cualitativo, va adj. Que denota cualidad.

cualquier pron. indef. Cualquiera. (Solamente se emplea antepuesto al nombre.)

cualquiera pron. indef. Uno o alguno.

cuan adv. Apócope de *cuanto.* (Lleva acento cuando es admirativo o interrogativo.) || Correlativo de *tan,* dando idea de igualdad.

cuando adv. En el mismo momento que: *me iré cuando venga él.* || En qué momento: *¿cuándo te vas?* || — Conj. Aunque: *cuando lo dijeras de rodillas.*

|| Puesto que: *cuando lo dices será verdad.* || En el momento en que: *cuando sea viejo.*

cuanta m. pl. *Fís.* Quanta.

cuantía f. Cantidad.

cuantioso, sa adj. Abundante.

cuanto, ta adj. Qué cantidad: *¿cuántas manzanas quieres?* || Indica una cantidad indeterminada y se emplea al mismo tiempo que *tanto: cuantas personas, tantos pareceres.* || Qué: *¡cuánta gracia tiene!* || Todo: *se llevó cuantos objetos había sobre la mesa.* || Algún: *unos cuantos amigos.* || — Pron. Qué cantidad: *¿cuántos han muerto?* || Todo lo que: *¡si supieras cuánto me dijo!* || — Adv. De qué modo: ya conoce cuánto le estimo. || Qué precio: *¿cuánto vale eso?* || Qué tiempo: *¿cuánto duró su discurso?*

cuarenta adj. Cuatro veces diez. || — M. Cuadragésimo. || Signos que representan el número cuarenta.

cuarentena f. Conjunto de cuarenta unidades. || Edad de cuarenta años. || Tiempo que están en observación al mismo que llegan de lugares donde hay una epidemia. || *Fig.* Aislamiento impuesto a una persona.

cuarentón, ona adj. y s. Dícese de la persona que tiene ya cuarenta años.

cuaresma f. Para los católicos, tiempo de penitencia entre el miércoles de Ceniza y la Pascua de Resurrección.

cuartear v. t. Dividir en cuatro. || — V. pr. Agrietarse una pared. || *Fig.* Conmoverse las estructuras de algo.

cuartel m. Edificio destinado a la tropa. || Alojamiento del ejército en campaña: *cuartel de invierno.* || *Blas.* Cualquier división del escudo. || *Mil.* Cuartel general, lugar donde se establece el Estado Mayor.

cuarterón, ona adj. y s. Dícese del hijo de blanco y mestizo o viceversa. || — M. Cuarta parte. || Panel o cuadrado de una puerta.

cuarteto m. Combinación métrica de cuatro versos endecasílabos o de arte mayor. || Conjunto musical formado por cuatro voces o instrumentos. || Composición de música escrita para este conjunto.

cuartilla f. Hoja de papel.

cuarto, ta adj. Que ocupa el cuarto lugar. || *Fam.* Estar a la cuarta pregunta, estar sin dinero. || — M. Cada una de las cuatro partes iguales en todo. || Habitación: *cuarto de dormir.* || Piso: *cuarto amueblado.* || Cuarto piso: *vive en el cuarto.* || Dinero: *no tener un cuarto* (ú. t. c. pl.). || Cada una de las cuatro partes del cuerpo de los animales: *cuarto trasero.* || *Astr.* Cuarta parte del tiempo que transcurre entre dos lunas nuevas: *cuarto menguante.* || *Mil.* Tiempo que está un soldado de centinela. || — Cuarto de baño, de aseo, habitación dedicada a lavarse y hacer sus necesidades íntimas. || *Cuarto de estar,* habitación en que se reúne la familia. || *Cuarto de final,* cada una de las cuatro antepenúltimas competiciones de un campeonato o concurso.

cuarzo m. Sílice que se encuentra en numerosas rocas (granito, arena, etc.).

cuasia f. Arbusto de América.

cuasidelito m. *For.* Hecho ilícito.

cuate, ta adj. y s. *Méx.* Gemelo. | Igual o semejante. | Compadre, amigo íntimo.

cuaternario, ria adj. Que consta de cuatro unidades, números o elementos. || *Geol.* Perteneciente al terreno sedimentario más moderno (3 millones de años) en el que hace su aparición el hombre. Ú. t. c. s. m.: *el cuaternario.*

cuatreño, ña adj. De cuatro años.

cuatrero, ra adj. y s. Ladrón de ganado.

cuatricromía f. Impresión en cuatro colores.

cuatrillizo, za adj. y s. Dícese de cada uno de los cuatro hermanos nacidos de un mismo parto.

cuatrillón m. Millón de trillones.

cuatrimotor m. Avión de cuatro motores (ú. t. c. adj.).

cuatripartito, ta adj. Compuesto de cuatro elementos.

cuatrisílabo, ba adj. y s. m. Que tiene cuatro sílabas.

cuatro adj. Tres y uno. || Cuarto, que sigue en orden al tercero. || — M. Signo que representa al número cuatro. || Naipe de cuatro figuras: *cuatro de oros.*

cuatrocientos, tas adj. Cuatro veces ciento. || Cuadringentésimo. || —M. Signos que representan el número cuatrocientos.

cuba f. Recipiente de madera. || Su contenido. || Parte del horno entre el vientre y el tragante. || *Fig.* y *fam.* Persona que bebe mucho vino. || *Cuba libre,* bebida hecha con coca y ron.

cubanismo m. Voz o giro propio de Cuba. || Carácter propio de Cuba. || Amor a Cuba.

cubanizar v. t. Dar carácter cubano.

cubano, na adj. y s. De Cuba. || — M. Modalidad del castellano hablado en Cuba.

cubata m. *Fam.* Cuba libre.

cubertería f. Conjunto de todos los cubiertos del servicio de mesa.

cubeta f. Cuba pequeña.

cubicar v. t. *Mat.* Elevar un número a tercera potencia. || *Geom.* Medir el volumen de un cuerpo o la capacidad de un recipiente en unidades cúbicas.

cúbico, ca adj. *Geom.* Perteneciente al cubo. || De figura de cubo geométrico. || *Mat.* Dícese de una medida destinada a estimar el volumen de un cuerpo. || Dícese de la raíz tercera de un número.

cubierta f. Lo que tapa o cubre una cosa. || Tapa de libro. || Banda que protege las cámaras de los neumáticos. || *Mar.* Cada uno de los puentes del barco, especialmente el superior.

cubierto m. Servicio de mesa para cada persona. || Juego de cuchara, tenedor y cuchillo. || Comida de los restaurantes a precio fijo. || *A cubierto,* resguardado.

cubil m. Guarida de las fieras.

cubilete m. Vaso.

cubismo m. Escuela artística que se caracteriza por la representación de los objetos bajo formas geométricas.

cubista adj. Del cubismo. || — Com. Artista que sigue el cubismo.

cúbito m. El mayor y más grueso de los dos huesos que forman el antebrazo.

cubo m. Recipiente de diversas formas y materias para contener líquidos. || Pieza central de la rueda donde encajan los radios. || *Geom.* Sólido limitado por seis cuadrados iguales, hexaedro. || *Mat.* Tercera potencia de un número: *el cubo de 2 es 8.*

cubrecama m. Colcha.

cubrir v. t. Poner una cosa encima o delante de otra para ocultarla, protegerla, adornarla, etc. || Tapar: *cubrió la olla.* || Poner un techo en un edificio

o casa. || Poner muchas cosas encima de algo: *cubrir de flores.* || Acoplarse el macho con la hembra. || Extenderse: *la nieve cubría el camino.* || Recorrer una distancia: *cubrió muchos kilómetros.* || Compensar, ser equivalente: *lo recaudado no cubre los gastos.* || Llenar: *me cubrieron de elogios.* || Ahogar, apagar, dominar: *el ruido de la calle cubría sus gritos.* || Proteger de un riesgo: *la policía cubre sus espaldas.* || Simular, ocultar: *cubrir una mala acción.* || Ser suficiente, bastar: *lo que gana no cubre sus necesidades.* || Proveer de lo necesario: *cubrir una vacante.* || Proteger con un dispositivo militar de seguridad. || *Cubrir carrera,* disponerse la tropa o policía en dos hileras para proteger a una personalidad. || — V. pr. Ponerse algo en la cabeza (sombrero, gorra, etc.). || Encapotarse el cielo. || Proveer: *se cubrieron todas las plazas.* || Adquirir: *se cubrió de gloria.* || Precaverse contra un riesgo.

cucaña f. Palo alto resbaladizo por el que hay que subir para alcanzar un premio atado a su extremo.

cucaracha f. Insecto ortóptero.

cuchara f. Utensilio de mesa con mango y una pantalla cóncava para llevar a la boca alimentos líquidos. || Su contenido. || Instrumento parecido a la cuchara utilizado para pescar, para agarrar objetos con la pala mecánica, para tomar metales en fusión, etc.

cucharada f. Contenido de una cuchara.

cucharón m. Cuchara grande.

cuché adj. Dícese de un papel de impresión recubierto de una capa de sulfato de bario (ú. t. c. s. m.).

cuchí m. *Amer.* Cerdo.

cuchichear v. i. Hablar al oído.

cuchilla f. Lámina cortante de una máquina. || Cuchillo de hoja ancha. || Hoja de arma blanca. || Hoja de afeitar. || *Amer.* Cordillera.

cuchillada f. y **cuchillazo** m. Corte o herida hechos con un cuchillo.

cuchillo m. Utensilio cortante compuesto de una hoja y un mango.

cuchitril m. Zaquizamí.

cuchufleta f. *Fam.* Chanza.

cuclillas (en) adv. Acurrucado.

cuclillo m. Cuco, ave.

cuco, ca adj. *Fig.* y *fam.* Bonito, mono. | Astuto (ú. t. c. s.).

cucurbitáceas f. pl. Familia de plantas cotiledóneas rastreras, como la calabaza, el melón o el pepino (ú. t. c. adj.).

cucurucho m. Papel arrollado en forma de cono que sirve de bolsa. || Capirote, gorro de esta forma. || Helado servido en galleta de forma cónica.

cucuteño, ña adj. y s. De Cúcuta (Colombia).

cueca f. Baile popular de Chile, Bolivia y Perú. || Su música.

cuello m. Parte del cuerpo que une la cabeza al tronco. | Gollete, parte alargada y estrecha que precede al orificio de ciertos recipientes: *cuello de botella.* || Parte de un traje o vestido que rodea el cuello. || Número que señala la medida del cuello de las camisas.

cuenca f. Concavidad. || Cavidad en la que se encuentra cada uno de los ojos. || Territorio regado por un río y sus afluentes. || Importante yacimiento de hulla o de hierro que forma una unidad geográfica y geológica.

cuencano, na adj. y s. De Cuenca (Ecuador).

cuenta f. Valoración de una cantidad: *llevar la cuenta de sus errores.* || Operación de sumar, restar, multiplicar y dividir. || Factura: *la cuenta del gas.* || Lo que se debe de cobrar o lo que se le debe a otra persona: *tengo muchas cuentas pendientes.* ||Explicación, justificación: *no hay por qué darle cuenta de tus actividades.* || Cosa, asunto: *eso es cuenta mía.* ||Obligación, responsabilidad: *eso corre de su cuenta.* || Bolita con un orificio para ensartar y formar collares o rosarios. || Provecho, beneficio: *trabajar por su cuenta.* || — *Cuenta corriente,* depósito de dinero en una entidad bancaria. || *Darse cuenta de,* comprender. || *Pedir cuentas a uno,* pedir explicaciones. || *Tener cuenta una cosa,* ser ventajosa. || *Tener en cuenta una cosa,* tenerla presente.

cuentacorrentista com. Titular de una cuenta corriente.

cuentagotas m. inv. Aparato que vierte un líquido gota a gota.

cuentakilómetros m. inv. Aparato que registra el número de kilómetros recorrido por un vehículo.

cuentarrevoluciones m. inv. *Mec.* Aparato que mide el número de revoluciones de un eje móvil o de una máquina.

cuentista adj. y s. Dícese de la persona que escribe cuentos. || *Fam.* Camelista.

cuento m. Relato, narración breve. || *Fam.* Chisme. | Mentira, camelo, infundio. | Pretexto, simulación. | Historieta, cosa sin interés. | Exageración, camelo.

cuerazo m. *Amer.* Latigazo.

cuerda f. Unión de hilos de cáñamo, lino u otra materia flexible que torcidos juntos forman un solo cuerpo. || Hilo de tripa, metal o nylon para ciertos instrumentos músicos. || Órgano de un reloj o de cualquier mecanismo que comunica el movimiento a toda la máquina. || *Geom.* Línea recta que une los dos extremos de un arco. || — Pl. *Mús.* Término genérico que designa los instrumentos de cuerda como el violín, contrabajo, violonchelo. || *Cuerdas vocales,* ligamentos de la laringe cuyas vibraciones producen la voz.

cuerdo, da adj. y s. Sensato.

cuerear v. t. *Amer.* Azotar, dar una paliza. | Desollar una res para sacarle la piel. || *Riopl.* Despellejar al prójimo.

cueriza f. *Fam. Amer.* Paliza.

cuernavaquense adj. y s. De Cuernavaca (México).

cuerno m. Prolongación ósea y cónica que tienen ciertos rumiantes en la región frontal. || Protuberancia dura y puntiaguda que el rinoceronte tiene sobre la mandíbula superior. || Materia que forma la capa exterior de los cuernos: *calzador de cuerno.* || Instrumento músico de viento de forma curva: *cuerno de caza.* || *Fig.* Cada una de las puntas de la Luna creciente o menguante. || *Fam.* Atributo del marido engañado.

cuero m. Piel de los animales. ||— *Cuero cabelludo,* piel del cráneo. || *En cueros,* desnudo.

cuerpo m. Toda sustancia material orgánica o inorgánica. || Parte material de un ser animado. || Tronco del cuerpo, a diferencia de las extremidades. || Figura o aspecto de una persona: *joven de buen cuerpo.* || Parte del vestido que cubre hasta la cintura. || Cadáver. || Colección de leyes. || Grueso, consistencia: *tela de mucho cuerpo.* || Corporación, comunidad: *el cuerpo diplomático.* || Cada una de las partes de un todo: *armario de tres cuerpos.* || *Impr.* Tamaño de letra. || Unidad orgánica militar: *cuerpo de ejército.*

cuervo m. Pájaro carnívoro.

cuesta f. Terreno en pendiente.

cuestación f. Colecta.

cuestión f. Pregunta o proposición para averiguar la verdad de una cosa. || Materia, objeto de discusión o controversia. ||Cosa: *es cuestión de una hora.* || Asunto: *es cuestión de vida o muerte.* || Punto dudoso o discutible. || Disputa, pendencia.

cuestionar v. t. Poner en tela de juicio.

cuestionario m. Lista de asuntos de discusión. || Programa de los temas de un examen u oposición.

cuestor m. Magistrado romano encargado de la administración.

cuete m. *Méx.* Borracho. | Borrachera.

cueva f. Caverna, gruta.

cuí m. *Amer.* Cuy.

cuidado m. Esmero: *hacer las cosas con cuidado.* || Asunto a cargo de uno: *esto corre a su cuidado.* || Recelo, temor: *tened cuidado con él.* || Preocupación. || Prudencia, precaución: *ten cuidado con lo que haces.* ||Galicismo por *esfuerzo, afán.* ||— Pl. Medios usados para curar a un enfermo. || — Interj. Denota amenaza o advierte la proximidad de un peligro.

cuidador, ra adj. Que cuida (ú. t. c. s.). || — M. y f. Entrenador.

cuidar v. t. Poner esmero en una cosa. || Asistir: *cuidar a un enfermo.* || Conservar: *cuidar la ropa, la casa.* (Ú. t. c. i. seguido de la prep. de: *cuidar de su salud.*) || — V. pr. Darse buena vida, mirar por su salud. || Atender, ocuparse. || Preocuparse.

cuita f. Pena.

culata f. Parte posterior de la caja de un arma de fuego portátil que sirve para asir o afianzar esta arma. || *Fig.* Parte posterior de una cosa.

culebra f. Reptil sin pies y de cuerpo casi cilíndrico.

culiacanense y **culiacano, na** adj. y s. De Culiacán (México).

culinario, ria adj. De la cocina.

culmen m. Cima.

culminación f. Acción de culminar.

culminante adj. Dícese de lo más elevado de una cosa.

culminar v. i. Llegar al punto más alto. || — V. t. Dar fin a algo.

culo m. Parte posterior en el hombre y los animales. || Ano. || *Fig.* Fondo de una cosa: *el culo de la botella.*

culombio m. Unidad de cantidad de electricidad (símb. C).

culpa f. Falta.

culpabilidad f. Calidad de culpable.

culpabilizar v. t. Dar un sentimiento de culpabilidad (ú. t. c. pr.).

culpable adj. y s. Aplícase a aquel a quien se puede echar la culpa.

culpado, da adj. y s. Culpable.

culpar v. t. Acusar, atribuir la culpa a alguien (ú. t. c. pr.).

culpeo m. *Chil.* Carnívoro parecido a la zorra, pero mayor.

culposo, sa adj. Que tiene culpa.

culteranismo m. Estilo literario, existente a finales del siglo XVI y principios del XVII, que consistía en el empleo de giros rebuscados y de una sintaxis complicada.

culterano, na adj. Aplícase a lo influido por el culteranismo. || Que seguía este movimiento literario (ú. t. c. s.).

cultivable adj. Que se puede cultivar.

cultivador, ra adj. y s. Que cultiva.

cultivar v. t. Dar a la tierra y a las plantas las labores necesarias para que fructifiquen. || Criar, desarrollar microbios o gérmenes. || *Fig.* Dedicarse a: *cultivó la poesía.* | Mantener, cuidar de conservar: *cultivar la amistad.* | Desarrollar, ejercitar facultades o aptitudes: *cultivar el talento.*

cultivo m. Acción de cultivar.

culto, ta adj. Que tiene cultura: *hombre culto.* || Empleado por personas instruidas: *palabra culta.* || — M. Homenaje religioso: *culto a los santos.* || Religión. || *Fig.* Veneración, admiración.

cultura f. Conjunto de conocimientos adquiridos, saber. || Conjunto de estructuras sociales, religiosas, etc., de manifestaciones intelectuales, artísticas, etc., que caracteriza una sociedad: *la cultura helénica.*

cultural adj. Relativo a la cultura.

cumbre f. Cima. || *Fig.* Apogeo. || Conferencia internacional que reúne a los dirigentes de países deseosos de resolver un problema determinado.

cumbrera f. Cumbre.

cumiche m. *Amér. C.* Benjamín.

cumpa m. *Amer. Pop.* Amigo.

cúmplase m. Fórmula que ordena que se cumpla lo que se dice en un documento.

cumpleaños m. inv. Día en que se celebra el aniversario del nacimiento.

cumplido, da adj. Que ha sobrepasado una edad: *cuarenta años cumplidos.* || Realizado: *profecía cumplida.* || Completo, cabal, perfecto: *un cumplido caballero.* || Amplio, holgado. || Bien educado, cortés: *persona muy cumplida.* || — M. Cortesía, amabilidad: *basta de cumplidos.* || — Pl. Consideraciones, miramientos, respeto. || *De cumplido,* por compromiso.

cumplidor, ra adj. Serio, de fiar. || Que ejecuta sus compromisos.

cumplimentar v. t. Recibir, saludar cortésmente. || Felicitar. || Ejecutar órdenes.

cumplimiento m. Ejecución. || Aplicación de una ley, decreto, etc. || Acatamiento de los requisitos. || Educación, cortesía.

cumplir v. t. Realizar, ejecutar: *cumplir una orden.* || Obedecer: *cumplir las leyes.* || Obrar en conformidad con: *cumplir un contrato.* || Llevar a cabo: *cumplir lo que se prometió.* || Tener: *ha cumplido cuarenta años.* || Purgar: *cumplir condena.* || — V. i. Respetar la palabra o una promesa. || Ejecutar su deber. || Respetar: *cumplir con los requisitos legales.* || Ser obligación de, estar a cargo de: *cumple a Ramón hacer esto.* || Vencer, llegar a su término: *el pagaré cumple dentro de ocho días.* || Haber servido un soldado en el ejército el tiempo normal. || Satisfacer los preceptos religiosos. || — V. pr. Realizarse. || Tener lugar, verificarse. || Expirar un plazo.

cumulativo, va adj. Acumulativo.

cúmulo m. Acumulamiento, montón. || *Fig.* Serie, concurso, conjunto: *cúmulo de necedades.* || Nube blanca con forma de cúpula.

cuna f. Cama de niños. || *Fig.* Origen: *cuna de la civilización.* || Nacimiento, origen: *de ilustre cuna.* || Lugar de nacimiento de una persona. || *Casa cuna,* inclusa.

cundinamarqués, esa adj. y s. De Cundinamarca (Colombia).

cundir v. i. Propagarse: *cundió el pánico.* || Dar mucho de sí, dar impresión que hay más cantidad: *esta pierna de cordero cunde mucho.*

cuneta f. Zanja. || Arcén.

cuña f. Pieza terminada en ángulo diedro muy agudo que sirve para hender cuerpos sólidos, para calzarlos o para rellenar un hueco. || *Fig.* Influencia.

cuñado, da m. y f. Hermano o hermana de uno de los esposos respecto del otro.

cuota f. Parte o cantidad fija o proporcionada. || Cantidad que aporta cada contribuyente. || Gastos: *la cuota de instalación del teléfono.* || *Amer.* Plazo: *venta por cuotas.*

cupla f. *Amer.* Par de fuerzas.

cuplé m. Copla, cancioncilla.

cupo m. Parte que cada uno debe pagar o recibir en el reparto de una cantidad total. || Cantidad máxima de una mercancía que un país acepta importar en un período de tiempo determinado. || Cantidad de una cosa racionada que cada persona tiene derecho a recibir. || *Méx.* Cabida. | Plazas en un vehículo.

cupón m. Título de interés unido a una acción, a una obligación, y que se separa en el momento de su vencimiento. || Trozo de papel que se recorta de un documento o cartilla para utilizar el derecho conferido por él. || Vale: *cupón de pedido.* || Billete de la lotería de los ciegos.

cúpula f. Bóveda.

cura m. Sacerdote. || *Fam.* Este cura, yo. || — F. Curación. || Tratamiento a que se somete un enfermo.

curaca m. *Amer.* Cacique.

curación f. Cura médica.

curalotodo m. Panacea.

curandero, ra m. y f. Persona que cura sin ser médico.

curar v. i. Ponerse bien un enfermo, sanar (ú. t. c. pr.). || *Fig.* Quitarse un padecimiento moral. || — V. t. Aplicar al enfermo los remedios adecuados. || Cuidar las heridas. || Exponer al aire o al humo las carnes y pescados para conservarlos: *curar al humo.* || Curtir pieles, preparar para su uso la madera, el tabaco. || — V. pr. *Amer.* Embriagarse.

curare m. Veneno sacado de la raíz del maracure.

curasao o **curazao** m. Licor fabricado con cortezas de naranja.

curativo, va adj. Que cura.

curda f. *Fam.* Borrachera. || — Adj. *Fam.* Borracho.

cureña f. Armazón del cañón.

curia f. Organismo gubernamental, administrativo y judicial de la Santa Sede: *la Curia romana.*

curiana f. Cucaracha.

curicano, na adj. y s. De Curicó (Chile).

curie m. Curio.

curio m. Elemento radiactivo (Cm), de número atómico 96. || Unidad para medir la radiactividad (símb. Ci).

curiosear v. i. *Fam.* Interesarse en averiguar lo que otros hacen.

curioseo m. Acción y efecto de curiosear.

curiosidad f. Deseo de ver, de conocer. ‖ Aseo, limpieza. ‖ Cosa curiosa, rareza. ‖ Esmero, cuidado extremado al hacer algo.

curioso, sa adj. Que tiene curiosidad (ú. t. c. s.). ‖ Que excita curiosidad. ‖ Extraño, raro. ‖ Limpio, aseado (ú. t. c. s.).

currar y **currelar** v. i. Trabajar.

currículo m. Curriculum vitae.

curriculum vitae m. (pal. lat.). Conjunto de datos relativos al estado civil, a los estudios y a la capacidad profesional de una persona, de un candidato a un puesto, historial profesional.

curruca f. Pájaro cantor.

currutaco, ca adj. y s. Petimetre.

cursar v. t. Estar estudiando: *cursar Derecho.* ‖ Dar curso, enviar, remitir: *cursé un cable.* ‖ Dar, transmitir: *cursar órdenes.* ‖ Dar curso, hacer que siga su tramitación: *cursar una petición para obtener ciertas franquicias aduaneras.*

cursi adj. *Fam.* De mal gusto: *vestido cursi.* ‖ Que presume de fino y elegante sin serlo (ú. t. c. s.). ‖ Afectado, remilgado (ú. t. c. s.).

cursilada y **cursilería** f. Calidad de cursi. ‖ Acción o cosa cursi.

cursillista com. Estudiante que sigue un cursillo.

cursillo m. Curso breve. ‖ Serie de conferencias sobre determinada materia. ‖ Período de prácticas. ‖ *Cursillos de cristiandad,* especie de ejercicios espirituales.

cursivo, va adj. Dícese de la letra bastardilla (ú. t. c. s. f.).

curso m. Corriente de agua por un cauce: *el curso del Amazonas.* ‖ Camino recorrido por los astros. ‖ Clase: *un curso de Derecho.* ‖ Año escolar. ‖ Serie o continuación: *el curso del tiempo.* ‖ Desarrollo, período de tiempo: *en el curso de su existencia.* ‖ Corriente: *el curso de la historia.* ‖ Circulación: *moneda de curso legal.*

curtido m. Acción de curtir.

curtir v. t. Adobar, aderezar las pieles. ‖ *Fig.* Tostar, poner moreno el sol el cutis (ú. t. c. pr.). ‖ *Fig.* Acostumbrar a uno a la vida dura, endurecer (ú. t. c. pr.).

curva f. *Geom.* Línea curva, línea cuya dirección cambia progresivamente sin formar ningún ángulo. ‖ Representación gráfica de las fases de un fenómeno: *curva de temperatura, de natalidad.* ‖ Vuelta, recodo: *las curvas de una carretera, de un río.* ‖ Forma redondeada: *las curvas del cuerpo.*

curvar v. t. Poner curvo (ú. t. c. pr.).

curvatura f. Forma curva.

curvo, va adj. Que constantemente se va apartando de la dirección recta.

cuscurro m. Trozo de pan duro.

cusifai m. *Arg. Fam.* Fulano.

cúspide f. Cima, cumbre.

custodia f. Vigilancia, guarda: *bajo la custodia de.* ‖ Persona o escolta encargada de custodiar a un preso. ‖ Vaso, generalmente de oro o plata, en el que se expone el Santísimo Sacramento.

custodiar v. t. Guardar.

cusumbé y **cusumbo** m. *Amer.* Coatí.

cutáneo, a adj. Del cutis.

cutirreacción f. *Med.* Prueba para descubrir ciertas enfermedades (tuberculosis) que consiste en poner en la piel determinadas sustancias (tuberculina) que provocan una reacción visible.

cutis m. Piel del cuerpo humano, especialmente de la cara.

cuy m. Conejillo de Indias.

cuyano, na adj. y s. De Cuyo (Argentina).

cuyo, ya pron. relativo. De quien: *el hombre cuya madre conocemos.* ‖ A quien, en el que: *el amigo a cuya generosidad debo esto.*

cuzcuz m. Alcuzcuz.

cuzqueño, ña adj. y s. De Cuzco (Perú).

CV, abrev. de *caballo de vapor.*

d

d f. Cuarta letra del alfabeto castellano y tercera de sus consonantes. || – **D,** cifra romana que vale 500.

dacha f. En Rusia, finca de recreo.

dactilar adj. Digital.

dactilografía f. Mecanografía.

dadá adj. Relativo al dadaísmo. || – M. Dadaísmo.

dadaísmo m. Movimiento artístico de vanguardia iniciado en 1916.

dádiva f. Don, regalo.

dadivoso, sa adj. y s. Generoso.

dado m. Pieza de forma cúbica en cuyas caras hay señalados puntos desde uno hasta seis o figuras, y que sirve para varios juegos de azar.

daga f. Arma blanca de hoja corta.

dalia f. Planta compuesta de flores sin olor. || Flor de esta planta.

daltoniano, na adj. Del daltonismo. ||Que padece daltonismo (ú. t. c. s.).

daltonismo m. *Med.* Defecto de la vista que impide distinguir ciertos colores o que los confunde.

dama f. Mujer noble o de calidad distinguida. || Mujer galanteada. || La que acompaña o sirve a la reina o a las princesas e infantas: *dama de honor.* || Actriz que representa los papeles principales. || Pieza coronada en el juego de las damas. || Reina en el ajedrez y en los naipes. || – Pl. Juego que se hace con peones redondos negros y blancos en un tablero escaqueado (dos jugadores).

damajuana f. Botellón grande.

damasco m. Tela de seda con dibujos. || Variedad de albaricoque.

damasquillo m. Albaricoque.

damasquinado m. Incrustación de metales finos.

damasquinar v. t. Incrustar con hilos de oro o plata.

damero m. Tablero del juego de damas.

damnación f. Condenación.

damnificar v. t. Dañar.

danés, esa adj. y s. De Dinamarca. || – M. Lengua hablada en Dinamarca.

danubiano, na adj. y s. Del Danubio.

danza f. Baile.

danzar v. t. e i. Bailar.

danzarín, ina m. y f. Bailarín.

dañar v. t. Causar daño, perjudicar: *dañarle a uno en su honra.* || Echar a perder una cosa: *el granizo ha dañado las cosechas.* || – V. pr. Lastimarse, hacerse daño.

dañino, na adj. Que hace daño.

daño m. Detrimento, perjuicio. || Estropicio: *los daños causados por la sequía.* || Dolor: *estos zapatos me hacen daño.*

dar v. t. Donar: *dar un regalo.* || Entregar. || Conferir: *dar un título.* || Otorgar, conceder: *dar permiso.* || Proponer: *dar una idea.* || Producir: *el rosal da rosas.* || Comunicar: *dar noticias.* || Causar: *dar mucho que hacer.* || Ocasionar, provocar: *dar alegría.* || Imponer: *dar leyes a un país.* || Asestar: *dar un puñetazo.* || Administrar: *dar un remedio.* || Proporcionar: *dar sustento.* || Untar: *dar betún.* || Hacer: *dar los primeros pasos.* || Lanzar, exhalar: *dar voces.* || Sonar las campanadas: *el reloj da las diez* (ú. t. c. i.). || Echar una película o representar una obra de teatro. || Evaluar: *le doy veinte años.* || *Fam.* Fastidiar: *me dio la tarde.* || *¡Dale!,* interj. para ponderar la obstinación. || – V. i. Golpear: *darle fuerte a un niño malo.* || Importar: *dar lo mismo.* || Caer: *dar de espaldas.* || Poner en movimiento: *darle a la máquina.* || Pulsar: *dar al botón.* || Empeñarse: *le dio por pintar.* || Tener, sobrevenir: *me dio un calambre.* || Acertar: *dar en el blanco.* || Estar orientado hacia: *todas las ventanas de la oficina dan a la avenida.* || *Fig.* Presagiar: *me da el corazón que va a llover.* || – Dar de sí, ensancharse. || *Dar en qué pensar,* despertar sospechas. || *Dar por,* considerar: *dar por acabado algo;* ocurrírsele a uno: *ahora le ha dado por beber.* || – V. pr. Entregarse. || *Fig.* Ocuparse: *darse a la música.* || Pegarse, topar: *darse contra la pared.* || Considerarse: *darse por contento.* || Ocurrir: *se da el caso.* || Producirse las plantas: *esta fruta se da bien aquí.*

dardo m. Arma arrojadiza.

dársena f. *Mar.* Parte interior y resguardada de un puerto.

datar v. t. Poner la fecha. || Determinar la época o fecha de un documento, obra de arte, acontecimiento, etc. || – V. i. Remontarse a tal o cual fecha.

dátil m. Fruto de la palmera.

datilera f. Palmera que da dátiles.

dativo m. *Gram.* En las lenguas declinables, caso que hace el oficio de complemento indirecto.

dato m. Antecedente necesario para el conocimiento de una cosa. || Noción, información: *datos estadísticos.* ||Cada una de las cantidades conocidas que constituyen la base de un problema matemático. || Elemento de una información que sirve para el tratamiento de ésta en un ordenador. || *Análisis de datos,* estudio de los datos proporcionados por una estadística o encuesta.

de f. Nombre de la letra *d.* || Prep. Indica la posesión, el origen; la materia; la extracción, el modo de hacer una cosa, el contenido, la separación, las cualidades personales. || Por: *me lo dieron de regalo.* || Desde: *de enero a marzo.* || Durante: *de noche.* || Con: *el señor de las gafas.* || Para: ¿qué hay de postre? ‖ Como: *estuvo aquí de embajador.* ‖ Entre: *tres de estos aviones.* ‖ Restado: *dos de cuatro son dos.* ‖ Se usa a veces para reforzar la expresión: *el bribón de mi hermano.* ‖ Seguida del infinitivo, puede indicar suposición: *de saberlo antes, no hubiera venido.*

deambular v. i. Pasear, andar.

deán m. El que preside el cabildo después del prelado.

debajo adv. En lugar inferior. ‖ Cubierto por: *debajo de un paraguas.*

debate m. Discusión, disputa.

debatir v. t. Discutir.

debe m. *Com.* Parte que señala las partidas de cargo en las cuentas corrientes.

debelación f. Victoria armada.

debelador, ra adj. y s. Que debela.

debelar v. t. Vencer con las armas. ‖ Reprimir una rebelión.

deber m. Lo que cada uno está obligado a hacer. ‖ Tarea, trabajo escolar.

deber v. t. Tener la obligación de pagar. ‖ Estar obligado a algo por precepto religioso o por ley natural o positiva: *debes cumplir las órdenes.* ‖ *Deber de,* seguido de un infinitivo, introduce un matiz de probabilidad: *deben de ser las once.* ‖ — V. pr. Tener obligación de dedicarse a algo o a alguien: *deberse a la patria.* ‖ Tener por motivo: *esto se debe a su ignorancia.*

débil adj. y s. De poca fuerza.

debilidad f. Falta de fuerza. ‖ Flaqueza, punto flaco. ‖ Afecto, cariño. ‖ *Debilidad mental,* deficiencia mental.

debilitación f. Disminución de fuerzas, de actividad.

debilitar v. t. Disminuir la fuerza.

débito m. Deuda. ‖ Deber.

debut m. Presentación o primera actuación de un artista. ‖ Primera actuación de alguien en cualquier actividad. ‖ Estreno de una obra.

debutante adj. Que debuta, principiante (ú. t. c. s.).

debutar v. i. Presentarse por primera vez una obra o un artista ante el público o cualquier otra persona en una actividad. ‖ Presentarse en sociedad.

deca, prefijo que, delante de una unidad, multiplica ésta por diez.

década f. Decena. ‖ Espacio de diez días o años. ‖ Parte de una obra compuesta de diez capítulos: *«Las Décadas» de Tito Livio.*

decadencia f. Declinación.

decadente adj. Que decae.

decaedro m. *Geom.* Sólido o cuerpo geométrico de diez caras.

decaer v. i. Ir a menos: *comercio que decae.* ‖ Declinar: *fuerzas que decaen.*

decágono m. Polígono de diez lados.

decagramo m. Peso de diez gramos.

decaído, da adj. Triste.

decaimiento m. Decadencia. ‖ Desaliento. ‖ *Med.* Postración.

decalcificación f. Descalcificación.

decalcificar v. t. Descalcificar.

decalitro m. Diez litros.

decálogo m. Los diez mandamientos de la ley de Dios.

decámetro m. Diez metros. ‖ Cinta o cadena de 10 metros utilizada para medir.

decano, na m. y f. Persona más antigua de una comunidad. ‖ La nombrada para presidir una corporación o facultad.

decantar v. t. Trasegar un líquido sin que se remueva el poso.

decapitar v. t. Cortar la cabeza.

decápodos m. pl. Familia de crustáceos que tienen cinco pares de patas, como el cangrejo (ú. t. c. adj.). ‖ Familia de moluscos cefalópodos que tienen diez tentáculos, como la jibia y el calamar (ú. t. c. adj.).

decasílabo, ba adj. y s. m. Dícese del verso de diez sílabas.

decatlón m. Competición atlética que consta de diez pruebas.

decena f. Conjunto de diez unidades.

decenal adj. Que se sucede o se repite cada decenio.

decencia f. Decoro. ‖ Dignidad en las palabras y los actos.

decenio m. Diez años.

decente adj. Conforme a la decencia. ‖ Que obra con dignidad, honestidad o recato. ‖ *Fig.* Correcto. ‖ Regular, suficiente: *un ingreso decente.*

decepción f. Desengaño.

decepcionar v. t. Desilusionar.

deceso m. Muerte.

dechado m. Ejemplo, modelo.

deci, prefijo que, delante de una unidad, significa la décima parte de ésta.

decibel o **decibelio** m. Unidad de medida de la intensidad de los sonidos.

decidido, da adj. Resuelto.

decidir v. t. Pronunciar un juicio sobre una cosa discutida: *decidir una cuestión.* ‖ Determinar, acordar: *decidieron salir.* ‖ Convencer a alguien de hacer algo: *le decidió a que se fuera.* ‖ — V. pr. Tomar una resolución.

decigramo m. Décima parte del gramo.

decilitro m. Décima parte del litro.

décima f. Cada una de las diez partes iguales de un todo. ‖ Composición de diez octosílabos.

decimal adj. Que tiene por base el número diez. ‖ Aplícase a la fracción cuyo denominador es divisible por diez. ‖ — M. Cada una de las cifras colocadas después de la coma en un número decimal.

decímetro m. Décima parte del metro.

décimo, ma adj. Que va después del noveno (ú. t. c. s.). ‖ Aplícase a cada una de las diez partes iguales de un todo (ú. t. c. s. m.). ‖ — M. Décima parte de un billete de lotería.

decir m. Dicho, palabra. ‖ Lo que se dice: *según los decires de Ramón.*

decir v. t. Manifestar el pensamiento con palabras o por escrito: *decir la verdad.* ‖ Hablar: *dicen muchas cosas de ti.* ‖ Asegurar, sostener, afirmar. ‖ Nombrar o llamar, dar un apodo. ‖ Divulgar, descubrir. ‖ Relatar: *me dijo lo que vio.* ‖ Ordenar: *le dijo que viniera.* ‖ Celebrar: *decir misa.* ‖ Revelar, denotar: *su indumentaria dice su pobreza.* ‖ Parecer familiar: *esto me dice algo.* ‖ — V. pr. Hablarse a sí mismo: *me dije que debía ser prudente.*

decisión f. Acción de decidir. ‖ Lo que se ha decidido. ‖ Determinación. ‖ Ánimo, firmeza. ‖ Fallo de un tribunal.

decisivo, va adj. Que decide.

decisorio, ria adj. Decisivo.

declamar v. t. e i. Hablar en público. ‖ Expresarse con vehemencia y enfáticamente. ‖ Recitar en voz alta.

declaración f. Acción y efecto de declarar o declararse.

declarar v. t. Dar a conocer: *declarar una intención.* ‖ Confesar, descubrir, manifestar. ‖ Significar: *declarar la guerra.* ‖ Expresar su apreciación: *declarar incompetente a un tribunal.* ‖ *For.* Hacer una deposición los reos y testigos: *declarar ante el juez.* ‖ Decir en la aduana lo que uno lleva consigo. ‖ Dar conocimiento a la administración de sus ingresos. ‖ — V. pr. Manifestarse una cosa: *se declaró un incendio.* ‖ Hacer confesión de amor. ‖ Determinar hacer algo: *declararse en huelga.*

declinación f. Pendiente, declive. ‖ *Fig.* Decadencia. ‖ *Gram.* Serie ordenada de los casos gramaticales.

declinar v. i. Inclinarse. ‖ Ir hacia su fin: *declinar el día.* ‖ *Fig.* Decaer, menguar en salud, inteligencia, etc. ‖ — V. t. *Gram.* Poner una palabra declinable en los distintos casos.

declive m. Inclinación.

decoloración f. Acción y efecto de descolorar o descolorarse.

decolorante m. Producto que sirve para decolorar.

decolorar v. t. Descolorar.

decoración f. Acción de decorar.

decorado m. Conjunto de lienzos que representan el lugar en que ocurre la escena de una obra de teatro o película.

decorador, ra adj. y s. Que decora.

decorar v. t. Adornar una cosa o sitio con accesorios destinados a embellecerlo.

decorativo, va adj. Relativo a la decoración. ‖ Que adorna.

decoro m. Respeto: *guardar el decoro a uno.* ‖ Recato. ‖ Dignidad: *persona sin decoro.*

decoroso, sa adj. Que tiene decoro.

decrecer v. i. Disminuir.

decreciente adj. Que decrece.

decrecimiento m. Disminución.

decrepitud f. Suma vejez.

decretar v. t. Decidir con autoridad. ‖ Ordenar por decreto.

decreto m. Disposición tomada por el jefe del Estado. ‖ Resolución de carácter político o gubernativo. ‖ *Decreto ley,* disposición promulgada por el Poder ejecutivo.

decúbito m. Posición del cuerpo tendido sobre un plano horizontal.

decuplicar v. t. Multiplicar por diez.

décuplo, pla adj. Diez veces mayor.

dedal m. Estuche que se pone en la extremidad del dedo que empuja la aguja de coser para protegerlo.

dédalo m. *Fig.* Laberinto.

dedicación f. Acción y efecto de dedicar o dedicarse.

dedicar v. t. Consagrar al culto. ‖ Dirigir a una persona, como homenaje, una obra: *dedicar un libro.* ‖ Emplear, aplicar. ‖ Destinar: *estas palabras le van dedicadas.* ‖ — V. pr. Entregarse a: *dedicarse al estudio.* ‖ Ocuparse.

dedicatoria f. Fórmula con que se dedica una obra.

dedo m. Cada una de las extremidades móviles de la mano o el pie del hombre y de los animales vertebrados. ‖ Medida del ancho de un dedo.

deducción f. Conclusión.

deducir v. t. Sacar consecuencias de una proposición o supuesto, inferir. ‖ Rebajar.

defasaje m. *Electr.* Desfase.

defasar v. t. *Electr.* Desfasar.

defecación f. Acción de defecar.

defecar v. t. Quitar las heces o impurezas. ‖ — V. i. Expeler los excrementos.

defección f. Abandono.

defectivo, va adj. *Gram.* Dícese del verbo que no se emplea en todos los tiempos, modos y personas (ú. t. c. s. m.).

defecto m. Carencia, falta. ‖ Imperfección.

defectuosidad f. Carácter de defectuoso, imperfección, defecto.

defectuoso, sa adj. Imperfecto.

defender v. t. Luchar para proteger a uno o algo contra un ataque. ‖ Proteger, amparar: *defender al desvalido.* ‖ Abogar en favor de uno o de una idea. ‖ — V. pr. Resistir un ataque.

defensa f. Acción de defender o defenderse. ‖ Resistencia: *la defensa de Numancia.* ‖ Dispositivos usados para defenderse (ú. t. c. pl.). ‖ Amparo, protección: *defensa del perseguido.* ‖ Medio de justificación de un acusado: *en defensa de su honor.* ‖ *For.* Abogado defensor. ‖ En ciertos deportes, parte del equipo que protege la portería. ‖ *Amer.* Parachoques de un vehículo. ‖ — Pl. Colmillos de los elefantes, morsas, etc. ‖ Cuernos del toro. ‖ *Legítima defensa,* causa eximente de culpabilidad si se ha empleado la violencia para repeler una agresión. ‖ — M. Jugador de la línea de defensa.

defensivo, va adj. Útil para defender. ‖ — F. Actitud de defensa.

defensor, ra adj. y s. Que defiende.

deferencia f. Respeto.

deficiencia f. Defecto. ‖ Insuficiencia.

deficiente adj. Que presenta una insuficiencia. ‖ Mediocre.

déficit m. *Com.* Cantidad que falta para que los ingresos se equilibren con los gastos. (Pl. *déficits.*).

deficitario, ria adj. Que tiene déficit.

definición f. Explicación clara y exacta del significado de una palabra.

definido, da adj. Explicado: *palabra mal definida.* ‖ Que tiene límites precisos. ‖ *Gram.* Determinado: *artículo definido.*

definir v. t. Fijar con precisión el significado de una palabra o la naturaleza de una cosa. ‖ — V. pr. Declarar inequívocamente sus opiniones o preferencias, especialmente políticas.

definitivo, va adj. Fijado o resuelto para siempre: *solución definitiva.*

deflación f. Reducción de la circulación fiduciaria.

deflagración f. Explosión violenta.

deforestar v. t. Talar un bosque.

deformación f. Alteración de la forma normal.

deformador, ra adj. y s. Que deforma.

deformar v. t. Alterar la forma de una cosa (ú. t. c. pr.). ‖ *Fig.* Alterar la verdad.

deforme adj. De forma anormal.

deformidad f. Alteración persistente en la forma.

defraudación f. Fraude.

defraudador, ra adj. y s. Que defrauda.

defraudar v. t. Usurpar a uno lo que le toca de derecho: *defraudar a sus acreedores.* || Eludir el pago de impuestos: *defraudar el fisco.* || *Fig.* Frustrar.

defunción f. Muerte.

degeneración f. Acción y efecto de degenerar o degenerarse.

degenerado, da adj. y s. Que muestra degeneración física, intelectual.

degenerar v. i. Decaer, degradarse, no corresponder a su origen una persona o cosa.

deglución f. Paso de los alimentos de la boca al estómago.

deglutir v. t. e i. Tragar.

degolladura f. Herida o corte que se hace en la garganta o en el cuello.

degollar v. t. Cortar la garganta o la cabeza: *degollar una res.*

degollina f. *Fam.* Matanza.

degradación f. Acción y efecto de degradar o degradarse.

degradante adj. Que degrada.

degradar v. t. Rebajar de grado o dignidad: *degradar a un militar.* || Envilecer: *degradado por la bebida.*

degüello m. Acción de degollar.

degustación f. Acción de degustar.

degustar v. t. Probar alimentos o bebidas para apreciar su calidad.

dehesa f. Campo de pasto.

deidad f. Divinidad.

deificar v. t. Divinizar.

dejación f. Abandono, cesión.

dejadez f. Pereza, falta de energía. || Descuido, negligencia.

dejado, da adj. Perezoso. || Negligente (ú. t. c. s.). || Bajo de ánimo.

dejar v. t. Soltar una cosa: *deja este libro.* || Poner algo que se había cogido en un sitio: *deja este florero aquí.* || Abandonar, apartarse de: *dejar su país.* || Cesar: *dejar sus estudios.* || No quitar: *dejó el polvo en los muebles.* || Hacer que quede de cierto modo: *esta noticia le dejó pasmado.* || Dar: *le dejó una carta para mí.* || Prestar: *le dejaré mi tocadiscos.* || Olvidar: *dejé el paraguas en casa* (ú. t. c. pr.) || Omitir: *dejar de hacer lo prometido.* || Permitir, no impedir: *deja a su hijo que salga.* || Producir: *el negocio le dejó ganancia.* || No molestar: *déjale tranquilo.* || Despreocuparse: *déjale que se las arregle.* || Aplazar: *deja este trabajo para mañana.* || Esperar: *deja que venga para decírselo.* || Entregar: *dejar al cuidado de uno.* || Designar, considerar: *dejar como heredero.* || Legar. || — V. pr. Descuidarse. || Abandonarse, entregarse. || Cesar: *déjese de llorar.*

dejo m. Acento peculiar de algunas personas al hablar.

del, contracción de la preposición *de* y el artículo *el.*

delación f. Denuncia, acusación.

delantal m. Prenda que sirve para proteger los vestidos, mandil.

delante adv. En la parte anterior: *ir delante.* || Enfrente: *delante de mi casa.* || En presencia de, a la vista de: *delante de mí.*

delantero, ra adj. Que va delante. || Anterior, que está delante. || — M. Jugador que forma parte de la línea de ataque en un equipo deportivo. || — F. Parte anterior de una cosa. || Primera fila de asientos en un local público. || Anticipación en el tiempo o el espacio: *llevar la delantera.* || Línea de ataque en un equipo deportivo.

delatar v. t. Revelar a la autoridad un delito y designar a su autor.

delator, ra adj. y s. Acusador.

delectación f. Deleite.

delegación f. Acción y efecto de delegar. || Cargo y oficina del delegado. || Denominación a la que se conocen algunos organismos públicos de carácter provincial: *delegación de Hacienda.*

delegado, da adj. y s. Aplícase a la persona que actúa en nombre de otra.

delegar v. t. Dar autorización a uno para que actúe en lugar de otro.

deleitación f. Deleite.

deleitar v. t. Causar placer en el ánimo o los sentidos. Ú. t. c. pr.: *deleitarse con la lectura.*

deleite m. Placer.

deletrear v. t. Pronunciar las letras.

deletreo m. Acción de deletrear.

delfín m. Cetáceo carnívoro que puede alcanzar tres metros de largo. || Título que se daba en Francia al príncipe heredero desde el año 1349.

delgadez f. Estado de delgado.

delgado, da adj. Poco grueso.

deliberación f. Discusión sobre un asunto. || Reflexión.

deliberante adj. Que delibera.

deliberar v. i. Examinar y discutir una cosa antes de tomar una decisión: *las Cortes deliberan.* || Reflexionar sobre un asunto.

delicadeza f. Finura: *delicadeza del gusto.* || Suavidad. || Miramiento, atención, amabilidad: *tener mil delicadezas con uno.* || Escrupulosidad. || Discreción.

delicado, da adj. Agradable al gusto, exquisito: *manjar delicado.* || Endeble, enfermizo: *delicado de salud.* || Frágil, quebradizo. || Escrupuloso. || Susceptible: *carácter delicado.* || Discreto, cuidadoso de no ofender. || Complicado: *un asunto delicado.* || Difícil de contentar. Ú. t. c. s.: *hacerse el delicado.* || Sensible. || Ingenioso. || Fino: *facciones delicadas.* || Atento. || Primoroso.

delicia f. Placer extremo.

delicioso, sa adj. Muy agradable.

delictivo, va y **delictuoso, sa** adj. Relativo al delito.

delimitar v. t. Limitar.

delincuencia f. Calidad de delincuente. || Conjunto de actos delictivos en un país o época.

delincuente adj. y s. Que es culpable de un delito.

delineante m. y f. Dibujante que traza planos o proyectos.

delinear v. t. Trazar las líneas de una cosa: *delinear un plano.*

delinquir v. i. Cometer delito.

delirar v. i. Desvariar.

delirio m. Acción de delirar. || Perturbación mental causada por una enfermedad.

delírium trémens m. Delirio con agitación y temblor de miembros.

delito m. Infracción a la ley. || *Delito común,* el que no tiene carácter político.

delta f. Cuarta letra del alfabeto griego. || *Ala en delta,* la que tiene forma de triángulo isósceles. || — M. Terreno bajo triangular formado en la desembocadura de un río: *el delta del Ebro.*

demacración f. Adelgazamiento.

demacrarse v. pr. Adelgazar mucho.

demagogia f. Política que intenta agradar al pueblo.

demagógico, ca adj. De la demagogia.

demagogo, ga m y f. Persona que intenta ganar influencia política.

demanda f. Petición. || *For.* Petición a un tribunal del reconocimiento de un derecho. | Acción que se ejercita en juicio. || *Com.* Pedido o encargo de mercancías. | Conjunto de los productos y servicios que los consumidores están dispuestos a adquirir: *la oferta y la demanda.*

demandado, da m. y f. *For.* Persona acusada en un pleito civil.

demandante adj. y s. Que demanda.

demandar v. t. *For.* Presentar querella ante un tribunal civil. || Pedir.

demarcación f. Limitación. || Territorio demarcado. || Jurisdicción.

demarcar v. t. Limitar.

demás adj. Precedido del artículo *lo, la, los, las* significa *lo otro, la otra, los otros, las otras.* || — Adv. Además.

demasía f. Exceso.

demasiado, da adj. Excesivo.

demencia f. Locura.

demente adj. y s. Loco.

democracia f. Gobierno en el que el pueblo ejerce la soberanía eligiendo a sus dirigentes. || Nación gobernada por este sistema. || — *Democracia cristiana,* movimiento político que pretende conjugar los principios democráticos y las leyes de la fe católica. || *Democracia popular,* régimen de las naciones socialistas del este de Europa.

demócrata adj. Partidario de la democracia (ú. t. c. s.). || Dícese del miembro de uno de los dos grandes partidos existentes en los Estados Unidos (ú. t. c. s.).

democrático, ca adj. Conforme con la democracia. || Relativo a la democracia. || Partidario de la democracia (ú. t. c. s.).

democratización f. Acción y efecto de democratizar.

democratizar v. t. Hacer demócratas a las personas y democráticas las instituciones.

demografía f. Estudio estadístico de la población humana.

demográfico, ca adj. Referente a la demografía.

demoler v. t. Destruir.

demolición f. Destrucción.

demonio m. Diablo.

demora f. Tardanza, retraso.

demorar v. t. Retardar, diferir.

demostración f. Acción de demostrar. || Razonamiento por el cual se dan pruebas de la exactitud de una proposición: *demostración de un teorema.* || Comprobación experimental de un principio. || Manifestación, prueba.

demostrar v. t. Probar de un modo evidente. || *Fig.* Dar pruebas.

demostrativo, va adj. Que demuestra. || *Gram.* Dícese de los adjetivos y pronombres que señalan personas o cosas (ú. t. c. s. m.).

demudar v. t. Mudar, variar.

denegación f. Negación.

denegar v. t. Negar, rehusar.

denigración f. Difamación.

denigrador, ra y **denigrante** adj. Que denigra, deshonroso.

denigrar v. t. Atacar la fama de una persona. || Injuriar.

denigrativo, va y **denigratorio, ria** adj. Que denigra.

denodado, da adj. Decidido.

denominación f. Nombre con que se designa una persona o cosa.

denominador, ra adj. y s. Que denomina. || — M. *Mat.* Divisor en el quebrado.

denominar v. i. Llamar.

denostar v. t. Injuriar.

denotar v. t. Indicar, revelar.

densidad f. Calidad de denso. || *Fís.* Relación entre la masa de un cuerpo y la del agua o del aire que ocupa el mismo volumen. || *Densidad de población,* número de habitantes por kilómetro cuadrado.

denso, sa adj. Compacto, muy pesado en relación con su volumen. || *Fig.* Espeso: *neblina densa.* | Apiñado: *denso auditorio.*

dentado, da adj. Que tiene dientes.

dentadura f. Conjunto de dientes.

dental adj. Referente a los dientes.

dentellada f. Mordisco.

dentera f. Sensación desagradable en los dientes al comer, ver ciertas cosas u oír ciertos ruidos desagradables.

dentición f. Acción y efecto de echar los dientes. || Tiempo en que se realiza.

dentífrico, ca adj. y s m . Dícese del producto que sirve para limpiar los dientes.

dentirrostros m. pl. Pájaros que tienen escotaduras en la parte superior del pico (ú. t. c. adj.).

dentista com. Médico que se dedica a cuidar y arreglar los dientes.

dentistería f. *Amer.* Consultorio del dentista. | Odontología.

dentro adv. Al o en el interior.

denuedo m. Valor.

denuesto m. Insulto.

denuncia f. Acusación.

denunciación f. Denuncia.

denunciador, ra y **denunciante** adj. y s. Que denuncia.

denunciar v. t. *For.* Acusar ante la autoridad: *denunciar a uno como autor de un delito.* || Anular, cancelar: *denunciar un convenio.*

deontología f. Ciencia o tratado de los deberes.

deparador, ra adj. Que depara u ofrece (ú. t. c. s.).

deparar v. t. Ofrecer.

departamental adj. Relativo al departamento.

departamento m. División territorial en ciertos países. || Cada una de las partes en que se divide una caja, un edificio, un vagón de ferrocarril, etc.

departir v. i. Hablar.

depauperación f. Empobrecimiento.

depauperar v. t. Empobrecer.

dependencia f. Sujeción, subordinación: *la dependencia de un país en relación con otro.* || Oficina dependiente de otra superior. || Sucursal. || Relación de parentesco o amistad. || Conjunto de dependientes de una casa de comercio. || — Pl. Cosas accesorias de otra principal. || Habitaciones de un edificio grande. || Conjunto de edificios donde vive la servidumbre.

depender v. i. Estar bajo la dependencia.

dependiente f. Empleada de una tienda.

dependiente adj. Que depende. || — M. Empleado de una tienda.

depilación f. Acción de depilar.

depilar v. t. Quitar o arrancar los pelos o vello (ú. t. c. pr.).

deplorable adj. Lamentable.

deplorar v. t. Lamentar.

deponer v. t. Dejar, apartar de sí: *deponer las armas.* || Destituir de un empleo o dignidad. || Declarar ante el juez u otro magistrado. || — V. i. Evacuar el vientre.

deportación f. Destierro a un punto determinado. || Prisión en un campo de concentración en el extranjero.

deportar v. t. Condenar a deportación.

deporte m. Ejercicio físico practicado individualmente o en grupo según reglas determinadas.

deportista adj. y s. Que practica uno o varios deportes.

deportividad f. Carácter deportivo.

deportivo, va adj. Relativo al deporte.

deposición f. Privación de empleo o dignidad. || *For.* Declaración hecha ante el juez. || Evacuación del vientre.

depositador, ra y **depositante** adj. y s. Que deposita.

depositar v. t. Poner bienes o cosas de valor bajo la custodia de alguien que responda de ellos. || Colocar en un lugar determinado. || Sedimentar un líquido. || *Fig.* Fundar esperanzas, ilusiones, etc., en algo o alguien. || — V. pr. Sedimentarse.

depositario, ria m. y f. Persona a quien se confía un depósito o algo inmaterial como un secreto, la confianza, etc.

depósito m. Acción y efecto de depositar. || Cosa depositada. || Recipiente para contener un líquido. || Sedimento de un líquido. || Almacén, lugar para guardar mercancías.

depravación f. Acción de depravar.

depravado, da adj. y s. Pervertido.

depravar v. t. Pervertir, corromper.

depreciación f. Disminución del valor o precio.

depreciar v. t. Hacer disminuir el precio o valor de una cosa.

depresión f. Hundimiento natural o accidental en un terreno o superficie. || Estado patológico caracterizado por una tristeza profunda e inmotivada, una falta de confianza en sí mismo, un gran pesimismo y una carencia de interés por la vida.

depresivo, va adj. Deprimente.

depresor, ra adj. Que deprime.

deprimente adj. Que deprime.

deprimir v. t. Reducir el volumen por presión. || *Fig.* Hacer decaer el ánimo física o moralmente, desanimar (ú. t. c. pr.).

deprisa adv. Aprisa, con prontitud.

depuración f. Acción de depurar.

depurador, ra adj. Que depura.

depurar v. t. Limpiar.

derecha f. Lado derecho. || Mano derecha. || La parte más moderada o conservadora de una colectividad en materia política.

derechismo m. Tendencia política de derecha.

derechista com. Miembro de un partido político de derecha.

derecho m. Conjunto de las leyes y disposiciones a que está sometida toda sociedad civil. || Su estudio: *cursar el primer año de Derecho.* || Facultad de hacer una cosa, de disponer de ella o de exigir algo de una persona. || Tributo, tasa: *derechos de aduana.* || — Pl. Honorarios.

derecho, cha adj. Recto: *camino derecho.* || Vertical: *poner derecho un poste.* || Que no está encorvado. || Dícese de lo que está colocado en el cuerpo del hombre, del lado opuesto al del corazón: *mano derecha.* || — Adv. Derechamente, directamente: *ir derecho.*

deriva f. Desvío del rumbo.

derivación f. Acción de derivar. || *Gram.* Procedimiento para formar vocablos mediante la adición de sufijos, etc.

derivado, da adj. *Gram.* Dícese de la palabra que procede de otra (ú. t. c. s. m.). || — M. Producto que se saca de otro. || — F. *Mat.* Derivada de una función, de una variable, límite hacia el cual tiende la relación entre el incremento de la función y el atribuido a la variable cuando ésta tiende a cero.

derivar v. i. Traer su origen de una cosa (ú. t. c. pr.). || Desviarse (ú. t. c. pr.). || — V. t. Dirigir, encaminar. || Cambiar la dirección o rumbo. || *Gram.* Traer una palabra de cierta raíz, como *marina,* de *mar.* || Llevar parte de una corriente o conducto en otra dirección. || *Mat.* Obtener una función derivada. || — V. pr. *Fig.* Proceder.

dermatología f. Estudio de las enfermedades de la piel.

dermis f. Capa inferior de la piel.

derogación f. Anulación.

derogar v. t. Abolir, anular.

derrama f. Repartimiento de un impuesto o gasto.

derramamiento m. Acción y efecto de derramar o derramarse.

derramar v. t. Verter: *derramar agua en el suelo.* || Esparcir: *derramar arena.* || Repartir los impuestos.

derrame m. Derramamiento.

derrapar v. i. Patinar un vehículo.

derrengado, da adj. Cansado.

derrengar v. t. Cansar.

derretimiento m. Acción de derretir.

derretir v. t. Licuar por medio del calor. || — V. pr. Volverse líquido.

derribar v. t. Echar a tierra: *derribar una muralla.* || Hacer caer: *derribar un avión.* || *Fig.* Derrocar: *derribar un gobierno.*

derribo m. Acción de derribar.

derrick m. Torre de perforación de un pozo de petróleo.

derrocamiento m. Acción de derrocar.

derrocar v. t. Destituir, deponer.

derrochador, ra adj. y s. Que derrocha.

derrochar v. t. Malgastar.

derroche m. Despilfarro.

derrota f. *Mil.* Fuga en desorden de un ejército. ‖ *Fig.* Fracaso, revés: *las derrotas de la vida.* ‖ Camino, ruta.

derrotar v. t. *Mil.* Vencer al ejército contrario. ‖ Batir, superar.

derrotero m. Dirección, camino.

derrotismo m. Propensión a extender entre los demás el desaliento.

derrotista adj. y s. Que está dominado por el derrotismo.

derruir v. t. Destruir poco a poco.

derrumbamiento m. Desplome. ‖ Desmoronamiento. ‖ Derrocamiento.

derrumbar v. t. Derribar (ú. t. c. pr.).

derrumbe m. Derrumbamiento.

desabotonar v. t. Desabrochar.

desabrido, da adj. Insípido, con poco sabor. ‖ Destemplado, desapacible: *clima desabrido.* ‖ *Fig.* Áspero, brusco en el trato, huraño.

desabrochar v. t. Abrir los broches, corchetes, botones, etc. (ú. t. c. pr.).

desacatamiento m. Desacato.

desacatar v. t. Desobedecer.

desacato m. Falta de respeto. ‖ Ofensa a una autoridad. ‖ Infracción.

desacertado, da adj. Hecho sin acierto. ‖ Inoportuno.

desacertar v. i. No acertar.

desacierto m. Error.

desaconsejar v. t. Aconsejar no hacer.

desacoplamiento m. Acción de desacoplar.

desacoplar v. t. Desajustar.

desacostumbrar v. t. Hacer perder la costumbre de algo.

desacralizar v. t. Quitar el carácter sagrado (ú. t. c. pr.).

desacreditar v. t. Disminuir el crédito de uno, desprestigiar.

desactivación f. Acción de desactivar.

desactivar v. t. Quitar la espoleta o el sistema detonador a un artefacto explosivo para evitar que explote. ‖ *Fig.* Suprimir cualquier potencia activa, como la de procesos fisicoquímicos, planes económicos, etc.

desacuartelar v. t. *Mil.* Sacar la tropa del cuartel.

desacuerdo m. Disconformidad.

desafecto, ta adj. Que muestra desapego. ‖ Opuesto, contrario. ‖ — M. Falta de afecto. ‖ Frialdad.

desafiador, ra adj. y s. Que desafía.

desafiar v. t. Provocar, retar. ‖ Arrostrar, afrontar.

desafinación f. Acción de desafinar.

desafinar v. i. *Mús.* Destemplarse un instrumento o la voz (ú. t. c. pr.).

desafío m. Reto. ‖ Duelo. ‖ Rivalidad.

desaforado, da adj. Excesivo. ‖ Violento, furioso: *voces desaforadas.*

desafortunado, da adj. Que tiene mala suerte. ‖ Desgraciado. ‖ Inoportuno, desacertado.

desafuero m. Acto violento contra la ley o el fuero. ‖ Acto arbitrario.

desagradable adj. Que no gusta. ‖ Molesto. ‖ Antipático, poco tratable.

desagradar v. i. Causar desagrado, disgustar. ‖ Molestar.

desagradecer v. t. Mostrar ingratitud.

desagradecido, da adj. y s. Ingrato.

desagradecimiento m. Ingratitud.

desagrado m. Disgusto.

desagraviar v. t. Reparar un agravio.

desagravio m. Reparación de un agravio.

desagregación f. Acción y efecto de desagregar o desagregarse.

desagregar v. t. Descomponer un conjunto (ú. t. c. pr.).

desaguadero m. Conducto o canal de desagüe.

desaguar v. t. Extraer el agua de un sitio para desecarlo. ‖ — V. i. Desembocar un río. ‖ Verterse (ú. t. c. pr.).

desagüe m. Acción de desaguar.

desaguisado, da adj. Hecho contra ley o razón. ‖ — M. Ofensa, injusticia. ‖ Desacierto, cosa mal hecha.

desahogado, da adj. Descarado, desvergonzado. ‖ Aplícase al sitio espacioso: *habitación desahogada.* ‖ Que vive con acomodo.

desahogar v. t. Dar libre curso a un sentimiento o pasión: *desahogar su ira.* ‖ — V. pr. Librarse de deudas. ‖ Confiarse, sincerarse con una persona: *desahogarse con un amigo.* ‖ Decir lo que se piensa.

desahogo m. Alivio, descanso. ‖ Desenvoltura: *contestar con desahogo.* ‖ Comodidad, bienestar: *vivir con desahogo.*

desahuciar v. t. Quitar toda esperanza: *desahuciar a un enfermo.* ‖ Expulsar al inquilino o arrendatario.

desahucio m. Expulsión del arrendatario o inquilino.

desairar v. t. Hacer un feo. ‖ Desestimar, despreciar una cosa.

desaire m. Afrenta.

desajustar v. t. Desarreglar.

desajuste m. Acción de desajustar.

desalar v. t. Quitar la sal.

desalentar v. t. Desanimar.

desaliento m. Desánimo.

desaliñado, da adj. Descuidado.

desaliño m. Falta de compostura.

desalmado, da adj. y s. Malvado.

desalojar v. t. Expulsar: *desalojar al enemigo del fortín.* ‖ *Mar.* Desplazar: *barco que desaloja 100 toneladas.* ‖ *Mil.* Abandonar: *desalojar una posición.*

desalquilar v. t. Dejar libre lo que está alquilado.

desambientar v. t. Hacer perder la ambientación de algo (ú. t. c. pr.). ‖ *Fig.* Estar desambientado, no encontrarse a gusto por estar fuera de su ambiente habitual.

desamontonar v. t. Deshacer el montón o lo amontonado.

desamor m. Desapego.

desamortización f. Acción y efecto de desamortizar.

desamortizar v. t. Liberar bienes amortizados.

desamparar v. t. Dejar sin amparo.

desamparo m. Acción y efecto de desamparar. ‖ Abandono. ‖ Aflicción.

desamueblar v. t. Quitar los muebles.

desandar v. t. Volver atrás.

desangramiento m. Acción y efecto de desangrar o desangrarse.

desangrar v. t. Sacar la sangre. ‖ *Fig.* Sacarle todo el dinero a uno. ‖ — V. pr. Perder mucha sangre.

desanimación f. Falta de animación.

desanimado, da adj. Falto de ánimo. ‖ Que tiene poca animación.

desanimar v. t. Quitar el ánimo, el valor (ú. t. c. pr.). || Quitar la animación.

desánimo m. Abatimiento.

desapacible adj. Que causa disgusto, desabrido: *tono desapacible.* || Desagradable a los sentidos: *tiempo desapacible.*

desaparecer v. i. Dejar de ser visible. || Ocultarse, quitarse la vista. || Irse: *desapareció de la fiesta.*

desaparecido, da adj. y s. Muerto o dado como tal.

desaparejar v. t. Quitar el aparejo.

desaparición f. Acción de desaparecer.

desapasionado, da adj. Falto de pasión.

desapasionar v. t. Quitar la pasión que tenía (ú. t. c. pr.).

desapego m. *Fig.* Falta de afecto.

desapercibido, da adj. Desprevenido: *coger desapercibido.* || Inadvertido.

desaprensivo, va adj. Falto de escrúpulos (ú. t. c. s.).

desapretar v. t. Aflojar, soltar.

desaprobación f. Falta de aprobación.

desaprobar v. t. Censurar.

desaprovechado, da adj. Aplícase al que pudiendo adelantar en algo no lo hace: *estudiante desaprovechado.* || Mal empleado: *tiempo desaprovechado.*

desaprovechamiento m. Mal empleo.

desaprovechar v. t. Desperdiciar.

desarmado, da adj. Sin armas.

desarmar v. t. Quitar las armas: *desarmar al enemigo.* || Desmontar las piezas de un artefacto: *desarmar una máquina.* || *Fig.* Confundir, desconcertar: *su respuesta me desarmó.* || − V. i. Reducir las naciones el armamento.

desarme m. Acción de desarmar.

desarraigar v. t. Arrancar de raíz: *desarraigar un árbol.* || *Fig.* Quitar una costumbre, vicio o pasión.

desarraigo m. Acción de desarraigar.

desarreglado, da adj. Descompuesto. || Desordenado: *cuarto desarreglado.* || Desaseado. || No sujeto a regla: *vida desarreglada.*

desarreglar v. t. Desordenar. || Descomponer: *desarreglar una máquina.* || *Fig.* Trastornar: *esto ha desarreglado mis planes.*

desarreglo m. Falta de arreglo, desorden. || Descompostura. || Falta de orden en la vida que se lleva. || − Pl. Trastornos: *desarreglos intestinales.*

desarrollar v. t. Extender, desplegar lo que está arrollado. || *Fig.* Ampliar, aumentar, acrecentar: *desarrollar el comercio.* || Perfeccionar, mejorar: *desarrollar la memoria.* | Explicar una teoría detalladamente. | Tener, realizar: *desarrollar actividades subversivas.* || *Quím.* Extender una fórmula. || − V. pr. Crecer, desenvolverse. || Tener lugar.

desarrollo m. Acción y efecto de desarrollar o desarrollarse. || Crecimiento de un organismo. || Incremento: *industria en pleno desarrollo.*

desarrugar v. t. Quitar las arrugas.

desarticulación f. Acción de desarticular o desarticularse.

desarticular v. t. Separar dos o más huesos o piezas articulados entre sí. || *Fig.* Descomponer, desorganizar: *desarticular un partido.*

desaseado, da adj. Sin aseo.

desasear v. t. Quitar el aseo.

desaseo m. Falta de aseo.

desasistir v. t. Desamparar.

desasosegar v. t. Privar de sosiego.

desasosiego m. Falta de sosiego.

desastrado, da adj. y s. Desaliñado.

desastre m. Calamidad, catástrofe. || *Fig.* Dicho de una persona, nulidad, incapaz. | Fracaso: *su discurso fue un desastre.* | Resultado, organización, calidad o aspecto malos.

desastroso, sa adj. Desafortunado, desdichado. || Muy malo, catastrófico.

desatar v. t. Soltar lo atado: *desatar un fardo.* || *Fig.* Destrabar: *desatar la lengua.* || − V. pr. Deshacerse. || *Fig.* Excederse en hablar. | Descomedirse: *desatarse en insultos.* | Encolerizarse. | Desencadenarse una fuerza física o moral: *se desató una tormenta.*

desatascar v. t. Desobstruir.

desatención f. Falta de atención.

desatender v. t. No prestar atención.

desatento, ta adj. Que no presta la atención requerida. || Descortés.

desatinado, da adj. Insensato.

desatinar v. i. Cometer desatinos.

desatino m. Falta de tino. || Disparate, despropósito.

desatorar v. t. Desobstruir.

desatornillar v. t. Destornillar.

desautorización f. Desaprobación.

desautorizar v. t. Quitar la autoridad: *desautorizar a un embajador.* || Desaprobar. || Desacreditar.

desavenencia f. Desacuerdo.

desavenir v. t. Enemistar (ú. t. c. pr.).

desavío m. Desorden. || Incomodidad, molestia.

desaviar v. t. Causar desavío.

desayunar v. i. y t. Tomar el desayuno (ú. t. c. pr.).

desayuno m. Primera comida del día.

desazón f. Desasosiego. || Malestar. || Picazón.

desazonar v. t. Volver insípido, soso. || *Fig.* Disgustar. | Molestar. || − V. pr. Enfadarse. | Preocuparse.

desbancar v. t. En los juegos de azar, ganar al banquero todo el dinero. || *Fig.* Suplantar a uno.

desbandarse v. pr. Huir en desorden. || Desertar. || Dispersarse.

desbarajuste m. Desorden.

desbaratado, da adj. Desordenado. || Roto, deshecho.

desbaratar v. t. Descomponer: *desbaratar un reloj.* || Derrochar, malgastar: *desbaratar sus bienes.* || *Fig.* Frustrar, hacer fracasar: *desbaratar sus planes.*

desbarrar v. i. *Fig.* Disparatar.

desbloquear v. t. *Com.* Levantar el bloqueo: *desbloquear un crédito.* || Aflojar cualquier pieza bloqueada.

desbocamiento m. Acción y efecto de desbocarse.

desbocar v. i. Desembocar. || − V. pr. Dejar una caballería de obedecer al freno y dispararse. || *Fig.* Prorrumpir en denuestos y desvergüenzas. | Pasarse de la raya.

desbordamiento m. Acción y efecto de desbordar o desbordarse.

desbordante adj. Que desborda. || Que sale de sus límites.

desbordar v. t. Salir de los bordes, derramarse un líquido (ú. t. c. pr.). || Salir de su cauce un río (ú. t. c. pr.). || *Fig.* Rebosar. || − V. pr. Exaltarse.

desborde m. Desbordamiento.

desbravar v. t. Amansar.

desbrozar v. t. Quitar la broza, limpiar. || *Fig.* Aclarar.

descabalar v. t. Dejar incompleta.

descabalgar v. i. Apearse.

descabellado, da adj. Insensato.

descabellar v. t. *Taurom.* Matar al toro hiriéndolo en la cerviz.

descabello m. Acción y efecto de descabellar al toro.

descabezamiento m. Acción y efecto de descabezar o descabezarse.

descabezar v. t. Cortar la parte superior o las puntas de algunas cosas. || *Descabezar un sueño,* dormir poco tiempo.

descafeinado, da adj. y s. m. Dícese del café sin cafeína.

descafeinar v. t. Suprimir la cafeína del café. || *Fig.* Quitar fuerza.

descalabrar v. t. Herir en la cabeza y, por extensión, en otra parte del cuerpo (ú. t. c. pr.). || *Fam.* Causar daño o perjucio. | Maltratar. || Vencer al enemigo.

descalabro m. Contratiempo. || Fracaso. || Derrota en la guerra.

descalcificación f. Acción y efecto de descalcificar.

descalcificar v. t. Provocar la disminución de sustancia calcárea en el organismo (ú. t. c. pr.).

descalificación f. Acción y efecto de descalificar.

descalificar v. t. Incapacitar, inhabilitar: *descalificar a un jugador.* || Desacreditar.

descalzar v. t. Quitar el calzado.

descalzo, za adj. Sin calzado.

descamarse v. pr. Caerse la piel en forma de escamas.

descaminar v. t. Apartar a uno del camino recto.

descamisado, da adj. *Fam.* Sin camisa. || Muy pobre, desharrapado (ú. t. c. s.). || — M. pl. En la Argentina, partidarios de Perón; en España, liberales de la revolución de 1820.

descampado, da adj. y s. m. Dícese del terreno sin vegetación ni viviendas.

descansado, da adj. Reposado.

descansar v. i. Dejar de trabajar. || Reparar las fuerzas con reposo. || *Por ext.* Dormir: *el enfermo descansó toda la noche.* || Confiar en la ayuda de otro. | *Fig.* Tener algun alivio en los males. | Tranquilizarse. | Apoyarse una cosa en otra: *la viga descansa en la pared.*

descansillo m. Rellano de escalera.

descanso m. Quietud. || Pausa en el trabajo. || Cesación del trabajo por algún tiempo: *descanso por enfermedad.* || Alto en una marcha. || Descansillo de una escalera. || Intermedio en un espectáculo. || Pausa entre las dos partes de un partido de fútbol. || Asiento en que se apoya una cosa. || *Fig.* Alivio.

descapitalizar v. t. Hacer perder el capital (ú. t. c. pr.). || *Fig.* Hacer perder el patrimonio histórico o cultural (ú. t. c. pr.).

descapotable adj. y s. m. Dícese del automóvil de capota plegable.

descapotar v. t. Quitar la capota.

descarado, da adj. y s. Desvergonzado.

descararse v. pr. Hablar u obrar con desvergüenza.

descarga f. Acción y efecto de descargar. || *Mil.* Disparo que se hace de una vez por una o más armas. || Proyectil disparado. || *Electr.* Fenómeno producido cuando un cuerpo electrizado pierde su carga.

descargador, ra m. Dícese de la persona que por oficio descarga mercancías (ú. t. c. s.).

descargar v. t. Quitar o aliviar la carga: *descargar su barca.* || Disparar las armas de fuego. || Extraer la carga de un arma de fuego o de un barreno. || Dar un golpe con violencia: *descargar un puntapié.* || Quitar la carga eléctrica: *descargar un acumulador.* || *Fig.* Exonerar a uno de una obligación. || *Fig.* Desahogarse (ú. t. c. pr.). || — V. i. Deshacerse una nube y caer en lluvia o granizo. || — V. pr. Dejar a otro las obligaciones de un cargo.

descargo m. Acción de descargar. || *Com.* En las cuentas, partidas de salida. || Defensa: *testigo de descargo.*

descarnado, da adj. Demacrado. || Desnudo. || *Fig.* Crudo, sin paliativos.

descarnar v. t. Quitar la carne al hueso, a los dientes (ú. t. c. pr.).

descaro m. Desvergüenza.

descarriar v. t. Apartar a uno del camino. || Apartar a uno de su deber.

descarrilamiento m. Acción y efecto de descarrilar.

descarrilar v. i. Salir del carril.

descarrío m. Abandono del camino que se debía seguir.

descartar v. t. *Fig.* Desechar una cosa o apartarla de sí: *descartar los obstáculos.* || — V. pr. En algunos juegos, dejar las cartas inútiles.

descarte m. Acción de descartar.

descasamiento m. Divorcio.

descasar v. t. Quitar la cáscara.

descascarillar v. t. Quitar la cascarilla. || Hacer saltar en escamas la superficie de un objeto (ú. t. c. pr.).

descastado, da adj. y s. Dícese de la persona poco cariñosa.

descendencia f. Hijos y generaciones sucesivas. || Casta, linaje.

descendente adj. Que desciende.

descender v. i. Bajar. || Proceder. || — V. i. Bajar, poner en un lugar más bajo. || Caer, fluir un líquido, correr: *las lágrimas descendían por sus mejillas.*

descendiente adj. Descendente. || — Com. Persona que desciende de otra.

descendimiento m. Acción de bajar. || Por antonomasia, descenso de Cristo de la Cruz.

descenso m. Acción y efecto de descender. || Bajada. || *Fig.* Acción de pasar de una dignidad o estado a otro inferior. | Decadencia. | Disminución. || Prueba de esquí efectuada en una pista muy pendiente.

descentrado, da adj. Dícese de lo que está fuera de su centro.

descentralización f. Acción y efecto de descentralizar.

descentralizar v. t. Transferir a corporaciones locales o regionales servicios privativos del Estado. || Dispersar en todo el país administraciones, organismos, etc., que estaban reunidos en un mismo sitio.

descentrar v. t. Sacar de su centro.

descepar v. t. Arrancar de raíz.

descifrado m. Desciframiento.

desciframiento m. Acción y efecto de descifrar.

descifrar v. t. Sacar el significado de lo que está escrito en cifra o clave. || Fig. Aclarar lo que está poco claro o comprensible.

descocado, da adj. Poco sensato.

descocamiento m. Falta de sensatez.

descodificar v. t. Transformar un mensaje codificado en lenguaje comprensible para todos.

descolgar v. t. Bajar lo colgado: *descolgar una lámpara.* || Quitar las colgaduras. || Tomar el teléfono para hablar por él. || — V. pr. Soltarse y caer. || Escurrirse: *descolgarse por una cuerda.* || Fig. Ir bajando rápidamente por una pendiente: *descolgarse de las montañas.* | Presentarse inesperadamente una persona.

descollante adj. Que sobresale.

descollar v. t. Sobresalir.

descolocar v. t. Quitar a alguien o algo del lugar en que estaba.

descolonización f. Acción de poner término a la situación de un pueblo colonizado.

descolonizar v. t. Efectuar la descolonización.

descolorar v. t. Quitar el color.

descolorido, da adj. De color pálido.

descomedido, da adj. Sin medida.

descomedimiento m. Falta de respeto.

descomedirse v. pr. Faltar al respeto. || Excederse, pasarse de la raya.

descompasarse v. pr. Descomedirse.

descompensación f. Estado patológico de un órgano o sistema enfermos cuando éstos son incapaces de compensar el equilibrio fisiológico alterado.

descompensar v. t. Hacer perder la compensación (ú. t. c. pr.).

descomponer v. t. Desordenar. || Desbaratar, desarreglar un mecanismo: *descomponer un motor* (ú. t. c. pr.). || Podrir, corromper. || Separar las diversas partes que forman un compuesto: *descomponer el agua en hidrógeno y oxígeno.* || Fig. Irritar. | Alterar: *el miedo descompuso sus rasgos.* | Trastornar: *esto ha descompuesto mis proyectos.* || — V. pr. Corromperse: *descomponerse un cadáver.* || Sentirse indispuesto. || Fig. Perder la templanza. || Irritarse.

descomposición f. Separación de los elementos de un todo. || Putrefacción. || Alteración: *descomposición del rostro.* || Disgregación: *la descomposición del Imperio.*

descompresión f. Disminución de la presión o de la compresión.

descomprimir v. t. Suprimir o disminuir la compresión.

descompuesto, ta adj. Que ha sufrido descomposición. || Fig. Alterado: *rostro descompuesto.* | Atrevido. | Irritado; encolerizado.

descomunal adj. Extraordinario.

desconcentrar v. t. Hacer perder la concentración. || — V. pr. Perder la concentración.

desconcertante adj. Que desconcierta.

desconcertar v. t. Desorientar, turbar. || — V. pr. Fig. Turbarse.

desconchado m. y **desconchadura** f. Parte en que una pared, una vasija de loza, ha perdido el enlucido o revestimiento.

desconchar v. t. Quitar a una pared, vasija de loza, etc., parte de su enlucido o revestimiento (ú. t. c. pr.).

desconchón m. Desconchado.

desconcierto m. Fig. Desorden, desacuerdo. | Confusión. | Falta de medida en las acciones.

desconectar v. t. Interrumpir una conexión eléctrica.

desconfiado, da adj. y s. Que no se fía.

desconfianza f. Falta de confianza.

desconfiar v. i. No confiar.

descongelar v. t. Deshelar.

descongestión f. Acción y efecto de descongestionar.

descongestionar v. t. Disminuir o quitar la congestión. || Fig. Despejar, dejar libre: *descongestionar una calle.*

desconocedor, ra adj. y s. Que desconoce.

desconocer v. t. No conocer. || Ignorar.

desconocido, da adj. y s. No conocido.

desconocimiento m. Acción y efecto de desconocer, ignorancia.

desconsideración f. Ausencia de consideración.

desconsiderado, da adj. Falto de consideración.

desconsiderar v. t. No tener la consideración debida.

desconsolado, da adj. Afligido.

desconsolar v. t. Entristecer.

desconsuelo m. Aflicción, pena.

descontaminación f. Acción y efecto de descontaminar.

descontaminar v. t. Suprimir o reducir la contaminación.

descontar v. t. No contar con. || Deducir una cantidad al tiempo de hacer un pago. || Com. Pagar una letra de cambio antes de vencida, rebajándole la cantidad estipulada como interés del dinero anticipado.

descontentadizo, za adj. y s. Que siempre está descontento.

descontentar v. t. Disgustar.

descontento, ta adj. y s. Disgustado. || — M. Disgusto.

descorazonamiento m. Desaliento.

descorazonar v. t. Desanimar.

descorchar v. t. Quitar el corcho.

descorche m. Acción de descorchar.

descornar v. t. Arrancar los cuernos. || — V. pr. Fig. Romperse los sesos. | Trabajar mucho.

descorrer v. t. Plegar lo que estaba estirado: *descorrer las cortinas.* || Deslizar algo para abrir: *descorrer el pestillo.*

descortés adj. y s. Falto de cortesía.

descortesía f. Falta de cortesía.

descortezar v. t. Quitar la corteza.

descoser v. t. Deshacer una costura.

descote m. Escote.

descoyuntamiento m. Acción y efecto de descoyuntar. || Fig. Gran cansancio.

descoyuntar v. t. Desencajar los huesos de su lugar. Ú. t. c. pr.: *descoyuntarse un brazo.* || Fam. *Descoyuntarse de risa,* reírse mucho.

descrédito m. Pérdida de crédito.

describir v. t. Representar a personas o cosas por medio del lenguaje. || Relatar. || Geom. Trazar.

descripción f. Acción y efecto de describir.

descriptivo, va adj. Dícese de lo que describe (ú. t. c. s. m.).

descuartizamiento m. Acción y efecto de descuartizar.

descuartizar v. t. Dividir un cuerpo en trozos. ‖ Hacer pedazos una cosa.

descubierto, ta adj. Sin sombrero. ‖ Despejado (un lugar). ‖ — M. Déficit.

descubridor, ra adj. y s. Que descubre o inventa algo.

descubrimiento m. Acto de descubrir un país ignorado o cosas científicas. ‖ Cosa descubierta.

descubrir v. t. Hallar lo escondido o ignorado: *descubrir un tesoro.* ‖ Inventar: *descubrir la litografía.* ‖ Destapar: *descubrir una estatua.* ‖ *Fig.* Divisar: *descubrir el Guadarrama.* ‖ Enterarse: *descubrir un complot.* ‖ Revelar: *descubrir sus intenciones.* ‖ — V. pr. Quitarse el sombrero, la gorra, etc. ‖ *Fig.* Abrirse, sincerarse. ‖ Manifestar admiración: *descubrirse ante un acto de valor.*

descuento m. Acción y efecto de descontar. ‖ Lo que se descuenta.

descuerar v. t. *Amer.* Criticar.

descuidado, da adj. y s. Negligente.

descuidar v. t. Desatender una cosa, no poner en ella la atención debida: *descuidar sus obligaciones* (ú. t. c. pr.). ‖ No preocuparse: *descuida, que yo me encargaré de todo.* ‖ — V. pr. *Fig.* No cuidar nada su arreglo personal o su salud.

descuido m. Falta de cuidado. ‖ Inadvertencia, distracción. ‖ Desliz, falta.

desde prep. Denota principio de tiempo o lugar y forma parte de muchos modismos adverbiales: *desde entonces; desde allí.* ‖ *Desde luego,* naturalmente, claro.

desdecir v. i. *Fig.* No estar una persona o cosa a la altura de su origen, educación o clase. ‖ No ir bien una cosa con otra. ‖ Contradecir. ‖ — V. pr. Retractarse: *desdecirse de su palabra.*

desdén m. Desprecio.

desdeñable adj. Despreciable.

desdeñar v. t. Despreciar.

desdeñoso, sa adj. y s. Que muestra desdén.

desdibujarse v. pr. Borrarse, desvanecerse los contornos de algo.

desdicha f. Desgracia.

desdichado, da adj. y s. Desgraciado.

desdoblamiento m. Acción de desdoblar.

desdoblar v. t. Extender una cosa que estaba doblada.

desdoro m. Deshonra, descrédito.

desear v. t. Tender a la posesión o realización de algo agradable o útil para sí mismo o para otro. ‖ Expresar algún voto: *le deseo unas felices Pascuas.*

desecación f. y **desecamiento** m. Acción y efecto de desecar.

desecador m. Aparato que deseca.

desecar v. t. Secar.

desechar v. t. Rechazar.

desecho m. Lo que se desecha. ‖ Residuo. ‖ *Fig.* Desprecio.

desembalar v. t. Deshacer el embalaje: *desembalar muebles.*

desembalse m. Acción y efecto de desembalsar.

desembarazar v. t. Quitar lo que estorba, despejar. ‖ Evacuar, desocupar. ‖ *Fig.* Sacar de apuro. ‖ — V. pr. *Fig.* Quitarse de encima lo que estorba.

desembarazo m. Acción de desembarazar. ‖ Desenvoltura.

desembarcadero m. Lugar donde se desembarca.

desembarcar v. t. Sacar de la embarcación: *desembarcar mercancías.* ‖ — V. i. Salir de la nave.

desembarco m. Acción de desembarcar personas.

desembargar v. t. Levantar el embargo.

desembargo m. *For.* Acción y efecto de desembargar.

desembarque m. Acción y efecto de desembarcar mercancías.

desembocadura f. Lugar por donde un río desemboca en otro o en el mar, o una calle en otra.

desembocar v. i. Desaguar un río en otro o en el mar. ‖ Dar una calle en otra. ‖ Salir de un lugar angosto: *desembocar en la llanura.* ‖ *Fig.* Conducir a un resultado.

desembolsar v. t. Gastar o pagar una cantidad de dinero.

desembolso m. Entrega que se hace de una cantidad de dinero.

desembragar v. t. Desconectar un mecanismo del eje de un motor.

desembrague m. Acción y efecto de desembragar.

desembrollar v. t. Desenredar.

desempacar v. t. Desempaquetar.

desempalmar v. t. Quitar un empalme o conexión.

desempalme m. Acción y efecto de desempalmar.

desempañar v. t. Quitar el vaho.

desempapelar v. t. Quitar el revestimiento de papel.

desempaque y **desempaquetado** m. Acción y efecto de desempacar.

desempaquetar v. t. Desenvolver, sacar de su paquete.

desempastar v. t. Quitar el empaste a una muela o diente.

desempatar v. t. Deshacer el empate, tratándose de una votación o en deportes.

desempate m. Acción de desempatar.

desempeñar v. t. Liberar lo empeñado: *desempeñar sus alhajas.* ‖ Dejar a uno sin deudas (ú. t. c. pr.). ‖ Ejercer, tener a su cargo: *desempeñar funciones importantes.* ‖ Realizar: *desempeñar una misión peligrosa.* ‖ *Teatr.* Representar un papel.

desempeño m. Acción y efecto de desempeñar o desempeñarse.

desempleado, da adj. Que no tiene trabajo (ú. t. c. s.).

desemplear v. t. Dejar sin trabajo, suprimir puestos de trabajo.

desempleo m. Paro forzoso.

desempolvar v. i. Quitar el polvo.

desencadenamiento m. Acción y efecto de desencadenar.

desencadenar v. t. Soltar al que está amarrado con cadena. ‖ *Fig.* Provocar: *desencadenarse una guerra.* ‖ Romper la cadena o vínculo de las cosas materiales. ‖ — V. pr. *Fig.* Desenfrenarse, desatarse.

desencajar v. t. Sacar de su encaje o trabazón. ‖ Dislocar los huesos. ‖ — V. pr. Demudarse, alterarse el semblante.

desencajonamiento m. Acción de desencajonar: *desencajonamiento de los toros.*

desencajonar v. t. Sacar lo que está en un cajón. ‖ Hacer salir al toro del cajón en que está encerrado. ‖ Desencofrar.

desencallar v. t. *Mar.* Poner a flote una embarcación encallada.

123

desencantar v. t. Desilusionar.
desencanto m. Acción y efecto de desencantar. || *Fig.* Desilusión.
desenchufar v. t. Quitar el enchufe.
desencoger v. t. Extender lo encogido: *desencoger un tejido.*
desencuadernar v. t. Quitar la encuadernación.
desenfadado, da adj. Desenvuelto, desahogado. || Despreocupado.
desenfadar v. t. Desenojar, quitar o aplacar el enfado.
desenfado m. Franqueza. || Desenvoltura. || Desahogo del ánimo.
desenfocar v. t. Hacer perder el enfoque. || Enfocar mal.
desenfoque m. Enfoque defectuoso.
desenfrenado, da adj. Alocado.
desenfreno m. *Fig.* Acción y efecto de desenfrenarse. || Libertinaje.
desenfundar v. t. Sacar de la funda.
desenganchar v. t. Soltar lo enganchado.
desengañado, da adj. Desilusionado.
desengañar v. t. Hacer conocer el error. || Desilusionar, decepcionar.
desengaño m. Conocimiento del error. || Decepción: *llevarse un desengaño.*
desengrasar v. t. Quitar la grasa.
desengrase m. Acción y efecto de desengrasar.
desenlace m. Acción y efecto de desenlazar o desenlazarse. || Solución del nudo o enredo de un poema dramático, de una novela, etc.
desenlazar v. t. Soltar lo que está atado. || *Fig.* Dar desenlace o solución a un asunto o problema. || Desatar el nudo o enredo de un drama o novela. (ú. t. c. pr.).
desenmarañar v. t. Desembrollar.
desenmascarar v. t. Quitar la máscara. || *Fig.* Descubrir lo que una persona o cosa es en realidad.
desenmudecer v. i. Romper el silencio.
desenojar v. t. Quitar el enojo.
desenredar v. t. Deshacer lo embrollado.
desenredo m. Acción y efecto de desenredar o desenredarse.
desenrollar v. t. Soltar lo arrollado.
desenroscar v. t. Deshacer lo enroscado.
desensibilizar v. t. Quitar la sensibilidad.
desentenderse v. pr. No querer saber nada de un asunto.
desenterrar v. t. Sacar lo enterrado.
desentonar v. i. *Mús.* Estar fuera de tono: *desentonar la voz.* || *Fig.* Salir del tono, chocar: *modales que desentonan.*
desentono m. Acción y efecto de desentonar. || *Fig.* Descompostura.
desentorpecer v. t. Desentumecer.
desentrañar v. t. Sacar las entrañas. || *Fig.* Indagar, adivinar.
desentrenado, da adj. Falto de entrenamiento.
desentumecer v. t. Hacer que un miembro entorpecido recobre su agilidad y soltura: *desentumecer el brazo* (ú. t. c. pr.).
desentumecimiento m. Acción y efecto de desentumecer.
desenvainar v. t. Sacar de la vaina.
desenvoltura f. *Fig.* Desenfado. | Facilidad de elocución.

desenvolver v. t. Deshacer lo envuelto: *desenvolver un paquete.* || Extender lo arrollado. || *Fig.* Aclarar un asunto embrollado. | Desarrollar, exponer. | — V. pr. Desarrollarse. || *Fig.* Salir adelante, arreglárselas. | Salir de apuro.
desenvuelto, ta adj. *Fig.* Que tiene desenvoltura: *aire desenvuelto.*
deseo m. Aspiración por el conocimiento o la posesión de algo. || Lo que se desea. || Voto: *deseo de felicidad.*
deseoso, sa adj. Que desea.
desequilibrado, da adj. y s. Falto de equilibrio mental.
desequilibrar v. t. Hacer perder el equilibrio.
desequilibrio m. Falta de equilibrio.
deserción f. Acción de desertar.
desertar v. i. Abandonar el soldado sus banderas. || Pasarse al enemigo.
desértico, ca adj. Desierto, despoblado. || Relativo al desierto.
desertor m. Soldado que deserta.
desespañolizar v. t. Quitar el carácter español.
desesperación f. Pérdida total de esperanza. || *Fig.* Cólera, enojo.
desesperado, da adj. Poseído de desesperación (ú. t. c. s.). || Sin esperanzas.
desesperante adj. Que desespera.
desesperanza f. Desesperación.
desesperanzar v. t. Quitar la esperanza. || — V. pr. Quedarse sin esperanza.
desesperar v. t. Quitar la esperanza. || *Fam.* Irritar, exasperar: *este niño me desespera* (ú. t. c. pr.). || — V. i. No tener esperanza: *desespera de que venga mi tío.* || — V. pr. Perder la esperanza.
desestimación f. Acción y efecto de desestimar.
desestimar v. t. Tener en poco. || Despreciar. || Denegar, rechazar.
desfachatez f. *Fam.* Descaro.
desfalcador, ra adj. y s. Que desfalca.
desfalcar v. i. Malversar un caudal.
desfalco m. Acción de desfalcar.
desfallecer v. t. Debilitar, causar desfallecimiento. || — V. i. Debilitarse mucho, quedar sin fuerzas. || Desmayarse.
desfallecimiento m. Desmayo.
desfasado, da adj. Fuera de fase. || Descentrado, que no se halla en su centro.
desfasaje m. *Electr.* Desfase.
desfasar v. t. *Electr.* Establecer una diferencia de fase entre dos fenómenos alternativos que tienen la misma frecuencia.
desfase m. *Electr.* Diferencia de fase entre dos fenómenos alternativos de igual frecuencia. || *Fig.* Falta de correspondencia respecto a las corrientes, condiciones o circunstancias del momento.
desfavorable adj. Contrario, poco favorable o ventajoso.
desfavorecedor, ra adj. Que desfavorece.
desfavorecer v. t. Dejar de favorecer.
desfibrar v. t. Quitar las fibras.
desfiguración f. Acción y efecto de desfigurar o desfigurarse.
desfigurar v. t. Afear el semblante: *una cicatriz le desfigura.* || *Fig.* Alterar, falsear: *desfigurar la verdad.* | Disfrazar: *desfigurar la voz.* | Disimular, velar las formas. || — V. pr. Turbarse.

desfiladero m. Paso estrecho que hay entre montañas.

desfilar v. i. Marchar en fila: *desfilar la tropa.* || Ir, pasar o salir uno tras otro: *desfilar en fila india.* || Pasar los modelos de costura delante de los espectadores.

desfile m. Acción de desfilar. ||Paso de los modelos de costura en una pasarela o salón. || *Fig.* Sucesión, serie.

desfogar v. t. Dar salida a. || *Fig.* Dar rienda suelta a una pasión: *desfogar la cólera* (ú. t. c. pr.).

desfondar v. t. Romper o quitar el fondo: *desfondar una caja.* || — V. pr. Quedarse sin fondo. || *Fig.* Estar agotado.

desgaire m. Descuido.

desgajar v. t. Arrancar con violencia una rama del tronco.

desgalichado, da adj. Desgarbado.

desgana f. Falta de ganas.

desganado, da adj. Sin apetito.

desganar v. t. Cortar el apetito, la gana. || — V. pr. Perder el apetito. || *Fig.* Sentir tedio.

desgañitarse v. pr. Gritar fuerte.

desgarbado, da adj. Sin garbo.

desgarbo m. Ausencia de garbo.

desgarrador, ra adj. Que desgarra.

desgarradura f. Desgarrón.

desgarramiento m. Rotura.

desgarrar v. t. Rasgar: *desgarrar un vestido.* || *Fig.* Destrozar: *desgarrar el corazón.* | Lastimar: *la tos le desgarraba el pecho.* || — V. pr. Apartarse.

desgarro m. Desgarrón. || Rotura muscular.

desgarrón m. Rotura grande en la ropa. || Girón, colgajo.

desgastar v. t. Deteriorar poco a poco por el roce o el uso. || — V. pr. *Fig.* Debilitarse, cansarse.

desgaste m. Deterioro progresivo. || Debilitación.

desglose m. División de un guión de película en cierto número de planos. || Repartición de los gastos.

desgracia f. Suerte desfavorable: *labrarse la propia desgracia.* || Revés, acontecimiento adverso: *sufrir muchas desgracias.* || Pérdida de valimiento: *caer en desgracia.* || Suceso en que hay muertos o heridos: *en esta casa ha ocurrido una desgracia.* || Falta de gracia, torpeza. || *Por desgracia,* desgraciadamente.

desgraciado, da adj. Que no tiene suerte (ú. t. c. s.). || Funesto: *empresa desgraciada.* || Falto de gracia o atractivo. || Desagradable.

desgraciar v. t. Estropear, echar a perder. || Lisiar, herir. || *Fam.* Deshonrar a una mujer. || — V. pr. Salir mal.

desgranar v. t. Separar los granos.

desgrasar v. t. Quitar la grasa.

desgrase m. Acción y efecto de desgrasar.

desgravación f. Rebaja, disminución.

desgravar v. t. Rebajar un impuesto.

desgreñado, da adj. Despeinado.

desgreñar v. t. Enmarañar los cabellos. || — V. pr. Reñir tirándose del pelo.

desguace m. Acción y efecto de desguazar.

desguarnecer v. t. Quitar la guarnición o adornos.

desguazar v. t. Deshacer un barco o un automóvil.

deshabitado, da adj. Sin habitar.

deshabitar v. t. Dejar un sitio. || Despoblar, dejar sin habitantes.

deshabituar v. t. Desacostumbrar (ú. t. c. pr.).

deshacer v. t. Destruir lo hecho: *deshacer la cama.* || Derrotar: *deshacer un ejército.* || Anular: *deshacer un contrato.* || Derretir: *deshacer la nieve.* || Disolver: *deshacer un terrón de azúcar.* || Dividir. || *Fig.* Desbaratar: *deshacer una intriga.* | Desandar el camino. || *Deshacer agravios,* vengarlos. || — V. pr. Descomponerse: *deshacerse las nubes en lluvia.* || *Fig.* Trabajar con ahínco: *deshacerse por conseguir algo.* | Hacer todo lo que se puede: *cuando vine aquí se deshizo por mí.* | Impacientarse. | Afligirse mucho. | Extenuarse.

desharrapado, da adj. y s. Andrajoso.

deshecho, cha adj. *Fig.* Molido, extenuado. | Abatido.

deshelar v. t. Derretir lo que está helado (ú. t. c. pr.).

desherbar v. t. Arrancar las hierbas.

desheredado, da adj. y s. Que no tiene dones naturales ni bienes de fortuna.

desheredar v. t. Excluir de la herencia: *desheredar a sus hijos.*

deshidratado m. y **deshidratación** f. Acción y efecto de deshidratar.

deshidratar v. t. *Quim.* Quitar a un cuerpo el agua que contiene.

deshielo m. Acción y efecto de deshelar o deshelarse.

deshilachar v. t. Sacar hilachas.

deshilar v. t. Sacar los hilos de un tejido.

deshilvanado, da adj. *Fig.* Sin enlace ni trabazón.

deshilvanar v. t. Quitar hilvanes.

deshinchar v. t. Quitar la hinchazón. || Desinflar.

deshojar v. t. Quitar las hojas a una planta o los pétalos a una flor. || — V. pr. Caerse las hojas.

deshoje m. Caída de las hojas.

deshollinador, ra adj. y s. Que deshollina. || — M. Utensilio para deshollinar chimeneas.

deshollinar v. t. Limpiar de hollín las chimeneas.

deshonestidad f. Inmoralidad. || Dicho o hecho deshonesto.

deshonesto, ta adj. Falto de honestidad, inmoral, indecente.

deshonor m. Pérdida del honor. ||Afrenta, deshonra, baldón.

deshonra f. Pérdida de la honra. || Cosa deshonrosa.

deshonrar v. t. Quitar la honra (ú. t. c. pr.). || Injuriar.

deshonroso, sa adj. Vergonzoso.

deshora f. Tiempo inoportuno.

deshumanización f. Acción y efecto de deshumanizar.

deshumanizar v. t. Quitar el carácter humano.

deshumedecer y **deshumidificar** v. t. Quitar la humedad.

desiderátum m. Lo que falta o que más se desea. (Pl. *desiderata.*)

desidia f. Negligencia, dejadez.

desidioso, sa adj. y s. Negligente.

desierto, ta adj. Despoblado. || Donde hay muy poca gente: *calle desierta.* || Solitario: *lugar desierto.* || Dícese del concurso o subasta en que nadie toma parte o a que se ha concedido el premio o la plaza. || — M. Lugar arenoso, árido y despoblado: *el desierto del Sáhara.*

designación f. Nombramiento. || Nombre: *designación de un objeto.*

designar v. t. Nombrar, destinar para un fin determinado. || Denominar, llamar. || Fijar: *designar el lugar.*

designio m. Proyecto. || Propósito.

desigual adj. No igual.

desigualar v. t. Hacer desigual.

desigualdad f. Falta de igualdad, diferencia. || Aspereza de un terreno.

desilusión f. Pérdida de las ilusiones. || Desengaño.

desilusionar v. t. Decepcionar (ú. t. c. pr.).

desimpresionar v. t. Desengañar, sacar el error (ú. t. c. pr.).

desinencia f. *Gram.* Parte variable al final de una palabra, opuesta a radical, que puede corresponder a un elemento de su conjugación (verbo) o de su flexión (sustantivo).

desinfección f. Acción de desinfectar.

desinfectante adj. y s. m. Dícese del producto que sirve para desinfectar.

desinfectar v. t. Destruir los gérmenes nocivos en algún sitio o cosa.

desinflamar v. t. Hacer desaparecer la inflamación (ú. t. c. pr.).

desinflar v. t. Sacar el aire o gas de un cuerpo inflado (ú. t. c. pr.). || – V. pr. *Fam.* Desanimarse, desilusionarse, acobardarse.

desintegración f. Descomposición. || Disgregación. || Transformación provocada o espontánea del núcleo del átomo.

desintegrar v. t. Separar los elementos que forman un todo. || – V. pr. Disgregarse. || Hablando del átomo radiactivo, transformarse espontáneamente el núcleo para dar origen a una radiación.

desinterés m. Falta de interés.

desinteresado, da adj. Que no está movido por el interés (ú. t. c. s.).

desinteresarse v. pr. No mostrar ningún interés por una cosa.

desintoxicación f. Acción y efecto de desintoxicar.

desintoxicar v. t. Curar de intoxicación (ú. t. c. pr.).

desistimiento m. Acción y efecto de desistir.

desistir v. i. Renunciar.

deslavazado, da adj. *Fig.* Descosido, sin ilación.

desleal adj. Falto de lealtad (ú. t. c. s.).

deslealtad f. Falta de lealtad.

desleimiento m. Acción de desleír.

desleír v. t. Disolver un cuerpo sólido en otro líquido.

deslenguado, da adj. Mal hablado.

desliar v. t. Deshacer un lío.

desligadura f. Acción de desligar.

desligar v. t. Desatar, quitar las ligaduras. || *Fig.* Separar. | Eximir de una obligación (ú. t. c. pr.). || – V. pr. Tener pocas relaciones con: *desligarse de su familia.*

deslindar v. t. Limitar, poner los lindes a un lugar: *deslindar una heredad.* || *Fig.* Determinar. | Aclarar una cuestión.

desliz m. Acción y efecto de deslizar o deslizarse. || *Fig.* Falta.

deslizamiento m. Desliz.

deslizante adj. Que desliza.

deslizar v. t. Resbalar (ú. t. c. pr.). | – V. pr. Escurrirse. || Escaparse, evadirse. || *Fig.* Introducirse: *se ha deslizado una falta.* | Caer en una flaqueza: *deslizarse en el vicio.* || – V. t. Poner con suavidad o disimulo una cosa en un sitio: *deslizar una carta debajo de la puerta.* || *Fig.* Decir: *deslizar una palabra.*

deslucimiento m. Falta de lucimiento.

deslucir v. t. Quitar la gracia o belleza a una cosa: *deslucir el discurso.*

deslumbramiento m. Acción y efecto de deslumbrar. || Ofuscación de la vista por exceso de luz.

deslumbrante adj. Que deslumbra.

deslumbrar v. t. Ofuscar la vista un exceso de luz. || *Fig.* Causar mucha impresión algo que no tiene gran valor: *su discurso deslumbró a los oyentes.* | Confundir, engañar.

desmadrarse v. pr. *Fig. y fam.* Obrar sin complejos. | Propasarse.

desmadre m. *Fam.* Caos, confusión. | Jolgorio. | Exceso desmesurado de algo.

desmagnetizar v. t. Hacer perder la imantación (ú. t. c. pr.).

desmán m. Exceso, abuso.

desmandamiento m. Acción y efecto de desmandarse.

desmandarse v. pr. Descomedirse, pasarse de la raya. || Desobedecer. || Apartarse de la compañía de los demás.

desmano (a) loc. adv. Fuera de alcance. || Fuera del camino seguido.

desmantelamiento m. Acción y efecto de desmantelar.

desmantelar v. t. Derribar las fortificaciones. || *Fig.* Desorganizar. || *Mar.* Desarbolar. | Desarmar y desaparejar un barco.

desmañado, da adj. y s. Falto de maña y habilidad, torpe.

desmaquillador m. Producto para quitar el maquillaje.

desmaquillar v. t. Quitar el maquillaje (ú. t. c. pr.).

desmarcar v. t. Borrar una marca. || – V. pr. En el fútbol y otros deportes, liberarse de la vigilancia del adversario (ú. t. c. t.).

desmayado, da adj. Dícese del color apagado. || *Fig.* Sin fuerzas. | Muy hambriento.

desmayar v. t. Provocar desmayo. || Apagar un color. || – V. pr. Perder el sentido.

desmayo m. Pérdida del sentido, de las fuerzas físicas o morales.

desmedido, da adj. Desproporcionado.

desmedirse v. pr. Excederse.

desmejoramiento m. Deterioro. || Empeoramiento de la salud.

desmejorar v. t. Hacer perder el lustre y perfección. || – V. i. y pr. Ir perdiendo la salud. || Empeorar: *todo ha desmejorado.*

desmelenamiento m. Acción y efecto de desmelenar o desmelenarse.

desmelenar v. t. Desordenar el cabello. || – V. pr. *Fig.* Enardecerse.

desmembramiento m. Acción y efecto de desmembrar.

desmembrar v. t. Separar los miembros del cuerpo. || *Fig.* Dividir.

desmemoriarse v. pr. Olvidarse.

desmentido m. Mentís.

desmentir v. t. e i. Decir a uno que miente. ‖ Negar: *desmentir una noticia.*

desmenuzamiento m. Acción y efecto de desmenuzar.

desmenuzar v. t. Dividir en trozos pequeños. ‖ *Fig.* Examinar minuciosamente.

desmerecer v. t. No ser digno de algo. ‖ — V. i. Perder mérito o valor.

desmerecimiento m. Falta de mérito.

desmesura f. Falta de mesura.

desmesurado, da adj. Excesivo.

desmilitarización f. Acción de desmilitarizar.

desmilitarizar v. t. Quitar el carácter militar. ‖ Prohibir toda instalación o actividad militar.

desmitificación f. Acción de desmitificar.

desmitificar v. t. Quitar el carácter mítico.

desmonetizar v. t. Quitar a la moneda o a un papel moneda su valor legal.

desmontable adj. Que se puede desmontar: *aparato desmontable.*

desmontaje m. Acción de desmontar.

desmontar v. t. Deshacer: *desmontar un neumático.* ‖ Desarmar: *desmontar una máquina.* ‖ Rozar, talar el monte: *desmontar árboles.* ‖ Bajar del disparador la llave de un arma de fuego, o descargarla. ‖ Echar a tierra al jinete una caballería. ‖ — V. i. y pr. Bajar del caballo.

desmonte m. Acción y efecto de desmontar o talar un monte.

desmoralización f. Desánimo.

desmoralizador, ra adj. y s. Que desmoraliza.

desmoralizante adj. Que desmoraliza.

desmoralizar v. t. Desalentar, quitar el ánimo (ú. t. c. pr.).

desmoronamiento m. Acción y efecto de desmoronar o desmoronarse.

desmoronar v. t. Derrumbar un edificio (ú. t. c. pr.). ‖ Disgregar lentamente una cosa. ‖ *Fig.* Destruir poco a poco. ‖ — V. pr. *Fig.* Ir cayendo hasta desaparecer: *el Imperio se desmoronó.*

desmovilización f. Acción y efecto de desmovilizar.

desmovilizar v. t. Licenciar tropas. ‖ *Fig.* Quitar energía o entusiasmo por una causa.

desnacionalización f. Acción de desnacionalizar.

desnacionalizar v. t. Quitar el carácter nacional.

desnatar v. t. Quitar la nata.

desnaturalización f. Acción y efecto de desnaturalizar.

desnaturalizado, da adj. Que falta a los deberes de la naturaleza (ú. t. c. s.).

desnaturalizar v. t. Alterar.

desnicotinizar v. t. Quitar la nicotina (ú. t. c. pr.).

desnivel m. Diferencia de altura entre dos o más puntos.

desnivelación f. Acción y efecto de desnivelar o desnivelarse.

desnivelar v. t. Sacar de nivel (ú. t. c. pr.).

desnucar v. t. Dislocar o romper los huesos de la nuca (ú. t. c. pr.). ‖ Causar la muerte por un golpe en la nuca (ú. t. c. pr.).

desnuclearización f. Acción y efecto de desnuclearizar.

desnuclearizar v. t. Prohibir la fabricación o la posesión de armas nucleares.

desnudar v. t. Quitar la ropa: *desnudar a un niño* (ú. t. c. pr.).

desnudez f. Calidad de desnudo.

desnudismo m. Nudismo.

desnudista adj. y s. Nudista.

desnudo, da adj. Sin ropa. ‖ *Fig.* Sin adorno: *un local desnudo.* | Desprovisto de todo. | Falto de algo no material: *desnudo de talento.* | Sin rebozo, tal y como es: *la verdad desnuda.* ‖ — M. Figura humana desnuda.

desnutrición f. *Med.* Depauperación del organismo.

desnutrirse v. pr. Padecer desnutrición.

desobedecer v. t. No obedecer.

desobediencia f. Falta de obediencia.

desobediente adj. y s. Que desobedece o propenso a desobedecer.

desobstruir v. t. Quitar lo que obstruye: *desobstruir un conducto.*

desocupación f. Falta de ocupación, ocio. ‖ *Amer.* Desempleo.

desocupado, da adj. y s. Ocioso. ‖ *Amer.* Desempleado. ‖ Adj. Vacío, sin nadie: *un piso desocupado.*

desocupar v. t. Desalojar, abandonar: *desocupar una casa.* ‖ Vaciar: *desocupar una habitación.* ‖ — V. pr. Liberarse de ocupación.

desodorante adj. y s. m. Dícese del producto que destruye los olores molestos.

desodorizar v. t. Hacer desaparecer los olores.

desoír v. t. No hacer caso.

desolación f. Destrucción. ‖ Aflicción, desconsuelo.

desolador, ra adj. Que desuela, asolador: *epidemia desoladora.* ‖ *Fig.* Que aflige.

desolar v. t. Asolar, devastar. ‖ — V. pr. *Fig.* Afligirse, entristecerse.

desoldar v. t. Quitar la soldadura (ú. t. c. pr.).

desolidarizarse v. pr. Dejar de ser solidario de alguien.

desolladura f. Rasguño.

desollar v. t. Despellejar: *desollar una res.* ‖ *Fig.* y *fam.* Sacarle a uno todo el dinero: *desollarle a uno vivo.* | Causar grave daño a una persona.

desorbitado, da adj. Excesivo.

desorbitar v. t. *Fig.* Exagerar.

desorden m. Falta de orden. ‖ Confusión. ‖ Disturbio.

desordenado, da adj. Sin orden.

desordenar v. t. Poner en desorden.

desorejado, da adj. *Amer.* Sin asas. ‖ *Bol.* y *Per.* Que oye mal. ‖ *Riopl.* Irresponsable. | Derrochador.

desorganización f. Falta de organización.

desorganizador, ra adj. y s. Que desorganiza.

desorganizar v. t. Desordenar en sumo grado (ú. t. c. pr.).

desorientación f. Acción y efecto de desorientar.

desorientar v. t. Hacer perder la orientación. ‖ *Fig.* Desconcertar.

desosar v. t. Quitar los huesos.

desovar v. i. Poner las huevas.

desoxidación f. Acción y efecto de desoxidar.

desoxidante adj. y s. m. Dícese del producto que desoxida.

desoxidar v. t. Quitar el oxígeno a una sustancia (ú. t. c. pr.). ‖ Limpiar la superficie de un metal de óxido que se ha formado.

desoxigenación f. Acción y efecto de desoxigenar.

desoxigenar v. t. Quitar el oxígeno.
despabilado, da adj. Despierto.
despabilar v. t. *Fig.* Espabilar, quitar la torpeza o timidez excesiva. || — V. pr. Despertarse: *despabilarse temprano.* || Darse prisa.
despachador, ra adj. Que despacha (ú. t. c. s.). || — M. y f. *Chil.* Tendero.
despachar v. t. Hacer: *despachar el correo.* || Enviar: *despachar un paquete.* || Concluir un negocio. || Vender: *despachar vinos.* || Atender: *despachar a los clientes.* || Despedir: *despachar a un importuno.* || *Fig.* y fam. Acabar rápidamente: *despachar un discurso.* | Matar. | Tragarse: *despachar una botella de vino.* || — V. i. Darse prisa (ú. t. c. pr.). || Hablar francamente. Ú. t. c. pr.: *se despachó a sus anchas.* || Discutir de un asunto. || — V. pr. Desembarazarse.
despacho m. Acción de despachar. || Envío. || Venta. || Tienda donde se despachan mercancías. || Oficina: *despacho del director.* || Mobiliario de esta oficina. || Mesa de oficina. || Comunicación: *despacho diplomático.* || Comunicación, transmitida por telégrafo o teléfono. || Título dado para desempeñar un empleo.
despachurrar v. t. Aplastar.
despacio adv. Lentamente.
despacioso, sa adj. Lento.
despampanante adj. Muy divertido.
despampanar v. t. *Agr.* Cortar los pámpanos a las vides. || — V. pr. *Despampanarse de risa,* reírse mucho.
despanzurrar o **despanchurrar** v. t. *Fam.* Aplastar.
desparejar v. t. Quitar una de las cosas que formaban pareja.
desparpajo m. Descaro. || *Amer.* Confusión, desorden.
desparramado, da adj. Esparcido.
desparramar v. t. Dispersar.
despatarrar v. t. *Fam.* Abrir mucho las piernas (ú. t. c. pr.).
despavorido, da adj. Asustado.
despavorirse v. pr. Asustarse.
despectivo, va adj. Despreciativo: *mirada despectiva.* || *Gram.* Dícese de la palabra que incluye la idea de menosprecio, como *pajarraco, poetastro, villorrio, cafetucho.*
despecho m. Descontento.
despedazamiento m. Acción y efecto de despedazar.
despedazar v. t. Cortar en pedazos.
despedida f. Acción de despedir.
despedir v. t. Lanzar, arrojar: *el sol despide rayos de luz.* || Echar: *despedir a un empleado.* || *Fig.* Difundir, desprender: *despedir olor.* || Acompañar al que se marcha: *fui a despedirlo al puerto.* || — V. pr. Saludar al irse: *se fue sin despedirse.* || Separarse: *nos despedimos en la estación.* || Emplear una expresión de afecto de cortesía al final de una carta. || *Fig.* Dar algo por perdido.
despegar v. t. Separar lo pegado. || — V. i. Dejar el suelo un avión.
despegue m. Acción de despegar. || Inicio, comienzo de la actividad económica.
despeinar v. t. Desarreglar el peinado.
despejado, da adj. Sin nubes: *cielo despejado.* | Sin estorbos: *camino despejado.* || *Fig.* Espabilado, listo. || Espacioso, ancho: *plaza despejada.*

despejar v. t. Desocupar un sitio: *despejar el local.* || Desembarazar: *despejar la calle de escombros.* || *Mat.* Separar la incógnita de la ecuación. || *Fig.* Aclarar, poner en claro: *despejar una situación.* || Echar la pelota hacia el campo enemigo: *el defensa despejó el balón* (ú. t. c. i.). || — V. pr. Adquirir soltura, espabilarse. || Aclararse, quedar sin nubes: *despejarse el cielo.* || Esparcirse, distraerse. || Tomar el aire para reponerse.
despeje m. Acción y efecto de despejar.
despellejar v. t. *Fig.* Criticar.
despelotarse v. pr. *Fam.* Desnudarse. | Morirse de risa.
despeluznante adj. Pavoroso.
despensa f. Lugar donde se guardan los alimentos en una casa.
despeñadero m. Precipicio.
despeñar v. t. Precipitar desde una altura. || — V. pr. Precipitarse, caer.
desperdiciar v. t. Malgastar, derrochar. || No sacar provecho de una cosa.
desperdicio m. Derroche. || Residuo que no se puede aprovechar.
desperdigar v. t. Desparramar.
desperezarse v. t. Estirar los miembros para desentumecerse.
desperezo m. Acción de desperezarse.
desperfecto m. Ligero deterioro.
despersonalizar v. t. Quitar carácter personal a algo.
despertador, ra adj. Que despierta. || — M. Reloj para despertar.
despertar v. t. Cortar el sueño: *el ruido me despertó.* || *Fig.* Avivar, traer a la memoria: *despertar recuerdos.* | Suscitar: *despertar el interés.* | Excitar: *despertar el apetito.* || — V. i. y pr. Dejar de dormir. || *Fig.* Espabilarse.
despertar m. Acción de salir de la inactividad: *el despertar de un pueblo.*
despiadado, da adj. Sin piedad.
despido m. Acción de despedir.
despierto, ta adj. *Fig.* Espabilado, listo, avispado.
despilfarrar v. t. Derrochar.
despilfarro m. Derroche.
despistado, da adj. Desorientado.
despistar v. t. Hacer perder la pista: *el ciervo despistó a sus perseguidores* (ú. t. c. pr.). || *Fig.* Desorientar. || — V. pr. Extraviarse. || *Fam.* Desorientarse, desconcertarse.
despiste m. Acción de despistarse.
desplante m. *Fig.* Descaro.
desplazado, da adj. *Fig.* Descentrado, fuera de su ambiente.
desplazamiento m. *Mar.* Espacio que ocupa en el agua un buque hasta su línea de flotación. || Traslado.
desplazar v. t. *Mar.* Desalojar el buque un volumen de agua igual al de la parte sumergida. || Trasladar. || — V. pr. Trasladarse.
desplegable m. Prospecto de una forma de pliegues.
desplegar v. t. Extender, desdoblar: *desplegar las banderas.* || *Fig.* Dar muestras de una cualidad, hacer alarde: *desplegar ingenio.* || *Mil.* Hacer pasar del orden compacto al abierto: *desplegar la tropa en guerrillas.*

despliegue m. Acción de desplegar.

desplomarse v. pr. Perder la posición vertical: *desplomarse un edificio*. ‖ Derrumbarse. ‖ Caer pesadamente.

desplome m. Acción de desplomar.

desplumar v. t. Quitar las plumas. ‖ *Fig.* Quitar el dinero.

despoblado m. Sitio no poblado.

despoblar v. t. Dejar sin habitantes. ‖ *Fig.* Despojar un sitio de lo que hay en él. ‖ —V. pr. Quedarse un lugar sin vecinos. ‖ Clarear el pelo: *frente despoblada*.

despoetizar v. t. Quitar el carácter poético.

despojar v. t. Quitarle a uno lo que tiene: *despojar el mando*. ‖ Quitar a una cosa lo que la cubre o adorna. ‖ —V. pr. Desnudarse, quitarse: *despojarse de su abrigo*. ‖ *Fig.* Desprenderse de algo.

despojo m. Acción y efecto de despojar. ‖ Botín del vencedor. ‖ —Pl. Vientre, asaduras, cabeza y patas de las reses muertas. ‖ Alones, patas, cabeza, pescuezo y molleja de un ave muerta.

desportillar v. t. Deteriorar el borde de algo (ú. t. c. pr.): *desportillar un plato*.

desposado, da adj. Recién casado (ú. t. c. s.). ‖ Aprisionado con esposas.

desposar v. t. Autorizar el párroco o el juez el matrimonio. ‖ Casar. ‖ —V. pr. Contraer esponsales. ‖ Casarse.

desposeer v. t. Quitarle a uno lo que posee. ‖ —V. pr. Desprenderse, renunciar a lo que se posee.

desposeimiento m. Privación de la posesión de algo.

desposorios m. pl. Promesa mutua de matrimonio. ‖ Matrimonio.

déspota m. Soberano absoluto.

despótico, ca adj. Tiránico.

despotismo m. Poder absoluto.

despreciable adj. De poco valor.

despreciar v. t. Desdeñar (ú. t. c. pr.).

desprecio m. Falta de estimación. ‖ Desaire: *hacer un desprecio*.

desprender v. t. Desunir, atar, separar. ‖ —V. pr. Separarse, privarse de algo: *se desprendió de sus joyas*. ‖ *Fig.* Deducirse, inferirse. ‖ Hundirse, soltarse: *la cornisa se desprendió*.

desprendido, da adj. Generoso.

desprendimiento m. Acción de desprenderse

despreocupación f. Estado de ánimo libre de preocupaciones. ‖ Negligencia, descuido.

despreocupado, da adj. y s. Indiferente, libre de preocupación.

despreocuparse v. pr. Librarse de una preocupación.

desprestigiar v. t. Quitar el prestigio, desacreditar (ú. t. c. pr.).

desprestigio m. Pérdida de prestigio.

desprevenido, da adj. Sin prevenir.

desproporción f. Falta de proporción.

desproporcionado, da adj. Que no tiene proporción.

desproporcionar v. t. Quitar la proporción a una cosa.

despropósito m. Dicho o hecho falto de sentido.

desproveer v. t. Quitar a uno lo necesario.

desprovisto, ta adj. Falto de lo necesario: *desprovisto de todo*.

después adv. Indica posterioridad de lugar, de tiempo, de jerarquía o preferencia: *después de mi casa, de la guerra, del jefe*.

despuntar v. t. Quitar o gastar la punta. ‖ —V. i. Empezar a brotar las plantas: *ya despunta el trigo*. ‖ Manifestar inteligencia: *muchacho que despunta*. ‖ *Fig.* Destacarse, sobresalir. ‖ Empezar: *al despuntar la aurora*.

desquiciamiento m. Trastorno.

desquiciar v. t. Desencajar o sacar de quicio: *desquiciar una puerta*. ‖ *Fig.* Descomponer, trastornar. ‖ Desequilibrar: *la guerra ha desquiciado a muchos hombres*.

desquitar v. t. Recuperar. ‖ —V. pr. Resarcirse: *desquitarse de una pérdida*. ‖ *Fig.* Tomar satisfacción o venganza de un agravio.

desquite m. Satisfacción que se toma de una ofensa o agravio.

desriñonar v. t. Cansar mucho (ú. t. c. pr.).

desrizar v. t. Estirar lo rizado.

destacado, da adj. Notable, distinguido.

destacamento m. Tropa destacada.

destacar v. t. *Mil.* Separar de un cuerpo una porción de tropa. ‖ *Fig.* Hacer resaltar una cosa de modo que sobresalga o se note (ú. t. c. pr.). ‖ Recalcar, subrayar: *hay que destacar la importancia de tal decisión*. ‖ —V. i. y pr. Descollar.

destajar v. t. *Amer.* Descuartizar una res.

destajista com. Persona que trabaja a destajo.

destajo m. Trabajo que se contrata por un tanto alzado. ‖ *A destajo*, por un tanto alzado.

destapar v. t. Quitar la tapa, tapadera o tapón: *destapar la botella*. ‖ Quitar lo que abriga. Ú. t. c. pr.: *destaparse en la cama*.

destape m. Acción de destapar.

destaponar v. t. Quitar el tapón.

destartalado, da adj. Desproporcionado: *una casa destartalada*.

destejer v. t. Deshacer lo tejido.

destellar v. t. e i. Despedir ráfagas de luz, rayos, etc.

destello m. Resplandor momentáneo, ráfaga de luz: *los destellos de un diamante*. ‖ *Fig.* Manifestación inesperada y momentánea de talento: *destello de genio*.

destemplado, da adj. Falto de mesura. ‖ Desconcertado. ‖ Disonante, desafinado. ‖ Poco armonioso. ‖ Calenturiento.

desteñir v. t. Quitar el tinte o color. ‖ —V. pr. Perder su color.

desternillarse v. pr. *Desternillarse de risa*, reírse mucho.

desterrado, da adj. Que se encuentra en el destierro (ú. t. c. s.).

desterrar v. t. Echar a uno de un lugar o territorio: *desterrar a uno por razones políticas*. ‖ *Fig.* Apartar de sí: *desterrar la tristeza*. ‖ —V. pr. Expatriarse.

destetar v. t. Hacer que deje de mamar el niño. (ú. t. c. pr.).

destiempo (a) adv. Fuera de tiempo.

destierro m. Pena que consiste en echar a una persona de su lugar de nacimiento o residencia. ‖ Situación del que está desterrado. ‖ Lugar donde reside el desterrado.

destilación f. Acción de destilar.

destilado m. Producto obtenido por destilación.

destilador, ra adj. Que destila.

destilar v. t. Evaporar una sustancia para separarla de otras y reducirla después a líquido: *destilar vino*. || Filtrar. || *Fig.* Contener algo que se va desprendiendo: *este libro destila amargura.*

destilería f. Lugar donde se destila.

destinación f. Acción de destinar.

destinar v. t. Determinar el empleo de una persona o cosa: *edificio destinado a oficinas.* || Asignar a una persona el sitio donde ha de servir un cargo, etc.: *militar destinado en Burgos.*

destinatario, ria m. y f. Persona a quien se dirige una cosa.

destino m. Hado, sino: *un destino desgraciado.* || Fin para el cual se designa una cosa: *este edificio ha cambiado de destino.* || Destinación, sitio a donde se dirige algo: *buque con destino a Buenos Aires.* || Empleo, colocación: *obtener un destino en Correos.* || Misión histórica de una colectividad.

destitución f. Acción y efecto de destituir.

destituir v. t. Quitar a uno su cargo.

destorcer v. t. Enderezar lo torcido.

destornillador m. Instrumento para atornillar y destornillar.

destornillar v. t. Dar vueltas a un tornillo para quitarlo.

destrabar v. t. Quitar las trabas.

destramar v. t. Deshacer la trama.

destreza f. Habilidad.

destripar v. t. Quitar o sacar las tripas. || *Fig.* Reventar, sacar lo interior: *destripar un sillón.* || Despachurrar, aplastar.

destronamiento m. Acción y efecto de destronar.

destronar v. t. Echar del trono.

destroyer m. *Mar.* Destructor.

destrozar v. t. Hacer trozos, romper: *destrozar la ropa.* || *Fig.* Arruinar: *destrozar la salud.* | Echar abajo, destruir: *destrozar los planes de uno.* | Causar quebranto moral: *destrozar el corazón.* | Abatir, dejar sin ánimo: *esta noticia le ha destrozado.* | Agotar: *este viaje me ha destrozado.* || *Mil.* Derrotar: *destrozar al ejército enemigo.*

destrozo m. Acción de destrozar.

destrucción f. Acción de destruir.

destructivo, va adj. Que destruye.

destructor, ra adj. y s. Que destruye. || — M. *Mar.* Torpedero de alta mar utilizado como escolta.

destruidor, ra adj. Que destruye (ú. t. c. s.).

destruir v. t. Echar abajo: *destruir una casa.* || Aniquilar, asolar: *destruir un país.* || Hacer desaparecer por varios medios: *destruir unos documentos.* || Deshacer una cosa inmaterial: *destruir un argumento.* | Desbaratar: *destruir unos proyectos.*

desuncir v. t. Quitar el yugo.

desunión f. Separación.

desunir v. t. Separar.

desusado, da adj. Fuera de uso.

desusar v. t. Desacostumbrar. || Dejar de utilizar (ú. t. c. pr.).

desuso m. Falta de uso.

desvaído, da adj. Descolorido.

desvalido, da adj. y s. Desamparado, falto de ayuda. || Menesteroso.

desvalijamiento m. Robo.

desvalijar v. t. Robar.

desvalorar v. t. Quitar valor.

desvalorización f. Acción y efecto de desvalorizar.

desvalorizar v. t. Hacer perder parte de su valor a una cosa.

desván m. Parte más alta de una casa inmediata al tejado.

desvanecer v. t. Disipar, hacer desaparecer gradualmente: *el viento desvanece el humo* (ú. t. c. pr.). || Atenuar, borrar, esfumar los colores. || *Fig.* Hacer cesar: *desvanecer la sospecha.*

desvanecimiento m. Desmayo, pérdida del conocimiento. || Desaparición.

desvariar v. i. Delirar.

desvarío m. Delirio. || *Fig.* Desatino: *los desvaríos de la imaginación.* | Monstruosidad. | Capricho: *los desvaríos del azar.*

desvelar v. t. Impedir o quitar el sueño: *el café me desveló.* || — V. pr. *Fig.* Desvivirse, afanarse.

desvelo m. Insomnio. || Preocupación. || Esfuerzo.

desventaja f. Perjuicio: *llevar desventaja en un concurso.* || Inconveniente.

desventajoso, sa adj. Que no tiene ventaja alguna.

desventura f. Desgracia.

desventurado, da adj. y s. Desgraciado.

desvergonzado, da adj. y s. Fresco.

desvergonzarse v. pr. Perder la vergüenza. || Descomedirse.

desvergüenza f. Falta de vergüenza, frescura. || Insolencia, grosería.

desvestir v. t. Desnudar (ú. t: c. pr.).

desviación f. Acción y efecto de desviar o desviarse. || Cambio de dirección en un camino o carretera para evitar una población u obras que se están realizando. || Separación de la aguja imantada de su posición normal por la atracción de una masa de hierro. || Cambio de la posición natural de los huesos: *desviación de la columna vertebral.*

desviacionismo m. Acción de apartarse de la doctrina del partido político, sindicato, etc., al cual se pertenece.

desviar v. t. Hacer cambiar de dirección: *desviar el curso de un río.* || *Fig.* Apartar: *desviar a uno de su deber.* || Disuadir: *desviar a uno de un proyecto.* || — V. pr. Cambiar de dirección.

desvinculación f. Acción y efecto de desvincular.

desvincular v. t. Suprimir un vínculo. || *Arg.* y *Chil.* Desamortizar.

desvío m. Desviación. || *Arg.* y *Chil.* Apartadero de ferrocarril.

desvirgar v. t. Quitar la virginidad.

desvirtuar v. t. Quitar a una cosa su virtud o su fuerza. || Adulterar.

desvitalizar v. t. Quitar la pulpa de un diente.

desvivirse v. pr. Afanarse.

detal o **detall (al)** adv. Al por menor.

detallar v. t. Referir con todos sus pormenores. || Vender al detall.

detalle m. Pormenor, circunstancia. || *Amer.* Comercio de menudeo. || *Fig.* Amabilidad, atención.

detallista adj. Con muchos detalles. || — M. y f. Comerciante que vende al por menor, minorista. || Persona que tiene siempre muchos detalles.

detasa f. Supresión de una tasa.

detección f. Acción de detectar. || Determinación, localización.

detectar v. t. Descubrir, localizar.

detective com. Persona encargada de investigaciones privadas.

detectivesco, ca adj. Relativo al detective o a su oficio.

detector m. *Electr.* Aparato destinado a detectar.

detención f. Parada, suspensión: *la detención de los negocios.* || Tardanza. || Prisión, arresto. || Sumo cuidado: *examinar con detención.*

detener v. t. Parar: *detener un coche.* || Entretener: *no me detengas mucho.* || Arrestar, poner en prisión. || Retener, guardar. || – V. pr. Pararse. || Entretenerse. || *Fig.* Pararse a examinar algo.

detenido, da adj. y s. Arrestado.

detenimiento m. Detención.

detentación f. *For.* Posesión.

detentador, ra adj. y s. Que posee.

detentar v. t. Atribuirse uno la posesión de algo que no le pertenece. || Tener.

detergente adj. y s. m. Dícese del producto que sirve para limpiar o lavar.

deterioración f. Acción y efecto de deteriorar o deteriorarse.

deteriorar v. t. Estropear (ú. t. c. pr.).

deterioro m. Deterioración.

determinación f. Fijación. || Decisión. || Resolución.

determinado, da adj. Resuelto, decidido. || Preciso: *una misión determinada.* || *Gram. Artículo determinado,* el que limita la extensión del nombre que acompaña: *el, la, lo, los las.*

determinante adj. Que determina.

determinar v. t. Fijar con precisión: *determinar el volumen de un cuerpo.* || Decidir: *determinaron firmar la paz* (ú. t. c. pr.). || Hacer tomar una decisión: *eso me determinó a hacerlo.* || Señalar: *determinar el día de una visita.* || Causar.

detersivo, va adj. y s. m. Detergente.

detestable adj. Odioso.

detestar v. t. Aborrecer.

detonación f. Acción de detonar.

detonador m. Carga ultrasensible que provoca la explosión.

detonante adj. Que detona. || – M. Sustancia que puede producir detonación. || *Fig.* Explosivo.

detonar v. i. Dar estampido al explotar: *detonar un barreno.*

detractar v. t. Denigrar.

detractor, ra adj. y s. Infamador.

detrás adv. En la parte posterior.

detrimento m. Daño, perjuicio.

detrito o **detritus** m. Resultado de la desagregación de una masa sólida en partículas.

deuda f. Lo que uno debe a otro. || Obligación moral contraída con otro. || – *Deuda consolidada,* la pública de carácter perpetuo que da una renta fija. || *Deuda exterior,* la pública contraída en el extranjero. || *Deuda pública,* obligaciones de un Estado.

deudo, da m. y f. Pariente.

deudor, ra adj. y s. Que debe.

deuterio m. *Quím.* Isótopo del hidrógeno pesado.

deuterón y **deutón** m. Núcleo, compuesto de un protón y de un neutrón, del átomo del deuterio.

devaluación f. Acción de devaluar.

devaluar v. t. Disminuir el valor de una moneda o de otra cosa (ú. t. c. pr.).

devanar v. t. Arrollar hilo en ovillo o carrete. || – V. pr. *Fig.* y *fam. Devanarse los sesos,* cavilar.

devaneo m. Pasatiempo vano.

devastación f. Acción y efecto de devastar.

devastador, ra adj. y s. Que devasta.

devastar v. t. Destruir, arrasar.

devengar v. t. Tener derecho a retribución: *devengar salarios, intereses.*

devengo m. Suma devengada.

devenir m. Transformación, evolución.

devenir v. i. Sobrevivir, suceder. || *Fil.* Llegar a ser.

devoción f. Fervor religioso. || Práctica religiosa: *cumplir con sus devociones.* || *Fig.* Predilección, simpatía: *tenerle devoción a uno.*

devocionario m. Libro de oraciones.

devolución f. Restitución. || Reenvío: *devolución de una carta al remitente.* || Reembolso.

devolver v. t. Restituir: *devolver un libro prestado.* || Reenviar: *devolver un paquete.* || Volver una cosa a su estado primitivo. || Rechazar, no aceptar: *devolver un regalo.* || Volver a entregar una cosa comprada: *devolver un vestido.* || Corresponder a un favor o a un agravio: *devolver bien por mal.* || *Fam.* Vomitar. || – V. pr. *Amer.* Dar la vuelta.

devorar v. t. Comer desgarrando con los dientes, hablando de las fieras. || Comer con ansia. || *Fig.* Consumir: *el fuego devoraba el bosque.*

devoto, ta adj. Piadoso: *persona devota.* || De devoción: *imagen devota.* || Adicto a una persona o cosa.

dexteridad f. Destreza.

día m. Tiempo que tarda la Tierra en girar sobre sí misma: *día solar.* || Tiempo que dura la claridad del Sol: *ya es de día.* || Tiempo atmosférico: *día lluvioso.* || Fecha en que la Iglesia católica celebra la memoria de un santo: *día de San Juan.* || Aniversario o cumpleaños y fecha onomástica (ú. t. c. en pl.). || – Pl. Vida. || Época, tiempos: *nuestros días.* || – *A tantos días vista* o *fecha,* expresión comercial que indica el plazo en que se han de cobrar los pagarés, etc. || *Día civil,* tiempo comprendido entre dos medias noches consecutivas. || *Día de Reyes,* la Epifanía (6 de enero). || *Día del Juicio,* último de los tiempos en que Dios juzgará a los vivos y a los muertos; *(fig. y fam.)* muy tarde, nunca. || *Día feriado,* el festivo. || *Poner al día,* actualizar. || *Romper el día,* amanecer.

diabetes f. *Med.* Enfermedad caracterizada por la presencia de glucosa en la orina o sangre.

diabético, ca adj. De la diabetes. || Que padece diabetes (ú. t. c. s.).

diablo m. Ángel rebelde. || *Fig.* Persona mala o traviesa. | Persona muy fea. || *Méx.* Conexión fraudulenta en una red eléctrica. || – Interj. Denota admiración o extrañeza.

diablura f. Travesura.

diabólico, ca adj. Del diablo.

diábolo o **diávolo** m. Juguete de forma de carrete que se hace girar sobre un cordón y se arroja al aire imprimiéndole un movimiento de rotación muy rápido.

diaconía f. Distrito de una iglesia al cargo de un diácono. || Casa del diácono.

diácono m. Ministro eclesiástico de grado inmediatamente inferior al sacerdocio.

131

diadema f. Cinta blanca que antiguamente ceñía la cabeza de los reyes. || Corona . || Adorno femenino de cabeza en forma de media corona. || Aro abierto que emplean las mujeres para sujetarse el pelo.

diafanidad f. Transparencia.

diáfano, na adj. Transparente. || *Fig.* Claro.

diafragma m. Músculo ancho y delgado que separa el pecho del abdomen. || Lámina vibrátil del fonógrafo y del micrófono. || *Fot.* Disco para limitar la entrada de la luz.

diagnosticar v. t. Determinar por los síntomas el carácter de una enfermedad.

diagnóstico, ca adj. *Med.* Relativo a la diagnosis. || — M. *Med.* Determinación de una enfermedad por los síntomas.

diagonal adj. y s. f. Dícese de la línea recta que va de un vértice a otro.

diagrama m. Dibujo geométrico que representa gráficamente las variaciones de un fenómeno.

diaguita adj. Dícese del individuo de un pueblo indio establecido en la región andina del NO argentino (ú. t. c. s.).

dial m. Placa exterior de un receptor de radio detrás de la cual se mueve una aguja que permite seleccionar la emisora deseada.

dialéctico, ca adj. Propio del arte de razonar. || — F. *Log.* Arte de razonar metódicamente. || — M. y f. Persona que profesa la dialéctica.

dialecto m. Variante de un idioma.

diálisis f. *Quím.* Análisis fundado en la propiedad que tienen ciertos cuerpos de atravesar las membranas porosas.

dialítico, ca adj. De la diálisis.

dialogar v. i. Hablar o escribir en diálogo.

diálogo m. Conversación entre dos o más personas. || Obra literaria escrita en forma de conversación.

dialoguista com. Escritor que compone diálogos.

diamante m. Piedra preciosa formada por carbono puro cristalizado.

diámetro m. *Geom.* Línea recta que pasa por el centro del círculo y termina por ambos extremos en la circunferencia: *el diámetro equivale al doble del radio.* || Eje de la esfera. || Línea que divide en dos partes iguales un sistema de cuerdas paralelas de una curva.

diana f. *Mil.* Toque militar al amanecer. | Punto central de un blanco de tiro.

diapositiva f. Imagen fotográfica positiva puesta en un soporte transparente para la proyección.

diario, ria adj. De todos los días: *uso diario.* || — M. Periódico que sale cada día. || Relación de acontecimientos hecha por días. || Gasto de un día en una casa. || Ganancia de cada día. || *Com.* Libro en que el comerciante apunta día por día las operaciones que efectúa. || *Diario hablado, televisado,* noticias de actualidad transmitidas por la radio, la televisión.

diarrea f. *Med.* Evacuación frecuente de excrementos líquidos.

diáspora f. Dispersión de un pueblo.

diástole f. Movimiento de dilatación del corazón y de las arterias.

diatriba f. Crítica violenta.

dibujante adj. y s. Que dibuja.

dibujar v. t. Representar con el lápiz, la pluma, el pincel, etc., una cosa copiada o inventada. || *Fig.* Describir: *dibujar una pasión.* || —V. pr. Manifestarse: *una sonrisa se dibujó en sus labios.*

dibujo m. Cosa dibujada. || Arte que enseña la manera de dibujar: *una academia de dibujo.* || Conjunto de las líneas y contornos que forman una figura. || *Dibujos animados,* serie de dibujos que, una vez cinematografiados, producen la sensación de movimiento.

dicción f. Modo de pronunciar.

diccionario m. Reunión, por orden alfabético o ideológico, de todas las palabras de un idioma o de una ciencia, seguidas de su definición o de su traducción a otro idioma.

diccionarista com. Lexicógrafo.

dicha f. Felicidad.

dicharachero, ra adj. y s. *Fam.* Parlanchín.

dicho, cha p. p. irreg. de *decir.* || *Dicho y hecho,* expresión que indica prontitud. || — M. Frase o sentencia: *dicho agudo, oportuno.* || Ocurrencia. || Refrán.

dichoso, sa adj. Feliz. || *Fam.* Enfadoso, molesto: *¡dichosa visita!* | En sentido irónico, malhadado.

diciembre m. Duodécimo mes del año que cuenta 31 días.

dicotiledóneas f. pl. Clase de plantas angiospermas cuyo embrión tiene dos cotiledones, como la judía y la malva (ú. t. c. adj.).

dictado m. Acción de dictar.

dictador, ra m. y f. Jefe supremo investido de todos los poderes.

dictadura f. Dignidad y gobierno de dictador. || Tiempo que dura. || Gobierno que se ejerce al margen de las leyes constitucionales. || *Dictadura del proletariado,* principio marxista del ejercicio del poder del Estado por una minoría que actúa en nombre de la clase obrera y campesina.

dictáfono m. Aparato que graba la voz y sirve para dictar el correo.

dictamen m. Opinión, parecer.

dictaminador, ra adj. Que dictamina o sirve para dictaminar (ú. t. c. s.).

dictaminar v. t. e i. Dar su opinión. || Dar consejo. || Recetar un médico. || Hacer un informe.

dictar v. i. Decir algo para que otro lo escriba: *dictar una carta.* || *For.* Pronunciar un fallo o sentencia. || Dar, expedir leyes, preceptos. || *Fig.* Sugerir, inspirar.

dictatorial adj. Relativo al dictador. || *Fig.* Absoluto, despótico.

dicterio m. Insulto.

didáctico, ca adj. Relativo a la enseñanza. || Propio para enseñar. || — F. Arte de enseñar.

diecinueve adj. Diez más nueve (ú. t. c. s. m.). || Decimonono (ú. t. c. s.).

dieciocho adj. Diez más ocho (ú. t. c. s. m.). || Decimoctavo (ú. t. c. s.).

dieciséis adj. Diez más seis (ú. t. c. s. m.). || Decimosexto (ú. t. c. s.).

diecisiete adj. Diez más siete (ú. t. c. s. m.). || Decimoséptimo (ú. t. c. s.).

diedro adj. *Geom.* Dícese del ángulo formado por dos planos que se cortan entre sí (ú. t. c. s.).

diente m. Cada uno de los huesos visibles de las mandíbulas que sirven para masticar: *el hombre* tiene treinta y dos dientes (ocho incisivos, cuatro colmillos y veinte muelas). || Puntas de ciertas herramientas, instrumentos y otros objetos: *dientes de sierra.* || Cada una de las partes que constituyen la cabeza del ajo.

diéresis f. *Gram.* Figura que consiste en separar las vocales que forman un diptongo, haciendo de una sílaba dos: *su-a-ve* por suave; *vi-o-le-ta* por violeta. || *Gram.* Signo ortográfico (¨) que se coloca sobre la *u* de las sílabas *gue, gui* para que se pronuncie: *vergüenza, argüir.*

diesel adj. y s. m. Dícese del motor de combustión interna por inyección y compresión de aceite pesado o gasoil.

diestro, tra adj. Derecho. || Hábil: *ser diestro en su oficio.* || Sagaz. || *A diestro y siniestro,* por todos lados. || — M. Matador de toros. || — F. Mano derecha.

dieta f. Asamblea legislativa de ciertos Estados que forman confederación. || *Med.* Privación total o parcial de comer. | Régimen que debe seguir un enfermo: *estar a dieta.* || Indemnización dada a una persona por tener que trabajar fuera de su residencia.

dietético, ca adj. Relativo a la dieta: *régimen dietético.* || — F. Parte de la terapéutica que estudia el régimen de nutrición.

diez adj. Nueve y uno. || Décimo: *Pío diez.* || — M. El número diez. || Carta o naipe que tiene el número diez.

diezmar v. t. Causar gran mortandad.

diezmilésimo, ma adj. y s. Aplícase a cada una de las diez mil partes iguales en que se divide un todo.

diezmilímetro m. Décima parte de un milímetro.

diezmo m. Décima parte de los frutos que daban como tributo los fieles a la Iglesia o al rey.

difamación f. Acción y efecto de difamar.

difamador, ra adj. Que difama (ú. t. c. s.).

difamar v. t. Desacreditar.

difamatorio, ria adj. Que difama.

diferencia f. Falta de similitud. || Discrepancia, disensión. || *Mat.* Resto en una sustracción.

diferenciación f. Acción y efecto de diferenciar.

diferencial adj. *Mat.* Dícese de la cantidad infinitamente pequeña. || — M. *Mec.* Mecanismo que permite que la velocidad de un móvil sea igual a la suma o a la diferencia de la velocidad de otros dos. | En un automóvil, dispositivo mediante el cual en las curvas la rueda exterior puede girar más rápidamente que la interior al recorrer ésta un arco más pequeño. || — F. *Mat.* Diferencia infinitamente pequeña de una variable.

diferenciar v. t. Hacer distinción. || — V. pr. Diferir, ser diferente.

diferendo m. *Amer.* Desacuerdo.

diferente adj. Diverso.

diferir v. t. Dilatar, aplazar. || Dar, después de grabada, una emisión de televisión. || — V. i. Ser diferente.

difícil adj. Que requiere mucho trabajo: *labor difícil.* || Complicado: *cuestión difícil de resolver.* || Descontentadizo: *persona difícil.* || *Fam.* Dícese de la cara extraña y fea.

dificultad f. Calidad de difícil: *la dificultad de una multiplicación.* || Problema: *las dificultades*

de una empresa. || Inconveniente. || Obstáculo, impedimento.

dificultar v. t. Complicar.

dificultoso, sa adj. Difícil.

difracción f. *Fís.* Fenómeno consistente en que las ondas luminosas, acústicas o radioeléctricas se desvían cuando rozan los bordes de un cuerpo opaco y la energía deja, por tanto, de propagarse en línea recta.

difteria f. Enfermedad contagiosa caracterizada por la formación de falsas membranas en las mucosas, generalmente de la garganta.

difumar y **difuminar** v. t. Frotar con difumino un dibujo.

difumino m. Papel arrollado para esfumar las sombras en los dibujos.

difundidor, ra adj. Que difunde (ú. t. c. s.).

difundir v. t. Divulgar: *difundir una noticia.* || Propagar: *difundir una epidemia.* || Transmitir: *difundir una emisión radiofónica.*

difuntear v. t. *Méx. Fam.* Matar. || — V. pr. *Méx. Fam.* Morir.

difunto, ta adj. y s. Fallecido.

difusión f. Acción y efecto de difundir o difundirse: *la difusión de la luz, de ondas sonoras.* || Propagación, divulgación.

difuso, sa adj. Extenso. || Demasiado prolijo en palabras.

digerible adj. Que puede digerirse.

digerir v. t. Hacer la digestión.

digestible adj. Digerible.

digestión f. Transformación de los alimentos en el aparato digestivo.

digestivo, va adj. Que ayuda a la digestón. || *Anat. Aparato digestivo,* conjunto de órganos que concurren a la digestión. || — M. Licor que facilita la digestión.

digital adj. Relativo a los dedos. || Numérico, que se expresa o funciona por medio de números (ordenador). || *Calculador digital,* el que funciona con valores discontinuos en oposición al calculador analógico.

dígito adj. y s. m. Dícese del número que puede expresarse con un solo guarismo: 1, 6.

dignarse v. pr. Servirse por condescendencia a hacer una cosa.

dignatario, ria m. y f. Persona investida de una dignidad.

dignidad f. Calidad de digno. || Alto cargo o título eminente: *la dignidad cardenalicia.* || Nobleza, gravedad en los modales: *obrar con dignidad.* || Respeto que se merece uno: *compromete su dignidad.*

dignificar v. t. Hacer digno.

digno, na adj. Que merece algo en sentido favorable o adverso. || Correspondiente al mérito y condición: *hijo digno de su padre.* || Grave, mesurado: *respuesta digna.*

digresión f. Desviación en el hilo de un relato.

dije m. Joya, alhaja.

dilaceración f. Acción de dilacerar.

dilacerar v. t. Desgarrar.

dilación f. Retraso, demora.

dilapidación f. Disipación.

dilapidador, ra adj. y s. Que dilapida.

dilapidar v. t. Malgastar, disipar.

dilatación f. Acción y efecto de aumentar el volumen o la longitud de un cuerpo.

dilatado, da adj. Extenso, grande.

dilatar v. t. Aumentar el volumen de un cuerpo mediante la elevación de su temperatura. || Ensanchar. || — V. pr. *Fig.* Extenderse. || *Amer.* Demorarse.

dilecto, ta adj. Muy estimado.

dilema m. Argumento de dos proposiciones contrarias que conducen a una misma conclusión. || Obligación de escoger entre dos cosas.

dilettante y **diletante** adj. y s. Dícese de una persona que tiene afición a cualquier actividad, pero sin profundizar en ella.

diligencia f. Cuidado en hacer una cosa. || Prisa, prontitud. || Coche grande empleado antiguamente para el transporte por carretera de viajeros y mercancías. || Trámite, gestión.

diligenciar v. t. Tramitar.

diligente adj. Cuidadoso y activo. || Pronto, ágil en el obrar.

dilucidación f. Aclaración.

dilucidar v. t. Aclarar.

diluir v. t. Desleír.

diluviano, na adj. Relativo al diluvio universal.

diluviar v. impers. Llover mucho.

diluvio m. Inundación universal de que habla la Biblia. || *Fig.* y *fam.* Lluvia torrencial. | Excesiva abundancia.

dimanación f. Acción de dimanar.

dimanar v. i. *Fig.* Proceder.

dimensión f. Cada una de las tres direcciones en que se mide la extensión de un cuerpo (largo, ancho, altura o profundidad). || Tamaño. || *Fig.* Importancia magnitud: *las dimensiones de un conflicto.*

diminutivo, va adj. Que tiene cualidad de disminuir o reducir a menos una cosa. || — M. *Gram.* Palabra derivada de otra y que encierra un matiz de pequeñez, de atenuación o de familiaridad.

diminuto, ta adj. Muy pequeño.

dimisión f. Renuncia.

dimisionario, ria adj. y s. Que dimite.

dimitir v. t. e i. Renunciar a una cosa, presentar la dimisión.

dina f. *Mec.* Unidad de fuerza C. G. S. que aplicada a la masa de un gramo le comunica velocidad de un centímetro por segundo.

dinamarqués, esa adj. y s. Danés. || — M. Danés, lengua en Dinamarca.

dinámico, ca adj. Relativo a la fuerza cuando produce movimiento: *efecto dinámico.* || *Fig.* y *fam.* Activo, enérgico: *hombre dinámico.* || — F. Parte de la mecánica que estudia el movimiento en relación con las fuerzas que lo producen.

dinamismo m. Energía, actividad.

dinamita f. Explosivo compuesto de nitroglicerina.

dinamitar v. t. Hacer saltar o volar con dinamita.

dinamizar v. t. Intensificar.

dinamo y **dínamo** f. *Fís.* Máquina destinada a transformar la energía mecánica (movimiento) en energía eléctrica (corriente) o viceversa por inducción electromagnética.

dinar m. Unidad monetaria de Argelia, Irak, Jordania, Koweit, Libia, Túnez, Yemen y Yugoslavia.

dinastía f. Serie de soberanos de una misma familia. || Serie de hombres célebres de una misma familia.

dinástico, ca adj. De la dinastía. || Partidario de una dinastía.

dineral m. Abundancia de dinero.

dinero m. Cualquier clase de moneda. || *Fig.* Riqueza, fortuna.

dinosaurio m. Reptil fósil gigantesco.

dintel m. *Arq.* Parte superior de las puertas y ventanas que carga sobre las jambas.

diocesano, na adj. y s. De la diócesis.

diócesis f. Territorio en que ejerce jurisdicción espiritual un obispo o arzobispo.

diodo m. Válvula electrónica de dos electrodos por la cual pasa la corriente en un solo sentido.

dioptria f. Unidad de convergencia de las lentes y de potencia de los aparatos ópticos.

dióptrica f. Estudio de los fenómenos de la refracción de la luz.

dios m. Ser supremo y creador del universo. || *Mit.* Deidad: *los dioses del Olimpo.* || *Fig.* Persona o cosa que se venera.

diosa f. Deidad del sexo femenino.

diplodoco m. Especie de dinosaurio, réptil fósil de gran tamaño.

diploma m. Documento en que consta un título conferido por un cuerpo o facultad. || Documento oficial que establece un privilegio.

diplomacia f. Ciencia de las relaciones entre Estados soberanos. || Cuerpo o carrera de los representantes de un país en otro. || *Fig.* y *fam.* Tacto, habilidad.

diplomado, da adj. y s. Que ha obtenido un título o diploma.

diplomar v. t. Conferir un diploma. || — V. pr. Obtener un diploma.

diplomático, ca adj. De la diplomacia. || *Fig.* Que tiene tacto. || — M. y f. Persona que se dedica a la diplomacia.

dípteros m. pl. Orden de insectos con dos alas membranosas (ú. t. c. adj.).

diptongar v. t. *Gram.* Unir dos vocales pronunciándolas en una sola sílaba: *cau-sa, cue-llo.*

diptongo m. *Gram.* Reunión de dos vocales en una sola sílaba.

diputación f. Conjunto de diputados. || Cargo de diputado. || Duración de este cargo. || Edificio en el que celebran sus reuniones los diputados provinciales. || *Amer.* Casa consistorial. || *Diputación provincial,* corporación que administra los intereses de una provincia.

diputado, da m. y f. Persona nombrada para representar a otras.

dique m. Muro para contener las aguas. || Parte de un puerto cerrada con obra de fábrica donde se puede reparar el casco de las naves.

dirección f. Acción y efecto de dirigir o dirigirse. || Rumbo que un cuerpo sigue en su movimiento. || Persona o conjunto de personas encargadas de dirigir. || Cargo de director. || Indicación, señas del lugar donde una persona habita o una entidad tiene su domicilio. || Mecanismo para guiar un vehículo automóvil. || Realización escénica o cinematográfica de una obra. || *Dirección general,* oficina superior de una empresa o subdivisión administrativa de un ministerio.

directivo, va adj. Que dirige (ú. t. c. s.). || — F. Línea de conducta, instrucción. || Mesa o junta de dirección de una corporación, sociedad, etc.

directo, ta adj. Derecho, en línea recta: *carretera directa.* || Que va de una parte a otra sin pararse en los puntos intermedios: *tren directo.* || *Fig.* Sin intermediario: *relaciones directas.* | Sin rodeos: *pregunta directa.* | Encaminado a su objeto por medios expeditivos: *acción directa.* || Que se sigue de padre a hijo: *heredero en línea directa.* || *Gram.* Complemento directo, el que recibe la acción del verbo.

director, ra adj. Que dirige. || — M. y f. Persona que dirige una administración, establecimiento, una película cinematográfica, una orquesta, etc. || *Director de escena*, el que dirige la representación de las obras de teatro (escenografía, movimientos de los actores, etc.).

directorio, ria adj. Destinado a dirigir. || — M. Asamblea directiva. || Gobierno. || *Amer.* Lista de direcciones. | Guía de teléfonos.

directriz adj. y s. f. *Geom.* Dícese de la línea o superficie que determina las condiciones de generación de otras. || — F. pl. Instrucciones, orientaciones.

dirham o **dirhem** m. Unidad monetaria de los Emiratos Árabes Unidos y de Marruecos.

dirigente adj. y s. Que dirige.

dirigible m. Globo que puede dirigirse.

dirigir v. t. Encaminar hacia cierto punto: *dirigir la mirada.* || Guiar, llevar a un lugar determinado. || Gobernar: *dirigir una empresa.* || Mandar, hacer ejecutar: *dirigir las operaciones.* || Poner las señas en una carta, paquete, etc., para encaminarlos a su destino. || Aconsejar. || Aplicar a una persona un dicho: *dirigir unos insultos a alguien.* || *Dirigir la palabra a uno*, hablarle. || — V. pr. Ir: *dirigirse a Barcelona.* || Destinar unas palabras oralmente o por escrito a alguien.

dirigismo m. Sistema en que el Gobierno ejerce un poder de orientación o de decisión en la actividad económica del país.

dirimir v. t. Resolver.

discernimiento m. Juicio recto.

discernir v. t. Distinguir con acierto.

disciplina f. Conjunto y observancia de las leyes o reglamentos que rigen ciertos cuerpos, como la Magistratura, la Iglesia, el Ejército, las escuelas. || Asignatura. || Objeto de estudio en el campo de las artes, las letras o las ciencias.

disciplinado, da adj. Que observa la disciplina.

disciplinar v. t. Enseñar a uno su profesión. || Acostumbrar a la disciplina: *disciplinar al soldado.* || Azotar con disciplinas (ú. t. c. pr.) || *Fig.* Contener, dominar.

discípulo, la m. y f. Persona que recibe la enseñanza de un maestro.

disco m. Objeto plano y circular. || Pieza giratoria del aparato telefónico en la que se marca el número con el que se quiere establecer comunicación. || Placa circular de materia plástica en la que se graba el sonido: *un disco microsurco.* || Señal que en los ferrocarriles indica si la vía está libre. || Señal luminosa para el tráfico: *disco rojo.* || Especie de placa que lanzan los atletas en los juegos gimnásticos: *lanzamiento del disco.* || *Astr.* Figura circular y plana con que se presentan a nuestra vista del Sol, la Luna y los planetas. || *Fam.* Cosa pesada, aburrida o enojosa.

díscolo, la adj. Indócil (ú. t. c. s.).

disconforme adj. No conforme.

disconformidad f. Desacuerdo.

discontinuidad f. Falta de continuidad.

discontinuo, nua adj. Interrumpido.

discordancia f. Desacuerdo.

discordante adj. Opuesto.

discordar v. i. Ser opuestos o diferentes entre sí dos o más cosas. || Estar en desacuerdo dos personas.

discorde adj. No conforme.

discordia f. Desacuerdo.

discoteca f. Colección de discos fonográficos. || Mueble donde se guardan. || Local donde se baila al son de música grabada.

discreción f. Rectitud de juicio, cordura. || Moderación. || Capacidad para guardar los secretos. || Agudeza, ingenio. || *A discreción*, sin tasa ni limitación.

discrecional adj. Que se hace libremente. || *Parada discrecional*, aquella en que el autobús, tranvía, etc., solamente se para si se avisa al conductor.

discrepancia f. Disentimiento.

discrepante adj. y s. Que discrepa.

discrepar v. i. Disentir.

discreto, ta adj. Dotado de discreción, cuerdo (ú. t. c. s.). || Que denota discreción. || Reservado, moderado en sus palabras o acciones. || Que sabe guardar un secreto. || Que no llama la atención: *un peinado discreto.*

discriminación f. Acción y efecto de discriminar. || *Discriminación racial*, separación de las personas de raza diferente en un mismo país.

discriminar v. t. Separar, distinguir.

discriminatorio, ria adj. Que da muestras de discriminación.

disculpa f. Razón que se da para excusarse de una culpa.

disculpar v. t. Dar razones que descarguen de una culpa o delito. Ú. t. c. pr.: *se disculpó de su retraso.* || Perdonar las faltas hechas por otro.

discurrir v. i. Caminar andar por un sitio. || Correr un líquido. || Pasar el tiempo. || *Fig.* Reflexionar. || — V. t. Imaginar, idear.

discurso m. Exposición oral de alguna extensión. || Escrito o tratado. || Pieza oratoria: *un discurso académico.* || Facultad de discurrir, raciocinio. || Transcurso del tiempo: *el discurso de los días.*

discusión f. Acción y efecto de discutir.

discutidor, ra adj. y s. Amante de disputas y discusiones.

discutir v. t. e i. Examinar minuciosamente una materia. || Debatir: *discutir una cuestión.* || Poner en tela de juicio, controvertir.

disecación f. Disección.

disecar v. t. Cortar para examinar su estructura un cuerpo animal, un vegetal, etc. || Preparar animales muertos para su conservación.

disección f. Acción de disecar.

diseminación f. Difusión.

diseminar v. t. Dispersar, esparcir. || *Fig.* Difundir.

disensión f. Desacuerdo.

disentería f. *Med.* Diarrea dolorosa con pujos y sangre.

disentimiento m. Desacuerdo.

disentir v. t. Ser diferente.

diseñador, ra m. y f. Persona que diseña.

diseñar v. t. Hacer un diseño.

diseño m. Dibujo. || Descripción o bosquejo de alguna cosa.

disertación f. Examen crítico y detallado de una cuestión. || Conferencia.

disertar v. i. Razonar sobre algo.

disfasia f. Perturbación del lenguaje.

disforme adj. Deforme.

disfraz m. Artificio para ocultar o disimular. || Vestido de máscara.

disfrazar v. t. Desfigurar la forma natural de una persona o cosa para que no se la conozca. || Vestir de máscara (ú. t. c. pr.). || *Fig.* Cambiar, alterar: *disfrazar la voz.* | Disimular los sentimientos.

disfrutar v. t. Poseer. || Aprovechar: *disfrutar sus vacaciones.* || – V. i. Gozar.

disfrute adj. Acción de disfrutar.

disgregación f. Separación.

disgregar v. t. Separar.

disgustado, da adj. Descontento.

disgustar v. t. Causar disgusto. || – V. pr. Enfadarse.

disgusto m. Contrariedad: *llevarse un disgusto.* || Decepción. || Pesadumbre: *esta muerte le dio un gran disgusto.* || Revés, desgracia. || Desavenencia, disputa: *tener un disgusto con uno.* || Tedio, repulsión. || *A disgusto,* contra la voluntad de uno.

disidencia f. Separación de una doctrina, creencia u opinión.

disidente adj. y s. Que diside.

disidir v. i. Separarse de una comunidad, doctrina, creencia, etc.

disimetría f. Falta de simetría.

disimilitud f. Desemejanza.

disimulación f. Disimulo.

disimulado, da adj. Que disimula.

disimular v. t. Ocultar, esconder. || Encubrir algo que uno siente o padece: *disimular su alegría.* || Disfrazar. Ú. t. c. pr.: *disimularse una enfermedad.* || – V. i. Fingir que no se ve o se siente algo.

disimulo m. Arte con que se oculta lo que se siente o sabe. || Hipocresía, encubrimiento.

disipación f. Despilfarro. || Evaporación: *disipación del alcohol.* || Vida disoluta.

disipado, da adj. y s. Disipador. || Entregado a diversiones.

disipador, ra adj. y s. Malgastador.

disipar v. t. Desvanecer: *el sol disipa las nieblas.* | Derrochar: *disipar la hacienda.* || *Fig.* Hacer desaparecer: *los años disipan las visiones.* || – V. pr. Evaporarse: *disiparse el alcohol.* || *Fig.* Desvanecerse: *disiparse las sospechas.*

dislate m. Disparate, desatino.

dislexia f. Lectura penosa.

dislocación f. Acción y efecto de dislocarse.

dislocar v. t. Sacar una cosa de su lugar. Ú. m. c. pr.: *dislocarse un brazo.*

disminución f. Acción de disminuir.

disminuir v. t. Hacer menor, reducir, aminorar (u. t. c. i. y pr.).

disnea f. Dificultad de respirar.

disociación f. Acción de disociar.

disociar v. t. Separar (ú. t. c. pr.).

disolución f. *Fís.* Descomposición de los cuerpos por la acción de un agente que se une íntimamente a ellos. | Solución así formada. || Solución viscosa de caucho para reparar cámaras de neumáticos. ||

Fig. Relajación de las costumbres. | Rompimiento de vínculos: *disolución del matrimonio.* | Acción de suprimir o de hacer cesar: *disolución de las Cortes.*

disoluto, ta adj. Relajado: *vida disoluta.* || Licencioso, libertino (ú. t. c. s.).

disolvente adj. y s. m. Dícese del líquido propio para disolver.

disolver v. t. Descomponer un cuerpo por medio de un líquido formando una mezcla. || Suprimir: *disolver un partido.* || Poner fin al mandato de una asamblea antes de tiempo. || Relajar: *disolver las costumbres.*

disonancia f. Asociación de sonidos desagradables.

disonar v. i. Formar una armonía desagradable para el oído.

dispar adj. Desigual.

disparador, ra m. y f. Persona que dispara. || – M. Pieza de las armas de fuego que se suelta para disparar. || Pieza del obturador automático de una cámara fotográfica. || Pieza que pone en funcionamiento cualquier aparato.

disparar v. t. Arrojar, lanzar con violencia. || Lanzar un proyectil con un arma: *disparar un cañón* (ú. t. c. pr.). || Enviar con fuerza el balón hacia la meta. || – V. i. Apretar el disparador de un mecanismo. || Decir o hacer tonterías. || *Salir disparado,* salir corriendo. || – V. pr. *Fig.* Dejarse llevar por un sentimiento violento.

disparatado, da adj. Que disparata. || Absurdo, loco: *idea disparatada.* || *Fam.* Excesivo.

disparatar v. i. Decir o hacer tonterías o barbaridades.

disparate m. Cosa absurda o tonta: *hacer, decir disparates.* || Barbaridad, insulto: *soltar un disparate.* || *Fam. Un disparate,* mucho.

disparidad f. Desemejanza.

disparo m. Acción de disparar. || Tiro. || Tiro, chut, en fútbol.

dispendio m. Gasto excesivo.

dispendioso, sa adj Costoso.

dispensa f. Excepción.

dispensador, ra adj. y s. Que dispensa.

dispensar v. t. Dar, conceder, distribuir: *dispensar mercedes.* || Proporcionar: *dispensar ayuda.* || Eximir de una obligación: *dispensar la asistencia a un acto* (ú. t. c. pr.). || Perdonar, excusar.

dispensario m. Centro de asistencia médica y farmacéutica destinado a enfermos que no se alojan en él.

dispersar v. t. Diseminar, esparcir (ú. t. c. pr.). || *Fig.* Repartir entre muchas cosas: *dispersar sus esfuerzos.*

dispersión f. Acción y efecto de dispersar o dispersarse.

disperso, sa adj. Disgregado.

displicencia f. Frialdad, indiferencia en el trato. || Descuido.

displicente adj. Que desagrada y disgusta: *tono displicente.* || Desabrido, de mal humor. || Descuidado.

disponer v. t. Colocar en cierto orden: *disponer en orden.* || Preparar a alguien a una cosa. || Preparar algo: *disponer la salón para una fiesta.* || Decidir, determinar. || – V. i. Tener, poseer: *disponer de mucho dinero.* || Valerse de: *disponer de alguien.* || – V. pr. Prepararse: *disponerse a (o para) salir.*

disponibilidad f. Calidad de disponible. ‖ Situación de excedencia. ‖ Cesantía. ‖ — Pl. Conjunto de bienes o dinero de que se puede disponer en un momento dado.

disponible adj. Dícese de todo aquello de que se puede disponer.

disposición f. Distribución, colocación. ‖ Posibilidad de disponer de algo. ‖ *Fig.* Aptitud: *tener disposición para la pintura.* ‖ Estado de salud o de ánimo: *estar en buena disposición para ir.* ‖ Precepto legal o reglamentario. ‖ Orden, mandato. ‖ Medida que se ha de tomar para la realización de algo.

dispositivo, va adj. Que dispone. ‖ — M. Mecanismo, aparato.

dispuesto, ta adj. Listo, preparado. ‖ Servicial: *una mujer dispuesta.*

disputa f. Discusión.

disputar v. t. Debatir, discutir. ‖ Pretender lo mismo que otro: *disputar el primer puesto a uno* (ú. t. c. pr.).

disquisición f. Exposición.

distancia f. Intervalo de espacio o de tiempo. ‖ *Fig.* Diferencia entre unas cosas y otras.

distanciar v. t. Alejar: *el acompañarte me distanciaría de mi casa.* ‖ Separar, apartar (ú. t. c. pr.). ‖ Dejar atrás. ‖ Desunir, separar en el contacto personal (ú. t. c. pr.).

distante adj. Apartado, lejano.

distar v. i. Estar una cosa apartada de otra en el espacio o en el tiempo. ‖ *Fig.* Ser muy diferente.

distensión f. Lesión producida por la tensión demasiado violenta de un músculo o de una articulación. ‖ Disminución de la tensión entre países o personas.

distinción f. División, separación. ‖ Diferencia: *no hacer distinción entre las cosas.* ‖ Dignidad, prerrogativa, honor. ‖ Elegancia, buenas maneras. ‖ Consideración: *tratar a un superior con distinción.*

distinguido, da adj. Notable: *autor distinguido.* ‖ Elegante.

distinguir v. t. Discernir. ‖ Saber hacer la diferencia entre dos o más cosas. ‖ Separar, diferenciar: *distinguir varios grupos en una clase.* ‖ Caracterizar: *la razón distingue al hombre.* ‖ Mostrar preferencia por una persona. ‖ Otorgar una prerrogativa, dignidad, etc. ‖ — V. pr. Descollar.

distintivo, va adj. Que distingue. ‖ — M. Insignia, señal. ‖ Cualidad que distingue esencialmente una cosa.

distinto, ta adj. Diferente.

distorsión f. Esguince. ‖ Deformación, alteración.

distorsionar v. t. Deformar.

distracción f. Diversión, entretenimiento. ‖ Falta de atención.

distraer v. t. Divertir, recrear, entretener. Ú. t. c. pr.: *distraerse con cualquier cosa.* ‖ Atraer la atención de uno para que no la fije en otra cosa: *distraer a las tropas enemigas.* ‖ Quitar una idea: *distraer a uno de un propósito.* ‖ Sustraer: *distraer sumas importantes.* ‖ — V. pr. No prestar la atención debida.

distribución f. Reparto. ‖ Disposición: *la distribución de una casa.* ‖ Reparto de papeles a los actores. ‖ Difusión de películas. ‖ Conjunto de las operaciones por las cuales las mercancías se encaminan del productor al consumidor.

distribuidor, ra adj. y s. Que distribuye. ‖ — M. Aparato que sirve para distribuir.

distribuir v. t. Repartir una cosa entre varios. ‖ Disponer: *distribuir los muebles de un cuarto.*

distrito m. División administrativa o judicial de una provincia, territorio o población. ‖ División administrativa de la enseñanza.

disturbio m. Perturbación.

disuadir v. t. Convencer a uno con razones para que cambie de propósito o de vida.

disuasión f. Acción y efecto de disuadir. ‖ *Fuerza* (o *poder*) *de disuasión,* conjunto de los medios militares modernos destinados a dar un golpe decisivo al enemigo.

disuasivo, va y **disuasorio, ria** adj. Que disuade.

disyuntivo, va adj. Que desune o separa. ‖ *Gram. Conjunción disyuntiva,* la que uniendo las palabras separa las ideas, como *o, ni.* ‖ — F. Alternativa entre dos cosas por una de las cuales hay que optar.

ditirambo m. Alabanza grande.

diurético, ca adj. *Med.* Que facilita la secreción de orina (ú. t. c. s. m.).

diurno, na adj. Del día.

diva f. V. DIVO.

divagación f. Acción y efecto de divagar.

divagar v. i. Andar sin rumbo fijo. ‖ Desatinar.

diván m. Sofá.

divergencia f. Situación de dos líneas o rayos que se van apartando uno de otro. ‖ *Fig.* Desacuerdo.

divergente adj. Que diverge.

divergir v. i. Irse apartando progresivamente una de otras dos líneas o rayos. ‖ *Fig.* Disentir.

diversidad f. Variedad.

diversificación f. Variación.

diversificar v. t. Variar.

diversión f. Pasatiempo, recreo.

diverso, sa adj. Diferente.

divertido, da adj. Que divierte.

divertimiento m. Diversión.

divertir v. t. Recrear, entretener (ú. t. c. pr.). ‖ Provocar la risa: *este chiste me ha divertido mucho.* ‖ Apartar, desviar. ‖ *Mil.* Desviar la atención del enemigo para alejarle del sitio donde se le quiere atacar.

dividendo m. Cantidad que se divide por otra. ‖ *Com.* Parte de la ganancia que corresponde a cada acción.

dividir v. t. Partir, separar en partes. ‖ Repartir: *dividir en cuatro.* ‖ *Fig.* Desunir: *este asunto dividió a la familia.* ‖ Averiguar cuántas veces el divisor está contenido en el dividendo.

divieso m. Grano en la piel.

divinidad f. Esencia, naturaleza divina. ‖ *Fig.* Persona o cosa dotada de gran belleza. ‖ — Pl. Dioses o diosas de la mitología.

divinizar v. t. Considerar como a un dios. ‖ *Fig.* Ensalzar con exceso.

divino, na adj. De Dios o de un dios. ‖ *Fig.* Maravilloso.

divisa f. Señal exterior para distinguir personas, grados u otras cosas. ‖ Lazo que permite distinguir los toros de varias ganaderías. ‖ *Blas.* Lema debajo del escudo. ‖ Dinero en moneda extranjera.

divisar v. t. Ver.

divisibilidad f. Calidad de divisible.

división f. Acción y efecto de dividir, separar o repartir. ‖ Corte. ‖ Parte de un todo dividido. ‖ *Mat.* Operación de dividir. ‖ *Fig.* Desavenencia, desunión, discordia. ‖ *Mil.* Parte de un cuerpo de ejército.

divisor adj. y s. m. *Mat.* Submúltiplo. ‖ — M. Número que divide a otro llamado *dividendo.* ‖ — *Común divisor,* el que divide exactamente a varios otros. ‖ *Máximo común divisor,* el mayor de los divisores comunes de varios números.

divo, va m. y f. Cantante famoso. ‖ *Fig.* Figura principal, estrella.

divorciar v. t. Separar judicialmente a dos casados. ‖ *Fig.* Separar, desunir. ‖ — V. pr. Separarse de su consorte disolviendo el matrimonio.

divorcio m. Disolución del matrimonio. ‖ *Fig.* Desacuerdo.

divulgación f. Acción de divulgar.

divulgador, ra adj. y s. Que divulga.

divulgar v. t. Difundir, propagar: *divulgar una noticia.* ‖ Revelar, hacer público: *divulgar un secreto.*

dm, símbolo de *decímetro.*

do m. Primera nota de la escala musical. ‖ — Adv. *Poét.* Donde.

dobladillo m. Pliegue que se hace en el borde de una tela.

doblaje m. Acción y efecto de doblar una película.

doblar v. t. Aumentar una cosa para que sea el doble: *doblar el precio* (ú. t. c. i.). ‖ Aplicar una sobre otra dos partes de una cosa flexible: *doblar un mantel.* ‖ Torcer, curvar, cimbrar: *doblar una barra de hierro.* ‖ Torcer. Ú. t. c. i.: *doblar a la izquierda.* ‖ Pasar al otro lado: *doblar la esquina* (ú. t. c. i.). ‖ Franquear: *doblar el cabo de Hornos.* ‖ Sustituir la voz del actor de una película o reemplazarle en las escenas peligrosas. ‖ Grabar en otro idioma las voces de los actores de una película. ‖ — V. i. *Fig.* Ceder. ‖ Tocar a muerto: *doblar las campanas.*

doble adj. Duplo, dos veces mayor. ‖ Que vale, pesa, contiene dos cosas designada: *doble decalitro.* ‖ Que se repite dos veces: *consonante doble.* ‖ Dícese de la cosa que va acompañada de otra idéntica: *doble fondo.* ‖ *Fig.* Disimulado, hipócrita. ‖ — M. Cantidad dos veces mas grande. ‖ Vaso de cerveza de gran tamaño. ‖ Toque de difuntos. ‖ Copia, reproducción: *el doble de un acta.* ‖ Persona muy parecida a otra y que puede sustituirla en una actividad. ‖ Actor parecido a la estrella de una película a quien sustituye en las escenas peligrosas. ‖ En el tenis, partido jugado dos contra dos.

doblegable adj. Fácil de doblegar.

doblegar v. t. Doblar, torcer. ‖ *Fig.* Hacer ceder: *doblegar la voluntad de uno.* ‖ — V. pr. *Fig.* Someterse, ceder.

doblez m. Parte de una cosa que se dobla. ‖ — F. *Fig.* Falsedad, hipocresía.

doblón m. Moneda antigua de oro.

doce adj. Diez y dos. ‖ Duodécimo: *numero doce; Pío doce.* ‖ Aplícase a los días del mes. Ú. t. c. s. m.: *el doce de abril.* ‖ — M. Conjunto de los signos con que se representa el número doce.

doceavo, va adj. Duodécimo (ú. t. c. s.).

docencia f. Enseñanza.

docente adj. De la enseñanza: *centro docente.* ‖ Que enseña (ú. t. c. s.).

dócil adj. Obediente.

docilidad f. Calidad de dócil.

dock m. (pal. ingl.). *Mar.* Dársena, muelle rodeado de almacenes. ‖ Depósito de mercancías.

docker m. Descargador portuario.

docto, ta adj. y s. Erudito.

doctor, ra m. y f. Persona que ha obtenido el último grado universitario. ‖ Teólogo de gran autoridad: *los doctores de la Iglesia.* ‖ Médico.

doctorado m. Grado de doctor y estudios seguidos para obtenerlo.

doctorar v. t. Graduar de doctor en una universidad (ú. t. c. pr.).

doctrina f. Lo que es objeto de enseñanza. ‖ Conjunto de las ideas de una escuela literaria o filosófica, de un partido político o de los dogmas de una religión.

doctrinario, ria adj. y s. Consagrado a una doctrina determinada.

documentación f. Acción y efecto de documentar. ‖ Conjunto de documentos, particularmente los de identidad.

documentado, da adj. Dícese de la persona bien informada o que posee los documentos de identidad personal.

documental adj. Fundado en documentos: *prueba documental.* ‖ — M. Película cinematográfica tomada con fines didácticos o de información.

documentar v. t. Probar, justificar con documentos. ‖ Informar sobre un asunto (ú. t. c. pr.).

documento m. Escrito con que se prueba o hace constar una cosa. ‖ *Fig.* Testimonio de algún hecho, cosa que sirve de prueba.

dodecaedro m. Sólido de doce caras.

dodecafonía f. *Mús.* Forma atonal fundada en el empleo sistemático de los doce sonidos de la gama cromática, con exclusión de otra escala sonora.

dodecágono m. *Geom.* Polígono de doce ángulos y doce lados.

dodecasílabo, ba adj. Dícese del verso de doce sílabas (ú. t. c. s. m.).

dogma m. Punto fundamental de una doctrina religiosa o filosófica.

dogmático, ca adj. Relativo al dogma. ‖ *Fig.* Intransigente en sus convicciones, sentencioso (ú. t. c. s.).

dogmatismo m. Doctrina según la cual el espíritu humano puede conocer la verdad. ‖ Tendencia a creer y afirmar sin discutir.

dogmatizar v. t. Enseñar dogmas. ‖ Afirmar categóricamente principios contradictorios.

dogo, ga m. y f. Perro guardián.

dólar m. Unidad monetaria de los Estados Unidos y Canadá.

dolencia f. Enfermedad.

doler v. i. Sufrir dolor: *doler la cabeza.* ‖ Sentir disgusto o pesar: *me duele ver tanta injusticia.* ‖ — V. pr. Arrepentirse: *dolerse de su conducta.* ‖ Afligirse, lamentarse. ‖ Compadecer. ‖ Quejarse: *dolerse con otro.*

dolicocéfalo, la adj. De cráneo muy oval o más largo que ancho.

doliente adj. Enfermo (ú. t. c. s.). ‖ Dolorido, que hace sufrir.

dolmen m. Monumento megalítico en forma de mesa.

dolo m. Engaño, fraude.

dolor m. Sufrimiento, padecimiento físico: *dolor de cabeza.* || Aflicción.

dolorido, da adj. Que se resiente de un dolor. || Apenado, triste.

doloroso, sa adj. Que causa dolor.

doloso, sa adj. Fraudulento.

doma f. Acción de domar.

domador, ra m. y f. Persona que doma.

domar v. t. Amansar a un animal: *domar potros.* || Amaestrarlo. || *Fig.* Sujetar, reprimir: *domar sus inclinaciones.* | Someter. | Hacer que una cosa dura se vuelva más flexible: *domar zapatos nuevos.*

domeñar v. t. Someter.

domesticación f. Acción y efecto de domesticar.

domesticar v. t. Acostumbrar a un animal a la vista y compañía del hombre.

doméstico, ca adj, Relativo al hogar. || Dícese del animal que se cría en la compañía del hombre. || — M. y f. Criado.

domiciliar v. t. Asignar un domicilio. || — V. pr. Establecer su domicilio.

domiciliario, ria adj. Referente al domicilio.

domicilio m. Casa en que uno habita o se hospeda. || Población en la que legalmente reside una persona.

dominación f. Señorío, soberanía. || *Fig.* Influencia.

dominador, ra adj. y s. Que domina.

dominante adj. Que domina. || — F. Rasgo característico.

dominar v. t. Tener bajo su dominio: *Roma dominó todo el Mediterráneo.* || Sujetar, contener, reprimir: *dominar las pasiones.* || Contener: *dominar una rebelión.* || Predominar, sobresalir. || *Fig.* Conocer perfectamente: *dominar el inglés.* || Ocupar una posición más alta: *la loma que domina la ciudad* (ú. t. c. i.). || Divisar una extensión de terreno desde una altura. || — V. pr. Reprimirse, contenerse, controlarse.

domingo m. Primer día de la semana dedicado al descanso.

dominical adj. Del domingo.

dominicano, na adj. y s. Dominico. || De la República Dominicana.

dominico, ca adj. y s. Aplícase a las religiosos de la orden de Santo Domingo.

dominio m. Libre disposición de lo que es suyo: *dominio de sus bienes.* || Superioridad legítima sobre las personas. || Autoridad: *tener dominio sobre sus alumnos.* || Territorio sujeto a un Estado o soberano (ú. m. en pl.). || Nombre de varios Estados de la Comunidad Británica, políticamente independientes, pero ligados a la Corona de Inglaterra. || *Fig.* Conocimiento perfecto: *dominio de un idioma.* | Represión de las pasiones. || *Dominio de sí mismo,* poder que tiene uno sobre sus propias pasiones o reacciones.

dominó m. Juego que se hace con veintiocho fichas rectangulares, blancas y marcadas con puntos.

don m. Dádiva, regalo. || Talento: *el don de la palabra.* || Habilidad especial para algo: *don de mando.* || Tratamiento que hoy se usa por lo común antepuesto al nombre de pila: *Don Pedro.*

donador, ra adj. y s. Que da.

donaire m. Prestancia.

donante adj. Donador (ú. t. c. s.). || Dícese de la persona que da su sangre para una transfusión o de la que acepta, en vida o después de su muerte, que le sea extirpado un tejido u órgano propio para que sea transplantado a otro (ú. t. c. s.).

donar v. t. Dar.

donatario, ria m. y f. Persona a quien se hace un donación.

donativo m. Regalo.

doncel m. Joven noble que aún no estaba armado caballero. || *Fig.* Joven.

doncella f. Mujer virgen. || Soltera. || Criada que se ocupa de todo menos de la cocina.

doncellez f. Estado de doncella.

donde adv. En un lugar: *allí es donde vivo.* || Cuando es interrogativo o dubitativo se acentúa: *¿Dónde está?* || Adonde. || Actúa a veces como pron. relativo con el sentido de *en que, lo cual,* etc.

dondequiera adv. En cualquier sitio.

dondiego m. Planta cuyas flores sólo se abren al anochecer. || Su flor.

donjuanesco, ca adj. Propio de un don Juan Tenorio.

donjuanismo m. Carácter que recuerda el de don Juan Tenorio.

donoso, sa adj. Gracioso.

donostiarra adj. y s. De San Sebastián (España).

donosura f. Donaire, gracia.

donquijotesco, ca adj. Quijotesco.

doña f. Tratamiento dado a las mujeres, antepuesto al nombre de pila.

dopar v. t. Drogar (ú. t. c. pr.).

doping m. (pal. ingl.). Estimulante que se da a un hombre o a un animal antes de una prueba deportiva.

doquier y **doquiera** adv. Dondequiera.

dorada f. Pez marino de carne estimada.

dorado, da adj. De color de oro: *un marco dorado.* || *Fig.* Esplendoroso: *siglos dorados.* || — M. Acción y efecto de dorar.

dorar v. t. Cubrir con oro. || *Fig.* Asar o freír ligeramente: *dorar un alimento.* || — V. pr. Tomar color dorado.

dórico, ca adj. Dorio. || *Arq. Orden dórico,* el caracterizado por su sobriedad.

dorio, ca adj. y s. De Dórida.

dormilón, ona adj. y s. *Fam.* Que duerme fácilmente y mucho.

dormir v. i. Descansar con el sueño. Ú. t. c. t.: *dormir la siesta.* || Pernoctar: *dormimos en Madrid.* || *Fig.* Obrar con poca diligencia (ú. t. c. pr.). || *Fig. Dejar dormir un asunto,* no ocuparse de él. || — V. t. Hacer dormir: *dormir a un niño.* || — V. pr. Entregarse al sueño. || Entumecerse un miembro: *se me ha dormido la pierna.*

dormitar v. i. Estar medio dormido.

dormitorio m. Cuarto de dormir.

dorsal adj. Del dorso, espalda o lomo: *región dorsal.* || — M. Número que se suele coser en la camiseta de los atletas, ciclistas, futbolistas, etc., para distinguirlos.

dorso m. Espalda, lomo. || Revés: *el dorso de un escrito.*

dos adj. Uno y uno. || Segundo: *año dos.* || — M. Guarismo que representa el número dos. || Segundo día del mes. || Naipe que tiene dos figuras.

doscientos, tas adj. pl. Dos veces ciento. || Ducentésimo.

dosel m. Colgadura que cubre el sitial o el altar y cae por detrás. || Techo de madera cubierto de tela y sostenido por columnas que se pone encima de ciertas camas.

dosificación f. Acción de dosificar.

dosificar v. t. Graduar las dosis.

dosis f. Cantidad de medicina que se toma de una vez. || *Fig.* Porción.

dossier m. (pal. fr.). Conjunto de documentos referentes a una persona o a un tema determinado, expediente.

dotación f. Acción de dotar. || Tripulación de un buque de guerra.

dotar v. t. Constituir dote a la mujer que va a casarse. || Asignar una dotación a una fundación. || Asignar a una oficina, barco, etc., el número de personas necesarias. || Dar, proveer. || *Fig.* Adornar la naturaleza a uno con dones: *dotar de hermosura.*

dote f. Caudal que aporta la mujer al matrimonio o que entrega la monja al convento. || — F. pl. Prendas, cualidades o aptitudes excepcionales: *tener dotes de mando.*

dovela f. *Arq.* Piedra en forma de cuña de los arcos o bóvedas.

dozavo, va adj. Duodécimo (ú. t. c. s.).

dracma f. Moneda griega.

draconiano, na adj. Muy severo.

draga f. Máquina para dragar. || Barco provisto de esta máquina.

dragado m. Acción de dragar.

dragaminas m. inv. Barco para limpiar de minas los mares.

dragar v. t. Ahondar y limpiar de fango y arena los puertos, los ríos, los canales, etc. || Limpiar de minas los mares.

dragea f. Gragea, píldora.

dragón m. Monstruo fabuloso.

dragonear v. i. *Amer.* Ocupar un cargo sin tener los títulos necesarios para ello. | Alardear. || — V. t. *Riopl.* Cortejar.

dralón m. Cierta clase de tejido sintético.

drama m. Obra escénica. || Obra cuyo argumento puede ser a la vez cómico y trágico. || *Fig.* Catástrofe.

dramático, ca adj. Relativo al drama. || *Fig.* Emocionante, capaz de conmover. | Crítico, peligroso. | Afectado, teatral. || Que hace obras dramáticas (ú. t. c. s.): *autor dramático.* || — F. Arte de componer obras dramáticas.

dramatismo m. Cualidad de dramático.

dramatizar v. t. Dar forma dramática a una cosa. || *Fig.* Exagerar enfáticamente.

dramaturgia f. Dramática.

dramaturgo m. Escritor de dramas.

dramón m. Drama malo.

drapeado m. Acción y efecto de drapear.

drapear v. t. Disponer los pliegues de los paños.

drástico, ca adj. Draconiano.

drenaje m. Avenamiento. || *Med.* Procedimiento para facilitar la salida de humores de una herida.

drenar v. t. Avenar, encañar. || *Med.* Hacer un drenaje.

driblar v. i. En el fútbol, engañar al adversario sin perder el balón, regatear.

drive m. (pal. ingl.). En tenis, golpe para enviar la pelota rasante.

drizar v. t. *Mar.* Izar o arriar.

droga f. Cualquier sustancia medicamentosa natural o sintética de efecto estimulante, deprimente o narcótico. || Cualquier producto para pintar, limpiar, etc. || *Amer.* Medicamento.

drogadicto, ta adj. y s. Dícese de la persona que toma drogas.

drogar v. t. Dar drogas. || Dar un estimulante a un deportista. || — V. pr. Administrarse drogas.

droguería f. Comercio en drogas y tienda en que se venden. || Tienda donde se venden productos de limpieza, pinturas, barnices, etc. || *Amer.* Farmacia.

dromedario m. Rumiante parecido al camello, pero con una sola giba.

drupa f. Fruta carnosa con hueso.

dualidad f. Condición de reunir dos caracteres un mismo sujeto.

dualismo m. Dualidad.

duarte m. Peso de la República Dominicana.

dubitativo, va adj. Dudoso.

ducado m. Título y territorio de duque. || Antigua moneda de oro.

ducal adj. Del duque.

ducentésimo, ma adj. Que ocupa el lugar doscientos. || — M. Cada una de las 200 partes iguales en que se divide un todo.

ducha f. Dispositivo por el cual el agua sale a chorro y puede ser utilizada para fines higiénicos o curativos. || Cuarto de aseo en el que hay una ducha. || Acción y efecto de duchar o ducharse.

duchar v. t. Dar una ducha. || — V. pr. Tomarla.

ducho, cha adj. Experimentado.

dúctil adj. Que puede alargarse, estirarse y adelgazarse sin romperse. || *Fig.* Acomodadizo.

ductilidad f. Carácter de dúctil.

duda f. Incertidumbre: *no cabe duda.* || Sospecha.

dudar v. i. No estar seguro de algo: *dudar de la sinceridad de uno.* || Vacilar: *dudo en salir.* || Tener sospechas acerca de uno. || — V. t. No creer alguna cosa.

dudoso, sa adj. Poco cierto. || Vacilante: *estoy dudoso.* || Sospechoso.

duela f. Cada una de las tablas curvadas de la cuba o el tonel.

duelo m. Combate entre dos, a consecuencia de un desafío. || Sentimiento por la muerte de una persona. || Cortejo fúnebre: *presidir el duelo.*

duende m. Espíritu travieso, diablillo familiar. || *And.* Encanto.

dueño, ña m. y f. Propietario.

duetista com. Persona que canta o toca un instrumento en dúo.

dueto m. *Mús.* Dúo.

dulce adj. De sabor agradable. || De sabor azucarado: *el café está muy dulce.* || Que produce una impresión agradable: *música dulce.* || *Fig.* Amable, benevolente: *carácter dulce.* | Cariñoso: *mirada dulce.* || Dúctil: *hierro dulce.* || — M. Manjar compuesto con azúcar: *dulce de membrillo.* || Fruta o cosa confitada. || — Pl. Golosinas.

dulcificación f. Acción de dulcificar.

dulcificar v. t. Volver dulce.

dulía f. Culto a los ángeles y santos.

dulzarrón, ona y **dulzón, ona** adj. De sabor dulce y algo empalagoso.

dulzor m. Sabor dulce.

dulzura f. Calidad de dulce.

dumping m. (pal. ingl.). Venta de mercancías en el mercado exterior a un precio inferior al que se paga en el mismo país exportador.

duna f. Amontonamiento de arena formado por la acción del viento.

dúo m. *Mús.* Composición escrita para dos voces o instrumentos. | Conjunto de dos cantantes o instrumentistas.

duodécimo, ma adj. Que ocupa el lugar doce. || — M. Cada una de las 12 partes iguales de un todo.

duodeno, na adj. *Mat.* Duodécimo. || — M. *Anat.* Primera sección del intestino delgado que va desde el estómago hasta el yeyuno.

duplex y **dúplex** m. *Tecn.* Sistema de transmisión que expide simultáneamente por un solo hilo despachos en dos sentidos. | En radiodifusión y televisión, sistema que permite oír o ver programas emitidos a partir de dos estaciones diferentes. || Vivienda de dos plantas que comunican una con otra.

duplicación f. Acción de duplicar.

duplicado, da adj. Doblado. || Reproducido. || Dícese de un número repetido: *calle Luchana, número 5 duplicado.* || *Por duplicado,* en dos ejemplares. || — M. Copia, reproducción de un documento.

duplicar v. t. Hacer doble: *duplicar la producción.* || Multiplicar por dos (ú. t. c. pr.). || Reproducir, sacar copia.

duplicata m. Duplicado.

duplicidad f. Doblez, falsedad.

duplo, pla adj. Que contiene un número dos veces exactamente. Ú. t. c. s. m.: *veinte es el duplo de diez.*

duque m. Título nobiliario.

duquesa f. Esposa del duque o mujer que posee un título ducal.

duración f. Espacio de tiempo que dura algo.

duradero, ra adj. Que dura.

duraluminio m. Aleación ligera y muy resistente de aluminio, cobre, magnesio, manganeso y silicio.

duramadre y **duramáter** f. Membrana fibrosa que envuelve el encéfalo y la médula espinal.

duranguense y **durangueño, ña** adj. y s. Del Estado de Durango (México).

durangués, esa adj. y s. De Durango (España).

durante adv. Mientras.

durar v. i. Continuar.

duraznense adj. y s. De Durazno (Uruguay).

duraznero m. Variedad de melocotón. || *Amer.* Durazno.

durazno m. Duraznero y su fruto. || Melocotonero y su fruto.

dureza f. Calidad de duro. || *Fig.* Insensibilidad. || *Med.* Tumor o callosidad.

duro, ra adj. Dícese del cuerpo sólido, difícil de cortar, romper o doblar. || *Fig.* Fuerte, resistente: *muchacho duro a la fatiga.* | Violento, cruel. | Penoso: *trabajo duro.* || Aplícase al agua cuando el grado hidrométrico es elevado. || *Fig.* Aspero, rígido: *estilo duro.* || — M. Moneda o billete de cinco pesetas. || — Adv. Con fuerza: *dale duro al trabajo.*

dux m. Jefe elegido en las antiguas repúblicas de Venecia y Génova.

e

e f. Quinta letra del alfabeto castellano y segunda de sus vocales: || — Conj. Se usa en vez de la *y* para evitar el hiato antes de las palabras que empiezan por *i* o *hi*.

¡ea! interj. Denota resolución o sirve para animar.

easonense adj. y s. Donostiarra.

ebanista m. Carpintero que fabrica muebles.

ebanistería f. Arte o taller del ebanista. || Conjunto de muebles y otras obras de ebanista.

ébano m. Árbol cuya madera se usa para hacer muebles. || Su madera.

ebenáceas f. pl. Familia de plantas angiospermas (ú. t. c. adj.).

ebriedad f. Embriaguez.

ebrio, a adj. y s. Embriagado.

ebullición f. Hervor.

ebúrneo, a adj. De marfil.

eccema m. Inflamación local de la piel caracterizada por vesículas.

echar v. t. Lanzar: *échame la pelota.* || Arrojar, tirar: *echar mercancías al mar.* || Tender: *echar las redes.* || Despedir: *echar color, chispas.* || Dejar caer: *echar dinero en un saco.* || Verter: *echar agua en un vaso.* || Poner: *echar un remiendo.* || Poner en el buzón: *echar una carta.* || Expulsar: *echar del Poder a un tirano.* || Brotar: *echar las plantas raíces* (ú. t. c. i.). || Salirle a una persona o animal cualquier complemento natural de su cuerpo: *echar los dientes.* || Acostar: *echar un niño en la cama.* || Inclinar: *echar el cuerpo hacia atrás.* || Correr: *echar el pestillo a la puerta.* || Imponer: *echar una multa.* || Atribuir: *echar la culpa a otro.* || Dar: *echar la comida a las bestias.* || Repartir: *echar cartas.* || Hacer: *echar cálculos.* || Decir: *echar pestes de uno.* || Pronunciar: *echar un discurso.* || Dirigir una reprimenda: *echar una bronca.* || Conjeturar, suponer: *¿cuántos años me echas?* || Tardar: *echar una hora en ir.* || Ir: *echar por la derecha.* || Proyectar o representar: *echar una película.* || Fam. Tomar: *echar una copa, un cigarrillo.* || Jugar, apostar. Ú. t. c. i.: *echar a la lotería.* || — *Echar a,* seguido de un sustantivo, indica la manera de tomar una cosa: *echar a broma.* || *Echar* (o *echarse*) *a,* significa empezar cuando va seguido de un infinitivo: *echar a correr, a llorar.* || *Echar a perder,* estropear. || *Echar de menos,* sentir la falta de. || *Echar la* (o *echársela*) *de,* jactarse de. || — V. pr. Arrojarse: *echarse al agua.* || Tumbarse, acostarse: *echarse en la cama.* || Hacerse a un lado, apartarse. || Empezar a tener: *echarse novio.* || Calmarse el viento.

echarpe m. (pal. fr.). Chal.

eclecticismo m. Método que consiste en reunir lo que parece más valedero en varios sistemas filosóficos para formar una doctrina. || *Fig.* Modo de juzgar que procura evitar las soluciones extremas.

ecléctico, ca adj. Relativo al eclecticismo: *escuela ecléctica.* || *Fig.* Compuesto de elementos muy diversos. || — Adj. y s. Partidario de esta doctrina: *filósofo ecléctico.* || *Fig.* Que coge de cada cosa lo que mejor le parece. | Que tiene opiniones o gustos muy variados.

eclesiástico, ca adj. De la Iglesia. || — M. Clérigo.

eclipsar v. t. Causar un astro el eclipse de otro. || *Fig.* Oscurecer, deslucir. || — V. pr. Ocurrir el eclipse de un astro. || *Fig.* Ausentarse discretamente.

eclipse m. Ocultación total o parcial de un astro por la interposición de otro cuerpo celeste. || *Fam.* Ausencia.

eclíptico, ca adj. *Astr.* Relativo a la eclíptica. || — F. *Astr.* Círculo máximo de la esfera celeste que señala el curso aparente del Sol durante el año. | Órbita descrita por la Tierra en su movimiento anual alrededor del Sol.

eclosión f. Apertura de un capullo de flor o de crisálida. || *Fig.* Aparición súbita.

eco m. Repetición de un sonido por reflexión de las ondas sonoras. || *Fig.* Resonancia: *sus palabras no tuvieron eco.* | Persona que repite lo que otra dice. | Rumor, noticia imprecisa. || *Ecos de sociedad,* noticias referentes a la sociedad mundana.

ecografía f. Método de exploración médica por medio de ultrasonidos.

ecográfico, ca adj. De la ecografía.

ecología f. Parte de la biología que estudia la relación de los seres vivos con la naturaleza. || Defensa de la naturaleza, protección del medio ambiente. || Parte de la sociología que trata de la relación existente entre los grupos humanos y su ambiente físico y social.

ecológico, ca adj. De la ecología.

ecologismo m. Aplicación de los conceptos de ecología a la realidad social.

ecologista adj. Relativo a la ecología. || — M. y f. Defensor, amante de la naturaleza. || Ecólogo.

ecólogo, ga m. y f. Especialista en ecología. || Defensor acérrimo de la naturaleza y del medio ambiente.

economato m. Cargo de ecónomo. || Establecimiento en forma de cooperativa que depende de una sociedad industrial o comercial y donde su personal puede adquirir o comprar los productos más baratos que en otro sitio.

economía f. Arte de administrar y ordenar los gastos e ingresos de una casa: *economía doméstica.* || Riqueza pública, conjunto de los recursos de un país. || Moderación en los gastos. || Ahorro: *econo-*

mía de tiempo, etc. ‖ — Pl. Lo que se economiza, ahorros. ‖ — *Economía dirigida,* la intervenida por el Estado. ‖ *Economía política,* ciencia que estudia los mecanismos que regulan la producción, repartición y consumo de las riquezas.

económico, ca adj. Relativo a la economía. ‖ Parco en el gasto. ‖ Poco costoso.

economista com. Especialista en estudios de fenómenos económicos.

economizar v. t. Ahorrar.

ecónomo, ma m. y f. Administrador de los gastos de un establecimiento.

ecosistema m. Sistema constituido por los seres vivos existentes en un lugar determinado y el medio ambiente que les es propio.

ectoplasma m. *Biol.* Parte exterior del citoplasma.

ecuación f. *Mat.* Igualdad que contiene una o más incógnitas.

ecuador m. *Astr.* Círculo máximo que se considera en la esfera celeste perpendicular al eje de la Tierra. ‖ *Geom.* Paralelo de mayor radio de una superficie de revolución.

ecuánime adj. Que da pruebas de ecuanimidad: *persona ecuánime.*

ecuanimidad f. Imparcialidad.

ecuatorial adj. Relativo al ecuador.

ecuatorianismo m. Voz o giro propios de la República del Ecuador. ‖ Afecto al Ecuador. ‖ Carácter propio del Ecuador.

ecuatoriano, na adj. y s. Del Ecuador. ‖ — M. Modalidad del castellano hablado en Ecuador.

ecuestre adj. Relativo al caballero, al caballo o a la orden y ejercicio de la caballería.

ecumene m. Universo.

ecumenicidad f. Universalidad.

ecuménico, ca adj. Universal. ‖ Dícese de los concilios generales que reúnen a obispos católicos de todo el mundo.

eczema m. Eccema.

edad f. Tiempo transcurrido desde el nacimiento. ‖ Duración de la vida. ‖ Vejez: *persona de edad.* ‖ Período de la vida. ‖ Período histórico: *la Edad Moderna.* ‖ Época: *en la edad de vuestros padres.* ‖ — *Edad del juicio o de razón,* aquella en que los niños empiezan a tener realmente conciencia de sus actos. ‖ *Edad de Oro,* período de mayor esplendor. ‖ *Edad Media,* tiempo que va del siglo v a la mitad del xv. ‖ *Mayor edad,* la requerida por la ley para tener derecho a ejercer sus derechos. ‖ *Tercera edad,* edad avanzada que empieza cuando una persona se jubila y deja de ejercer sus actividades profesionales.

edema m. Hinchazón de una parte del cuerpo producida por infiltración de serosidad en el tejido celular.

edén m. Paraíso terrenal.

edición f. Impresión, publicación y difusión de una obra.

edicto m. Ley u ordenanza.

edificación f. Construcción.

edificar v. t. Construir. ‖ *Fig.* Incitar a la piedad o a la virtud con el buen ejemplo.

edificio m. Construcción grande dedicada a la vivienda o a usos semejantes.

edil, la m. y f. Concejal de ayuntamiento.

editar v. t. Imprimir, publicar y difundir la obra de un escritor, compositor, etc.

editor, ra m. y f. Persona que se dedica a la edición de una obra literaria, musical o artística. ‖ Adj. Que edita: *casa, sociedad editora.* ‖ — F. Editorial.

editorial adj. Del editor o de la edición: *casa editorial.* ‖ — M. Artículo de fondo en un periódico. ‖ — F. Casa editora.

editorialista com. Persona que escribe los editoriales de un periódico.

edredón m. Cubierta de cama rellena de plumón.

educación f. Acción y efecto de educar. ‖ Instrucción, enseñanza: *educación primaria.* ‖ Conocimiento de las normas de cortesía: *tener educación.* ‖ *Educación física,* gimnasia.

educacionista adj. Relativo a la educación pedagógica. ‖ — Com. Educador, pedagogo.

educador, ra adj. y s. Que educa.

educando, da adj. y s. Que recibe educación en un colegio.

educar v. t. Desarrollar las facultades intelectuales y morales del niño o del joven (ú. t. c. pr.). ‖ Enseñar la urbanidad. ‖ Perfeccionar, afinar los sentidos: *educar el gusto.* ‖ Acostumbrar un miembro a realizar cierta función por medio del ejercicio apropiado.

efe f. Nombre de la letra f.

efebo m. Adolescente.

efectismo m. Calidad de efectista.

efectista adj. Que busca ante todo producir efecto o impresión.

efectividad f. Calidad de efectivo.

efectivo, va adj. Real, verdadero: *ayuda efectiva.* ‖ Aplícase al empleo o cargo de plantilla, por oposición al interino. ‖ Contante: *dinero efectivo.* ‖ — M. Número exacto de los componentes de una colectividad (ú. m. en pl.). ‖ Dinero en metálico. ‖ — M. pl. Fuerzas militares. ‖ *En efectivo,* en numerario.

efecto m. Resultado de una acción: *relación de causa a efecto.* ‖ Impresión hecha en el ánimo. ‖ Fin por el que se hace una cosa. ‖ Artículo de comercio. ‖ Documento o valor mercantil. ‖ Movimiento giratorio que toman una bola de billar o una pelota al picarla lateralmente. ‖ — Pl. Bienes, enseres. ‖ — *Efectos públicos,* documentos de crédito emitidos por una corporación oficial. ‖ *En efecto,* efectivamente.

efectuar v. t. Hacer, ejecutar (ú. t. c. pr.). ‖ — V. pr. Realizarse.

efemérides f. pl. Escrito en que se refieren los acontecimientos de cada día.

efervescencia f. Desprendimiento de burbujas gaseosas a través de un líquido. ‖ *Fig.* Agitación muy viva.

efervescente adj. Que está o puede estar en efervescencia.

eficacia f. Carácter de lo que produce el efecto deseado.

eficaz adj. Que produce el efecto deseado: *medicamento eficaz.*

eficiencia f. Facultad para lograr un efecto determinado.

eficiente adj. Que tiene eficiencia. ‖ Capaz, competente.

efigie f. Representación pictórica o escultórica de una persona. ‖ *Fig.* Personificación, imagen viva.

efímero, ra adj. De poca duración.

E

efluvio m. Emanación desprendida de un cuerpo. || *Fig.* Irradiación.

efusión f. Derramamiento de un líquido. || *Fig.* Manifestación de un sentimiento muy vivo: *efusión de ternura.*

efusividad f. Carácter de efusivo.

efusivo, va adj. Afectuoso.

egabrense adj. y s. De Cabra (España).

E.G.B., siglas de *Educación General Básica* en España.

egipcio, cia adj. y s. De Egipto. || — M. Lengua egipcia.

égloga f. Poesía bucólica.

egocentrismo m. Exagerada exaltación de la propia personalidad, hasta considerarse como centro del universo.

egoísmo m. Inmoderado amor de sí mismo: *es de un egoísmo patológico.*

egoísta adj. y s. Que da muestras de egoísmo.

ególatra adj. y s. Afectado de egolatría.

egolatría f. Amor de sí mismo.

egregio, gia adj. Insigne.

egresado, da adj. y s. Graduado de una escuela o universidad.

egresar v. i. Graduarse en una escuela o universidad (ú. t. c. pr.).

egreso m. *Com.* Salida, partida de descargo. | Gasto. || *Amer.* Acción y efecto de egresar.

¡eh! interj. para llamar la atención.

einstenio m. Elemento químico artificial de número atómico 99 (símb. E).

eje m. Varilla que atraviesa un cuerpo giratorio. || Barra horizontal dispuesta perpendicularmente a la línea de tracción de un carruaje y que entra por sus extremos en los bujes de las ruedas. || Línea que divide por mitad el ancho de una calle u otra cosa semejante. || *Geom.* Línea alrededor de la cual se supone que gira una figura: *eje de un cono.* || *Fig.* Idea fundamental: *el eje de una política.*

ejecución f. Realización. || Suplicio de un condenado a muerte: *ejecución de un asesino.* || *For.* Embargo y venta de los bienes de un deudor: *ejecución judicial.*

ejecutante com. Persona que ejecuta una pieza musical.

ejecutar v. t. Realizar, llevar a cabo. || Cumplir: *ejecutar una orden.* || *For.* Obligar a una persona a que pague sus deudas: *ejecutar a un deudor.* | Ajusticiar: *ejecutar a un reo.* || *Mús.* Tocar, cantar: *ejecutar una obra de Beethoven.*

ejecutivo, va adj. Encargado de la aplicación de las leyes: *poder ejecutivo.* || Encargado de aplicar un mandato: *consejo ejecutivo.* || Urgente. || — M. Poder ejecutivo. || Miembro del personal dirigente de una empresa. || — F. Junta dirigente.

ejecutor, ra adj. y s. Que ejecuta.

ejecutoria f. Título o carta de nobleza. || *Fig.* Mérito.

ejemplar adj. Que puede servir de ejemplo. || Lo que debe servir de escarmiento: *castigo ejemplar.* || — M. Cada objeto sacado de un mismo modelo: *ejemplar de un libro.* || Número suelto de una revista. || Objeto de una colección. || *Fig.* Individuo: *¡menudo ejemplar!*

ejemplaridad f. Calidad de ejemplar.

ejemplarizar v. t. Servir de ejemplo.

ejemplo m. Caso o hecho que se propone y cita para que se imite o para que se evite, es malo. || Persona cuyo comportamiento puede servir de modelo.

ejercer v. t. e i. Practicar los actos propios de una profesión. || — V. t. Hacer uso de: *ejercer sus derechos.*

ejercicio m. Acción y efecto de ejercer. || Trabajo que se hace para el aprendizaje de una cosa: *ejercicios de matemáticas.* || Paseo u otro esfuerzo corporal: *ejercicio gimnástico.* || Prueba en un examen o en una oposición: *ejercicio escrito.* || Período al final del cual se establece el balance del presupuesto: *ejercicio económico.*

ejercitación f. Ejercicio.

ejercitar v. t. Enseñar con la práctica. || — V. pr. Adiestrarse.

ejército m. Conjunto de las fuerzas militares de un país o que operan juntas en un conflicto. || *Fig.* Gran número.

ejido m. Campo común situado en las afueras de un pueblo y donde suelen reunirse los ganados o establecerse las eras. || En México, parcela o unidad agrícola establecida por la Ley, no menor de diez hectáreas.

ejote m. Vaina del frijol verde.

el art. determ. en gén. m. y núm. sing.

él pron. pers. de 3.ª pers. en gén. m. y núm. sing.: *él me lo dio.*

elaboración f. Preparación.

elaborar v. t. Transformar en producto una materia prima. || Preparar por un largo trabajo: *elaborar una ley.* || Transformar en sustancia asimilable: *el hígado elabora bilis.*

elasticidad f. Calidad de elástico.

elástico, ca adj. Que recobra su forma inicial después de haber sido estirado. || *Fig.* Flexible. || *Goma elástica,* caucho. || — M. Tejido que tiene elasticidad. || Cinta o cordón elástico. || — Pl. Tirantes. || — F. Camiseta de punto.

ele f. Nombre de la letra *l.*

elección f. Designación por votación: *elección de un diputado.* || Acción y efecto de escoger.

electivo, va adj. Que se elige.

electo, ta adj. Elegido (ú. t. c. s.).

elector, ra adj. y s. Que vota en unas elecciones.

electorado m. Conjunto de electores.

electoral adj. De las elecciones.

electricidad f. *Fís.* Forma de energía que se manifiesta por fenómenos mecánicos, luminosos, térmicos, fisiológicos y químicos.

electricista adj. Que se dedica al estudio y las aplicaciones de la electricidad: *ingeniero electricista.* || Que se ocupa de las instalaciones eléctricas. Ú t. c. s. m.: *el electricista arregló el timbre.*

eléctrico, ca adj. Relativo a la electricidad: *corriente, luz eléctrica.* || Que funciona con electricidad.

electrificación f. Utilización de la electricidad para hacer funcionar una máquina o una explotación. || Producción y suministro de energía eléctrica en un sitio desprovisto anteriormente de ella.

electrificar v. t. Dotar de instalación eléctrica. || Adaptar a una instalación un equipo eléctrico.

electrización f. Acción y efecto de electrizar o electrizarse.

electrizar v. t. Comunicar o producir energía eléctrica. || *Fig.* Entusiasmar, exaltar: *el orador electrizó al auditorio.*

electrocardiógrafo m. Dispositivo que registra en electrocardiogramas la variación de la tensión producida por la actividad cardiaca.

electrocardiograma m. Gráfico producido por el electrocardiógrafo.

electrochoque m. Tratamiento de algunas enfermedades mentales por aplicación al encéfalo de una corriente eléctrica de corta duración.

electrocución f. Muerte producida por una descarga eléctrica.

electrocutar v. t. Matar por una descarga eléctrica (ú. t. c. pr.).

electrodinámico, ca adj. De la electrodinámica. || — F. Parte de la física que estudia la acción dinámica de las corrientes eléctricas.

electrodo y **eléctrodo** m. Cada uno de los polos de una corriente eléctrica que se ponen en un líquido o un gas para que la electricidad pase a través de éstos.

electrodoméstico, ca adj. y s. m. pl. Aplícase a los aparatos eléctricos destinados al uso doméstico (aspiradora, nevera, etc.).

electroencefalografía f. Parte de la medicina que trata de la obtención e interpretación de los electroencefalogramas.

electroencefalógrafo m. Aparato que registra gráficamente las corrientes eléctricas producidas por la actividad del encéfalo.

electroencefalograma m. Gráfico producido por el electroencefalógrafo.

electrófono m. Aparato que reproduce los sonidos grabados en un disco por procedimientos electromecánicos.

electrógeno, na adj. Que produce electricidad: *grupo electrógeno.*

electrólisis f. Descomposición de un cuerpo haciendo pasar por su masa una corriente eléctrica.

electrólito m. Cuerpo que en estado líquido puede ser descompuesto por la electricidad.

electrolización f. Electrólisis.

electrolizar v. t. Efectuar la electrólisis.

electrometalurgia f. Aplicación de procedimientos eléctricos a la metalurgia.

electrón m. *Fís.* Partícula elemental dotada de una carga de electricidad negativa, uno de los elementos constituyentes del átomo. || *Electrón positivo,* el positrón.

electrónico, ca adj. *Fís.* De los electrones o de la electrónica. || — F. Parte de la física que estudia los fenómenos en que intervienen los electrones libres. || Aplicación industrial de estos conocimientos.

electronvoltio m. Unidad de energía utilizada en física nuclear (símb. eV).

electrostático, ca adj. Relativo a la electricidad estática: *inducción electrostática.* || — F. Parte de la física que estudia la electricidad en equilibrio.

electrotecnia f. Estudio de las aplicaciones técnicas de la electricidad.

electrotécnico, ca adj. De la electrotecnia. || — F. Electrotecnia.

electroterapia f. *Med.* Aplicación de la electricidad en el tratamiento de las enfermedades.

elefante m. Mamífero herbívoro que tiene trompa prensil y dos colmillos de marfil.

elefantiásico, ca adj. *Med.* Relativo a la elefantiasis. || Que padece este mal (ú. t. c. s.).

elefantiasis f. *Med.* Enfermedad de los países tropicales caracterizada por el desarrollo excesivo de algunas partes del cuerpo, especialmente de las extremidades, y por la rugosidad de la piel.

elegancia f. Gracia y distinción en el porte, el vestido y los modales.

elegante adj. Distinguido, de buen gusto: *hombre, traje, estilo elegante.* || Que se ajusta mucho a la moda (ú. t. c. s.). || Fino, sin mezquindad: *una acción elegante.*

elegía f. Poesía lírica triste.

elegido, da adj. y s. Que ha sido designado por elección. || — M. Predestinado.

elegir v. t. Escoger.

elemental adj. Fundamental.

elemento m. Componente de un cuerpo. || Cuerpo simple: *elemento químico.* || Parte integrante de un todo: *los elementos de una obra.* || Motivo: *un elemento descontento.* || Medio que se desenvuelve un ser: *el aire es el elemento de los pájaros.* || Persona que pertenece a un grupo: *elemento activo de un partido.* || *Fam.* Individuo. || — Pl. Fundamentos, primeras nociones. || Fuerzas naturales: *luchar contra los elementos.*

elenco m. Conjunto de actores.

elevación f. Acción y efecto de elevar o elevarse. || Eminencia. || Momento de alzar en el sacrificio de la misa.

elevador, ra adj. Que eleva. || — M. Aparato para cargar mercancías. || *Amer.* Ascensor.

elevamiento m. Elevación.

elevar v. t. Levantar, alzar: *elevar un peso* (ú. t. c. pr.). || Construir: *elevar un monumento.* || *Fig.* Colocar en un cargo elevado. || *Mat.* Poner un número en una potencia: *elevar al cuadrado.* || Elevar protestas, suscitarlas. || — V. pr. *Fig.* Ascender, alcanzar: *los gastos se elevan a tres millones.* | Alcanzar una posición social elevada.

eliminación f. Supresión.

eliminar v. t. Suprimir, quitar.

eliminatorio, ria adj. Que sirve para eliminar. || — F. Prueba para eliminar a los concursantes más débiles.

elipse f. Curva plana convexa y cerrada con dos ejes de simetría que se cortan perpendicularmente.

élite o **elite** f. Minoría selecta.

elixir m. Medicamento.

ella pron. personal de 3.ª pers. en género f. núm. sing.: *ella es la mejor de todas.*

elle f. Nombre de la letra *ll.*

ello pron. pers. de 3.ª pers. en género neutro.

ellos, ellas pron. pers. de 3.ª pers. en género m. y f. núm. pl.: *ellos me lo dijeron.*

elocución f. Modo de expresarse.

elocuencia f. Facultad de hablar bien y de modo convincente.

elocuente adj. Que tiene elocuencia. || Significativo, expresivo.

elogiable adj. Que merece elogio.

elogiador, ra adj. y s. Que elogia.

elogiar v. t. Hacer elogios.

elogio m. Palabras empleadas para expresar la admiración que tiene alguien por una acción o persona.

elote m. *Amér. C. y Méx.* Mazorca tierna de maíz que se come cocida o asada.

elucidar v. t. Aclarar, dilucidar.

elucubración f. Lucubración.

elucubrar v. t. Lucubrar.

eludir v. t. Evitar.

emaciación f. Demacración.

emanación f. Olor o exhalación que se desprende de algunos cuerpos. || *Fig.* Manifestación.

emanar v. i. Desprenderse, exhalarse. || *Fig.* Proceder, derivar.

emancipación f. Acción y efecto de emancipar o emanciparse.

emancipador, ra adj. y s. Que emancipa.

emancipar v. t. Libertar de la patria potestad, de la tutela o de la servidumbre. || Librar de alguna dependencia o tiranía. || — V. pr. *Fig.* Librarse de las obligaciones y convencionalismos sociales. | Permitirse toda clase de libertad.

embadurnar v. t. Untar.

embajada f. Cargo de embajador. || Su residencia. || Sus empleados. || Representante de un Estado cerca de otro.

embajador, ra m. y f. Representante de un Estado cerca de otro.

embalaje m. Acción de embalar. || Envoltura que sirve para embalar.

embalar v. t. Envolver, empaquetar, poner en cajas. || Acelerar un motor (ú. t. c. pr.). || — V. pr. Hablar de prisa. || Ir o correr más deprisa. || *Fig.* Entusiasmarse.

embaldosado m. Acción y efecto de embaldosar.

embaldosar v. t. Cubrir con baldosas.

embalsamador, ra adj. y s. Que embalsama.

embalsamamiento m. Acción y efecto de embalsamar.

embalsamar v. t. Aplicar tratamiento especial a un cadáver para evitar su putrefacción. || Perfumar.

embalse m. Retención artificial de las aguas de un río que utilizarlas en la producción de energía o en el riego de los campos.

embarazado, da adj. Cohibido, molesto. || Dícese de la mujer que ha concebido (ú. t. c. f.).

embarazar v. t. Impedir, estorbar, dificultar: *embarazar el paso*. || Dejar encinta a una mujer. || *Fig.* Molestar, confundir. || — V. pr. Estar molesto por algo.

embarazo m. Dificultad, obstáculo. || Falta de soltura. || Estado de la mujer o hembra que ha concebido y tiene el feto en el vientre.

embarazoso, sa adj. Molesto.

embarcación f. Barco.

embarcadero m. Sitio para embarcar.

embarcar v. t. Meter a personas, mercancías, etc., en una embarcación. || *Fig.* Meter a uno en un negocio: *le embarcaron en un pleito*. || — V. pr. Subir a un barco. || *Fig.* Meterse, emprender.

embarco m. Acción de embarcar.

embargar v. t. Embarazar, estorbar. || Paralizar: *el dolor embargó mis sentidos*. || Absorber, llenar totalmente: *la felicidad le embargaba*. || Retener una cosa judicialmente: *le embargaron todos sus bienes*.

embargo m. Retención de bienes por mandamiento judicial. || Prohibición de salir un barco del puerto. || *Sin embargo*, no obstante.

embarque m. Carga de mercancías en un barco o en un tren.

embarrilar v. t. Poner en barril.

embarullar v. t. *Fam.* Mezclar desordenadamente unas cosas con otras. | Hacer las cosas muy de prisa.

embate m. Acometida impetuosa.

embaucador, ra adj. y s. Que embauca.

embaucamiento m. Engaño. || Seducción.

embaucar v. t. Engañar: *embaucar con promesas*. || Seducir.

embeber v. t. Absorber un cuerpo un líquido: *la esponja embebe el agua*. || Empapar: *embeber en agua* (ú. t. c. pr.). || Contener, encerrar. || — V. i. Encoger: *los trajes de lana embeben* (ú. t. c. pr.). || — V. pr. Quedarse extasiado.

embelecamiento m. Engaño.

embelecar v. t. Engañar.

embelesamiento m. Embeleso.

embelesar v. t. Encantar.

embeleso m. Encanto. || Arrebato.

embellecedor, ra adj. Que embellece. || — M. Moldura cromada de los coches. || Tapacubos de un automóvil.

embellecer v. t. Dar belleza (ú. t. c. i. y pr.).

embellecimiento m. Acción y efecto de embellecer o embellecerse.

emberrenchinarse y **emberrincharse** v. pr. Encolerizarse.

embestida f. Ataque, acometida.

embestir v. t. Arrojarse con ímpetu sobre una persona, animal o cosa. || — V. i. Atacar, acometer.

emblema m. Figura simbólica con una sentencia o lema. || Representación simbólica. || Atributo.

embobamiento m. Atontamiento.

embobar v. t. Tener suspenso y admirado. || Atontar, alelar (ú. t. c. pr.).

embobinar v. t. Bobinar.

embocadura f. Acción de embocar. || Desembocadura de un río. || *Mús.* Boquilla de un instrumento de viento.

embolado m. *Fam.* Engaño. | Engorro, pega: *¡pues vaya un embolado!*

embolador, ra m. y f. *Amer.* Limpiabotas.

embolar v. t. *Amer.* Dar betún a los zapatos.

embolia f. *Med.* Obstrucción de un vaso sanguíneo por un coágulo.

émbolo m. *Mec.* Disco cilíndrico que se desplaza alternativamente en el cuerpo de una bomba o en el cilindro de una máquina de vapor.

embolsar v. t. Cobrar. Ú. t. c. pr.: *se embolsó mucho dinero*.

emboquillar v. t. Poner boquilla de filtro a los cigarrillos.

emborrachar v. t. Poner borracho. || Atontar, perturbar, adormecer: *emborrachar a uno con ciertos olores* (ú. t. c. pr.). || — V. pr. Beber más de la cuenta.

emborrizar v. t. Bañar en huevo y harina lo que ha de freírse.

emborronar v. t. Llenar de borrones y garrapatos: *emborronar un papel*. || *Fig.* Escribir de prisa y mal.

emboscada f. Ataque por sorpresa. || *Fig.* Asechanza, trampa.

emboscar v. t. *Mil.* Poner oculta una tropa para atacar por sorpresa al enemigo (ú. t. c. pr.).

embotadura f. y **embotamiento** m. Acción y efecto de embotar.

embotar v. t. Volver menos cortante la hoja de un arma, de un cuchillo o de una herramienta (ú. t. c. pr.). || *Fig.* Debilitar: *el ocio embota el ánimo* (ú. t. c. pr.).

embotellado, da adj. En botella. | *Fig.* Dícese del discurso preparado de antemano. ||— M. Acción de embotellar.

embotellador, ra m. y f. Persona encargada de embotellar. ||— F. Máquina para embotellar.

embotellamiento m. Embotellado. || *Fig.* Atasco de la circulación.

embotellar v. t. Meter en botellas. || *Fig.* Obstruir, estorbar: *embotellar la circulación.* | Aprender de memoria. Ú. t. c. pr.: *se embotelló el Código Civil.*

embozar v. t. Cubrir la parte inferior del rostro. Ú. m. c. pr.: *se embozó en la capa.* || *Fig.* Encubrir.

embozo m. Parte de la capa o prenda que sirve para embozarse. || Parte doblada de la sábana de encima que toca el rostro.

embragar v. t. Establecer conexión entre el motor y los órganos que debe poner en movimiento. Ú. t. c. i.: *el coche hace ruido al embragar.*

embrague m. Acción de embragar. || Dispositivo que pone una máquina en movimiento uniéndola al motor: *embrague automático.*

embriagar v. t. Poner ebrio, hacer perder el uso de la razón. Ú. t. c. pr.: *embriagarse con anís.* || *Fig.* Enajenar: *embriagado por la gloria* (ú. t. c. pr.).

embriaguez f. Pérdida de la razón por el abuso del alcohol.

embrión m. *Biol.* Organismo en vías de desarrollo desde la fecundación del óvulo hasta el momento en que puede llevar una vida autónoma. || *Fig.* Origen: *esto fue el embrión de la revolución.* | Principio.

embrollar v. t. Enredar, enmarañar. ||— V. pr. *Fig.* Hacerse un lío.

embrollo m. Enredo.

embromador, ra adj. y s. Bromista.

embromar v. t. Dar broma. || Engañar. || *Méx.* Retardar el despacho de un asunto.

embrujar v. t. Hechizar.

embrujo m. Hechizo.

embrutecedor, ra adj. Que embrutece.

embrutecer v. t. Volver bruto.

embrutecimiento m. Acción y efecto de embrutecer.

embudo m. Utensilio hueco de forma cónica para trasegar líquidos.

embuste m. Mentira.

embustero, ra adj. y s. Mentiroso.

embutido m. Intestino de animal relleno con carne picada y condimentos. || Operación que consiste en embutir metales.

embutir v. t. Meter en un material trozo de otro: *embutir un metal en otro.* || *Tecn.* Dar formas adecuadas a las chapas de metal por compresión o martilleo. || Hacer embutidos. || Meter una cosa apretada en otra.

eme f. Nombre de la letra *m.*

emergencia f. Acción y efecto de emerger. || *Fig.* Circunstancia imprevista: *en caso de emergencia.*

emerger v. i. Salir de un líquido o de otro medio. || *Fig.* Resultar.

emérito, ta adj. Dícese del que se ha retirado de un cargo y disfruta de un premio por sus servicios.

emigración f. Acción de emigrar. || Conjunto de personas que han abandonado su residencia habitual para establecerse en otro país o región. || *Fig.* Salida de un país: *emigración de capitales.*

emigrado, da adj. y s. Que reside fuera de su patria o región por motivos políticos o económicos.

emigrante adj. y s. Que emigra.

emigrar v. i. Abandonar su residencia habitual para establecerse en otro país o región. || Ausentarse temporalmente. || Cambiar periódicamente de clima ciertos animales.

eminencia f. Parte del terreno más elevada que la circundante. || *Por ext.* Cualquier cosa que sobresale. || Tratamiento dado a los cardenales. || Persona eminente.

eminente adj. Distinguido.

emir m. Príncipe o jefe árabe.

emirato m. Dignidad de emir, tiempo que dura su mandato y territorio en que éste se ejerce.

emisario, ria m. y f. Mensajero. ||— M. Desaguadero.

emisión f. Acción y efecto de emitir. || Difusión por radio o televisión. || Programa difundido por radio o televisión. || Puesta en circulación de monedas o valores.

emisor, ra adj. y s. Que emite: *centro emisor.* ||— M. Aparato de emisión radiofónica. ||— F. Estación emisora de radio o televisión.

emitir v. t. Despedir, producir: *emitir radiaciones, sonidos.* || Poner en circulación: *emitir moneda.* || Manifestar, expresar: *emitir un juicio.* ||— V. i. Difundir emisiones de radio o televisión: *emitir en onda corta* (ú. t. c. t.).

emoción f. Alteración del ánimo provocada por la alegría, la sorpresa, el miedo, etc. || Expectación.

emocionante adj. Que causa emoción.

emocionar v. t. Conmover, causar emoción. ||— V. pr. Conmoverse.

emolumento m. Retribución.

emotividad f. Sensibilidad a las emociones.

emotivo, va adj. Que produce emoción. || De la emoción. || Que se emociona fácilmente (ú. t. c. s.).

empacado m. Empacamiento.

empacador, ra adj. Que empaca. ||— F. Máquina para empacar.

empacamiento m. *Amer.* Acción y efecto de empacarse.

empacar v. t. Poner en pacas, paquetes o cajas. ||— V. pr. Emperrarse, obstinarse. || Avergonzarse, turbarse, quedarse cortado. || *Amer.* Plantarse una bestia. ||— V. i. *Amer.* Hacer las maletas.

empachar v. t. Causar indigestión: *le empachó la cena.* || Estorbar, embarazar. ||— V. pr. Tener una indigestión.

empacho m. Indigestión.

empachoso, sa adj. Que causa empacho. || Molesto.

empadronamiento m. Inscripción en el padrón. || Padrón, lista.

empadronar v. t. Inscribir en un padrón (ú. t. c. pr.).

empalagamiento m. Empalago.

empalagar v. t. Empachar un alimento por ser muy dulce. Ú. t. c. pr.: *empalagarse de almíbar*. || *Fig.* Fastidiar.

empalago m. Hartura.

empalagoso, sa adj. Que empalaga.

empalar v. t. Atravesar en un palo.

empalizada f. Cerca, vallado.

empalizar v. t. Poner empalizadas.

empalmar v. t. Unir dos cosas por sus extremos. || *Fig.* Ligar, enlazar. || — V. i. Juntarse una cosa con otra. || Unirse dos carreteras. || Combinarse adecuadamente la hora de llegada de un tren u otro vehículo público con la de salida de otro.

empalme m. Acción y efecto de empalmar. || Punto en que empalman dos cosas. || Conexión eléctrica. || Cosa que empalma con otra. || Tramo de carretera que permite pasar de una vía pública a otra.

empanada f. Manjar que consiste en una vianda cubierta de masa y cocida al horno o frita.

empanadilla f. Pastel pequeño y relleno con carne o dulce.

empanar v. t. Poner en una empanada. || Rebozar con pan rallado.

empañado, da adj. Sin brillo.

empañar v. t. Envolver a una criatura en pañales. || Quitar la tersura, el brillo o la transparencia: *empañar un espejo*. || *Fig.* Manchar, deslucir (ú. t. c. pr.).

empapamiento m. Acción y efecto de empapar o empaparse.

empapar v. t. Mojar, humedecer. || Absorber: *la tierra empapa la lluvia*. || Penetrar un líquido en un cuerpo: *el agua empapa la esponja*. || Enjugar: *empapar el agua con un trapo*. || *Empapado en sudor*, muy sudoroso. || — V. pr. Penetrar: *la lluvia se empapa en el suelo*. || Calarse, mojarse mucho: *mi traje se ha empapado*. || *Fig.* Meterse en la cabeza: *empaparse un discurso*.

empapelado m. Revestimiento de la pared con papel pintado.

empapelador, ra m. y f. Persona que empapela.

empapelar v. t. Envolver en papel. || Cubrir de papel. || *Fig.* y *fam.* Formar un proceso a uno, formar o hacer un expediente administrativo.

empaque m. Empaquetado. || Envoltura del paracaídas. || *Fig.* Distinción, aspecto señorial. || Afectación. || *Amer.* Frescura, desfachatez. || *Méx.* Envase.

empaquetado y **empaquetamiento** m. Acción y efecto de empaquetar.

empaquetar v. t. Poner en paquetes. || *Fig.* Amontonar.

emparedado m. Manjar que consiste en dos rebanadas de pan que encierran alguna vianda como jamón, queso, etc.

emparejamiento m. Formación de una pareja.

emparejar v. t. Formar una pareja: *emparejar guantes*. || Combinar: *emparejar una cosa con otra*. || Poner al mismo nivel. || — V. i. Alcanzar: *tuve que correr para emparejar con él*. || Ser igual una cosa que otra (ú. t. c. pr.). || — V. pr. Formar pareja con una persona.

emparentar v. i. Contraer parentesco por casamiento.

emparrado m. Armazón que sostiene la parra u otra planta trepadora.

emparrar v. t. Hacer o formar un emparrado.

emparrillar v. t. Asar en la parrilla.

emparvar v. t. Disponer en parva.

empastar v. t. Cubrir con pasta. || Encuadernar en pasta. || Llenar con pasta o metal el hueco de un diente cariado.

empaste m. Acción y efecto de empastar. || Pasta o metal con que se ha llenado un diente cariado.

empatar v. i. Obtener el mismo número de votos. || Tener el mismo número de tantos dos equipos deportivos contrarios. || Sacar el mismo número de puntos en un concurso.

empate m. Igual número de puntos.

empavesar v. t. *Mar.* Engalanar un buque. || Adornar, engalanar.

empavonar v. t. Dar pavón al hierro o al acero.

empecinado, da adj. Obstinado.

empecinamiento m. Obstinación.

empecinarse v. pr. Obstinarse.

empedernido, da adj. *Fig.* Insensible, duro: *corazón empedernido*. || Incorregible, impenitente: *borracho empedernido*.

empedrado m. Pavimento de piedra.

empedrar v. t. Pavimentar el suelo con piedras o adoquines.

empeine m. Parte superior del pie. || Parte del calzado que la cubre.

empellón m. Empujón.

empenachado, da adj. Que lleva penacho.

empenaje m. Planos de estabilización de un avión.

empeñar v. t. Dejar un objeto de valor en garantía de un préstamo. || Comprometer: *empeñar su palabra* (ú. t. c. pr.). || Utilizar a uno como mediador. || Trabar, empezar: *empeñar una discusión*. || — V. pr. Obstinarse: *empeñarse en hacer algo*. || Esforzarse: *se empeña en trabajar lo mejor posible*. || Insistir: *si te empeñas tanto lo haré*. || Endeudarse. || Trabarse en una lucha o disputa.

empeño m. Acción de empeñar un objeto. || Afán: *tener empeño en conseguir algo*. || Obstinación, tesón, constancia: *trabajar con empeño*. || Esfuerzo: *empeño constante para mejorarse*. || *Casa de empeño*, Monte de Piedad.

empeoramiento m. Acción y efecto de empeorar o empeorarse.

empeorar v. t. Poner peor (ú. t. c. pr.).

empequeñecer v. t. Hacer más pequeño. || Disminuir la importancia.

emperador m. Jefe supremo de un imperio. || Pez espada.

emperatriz f. Mujer del emperador. || Soberana de un imperio.

emperejilar v. t. Acicalar (ú. t. c. pr.).

empero conj. Pero. || Sin embargo.

emperramiento m. Obstinación.

emperrarse v. pr. *Fam.* Obstinarse en no ceder. | Encapricharse. | Irritarse.

empezar v. t. Comenzar, dar principio. || *Fig. Empezar la casa por el tejado*, empezar una cosa por donde se debía acabar. || — V. i. Tener principio. || Hacer algo por primera vez: *empezó a trabajar*. || Hacer algo antes de cualquier cosa: *¡empieza por callarte!*

empicarse v. pr. Aficionarse.

empiece y **empiezo** m. *Arg. Fam.* Comienzo, principio.

empinado, da adj. En pendiente.
empinar v. t. Enderezar, levantar. || Poner en alto. || Inclinar una botella para beber. || *Fig.* y *fam. Empinar el codo,* beber mucho. || – V. pr. Ponerse de puntillas.
empírico, ca adj. Relativo al empirismo.
empirismo m. Procedimiento fundado en la observación y la experiencia. || Sistema filosófico que considera la experiencia como única fuente del conocimiento.
empirista adj. Relativo al empirismo, práctico. || Partidario del empirismo (ú. t. c. s.).
empitonar v. t. Encornar.
empizarrado m. Tejado de pizarras.
empizarrar v. t. Cubrir con pizarras.
emplazamiento m. *For.* Citación judicial. || Situación. || Sitio.
emplazar v. t. *For.* Citar ante un tribunal. || Colocar, situar.
empleado, da m. y f. Persona que trabaja a sueldo en una empresa.
empleador, ra adj. Que emplea. || – M. y f. Persona que tiene empleados, patrono.
emplear v. t. Utilizar: *emplear una palabra* (ú. t. c. pr.). || Ocupar, dar empleo: *emplear a un trabajador.* || Invertir dinero: *emplear la fortuna.* || Gastar: *emplear bien el tiempo.* || *Lo tiene bien empleado,* se lo ha merecido.
empleo m. Uso: *el empleo de una palabra.* || Colocación, ocupación: *tener un buen empleo.* || *Pleno empleo,* situación que se presenta cuando hay suficiente trabajo para ocupar a toda la mano de obra disponible.
emplomar v. t. Fijar o soldar con plomo: *emplomar las vidrieras.* || Poner sellos o precintos de plomo: *emplomar un fardo.* || *Amer.* Empastar: *emplomar un diente.*
empobrecer v. t. Volver pobre: *empobrecer a un pueblo.* || – V. i. Hacerse pobre (ú. t. c. pr.).
empobrecimiento m. Pobreza.
empollar v. t. Calentar el ave los huevos para que nazcan los pollos (ú. t. c. i.) || *Fig.* y *fam.* Meditar profundamente. | Estudiar mucho (ú. t. c. pr.).
empollón, ona adj y s. Muy estudioso.
empolvar v. t. Echar polvo o polvos. || Llenar de polvo. || – V. pr. Cubrirse de polvo. || Ponerse polvos en la cara.
emponzoñamiento m. Envenenamiento.
emponzoñar v. t. Envenenar.
emporio m. Gran centro comercial.
empotramiento m. Acción y efecto de empotrar.
empotrar v. t. Fijar una cosa en un muro o en el suelo con fábrica.
emprendedor, ra adj. Que toma iniciativas y las lleva a cabo.
emprender v. t. Comenzar una obra o empresa.
empresa f. Acción dificultosa que se comete con resolución. || Sociedad comercial o industrial.
empresariado m. Conjunto de empresas o de empresarios de sociedades.
empresarial adj. Relativo a la empresa: *clase empresarial.* || – F. pl. Estudios hechos para dirigir empresas.
empresario, ria m. y f. Persona que explota una empresa. || Persona que explota un teatro o espectáculo.

empréstito m. Acción de pedir un préstamo: *hacer un empréstito.* || Préstamo que toma el Estado o una corporación o empresa, especialmente cuando está representado por títulos negociables o al portador. || Cantidad así prestada.
empujar v. t. Impulsar, hacer fuerza contra una persona o cosa para moverla. || *Fig.* Incitar.
empuje m. Acción y efecto de empujar. || *Fís.* Fuerza vertical que se ejerce hacia arriba sobre todo cuerpo sumergido en un fluido. || Fuerza propulsiva de los motores de reacción. || *Fig.* Energía, brío, eficacia: *persona de empuje.*
empujón m. Golpe brusco que se da con fuerza para apartar o mover a una persona o cosa. || Avance notable y rápido: *dar un empujón a un trabajo.*
empuñadura f. Puño.
empuñar v. t. Coger por el puño. || Asir con la mano: *empuñar el tenedor.*
emulación f. Deseo de igualar o superar las acciones de otro.
emular v. t. Competir con uno intentando imitarle o superarle.
émulo, la m. y f. Competidor, persona que procura aventajar a otra.
emulsión f. Líquido constituido por dos sustancias no miscibles, una de las cuales se halla dispersa en la otra en forma de gotas pequeñísimas.
en prep. Sirve para indicar el lugar, la situación, el tiempo, el modo: *estar en casa; el libro está en la mesa; sucedió en domingo; lento en obrar.* || Con un gerundio significa *en cuanto, luego que o si: en saliendo a la calle lo compro.* || Seguido de infinitivo equivale a *por: le conocí en el andar.* || Se usa a veces antes de un precio: *vender algo en veinte pesetas.* || *En esto,* en aquel momento.
enagua f. Prenda interior femenina bajo la falda (ú. t. en pl.).
enajenable adj. Que se puede enajenar.
enajenación f. Acción y efecto de enajenar o enajenarse. || Cesión, venta. || *Fig.* Turbación. | Embelesamiento, éxtasis. || *Enajenación mental,* locura.
enajenado, da adj. Vendido. || *Fig.* Loco, demente (ú. t. c. s.).
enajenamiento m. Enajenación.
enajenar v. t. Transmitir a otro la propiedad de una cosa. || *Fig.* Trastornar, hacer perder el juicio: *el miedo le enajenó.* | Embelesar, arrobar: *la música le enajena.* || – V. pr. Desprenderse de algo. || Perder: *enajenarse la amistad de uno.* || *Fig.* Volverse loco. | Extasiarse.
enaltecer v. t. Ensalzar.
enaltecimiento m. Ensalzamiento.
enamoradizo, za adj. Propenso a enamorarse.
enamorado, da adj. y s. Dícese de la persona que siente amor por otra o por una cosa.
enamoramiento m. Acción y efecto de enamorar o enamorarse.
enamorar v. t. Despertar amor. || Cortejar, galantear. || – V. pr. Sentir amor por una persona.
enamoricarse y **enamoriscarse** v. pr. *Fam.* Enamorarse superficialmente.
enano, na adj. Muy pequeño: *persona, planta enana.* || – M. y f. Persona de estatura inferior a la normal.
enarbolar v. t. Levantar.

enardecer v. t. *Fig.* Excitar.

enardecimiento m. Excitación.

enarenar v. t. Echar arena.

encabestrar v. t. Poner el cabestro.

encabezamiento m. Fórmula con que se empieza una carta o un escrito. || Palabras puestas a la persona a quien va dirigido un libro o escrito. || Titulares de un periódico. || Padrón.

encabezar v. t. Poner el encabezamiento a un libro o escrito. || Comenzar: *encabezó su libro así.* || Estar al principio, iniciar: *encabezar una lista.* || Estar en cabeza o al frente: *encabezar una rebelión.*

encabritarse v. pr. *Fam.* Enojarse.

encabronarse v. pr. *Fam.* Enojarse.

encadenado m. Unión de dos escenas de una película.

encadenamiento m. Sujeción con cadena. || Enlace, trabazón.

encadenar v. t. Sujetar con cadena. || *Fig.* Trabar, enlazar unas cosas con otras. Ú. t. c. pr.: *se encadenaron las desgracias.* | Impedir a uno que actúe libremente. || Unir dos escenas de una película.

encajar v. t. Meter una cosa en otra de modo que ajuste: *encajar una pieza en otra.* || Poner en su sitio: *encajar un hueso.* || *Fig.* Hacer soportar una cosa molesta: *le encajó una arenga.* | Soportar, aguantar: *encajar un golpe; encajar críticas* (ú. t. c. i.). | Dar: *encajar un billete falso.* | Asestar: *le encajó un puñetazo.* || — V. i. Quedar bien ajustado: *la ventana no encaja* (ú. t. c. pr.). || *Fig.* Convenir, estar de acuerdo: *este cuadro encaja bien en la habitación.* | Ir bien: *esto encaja en mis proyectos.* || — V. pr. Meterse en un sitio de donde no se puede salir: *la rueda se encajó entre dos piedras.* || *Fig.* y *fam.* Ponerse una prenda: *se encajó el gabán.* | Adaptarse: *ya está encajado en su nueva colocación.* | Ir, hacer un desplazamiento: *me encajé a su casa.* | Llevar una vida ordenada.

encaje m. Ajuste de dos piezas que se adaptan. || Tejido de mallas que se obtiene entrelazando hilos manual o mecánicamente: *encaje de bolillos.* || *Amer.* Dinero o valores en caja.

encajonado y **encajonamiento** m. Acción y efecto de encajonar.

encajonar v. t. Meter algo dentro de un cajón: *encajonar naranjas.* || Meter en un sitio angosto: *río encajonado entre rocas.* || Poner los toros en cajones para transportarlos.

encalado m. Acción de encalar.

encalador, ra adj. y s. Que encala.

encalambrarse v. pr. *Amer.* Agarrotarse un músculo.

encalamocar v. t. *Amer.* Atontar.

encalar v. t. Cubrir con cal.

encalladura f. y **encallamiento** m. Acción y efecto de encallar.

encallar v. i. Varar, quedarse inmovilizado un barco en arena o rocas. || *Fig.* Quedarse detenido, no poder salir adelante en un negocio. || — V. pr. Encallecerse.

encallecer v. i. Criar callos (ú. t. c. pr.). || — V. pr. Endurecerse. || *Fig.* Endurecerse, curtirse con la costumbre.

encallecimiento m. Acción y efecto de encallecer o encallecerse.

encamarse v. pr. Meterse en la cama el enfermo.

encaminamiento m. Camino.

encaminar v. t. Indicar el camino o poner en camino. Ú. t. c. pr.: *se encaminó a la población.* || Dirigir, orientar.

encanallamiento m. Envilecimiento.

encanallar v. t. Corromper, envilecer. || — V. pr. Hacerse canalla.

encanastar v. t. Poner en canasta. || Encestar en baloncesto.

encandilamiento m. Brillo de los ojos.

encandilar v. t. *Fig.* Deslumbrar con apariencias falsas (ú. t. c. pr.). | Crear un deseo o ilusión (ú. t. c. pr.). || — V. pr. Ponerse muy brillantes los ojos.

encanecer v. i. Ponerse cano. || *Fig.* Envejecer. || *Encanecer en el oficio,* adquirir veteranía por haber trabajado muchos años. || — V. t. Volver cano, envejecer.

encanijamiento m. Delgadez.

encanijar v. t. Poner flaco (ú. t. c. pr.).

encantado, da adj. Muy contento. || Que parece habitado por fantasmas.

encantador, ra adj. Muy agradable: *voz encantadora.* || Sumamente simpático. || — M. y f. Hechicero.

encantamiento m. Acción y efecto de encantar.

encantar v. t. *Fig.* Gustar mucho: *me encanta su gracia, el teatro.* | Ejercitar artes de magia sobre cosas o personas.

encanto m. Cualidad de lo que agrada o atrae. || *Fig.* Persona muy simpática. | Cosa muy agradable.

encañado m. Enrejado de cañas.

encañonar v. t. Apuntar con un arma.

encapotamiento m. Oscurecimiento del cielo.

encapotar v. t. Cubrir con el capote. || — V. pr. Nublarse el cielo.

encaprichamiento m. Capricho.

encapricharse v. pr. Obstinarse, empeñarse uno en un capricho. || Enamorarse, aficionarse mucho.

encaramar v. t. Levantar o subir. || *Fig.* y *fam.* Elevar, colocar en puestos altos (ú. t. c. pr.). || — V. pr. Trepar: *encaramarse a una rama.*

encaramiento m. Afrontamiento.

encarar v. t. Poner dos cosas cara a cara. || Apuntar: *encarar el fusil.* || Mirar cara a cara. || *Fig.* Afrontar, hacer frente. Ú. t. c. pr.: *encararse con las dificultades.* || — V. pr. Ponerse cara a cara. || Oponerse, tener o manifestar actitudes contrarias.

encarcelación f. y **encarcelamiento** m. Acción y efecto de encarcelar.

encarcelar v. t. Meter en la cárcel.

encarecer v. t. Aumentar, subir el precio de alguna cosa. Ú. t. c. i.: *la vida ha encarecido.* || *Fig.* Ponderar, alabar. || Insistir, instar: *se lo encarezco.*

encarecimiento m. Subida de precio, aumento. || Insistencia.

encargado, da adj. Que recibe el encargo de hacer algo (ú. t. c. s.).

encargar v. t. Confiar a uno la realización de una cosa. || Dar el cuidado de algo: *encargar a alguien del teléfono.* || Ordenar, pedir: *encargar la comida.* || Recomendar, aconsejar: *me encargó mucho que fuese.* || — V. pr. Tomar a su cuidado, tomar la responsabilidad de algo. || Mandar hacer: *acabo de encargarme un traje.*

encargo m. Acción de encargar. || Mandado, recado, compra: *hacer sus encargos.* || *Com.* Pedido: *hacer un encargo.*

encariñar v. t. Tomar cariño.

encariñarse v. pr. Tomar cariño.

encarnaceno, na adj. y s. De Encarnación (Paraguay).

encarnación f. Acción de tomar carne. || Dícese especialmente de la de Jesucristo. || *Fig.* Personificación.

encarnado, da adj. Rojo (ú. t. c. s. m.). || Personificado: *el diablo encarnado.*

encarnar v. i. Haberse hecho hombre el Verbo Divino (ú. t. c. pr.). || Tomar una idea forma personal (ú. t. c. pr.). || Cicatrizar una herida. || — V. t. *Fig.* Ser la personificación de una cosa: *encarnar la justicia.* || — V. pr. Unirse, incorporarse una cosa con otra.

encarnizado, da adj. Muy violento: *batalla encarnizada.*

encarnizamiento m. Acción de encarnizarse. || *Fig.* Crueldad.

encarnizar v. t. *Fig.* Enfurecer: *la guerra encarniza a los hombres.* || — V. pr. Cebarse un animal en su presa. || *Fig.* Ensañarse: *encarnizarse en la lucha.*

encarrilar v. t. Encaminar, dirigir. || Colocar sobre carriles un vehículo descarrilado. || *Fig.* Poner en buen camino: *encarrilar un negocio.* || Encauzar, orientar: *encarrilar su vida.* || — V. pr. *Fig.* Llevar una vida formal y estable.

encartar v. t. Insertar: *encartar un prospecto.* || Implicar en un asunto. || — V. i. *Fig.* y *fam.* Ir bien: *esto no encarta con mis proyectos.*

encartonar v. t. Cubrir con cartones. || Encuadernar con cartones.

encasillado m. Conjunto de casillas.

encasillar v. t. Poner en casillas. || Clasificar personas o cosas. || *Fig.* Encerrar: *encasillado en su egoísmo.*

encasquetar v. t. Calarse bien el sombrero (ú. t. c. pr.). || *Fig.* Meter en la cabeza: *encasquetar a uno una idea.* || Hacer aguantar algo molesto: *nos encasquetó un discurso largo.* || — V. pr. Meterse en la cabeza.

encasquillarse v. pr. Quedarse la bala en el cañón de un arma de fuego.

encastillado, da adj. *Fig.* Altivo. | Obstinado.

encastillamiento m. *Fig.* Aislamiento, retiro. | Obstinación.

encastillar v. t. Fortificar con castillos. || — V. pr. Resguardarse en un castillo o en un sitio de difícil acceso. || *Fig.* Obstinarse. | Abstraerse.

encastrar v. t. Encajar.

encauzamiento m. Orientación.

encauzar v. t. Orientar.

encebollado m. Guisado de carne mezclado con cebollas.

encefálico, ca adj. Del encéfalo.

encefalitis f. Inflamación del encéfalo.

encéfalo m. Conjunto de los órganos nerviosos (cerebro, cerebelo) encerrados en el cráneo.

encefalografía f. Radiografía que se hace del encéfalo.

encefalograma m. Electroencefalograma.

encelamiento m. Celo.

encelar v. t. Dar celos. || — V. pr. Tener celos. || Estar en celo.

encenagarse v. pr. Revolcarse en el cieno. || Cubrirse de cieno. || *Atascarse.* || *Fig.* Enviciarse.

encendedor, ra adj. y s. Que enciende. || — M. Utensilio para encender los cigarrillos y otras cosas.

encender v. t. Prender fuego: *encender un cigarrillo.* || Hacer funcionar: *encender la luz.* || *Fig.* Causar ardor: *la pimienta enciende la lengua.* || Avivar, excitar: *encender una pasión.* || Provocar, ocasionar: *encender un conflicto.* || Poner muy colorado: *la fiebre encendía sus mejillas.* || — V. pr. Brillar mucho los ojos. | Ruborizarse.

encendido, da adj. Muy colorado: *la cara encendida.* || — M. Acción de encender. || En los motores de explosión, inflamación, por medio de una chispa eléctrica, de la mezcla carburante. || Dispositivo que provoca esta inflamación.

encerado m. Pizarra en las escuelas para escribir con tiza. || Tela impermeabilizada. || Capa de cera que se da a los muebles y entarimados.

encerar v. t. Aplicar cera.

encerrar v. t. Meter en un sitio cerrado. || En los juegos de damas o ajedrez, inmovilizar las fichas o peones del contrario.

encestador, ra adj. Que encesta en baloncesto (ú. t. c. s.).

encestar v. t. Meter en un cesto. || Marcar un tanto en baloncesto.

enceste m. Tanto en baloncesto.

enchalecar v. t. *Pop.* Embolsar, guardar el dinero (ú. t. c. pr.).

enchapar v. t. Chapar.

encharcamiento m. Formación de charcos. || Inundación. || *Med.* Hemorragia interna de los pulmones.

encharcar v. t. Cubrir de agua, formar charcos (ú. t. c. pr.). || — V. pr. *Med.* Tener una hemorragia interna en los pulmones.

enchilado, da adj. *Méx.* De color de chile, bermejo: *toro enchilado.* | Rabioso, emberrenchinado. || — M. *Cub.* y *Méx.* Guisado de mariscos con salsa de chile. || — F. *Méx.* Tortilla de maíz enrollada o doblada, rellena con alguna vianda y aderezada con chile.

enchiladora f. *Méx.* Mujer que hace y vende enchiladas.

enchilar v. t. *Amer.* Untar o sazonar con chile. || *Méx.* Enfadar.

enchiquerar v. t. Encerrar en el chiquero. || *Fig.* y *fam.* Encarcelar.

enchironar v. t. *Fam.* Encarcelar.

enchivarse v. pr. *Amer.* Enfadarse.

enchufado, da adj. y s. *Fam.* Dícese del que tiene un puesto o cargo obtenido por influencia.

enchufar v. t. Empalmar tubos. || Establecer una conexión eléctrica por medio de un enchufe: *enchufar una lámpara.* || *Fig.* Valerse de su influencia para favorecer a uno. | Enlazar, unir. || — V. pr. *Fam.* Obtener un enchufe por influencia.

enchufe m. Acción y efecto de enchufar. || Dispositivo para conectar un aparato con la red eléctrica. || Parte de un tubo que entra en otro. || *Fam.* Influencia: *tener mucho enchufe.* | Recomendación. | Puesto, generalmente muy bueno, obtenido por influencia.

encharularse v. pr. Hacer vida de chulo. || Encapricharse una mujer de un chulo.

encía f. Carne que cubre la raíz de los dientes.

encíclica f. Carta solemne del Sumo Pontífice a los obispos.

enciclopedia f. Conjunto de todos los conocimientos humanos. || Obra que trata metódicamente de todas las ciencias y artes. || Diccionario enciclopédico. || *Fig.* Persona que posee muchos conocimientos sobre materias muy variadas.

enciclopédico, ca adj. De la enciclopedia.

enciclopedismo m. Doctrinas filosóficas profesadas por los autores de la *Enciclopedia* publicada en Francia en el s. XVIII y por sus seguidores.

enciclopedista adj. y s. Adicto al enciclopedismo.

encierro m. Acción y efecto de encerrar o encerrarse. || Sitio donde se encierra. || Retiro. || Acto de conducir los toros al toril: *los encierros de Pamplona.*

encima adv. En lugar o situación superior. || Sobre sí: *llevar encima un abrigo.* || Además: *le insultaron y encima le pegaron.*

encina f. Árbol de madera dura, cuyo fruto es la bellota. || Su madera.

encinar m. Sitio poblado de encinas.

encino m. Encina.

encinta adj. Embarazada.

encintado m. Fila de piedras que forma el borde de la acera.

enclavamiento m. Enclave.

enclave m. Territorio perteneciente a un país, pero situado dentro de otro.

enclenque adj. y s. Enfermizo.

encoger v. t. Contraer: *encoger el brazo, la pierna* (ú. t. c. pr.). || Disminuir, reducir: *el lavado encoge ciertos tejidos* (ú. t. c. i.) || — V. pr. *Fig.* Apocarse, acobardarse.

encolado, da adj. Pegado con cola. || *Amer.* Vanidoso. || — M. Acción y efecto de encolar.

encolamiento m. Encolado.

encolar v. t. Pegar con cola.

encolerizar v. t. Enfurecer (ú. t. c. pr.).

encomendar v. t. Confiar, encargar. || — V. pr. Entregarse, confiarse a la protección de uno.

encomendero m. En América, el que tenía indios en encomienda.

encomiador, ra adj. y s. Que encomia.

encomiar v. t. Alabar, celebrar.

encomiasta com. Panegirista.

encomiástico, ca adj. Laudatorio.

encomienda f. Encargo. || Dignidad en las órdenes militares y civiles. || Cruz de los caballeros de las órdenes militares. || Amparo, protección. || Pueblo de indios que estaba a cargo de un encomendero. || *Amer.* Paquete.

encomio m. Alabanza, elogio.

enconado, da adj. Inflamado: *herida enconada.* || *Fig.* Apasionado.

enconamiento m. Inflamación de una herida. || *Fig.* Encono.

enconar v. t. Inflamar una herida (ú. m. c. pr.). || *Fig.* Intensificar (ú. m. c. pr.).

encono m. Rencor. || Ensañamiento: *luchar con encono.*

encontrado, da adj. Opuesto.

encontrar v. t. Tropezar con uno: *le encontré en el teatro.* || Hallar una cosa: *encontrar una solución.* || Enfrentar: *encontrar muchos obstáculos.* || Juzgar: *¿cómo encuentras este libro?* || Ver: *te encuentro mala cara.* || — V. i. Tropezar. || — V. pr. Coincidir en un sitio: *se encontraron en la playa.* || Chocar: *encontrarse dos vehículos.* || Reunirse: *se encuentran en este bar.* || Hallarse, estar: *encontrarse sin*

nada. || *Fig.* Sentirse: *encontrarse mal.* || Ser contrarias dos cosas. || Coincidir, estar de acuerdo: *no encontrarse en las opiniones.* || Oponerse.

encontrón m. Choque.

encontronazo m. Choque.

encopetarse v. pr. Envanecerse.

encorajinar v. t. Encolerizar (ú. t. c. pr.).

encornadura f. Disposición de los cuernos de un animal.

encornar v. t. Coger el toro con los cuernos.

encorselar y **encorsetar** v. t. Poner el corsé (ú. m. c. pr.). || *Fig.* Poner límites.

encorvadura f. y **encorvamiento** m. Curva.

encorvar v. t. Dar forma curva: *encorvar la espalda.* || — V. pr. Inclinarse: *encorvarse por la edad.* || *Tecn.* Doblarse, ladearse.

encrespar v. t. Ensortijar, rizar el pelo. || Poner el pelo de punta. || *Fig.* Irritar. || — V. pr. Agitarse mucho el mar con el viento.

encristalar v. t. Poner cristales.

encrucijada f. Cruce.

encuadernación f. Acción y efecto de encuadernar. || Tapa o cubierta de un libro.

encuadernador, ra m. y f. Persona que encuaderna.

encuadernar v. t. *Impr.* Reunir varios pliegos y ponerles cubierta.

encuadramiento m. Encuadre.

encuadrar v. t. Colocar en un marco: *encuadrar una fotografía.* || Servir de marco. || *Fig.* Encajar, ajustar una cosa dentro de otra. || *Mil.* Incorporar soldados bisoños.

encuadre m. *Fot.* y *Cin.* Enfoque de la imagen. || En los televisores, sistema regular que permite centrar la imagen en la pantalla.

encubierto, ta adj. Tapado.

encubridor, ra adj. y s. Que encubre un delito o a un delincuente.

encubrimiento m. Ocultación.

encubrir v. t. Ocultar o disimular una cosa. || *For.* Hacerse indirectamente partícipe de un delito ocultando una cosa o persona para que no sean descubiertas.

encuentro m. Acción de encontrarse: *encuentro casual.* || Choque: *encuentro de dos automóviles.* || Combate imprevisto: *encuentro de tropas.* || Hallazgo: *un encuentro interesante.* || Competición deportiva. || Oposición, contradicción.

encuerado, da adj. *Amer.* Desnudo.

encuerar v. t. *Cub.* y *Méx.* Desnudar. || *Amer.* Enchalecar.

encuesta f. Averiguación, investigación: *encuesta policial.* || Averiguación de la opinión dominante sobre una materia por medio de unas preguntas hechas a muchas personas.

encuestado, da adj. y s. Sometido a una encuesta.

encuestador, ra m. y f. Persona que interroga para una encuesta.

encumbramiento m. Acción y efecto de encumbrar o encumbrarse. || Posición encumbrada. || *Fig.* Ensalzamiento, exaltación.

encumbrar v. t. Poner en alto. || *Fig.* Ensalzar. || — V. pr. Llegar a gran altura. || *Fig.* Envanecerse, engreírse. | Progresar, adquirir elevada posición social o económica.

ende (por) adv. Por tanto.

endeble adj. Débil.

endeblez f. Calidad de endeble.

endecágono adj. y s. m. Dícese del polígono de once ángulos y lados.

endecasílabo, ba adj. y s. m. Aplícase al verso de once sílabas.

endemia f. *Med.* Enfermedad que existe habitualmente en un sitio.

endémico, ca adj. *Med.* Relativo a la endemia.

endemoniado, da adj. Muy malo.

enderezamiento m. Acción de enderezar.

enderezar v. t. Poner derecho lo que está torcido: *enderezar una viga.* || Poner vertical: *enderezar un poste.* || *Fig.* Corregir, enmendar: *enderezar entuertos.* | Arreglar: *enderezar una situación.* | Orientar, encaminar: *enderezar sus esfuerzos a un propósito noble.* || – V. pr. *Fig.* Tender hacia cierto objetivo.

endeudarse v. pr. Contraer deudas.

endiablado, da adj. Endemoniado.

endibia f. Especie de achicoria.

endilgar v. t. *Fam.* Dirigir. | Hacer aguantar algo desagradable.

endiñar v. t. *Pop.* Dar.

endiosamiento m. Soberbia.

endiosar v. t. Divinizar. || – V. pr. *Fig.* Ensoberbecerse.

endocardio m. Membrana que cubre el interior del corazón.

endocarditis f. *Med.* Inflamación del endocardio.

endocarpio y **endocarpo** m. Parte interior de un fruto.

endocrino, na adj. Aplícase a las glándulas de secreción interna.

endocrinología f. Estudio de las glándulas endocrinas.

endodermo m. *Biol.* Capa interna del blastodermo.

endoesqueleto m. Parte del esqueleto que protege la médula espinal.

endogamia f. Obligación de contraer matrimonio con una persona que pertenece al mismo grupo social.

endogénesis f. División de una célula que posee una envoltura resistente para impedir la separación de las células vivas.

endosable adj. *Com.* Que se puede endosar: *cheque endosable.*

endosar v. t. *Com.* Traspasar a otro un documento de crédito haciéndolo constar al dorso. || *Fig.* y *fam.* Encargar a alguien una cosa molesta.

endosatario, ria m. y f. Persona a cuyo favor se endosa un documento de crédito.

endoscopio m. Aparato destinado al examen visual de la uretra y la vejiga urinaria.

endósmosis f. *Fís.* Corriente de fuera adentro que se establece cuando dos líquidos de densidad diferente están separados por un tabique membranoso muy fino.

endoso m. *Com.* Acción y efecto de endosar un documento de crédito. | Lo que se escribe al dorso de él.

endrino, na adj. De color negro azulado.

endulzar v. t. Poner dulce.

endurecer v. t. Poner duro: *la sequía endurece la tierra* (ú. t. c. pr.). || *Fig.* Hacer a uno resistente: *el*

---

ejercicio endurece al hombre. | Volver insensible: *la vida le ha endurecido* (ú. t. c. pr.).

endurecimiento m. Dureza. || Aumento de la dureza. || *Fig.* Resistencia.

ene f. Nombre de la letra *n.*

eneágono, na adj. y s. m. *Geom.* Aplícase al polígono que tiene nueve ángulos y lados.

enebro m. Arbusto de fruto aromático. || Su madera.

enemigo, ga adj. y s. Contrario: *países enemigos.* || Que odia y procura hacer daño: *es mi enemigo personal.* || Que aborrece: *enemigo de trasnochar.* || – M. El contrario en la guerra: *el enemigo fue rechazado.* || – F. Enemistad.

enemistad f. Aversión, odio.

enemistar v. t. Hacer perder la amistad. Ú. t. c. pr.: *se enemistó conmigo.*

eneolítico, ca adj. Del eneolítico. || – M. Período prehistórico, entre la edad de piedra y la del bronce, en el cual se empezó a utilizar el cobre.

energético, ca adj. De la energía. || – F. Ciencia que se ocupa de la energía.

energía f. Fuerza: *la energía muscular.* || Virtud, eficacia: *la energía de un medicamento.* || *Fig.* Fuerza de carácter, firmeza. || *Fís.* Capacidad que tiene un cuerpo de producir un trabajo: *energía eléctrica.*

enérgico, ca adj. Que tiene o implica energía: *hombre enérgico.*

energúmeno, na m. y f. *Fig.* Persona muy exaltada.

enero m. Primer mes del año que tiene 31 días.

enervación f. y **enervamiento** m. Debilitación, abatimiento.

enervar v. t. Debilitar, quitar energía física o moral (ú. t. c. pr.).

enésimo, ma adj. Aplícase al número indeterminado de veces que se repite una cosa: *decir por enésima vez.*

enfadadizo, za adj. Propenso a enfadarse: *madre enfadadiza.*

enfadar v. t. Disgustar (ú. t. c. pr.).

enfado m. Enojo, disgusto.

enfadoso, sa adj. Enojoso.

énfasis m. Exageración en la manera de expresarse que implica cierta afectación.

enfático, ca adj. Con énfasis.

enfatizar v. i. Expresarse con énfasis. || – V. t. Poner énfasis.

enfebrecido, da adj. Febril.

enfermar v. i. Ponerse enfermo. || – V. t. Causar enfermedad.

enfermedad f. Alteración en la salud. || *Fig.* Pasión dañosa.

enfermería f. Departamento de algún establecimiento donde se cura a los enfermos y heridos. || Conjunto de enfermos.

enfermero, ra m. y f. Persona que atiende a los enfermos.

enfermo, ma adj. y s. Que sufre una enfermedad.

enfeudar v. t. Dar en feudo.

enfilar v. t. Colocar en fila. || Ensartar: *enfilar perlas.* || *Mil.* Batir de flanco. | Apuntar. || Dirigirse: *enfilar una calle.*

enfiteusis f. *For.* Cesión por largo tiempo del dominio útil de un inmueble o finca mediante el pago anual de un canon.

enflaquecer v. t. Poner flaco: *las penas le enflaquecen.* || – V. i. Adelgazar mucho.

enflaquecimiento m. Adelgazamiento excesivo. || Debilitación.

enfocar v. t. *Fot.* Hacer que la imagen de un objeto producida por una lente coincida con un punto determinado. || Dirigir: *enfocar los gemelos hacia cierto punto.* || Centrar en el visor de la cámara fotográfica la imagen que se desea reproducir (ú. t. c. pr.). || *Fig.* Considerar, analizar (ú. t. c. pr.).

enfoque m. Acción y efecto de enfocar. || *Fig.* Manera de considerar y tratar un asunto.

enfrascado, da adj. Metido, ensimismado.

enfrascamiento m. Acción y efecto de enfrascarse.

enfrascarse v. pr. Entregarse.

enfrentamiento m. Acción y efecto de enfrentar o enfrentarse.

enfrentar v. t. Afrontar, arrostrar: *enfrentar el peligro* (ú. t. c. pr.). || Poner frente a frente. || Oponer. || — V. pr. Tener ante sí: *enfrentarse con una dificultad.* || Hacer frente: *enfrentarse con una persona importante.* || Oponerse: *se enfrenta con todos.* || Luchar dos equipos o jugadores.

enfrente adv. Delante, en el lugar opuesto: *la escuela está enfrente.* | En contra: *todos se pusieron enfrente del proyecto.*

enfriamiento m. Acción y efecto de enfriar o enfriarse. || Resfriado: *las corrientes de aire producen enfriamientos.*

enfriar v. t. Poner fría una cosa: *enfriar un líquido.* || *Fig.* Moderar las pasiones: *enfriar el entusiasmo.* || *Fig.* y fam. Matar. || — V. pr. Acatarrarse, resfriarse.

enfrijolada f. Comida típica mexicana hecha de tortilla de maíz, puré de frijoles y queso.

enfrijolarse v. pr. *Méx.* Enredarse una cosa, un negocio.

enfundar v. t. Poner en una funda.

enfurecer v. t. Poner furioso. || — V. pr. *Fig.* Embravecerse el mar o alterarse el viento.

enfurecimiento m. Irritación.

enfurruñarse v. pr. *Fam.* Enfadarse, gruñir. | Nublarse el cielo.

engalanar v. t. Adornar. || Ataviar. || — V. pr. Acicalarse.

engallamiento m. Engreimiento.

engallarse v. pr. *Fig.* Engreírse.

enganchar v. t. Agarrar con un gancho. || Colgar de un gancho. || Sujetar las caballerías a un carruaje o los vagones entre sí. || *Fig.* y fam. Atraer a uno con arte: *le engancharon para que les ayudase.* | Coger, pescar: *enganchar una borrachera, un marido.* || Alistar a alguien como voluntario. || *Taurom.* Coger el toro al bulto y levantarlo con los pitones. || — V. pr. Quedarse prendido en un gancho o algo semejante. || Sentar plaza de soldado.

enganche m. Acción y efecto de enganchar o engancharse.

engañabobos m. Engaño falaz.

engañar v. t. Hacer creer algo que es falso: *la vista engaña.* || *Fig.* Producir o causar ilusión. || Estafar: *engañar a un cliente.* || Hacer más llevadero: *engañar el hambre.* || Ser infiel a su cónyuge. || — V. pr. Equivocarse. || No querer ver la verdad: *se engaña a sí mismo.*

engañifa f. *Fam.* Engaño.

engaño m. Acción y efecto de engañar. || Error. || Cualquier arte de pescar. || *Taurom.* Capa o muleta con que se engaña al toro.

engañoso, sa adj. Que engaña.

engarce m. Acción y efecto de engarzar. || Metal en que se engarza una piedra preciosa. || *Fig.* Enlace.

engarzar v. t. Reunir formando cadena: *engarzar perlas.* || Engastar: *engarzar un brillante en platino.*

engastar v. t. Embutir una cosa en otra: *engastar un rubí en oro.*

engaste m. Acción y efecto de engastar. || Cerco de metal que abraza lo que se engasta.

engatusamiento m. Acción y efecto de engatusar, embaucamiento.

engatusar v. t. Ganar la voluntad de uno con atenciones y halagos.

engendramiento m. Acción y efecto de engendrar.

engendrar v. t. Procrear. || *Fig.* Causar, ocasionar, originar.

engendro m. Engendramiento. || Feto. || Criatura deforme, monstruo.

englobar v. t. Reunir en un conjunto.

engolado, da adj. Presuntuoso.

engolamiento m. Afectación.

engolar v. t. Dar un tono enfático a la voz.

engolosinar v. t. Excitar el deseo. || — V. pr. Aficionarse.

engomar v. t. Poner goma de pegar o apresto a los tejidos.

engordar v. t. Poner gordo. || Cebar: *engordar cerdos.* || — V. i. Ponerse gordo.

engorde m. Acción de engordar.

engorro m. Molestia.

engorroso, sa adj. Molesto

engranaje m. *Mec.* Acción y efecto de engranar. | Piezas que engranan. | Conjunto de los dientes de una máquina. || *Fig.* Enlace, conexión de ideas o hechos.

engranar v. t. e i. *Mec.* Introducir unos en otros los dientes de dos piezas. || *Fig.* Enlazar.

engrandecer v. t. Aumentar, hacer mayor: *engrandecer la fama de uno.* || *Fig.* Alabar. | Exaltar.

engrandecimiento m. Crecimiento, aumento. || *Fig.* Elogio.

engrapar v. t. Coser con grapas.

engrasado m. Engrase.

engrasamiento m. Engrase.

engrasar v. t. Untar o ensuciar con grasa. Ú. t. c. pr.: *las bujías se han engrasado.* || Lubricar.

engrase m. Acción y efecto de engrasar. || Materia lubricante.

engreído, da adj. Creído de sí mismo. || *Col.* y *Méx.* Encariñado.

engreimiento m. Vanidad.

engreír v. t. Llenar de vanidad. || — V. pr. Envanecerse.

engrifarse v. pr. *Méx.* Enojarse.

engringarse v. pr. *Amer.* Adoptar las maneras de los gringos.

engrosamiento m. Acción y efecto de engrosar.

engrosar v. t. Poner grueso. || *Fig.* Aumentar: *engrosar las filas del ejército* (ú. t. c. i.). || — V. i. Engordar (ú. t. c. pr.).

engrudo m. Masa de harina o almidón cocidos en agua que sirve para pegar.

enguatar v. t. Poner guata.

enguirnaldar v. t. Adornar con guirnaldas: *enguirnaldar un patio.*

engullir v. t. Tragar.

enharinar v. t. Cubrir con harina.

enhebrar v. t. Pasar la hebra por el ojo de la aguja. || Ensartar: *enhebrar perlas.* || *Fig.* y *fam.* Decir muchas cosas seguidas.

enhiesto, ta adj. Alzado.

enhorabuena f. Felicitación. || — Adv. Felizmente, en hora buena.

enhoramala adv. Poco a propósito.

enigma m. Adivinanza. || Dicho de interpretación difícil.

enigmático, ca adj. Misterioso.

enjabonado, da adj. Con jabón. || — M. Jabonado.

enjabonadura f. Jabonado.

enjabonar v. t. Jabonar, dar jabón. || *Fig.* Lisonjear, adular.

enjaezar v. t. Poner los jaeces. || *Fig.* Ataviar, arreglar (ú. t. c. pr.).

enjalbegado m. Encalado.

enjalbegar v. t. Encalar.

enjambre m. Conjunto de abejas con su reina que van a formar una colonia. || *Fig.* Gran cantidad de hombres o animales. || *Astr.* Conjunto de numerosas estrellas que pertenecen al mismo sistema.

enjaretar v. t. Hacer pasar por una jareta una cinta, etc. || *Fig.* y *fam.* Hacer o decir algo atropelladamente: *enjaretar uno versos.* || Endilgar, hacer aguantar algo molesto.

enjaular v. t. Encerrar en una jaula. || *Fig.* y *fam.* Encarcelar.

enjuagar v. t. Limpiar la boca con agua u otro líquido (ú. t. c. pr.). || Aclarar con agua limpia.

enjuague m. Acción de enjuagar. || Recipiente para enjuagarse.

enjugar v. t. Secar: *enjugar el sudor* (ú. t. c. pr.). || Liquidar una deuda o hacer desaparecer un déficit.

enjuiciamiento m. Acción de enjuiciar. || *For.* Instrucción de una causa.

enjuiciar v. t. Someter una cuestión a examen, discusión y juicio. || *For.* Instruir una causa. | Juzgar.

enjundia f. *Fig.* Importancia.

enjundioso, sa adj. Que tiene enjundia. || Sustancioso.

enjuto, ta adj. Muy delgado.

enlace m. Acción de enlazar. || Unión, conexión, relación: *enlace entre las ideas.* || Dicho de los trenes, empalme: *enlace ferroviario.* || Comunicación: *enlace aéreo.* || *Fig.* Intermediario: *enlace sindical.* | Casamiento.

enladrillado m. Suelo de ladrillos.

enladrillar v. t. Poner ladrillos.

enlatado, da adj. Dícese de las conservas en lata (ú. t. c. s. m.) || — M. Envase en latas.

enlatar v. t. Envasar conservas en botes de lata. || *Amer.* Recubrir con lata.

enlazador, ra adj. Que enlaza (ú. t. c. s.).

enlazar v. t. Sujetar con lazos. || Unir, trabar, relacionar: *enlazar una idea con otra.* || — V. i. Hablando de los medios de comunicación, unir varios sitios. || — V. pr. *Fig.* Casarse.

enlodar y **enlodazar** v. t. Ensuciar con lodos. || *Fig.* Manchar.

enloquecer v. t. Hacer perder el juicio, volver loco. || Trastornar, hacer perder la sensatez. || — V. i. Volverse loco. || Gustar mucho (ú. t. c. pr.).

enloquecimiento m. Locura.

enlosado m. Pavimento de losas.

enlosar v. t. Pavimentar con losas.

enlucido, da adj. Blanqueado con yeso. || — M. Capa de yeso o estuco que se da a los muros.

enlucir v. t. Poner una capa de yeso en los muros, techos, etc.

enlutado, da adj. De luto (ú. t. c. s.).

enlutar v. t. Vestir de luto (ú. t. c. pr.).

enmaderar v. t. Cubrir con madera.

enmadrarse v. pr. Encariñarse demasiado el niño con su madre.

enmaniguarse v. pr. *Cub.* Convertirse un terreno en manigua. | Acostumbrarse a la vida del campo.

enmarañamiento m. Confusión.

enmarañar v. t. Mezclar, poner en desorden: *enmarañar el cabello* (ú. t. c. pr.). || Complicar, embrollar: *enmarañar un pleito* (ú. t. c. pr.). || — V. pr. Confundirse.

enmarcar v. t. Encuadrar.

enmascarado, da adj. Disfrazado, cubierto el rostro.

enmascaramiento m. Acción y efecto de enmascarar.

enmascarar v. t. Cubrir el rostro con máscara. || *Fig.* Encubrir.

enmendar v. t. Corregir, quitar defectos o errores. || Resarcir, compensar. || *For.* Rectificar una sentencia. || — V. pr. Corregirse.

enmienda f. Corrección. || Rectificación en un escrito. || Propuesta de un cambio en un texto oficial.

enmohecer v. t. Cubrir de moho una cosa (ú. t. c. pr.).

enmohecimiento m. Moho.

enmudecer v. t. Hacer callar: *el remordimiento le enmudece.* || — V. i. Perder el habla: *enmudeció de espanto.*

enmudecimiento m. Silencio.

ennegrecer v. t. Poner negro (ú. t. c. pr.).

ennegrecimiento m. Negrura.

ennoblecer v. t. Conceder un título de nobleza. || Dar nobleza.

ennoblecimiento m. Acción y efecto de ennoblecer.

enojar v. t. Disgustar (ú. t. c. pr.).

enojo m. Ira, cólera. || Enfado.

enojoso, sa adj. Molesto.

enología f. Conjunto de conocimientos relativos al vino.

enorgullecer v. t. Envanecer.

enorme adj. Muy grande.

enormidad f. Tamaño descomunal. || *Fig.* Desatino, despropósito.

enquistamiento m. Acción y efecto de enquistarse.

enquistarse v. pr. *Med.* Formarse un quiste. || *Fig.* Meterse dentro de una organización, etc.

enrabiar v. t. Encolerizar (ú. t. c. pr.).

enraizar v. i. Arraigar (ú. t. c. pr.).

enrarecer v. t. Hacer menos denso un cuerpo gaseoso (ú. t. c. i. y pr.). || Hacer que escasee una cosa (ú. t. c. i. y pr.).

enrarecimiento m. Rarefacción. || Escasez.

enrasar v. t. Nivelar.

enredadera adj. f. Dícese de las plantas que se enredan en varas, cuerdas, etc. || — F. Planta de flores acampanadas.

enredador, ra adj. y s. Que enreda.

enredar v. t. Enmarañar, mezclar desordenadamente (ú. t. c. pr.). ǁ *Fig.* Meter cizaña, enemistar. | Meter en un mal negocio, liar (ú. t. c. pr.). | Complicar: *enredar un asunto* (ú. t. c. pr.). ǁ — V. i. Travesear: *está siempre enredando.* ǁ — V. pr. *Fam.* Amancebarse: *se enredó con una vecina.*

enredo m. Maraña, lío. ǁ *Fig.* Situación inextricable, lío. | Confusión. | Engaño, mentira. | Relaciones amorosas ilícitas. ǁ Trama de una obra de teatro o una novela.

enrejado m. Conjunto de rejas.

enrejar v. t. Cercar con rejas.

enrevesado, da adj. Complicado.

enriquecer v. t. Hacer rico. ǁ Efectuar el enriquecimiento de un mineral. ǁ *Fig.* Adornar, embellecer. ǁ — V. i. y pr. Hacerse rico. ǁ Prosperar un país, una empresa.

enriquecimiento m. Acción y efecto de enriquecer o enriquecerse. ǁ Aumento de la cantidad de metal en un mineral o concentración de un isótopo en una mezcla de isótopos (uranio).

enriscado, da adj. Escarpado.

enrocar v. t. En el ajedrez, mover el rey al mismo tiempo que una de las torres.

enrojecer v. t. Poner rojo con el calor o el fuego (ú. t. c. pr.). ǁ Dar color rojo. ǁ Encender el rostro (ú. t. c. pr.). ǁ — V. i. Ruborizarse.

enrojecimiento m. Acción y efecto de ponerse rojo. ǁ Rubor.

enrolamiento m. Alistamiento.

enrolar v. t. Inscribir en la lista de tripulantes de un buque. ǁ — V. pr. Sentar plaza en el ejército. ǁ Adherir a un partido, una organización, etc.

enrollar v. t. Arrollar. ǁ *Fam.* Liar, enredar (ú. t. c. pr.). | Conquistar, enamorar. ǁ — V. pr. *Fam.* Liarse a hablar. | Meterse en un lío, enredarse. | Ocuparse, dedicarse. | Participar en algo.

enronquecer v. t. Poner la voz ronca (ú. t. c. pr.).

enronquecimiento m. Ronquera.

enroque m. Acción y efecto de enrocar en el ajedrez.

enroscar v. t. Dar forma de rosca o espiral. ǁ Introducir a rosca de rosca, atornillar.

ensaimada f. Bollo de pasta hojaldrada en forma de espiral.

ensalada f. Hortaliza aderezada con vinagreta. ǁ *Fig. y fam.* Mezcla de cosas inconexas. | Lío, confusión: *armar una ensalada.*

ensaladilla f. Ensalada.

ensalmo m. Modo supersticioso de curar con palabras mágicas y aplicación empírica de medicinas.

ensalzador, ra adj. y s. Que ensalza.

ensalzamiento m. Exaltación.

ensalzar v. t. Alabar, celebrar.

ensamblado m. Ensambladura.

ensambladura f. y **ensamblaje** m. Unión de dos piezas encajando una en otra.

ensamblar v. t. Unir dos piezas haciendo encajar la parte saliente de una en la parte entrante de la otra.

ensanchamiento m. Aumento de la anchura.

ensanchar v. t. Poner más ancho: *ensanchar un tubo.* ǁ Extender: *ensanchar una ciudad.* ǁ — V. pr. *Fig.* Engreírse, hincharse.

ensanche m. Extensión. ǁ Terreno dedicado a nuevas edificaciones en las afueras de una población.

ensangrentar v. t. Manchar con sangre. Ú. t. c. pr.: *ensangrentarse las manos.* ǁ *Fig.* Provocar derramamiento de sangre.

ensañamiento m. Acción y efecto de ensañarse.

ensañar v. t. Irritar, encolerizar, poner furioso. ǁ — V. pr. Disfrutar haciendo daño a una persona indefensa.

ensartar v. t. Pasar por un hilo, alambre, etc.: *ensartar perlas.* ǁ Enhebrar: *ensartar una aguja.* ǁ *Fig.* Decir una serie de cosas seguidas: *ensartar sandeces.*

ensayar v. t. Poner a prueba. ǁ Hacer el ensayo de un espectáculo (ú. t. c. i.). ǁ — V. pr. Probar hacer una cosa.

ensayista com. Autor de ensayos.

ensayo m. Prueba a que se somete una cosa: *ensayo de una máquina.* ǁ Análisis rápido de un producto químico. ǁ Obra literaria que consiste en la reunión de algunas reflexiones hechas sobre un tema determinado. ǁ Representación preliminar y preparatoria de un espectáculo antes de presentarlo al público: *ensayo general.* ǁ En rugby, acción de colocar el balón detrás de la línea de meta adversaria.

enseguida adv. Inmediatamente.

ensenada f. Pequeña bahía.

enseña f. Insignia.

enseñanza f. Instrucción, acción de enseñar los conocimientos humanos de una materia. ǁ Método empleado para ello. ǁ Ejemplo, experiencia, escarmiento. ǁ — Pl. Ideas, preceptos: *seguir las enseñanzas de un maestro.*

enseñar v. t. Instruir, hacer que alguien aprenda algo: *enseñar a bailar.* ǁ Dar clases: *enseñar latín.* ǁ Indicar: *enseñar el camino.* ǁ Mostrar: *enseñar un libro.*

enseñorearse v. pr. Apoderarse.

enseres m. pl. Efectos, muebles o utensilios necesarios en una casa o para una profesión.

ensilado m. Acción de ensilar.

ensiladora f. Máquina para ensilar.

ensilar v. t. Guardar en un silo.

ensimismado, da adj. Absorto.

ensimismamiento m. Reflexión o meditación profunda.

ensimismarse v. pr. Abstraerse. ǁ Reflexionar profundamente.

ensoberbecer v. t. Causar o excitar soberbia (ú. t. c. pr.).

ensombrecer v. t. Oscurecer.

ensordecedor, ra adj. Que ensordece.

ensordecer v. t. Causar sordera. ǁ Dejar momentáneamente sordo. ǁ Hacer menos fuerte un sonido.

ensordecimiento m. Sordera.

ensortijar v. t. Rizar el cabello.

ensuciar v. t. Manchar, poner sucia una cosa. Ú. t. c. pr.: *ensuciarse con todo.* ǁ *Fig.* Manchar (ú. t. c. pr.): *ensuciar su fama.* ǁ — V. pr. *Fam.* Hacer las necesidades corporales. ǁ *Fig. y fam.* Meterse en negocios sucios: *ensuciarse por dinero.*

ensueño m. Cosa que se sueña: *un país de ensueño.* ǁ Ilusión.

entablado m. Armazón de tablas.

entablamento y **entablamiento** m. *Arq.* Cornisamento.

entablar v. t. Cubrir, asegurar o cercar con tablas. || Emprender, iniciar: *entablar negociaciones.* || Trabar: *entablar amistad.* || — V. i. *Amer.* Hacer tablas, empatar.

entablillar v. t. *Med.* Sujetar con tablillas y vendaje un miembro.

entallar v. t. Ajustar un vestido. || — V. i. Estar ajustado *al talle: este traje entalla bien.*

entarimado m. Suelo de tablas.

entarimar v. t. Cubrir el suelo con tablas o parquet.

ente m. Ser: *ente racional.* || Sociedad comercial, organismo. || *Ente público,* televisión.

entendederas f. pl. Comprensión.

entendedor, ra adj. y s. Que entiende.

entender v. t. Comprender: *entender el inglés.* || Querer decir: *¿qué entiendes por esta palabra?* || Creer: *entiendo que será mejor así.* || Imaginar. || Querer, exigir: *yo entiendo que se me obedezca.* || *Dar a entender,* insinuar. || — V. i. Conocer muy bien. || — V. pr. Comprenderse: *entenderse por señas.* || Llevarse bien dos o más personas. || Ponerse de acuerdo: *entenderse con sus socios.*

entender m. Opinión.

entendido, da adj. Conocedor.

entendimiento m. Comprensión.

entenebrecer v. t. Oscurecer.

entente f. (pal. fr.). Buenas relaciones. || Pacto, alianza.

enterado, da adj. Conocedor (ú. t. c. s.).

enterar v. t. Notificar, informar: *enterar de un asunto.* || — V. pr. Informarse. || Saber, adquirir cierto conocimiento. || Darse cuenta.

entereza f. Integridad. || *Fig.* Firmeza: *entereza de carácter.* | Energía.

enternecedor, ra adj. Que enternece.

enternecer v. t. *Fig.* Conmover, mover a compasión (ú. t. c. pr.).

enternecimiento m. Acción y efecto de enternecer o enternecerse.

entero, ra adj. Completo: *la casa entera.* || Aplícase al animal no castrado. || *Fig.* Que tiene entereza o firmeza de carácter. || *Número entero,* el que contiene fracciones de unidad. || — M. Punto en la cotización de la Bolsa. || Billete de la lotería entero.

enterrador, ra m. y f. Sepulturero.

enterramiento m. Entierro. || Sepulcro. || Sepultura.

enterrar v. t. Poner debajo de tierra: *enterrar un tesoro.* || Sepultar, dar sepultura: *enterrar a una persona.* || *Fig.* Poner debajo de algo que lo tapa todo: *el libro estaba enterrado debajo de otros muchos.* || Dejar de lado, olvidar: *enterrar un asunto.* | Desechar, abandonar: *enterrar las ilusiones.* | Sobrevivir: *enterrar a todos sus deudos.* || — V. pr. *Fig.* Apartarse del mundo: *enterrarse en un convento.*

entibación f. y **entibado** m. *Min.* Colocación de maderos o tablas destinadas a sostener la tierra en las excavaciones. || Forro interior de un pozo de mina.

entibar v. t. Hacer un entibado.

entidad f. *Fil.* Lo que constituye la esencia de una cosa. | Ente, ser. || Colectividad, sociedad, empresa: *entidad privada.* || *Fig.* Importancia: *asunto de entidad.*

entierro m. Acción de enterrar.

entintar v. t. Manchar con tinta.

entoldado m. Acción de entoldar. || Conjunto de toldos.

entoldar v. t. Cubrir con toldos. || — V. pr. Nublarse: *entoldarse el cielo.*

entomología f. Parte de la zoología que estudia los insectos.

entonación f. Tono.

entonar v. t. Empezar a cantar. || Dar cierto tono a la voz. || Fortalecer, tonificar: *esta medicina me ha entonado.* || Armonizar los colores (ú. t. c. i.). || — V. i. Cantar ajustado al tono, afinar la voz. || — V. pr. *Fig.* Engreírse. | Reponerse, recuperarse.

entonces adv. En aquel tiempo: *entonces llegué yo.* || En este caso: *entonces váyase.*

entontecer v. t. Volver tonto (ú. t. c. i. y pr.).

entorchado m. Bordado en oro o plata de ciertos uniformes. || *Fig.* Título, calificación.

entornar v. t. Cerrar a medias la puerta, la ventana o los ojos.

entorno m. Medio ambiente.

entorpecer v. t. Poner torpe: *el frío entorpece los miembros.* || *Fig.* Embotar, debilitar: *el alcohol entorpece la inteligencia.* | Dificultar, estorbar.

entorpecimiento m. Acción y efecto de entorpecer o entorpecerse.

entrada f. Acción de entrar. || Sitio por donde se entra. || Vestíbulo, antesala. || Billete: *entrada de cine.* || Cantidad de personas que asisten a un espectáculo: *haber gran entrada en el circo.* || Lo recaudado en la venta de billetes. || Caudal que ingresa en una caja: *mes de buenas entradas.* || Desembolso inicial: *pagar una entrada de cien mil pesetas para un piso.* || Principio: *la entrada del invierno.* || Ingreso, admisión, acción de ser recibido en una colectividad. || Plato que se sirve al principio de la comida. || Palabra que encabeza un artículo en un diccionario.

entramado m. *Fig.* Estructura.

entrambos, bas adj. y pron. det. pl. Ambos, los dos.

entramparse v. pr. Endeudarse.

entrante adj. Que entra.

entraña f. Víscera (ú. m. en pl.). || — Pl. *Fig.* Parte más oculta: *las entrañas de la Tierra.* | Lo más íntimo o esencial de una cosa: *las entrañas de un conflicto.* | Corazón, sensibilidad.

entrañable adj. Íntimo.

entrañar v. t. Llevar en sí.

entrar v. i. Pasar adentro: *entrar en una casa.* || Encajar, caber: *el libro no entra en el cajón.* || Penetrar: *el clavo entra en la pared.* || *Fig.* Ser admitido: *entrar en la Academia.* | Incorporarse: *entrar en una sociedad.* | Empezar a desempeñar una función: *entrar de criada.* | Estar incluido: *esto no entra en mis atribuciones.* | Haber: *en la paella entran arroz y carne.* | Empezar: *el verano entra el 21 de junio.* | Hacerse sentir: *le entraron ganas de hablar.* | Tener un ataque de: *entrar en cólera.* | Ser asimilable: *no me entra la geometría.* || *Mec.* Engranar: *no entra la tercera velocidad.* || — V. t. Introducir: *entrar la ropa en el armario.*

entre prep. En medio de: *está entre tú y yo.* || En el intervalo: *entre las dos y las tres.* || En: *coger algo entre sus manos.* || En el número de: *contar a alguien entre sus amigos.* || En una colectividad: *entre los sastres.* || Contando: *entre chicos y chicas serán unos* veinte. || Indica cooperación: *hacer un trabajo entre dos.* || Significa estado intermedio: *sabor entre dulce y agrio.* || Unida a otra palabra debilita el significado de ésta, v. gr. *entreabrir, entrever.*

entreabrir v. t. Abrir a medias.

entreacto m. Intermedio.

entrecejo m. Espacio entre ceja y ceja.

entrecomillar v. t. Poner entre comillas.

entrecortar v. t. Cortar una cosa sin acabar de dividirla. || Interrumpir: *voz entrecortada.*

entrecote m. (voz fr.). Lomo de carne.

entrecruzar v. t. Cruzar cosas entre sí (ú. t. c. pr.).

entrecubierta f. *Mar.* Espacio entre las cubiertas de un barco.

entredicho m. Prohibición. || — *Fig. Estar en entredicho,* estar en duda. | *Poner en entredicho,* poner en tela de juicio.

entrega f. Acción y efecto de entregar. || Rendición: *la entrega de una ciudad.* || Cada uno de los cuadernillos de un libro que se vende a medida que se imprime: *novela por entregas.* || Devoción: *entrega a una causa.*

entregar v. t. Dar algo a la persona a quien corresponde. || Hacer que uno caiga entre las manos de otro: *entregar a uno a la policía.* || Abandonar. | Rendir: *entregar la ciudad.* || *Entregar el alma,* expirar. || — V. pr. Ponerse a la disposición de uno: *entregarse al enemigo.* || Declararse vencido. | Dedicarse por entero: *entregarse al estudio.* || *Fig.* Dejarse dominar: *entregarse a una pasión, un vicio,* etc. | Confiarse.

entrelazar v. t. Enlazar.

entrelínea f. Espacio entre dos líneas. || Lo escrito entre dos líneas.

entrelinear v. t. Escribir algo que se intercala entre dos líneas.

entremés m. Obra de teatro jocosa en un acto que hacía de intermedio. || Manjares que se sirven en una comida antes de los platos fuertes.

entremeter v. t. Meter una cosa entre otras. || — V. pr. Inmiscuirse.

entremetido, da adj. y s. Que se quiere meter en todo.

entremezclar v. t. Mezclar.

entrenador, ra m. y f. Persona que entrena a los deportistas.

entrenamiento m. Acción y efecto de entrenar o entrenarse.

entrenar v. t. Preparar adecuadamente a la práctica de un deporte o a la utilización de algo (ú. t. c. i. y pr.).

entreoír v. t. Oír a medias.

entrepiso m. Espacio entre dos pisos.

entreplanta f. Piso intermedio que se construye dividiendo parcialmente la altura de un local.

entrerriano, na adj. y s. De la prov. argentina de Entre Ríos.

entresacar v. t. Sacar una cosa de entre otras, seleccionándola. || Aclarar o hacer menos espeso el pelo o un bosque.

entresijo m. *Fig.* Cosa oculta.

entresuelo m. Piso entre la planta baja y el principal.

entresueño m. Lapso de tiempo entre dos sueños.

entretanto adv. Mientras tanto. || — M. Intervalo: *en el entretanto.*

entretela f. Tela rígida que se pone entre el tejido y el forro de un traje. || — Pl. *Fig.* y *fam.* Lo más íntimo del corazón.

entretener v. t. Detener a uno: *me ha entretenido media hora en la calle* (ú. t. c. pr.). || Divertir, distraer: *esta película me ha entretenido mucho* (ú. t. c. pr.). || *Fig.* Hacer olvidar momentáneamente algo desagradable: *entretener el hambre.* | Hacer más soportable. | Embaucar: *entretener a uno con promesas.* | Dar largas a un asunto. | Ocupar, tomar cierto tiempo. | Mantener, conservar. || — V. pr. Retrasarse: *entretenerse en casa.*

entretenido, da adj. Que distrae. || Que toma mucho tiempo.

entretenimiento m. Distracción. || Pasatiempo. || Conservación.

entretiempo m. Tiempo de primavera y otoño.

entrever v. t. Vislumbrar.

entreverar v. t. Intercalar en una cosa otra diferente.

entrevista f. Encuentro concertado entre dos o más personas para tratar de un asunto. || Conversación que tiene un periodista con una persona importante para interrogarla sobre sus ideas, proyectos, etc.

entrevistador, ra m. y f. Persona que hace una entrevista.

entrevistar v. t. Hacer una entrevista a una persona. || — V. pr. Tener una entrevista con alguien.

entristecer v. t. Causar tristeza. || Dar aspecto triste: *la lluvia entristece el paisaje.* || — V. pr. Ponerse triste.

entristecimiento m. Tristeza.

entrometer y sus derivados V. ENTREMETER.

entroncamiento m. Parentesco. || Unión. || Empalme.

entroncar v. i. Tener parentesco con una familia o persona. || Contraer parentesco. || — V. t. Unir.

entronización f. Acción y efecto de entronizar.

entronizar v. t. Colocar en el trono.

entronque m. Parentesco.

entubación f. o **entubado** m. Colocación de un tubo.

entubar v. t. Poner un tubo.

entuerto m. Agravio, daño.

entumecer v. t. Impedir, entorpecer el movimiento de un miembro: *entumecer la pierna* (ú. t. c. pr.). || Hinchar: *labios entumecidos.*

entumecimiento m. Entorpecimiento de un miembro.

enturbiamiento m. Acción y efecto de enturbiar.

enturbiar v. t. Poner turbio.

entusiasmar v. t. Provocar entusiasmo. || Encantar, gustar mucho. || — V. pr. Sentir entusiasmo.

entusiasmo m. Excitación que impulsa a actuar: *entusiasmo religioso.* || Admiración apasionada. || Adhesión fervorosa: *acoger una reforma con entusiasmo.* || Fervor, ardor: *hablar con entusiasmo.*

entusiasta adj. Que siente entusiasmo (ú. t. c. s.).

entusiástico, ca adj. Entusiasta.

enumeración f. Enunciación sucesiva de las partes de un todo. || Cómputo, cuenta.

enumerar v. t. Enunciar sucesivamente: *enumerar las ventajas.*

enunciación f. y **enunciado** m. Exposición, formulación.

enunciar v. t. Exponer, formular de una manera concisa y sencilla.

envalentonar v. t. Dar valor. || Estimular. || — V. pr. Cobrar valentía. || Animarse: *se envalentonó con aquellas palabras elogiosas.* || Enorgullecerse: *envalentonarse con un pequeño éxito.*

envanecer v. t. Poner vanidoso. || — V. pr. Enorgullecerse.

envanecimiento m. Orgullo.

envasado m. Acción y efecto de poner en un envase.

envasar v. t. Poner un líquido en una vasija.

envase m. Acción y efecto de envasar. || Recipiente: *envase de gas butano.* || Envoltorio: *envase de cartón.*

envejecer v. t. Hacer viejo. || Hacer parecer más viejo de lo que uno es: *este traje te envejece.* || — V. i. Hacerse viejo: *envejecer de pena* (ú. t. c. pr.).

envejecimiento m. Acción y efecto de envejecer.

envenenamiento m. Acción y efecto de envenenar o envenenarse.

envenenar v. t. Provocar la muerte o enfermedad por la ingestión de veneno. || Inficionar con veneno. || *Fig.* Amargar: *este hijo me envenena la existencia.* | Enconar, agriar: *envenenar una discusión.*

envergadura f. *Mar.* Ancho de una vela. || Distancia entre las puntas de las alas extendidas de las aves. || Distancia entre los extremos de las alas de un avión. || *Fig.* Importancia.

envés m. Revés. || *Fam.* Espalda.

enviado m. Persona enviada a un sitio para cumplir una misión.

enviar v. t. Mandar, hacer que llegue algo o alguien a cierta parte.

enviciamiento m. Acción y efecto enviciar o enviciarse.

enviciar v. t. Corromper con un vicio. Ú. t. c. pr.: *enviciarse con las malas compañías.* || — V. pr. Aficionarse con exceso.

envidia f. Deseo del bien ajeno.

envidiable adj. Digno de desearse.

envidiar v. t. Tener envidia.

envidioso, sa adj. y s. Que envidia.

envilecer v. t. Hacer vil y despreciable. || Quitar la honra y estimación a uno: *esta acción le ha envilecido.* || — V. pr. Degradarse.

envilecimiento m. Bajeza. || Deshonra. || Degradación.

envío m. Acción de enviar. || Cosa enviada. || *Com.* Remesa.

envite m. Apuesta añadida a la ordinaria en ciertos juegos de naipes.

enviudar v. i. Quedar viudo.

envoltorio m. Lío, paquete. || Cosa para envolver.

envoltura f. Lo que envuelve.

envolver v. t. Cubrir completamente: *envolver un paquete en un papel* (ú. t. c. pr.). || Recubrir: *envolver con chocolate.* || *Fig.* Ocultar, disimular. | Complicar en un asunto (ú. t. c. pr.). | Rodear: *envolver algo en el misterio.* || Enrollar: *envolver hilo en un carrete.*

envuelto m. *Méx.* Tortilla de maíz guisada y arrollada.

enyantar v. t. *Arg. Fam.* Comer.

enyerbar v. t. *Méx.* Hechizar. || — V. i. *Amer.* Envenenarse un animal por comer hierba. || — V. pr. *Amer.* Llenarse de malezas.

enyesado m. Escayolado.

enyesar v. t. Cubrir con yeso. || Aplicar un vendaje cubierto con yeso.

enzarzar v. t. Cubrir con zarzas. || *Fig.* Malquistar. || — V. pr. *Fig.* Enredarse: *enzarzarse en una disputa.*

enzima f. *Quím.* Sustancia orgánica que actúa como catalizador en los procesos de metabolismo.

eñe f. Nombre de la letra ñ.

eoceno m. *Geol.* Primer período de la era terciaria. || — Adj. Relativo a los terrenos de aquella época.

eólico, ca adj. Relativo al viento. || Producido por el viento: *energía eólica.*

epazote m. Planta de México que se usa como condimento.

épica f. Poesía épica.

epicardio m. Membrana serosa que cubre el corazón.

epicarpio y **epicarpo** m. Película que cubre el fruto de las plantas.

epiceno adj. *Gram.* Dícese del género de las palabras que tienen una sola forma para el macho y la hembra, v. gr.: *águila, lince, ardilla, perdiz, milano.*

epicentro m. *Geol.* Punto de la superficie terrestre a partir del cual se propagan los movimientos sísmicos.

épico, ca adj. Que relata epopeyas: *poesía épica.* || Propio de la epopeya: *estilo épico.* || Cultivador del género épico: *poeta épico.* || Heroico: *combate épico.*

epicureísmo m. Búsqueda del placer exento de todo dolor.

epicúreo, a adj. De Epicuro, filósofo griego. || *Fig.* Que sólo busca el placer (ú. t. c. s.).

epidemia f. Enfermedad que afecta transitoriamente a muchas personas en un sitio determinado. || *Fig.* Cosa que se produce al mismo tiempo en muchos sitios.

epidémico, ca adj. Contagioso.

epidérmico, ca adj. De la piel.

epidermis f. Piel.

Epifanía f. Festival de la adoración de los Reyes Magos (6 de enero).

epifenómeno m. Fenómeno que se añade a otro sin por eso modificarlo.

epífisis f. Parte terminal de un hueso largo. || Pequeño órgano nervioso y glandular situado en el encéfalo.

epigastrio m. *Anat.* Parte superior del abdomen.

epiglotis f. *Anat.* Cartílago que tapa la glotis.

epígono, na m. y f. Persona que sigue las huellas o enseñanzas de alguien.

epígrafe m. Cita o sentencia a la cabeza de una obra o capítulo. || Resumen que se pone a veces al principio de un capítulo. || Título, rótulo. || Inscripción sobre un edificio.

epigrafía f. Ciencia que estudia las inscripciones.

epigrama m. Poesía satírica.

epilepsia f. Enfermedad crónica caracterizada por convulsiones.

epiléptico, ca adj. *Med.* Que padece epilepsia (ú. t. c. s.). | De la epilepsia.

epilogar v. t. Resumir.

epílogo m. Conclusión.

episcopado m. Dignidad de obispo. || Época y duración del gobierno de un obispo. || Conjunto de los obispos.

episcopal adj. Del obispo.

episodio m. Acción secundaria relacionada con la principal en una composición literaria. || Circunstancia que forma parte de una serie de acontecimientos que constituyen un todo. || División de la acción dramática: *película por episodios.*

epístola f. Carta. || Parte de la misa, antes del gradual.

epistolar adj. Relativo a las cartas.

epistolario m. Colección de cartas de un autor.

epitafio m. Inscripción fúnebre.

epitelio m. *Anat.* Tejido tenue que cubre el cuerpo, las cavidades internas y los órganos.

epíteto m. Adjetivo o participio que indica una cualidad natural del nombre así calificado o considerada como tal. || Adjetivo que forma un grupo con el nombre que califica. || *Fig.* Calificativo.

época f. Momento determinado en el tiempo. || Cualquier espacio de tiempo: *una época feliz.* || *Fig. Hacer época,* dejar un recuerdo duradero.

epónimo, ma adj. Que da su nombre a un pueblo, a una época (ú. t. c. s. m.).

epopeya f. Poema extenso que relata hechos heroicos. || *Fig.* Serie de sucesos heroicos: *la epopeya americana.* | Empresa difícil.

épsilon f. Nombre de la e breve griega.

equidad f. Justicia.

equidistancia f. Igualdad de distancia.

equidistante adj. A igual distancia.

equidistar v. i. Estar a igual distancia.

équidos adj. Aplícase a los animales de la familia de los caballos, asnos, cebras (ú. t. c. s. m.).

equilátero, ra adj. Aplícase a las figuras cuyos lados son iguales.

equilibrado, da adj. *Fig.* Sensato, prudente, ecuánime.

equilibrar v. t. Poner en equilibrio. || *Fig.* Armonizar, proporcionar.

equilibrio m. Estado de reposo de un cuerpo sometido a dos fuerzas que se contrarrestan: *el equilibrio de la balanza.* || *Fig.* Armonía, proporción: *el equilibrio de las fuerzas militares.* | Combinación ajustada de los varios elementos de un todo: *equilibrio político.* | Moderación. | Ponderación, sensatez.

equilibrismo m. Arte del equilibrista.

equilibrista com. Artista que hace ejercicios acrobáticos.

equimosis f. Cardenal.

equino, na adj. Del caballo. || — M. Caballo.

equinoccio m. *Astr.* Momento del año en que el día y la noche tienen la misma duración.

equipaje m. Conjunto de maletas en los viajes. || *Mar.* Tripulación.

equipamiento m. Equipo, material.

equipar v. t. Proveer de lo necesario.

equiparable adj. Comparable.

equiparación f. Comparación.

equiparar v. t. Comparar dos cosas o personas considerándolas iguales.

equipo m. Acción y efecto de equipar. || Lo que sirve para equipar, accesorios necesarios para determinado fin: *equipo eléctrico, quirúrgico.* || Conjunto de ropas y otras cosas para uso personal: *equipo de colegial.* || Conjunto de personas que efectúan un mismo trabajo: *equipo de colaborado-*

res. || Grupo de jugadores que compiten siempre juntos contra otros: *equipo de fútbol.* || Sistema de reproducción del sonido constituido por un tocadiscos, un amplificador y pantallas acústicas.

equis f. Nombre de letra x. || Representación de la incógnita en los cálculos. || Cantidad desconocida.

equitación f. Arte de montar a caballo.

equitativo, va adj. Justo.

equivalencia f. Igualdad.

equivalente adj. Igual, que tiene el mismo valor. || *Geom.* Aplícase a las figuras y sólidos que tienen igual área o volumen y distinta forma. || — M. Lo que equivale a otra cosa. || Término o expresión que sustituye a otro de sentido parecido.

equivaler v. i. Tener igual valor.

equivocación f. Error.

equivocar v. t. Tomar, decir o hacer una cosa por otra. Ú. m. c. pr.: *equivocarse de nombre.* || Incurrir en error. Ú. m. t. pr.: *equivocarse en un cálculo.*

equívoco, ca adj. De doble sentido. || *Fig.* Sospechoso: *individuo equívoco.* || — M. Palabra con más de un significado, como *cáncer* (signo zodiacal y también enfermedad). || Confusión, mala interpretación.

Er, símbolo químico del *erbio.*

era f. Fecha determinada a partir de la cual se cuentan los años: *era cristiana.* || *Fig.* Época, período. || Lugar descubierto donde se trillan las mieses. || — *Era cristiana,* la que empieza con el nacimiento de Cristo. || *Era de la hégira* o *musulmana,* la comenzada en 622. || *Era geológica,* cada una de las cuatro grandes divisiones de la historia de la Tierra.

eral m. Res vacuna entre uno y dos años.

erario m. Tesoro público.

erbio m. Metal raro de número atómico 68 (Er).

erección f. Acción y efecto de levantar o erigir. || Construcción: *erección de un templo.* || Fundación, institución: *la erección de un tribunal.* || Hinchazón de un órgano causada por la afluencia de sangre.

eréctil adj. Que se pone tieso.

erecto, ta adj. Erguido.

eremita m. Ermitaño.

erg y **ergio** m. *Fís.* Unidad de trabajo, de energía y de cantidad de calor en el sistema cegesimal.

erguir v. t. Levantar y poner derecha una cosa. || — V. pr. Enderezarse. || Ponerse de pie. || Alzarse: *la montaña se yergue a lo lejos.* || *Fig.* Engreírse, ensoberbecerse.

erial adj. De la tierra sin labrar. || — M. Terreno sin cultivar.

erigir v. t. Construir, levantar: *erigir un edificio.* || Instituir. || Dar a algo o a alguien un carácter que antes no tenía. || — V. pr. Atribuirse una función: *erigirse en juez.*

erisipela f. *Med.* Enfermedad infecciosa caracterizada por una inflamación cutánea superficial.

eritrocito m. Glóbulo rojo.

erizado, da adj. *Fig.* Lleno: *problema erizado de dificultades.*

erizar v. t. Poner rígido. Ú. m. c. pr.: *erizarse el pelo de miedo.* || Armar de púas o pinchos. || *Fig.* Poner obstáculos.

erizo m. Mamífero roedor cuyo cuerpo está cubierto de púas. || Envoltura espinosa de la castaña. || *Fig.* y *fam.* Persona huraña y arisca.

ermita f. Santuario.

ermitaño, ña m. y f. Persona que vive en la ermita y cuida de ella. ‖ Religioso que vive solitario. ‖ *Fig.* Persona que vive aislada de todos. ‖ — M. Paguro, cangrejo.

erosión f. Desgaste producido en un cuerpo por el roce de otro. ‖ Destrucción lenta causada por algún agente físico: *erosión fluvial.* ‖ Herida producida por el roce continuo de algo. ‖ *Fig.* Deterioro. ‖ *Fig. Erosión monetaria,* disminución progresiva del poder adquisitivo de una moneda.

erosionar v. tr. Deteriorar.

erótico, ca adj. De asunto amoroso. ‖ — F. Poesía erótica.

erotismo m. Amor sensual.

errabundo, da adj. Vagabundo.

erradicación f. Desaparición

erradicar v. t. Hacer desaparecer.

errante adj. Vagabundo.

errar v. t. No acertar: *errar el golpe.* ‖ Equivocarse: *errar la vocación.* ‖ — V. i. Vagar. ‖ *Fig.* Divagar el pensamiento, la atención. ‖ Equivocarse: *errar es humano.*

errata f. Falta que se ha dejado en un impreso. ‖ *Fe de erratas,* lista de faltas.

errático, ca adj. Vagabundo. ‖ Intermitente.

erre f. Nombre de la letra *r.*

erróneo, a adj. Que no es exacto.

error m. Idea falsa o equivocada: *incurrir en error.* ‖ Desacierto. ‖ Falta: *error de cálculo.*

eructar v. i. Expeler con ruido por la boca los gases del estómago.

eructo m. Acción y efecto de eructar.

erudición f. Conocimientos amplios adquiridos por el estudio en una o varias materias.

erudito, ta adj. y s. Que tiene amplios conocimientos.

erupción f. Salida repentina y violenta de alguna materia contenida en las profundidades de la Tierra: *la erupción de un volcán.* ‖ *Med.* Aparición de granos, manchas, etc., en la piel.

esbelto, ta adj. Bello.

esbozar v. t. Bosquejar.

esbozo m. Bosquejo, boceto.

escabechar v. t. Preparar en escabeche (ú. t. c. pr.).

escabeche m. Salsa de vinagre, aceite, sal, laurel y otros ingredientes en que se conservan pescados o carnes: *atún en escabeche.* ‖ Carne o pescado escabechado.

escabel m. Asiento sin respaldo.

escabrosidad f. Lo que es escabroso.

escabroso, sa adj. Desigual, lleno de asperezas: *terreno escabroso.* ‖ *Fig.* Difícil: *asunto escabroso.* ‖ Peligroso, resbaladizo: *conversación escabrosa.* ‖ Al borde de lo obsceno: *novela escabrosa.*

escabullirse v. pr. Escaparse.

escacharrar v. t. Estropear.

escafandra f. Aparato hermético de los buzos o navegantes espaciales provisto de un dispositivo para renovar el aire.

escala f. Escalera de mano. ‖ Serie de cosas ordenadas según cierto criterio: *escala de colores.* ‖ Puerto o aeropuerto donde toca una embarcación o un avión. ‖ *Fís.* Graduación de un instrumento de medida: *escala termométrica.* ‖ Relación que existe entre una dimensión y su representación en un plano o mapa. ‖ Línea dividida en partes iguales

que representa esta relación. ‖ *Mil.* Escalafón: *escala de reserva.* ‖ *Mús.* Sucesión de las siete notas: *escala musical.* ‖ *Fig.* Orden de magnitud: *a escala internacional.*

escalada f. Acción y efecto de escalar. ‖ *Mil.* Progresión en el empleo de armas estratégicas que motiva la agravación de un conflicto bélico. *Fig.* Progresión: *escalada de precios.*

escalador, ra adj. y s. Que escala.

escalafón m. Lista de los individuos de un cuerpo clasificados según su categoría, antigüedad, etc. ‖ Grado.

escalamiento m. Subida.

escalar v. t. Subir y pasar por encima de algo: *escalar un muro.* ‖ Trepar, ascender: *escalar una montaña.* ‖ Introducirse con violencia en una parte: *escalar una casa.* ‖ *Fig.* Alcanzar una posición elevada: *escalar el mando.*

escaldar v. t. Sumergir o limpiar en agua hirviendo: *escaldar la verdura antes de cocerla.* ‖ *Fig.* Hacer sufrir un chasco y escarmentar.

escaleno adj. m. Aplícase al triángulo de lados desiguales (ú. t. c. s. m.).

escalera f. Serie de escalones que permiten subir y bajar o que unen dos pisos o lugares situados a dos niveles distintos. ‖ Sucesión de cartas de valor correlativo: *escalera de color.*

escalerilla f. Escalera corta.

escalfar v. t. Echar en agua hirviendo los huevos sin cáscara.

escalinata f. Escalera grande.

escalo m. Acción de escalar.

escalofriante adj. Asombroso.

escalofrío m Estremecimiento con sensación de frío.

escalón m. Peldaño.

escalonamiento m. Distribución en el tiempo.

escalonar v. t. Situar de trecho en trecho: *escalonar las tropas* (ú. t. c. pr.). ‖ Distribuir en el tiempo: *escalonar los pagos.* ‖ Graduar: *escalonar las dificultades.*

escalope m. Filete delgado de carne, generalmente de ternera.

escalpar v. t. Separar la piel del cráneo con un instrumento cortante.

escalpelo m. Bisturí para disecciones anatómicas y autopsias.

escama f. Cada una de las laminillas que cubren la piel de los peces y ciertos reptiles. ‖ Lo que tiene forma parecida: *jabón de escamas.* ‖ Laminilla que se desprende de la piel. ‖ *Fig.* Recelo, desconfianza.

escamado, da adj. Desconfiado.

escamar v. t. Volver desconfiado. ‖ Parecer sospechoso. ‖ — V. pr. *Fam.* Desconfiar.

escamondar v. t. Limpiar los árboles de las ramas inútiles.

escamotar y **escamotear** v. t. Hacer desaparecer un objeto sin que nadie se dé cuenta. ‖ *Fig.* Robar sutilmente. ‖ Eludir: *escamotear la resolución de un asunto.*

escamoteo m. Acción de escamotear.

escampada f. Momento corto en que deja de llover.

escampar v. impers. Dejar de llover.

escanciar v. t. Servir el vino.

escandalera f. *Fam.* Escándalo.

ESC

EP

161

escandalizar v. t. Indignar, causar escándalo. || Armar escándalo. || — V. pr. Mostrar indignación.
escándalo m. Acción que ofende a la moral. || Indignación provocada por una mala acción. || Alboroto, jaleo: *escándalo nocturno*.
escandaloso, sa adj. Que causa escándalo. || Ruidoso (ú. t. c. s.).
encandinavo, va adj. y s. De Escandinavia.
escandio m. Cuerpo simple metálico (Sc), de número atómico 21.
escáner m. Scanner.
escaño m. Banco con respaldo. || Asiento en el Parlamento. || Acta de diputado.
escapada f. Acción de escapar.
escapar v. i. Huir, salir de un sitio donde se estaba encerrado. Ú. t. c. pr.: *se escapó por la azotea.* || Librarse de un peligro: *escapar de la muerte por milagro.* || Irse apresuradamente. || — V. pr. Salirse un líquido o gas por algún resquicio. || Dejar salir un líquido o gas. || Adelantar mucho un ciclista a los demás en una carrera. || Quedar fuera del dominio o influencia. Ú. t. c. i.: *esto escapa a mi poder.*
escaparate m. Parte delantera de una tienda cerrada con cristales donde se exponen las mercancías.
escapatoria f. Acción y efecto de escaparse. || *Fam.* Evasiva.
escape m. Pérdida: *un escape de gas.* || Pieza que detiene la marcha de una máquina: *el escape de un reloj.* || Válvula que abre o cierra la salida de los gases en los automóviles. || *Fig.* Salida, solución: *no tenemos escape.* || Acción de escaparse. || — *A escape*, a toda prisa. || *Escape libre*, el que carece de silenciador en un automóvil.
escapulario m. Objeto de piedad, compuesto de dos trozos de tela reunidos con cintas, que se lleva sobre el pecho y la espalda.
escarabajo m. Insecto coleóptero, de élitros lisos y cuerpo ovalado.
escaramuza f. Combate.
escarapela f. Divisa compuesta de cintas de varios colores.
escarbar v. t. Remover la tierra ahondando. || Limpiar los dientes u oídos.
escarcela f. Bolsa que pendía de la cintura. || Mochila del cazador.
escarceos m. pl. Vueltas y caracoles que da el caballo. || *Fig.* Rodeos. | Divagaciones. | Primeros pasos: *escarceos amorosos.*
escarcha f. Rocío helado.
escarchar v. impers. Formarse escarcha en las noches frías. || — V. t. Preparar frutas y pasteles de manera que queden cubiertos de azúcar cristalizada. || Poner en el aguardiente un ramo de anís con azúcar.
escardar v. t. Arrancar las malas hierbas de los campos cultivados. || *Fig.* Separar lo malo de lo bueno.
escardillo m. Instrumento para escardar.
escariar v. t. Ensanchar y redondear un agujero.
escarlata f. Color rojo subido (ú. t. c. adj.).
escarlatina f. Enfermedad infecciosa, contagiosa y epidémica que se manifiesta por la aparición de manchas rojas difusas en la piel.
escarmentar v. t. Castigar con severidad. || — V. i. Enmendarse.

escarmiento m. Experiencia que hace escarmentar. || Castigo.
escarnecer v. t. Ofender a uno burlándose de él, mortificar.
escarnio m. Burla.
escarola f. Achicoria.
escarpado, da adj. Empinado.
escarpia f. Alcayata.
escarpín m. Zapato de suela fina.
escasear v. i. Faltar.
escasez f. Insuficiencia.
escaso, sa adj. Insuficiente. || Poco abundante: *escasa vegetación; escasos recursos.* || No completo, falto de algo: *un metro escaso.* || Poco. || Tacaño.
escatimar v. t. Ser parco en.
escayola f. Yeso calcinado. || Estuco.
escayolado, da adj. Con un vendaje de escayola. || — M. Este mismo vendaje.
escayolar v. t. Inmovilizar un miembro roto con un vendaje endurecido con escayola.
escena f. Escenario. || Conjunto de los decorados. || Subdivisión de un acto. || *Fig.* Arte dramático: *tener vocación para la escena.* | Suceso considerado como un espectáculo digno de atención: *escena conmovedora.* | Lugar de un suceso.
escenario m. Parte del teatro donde se representa el espectáculo. || Sitio donde se ruedan los interiores de una película. || Lugar donde se desarrolla una película. || *Fig.* Lugar de un suceso. | Ambiente, medio, circunstancias que rodean algo o a alguien.
escenificación f. Disposición de la escena para representar una obra teatral o rodar una película.
escenificar v. t. Dar forma dramática a una obra para representarla.
escenografía f. Arte de realizar los decorados.
escenógrafo, fa m. y f. Pintor de decorados escénicos.
escepticismo m. Duda, tendencia a no creer nada de lo que los demás reconocen como real o verdadero.
escéptico, ca adj. y s. Que duda de todo.
escindible adj. Que puede escindirse.
escindir v. t. Dividir, separar. || *Fís.* Romper un núcleo atómico en dos porciones iguales, con liberación de energía.
escisión f. División.
esclarecer v. t. Poner en claro.
esclarecido, da adj. Insigne.
esclarecimiento m. Aclaración.
esclavina f. Prenda de vestir de forma de capa muy corta.
esclavismo m. Sistema social basado en la esclavitud.
esclavista adj. y s. Partidario de la esclavitud.
esclavitud f. Condición de esclavo.
esclavización f. Acción y efecto de esclavizar.
esclavizar v. t. Someter a esclavitud.
esclavo, va adj. y s. Que está bajo la dependencia absoluta del que le compra o hace prisionero. || *Fig.* Completamente dominado por una persona o cosa: *esclavo del tabaco.* | Enteramente sometido a una obligación: *esclavo de su deber.* | A la disposición de uno: *esclavo de sus amigos.* || — F. Pulsera sin ningún adorno.
esclerosar v. t. Producir esclerosis.
esclerosis f. Endurecimiento patológico de tejidos u órganos. || *Esclerosis múltiple* o *en placas*, enfer-

medad de la sustancia blanca del sistema nervioso, caracterizada por múltiples focos de esclerosis, que provoca varios trastornos nerviosos.

esclerótica f. *Anat.* Membrana dura y blanca, que cubre el globo del ojo, salvo la córnea transparente.

esclusa f. Recinto en un canal de navegación con puertas movibles de entrada y salida que se pueden cerrar y abrir según se quiera contener las aguas o dejarlas correr.

escoba f. Utensilio para barrer.

escobilla f. *Electr.* Pieza conductora generalmente de cobre o de carbón aglomerado con la cual se establece el contacto entre un órgano fijo y otro móvil en los motores eléctricos.

escocedura f. Escozor.

escocer v. t. Causar una sensación parecida a una quemadura. || *Fig.* Herir, doler: *la reprimenda le escoció.* || — V. pr. Irritarse una parte del cuerpo. || Tener escocedura. || *Fig.* Picarse, dolerse.

escocés, esa adj. De Escocia (ú. t. c. s.). || Aplícase a las telas de cuadros de distintos colores. || — M. Dialecto céltico hablado en Escocia.

escoda f. Especie de martillo con corte en ambos extremos de la cabeza.

escofina f. Lima de dientes gruesos y triangulares para desbastar.

escoger v. f. Tomar entre varias personas o cosas la que mejor parece.

escolano m. Niño que se educaba, especialmente para el canto, en ciertos monasterios españoles.

escolapio m. Religioso o alumno de las Escuelas Pías.

escolar adj. De la escuela. || — M. Alumno de una escuela.

escolaridad f. Duración de los estudios en un centro docente.

escolarizar v. t. Crear escuelas. || Dar instrucción.

escolástica f. y **escolasticismo** m. Filosofía de la Edad Media, ligada a la teología y basada en los libros de Aristóteles.

escolástico, ca adj. Del escolasticismo. || — F. Escolasticismo.

escollera f. Dique de defensa contra el oleaje en un puente.

escollo m. Peñasco a flor de agua. || *Fig.* Peligro, dificultad.

escolta f. Conjunto de soldados, barcos o vehículos que escoltan algo o a alguien: *llevaba una numerosa escolta.*

escoltar v. t. Acompañar para proteger o vigilar.

escombrera f. Vertedero de escombros.

escombro m. Material de desecho de un edificio derribado, de la explotación de una mina, etc.

esconder v. t. Ocultar (ú. t. c. pr.).

escondido, da adj. Oculto. || — M. *Riopl.* Baile, popular. || — F. pl. *Amer.* Escondite.

escondite m. Escondrijo. || Juego de muchachos en que todos se esconden menos uno que tiene que buscarlos.

escondrijo m. Lugar oculto.

escopeta f. Arma de fuego para cazar, con uno o dos cañones.

escoplo m. Herramienta de carpintero o escultor parecida al cincel.

escora f. *Mar.* Inclinación accidental del barco. | Cada uno de los puntales que sostienen el barco en construcción o en reparación.

escorar v. t. *Mar.* Apuntalar un barco con escoras. || — V. i. *Mar.* Inclinarse el barco.

escorbuto m. Enfermedad producida por la carencia de vitaminas C.

escoria f. Sustancia vítrea que sobrenada en el crisol de los hornos de fundición. || Óxido que salta del hierro candente. || Residuo, sustancia de desecho. || Lava esponjosa de los volcanes. || *Fig.* Lo más vil, desecho: *la escoria de la sociedad.*

escoriación f. Irritación o desolladura superficial en la piel.

escoriar v. t. Desollar la piel.

escorpión m. Alacrán.

escotado m. y **escotadura** f. Escote.

escotar v. t. Hacer escote.

escote m. Corte que forma en una prenda la abertura del cuello. || Abertura grande de una prenda que deja al descubierto la garganta y parte de la espalda. || *Fam.* Lo que paga cada uno en un gasto común.

escotilla f. *Mar.* Abertura que permite pasar de un piso del barco a otro. || Puerta de acceso a un carro de combate, avión, etc.

escotillón m. Trampa. || Abertura en el escenario por donde pueden subir y bajar objetos y también entrar o desaparecer los actores.

escozor m. Sensación dolorosa parecida a la de una quemadura. || *Fig.* Dolor, aflicción. | Remordimiento.

escriba m. Doctor e intérprete de la ley judaica. || *Fam.* Escribano.

escribanía f. Profesión de escribano. || Despacho del escribano. || *Amer.* Notaría.

escribano, na m. y f. Persona que por oficio público está autorizado para dar fe de las escrituras que pasan ante él. || *Amer.* Notario.

escribiente com. Oficinista.

escribir v. t. Representar palabras, ideas o sonidos por signos convencionales. || Redactar: *escribir libros.* || Componer: *escribir música.* || Comunicar por escrito: *escribir una noticia.* || Ortografiar: *escribir «hombre» con «h» y «jilguero» con «j».* || *Fig.* Marcar, señalar: *la ignominia escrita en su cara.*

escrito, ta p. p. irreg. de *escribir.* || *Fig.* Estaba escrito, así tenía que ocurrir. || — M. Cualquier cosa escrita. || Obra literaria: *los escritos de Platón.* || Conjunto de pruebas escritas en un examen.

escritor, ra m. y f. Persona que escribe. || Autor de libros.

escritorio m. Mueble para guardar documentos. || Mesa de despacho. || Cuarto donde tiene su despacho una persona.

escritura f. Acción y efecto de escribir. || Arte de escribir, letra. || Escrito. || Caracteres con que se escribe: *escritura griega.* || *For.* Documento público de que da fe el notario: *escritura de venta.* || La Sagrada Escritura, la Biblia.

escriturar v. t. *For.* Hacer constar en escritura pública. Ú. t. c. pr.: *aún no se ha escriturado la casa que compré.*

escroto m. *Anat.* Bolsa de piel que cubre los testículos.

escrúpulo m. Duda, aprensión de hacer algo malo. || Aprensión, temor de tomar o usar algo malo: *te da escrúpulo comer en este plato.* || Escrupulosidad.

escrupulosidad f. Minuciosidad.

escrupuloso adj. Minucioso.

escrutar v. t. Hacer el recuento de votos. || Mirar con atención, escudriñar.

escrutinio m. Recuento de los votos en una elección. || Examen minucioso.

escuadra f. Utensilio de dibujo para trazar ángulos rectos. || Pieza de hierro, de forma de L o de T, para asegurar una ensambladura. || Mar. Conjunto de barcos de guerra que maniobran juntos. || Mil. Cierto número de soldados con su cabo. | Cargo de cabo de estos soldados. || Unión de uno de los postes verticales y del travesaño en una portería de fútbol.

escuadrar v. t. Formar a escuadra.

escuadrilla f. Escuadra de buques pequeños. || Conjunto de aviones que vuelan juntos.

escuadrón m. Compañía de un regimiento de caballería o de las fuerzas aéreas.

escualidez f. Flaqueza.

escuálido, da adj. Muy flaco.

escualo m. Cualquiera de los peces selacios con cuerpo fusiforme y boca grande como el tiburón.

escucha f. Acción de escuchar.

escuchar v. t. Oír.

escuchimizado, da adj. Flaco.

escudar v. t. Proteger (ú. t. c. pr.).

escudería f. Servicio u oficio de escudero. || Conjunto de pilotos de carrera que representan a una marca de automóviles.

escudero m. Paje que llevaba el escudo del señor. || Hidalgo.

escudete m. Trozo de corteza con una yema que se injerta en otro árbol.

escudilla f. Vasija semiesférica.

escudo m. Arma para cubrirse el cuerpo que se llevaba en el brazo izquierdo. || Blas. Figura en forma de escudo donde se pintan los blasones de un Estado, ciudad o familia. || Fig. Protección, defensa. || Mar. Espejo de popa. || Antigua moneda de oro. || Moneda actual en algunos países como Portugal. || Unidad monetaria de Chile de 1960 a 1975. || Unidad de cuenta en la Comunidad Económica Europea.

escudriñamiento m. Acción de escudriñar.

escudriñar v. t. Examinar minuciosamente. || Otear de lejos.

escuela f. Establecimiento donde se da la primera enseñanza. || Establecimiento donde se da cualquier género de instrucción: *escuela de ingenieros*. || Instrucción: *tener buena escuela*. || Conjunto de los seguidores de un maestro o doctrina: *escuela estoica*. || Conjunto de los pintores que han dado fama a un sitio o han seguido a un maestro. || Lo que da experiencia: *la escuela de la vida*.

escueto, ta adj. Sobrio. || Sin ambages, simple. || Conciso, sucinto.

escuintle m. Méx. Perro callejero. || Fig. Méx. Muchacho, rapaz.

escuintleco, ca adj. y s. De Escuintla (Guatemala).

esculpidor, ra m. y f. Escultor.

esculpir v. t. Labrar con cincel.

escultor, ra m. y f. Artista que se dedica a la escultura.

escultura f. Arte de labrar figuras de bulto. || Obra así hecha.

escupidera f. Recipiente para escupir. || And. y Amer. Orinal.

escupidura f. Saliva. || Escupitajo.

escupir v. i. Arrojar saliva por la boca: *escupir en el suelo*. || — V. t. Arrojar por la boca: *escupir sangre*. || Fig. Soltar: *el metal escupe la escoria*. | Arrojar con violencia: *los cañones escupían balas*. | Despreciar: *escupir a uno*. || Pop. Cantar, confesar. | Pagar.

escupitajo y **escupitinajo** m. Saliva que se escupe de una vez.

escurridizo, za adj. Que se escurre.

escurridor m. Colador para escurrir. || En la máquina de lavar, parte que sirve para escurrir la ropa.

escurrimiento m. Acción y efecto de escurrir o escurrirse.

escurrir v. t. Verter las últimas gotas de un líquido fuera del recipiente donde estaban. || Hacer que una cosa mojada suelte el líquido que contiene: *escurrir la ropa*. || Fig. y fam. *Escurrir el bulto*, esquivarse. || — V. i. Caer o dejar el líquido contenido. || Resbalar: *el suelo escurre*. || — V. pr. Deslizarse: *escurrirse por la pendiente*. || Escaparse: *el palo se le escurrió de las manos*. || Fam. Escaparse, escabullirse: *se escurrió sin dejar rastro*. | Equivocarse.

esdrújulo, la adj. y s. Aplícase al vocablo acentuado en la antepenúltima sílaba, como *carátula, gramática*.

ese f. Nombre de la letra *s*. || Zigzag: *carretera con eses*.

ese, esa, esos, esas adj. dem. Sirven para designar lo que está cerca de la persona con quien se habla: *ese libro; esa mesa*. || — Pron. dem. Se escriben con acento y corresponden a la persona que está cerca de aquella con quien se habla: *ése quiero; vendrán ésas*.

esencia f. Ser y naturaleza propia de las cosas. || Quím. Sustancia volátil y olorosa: *esencia de rosas*. | Perfume. || Extracto concentrado: *esencia de café*. || Lo esencial, lo principal.

esencial adj. Dícese de lo que constituye la esencia de algo. || Principal.

esfenoides adj. y s. m. Aplícase al hueso que ocupa la parte anterior y mediana del cráneo.

esfera f. Globo, sólido limitado por una superficie curva cuyos puntos equidistan todos de otro interior llamado *centro*. || Círculo en que giran las manecillas del reloj. || Fig. Clase social: *hombre de alta esfera*. | Círculo, medio, ambiente: *salirse de su esfera*. | Campo, terreno: *esfera de actividad*.

esférico, ca adj. De la esfera. || De forma de esfera. || — M. Fam. Balón.

esferográfica f. Amer. Bolígrafo.

esferográfico m. Amer. Bolígrafo.

esfinge f. Animal fabuloso de los egipcios con cabeza y pecho de mujer, cuerpo y pies de león, que personificaban al Sol.

enfínter m. Anat. Anillo muscular que abre y cierra un orificio natural.

esforzado, da adj. Valiente.

esforzar v. t. Obligar a hacer un esfuerzo. || Infundir ánimo o valor. || — V. pr. Hacer esfuerzos física o moralmente con algún fin.

esfuerzo m. Empleo enérgico de la fuerza física o de la actividad del ánimo.

esfumarse v. pr. Desaparecer.

esgrima f. Arte de manejar la espada y otras armas blancas.

esgrimidor, ra m. y f. Persona que practica la esgrima.

esgrimir v. t. Manejar un arma blanca como la espada. || Blandir: *esgrimía un palo*. || *Fig*. Valerse de algo para defenderse o lograr un objetivo: *esgrimir un argumento*. | Amenazar con algo: *esgrimir el peligro de una revolución*.

esgrimista com. Esgrimidor.

esguince m. Movimiento del cuerpo para evitar el golpe o la caída. || Distensión de una articulación.

eslabón m. Pieza en forma de anillo o de ese que, engarzada con otras, forma una cadena. || Hierro con que se sacan chispas del pedernal. || Chaira para afilar.

eslabonar v. t. *Fig*. Enlazar.

eslavo, va adj. Relativo a los eslavos, grupo étnico de Europa Oriental y Central. || De raza eslava (ú. t. c. s.). || — M. Conjunto de las lenguas indeoeuropeas habladas en Europa Oriental y Central.

eslavón, ona adj. De Eslavonia (ú. t. c. s.). || — M. Lengua hablada en Eslavonia.

eslora f. *Mar*. Longitud interior de la nave desde el codaste hasta la roda. || — Pl *Mar*. Maderos endentados en los baos para reforzar las cubiertas.

eslovaco, ca adj. De Eslovaquia (ú. t. c. s.). || — M. Lengua hablada en Eslovaquia.

esmaltar v. t. Aplicar esmalte.

esmalte m. Barniz vítreo, opaco o transparente, que se aplica en caliente sobre la loza, la porcelana o los metales. || Objeto esmaltado. || Materia dura que cubre la superficie de los dientes. || Barniz que sirve para adornar las uñas.

esmerado, da adj. Hecho con sumo cuidado. || Que se esmera: *una persona esmerada*. || Aseado.

esmeralda f. Piedra fina, silicato de berilio y aluminio, de color verde.

esmeraldeño, ña adj. y s. De Esmeralda (Ecuador).

esmerar v. t. Pulir, limpiar. || — V. pr. Poner sumo cuidado en lo que se hace. || Lucirse.

esmeril m. *Papel de esmeril*, papel de lija.

esmerilar v. t. Pulir con esmeril. || Rectificar una pieza: *esmerilar las válvulas de un motor*. || *Papel esmerilado*, papel de lija.

esmero m. Sumo cuidado.

esmirriado, da adj. Encanijado.

esmoquin m. Smoking.

esnob adj. y s. Snob.

esnobismo m. Snobismo.

eso pron. dem. Forma neutra que sirve para designar lo que está más cerca de la persona con quien se habla.

esófago m. Primera parte del tubo digestivo que va de la faringe al estómago.

esotérico, ca adj. Oculto, secreto.

esoterismo m. Calidad de esotérico.

esotro, tra pron. Ese otro.

espabilar v. t. Despabilar.

espachurrar v. t. Despachurrar.

espaciado m. Distancia entre dos líneas u objetos.

espaciosidad m. Condición de espacioso.

espacial adj. Del espacio. || *Guerra espacial*, competencia existente entre algunas naciones para conquistar el dominio del espacio por medio de naves o vehículos.

espaciar v. t. Separar las cosas en el espacio o en el tiempo: *espaciar los pagos*. || Separar las palabras,

letras o renglones en un impreso o en lo escrito con máquina. || — V. pr. Esparcirse, distraerse.

espacio m. Extensión indefinida que contiene todo lo existente: *el espacio es indivisible al infinito*. || Extensión limitada: *hay un gran espacio delante de la casa*. || Sitio. || Transcurso de tiempo: *un espacio de dos años*. || Blanco dejado entre las líneas. || *Impr*. Pieza de metal que sirve para separar las palabras y a veces las mismas letras. || *Mús*. Separación entre cada una de las rayas del pentagrama. || Programa de televisión o de radio. || — *Espacio publicitario*, película de publicidad de corta duración. || *Geometría del espacio*, la que estudia las figuras de tres dimensiones.

espacioso, sa adj. Muy ancho.

espada f. Arma blanca, recta, aguda y cortante con empuñadura y guarnición. || Persona diestra en su manejo: *excelente espada*. || *Fig*. Autoridad, figura: *es primera espada en su profesión*. || Torero que mata al toro con espada (ú. más c. m.). || — Pl. En el juego de naipes, palo que representa una o más espadas: *rey, as de espadas*.

espadaña f. Campanario.

espagueti m. Spaghetti.

espalda f. Parte posterior del cuerpo humano, desde los miembros hasta la cintura (ú. t. en pl.). || Parte semejante en cada animal. || Parte posterior del vestido. || Parte de atrás. Ú. t. en pl.: *las espaldas del edificio*. || Estilo de natación en el que se nada boca arriba.

espaldar m. Respaldo de un banco.

espaldarazo m. Golpe dado de plano con la espada.

espantada f. Huida repentina de un animal. || Desistimiento súbito motivado por el miedo.

espantajo m. Lo que se pone para espantar. || Espantapájaros. || *Fig*. Cosa con que se amenaza a alguien. | Persona fea o ridícula.

espantapájaros m. inv. Objeto grotesco que figura un hombre y sirve para ahuyentar los pájaros.

espantar v. t. Causar espanto, asustar. || Ahuyentar a un animal. || — V. pr. Asustarse.

espanto m. Terror. || Horror.

espantoso, sa adj. Que causa espanto o terror. || Horrible. || *Fig*. Muy grande: *sed espantosa*. | Muy feo.

español, la adj. y s. De España. || — M. Castellano, lengua.

españolada f. Dicho o hecho propio de españoles. || Acción, obra literaria o espectáculo que exagera y deforma las cosas típicas de España o el carácter español.

españolear v. i. Hablar de España. || Conducirse como un español.

españolería f. Españolismo.

españoleta f. Falleba.

españolismo m. Admiración o apego a las cosas españolas. || Hispanismo. || Carácter español.

españolización f. Acción y efecto de españolizar.

españolizar v. t. Dar carácter español a algo. || Dar forma española a un vocablo o expresión de otro idioma. || — V. pr. Adoptar costumbres españolas.

esparadrapo m. Tela adherente que sirve para sujetar vendajes o como apósito.

esparcimiento m. Acción de esparcir o esparcirse. || Diversión, ocio.

esparcir v. t. Echar, derramar: *esparcir la arena.* || Desparramar: *esparcir flores.* || Divulgar, difundir: *esparcir una noticia.* || – V. pr. Divertirse, distraerse.

espárrago m. Planta de tallos comestibles. || Este tallo. || *Fig.* y *fam. Mandar a freír espárragos,* despedir a uno de mala manera.

esparraguera f. Plantío de espárragos.

esparrancarse v. pr. Espatarrarse.

espartano, na adj. De Esparta (ú. t. c. s.). || *Fig.* Disciplinado.

esparto m. Planta con cuyas fibras se hacen sogas, esteras, etc.

espasmo m. Contracción convulsiva involuntaria de los músculos.

espatarrarse v. pr. Abrirse de piernas.

espátula f. Paleta pequeña de farmacéuticos, pintores, etc.

especia f. Sustancia aromática usada como condimento, como el comino, nuez moscada, clavo, pimienta, azafrán, chile.

especial adj. Particular.

especialidad f. Particularidad. || Parte de una ciencia o arte a que se dedica una persona. || Cosa que alguien conoce o hace particularmente bien. || Rama de la medicina o de otras ciencias ejercida exclusivamente por ciertos médicos o científicos que han hecho estudios complementarios. || Producto característico de una región determinada, de un restaurante, etc.

especialista adj. y s. Que se dedica a una especialidad. || Aplícase en particular a los médicos que tienen una especialidad determinada.

especialización f. Acción y efecto de especializar o especializarse.

especializar v. t. Destinar algo o alguien para un fin determinado. || – V. pr. Adquirir conocimientos especiales para dedicarse a una ciencia o arte en particular.

especie f. Subdivisión del género: *la especie se subdivide en variedades y razas.* || Conjunto de seres o cosas que tienen uno o varios caracteres comunes: *especie humana.* || Género humano: *la propagación de la especie.* || Variedad: *la toronja es una especie de cidra.* || Género, clase: *gente de toda especie.* || Asunto: *se trató de aquella especie.* || Noticia: *una especie falsa.* || – Pl. *Rel.* Apariencias del pan y el vino después de la consagración. || *En especie,* en mercancías o productos y no en metálico: *pagar en especie.*

especificación f. Determinación.

especificar v. t. Determinar con todo detalle. || Precisar.

especificidad f. Carácter específico.

específico, ca adj. Que caracteriza y distingue una especie de otra. || *Fís. Peso específico,* relación entre la masa o peso de un cuerpo y su volumen. || – M. *Med.* Medicamento apropiado para tratar una enfermedad determinada. | Medicamento preparado en laboratorios y no en la misma farmacia.

espécimen m. Muestra, modelo. || Ejemplar. (Pl. *especímenes.*)

espectacular adj. Que tiene caracteres de espectáculo público. || Impresionante, aparatoso, ostentoso.

espectacularidad f. Calidad de espectacular.

espectáculo m. Función o diversión pública. || Lo que atrae la atención.

espectador, ra adj. y s. Dícese de la persona que presencia cualquier acontecimiento y más particularmente un espectáculo público. || – M. pl. Público.

espectral adj. Del espectro.

espectro m. Figura fantástica y horrible, aparecido, fantasma. || *Fig.* y *fam.* Hombre de aspecto cadavérico. || *Fís.* Resultado de la descomposición de la luz a través de un prisma.

espectroscopio m. Instrumento para observar los espectros.

especulación f. Reflexión: *especulación filosófica.* || *Com.* Operación consistente en comprar algo con la idea de venderlo sacando un beneficio.

especulador, ra adj. y s. Que especula.

especular v. i. Reflexionar, meditar, raciocinar: *especular sobre la esencia de las cosas.* || Hacer operaciones comerciales o financieras de las cuales se espera sacar provecho gracias a las variaciones de los precios o de las cotizaciones. || Comerciar, negociar: *especular en carbones.* || Utilizar algo para obtener provecho o ganancia: *especular con su cargo.*

especulativo, va adj. *Com.* Relativo a la especulación. || Teórico: *conocimientos especulativos.* || Pensativo y dado a la especulación.

espejismo m. Ilusión óptica característica de los países cálidos, particularmente de los desiertos, por la cual los objetos lejanos producen una imagen invertida como si se reflejasen en una superficie líquida. || *Fig.* Ilusión engañosa.

espejo m. Lámina de cristal azogada por la parte posterior para reflejar los objetos. || Superficie que refleja los objetos: *el espejo del mar.* || *Fig.* Imagen, reflejo: *los ojos son el espejo del alma.* | Modelo, ejemplo: *espejo de ciudadanía.*

espeleología f. Estudio y exploración de las grutas o cavernas.

espeleólogo, ga m. y f. Persona que se dedica a la espeleología.

espeluznante adj. Espantoso.

espeluznar v. i. Horrorizar.

espera f. Acción de esperar. || Tiempo durante el cual se espera.

esperanto m. Lengua internacional, creada en 1887 por el médico polaco Zamenhof, basada en la internacionalidad máxima de las raíces y en la invariabilidad de los elementos lexicológicos.

esperanza f. Confianza en lograr una cosa o en que ocurra algo deseado. || Objeto de esta confianza: *vivir de esperanzas.* || Una de las tres virtudes teologales.

esperanzador, ra adj. Alentador.

esperanzano, na adj. y s. De La Esperanza (Honduras).

esperanzar v. t. Dar esperanzas.

esperar v. t. e i. Confiar en que vaya a ocurrir algo que se desea: *esperar tener éxito.* || Desear: *espero que todo te vaya bien.* || Contar con la llegada de una persona o cosa: *esperar una carta.* || Permanecer en un sitio hasta que llegue una persona o cosa que ha de venir. || Dejar pasar cierto tiempo. || Prever, suponer. Ú. t. c. pr.: *no me esperaba tal cosa.* || Suponer que va a ocurrir algo: *muchas dificultades esperan.* || Tener confianza: *esperar en Dios.*

esperma amb. Líquido seminal.

espermaticida adj. Dícese de la sustancia que destruye los espermatozoides o suprime su acción (ú. t. c. s. m.).

espermatocito m. Célula del germen masculino que se divide en el momento de la meiosis.

espermatogénesis f. Formación de las células reproductoras masculinas.

espermatozoide m. Gameto masculino de los animales, generalmente formado por una cabeza, en la que se encuentra el núcleo haploide, y de un flagelo, cuya misión consiste en asegurar su movilidad, destinado a la fecundación del óvulo y a la creación, en unión de éste, de un nuevo ser.

espermatozoo m. Espermatozoide.

esperpento m. *Fam.* Persona fea o ridícula por su desaliño. ‖ Género literario, creado por Valle-Inclán, en el que se deforma de modo continuo la realidad.

espesar v. t. Volver más espeso.

espeso, sa adj. Poco fluido: *salsa espesa.* ‖ Denso: *humo espeso.* ‖ Tupido: *bosque, tejido espeso.* ‖ Grueso: *muros espesos.*

espesor m. Grueso.

espesura f. Calidad de espeso. ‖ Sitio muy poblado de árboles.

espetar v. t. Poner en el asador. ‖ Traspasar: *le espetó una cuchillada.* ‖ *Fig.* y *fam.* Soltar: *le espetó un sermón.*

espeto o **espetón** m. Varilla de hierro para asar carne o pescado.

espía com. Persona encargada de recoger informaciones secretas sobre una potencia extranjera. ‖ Persona que observa con disimulo las acciones de otra o intenta conocer sus secretos.

espiar v. t. Observar con disimulo lo que pasa o se dice.

espichar v. t. *Fam.* Morirse.

espiga f. Conjunto de flores o frutos situados a lo largo de un tallo común: *espiga de trigo.* ‖ Extremidad de un madero o eje adelgazada para entrar en el hueco de otro. ‖ Dibujo parecido a la espiga del trigo: *tela de espiga.*

espigar v. t. Recoger las espigas que quedan en el rastrojo. ‖ *Fig.* Recoger: *espigar datos en los libros.* ‖ V. i. Empezar las plantas a echar espiga. ‖ V. pr. *Fig.* Crecer mucho una persona: *este chico se ha espigado mucho.*

espigón m. Malecón que protege la orilla de un río o la costa.

espina f. Púa que tienen algunas plantas. ‖ Astilla pequeña: *clavarse una espina en el pie.* ‖ *Anat.* Columna vertebral: *espina dorsal.* ‖ Hueso de pez. ‖ *Fig.* Pena muy grande y duradera.

espinaca f. Hortaliza de hojas comestibles.

espinal adj. Relativo al espinazo.

espinazo m. Columna vertebral.

espingarda f. Escopeta muy larga.

espinilla f. Parte anterior de la canilla de la pierna. ‖ Grano, tumorcillo de la piel.

espinillera f. Pieza de la armadura que cubría la espinilla. ‖ Pieza que protege la espinilla de los trabajadores o deportistas.

espino m. Arbusto espinoso rosáceo de flores blancas.

espinoso, sa adj. Que tiene espinas. ‖ *Fig.* Difícil, delicado.

espionaje m. Acción y efecto de espiar. ‖ Conjunto de personas que espían. ‖ *Espionaje industrial,* el hecho para conocer e imitar más tarde los procedimientos de fabricación de un producto industrial.

espiración f. Segundo tiempo de la respiración en que se expele el aire.

espirador, ra adj. Que espira. ‖ Que participa en el movimiento de la expulsión del aire de las vías respiratorias.

espiral adj. De forma de espiral: *línea, escalera espiral.* ‖ F. Curva que se desarrolla alrededor de un punto del cual se aleja progresivamente. ‖ Muelle del volante de un reloj.

espirar v. i. Expulsar el aire aspirado (ú. t. c. t.). ‖ Respirar. ‖ V. t. Exhalar: *espirar un olor.*

espirilo m. Bacteria de forma alargada y espiral.

espiritismo m. Doctrina según la cual por ciertos procedimientos los vivos pueden entrar en comunicación con el alma de los difuntos.

espiritista adj. Relativo al espiritismo. ‖ Que cree en el espiritismo y lo practica (ú. t. c. s.).

espíritu m. Alma: *espíritu humano.* ‖ Ser inmaterial: *los ángeles son espíritus.* ‖ Aparecido o ser sobrenatural como los genios y gnomos. ‖ Don sobrenatural: *espíritu de profecía.* ‖ Tendencia natural: *espíritu de sacrificio.* ‖ Sentido profundo: *el espíritu de una ley.* ‖ Manera de pensar propia de un grupo de personas: *espíritu de clase.* ‖ *Fig.* Ánimo, valor: *ser de mucho espíritu.* ‖ Vivacidad del ingenio. ‖ *Quím.* Sustancia extraída: *espíritu de vino.* ‖ — Pl. Demonios. ‖ — *Espíritu maligno,* el demonio. ‖ *Espíritu Santo,* tercera persona de la Santísima Trinidad.

espiritual adj. Del espíritu.

espiritualidad f. Calidad de espiritual. ‖ Obra espiritual.

espiritualización f. Acción y efecto de espiritualizar.

espiritualizar v. t. Hacer espiritual a una persona. ‖ Dar carácter espiritual.

espita f. Canilla de cuba.

esplendidez f. Belleza. ‖ Magnificencia. ‖ Generosidad, liberalidad.

espléndido, da adj. Magnífico: *un día espléndido.* ‖ Generoso, liberal: *un hombre espléndido.* ‖ Resplandeciente.

esplendor m. Resplandor. ‖ *Fig.* Lustre, nobleza. ‖ Apogeo.

esplendoroso, sa adj. Resplandeciente. ‖ Espléndido, magnífico.

espliego m. Planta labiada de cuyas flores azules se extrae una esencia olorosa, llamada también *lavanda.*

esplín m. Hastío, tedio.

espolear v. t. Picar con la espuela. ‖ *Fig.* Incitar, estimular.

espoleta f. Dispositivo que provoca la explosión de los proyectiles.

espoliador, ra adj. y s. Que espolia.

espoliar v. t. Despojar.

espolón m. Protuberancia ósea en el tarso de varias aves gallináceas. ‖ *Arq.* Contrafuerte. ‖ Tajamar de un puente o de un barco. ‖ Malecón para contener las aguas de un río o del mar.

espolvorear v. t. Quitar el polvo. ‖ Esparcir en una cosa algo que está en polvo.

espongiarios m. pl. *Zool.* Animales acuáticos (ú. t. c. adj.).

esponja f. *Zool.* Cualquier animal espongiario. ‖ Esqueleto de estos animales empleado para diversos usos. ‖ Imitación artificial de este esqueleto: *esponja de plástico.*

esponjamiento m. Acción y efecto de esponjar o esponjarse.

esponjar v. t. Volver esponjoso. ‖ Dar volumen: *esponjar el pelo.*

esponjosidad f. Calidad de esponjoso.

esponjoso, sa adj. Muy poroso.

esponsales m. pl. Promesa mutua de matrimonio.

espontaneidad f. Calidad de espontáneo.

espontáneo, a adj. Voluntario, sin influencia externa. ‖ Natural: *carácter espontáneo.* ‖ Que crece sin cultivo. ‖ — M. Espectador que se lanza al ruedo para torear.

espora f. Célula reproductora de las criptógamas y algunos protozoos.

esporádico, ca adj. Aislado.

esporangio m. *Bot.* Cápsula donde están las esporas.

esporozoarios y **esporozoos** m. pl. Protozoarios parásitos que se reproducen por medio de esporas (ú. t. c. adj.).

esportilla f. Espuerta pequeña. ‖ Soplillo para atizar el fuego.

esportillo m. Capazo.

esposado, da adj. y s. Casado.

esposar v. t. Ponerle a uno esposas.

esposo, sa m. y f. Persona que ha contraído matrimonio. ‖ En relación con una persona, la que está casada con ella. ‖ — F. pl. Manillas unidas por una cadena con las cuales se sujetan las muñecas de los presos.

espot m. Spot.

esprint m. Sprint.

espuela f. Espiga de metal terminada en una rodajita con puntas ajustada al talón para picar a la cabalgadura. ‖ *Fig.* Estímulo, aliciente.

espuerta f. Cesta de esparto, palma o incluso materia plástica usada sobre todo para transportar materiales y escombros.

espulgar v. t. Quitar las pulgas o piojos. ‖ *Fig.* Examinar de muy cerca para quitar lo malo.

espuma f. Conjunto de burbujas que se forman en la superficie de un líquido. ‖ Parte del jugo o de las impurezas que suben a la superficie de algunos líquidos cuando hierven.

espumadera f. Cuchara grande con agujeros que sirven para espumar.

espumarajo m. Saliva espumosa arrojada en abundancia por la boca.

espumoso, sa adj. Que tiene o forma espuma.

espurio, ria adj. Bastardo.

espurrear v. t. Rociar con un líquido.

esputo m. Lo que se escupe.

esqueje m. Tallo joven de una planta que se introduce en la tierra para que forme una planta nueva.

esquela f. Carta breve: *esquela amorosa.* ‖ Carta para comunicar una invitación o ciertas noticias. ‖ *Esquela de defunción,* notificación de la muerte de alguien por medio de una carta especial o de un artículo en el periódico con recuadro negro.

esquelético, ca adj. Del esqueleto. ‖ *Fam.* Muy flaco.

esqueleto m. Armazón ósea de los vertebrados o partes duras de los artrópodos. ‖ *Fig.* Armazón, armadura.

esquema m. Representación de una figura sin entrar en detalles, indicando solamente sus relaciones y funcionamiento. ‖ Plan, bosquejo.

esquematización f. Acción y efecto de esquematizar.

esquematizar v. t. Representar una cosa en forma de esquema.

esquí m. Plancha de madera o de metal, larga, estrecha y algo encorvada en la punta para patinar sobre nieve o agua. (Pl. *esquíes* o *esquís.*) ‖ Deporte practicado sobre estos utensilios.

esquiador, ra m y f. Persona que esquía.

esquiar v. t. Patinar con esquíes.

esquife m. Barco muy estrecho y alargado para un solo tripulante.

esquila f. Cencerro.

esquilar v. t. Cortar con tijeras o maquinilla el pelo de los animales.

esquileo m. Operación consistente en esquilar los animales.

esquilmar v. t. *Fig.* Agotar. | Empobrecer. | Despojar: *esquilmar a uno.*

esquimal adj. y s. Que pertenece a las regiones polares.

esquina f. Ángulo exterior formado por dos superficies unidas por uno de sus lados.

esquinado, da adj. Que hace esquina. ‖ *Fig.* Huraño.

esquinar v. t. e i. Formar esquina. ‖ Poner en una esquina.

esquinera f. *Amer.* Rinconera (mueble).

esquire m. (pal. ingl.). Término honorífico que se coloca en Inglaterra detrás del apellido de aquellos que no poseen un título de nobleza.

esquirla f. Fragmento pequeño de un hueso roto.

esquirol m. Obrero que sustituye a un huelguista.

esquistoso, sa adj. Laminar.

esquivar v. t. Evitar con habilidad, rehuir algo molesto. ‖ — V. pr. Excusarse de hacer algo.

esquivo, va adj. Arisco.

esquizofrenia f. Enfermedad mental caracterizada por la disociación de las funciones psíquicas que conduce generalmente a un estado de demencia.

esquizofrénico, ca adj. y s. Que padece esquizofrenia.

estabilidad f. Equilibrio: *la estabilidad de un avión.* ‖ Firmeza, resistencia: *la estabilidad de un puente.* ‖ Permanencia, duración: *la estabilidad del poder.*

estabilización f. Acción de estabilizar.

estabilizador, ra adj. Que estabiliza (ú. t. c. s.).

estabilizar v. t. Dar estabilidad. ‖ Fijar oficialmente el valor de una moneda o el precio de las mercancías.

estable adj. Que no está en peligro de caerse, bien equilibrado. ‖ Seguro, duradero. ‖ Constante: *carácter estable.*

establecer v. t. Instalar. ‖ Fundar, instituir: *establecer la República.* ‖ Fijar: *establecer una regla.* ‖ — V. pr. Instalarse. *establecerse en París.*

establecimiento m. Fundación, institución. ‖ Fijación: *establecimiento de una regla.* ‖ Local donde se desarrolla una actividad de enseñanza o de beneficencia: *establecimiento docente*. || Lugar donde se ejerce una actividad comercial o industrial. || Colonia fundada en un país por habitantes de otro.

establo m. Lugar cubierto donde se encierra el ganado.

estaca f. Palo terminado por una punta que se clava en el suelo.

estacada f. Valla de estacas.

estacar v. t. Poner estacas.

estacazo m. Golpe con estaca.

estación f. Cada una de las cuatro épocas en que se divide el año y que son la primavera, el verano, el otoño y el invierno. || Temporada, período: *estación de lluvias*. || Lugar donde se pasa una temporada para hacer una cura, para practicar ciertos deportes, etc.: *estación balnearia, de esquí*. || Lugar donde paran los trenes y edificios administrativos allí instalados: *estación de metro*. || Establecimiento donde se efectúan investigaciones científicas: *estación meteorológica*. || Teol. Visita que se hace a las iglesias para rezar ante el Santísimo en determinadas ocasiones: *las estaciones de Semana Santa*. || Oraciones rezadas en estas ocasiones. || Estado, posición: *estación vertical*. || — *Estación de radio*, emisora. || *Estación de servicio*, puesto donde se alimentan los vehículos en gasolina, aceite, agua, etc. || *Estación terminal*, terminal.

estacionamiento m. Acción de estacionar. || Lugar donde se estaciona.

estacionar v. t. Dejar momentáneamente un vehículo en un lugar público autorizado para ello (ú. t. c. pr.). || — V. pr. Quedarse estacionario, dejar de progresar.

estacionario, ria adj. Que no sufre ningún cambio. || Temporal.

estada f. Estancia.

estadía f. Estancia.

estadio m. Lugar público con graderíos para competiciones deportivas. || Fase, período relativamente corto.

estadista m. Hombre que participa en la dirección del Estado, que se ocupa de política. || Estadístico, especialista en estadística.

estadístico, ca adj. De la estadística. || — M. Especialista en estadística. || — F. Ciencia que se ocupa de la reunión de todos los hechos que se pueden valorar numéricamente para hacer comparaciones entre las cifras y sacar conclusiones aplicando la teoría de las probabilidades. || — Pl. Conjunto de los hechos así reunidos.

estado m. Manera de ser: *estado de salud*. || Forma en que se presenta una cosa: *estado sólido*. || Condición: *en estado de funcionamiento*. || Situación: *estado de los negocios*. || Condición social: *estado de casado*. || Nación o grupo de territorios autónomos que forman una nación. || Gobierno, administración superior: *la Iglesia y el Estado*. || Forma de gobierno: *Estado monárquico*. || Inventario: *estado de gastos*.

estadounidense adj. y s. De Estados Unidos de Norteamérica.

estafa f. Timo.

estafador, ra m. y f. Persona que estafa.

estafar v. t. Sacar dinero o cosas de valor con engaño.

estafeta f. Oficina del correo.

estafilococo m. Microbio redondeado que produce el furúnculo, el ántrax, etc.

estalactita f. Concreción calcárea formada en la bóveda de las cuevas.

estalagmita f. Concreción calcárea formada en el suelo de las cuevas por las gotas que caen de la bóveda y se evaporan.

estallar v. i. Reventar violentamente y con ruido: *estallar una bomba*. || Fig. Suceder de repente: *estalló un incendio*. | Manifestarse bruscamente: *estalló su cólera*. | Irritarse: *esto le hizo estallar*.

estallido m. Acción y efecto de estallar. || Ruido producido.

estambre m. Órgano sexual masculino de las plantas fanerógamas.

estamento m. Clase. || Grado.

estampa f. Imagen, grabado impreso. || Fig. Aspecto, traza, figura: *hombre de buena estampa*. | Huella: *la estampa del genio*. | Símbolo: *estampa de caballerosidad*.

estampado, da adj. Aplícase a las telas en que se estampan dibujos (ú. t. c. s. m).

estampar v. t. Imprimir. || Dejar huella: *estampar el pie en la arena*. || Fam. Arrojar, hacer chocar contra algo: *estampó la botella contra la pared*. | Asestar, dar: *le estampó una bofetada*. || Producir una forma en relieve en una chapa metálica.

estampido m. Ruido fuerte como el producido por una cosa que explota.

estampilla f. Sello en que están dibujadas la firma y rúbrica de una persona. || Sello que se imprime en los documentos para atestiguar su autenticidad o para indicar que cierto derecho ha sido pagado. || *Amer*. Sello de correos o fiscal.

estampillado m. Acción y efecto de estampillar. || Matasellos.

estampillar v. t. Imprimir una estampilla: *estampillar documentos*.

estampita f. Grabado pequeño.

estancación y **estancamiento** m. Detención. || Fig. Situación en que parece imposible seguir adelante: *el estancamiento de las negociaciones*.

estancar v. t. Detener, parar: *estancar la sangre*. || Embalsar: *estancar las aguas para el riego* (ú. t. c. pr.). || Monopolizar la venta de ciertas mercancías: *estancar el tabaco*. || Fig. Detener, dejar en suspenso: *estancar un negocio*. || — V. pr. Quedar en suspenso o parado.

estancia f. Permanencia en un sitio. || Precio que se paga por alojarse cierto tiempo en un sitio. || Tiempo que se queda un enfermo en un hospital y cantidad que por ello paga. || Morada. || Habitación de una vivienda. || Estrofa. || *Amer*. Hacienda de campo. || *Riopl*. y *Chil*. Finca de ganadería.

estanciero m. *Amer*. Dueño o encargado de una estancia.

estanco, ca adj. Que no deja filtrar el agua. || — M. prohibición de la venta libre de una mercancía, monopolio: *el estanco del tabaco*. || Sitio donde se despachan los géneros estancados. || Tienda donde se venden tabaco, cerillas y sellos.

estándar m. Tipo, modelo, patrón. || Nivel.

estandardización f. Estandarización.

estandardizar v. t. Estandarizar.

estandarización f. Tipificación, normalización.

estandarizar v. t. Tipificar, normalizar.

169

estandarte m. Insignia, bandera.

estanque m. Balsa de agua artificial para el riego o el adorno.

estante adj. Fijo y permanente en un sitio: *estar estante en París.* || — M. Anaquel, tabla que sirve para colocar objetos. || Mueble formado por un conjunto de anaqueles.

estantería f. Conjunto de estantes.

estañado m. Baño o soldadura con estaño.

estañar v. t. Soldar con estaño: *estañar una cacerola.*

estaño m. Metal blanco (símb. Sn), relativamente ligero, muy maleable e inalterable al aire, usado para soldar y para proteger otros metales.

estar v. i. Hallarse con cierta permanencia en un lugar: *estar en casa.* || Indica un estado momentáneo: *estar de rodillas.* || Indica la fecha: *estamos a martes.* || Sentar bien o mal: *este traje le está ancho.* || Ir vestido: *estar de paisano.* || Tener como actividad: *estar de embajador.* || Entender: *¿estás en ello?* || Costar: *el pan está muy caro.* || Junto con el gerundio, indica la duración de la acción: *estar durmiendo.* || — *Estar al tanto,* estar al corriente. || *Estar bien,* gozar de buena salud, situación, comodidades, etc. || *Estar de más,* sobrar. || *Estar para,* estar a punto de hacer algo; estar de cierto humor. || *Estar por,* quedar por hacer una cosa; estar uno a favor de otro. || — V. pr. Permanecer: *estarse quieto.*

estárter m. Starter.

estatal adj. Del Estado.

estático, ca adj. Relativo al equilibrio de las fuerzas: *energía estática.* || Que no se mueve, que permanece en el mismo sitio o estado. || *Fig.* Que se queda parado de asombro o de emoción. || — F. Parte de la mecánica que estudia el equilibrio de los sistemas de fuerzas.

estatificar v. t. Nacionalizar.

estatismo m. Sistema político en el cual el Estado interviene directamente en el terreno económico.

estatista adj. Relativo al estatismo. || Partidario del estatismo (ú. t. c. s.).

estatización f. Acción y efecto de estatizar.

estatizar v. t. Controlar o pasar a poder del Estado una empresa o sector económico.

estatua f. Escultura labrada a bulto que representa un ser animado.

estatuaria f. Arte de hacer estatuas.

estatuir v. t. e i. Establecer.

estatura f. Altura de persona.

estatutario, ria adj. Conforme a los estatutos o designado por ellos.

estatuto m. Reglamento que rige el funcionamiento de una comunidad, asociación o sociedad. || Régimen jurídico. || Ley básica por la cual un Estado concede autonomía a una de sus regiones: *el estatuto catalán.*

este m. Parte del horizonte por donde sale el Sol, oriente. || Uno de los cuatro puntos cardinales. || Parte oriental de un país o región.

este, esta, estos, estas adj. dem. Designan lo que se halla más cerca de la persona que habla o lo que acaba de mencionar: *este periódico; estas mujeres; este objetivo.* || Expresa el tiempo actual o inmediatamente próximo: *este año.*

estela f. Huella o rastro momentáneo que deja el barco en la superficie del agua, un cuerpo luminoso en el cielo o cualquier cuerpo en movimiento en el espacio. || *Fig.* Rastro que queda de una cosa.

estelar adj. De las estrellas.

estenio m. Unidad de fuerza en el sistema M.T.S.

estenografía f. Taquigrafía.

estenografiar v. t. Taquigrafiar.

estenógrafo, fa m. y f. Taquígrafo.

estenotipia f. Transcripción rápida de la palabra por medio de un estenotipo.

estenotipista com. Persona que se dedica a la estenotipia.

estenotipo m. Máquina para transcribir discursos mediante una forma fonética simplificada.

estentóreo, a adj. Muy fuerte.

estepa f. Llanura extensa.

éster m. Cuerpo derivado de la acción de un ácido sobre un alcohol.

estera f. Tejido de esparto, juncos u otros tallos entrelazados usado para cubrir el suelo. || Felpudo.

esterar v. t. Cubrir con esteras.

estercolar v. t. Abonar las tierras con estiércol.

estercolero m. Lugar donde se amontona el estiércol. || *Fig.* Sitio muy sucio.

estéreo adj. Estereofónico. || — F. Estereofonía.

estereofonía f. Reproducción de los sonidos destinada a dar la impresión del relieve acústico.

estereofónico, ca adj. De la esterofonía.

estereoscopio m. Instrumento óptico que da la ilusión del relieve.

estereotipado, da adj. Dícese de los gestos, expresiones que se repiten constantemente.

estereotipar v. t. *Impr.* Fundir en planchas o clichés una composición tipográfica. || Imprimir con estas planchas. || *Fig.* Fijar, hacer inmutable: *expresión estereotipada.*

estereotipia f. Reproducción por medio de estereotipos. || Taller donde se estereotipa. || Máquina de estereotipar.

estereotipo m. Plancha o cliché de imprenta. || *Fig.* Imagen o idea adoptada por un grupo, concepción muy simplificada de algo o de alguien.

estéril adj. Que nada produce: *terreno estéril.* || Que no puede tener hijos: *mujer estéril.* || *Fig.* Inútil, sin resultado: *conversaciones estériles.*

esterilidad f. Condición de estéril.

esterilización f. Acción de esterilizar.

esterilizar v. t. Volver estéril. || *Med.* Destruir los fermentos o microbios: *esterilizar la leche.*

esterlina adj. f. V. LIBRA *esterlina.*

esternón m. *Anat.* Hueso plano situado en la parte anterior de la caja torácica al cual están unidas las costillas verdaderas.

estero m. Estuario. || *Arg.* Terreno pantanoso.

estertor m. Respiración anhelosa de los moribundos. || Ruido producido por el paso del aire a través de las mucosidades. || *Estar en los últimos estertores,* próximo a morir.

esteta com. Amante de la belleza.

estético, ca adj. De la estética. || De la belleza. || Artístico, bello: *postura estética. Cirugía estética,* la que corrige las alteraciones no patológicas del cuerpo humano. || — M. y f. Persona que se dedica a la estética. || — F. Ciencia que trata de la belleza en general y de los sentimientos que suscita en el hombre.

estetoscopio m. *Med.* Instrumento para auscultar el pecho.

estiaje m. Caudal mínimo de un río en verano.

estiba f. *Mar.* Carga en la bodega de los barcos. | Colocación de esta carga.

estibador m. El que estiba.

estibar v. t. Apretar las cosas para que quepan más en un mismo sitio. ‖ *Mar.* Colocar convenientemente la carga en un barco.

estiércol m. Excrementos de los animales. ‖ Materias vegetales descompuestas y excrementos que se usan como abono.

estigarribeño, ña adj. y s. De Mariscal Estigarribia (Paraguay).

estigma m. Huella.

estigmatizar v. t. Marcar con hierro candente. ‖ *Fig.* Infamar. | Censurar, condenar: *estigmatizar el vicio.*

estilar v. t. Acostumbrar. ‖ — V. pr. Usarse, ser costumbre hacer, llevar o utilizar algo: *los jubones ya no se estilan.*

estilista com. Escritor de estilo muy elegante y pulcro.

estilístico, ca adj. Del estilo. ‖ — F. Estudio científico de los recursos que ofrece el estilo.

estilizar v. t. Representar artísticamente un objeto por sus rasgos característicos.

estilo m. Manera de expresarse: *el estilo de Cervantes.* ‖ Modo de escribir o hablar propio de los varios géneros literarios: *estilo oratorio.* ‖ Carácter original de un artista, arte, época, escuela, nación, etc.: *estilo colonial.* ‖ Manera de comportarse: *no me gusta el estilo de esta chica.* ‖ Manera de hacer algo: *tiene un estilo muy particular para peinarse.* ‖ Clase, categoría: *esta mujer tiene mucho estilo.* ‖ Manera de practicar un deporte: *estilo mariposa.* ‖ *Bot.* Prolongación del ovario que sostiene el estigma. ‖ *Riopl.* Música típica y popular tocada con la guitarra y baile y canción que la acompañan.

estilográfico, ca adj. Que sirve para la estilográfica: *tinta estilográfica.* ‖ Dícese de la pluma que almacena tinta en el mango (ú. t. c. s. f.).

estima f. Opinión favorable.

estimable adj. Apreciable.

estimación f. Evaluación, valoración. ‖ Estima.

estimador, ra adj. y s. Que estima.

estimar v. t. Evaluar, valorar. ‖ Juzgar, creer, considerar: *estimo que no merecía este castigo.* ‖ Tener buena opinión de alguien: *todos le estiman.* ‖ *For.* Aceptar y examinar una demanda. ‖ — V. pr. Tener dignidad: *ninguna persona que se estime obraría así.*

estimulante adj. y s. m. Dícese de lo que estimula.

estimular v. tr. Aguijonear, animar: *el éxito le va a estimular.* ‖ *Fig.* Incitar: *le estimuló a que hablase.* ‖ Fomentar, desarrollar: *estimular la industria.* ‖ Activar las funciones de un órgano.

estímulo m. Incitación para obrar, aguijón, acicate. ‖ Breve excitación de un órgano u organismo que provoca una reacción fisiológica.

estío m. Verano.

estipendiar v. t. Retribuir.

estipendio m. Pago.

estipulación f. *For.* Cláusula. ‖ Acuerdo verbal.

estipular v. t. *For.* Formular muy claramente una cláusula en un contrato. ‖ Convenir, decidir.

estiramiento m. Acción de estirar.

estirar v. t. Alargar una cosa tirando de sus extremos. ‖ Extender verticalmente la masa de cristal fundida en el crisol. ‖ *Fig.* Hacer durar: *estirar el dinero.* ‖ *Amer.* Matar. ‖ — V. i. *Fig.* Crecer una persona (ú. t. c. pr.). ‖ — V. pr. Desperezarse.

estirón m. Sacudida brusca, tirón. ‖ Crecimiento brusco o rápido.

estirpe f. Linaje de una familia.

estival adj. Del estío.

esto pron. dem. Forma neutra que sirve para designar lo que se halla más cerca de la persona que habla o lo que se acaba de mencionar.

estocada f. Golpe dado con la punta de la espada o estoque. ‖ Herida producida.

estofa f. *Fig.* Calidad, clase.

estofado m. Guisado de carne.

estoicismo m. Doctrina del filósofo griego Zenón de Citio según la cual el bien supremo reside en el esfuerzo que obedece a la razón y queda indiferente ante las circunstancias exteriores. ‖ *Fig.* Entereza ante la adversidad.

estoico, ca adj. Del estoicismo. ‖ Seguidor del estoicismo (ú. t. c. s.). ‖ *Fig.* Firme, que no se deja impresionar por las circunstancias adversas.

estola f. Ornamento litúrgico que el sacerdote se pone en el cuello.

estoma m. Estructura de la piel de los vegetales que tiene un orificio microscópico *(ostiolo).*

estomacal adj. Del estómago.

estomagar v. t. *Fam.* Fastidiar.

estómago m. Parte del aparato digestivo que forma una bolsa y está situada entre el esófago y el duodeno.

estomatitis f. Inflamación de la mucosa de la boca.

estomatología f. Estudio y tratamiento de las enfermedades de la boca.

estomatólogo, ga m. y f. Especialista de estomatología.

estonio, nia adj. y s. De Estonia.

estopa f. Parte basta del lino o del cáñamo. ‖ Tela gruesa fabricada con esta parte.

estoque m. Espada de torero.

estoqueador, ra m. y f. Torero que mata o hiere con el estoque.

estoquear v. t. Herir o matar al toro con el estoque.

estorbar v. t. Embarazar: *este paquete me estorba.* ‖ Dificultar: *estorbar el paso.*

estorbo m. Molestia. ‖ Obstáculo.

estornino m. Pájaro de cabeza pequeña y plumaje negro.

estornudar v. i. Expeler ruidosamente aire por la boca y la nariz.

estornudo m. Expulsión ruidosa de aire por la boca o la nariz.

estrabismo m. Defecto de la vista por el cual el eje óptico derecho se dirige en sentido opuesto al izquierdo.

estrado m. Tarima para colocar el trono real o la mesa presidencial en actos solemnes. ‖ — Pl. Salas de los tribunales de justicia.

estrafalario, ria adj. y s. *Fam.* Extravagante y algo ridículo.

estragar v. t. Viciar, pervertir (ú. t. c. pr.). ‖ Causar estrago, deteriorar.

estrago m. Daño, destrozo. ‖ Matanza de gente. ‖ Daño moral.

estragón m. Planta compuesta usada como condimento.

estrambótico, ca adj. *Fam.* Extravagante, extraño, irregular.

estrangulación f. Ahogo por opresión del cuello.

estrangulador m. *Autom.* Starter.

estrangular v. t. Ahogar oprimiendo el cuello (ú. t. c. pr.).

estraperlear v. t. *Fam.* Vender de estraperlo.

estraperlista adj. y s. *Fam.* Que hace negocios de estraperlo.

estraperlo m. Comercio clandestino.

estratagema f. Treta, artimaña.

estratega com. Especialista en estrategia.

estrategia f. *Mil.* Arte de dirigir y coordinar las operaciones militares. || *Fig.* Arte de coordinar las acciones y de obrar para alcanzar un objetivo.

estratificación f. *Geol.* Disposición de las rocas en capas paralelas superpuestas.

estratificar v. t. *Geol.* Formar estratos (ú. t. c. pr.).

estrato m. *Geol.* Capa formada por rocas sedimentarias. || Nube que se presenta en forma de banda paralela al horizonte. || *Fig.* Capa o clase de la sociedad.

estratosfera f. Parte de la atmósfera de unos treinta quilómetros entre la troposfera y la mesosfera.

estrechamiento m. Disminución de la anchura. || *Fig.* Fortalecimiento, unión más fuerte: *estrechamiento de las relaciones.*

estrechar v. t. Volver más estrecho (ú. t. c. pr.). || *Fig.* Apretar: *estrechar las manos.* || — V. pr. Apretarse, *estrecharse en un banco para dejar sitio.*

estrechez f. Falta de anchura. || Falta de espacio o de tiempo. || *Fig.* Apuro, escasez de dinero. | Dificultad.

estrecho, cha adj. De poca anchura. || Justo, apretado: *vestido estrecho.* || *Fig.* Apocado, de cortos alcances: *espíritu estrecho.* | Íntimo: *amistad estrecha.* | Muy próximo: *parentesco estrecho.* | Riguroso: *persona de moral estrecha.* | Tacaño. || — M. Brazo de mar entre dos tierras.

estrechura f. Estrechez.

estregar v. t. Frotar.

estrella f. Astro brillante que aparece en el cielo como un punto luminoso. || Figura convencional y estilizada con que se representa. || Objeto de forma parecida. || Hado, suerte, destino: *nacer con buena estrella.* || *Fig.* Artista de mucha fama: *estrella cinematográfica.* || Signo con que se indica la categoría de un hotel.

estrellamar f. Equinodermo que tiene la forma de una estrella de cinco puntas.

estrellar v. t. *Fam.* Arrojar con violencia una cosa contra otra haciéndola pedazos o aplastándola (ú. t. c. pr.). || Dicho de los huevos, freírlos. || Constelar. || — V. pr. Caer brutalmente: *estrellarse contra el suelo.* || Chocar violentamente contra algo: *las olas se estrellaban contra las rocas.* || Lisiarse o matarse a consecuencia de un choque: *estrellarse contra un poste.* || *Fig.* Fracasar: *mis proyectos se han estrellado.*

estremecedor, ra adj. Violento.

estremecer v. t. Hacer temblar, sacudir. || *Fig.* Sobresaltar. | Impresionar, emocionar. || — V. pr. Temblar.

estremecimiento m. Sacudida. || Temblor, escalofrío. || *Fig.* Sobresalto. | Conmoción.

estrenar v. t. Usar por primera vez. || Representar por primera vez: *estrenar una comedia, una película* (ú. t. c. pr.). || Ser el primero en hacer un papel: *este actor estrenó muchas comedias.*

estreno m. Primera representación. || Primer uso de una cosa.

estreñido, da adj. Que padece estreñimiento (ú. t. c. s.).

estreñimiento m. Dificultad o imposibilidad de evacuar el vientre.

estreñir v. t. Dificultar o imposibilitar la evacuación del vientre.

estrépito m. Ruido muy grande.

estrepitoso, sa adj. Que hace mucho ruido. || *Fig.* Muy grande.

estreptococo m. Bacteria que produce infecciones graves.

estreptomicina f. Antibiótico contra el bacilo de la tuberculosis y otros microbios.

estría f. Raya en hueco.

estriar v. t. Formar estrías.

estribación f. Ramal lateral corto de una cordillera.

estribar v. i. Apoyarse una cosa de peso en otra que la sostiene. || *Fig.* Residir.

estribillo m. Verso o versos que se repiten al fin de cada estrofa. || *Fig.* Lo que repite constantemente una persona.

estribo m. Pieza de metal en que el jinete apoya el pie. || Especie de escalón para subir o bajar del coche. || *Anat.* Uno de los tres huesecillos del oído medio y que está articulado con la apófisis lenticular del yunque.

estribor m. Costado derecho del barco mirando de popa a proa.

estricnina f. Veneno que se extrae de la nuez vómica.

estricto, ta adj. Riguroso.

estridencia f. Calidad de estridente.

estridente adj. Agudo.

estrofa f. Grupo de versos que forma un conjunto y tiene correspondencia métrica con otro u otros parecidos.

estroncio m. Metal blanco (Sr).

estropajo m. Manojo de esparto para fregar. || *Fig.* Desecho.

estropear v. t. Dejar en mal estado: *una máquina le estropeó la mano.* || Lisiar: *Deteriorar: el granizo estropeó la cosecha.* || *Fig.* Echar a perder: *el vicio le estropeó la salud.* || Volver inservible: *los niños han estropeado el ascensor.*

estropicio m. Ruido de cosas que se rompen. || *Fam.* Destrozo.

estructura f. Disposición de las distintas partes de un todo.

estructural adj. Relativo a la estructura.

estructuralismo m. Teoría común a ciertas ciencias humanas, como la lingüística, la antropología social, la psicología, etc., que concibe cualquier objeto de estudio como un todo cuyos miembros se determinan entre sí, tanto en su naturaleza como en sus funciones, en virtud de leyes generales.

estructurar v. t. Dar una estructura.

estruendo m. Ruido grande.

estruendoso, sa adj. Ruidoso.

estrujar v. t. Apretar una cosa para sacarle el zumo. || Exprimir el agua: *estrujar la ropa.* || Apretar algo arrugándolo: *estrujar un papel.*

estuario m. Entrada del mar en la desembocadura de un río.

estucado m. Revestimiento con estuco.

estucar v. t. Cubrir con estuco.

estuchar v. t. Poner o cubrir con un estuche.

estuche m. Caja o funda.

estuco m. Masa de cal y mármol pulverizado para enlucir las paredes.

estudiado, da adj. *Fig.* Rebuscado, falto de naturaleza.

estudiantado m. Conjunto de alumnos o estudiantes.

estudiante m. y f. Persona que estudia en un centro de enseñanza.

estudiantil adj. De los estudiantes.

estudiantina f. Conjunto musical de estudiantes.

estudiar v. t. Ejercitar el entendimiento para comprender o aprender una cosa. || Seguir un curso. Ú. t. c. i.: *estudiar para médico.* || Aprender de memoria. || Examinar, observar con detenimiento: *estudiar un problema.* || — V. pr. Observarse.

estudio m. Aplicación del espíritu para aprender o comprender algo. || Obra en que un autor examina y aclara una cuestión: *estudio sobre la Edad Media.* || Cuarto donde trabajan los pintores, escultores, arquitectos, fotógrafos, etc. || Apartamento que consta de una habitación, una cocina y un cuarto de aseo. || Local donde se hacen las tomas de vista o sonido para las películas o donde se transmiten programas radiofónicos o de televisión (ú. m. en pl.). || *Pint.* Dibujo o pintura de tanteo: *estudio del natural.* || *Riopl.* Bufete de abogado. || — M. pl. Serie completa de cursos seguidos para hacer una carrera.

estudioso, sa adj. Aplicado, que se dedica al estudio. || — M. Especialista.

estufa f. Aparato para la calefacción de las habitaciones.

estulticia f. Necedad, sandez.

estulto, ta adj. Necio.

estupefacción f. Asombro, pasmo.

estupefaciente adj. Que causa estupefacción. || — M. Sustancia narcótica.

estupefacto, ta adj. Atónito.

estupendo, da adj. Magnífico.

estupidez f. Tontería, necedad.

estúpido, da adj. y s. Tonto.

estupor m. Pasmo, asombro.

estupro m. *For.* Delito consistente en el acceso carnal, mediante engaño o abuso de autoridad, de un hombre con una menor.

esturión m. Pez de mar.

eta f. Séptima letra del alfabeto griego.

etalaje m. Parte del alto horno entre la obra y el vientre.

etano m. Carburo de hidrógeno.

etanol m. Alcohol etílico.

etapa f. Sitio donde se para un viajero, un ciclista, un soldado para descansar. || Distancia que hay que recorrer para llegar a este sitio. || Período que media entre dos puntos importantes de una acción o proceso: *las etapas de la vida.*

etarra adj. y s. De la E.T.A. (*Euzkadi ta Azkatasuna*, organización terrorista vasca creada en 1959).

etcétera loc. adv. Y lo demás (ú. t. c. s. m.).

éter m. *Fís.* Fluido sutil, invisible, imponderable y elástico que, según cierta hipótesis antigua y caduca, llena todo el espacio, y, por su movimiento vibratorio, transmite la luz y otras formas de energía. || *Quím.* Óxido de etilo, líquido muy volátil e inflamable, de olor muy fuerte, que se emplea como anestésico. || *Poét.* Espacio celeste.

eternidad f. Tiempo que no tiene principio ni tendrá fin.

eternizar v. t. Hacer durar mucho una cosa (ú. t. c. pr.).

eterno, na adj. Que dura o parece durar mucho tiempo.

ético, ca adj. Relativo a los principios de la moral. || — M. Moralista. || — F. Moral.

etileno m. Hidrocarburo gaseoso.

etílico, ca adj. *Quím.* Aplícase a los cuerpos derivados del etano.

etilismo m. Intoxicación causada por el alcohol etílico.

etilo m. Radical del etano formado por dos átomos de carbono y cinco de hidrógeno.

étimo m. Palabra de la que procede etimológicamente cualquier otro término.

etimología f. Origen y derivación de las palabras. || Ciencia que lo estudia.

etiqueta f. Ceremonial observado en actos públicos solemnes. || Trato ceremonioso: *recibir sin etiqueta.* || Marbete, rótulo, inscripción: *poner una etiqueta.* || *Fig.* Calificativo, clasificación.

etiquetar v. t. Poner etiquetas. || *Fig.* Dar un calificativo, clasificar.

etmoides adj. y s. m. inv. *Anat.* Dícese de un hueso pequeño encajado en la escotadura del hueso frontal y que concurre a formar las cavidades nasales y las órbitas.

etnia f. Agrupación natural de individuos que tienen la misma cultura.

étnico, ca adj. Relativo a una etnia, nación o raza.

etnografía f. Parte de las ciencias humanas que se dedica a la descripción y clasificación de las razas.

etnología f. Parte de las ciencias humanas que estudia los distintos caracteres de las razas.

etnólogo, ga m. y f. Persona que se dedica a la etnología.

etrusco, ca adj. y s. De Etruria. || — M. Lengua etrusca.

eucalipto m. Árbol de hojas olorosas utilizadas en productos farmacéuticos.

eucaristía f. Sacramento instituido por Jesucristo que consiste en la transformación del pan y el vino en el cuerpo y sangre de Cristo por la consagración.

eucarístico, ca adj. De la Eucaristía.

eufemismo m. Expresión o vocablo que sustituye a otro que sería demasiado fuerte o malsonante.

eufonía f. Sonoridad agradable que resulta de la acertada combinación de los elementos fonéticos de la palabra.

euforia f. Sensación de confianza, satisfacción y bienestar.

eunuco m. Hombre castrado que custodiaba un serrallo. || *Fig.* Hombre poco viril.

eurasiático, ca adj. y s. Mestizo de europeo y asiático.

europeidad f. Calidad de europeo.

europeísmo m. Doctrina favorable a la unión europea.

europeísta adj. Relativo a la unión europea: *política europeísta*. || — Com. Partidario de la unión europea.

europeización f. Introducción de las costumbres europeas.

europeizante adj. y s. Que europeíza.

europeizar v. t. Introducir en un pueblo las costumbres y la cultura europeas (ú. t. c. pr.).

europeo, a adj. y s. De Europa.

euscaldún, una adj. Vasco. || — Com. Persona que habla vascuence. || — M. Lengua vascuence.

éuscaro, ra adj. y s. Vasco. || — M. Lengua vascuence.

euskaldún, na adj. y s. Euscaldún.

euskara o **euskera** adj. y s. Éuscaro.

eusquero, ra adj. y s. Éuscaro.

eutanasia f. *Med.* Muerte sin dolor. || Teoría según la cual se podría acortar la vida de un enfermo incurable para que no sufriese.

evacuación f. Expulsión.

evacuar v. t. Hacer salir de un sitio: *evacuar a los damnificados*. || Desocupar, marcharse de un sitio: *evacuar una sala, un país*. || Expeler del cuerpo humores o excrementos: *evacuar el vientre*.

evadir v. t. Evitar un peligro. || Eludir, esquivar: *evadir una dificultad*. || — V. pr. Fugarse, escaparse.

evaluación f. Valoración.

evaluador, ra adj. Que evalúa (ú. t. c. s.).

evaluar v. t. Valorar.

evangelio m. Historia de la vida, doctrina y milagros de Jesucristo y libros en que se relatan (ú. t. en pl.). || Parte de estos relatos que se lee o canta en la misa. || *Fig.* Doctrina cristiana.

evangelista m. Cada uno de los cuatro apóstoles que escribieron el Evangelio (San Mateo, San Marcos, San Lucas y San Juan).

evangelización f. Acción y efecto de evangelizar.

evangelizar v. t. Predicar el Evangelio y la doctrina de Jesucristo.

evaporación f. Lenta transformación de un líquido en vapor.

evaporar v. t. Transformar en vapor. || — V. pr. Transformarse en vapor.

evaporizar v. t. Vaporizar.

evasión f. Fuga || *Fig.* Evasiva.

evasivo, va adj. Vago, impreciso. || — F. Recurso para no comprometerse con una respuesta o una promesa.

evasor, ra adj. Que se evade (ú. t. c. s.).

evento m. Acontecimiento.

eventración f. Salida de las vísceras del vientre.

eventual adj. Posible.

eventualidad f. Posibilidad.

evidencia f. Calidad de evidente. || Cosa evidente.

evidenciar v. t. Hacer patente, demostrar la evidencia de algo. || — V. pr. Ser evidente.

evidente adj. Patente.

evitar v. t. Escapar de algo peligroso o molesto.

evocación f. Acción de evocar.

evocar v. t. *Fig.* Traer alguna cosa a la memoria, recordar. | Mencionar.

evocativo, va adj. Evocador.

evolución f. Transformación progresiva: *la evolución de un país*. || *Biol.* Serie de transformaciones sucesivas, particularmente las que han sufrido los seres vivos durante los tiempos geológicos.

evolucionar v. i. Transformarse progresivamente.

ex, prefijo que significa: *fuera* o *más allá de*. Ante un sustantivo o un adjetivo indica lo que ha sido o ha tenido una persona: *ex presidente*. || — *Exabrupto*, bruscamente. || *Ex aequo*, de igual mérito, en el mismo lugar. || *Ex cátedra*, desde la cátedra de San Pedro: *el Papa habla ex cátedra;* en tono doctoral y terminante: *parece que está siempre hablando ex cátedra*. || *Ex profeso*, de propósito, expresamente.

exabrupto m. Salida de tono, contestación brusca e inesperada.

exacción f. Acción y efecto de exigir impuestos, multas, etc.

exacerbación f. y **exacerbamiento** m. Irritación. || Agravamiento de una enfermedad.

exacerbar v. t. Exasperar, irritar: *exacerbar los ánimos* (ú. t. c. pr.). || Avivar, agudizar (ú. t. c. pr.).

exactitud f. Puntualidad y fidelidad en la ejecución de una cosa.

exacto, ta adj. Conforme a la realidad. || Justo: *cálculo exacto*. || Fiel: *exacto cumplimiento*. || Puntual.

exageración f. Acción de propasarse en cualquier cosa. || Abuso.

exagerado, da adj. Que exagera las cosas (ú. t. c. s.).

exagerar v. t. e i. Deformar las cosas dándoles proporciones mayores de las que tienen en realidad. || Abusar, pasarse de la raya, propasarse.

exaltación f. Elevación a una dignidad o a un cargo importante: *exaltación a la jefatura del Estado*. || Ponderación, enaltecimiento. || Intensificación: *exaltación de un sentimiento*. || Acaloramiento, apasionamiento: *la exaltación de un debate*.

exaltamiento m. Exaltación.

exaltar v. t. Elevar a una dignidad o a un cargo importante. || Ponderar, enaltecer. || Entusiasmar, excitar. || — V. pr. Excitarse, apasionarse. || Avivarse.

examen m. Acción de observar algo con mucho cuidado: *examen de un asunto*. || Prueba a que se somete a un candidato para evaluar sus conocimientos o capacidades.

examinador, ra m. y f. Persona que examina.

examinado, da m. y f. Persona que sufre un examen.

examinar v. t. Observar atentamente, someter a examen. || Hacer sufrir un examen. || — V. pr. Sufrir un examen.

exangüe adj. Agotado.

exánime adj. Inanimado.

exantema m. Erupción cutánea.

exantemático, ca adj. Relativo al exantema o que va acompañado de esta erupción. || *Tifus exantemático*, infección tífica, epidémica, transmitida generalmente por el piojo, caracterizada por las manchas punteadas en la piel.

exarca m. Gobernador bizantino.

exasperación f. Irritación.

exasperar v. t. Irritar.

excarcelación f. Salida de la cárcel.

excarcelar v. t. Sacar de la cárcel.

excavación f. Acción de excavar.

excavar v. t. Cavar: *excavar un pozo*. || *Agr.* Quitar la tierra alrededor del pie de una planta. || Hacer excavaciones arqueológicas.

excedencia f. Condición de excedente. ‖ Sueldo que se da al empleado excedente.

excedente adj. Dícese del empleado que durante cierto tiempo deja de prestar un servicio. ‖ Sobrante: *sumas excedentes.* ‖ — M. Lo que sobra.

exceder v. t. Sobrepasar. ‖ Superar. ‖ — V. pr. Propasarse.

excelencia f. Suma perfección. ‖ Título honorífico dado a los ministros, embajadores, académicos, etc.

excelente adj. Muy bueno, perfecto.

excelso, sa adj. Muy elevado.

excentricidad f. Rareza, extravagancia. ‖ Estado de lo que se halla lejos de su centro.

excéntrico, ca adj. Muy raro. ‖ *Geom.* Que está fuera del centro.

excepción f. Lo que se aparta de la regla general: *no hay regla sin excepción.* ‖ *For.* Motivo que el demandado alega para hacer ineficaz la acción del demandante. ‖ — *A excepción de,* o *con excepción de,* excepto. ‖ *Estado de excepción,* suspensión de las garantías constitucionales.

excepcional adj. Extraordinario.

excepto adv. Menos, salvo.

exceptuar v. t. Excluir, no comprender (ú. t. c. pr.). ‖ Hacer salvedad.

excesivo, va adj. Muy grande, poco normal. ‖ Exagerado.

exceso m. Lo que sobra: *exceso de peso.* ‖ Lo que pasa de los límites: *exceso de velocidad.* ‖ Lo que sobrepasa una cantidad: *exceso de natalidad.* ‖ Abuso: *exceso de poder.*

excitabilidad f. Calidad de excitable.

excitable adj. Capaz de ser excitado. ‖ Que se excita fácilmente.

excitación f. Provocación, incitación. ‖ Estado de agitación.

excitante adj. y s. m. Que excita.

excitar v. t. Suscitar, causar: *excitar la sed.* ‖ Activar la energía: *el café excita el sistema nervioso.* ‖ Provocar: *excitar la envidia.* ‖ Estimular, animar: *excitar los ánimos.*

exclamación f. Voz, grito, frase o expresión provocados por una alegría, indignación o sorpresa súbitas. ‖ Signo ortográfico de admiración (¡!) colocado al principio y al final de la oración.

exclamar v. i. Proferir exclamaciones. ‖ Decir algo gritando (ú. t. c. t.).

exclaustrar v. t. Dar permiso a un religioso para que abandone el claustro.

excluir v. t. Echar a una persona del lugar que ocupaba. ‖ No hacer entrar, eliminar. ‖ Rechazar: *excluir una hipótesis.*

exclusión f. Acción y efecto de excluir.

exclusiva f. Derecho exclusivo de vender un producto, publicar un libro, etc.

exclusive adj. Únicamente. ‖ Con exclusión: *hasta el 15 de agosto exclusive.*

exclusividad f. Exclusiva.

exclusivismo m. Obstinada adhesión a una persona, una cosa o una idea, excluyendo a las demás.

exclusivo, va adj. Que excluye.

excombatiente adj. y s. Que luchó en una guerra.

excomulgado, da m. y f. Persona excomulgada.

excomulgar v. t. Apartar la Iglesia a una persona de la comunión de los fieles y del uso de los sacramentos.

excomunión f. Censura por la cual se aparta a uno de la comunión de los fieles.

excoriación f. Escoriación.

excoriar v. t. Escoriar.

excrecencia f. Tumor, verruga.

excreción f. Secreción.

excremento m. Materia que expele el cuerpo por las vías naturales.

excretar v. t. e i. Expeler el excremento. ‖ Expeler las glándulas las sustancias que secretan.

excursión f. Paseo o viaje corto por motivos de recreo, turismo.

excursionista com. Persona que hace excursiones.

excusa f. Razón dada para disculparse o evitar algo molesto.

excusable adj. Perdonable.

excusado, da adj. Superfluo, inútil: *excusado es decirlo.* ‖ Secreto: *puerta excusada.* ‖ — M. Retrete.

excusar v. t. Disculpar (ú. t. c. pr.).

execrable adj. Abominable.

execración f. Profunda aversión. ‖ Maldición, imprecación.

execrar v. t. Aborrecer.

exégesis f. Explicación.

exención f. Efecto de eximir o eximirse. ‖ Privilegio que exime de un cargo u obligación: *exención fiscal.*

exento, ta adj. Libre.

exequias f. pl. Honras fúnebres.

exhalación f. Emanación de gases, vapores u olores. ‖ Estrella fugaz. ‖ Rayo. ‖ Centella.

exhalar v. t. Despedir gases, vapores, olores. ‖ *Fig.* Lanzar: *exhalar suspiros.* ‖ Proferir: *exhalar quejas.* ‖ *Exhalar el último suspiro,* morir.

exhaustivo, va adj. Que agota o apura por completo.

exhausto, ta adj. Agotado.

exhibición f. Demostración. ‖ Presentación: *exhibición de modelos de alta costura.* ‖ Exposición. ‖ Proyección cinematográfica.

exhibicionismo m. Prurito de exhibirse. ‖ Impulso mórbido que lleva a desnudarse en público.

exhibir v. t. Presentar, mostrar. ‖ Exponer: *exhibir cuadros.* ‖ Proyectar una película. ‖ Lucir, mostrar con orgullo. ‖ — V. pr. Mostrarse en público.

exhortación f. Incitación.

exhortar v. t. Aconsejar encarecidamente, incitar con razones.

exhorto m. *For.* Despacho que manda un juez a otro para rogarle que lleve a cabo lo que le pide.

exhumación f. Desenterramiento.

exhumar v. t. Desenterrar.

exigencia f. Lo que uno exige de otro. ‖ Obligación.

exigente adj. y s. Difícil de contentar por pedir demasiado.

exigir v. t. Instar u obligar a alguien que haga o dé algo en virtud de un derecho o por fuerza. ‖ *Fig.* Demandar imperiosamente, reclamar: *un crimen así exige venganza.* ‖ Necesitar, requerir.

exigüidad f. Pequeñez.

exiguo, gua adj. Muy pequeño.

exilado, da adj. y s. Exiliado.

exilar v. t. Exiliar.

exiliado, da adj. y s. Desterrado.

exiliar v. t. Desterrar (ú. t. c. pr.).

exilio m. Destierro, expatriación.
eximente adj. Que exime.
eximio, mia adj. Ilustre.
eximir v. t. Liberar.
existencia f. Hecho de existir. || Vida: *la existencia humana.* || — Pl. Mercancías sin vender todavía.
existencial adj. De la existencia.
existencialismo m. Filosofía según la cual el hombre crea y escoge su propia personalidad por sus actos.
existencialista adj. Del existencialismo. || — M. y f. Seguidor de esta doctrina.
existente adj. Que existe.
existir v. i. Tener una cosa o persona ser real: *los duendes no existen.* || Tener vida.
éxito m. Resultado feliz de un negocio, actuación, etc. || Aprecio: *esta obra de teatro ha tenido mucho éxito.* || Cosa muy conseguida y apreciada: *su recital ha sido un éxito.* || Resultado: *mal éxito.*
exitoso, sa adj. Con éxito.
exocrino, na adj. Dícese de las glándulas de secreción externa.
éxodo m. *Fig.* Emigración.
exógeno, na adj. Aplícase al órgano que se forma en el exterior de otro. || Dícese de las fuerzas que actúan externamente sobre algo. || Aplícase a las fuerzas o fenómenos que se producen en la superficie terrestre.
exoneración f. Acción de exonerar.
exonerar v. t. Liberar de una carga u obligación.
exorbitante adj. Excesivo.
exorcismo m. Conjuro ordenado por la Iglesia católica contra el espíritu maligno.
exorcizar v. t. Usar de exorcismos contra el espíritu maligno.
exótico, ca adj. Extraño, raro.
exotismo m. Calidad de exótico.
expandirse v. pr. Extenderse.
expansibilidad f. Tendencia a la expansión de un gas.
expansión f. *Fís.* Dilatación, aumento de la superficie: *la expansión de un gas o vapor.* || *Fig.* Propagación, difusión. || Dilatación: *la expansión del espíritu.* | Desahogo, exteriorización: *expansión de alegría.* | Recreo, diversión. | Tendencia a incrementar sus posesiones, la influencia política, etc.
expansionarse v. pr. Desahogarse, sincerarse. || Recrearse.
expansionismo m. Tendencia a la expansión territorial.
expatriación f. Salida de su patria para instalarse en otro país.
expatriado, da adj. Que se expatria (ú. t. c. s.).
expatriar v. t. Obligar a uno a que abandone su patria. || — V. pr. Abandonar su patria.
expectación f. Interés e impaciencia con que se espera algo.
expectante adj. Que espera.
expectativa f. Espera.
expectoración f. Expulsión de las secreciones de las vías respiratorias. || Lo que se expectora.
expectorar v. t. Expeler por la boca las secreciones de las mucosas de la tráquea, los bronquios y los pulmones.
expedición f. Envío o remesa: *expedición de mercancías.* || Viaje de exploración: *expedición al Polo*

Norte. || Viaje para cumplir una misión particular: *expedición de salvamento.* || Personas que participan en estos viajes.
expedicionario, ria adj. y s. Que participa en una expedición.
expedidor, ra m. y f. Persona que expide o manda algo.
expedientar v. t. Someter a expediente.
expediente m. Recurso para conseguir algún fin. || Habilidad. || Investigación oficial sobre la conducta de un empleado: *expediente por prevaricación.* || Conjunto de documentos relativos a un asunto. || Documentos que dan fe de la actuación de una persona. || — Pl. Trámites.
expedir v. t. Enviar. || Resolver un asunto. || Extender un documento. || Dar copia legalizada de un documento: *expedir un contrato.* || Hacer algo rápidamente.
expeditivo, va adj. Rápido.
expedito, ta adj. Libre.
expeler v. t. Arrojar, expulsar.
expendedor, ra adj. y s. Que gasta o expende. || — M. y f. Persona que vende al por menor objetos propios o de otro: *expendedor de tabaco.*
expender v. t. Vender al por menor.
expensas f. pl. Gastos, costas.
experiencia f. Enseñanza sacada de lo que uno ha hecho. || Conocimientos adquiridos por la práctica. || Hecho de haber experimentado o presenciado algo: *conocer por experiencia.* || Suceso con el cual se adquiere conocimiento de la vida: *experiencia desagradable.* || Experimento.
experimentación f. Acción de someter a experimentos.
experimental adj. Basado en la experiencia: *método experimental.*
experimentar v. t. Someter a experimentos, poner a prueba. || Conocer por experiencia. || Sentir: *experimentar satisfacción.* || Sufrir: *experimentar una derrota.*
experimento m. Operación que consiste en observar las reacciones de un cuerpo u objeto cuando se le somete a ciertos fenómenos.
experto, ta adj. Que conoce perfectamente algo. || — M. Perito.
expiación f. Castigo.
expiar v. t. Sufrir un castigo por una falta o delito cometido.
expiatorio, ria adj. Que sirve para la expiación.
expiración f. Término de un plazo.
expirar v. t. Morir. || *Fig.* Acabar.
explanada f. Terreno llano.
explayar v. t. Extender (ú. t. c. pr.). || — V. pr. *Fig.* Extenderse al hablar: *explayarse en una peroración.* | Desahogarse, confiarse: *explayarse contando sus cuitas.*
explicación f. Palabras que permiten hacer comprender algo. || Razón por la cual ocurre algo: *la explicación de un fenómeno.* || Justificación: *dar una explicación.*
explicar v. t. Hacer comprender. || Enseñar. || Justificar, motivar. || Dar a conocer: *me ha explicado lo que quiere hacer.* || — V. pr. Comprender: *ahora me lo explico.* || Expresarse: *no sabe explicarse.*
explícito, ta adj. Claro.
explicitud f. Claridad.

exploración f. Reconocimiento, observación de un país o sitio. || *Med.* Examen de una herida u órgano interno.

explorador, ra adj. Que explora, que se dedica a la exploración (ú. t. c. s.). || — Com. Muchacho o muchacha afiliados a cierta asociación educativa y deportiva.

explorar v. t. Recorrer un país o un sitio poco conocidos o desconocidos observándolos detenidamente. || Examinar atentamente una herida o una parte interna del organismo para formular un diagnóstico. || *Fig.* Registrar. | Sondear, tantear. | Empezar a estudiar un asunto.

explosión f. Acción de estallar violentamente y con estruendo un cuerpo o recipiente. || Dilatación repentina de un gas en el interior de un cuerpo hueco, sin que éste estalle: *motor de explosión.* || Tercer tiempo en el funcionamiento de un motor de explosión. || *Fig.* Manifestación viva y repentina: *explosión de entusiasmo.* || — *Explosión* atómica o *nuclear,* la que producen las bombas atómicas. || *Explosión termonuclear,* la que producen las bombas termonucleares.

explosionar v. t. Hacer estallar o explotar. || — V. i. Explotar, hacer explosión.

explosivo, va adj. Que hace explosión o puede producirla. || — M. Agente o cuerpo que puede producir explosión.

explotación f. Aprovechamiento. || Sitio donde se explota alguna riqueza y elementos que sirven para ella.

explotar v. t. Aprovechar una riqueza natural: *explotar una mina.* || *Fig.* Sacar provecho abusivo de alguien o de algo. || — V. i. Estallar: *explotar un petardo.*

expoliación f. Despojo violento.

expoliador, ra adj. y s. Que expolia.

expoliar v. t. Despojar.

exponente adj. y s. Que expone. || — M. *Mat.* Número que indica la potencia a que se ha de elevar otro número u otra expresión. || *Fig.* Expresión, ejemplo.

exponer v. t. Dar a conocer: *exponer una teoría.* || Mostrar, poner a la vista: *exponer el Santísimo.* || Presentar en una exposición. || Arriesgar, hacer peligrar: *exponer la vida* (ú. t. c. pr.). || Someter: *un sitio expuesto a las intemperies.*

exportación f. Envío de un producto a otro país. || Conjunto de mercancías que se exportan. || Envío de capitales al extranjero.

exportador, ra adj. y s. Que exporta.

exportar v. t. Mandar mercancías a otro país.

exposición f. Acción y efecto de poner algo a la vista. || Exhibición pública de artículos de la industria, ciencias o artes. || Narración hecha verbalmente o por escrito. || Parte de la obra literaria en que se da a conocer el asunto que se va a desarrollar. || Orientación: *exposición de una casa al Este.* || *Fot.* Tiempo durante el cual una placa recibe la luz. || Riesgo.

expósito, ta adj. y s. Dícese del recién nacido abandonado en un sitio público.

expositor, ra adj. y s. Que expone.

exprés m. Tren expreso (ú. t. c. adj.). || Manera de preparar el café (ú. t. c. adj.).

expresar v. t. Manifestar lo que se piensa, siente o quiere (ú. t. c. pr.).

expresión f. Manifestación de un pensamiento, sentimiento o deseo. || Manera de expresarse verbalmente. || Palabra, frase, giro: *expresión impertinente.* || Aspecto del semblante que traduce un sentimiento: *expresión de bondad.* || Capacidad de manifestar intensamente sus sentimientos: *cara llena de expresión.* || *Mat.* Representación de una cantidad: *expresión algébrica.* || — Pl. Recuerdos, saludos: *dale expresiones de mi parte.*

expresionismo m. Tendencia artística y literaria del siglo xx.

expresividad f. Calidad de expresivo.

expresivo, va adj. Que expresa perfectamente lo que piensa, quiere o siente. || Que tiene expresión: *mirada expresiva.* || Cariñoso: *hombre expresivo.*

expreso, sa adj. Especificado, explícito: *por orden expresa.* || Aplícase a los trenes de viajeros muy rápidos (ú. t. c. s. m.). || — M. Correo extraordinario.

exprimir v. t. Sacar el zumo. || *Fig.* Estrujar, sacar todo lo que se puede de una persona o cosa.

expropiación f. Desposeimiento legal de una propiedad. || Cosa expropiada. || *Expropiación forzosa,* la obligatoria decretada por la autoridad pública a causa de su interés general.

expropiar v. t. Desposeer legalmente a alguien de su propiedad con indemnización y por motivos de utilidad pública.

expulsar v. t. Despedir, echar.

expulsión f. Acción y efecto de expulsar. || Proyección o lanzamiento hacia el exterior de un asiento expulsable. || Salida, una vez efectuado el disparo, del cartucho de un arma de fuego. || Última fase del parto.

expurgar v. t. Quitar de algo lo malo que contiene.

exquisitez f. Calidad de exquisito.

exquisito, ta adj. De muy buen gusto: *espectáculo exquisito.* || Muy fino: *manjar exquisito.* || Muy agradable.

extasiarse v. pr. Arrobarse, enajenarse. || Maravillarse.

éxtasis m. Estado de admiración o alegría intensa que hace desaparecer cualquier otro sentimiento. || *Teol.* Estado del alma que se siente transportada fuera del mundo sensible: *los éxtasis de Santa Teresa.*

extemporáneo, a adj. Impropio del tiempo en que ocurre.

extender v. t. Hacer que una cosa ocupe más espacio que antes. || Abrir: *extender las alas.* || Aumentar: *extender su influencia.* || Esparcir. || Desdoblar, desplegar: *extender un mapa.* || Escribir y entregar documentos: *extender una fe de vida.* || Redactar: *extender un cheque.* || — V. pr. Ocupar cierto espacio de tiempo o terreno. || Alcanzar: *su venganza se extendió a toda su familia.* || *Fig.* Propagarse: *extenderse una epidemia.* | Hablar dilatadamente.

extensión f. Dimensiones, espacio ocupado por una cosa. || Acción y efecto de extender o extenderse: *la extensión de un miembro.* || Duración: *la extensión de un discurso.* || Propagación: *extensión de un conflicto.* || Amplitud: *la extensión de un suceso.*

extensivo, va adj. Que se extiende o se puede extender.

extenso, sa adj. Amplio.

extenuación f. Debilitación.

extenuar v. t. Debilitar (ú. t. c. pr.).

exterior adj. Que está por la parte de fuera: *el mundo exterior.* || Que da a la calle: *ventana exterior.* || Relativo a otros países: *comercio exterior.* || — M. Superficie externa de los cuerpos: *el exterior de una casa.* || Espacio que rodea una casa. || Aspecto, porte, modales de una persona. ||Países extranjeros. || — M. pl. *Cin.* Escenas rodadas fuera de un estudio.

exteriorización f. Manifestación de una idea o sentimiento.

exteriorizar v. t. Manifestar ante los demás lo que se piensa.

exterminación f. Exterminio.

exterminar v. t. Acabar por completo con una cosa. || Aniquilar.

exterminio m. Destrucción completa o casi completa.

externado m. Centro de enseñanza para alumnos externos. || Estado y régimen de vida de un alumno que está externo en un colegio. ||Conjunto formado por los alumnos externos.

externo, na adj. Que se manifiesta al exterior o viene de fuera: *influencia externa.* || Que se pone fuera: *medicina de uso externo.* ||Aplícase al alumno que da clases en una escuela sin dormir y comer en ella (ú. t. c. s.).

extinción f. Acción de apagar o apagarse. || Cesación o desaparición.

extinguir v. t. Hacer que cese el fuego o la luz, apagar: *extinguir un incendio* (ú. t. c. pr.). || *Fig.* Hacer cesar o desaparecer gradualmente (ú. t. c. pr.). || — V. pr. Morirse.

extirpación f. Supresión completa y definitiva.

extirpar v. t. Arrancar de cuajo o de raíz. || Sacar, quitar por medio de la cirugía una parte del organismo. || *Fig.* Acabar definitivamente con algo: *extirpar un vicio.*

extorsión f. Despojo o usurpación violenta. || *Fig.* Molestia.

extorsionar v. t. Usurpar con violencia. ||Molestar.

extra prep. Significa *fuera de,* como en *extramuros, extraoficial.* || *Fam.* Aislada, significa *además: extra del sueldo, tiene otras ganancias.* || — Adj. Extraordinario, de calidad superior. || Suplementario: *horas extras.* || — M. *Fam.* Beneficio accesorio: *cobrar extras.* || Actor de cine que no desempeña papel importante en una película. || Persona que presta accidentalmente un servicio. || Gasto o comida especial.

extracción f. Acción y efecto de extraer. || *Mat.* Operación consistente en sacar la raíz de una cantidad: *extracción de una raíz cuadrada.* || Origen, estirpe: *de extracción noble, campesina.*

extractar v. t. Resumir.

extractivo, va adj. Que se dedica a la extracción.

extracto m. Resumen, compendio. || Perfume concentrado: *extracto de rosas.* || Sustancia que se extrae de otro cuerpo. || Preparación concentrada de un alimento: *extracto de carne.*

extractor, ra m. y f. Persona que extrae. || — M. Aparato que sirve para extraer.

extradición f. Entrega del reo refugiado en un país al gobierno de otro que lo reclama.

extraditar v. t. Someter a extradición.

extraer v. t. Sacar, arrancar: *extraer una muela.* || Sacar, tomar parte de algo: *extraer una cita de un libro.* || Hacer salir: *extraer de la prisión.* || *Mat.* Sacar la raíz de un número. || Separar una sustancia del cuerpo en que está contenida.

extrafino, na adj. Muy fino.

extralimitarse v. pr. Propasarse.

extramuros adv. Fuera del recinto de una población.

extranjería f. Calidad o carácter de extranjero.

extranjerismo m. Afición desmedida a todo lo extranjero. || Palabra, giro extranjero.

extranjerizar v. t. Introducir en un país las costumbres de otro (ú. t. c. pr.).

extranjero, ra adj. y s. De otro país. || — M. Toda nación que no es la propia: *ir al extranjero.*

extrañamiento m. Destierrro. || Asombro, sorpresa.

extrañar v. t. Sorprender: *me extrañó verte allí.* || Encontrar una cosa extraña por ser nueva: *no durmió por extrañarle la cama del hotel.* || Ser muy tímido un niño con los desconocidos. || Desterrar: *extrañar a alguien de la patria* (ú. t. c. pr.). || *Amer.* Echar de menos. || V. pr. Sorprenderse.

extrañeza f. Admiración, asombro. || Calidad de extraño. || Cosa extraña.

extraño, ña adj. Que pertenece a una nación, familia, grupo u oficio distintos (ú. t. c. s.). || Raro, extravagante: *extraño humor.* || Sorprendente. || Ajeno a una cosa: *extraño a un hecho.* || — M. Espantada del caballo.

extraoficial adj. No oficial.

extraordinario, ria adj. Fuera de lo corriente. || Singular: *proyecto extraordinario.* || Magnífico, admirable: *hombre extraordinario.* || Muy grande: *talento extraordinario.* || Suplementario: *horas extraordinarias.* || Imprevisto: *gastos extraordinarios.* || — M. Número especial de un periódico.

extraplano, na adj. Extremadamente plano.

extrapolación f. *Mat.* Procedimiento que consiste en llevar la aplicación de una ley o el conocimiento de una función más allá de los límites en que han sido averiguados. || Operación consistente en hacer previsiones a partir de los datos estadísticos disponibles. || *Fig.* Deducción y generalización.

extrarradio m. Circunscripción administrativa en las afueras de una población.

extraterritorialidad f. Inmunidad que exime a los agentes diplomáticos, los buques de guerra, etc., de la jurisdicción del Estado en que se encuentran.

extravagancia f. Calidad de extravagante. || Excentricidad, acción o cosa extravagante: *hacer extravagancias.*

extravagante adj. Raro, extraño, excéntrico: *ideas extravagantes* (ú. t. c. s.).

extraversión f. Carácter de la persona siempre dirigida hacia el mundo exterior.

extravertido, da adj. Dado a la extraversión (ú. t. c. s.).

extraviado, da adj. Que ha perdido su camino: *res extraviada.* ||Perdido: *objeto extraviado.* ||Con la mirada perdida y llena de asombro: *ojos extraviados.*

extraviar v. t. Desorientar (ú. t. c. pr.). || Perder, no acordarse de dónde se puso una cosa: *extravió su libro* (ú. t. c. pr.). || — V. pr. *Fig.* Pervertirse.

extravío m. Acción y efecto de extraviar o extraviarse. || *Fig.* Desorden en las costumbres. | Error, equivocación: *extravíos de la juventud.*

extremado, da adj. Sumamente bueno o malo en su género.

extremar v. t. Llevar hacia el más alto grado: *extremar la vigilancia.*

extremaunción f. Sacramento que se administra a los moribundos.

extremeño, ña adj. y s. De Extremadura (España).

extremidad f. Punta, cabo: *la extremidad de una lanza.* || Último momento. || — Pl. Pies y manos del hombre. || Cabeza, manos, pies y cola de los animales.

extremismo m. Tendencia a adoptar ideas o actitudes extremas, exageradas, especialmente en política.

extremista adj. y s. Partidario del extremismo.

extremo, ma adj. Que llega al mayor grado: *bondad extrema.* || Más alejado de un sitio: *la punta extrema de una península.* || *Fig.* Excesivo, falto de moderación: *opiniones extremas.* || Distante, diferente. || — M. Extremidad: *el extremo de un palo.* || Situación extremada: *llegó al extremo que quiso matarse.* || Punto, tema: *se trataron varios extremos durante la sesión.* || En fútbol, cada uno de los delanteros exteriores: *juego de extremo derecha.*

extremosidad f. Exceso.

extrínseco, ca adj. Externo.

extroversión f. Extraversión.

extrovertido, da adj. y s. Extravertido.

exuberancia f. Gran abundancia. || *Fig.* Temperamento vivo y demostrativo.

exuberante adj. Muy abundante. || Que manifiesta sus sentimientos por demostraciones excesivas.

exudación f. Acción de exudar.

exudar v. i. *Med.* Salir un líquido fuera de sus vasos o conductos propios. || Rezumar.

exulceración f. Ulceración superficial.

exultar v. i. Sentir y mostrar viva alegría.

exutorio m. *Med.* Úlcera mantenida abierta para un fin curativo. || *Fig.* Lo que alivia de alguna pasión.

exvoto m. Ofrenda hecha en agradecimiento de un beneficio obtenido que se cuelga en los muros de las capillas.

eyaculación f. Expulsión violenta del líquido contenido en un órgano o cavidad.

eyaculador, ra adj. Que realiza la eyaculación.

eyacular v. t. Lanzar con fuerza el contenido de un órgano o cavidad. || Expeler el semen.

eyaculatorio, ria adj. Relativo a la eyaculación.

eyección f. Extracción. || Deyección.

eyectable adj. Que puede ser proyectado o expulsado en el aire: *el avión tiene asientos eyectables.*

eyectar v. t. Proyectar al exterior.

eyrá m. Pequeño puma de América.

f

f f. Sexta letra del alfabeto castellano y cuarta de sus consonantes. || — **F,** símbolo del *faradio* y del *flúor.* || **°F,** símbolo del *grado* en la escala de Fahrenheit.

fa m. Cuarta nota de la escala musical. || Signo que la representa.

fabada f. Plato asturiano consistente en un potaje de alubias con tocino.

fábrica f. Establecimiento industrial en el que se transforman los productos semimanufacturados o materias primas para la creación de objetos destinados al consumo. || Fabricación. || *Precio de fábrica,* el que pide el fabricante al comercio.

fabricación f. Acción de fabricar.

fabricante com. Persona que fabrica productos para venderlos.

fabricar v. t. Transformar materias en productos industriales: *fabricar automóviles.* || Edificar, construir: *fabricar un puente.* || Fig. Inventar, forjar. | Hacer.

fabril adj. Industrial.

fábula f. Relato alegórico del que se saca una moraleja. || Mentira.

fabular v. i. Inventar falsedades.

fabulista com. Autor de fábulas.

fabuloso, sa adj. Imaginario. || Extraordinario, fuera de lo corriente.

faca f. Cuchillo grande.

facción f. Rasgos del rostro. || Conjunto de gentes unidas para llevar a cabo una acción política violenta.

faccioso, sa adj. y s. Rebelde.

faceta f. Cara.

facha f. *Fam.* Presencia, aspecto.

fachada f. Aspecto exterior de un edificio. || *Fam.* Apariencia.

fachendoso, sa adj. y s. Vanidoso.

facial adj. De la cara.

facies f. Semblante.

fácil adj. Que cuesta poco trabajo, sencillo. || Cómodo: *llevar una vida fácil.* || Dócil, manejable: *temperamento fácil.* || Probable: *es fácil que lo haga pronto.* || Liviana, poco recatada: *mujer fácil.*

facilidad f. Calidad de fácil. || — Pl. Comodidades: *facilidades de comunicaciones.* || Plazos para pagar: *obtener facilidades.*

facilitación f. Acción de facilitar.

facilitar v. t. Hacer fácil, sencilla o posible una cosa. || Proporcionar

facineroso, sa adj. y s. Malhechor.

facón m. *Riopl.* Gran puñal.

facsímil y **facsímile** m. Reproducción de una firma, dibujo, etc.

factibilidad f. Condición de factible.

factible adj. Hacedero.

facto m. *De facto,* de hecho.

fáctico, ca adj. Real, verdadero.

factor m. Cada uno de los términos de un producto: *el orden de los factores no altera el producto.* || Elemento: *los factores de una desgracia.* || Agente causal hereditario que determina un cierto carácter en la descendencia: *factor Rhesus.* || *Factores de producción,* elementos que hacen posible la fabricación de un producto.

factoría f. Fábrica.

factoring m. (pal. ingl.). Transferencia de créditos comerciales a un intermediario que ha de ejecutar el cobro.

factótum m. Persona que se encarga de todo por cuenta de otra.

factura f. Cuenta detallada de las mercancías compradas o vendidas. || Hechura: *versos de buena factura.*

facturación f. Acción de facturar. || Volumen de ventas de un negocio.

facturar v. t. Extender una factura de las mercancías vendidas. || En los ferrocarriles, hacer registrar el depósito de las mercancías o equipajes que se envían.

facultad f. Aptitud, capacidad, potencia física o moral: *facultad de pensar.* || Poder, derecho para hacer alguna cosa. || Virtud, propiedad. || En la Universidad, sección de la enseñanza superior: *la Facultad de Derecho.* || Edificio en que está. || — Pl. Disposiciones, aptitudes.

facultar v. t. Autorizar.

facultativo, va adj. Perteneciente a una facultad: *dictamen facultativo.* || Potestativo, que puede hacerse o no. || Propio del médico: *parte facultativo.* || *El cuerpo facultativo,* los médicos. || — M. y f. Médico.

facundia f. Locuacidad.

fado m. Canción portuguesa.

faena f. Trabajo, labor. || Trabajo del torero con la muleta. || *Fig.* Mala jugada: *hacer una faena a un amigo.*

faenar v. i. Capturar el pescado en cierto lugar los barcos de pesca.

fagocito m. Glóbulo blanco de la sangre capaz de absorber y asimilarse las células que le rodean.

fagocitosis f. Función que desempeñan los fagocitos en el organismo.

fagot m. Instrumento músico de viento. || — M. y f. Persona que lo toca.

fagotista com. Persona que toca el fagot.

faisán m. Ave gallinácea comestible y de hermosas plumas.

faja f. Lista: *las fajas de un escudo*. ‖ Tira de lienzo o tejido elástico para ceñir el cuerpo por la cintura: *faja abdominal*. ‖ Banda de papel con que se rodean los periódicos o impresos enviados por correo o las que tienen algunos libros con ciertas indicaciones sobre el tema tratado o con el premio recibido. ‖ Insignia de algunos cargos militares o civiles.

fajada f. *Amer.* Acometida.

fajador m. Boxeador fogoso que no teme los golpes de su adversario.

fajar v. t. Rodear o envolver con faja o venda. ‖ *Amer.* Pegar a uno.

fajilla f. *Amer.* Faja que se pone a los impresos para enviarlos por correo.

fajín m. Faja de un militar o de algunos jefes o funcionarios de la administración.

fajo m. Haz o atado: *fajo de leña*. ‖ Paquete: *un fajo de billetes*.

fakir m. Faquir.

falacia f. Engaño o mentira.

falange f. Cada uno de los huesos de los dedos. ‖ Partido político español fundado por José Antonio Primo de Rivera en 1933. ‖ Cierto partido político en Bolivia y en Líbano. ‖ *Fig.* Conjunto de personas que persiguen el mismo fin.

falangeta f. Tercera y última falange de los dedos.

falangina f. Segunda falange de las tres que componen los dedos.

falangismo m. Ideología de la Falange.

falangista adj. De Falange Española. ‖ — Com. Miembro de este partido.

falaz adj. Engañoso, falso.

falconiano, na y **falconés, esa** adj. y s. Del Estado de Falcón (Venezuela).

falcónidos m. pl. Familia de aves de rapiña (ú. t. c. adj.).

falda f. Parte del vestido de las mujeres que cubre de la cintura hasta las rodillas: *una falda con vuelo* (ú. t. en pl.). ‖ Vertiente, ladera de una montaña. ‖ Carne de la res que cuelga de las agujas. ‖ Regazo: *con su hijo en la falda*. ‖ Tela que va del tablero al suelo en una mesa camilla. ‖ — Pl. *Fam.* Mujeres: *cuestión de faldas*.

faldón m. Parte trasera de algunos trajes y de la camisa.

faldriquera f. Faltriquera.

falencia f. *Amer.* Quiebra comercial.

falibilidad f. Posibilidad de equivocarse.

falible adj. Que puede equivocarse.

falla f. Quiebra del terreno provocada por movimientos geológicos y acompañada de un corrimiento de los bordes de la grieta. ‖ Falta, defecto, fallo. ‖ Monumento de cartón con figuras grotescas que se queman en las calles de Valencia (España) la noche de San José. ‖ — Pl. Fiestas de Valencia (España).

fallar v. t. Sentenciar, pronunciar una sentencia. ‖ Otorgar, atribuir: *fallar un premio literario*. ‖ — V. i. Flaquear, dar signos de debilidad: *le falló la memoria*. ‖ Faltar: *le fallaron las fuerzas*. ‖ No rendir lo esperado: *falló en el examen oral*. ‖ Fracasar: *fallaron sus intentos*. ‖ No dar en el blanco: *falló el tiro*. ‖ Tener fallos un motor. ‖ Ceder, no cumplir su cometido: *fallaron los frenos del automóvil*. ‖ Resultar completamente distinto de lo que se esperaba: *fallaron nuestros cálculos*. ‖ Perder una cosa su

resistencia: *falló la cuerda y se cayó*. ‖ Jugar triunfo en los naipes por carecer de cartas del palo que echa el contrincante. ‖ *Sin fallar,* sin falta.

fallecer v. i. Morir.

fallecimiento m. Muerte.

fallero, ra adj. De las fallas de Valencia. ‖ — M. y f. Persona que construye fallas o va a las fiestas de las fallas: *fallero mayor*.

fallido, da adj. Que no da el resultado esperado.

fallo m. Sentencia de un juez o árbitro. ‖ Falta de carta del palo que se juega en los naipes que obliga a echar triunfo. ‖ Falta: *fallo de la naturaleza*. ‖ Error, equivocación. ‖ Detonación débil que se produce en el escape de un motor de explosión que funciona mal.

falo m. Miembro viril.

falocracia f. Machismo.

falócrata adj. y s. Machista.

falseamiento m. Desfiguramiento o alteración de una cosa.

falsear v. t. Contrahacer una cosa.

falsedad f. Falta de verdad o autenticidad. ‖ Duplicidad. ‖ Cosa falsa.

falsete m. *Mús.* Voz más aguda que la natural.

falsificación f. Imitación fraudulenta de un cuadro, de un acta o documentos, de una firma, de monedas o billetes, etc.

falsificador, ra adj. y s. Que falsifica o falsea.

falsificar v. t. Imitar fraudulentamente, contrahacer.

falso, sa adj. Que no es verdadero, contrario a la verdad. ‖ Contrario a la realidad: *creencia falsa*. ‖ Que engaña, disimulado: *persona falsa*. ‖ Equívoco: *situación falsa*. ‖ Falsificado: *billete falso*.

falta f. Ausencia, carencia, penuria: *falta de soldados*. ‖ Ausencia: *falta de asistencia*. ‖ Anotación de esta ausencia: *no ha marcado las faltas*. ‖ Defecto: *tu traje tiene muchas faltas*. ‖ Cosa censurable: *falta de respeto*. ‖ Error: *falta de ortografía*. ‖ Infracción de la ley: *juicio de faltas*. ‖ Acción en contra de las reglas de un juego.

faltar v. i. No haber, carecer: *faltaban los víveres*. ‖ Morir, desaparecer. ‖ Estar ausente: *faltan muchos alumnos*. ‖ No tener, carecer: *le faltan las fuerzas*. ‖ Incumplir, no cumplir: *faltó a su palabra*. ‖ No acudir, no ir, no estar presente, no asistir: *faltó a la sesión inaugural*. ‖ No repetar: *faltó a sus superiores*. ‖ No tener la cantidad necesaria: *le faltan medios económicos*. ‖ Quedar: *faltan tres días para la fiesta*. ‖ Haber sido sustraído o robado: *me falta dinero en mi cartera*. ‖ Dejar de haber: *jamás faltan las distracciones*. ‖ Estar por ejecutar: *faltan todavía unos cuantos detalles en la decoración*. ‖ Defraudar: *faltó a la confianza que teníamos en él*.

falto, ta adj. Carente, privado.

faltriquera f. Bolsillo.

fama f. Prestigio, reconocimiento de la excelencia de alguien o algo.

famélico, ca adj. Hambriento.

familia f. Conjunto compuesto por un matrimonio y sus hijos, y, en un sentido amplio, todas las personas unidas por un parentesco, ya vivan bajo el mismo techo ya en lugares diferentes. ‖ Los hijos solamente: *tengo mucha familia*. ‖ Grupo de seres o de cosas que tienen caracteres comunes: *familia espiritual*. ‖ Cada una de las divisiones de un orden

F

de seres vivientes: *familia de plantas.* || *Fig.* Linaje: *de familia aristocrática.*

familiar adj. De la familia. || Que tiene trato frecuente con alguien. || Que tiene maneras libres, que se permite demasiada confianza. || Que se sabe, que se conoce, que se hace por costumbre: *problema muy familiar.* || Natural, sencillo: *estilo familiar.* || De la conversación, sin protocolo: *vocablo familiar.* || — M. Pariente. || Íntimo. || Furgoneta automóvil.

familiaridad f. Gran intimidad, confianza. || — Pl. Confianza excesiva.

familiarizar v. t. Hacer familiar, acostumbrar, habituar (ú. t. c. pr.).

famoso, sa adj. Que tiene fama.

fámula f. *Fam.* Criada.

fan adj. y s. (pal. ingl.). Fanático.

fanal m. Farol grande. || Campana de cristal que preserva del polvo.

fanático, ca adj. y s. Que defiende con apasionamiento creencias u opiniones religiosas. || Entusiasmado ciegamente por algo.

fanatismo m. Apasionamiento.

fanatizar v. t. Provocar el fanatismo.

fandango m. Baile español y música que lo acompaña. || *Fam.* Lío, jaleo.

fandanguillo m. Baile, canción y música del cante flamenco.

fané adj. *Arg. Fam.* Decadente.

fanega f. Medida de capacidad para áridos (55 litros y medio). || Medida agraria, variable en cada región, que en Castilla equivale a unos 6 500 m².

fanerógamo, ma adj. Dícese de los vegetales que se reproducen por semillas formadas en flores (ú. t. c. s. f.).

fanfarrón, ona adj. y s. Jactancioso.

fanfarronada f. Dicho o hecho propio de fanfarrón.

fanfarronear v. i. Alardear.

fango m. Lodo.

fantaseador, ra adj. y s. Fantasioso.

fantasear v. i. Dejar correr la fantasía o imaginación.

fantasía f. Imaginación: *dejar correr la fantasía.* || Imagen creada por la imaginación: *forjarse fantasías.* || Cosa sin fundamento. || Ficción, cuento: *las fantasías de los poetas.*

fantasioso, sa adj. y s. Que tiene mucha imaginación. || Presuntuoso.

fantasista com. Artista de variedades.

fantasma m. Espectro, visión. || Ilusión, apariencia: *ver fantasmas.*

fantástico, ca adj. Quimérico, imaginario. || Sensacional, magnífico.

fantoche m. (pal. fr.). Títere, muñeco. || Persona informal. || Cuentista. || Presumido. || Persona muy dócil o muy fácil de manejar. || Mamarracho.

faquir m. Asceta musulmán. || *Por ext.* Nombre dado en Europa a los ascetas de la India. || Artista de circo que ejecuta delante del público diferentes números de adivinación, hipnosis, insensibilidad, etc.

farad o **faradio** m. Unidad electromagnética de capacidad eléctrica.

farándula f. Profesión de los artistas de teatro. || Compañía antigua de cómicos ambulantes.

faraón m. Rey del antiguo Egipto.

fardada m. *Fam.* Acción con la que se pretende impresionar.

fardar v. t. *Fam.* Presumir. || — V. i. *Fam.* Vestir bien. | Lucir, quedar bien o vistoso.

fardo m. Lío, paquete.

fardón, ona adj. *Fam.* Bien vestido. | Presuntuoso. | Que luce, vistoso: *llevaba un automóvil de lo más fardón que pueda darse.*

farfolla f. *Fig.* Oropel, hojarasca.

farfullar v. t. *Fam.* Hablar de prisa y atropelladamente.

faria m. Cigarro puro.

farináceo, a adj. Harinoso.

faringe f. Conducto muscular y membranoso situado en el fondo de la boca y unido al esófago.

faringitis f. Inflamación de la faringe.

farisaísmo y **fariseísmo** m. Secta, costumbres o espíritu de los fariseos. || *Fig.* Hipocresía.

fariseo m. Entre los judíos, miembro de una secta que se distinguía por una observancia estricta de las normas de la ley de Moisés. || *Fig.* Hipócrita.

farmacéutico, ca adj. De la farmacia. || — M. y f. Persona que ha hecho la carrera de farmacia.

farmacia f. Ciencia que tiene por objeto la preparación de medicamentos. || Carrera o estudios en que se adquieren estos conocimientos. || Establecimiento que vende y prepara medicamentos.

fármaco m. Medicamento.

faro m. Torre en las costas con una luz que sirve para guiar a los navegantes durante la noche. || Luz potente que llevan en la parte delantera los automóviles. || *Fig.* Persona o cosa que guía.

farol m. Linterna, faro. || Luz que ilumina las calles. || En el juego, falso envite para desorientar a los adversarios. || *Fig.* y *fam.* Mentira, exageración.

farola f. Farol grande.

farolear v. i. *Fam.* Exagerar.

faroleo m. *Fam.* Mentira.

farolillo m. Farol hecho con papelitos de colores que sirve de adorno en verbenas y fiestas.

farra f. *Amer.* Juerga. | Burla.

fárrago m. Aglomeración confusa.

farragoso, sa adj. Confuso.

farrear v. i. *Amer.* Ir de juerga.

farrero, ra y **farrista** adj. y s. *Amer.* Juerguista.

farruto, ta adj. *Amer.* Enfermizo.

farsa f. Comedia burlesca. || *Fig.* Pantomima, comedia, engaño.

farsante com. Actor, comediante.

farsear v. i. *Amer.* Bromear.

fascículo m. Cada una de las entregas de una obra publicada en partes sucesivas. || Cuadernillo.

fascinación adj. Atracción.

fascinar v. t. Atraer, seducir.

fascio m. (pal. ital.). Agrupación de acción política o social.

fascismo m. Régimen implantado por Mussolini en Italia de 1922 a 1945. || Doctrina fundada en el ejercicio del poder mediante un partido único, la exaltación nacionalista y la organización corporativa.

fascista adj. Del fascismo. || Partidario del fascismo (ú. t. c. s.).

fase f. *Astr.* Cada una de las diversas apariencias o figuras con que se dejan ver la Luna y algunos planetas, según los ilumina el Sol. || Conjunto de labores efectuadas en un puesto de trabajo para la misma unidad de producción. || *Electr.* Cada una de las corrientes alternas que componen una corriente polifásica. | Intensidad de una corriente en un momento determinado. || *Fig.* Cada uno de los cambios, de los aspectos sucesivos de un fenómeno en evolución.

fastidiar v. t. Molestar (ú. t. c. pr.).

fastidio m. Disgusto. || *Fig.* Enfado, cansancio. | Aburrimiento.

fastidioso, sa adj. Que fastidia.

fasto, ta adj. Feliz, venturoso. || — M. Fausto.

fastuosidad f. Fausto.

fastuoso, sa adj. Ostentoso.

fatal adj. Fijado por el destino. || Funesto, aciago: *fatal resolución.* || Inevitable, que debe suceder. || Muy malo, lamentable: *película fatal.* || Que trae malas consecuencias: *error fatal.* || Mortal: *accidente fatal.* || Que seduce: *mujer fatal.* || — Adv. Muy mal: *canta fatal.*

fatalidad f. Destino ineludible. || Acontecimiento inevitable. || Desgracia.

fatalismo m. Doctrina que considera todo cuanto ocurre como determinado de antemano por el destino.

fatídico, ca adj. Que anuncia el porvenir, por lo general nefasto.

fatiga f. Cansancio. || Ahogo en la respiración. || Náusea. || Vergüenza.

fatigar v. t. Causar fatiga, cansar (ú. t. c. pr.). || Molestar.

fatuidad f. Vanidad ridícula.

fatuo, a adj. y s. Tonto. || Engreído.

fauces f. pl. Faringe, parte posterior de la boca de los mamíferos.

fauna f. Conjunto de los animales de una región determinada.

fauno m. *Mit.* Divinidad campestre de los antiguos romanos.

fausto, ta adj. Feliz, venturoso. || — M. Boato, pompa.

favela f. *Amer.* Chabola.

favor m. Ayuda, asistencia: *me hizo muchos favores.* || Protección, valimiento: *implorar el favor de alguien.* || Señal excepcional de privilegio: *colmar de favores.* || Gracia, decisión indulgente: *solicitar un favor.* || Crédito, confianza que se tiene con alguien, con el público. || *Por favor,* expresión de cortesía utilizada para pedir algo.

favorable adj. Conveniente.

favorecedor, ra adj. y s. Que favorece. || Que sienta bien o embellece. || — M. y f. Protector.

favorecer v. t. Ayudar. || Embellecer, agraciar, sentar bien: *ese traje te favorece.*

favoritismo m. Abuso de los favores o preferencias.

favorito, ta adj. Que se estima preferido, que goza de la predilección. || — M. y f. Persona privada y predilecta de un príncipe o magnate. || Competidor que tiene muchas posibilidades de ser el vencedor.

faz f. Rostro o cara. || Anverso de una cosa. || *La Santa Faz,* rostro de Jesús.

fe f. Fidelidad en cumplir los compromisos, lealtad, garantía. || Confianza en alguien o en algo: *testigo digno de fe.* || Virtud teologal que consiste en la creencia en los dogmas de una religión. || Esta misma religión. || Creencia fervorosa: *fe patriótica.*

|| Fidelidad: *fe conyugal.* || Confianza en el valor de algo: *tiene fe en ese tratamiento.* || Acta, certificado, documento: *fe de bautismo.*

Fe, símbolo químico del hierro.

fealdad f. Calidad de feo.

febrero m. Segundo mes del año que tiene veintiocho días normalmente y veintinueve cada cuatro años en los años bisiestos.

febrífugo, ga adj. y s. m. Dícese del medicamento que hace descender la fiebre.

febril adj. De la fiebre. || Que tiene fiebre. || *Fig.* Intenso, vivo: *actividad febril.*

fecal adj. De los excrementos.

fecha f. Indicación del tiempo en que se hace una cosa. || Momento actual.

fechar v. t. Poner fecha.

fechoría f. Mala acción.

fécula f. Sustancia blanca convertible en harina de los tubérculos de ciertas plantas.

fecundación f. Acción de fecundar.

fecundar v. t. Hacer fecundo o productivo. || Unirse los elementos reproductores masculino y femenino para originar un nuevo ser.

fecundidad f. Capacidad de ser fecundado. || Fertilidad: *la fecundidad de unas tierras.* || Virtud y facultad de producir.

fecundizar v. t. Hacer fecundo.

fecundo, da adj. Capaz de fecundar o de ser fecundado.

federación f. Alianza entre pueblos o unión de Estados para formar un solo Estado soberano. || Asociación de clubes deportivos. || Unión de sociedades que tienen un fin común.

federado, da adj. Que está integrado en una federación. || Dícese del miembro de una federación (ú. t. c. s.).

federal adj. De una federación. || Que pertenece a una federación (ú. t. c. s.).

federalismo m. Principio fundado en la autonomía de sus componentes (Estados, regiones, etc.). || El mismo principio, aplicado a las corporaciones.

federalizar y **federar** v. t. Organizar en federación (ú. t. c. pr.).

felicidad f. Estado del ánimo que se complace en la posesión de un bien. || Satisfacción, placer.

felicitación f. Acción de felicitar. || — Pl. Deseos de felicidad.

felicitar v. t. Expresar a uno la satisfacción que le produce un acontecimiento feliz que le atañe, dar la enhorabuena. || Expresar el deseo de que una persona sea feliz. || — V. pr. Congratularse.

félidos m. pl. Familia de mamíferos carnívoros, como el tigre, el gato, el lince, etc. (ú. t. c. adj.).

feligrés, esa m. y f. Parroquiano.

feligresía f. Conjunto de los feligreses de una parroquia.

felino, na adj. Relativo al gato. || Que parece de gato. || — M. pl. Félidos.

feliz adj. Que goza felicidad, satisfecho, dichoso: *persona feliz.* || Oportuno, acertado: *intervención feliz.* || Que ocurre con felicidad: *campaña feliz.* || Favorecido por la suerte. || Que anuncia felicidad.

felonía f. Traición.

felpa f. Tejido de seda o algodón esponjoso, de pelo largo: *oso de felpa, toalla de felpa.* || *Fig.* y *fam.* Paliza. | Represión.

felpudo m. Tejido de felpa o de fibras que se pone a la entrada de las casas para limpiarse el barro del calzado.

femenino, na adj. De la mujer. || Hembra: *flores femeninas.* || Característico de la mujer: *voz femenina.* || *Gram.* Dícese del género a que pertenecen las hembras y de lo relativo al género femenino: *un nombre femenino* (ú. t. c. s. m.).

fémina f. Mujer.

feminidad f. Carácter femenino. || Aspecto femenino del varón.

feminismo m. Doctrina que da a la mujer los mismos derechos que al varón.

feminista adj. Relativo al feminismo. || — Com. Partidario del feminismo.

femoral adj. *Anat.* Del fémur: *arteria femoral* (ú. t. c. s. f.).

fémur m. *Anat.* Hueso del muslo.

fenecer v. i. Fallecer.

fenicio, cia adj. y s. De Fenicia.

fénix m. inv. Ave mitológica que renacía de sus cenizas después de haber sido quemada.

fenobarbital m. Cierto medicamento barbitúrico.

fenol m. Derivado oxigenado del benceno. || — Pl. Nombre genérico de varios compuestos análogos al fenol y derivados de otros hidrocarburos del benceno.

fenomenal adj. Extraordinario.

fenómeno m. Hecho científico que se puede observar: *fenómenos de la naturaleza.* || Lo que es percibido por los sentidos. || Persona o cosa que tiene algo de anormal o de sorprendente. || *Fam.* Persona muy original o notable por sus cualidades. || Suceso, hecho: *es un fenómeno bastante corriente.* || — Adj. inv. *Fam.* Sensacional, magnífico, formidable: *fiesta fenómeno.* || — Adv. *Fam.* Estupendamente.

feo, a adj. Desagradable a la vista: *mujer fea* (ú. t. c. s.). || Contrario al deber, a lo que habría que hacer: *es feo faltar a la palabra.* || Que carece de belleza: *espectáculo feo.* || Poco delicado, mal hecho: *acción fea.* || Amenazador: *el tiempo se pone feo.* || Malo, la: *la cosa se pone feo.* || — M. Afrenta, desaire, grosería: *me hizo un feo intolerable.* || Fealdad: *es de un feo que impresiona.*

feracidad f. Fertilidad.

feraz adj. Fértil.

féretro m. Ataúd.

feria f. Mercado de más importancia que el común. || Fiesta popular en fecha fija. || Exposición comercial anual.

feriado, da adj. Dícese del día de descanso.

ferial adj. Relativo a la feria. || — M. Lugar donde se celebra la feria.

feriante adj. y s. Concurrente a la feria para vender o comprar. || Expositor en una feria de muestras.

feriar v. t. Comprar o vender en la feria (ú. t. c. pr.). || — V. i. No trabajar.

fermentación f. Cambio químico sufrido por ciertas sustancias orgánicas a causa de enzimas microbianas, generalmente con desprendimiento de gases. || *Fig.* Agitación, efervescencia de los ánimos.

fermentar v. i. Estar en fermentación. || *Fig.* Estar en un estado de agitación moral.

fermento m. Agente que produce la fermentación. || *Fig.* Lo que excita.

fermio m. Elemento químico artificial, de número atómico 100 (símb. Fm).

ferocidad f. Barbarie, inhumanidad.

feroz adj. Salvaje y sanguinario: *bestia feroz.* || *Fig.* Cruel, bárbaro: *hombre feroz.* | Que causa mucho miedo o mucho daño: *feroz padecimiento.* | Que indica ferocidad: *mirada feroz.* | Enorme, tremendo: *resistencia feroz.*

férreo, a adj. De hierro.

ferretería f. Tienda donde se venden herramientas, clavos, etc.

ferretero, ra m. y f. Quincallero.

ferrita f. Hierro puro que aparece en forma de poliedros en el análisis micrográfico de las aleaciones férricas.

ferrobús m. Automotor, autovía.

ferrocarril m. Camino con dos vías o rieles paralelos sobre los cuales ruedan los vagones de un tren arrastrados por una locomotora. || Empresa, explotación y administración de este medio de transporte. || *Ferrocarril urbano o metropolitano,* el que circula dentro del casco de una población, generalmente bajo tierra.

ferrocarrilero, ra adj. *Amer.* Ferroviario: *estaciones ferrocarrileras.*

ferromagnetismo m. Propiedad que tienen ciertos metales (hierro, níquel, cobalto) de adquirir una fuerte imantación.

ferroviario, ria adj. De los ferrocarriles. || — M. y f. Empleado de ferrocarriles.

ferry boat [*ferribout*] m. (pal. ingl.). Barco transbordador.

fértil adj. Fecundo.

fertilidad f. Calidad de fértil.

fertilización f. Acción de fertilizar.

fertilizante adj. Que fertiliza. || — M. Abono.

fertilizar v. t. Abonar.

férula f. Autoridad, dominio.

ferviente adj. Ardiente.

fervor m. Devoción intensa. || Entusiasmo, ardor, afán.

fervoroso, sa adj. Ardiente.

festejar v. t. Hacer festejos. || Galantear. || — V. pr. Celebrarse.

festejo m. Acción de festejar. || Fiesta. || Galanteo. || — Pl. Actos públicos de diversión.

festín m. Banquete.

festival m. Gran fiesta, especialmente musical. || Serie de representaciones consagradas a un arte o a un artista.

festividad f. Fiesta.

festivo, va adj. Chistoso, agudo. || Que no se trabaja: *día festivo.*

fetiche m. Objeto material venerado como un ídolo. || Objeto de superstición.

fetidez f. Mal olor, hedor.

fétido, da adj. Hediondo.

feto m. Producto de la concepción desde el período embrionario hasta el parto. || *Fig.* Engendro.

feudal adj. Relativo al feudo.

feudalismo m. Sistema feudal de gobierno y organización política y social de la propiedad que estuvo en vigor en la Edad Media.

feudatario, ria adj. y s. Sujeto a feudo. || Posesor de un feudo.

feudo m. Contrato por el cual cedía el rey o el señor a su vasallo una tierra con la obligación de que le jurase fidelidad. || Tierra dada en feudo. || *Fig.* Zona en la que se ejerce gran influencia.

fez m. Gorro rojo de los moros.

fi f. Letra griega equivalente a la *f* castellana.

fiabilidad f. Calidad de fiable.

fiable adj. Dícese de la persona o cosa de la que se puede uno fiar.

fiacre m. Cierto coche de caballos.

fiado, da adj. A crédito.

fiador, ra m. y f. Persona que fía. || Garantizador.

fiambre adj. Dícese de la comida que se deja enfriar para comerla más tarde sin calentar (ú. t. c. s. m.). || — M. *Pop.* Cadáver.

fiambrera f. Cacerola en que se lleva la comida fuera de casa.

fianza f. Obligación que uno contrae de hacer lo que otro promete, si éste no lo cumple. || Garantía que se da como seguridad del cumplimiento de un compromiso.

fiar v. t. Garantizar que otro hará lo que promete, obligándose a hacerlo en caso contrario. || Vender a crédito. || — V. i. Confiar: *fiar en él.* || Tener confianza. Ú. t. c. pr.: *fiarse de una persona seria.*

fiasco m. Fracaso completo.

fibra f. Filamento o célula alargada que constituyen ciertos tejidos animales y vegetales o algunas sustancias minerales. || Filamento obtenido por procedimiento químico para su uso principalmente en la industria textil. || *Fig.* Nervio, energía.

fibrana f. Fibra textil artificial realizada con celulosa regenerada.

fibroma m. Tumor.

ficción f. Creación de la imaginación. || Simulación.

ficha f. Pieza para marcar los tantos en el juego. || Pieza del dominó o de otro juego. || Tarjeta de cartulina o papel fuerte que suele clasificarse, papeleta. || Pieza que hace funcionar un mecanismo automático: *ficha de teléfono.* || Contrato de un jugador deportivo profesional. || Chapa o tarjeta para indicar la presencia en un sitio. || Pieza pequeña de cartón, plástico, metal o cualquier otra materia que sirve a modo de contraseña en guardarropas, aparcamiento de automóviles, colas de espera, etc.

fichaje m. Acción de fichar a un jugador de un equipo deportivo.

fichar v. t. Anotar en una ficha. || Controlar en un reloj especial las horas de entrada y salida de los obreros (ú. t. c. i.). || Contratar los servicios de un jugador en un equipo de fútbol u otro deporte. Ú. t. c. i.: *fichar por un club deportivo.* || *Fig.* y *fam.* Poner a una persona en el número de las que se miran con sospecha y desconfianza.

fichero m. Colección de fichas o papeletas y mueble donde se guarda. || En informática, conjunto de datos o informaciones que se utiliza en un mismo tratamiento. || Soporte material en este tratamiento.

ficticio, cia adj. Imaginario.

ficus m. Planta tropical.

fidedigno, na adj. Digno de fe.

fideicomiso m. Donación testamentaria hecha a una persona encargada de restituirla a otra o para que realice alguna voluntad del testador. || Mandato o tutela de un territorio. || *Méx.* Depósito de una cantidad en un banco para que éste la entregue posteriormente a otra persona o la invierta en un proyecto determinado.

fidelidad f. Exactitud en cumplir con sus compromisos. || Constancia en el afecto. || Exactitud, veracidad. || Calidad en la reproducción de sonidos.

fideo m. Pasta alimenticia.

fiebre f. Fenómeno patológico que ordinariamente se manifiesta por aumento de la temperatura normal del cuerpo y frecuencia del pulso y de la respiración. || *Fig.* Actividad viva y desordenada: *fiebre electoral.*

fiel adj. Que cumple sus compromisos. || Constante, perseverante: *amigo fiel.* || Exacto, verídico: *relato fiel.* || Seguro: *guía fiel.* || Honrado: *empleado fiel.* || Que retiene lo que se le confía: *memoria fiel.* || — M. y f. Persona que pertenece a una Iglesia. || Partidario, seguidor. || — M. Aguja de la balanza.

fieltro m. Tela hecha con lana o pelo abatanados. || Sombrero hecho con esta tela.

fiera f. Animal.

fiereza f. Carácter feroz.

fiero, ra adj. Feroz.

fierro m. *Amer.* Hierro. | Hierro para marcar el ganado.

fiesta f. Solemnidad religiosa o civil en conmemoración de un hecho histórico. || Día consagrado a actos de religión: *santificar las fiestas.* || Día consagrado a la memoria de un santo: *la fiesta de San Jaime.* || Reunión de gente con fines de diversión. || Alegría, regocijo, placer: *estar de fiesta.* || Día en que no se trabaja: *hoy es fiesta.* || Caricia, agasajo, carantoña: *hacerle fiestas al niño.*

figura f. Forma exterior de un cuerpo por la cual se distingue de otro, silueta. || Cara, rostro: *el Caballero de la Triste Figura.* || Tipo, facha: *tiene buena figura.* || Escultura, pintura o dibujo que representa el cuerpo humano, el animal, etc. || Símbolo: *el esqueleto, figura de la muerte.* || Personaje, persona notable: *las grandes figuras del pasado.* || *Geom.* Conjunto de puntos, de líneas o superficies: *trazar figuras en el encerado.* || Ejercicio de patinaje, esquí, saltos de trampolín, etc., que se exige en el programa de ciertas competiciones. || Cualquiera de los naipes que representa un personaje, como la sota, el caballo y el rey. || Ficha del ajedrez. || Personaje principal de una obra de teatro y actor que lo representa. || Movimiento en el baile.

figurado, da adj. Dícese del sentido en que se toman las palabras para que denoten idea diversa de la que recta y literalmente significan.

figurar v. Delinear y formar la figura de una cosa. || Representar alegóricamente. || Aparentar, suponer, simular, fingir. || — V. i. Formar parte de un número determinado de personas o cosas: *figurar en una junta.* || Hacer, representar cierto papel. || Ser tenido como persona importante: *figura mucho en la sociedad de Buenos Aires.* || — V. pr. Creer, imaginarse.

figurín m. Dibujo o patrón de modas. || Revista de modas.

fijación f. Acción de fijar.

fijador, ra adj. Que fija. || — M. Líquido que sirve para fijar el pelo, las fotografías, los dibujos, etc.

fijar v. t. Poner algo en un sitio de manera segura: *fijar carteles.* || Clavar, hincar: *fijar una chinche.*

185

|| Dirigir: *fijar la mirada.* || Determinar, precisar: *fijar una fecha.* || Decidir: *aún no me han fijado mis honorarios.* || Establecer: *fijó su domicilio en París.* || Aplicar fijador a las fotografías, dibujos, etc. || — V. pr. Localizarse en un sitio. || Determinarse: *fijarse el tiempo.* || Prestar atención: *se fijó en los detalles.* || Darse cuenta: *no me fijé en sus facciones.* || Mirar, observar.

fijo, ja adj. Sujeto, que no se mueve: *punto fijo.* || Inmóvil: *con ojos fijos.* || Que vive permanentemente en un lugar: *domicilio fijo.* || Que no cambia, invariable: *fiesta fija.* || Definitivo: *sueldo fijo.* || — M. Sueldo o cantidad que uno recibe cada cierto tiempo.

fila f. Hilera de personas o cosas puestas unas detrás de otras. || *Fig.* y *fam.* Antipatía, tirria: *le tenía fila.*

filamento m. Elemento fino y alargado de un órgano animal o vegetal. || Hilo muy delgado. || En una bombilla o lámpara, hilo metálico, conductor que se pone incandescente al pasar la corriene.

filantropía f. Amor al género humano.

filántropo, pa m. y f. Persona que tiene amor al prójimo.

filarmonía f. Gran afición a la música.

filatelia f. Arte que trata del conocimiento de los sellos.

filatélico, ca adj. De la filatelia. || — M. y f. Filatelista.

filatelista com. Coleccionista de sellos.

filete m. Moldura estrecha. || Lonja de carne magra o de pescado sin espinas. || Solomillo de carne. || Espiral saliente del tornillo o la tuerca.

fileteado m. Roscas de un tornillo.

filiación f. Línea directa que va de los antepasados a los hijos o de éstos a los antepasados. || Enlace que tienen unas cosas o personas con otras. || Señas personales de un individuo. || Ficha donde están estos datos. || Carácter, tendencia: *de filiación izquierdista.*

filial adj. De hijo: *respeto filial.* || — F. Sucursal.

filibusterismo m. Piratería.

filibustero m. Pirata en los mares de América en los s. XVII y XVIII.

filigrana f. Labor de orfebrería, en forma de encajes, en el oro y la plata. || *Fig.* Cosa finamente trabajada.

filípica f. Represión severa.

filipinismo m. Palabra o expresión propias de los filipinos que hablan español. || Carácter filipino. || Amor a todo lo que sea filipino.

filipino, na adj. y s. De Filipinas. || — M. Modalidad del castellano hablado en las islas Filipinas.

film o **filme** m. Película cinematográfica.

filmación f. Rodaje.

filmar v. t. Cinematografiar, rodar una película.

filmoteca f. Colección de cintas cinematográficas. || Local donde se guardan o se proyectan cintas cinematográficas.

filo m. Arista o borde agudo de un instrumento cortante. || *Al filo de,* hacia.

filología f. Estudio de una lengua basándose en los textos y documentos que nos la hacen conocer. || Estudio de textos. || Lingüística.

filólogo, ga m. y f. Especialista en filología.

filón m. Yacimiento, masa de metal entre dos capas de terreno diferentes. || *Fig.* Ganga, cosa de la que se saca mucho provecho.

filosofar v. i. Reflexionar.

filosofía f. Ciencia general de los seres, de los principios y de las causas y efectos de las cosas naturales. || Sistema particular de un filósofo, de una escuela o de una época. || Resignación del que sabe soportar con tranquilidad todas las contrariedades de la vida.

filósofo, fa m. y f. Persona que estudia filosofía. || *Fig.* Persona muy resignada.

filoxera f. Plaga de la vid producida por unos insectos. || Estos insectos.

filtración f. Paso de un líquido a través de un filtro que retiene las partículas sólidas. || Paso del agua a través de la tierra, la arena. || *Fig.* Revelación de algo que debía mantenerse secreto.

filtrar v. t. Hacer pasar un líquido por un filtro: *filtrar agua.* || — V. i. y pr. Penetrar un líquido a través de otro cuerpo sólido. || *Fig.* Ser revelada una noticia por indiscreción o descuido.

filtro m. Cuerpo poroso o aparato a través de los cuales se hace pasar un líquido o un gas para eliminar las partículas sólidas en suspensión. || Extremo de un cigarrillo en el que hay una materia porosa que retiene el paso de la nicotina.

fimosis f. Estrechez en el prepucio.

fin m. Término: *el fin del año.* || Muerte: *acercarse uno a su fin.* || Finalidad, objeto: *perseguir un fin.* || Destino: *el fin del hombre.* || — *A fin de,* para. || *A fines de,* al final de. || *Al fin* o *al fin y al cabo,* por último. || *En o por fin,* finalmente. || *Fin de fiesta,* espectáculo extraordinario hecho al final de una función de teatro para rendir un homenaje. || *Fin de semana,* el sábado y el domingo.

finado, da m. y f. Difunto.

final adj. Que termina o acaba. || — M. Fin. || — F. Última prueba de una competición deportiva por eliminatorias.

finalidad f. Propósito con que o por que se hace una cosa. || Utilidad, razón de ser.

finalista adj. y s. En una competición deportiva o en un concurso, equipo o persona que llega a la prueba o votación final.

finalización f. Término, fin.

finalizar v. t. Concluir, dar fin. || — V. i. Extinguirse, terminarse o acabarse.

financiación f. y **financiamiento** m. Aportación de capitales.

financiar v. t. Aportar dinero para una empresa o proyecto. || — V. i. Dar dinero o capital.

financiero, ra adj. Relativo a las finanzas. || — M. Hacendista. || Banquero, bolsista.

finanzas f. pl. Hacienda pública. || Dinero. || Mundo financiero.

finar v. i. Fallecer.

finca f. Propiedad rústica o urbana.

finés, esa adj. y s. Finlandés. || — M. Lengua hablada en Finlandia.

fingimiento m. Ficción.

fingir v. t. e i. Dar a entender lo que no es cierto: *fingir alegría* (ú. t. c. pr.). || Afectar, simular: *fingir una enfermedad* (ú. t. c. pr.).

finiquitar v. t. Liquidar una cuenta. || Acabar. || *Fig.* Matar.

finiquito m. Saldo de una cuenta.

finlandés, esa adj. y s. De Finlandia. || — M. Lengua hablada en Finlandia.

fino, na adj. Menudo, sutil: *lluvia fina.* || Puntiagudo: *extremidad fina.* || Delgado: *papel fino.* || Delicado: *gusto fino.* || Agudo: *oído fino.* || De buena calidad, excelente: *turrón fino.* || Ligero: *tejido fino.* || Dícese de las perlas y de las piedras naturales empleadas en joyería. || Puro: *oro fino.* || Muy cortés o educado: *joven muy fino.*

finta f. Ademán o amago con la espada. || Regate en fútbol.

fintar v. t. e i. Hacer fintas.

finura f. Primor, delicadeza. || Atención, detalle. || Cortesía.

fiord o **fiordo** m. Golfo estrecho y profundo de Noruega.

firma f. Nombre de una persona, con rúbrica, que se pone al pie de un escrito. || Conjunto de documentos que se presentan a una persona para que los firme, y acto de firmarlos. || Empresa.

firmamento m. Cielo.

firmante adj. y s. Que firma.

firmar v. t. Poner uno su firma.

firme adj. Estable, fuerte: *la mesa está firme.* || *Fig.* Entero, constante, que no se vuelve atrás: *carácter firme.* || Definitivo: *decisión firme.* || — M. Pavimento de una carretera. || — Adv. Con firmeza.

firmeza f. Estabilidad, fortaleza: *la firmeza de unos cimientos.* || Perseverancia.

fiscal adj. Relativo al fisco o al oficio de fiscal. || — M. Agente del fisco. || En los tribunales, el que representa al ministerio público.

fiscalía f. Cargo y oficina del fiscal. || *Fiscalía de tasas,* servicio y control de los precios autorizados.

fiscalización f. Examen, control.

fiscalizar v. t. Hacer las funciones del fiscal. || *Fig.* Controlar.

fisco m. Tesoro o erario del Estado. || Administración encargada de calcular y recaudar los impuestos públicos.

fisgar y **fisgonear** v. t. Curiosear.

fisible adj. Escindible.

física f. Ciencia que tiene por objeto el estudio de los cuerpos y sus leyes y propiedades, mientras no cambia su composición, así como el de los agentes naturales con los fenómenos que en los cuerpos produce su influencia.

físico, ca adj. Perteneciente a la física: *ciencias físicas.* || Relativo al cuerpo del hombre: *educación física.* || Efectivo, material: *imposibilidad física.* || — M. y f. Especialista en física. || (Ant.) Médico. || — M. Fisonomía, exterior de una persona.

fisiología f. Ciencia que tiene por objeto el estudio de las funciones de los seres orgánicos. || Funcionamiento de un organismo.

fisiológico, ca adj. De la fisiología.

fisiólogo, ga m. y f. Especialista en fisiología.

fisión f. *Fís.* Escisión del núcleo de un átomo, a causa de un bombardeo de neutrones, que provoca la liberación de energía.

fisionar v. t. e i. Producir una fisión (ú. t. c. pr.).

fisonomía f. Fisonomía.

fisonomía f. Cara, rostro, semblante. || Carácter o aspecto.

fisonomista y **fisónomo** adj. y s. Dícese de la persona que recuerda las caras de los que ha visto o encontrado.

fístula f. Conducto accidental y ulceroso que se abre en la piel.

fisura f. Grieta.

flaccidez f. Blandura, flojedad.

fláccido, da adj. Falto de tersura, blando, fofo.

flacidez f. Flaccidez.

flácido, da adj. Fláccido.

flaco, ca adj. Muy delgado: *niño flaco.* || *Fig.* Flojo, endeble. | Débil: *la carne es flaca.* || — *Memoria flaca,* mala, poco fiel. || *Punto flaco,* debilidad. || — M. Debilidad moral: *es su flaco.* || — F. *Méx. Fam.* Muerte. || *Méx. Fam. Acompañar a la flaca,* morir.

flagelación f. Azotamiento.

flagelado, da adj. Que tiene flagelos. || — M. pl. Clase de protozoos provistos de flagelos.

flagelar v. t. Azotar. || Criticar.

flagelo m. Azote. || Calamidad. || Filamento móvil, órgano locomotor de ciertos protozoos y de los espermatozoides.

flagrancia f. Estado de flagrante.

flagrante adj. Evidente, indiscutible: *injusticia flagrante.* || Que se realiza en el momento en que se habla.

flamante adj. Brillante, resplandeciente. || Nuevo, reciente.

flameado m. Acción de pasar por el fuego.

flamear v. i. Llamear. || Ondear al viento una vela o una bandera. || — V. t. Quemar alcohol para esterilizar algo. || Pasar por una llama: *flamear plátanos.*

flamenco, ca adj. De Flandes (en Francia y Bélgica) [ú. t. c. s.]. || *Fam.* Achulado: *ponerse flamenco* (ú. t. c. s.). || Dícese de la música, del baile y del cante folklórico andaluz (ú. t. c. s. m.). || Que tiende a hacerse agitando: *aire, tipo flamenco* (ú. t. c. s.). || *Amér. C.* Delgado, flaco. || — M. Ave palmípeda zancuda de plumaje blanco en el pecho y rojo en la espalda.

flamígero, ra adj. Que arroja llamas. || Aplícase al último período (s. xv) del estilo gótico cuando los contornos lanceolados recuerdan las llamas (ú. t. c. s. m.).

flan m. Plato de dulce hecho con yemas de huevo, leche y azúcar.

flanco m. Lado.

flanquear v. t. Estar colocado a los lados de algo. || Acompañar: *flanqueado por dos guardaespaldas.*

flaquear v. i. Fallar, mostrarse débil: *me flaquea la memoria.* || *Fig.* Debilitarse: *le flaquea la voluntad.* | Tener poca resistencia o solidez. | Fallar, mostrar menos conocimientos.

flaqueza f. Debilidad.

flash m. (pal. ingl.). Luz relámpago para hacer una fotografía en un lugar donde hay poca iluminación. || Información concisa transmitida en primer lugar.

flato m. Acumulación molesta de gases en el tubo digestivo. || Emisión de estos gases por la boca.

flauta f. Instrumento músico de viento formado por un tubo con varios agujeros que producen el sonido según se tapan o destapan con los dedos. || Flautista.

flautín m. Flauta pequeña.

flautista com. Músico que toca la flauta.

flecha f. Arma arrojadiza consistente en un asta con punta afilada que se dispara con el arco. || Punta de un campanario.

flechar v. t. *Fig.* y *fam.* Seducir, inspirar amor. || *Fam. Ir flechado*, muy rápido. || — V. pr. Enamorarse rápidamente y mucho.

flechazo m. Disparo de flecha o herida causada por él. || *Fig.* Amor repentino.

fleco m. Hilos o cordoncillos que cuelgan y sirven de ornamento a vestidos, etc. || Flequillo de pelo.

fleje m. Tira o banda de hierro o acero. || Ballesta, muelle.

flema f. Mucosidad que se arroja por la boca. || *Fig.* Cachaza, pachorra.

flemón m. Inflamación del tejido celular o conjuntivo.

flequillo m. Pelo recortado que cae sobre la frente.

fletar v. t. Alquilar un barco o avión o parte de él para conducir personas o mercancías. || Alquilar una caballería, un vehículo de transporte, etc. || Embarcar mercancías o personas.

flete m. Precio de alquiler de una nave o un avión. || Carga de un barco o avión. || *Amer.* Transporte. | Carga transportada.

fletero, ra adj. *Amer.* Alquilado para el transporte: *camión fletero.* || — M. *Amer.* Transportista.

flexibilidad f. Calidad de flexible.

flexibilización f. Acción de dar mayor flexibilidad.

flexibilizar v. t. Dar mayor flexibilidad.

flexible adj. Que se dobla fácilmente. || *Fig.* Que se acomoda sin dificultad: *carácter flexible.*

flexión f. Acción de doblar.

flirt [*flert*] m. (pal. ingl.). Flirteo.

flirtear v. i. Coquetear.

flirteo m. Coqueteo.

flojear v. i. Obrar con pereza. || Flaquear: *los clientes flojean.*

flojedad f. Debilidad. || Flaqueza en alguna cosa. || *Fig.* Pereza.

flojera f. Flojedad, pereza.

flojo, ja adj. Mal atado, poco apretado o poco tirante: *nudo flojo.* || Sin fuerza: *cerveza floja.* || *Fig.* Sin intensidad: *sonido flojo.* | Regular, no muy bueno: *película floja.* | Que le faltan conocimientos suficientes: *flojo en matemáticas.* | Mediocre: *razonamiento flojo.* | Perezoso, holgazán. || Poco activo: *mercado flojo.* || *Amer.* Cobarde.

flor f. Parte de un vegetal que contiene los órganos de la reproducción. || Planta con flores. || *Fig.* Lo más escogido de una cosa: *la flor de la sociedad.* || Novedad, frescor: *la flor de la juventud.* | Piropo, requiebro: *decir o echar flores a una mujer.*

flora f. Conjunto de las plantas de un país o región. || *Flora microbiana*, conjunto de bacterias.

floración f. Aparición de las flores. || Su época.

florear v. t. Adornar con flores. || Adornar: *estilo muy floreado.*

florecer v. t. Echar flor o cubrirse de flores. || *Fig.* Prosperar: *la industria florece.* | Existir.

floreciente adj. Que florece.

florense adj. y s. De Flores (Uruguay). || Floreño.

florentino, na adj. y s. De Florencia (Italia).

floreño, ña adj. y s. De Flores (Guatemala).

floreo m. *Fig.* Conversación vana y de pasatiempo para hacer alarde de ingenio. | Dicho vano y superfluo.

florería f. Tienda de flores.

florero m. Vasija para las flores.

florete m. Espada fina sin filo cortante, utilizada en esgrima.

floricultor, ra m. y f. Cultivador de flores.

floricultura f. Cultivo de las flores.

floridense adj. y s. De Florida (Uruguay).

florido, da adj. Que tiene flores. || *Arq.* Flamígero: *gótico florido.* || *Fig.* Escogido, selecto: *está lo más florido.* || Aplícase al lenguaje o estilo elegante y adornado.

florilegio m. Colección de trozos selectos de obras literarias.

florín m. Unidad monetaria de Holanda.

florista com. Vendedor de flores.

floristería f. Florería.

floritura f. Adorno en el canto. || *Fig.* Adorno accesorio, arabesco.

flota f. Gran número de barcos que navegan juntos. || Conjunto de las fuerzas navales o aéreas de un país o de una compañía de transportes. || *Por ext.* Conjunto de vehículos terrestres: *una flota de camiones.*

flotabilidad f. Calidad que poseen algunos cuerpos de no sumergirse.

flotación f. Estado de un objeto que flota. || Estado de una moneda cuya paridad respecto al patrón establecido cambia constantemente.

flotador, ra adj. Que flota en un líquido. || — M. Cuerpo destinado a flotar en un líquido. || Órgano de flotación de un hidroavión. || Banda formada por pedazos de corcho o aparato de goma hinchada que sirve para hacer flotar a las personas que no saben nadar.

flotamiento m. Flotación.

flotante adj. Que flota. || Que no está fijo: *costillas flotantes.* || — *Deuda flotante*, parte de la deuda pública sujeta a cambios diarios. || *Moneda flotante*, la que no tiene un tipo de cambio fijo. || *Población flotante*, la de paso en una ciudad.

flotar v. i. Sostenerse un cuerpo en la superficie de un líquido. || *Fig.* Oscilar, variar. | Tener una moneda un valor variable en relación con el oro o con otra divisa.

flote m. Flotación. || *Fig. Salir a flote*, salir adelante de dificultades.

flotilla f. Flota de pequeños barcos o aviones.

flotillero m. y f. *Méx.* Dueño de varios vehículos alquilados a distintos chóferes.

fluctuación f. Cambio.

fluctuante adj. Que fluctúa.

fluctuar v. i. *Fig.* Oscilar.

fluidez f. Calidad de fluido. || Facilidad de movimiento de los factores económicos (dinero, mercado, transporte, trabajo, etc.).

fluido, da adj. Aplícase al cuerpo cuyas moléculas tienen entre sí poca o ninguna coherencia y que toma siempre la forma del recipiente que lo contiene: *sustancia fluida* (ú. t. c. s. m.). || *Fig.* Corriente, suelto, fácil: *prosa fluida.* | Dícese del tráfico automovilístico cuando éste se efectúa a una velocidad normal, sin paradas debidas a embotellamientos. || Dícese de los factores económicos que tienen cierta facilidad para actuar sobre ellos. || — M. Nombre de algunos agentes de naturaleza desconocida que intervienen en ciertos fenómenos: *fluido nervioso.* || Corriente eléctrica.

fluir v. i. Correr un líquido.

flujo m. Movimiento de los fluidos. || *Fig.* Abundancia excesiva.

fluminense adj. y s. De Río de Janeiro (Brasil). || De Los Ríos (Ecuador).

flúor m. Cuerpo simple gaseoso, de color verde amarillento (símb. F.)

fluorescencia f. *Fís.* Propiedad de ciertos cuerpos de emitir luz cuando reciben ciertas radiaciones.

fluorescente adj. Que tiene fluorescencia. || Producido por la fluorescencia.

fluvial adj. Relativo a los ríos.

flux m. *Amer.* Traje de hombre completo. || — *Fig.* y *fam. Méx. Estar a flux*, no tener nada. | *Amer. Tener flux*, tener suerte.

Fm, símbolo químico del *fermio*.

fobia f. Miedo angustioso.

foca f. Mamífero carnicero de los mares polares. || Piel que tiene.

focal adj. Del foco: *distancia focal.*

foco m. *Fís.* Punto donde convergen los rayos luminosos reflejados por un espejo esférico o refractados por una lente de cristal. || *Geom.* Punto cuya distancia a cualquier otro de ciertas curvas (elipse, parábola, hipérbola) se puede expresar en función de las coordenadas de dichos puntos. || *Fig.* Centro activo de ciertas cosas: *un foco de ilustración.* | Punto donde se reúnen cosas de distintas procedencias. || Proyector de donde salen potentes rayos luminosos o caloríficos. || *Méx.* Bombilla.

fofo, fa adj. Blando.

fogata f. Fuego con llamas.

fogón m. Cocina. || Hogar de las máquinas de vapor.

fogonazo m. Llama que levanta la pólvora o el magnesio cuando explota o se inflama. || *Fig.* Flash: *los fogonazos de la actualidad.*

fogonero, ra m. y f. Persona que cuida del fogón en las máquinas de vapor.

fogosidad f. Ardor, ímpetu.

fogoso, sa adj. Ardiente.

foguear v. t. *Fig.* Acostumbrar a alguien a ciertos trabajos, hacerle adquirir cierto hábito: *foguear a un novicio* (ú. t. c. pr.).

folclor y **folclore** m. Folklore.

folclórico, ca adj. Folklórico.

foliculina f. Hormona segregada por el ovario antes de la menstruación.

folio m. Hoja del libro o cuaderno. || Titulillo o encabezamiento de las páginas de un libro.

folk m. (abrev. ingl. de *folksong*). Canciones inspiradas en el folklore.

folklore m. Ciencia o conjunto de las tradiciones, costumbres y leyendas de un país. || *Fam.* Lío, follón.

folklórico, ca adj. Del folklore.

follaje m. Conjunto de las hojas de los árboles.

folletín m. Fragmento de novela que se inserta en un periódico. || Novela mala. || *Fig.* Suceso o acontecimiento melodramático.

folletinista com. Escritor de folletines.

folleto m. Impreso menos voluminoso que un libro.

follón, ona adj. *Fam.* Pesado, latoso. || — M. *Fam.* Lío, enredo: *¡vaya follón!* | Desorden, confusión. | Jaleo: *estaba metido en un follón.* | Escándalo: *forma un follón por naderías.* | Alboroto, discusión, riña. | Pesado, latoso: *ese amigo tuyo es un follón.* | Asunto complicado.

fomentador, ra adj. y s. Que fomenta.

fomentar v. t. Favorecer.

fomento m. Ayuda, protección: *sociedad de fomento.* || Estímulo: *fomento de la producción.* || Promoción: *fomento de las ventas.* || Desarrollo: *Banco de Fomento.* || Paño o compresa caliente para ablandar los furúnculos.

fonda f. Pensión.

fondear v. i. *Mar.* Anclar.

fondo m. Parte inferior de una cosa hueca: *el fondo de un vaso.* || Parte sólida en la que descansa el agua del mar o de un río. || Profundidad: *con poco fondo.* || Lo que queda en el fondo: *el fondo de la botella.* || Parte que se encuentra más lejos de la entrada: *el fondo de una habitación.* || Catálogo de una biblioteca o editorial. || Capital, caudal: *fondo social.* || *Fig.* Índole: *chica de buen fondo.* | Ambiente, medio. | Tema, idea: *el fondo de su comedia.* | Resistencia física. | Lo esencial de una cosa: *el fondo de un problema.* | Lo más oculto o íntimo: *en el fondo del corazón.* || — Pl. Dinero: *tener fondos disponibles.*

fonema m. Cada uno de los sonidos simples del lenguaje hablado (sonido y articulación).

fonético, ca adj. Relativo al sonido. || — F. Estudio de los sonidos y las articulaciones del lenguaje desde el punto de vista físico.

fonio m. Fonón.

fono m. Unidad de potencia sonora. || *Amer.* Auricular del teléfono.

fonógrafo m. Gramófono.

fonología f. Ciencia que estudia los fonemas.

fonometría f. Medida de la intensidad de los sonidos, de la voz.

fontanela f. *Anat.* Cada uno de los espacios membranosos que presenta el cráneo de los recién nacidos antes de osificarse.

fontanería f. Oficio de fontanero.

fontanero m. Obrero que pone y repara las instalaciones y cañerías o conductos domésticos de agua y gas.

footing [*fúting*] m. (pal. ingl.). Carrera a pie que se hace de modo relajado como ejercicio.

foque m. *Mar.* Vela triangular.

forajido, da adj. y s. Malhechor.

foral adj. Relativo al fuero.

foráneo, a adj. Forastero.

forastero, ra adj. y s. Dícese de la persona que no tiene su domicilio en la localidad donde se encuentra.

forcejear v. i. Esforzarse.

forcejeo m. Esfuerzo.

fórceps m. *Cir.* Instrumento que se usa para la extracción de las criaturas en los partos difíciles.

forense adj. Jurídico. || Dícese del médico que efectúa los reconocimientos por orden judicial (ú. t. c. s.).

forestal adj. De los bosques.

forfait m. (pal. fr.). En deportes, abandono. || Tarjeta que autoriza la utilización de un servicio un ilimitado número de veces durante cierto período de tiempo. || Contrato en el que el precio de un servicio está fijado de antemano de forma invariable. || Valoración hecha por Hacienda de las rentas o ingresos de un contribuyente. || *A forfait*, a tanto alzado.

forja f. Fragua de los metales.

forjado m. Acción y efecto de forjar.

forjador, ra adj. y s. Que forja.

forjar v. t. Dar la primera forma con el martillo a cualquier metal. || *Fig.* Crear. | Inventar, imaginar: *forjar planes.* || — V. pr. *Fig.* Labrarse: *se ha forjado una buena reputación.* | Imaginarse.

forma f. Figura exterior o disposición de los cuerpos u objetos. || Apariencia, aspecto: *de forma extraña.* || Modo de obrar o proceder: *obrar en la forma debida.* || Molde: *la forma de un sombrero.* || Tamaño de un libro, grabado, etc.: *forma apaisada.* || Modo, manera: *no hay forma de ir.* || Modales, comportamiento: *guardar las formas.* || Carácter de un gobierno, de un Estado, según la Constitución: *forma republicana.* || Buena condición física: *estar en forma.* || — Pl. Configuración femenina.

formación f. Acción y efecto de formar o formarse. || Educación, instrucción. || *Mil.* Conjunto de los elementos que constituyen un cuerpo de tropas: *formación naval, aérea.* || Disposición de la tropa. || Equipo deportivo. || Grupo, conjunto de personas: *formación política.* || Relativo a la forma.

formal adj. Relativo a la forma. || Relativo a la apariencia y no al fondo. || Que tiene formalidad, serio. || Con todos los requisitos: *renuncia formal.* || Preciso, categórico.

formalidad f. Exactitud, puntualidad. || Seriedad. || Requisito, condición necesaria para la validez de un acto civil, judicial.

formalismo m. Rigurosa observancia en las formas o normas.

formalizar v. t. Hacer formal o serio: *formalizó su situación.* || Legalizar: *formalizar un expediente.* || Regularizar. || Concretar. || Dar forma legal o reglamentaria.

formar v. t. Dar el ser y la forma (ú. t. c. pr.). || Dar forma: *formar letras.* || Componer: *colinas que forman un anfiteatro.* || Concebir: *formar planes* (ú. t. c. pr.). || Constituir: *formar una sociedad* (ú. t. c. pr.). || Integrar: *ellos forman el consejo.* || Adiestrar, educar: *formar a los discípulos.* | Instruir: *estas lecturas te formaron.* || Reunirse en: *formaron un corro.* || — V. pr. Tomar forma. || Hacerse: *se formó una idea errónea.* || Desarrollarse una persona. || Criarse.

formato m. Tamaño.

fórmica f. Material que está cubierto de una resina artificial: *mesa de fórmica.*

formidable adj. Extraordinario.

formol m. Desinfectante sacado de la oxidación del ácido metílico.

formón m. Escoplo.

formoseño, ña adj. y s. De Formosa (Argentina).

fórmula f. Modelo que contiene los términos en que debe redactarse un documento. || Modo de expresarse, de obrar según las buenas costumbres: *fórmulas de cortesía.* || Resultado de un cálculo; expresión de una ley física. || *Quím.* Representación por medio de símbolos de la composición de un cuerpo compuesto. || *Fig.* Conjunto de indicaciones o de elementos que dan una solución entre varias posiciones distintas.

formulación f. Acción de formular.

formular v. t. Expresar de manera precisa. || Recetar conforme a una fórmula. || Expresar, manifestar.

formulario, ria adj. Hecho por cumplir: *una visita formularia.* || — M. Colección de fórmulas. || Impreso en el que figura una serie de preguntas, de orden administrativo generalmente, a la que deben responder los interesados.

formulismo m. Sujeción excesiva a las fórmulas.

fornicación f. Acción de fornicar.

fornicar v. i. Tener ayuntamiento o cópula carnal.

fornido, da adj. Robusto.

foro m. Plaza en Roma en la que se celebraban las reuniones públicas. || Ejercicio de la abogacía o de la magistratura. || *Teatr.* Fondo del escenario. || Reunión para discutir de asuntos delante de un auditorio que a veces interviene en el debate.

forofo, fa m. y f. *Fam.* Fanático.

forraje m. Pienso.

forrar v. t. Poner un forro. || Poner una tela en el reverso de una prenda de vestir. || Poner o recubrir con una materia protectora: *forrar un sillón.* || *Fig.* y *fam.* Estar forrado de oro o estar forrado, ser muy rico. || — V. pr. *Pop.* Enriquecerse, ganar mucho. | Comer mucho.

forro m. Tela con la que se forra un vestido. || Cubierta protectora con la que se cubre un libro, un sillón, un cable, etc.

fortalecer v. t. Fortificar.

fortalecimiento m. Acción y efecto de fortalecer o fortalecerse.

fortaleza f. Fuerza. || Entereza, firmeza de ánimo. || Una de las virtudes cardinales que consiste en vencer el temor y huir de la temeridad. || Recinto fortificado para defender una ciudad, una región, etc. || *Fortaleza volante*, bombardero pesado.

fortificación f. Acción de fortificar.

fortificar v. t. Dar vigor y fuerza a algo o a alguien (ú. t. c. pr.). || *Mil.* Poner fortificaciones (ú. t. c. pr.).

fortín m. Fuerte pequeño.

fortuito, ta adj. Casual.

fortuna f. Hado, destino, azar, suerte: *la fortuna es ciega.* || Destino. || Bienes, riqueza, caudal, hacienda.

forzar v. t. Romper, violentar: *forzar una cerradura.* || Entrar con violencia: *forzar una morada.* || Violar a una mujer. || Hacer un esfuerzo excesivo: *forzar la voz.* || *Fig.* Obligar a hacer algo que no se desea: *no me gusta que me fuercen a andar mucho.*

forzoso, sa adj. Obligado.

fosa f. Sepultura: *fosa común.* || Depresión: *fosa submarina.* || Cavidad natural del cuerpo: *fosas nasales.* || Excavación profunda alrededor de una fortaleza.

fosfatar v. t. Fertilizar con fosfato.

fosfato m. Sal del ácido fosfórico.

fosforescente adj. Que desprende luz en la oscuridad.

fósforo m. Cuerpo simple (P), de número atómico 15, transparente, incoloro o ligeramente amarillento, muy inflamable y luminoso en la oscuridad. || Cerilla.

fósil adj. Aplícase a los fragmentos de animales o plantas petrificados que se encuentran en diversos terrenos geológicos antiguos: *concha, carbón fósil, plantas fósiles* (ú. t. c. s. m.). || *Fig.* y *fam.* Viejo, anticuado. Ú. t. c. s.: *ese hombre es un verdadero fósil.*

fosilizarse v. pr. Convertirse en fósil.

foso m. Hoyo. || Excavación profunda que rodea una fortaleza. || *Teatr.* Piso inferior del escenario. || *Fig.* Distancia que separa: *entre ambos hermanos hay un foso.*

foto pref. Significa *luz* y entra en la composición de voces científicas: *fotoquímico, fotoeléctrico,* etc. || — F. Apócope familiar de *fotografía.*

fotocélula f. Célula fotoeléctrica.

fotocomposición f. *Impr.* Procedimiento que permite componer directamente los textos en películas fotográficas sin tener que utilizar tipos metálicos.

fotocopia f. Procedimiento rápido de reproducción de un documento mediante el revelado instantáneo de un negativo fotográfico. || Prueba obtenida.

fotocopiadora f. Máquina para hacer fotocopias.

fotocopiar v. t. Hacer fotocopias.

fotoeléctrico, ca adj. Dícese de cualquier fenómeno eléctrico provocado por la intervención de radiaciones luminosas.

fotofobia f. Odio a la luz.

fotogénesis f. Producción de luz.

fotogénico, ca adj. Aplícase a las personas que salen muy bien en las fotografías.

fotograbado m. Arte de grabar planchas por acción química de la luz. || Lámina grabada o estampada por este procedimiento.

fotograbador, ra m. y f. Persona que hace fotograbados.

fotograbar v. t. Grabar valiéndose del fotograbado.

fotografía f. Procedimiento de fijar en una placa o película, impresionable a la luz, las imágenes obtenidas con ayuda de una cámara oscura. || Reproducción obtenida. || *Fig.* Representación, descripción.

fotografiar v. t. Obtener una imagen por medio de la fotografía.

fotógrafo, fa m. y f. Persona que hace fotografías.

fotólisis f. Descomposición química causada por la luz.

fotolito m. Cliché fotográfico que reproduce el original en una película o soporte transparente: *el fotolito se emplea en la impresión offset y en huecograbado.*

fotolitografía f. Procedimiento de impresión litográfica en el cual el dibujo se traslada a la piedra por medio de la fotografía.

fotolitografiar v. t. Hacer fotolitografías.

fotomecánico, ca adj. Aplícase a los procedimientos de impresión con clichés obtenidos mediante la fotografía.

fotometría f. Parte de la física que estudia todo lo relacionado con la luz.

fotómetro m. Instrumento para medir la intensidad de la luz.

fotón m. Partícula de radiación que se propaga en el vacío a una velocidad de 300 000 kilómetros por segundo.

fotoquímica f. Estudio de los efectos químicos producidos por la luz.

fototerapia f. Curación de enfermedades por medio de la acción de la luz.

fototipia f. Procedimiento de impresión de grabados sobre una placa de cristal o cobre recubierta de una capa de gelatina con bicromato. || Lámina así impresa.

fototipografía f. Impresión de clichés tipográficos por medio de la fotografía.

Fr, símbolo químico del *francio.*

frac m. Traje de hombre que tiene en la parte trasera dos faldones.

fracasar v. i. No conseguir lo intentado. || Fallar, frustrarse, tener resultado adverso.

fracaso m. Falta de éxito.

fracción f. División de una cosa en partes: *una fracción de pan.* || Parte, porción. || *Mat.* Quebrado, número que expresa una o varias partes de la unidad dividida en cierto número de partes iguales.

fraccionamiento m. División en partes.

fraccionar v. t. Dividir.

fraccionario, ria adj. Que representa determinada parte.

fractura f. Rotura: *robo con fractura.* || Rotura de un hueso.

fracturar v. t. Romper con esfuerzo una cosa. || — V. pr. Romperse.

fragancia f. Aroma, perfume.

fragante adj. Que huele bien.

fragata f. Barco de tres palos.

frágil adj. Que se rompe o quiebra fácilmente. || Que se estropea con facilidad. || *Fig.* Débil.

fragilidad f. Calidad de frágil.

fragmentación f. División en fragmentos.

fragmentar v. t. Fraccionar, dividir en partes (ú. t. c. pr.).

fragmento m. Trozo.

fragor m. Ruido, estruendo.

fragua f. Forja, herrería.

fraguar v. t. Forjar el hierro. || *Fig.* Idear y discurrir. || — V. i. Endurecerse la masa de cal, yeso o cemento.

fraile m. Religioso, monje.

frambuesa f. Fruto comestible del frambueso de color rojo.

frambueso m. Arbusto rosáceo.

francachela f. Juerga, jarana.

francés, esa adj. y s. De Francia. || — M. Lengua francesa.

francio m. Metal alcalino radiactivo.

franciscano, na adj. y s. Dícese del religioso de la orden fundada por San Francisco de Asís en 1209 (ú. t. c. s.). || Relativo a esta orden.

francmasón m. Masón.

francmasonería f. Masonería.

francmasónico, ca adj. Masónico.

franco, ca adj. Leal, sincero: *carácter muy franco.* || Abierto, comunicativo: *mirada franca.* || Exento, que no paga: *puerto franco.* || Libre, expedito: *paso franco.* || Evidente, claro, cierto: *franco empeoramiento.* || Nombre que se da a los pueblos antiguos de la Germania Inferior (ú. t. c. s.). || En palabras compuestas significa francés: *el comercio franco-español.* || — M. Unidad monetaria de Francia, Bélgica, Luxemburgo, Suiza.

francocanadiense adj. Aplícase al francés hablado en las regiones del Canadá que tiene ascendencia francesa (ú. t. c. s. m.). || Dícese de las personas naturales de estas regiones (ú. t. c. s.).

francofilia f. Amor a Francia.

francofobia f. Odio a Francia.

francofonía f. Conjunto de países en los que se habla francés.

francófono, na adj. y s. Que habla francés.

francotirador m. Guerrillero.

franela f. Tejido fino de lana.

franja f. Guarnición o fleco que sirve para adornar vestidos y otras cosas. || Borde, faja.

franqueamiento m. Franqueo.

franquear v. t. Libertar, exceptuar a uno de un pago o tributo. || Conceder, dar: *franquear la entrada*. || Desembarazar: *franquear el camino*. || Pagar previamente en sellos el porte de lo que se remite por correo: *franquear una carta*. || Salvar: *franquear un obstáculo*. || — V. pr. Descubrir sus intenciones, hablar francamente: *franquearse con un amigo*.

franqueo m. Acción y efecto de franquear. || Pago, imposición del precio de porte: *franqueo postal*.

franqueza f. Sinceridad.

franquía f. Colocación de un buque al salir del puerto para hacerse a la mar.

franquicia f. Exención de derechos de aduana, de sellos de correo, etc.

frasco m. Botella alta y estrecha.

frase f. Conjunto de palabras que tienen sentido. || Locución, expresión.

fraternal adj. De hermanos.

fraternidad f. Unión y buena correspondencia entre hermanos.

fraternización f. Fraternidad.

fraternizar v. i. Tratarse como hermanos.

fratricida adj. y s. Que mata a su hermano.

fratricidio m. Crimen del que mata a un hermano.

fraude m. Engaño, acto de mala fe. || Contrabando.

fraudulencia f. Condición de fraudulento.

fraudulento, ta adj. Que contiene fraude.

fray m. Apócope de *fraile*.

fraybentino, na adj. y s. De o relativo a Fray Bentos (Uruguay).

frazada f. Manta de cama.

freático, ca adj. Dícese de una capa de agua subterránea formada al filtrarse las aguas de la lluvia.

frecuencia f. Repetición a menudo de un acto o suceso. || Número de ondulaciones por segundo de un movimiento vibratorio. || — *Alta frecuencia*, la de varios millones de períodos por segundo. || *Baja frecuencia*, la que corresponde a un sonido audible. || *Frecuencia modulada* o *modulación de frecuencia*, la que mantiene constante la amplitud de las ondas portadoras y hace variar su frecuencia.

frecuentación f. Acción de ir a menudo a un lugar. || Compañía.

frecuentador, ra adj. Que frecuenta (ú. t. c. s.).

frecuentar v. t. Ir con frecuencia. || Tratar, tener relación con alguien.

frecuente adj. Que se repite a menudo.

freelance adj. (pal. ingl.). Dícese del trabajo de un periodista o escritor, traductor, intérprete o de otros profesionales que colaboran para una o varias empresas sin que exista una vinculación laboral permanente regulada por un contrato.

fregadero m. Pila para fregar.

fregar v. t. Estregar con fuerza: *fregar el suelo*. || Lavar los platos, cubiertos y cacerolas. || *Amer.* Fastidiar.

fregón, ona adj. y s. *Amer.* Molesto, fastidioso. || *Ecuad.* Descarado.

fregona f. Mujer que friega los platos y los suelos. || Criada. || *Fam.* Mujer ordinaria. || Cubo y escoba que se moja para limpiar los suelos.

fregotear v. t. Fregar mal.

fregoteo m. Lavado a la ligera.

freiduría f. Establecimiento donde se venden cosas fritas.

freír v. t. Guisar en una sartén con aceite o manteca: *freír patatas*. || *Fam.* Fastidiar, desesperar, molestar: *me frieron a preguntas*. | Matar, liquidar a tiros. || — *Fig. Al freír será el reír*, no se puede dar una causa por ganada hasta el último momento. | *Estar frito*, estar harto. || *Fam. Mandar a freír espárragos*, mandar con viento fresco.

fréjol m. Frijol.

frenado m. Detención con el freno. || Sistema de frenos.

frenar v. t. e i. Disminuir o detener la marcha de una máquina con un freno. || — V. t. *Fig.* Contener, reprimir, retener: *frenar las pasiones*. | Detener el desarrollo: *frenar las importaciones*.

frenazo m. Detención con el freno.

frenesí m. Exaltación del ánimo.

frenético, ca adj. Poseído de frenesí. || Furioso, rabioso.

freno m. Bocado, pieza de la brida que llevan los caballos en la boca para gobernarlos. || Órgano en las máquinas destinado a disminuir o parar el movimiento: *freno de mano, asistido*. || *Fig.* Lo que retiene u obstaculiza: *ambiciones sin freno*. || — Pl. Sistema de frenos.

frente f. Región anterior de la cabeza de los vertebrados que, en el hombre, va desde el nacimiento del pelo hasta las cejas. || *Por ext.* Cabeza: *bajar la frente*. || — M. Parte delantera de algo. || Línea exterior de una tropa en orden de batalla. || Límite antes de la zona de combate. || Esta misma zona. || Separación entre dos zonas de la atmósfera cuyas temperaturas son distintas. || Parte superior de una cosa: *al frente de su misiva*. || Agrupación política compuesta de diversos partidos o concordancia de las tendencias de la opinión para resolver una serie de problemas determinados: *frente nacional*.

fresa f. Planta rosácea, de fruto rojo sabroso y fragante. || Su fruto. || *Tecn.* Barrena, herramienta empleada para horadar o labrar los metales. || Instrumento usado por los dentistas para limar dientes o muelas. || — Adj. inv. Dícese de lo que tiene color rojo como la fresa.

fresado m. Avellanado.

fresal m. Plantío de fresas.

fresar v. t. Trabajar con la fresa.

frescachón, ona adj. De color sano. || Descarado, caradura (ú. t. c. s.).

frescales com. inv. Desvergonzado.

fresco, ca adj. Ligeramente frío: *viento fresco* (ú. t. c. adv.). || Ligero, que da la sensación de frescor: *traje fresco*. || Que no está marchito, que conserva el brillo de la juventud: *tez fresca*. || Que no está cansado: *tropas frescas*. || Dícese de las cosas que, pudiéndose estropear por el paso del tiempo, no han sufrido alteración: *pescado fresco*. || Que no experimenta el cansancio. || Húmedo, sin secar: *la pintura está fresca*. || *Fig.* Acabado de suceder, reciente: *noticias frescas*. | Tranquilo, sin perder la calma: *y se quedó tan fresco*. || Descarado, aprovechado, caradura. Ú. t. c. s.: *es un fresco*. | Que trata a los demás sin contemplaciones (ú. t. c. s.). | Dícese de la mujer libre en su trato con los hombres (ú. t. c. s. f.). || – M. Frío moderado: *el fresco del atardecer.* || Viento frío. || Mural, pintura hecha en una pared: *los frescos de la pintura mexicana.* || *Amer.* Bebida fresca. || – F. Frío moderado: *salir con la fresca.* || *Fig.* Inconveniencia, dicho molesto: *le soltó cuatro frescas.*

frescor m. Fresco.

frescura f. Calidad de fresco. || *Fam.* Desvergüenza.

fresno m. Árbol de madera estimada.

fresón m. Fresa grande.

fresquera f. Alambrera para conservar los comestibles. || *Arg.* Fiambrera.

fresquería f. *Amer.* Casa donde se venden bebidas heladas o refrescos.

friable adj. Que se desmenuza fácilmente.

frialdad f. Sensación que proviene de la falta de calor. || Frigidez. || *Fig.* Falta de ardor, indiferencia.

fricandó m. Guiso hecho con carne de ternera mezclada con trozos de tocino, carne mechada.

fricción f. Acción y efecto de friccionar. || Limpieza de la cabeza con una loción aromática. || Resistencia o roce de dos superficies en contacto. || *Fig.* Desavenencia.

friccionar v. t. Dar fricciones.

friega f. Fricción.

frigidez f. Falta de deseo sexual.

frígido, da adj. Falto de deseo sexual.

frigoría f. Unidad calorífica.

frigorífico, ca adj. Que produce frío. || Dícese de los lugares donde se conservan los productos por medio del frío: *armario frigorífico.* || – M. Mueble, cámara o espacio cerrado enfriado artificialmente para conservar carnes u otras mercancías perecederas.

frijol y **frijol** m. Judía.

frijolillo m. *Amer.* Nombre dado a diversas plantas leguminosas con fruto parecido al frijol.

frío, a adj. Dícese de la temperatura de los cuerpos muy Inferior a la ordinaria del ambiente: *aire frío.* || Que no da calor. || Que ha perdido el calor: *comida fría.* || *Fig.* Reservado, falto de afecto: *hombre frío.* | Insensible: *mujer fría.* | Desapasionado: *mediador frío.* | Tranquilo, sereno: *su enemistad me deja frío.* | Menos entusiasmado, indiferente: *estoy más frío con sus proposiciones.* | Carente de calor, de sensibilidad: *música fría.* | Que carece de interés sexual. || – M. Baja temperatura. || Sensación que produce la carencia, la pérdida o la disminución de calor. || *Fig.* Ausencia de cordialidad.

friolero, ra adj. Sensible al frío.

frisar v. t. e i. *Fig.* Acercarse.

friso m. Parte del cornisamiento entre el arquitrabe y la cornisa. || Zócalo, cenefa de una pared.

frísol y **frisol** m. *Amer.* Fríjol.

fritada o **fritanga** f. Fritura.

fritura f. Cosa frita.

frivolidad f. Ligereza, superficialidad, falta de seriedad, futilidad.

frívolo, la adj. Ligero, superficial.

frondosidad f. Abundancia de hojas.

frondoso, sa adj. Abundante en hojas o en árboles.

frontal adj. De la frente. || – M. Hueso de la frente.

frontera f. Límite de dos Estados.

fronterizo, za adj. Que está en la frontera. || Que vive cerca de una frontera (ú. t. c. s.). || Limítrofe. || Que está enfrente.

frontispicio m. Fachada: *el frontispicio de un edificio.* || Portada de un libro. || *Arq.* Frontón, remate de una fachada.

frontón m. Pared contra la cual se lanza la pelota en el juego. || Edificio o cancha para jugar a la pelota. || *Arq.* Remate generalmente triangular: *el frontón de un pórtico.*

frotación f. Frotamiento.

frotadura f. y **frotamiento** m. Acción y efecto de frotar o frotarse.

frotar v. t. Pasar muchas veces una cosa sobre otra (ú. t. c. pr.).

fructífero, ra adj. Que da frutos.

fructificación f. Acción y efecto de fructificar.

fructificar v. i. Dar fruto.

frugal adj. Sobrio.

frugalidad f. Sobriedad.

fruición f. Placer, gozo.

frunce m. Pliegue, doblez.

fruncido m. Frunce.

fruncimiento m. Frunce.

fruncir v. t. Arrugar la frente, la boca: *fruncir el entrecejo.* || Hacer en una tela frunces o arrugas pequeñas.

fruslería f. Insignificancia.

frustración f. No consecución de un deseo.

frustrar v. t. Privar a uno de lo que esperaba. || Malograr un intento o pretensión: *frustrar un robo; un crimen* (ú. t. c. pr.).

fruta f. Fruto de ciertas plantas.

frutal adj. Que da frutas.

frutería f. Tienda de frutas.

frutero, ra adj. Que lleva fruta: *barco frutero.* || De la fruta: *industria frutera.* || Que sirve para poner la fruta: *plato frutero.* || – M. y f. Persona que vende frutas. || – M. Recipiente donde se coloca la fruta.

frutilla f. *Chil.* y *Riopl.* Fresa.

frutillero, ra m. y f. *Amer.* Vendedor ambulante de frutillas o fresas.

fruto m. Órgano de la planta que contiene las semillas y nace del ovario de la flor. || *Fig.* Producto, resultado, provecho: *fruto de sus afanes.* | Utilidad: *influencia que no da ningún fruto.* || – Pl. Productos dados por la tierra.

fuego m. Desprendimiento simultáneo de calor y luz producido por la combustión de ciertos cuerpos. || Conjunto de cuerpos en combustión. || Hogar, lugar donde se enciende fuego, lumbre. || Lo que se necesita para alumbrar: *¿tiene fuego?* || Incendio: *los bomberos combaten el fuego.* || Suplicio en que se quemaba al condenado, hoguera. || Tiro, disparo: *el fuego del enemigo.* || Combate: *bautismo de fuego.* || *Fig.* Pasión, entusiasmo: *fuego sagrado.* | Ardor, vehemencia: *en el fuego de la discusión.* || – A fuego lento, poco a poco. || *Echar leña al fuego,* proporcionar motivos para que continúe una pelea o disputa. || *¡Fuego!,* voz de mando para disparar. || *Fuegos artificiales o de artificio,* cojunto de cohetes luminosos lanzados con fines de diversión.

fueguino, na adj. De la Tierra del Fuego (Argentina y Chile).

fuel y **fuel-oil** [*fiueloil*] m. (voz ingl.). Derivado del petróleo natural obtenido por refinación y destilación.

fuelle m. Instrumento que recoge aire y lo lanza en una dirección determinada. || Pliegue en un vestido.

‖ Cualquier parte que se puede plegar o doblar en las máquinas de fotografía, los bolsos, etc. ‖ Pasillo flexible que comunica dos vagones de un tren.

fuente f. Lugar donde brota agua de la tierra. ‖ Construcción destinada a la salida y distribución de aguas. ‖ Monumento en los sitios públicos con caños y surtidores de agua. ‖ Pila de bautismo. ‖ Plato grande en el que se sirve la comida. ‖ *Fig.* Origen, causa: *fuente de discordias.*

fuera adv. En la parte exterior. ‖ — *Estar fuera de sí,* estar muy encolerizado. ‖ *Fuera de, salvo.* ‖ *Fuera de juego,* en fútbol y en rugby, posición irregular de un jugador, situado detrás de la defensa del equipo contrario, que le impide participar en el juego sin que se le señale una falta.

fuera borda y **fueraborda** m. Embarcación pequeña, tipo canoa, dotada de un motor. ‖ Este motor.

fuero m. Privilegio o ley especial que gozaba antiguamente alguna región, ciudad o persona en España. ‖ Compilación de leyes. ‖ Competencia jurisdiccional: *sometido al fuero militar.* ‖ *En mi fuero interno,* en mi intimidad.

fuerte adj. Que tiene buena salud o mucha fuerza: *es el más fuerte de todos.* ‖ Resistente: *tejido fuerte.* ‖ Que posee mucho poder, poderoso: *nación fuerte.* ‖ Grande: *un fuerte capital.* ‖ Que tiene gran intensidad, energía o violencia: *calor, voz fuerte.* ‖ Que causa viva impresión en el gusto, en el olfato: *licor fuerte.* ‖ Copioso, abundante: *fuerte diarrea.* ‖Intenso, vivo: *rojo fuerte.* ‖ Acre, picante: *pimiento fuerte.* ‖ Considerable, grande: *impresión fuerte.* ‖ Con gran fuerza: *un fuerte garrotazo.* ‖ Atrevido, picante: *chiste fuerte.* ‖ Aplícase a la moneda de un valor superior al que tenía: *franco fuerte.* ‖ Que conoce bien una materia: *fuerte en matemáticas.* ‖ Fortificado: *plaza fuerte.* ‖ Apretado: *nudo fuerte.* ‖ *Gram.* Dícese de las vocales que son más perceptibles como *a, e, o.* ‖ — M. Hombre poderoso, con medios o recursos. ‖ Obra de fortificación. ‖ *Fig.* Aquello en que una persona sobresale: *la historia es su fuerte.* ‖ Tiempo en que algo alcanza su punto máximo, apogeo: *en el fuerte de la discusión.* ‖ — Adv. Con intensidad: *hablar fuerte.* ‖ Mucho: *trabajar, jugar fuerte.*

fuerza f. Cualquier causa capaz de obrar, de producir un efecto: *las fuerzas naturales.* ‖ *Fís.* Cualquier acción que modifica el estado de reposo o movimiento de un cuerpo: *fuerza centrífuga.* ‖ Poder, capacidad o vigor físico: *tiene mucha fuerza.* ‖ Intensidad, eficacia: *fuerza de un medicamento.* ‖ Energía: *la fuerza de un ácido.* ‖ Violencia, coacción: *ceder por fuerza.* ‖Capacidad de modificar el estado de reposo o de movimiento de un cuerpo: *fuerza de una máquina.* ‖ Autoridad: *la fuerza de la ley.* ‖ Esfuerzo: *agárralo con fuerza.* ‖ Electricidad, energía eléctrica. ‖ Momento en que es más intenso algo: *en la fuerza de sus años mozos.* ‖ Condición, estado, potencia para hacer algo: *fuerza de ánimo.* ‖— Pl. Conjunto de las formaciones militares de un Estado: *las fuerzas de Tierra.*

fuetazo m. *Amer.* Latigazo.

fuete m. *Amer.* Látigo.

fuga f. Huida, evasión.

fugacidad f. Calidad de breve.

fugarse v. pr. Escaparse, huir.

fugaz adj. De corta duración.

fugitivo, va adj. Que huye (ú. t. c. s.). ‖Que apenas dura: *dicha fugitiva.*

fulano, na m. y f. Palabra con que se designa a una persona indeterminada: *Fulano de Tal.* ‖ — F. *Fam.* Mujer de mala vida.

fulcro m. Punto de apoyo de la palanca.

fulgor m. Resplandor, brillo.

fulgurante adj. Aplícase al dolor muy vivo y súbito. ‖ *Fig.* Rápido, incisivo: *respuesta fulgurante.*

fulgurar v. i. Brillar.

full m. (pal. ingl.). En el póquer, reunión de tres cartas iguales y una pareja.

fullear v. i. Hacer trampas.

fullería f. Trampa.

fullero, ra adj. y s. Tramposo.

fulminación f. Acción de fulminar.

fulminante adj. Que fulmina: *ataque de gota fulminante.* ‖ Muy grave: *enfermedad fulminante.* ‖ *Fig.* Amenazador: *mirada fulminante.* ‖ Muy rápido, de efecto inmediato: *éxito fulminante.* ‖ — M. Pistón del arma de fuego.

fulminar v. t. Arrojar rayos. ‖ *Fig.* Herir o matar un rayo. ‖ Dictar, imponer con cierta solemnidad. ‖ Matar: *fulminado por la enfermedad.* ‖ Mirar irritado.

fumadero m. Sitio para fumar.

fumador, ra adj. y s. Que fuma.

fumar v. i. Aspirar y despedir humo de tabaco, de opio, etc. (ú. t. c. t. y pr.). ‖ — V. pr. *Fam.* Tirarse, gastar por completo: *fumarse la paga.* ‖ Faltar, dejar de acudir: *fumarse la clase.*

fumigación f. Acción de fumigar.

fumigador m. Aparato para fumigar.

fumigar v. t. Desinfectar por medio de humo, gas, etc.

función f. Desempeño de un cargo: *entrar en funciones.* ‖ Cargo; obligaciones impuestas por este cargo. ‖ Papel: *desempeñar una función.* ‖ Actividad ejecutada por un elemento vivo, órgano o célula en el campo de la fisiología: *funciones de reproducción.* ‖ *Quím.* Conjunto de propiedades de un grupo de cuerpos: *función ácida.* ‖ *Gram.* Actividad de una palabra en una oración: *función de complemento.* ‖ *Mat.* Magnitud que depende de una o varias variables. ‖ Fiesta, solemnidad religiosa. ‖ Representación teatral.

funcional adj. Relativo a una función.

funcionamiento m. Manera como funciona una cosa.

funcionar v. i. Desempeñar su función. ‖ Ponerse o estar en marcha.

funcionario, ria m. y f. Empleado de la administración pública.

funda f. Cubierta que protege.

fundación f. Creación, establecimiento: *fundación de un hospital.* ‖ Creación, por donación o legado, de un establecimiento de interés general. ‖ Este establecimiento.

fundador, ra adj. Que crea o funda: *socios fundadores* (ú. t. c. s.).

fundamentación f. Fundamento.

fundamental adj. Que sirve de fundamento o base. ‖ Esencial.

fundamentar v. t. Tomar como base. ‖ Sentar las bases, echar los cimientos. ‖ Establecer. ‖ — V. pr. Apoyarse.

fundamento m. Principal apoyo, base. || Causa: *noticias sin fundamento*. || – Pl. Rudimentos de una ciencia o arte.

fundar v. t. Establecer, crear: *fundar una empresa*. || Instituir: *fundar un colegio*. || Dar el capital necesario para el establecimiento de algo: *fundar un premio literario*. || *Fig.* Apoyar, basar (ú. t. c. pr.).

fundición f. Acción y efecto de fundir o fundirse. || Hierro colado, arrabio. || Lugar donde se funde.

fundillos m. pl. *Amer.* Calzones.

fundir v. t. Convertir un sólido en líquido, derretir. Ú. t. c. pr.: *fundir plomo*. || Vaciar en un molde: *fundir una estatua*. || – V. pr. Fusionarse, unirse: *sus intereses se fundieron*. || Estropearse un órgano en movimiento por falta de engrase: *se fundió la biela*. || Dejar de funcionar por un cortocircuito o un exceso de tensión: *fundirse una bombilla*.

fundo m. Finca rústica.

fúnebre adj. De los difuntos.

funeral m. Solemnidad de un entierro. || Misa celebrada por un difunto.

funerario, ria adj. Relativo al entierro o a las exequias. || – F. Agencia de pompas fúnebres.

funesto, ta adj. Aciago.

fungir v. i. *Amer.* Desempeñar una función. || *Méx.* Dárselas de, presumir de: *fungir de rico*.

funicular adj. y s. m. Aplícase al ferrocarril en el cual la tracción se hace por medio de cable o cremallera y que se utiliza en recorridos muy pendientes (ú. t. c. s. m.). || – M. Teleférico.

furcia f. Mujer de mala vida.

furgón m. Automóvil cerrado que se utiliza para transportes. || Vagón de equipajes en un tren.

furgoneta f. Pequeño vehículo comercial que tiene una puerta en la parte posterior para sacar los géneros transportados.

furia f. Cólera o irritación muy violenta. || Movimiento impetuoso de las cosas: *la furia de las olas*. || Coraje, valor, ímpetu. || Momento culminante. || Momento de gran intensidad de una moda o costumbre: *fue el momento de la furia de bailar el tango en todas las reuniones de sociedad*. || – M. y f. Persona mala y violenta.

furibundo, da adj. Furioso. || Muy entusiasta, gran partidario (ú. t. c. s.).

furioso, sa adj. Irritado, colérico.

furor m. Cólera, ira exaltada. || Locura momentánea. || *Fig.* Pasión: *el furor del juego*. | Violencia: *el furor de la lluvia*. || Hacer furor, estar en boga.

furúnculo m. Divieso.

fusa f. *Mús.* Nota que dura media semicorchea.

fuselaje m. Cuerpo de un avión.

fusible adj. Que puede fundirse. || – M. Hilo o chapa metálica que, colocada en un circuito eléctrico, se funde e interrumpe la corriente si ésta es excesiva.

fusil m. Arma de fuego portátil que consta de un tubo metálico (cañón) de pequeño calibre, montado en un armazón de madera, y de un mecanismo que permite el disparo. || *Por ext.* El tirador.

fusilamiento m. Ejecución con una descarga de fusilería. || *Fig. y fam.* Plagio.

fusilar v. t. Ejecutar con una descarga de fusilería. || *Fig.* Plagiar.

fusilería f. Fuego o tiros disparados por un conjunto de fusiles. || Conjunto de fusiles. || Conjunto de soldados con fusil.

fusilero m. Soldado con fusil.

fusión f. Paso de un cuerpo sólido al estado líquido por medio del calor. || Unión de varios núcleos de átomos ligeros a elevada temperatura en un solo núcleo de masa más elevada (por ej., hidrógeno y litio en la bomba de hidrógeno). || *Fig.* Unión, combinación: *la fusión de dos partidos*. | Unión de varias sociedades por absorción en beneficio de una o por creación de una nueva sociedad que sustituye a otras existentes.

fusionar v. t. Reunir en una sola sociedad, en una sola asociación, en un solo partido, etc. (ú. t. c. pr.).

fusta f. Látigo.

fuste m. *Fig.* Importancia: *asunto de mucho fuste*. || *Arq.* Parte de la columna entre el capitel y la basa.

fustigador, ra adj. y s. Que fustiga.

fustigar v. t. Azotar, dar azotes. || *Fig.* Censurar con dureza.

fútbol o **futbol** m. Deporte practicado por dos equipos de 11 jugadores cada uno en el que éstos intentan con los pies enviar un balón hacia la portería o meta contraria sin intervención de las manos y siguiendo determinadas reglas.

futbolín m. Juego de mesa que figura un campo de fútbol.

futbolista m. Jugador de fútbol.

futbolístico, ca adj. Del fútbol.

futesa f. Pequeñez, nadería.

fútil adj. De escasa importancia.

futilidad f. Poca o ninguna importancia de una cosa. || Cosa fútil.

futurismo m. Lo que está orientado hacia el futuro.

futurista adj. Del futurismo.

futuro, ra adj. Que está por venir, venidero: *sucesos futuros*. || – M. Porvenir: *veo el futuro pesimista*. || *Gram.* Tiempo verbal que expresa una acción que ha de venir: *futuro imperfecto* (dirá, comerá) y *futuro perfecto* (habrá ido, habrá venido). || *Fig.* Novio, prometido.

g

g f. Séptima letra del alfabeto castellano y quinta de sus consonantes. || — **g**, abreviatura de *gramo*.

Ga, símbolo químico del *galio*.

gabacho, cha adj. y s. Francés.

gabán m. Abrigo.

gabardina f. Tejido ligero empleado en trajes de verano. || Impermeable.

gabarra f. Embarcación pequeña y chata para la carga y descarga.

gabela f. Tributo, impuesto.

gabinete m. Sala pequeña de recibir. || Conjunto de muebles para este aposento. || Conjunto de ministros de un Estado, Gobierno. || Conjunto de colaboradores de un dirigente, encargados de un sector específico. || Sala en la que reciben los dentistas y los médicos.

gacela f. Antílope.

gaceta f. Periódico en que se dan noticias de algún ramo especial. || En España, antiguamente, boletín oficial.

gacha f. Masa muy blanda y medio líquida. || *Amer.* Escudilla.

gaché m. *Pop.* Gachó.

gachí f. *Pop.* Mujer.

gachó m. *Pop.* Hombre, tipo. || Andaluz (para los gitanos).

gachupín m. *Amer.* Español establecido en la América hispana.

gaditano, na adj. y s. De Cádiz (España).

gadolinio m. Metal raro de número atómico 64 (símb. Gd).

gaélico, ca adj. Dícese del dialecto hablado en ciertas partes de Irlanda y Escocia (ú. t. c. s. m.).

gafar v. t. Traer mala suerte.

gafas f. pl. Lentes.

gafe adj. Dícese de la persona que tiene o trae mala suerte (ú. t. c. s.). || —M. Mala suerte.

gag m. (pal. ingl.). Situación o episodio o golpe de efecto cómico.

gagá adj. y s. Chocho.

gaita f. *Mús.* Instrumento de viento formado de una bolsa de cuero a la cual están unidos canutos, uno para soplar el aire y otros con agujeros, como una flauta, por donde sale la música. || *Fig.* Cosa pesada, lata.

gaitero, ra m. y f. Músico que toca la gaita.

gajes m. pl. Emolumento, salario de un empleado. || *Fam. Gajes del oficio,* molestias inherentes a un empleo.

gajo m. Racimo pequeño: *gajo de uvas.* || División interior de varias frutas: *un gajo de naranja.*

gala f. Vestido suntuoso. || Gracia, garbo y donaire. || Lo más selecto. || Adorno, ornato. || Fiesta o espectáculo de carácter extraordinario.

galaico, ca adj. Gallego.

galaicoportugués, esa adj. y s. m. Dícese de la lengua romance hablada en Galicia y Portugal, y de las obras literarias medievales de ambos territorios.

galán m. Hombre bien parecido. || Hombre que corteja a una mujer. || Actor que representa los papeles de tipo amoroso.

galante adj. Atento, obsequioso.

galanteador adj. m. y s. m. Que galantea a las mujeres.

galantear v. t. Cortejar.

galanteo m. Flirteo.

galantería f. Acción o expresión obsequiosa, amabilidad.

galanura f. Elegancia, gallardía.

galápago m. Reptil parecido a la tortuga. || Lingote corto. || Silla de montar para mujer.

galardón m. Premio, recompensa.

galardonado, da adj. y s. Premiado.

galardonar v. t. Recompensar.

galaxia f. *Astr.* Vía Láctea. || *Guerra de las galaxias.* V. GUERRA.

galbana f. *Fam.* Pereza.

galena f. Sulfuro natural de plomo.

galeno m. *Fam.* Médico.

galeón m. Gran nave de guerra.

galeote m. Forzado que remaba en la galera.

galera f. Antigua nave de guerra o de transporte movida por remos o velas. || *Impr.* Tabla en que se ponen las líneas para formar luego la galerada. | Galerada. || — Pl. Antigua pena de remar.

galerada f. *Impr.* Trozo de composición que se pone en una galera. | Prueba que se saca para corregirla.

galería f. Pieza larga y cubierta. || Pasillo o corredor con vidriera. || Local para exposiciones: *galería de pinturas.* || Camino subterráneo en las minas. || *Mar.* Crujía en medio de la cubierta del buque. || *Teatr.* Paraíso y público que lo ocupa. || Armazón de madera que sostiene las cortinas de una ventana. || *Fig.* Opinión pública: *trabajar para la galería.*

galerna f. Viento del Noroeste.

galés, esa adj. y s. De Gales (Gran Bretaña). || — M. Lengua de los galeses.

galgo, ga m. y f. Variedad de perro muy ligero y buen cazador.

galicano, na adj. Dícese de la Iglesia de Francia y de su liturgia. || Partidario de los principios y franquicias de la Iglesia galicana (ú. t. c. s.).

galicismo m. Palabra francesa utilizada en castellano. || Giro, idiotismo o construcción propios del francés.

galicista m. Persona que emplea muchos galicismos (ú. t. c. adj.).

galileo, a adj. y s. De Galilea (ant. prov. de Palestina). || Cristiano. || *El Galileo*, Cristo.

galimatías m. Jerga, jerigonza.

galio m. Metal (Ga), de número atómico 31, parecido al aluminio.

gallardear v. i. Vanagloriarse.

gallardete m. Bandera pequeña.

gallardía f. Gracia. || Valor.

gallardo, da adj. Airoso, bien parecido: *jóvenes gallardos*. || Valiente.

gallareta f. Ave zancuda.

gallear v. t. Cubrir el gallo a las gallinas. || — V. i. *Fam*. Fanfarronear.

gallegada f. Cosa de gallegos.

gallego, ga adj. y s. De Galicia (España). || *Amer. Fam*. Español. | — M. Lengua neolatina hablada en Galicia.

gallera y **gallería** f. Sitio donde se efectúan las peleas de gallos.

gallero, ra m. y f. Criador de gallos de pelea. || Aficionado a las riñas de gallos.

galleta f. Pasta, bizcocho seco. || *Fam*. Bofetada. || *Arg*. Vasija hecha de calabaza, chata, redonda y sin asa que se usa para tomar mate.

gallina f. Ave doméstica, con poca cresta, hembra del gallo. || Com. *Fig*. y fam. Persona cobarde: *son unos gallinas*.

gallináceo, a adj. De la gallina. || — F. pl. Orden de aves que tienen por tipo el gallo, el pavo, etc.

gallinaza f. Gallinazo, ave.

gallinazo m. Ave rapaz diurna.

gallinero m. Sitio en el que se recogen las gallinas. || *Fig*. Paraíso, localidad más alta de un teatro.

gallito adj. *Fig*. Bravucón.

gallo m. Ave gallinácea doméstica con pico corto, cresta roja, abundante plumaje y patas provistas de espolones. || Platija, acedía, pez. || *Fig*. y fam. Hombre que todo lo manda o quiere mandar. | Hombre que quiere ser el más importante y admirado de un lugar: *gallo del pueblo*. | Hombre bravucón, matón. || Categoría en la que se clasifican los boxeadores que pesan de 53,524 kg a 57,125.

galo, la adj. y s. De la Galia (Francia). || Francés. || — M. Lengua celta que hablaban los galos. || Lengua francesa.

galón m. Cinta de tejido grueso, de hilo de oro, plata, seda, etc., utilizada como adorno en ribetes. || *Mil*. Distintivo de los grados inferiores: *galón de cabo*. || Medida británica de capacidad equivalente a 4,546 litros y de Estados Unidos igual a 3,785 litros.

galopante adj. Que galopa. || — *Fig. Inflación galopante*, la que no puede controlarse. || *Tisis galopante*, la fulminante.

galopar v. i. Ir a galope el caballo. || Ir montado en un caballo que va al galope. || *Fig*. Ir muy rápido.

galope m. La marcha más veloz del caballo.

galpón m. *Amer*. Cobertizo.

galucha f. *Amer*. Galope.

galvanismo m. *Fís*. Acción que ejercen las corrientes eléctricas continuas en los órganos vivos. | Electricidad dinámica producida por una acción química.

galvanización f. *Fís*. Procedimiento que consiste en cubrir una pieza metálica con una capa de cinc para protegerla contra la corrosión.

galvanizado m. Galvanización.

galvanizar v. t. *Fís*. Electrizar por medio de una pila. || *Fig*. Entusiasmar.

galvanoplastia f. Operación de cubrir un cuerpo sólido con capas metálicas mediante electrólisis.

galvanotecnia f. Galvanoplastia.

galvanotipo m. Cliché en relieve, en la impresión tipográfica, obtenido por electrólisis.

gama f. *Mús*. Escala musical. || Escala de colores. || *Fig*. Serie, sucesión. || Conjunto de frecuencias en telecomunicación que están comprendidas en un intervalo determinado.

gamba f. Crustáceo comestible.

gamberrada f. Vandalismo.

gamberrismo m. Conjunto de gamberros. || Gamberrada.

gamberro, rra adj. y s. Grosero, mal educado, golfo.

gambeta f. Finta.

gambetear v. i. Hacer corvetas el caballo. || En algunos deportes, regatear.

gambeteo m. Corveta. || Regate.

gameto m. Célula reproductora.

gamma f. Tercera letra del alfabeto griego (γ). || — M. Unidad internacional de peso que vale una millonésima de gramo. || *Rayos gamma*, radiaciones análogas a los rayos X, pero más fuertes pese a su menor longitud de onda y de una acción fisiológica poderosa.

gamo m. Mamífero rumiante.

gamonal m. *Amer*. Cacique.

gamonalismo m. *Amer*. Caciquismo.

gamuza f. Rumiante, bóvido con cuernos curvados. || Piel delgada y curtida de este animal. || Tejido de lana del mismo color que esta piel y que sirve para quitar el polvo.

gana f. Ansia, deseo, apetito.

ganada f. *Arg*. Ganancia.

ganadería f. Cría de ganado.

ganadero, ra adj. De ganado. || — M. y f. Persona que cría ganado.

ganado m. Nombre colectivo de los animales de pasto en una finca, hacienda o granja. || Rebaño, reses que se llevan juntas a pastar. || *Fig*. y fam. Gentes.

ganador, ra adj. y s. Que gana.

ganancia f. Beneficio.

ganancial adj. De las ganancias. || *Bienes gananciales*, bienes adquiridos a título oneroso durante el matrimonio por uno de los dos esposos.

ganancioso, sa adj. Beneficiado.

ganar v. t. Adquirir una ganancia: *ganar dinero*. || Recibir como sueldo, etc.: *ganaba un salario miserable*. || Conseguir ventaja: *ganar un premio*. || Conquistar: *ganó numerosas tierras a sus enemigos*. || Obtener el aprecio, la fama, etc.: *ganó la gloria*. || Extenderse, propagarse: *el fuego gana la casa vecina*. || Lograr éxito en un certamen: *ganó las oposiciones*. || Salir vencedor: *el equipo ganó el campeonato*. || Obtener en el juego: *ganó dinero en el casino*. || Llegar a un lugar: *ganaron la cumbre del Aconcagua*. || Adelantar: *ganar tiempo*. || — V. i. Ser vencedor: *ganó en los juegos de azar*. || Superar, ser superior: *me ganas en destreza*. || Atraer: *le*

GAN

G

197

ganó para nuestro bando. ‖ Mejorar: *ganamos con el cambio.* ‖ Ser mayor: *la casa ha ganado en altura.* ‖ Vencer: *las tropas enemigas ganaron.* ‖ — V. pr. Adquirir una ganancia. ‖ Granjearse, atraerse: *ganarse su amistad.* ‖ Merecer: *se ganó grandes ovaciones.*

ganchillo m. Aguja para hacer gancho, crochet. ‖ Labor que se hace con ella. ‖ Horquilla de pelo.

gancho m. Garfio, instrumento corvo por la punta para colgar, sujetar, etc. ‖ Aguja para hacer labor y esta labor. ‖ Horquilla de pelo. ‖ *Fig.* Atractivo: *esta mujer tiene mucho gancho.* | Facilidad para conseguir novio o marido. | El que atrae a los clientes. ‖ En boxeo, puñetazo en la cara dado con el brazo en forma horizontal y doblado.

gandido, da adj. *Amer.* Comilón.

gandul, la adj. y s. Perezoso.

gandulear v. i. Holgazanear.

gandulería f. Holgazanería.

gang m. Banda de malhechores.

ganga f. *Fig.* Cosa que se adquiere a poca costa. ‖ Materia inútil que se separa de los minerales.

ganglio m. *Anat.* Masa de células nerviosas. | Abultamiento en los vasos linfáticos. | Tumor pequeño que se forma en los tendones y en las aponeurosis.

gangosidad f. Habla gangosa.

gangoso, sa adj. Que habla con la boca casi cerrada y con sonido nasal.

gangrena f. Destrucción de un tejido por falta de riego sanguíneo. ‖ *Fig.* Cáncer, corrupción.

gangrenarse v. pr. Ser atacado por la gangrena.

gángster m. (pal. ingl.). Atracador, bandido, malhechor.

gangsterismo m. Acción, conducta propia de los gángsters.

gansada f. *Fig.* Necedad.

ganso, sa m. y f. Ave palmípeda doméstica, algo menor que el ánsar. ‖ *Fig.* Persona poco inteligente. | Patoso; soso. | Bromista. | Persona poco seria.

ganzúa f. Alambre o garfio para abrir sin llave las cerraduras.

gañán m. Mozo de labranza. ‖ *Fig.* Patán, hombre basto.

gañote m. *Fam.* Garguero o gaznate. ‖ *Fam.* Gorrón, parásito. ‖ *Fam. De gañote,* de balde.

gap m. (pal. ingl.). Intervalo de tiempo o de espacio que separa dos palabras, registros, bloques, etc., en informática.

garabatear v. i. Hacer garabatos, escribir mal (ú. t. c. t.).

garabateo m. Escritura mal hecha.

garabato m. Gancho de hierro. ‖ Escritura mal formada.

garaje m. Local en que se guardan automóviles, bicicletas u otros vehículos.

garajista com. Propietario o encargado de un garaje.

garante adj. y s. Fiador.

garantía f. Responsabilidad asumida por uno de los que han hecho un contrato: *garantía de transportista.* ‖ Obligación legal que tiene el vendedor o el arrendador de entregar al comprador o al arrendatario una cosa exenta de vicios ocultos. ‖ Contrato por el que una persona se compromete con un acreedor a reemplazar al deudor en caso de que éste no pueda cumplir sus obligaciones. ‖ Fianza.

‖ Seguridad: *dar garantías de orden.* ‖ Lo que proporciona esta seguridad: *una garantía de éxito.* ‖ — Pl. Derechos que reconoce el Estado a todos sus ciudadanos: *garantías constitucionales.*

garantir v. t. Garantizar.

garantizado, da adj. Con garantía.

garantizador, ra adj. y s. Que garantiza.

garantizar v. t. Responder del valor o de la calidad de una cosa. ‖ Comprometerse a mantener el funcionamiento de un aparato vendido. ‖ Afirmar, certificar. ‖ Asegurar. ‖ Hacerse responsable de los compromisos de otro si éste no los cumple.

garañón m. Macho de asno, caballo, etc., destinado a la reproducción.

garbanzo m. Planta leguminosa cuyas semillas son comestibles. ‖ Fruto y semilla de esta planta. ‖ — *Fam. Garbanzo negro,* individuo que no goza de consideración. | *En toda tierra de garbanzos,* en todas partes.

garbear v. i. Afectar garbo. ‖ — V. pr. *Fam.* Componérselas: *se las garbea muy bien.* | Pasearse, dar una vuelta.

garbeo m. *Fam.* Paseo.

garbo m. Prestancia, buena facha.

garboso, sa adj. De buena facha.

garceta f. Ave zancuda.

gardenia f. Planta rubiácea de adorno con flores blancas y olorosas.

garden-party m. (voz ingl.). Fiesta dada en un jardín o parque.

garduña f. Mamífero carnicero que ataca a las aves de corral.

garfio m. Gancho.

gargajeo m. Acción y efecto de escupir.

gargajo m. Escupitajo.

garganta f. Parte de delante del cuello, tanto exterior como interiormente: *me duele la garganta.* ‖ Empeine del pie. ‖ Parte más estrecha de algunas cosas. ‖ *Geogr.* Desfiladero. ‖ Ranura o hendidura.

gargantilla f. Collar. ‖ Cuenta de un collar.

gargantúa m. Comilón.

gárgara f. Medicamento para enjuagar la garganta. ‖ Enjuague de la garganta con un líquido. ‖ *Fig. Mandar a hacer gárgaras,* mandar a paseo.

gargarear v. i. Hacer gárgaras.

gargarismo m. Gárgara. ‖ Medicamento líquido utilizado para hacer gárgaras.

gargarizar v. i. Hacer gárgaras.

gárgola f. Caño por donde se vierte el agua de los tejados.

garita f. Casilla pequeña de madera. ‖ Abrigo del centinela.

garito m. Casa de juego.

garlopa f. Cepillo de carpintero.

garra f. Mano o pie de un animal cuando tiene uñas encorvadas y fuertes. ‖ *Fig.* y *fam.* Mano del hombre. ‖ *Fig.* Nervio, empuje, vigor. ‖ — Pl. Dominio, fuerza: *cayó en sus garras.*

garrafa f. Recipiente ancho y redondo y de largo cuello. ‖ *Arg.* Bombona metálica en la que se ponen gases y líquidos.

garrafal adj. Enorme, monumental.

garrapata f. Ácaro parásito que chupa la sangre.

garrapatear v. i. Garabatear.

garrapato m. Garabato.

garrapiñada f. Almendra recubierta de almíbar solidificada.

garrocha f. Vara con una pica en la punta para picar toros.

garrotazo m. Golpe de garrote.

garrote m. Palo grueso que puede manejarse a modo de bastón. || Ligadura fuerte que se retuerce con un palo para detener una hemorragia. || Instrumento con que en España se estrangulaba a los condenados a muerte.

garrotillo m. Difteria.

garrotín m. Baile popular español.

garrucha f. Polea.

garúa f. Llovizna.

garufa f. *Arg.* Farra.

garza f. Ave zancuda de largo pico.

garzo, za adj. De color azulado.

gas m. Cualquier fluido aeriforme. || Uno de los tres estados de la materia, caracterizado por su poder de compresión y de expansión. || Gas del alumbrado, de calefacción, etc. || Servicio de fabricación y distribución del gas ciudad. || Residuos gaseosos que se forman en el tubo digestivo con los productos volátiles de fermentación. || Gasolina, nafta, esencia. || — *Fig.* A todo gas, con gran rapidez. || Gas butano, butano. || Gas ciudad, gas combustible que se distribuye por conductos a sus usuarios para que puedan utilizarlo en los servicios domesticos. || Gas alumbrado, el obtenido por destilación de la hulla y empleado para el alumbrado, para la calefacción y como combustible.

gasa f. Tejido ligero y transparente de seda o algodón. || Tejido de algodón muy claro que se emplea en la curación de las heridas.

gascón, ona adj. y s. De Gascuña (Francia). || — M. Dialecto hablado en Gascuña.

gaseado, da adj. Que ha sufrido los efectos de los gases asfixiantes (ú. t. c. s.).

gaseoducto m. Gasoducto.

gaseoso, sa adj. Aplícase al líquido de que se desprenden gases. || — F. Bebida azucarada, efervescente y sin alcohol.

gasificar v. t. Transformar en un producto gaseoso.

gasoducto m. Tubería para conducir gases combustibles a cierta distancia.

gasógeno m. Aparato en un automóvil que produce carburo de hidrógeno utilizado como carburante.

gas-oil y **gasoil** m. Gasóleo.

gasóleo m. Líquido amarillento y viscoso extraído del petróleo y utilizado como carburante y como combustible.

gasolina f. Mezcla de hidrocarburos líquida e inflamable.

gasolinera f. Lancha con motor de gasolina. || Surtidor de gasolina.

gastado, da adj. Usado, desgastado.

gastar v. t. Utilizar el dinero para comprar algo. || Consumir: gasta gasolina. || Emplear: gastar el tiempo. || Estropear, desgastar: esos frenazos gastan las zapatillas. || Llevar: gasta bigotes. || Tener: ¿has visto el coche que gasta? || Ponerse: gasta vestidos muy estrafalarios. || Usar, emplear, tener: gasta un lenguaje arrabalero. || Dar: te gastaron una broma muy graciosa. || Estar de: gastar mal humor. || Desgastar, estropear las energías o la salud: tanto trabajo gasta. || — V. pr. Deteriorarse, desgastarse. || Emplear

dinero. || *Fam.* Llevarse, estilarse: ese peinado ya no se gasta.

gasterópodos m. pl. Clase de moluscos cubiertos de una concha, como el caracol, la lapa (ú. t. c. adj.).

gasto m. Utilización del dinero con fines que no sean los de inversión. || Cantidad que se gasta. || Consumo: gasto de agua. || Empleo, desgaste: gasto de fuerzas. || — Cubrir gastos, recuperar, sin ganancia, lo que se había empleado en un negocio. || Gastos de representación, dinero empleado para asumir con decoro ciertos cargos. || Gastos e ingresos, entradas y salidas del dinero. || Gastos generales, los hechos en una empresa que no son imputables a la fabricación de algo, pero que intervienen en el precio de costo.

gastoso, sa adj. Que gasta mucho.

gástrico, ca adj. Del estómago.

gastritis f. Inflamación del estómago.

gastroenteritis f. Inflamación de la mucosa gástrica e intestinal.

gastroenterología f. Parte de la medicina que estudia las enfermedades del tubo digestivo.

gastronomía f. Conjunto de conocimientos en relación con comer bien.

gastrónomo, ma m. y f. Persona aficionada a comer bien.

gata f. Hembra del gato. || *Fam.* Madrileña. || *Méx.* Criada.

gatas (a) m. adv. Con las manos y los pies o las rodillas en el suelo.

gatear v. i. Andar a gatas.

gatillazo m. Golpe del gatillo.

gatillo m. Disparador de armas.

gato m. Género de mamíferos félidos y carnívoros. || Aparato para levantar grandes pesos a poca altura: gato hidráulico. || *Fig.* y *fam.* Madrileño. | Hombre astuto. || *Arg.* Baile popular. || *Méx.* Criado.

gatopardo m. Ocelote, onza.

gatuperio m. Mezcla de cosas inconexas. || *Fig.* Chanchullo, intriga.

gauchada f. Acción propia de un gaucho. || *Arg.* Cuento, chiste. || Verso improvisado. || *Fig. Arg.* Servicio o favor.

gauchaje m. *Arg.* y *Chil.* Conjunto de gauchos. | El populacho.

gauchear v. i. *Arg.* Conducirse como un gaucho, practicar sus costumbres. | Andar errante, vagabundear.

gauchesco, ca adj. Relativo al gaucho. || Dícese de la literatura que describe la vida y las costumbres de los gauchos en la pampa argentina.

gauchismo m. Movimiento literario y musical rioplatense, en la segunda mitad del s. xix, inspirado en la vida del gaucho en las pampas.

gauchita f. *Arg.* Mujer bonita. | Canto de estilo gauchesco, acompañado de la guitarra.

gaucho, cha adj. *Amer.* Dícese del natural de las pampas del Río de la Plata en la Argentina, Uruguay y Río Grande do Sul: un payador gaucho (ú. m. c. s.). | Relativo a esos gauchos: un apero gaucho. | Buen jinete. || *Arg.* Grosero, zafio. | *Arg.* y *Chil.* Ducho en tretas, malevo, astuto.

gauss y **gausio** m. *Fís.* Unidad de inducción magnética (símb. G.).

gaveta f. Cajón de los escritorios. || Mueble que tiene estos cajones.

gavia f. Vela del mastelero mayor.

gavilán m. Ave rapaz diurna.

gavilla f. Paquete de mieses.

gaviota f. Ave palmípeda.

gavota f. Antiguo baile y su música.

gazapo m. Conejo joven. || *Fig.* y *fam.* Hombre astuto. | Disparate: *un gazapo monumental.* || *Impr.* Error en una composición tipográfica.

gazmoñería f. Mojigatería.

gazmoño, ña adj. y s. Mojigato.

gaznápiro, ra adj. y s. Necio.

gaznate m. Garganta.

gazpacho m. Sopa fría de pan, aceite, vinagre, tomates, ajo, pepino, etc.

gazpachuelo m. Sopa caliente hecha con huevos, aceite y vinagre.

gazuza f. *Fam.* Hambre.

ge f. Nombre de la letra g.

Ge, símbolo del *germanio*.

géiser m. Géyser.

gelatina f. *Quím.* Proteína incolora y transparente que funde a los 25°C obtenida a partir del tejido conjuntivo de los huesos y de los cartílagos. || Jugo de carne que, al enfriarse, se espesa y adquiere una consistencia blanda, elástica y transparente: *pollo con gelatina.*

gélido, da adj. Muy frío.

gema f. Piedra preciosa.

gemelo, la adj. Aplícase a cada uno de dos o más hermanos nacidos en un mismo parto (ú. t. c. s.). || Aplícase a dos músculos de la pantorrilla y a dos de la región glútea. || Dícese de dos objetos o elementos iguales o que forman parejas. || — M. Pasador o sujetador en cada puño de camisa o en los cuellos postizos, etc. || — Pl. Anteojos dobles para mirar de lejos.

gemido m. Quejido lastimero.

gemir v. t. Expresar con sonido y voz lastimera la pena y dolor que aflige el corazón.

gemología f. Ciencia que estudia las piedras preciosas.

gen o **gene** m. Elemento del cromosoma de la célula que condiciona la transmisión de los caracteres hereditarios. (Pl. *genes.*)

genealogía f. Conjunto de los antepasados de un individuo.

genealógico, ca adj. Relativo a la genealogía.

generación f. Función por la que los seres se reproducen. || Serie de seres orgánicos semejantes que proceden unos de otros. || Grado de filiación de padre e hijo: *hay dos generaciones entre el abuelo y el nieto.* || Período de tiempo que separa cada una de los grados de filiación: *hay unas tres generaciones en un siglo.* || Conjunto de seres coetáneos y de aproximadamente la misma edad: *las personas de mi generación.* || Conjunto de las personas que viven en la misma época.

generador, ra adj. Que engendra (ú. t. c. s.). || Relativo a la generación, que engendra. || M. Aparato que transforma cualquier energía en corriente eléctrica.

general adj. Que se aplica a un conjunto de personas o de cosas: *poder general.* || Considerado en su conjunto, sin tener en cuenta los detalles: *impresión general.* || Que es el resultado de una generaliza-ción: *ideas generales.* || Vago, indeterminado: *en términos generales.* || Referente al conjunto de un servicio, de una jerarquía: *inspector general.* || *Mil.* Dícese del grado superior de la jerarquía de oficiales o de los organismos que conciernen la totalidad de un ejército (ú. t. c. m.). || Común, usual, corriente: *creencia general.*

generalato m. Grado de general y tiempo que dura. || Conjunto de generales.

generalidad f. Calidad de lo que es general. || Vaguedad, falta de precisión. || El mayor número: *la generalidad de los hombres.* || Antiguamente, el parlamento de Cataluña. || Gobierno autónomo de Cataluña.

generalización f. Acción de hacer general o corriente una cosa.

generalizador, ra adj. Que generaliza.

generalizar v. t. e i. Hacer común; hacer aplicable a un conjunto. || Sacar conclusiones generales de algo particular. || — V. pr. Extenderse, volverse corriente. || *Med.* Propagarse una enfermedad o mal a todo el organismo.

generar v. t. Engendrar, producir.

genérico, ca adj. Del género.

género m. Grupo formado por seres u objetos que tienen entre ellos características comunes. || Manera, clase, modo: *género de vida.* || Clase de obras literarias emparentadas por ciertos caracteres semejantes: *género dramático.* || En historia natural, subdivisión de la familia que se descompone a su vez en especies. || *Gram.* Forma que reciben las palabras para indicar el sexo de los seres animados o para diferenciar el nombre de las cosas: *género neutro.* || Costumbre: *pintor de género.* || Artículo, mercancía: *en la tienda hay toda clase de géneros.* || Tejido: *género de punto.*

generosidad f. Inclinación a dar con liberalidad. || Indulgente.

generoso, sa adj. Que se sacrifica en bien de otros, dotado de sentimientos nobles o magnánimos. || Desinteresado, liberal, que da a los demás lo que tiene. || Que da gran rendimiento: *tierra generosa.*

génesis m. Sistema cosmogónico. || — F. Conjunto de hechos que concurren en la formación de una cosa.

genética f. Ciencia que estudia los fenómenos relativos a la herencia.

genetista m. y f. Especialista en genética.

genial adj. Que tiene genio: *escritor genial.* || *Fig.* y *fam.* Ocurrente, agudo, gracioso: *es un tipo genial.* | Sobresaliente, notable: *descubrimiento genial.*

genialidad f. Calidad de genio.

genio m. Carácter: *tiene mal genio.* || Humor: *de mal genio.* || Poder o facultad de creación: *el genio de Pasteur.* || Persona que tiene este poder: *Cervantes fue un genio.* || Ánimo: *persona sin genio.* || Persona muy hábil: *es un genio en mecánica.* || Carácter propio y distintivo de una persona, de una cosa: *el genio de la lengua castellana.* || Ser sobrenatural a quien se atribuye un poder mágico: *Corto de genio,* tímido.

genital adj. Referente al sexo y al aparato reproductor. || — M. pl. Partes externas del aparato genital.

genitivo m. Caso, en una lengua con declinaciones, que indica la dependencia, la posesión.

genocidio m. Crimen cometido para exterminar un grupo étnico o social.

genovés, esa adj. De Génova (Italia). || — M. Dialecto hablado en esta ciudad.

gente f. Pluralidad de personas: *la gente de la calle.* || Personas en general: *buena gente.* || Tropa de soldados: *gente de armas.* || Fam. Conjunto de personas que trabajan en un mismo lugar. || Familia: *una casa de mucha gente.* || Nación: *derecho de gentes.* || *Amer.* Persona decente.

gentiana f. Planta herbácea.

gentil adj. Airoso, galán. || Amable, simpático. || Fam. Notable: *gentil disparate.* || Pagano. Ú. t. c. s.: *predicar el Evangelio a los gentiles.*

gentileza f. Gracia, garbo. || Cortesía. || Amabilidad.

gentilhombre m. Servidor de los reyes.

gentilicio, cia adj. Relativo a una nación. || Perteneciente al linaje o familia. || — M. Nombre que indica naturaleza o nacionalidad.

gentío m. Reunión de gente.

gentuza f. Gente despreciable.

genuflexión f. Arrodillamiento.

genuino, na adj. Puro, auténtico.

geodesia f. Ciencia que determina la figura y magnitud del globo terrestre.

geofísica f. Parte de la geología que estudia la física terrestre.

geografía f. Ciencia que estudia la descripción y la explicación del aspecto actual, natural y humano de la superficie de la Tierra. || Libro que trata de esta materia. || *Fig.* Territorio.

geográfico, ca adj. De la geografía.

geógrafo, fa m. y f. Especialista en geografía.

geoide m. Forma que tiene la Tierra según la geodesia.

geología f. Ciencia que trata de la forma exterior e interior del globo terrestre, de la naturaleza de las materias que lo componen y de su formación.

geólogo, ga m. y f. Especialista en geología.

geómetra com. Especialista en geometría.

geometría f. Disciplina matemática que estudia el espacio y las figuras o cuerpos que se pueden formar. || Obra que trata de esta materia. || — *Geometría analítica*, estudio de las figuras por medio del álgebra y valiéndose de coordenadas. || *Geometría del espacio*, geometría que corresponde a la representación intuitiva que podemos hacernos del espacio y que tiene tres dimensiones. || *Geometría descriptiva*, estudio de las figuras del espacio considerándolas en sus proyecciones ortogonales sobre dos planos perpendiculares. || *Geometría plana*, estudio de las figuras situadas en un plano.

geométrico, ca adj. De la geometría. || *Fig.* Exacto, preciso. || — *Proporción geométrica*, igualdad entre dos razones. || *Razón geométrica*, razón en que se comparan dos términos para saber cuántas veces uno contiene al otro.

geopolítica f. Estudio de las relaciones que existen entre los Estados en función de factores geográficos.

georgiano, na adj. De Georgia, Estados de Norteamérica o de la República de la Unión Soviética (ú. t. c. s.).

geranio m. Planta de flores de colores vivos. || Esta flor.

gerencia f. Función del gerente. || Tiempo que dura. || Su oficina.

gerente com. Encargado por los otros interesados de la dirección de un establecimiento comercial o de una sociedad.

geriatría f. Parte de la medicina que estudia las enfermedades de la vejez.

germanía f. Lenguaje vulgar.

germánico, ca adj. Alemán.

germanio m. Metal raro (Ge), de número atómico 32.

germanismo m. Giro o voz propio de la lengua alemana. || Empleo de palabras o giros alemanes en otro idioma. || Carácter alemán. || Afecto a Alemania.

germanista m. y f. Especialista en estudios germánicos.

germanización f. Acción y efecto de germanizar.

germanizar v. t. Dar o hacer tomar carácter germánico.

germano, na adj. y s. De Germania.

germen m. Primera fase de cualquier ser vegetal o animal. || Término general que designa el huevo fecundado. || Microbio (bacteria, virus) capaz de engendrar una enfermedad. || *Fig.* Principio, fuente, causa original.

germicida adj. y s. m. Que destruye los gérmenes patógenos.

germinación f. Desarrollo del germen.

germinar v. i. Salir el germen en la semilla. || *Fig.* Empezar a desarrollarse. | Brotar, aparecer.

gerundense adj. y s. De Gerona (España).

gerundio m. *Gram.* Forma verbal invariable que expresa la acción del verbo como ejecutándose en el tiempo en que se habla: *estaban durmiendo.* || Empléase a veces como ablativo absoluto: *reinando Carlos III se creó la Capitanía general de Venezuela.*

gesta f. Poema épico o heroico de la Edad Media. || Conjunto de hazañas.

gestación f. Estado en que se encuentra una hembra embarazada. || *Fig.* Período de elaboración de una obra de la inteligencia: *la gestación de un libro.*

gestar v. t. Llevar y sustentar la madre en sus entrañas a su futuro hijo. || *Fig.* Preparar, elaborar, hacer. || — V. pr. Desarrollarse, hacerse, crecer.

gesticulación f. Movimiento de las facciones.

gesticulante adj. Que gesticula.

gesticular v. i. Hacer gestos.

gestión f. Administración: *gestión de un negocio.* || Trámite, paso.

gestionar v. t. Hacer gestiones.

gesto m. Movimiento de las facciones que expresa un estado de ánimo. || Semblante, aspecto: *gesto desagradable.* || Ademán. || Rasgo: *realizó un gesto de bondad.* || Fruncir el gesto, poner mala cara.

gestor, ra adj. y s. Que gestiona. || — M. y f. Gerente de una empresa o sociedad, administrador.

gestoría f. Agencia que gestiona los asuntos de los demás.

géyser m. Fuente intermitente de agua caliente.

ghetto [gueto] m. (pal. ital.). Judería. || *Fig.* Lugar donde vive una minoría separada del resto de la sociedad.

giba f. Joroba.

gibar v. t. Encorvar.

gibón m. Género de monos.

gibosidad f. Giba.

giboso, sa adj. y s. Jorobado.

gibraltareño, ña adj. y s. De Gibraltar.

gicleur [*yicler*] m. (pal. fr.). Surtidor del carburador de un vehículo automóvil.

giganta f. Mujer muy grande.

gigante adj. Gigantesco, muy grande: *árboles gigantes*. || — M. Hombre muy alto. || Personaje de cartón que, junto a los cabezudos, figura en ciertos festejos populares.

gigantesco, ca adj. Propio de los gigantes. || *Fig.* Enorme.

gijonense y **gijonés, esa** adj. y s. De Gijón (España).

gil m. *Amer.* Necio.

gilí adj. y s. *Fam.* Tonto, necio.

gilipollada y **gilipollez** f. *Pop.* Tontería.

gilipollas m. y f. inv. *Pop.* Gilí.

gilipollear v. i. *Pop.* Hacer tonterías.

gimnasia f. Arte de desarrollar y dar agilidad al cuerpo por medio de ciertos ejercicios. || Estos ejercicios.

gimnasio m. Local destinado a ejercicios gimnásticos.

gimnasta com. Persona que hace gimnasia o ejercicios gimnásticos.

gimnástico, ca adj. De la gimnasia. || *Paso gimnástico*, paso ligero.

gimotear v. i. *Fam.* Lloriquear.

gimoteo m. *Fam.* Lloriqueo.

ginebra f. Bebida alcohólica aromatizada con bayas de enebro.

ginebrés, esa y **ginebrino, na** adj. y s. De Ginebra (Suiza).

gineceo m. *Bot.* Parte femenina de la flor compuesta por los pistilos.

ginecología f. Ciencia de la morfología, la fisiología, la patología y la psicología de la mujer. || Especialidad médica que trata de las enfermedades de la mujer.

ginecólogo, ga m. y f. Médico especialista en ginecología.

gingival adj. Relativo a las encías: *tener afecciones gingivales*.

gira f. Excursión de recreo. || Viaje de un artista, un escritor, etc., por varios sitios. || Serie de actuaciones de una compañía teatral o de un artista en diferentes poblaciones.

girar v. i. Moverse en redondo, dar vueltas: *la rueda gira en su eje*. || *Fig.* Versar, tener por tema. || *Com.* Expedir letras u órdenes de pago. Ú. t. c. t.: *girar una letra*. | Transferir una cantidad (ú. t. c. t.). | Remitir por correo o por telégrafo dinero (ú. t. c. t.). ||Torcer, desviarse de la dirección: *la calle gira a la derecha*. || — V. t. Hacer dar vueltas: *girar la peonza*. || Hacer, efectuar: *girar una visita oficial*.

girasol m. Planta de flores amarillas que siempre miran al sol. || Su fruto.

giro m. Movimiento circular. || Dirección o aspecto que toma una conversación, un asunto, etc. || Construcción de la frase: *un giro elegante*. || Transferencia o envío de fondos por medio de letras, libranzas o a través de las oficinas de Correos *(postal)* o Telégrafos *(telegráfico)*.

gitanear v. i. Andarse con engaños.

gitanería f. Mimo interesado hecho con zalamería y gracia. || Engaño. || Reunión de gitanos. || Dicho o hecho propio de gitanos.

gitano, na adj. Dícese de un pueblo nómada que se cree procede del N. de la India (ú. t. c. s.). || Propio de los gitanos. || *Fig.* Zalamero, adulador.

glaciación f. Transformación en hielo. || Período glaciar.

glacial adj. Que hiela, de frío intenso. || De hielo: *océano Glacial*. || *Fig.* Frío, muy poco caluroso.

glaciar m. Masa de hielo formada en las altas montañas que se desliza lentamente hacia los valles. || — Adj. Del glaciar.

glacis m. Terreno descubierto en pendiente que empieza a partir de los elementos exteriores de una fortaleza.

gladiador m. Luchador que en Roma combatía, en los juegos del circo, contra un hombre o fiera.

gladiolo y **gladíolo** m. Planta de flores ornamentales. || Esta flor.

glande m. Cabeza del miembro viril.

glándula f. Órgano cuya función es la de segregar ciertas sustancias fuera o dentro del organismo.

glandular adj. De las glándulas.

glicerina f. Sustancia orgánica líquida, incolora y viscosa extraída de los cuerpos grasos por saponificación.

glicina f. Planta de flores azuladas.

glioma m. Tumor del sistema nervioso.

global adj. En conjunto.

globo m. Esfera. || La Tierra. || Cubierta de cristal esférico que se pone sobre una bombilla eléctrica u otro foco de luz para protegerlos. || Aeróstato, bolsa que se hincha con un gas menos pesado que el aire y que se eleva en la atmósfera. || Objeto de goma, de plástico o de cualquier otro material, de forma parecida, lleno también de un gas ligero, que se usa como juguete o como adorno en las fiestas. || En las historietas ilustradas, espacio donde figuran las palabras pronunciadas por los personajes. || — *Globo del ojo*, órgano de la vista. || *Globo sonda*, aeróstato sin tripulación lanzado para observaciones meteorológicas.

globulina f. Elemento de la sangre que interviene en la coagulación.

glóbulo m. Pequeño cuerpo esférico. || Nombre de las células de la sangre y de la linfa: *glóbulos rojos* (hematíes, eritrocitos) y *glóbulos blancos* (leucocitos).

gloria f. Fama grande: *las glorias terrestres*. || Motivo de orgullo. || Persona que ha alcanzado gran fama o renombre: *las glorias nacionales*. ||Bienaventuranza celeste que gozan los elegidos después de su muerte.

gloriar v. t. Glorificar.

glorieta f. Armazón de madera o hierro recubierta de plantas que abriga en un jardín un lugar cerrado, cenador. || Plazoleta en un jardín o en una población.

glorificación f. Ensalzamiento.

glorificar v. t. Honrar, celebrar, ensalzar, alabar. || Llamar a gozar de las bienaventuranzas celestiales: *Dios glorifica a los santos*. || — V. pr. Honrarse, vanagloriarse.

glorioso, sa adj. Que ha adquirido gloria o fama. || Que proporciona gloria.

glosa f. Comentario.

glosador, ra adj. y s. Comentador.

glosar v. t. Comentar.

glosario m. Diccionario o léxico.

glosopeda f. Enfermedad infecciosa que afecta principalmente al ganado.

glotis f. Orificio superior de la laringe entre las dos cuerdas vocales inferiores.

glotón, ona adj. y s. Que come mucho.

glotonería f. Vicio del glotón.

glucemia f. Presencia de azúcar en la sangre.

glúcido m. Componente de la materia viva que contiene carbono, hidrógeno y oxígeno.

glucino m. *Quím.* Berilio.

glucógeno m. Hidrato de carbono en el hígado, que, por hidrólisis, se transforma en azúcar.

glucosa f. Azúcar que se encuentra en ciertas frutas (uvas) y en la composición de casi todos los glúcidos.

gluten m. Materia albuminoidea que hay juntamente con el almidón en la harina de los cereales.

glúteo, a adj. De la nalga: *músculo glúteo* (ú. t. c. s. m.).

G. M. T., abrev. de la expresión inglesa *Greenwich mean time,* hora media del meridiano de Greenwich.

gneis m. Roca pizarrosa.

gnomo m. Enano.

gobernación f. Gobierno, acción y efecto de gobernar o gobernarse. ‖ Ejercicio del gobierno. ‖ En ciertos países, territorio que depende del gobierno nacional.

gobernador, ra adj. Que gobierna (ú. t. c. s.). ‖ — M. y f. Persona que gobierna un territorio por delegación del Poder central. ‖ Autoridad que en España gobierna una provincia o una división administrativa (*gobernador civil, militar*). ‖ En América, jefe del Poder ejecutivo de un Estado federado. ‖ Director de un gran establecimiento financiero público: *el gobernador del Banco de España.*

gobernalle m. *Mar.* Timón.

gobernanta f. Mujer que administra o dirige el régimen interior de una casa o institución. ‖ Mujer encargada de la servidumbre y del orden en un hotel. ‖ *Fam.* Mujer mandona.

gobernante adj. y s. Que gobierna.

gobernar v. t. Dirigir la política de: *gobernar un Estado.* ‖ Dirigir la conducta de. ‖ *Fig.* Tener poder o fuerza para regir: *gobernar su imaginación.* ‖ Dominar, manejar. ‖ Dirigir un barco con el gobernalle o timón. ‖ — V. i. Seguir el barco las direcciones señaladas por el timón.

gobierno m. Dirección. ‖ Dirección de la política de un país. ‖ Forma política que tiene un Estado. ‖ Conjunto de los órganos de un Estado que determinan la orientación de la política del país. ‖ Conjunto de los ministros que llevan a cabo la política interior o exterior de un Estado. ‖ Tiempo que dura la autoridad de un jefe de gobierno. ‖ Circunscripción administrativa en algunos países. ‖ Dirección de una provincia o de una división administrativa: *gobierno civil, militar.* ‖ Edificio donde están instaladas las personas que asumen esta dirección. ‖ *Mar.* Timón, gobernalle. ‖ *Fig.* Lo que debe servir de dirección, de regla de conducta en un asunto:

esto se lo digo para su gobierno. ‖ Información: *para su buen gobierno.*

gobio m. Pez de agua dulce.

goce m. Sensación de placer.

godo, da adj. De los godos. ‖ — M. Individuo de un pueblo germánico que se estableció en España de 410 a 711.

gofrar v. t. Estampar en seco dibujos en papel, cuero u otra materia.

gol m. En el fútbol y en otros deportes, suerte de entrar un equipo el balón en la portería contraria. ‖ *Gol average,* cociente de goles en favor y en contra.

goleada f. Tanteo excesivo en un encuentro deportivo.

goleador, ra m. y f. En deportes, jugador que marca goles.

golear v. t. Marcar muchos goles en un partido deportivo.

goleta f. Barco pequeño.

golf m. Juego que consiste en introducir una pelota, por medio de palos (*clubs*), en una serie de agujeros abiertos en terreno accidentado y cubierto de césped. ‖ *Pantalón de golf,* pantalón bombacho.

golfista com. Jugador de golf.

golfo, fa adj. y s. Pilluelo. ‖ Sinvergüenza. ‖ — M. *Geogr.* Parte del mar que penetra en la tierra entre dos cabos: *el golfo de Venecia.*

golilla f. Cuello de tela blanca y rizada de los togados.

gollería f. Cosa superflua.

gollete m. Cuello. ‖ Cuello de las botellas, garrafas, etc.

golondrina f. Pájaro emigrante de cola ahorquillada y alas largas.

golondrino m. Furúnculo en el sobaco.

golosina f. Dulce, manjar delicado, como caramelos, bombones, etc.

goloso, sa adj. Aficionado a golosinas (ú. t. c. s.). ‖ Dominado por el apetito de una cosa. ‖ Apetitoso.

golpe m. Choque que resulta del movimiento de un cuerpo que se junta con otro de manera violenta: *golpe en la puerta.* ‖ Sonido que hacen ciertos cuerpos cuando se les golpea. ‖ Acción de pegarse: *llegaron a darse golpes.* ‖ Vez: *consiguió todo de golpe.* ‖ Abundancia: *un golpe de sangre.* ‖ Latido: *los golpes de mi corazón.* ‖ *Fig.* Admiración, sorpresa: *dio el golpe con su traje.* ‖ Agudeza, chiste, gracia: *¡tiene cada golpe!* ‖ Salida, ocurrencia: *tuviste un buen golpe.* ‖ Azar en el juego: *tres golpes como éste y ganas una fortuna.* ‖ Acto o acción que afecta a alguien moralmente, desgracia, contratiempo. ‖ Disgusto, molestia: *recibió muchos golpes en su vida.* ‖ Acceso, ataque: *un golpe de tos.* ‖ Ataque brusco y osado: *proyectaron un golpe para asaltar al cajero.* ‖ *Amer.* Solapa. ‖ Mazo. ‖ — *De golpe,* súbitamente. ‖ *De un golpe,* en una sola vez. ‖ *Golpe de Estado,* acción de una autoridad que viola las formas constitucionales; acción de apoderarse del poder político valiéndose de medios ilegales.

golpeador, ra adj. y s. Que golpea.

golpear v. t. e i. Dar golpes.

golpeo m. Golpe.

golpetear v. t. e i. Golpear.

golpeteo m. Golpes frecuentes.

golpismo m. Golpe de Estado.

golpista adj. Relativo a un golpe de Estado. || Que lleva a cabo un golpe de Estado (ú. t. c. s.).

golpiza f. *Amer.* Paliza.

goma f. Sustancia más o menos viscosa, pegajosa, que fluye de ciertos árboles o plantas de modo natural o después de haber efectuado una incisión. || Sustancia elástica y resistente que se extrae de ciertos árboles de países tropicales, de la familia de los heveas, originada por la coagulación del látex. || Caucho: *suela de goma.* || Grupo de sustancias análogas obtenidas sintéticamente por polimerización. || Cámara de un neumático. || Trozo de caucho que sirve para borrar lo escrito con lápiz o pluma. || Cinta o elástico que se utiliza para sujetar cosas o fajos. || *Amer. Fig.* Resaca después de haber tomado muchas bebidas alcohólicas. || *Goma-2*, plástico explosivo.

gomero adj. m. De la goma. || — M. *Amer.* Recolector de caucho. | Frasco para la goma de pegar.

gomina f. Fijador del pelo.

gónada f. Glándula sexual masculina o femenina que produce gametos y segrega hormonas.

góndola f. Embarcación de un remo.

gong m. Instrumento de percusión para llamar.

gongorino, na adj. Culterano (ú. t. c. s.).

gongorismo m. Culteranismo.

gongorista adj. y s. Culterano.

gonococia f. Enfermedad infecciosa, causada por el gonococo en la uretra, que genera la blenorragia.

gonococo m. Microbio patógeno productor de la blenorragia.

gonorrea f. Blenorragia.

gordo, da adj. Voluminoso, que supera el volumen corriente: *hombre gordo.* || Graso: *tocino gordo.* || Dícese del agua que contiene ciertos compuestos minerales y no hace espuma con el jabón. || *Fig.* y fam. Importante, de peso: *tratar con gente gorda.* | Importante, enorme: *un error gordo.* | Grande: *piedra gorda.* || Espeso, grueso: *un hilo gordo.* || Burdo, basto: *gracia gorda.* || — *Dedo gordo,* el pulgar. || *Fam. Caerle gordo a uno,* resultarle antipático. || — M. y f. Persona muy corpulenta. || — M. Parte grasa de la carne. || Premio mayor en la lotería. || — F. Moneda antigua de diez céntimos en España.

gordura f. Grasa del cuerpo. || Corpulencia.

gorgojo m. Insecto que ataca las semillas de cereales y legumbres.

gorgorito m. Quiebro hecho con la voz en la garganta al cantar.

gorgoteo m. Ruido hecho por un líquido que se mueve.

gorila m. Género de monos. || *Fig.* Guardaespaldas.

gorjear v. i. Hacer quiebros con la voz. || *Amer.* Burlarse.

gorjeo m. Quiebro de la voz al cantar. || Canto de los pájaros.

gorra f. Prenda con visera para cubrir la cabeza. || — M. *Fig.* y fam. Gorrón, parásito. || *Fam. De gorra,* sin pagar.

gorrinada f. Cochinada.

gorrino, na m. y f. Cerdo.

gorrión m. Pájaro pequeño.

gorriona f. Hembra del gorrión.

gorro m. Prenda usada para cubrirse y abrigarse la cabeza.

gorrón, ona adj. y s. Parásito, aprovechado, dícese de las personas que se hacen siempre invitar.

gorronear v. i. No pagar nunca.

gorronería f. Acción del gorrón.

gota f. Pequeña cantidad de líquido que se desprende en forma de glóbulo. || *Fig.* Pequeñez, cosa de poca importancia o insignificante. | Un poco: *me dio una gota de vino.* || *Med.* Enfermedad del metabolismo caracterizada por trastornos viscerales y, especialmente, por la hinchazón dolorosa de algunas articulaciones.

gotear v. i. Caer gota a gota. || *Fig.* Dar o recibir poco a poco. || — V. impers. Lloviznar poco.

goteo m. Acción de gotear.

gotera f. Filtración de gotas de agua en el techo. || Mancha que deja.

gótico, ca adj. De los godos. || Dícese del arte que se desarrolló en Europa desde el s. XII hasta el Renacimiento. || — M. Lengua germánica oriental hablada por los godos. || *Arq.* Arte gótico.

gourde f. Unidad monetaria de Haití.

gozada f. *Fam.* Disfrute.

gozar v. t. e i. Poseer alguna cosa: *gozar buena salud, de un clima templado.* || — V. i. Tener gusto en algo, disfrutar: *gozar con su visita.* || — V. pr. Complacerse, recrearse.

gozo m. Placer extremo.

gozque m. Perro pequeño.

gr, símbolo del *grado centesimal.* || Abrev. de *gramo.*

grabación f. Registro de sonidos en un disco fonográfico, una cinta magnetofónica, etc.

grabado m. Arte o manera de grabar: *grabado en madera.* || Estampa obtenida en una plancha grabada o litografiada. || Grabación de discos, de cintas magnetofónicas.

grabador, ra adj. Que imprime discos, etc. || — M. y f. Persona que se dedica al grabado. || *Grabador de cinta o grabadora,* magnetófono.

grabar v. t. Trazar una figura o caracteres en metal, madera, mármol o piedra por medio de una herramienta o de un ácido: *grabar una inscripción.* || Trazar en una plancha de metal o madera la copia de un cuadro, etc., para reproducirlo después por impresión. || Registrar el sonido o la imagen en disco, cinta magnetofónica, etc.: *grabar su voz, un programa.* || *Fig.* Fijar, dejar fijo en el recuerdo de alguien: *escena grabada en mi mente* (ú. t. c. pr.).

gracejo m. Gracia.

gracia f. Favor hecho a alguien para serle agradable. || Suspensión o perdón de una condena: *pedir gracia al Jefe del Estado.* || Encanto: *la gracia de sus facciones.* || Atractivo: *adornado con gracia.* || Don o ayuda sobrenatural que Dios concede a los hombres con vistas a su salvación: *en estado de gracia.* || Cosa que hace reír: *tiene más gracia que nadie.* || Broma, chiste: *siempre está diciendo gracias.* || Mala jugada, mala pasada: *¡menuda gracia!* || Disposición amistosa hacia alguien: *gozaba de la gracia del rey.* || Habilidad, arte: *tiene gracia para conquistarse a los clientes.* || Lo que asombra por su falta de lógica: *¡qué gracia tiene su conducta!* || Cosa que fastidia: *ésta es una de sus gracias.* || — *Caer en gracia,* gustar. || *Dar las gracias,* agradecer. || *En estado de gracia,* limpio de pecado. ||

Hacer gracia, ser simpático, agradar; divertir, hacer reír. || — Pl. Agradecimiento: *dar las gracias*. || — *Acción de gracias*, testimonio de agradecimiento. || *Gracias a*, por causa de. || *Gracias por*, agradecer por. || — Interj. Expresa el agradecimiento por cualquier amabilidad: ¡*muchas gracias!*

grácil adj. Sutil, flexible.

gracioso, sa adj. Cómico, humorístico, chistoso. || Divertido. || Encantador. || Gratuito: *concesión graciosa*. || Dícese de los reyes de Inglaterra: *Su Graciosa Majestad*. || — M. y f. Persona que tiene gracia o comicidad.

grada f. Escalón. || Graderío (ú. t. en pl.).

gradación f. Paso de un estado a otro por grados sucesivos. || Escala.

gradería f. Graderío.

graderío m. Conjunto de escalones en un anfiteatro, campo de fútbol, plaza de toros, etc.

grado m. Cada una de las divisiones de una escala de medida adaptada a un aparato. || Unidad de arco o ángulo que vale 1/360° de la longitud de la circunferencia. || Unidad de ángulo (símb. °) igual a la 360ava parte de la circunferencia. || Unidad de medida de la temperatura, la presión o la densidad. || Unidad de medida de la concentración alcohólica. || Proximidad más o menos grande que existe en el parentesco: *primo en tercer grado*. || Escalón, peldaño. || Índice: *grado de invalidez*. || Fase, estadio: *los grados de una evolución*. || Título universitario o militar. || Curso, año: *alumno del quinto grado*. || Situación considerada en relación con una serie de otras superiores o inferiores: *subir un grado en la escala social*. || Gusto, voluntad: *hacerlo de buen grado*. || Manera de significar la intensidad de los adjetivos *(positivo, comparativo y superlativo)*.

graduación f. Acción de graduar. || División en grados. || Proporción de alcohol o número de grados que tiene una cosa. || Cada uno de los grados de una jerarquía.

graduar v. t. Dividir en grados. || Medir los grados: *graduar la vista*. || Regular: *graduar entradas y salidas*. || Escalonar, someter a una graduación: *graduar los efectos*. || Ascender de un grado: *graduar de capitán*. || Conceder un título universitario. || Calificar: *lo gradué bastante bien*. || — V. pr. *Mil*. Ser ascendido a. || Recibir un título universitario.

grafía f. Modo de escribir.

gráfico, ca adj. De la escritura. || Representado por signos o dibujos. || *Fig*. Rico de imágenes sugerentes o metáforas, expresivo: *decir de modo gráfico*. || *Impr*. Conjunto de los procedimientos para imprimir textos, dibujos, grabados, etc. || — M. Representación por el dibujo o cualquier otro método análogo de los grados o estados de un fenómeno que se estudia y que sirve en estadística para esquematizar los datos y señalar sus relaciones esenciales. || — F. Gráfico.

grafito m. Carbono natural.

grafología f. Estudios de las constantes normales y patológicas de la personalidad de un individuo según el examen de su escritura.

grafólogo, ga m. y f. Especialista en grafología.

gragea f. Píldora medicinal.

grajo m. Pájaro, semejante al cuervo, de pico y pies rojos.

grama f. Planta silvestre.

gramaje m. Peso del papel o del cartón expresado en gramos por metro cuadrado.

gramática f. Ciencia de las reglas de una lengua hablada o escrita. || Libro que trata de esta materia.

gramatical adj. Relativo a la gramática o conforme con sus normas.

gramático, ca adj. Gramatical. || — M. y f. Especialista en gramática.

gramilla f. *Riopl*. Césped, hierba corta y tupida que cubre el suelo.

gramíneas y **gramináceas** f. pl. Familia de plantas monocotiledóneas en la que se encuentran los cereales (ú. t. c. adj.).

gramo m. Unidad de masa (símb. g) del sistema C.G.S., equivalente a la milésima parte del kilogramo. || Cantidad de algo que pesa un gramo.

gramófono m. Aparato que reproduce las vibraciones del sonido grabadas en un disco fonográfico.

gran adj. Apócope de *grande*.

grana f. *Bot*. Formación del grano. || Cochinilla. || Quermes. || Encarnado, granate (ú. t. c. adj.).

granada f. Fruta del granado. || Proyectil ligero (explosivo, incendiario, fumígeno o lacrimógeno) que se lanza con la mano. || Bala de cañón.

granadero m. *Mil*. Soldado que llevaba granadas.

granadino, na adj. y s. De Granada (España). || (Ant.) De Nueva Granada o Colombia. || — F. Jarabe de zumo de granada.

granado, da adj. *Fig*. Notable y principal. || Escogido. || Maduro, experto. || Alto, espigado, crecido. || — M. Árbol cuyo fruto es la granada.

granate m. Piedra fina compuesta de silicato doble de alúmina y de hierro. || — Adj. y s. m. Color rojo oscuro.

grancolombiano, na adj. De la Gran Colombia.

grande adj. Dícese de las cosas que sobrepasan las dimensiones corrientes: *ciudad grande*. || Aplícase a las personas que han pasado la primera juventud, mayor. || Superior al promedio, hablando de objetos o cosas que no se pueden medir: *reputación, ruido grande*. || Que sobresale por la potencia, la autoridad, la influencia: *las grandes industrias*. || Que se distingue por las cualidades morales, por el genio: *los grandes pintores*. || Importante: *grandes acontecimientos*. || Dícese de la Semana Santa. || Intenso, fuerte: *dolor grande*. || *Fig*. Enojoso, sorprendente: *es grande que tenga que hacerlo yo*. || — M. Persona ya en edad adulta: *los grandes y los pequeños*. || Título nobiliario que llevan algunas personas en España. || Nombre que se da a algunos jefes de Estado de las principales potencias: *los cuatro grandes*.

grandeza f. Importancia.

grandilocuente adj. Enfático.

grandiosidad f. Grandeza.

grandioso, sa adj. Que impresiona por su belleza o majestad.

granel (a) m. adv. Sin orden, en montón: *cargar a granel*. || Sin envase: *agua de colonia a granel*. || Al detalle. || *Fig*. En abundancia.

granero m. Almacén de cereales.

granito m. Roca cristalina formada por feldespato, cuarzo y mica.

granizada f. Precipitación de granizo. || Conjunto de granizo que cae de una vez. || *Fig*. Multitud de

GO

cosas que caen o se manifiestan al mismo tiempo. || Bebida refrescante con hielo machacado.

granizar v. impers. Caer granizo. || – V. i. *Fig.* Caer algo con fuerza (ú. t. c. t.).

granizo m. Lluvia helada que cae formando granos. || Estos granos.

granja f. Explotación agrícola dedicada al cultivo o a la cría de ganado doméstico. || Comercio en el que se venden leche y sus derivados. || Cafetería.

granjearse v. pr. Ganarse.

granjero, ra m. y f. Persona encargada de una granja.

grano m. Semilla de los cereales, de las especias, de otras plantas. || Partícula, porción: *grano de arena.* || Conjunto de pequeñas asperidades que hacen rugosa una superficie. || Furúnculo en la piel.

granollerense adj. y s. De Granollers (España).

granuja com. Pillo. || Canalla.

granujada y **granujería** f. Conjunto de pillos. || Canallada.

granulación f. Fragmentación en granos. || Conjunto de granos de una cosa.

granulado, da adj. Convertido en granos. || – M. Granulación.

grao m. Playa que sirve de desembarcadero.

grapa f. Gancho de hierro para reunir varios papeles.

grapadora f. Aparato para unir papeles.

grapar v. t. Sujetar con grapas.

grasa f. Sustancia untuosa de origen animal o vegetal. || Lubrificante de origen mineral.

grasiento, ta adj. Untado de grasa.

graso, sa adj. Que tiene grasa.

gratén m. Pan rallado que se pone sobre ciertos manjares cuando se guisan al horno.

gratificación f. Recompensa pecuniaria por algún servicio eventual o remuneración fija que se añade al sueldo. || Propina.

gratificar v. t. Recompensar con dinero un servicio.

gratin [*gratán*] m. (pal. fr.). Gratén.

gratis adv. Sin pagar.

gratitud f. Agradecimiento.

grato, ta adj. Agradable.

gratuidad f. Calidad de gratuito.

gratuito, ta adj. Sin pagar o sin cobrar. || Sin fundamento, sin motivo.

grava f. Piedra machacada.

gravamen m. Obligación que pesa sobre alguien. || Impuesto o tributo.

gravar v. t. Imponer un tributo.

grave adj. Que puede tener consecuencias importantes, que acarrea cierto peligro. || Dícese del que tiene una salud que hace peligrar su vida. || Austero, serio: *semblante grave.* || Dícese del sonido producido por ondas de poca frecuencia o vibraciones. || *Fís.* Atraído por la fuerza de la gravedad. || Elevado: *estilo grave.* || *Gram.* Que tiene el acento en la penúltima sílaba, como *mañana, casa.*

gravedad f. Acción que hace que los cuerpos materiales sean atraídos hacia el centro de la Tierra. || Carácter peligroso: *la gravedad del incendio.* || Importancia, carácter grave: *la gravedad de los sucesos.* || Seriedad, austeridad: *la gravedad de sus palabras.* || *Med.* Carácter de las afecciones de salud que ponen en peligro la vida o que son de gran

importancia. || *Centro de gravedad,* punto de un cuerpo que constituye la resultante de las acciones de la gravedad en todas las partes de él.

gravitación f. *Fís.* Fuerza en virtud de la cual todos los cuerpos se atraen mutuamente en razón directa de sus masas y en razón inversa a los cuadrados de sus distancias.

gravitar v. i. *Fís.* Moverse según las leyes de la gravedad. || *Fig.* Apoyarse: *gravita sobre unas columnas.* | Pesar una obligación. | Girar en torno a. | Pender.

gravoso, sa adj. Costoso, oneroso.

graznar v. i. Dar graznidos.

graznido m. Voz del cuervo, del grajo, del ganso, etc.

greco, ca adj. y s. Griego.

greda f. Arcilla.

gregario, ria adj. Que vive en rebaño. || *Fig.* Que sigue servilmente las iniciativas o ideas ajenas.

gremial adj. De los gremios. || Sindical. || – Com. Miembro de un gremio.

gremialismo m. Tendencia a formar gremios. || *Amer.* Sindicalismo.

gremialista adj. Partidario del gremialismo (ú. t. c. s.). || – Com. *Amer.* Miembro de un gremio. || Sindicalista.

gremio m. Corporación o asociación de las personas que practican el mismo oficio. || Conjunto de personas que se dedican a la misma profesión u oficio. || *Amer.* Sindicato. || *Fig.* y *fam.* Conjunto de personas que llevan el mismo género de vida.

greña f. Cabellera despeinada.

gres m. Pasta cerámica parcialmente vitrificada. || Arenisca.

gresca f. Pelea. || Ruido.

grey f. *Fig.* Congregación.

griego, ga adj. y s. De Grecia. || – M. Idioma griego.

grieta f. Quiebra en el suelo, en el hielo de un glaciar, en una pared, etc. || Hendidura o resquebrajadura pequeña en la piel.

grifa f. Marihuana.

grifo m. Llave que permite la salida o la interrupción voluntaria del paso de un líquido contenido en un depósito. || *Amer.* Surtidor de gasolina.

grill m. (pal. ingl.) Parrilla para guisar.

grillete m. Anilla que sujeta una cadena. || – Pl. Cadena de los presos.

grillo m. Insecto ortóptero.

gringada f. *Amer.* Acción propia de gringos.

gringo, ga adj. Extranjero de habla inglesa o de otro idioma diferente al español (ú. t. c. s.). || *Fam.* Yanqui, estadounidense, norteamericano (ú. t. c. s.). || Aplícase también a cualquier lengua extranjera (ú. t. c. s. m.). || – M. y f. *Arg.* y *Per.* Persona rubia y de tez blanca.

gringuerío m. Grupo de gringos.

gripa f. *Amer.* Gripe.

griparse v. pr. Contraer gripe.

gripe f. Enfermedad contagiosa caracterizada por un estado febril y catarro.

griposo, sa adj. Que tiene gripe.

gris adj. Color entre blanco y negro (ú. t. c. s. m.). || *Fig.* Sombrío, triste: *tiempo gris.* || Deslucido, apagado: *hombre gris.* || – *Gris marengo,* el muy oscuro. || *Gris perla*, el bastante claro. || *Sustancia gris*, materia gris.

grisáceo, a adj. Algo gris.

grisú m. Metano de las minas de carbón, inflamable y explosivo.

gritar v. i. Dar gritos: *gritar de dolor*. || Hablar en voz muy alta: *gritar a voz en cuello* (ú. t. c. t.). || — V. t. Abuchear en señal de protesta. || Reñir en tono enojado: *a mí no me grites*.

gritería f. y **griterío** m. Gritos.

grito m. Sonido de la voz fuerte y violento: *dar gritos*. || Gemido, queja: *gritos de dolor*. || Sonido inarticulado emitido por los animales. || Llamada: *grito de angustia*.

grizzly m. Gran oso de color gris existente en las Montañas Rocosas (Estados Unidos).

grog m. (pal. ingl.). Bebida caliente hecha con ron, agua, limón y azúcar.

groggy [*grogui*] adj. (pal. ingl.). Dícese del boxeador que pierde momentáneamente el conocimiento sin estar k.o. | *Fig.* Aturdido, atontado por un choque físico o moral.

grogui adj. Groggy.

grosella f. Fruto del grosellero de color negro y de sabor agridulce.

grosellero m. Arbusto cuyo fruto es la grosella.

grosería f. Carácter de lo que es grosero, basto.

grosero, ra adj. Basto, poco fino. || Falto de delicadeza, común, vulgar. || Carente de educación, de cortesía (ú. t. c. s.). || Mal hecho, de figura mal trazada: *dibujo grosero*.

grosor m. Grueso.

grosso modo loc. adv. lat. En términos generales.

grotesco, ca adj. Ridículo.

grúa f. Aparato con un brazo giratorio y una o más poleas para levantar, cargar y transportar pesos. || Plataforma móvil donde se ponen el operador y la cámara para filmar. || *Coche grúa*, el que tiene una grúa para levantar y transportar otros vehículos.

grueso, sa adj. De gran dimensión o corpulencia. || Grande: *granos de arroz gruesos*. || Espeso: *tela gruesa*. || Gordo: *hombre grueso*. || Poco fino: *líneas gruesas*. || *Fig.* No muy inteligente, obtuso. || *Mar.* Con grandes olas, alborotado: *mar gruesa*. || — M. Volumen, dimensión. || La mayor parte: *el grueso del ejército*. || Espesor: *el grueso de un papel*. || — Adv. Con caracteres grandes: *escribir grueso*. || *En grueso*, al por mayor.

grulla f. Ave zancuda.

grumete m. Aprendiz de marinero.

grumo m. Parte de un líquido que se coagula: *grumo de sangre*.

gruñido m. Voz del cerdo. || Voz ronca del perro u otros animales. || *Fig.* Voz de mal humor.

gruñir v. i. Dar gruñidos. || *Fig.* Murmurar entre dientes.

grupa f. Anca de una caballería.

grupo m. Pluralidad de personas o cosas que forman un conjunto: *grupo de niños*. || Conjunto de personas que tienen opiniones o intereses idénticos: *grupo profesional*. || Conjunto de figuras pintadas o esculpidas: *un grupo escultórico*. || *Mil.* Unidad táctica de artillería o aviación bajo las órdenes de un jefe superior. || — *Grupo de presión*, asociación de personas que están unidas por un interés común político o económico y reúnen una cantidad de dinero importante para llevar a cabo una acción simultánea en la opinión pública, en los partidos políticos, en la administración o en los gobernantes. || *Grupo electrógeno*, aparato generador de electricidad. || *Grupo sanguíneo*, cada uno de los distintos tipos en que se clasifica la sangre de los individuos en relación con la compatibilidad de los corpúsculos y suero de un donador de sangre con los corpúsculos y suero de otra persona que la recibe en una transfusión.

gruta f. Cueva o cavidad natural.

guabina f. *Col.* y *Venez.* Pez de río de carne comestible. || *Col.* Canción popular entonada en la montaña. || *Cub. Fig.* Persona que cambia a menudo de parecer, de ideas políticas.

guabirá m. *Arg.* Árbol grande de tronco blanco y liso y fruto amarillo.

guabiyú m. Árbol mirtáceo de fruto comestible en forma de baya negra.

guaca f. *Amer.* Sepultura de los antiguos indios, principalmente de Bolivia y Perú. || *Amer.* Tesoro escondido. || *C. Rica, Cub., Méx.* y *Venez.* Hucha, alcancía. || *C. Rica* y *Cub.* Hoyo donde se ponen las frutas para su maduración. || *Méx.* Escopeta de dos cañones.

guacal m. *Antill., Col., Méx.* y *Venez.* Cesta portátil para llevar a la espalda. || *Amér. C.* Árbol de fruto parecido a la calabaza. | Recipiente hecho con el fruto de este árbol.

guacamayo, ya m. y f. Especie de papagayo.

guacamole m. *Amér. C., Cub.* y *Méx.* Ensalada de aguacate, cebolla, chile y tomate picados.

guacamote m. *Méx.* Yuca.

guachapelí m. *Ecuad.* y *Venez.* Árbol cuya madera se emplea en construcciones navales.

guácharo m. Polluelo.

guache m. *Col.* y *Venez.* Hombre del pueblo, de la clase baja. || *Col.* Instrumento de música popular en forma de canuto con semillas secas en el interior.

guachimán m. *Amer.* Vigilante.

guachinango, ga adj. *Méx.* Dícese en la costa oriental del habitante del interior del país. || — M. *Méx.* Pez pargo.

guacho, cha adj. *Amer.* Huérfano, sin padres. || — M. Pollo.

guaco m. Planta compuesta americana de propiedades medicinales. || Ave gallinácea americana de carne apreciada. || *Per.* Objeto que se saca de una guaca o túmulo.

guadalajarense adj. y s. De Guadalajara (México).

guadalajareño, ña adj. y s. De Guadalajara (España).

guadaña f. Instrumento para segar. || Símbolo de la muerte y del tiempo.

guadañar v. t. Segar con guadaña.

guafe m. *Amér. C.* Muelle pequeño de un puerto.

guagua f. Cosa baladí. || *Amer.* Nene, niño de teta. || Autobús en las islas Canarias y en las Antillas. || *De guagua*, de balde, gratis.

guagualón, ona adj. *Amer.* Dícese del joven que se quiere hacer pasar por niño (ú. t. c. s.).

guagüero m. *Antill.* Conductor de guagua.

guaipíu m. *Amer.* Capote que cubre el cuello y los hombros.

guaira f. *Amér. C.* Flauta de varios tubos que usan los indios. || Vela triangular. || *Per.* Crisol de barro para fundir los minerales de plata.

guaireño, ña adj. y s. Del dep. de Guairá (Paraguay). || De La Guaira (Venezuela).

guairo m. *Amer.* Barco pequeño utilizado para el pequeño cabotaje.

guajá f. *Amer.* Garza.

guaje m. *Méx.* Árbol leguminoso de fruto en forma de calabaza.

guajiro, ra adj. y s. De La Guajira (Colombia). || *Cub.* Rústico, campesino. || — F. Canción popular en Cuba. || Canción aflamencada derivada de la anterior.

guajolote m. *Méx.* Pavo común. || — Adj. y s. *Fam. Méx.* Tonto.

gualdo, da adj. Amarillo.

gualicho o **gualichú** m. Entre los gauchos, genio del mal. || *Arg.* Talismán.

guama f. Fruto del guamo, legumbre que encierra varias semillas.

guamo m. Árbol cuyo fruto es la guama.

guampa f. *Riopl.* Cuerno.

guanábano m. Árbol con fruto de sabor muy agradable.

guanacaste m. Árbol de Centroamérica.

guanaco m. Mamífero rumiante parecido a la llama. || *Amer.* Necio. | Cateto, palurdo.

guanajo adj. y s. *Amer.* Tonto.

guanajuatense adj. y s. De Guanajuato (México).

guanal m. *Amer.* Palmeral.

guanaquear v. i. *Amer.* Cazar guanacos. | Hacerse el tonto.

guanarense y **guanareño, ña** adj. y s. De Guanare (Venezuela).

guanche adj. y s. Dícese del individuo de la raza que poblaba las islas Canarias. || — M. Lengua que hablaban.

guando m. *Amer.* Camilla para enfermos.

guanear v. t. *Per.* Abonar con guano. || — V. i. *Amer.* Defecar.

guanero, ra adj. y s. Relativo al guano. || — M. Buque que transporta guano. || — F. Lugar donde hay guano.

guango m. *Amer.* Trenza de las indias del Ecuador.

guangoche m. *Amér. C.* y *Méx.* Tela basta empleada para envolver, etc.

guano m. Materia excrementicia de aves marinas que se encuentra acumulada en gran cantidad en las costas y en varias islas del Perú y del norte de Chile, así como en las costas del sudoeste de África. || Abono mineral sucedáneo del guano natural.

guantada f. y **guantazo** m. *Fam.* Manotazo, bofetón.

guantanameño, ña y **guantanamero, ra** adj. y s. De Guantánamo (Cuba).

guante m. Prenda que se adapta a la mano para abrigarla. || Objeto análogo para diferentes usos: *guante de boxeo.* || *Fig.* y *fam.* Gratificación.

guantear v. t. *Amer.* Abofetear.

guantelete m. Pieza metálica de la armadura en forma de guante.

guapear v. i. Hacer alarde.

guapería f. *Fam.* Bravata.

guapetón, ona adj. Muy guapo (ú. t. c. s.).

guapeza f. *Fam.* Ánimo. | Ostentación en el vestir. | Fanfarronería.

guapo, pa adj. Bien parecido: *mujer guapa* (ú. t. c. s.). || Animoso, valiente. || *Fam.* Apelativo cariñoso: *anda, guapo, no te enfades así.* || — M. Hombre pendenciero: *el guapo del pueblo.* || *Fam.* Galán.

guaquear v. i. *Amer.* Buscar guacas.

guará m. *Amer.* Lobo de las pampas.

guaraca f. *Amer.* Honda.

guaracha f. Aire y danza popular antillanos.

guarache m. *Méx.* Sandalia.

guarachear v. t. *Antill.* Parrandear. || *Méx.* Andar con guaraches.

guarango, ga adj. y s. *Chil.* y *Riopl.* Mal educado, grosero.

guaraní adj. y s. Relativo a un pueblo indio de la familia cultural tupí-guaraní (Paraguay, Brasil). || — M. Idioma de los guaraníes. || Unidad monetaria paraguaya.

guaranismo m. Voz propia del guaraní.

guaranítico, ca adj. Guaraní.

guaraña f. Baile venezolano. || Música que acompaña este baile.

guarapo m. Jugo de la caña dulce. || Bebida fermentada a base de guarapo.

guarapón m. *Chil.* y *Per.* Sombrero de ala ancha.

guarda com. Persona que tiene a su cargo cuidar o vigilar algo. || — F. Acción de guardar, conservar o defender. || Tutela. || Observancia y cumplimiento de un mandato o ley. || Hoja de papel blanco o de color al principio y al fin de los libros (ú. m. en pl.). || Guarnición en el puño de la espada.

guardabarrera m. y f. Persona que vigila un paso a nivel.

guardabarros m. inv. Aleta del coche, de la bicicleta o motocicleta para protegerse del barro.

guardabosque m. Guarda que vigila en un bosque o parque.

guardacantón m. Poste de piedra que se pone en las esquinas de las casas o a los lados de los paseos para protegerlos de los vehículos.

guardacoches com. inv. Guarda de un aparcamiento.

guardacostas m. inv. Barco de guerra cuya misión es defender las costas y perseguir el contrabando.

guardaespaldas m. inv. Persona destinada a proteger a otra.

guardafangos m. inv. *Amer.* Guardabarros.

guardameta m. Portero en ciertos deportes (fútbol, balonmano, etc.).

guardapolvo m. Cubierta o bata para proteger del polvo.

guardar v. t. Cuidar, vigilar, custodiar: *guardar bajo llave.* || Preservar una persona o cosa de cualquier daño. || Conservar, retener para sí: *guardo un buen recuerdo.* || Vigilar animales: *guardar un rebaño.* || Cumplir lo que se debe: *guardar el secreto.* || Tener un sentimiento: *guardar rencor.* || Estar en, quedarse en: *guardar cama.* || Poner en su sitio: *guardar un libro.* || Reservar y conservar: *guardar dinero* (ú. t. c. pr.). || *Fig.* Mantener, observar: *guardar silencio.* || — V. pr. Evitar algo, precaverse de un riesgo. || Poner cuidado en no hacer algo: *me guardaré de trasnochar.* || Quedarse con, conservar para sí.

guardarropa m. Local donde se deposita el abrigo u otros objetos que no se pueden conservar en teatros u otros establecimientos públicos. ||

Persona que vigila este local. || Armario ropero y su contenido.

guardería f. Ocupación y empleo del guarda. || Establecimiento donde se atiende y cuida a los niños pequeños mientras sus padres trabajan.

guardesa f. Guardiana.

guardia f. Conjunto de soldados o gente armada encargada de la custodia de una persona o de que se respete el orden público y el cumplimiento de las leyes. || Defensa, amparo, custodia. || Posición de defensa en boxeo, esgrima, lucha, etc. || Cuerpo de tropa especial: *guardia republicana.* || *En guardia,* prevenido, sobre aviso. || — M. Individuo perteneciente a ciertos grupos armados: *un guardia civil, municipal.* || *Guardia marina,* guardiamarina.

guardiamarina m. Alumno de la Escuela Naval.

guardián, ana m. y f. Persona que custodia a una persona o cosa.

guardilla f. Buhardilla.

guarecer v. t. Guardar, acoger, dar asilo. || — V. pr. Refugiarse.

guarida f. Cueva donde se guarecen los animales. || *Fig.* Refugio.

guariqueño, ña adj. y s. De Guárico (Venezuela).

guarisapo m. *Chil.* Renacuajo.

guarismo m. Cada uno de los signos o cifras arábigas que expresan una cantidad. || Cualquier cantidad que tiene dos o más cifras.

guarnecer v. t. Poner guarnición a alguna cosa: *guarnecer una joya.* || Proveer. || Estar de guarnición un regimiento.

guarnición f. Lo que se pone para adornar algunas cosas: *la guarnición de un vestido.* || Engaste de las piedras preciosas. || Parte de la espada que protege la mano. || *Mil.* Tropa que guarnece una plaza, castillo o buque de guerra. || Arreos de las caballerías (ú. m. en pl.). || Añadido de verdura, pasta, etc., que se suele servir con la carne o pescado para acompañarlos.

guarnicionero m. Persona que fabrica o vende guarniciones.

guaro m. Especie de loro pequeño. || *Amér. C.* Aguardiente de caña.

guarrada f. *Fam.* Guarrería.

guarrazo m. *Fam.* Porrazo.

guarrería f. *Fam.* Porquería.

guarro, rra m. y f. Cochino.

guasa f. *Fam.* Burla, broma.

guasanga f. *Amer.* Bulla, jaleo.

guasca f. *Chil.* y *Per.* Látigo.

guascazo m. *Amer.* Latigazo.

guasearse v. pr. Chancearse.

guasería f. *Amer.* Acción propia de un guaso.

guaso, sa m. y f. Campesino chileno. || — Adj. *Amer.* Rústico.

guasón, ona adj. y s. Bromista.

guasteca adj. y s. Huasteca.

guata f. Algodón en rama que se coloca dentro del forro de los vestidos o de la ropa de cama.

guateado, da adj. Con guata.

guatear v. t. Acolchar, poner guata.

guatemalense adj. y s. Guatemalteco.

guatemaltecanismo m. Guatemalteguismo.

guatemaltecanista adj. y s. Que estudia y es especialista del habla o de la cultura de Guatemala.

guatemalteco, ca adj. y s. De Guatemala. || — M. Modalidad del español hablado en Guatemala.

guatemaltequismo m. Palabra o giro propios del español hablado en Guatemala. || Carácter de guatemalteco. || Amor a Guatemala.

guateque m. Fiesta con baile que se da en una casa.

guatiao adj. *Cub.* Amigo; hermano.

guatíbere m. Pez de las Antillas.

guatusa o **guatuza** f. Roedor americano parecido a la paca.

guau, ladrido del perro.

¡guay! interj. ¡Ay!

guayaba f. Fruto del guayabo de forma de huevo y de carne más o menos dulce. || Conserva y jalea de esta fruta. || *Amer.* Mentira.

guayabal m. Plantío de guayabos.

guayabate m. Dulce de guayaba.

guayabera f. Chaquetilla o camisa de hombre, de tela ligera, que se suele llevar por encima del pantalón.

guayabi m. *Amer.* Madera fina y dura de color rojo.

guayabo m. Árbol de América que tiene por fruto la guayaba. || — Com. Fam. Persona joven y atractiva.

guayaca f. *Arg.* y *Chil.* Bolsa o taleguilla para el tabaco o dinero. || *Fig.* Amuleto.

guayaco m. Árbol de la América tropical cuya madera se emplea en ebanistería.

guayanés, esa adj. y s. De Guayana.

guayaquileño, ña adj. y s. De Guayaquil (Ecuador).

guayasense adj. y s. De Guayas (Ecuador).

guaycurú adj. y s. Dícese del individuo de una de las tribus indígenas establecidas en el Chaco y a orillas del río Paraguay. (Pl. *guaycurúes.*)

guaymense y **guaymeño, ña** adj. y s. De Guaymas (México).

guazábara f. *Amer.* Bulla, jaleo.

guazubirá m. Venado de las regiones platenses.

gubernamental adj. Relativo al gobierno del Estado. || Respetuoso o benigno para con el Gobierno o favorecedor del principio de autoridad. || Partidario del gobierno (ú. t. c. s.). || Propiedad del gobierno: *radio gubernamental.*

gubernativo, va adj. Relativo al gobierno: *policía gubernativa.*

gubia f. Formón de media caña.

gudari m. (voz vascuence). Soldado del gobierno autónomo vasco durante la guerra civil española.

guedeja f. Cabellera larga.

güero, ra adj. *Méx.* Rubio.

guerra f. Lucha armada entre dos o más países o entre ciudadanos de un mismo territorio. || Pugna, disidencia, discordia entre dos o más personas. || *Fig.* Oposición de una cosa con otra: *guerra de intereses.* || — *Consejo de guerra,* tribunal militar. || *Fam. Dar guerra,* molestar. || *Guerra civil,* la que tiene lugar entre ciudadanos de una misma nación. || *Guerra de las Galaxias,* sistema estratégico ofensivo y defensivo a base de armamentos antimisiles colocados en satélites espaciales. || *Guerra fría o de nervios,* dícese de las relaciones internacionales caracterizadas por una política constante de hostilidad sin que se llegue al conflicto armado. || *Guerra santa,* cruzada, guerra emprendida por motivos religiosos. ‖ *Guerra subversiva,* la que combate, en el interior de un país, los poderes públicos.

guerrear v. i. Hacer guerra (ú. t. c. t.). ‖ *Fig.* Luchar, combatir.

guerrerense adj. y s. De Guerrero (México).

guerrero, ra adj. Relativo a la guerra: *valor guerrero.* ‖ Marcial, belicoso, que tiene afición a la guerra. ‖ — M. Soldado. ‖ — F. Chaqueta ajustada y generalmente abrochada hasta el cuello del uniforme militar.

guerrilla f. *Mil.* Orden de batalla que se hace dividiendo la tropa en pequeñas partidas de tiradores para hostilizar al enemigo. ‖ Partida de paisanos que, independientemente del ejército regular, acosa al enemigo.

guerrillero, ra m. y f. Persona que pelea en las guerrillas.

gueto m. Ghetto.

guía com. Persona que acompaña a otra para enseñarle el camino o para explicarle una visita. ‖ — M. Manillar de una bicicleta. ‖ *Fig.* Persona que da instrucciones y consejos que son seguidos por las gentes: *guías de la juventud.* ‖ — F. Libro de indicaciones: *guía de teléfonos.* ‖ Documento que lleva consigo el que transporta ciertas mercancías para tener libre paso: *guía de circulación.* ‖ Pieza mecánica que sirve para dirigir el movimiento a una máquina: *las guías de una rotativa.* ‖ — Pl. Puntas del bigote cuando están retorcidas.

guiar v. t. Ir delante mostrando el camino. ‖ Conducir: *guiar un vehículo.* ‖ Hacer que una pieza de una máquina siga un movimiento determinado. ‖ *Fig.* Aconsejar a uno en algún negocio. ‖ — V. pr. Dejarse uno dirigir o llevar.

guija f. Piedra pequeña.

guijarral m. Sitio con guijarros.

guijarro m. Piedra pequeña.

guillarse v. t. *Fam.* Chiflarse.

guillotina f. Máquina que sirve para decapitar a los condenados a muerte. ‖ Pena de muerte. ‖ *Impr.* Máquina para cortar papel, constituida esencialmente por una cuchilla que corre por un bastidor de hierro.

guillotinar v. t. Dar muerte con guillotina. ‖ *Impr.* Cortar papel con la guillotina.

güinche m. *Amer.* Grúa.

guinda f. Fruto del guindo.

guindar v. t. *Fam.* Robar.

guindilla f. Pimiento pequeño, encarnado y muy picante. ‖ *Fam.* En España, guardia municipal.

guindo m. Árbol rosáceo.

guineano, na adj. Perteneciente o relativo a Guinea. ‖ — M. y f. Habitante u originario de esta región o país de África.

guineo, a adj. y s. De Guinea. ‖ — F. Moneda inglesa antigua, equivalente a veintiún chelines.

guiñada f. Acción de guiñar.

guiñapo m. Andrajo, trapo viejo y roto. ‖ *Fig.* Persona andrajosa.

guiñar v. t. e i. Cerrar un ojo momentáneamente, lo que suele hacerse a modo de advertencia disimulada: *guiñar a alguien* (ú. t. c. pr.).

guiño m. Guiñada.

guiñol m. Títere.

guión m. Cruz que va delante del prelado o de la comunidad. ‖ Estandarte real. ‖ Bandera arrollada de una cofradía en algunas procesiones. ‖ *Fig.* El que sirve de guía. ‖ Esquema director para la redacción de un texto o para pronunciar un discurso. ‖ Texto en el que figura el diálogo de una película, con todos los detalles relativos al rodaje, tales como planos, luces, decorados, efectos especiales, etc. ‖ *Gram.* Signo ortográfico (-) que se pone al fin del renglón que termina con parte de una palabra cuya continuación, por no caber en él, se ha de escribir en el siguiente. (Sirve también para separar en varios casos los miembros de una palabra compuesta: *germano-soviético.*)

guionista com. Autor de un guión cinematográfico.

guipar v. t. *Pop.* Ver.

guipuzcoano, na adj. y s. De Guipúzcoa (España).

güira f. Árbol americano de cuyo fruto, parecido a la calabaza, se hacen platos y tazas. ‖ Fruto de este árbol. ‖ *Fam. Amer.* Cabeza.

güiraú m. Ave de tamaño mediano, alas puntiagudas y pico robusto que vive en América.

guirigay m. *Fam.* Lenguaje oscuro e ininteligible. ‖ Gritería.

guirlache m. Turrón de almendras o avellanas tostadas y caramelo.

guirnalda f. Corona o cordón de ramas, flores o papel.

güiro m. *Bol.* y *Per.* Tallo del maíz verde. ‖ *Amer.* Planta que tiene por fruto una calabaza de corteza dura y de color amarillo cuando se seca. ‖ *Antill., Méx.* y *Venez.* Instrumento músico hecho con una calabaza vacía.

guisa f. Manera, modo.

guisado m. Guiso de carne.

guisante m. Planta trepadora cuya semilla es comestible. ‖ Su semilla, llamada a veces *chícharo* o *arveja.*

guisar v. t. e i. Someter los alimentos a diversas manipulaciones utilizando el fuego con objeto de hacerlos aptos para consumirlos. ‖ *Fig.* Arreglar o disponer una cosa.

guiso m. Manjar guisado. ‖ Guisado, carne con salsa y patatas.

guisote m. Guiso mal preparado.

guisotear v. t. e i. Guisar.

guisoteo m. Acción y efecto de guisotear. ‖ Guiso casero.

güisquelite m. *Méx.* Alcachofa.

güisqui m. Whisky.

guisquil m. *Bot. Amér. C.* y *Méx.* Chayotera, planta trepadora.

guita f. Cuerda delgada, bramante. ‖ *Fam.* Dinero.

guitarra f. Instrumento músico de cuerda compuesto de una caja de madera de forma ovalada, con un estrechamiento en el centro, un mástil con varios trastes y seis clavijas para templar otras tantas cuerdas. ‖ *Amer. Fam.* Dinero.

guitarrear v. i. Tocar la guitarra.

guitarreo m. Rasgueo de guitarra de modo repetido y monótono.

guitarrería f. Taller donde se fabrican guitarras.

guitarrista com. Tocador de guitarra.

gula f. Exceso en la comida.

gulusmear v. i. Andar oliendo.

gurí, sa m. y f. *Riopl.* Niño o niña mestizo o indio. | Niño, niña; muchacho, muchacha.

guripa m. *Fam.* Soldado.

gurripato m. Pollo de gorrión. || *Pop.* Chiquillo.

gurrumino, na m. y f. Niño.

gusano m. Nombre vulgar de varios animales invertebrados de cuerpo blando, alargado y segmentado que carecen de extremidades y se mueven mediante contracciones.

gusarapo, pa m. y f. Cualquiera de los animales de forma de gusanos que se crían en los líquidos.

gustar v. t. Probar, sentir y percibir en el paladar el sabor de las cosas. || Experimentar. || — V. i. Agradar una cosa, parecer bien: *me gustan las novelas policíacas.* || Desear, querer, tener gusto en algo: *gustar de leer.* || *Amer.* Gustar de, apetecer, tener ganas: *¿gusta de ir a dar un paseo?* || *¿Usted gusta?*, expresión de cortesía usada cuando alguien empieza a comer delante de otros.

gustazo m. *Fam.* Gusto grande.

gustillo m. Dejo o saborcillo.

gusto m. Uno de los cinco sentidos corporales con que se percibe y distingue el sabor de las cosas. || Sabor: *comida de gusto dulce.* || Placer, agrado: *lo haré con gusto.* || Propia voluntad, propia determinación. || Facultad de apreciar lo bello: *tener buen gusto.* || Gracia, elegancia: *vestir con gusto.* || Manera de expresar una obra artística: *obra de gusto helénico.* || Modo de apreciar las cosas: *el gusto peculiar de cada uno.* || Inclinación, afición: *tener gustos diferentes.* || Capricho, antojo: *por su gusto nunca saldríamos de paseo.*

gustoso, sa adj. Sabroso: *plato gustoso.* || Que hace con gusto una cosa: *iré gustoso a verle.* || Agradable, placentero.

gutagamba f. Árbol de la India de cuyo tronco fluye una gomorresina. || Gomorresina de este árbol.

gutapercha f. Sustancia gomosa obtenida de un árbol de Indonesia.

gutíferas f. pl. Familia de plantas y árboles que segregan productos resinosos, como la gutagamba y la gutapercha (ú. t. c. adj.).

gutural adj. Relativo a la garganta: *grito gutural.* || *Gram.* Dícese de las consonantes cuyos sonidos se producen por aproximación o contacto del dorso de la lengua y del velo del paladar (la *g*, la *j* y la *k* son *consonantes guturales*) [ú. t. c. s. f.].

guyanés, esa adj. y s. De Guyana (Estado del Norte de América del Sur).

gymkhana f. (pal. india). Conjunto de pruebas deportivas en automóvil, motocicletas o caballos en el cual los participantes han de vencer obstáculos variados.

h

h f. Octava letra del alfabeto castellano y sexta de sus consonantes. || — **H,** símbolo del *hidrógeno,* y del *henrio* o *henry.* | — **h,** símbolo de la hora. || — *La hora H,* momento fijado para una operación.

ha, abreviatura de *hectárea.*

haba f. Planta de semilla comestible. || Su semilla.

habanero, ra adj. y s. De La Habana. || — F. Danza originaria de La Habana. || Música que la acompaña.

habano, na adj. De La Habana y, por ext., de Cuba: *cigarro habano.* || Del color de tabaco claro: *un vestido de color habano.* || — M. Cigarro puro de Cuba.

hábeas corpus m. Institución de Derecho que garantiza la libertad individual y protege las detenciones arbitrarias.

haber m. Hacienda, caudal (ú. t. en pl.). || Parte de la cuenta de una persona donde se apuntan las cantidades que se le deben. || — Pl. Retribución: *los haberes de un empleado.*

haber v. t. Poseer, tener una cosa (en este sentido se suele usar *tener*). || — V. auxiliar. Sirve para conjugar los tiempos compuestos de los verbos: *he amado; habrás leído.* || — V. impers. Suceder, ocurrir, acaecer, sobrevenir: *hubo una hecatombe.* || Verificarse, efectuarse, celebrarse: *ayer hubo conferencia.* || Dicho del tiempo, hacer: *habrá diez años que ocurrió.* || Hallarse: *había mucha gente en el mercado.* || — Haber de, tener que. || Habérselas con uno, enfrentarse con él. || Hay que, es preciso. || *Fam.* ¿*Qué hay?,* fórmula de saludo.

habichuela f. Judía.

habiente adj. *For.* Que tiene.

hábil adj. Capaz, diestro. || Inteligente: *hábil maniobra.* || *For.* Apto: *hábil para contratar.* || *Días hábiles,* días laborables.

habilidad f. Capacidad y disposición para una cosa. || Destreza: *la habilidad de un operario.* || Inteligencia, talento: *la habilidad de un político.* || Acción que demuestra la destreza o inteligencia. || Cualidad de hábil: *habilidad para testar.*

habilidoso, sa adj. y s. Que tiene habilidad, mañoso.

habilitación f. Acción y efecto de habilitar. || Cargo del habilitado. || Autorización legal dada a una persona para que ésta pueda llevar a cabo un acto jurídico.

habilitado m. Persona encargada de pagar los haberes de militares y funcionarios.

habilitar v. t. Hacer a una persona hábil o apta desde el punto de vista legal: *habilitar para suceder.* || Proveer de: *habilitar un millón de pesetas.* || Dar el capital necesario para poder negociar. || Disponer, arreglar, acondicionar: *habilitar una casa.*

habitable adj. Aplícase al sitio donde puede habitarse.

habitación f. Acción y efecto de habitar. || Cualquiera de los aposentos de la casa o morada. || Edificio o parte de él que se destina para habitarlo, domicilio. || Cuarto de dormir.

habitáculo m. Hábitat.

habitante adj. Que habita. || — M. Cada una de las personas que constituyen la población de un lugar.

habitar v. t. Vivir, morar (ú. t. c. i.).

hábitat m. Conjunto de hechos geográficos relativo a la residencia del hombre: *el hábitat rural, urbano.* || Conjunto de condiciones referentes a la vivienda.

hábito m. Traje o vestido. || Vestido que se lleva en cumplimiento de un voto: *hábito del Carmen.* || Vestidura de los religiosos: *hábito de San Francisco.* || Costumbre: *tener malos hábitos.*

habitual adj. De siempre.

habituar v. t. Acostumbrar.

habla f. Facultad o acción de hablar. || Idioma, lenguaje: *países de habla española.* || Manera de hablar: *el habla de los niños.*

habladuría f. Dicho o expresión inoportuna y desagradable. || Rumor.

hablante adj. Que habla (ú. t. c. s.).

hablar v. i. Articular, proferir palabras para darse a entender. || Conversar (ú. t. c. pr.). || Perorar: *hablar en un mitin.* || Tratar: *hablar de literatura.* || Dirigir la palabra: *le tengo que hablar.* || Aplicar cierto tratamiento: *hablar de tú a un amigo.* || Murmurar: *hablar mal del vecino.* || Rogar, interceder: *hablar en favor de un amigo.* || *Fig.* Tener relaciones amorosas: *Fernando habló tres años con Victoria* (ú. t. c. pr.). || Sonar un instrumento con expresión: *hablar el violín.* || Darse a entender por medio distinto de la palabra: *el Partenón nos habla de la grandeza de Grecia.* || — *Fig.* Hablando en plata, hablando claramente. || *Fam.* Hablar como una cotorra, más que un papagayo, por los codos, hablar mucho y muy de prisa. || ¡*Ni hablar!,* de ninguna manera. || — V. t. Conocer, emplear un idioma: *hablar inglés.* || Decir: *hablar disparates.* || — V. pr. *Fig.* Tratarse.

hacedero, ra adj. Factible.

hacedor, ra adj. y s. Que hace.

hacendado, da adj. y s. Rico, adinerado. || *Amer.* Dueño de una estancia.

hacendista com. Experto en la administración de la hacienda pública.

hacendoso, sa adj. Cuidadoso.

hacer v. t. Producir una cosa, darle el primer ser. || Fabricar, componer: *hacer un mueble.* || Disponer, arreglar: *hacer la comida.* ‖ Causar, ocasionar: *hacer humo.* ‖ Caber, contener: *esta bota hace cien litros de vino.* ‖ Efectuar: *hacer un milagro.* ‖ Ejercitar los miembros para procurar su desarrollo: *hacer piernas.* ‖ Representar: *hacer un papel de cómico.* ‖ Ocuparse en algo: *tener mucho que hacer.* ‖ Ser: *cuatro y cuatro hacen ocho.* ‖ Convertir: *hacer trizas una cosa.* ‖ Dar cierta impresión: *este vestido me hace más gorda.* ‖ Convenir: *este trabajo no me hace.* ‖ Creer, suponer: *hacía a Ramón en Málaga* (ú. t. c. pr.). ‖ Expeler del cuerpo: *hacer de vientre.* ‖ Obligar: *hacer salir del local.* ‖ Aparentar: *hacer el muerto* (ú. t. c. pr.). ‖ Proferir o producir cierto sonido: *el reloj hace tic tac.* ‖ — *Hacer las veces de,* reemplazar; servir para. ‖ *Hacer saber* o *hacer presente,* poner en conocimiento. ‖ *Hacer tiempo,* dejar pasar el tiempo. ‖ — V. i. Importar, convenir: *lo que hace al caso.* ‖ — *Hacer como,* aparentar. ‖ *Hacer de,* desempeñar el oficio de. ‖ *Hacer para* o *por,* procurar. ‖ — V. pr. Proveerse: *hacerse con dinero.* ‖ Volverse: *hacerse viejo.* ‖ Resultar: *este viaje se hace muy largo.* ‖ Crecer, irse formando: *hacerse los árboles.* ‖ Convertirse en, llegar a ser. ‖ Apartarse: *se hizo a un lado. Fam.* Acostumbrarse: *yo me hago a cualquier clase de vida.* ‖ Lograr: *se hizo con mucho dinero con aquel negocio.* ‖ — V. impers. Hablando del tiempo, hacerlo bueno o malo: *hace calor.* ‖ Haber transcurrido cierto tiempo: *hace tres días.*

hacha f. Tea de esparto y alquitrán. ‖ Herramienta cortante provista de un mango utilizada para cortar leña o labrar toscamente la madera. ‖ Arma antigua de guerra de forma similar a la anterior. ‖ *Fam.* As, persona que sobresale en algo.

hache f. Nombre de la lecha *h.*

hachís m. Composición narcótica extraída del cáñamo oriental.

hacia prep. Indica la dirección del movimiento: *hacia la derecha.* ‖ Alrededor de, cerca de: *hacia las cuatro de la tarde.*

hacienda f. Finca agrícola o rural. ‖ Fortuna. ‖ Labor, faena casera (ú. m. en pl.). ‖ *Amer.* Ganado. ‖ — *Hacienda pública,* tesoro público, rentas del Estado. ‖ *Ministerio de Hacienda,* el que se ocupa de la recaudación fiscal y de proveer los gastos públicos.

hacina f. Conjunto de haces apilados. ‖ *Fig.* Montón.

hacinamiento m. y **hacinación** f. Amontonamiento.

hacinar v. t. Poner los haces unos sobre otros formando hacina. ‖ *Fig.* Amontonar, acumular. ‖ — V. pr. Amontonarse.

hada f. Ser fantástico de sexo femenino que adivina lo futuro.

haddock m. Cierta variedad de pescado ahumado procedente de los mares nórdicos de Europa.

hado m. Destino.

hafnio m. Metal blanco del grupo de las tierras raras (Hf).

hagiografía f. Historia de la vida de los santos.

haitiano, na adj. y s. De Haití.

¡hala! interj. Se usa para animar.

halagador, ra adj. Que halaga.

halagar v. t. Dar motivo de satisfacción o envanecimiento. ‖ Adular.

halago m. Alabanza, lisonja.

halagüeño, ña adj. Que halaga.

halar v. t. *Mar.* Tirar de un cabo, de una lona o un remo. ‖ Remar hacia adelante.

halcón m. Ave rapaz diurna.

hálito m. Aliento. ‖ Soplo de aire.

hall [*jol*] m. (pal. ingl.). Entrada.

hallar v. t. Encontrar (ú. t. c. pr.).

hallazgo m. Acción de hallar.

halo m. Cerco luminoso que rodea a veces el Sol y la Luna. ‖ Cerco brillante que se pone sobre la cabeza de las imágenes de los santos. ‖ *Fig.* Atmósfera que rodea a una persona.

haltera f. Instrumento de gimnasia formado por dos bolas o discos metálicos unidos por una barra.

halterofilia f. Deporte consistente en el levantamiento de pesos y halteras.

hamaca f. Red o lona que se cuelga horizontalmente y sirve de cama y columpio. ‖ Tumbona. ‖ *Riopl.* Mecedora.

hamacar v. t. *Riopl.* Mecerse.

hamaquear v. t. *Amer.* Mecer.

hambre f. Gana y necesidad de comer. ‖ *Fig.* Deseo ardiente.

hambriento, ta adj. y s. Que tiene hambre. ‖ *Fig.* Deseoso.

hamburgués, esa adj. y s. De Hamburgo (Alemania). ‖ — F. Bistec de carne picada hecho a la parrilla y que suele servirse en un panecillo.

hampa f. Género de vida de los pícaros y maleantes y su conjunto.

hand ball [*janbol*] m. (pal. ingl.). Balonmano.

handicap m. (pal. ingl.). Prueba deportiva en la que se da ventaja a ciertos competidores para igualar las posibilidades. ‖ *Fig.* Cualquier desventaja.

hangar m. Cobertizo.

haploide adj. Aplícase a un núcleo de la célula que tiene *n* cromosomas, o sea la mitad del número de cromosomas del huevo fecundado.

haragán, ana adj. y s. Holgazán.

haraganear v. i. Holgazanear.

haraganería f. Pereza.

harakiri [*jara*-] y **haraquiri** m. En el Japón, suicidio ritual que consiste en abrirse el vientre.

harapiento, ta adj. Haraposo.

harapo m. Andrajo, guiñapo.

haraposo, sa adj. Andrajoso.

hardware m. (pal. ingl.). Conjunto de los elementos materiales que constituyen un ordenador.

harén m. Entre los musulmanes, departamento de la casa donde viven las concubinas. ‖ Conjunto de estas mujeres.

harina f. Polvo resultante de la molienda de diversos granos.

harinero, ra adj. Relativo a la harina. ‖ — M. Persona que comercia en harina o la fabrica.

harnero m. Especie de criba.

hartada f. Hartazgo.

hartar v. t. Saciar el apetito de comer o beber (ú. t. c. i. y pr.). ‖ *Fig.* Satisfacer el deseo de una cosa. Ú. t. c. pr.: *hartarse de dormir.* ‖ Fastidiar, cansar. Ú. t. c. pr.: *hartarse de esperar.* ‖ Dar en gran cantidad: *hartar a uno de palos.*

hartazgo y **hartura** m. Saciedad incómoda que resulta de hartarse.

hasta prep. Sirve para expresar el término de lugares, acciones y cantidades continuas o discretas:

desde aquí hasta allí. || — Conj. y adv. Equivalente a incluso, aun, también: le hubiese hasta pegado.

hastiar v. t. Asquear (ú. t. c. pr.).

hastío m. Asco.

hatajo m. Pequeño hato de ganado. || Fig. Conjunto, abundancia.

hatillo m. Hato pequeño de ganado. || Pequeño lío de ropa.

hato m. Porción de ganado: un hato de bueyes. || Fig. Junta de gente de mal vivir: un hato de pícaros. | Hatajo, montón. || Lío de ropa y efectos que lleva uno consigo cuando va de un sitio para otro.

haya f. Árbol de tronco liso. || Su madera.

hayense adj. y s. De Presidente Hayes (Paraguay).

haz m. Porción atada de mieses, leña, etc. || Fís. Conjunto de rayos luminosos emitidos por un foco. || — F. Cara o rostro. || Cara de una hoja, de cualquier tela, etc., opuesta al envés.

haza f. Porción de tierra de labor.

hazaña f. Hecho heroico.

hazmerreír m. Objeto de burlas.

he adv. Con los adverbios aquí y allí o los pronombres enclíticos me, te, la, le, lo, las, los sirve para señalar una persona o cosa: heme aquí; hela allí; he aquí el dilema.

He, símbolo del helio.

hebilla f. Broche para ajustar correas, cintas, etc.

hebra f. Porción de hilo que se pone en una aguja. || Fibra de la carne. || Filamento de las materias textiles: hebra de lino. || Filamento del tabaco picado. || Fig. Hilo del discurso.

hebraico, ca adj. Hebreo.

hebraísta com. Persona que cultiva la lengua y la literatura hebreas.

hebreo, a adj. y s. Aplícase al pueblo semítico que conquistó y habitó Palestina, también llamado israelita y judío. || — M. Lengua de los hebreos.

hecatombe f. Calamidad.

hechicería f. Profesión y acto del hechicero. || Hechizo, maleficio.

hechicero, ra m. y f. Persona que el vulgo creía estaba en relación con el diablo para producir maleficios. || En los cuentos, brujo. || — Adj. Fig. Atractivo, que por su belleza cautiva y atrae: niña hechicera.

hechizar v. t. Emplear prácticas supersticiosas para someter a uno a influencias maléficas. || Fig. Despertar una persona o cosa admiración, cautivar.

hechizo m. Cosa supersticiosa de que se vale el hechicero para lograr su objetivo. || Fig. Persona o cosa que cautiva el ánimo.

hecho, cha adj. Perfecto, acabado: hombre hecho; vino hecho. || Fig. Semejante a: estaba hecho una fiera. || Con los adv. bien o mal, bien o mal proporcionado: mujer muy bien hecha. || — M. Acción, obra. || Acontecimiento, suceso: un hecho histórico.

hechor m. Amer. Garañón, semental. || Ecuad. Malhechor.

hechura f. Ejecución, confección: la hechura de un traje. || Criatura, respecto de su creador: somos hechuras de Dios. || Cualquier cosa respecto del que la ha hecho. || Forma exterior.

hectárea f. Diez mil metros cuadrados (símb. ha).

hecto, prefijo que multiplica por cien la unidad.

hectogramo m. Cien gramos.

hectolitro m. Cien litros.

hectómetro m. Cien metros.

heder v. i. Despedir mal olor.

hediondez f. Hedor, mal olor.

hediondo, da adj. Pestilente.

hedonismo m. Doctrina que considera el placer como único fin de la vida.

hedor m. Mal olor.

hegemonía f. Supremacía.

hégira o **héjira** f. Comienzo de la cronología musulmana, situado el 16 de julio de 622, día de la huida de Mahoma de La Meca a Medina.

helada f. Congelación de los líquidos.

heladera f. Máquina para hacer helados. || Amer. Nevera.

heladería f. Tienda donde se fabrican o venden helados.

helado, da adj. De consistencia sólida a causa del frío: lago helado. || Fig. Muy frío: tener los pies helados. | Atónito, suspenso: helado del susto. | Frío, desdeñoso: temperamento helado. || — M. Crema azucarada, a veces con zumo de frutas o licor, que se congela en un molde y constituye un manjar refrescante.

helar v. t. Solidificar un líquido por medio del frío: el frío hiela el agua de los ríos. || Fig. Dejar a uno suspenso. | Desanimar, amilanar: helar el entusiasmo a uno. || — V. pr. Ponerse helada una cosa: helarse el aceite. || Quedarse muy frío. || Echarse a perder los vegetales por causa de la congelación. || Fig. Pasar mucho frío. || — V. impers. Formarse hielo.

helecho m. Género de plantas criptógamas de los lugares húmedos.

helénico, ca adj. Griego.

helenista com. Persona versada en la lengua y literatura griegas.

helenístico, ca adj. Aplícase al griego alejandrino. || Dícese del período histórico que va desde la conquista de Alejandro Magno hasta la dominación romana.

helenizar v. t. Dar carácter griego. || — V. pr. Adoptar las costumbres, lengua y civilización griegas.

heleno, na adj. y s. Griego.

helero m. Masa de hielo en las altas montañas.

hélice f. Sistema de propulsión, tracción o sustentación, constituido por palas helicoidales, que giran sobre un eje: hélice de un avión. || Anat. Parte más externa y periférica del pabellón auditivo.

helicoidal adj. De figura de hélice.

helicóptero m. Aeronave cuya sustentación y propulsión se deben a hélices horizontales que le permiten ascender y descender en sentido vertical.

helio m. Quím. Cuerpo simple gaseoso (He).

heliograbado m. Impr. Procedimiento fotomecánico para obtener grabados en hueco. || Estampa así obtenida.

helioterapia f. Med. Tratamiento basado en la luz solar.

heliotropo m. Género de plantas de flores olorosas. || Su flor.

helipuerto m. Pista de aterrizaje para helicópteros.

helminto m. Gusano parásito intestinal.

helvecio, cia adj. y s. Suizo.

helvético, ca adj. y s. Suizo.

hematíe m. Glóbulo rojo de la sangre.

hematites f. *Min.* Óxido natural de hierro rojo y a veces pardo.

hematoma m. Derrame de sangre en una cavidad natural o en un tejido debido a la ruptura de algún vaso.

hembra f. Animal del sexo femenino. || Mujer. || *Fig.* Pieza con un hueco o agujero por donde otra se introduce y encaja. | El mismo hueco.

hemeroteca f. Biblioteca de diarios y periódicos.

hemiciclo m. Semicírculo. || Salón de forma semicircular con gradas. || *Fig.* Sala de sesiones del Parlamento.

hemiplejía o **hemiplejia** f. Parálisis de todo un lado del cuerpo.

hemipléjico, ca adj. y s. Relativo a la hemiplejía o que padece esta parálisis.

hemíptero, ra adj. Dícese de los insectos de cuatro alas, trompa chupadora y pico articulado (ú. t. c. s. m.).

hemisferio m. Mitad de una esfera. || *Astr.* Cada una de las dos partes iguales en que se divide el globo terrestre o la esfera celeste: *hemisferio sur, meridional* o *austral* y *hemisferio norte, septentrional* o *boreal.*

hemofilia f. Enfermedad caracterizada por la excesiva fluidez y dificultad de coagulación de la sangre.

hemoglobina f. Materia colorante del glóbulo rojo de la sangre.

hemoptisis f. Tuberculosis.

hemorragia f. Flujo de sangre de cualquier parte del cuerpo. || *Fig.* Pérdida: *hemorragia de divisas.*

hemorroide f. *Med.* Almorrana.

henchir v. t. Llenar.

hendedura f. Hendidura.

hender v. t. Hacer o causar una hendidura. || *Fig.* Abrirse paso.

hendidura f. Abertura.

hendir v. t. Hender.

henequén m. *Amer.* Agave.

heno m. Planta gramínea de los prados. || Hierba segada y seca para alimento del ganado.

henrio o **henry** m. *Fís.* Unidad de inductancia eléctrica (símb. H).

hepático, ca adj. Del hígado.

hepatitis f. Inflamación del hígado, de origen tóxico o infeccioso.

heptaedro m. Poliedro de siete caras.

heptágono, na adj. Que tiene siete ángulos. || — M. Polígono de siete lados.

heptarquía f. Gobierno de siete personas. || País dividido u organizado en siete reinos.

heptasílabo, ba adj. De siete sílabas: *verso heptasílabo* (ú. t. c. s. m.).

heráldico, ca adj. Relativo al blasón. || — F. Ciencia del blasón.

heraldo m. Mensajero, portavoz.

herbívoro, ra adj. y s. m. Aplícase al animal que se alimenta de hierbas.

herbolario m. Persona o tienda que vende hierbas medicinales.

herciano, na adj. Hertziano.

herciniano, na adj. *Geol.* Aplícase al último plegamiento del primario (ú. t. c. s. m.).

hercio m. V. HERTZ.

heredad f. Finca o hacienda.

heredar v. t. Suceder por disposición testamentaria o legal en los bienes y acciones que tenía uno al tiempo de su muerte (ú. t. c. i.). || Darle a uno heredades, posesiones o bienes raíces. || *Biol.* Recibir los seres vivos los caracteres físicos y morales que tienen sus padres.

heredero, ra adj. y s. Que hereda.

hereditario, ria adj. Transmisible por herencia.

hereje com. Persona que profesa o defiende una herejía.

herejía f. Doctrina que, dentro del cristianismo, es contraria a la fe católica: *la herejía arriana.* || *Fig.* Sentencia errónea contra los principios de una ciencia o arte.

herencia f. Derecho de heredar. || Bienes que se transmiten por sucesión. || *Biol.* Transmisión de los caracteres normales o patológicos de una generación a otra.

heresiarca com. Hereje.

herético, ca adj. De la herejía.

herida f. Rotura hecha en las carnes con un instrumento o por efecto del fuerte choque con un cuerpo duro. || *Fig.* Lo que ofende el amor propio o el honor. | Dolor profundo.

herido, da adj. y s. Que ha recibido una herida. || *Fig.* Ofendido. | Afligido.

herir v. t. Romper o abrir la carne de una persona o animal con un arma o cualquier otra cosa (ú. t. c. pr.): *herir de una pedrada, de un disparo.* || *Fig.* Ofender. | Caer los rayos del Sol sobre una cosa: *la luz solar hiere la vista.* | Producir una impresión desagradable: *sonido que hiere el oído.*

hermafrodita m. Individuo de la especie humana que aparentemente reúne los órganos reproductores de ambos sexos.

hermanado, da adj. Aparejado: *calcetines hermanados.* || *Fig.* Igual y uniforme en todo a una cosa. || Asociado: *ciudades hermanadas.*

hermanamiento m. Acción y efecto de hermanar o hermanarse. || Convenio de hermandad entre dos ciudades de diferentes países.

hermanar v. t. Aparear objetos de la misma índole: *hermanar calcetines de varios colores.* || Unir, juntar, armonizar: *hermanar esfuerzos.* || Hacer a uno hermano de otro espiritualmente: *la desgracia los hermanó* (ú. t. c. pr.). || Asociar dos ciudades de distintos países para desarrollar sus intercambios.

hermanastro, tra m. y f. Hijo de uno de los dos consortes con respecto al hijo del otro.

hermandad f. Relación de parentesco que hay entre hermanos. || *Fig.* Amistad íntima, fraternidad. | Analogía o correspondencia entre dos cosas. | Cofradía. | Liga o confederación. | Asociación de dos ciudades de distintos países.

hermano, na m. y f. Persona que con respecto a otra tiene los mismos padres o por lo menos uno de ellos. || *Fig.* Dícese de las personas que están unidas por algún motivo afectivo: *hermanos en el dolor.* | Individuo de una hermandad, cofradía, etc.: *hermanos francmasones.* | Religioso de ciertas órdenes: *hermana de la Caridad.* || — Adj. Dícese de las cosas que, por su común origen, tienen caracteres análogos: *lenguas hermanas.*

hermeticidad f. Hermetismo.

hermético, ca adj. Que no deja pasar nada ni hacia fuera ni hacia dentro: *tapa hermética.* || *Fig.* Difícil de entender.

hermetismo m. Calidad de hermético.

hermosear v. t. Embellecer.

hermosillense adj. y s. De Hermosillo (México).

hermoso, sa adj. Dotado de hermosura.

hermosura f. Belleza grande.

hernandeño, ña adj. y s. De Hernandarias (Paraguay).

hernia f. Tumor blando producido por la salida total o parcial de una víscera u otra parte blanda de la cavidad que la encerraba.

herniado, da adj. y s. Que padece hernia.

héroe m. El que ejecuta una acción heroica. || *Fig.* Personaje principal de una obra literaria, de una aventura, de una película. (El femenino es *heroína*).

heroicidad f. Calidad de heroico. || Acción heroica.

heroico, ca adj. Propio del héroe. || Que requiere valor. || Muy poderoso y eficiente: *remedio heroico.*

heroína f. Mujer que lleva a cabo un hecho heroico. || *Fig.* La protagonista de una obra literaria o de una aventura. || Alcaloide derivado de la morfina, analgésico y sedante.

heroinomanía f. Toxicología causada por la heroína.

heroinómano, na adj. Dícese del toxicómano de heroína (ú. t. c. s.).

heroísmo m. Acción heroica.

herpes m. Erupción cutánea.

herrada f. Cuba de madera.

herradero m. Acción y efecto de marcar con el hierro los ganados.

herradura f. Semicírculo de hierro que se pone para protección en el casco de las caballerías. || — *Arq.* Arco de herradura, el mayor que una semicircunferencia. || *Camino de herradura,* sendero apto sólo para el paso de caballerías.

herraje m. Conjunto de piezas de hierro con que se guarnece o asegura un artefacto: *el herraje de una puerta.*

herramental adj. y s. m. Dícese de la caja o bolsa en que se guardan y llevan las herramientas. || — M. Conjunto de herramientas de un oficio.

herramienta f. Instrumento con el que se realiza un trabajo manual o mecánico.

herrar v. t. Ajustar y clavar las herraduras a una caballería. || Marcar con hierro candente.

herrerano, na adj. y s. De Herrera (Panamá).

herrería f. Oficio de herrero. || Taller o tienda del herrero.

herreriano, na adj. Dícese del estilo arquitectónico, de cierta severidad, propio de Juan Bautista de Herrera.

herrerillo m. Pájaro insectívoro.

herrero m. Operario que forja el hierro a mano.

herrete m. Cabo metálico en los extremos de los cordones, cintas, etc., para que puedan entrar fácilmente en los ojetes.

herrín m. y **herrumbre** f. Orín.

herrumbroso, sa adj. Mohoso.

hertz m. *Fís.* Unidad de frecuencia (símb. Hz), igual a un período por segundo.

hertziano, na adj. *Fís.* Dícese de las ondas radioeléctricas.

hertzio m. V. HERTZ.

hervidero m. Muchedumbre de personas o de animales: *hervidero de gente.*

hervido m. *Amer.* Cocido u olla.

hervir v. i. Agitarse un líquido por la acción del calor o por la fermentación (ú. t. c. t.). || *Fig.* Agitarse mucho el mar. | Abundar: *hervir de gente.* || *Fig. Hervir en cólera,* estar furioso. || — V. t. Cocer en un líquido que está en ebullición.

hervor m. Ebullición. || *Fig.* Fogosidad, entusiasmo.

hetaira f. Mujer pública.

heteróclito, ta adj. *Fig.* Que resulta de la mezcla de cosas inconexas.

heterodoxia f. Disconformidad con la doctrina fundamental.

heterodoxo adj. y s. No conforme con la doctrina fundamental.

heterogeneidad f. Calidad de heterogéneo. || Mezcla de partes de diversa naturaleza en un todo.

heterogéneo, a adj. Compuesto de partes de diversa naturaleza.

heterosexual adj. y s. Dícese de aquel que se siente atraído por personas del sexo opuesto.

hevea f. Árbol de cuyo látex se obtiene el caucho.

hexaedro m. Poliedro de seis caras planas.

hexágono, na m. Polígono de seis lados y seis ángulos.

hexápodo, da adj. Que posee seis patas (ú. t. c. s.).

hez f. Poso o sedimento de un líquido (ú. m. en pl.). || *Fig.* Lo más despreciable. || — Pl. Excrementos.

Hf, símbolo del *hafnio.*

Hg, símbolo del *mercurio.*

hiato m. *Gram.* Sonido desagradable que se produce al chocar dos vocales no diptongadas, por ejemplo *va a América; de este a oeste.*

hibernación f. *Med.* Terapéutica que consiste en reducir de modo considerable y progresivo la temperatura del organismo del paciente para facilitar ciertas intervenciones quirúrgicas o para tratar las quemaduras graves. || Estado letárgico invernal de ciertos animales, entre ellos la marmota, el murciélago, etc.

hibernal adj. Invernal.

hibernar v. i. Ser tiempo de invierno. || Pasar el invierno. || — V. t. Someter a hibernación.

hibridación f. Producción de seres híbridos.

híbrido, da adj. Aplícase al animal o al vegetal que procede de dos individuos de distinta especie: *el mulo es un animal híbrido.* || *Fig.* Constituido por elementos de distinto origen. | Mal definido.

hidalgo, ga Dícese de la persona de la clase noble (ú. t. c. s.).

hidalguense adj. y s. De Hidalgo (México).

hidalguía f. Nobleza.

hidra f. Culebra acuática.

hidrartrosis f. Hinchazón de una articulación.

hidratación f. Transformación de un cuerpo en hidrato.

hidratar v. t. Combinar un cuerpo con el agua: *hidratar la cal.*

hidrato m. *Quím.* Combinación de un cuerpo simple o compuesto con una o varias moléculas de agua.

hidráulico, ca adj. Relativo a la hidráulica. || Que se mueve o funciona por medio del agua. || — F. Parte de la mecánica de los fluidos que trata de las leyes que rigen los movimientos de los líquidos.

hidroavión m. Avión que puede posarse en el agua y despegar de ella.

hidrocarburo m. Carburo de hidrógeno: *el petróleo, el gas natural, el benceno, el metano, el propano, el tolueno y el naftaleno son hidrocarburos.*

hidrocefalia f. Hidropesía del encéfalo.

hidrodinámico, ca adj. Relativo a la hidrodinámica. || – F. Estudio del movimiento de los líquidos.

hidroelectricidad f. Energía eléctrica obtenida por medios hidráulicos.

hidroeléctrico, ca adj. Relativo a la electricidad obtenida por hulla.

hidrofobia f. Rabia de los animales.

hidrófobo, ba adj. y s. Que padece hidrofobia: *perro hidrófobo.*

hidrogenación f. Combinación con hidrógeno.

hidrogenar v. t. Combinar con hidrógeno.

hidrógeno m. Cuerpo simple (símb. H) de número atómico 1, gaseoso, peso atómico 1,008, que entra en la composición del agua.

hidrografía f. Estudio de los mares y las corrientes de agua.

hidrólisis f. *Quím.* Descomposición de ciertos compuestos orgánicos por la acción del agua.

hidropesía f. Acumulación anormal de humor seroso en una cavidad del cuerpo.

hidroma m. Tumor seroso.

hidroplano m. Embarcación de casco plano provista de unos patines inclinados que, al aumentar la velocidad, tienden a levantarla del agua. || Hidroavión.

hidrosol m. Solución coloidal en la que el agua constituye un elemento dispersivo.

hidrostático, ca adj. Relativo al equilibrio de los líquidos. || – F. Parte de la mecánica que estudia las condiciones de equilibrio de los líquidos y la repartición de las presiones que éstos ejercen.

hidroterapia f. Tratamiento médico basado en las propiedades del agua.

hidróxido m. *Quím.* Combinación del agua con un óxido metálico.

hidroxilo m. Radical formado por un átomo de hidrógeno y otro de oxígeno.

hiedra f. Planta trepadora.

hiel f. Bilis. || *Fig.* Amargura.

hielo m. Agua solidificada por el frío. || Acción de helar o helarse.

hiena f. Género de mamíferos carniceros nocturnos.

hierático, ca adj. Relativo a las cosas sagradas o a los sacerdotes. || *Fig.* Que afecta gran austeridad y solemnidad: *actitud hierática.*

hierba f. Planta pequeña de tallo tierno cuyas partes aéreas mueren cada año. || Pastos. || Años.

hierbabuena f. Planta labiada aromática usada como condimento. || Su hoja.

hierra f. Acción de marcar con el hierro el ganado. | Época en que se hace.

hierro m. Metal de color gris azulado de gran utilización en la industria y en las artes (símb. Fe). || Punta de metal de un arma. || *Poét.* Arma. || Marca que con hierro candente se pone a los ganados y se ponía a los delincuentes. || – Pl. Grillos o cadenas que se ponían a los presos. || – *Fig. De hierro,* robusto, resistente: *salud de hierro;* inflexible: *disciplina de hierro.* || Edad de hierro, período

prehistórico en que el hombre comenzó a usar este metal. || *Hierro colado* o *fundido,* el que sale de los altos hornos.

higa f. Burla.

higadillo m. Hígado de animales pequeños, particularmente de las aves.

hígado m. *Anat.* Víscera que segrega la bilis. || – Pl. *Fig.* Valor.

higiene f. Parte de la medicina que estudia la manera de conservar la salud mediante la adecuada adaptación del hombre al medio en que vive y contrarrestando las influencias nocivas que puedan existir en este medio. || *Fig.* Limpieza, aseo en viviendas y poblaciones.

higiénico, ca adj. De la higiene. || *Papel higiénico,* el fino utilizado para el aseo en el retrete.

higienizar v. t. Hacer higiénico. || Someter algo a tratamiento de modo que pueda consumirse: *higienizar la leche.*

higo m. Fruto que da la higuera después de la breva.

higrometría f. Parte de la física que estudia la humedad atmosférica.

higroscopia f. I ligrometría.

higroscopicidad f. Propiedad de algunos cuerpos de absorber la humedad atmosférica.

higuera f. Árbol de la familia de las moráceas cuyos frutos son primero la breva y luego el higo.

hijastro, tra m. y f. Hijo o hija de uno de los cónyuges respecto del otro que no los procreó.

hijo, ja m. y f. Persona o animal respecto de su padre o de su madre. || Nombre que se suele dar al yerno o a la nuera, respecto de los suegros. || Expresión de cariño: *ven aquí, hijo, que te abrace.* || *Fig.* Cualquier persona, respecto del país, provincia o pueblo de que es natural: *hijo de España.* | Obra o producción del ingenio: *hijo de su talento.* || – Pl. *Fig.* Descendientes: *hijos de los incas.*

hijodalgo m. Hidalgo.

hijuela f. Cosa aneja o subordinada a otra principal. || Conjunto de los bienes que forman la herencia.

hilada f. Hilera.

hilado m. Acción de hilar.

hilandero, ra m. y f. Persona que hila.

hilar v. t. Convertir en hilo: *hilar algodón.* || Elaborar su hilo el gusano de seda y los insectos. || *Fig.* Inferir unas cosas de otras. | Tramar: *hilar una intriga.*

hilarante adj. Que da risa.

hilaridad f. Explosión de risa.

hilatura f. Arte de hilar.

hilaza f. Hilado. || Hilo.

hilera f. Formación en línea recta: *hilera de espectadores.*

hilo m. Hebra larga y delgada que se forma retorciendo cualquier materia textil: *hilo de seda.* || Tela de fibra de lino: *pañuelo de hilo.* || Ropa blanca de lino o cáñamo. || Cordón o cable conductor de la electricidad. || Alambre muy delgado. || Hebra que producen las arañas y el gusano de seda. || *Fig.* Chorro muy delgado: *hilo de sangre.* | Desarrollo de un discurso, de un relato, de un pensamiento. || – *Fig. Estar pendiente de un hilo,* estar en constante peligro. | *Estar con el alma en un hilo,* estar lleno de inquietud. | *Hilo de voz,* voz muy débil. | *Mover los hilos,* dirigir algo.

hilván m. Costura a grandes puntadas con que se une provisionalmente lo que se ha de coser. || Cada una de estas puntadas.

hilvanado m. Acción de hilvanar.

hilvanar v. t. Coser con hilvanes. || *Fig.* Trazar, forjar.

himen m. *Anat.* Membrana que en la mujer virgen reduce el orificio externo de la vagina.

himeneo m. Casamiento.

himenóptero, ra adj. y s. m. Dícese de los insectos que tienen cuatro alas.

himno m. Cántico.

hincapié m. *Hacer hincapié,* insistir.

hincar v. t. Introducir una cosa en otra. Ú. t. c. pr.: *se me ha hincado una astilla en la mano.*|| Apoyar una cosa en otra como para clavarla. || *Pop. Hincar el pico,* morir. || — V. pr. *Hincarse de rodillas,* arrodillarse.

hincha f. Antipatía, encono: *tener hincha a uno.* || — M. y f. Fanático defensor, partidario entusiasta.

hinchado, da adj. Lleno: *globo hinchado.* || *Fig.* Vanidoso, presumido: *persona hinchada.* | Hiperbólico y afectado: *estilo hinchado.* || — F. *Fig.* Conjunto de hinchas: *la hinchada del fútbol.*

hinchar v. t. Hacer que aumente el volumen de un cuerpo: *hinchar un balón.* || *Fig.* Exagerar: *hinchar una noticia.* || — V. pr. Aumentar de volumen: *hincharse una mano.* || *Fig.* Envanecerse: *hincharse de orgullo.* | Comer con exceso: *me hinché de caviar.* | Hartarse: *hincharse de correr.* || *Fam.* Ganar mucho dinero.

hinchazón f. Efecto de hincharse.

hindi m. Idioma de la India.

hindú adj. Que profesa la doctrina del hinduismo (ú. t. c. s.). || Nativo de la India, indio (ú. t. c. s.).

hinduismo m. Religión bramánica, la más difundida en la India.

hinojo m. Planta de la familia de las umbelíferas muy aromática. || — Pl. Rodillas: *está de hinojos.*

hioides adj. y s. m. inv. *Anat.* Dícese del hueso flotante situado a raíz de la lengua y encima de la laringe.

hipar v. i. Tener hipo.

hiper m. *Fam.* Hipermercado.

hipérbola f. *Geom.* Lugar de los puntos de un plano cuya diferencia de distancias a dos puntos fijos (focos) es constante.

hipérbole f. Exageración de la verdad de la que se habla.

hiperbolizar v. i. Utilizar hipérboles.

hipercrítico, ca adj. Muy crítico. || — F. Crítica severa.

hipermercado m. Supermercado de grandes dimensiones situado generalmente fuera de las poblaciones.

hipermétrope adj. y s. Que padece hipermetropía.

hipermetropía f. Anormalidad del ojo en que los rayos luminosos forman el foco detrás de la retina, y que se corrige por medio de lentes convexas.

hiperrealismo m. Corriente artística contemporánea caracterizada por la presentación fría y casi fotográfica de la realidad.

hiperrealista adj. Relativo al hiperrealismo. || Seguidor de esta corriente artística (ú. t. c. s.).

hipersensibilidad f. Gran sensibilidad.

hipertensión f. *Med.* Tensión excesivamente alta de la sangre.

hipertrofia f. Desarrollo excesivo.

hipertrofiar v. t. *Med.* Aumentar con exceso el volumen de un órgano: *el alcohol hipertrofia el hígado* (ú. t. c. pr.). || — V. pr. *Fig.* Desarrollarse excesivamente.

hípico, ca adj. Relativo al caballo y a la equitación.

hipido [*jipido*] m. Acción de hipar.

hipismo m. Deporte hípico.

hipnosis f. *Med.* Sueño producido por el hipnotismo.

hipnótico, ca adj. Relativo a la hipnosis. || — M. Medicamento narcótico.

hipnotismo m. *Med.* Procedimiento empleado para producir el sueño llamado magnético por fascinación, mediante influjo personal o por aparatos adecuados. || Ciencia que trata de estos fenómenos.

hipnotización f. Acción de hipnotizar.

hipnotizador, ra adj. y s. Que hipnotiza.

hipnotizar v. t. Dormir a alguien por el procedimiento del hipnotismo. || *Fig.* Atraer de modo irresistible.

hipo m. Movimiento convulsivo del diafragma que produce una respiración interrumpida y violenta que causa algún ruido.

hipocentro m. *Geol.* Punto subterráneo, debajo del epicentro, donde se ha originado el seísmo.

hipocondrio m. *Anat.* Cada una de las dos partes laterales de la región del epigastrio situada debajo de las costillas falsas (ú. m. en pl.).

hipocresía f. Fingimiento de cualidades o sentimientos contrarios a los que verdaderamente se tienen. || Acción hipócrita.

hipócrita adj. Que finge cualidades o sentimientos que no tiene (ú. t. c. s.). || Fingido, falso.

hipodérmico, ca adj. Que está o se pone debajo de la piel.

hipodermis f. Parte profunda de la piel debajo de la dermis.

hipódromo m. Campo de carreras de caballos.

hipófisis f. *Anat.* Glándula endocrina bajo el encéfalo.

hipopótamo m. Mamífero paquidermo de labios grandes y patas cortas. || *Fig.* Persona enorme.

hiposulfúrico adj. *Quím.* Dícese de un ácido obtenido por combinación del azufre con el oxígeno.

hipotálamo m. *Anat.* región del encéfalo situada en la base cerebral, unida por un tallo nervioso a la hipófisis en la que residen centros de la vida vegetativa.

hipoteca f. Finca que garantiza el pago de un empréstito. || *For.* Derecho real que grava bienes inmuebles para responder del pago de una deuda: *levantar una hipoteca.*

hipotecar v. t. Garantizar un crédito mediante hipoteca. || Someter a hipoteca: *hipotecar una casa.* || *Fig.* Comprometer: *hipotecar el futuro.*

hipotecario, ria adj. Relativo a la hipoteca: *banco hipotecario.* || Garantizado por una hipoteca.

hipotensión f. Tensión baja.

hipotenusa f. Lado opuesto al ángulo recto en un triángulo rectángulo.

hipótesis f. Suposición.

hipotético, ca adj. Dudoso.

hirsuto, ta adj. Dícese del pelo erizado.
hisopo m. Utensilio para echar agua bendita.
hispalense adj. y s. Sevillano.
hispánico, ca adj. Relativo a España. || Español (ú. t. c. s.).
hispanidad f. Conjunto de los pueblos hispanos. || Hispanismo, amor a lo hispano.
hispanismo m. Giro o vocablo propio de la lengua española. || Voz de esta lengua introducida en otra. || Afición a las lenguas, literaturas y cosas de España. || Carácter hispano o español.
hispanista com. Persona que se dedica a los estudios hispánicos.
hispanizar v. t. Españolizar.
hispano, na adj. y s. Hispánico. || Español. || De Hispanoamérica. || Dícese de los hispanoamericanos residentes en Estados Unidos.
hispanoamericanismo m. Doctrina que tiende a la unión espiritual de los pueblos hispanoamericanos.
hispanoamericano, na adj. Relativo a los españoles y americanos. || De Hispanoamérica (ú. t. c. s.).
hispanoárabe adj. Del arte o civilización árabe en España (ú. t. c. s.). || Dícese del caballo que resulta del cruce entre un pura sangre árabe y un pura sangre andaluz.
hispanofilia f. Amor a España.
hispanófilo, la adj. y s. Aficionado a la cultura, historia y costumbres de España.
hispanofobia f. Odio a España.
hispanófobo adj. y s. Que tiene odio a España.
hispanohablante adj. y s. Dícese de la persona que tiene el español como lengua materna.
hispanojudío, a adj. Dícese del judío español (ú. t. c. s.).
hispanomusulmán, ana adj. Relativo a la época de dominación musulmana en España (ú. t. c. s.).
histeria f. o **histerismo** m. Neurosis caracterizada por ataques convulsivos, parálisis, sofocaciones, etc.
histérico, ca adj. Relativo a la histeria (ú. t. c. s.). || *Fig.* Que padece histeria (ú. t. c. s.). || *Fig.* Que reacciona afectivamente de modo exagerado (ú. t. c. s.).
historia f. Desarrollo de la vida de la humanidad. || Narración verdadera y ordenada de los acontecimientos pasados y de las cosas memorables de la actividad humana. || Descripción de los seres: *historia natural.* || Relato: *contar una historia.* || *Fig.* Fábula, cuento: *no me vengas con historias.* | Chisme, enredo: *historias de comadres.*
historiador, ra m. y f. Persona que escribe historia o que la estudia.
historial adj. Relativo a la historia. || — M. Reseña detallada de los antecedentes de un asunto, de los servicios o carrera de un funcionario o empleado. || Breve reseña sobre la actividad de un deportista, de un club, etc.
historiar v. t. Contar o escribir historias. || Exponer las vicisitudes por las que ha pasado una persona o cosa. || *Fam. Amer.* Complicar.
histórico, ca adj. Perteneciente a la historia: *edificio histórico.* || Digno de figurar en la historia: *acontecimiento histórico.* || *Fig.* Muy importante: *entrevista histórica.* || *Gram. Presente histórico,* tiempo usado a menudo en los relatos.
historieta f. Cuento breve. || *Historietas ilustradas,* tiras cómicas, tebeos.
histrión m. Actor teatral.

hito m. Mojón de piedra. || Cosa importante que sirve de punto de referencia: *hito en la historia.*
hit-parade m. (pal. ingl.). Clasificación de las canciones según su popularidad.
hobby m. (pal. ingl.). Ocupación secundaria a modo de pasatiempo que sirve para distraerse de las ocupaciones habituales.
hocicar v. i. *Fig.* Tropezar con un obstáculo o dificultad.
hocicazo m. *Fam.* Caída.
hocico m. Parte saliente más o menos alargada de la cabeza de ciertos animales. || Boca del hombre cuando tiene los labios muy abultados. || *Fig.* y *fam.* Cara. Ú. m. en pl.: *caer de hocicos.*
hociquera f. *Amer.* Bozal para cubrir la boca de los animales.
hockey m. (pal. ingl.). Juego de pelota sobre terreno de hierba en el que se utiliza un bastón (stick) y cuyas reglas recuerdan las del fútbol. || *Hockey sobre hielo,* juego análogo practicado sobre pista de hielo.
hogaño adv. Hoy, actualmente.
hogar m. Sitio donde se enciende lumbre. || *Fig.* Casa o domicilio de uno. || Familia: *fundar un hogar.* | Vida de familia: *gustarle a uno el hogar.*
hogareño, ña adj. Amante del hogar (ú. t. c, s.). || De la familia.
hogaza f. Pan grande.
hoguera f. Porción de materias combustibles que, encendidas, levantan mucha llama. || Montón de leña en el que se quemaba a los condenados al suplicio del fuego.
hoitziltotol m. *Méx.* Colibrí.
hoja f. Cada una de las partes, generalmente verdes, planas y delgadas que nacen en la extremidad de los tallos y ramas de los vegetales. || Pétalo. || Lámina delgada de cualquier materia: *hoja de papel, de metal.* || Folio de un libro o cuaderno. || Cuchilla de ciertas armas o herramientas: *hoja de afeitar.* || Cada una de las partes de la puerta o ventana que se cierra. || *Fig. Diario: Hoja oficial.* || — *Hoja de servicios,* historial profesional de un funcionario o deportista. || *Fam. Sin vuelta de hoja,* sin discusión.
hojalata f. Lámina de hierro o acero estañada por las dos caras. || *Méx.* Chapa.
hojalateo m. *Méx.* Chapistería.
hojalatería f. Tienda o taller de objetos de hojalata.
hojalatero, ra m. y f. Persona que trabaja en hojalata. || *Méx.* Chapista.
hojaldre m. Masa que, al cocerse, hace hojas delgadas superpuestas.
hojarasca f. Hojas secas.
hojear v. t. Pasar las hojas de un libro. || *Fig.* Leer un libro superficialmente.
¡hola! interj. Se emplea como saludo o para expresar sorpresa.
holandés, esa adj. y s. De Holanda. || — M. Idioma hablado en este país. || — F. Hoja de papel de escribir del tamaño 21 × 27 cm.
holding m. (pal. ingl.). Organización financiera que participa en varias empresas, del mismo o de distintos sectores, entre las cuales crea una verdadera comunidad de intereses.
holgado, da adj. Ancho: *traje holgado.* || No apretado: *ir holgados en un coche.* || Desocupado, ocioso. || *Fig.* Que vive con bienestar.

holganza f. Descanso, reposo. || Ociosidad, pereza. || Diversión.

holgar v. i. Descansar. || No trabajar: *holgar los domingos.* || Divertirse. || Ser inútil: *huelgan las explicaciones.* || — V. pr. Divertirse, entretenerse. || Alegrarse.

holgazán, ana adj. y s. Perezoso.

holgazanear v. i. Estar voluntariamente ocioso, hacer poco o nada.

holgazanería f. Pereza.

holgura f. Anchura, amplitud. || Bienestar: *vive con holgura.* || Ajuste amplio entre piezas mecánicas.

hollar v. t. Pisar.

hollín m. Materia crasa y negra del humo.

holocausto m. Sacrificio.

holtejo m. Piel delgada de algunas frutas o legumbres.

hombre m. Mamífero bimano del orden de los primates, dotado de razón y de lenguaje articulado: *existen varias razas de hombres.* || Ser humano del sexo masculino: *el hombre y la mujer.* || El que ha llegado a la edad viril, adulto. || Especie humana en general: *el hombre fue creado por Dios a su imagen.* || *Fam.* Marido. || Persona: *un hombre de bien.* || Soldado: *una tropa de mil hombres.* || — ¡*Hombre!* interj. de sorpresa, cariño, admiración, duda. || *Hombre de la calle,* el ciudadano medio. || *Hombre de letras,* literato. || *Fig. Hombre de paja,* persona que presta su nombre en un negocio que en realidad pertenece a otro, testaferro. || *Hombre rana,* el provisto del equipo necesario para descender a las profundidades submarinas.

hombrera f. Pieza de la armadura que defendía los hombros. || Adorno de algunos vestidos y uniformes en el hombro. || Relleno de guata que los sastres colocan en las chaquetas para armar el hombro.

hombría f. Calidad de hombre. || *Hombría de bien,* honradez.

hombro m. Parte superior y lateral del tronco, del hombre y de los cuadrumanos, de donde nace el brazo. || Parte correspondiente del vestido.

hombruno, na adj. *Fam.* Dícese de la mujer que tiene aspecto varonil.

homenaje m. Juramento de fidelidad. || Acto que se celebra en honor de una persona. || *Fig.* Sumisión.

homenajeado, da m. y f. Persona que recibe un homenaje.

homenajear v. t. Rendir homenaje.

homeopatía f. *Med.* Sistema curativo que aplica a las enfermedades, en dosis mínimas, las mismas sustancias que en mayores cantidades producirían síntomas iguales a los que se trata de combatir.

homicida adj. Que causa la muerte de una persona. || — M. y f. Asesino.

homicidio m. Muerte causada a una persona por otra.

homilía f. Plática religiosa.

homófono, na adj. *Gram.* Aplícase a las voces de distinto significado pero de igual sonido, como *solar,* sustantivo, *solar,* adjetivo, y *solar,* verbo; *errar* y *herrar,* etc.

homogeneidad f. Calidad de homogéneo.

homogeneización f. Acción de homogeneizar. || Tratamiento que sufre la leche para impedir la separación de sus elementos.

homogeneizar v. t. Volver homogéneo.

homogéneo, a adj. Perteneciente a un mismo género. || Dícese del compuesto cuyos elementos son de igual naturaleza. || *Fig.* Muy unido: *un grupo homogéneo.*

homologación f. *For.* Acción y efecto de homologar. || Inscripción oficial de un récord deportivo.

homologar v. t. *For.* Dar firmeza las partes al fallo de los árbitros en virtud de consentimiento tácito. || Registrar y confirmar oficialmente el resultado de una prueba deportiva realizada de acuerdo con las normas federativas: *homologar el récord de los 100 m libres.* || Reconocer conforme a ciertas normas. || Hacer homólogo: equiparar, relacionar dos cosas en función de su igualdad o semejanza.

homonimia f. Calidad de homónimo.

homónimo, ma adj. y s. Dícese de dos o más personas o cosas que llevan el mismo nombre. || *Gram.* Dícese de las palabras que siendo iguales por su forma tienen distinta significación, como *banco,* establecimiento de crédito, *banco,* asiento, y *banco,* conjunto de peces.

homosexual adj. y s. Dícese de la persona que tiene afinidad sexual con las de su mismo sexo.

homosexualidad f. *Med.* Estado de los individuos que sólo son atraídos sexualmente por personas de su propio sexo.

honda f. Tira de cuero o trenza de esparto para lanzar piedras.

hondo, da adj. Que tiene profundidad. || Dícese de la parte más baja de un terreno. || *Fig.* Recóndito: *en lo más hondo de mi alma.* | Intenso: *hondo pesar.* | Aplícase al cante andaluz o flamenco. (Se dice también *cante jondo.*) ||—M. Fondo.

hondonada f. Depresión.

hondura f. Profundidad.

hondureñismo m. Vocablo o giro propio de los hondureños. || Condición de hondureño. || Amor a Honduras.

hondureño, ña adj. y s. Natural de Honduras. || Perteneciente a esta nación de América. || — M. Modalidad del castellano hablado en Honduras.

honestamente adv. Con honestidad.

honestidad f. Honradez.

honesto, ta adj. Honrado.

hongo m. Cualquier planta talofita, sin clorofila, que vive como saprófita, parásita o en simbiosis. || Sombrero de fieltro de copa redonda.

honor m. Sentimiento profundo de la propia dignidad moral: *hombre de honor.* || Honestidad, recato de la mujer. || Buena fama, consideración: *defender el honor de alguien.* || Cosa que honra: *su invitación es un honor para mí.* || Prestigio. ||— Pl. Ceremonial que se tributa a una persona: *rendir honores militares.*

honorabilidad f. Cualidad de la persona honorable.

honorable adj. Digno de ser honrado. || Tratamiento que se da al presidente de la Generalidad de Cataluña.

honorar v. t. Honrar.

honorario, ria adj. Que sirve para honrar a uno. || Que sólo tiene los honores del cargo: *presidente honorario.* ||— M. pl. Emolumentos en las profesiones liberales.

honorífico, ca adj. Que da honor y no provecho material.

honoris causa loc. lat. A título honorífico: *doctor honoris causa*.

honra f. Estima y respeto de la dignidad propia. ‖ Buena fama. ‖ Pudor y recato en las mujeres. ‖ *Fig.* Cosa o persona de la cual se puede uno sentir orgulloso: *ser la honra del país.* ‖ — Pl. Exequias, funerales.

honradez f. Cualidad de honrado.

honrado, da adj. Que procede con rectitud e integridad. ‖ Digno de consideración: *conducta honrada.*

honrar v. t. Respetar, venerar. ‖ Enaltecer o premiar el mérito: *honrar al sabio.* ‖ Ser motivo de orgullo. ‖ Conceder algo que se considera honorífico: *honrar con su amistad.* ‖ — V. pr. Tener a honra ser o hacer una cosa.

honrilla f. Puntillo o pundonor.

honroso, sa adj. Que da honra.

hora f. Cada una de las veinticuatro partes en que se divide el día solar. ‖ *Astr.* Vigesimocuarta parte de la línea equinoccial. ‖ *Fig.* Cita: *pedir hora a un médico.* ‖ Momento de la muerte: *a cada uno le llega su hora.* ‖ — Pl. Libro que contiene varios rezos. ‖ — *Hora punta,* momento de mayor afluencia (transportes) o de mayor consumo (energía). ‖ *Horas extraordinarias,* las que se trabajan de más.

horadación f. Perforación.

horadador, ra adj. y s. Que horada.

horadar v. t. Perforar.

horario, ria adj. Relativo a las horas: *media horaria.* ‖ *Círculos horarios,* círculos máximos que pasan por los polos, señalan las horas del tiempo verdadero y dividen el globo en *husos horarios* que abarcan las regiones que tienen la misma hora oficial. ‖ — M. Aguja del reloj que señala las horas. ‖ Cuadro indicador de las horas de salida y llegada: *horario de trenes.* ‖ Repartición de las horas del trabajo.

horca f. Conjunto de dos maderos hincados en el suelo y otro que los une por encima sobre el cual se colgaba a los ajusticiados.

horcajadas (a) m. adv. A caballo.

horchata f. Bebida refrescante a base de almendras o chufas.

horchatería f. Establecimiento donde se vende horchata.

horda f. Tropa salvaje.

horizontal adj. Paralelo al horizonte. ‖ — F. Línea horizontal.

horizontalidad f. Calidad o carácter de horizontal.

horizonte m. Línea aparente que separa la tierra del cielo. ‖ Espacio circular de la superficie del globo encerrado en dicha línea. ‖ Espacio a que puede extenderse la vista: *tener un horizonte limitado.* ‖ *Fig.* Extensión de una actividad.

horma f. Molde para dar forma.

hormiga f. Género de insectos del orden de los himenópteros que viven bajo tierra en hormigueros. ‖ *Fig.* Persona paciente y trabajadora.

hormigón m. Mezcla de arena, grava y mortero amasado con agua.

hormigonado m. Trabajo hecho con hormigón.

hormigueante adj. Que hormiguea.

hormiguear v. i. Experimentar en una parte del cuerpo la sensación de picor. ‖ *Fig.* Bullir de gente.

hormigueo m. Comezón, picor.

hormiguero m. Lugar donde se crían las hormigas. ‖ *Fig.* Sitio donde hay muchas personas: *un hormiguero de chiquillos.*

hormona f. *Biol.* Producto de secreción interna de ciertos órganos.

hormonal adj. De las hormonas.

hornacina f. Hueco en un muro.

hornada f. Lo que se cuece de una vez en un horno. ‖ *Fig.* Conjunto de individuos de una misma promoción.

hornilla y **hornillo** m. Horno.

horno m. Obra abovedada de fábrica que sirve para someter a la acción del calor diversas sustancias. ‖ Compartimento en el interior de una cocina donde se asan las viandas. ‖ *Fig.* Lugar muy caliente. ‖ *Alto horno,* el de cuba muy prolongada para fundir mena de hierro.

horóscopo m. Predicción.

horquilla f. Alfiler doblado para sujetar el cabello. ‖ Pieza de la bicicleta o motocicleta en que entra la rueda delantera.

horrendo, da adj. Espantoso.

hórreo m. Granero.

horrible adj. Horrendo.

hórrido, da adj. Horrendo.

horrificar v. t. Horrorizar.

horrífico, ca adj. Horrendo.

horripilación f. Acción de horripilar u horripilarse.

horripilante y **horripilativo, va** adj. Que horripila.

horripilar v. t. Hacer que se ericen los cabellos. ‖ Horrorizar.

horrísono, na adj. Horroroso.

horror m. Temor causado por algo espantoso. ‖ Repulsión, odio, aversión. ‖ *Fig.* Atrocidad. Ú. m. en pl.: *los horrores de la guerra.* ‖ —Pl. *Fig.* Cosas extraordinarias, maravillas. ‖ — Adv. *Fam.* Mucho: *me gusta horrores comer.*

horrorizar v. t. Causar horror. ‖ — V. pr. Tener horror.

horroroso, sa adj. Que produce horror. ‖ *Fam.* Muy feo o malo.

hortaliza f. Verduras y demás plantas comestibles de las huertas.

hortelano, na adj. De las huertas. ‖ — M. y f. Cultivador de huertas.

hortense adj. De la huerta.

hortensia f. Arbusto de hermosas flores. ‖ Esta flor.

hortera com. Chabacano, persona carente de clase.

horterada f. Chabacanería.

hortícola adj. Relativo al huerto.

horticultor, ra m. y f. Persona que se dedica a la horticultura.

horticultura f. Cultivo de los huertos y huertas.

hosanna m. Exclamación o cántico de júbilo en la liturgia católica.

hosco, ca adj. Severo, áspero.

hospedaje u **hospedamiento** m. Alojamiento. ‖ Lo que se paga por ello.

hospedar v. t. Recibir huéspedes en su casa. ‖ — V. pr. Alojarse.

hospedería f. Hospedaje, alojamiento. ‖ Casa destinada al alojamiento de visitantes.

hospiciano, na m. y f. Persona acogida en un hospicio.

hospicio m. Casa para albergar peregrinos y pobres. ‖ Asilo en el que se aloja y educa a niños pobres, expósitos o huérfanos.

hospital m. Establecimiento público o privado donde los enfermos reciben tratamiento médico.

hospitalario, ria adj. Acogedor.

hospitalense adj. y s. De Hospitalet (España).

hospitalidad f. Acción de recibir y albergar a uno gratuitamente por caridad o cortesía.

hospitalización f. Admisión y estancia en un hospital.

hospitalizar v. t. Llevar a uno al hospital.

hosquedad f. Mal humor.

hostelería f. Conjunto de la profesión hotelera.

hostelero, ra m. y f. Persona dueña o encargada de una hostería.

hostería f. Establecimiento hotelero.

hostia f. Disco de pan ázimo que el sacerdote consagra en el sacrificio de la misa.

hostigador, ra adj. y s. Que hostiga.

hostigamiento m. Acción de hostigar.

hostigar v. t. Acosar.

hostil adj. Contrario, enemigo.

hostilidad f. Condición de hostil. ‖ Acción hostil. ‖ Enemistad. ‖ Oposición. ‖ — Pl. Estado de guerra.

hostilizar v. t. Hostigar.

hotel m. Establecimiento donde los viajeros pueden comer y albergarse mediante pago: *hotel de lujo.* ‖ Edificio separado de los otros, generalmente con jardín, destinado al alojamiento de una sola familia.

hotelería f. Hostelería.

hotelero, ra adj. Relativo al hotel. ‖ — M. y f. Propietario de un hotel o encargado del mismo.

hoy adv. En este día.

hoya f. Hoyo grande. ‖ Sepultura: *tener un pie en la hoya.* ‖ Llano extenso entre montañas: *la hoya de Málaga.*

hoyo m. Agujero en la tierra o en cualquier superficie. ‖ Sepultura. ‖ Señal que dejan las viruelas. ‖ En golf, agujero.

hoz f. Instrumento de hoja corva y mango corto para segar mieses. ‖ *La hoz y el martillo,* emblema de la U.R.S.S. y, generalmente, de los partidos comunistas.

hua, elemento que entra en muchas voces americanas y a veces toma la forma *gua.*

huaca f. *Amer.* Guaca.

huacal m. *Amer.* Guacal.

huacamole m. *Amer.* Guacamole.

huachafería f. *Per.* Cursilería.

huachafo, fa y **huachafoso, sa** adj. *Per.* Cursi. (ú. t. c. s.).

huaco m. *Per.* y *Chil.* Guaco.

huancaíno, na adj. y s. De Huancayo (Perú).

huancavelicano, na adj. y s. De Huancavelica (Perú).

huango m. *Amer.* Guango.

huanuqueño, ña adj. y s. De Huánuco (Perú).

huapango m. *Méx.* Fiesta popular típica de Veracruz. ‖ Música, baile y cantos de esa fiesta.

huaquear v. i. *Amer.* Guaquear.

huarache m. *Méx.* Sandalia.

huarasino, na adj. y s. De Huarás (Perú).

huasca f. *Chil.* y *Per.* Guasca.

huasipungo m. *Ecuad.* Tierra que reciben los jornaleros del campo además de su jornal.

huaso, sa adj. y s. *Amer.* Guaso.

huasteca, huaxteca o **huazteca** adj. y s. Dícese del miembro y de lo relativo a un antiguo pueblo maya (ú. t. c. s.).

hucha f. Alcancía. ‖ *Fig.* Ahorros.

hue, elemento que entra en varias voces americanas, que a veces toma la forma de *güe.*

hueco, ca adj. Vacío, que tiene una cavidad interior: *pared hueca.* ‖ De sonido retumbante y profundo: *voz hueca.* ‖ *Fig.* Vacío, sin ideas: *discurso hueco.* ‖ Afectado: *estilo hueco.* ‖ Cavidad: *aquí hay un hueco.* ‖ Intervalo de tiempo o lugar: *encontrar un hueco en sus ocupaciones.*

huecograbado m. *Impr.* Heliograbado en hueco sobre cilindros de cobre para reproducción en máquina rotativa. ‖ Este grabado.

huelga f. Interrupción concertada del trabajo que hacen los obreros para obligar a los patronos a ceder ante sus reivindicaciones: *huelga de brazos caídos, de celo, de hambre, general, salvaje.*

huelguista com. Persona que toma parte en una huelga.

huelguístico, ca adj. Relativo a la huelga o a los huelguistas.

huella f. Señal que deja el pie: *se ven huellas en la nieve.* ‖ *Fig.* Marca, vestigio. ‖ *Huella digital* o *dactilar,* marca dejada por la yema de los dedos, utilizada para identificar a las personas.

huemul m. *Arg.* y *Chil.* Ciervo que vive en los Andes.

huérfano, na adj. Dícese del niño que se ha quedado sin padre o sin madre o que ha perdido a los dos (ú. t. c. s.). ‖ *Fig.* Falto de alguna cosa: *quedar huérfano de amparo.*

huero, ra adj. Que no produce cría: *huevo huero.* ‖ *Fig.* Vacío: *mentalidad huera.*

huerta f. Huerto grande. ‖ Llanura bien irrigada donde se practica el cultivo intensivo.

huertano, na adj. y s. Dícese del habitante de las comarcas de regadío, como Murcia, Valencia, etc., llamadas *huertas.*

huerto m. Terreno de poca extensión donde se cultivan verduras, legumbres y frutales.

hueso m. Cada una de las piezas duras que forman el esqueleto de los vertebrados. ‖ Materia que las constituye. ‖ Parte dura interior que contiene la semilla de ciertos frutos: *hueso de cereza.* ‖ *Fig.* y *fam.* Cosa trabajosa: *este trabajo es un hueso.* | Persona de carácter desagradable y trato difícil: *este capitán es un hueso.* | Asignatura muy difícil.

huésped, da m. y f. Persona que se hospeda en casa ajena o en un establecimiento hotelero. ‖ Animal o planta en cuyo cuerpo se aloja un parásito.

hueste f. Ejército en campaña. ‖ *Fig.* Grupo de seguidores (ú. más en pl.).

hueva f. Masa de huevecillos de ciertos peces.

huevería f. Tienda del huevero.

huevero, ra m. y f. Comerciante en huevos. ‖ Recipiente pequeño donde se coloca el huevo pasado por agua.

huevo m. *Biol.* Célula resultante de la unión del gameto masculino con el femenino y que por división producirá un nuevo ser, animal o vegetal. ‖ Cuerpo orgánico que contiene el germen o embrión del nuevo individuo, producido por las hembras de muchos animales. | El de las aves domésticas: *huevos de gallina.*

huevón adj. m. *Méx.* Dícese de la persona lenta, tarda, despaciosa (ú. t. c. s.). || Dícese de la persona tonta, mentecata (ú. t. c. s.). || Dícese de la persona cándida (ú. t. c. s.). || Dícese de la persona valiente, valerosa (ú. t. c. s.).

hugonote, ta adj. y s. Calvinista.

hui, elemento que entra en varias voces americanas y a veces adopta la forma *güi.*

huida f. Acción de huir.

huidor, ra adj. Que huye (ú. t. c. s.).

huilacapiztli m. Pequeña flauta de hueso o barro usada por los indígenas mexicanos.

huilense adj. y s. De Huila (Colombia).

huincha f. *Amer.* Cinta.

huir v. i. Escaparse, evitar.

huira f. *Amer.* Güira.

hule m. Caucho o goma elástica. || Tela impermeable.

hulero m. *Amer.* Trabajador que recoge el caucho o hule.

hulla f. Carbón fósil procedente de vegetales que han sufrido una transformación a través de las eras geológicas; se le llama también *carbón de piedra.* || *Hulla blanca,* energía obtenida a partir de los saltos de agua.

hullero, ra adj. Relativo a la hulla.

humaiteño, ña adj. y s. De Humaitá (Paraguay).

humanidad f. Naturaleza humana. || Género humano: *benefactor de la humanidad.* || Bondad, compasión, benevolencia: *tratar a todos con humanidad.* || *Fam.* Muchedumbre: *este cuarto huele a humanidad.* || — Pl. Letras humanas: *estudiar humanidades.*

humanismo m. Conjunto de tendencias intelectuales y filosóficas cuyo objetivo es el desarrollo de las cualidades esenciales del hombre. || Movimiento intelectual que se desarrolló en Europa en la época del Renacimiento (s. XVI) para renovar el estudio de las lenguas, literaturas y civilizaciones griega y latina.

humanista com. Filósofo que funda su doctrina en el desarrollo de las cualidades esenciales del hombre. || Persona versada en las letras humanas. || Escritor perteneciente al movimiento llamado *humanismo.* || — Adj. Relativo al humanismo.

humanitario, ria adj. Humano.

humanitarismo m. Humanidad.

humanización f. Acción de humanizar.

humanizar v. t. Volver más humano (ú. t. c. pr.).

humano, na adj. Del hombre. || Compasivo, caritativo.

humareda f. Humo.

humeante adj. Que humea.

humear v. i. Echar humo. || — V. t. *Amer.* Fumigar.

humectación f. Humedecimiento.

humectar v. t. Humedecer.

humedad f. Estado de húmedo.

humedecer v. t. Volver húmeda una cosa (ú. t. c. pr.).

humedecimiento m. Acción y efecto de humedecer.

húmedo, da adj. Impregnado de un líquido. || Con mucha lluvia.

húmero m. Hueso del brazo que se articula en la escápula y el codo.

humidificación m. Humedecimiento.

humidificar v. t. Humedecer.

humildad f. Virtud opuesta al orgullo. || Modestia. || Sumisión.

humilde adj. Que da muestra de humildad. || De muy modesta condición Ú. t. c. s.: *favorecer a los humildes.*

humillación f. Acción de humillar o de humillarse. || Afrenta.

humillador, ra adj. Que humilla.

humillante adj. Degradante.

humillar v. t. Bajar, abatir: *humillar el orgullo.* || Bajar, doblar una parte del cuerpo en señal de reverencia o sumisión: *humillar la cabeza.* || Avergonzar, rebajar a alguien en su dignidad. || — V. pr. Rebajarse voluntariamente.

humillo m. Vanidad, orgullo (ú. más en pl.).

humita f. *Per., Chil* y *Arg.* Pasta a base de maíz tierno rallado, pimientos, tomates, cebollas, queso, ají y ajo que se cuece en agua hirviendo envuelta en la hoja verde de la mazorca, recalentándola después de fría en el rescoldo.

humitero, ra m. y f. Persona que fabrica o vende humitas.

humo m. Mezcla de gases, de vapor de agua y de partículas tenues de carbón que se desprende de los cuerpos en combustión. || Vapor que se desprende de un líquido caliente o cualquier cosa que fermenta. || — Pl. *Fig.* Vanidad, presunción: *¡cuántos humos tiene!*

humor m. Cualquiera de los líquidos del cuerpo del animal, como la sangre, la bilis. || *Fam.* Pus, materia, etc. || *Fig.* Estado de ánimo: *tener buen humor.* | Gracia, agudeza: *hombres de humor.* | Buena disposición que tiene una persona para realizar algo. | Facultad de descubrir y poner de relieve lo que es cómico, la ridiculez. || *Humor negro,* gracia a costa de cosas que suscitarían, desde otra perspectiva, compasión o lástima.

humorada f. Chiste: *decir humoradas.* || Capricho. || Composición poética que encierra un consejo moral o un pensamiento filosófico.

humorismo m. Estilo literario en que se hermanan la gracia con la ironía y lo alegre con lo triste.

humorista adj. Dícese del autor en cuyos escritos predomina el humorismo (ú. t. c. s.). || — M. y f. Autor de canciones satíricas.

humorístico, ca adj. Relativo al humorismo. || Satírico y gracioso.

humus m. *Agr.* Mantillo.

hundimiento m. Acción de hundir.

hundir v. t. Meter en lo hondo: *hundir un puñal en el pecho.* || Hacer bajar el nivel de algo: *las lluvias han hundido el terreno.* || Echar a pique: *hundir un barco* (ú. t. c. pr.). || *Fig.* Abrumar, abatir: *la muerte de su padre le hundió.* | Arruinar: *hundir un negocio* (ú. t. c. pr.). | Perjudicar mucho: *su mala actuación le hundió.* | Enflaquecer: *hundir las mejillas* (ú. t. c. pr.). | — V. pr. Sucumbir: *hundirse un imperio.* || Derrumbarse, desplomarse: *la techumbre se ha hundido.*

húngaro, ra adj. y s. De Hungría. || — M. Lengua de los húngaros.

huno, na adj. y s. Dícese del individuo de un pueblo bárbaro de raza mongólica establecido en Asia Central.

huracán m. Viento violento.

huraño, ña adj. Poco sociable.

hurgar v. t. Menear o remover: *hurgar la lumbre.* || Tocar: *hurgar un mecanismo.* || Fisgar (ú. t. c. i.).

hurgón m. Instrumento de hierro para atizar la lumbre.

hurón m. Mamífero carnívoro del género de la comadreja.

huronear v. i. *Fig.* Curiosear.

huroniano, na adj. *Geol.* Aplícase a la parte superior del terreno primitivo en el Canadá y en Escandinavia (ú. t. c. s. m.).

¡hurra! interj. Expresa admiración, entusiasmo o alegría.

hurtadillas (a) adv. Furtivamente.

hurtar v. t. Robar. || *Fig.* Apartar, esquivar, alejar: *hurtar el cuerpo.*

hurto m. Robo. || Cosa hurtada.

húsar m. Soldado de un antiguo cuerpo de caballería ligera.

husmeador, ra adj. y s. Que husmea.

husmear v. t. Oler, olfatear. || *Fig.* Indagar, curiosear. || Presentir: *husmear el peligro.*

husmeo m. Acción de husmear.

huso m. Palo para hilar. || Instrumento para devanar la seda. || — *Geom. Huso esférico,* parte de la superficie de una esfera comprendida entre dos mitades de círculo máximo de diámetro común. || *Huso horario,* cada uno de los veinticuatro husos geométricos de una amplitud de 15° en que se divide convencionalmente la esfera terrestre y en los cuales la hora legal es la misma.

hutía f. Mamífero roedor existente en las selvas de América.

¡huy! interj. Expresa dolor, melindre, asombro o admiración.

Hz, símbolo del *hertz.*

i

i f. Novena letra del alfabeto castellano y tercera de sus vocales. ‖ — **I,** cifra romana que vale uno. ‖ Símbolo químico del *yodo.* ‖ *Fam. Poner los puntos sobre las ies,* hablar de manera muy clara.

ibaguereño, ña adj. y s. De Ibagué (Colombia).

ibarreño, ña adj. y s. De la ciudad de Ibarra (Ecuador).

iberismo m. Carácter de ibero.

ibero, ra adj. y s. De Iberia, dícese de un pueblo que habitó en España. ‖ — M. Lengua de los iberos.

iberoamericano, na adj. y s. De Iberoamérica (países de América de lengua española o portuguesa).

ibicenco, ca adj. y s. De Ibiza (España). ‖ — M. Dialecto balear hablado en Ibiza.

ibis f. Ave zancuda de pico largo.

iceberg m. (pal. ingl.). Masa de hielo flotante en los mares polares.

icho o **ichu** m. Planta gramínea de América común en los Andes.

icono m. En la Iglesia ortodoxa, imagen sagrada.

iconoclasta adj. y s. Dícese de los miembros de una secta que proscribía el culto a las imágenes. ‖ *Fig.* Que no respeta los valores tradicionales.

icosaedro m. *Geom.* Sólido limitado por veinte caras.

ictericia f. *Med.* Enfermedad producida por la presencia en la sangre de pigmentos biliarios.

ictiología f. Parte de la zoología que estudia a los peces.

ictiosauro m. Reptil fósil con aspecto de tiburón.

ida f. Acción de ir.

idea f. Representación mental de una cosa real o imaginaria: *tener una idea clara de algo.* ‖ Modo de ver: *ideas políticas.* ‖ Intención: *tener idea de casarse.* ‖ Impresión, creencia.‖ Opinión. ‖ Conocimiento: *no tengo la menor idea de lo que quiere.* ‖ Primera concepción: *a este técnico se le debe la idea de una máquina.* ‖ Imagen, recuerdo.

ideal adj. Relativo a la idea. ‖ Que existe sólo en la imaginación, irreal. ‖ Perfecto: *mujer ideal.* ‖ Maravilloso. ‖ — M. Perfección suprema: *ideal de belleza.* ‖ Prototipo, modelo o ejemplar perfecto. ‖ Objetivo al que uno aspira: *tener un ideal.*

idealismo m. Tendencia a idealizar las cosas.

idealista adj. y s. Que persigue un ideal que puede ser quimérico.

idealización f. Creación de una forma imaginaria de algo.

idealizar v. t. Dar un carácter ideal.

idear v. t. Pensar, discurrir. ‖ Imaginar, inventar: *ideó mil subterfugios.*

ideario m. Repertorio de ideas.

ídem adv. lat. El mismo, lo mismo.

idéntico, ca adj. Exactamente igual.

identidad f. Calidad de idéntico, similitud: *identidad de pareceres.* ‖ Conjunto de caracteres que diferencian a las personas entre sí.

identificación f. Acción de identificar. ‖ Compenetración.

identificar v. t. Hacer que dos o varias cosas distintas aparezcan como idénticas (ú. m. c. pr.). ‖ *For.* Reconocer si una persona es la que se busca: *identificar a un delincuente.* ‖ — V. pr. Llegar a tener las mismas ideas, voluntad, deseo, etc.: *actor que se identifica con su papel.*

idílico, ca adj. Maravilloso.

idilio m. Pequeño poema de asunto bucólico y amoroso. ‖ Amor.

idioma m. Lengua de un país o nación o común a varios.

idiosincrasia f. Manera de ser.

idiota adj. y s. Que padece de idiotez. ‖ *Fig.* Tonto.

idiotez f. Insuficiencia de desarrollo mental debida a lesiones o malformaciones cerebrales. ‖ *Fig.* Imbecilidad.

idiotismo m. Expresión.

idiotizar v. t. Volver idiota.

ido, da adj. Chiflado.

idólatra adj. y s. Que adora ídolos.

idolatrar v. t. Adorar.

idolatría f. Adoración.

ídolo m. Figura de una divinidad a la que se da adoración. ‖ *Fig.* Persona amada o admirada.

idoneidad f. Aptitud para algo.

idóneo, a adj. Adecuado.

iglesia f. Templo cristiano. ‖ Sociedad religiosa fundada por Jesucristo. ‖ Cualquier comunión cristiana: *la Iglesia protestante.* ‖ Conjunto de las creencias, ministros y fieles de la religión católica: *la Iglesia española.* ‖ Clero.

iglú o **igloo** m. Vivienda esquimal hecha con bloques de nieve en forma de cúpula.

ignaro, ra adj. Ignorante (ú. t. c. s.).

ígneo, a adj. De fuego.

ignición f. Combustión.

ignifugación f. Acción y efecto de ignifugar.

ignifugar v. t. Cubrir una sustancia ignífuga para evitar que una cosa arda.

ignífugo, ga adj. y s. m. Que protege contra el incendio.

ignominia f. Infamia.

ignominioso, sa adj. Infame.

ignorancia f. Carencia de instrucción.

ignorante adj. y s. Que no tiene instrucción o conocimiento.

ignorar v. t. No saber.
ignoto, ta adj. No conocido.
igual adj. De la misma naturaleza, calidad o cantidad: *dos distancias iguales.* || Semejante: *no he visto cosa igual.* || Muy parecido: *su hija es igual que ella.* || De la misma clase o condición. Ú. t. c. s.: *es mi igual.* || Que no varía, no mudable: *clima siempre igual.* || Liso: *superficie igual.* || Indiferente: *me es igual.* || — M. Signo de la igualdad (=). || — Adv. De la misma manera.
igualación f. o **igualamiento** m. Acción y efecto de igualar.
igualador, ra adj. y s. Que iguala.
igualar v.t. Hacer igual o poner al igual. || Allanar, alisar: *igualar los terrenos.* || — V. i. Ser una cosa igual a otra. Ú. t. c. pr.: *igualarse dos cantidades.* || En deporte, tener un tanteo igual al de la parte adversa.
igualatorio m. Centro médico que presta servicio a sus asociados mediante una cuota periódica.
igualdad f. Conformidad de una cosa con otra en naturaleza, forma, calidad o cantidad. || Identidad: *igualdad de opiniones.* || Mat. Expresión de equivalencia de dos cantidades. || Llanura: *igualdad de un terreno.*
igualitario, ria adj. Que entraña o tiende a la igualdad.
iguana f. Reptil saurio.
iguánidos m. pl. Familia de reptiles saurios (ú. t. c. adj.).
iguanodonte m. Reptil dinosaurio de la época cretácea.
ijada f. o **ijar** m. Cavidad entre las costillas falsas y las caderas.
ikastola f. (pal. vasca). En el País Vasco, escuela primaria.
ikurriña f. Bandera del País Vasco.
ilación f. Acción y efecto de deducir una cosa de otra. || Conexión.
ilegal adj. Que va contra la ley.
ilegalidad f. Falta de legalidad.
ilegible adj. Que no puede leerse.
ilegitimar v. t. Privar de legitimidad.
ilegitimidad f. Falta de legitimidad.
ilegítimo, ma adj. No legítimo. || Nacido de padres que no están casados.
íleon m. Anat. Tercera posición del intestino delgado que empieza en el yeyuno y termina en el ciego. || Porción lateral del hueso innominado que forma la cadera.
ileso, sa adj. Sin lesión.
iletrado, da adj. y s. Analfabeto.
iliaco, ca o **ilíaco, ca** adj. Anat. Relativo al ilion. || *Hueso iliaco,* el que forma el esqueleto de la cadera.
ilicitano, na adj. y s. De Elche (España).
ilícito, ta adj. No legal.
ilicitud f. Calidad de ilícito.
ilimitado, da adj. Sin límites.
ilion m. Anat. Hueso de la cadera que unido al isquion y al pubis forma el hueso iliaco.
ilógico, ca adj. Sin lógica.
iluminación f. Acción de iluminar. || Alumbrado para realzar ciertos edificios, monumentos, etc. || Cantidad de luz.
iluminado, da adj. Alumbrado. || Dícese de las personas que ven visiones en materia de religión (ú. t. c. s.).

iluminar v. t. Alumbrar, dar luz: *el Sol ilumina los planetas.* || Adornar con muchas luces: *iluminar un templo.* || Fig. Ilustrar el entendimiento.
ilusión f. Error del entendimiento que nos hace tomar las apariencias por realidades. || Esperanza quimérica: *forjarse ilusiones.* || Fig. Alegría muy grande.
ilusionar v. t. Hacer concebir ilusiones. || Causar gran alegría. || — V. pr. Forjarse ilusiones. || Fig. Entusiasmarse.
ilusionismo m. Tendencia a forjarse ilusiones. || Arte de producir fenómenos que parecen estar en contradicción con las leyes naturales, prestidigitación.
ilusionista adj. y s. Prestidigitador.
iluso, sa adj. y s. Soñador.
ilusorio, ria adj. Capaz de engañar. || Que no se ha de realizar.
ilustración f. Instrucción: *persona de mucha ilustración.* || Grabado, estampa o fotografía que adorna un texto. || Revista ilustrada. || Movimiento filosófico del siglo XVIII en pro de la amplia difusión del saber.
ilustrado, da adj. Instruido: *hombre ilustrado.* || Que tiene dibujos.
ilustrador, ra adj. Dícese de la persona que ilustra un libro (ú. t. c. s.).
ilustrar v. t. Aclarar: *ilustrar con un comentario.* || Explicar una materia: *ilustrar con ejemplos.* || Fig. Instruir, civilizar: *ilustrar a un pueblo.* || Adornar con grabados: *ilustrar un texto.* || — V. pr. Llegar a ser ilustre.
ilustre adj. De fama: *pintor ilustre.* || Título de dignidad: *ilustre señor.*
ilustrísimo, ma adj. Muy ilustre. || — F. Título que se da a los obispos y a otras personas.
imagen f. Representación en pintura o escultura de una persona o cosa. || Representación de la divinidad, de los santos, etc.: *imagen de la Virgen.* || Semejanza: *a imagen de Dios.* || Símbolo, figura: *imagen del arte.* || Representación de las personas y objetos en la mente. || Reproducción de la figura de un objeto formado por la reflexión o refracción de los rayos de luz.
imaginación f. Facultad de poder imaginar. || Cosa imaginada.
imaginar v. t. Representar idealmente una cosa, crearla en la mente. || Crear, inventar. || Pensar, suponer. || — V. pr. Figurarse.
imaginaria f. Guardia, funcionario o empleado que sólo presta servicio en caso necesario.
imaginario, ria adj. No real.
imaginativo, va adj. Que imagina. || — F. Facultad de imaginar.
imaginería f. Talla de imágenes.
imaginero m. Estatuario o pintor de imágenes.
imán m. Óxido de hierro que atrae el hierro, el acero y otros metales: *imán natural.* || Barra o aguja imantada. || Fig. Atractivo.
imán m. Entre los musulmanes, el encargado de dirigir la oración. || Título de ciertos soberanos musulmanes.
imanación f. Magnetización.
imanar v. t. Magnetizar (ú. t. c. pr.).
imanato m. Territorio y dignidad de imán.
imantación f. Imanación.

imantar v. t. Imanar.

imbabureño, ña adj. y s. De Imbabura (Ecuador).

imbatibilidad f. Carácter de imbatible.

imbatible adj. Invencible.

imbécil adj. y s. Tonto.

imbecilidad f. Debilidad mental.

imberbe adj. Sin barba. || *Fig.* Muy joven.

imborrable adj. Que no se puede borrar o hacer desaparecer.

imbricar v. t. Sobreponer.

imbuir v. t. Infundir, inculcar.

imitable adj. Que se puede imitar.

imitación f. Acción y efecto de imitar. || Cosa imitada.

imitador, ra adj. y s. Que imita.

imitar v. t. Hacer una cosa a ejemplo o semejanza de otra. || Actuar de la misma manera. || Tomar por modelo: *imitar el arte griego.*

impaciencia f. Falta de paciencia.

impacientar v. t. Hacer perder la paciencia. || — V. pr. Perder la paciencia.

impaciente adj. y s. Que no tiene paciencia. || Ansioso, deseoso.

impacto m. Choque de un proyectil en el blanco. || Huella que deja en él. || *Fig.* Repercusión, efecto.

impagado, da adj. y s. m. Que no ha sido pagado.

impala m. Antílope de África que tiene los cuernos en forma de lira.

impar adj. *Mat.* Que no es divisible por dos: *número impar* (ú. t. c. s. m.). || Que no tiene igual, único.

imparcial adj. Justo, objetivo.

imparcialidad f. Carácter de justo.

impartir v. t. Conceder. || Dar: *impartir clases.*

impasibilidad f. Falta de reacción ante el dolor o las emociones.

impasible adj. Insensible.

impasse m. (pal. fr.). Callejón sin salida.

impavidez f. Impasibilidad.

impávido, da adj. Impasible.

impecable adj. Sin faltas.

impedimenta f. Bagaje de la tropa.

impedimento m. Obstáculo. || Circunstancia que anula el matrimonio.

impedir v. t. Dificultar: *impedir los movimientos.* || Hacer imposible.

impeditivo, va adj. Que constituye un impedimento.

impeler v. t. Dar empuje. || *Fig.* Estimular, incitar.

impenetrabilidad f. Carácter de lo que no se deja adivinar.

impenetrable adj. Que no se puede penetrar: *recinto impenetrable.* || *Fig.* Que no puede descubrirse: *secreto impenetrable.* | Dícese del hombre que no deja traslucir sus sentimientos.

impenitente adj. y s. Que se obstina en el pecado. || *Fam.* Incorregible.

imperar v. t. Ejercer el imperio. || Gobernar. || *Fig.* Dominar.

imperatividad f. Obligatoriedad.

imperativo, va adj. Que impera o manda: *deber imperativo.* || — M. *Gram.* Modo y tiempo del verbo que expresa la orden, la exhortación o la súplica. || Principio que tiene carácter de orden.

imperceptibilidad f. Calidad de imperceptible.

imperceptible adj. Que escapa a nuestros sentidos.

imperdible adj. Que no puede perderse. || — M. Alfiler de seguridad que se abrocha.

imperecedero, ra adj. Eterno.

imperfección f. Carencia de perfección. || Defecto ligero.

imperfecto, ta adj. No perfecto.

imperial adj. Relativo al emperador o al imperio. || — F. Parte superior de algunos vehículos con asientos.

imperialismo m. Política de un Estado tendente a someter a otros Estados bajo su dependencia política o económica.

imperialista adj. y s. Favorable al imperialismo.

impericia f. Falta de pericia.

imperio m. Acción de mandar con autoridad. || Tiempo durante el cual hubo un emperador en determinado país. || Estado gobernado por un emperador. || Países o Estados sujetos a la misma autoridad: *el antiguo Imperio Británico.* || *Fig.* Orgullo, altanería. | Dominación, poder.

imperioso, sa adj. Autoritario.

imperito, ta adj. Que carece de pericia (ú. t. c. s.).

impermeabilidad f. Calidad de impermeable.

impermeabilización f. Operación de impermeabilizar un tejido.

impermeabilizante adj. Que forma una capa impermeable en la superficie de un cuerpo (ú. t. c. s. m.).

impermeabilizar v. t. Hacer impermeable alguna cosa.

impermeable adj. Impenetrable al agua. || — M. Prenda de abrigo cuya tela es impermeable.

impersonal adj. Carente de personalidad: *una escritura impersonal.* || Que no se aplica a nadie personalmente: *alusión impersonal.* || *Gram.* Dícese del verbo que sólo se usa en infinitivo y en la tercera persona del sing., como *llover, nevar.*

impersonalidad f. Condición de impersonal.

impertérrito, ta adj. Que no es fácil de asustar o intimidar.

impertinencia f. Palabra o acción fuera de propósito.

impertinente adj. Inoportuno, molesto: *respuesta impertinente.* || Enfadoso, insolente. Ú. t. c. s.: *no soporto a los impertinentes.* || Pesado, cargante. || — M. pl. Anteojos plegables con manija que suelen usar las mujeres.

imperturbable adj. Impasible.

impétigo m. Erupción cutánea.

impetración f. Ruego.

impetrar v. t. Rogar.

ímpetu m. Violencia. || Energía.

impetuosidad f. Ímpetu.

impetuoso, sa adj. Violento.

impío, a adj. Falto de religión o piedad (ú. t. c. s.). || Irreverente.

implacable adj. Que no se puede aplacar o templar.

implantación f. Establecimiento, acción de implantar. || *Med.* Fijación o injerto de un tejido u órgano en otro. | Introducción de un medicamento bajo la piel.

implantar v. t. Establecer, instaurar: *implantar modas nuevas.* || *Med.* Hacer una implantación. || — V. pr. Establecerse.

implante m. Medicamento que se introduce bajo la piel para que se disuelva lentamente.

implar v. t. Llenar.
implementación f. Acción y efecto de implementar.
implementar v. t. Llevar a cabo, realizar. ‖ Aplicar, poner en práctica.
implemento m. Utensilio.
implicación f. Participación en un delito. ‖ Cosa implicada. ‖ Consecuencia.
implicancia f. Contradicción de los términos entre sí. ‖ *Riopl.* Incompatibilidad legal o moral.
implicar v. t. Envolver: *implicado en un asunto.* ‖ *Fig.* Llevar en sí.
implícito, ta adj. Que está incluido en algo sin necesidad de expresarlo.
imploración f. Ruego, súplica.
implorar v. t. Suplicar, rogar.
impoluto, ta adj. Inmaculado.
imponderabilidad f. Cualidad de imponderable.
imponderable adj. Que no puede pesarse: *un fluido imponderable.* ‖ *Fig.* Que excede a toda ponderación, inapreciable. | Imprevisible. ‖ — M. Circunstancia difícil de prever.
imponente adj. Que impone: *ceremonia imponente.* ‖ Magnífico.
imponer v. t. Poner una carga u obligación: *imponer un gravamen.* ‖ Hacer prevalecer: *imponer su voluntad.* ‖ Infundir respeto o miedo. Ú. t. c. i.: *un espectáculo que impone.* ‖ Ingresar dinero en un establecimiento bancario. ‖ *Impr.* Disponer las planas de composición con sus márgenes correspondientes. ‖ Poner encima: *imponer las manos.* ‖ Poner al corriente (ú. t. c. pr.). ‖ — V. pr. Mostrar superioridad: *imponerse a todos los adversarios.* ‖ Predominar, distinguirse: *esta moda acabó imponiéndose.*
impopular adj. Que no es popular.
impopularidad f. Falta de popularidad.
importación f. Acción de importar o introducir géneros extranjeros.
importador, ra adj. y s. Que se dedica al comercio de importación.
importancia f. Calidad de lo que es de mucho valor. ‖ Carácter de lo que es considerable o puede tener consecuencias.
importante adj. Que importa, considerable: *ocasión importante.* ‖ Que tiene autoridad o importancia: *un cargo importante.* ‖ Esencial.
importar v. t. e i. Convenir, interesar: *importa mucho hacerlo bien.* ‖ Valer, costar: *la póliza importa muchas pesetas.* ‖ — ¿*Le importa...?,* seguido de verbo en infinitivo, fórmula de cortesía para pedir un favor: *¿le importa llevar esta maleta?* ‖ *Fam.* Me importa un bledo o un comino o un pito o tres pepinos, me da absolutamente igual. ‖ — V. t. Introducir en un país mercancías procedentes del extranjero: *España importa petróleo.*
importe m. Valor a que asciende una cosa.
importunar v. t. Molestar.
importunidad f. Molestia.
importuno, na adj. Inoportuno.
imposibilidad f. Carácter de lo que es imposible. ‖ Cosa imposible.
imposibilitado, da adj. y s. Tullido, inválido.
imposibilitar v. t. Hacer imposible.
imposible adj. No posible. ‖ Inaguantable: *persona imposible.*

imposición f. Acción de imponer. ‖ Disposición de las planas de composición.
imposicionismo m. *Méx.* Acción consistente en imponer a un candidato.
impostor, ra adj. y s. Que engaña.
impostura f. Engaño.
impotencia f. Falta de poder. ‖ Incapacidad para realizar el coito.
impotente adj. y s. Que no puede. ‖ Incapaz de realizar el coito.
imprecación f. Acción de imprecar.
imprecar v. t. Proferir palabras con las que se pide un daño a alguien.
imprecisión f. Poca precisión.
impreciso, sa adj. Falto de precisión, vago, indefinido.
impregnar v. t. Hacer penetrar una sustancia en otro cuerpo.
impremeditación f. Falta de premeditación.
imprenta f. Arte de imprimir. ‖ Establecimiento donde se imprime.
imprescindible adj. Indispensable.
imprescriptible adj. Que no puede prescribir.
impresión f. Acción de imprimir: *la impresión de un diccionario.* ‖ Obra impresa. ‖ Huella que deja una cosa que se aprieta contra otra. ‖ Grabación de un disco o de una cinta magnetofónica. ‖ Efecto producido sobre los sentidos o el ánimo: *impresión de frío.* ‖ Punto de vista, opinión.
impresionar v. t. Producir alguna impresión material: *impresionar una placa fotográfica, un disco fonográfico.* ‖ *Fig.* Producir una impresión moral: *impresionar por su belleza, su maldad* (ú. t. c. pr.).
impresionismo m. Tendencia pictórica de finales del siglo XIX.
impresionista adj. y s. Partidario del impresionismo o que lo practica.
impreso, sa adj. Hecho en la imprenta. ‖ — M. Libro, folleto, formulario u hoja hechos en la imprenta.
impresor, ra adj. Que imprime. ‖ — M. Propietario o director de una imprenta. ‖ — F. Imprenta. ‖ Elemento de un ordenador que permite obtener resultados impresos.
imprevisible adj. Que no puede preverse.
imprevisión f. Falta de previsión.
imprevisto, ta adj. No previsto. ‖ — M. Cosa no prevista. ‖ — M. pl. Gastos no previstos.
imprimatur m. Permiso de la autoridad eclesiástica para imprimir un escrito.
imprimir v. t. Señalar en el papel, tela, etc., las letras u otros caracteres de las formas apretándolas en la prensa: *imprimir un periódico.* ‖ Dejar una huella sobre una cosa: *imprimir los pasos en el barro.* ‖ *Fig.* Fijar en el ánimo algún afecto: *imprimir nobleza.* ‖ Marcar: *la virtud estaba impresa en su rostro.* | Dar, comunicar: *imprimir movimiento.*
improbable adj. Poco probable.
ímprobo, ba adj. Muy duro, penoso.
improcedencia f. Calidad de improcedente.
improcedente adj. Que no es conforme a derecho. ‖ Inadecuado.
improductivo, va adj. Que no produce.
impronta f. Huella, marca.
improperio m. Injuria.
impropiedad f. Falta de propiedad.

impropio, pia adj. Inadecuado.
improvisación f. Acción y efecto de improvisar.
improvisar v. t. Hacer una cosa de pronto sin preparación alguna.
imprudencia f. Falta de prudencia.
imprudente adj. y s. Sin prudencia.
impúber adj. Que no ha llegado aún a la pubertad (ú. t. c. s.).
impubertad f. Carácter de impúber.
impudente adj. Desvergonzado.
impudicia o **impudicicia** f. Deshonestidad.
impúdico, ca adj. y s. Deshonesto.
impudor m. Falta de pudor.
impuesto m. Tributo, gravamen, prestación económica, a título definitivo y sin contrapartida, requerida por el Estado a los ciudadanos o empresas con el objeto de financiar los gastos públicos. || — Impuesto directo, el que grava directamente los ingresos económicos de una persona o sociedad. || Impuesto indirecto, el que grava los bienes de consumo. || Impuesto progresivo, el que aumenta progresivamente a medida que aumenta el líquido imponible. || Impuesto sobre el valor añadido o agregado (I.V.A.), impuesto pagado por las empresas sobre el aumento de valor que aquéllas dan, en las diferentes fases de producción, a un bien o servicio.
impugnación f. Refutación.
impugnar v. t. Combatir, refutar.
impulsar v. t. Impeler, dar impulso. || Fig. Estimular, incitar.
impulsión f. Impulso, fuerza.
impulsivo, va adj. Que impele o puede impeler: fuerza impulsiva. || Fig. Que actúa sin reflexionar (ú. t. c. s.): persona impulsiva.
impulso m. Fuerza que pone algo en movimiento. || Fuerza: dar impulso a la industria.
impune adj. Sin castigar.
impunidad f. Falta de castigo.
impureza f. Calidad de impuro.
impurificar v. t. Hacer impuro.
impuro, ra adj. No puro.
imputable adj. Atribuible.
imputación f. Acción de imputar.
imputar v. t. Atribuir a otro una culpa. || Abonar una partida en cuenta.
in prep. lat. En.
in, símbolo del indio.
inacabado, da adj. Sin acabar.
inaccesible adj. No accesible.
inacción f. Falta de acción.
inaceptable adj. No aceptable.
inactivar v. i. Hacer perder la actividad. || — V. pr. Perder la actividad.
inactividad f. Falta de actividad.
inactivo, va adj. Sin acción o movimiento: puerto inactivo.
inadaptación f. Falta de adaptación.
inadecuado, da adj. No adecuado.
inadmisible adj. No admisible.
inadvertencia f. Descuido.
inadvertido, da adj. Distraído, descuidado. || No advertido.
inagotable adj. Que no se agota.
inaguantable adj. Que no se puede aguantar o sufrir.

inalienabilidad f. Condición de inalienable.
inalienable adj. Que no se puede enajenar.
inalterabilidad f. Calidad de inalterable.
inalterable adj. Que no se puede alterar.
inamistoso, sa adj. Poco amistoso.
inamovible adj. Fijo.
inane adj. Vano, fútil, inútil.
inanimado, da adj. Sin vida.
inapelable adj. Que no se puede apelar: sentencia inapelable.
inaplazable adj. Que no se puede aplazar.
inaplicable adj. Que no se puede aplicar: reglamento inaplicable.
inapreciable adj. Muy pequeño: diferencia inapreciable. || De mucho valor: ayuda inapreciable.
inaprensivo, va adj. Sin aprensión.
inaprovechado, da adj. No aprovechado.
inaptitud f. Falta de aptitud.
inarticulable adj. Que no puede articularse.
inasible adj. Que no se puede coger.
inasequible adj. No asequible.
inasistencia f. Falta de asistencia.
inasistente adj. Que no asiste (ú. t. c. s.).
inastillable adj. Dícese del vidrio que al romperse no produce fragmentos cortantes.
inatacable adj. Que no puede ser atacado.
inatención f. Falta de atención.
inatento, ta adj. No atento.
inaudible adj. Que no se puede oír.
inaudito, ta adj. Nunca oído. || Fig. Extraordinario, increíble.
inauguración f. Acto de inaugurar.
inaugural adj. De la inauguración.
inaugurar v. t. Dar principio a una cosa con solemnidad: inaugurar el curso académico. || Abrir un establecimiento, un templo, etc. || Poner en servicio: inaugurar una carretera. || Celebrar el estreno de una obra, la erección de un monumento, edificio, etc.
inca m. Rey, príncipe o varón de estirpe regia entre los antiguos peruanos. || Por ext. Habitante del Imperio de los Incas. || Moneda de oro del Perú. || — Adj. Incaico.
incaico, ca adj. Relativo a los incas.
incandescente adj. Candente.
incansable adj. Incapaz o muy difícil de cansarse.
incapacidad f. Falta de capacidad.
incapacitado, da adj. For. Dícese de los que sufren la pena de interdicción: los locos están incapacitados (ú. t. c. s.).
incapacitar v. t. Inhabilitar.
incapaz adj. Que no es capaz: incapaz de hacer una mala jugada. || Que no tiene capacidad para una cosa. || Fig. Falto de talento (ú. t. c. s.). || For. Que no tiene aptitud legal para ciertos actos civiles.
incario m. Período en el que existió el imperio inca.
incásico, ca adj. Incaico.
incautación f. Embargo.
incautarse v. pr. Tomar posesión.
incauto, ta adj. y s. Que no tiene cautela, imprudente. || Inocente.
incendiar v. t. Prender fuego.
incendiario, ria adj. Que causa maliciosamente un incendio (ú. t. c. s.). || Que provoca incendio: bomba incendiaria. || Fig. Subversivo: artículo incendiario.

229

incendio m. Fuego grande que abrasa total o parcialmente lo que no está destinado a arder. || *Fig.* Ardor, ímpetu.

incensar v. t. Agitar el incensario. || *Fig.* Adular.

incensario m. Braserillo donde arde el incienso.

incentivo m. Lo que incita.

incertidumbre f. Duda.

incesto m. Unión sexual entre parientes dentro de los grados en que está prohibido el matrimonio.

incestuoso, sa adj. y s. Que comete incesto. || Relativo al incesto.

incidencia f. Lo que sobreviene en el curso de un asunto o negocio y tiene con éste algún enlace.

incidental adj. Fortuito.

incidente adj. Que cae sobre una superficie: *luz incidente.* || Que sobreviene en el curso de un asunto (ú. t. c. s. m.).

incidir v. i. Incurrir en una falta.

incienso m. Gomorresina aromática que se quema en ciertas ceremonias del culto. || *Fig.* Adulación.

incierto, ta adj. Dudoso.

incineración f. Reducción a cenizas.

incinerar v. t. Reducir a cenizas.

incipiente adj. Que empieza.

incircunciso adj. m. No circuncidado.

incisión f. Corte.

incisivo, va adj. Cortante. || Dícese de cada uno de los dientes delanteros que sirven para cortar: *dientes incisivos* (ú. t. c. s. m.). || *Fig.* Punzante, mordaz.

inciso, sa adj. Cortado: *estilo inciso.* || — M. Frase que se intercala en medio de otra.

incisorio, ria adj. Que corta.

incitación f. Instigación.

incitador, ra adj. y s. Que incita.

incitar v. t. Estimular, instigar.

incitativo, va adj. y s. Que incita.

incivil adj. Carente de educación o cortesía.

incivilidad f. Condición de incivil.

inclemencia f. Falta de clemencia. || *Fig.* Rigor del tiempo.

inclemente adj. Falto de clemencia.

inclinación f. Acción de inclinar o inclinarse. || Reverencia en señal de respeto: *inclinación de cabeza.* || *Fig.* Afición, propensión: *inclinación a la música.* | Afecto, cariño: *tener inclinación por los niños.* | Tendencia. || Estado de lo que está inclinado: *la inclinación de la torre de Pisa.*

inclinar v. t. Apartar una cosa de su posición vertical: *inclinar la cabeza en señal de respeto* (ú. t. c. pr.). || *Fig.* Dar propensión a decir o hacer algo: *inclinar a la benevolencia.* || — V. i. Parecerse (ú. t. c. pr.). || — V. pr. Tener tendencia a algo.

ínclito, ta adj. Ilustre.

incluir v. i. Poner una cosa dentro de otra. || Contener una cosa a otra o llevarla implícita.

inclusa f. Asilo de niños.

inclusión f. Acción de incluir.

inclusive adv. Con inclusión de.

inclusivo, va adj. Que incluye.

incluso, sa adj. Encerrado, contenido: *factura inclusa.* || — Adv. Con inclusión de. || Hasta: *llegamos incluso a Suiza.*

incoar v. t. Comenzar, empezar una cosa, especialmente un pleito, proceso, etc.

incoercible adj. Incontenible.

incógnito, ta adj. No conocido. || *De incógnito*, sin ser conocido. || — M. Situación de una persona que mantiene secreta su identidad. || — F. *Mat.* Cantidad desconocida de una ecuación o de un problema. || *Fig.* Misterio, cosa desconocida que se quiere averiguar.

incoherencia f. Falta de coherencia.

incoherente adj. No coherente.

incoloro, ra adj. Sin color.

incólume adj. Sin daño.

incombustibilidad f. Calidad de incombustible.

incombustible adj. Aplícase a lo que no puede quemarse.

incomible adj. Que no puede comerse.

incomodar v. t. Molestar (ú. t. c. pr.).

incomodidad f. Falta de comodidad. || Malestar. || Disgusto. || Molestia.

incómodo, da adj. Molesto.

incomparable adj. Que no tiene o no admite comparación.

incompatibilidad f. Imposibilidad de coexistir o de armonizar dos personas o cosas. || *For.* Imposibilidad legal de ejercer dos o más cargos a la vez.

incompatible adj. No compatible.

incompetencia f. Falta de competencia.

incompetente adj. No competente.

incompleto, ta adj. No completo.

incomprendido, da adj. No comprendido (ú. t. c. s.).

incomprensible adj. Que no se puede comprender.

incomprensión f. Falta de comprensión.

incomprensivo, va adj. Que no es capaz de comprender o que no se puede comprender.

incompresible adj. Que no se puede comprimir o reducir.

incomunicación f. Acción y efecto de incomunicar.

incomunicado, da adj. Aislado.

incomunicar v. t. Privar de comunicación.

inconcebible adj. Que no puede concebirse.

inconcluso, sa adj. Inacabado.

inconcuso, sa adj. Cierto.

incondicional adj. Absoluto, sin restricción. || Que sigue ciegamente a una persona o idea (ú. t. c. s.).

inconexo, xa adj. Sin relación.

inconfortable adj. No confortable.

inconfundible adj. No confundible.

incongruencia f. Falta de congruencia.

incongruente adj. No congruente.

incongruidad f. Falta de congruencia.

inconmensurable adj. No conmensurable.

inconmovible adj. Que no se puede conmover o alterar.

inconquistable adj. Que no se puede conquistar. || *Fig.* Inflexible.

inconsciencia f. Estado en que el individuo no se da cuenta exacta del alcance de sus palabras o acciones. || *Por ext.* Falta de juicio.

inconsciente adj. y s. No consciente. || *Por ext.* Irreflexivo. || — M. Conjunto de procesos dinámicos que actúan sobre la conducta pero escapan a la conciencia.

inconsecuencia f. Calidad de inconsecuente. || Cosa inconsecuente.

inconsecuente adj. y s. Que no actúa de conformidad con su conducta previa o sus ideas. || Que cambia fácilmente de ideas.

inconsiderado, da adj. Que actúa sin reflexionar (ú. t. c. s.). || Que trata a otras personas sin consideración (ú. t. c. s.).

inconsistencia f. Falta de consistencia.

inconsistente adj. Falto de consistencia.

inconsolable adj. Que no puede ser consolado.

inconstancia f. Falta de constancia.

inconstante adj. No constante.

inconstitucional adj. Contrario a la Constitución.

inconstitucionalidad f. Oposición a los preceptos de la Constitución.

incontestable adj. Innegable.

incontinencia f. Vicio opuesto a la continencia. || *Med.* Emisión involuntaria de la orina, de las materias fecales, etc.

incontinenti adv. Prontamente.

incontrolable adj. Que no se puede controlar.

incontrolar v. t. No controlar.

incontrovertible adj. Indiscutible.

inconveniencia f. Inoportunidad.

inconveniente adj. No conveniente, inoportuno. || Desatento, descortés. || — M. Aspecto desfavorable de algo.

incordiar v. t. *Fam.* Fastidiar.

incordio m. *Fam.* Persona enojosa y molesta. | Molestia.

incorporación f. Acción y efecto de incorporar o incorporarse.

incorporar v. t. Unir dos o más cosas para formar un todo: *incorporar una sustancia a otra.* || Anexar: *Fernando el Católico incorporó Navarra a España* (ú. t. c. pr.). || Sentar el cuerpo que estaba echado: *incorporar al enfermo en la cama* (ú. t. c. pr.). || — V. pr. Entrar una persona a formar parte de un cuerpo.

incorrección f. Calidad de incorrecto. || Descortesía.

incorrecto, ta adj. No correcto.

incorregible adj. No corregible.

incorrupción f. Estado de lo que no se corrompe.

incorruptible adj. No corruptible.

incorrupto, ta adj. Que está sin corromperse.

incredulidad f. Dificultad para creer una cosa. || Falta de fe.

incrédulo, la adj. y s. Dícese del que no cree en los dogmas religiosos. || Que no cree fácilmente.

increíble adj. Que no puede creerse. || *Fig.* Extraordinario.

incrementar v. t. Aumentar.

incremento m. Aumento.

increpar v. t. Reprender.

incriminar v. t. Acusar.

incruento, ta adj. No sangriento.

incrustación f. Acción de incrustar. || Madera, marfil, etc., que se incrusta en una superficie dura y lisa formando dibujos.

incrustar v. t. Embutir en una superficie lisa y dura piedras, metales, maderas, etc., formando dibujos. || — V. pr. Adherirse fuertemente. || *Fig.* Grabarse en la memoria.

incubación f. Acción de empollar las aves los huevos. || *Med.* Desarrollo de una enfermedad.

incubadora f. Aparato o local para la incubación artificial. || Urna de cristal para mantener a los nacidos prematuramente.

incubar v. t. Empollar el ave los huevos. || Tener una enfermedad en estado de incubación.

incuestionable adj. Indiscutible.

inculcador, ra adj. y s. Que inculca.

inculcar v. t. *Fig.* Repetir una cosa a uno para que la aprenda. | Imprimir algo en el espíritu.

inculpación f. Acusación.

inculpado, da adj. y s. Culpado.

inculpar v. t. Acusar, culpar.

inculto, ta adj. No cultivado. || Carente de cultura o instrucción (ú. t. c. s.).

incultura f. Falta de cultura.

incumbencia f. Función que debe estar desempeñada por una persona.

incumbir v. i. Estar a cargo de uno una cosa: *esto me incumbe.*

incumplimiento m. Falta de cumplimiento.

incumplir v. t. Dejar de cumplir.

incurable adj. y s. Que no se cura.

incuria f. Descuido, negligencia.

incurrir v. i. Cometer error, delito, etc. || Ocasionar, atraerse.

incursión f. Acción de incurrir. || *Mil.* Correría.

incursionar v. i. *Amer.* Penetrar en.

indagación f. Investigación.

indagador, ra adj. y s. Que indaga.

indagar v. t. Investigar.

indecencia f. Falta de decencia o de modestia. || Acto vergonzoso.

indecente adj. Contrario a la decencia. || *Fig.* Muy malo. | Asqueroso.

indecisión f. Irresolución.

indeciso, sa adj. Pendiente de resolución. || Vago, impreciso.

indecoroso, sa adj. Sin decoro.

indefectible adj. Que no puede faltar o dejar de ser u ocurrir.

indefenso, sa adj. Sin defensa.

indefinido, da adj. No definido: *tristeza indefinida.* || Que no tiene límites, ilimitado: *espacio indefinido.* || Indeterminado: *proposición indefinida.* || *Gram.* Dícese de las palabras que determinan o representan los nombres de una manera vaga, general: *artículo indefinido.* || Pretérito indefinido, tiempo verbal que indica la acción pasada con independencia de otra, como *escribí, llegué,* etc.

indeleble adj. Imborrable.

indelicadeza f. Falta de delicadeza.

indelicado, da adj. Falto de delicadeza.

indemne adj. Ileso.

indemnización f. Reparación legal de un daño o perjuicio causado. || Cosa con que se indemniza.

indemnizar v. t. Resarcir de un daño o perjuicio.

independencia f. Estado de una persona o cosa independiente. || Libertad, autonomía, y especialmente la de un Estado que no es tributario ni depende de otro.

independentismo m. Movimiento que reclama la independencia.

independentista adj. Partidario del independentismo (ú. t. c. s.).

independiente adj. Que no depende.

independista adj. y s. Independentista.

independizarse v. pr. Hacerse independiente, emanciparse.

indescifrable adj. Que no se puede descifrar.

indescriptible adj. Que no se puede describir.

indeseable adj. y s. Poco deseable.

indestructible adj. Que no se puede destruir.

indeterminación f. Falta de determinación.

indeterminado, da adj. No determinado. ‖ Indeciso.

indexación f. Ajuste de la variación de una cantidad en función de un índice determinado: *indexación de los salarios.*

indexar v. t. Someter a indexación.

indiada f. Muchedumbre de indios.

indiano, na adj. y s. De las Indias Occidentales o América. ‖ Dícese del que vuelve rico de América.

indicación f. Acción y efecto de indicar. ‖ Dato, informe.

indicador, ra adj. Que indica. ‖ — M. Aparato que sirve para indicar la presión de un gas, el nivel de un líquido, etc. ‖ *Indicador económico,* índice económico importante para conocer la situación en un momento determinado.

indicar v. t. Dar a entender o significar una cosa con señales. ‖ Enseñar a uno lo que busca.

indicativo, va adj. Que indica o sirve para indicar. ‖ — M. *Gram.* Uno de los modos del verbo con el que se expresa una afirmación sencilla y absoluta.

índice m. Lista de los capítulos de una obra. ‖ Catálogo de una biblioteca: *índice general.* ‖ Indicio, señal. ‖ Dedo segundo de la mano. ‖ Manecilla del reloj. ‖ *Mat.* Número que indica el grado de una raíz. ‖ Relación entre dos cantidades que muestra la evolución de un fenómeno: *índice de natalidad.* ‖ *Quím.* Número que indica la proporción de una sustancia: *índice de alcohol.*

indicio m. Signo aparente que informa sobre la existencia de algo.

índico, ca adj. Relativo a las Indias Orientales: *océano Índico.*

indiferencia f. Estado del ánimo en que no hay preferencia por algo.

indiferente adj. Que no tiene preferencia por una cosa. ‖ Que no atrae ni repugna: *esta persona me resulta indiferente.* ‖ Que causa poca impresión: *la noticia le dejó indiferente.* ‖ Sin interés: *su estima me es indiferente.* ‖ Que no se conmueve: *indiferente al dolor ajeno.*

indígena adj. y s. Nativo del país.

indigencia f. Falta de recursos para alimentarse, vestirse, etc.

indigenismo m. Tendencia o escuela literaria que se inclina a estudiar especialmente los tipos y asuntos indígenas. ‖ Movimiento politicosocial americano que trata de revalorizar todo lo referente al mundo indígena. ‖ Vocablo de origen indígena adaptado al castellano.

indigenista adj. Relativo al indigenismo. ‖ — M. y f. Partidario del indigenismo.

indigenizante adj. *Méx.* Que tiene carácter indigenista.

indigente adj. y s. Falto de recursos.

indigestarse v. pr. No sentar bien una comida. ‖ *Fig.* No poder soportar a alguien.

indigestión f. Trastorno del organismo causado por una mala digestión. ‖ *Fig.* Saciedad, hartura.

indigesto, ta adj. Que no se digiere.

indignación f. Enfado provocado por alguna ofensa o injusticia.

indignante adj. Que indigna.

indignar v. t. Irritar, enfadar (ú. t. c. pr.). ‖ Sentir indignación.

indignidad f. Falta de disposición para una cosa. ‖ Acción reprobable.

indigno, na adj. Que no tiene méritos suficientes para una cosa: *indigno de ocupar el cargo que ocupa.* ‖ Que no se merece algo: *indigno de mi aprecio.* ‖ Vil, ruin: *persona indigna.* ‖ Que deshonra.

índigo m. Añil.

indino, na adj. *Fam.* Malo.

indio, dia adj. y s. De la India o Indias Orientales. ‖ Hindú, natural de la India. ‖ Nombre dado por Colón a los indígenas de América o Indias Occidentales y aplicado después a sus descendientes. ‖ Relativo a los indios: *costumbres indias.* ‖ *Fig. Hacer el indio,* hacer el tonto. ‖ — M. *Min.* Metal blanco parecido al estaño.

indirecto, ta adj. Que no es directo. ‖ *Gram.* Dícese del complemento o frase que expresa fin, daño o provecho de la acción verbal. ‖ — F. Frase indirecta para dar a entender algo sin expresarlo claramente.

indisciplina f. Falta de disciplina.

indisciplinado, da adj. Falto de disciplina, desobediente (ú. t. c. s.).

indisciplinarse v. pr. Quebrantar la disciplina.

indiscreción f. Falta de discreción. ‖ Acción o palabra indiscreta.

indiscreto, ta adj. Que obra sin discreción: *un hombre indiscreto* (ú. t. c. s.). ‖ Hecho sin discreción.

indiscutible adj. Evidente.

indisolubilidad f. Calidad de indisoluble.

indisoluble adj. Que no se puede deshacer: *lazo indisoluble.*

indispensable adj. Que no se puede dispensar o excusar.

indisponer v. t. Causar indisposición o alteración de la salud. ‖ *Fig.* Malquistar, enemistar. ‖ — V. pr. Ponerse enfermo. ‖ *Fig.* Enemistarse.

indisponibilidad f. Calidad de indisponible.

indisposición f. Enfermedad.

indispuesto, ta adj. Ligeramente enfermo. ‖ Enfadado.

indistinto, ta adj. Que no se distingue de otra cosa. ‖ Que no se percibe claramente. ‖ Dícese de la cuenta corriente a nombre de dos o más personas de la cual puede disponer cualquiera de ellas.

individual adj. Relativo al individuo. ‖ Particular, propio. ‖ — M. Partida simple de tenis entre dos adversarios.

individualidad f. Lo que caracteriza a una persona diferenciándola de otra.

individualismo m. Aislamiento y egoísmo de cada cual en los afectos, en los intereses, en los estudios, etc. ‖ Existencia individual.

individualista adj. Relativo al individualismo. ‖ — Adj. y s. Partidario del individualismo. ‖ *Por ext.* Que no cuida más que de sí mismo.

individualizar v. t. Especificar una cosa. ‖ Clasificar individuos comprendidos en una misma especie.

individuo, a adj. Individual. ‖ Indivisible. ‖ — M. Ser organizado, respecto de su especie: *individuo animal.* ‖ Persona indeterminada: *se acercó un* individuo (la forma femenina es familiar). || Miembro de una clase o corporación. || — F. Mujer despreciable.

indivisible adj. Que no puede dividirse.

indivisión f. Carencia de división.

indiviso, sa adj. No dividido. || — M. Indivisión.

indo, da adj. Indio, de la India (ú. t. c. s.).

indócil adj. Que no es dócil.

indoeuropeo, a adj. Dícese de la familia lingüística que comprende la mayor parte de las lenguas europeas (latinas, germánicas, eslavas, griego, etc.), junto con otros idiomas de Asia. || — M. y f. Individuo de los pueblos que hablan cada una de estas lenguas.

índole f. Inclinación natural.

indolencia f. Calidad de indolente.

indolente adj. Perezoso, apático.

indoloro, ra adj. Que no causa dolor.

indómito, ta adj. No domado. || *Fig.* Difícil de sujetar: *pueblo indómito.*

indonésico, ca adj. y s. Indonesio.

indonesio, sia adj. y s. De Indonesia. || — M. Lengua hablada en Indonesia.

indostaní m. Lengua de la India.

indubitable adj. Indudable.

inducción f. Acción y efecto de inducir. || Razonamiento que va de lo particular a lo general. || *Fís.* Producción de corrientes en un circuito cuando éste se encuentra en un campo magnético variable.

inducir v. t. Incitar, instigar. || Deducir.

inductor, ra adj. Que induce. || — M. Órgano de las máquinas eléctricas destinado a producir la inducción magnética.

indudable adj. Cierto, seguro.

indulgencia f. Facilidad de perdonar.

indulgenciar v. t. Conceder la Iglesia una indulgencia.

indulgente adj. Fácil en perdonar o disimular los yerros.

indultar v. t. Perdonar la pena.

indulto m. Remisión de la totalidad o parte de una pena.

indumentaria f. Vestido.

indumento m. Vestidura.

industria f. Destreza, habilidad o artificio para hacer una cosa. || Conjunto de actividades que tiene como fin la fabricación de productos a partir de las materias primas y su transformación, la explotación de las minas y de las fuentes de energía. || Conjunto de empresas pertenecientes a un sector industrial determinado: *industria automovilística.* || Planta industrial. || *Industria pesada,* la metalurgia.

industrial adj. Pertenecer o relativo a la industria. || Dícese del lugar en que hay industrias: *zona industrial.* || — *Centro industrial,* lugar donde hay muchas industrias. || *Fig. En cantidad industrial* o *en cantidades industriales,* en gran abundancia. || *Planta industrial,* fábrica. || — Com. Persona que tiene una industria.

industrialismo m. Predominio de la industria.

industrialización f. Desarrollo de la industria. || Aplicación de procedimientos industriales a una actividad.

industrializar v. t. Dar carácter industrial. || — V. pr. Tomar carácter industrial.

industriarse v. pr. Arreglarse.

inédito, ta adj. No publicado.

ineducado, da adj. Falto de educación.

inefable adj. Indecible.

ineficacia f. Falta de eficacia.

ineficaz adj. No eficaz.

inelegibilidad f. Estado de una persona que no puede ser elegida.

inelegible adj. Que no puede ser elegido: *persona inelegible a un cargo.*

ineluctable adj. Inevitable.

ineludible adj. Que no puede eludirse.

inenarrable adj. Indecible.

inepcia f. Necedad. || Ineptitud.

ineptitud f. Falta de capacidad.

inepto, ta adj. y s. Sin aptitud.

inequívoco, ca adj. Que no admite duda: *señal inequívoca.*

inercia f. Flojedad, desidia, falta de energía. || *Fuerza de inercia,* incapacidad de los cuerpos para modificar su estado de reposo o de movimiento.

inerte adj. Sin movimiento.

inestabilidad f. Falta de estabilidad.

inestable adj. No estable.

inestimado, da adj. No estimado en su justo valor.

inevitable adj. Que no se puede evitar.

inexactitud f. Falta de exactitud.

inexacto, ta adj. Que carece de exactitud. || Falto de puntualidad.

inexcusable adj. Imperdonable.

inexigible adj. Que no se puede exigir.

inexistencia f. Falta de existencia.

inexistente adj. Que carece de existencia. || *Fig.* Nulo, sin valor.

inexorable adj. Inflexible.

inexperimentado, da o **inexperto, ta** adj. y s. Sin experiencia.

inexpiable adj. Que no se puede expiar.

inexplicable adj. Incomprensible.

inexplicado, da adj. Que carece de la debida explicación.

inexpresable adj. Indecible.

inexpugnable adj. Inconquistable.

inextinguible adj. No extinguible.

inextirpable adj. Que no puede ser extirpado: *tumor inextirpable.*

inextricable adj. Confuso.

infalibilidad f. Calidad de infalible. || *Infalibilidad pontificia,* la del Papa que, cuando habla ex cátedra sobre materia de fe, no puede equivocarse.

infalible adj. Que no puede engañar ni equivocarse. || Seguro.

infamador, ra adj. y s. Que infama, difamador.

infamante adj. Que infama.

infamar v. t. Deshonrar.

infamatorio, ria adj. Que infama.

infame adj. Que carece de honra: *hombre infame* (ú. t. c. s.). || Envilecedor: *hecho infame.* || *Fig.* Muy malo.

infamia f. Descrédito, vergüenza pública. || Maldad, vileza.

infancia f. Primer período de la vida del hombre desde su nacimiento hasta la pubertad. || *Fig.* Conjunto de niños. | El principio de una cosa.

infantado m. Territorio de un infante o infanta de casa real.

infantazgo m. Señorío de un infante.

infante, ta m. y f. Niño hasta la edad de siete años. || Hijo o hija del rey nacido después del príncipe o de la princesa. || — M. *Mil.* Soldado de infantería.

infantería f. *Mil.* Conjunto de la tropa que lucha a pie.

infanticida adj. y s. Dícese de la persona que mata a un niño.

infanticidio m. Muerte dada violentamente a un niño.

infantil adj. Relativo a la infancia. || Propio de niño. || Ingenuo, cándido.

infantilismo m. Calidad de infantil. || *Med.* Anomalía consistente en la persistencia de caracteres de la infancia en la edad adulta y en la no aparición de ciertos caracteres propios de esta edad.

infantilizar v. t. Volver infantil.

infarto m. *Med.* Aumento de tamaño de un órgano enfermo. || Lesión de un tejido por obstrucción de la circulación sanguínea: *infarto de miocardio.*

infatigable adj. Incansable.

infatuar v. t. Enorgullecer (ú. t. c. pr.).

infausto, ta adj. Desgraciado.

infección f. Penetración y desarrollo en el organismo de gérmenes patógenos.

infeccionar v. t. Causar infección.

infeccioso, sa adj. Que causa infección, que provoca infección.

infectar v. t. Causar infección (ú. t. c. pr.).

infecto, ta adj. Contagiado. || *Fig.* Fastidioso, molesto, desagradable. || Muy malo.

infecundidad f. Falta de fecundidad.

infecundo, da adj. Estéril.

infeliz adj. y s. Desgraciado. || *Fam.* Bondadoso, ingenuo, simple.

inferior adj. Que está debajo de otra cosa o más bajo que ella. || *Fig.* Menor, menos importante: *de categoría inferior.* || Subordinado, subalterno (ú. t. c. s.): *saludar a los inferiores.* || Aplícase a la parte de un río que se encuentra más cerca del mar o a algún lugar que, con relación a otros, se encuentra a un nivel más bajo.

inferioridad f. Calidad de inferior. || Situación de una cosa que está más baja que otra. || *Complejo de inferioridad,* sentimiento de ser inferior a los demás.

inferir v. t. Sacar una consecuencia de algo. || Ocasionar: *inferir una herida.*

infernal adj. Del infierno. || *Fig.* Malo, perverso.

infernillo m. Infiernillo.

infestación f. Infección.

infestar v. t. Causar infección. || Causar estragos con correrías u hostilidades: *los piratas infestaban el Mediterráneo.* || Abundar ciertos animales dañinos o personas. || *Fig.* Llenar un gran número de cosas.

inficionar v. t. Infestar.

infidelidad f. Falta de fidelidad. || Carencia de exactitud, de veracidad: *la infidelidad de un relato.*

infiel adj. y s. Falto de fidelidad: *marido infiel.* || Que no profesa la fe católica: *convertir a los infieles.* || Falto de exactitud: *historiador infiel.*

infiernillo m. Cocinilla portátil.

infierno m. Lugar del eterno castigo y este mismo castigo. || *Fig.* Demonio: *las tentaciones del infierno.* | Lugar donde se sufre mucho o donde hay mucho desorden y discordia.

infiltración f. Paso de un líquido a través de los poros de un sólido. || *Med.* Derrame de humores a través de una parte sólida del cuerpo. || *Fig.* Penetración.

infiltrar v. t. Introducir lentamente un líquido entre los poros de un sólido (ú. t. c. pr.). || *Fig.* Infundir en el ánimo ideas o doctrinas (ú. t. c. pr.). || — V. pr. *Fig.* Penetrar.

ínfimo, ma adj. Muy bajo.

infinidad f. Gran número.

infinitesimal adj. Infinitamente pequeño. || *Cálculo infinitesimal,* parte de las matemáticas que estudia el cálculo diferencial y las integrales.

infinitivo, va adj. *Gram.* De la naturaleza del infinitivo. || — M. Modo del verbo que no expresa por sí mismo número ni persona ni tiempo determinado, como *amar.*

infinito, ta adj. Que no tiene ni puede tener fin ni término: *espacio infinito.* || Muy extenso, muy largo: *un desierto infinito.* || — M. *Mat.* Signo (∞) para significar un valor mayor que cualquier otra cantidad.

infinitud f. Condición de infinito.

inflación f. Acción y efecto de inflar. || Desequilibrio económico caracterizado por una subida general de los precios y provocado por una excesiva emisión de billetes de banco, un déficit presupuestario o una falta de adecuación entre la oferta y la demanda.

inflacionario, ria adj. Relativo a la inflación monetaria.

inflacionismo m. Inflación.

inflacionista adj. Partidario de la inflación (ú. t. c. s.). || Que tiende a la inflación o es causa de ella.

inflamación f. Acción y efecto de inflamar o inflamarse. || *Med.* Alteración patológica en una parte cualquiera del cuerpo caracterizada por trastornos de la circulación de la sangre, con enrojecimiento, calor, hinchazón y dolor.

inflamar v. t. Encender algo levantando llama. || *Fig.* Enardecer las pasiones y afectos del ánimo. || — V. pr. Encenderse. || *Med.* Producirse una inflamación. || *Fig.* Enardecerse.

inflar v. t. Hinchar un objeto con aire o gas: *inflar un globo.* || *Fig.* Envanecer, engreír. Ú. t. c. pr.: *inflarse con un éxito.* || Exagerar.

inflexibilidad f. Rigidez.

inflexible adj. Rígido. || *Fig.* Que no desiste de su propósito.

inflexión f. Torcimiento. || Cambio de tono o de acento en la voz.

infligir v. t. Imponer.

influencia f. Efecto que produce una cosa sobre otra o fuerza moral que se ejerce sobre una persona. || Fuerza moral ejercida por una persona sobre otra.

influenciar v. t. Influir.

influir v. i. Producir una cosa cierto efecto sobre otra o ejercer fuerza moral sobre las personas: *la calidad influye en el precio.* || Ejercer una persona fuerza moral sobre otra.

influjo m. Influencia.

influyente adj. Que influye.

información f. Conocimiento que se tiene de algo. || Noticia dada por cualquier medio de comunicación. Ú. m. en pl.: *informaciones meteoroló-*

gicas. || *For.* Averiguación de un hecho: *abrir una información.*

informador, ra adj. y s. Que informa.

informal adj. y s. Poco serio.

informalidad f. Calidad de informal. || Cosa informal. || Falta de seriedad.

informar v. t. Dar noticia de una cosa. || Avisar, decir. || — V. i. Dar información. || — V. pr. Enterarse.

informático, ca adj. Relativo a la informática: *especialista, técnico, método informático.* || — F. Ciencia del tratamiento automático y racional de la información considerada como soporte de los conocimientos y las comunicaciones.

— El tratamiento de la información se hace con el *ordenador* o la *computadora*, complejo instrumento que, a partir de determinados datos, realiza una serie de operaciones aritméticas y lógicas, todo ello según unos esquemas previamente trazados en los *programas.* La informática, que apareció y se desarrolló a partir de la segunda mitad del siglo xx; ha producido ya una profunda transformación en la vida del hombre. En el momento actual se aplica prácticamente a todas las actividades humanas, científicas, administrativas, industriales, comerciales, médicas, militares, deportivas, artísticas y profesionales de toda índole.

informativo, va adj. Que informa. || — M. Diario que da las noticias del día en la radio o en la televisión.

informatización f. Acción y efecto de informatizar.

informatizar v. t. Dotar de todos los medios proporcionados por la informática.

informe adj. Deforme. || De forma indeterminada o confusa.

informe m. Noticia sobre un asunto o persona. || *For.* Exposición oral que hace el letrado o el fiscal ante el tribunal. || Exposición de las conclusiones sacadas de una investigación. || — Pl. Noticias que se dan acerca de una persona en cuanto a su trabajo o a su comportamiento.

infortunio m. Desgracia.

infracción f. Transgresión.

infractor, ra adj. y s. Transgresor.

infraestructura f. *Arq.* Conjunto de las obras subterráneas de una construcción. || *Aviac.* Conjunto de instalaciones de un aeródromo para el servicio de vuelo. || *Por ext.* Conjunto de instalaciones para fuerzas militares. || Base material sobre la que se asienta algo: *la infraestructura económica.*

infrahumano, na adj. Inferior al nivel propio de los humanos.

infrarrojo, ja adj. y s. m. *Fís.* Dícese de las radiaciones oscuras menos refrangibles que el rojo.

infringir v. t. Quebrantar leyes.

infructuosidad f. Condición de infructuoso.

infructuoso, sa adj. Inútil.

ínfulas f. pl. *Fig.* Presunción.

infundado, da adj. Que carece de fundamento: *temor infundado.*

infundio m. Mentira.

infundir v. t. Comunicar un sentimiento: *infundir miedo.*

infusión f. Extracción de los principios medicinales o aromáticos de una planta por medio del agua caliente. || Brebaje así obtenido: *una infusión de tila.*

infuso, sa adj. Dícese de los dones y gracias que infunde Dios.

ingeniar v. t. Imaginar, inventar. || — V. pr. Buscar la manera de conseguir lo que uno quiere.

ingeniería f. Aplicación de los conocimientos científicos a la invención, perfeccionamiento y utilización de la técnica industrial en todas sus ramas. || Conjunto de los estudios que permiten determinar, para la realización de una obra o de un programa de inversiones, las orientaciones más deseables, la mejor concepción, las condiciones de rentabilidad óptimas y los materiales y procedimientos más adecuados. || Profesión y actividad o ejercicio de los ingenieros.

ingeniero m. Persona que profesa la ingeniería.

ingenio m. Habilidad para inventar o resolver dificultades: *un hombre de ingenio.* || Talento, facultades poéticas y creadoras. || Agudeza, gracia. || Máquina o artificio: *ingenio espacial.* || *Ingenio de azúcar,* fábrica de azúcar.

ingeniosidad f. Calidad de ingenioso. || Cosa o idea ingeniosa.

ingenioso, sa adj. Con ingenio.

ingénito, ta adj. Connatural.

ingente adj. Muy grande.

ingenuidad f. Inocencia, candor. || Palabra o acción ingenua.

ingenuo, nua adj. y s. Inocente.

ingerir v. t. Tragar.

ingestión f. Acción de ingerir.

ingle f. Parte del cuerpo en que se juntan los muslos con el vientre.

inglés, esa adj. y s. De Inglaterra. || — M. Lengua indoeuropea, hablada principalmente en Gran Bretaña, Eire, Estados Unidos, Canadá, Australia y África del Sur.

inglete m. Ángulo de cuarenta y cinco grados que forma el corte de dos piezas que se han de ensamblar.

ingratitud f. Falta de gratitud. || Acción ingrata.

ingrato, ta adj. Desagradecido (ú. t. c. s.). || Desabrido, desagradable: *tiempo ingrato.* || Que no corresponde al trabajo que cuesta: *labor ingrata.*

ingravidez f. Estado del cuerpo que no se halla sometido a ninguna fuerza de gravedad o cuya gravedad es contrarrestada por alguna fuerza antagónica.

ingrávido, da adj. Sin peso, ligero. || Que no se halla sometido a la fuerza de la gravedad.

ingrediente m. Lo que entra en la composición de una mezcla.

ingresar v. i. Dicho del dinero, entrar: *hoy han ingresado en caja mil pesetas.* || Entrar: *ingresar en una escuela.* || — V. t. Depositar.

ingreso m. Acción de ingresar. || Entrada: *examen de ingreso.* || Cargo en una cuenta. || — M. pl. Emolumentos, rentas.

ingurgitar v. t. Tragar, engullir.

inhábil adj. Falto de habilidad, de instrucción: *una costurera inhábil.* || Que no puede desempeñar un cargo o un empleo. || Festivo, feriado.

inhabilidad f. Falta de habilidad. || Defecto o impedimento para ejercer u obtener un empleo.

inhabilitación f. Declaración de inhabilidad.

inhabilitar v. t. Declarar a una persona inhábil para ejercer cargos públicos o para ejercitar derechos civiles o políticos. || Imposibilitar para algo (ú. t. c. pr.).

inhalar v. t. *Med.* Aspirar ciertos gases o líquidos pulverizados.

inherencia f. Calidad de inherente.

inherente adj. Que está íntimamente unido a otra cosa.

inhibición f. Acción de inhibir.

inhibidor, ra adj. Que inhibe (ú. t. c. s.).

inhibirse v. pr. Abstenerse.

inhibitorio, ria adj. Que inhibe.

inhóspito, ta adj. Sin hospitalidad.

inhumación f. Enterramiento.

inhumanidad f. Falta de humanidad.

inhumano, na adj. Falto de humanidad: *oímos sus inhumanas palabras.*

inhumar v. t. Enterrar.

iniciación f. Principio.

iniciador, ra adj. y s. Que inicia.

inicial adj. Que se verifica al principio. || Dícese de la primera letra de una palabra o de un nombre (ú. t. c. s. f.).

inicialar v. t. *Amer.* Rubricar.

iniciar v. t. Empezar. || Instruir a uno en los conocimientos de una ciencia, arte o deporte.

iniciativa f. Idea inicial para emprender algo. || Cualidad del que suele tener estas ideas. || Derecho de hacer una propuesta. || Acto de ejercerlo.

inicio m. Principio, comienzo.

inicuo, cua adj. Malvado.

inimaginable adj. Increíble.

inimitable adj. No imitable.

ininteligible adj. No inteligible.

ininterrumpido, da adj. Continuo.

iniquidad f. Injusticia. || Maldad.

injerencia f. Acción de injerirse.

injerir v. t. Incluir una cosa con otra. || — V. pr. Entremeterse.

injertable adj. Que se puede injertar.

injertar v. t. Aplicar un injerto a un árbol. || *Med.* Implantar en una zona del cuerpo humano partes tomadas de otra región del mismo individuo o de otro distinto.

injerto m. Acción de injertar. || Rama con una o más yemas que se separa de un vegetal para adherirla a otro. || Planta injertada. || Operación quirúrgica consistente en implantar en el cuerpo de una persona tejidos, huesos, órganos sacados de otro individuo o de otra parte de su cuerpo. || Lo que se ha injertado: *rechazar un injerto.*

injuria f. Ofensa, agravio.

injuriar v. t. Ofender, agraviar.

injurioso, sa adj. Que injuria.

injusticia f. Acción injusta.

injustificable adj. Que no se puede justificar.

injusto, ta adj. y s. No justo.

inmaculado, da adj. Sin mancha. || — F. La Purísima, la Virgen María.

inmanente adj. Inherente a algún ser o que está unido de modo inseparable a su esencia.

inmarcesible o **inmarchitable** adj. Que no se puede marchitar.

inmaterial adj. No material.

inmaterialidad f. Calidad de inmaterial.

inmaterializar v. t. Volver inmaterial.

inmediación f. Calidad de inmediato. || — Pl. Territorio que rodea una población.

inmediato, ta adj. Contiguo, próximo. || Que no tiene intermediario. || Instantáneo: *efecto inmediato.*

inmemorial adj. Tan antiguo que no se recuerda cuando empezó.

inmensidad f. Gran extensión. || Muchedumbre.

inmenso, sa adj. Que no tiene medida, infinito, ilimitado. || *Fig.* Muy grande. || *Fam.* Formidable, extraordinario.

inmersión f. Acción de introducir en un líquido.

inmerso, sa adj. Sumergido.

inmigración f. Llegada de personas a un país o región para establecerse.

inmigrado, da adj. y s. Dícese de la persona que dejó su país o región para instalarse en otro.

inmigrar v. t. Llegar a un país para establecerse.

inminencia f. Calidad de inminente.

inminente adj. Próximo a suceder.

inmiscuir v. t. Mezclar. || — V. pr. Injerirse.

inmobiliario, ria adj. Relativo a los inmuebles. || — F. Sociedad constructora de edificios.

inmodestia f. Falta de modestia.

inmodesto, ta adj. No modesto.

inmolación f. Sacrificio.

inmolar v. t. Sacrificar (ú. t. c. pr.).

inmoral adj. Opuesto a la moral (ú. t. c. s.).

inmoralidad f. Falta de moralidad.

inmortal adj. No mortal. || *Fig.* Imperecedero.

inmortalidad f. Calidad de inmortal.

inmortalizar v. t. Hacer perpetua una cosa en la memoria de los hombres (ú. t. c. pr.).

inmóvil adj. Sin movimiento.

inmovilidad f. Calidad de inmóvil.

inmovilismo m. Hostilidad a las innovaciones.

inmovilización f. Acción y efecto de inmovilizar o inmovilizarse.

inmovilizado, da adj. Aplícase en ajedrez a la pieza que no se puede cambiar de lugar sin que dé jaque al rey.

inmovilizar v. t. Privar de movimiento: *inmovilizar un vehículo* (ú. t. c. pr.). || Invertir un capital en bienes de lenta realización.

inmueble adj. Dícese de los bienes raíces. || — M. Edificio.

inmundicia f. Suciedad, basura.

inmundo, da adj. Repugnante.

inmune adj. Libre, exento. || No atacable por ciertas enfermedades.

inmunidad f. Calidad de inmune. || Resistencia natural o adquirida de un organismo vivo a la agresión de agentes infecciosos o tóxicos. || Privilegio que exime a determinadas personas de obligaciones y penalidades a las cuales están sujetos todos los demás: *inmunidad diplomática.*

inmunización f. Protección contra ciertas enfermedades.

inmunizante adj. Que provoca la inmunidad (ú. t. c. s. m.).

inmunizar v. t. Hacer inmune.

inmunodeficiencia f. Carencia o deficiencia de la inmunidad defensiva que tienen las células contra las infecciones. V. SIDA.

inmunodeficiente adj. Que tiene inmunodeficiencia.

inmunoterapia f. Terapia que aumenta la inmunidad del organismo.
inmutable adj. No mudable. ‖ Que no se inmuta.
inmutar v. t. Alterar.
innato, ta adj. Connatural.
innecesario, ria adj. No necesario.
innoble adj. Vil, abyecto.
innovación f. Novedad.
innovador, ra adj. y s. Que innova.
innovar v. t. e i. Introducir novedades, alterar las cosas.
innumerable adj. Que no se puede numerar. ‖ Muy abundante.
inobediencia f. Falta de obediencia.
inobservancia f. No observancia.
inocencia f. Estado del alma que está limpia de culpa. ‖ Exención de toda culpabilidad. ‖ Candor, ingenuidad.
inocentada f. Broma del día de los Inocentes (el 28 de diciembre).
inocente adj. y s. Libre de pecado, que ignora el mal. ‖ Sencillo, sin malicia. ‖ *Fam.* Tonto, fácil de engañar: *es tan inocente que se lo cree todo.* ‖ *Día de los Santos Inocentes,* el 28 de diciembre.
inocuidad f. Calidad de inocuo.
inoculación f. Introducción en el organismo de un virus, vacuna.
inocular v. t. *Med.* Comunicar un virus, vacuna, etc., por medio de la inoculación: *inocular la rabia a un perro* (ú. t. c. pr.). ‖ *Fig.* Transmitir una doctrina (ú. t. c. pr.). ‖ Pervertir o contaminar con el mal ejemplo (ú. t. c. pr.).
inocuo, cua adj. Que no hace daño.
inodoro, ra adj. Que no tiene olor, que no huele. ‖ — M. Tubo en forma de S que se coloca en los retretes y que al retener el agua impide el paso de los malos olores. ‖ *Amer.* Retrete.
inofensivo, va adj. Incapaz de ofender. ‖ Que no causa daño ni molestia.
inoficioso, sa adj. *Amer.* Inútil.
inolvidable adj. Que no puede olvidarse.
inoperante adj. Ineficaz.
inoportuno, na adj. No oportuno.
inorgánico, ca adj. Dícese de cualquier cuerpo sin órganos para la vida, como son todos los minerales.
inoxidable adj. Que no se oxida.
input m. (pal. ingl.). En economía, factor de producción, insumo. ‖ En informática, entrada en un ordenador.
inquebrantable adj. Que no puede quebrantarse.
inquietante adj. Que inquieta.
inquietar v. t. Quitar el sosiego. ‖ Acosar: *inquietar al adversario.* ‖ — V. pr. Preocuparse.
inquieto, ta adj. Agitado: *mar inquieto.* ‖ *Fig.* Preocupado.
inquietud f. Desasosiego, desazón. ‖ — Pl. Preocupaciones.
inquilinato m. Alquiler.
inquilino, na m. y f. Persona que alquila. ‖ *For.* Arrendatario.
inquina f. Aversión, tirria.
inquiridor, ra adj. y s. Que inquiere.
inquirir v. t. Indagar, investigar.
inquisición f. Averiguación, indagación. ‖ Tribunal eclesiástico establecido antiguamente para inquirir y castigar lo considerado delito contra la fe católica.

inquisidor, ra adj. Inquiridor. ‖ — M. y f. Persona que indaga algo profundamente. ‖ — M. Juez de la Inquisición.
inquisitivo, va adj. Que inquiere.
inri m. Inscripción que puso Pilato en la Santa Cruz.
insaciabilidad f. Calidad de insaciable.
insaciable adj. Que no se puede saciar o hartar.
insalivación f. Impregnación de los alimentos con la saliva.
insalubre adj. Malsano.
insalubridad f. Falta de salubridad.
insania f. Locura, demencia.
insatisfacción f. Falta de satisfacción.
insatisfecho, cha adj. No satisfecho.
inscribir v. t. Grabar letras en metal, piedra u otra materia. ‖ *Geom.* Trazar una figura dentro de otra. ‖ Apuntar el nombre de una persona entre los de otros. Ú. t. c. pr.: *inscribirse en las listas electorales.*
inscripción f. Acción de inscribir o inscribirse. ‖ Letras grabadas en el mármol, la piedra, las monedas, etc.
inscrito, ta adj. *Geom.* Dícese del ángulo que tiene su vértice en la circunferencia y cuyos lados pueden ser dos cuerdas o una cuerda y una tangente. ‖ Dícese del polígono que resulta de la unión de varios puntos de la circunferencia por medio de cuerdas.
insecticida adj. y s. m. Dícese del producto que sirve para matar insectos.
insectívoro, ra adj. Dícese de plantas o animales que se alimentan de insectos. ‖ — M. pl. Orden de mamíferos de poco tamaño provistos de molares con los que mastican los insectos de que se alimentan.
insecto m. Animal artrópodo de respiración traqueal, cabeza provista de antenas y tres pares de patas.
inseguridad f. Falta de seguridad.
inseminación f. Introducción de esperma en las vías genitales de la mujer o de las hembras por un procedimiento artificial.
insensatez f. Calidad de insensato.
insensato, ta adj. Falto de sentido.
insensibilidad f. Falta de sensibilidad.
insensibilización f. Acción de insensibilizar.
insensibilizar v. t. Quitar la sensibilidad o privar a uno de ella.
insensible adj. Falto de sensibilidad. ‖ Imperceptible.
inserción f. Acción y efecto de insertar.
insertar v. t. Incluir una cosa en otra.
insidia f. Asechanza.
insidioso, sa adj. Que utiliza la insidia: *juez insidioso* (ú. t. c. s.). ‖ Que se hace con insidias. ‖ Malicioso con apariencias inofensivas.
insigne adj. Célebre, famoso.
insignia f. Señal honorífica. ‖ Pendón, estandarte. ‖ Signo distintivo de los miembros de una asociación.
insignificancia f. Pequeñez.
insignificante adj. Baladí, pequeño. ‖ Sin importancia.
insinuación f. Manera sutil de decir algo sin expresarlo claramente.
insinuar v. t. Dar a entender algo sin expresarlo claramente. ‖ — V. pr. Introducirse insensiblemente en el ánimo de uno.

insipidez f. Falta de sabor.

insípido, da adj. Falto de sabor.

insistencia f. Persistencia.

insistente adj. Que insiste.

insistir v. i. Pedir, decir o repetir algo reiteradas veces.

insobornable adj. Que no puede ser sobornado.

insolación f. Enfermedad causada por la exposición excesiva al sol.

insolencia f. Dicho o hecho ofensivo e insultante. || Atrevimiento.

insolentar v. t. Hacer insolente. ||— V. pr. Mostrarse insolente.

insolente adj. y s. Descarado.

insolidaridad f. Falta de solidaridad.

insólito, ta adj. No común.

insolubilizar v. t. Volver insoluble.

insoluble adj. Que no se disuelve. || Sin solución: *caso insoluble.*

insolvencia f. Incapacidad de pagar una deuda.

insolvente adj. Incapaz de pagar sus deudas (ú. t. c. s.).

insomne adj. Que no duerme (ú. t. c. s.).

insomnio m. Falta de sueño.

insondable adj. Que no se puede sondear.

insonoridad f. Condición de insonoro.

insonorización f. Protección contra los ruidos.

insonorizar v. t. Volver insonoro.

insonoro, ra adj. Protegido del ruido por cualquier procedimiento.

insoportable adj. Insufrible.

insospechado, da adj. No sospechado.

insostenible adj. Que no se puede sostener.

inspección f. Acción y efecto de inspeccionar.

inspeccionar v. t. Examinar, reconocer atentamente una cosa.

inspector, ra adj. Encargado de la inspección (ú. t. c. s.).

inspiración f. Acción de inspirar o atraer el aire exterior a los pulmones. || *Fig.* Capacidad creadora: *poeta de gran inspiración.* | Cosa inspirada.

inspirado, da adj. Que está bajo la influencia de la inspiración.

inspirar v. t. Aspirar, atraer el aire exterior hacia los pulmones. || Hacer surgir ideas creadoras: *el amor inspiró al poeta.* || Suscitar un sentimiento: *inspira admiración.* || Iluminar Dios el entendimiento. ||— V. pr. Servirse de las ideas, de las obras de otro: *inspirarse en los clásicos.*

instalación f. Acción y efecto de instalar o instalarse.

instalador, ra m. y f. Persona encargada de la instalación.

instalar v. t. Dar posesión de un empleo o dignidad: *instalar colonos.* || Colocar en condiciones de funcionamiento: *instalar una fábrica.* ||— V. pr. Establecerse, tomar posesión: *instalarse en su cargo.*

instancia f. Solicitud.

instantáneo, a adj. Que sólo dura un instante. || Que se produce rápidamente: *muerte instantánea.* ||— F. Imagen fotográfica obtenida rápidamente.

instante m. Tiempo brevísimo.

instar v. t. Rogar encarecidamente. ||— V. i. Apremiar, ser urgente.

instauración f. Establecimiento.

instaurar v. t. Establecer.

instigación f. Incitación.

instigador, ra adj. y s. Que instiga.

instigar v. t. Inducir o incitar.

instintivo, va adj. Hecho por instinto.

instinto m. Impulso o estímulo interior dependiente de la reflexión.

institución f. Establecimiento o fundación de una cosa. || Cosa instituida o fundada. || Establecimiento de educación o instrucción. || *For.* Nombramiento que se hace de la persona que ha de heredar: *institución de heredero.* || — Pl. Leyes fundamentales de un Estado, nación o sociedad.

institucionalización f. Acción y efecto de institucionalizar.

institucionalizar v. t. Dar a una cosa carácter de institución.

instituir v. t. Fundar, establecer.

instituto m. Corporación científica, literaria o artística. || En España, establecimiento oficial de segunda enseñanza. || Organismo administrativo: *Instituto de la Vivienda.* || Orden religiosa.

institutriz f. Mujer encargada de la educación e instrucción de los niños en el domicilio de éstos.

instrucción f. Acción de instruir o instruirse. || Caudal de conocimientos adquiridos. || Precepto, orden: *dar instrucciones.* || *For.* Curso de un proceso. || — Pl. Informaciones dadas para el manejo de una cosa: *instrucciones para el uso y conservación.*

instruir v. t. Enseñar. || Informar de una cosa (ú. t. c. pr.). || *For.* Formalizar un proceso.

instrumental m. Conjunto de instrumentos músicos o de los que utiliza el médico o cirujano.

instrumentar v. t. *Mús.* Arreglar una composición para varios instrumentos. || *Fig.* Dar, propinar.

instrumentista m. y f. Persona que toca un instrumento músico.

instrumento m. Aparato, utensilio o herramienta para realizar trabajo. || Aparato para producir sonidos musicales: *instrumento de viento.* || *Fig.* Lo que se emplea para alcanzar un resultado.

insubordinación f. Falta de subordinación, desobediencia.

insubordinado, da adj. y s. Rebelde.

insubordinar v. t. Introducir la insubordinación. || — V. pr. Rebelarse: *se insubordinó contra el Gobierno.*

insubstancial adj. Insustancial.

insubstituible adj. Insustituible.

insuficiencia f. Calidad de insuficiente. || Incapacidad. || Cortedad, escasez de una cosa.

insuficiente adj. No suficiente.

ínsula f. Isla.

insular adj. y s. Isleño.

insulina f. Hormona segregada por el páncreas que regula la cantidad de glucosa contenida en la sangre.

insulso, sa adj. Insípido, soso.

insultar v. t. Ofender, ultrajar.

insulto m. Ultraje, ofensa.

insumisión f. Falta de sumisión.

insumiso, sa adj. y s. Rebelde.

insumo m. Factor de producción, conjunto de bienes empleados en la producción de otros bienes.

insuperable adj. No superable.

insurgente adj. y s. Sublevado.

insurrección f. Sublevación.

insurreccional adj. Rebelde.

insurreccionar v. t. Sublevar.

insurrecto, ta adj. y s. Rebelde.

insustancial adj. De poca sustancia. || *Fig.* Simple, vacío: *espíritu insustancial.* | Sin gracia o sin interés alguno.

intacto, ta adj. Íntegro.

intangible adj. Que debe permanecer intacto.

integración f. Acción y efecto de integrar. || *Mat.* Cálculo integral.

integrador, ra adj. y s. Que integra.

integral adj. Completo: *pan integral.* || *Fil.* Dícese de las partes que componen un todo. || *Mat.* Dícese del cálculo que tiene por objeto determinar las cantidades variables conociendo sus diferencias infinitamente pequeñas. | Dícese del signo con que se indica la integración ($\int$). || – F. Dicha cantidad variable.

integrar v. t. Componer un todo con sus partes integrantes: *asamblea integrada por 200 personas.* || Hacer entrar en un conjunto. || Reintegrar. || *Mat.* Determinar la integral de una diferencial.|| *Amer.* Pagar.

integridad f. Calidad de íntegro.

íntegro, gra adj. Completo. || *Fig.* Honrado: *persona íntegra.*

intelecto m. Entendimiento.

intelectual adj. Relativo al entendimiento: *las facultades intelectuales.* || Espiritual, incorpóreo. || – M. y f. Persona dedicada al cultivo de las ciencias y letras.

intelectualidad f. Conjunto de los intelectuales o personas cultas de un país.

intelectualizar v. t. Reducir algo a forma intelectual. || Tratar de forma intelectual.

inteligencia f. Facultad de concebir, conocer y comprender las cosas. || Comprensión. || Habilidad, destreza. || Trato y correspondencia secreta: *inteligencia con el enemigo.*

inteligente adj. Dotado de inteligencia (ú. t. c. s.).

inteligible adj. Que se puede comprender u oír claramente.

intemperancia f. Falta de templanza.

intemperie f. Destemplanza del tiempo. || *A la intemperie,* a cielo descubierto.

intempestivo, va adj. Inoportuno.

intemporal adj. Que no es temporal.

intemporalidad f. Calidad de intemporal.

intención f. Deseo.

intencionado, da adj. Que tiene ciertas intenciones buenas o malas.

intendencia f. Dirección y gobierno de una cosa. || Cargo, jurisdicción y oficina del intendente. || *Mil.* Cuerpo cuya misión consiste en organizar el abastecimiento y alojamiento de la tropa. || *Intendencia municipal,* en Uruguay, órgano superior del gobierno de los departamentos y edificios en donde se encuentra.

intendente m. Jefe superior económico. || Jefe de los servicios de administración militar.

intensidad f. Grado de energía o fuerza de un agente natural o mecánico. || Cantidad de electricidad de una corriente continua en la unidad de tiempo. || *Fig.* Fuerza.

intensificación f. Aumento de la intensidad.

intensificar v. t. Hacer que algo tenga mayor intensidad (ú. t. c. pr.).

intensivo, va adj. Que tiene el carácter de intenso.

intenso, sa adj. Con intensidad.

intentar v. t. Esforzarse por hacer algo. || Preparar, iniciar la ejecución. || Procurar o pretender.

intento m. Propósito. || Cosa intentada. || *De intento,* adrede.

intentona f. *Fam.* Tentativa.

interamericano, na adj. Relativo a las naciones de América.

interandino, na adj. De uno y otro lado de los Andes.

intercalar v. t. Interponer.

intercambiar v. t. Cambiar.

intercambio m. Reciprosidad de servicios entre una persona o una entidad y otra. || *Intercambios internacionales,* transferencias comerciales o culturales entre dos o más naciones.

interceder v. i. Pedir algo por otro.

intercepción f. Interrupción.

interceptación f. Interrupción.

interceptar v. t. Apoderarse de algo antes de llegar a su destino: *interceptar la correspondencia.* || Detener una cosa en su camino: *interceptar un tren.* || Interrumpir, obstruir: *interceptar una calle.*

interceptor, ra adj. Que intercepta. || – M. Avión de caza destinado a luchar contra los aparatos enemigos que vuelan sobre su territorio.

intercesión f. Petición.

intercesor, ra adj. y s. Que intercede.

interconectar v. t. Poner en conexión, en relación dos o más cosas.

intercontinental adj. Común a dos o más continentes.

interdependencia f. Dependencia recíproca.

interdicción f. *For.* Privación de los derechos de una persona a causa de un delito *(interdicción penal)* o por ser menor de edad, loco o con algún defecto previsto por la ley *(interdicción civil).*

interdisciplinario, ria adj. Entre varias disciplinas.

interés m. Provecho, utilidad, ganancia, lucro. || Rédito, beneficio producido por el dinero prestado. || Dinero invertido en alguna empresa y que proporciona una renta. Ú. m. en pl.: *tener intereses en una compañía.* || Valor intrínseco que tiene algo: *descubrimiento de gran interés.* || *Fig.* Inclinación hacia alguna persona o cosa: *tomarse interés por uno.* | Curiosidad y atención: *escuchar con mucho interés.* | Deseo: *tengo interés en ir.* || – *Com. Interés simple,* el devengado por un capital sin tener en cuenta los intereses anteriores. | *Interés compuesto,* el devengado por el capital aumentado con los intereses anteriores.

interesado, da adj. y s. Que tiene interés. || Llevado del interés.

interesante adj. Que interesa.

interesar v. t. Dar parte a uno en un negocio. || Importar: *me interesa saberlo.* || Captar la atención: *esta lectura me interesa.* || Inspirar interés a una persona. || Afectar: *la herida le interesa un pulmón.* || – V. i. Tener interés por una persona o cosa (ú. t. c. s.).

interestatal adj. Entre dos o más estados.

interfase f. Período que separa dos divisiones sucesivas de una célula viva. || Límite común que tiene dos sistemas que permite efectuar intercambios entre ambos. || En informática, límite entre dos sistemas o unidades que hace posible un intercambio de informaciones.

interfecto, ta adj. y s. Dícese de la persona muerta violentamente. || — M. y f. *Fam.* Persona de quien se habla.

interferencia f. Fenómeno que resulta de la superposición de dos o más movimientos vibratorios de la misma frecuencia. || Perturbación en las emisiones de radio o televisión causadas por este fenómeno.

interferir v. i. Producir interferencias. || *Fig.* Interponerse.

interfono m. Instalación telefónica que permite la comunicación entre diversas partes de un mismo edificio.

ínterin m. Intervalo. || Interinidad.

interinato m. *Amer.* Cargo, empleo interino. | Tiempo que esta ocupación dura. | Interinidad.

interinidad f. Calidad de interino.

interino, na adj. y s. Que ocupa provisionalmente un cargo en sustitución de otro. || — F. Asistenta, criada.

interior adj. Que está en la parte de dentro. || Propio de la nación y no del extranjero: *política interior.* || Del espíritu: *vida interior.* || Que se lleva directamente encima del cuerpo: *ropa interior.* || *Fig.* Que se siente en el alma: *voz interior.* || — M. La parte de dentro: *el interior de una casa.* || Parte de un país alejada del mar. || En el fútbol, delantero situado entre el extremo y el delantero centro. || *Ministerio del Interior,* el encargado de la administración central y local y del mantenimiento del orden público. || — Pl. Entrañas.

interioridad f. Calidad de interior. || — Pl. Cosas privadas de una persona o grupo. || Aspectos secretos.

interjección f. Parte de la oración que comprende las exclamaciones con que se expresan de manera enérgica las emociones, los sentimientos o las órdenes (*¡ah!, ¡ay!*).

interlínea f. Espacio o escritura entre dos líneas. || Espacio que dejan los linotipistas entre las líneas.

interlocutor, ra m. y f. Persona que participa en una conversación.

intermediar v. i. Mediar.

intermediario, ria adj. Que media entre dos o más personas: *agente intermediario* (ú. t. c. s.). || — M. y f. *Com.* Mediador entre el productor y el consumidor.

intermedio, dia adj. Que está en medio de los extremos de lugar o tiempo. || — M. Espacio, intervalo. || *Teatr.* Entreacto.

interminable adj. Sin fin.

interministerial adj. De varios ministerios o que los relaciona entre sí.

intermisión f. Interrupción.

intermitencia f. Calidad de intermitente.

intermitente adj. Que se interrumpe y vuelve a empezar de modo alternativo. || — M. Luz intermitente situada en los lados de los automóviles que sirve para avisar a los demás vehículos que el conductor va a cambiar de dirección.

internación f. Acción de internar o internarse.

internacional adj. Que se verifica entre varias naciones: *concurso internacional.* || Relativo a varias naciones: *conferencia internacional.* || *Derecho internacional,* el que rige las relaciones entre los diferentes países. || — M. y f. Deportista que ha intervenido en pruebas internacionales. || — F. *La Internacional,* asociación de trabajadores de diversos países para la defensa de sus intereses; himno revolucionario.

internacionalización f. Intervención de varios Estados o de un organismo internacional en el gobierno de una región. || Extensión a distintos países de un conflicto, de una crisis o de un problema.

internacionalizar v. t. Convertir en internacional lo que era nacional: *internacionalizar un conflicto.*

internado, da adj. y s. Encerrado en un manicomio, asilo, campo de concentración, etc. || — M. Centro de estudios en el que los alumnos internos residen. || Estado, régimen del alumno interno. || Conjunto de alumnos internos y lugar donde habitan. || Estado o condición de un alumno interno en una facultad de medicina. || — F. En fútbol, penetración de un jugador por entre las líneas adversarias.

internamiento m. Reclusión de un enfermo en un hospital.

internar v. t. Conducir tierra adentro a una persona o cosa. || Encerrar: *internar en un campo de concentración.* || Poner a un niño en un internado. || — V. pr. Penetrar: *internarse en un bosque.* || En fútbol, penetrar por entre las líneas adversarias.

internista adj. Dícese del médico que cuida las enfermedades que afectan a los órganos internos (ú. t. c. s.).

interno, na adj. Que está dentro, interior: *hemorragia interna.* || *Medicina interna,* la que trata de las enfermedades de los órganos internos. || — M. y f. Alumno que está a pensión completa en un colegio. || Médico que se inicia en la práctica de la medicina dentro de un hospital.

interpelación f. Acción de interpelar.

interpelante adj. y s. Que interpela.

interpelar v. t. Recurrir a alguien para solicitar algo. || Exigir a uno explicaciones sobre un hecho.

interplanetario, ria adj. Situado entre los planetas.

interpolar v. t. Interponer, intercalar una cosa entre otras. || Introducir en una obra capítulos o pasajes que no le pertenecen: *interpolar una glosa en un texto.*

interponer v. t. *For.* Entablar algún recurso legal, como el de nulidad, de apelación, etc. || *Fig.* Hacer intervenir: *interponer su autoridad.* || — V. pr. *Fig.* Mediar, intervenir como mediador.

interposición f. Acción y efecto de interponer o interponerse.

interpósito, ta adj. *Méx.* Que interfiere o media.

interpretación f. Acción y efecto de interpretar.

interpretador, ra adj. Que interpreta (ú. t. c. s.). || — F. En informática, máquina que traduce el código de perforación de una tarjeta que tiene caracteres legibles y los imprime en la parte superior de esta tarjeta.

interpretar v. t. Explicar el sentido de algo que no está expresado claramente: *interpretar un texto.* || Dar a algo una determinada significación: *interpreto esta actitud como ofensiva.* || Traducir oralmente de una lengua a otra. || Representar un papel en una obra. || Ejecutar un trozo de música.

intérprete com. Persona que traduce de viva voz de una lengua a otra. || Artista que representa un papel o ejecuta una obra musical.

interpuesto, ta adj. Puesto entre otras cosas.

interregno m. Período durante el cual un país está sin soberano.

interrogación f. Pregunta. ‖ Signo ortográfico (¿?) que se pone al principio y al fin de una palabra o frase interrogativa.

interrogante adj. Que interroga. ‖ — M. Pregunta. ‖ Incógnita.

interrogar v. t. Preguntar.

interrogativo, va adj. Que denota interrogación. ‖ Que sirve para expresar la interrogación: *pronombre interrogativo.*

interrogatorio m. Serie de preguntas que se dirigen a una persona.

interrumpir v. t. Suspender la continuación de una cosa. ‖ Cortar la palabra a uno: *le interrumpió con una pregunta.* ‖ Interceptar: *interrumpir el paso.*

interrupción f. Suspensión, cese.

interruptor, ra adj. Que interrumpe. ‖ — M. Dispositivo para interrumpir o establecer una corriente en un circuito eléctrico.

intersección f. Encuentro de dos líneas, dos superficies o dos sólidos que se cortan.

intersindical adj. Entre sindicatos: *reunión intersindical.* ‖ — F. Asociación que agrupa distintos sindicatos deseosos de luchar por objetivos comunes.

intersticio m. Espacio pequeño entre dos cuerpos.

interurbano, na adj. Dícese de las relaciones y servicios de comunicación entre distintos barrios de la misma ciudad o entre dos poblaciones.

intervalo m. Distancia que hay de un tiempo a otro o de un lugar a otro. ‖ Espacio de tiempo.

intervención f. Acción y efecto de intervenir. ‖ Oficina del interventor. ‖ Operación quirúrgica. ‖ *Intervención de cuentas,* examen y fiscalización de las cuentas de una empresa o del Estado.

intervenir v. i. Participar en un asunto. ‖ Entremeterse: *intervenir en los asuntos de los demás.* ‖ Actuar, entrar en juego. ‖ Llevar a cabo un país una política de intervención en los asuntos de otro. ‖ — V. t. Examinar cuentas. ‖ Realizar una operación quirúrgica.

interventor, ra adj. y s. Que interviene. ‖ — M. y f. Persona que autoriza y fiscaliza ciertas operaciones para que se hagan con legalidad. ‖ Revisor de tren. ‖ *Interventor de cuentas,* persona capacitada para examinar y fiscalizar las cuentas de una empresa o del Estado.

interviú f. Entrevista.

intestinal adj. Del intestino.

intestino, na adj. Interno, interior. ‖ Civil, doméstico: *discordias intestinas.* ‖ — M. Tubo membranoso plegado en numerosas vueltas y que va desde el estómago hasta el ano.

inti m. Unidad monetaria de Perú que sustituyó al Sol en 1986.

intimación f. Notificación, advertencia severa.

intimar v. t. e i. Notificar con autoridad: *intimar una orden.* ‖ — V. i. Trabar profunda amistad.

intimidación f. Acción de intimidar.

intimidad f. Amistad íntima. ‖ Carácter de lo que es íntimo. ‖ Sentimientos y pensamientos más profundos de una persona.

intimidante adj. Que intimida.

intimidar v. t. Infundir miedo.

íntimo, ma adj. Interior: *convicción íntima.* ‖ Privado: *vida íntima.* ‖ Muy estrecho: *amistad íntima.* ‖ Hecho entre amigos y familiares: *reunión íntima.* ‖ — M. y f. Amigo muy querido y de confianza.

intolerabilidad f. Condición de intolerable.

intolerable adj. Que no se puede tolerar.

intolerancia f. Actitud agresiva contra las personas que profesan diferentes ideas religiosas o políticas.

intoxicación f. Introducción de un veneno en el organismo. ‖ *Fig.* Influencia insidiosa.

intoxicar v. t. Envenenar, emponzoñar (ú. t. c. pr.). ‖ *Fig.* Ejercer una influencia insidiosa en una persona para sensibilizarla a una propaganda determinada.

intramuros adv. En el recinto interior de una ciudad.

intranquilidad f. Desasosiego.

intranquilizador, ra adj. Que intranquiliza: *noticias intranquilizadoras.*

intranquilizar v. t. Desasosegar.

intranquilo, la adj. Falto de tranquilidad, inquieto.

intranscendencia f. Calidad de intranscendente.

intranscendente adj. No transcendente.

intransferible adj. No transferible.

intransigencia f. Carácter de la persona intransigente.

intransigente f. Que no transige.

intransitivo, va adj. En gramática, que no pasa del sujeto a un objeto: *acción intransitiva.* ‖ *Verbo intransitivo,* el que no admite complemento directo, como *nacer, morir, ir.*

intrascendencia f. Intranscendencia.

intrascendente adj. Intranscendente.

intrasferible adj. Intransferible.

intrauterino, na adj. Que está o que tiene lugar en el interior del útero.

intrepidez f. Valor, valentía.

intrépido, da adj. Valiente.

intriga f. Maquinación, manejo cauteloso para un fin. ‖ Enredo.

intrigante adj. y s. Que intriga.

intrigar v. i. Tramar maquinaciones. ‖ — V. t. e i. Excitar la curiosidad.

intrincamiento m. Embrollo.

intríngulis m. *Fam.* Razón oculta. ‖ Dificultad, nudo, quid.

intrínseco, ca adj. Íntimo.

introducción f. Acción y efecto de introducir o introducirse. ‖ Preámbulo de un libro. ‖ Preparación al conocimiento de una cosa.

introducir v. t. Hacer entrar. ‖ *Fig.* Hacer adoptar: *introducir una moda.* ‖ Hacer que uno sea recibido en un lugar o sociedad: *introducir a uno en la corte.* ‖ Hacer aparecer: *introducir el desorden.* ‖ — V. pr. Meterse.

introductor, ra adj. y s. Que introduce.

introito m. Oración del sacerdote al principio de la misa.

intromisión f. Acción y efecto de entrometer o entrometerse.

introspección f. Examen que la conciencia hace de sí misma.

instrospectivo, va adj. Relativo a la introspección.

introversión f. Repliegue del alma sobre sí misma.

introvertido, da adj. Que presenta introversión (ú. t. c. s.).

IN

intrusión f. Acción de introducirse sin derecho en un sitio.

intrusismo m. Ejercicio profesional de alguna actividad sin contar con la titulación legal.

intruso, sa adj. y s. Que se introduce sin derecho en algún sitio. || Que ocupa sin derecho algún puesto. || Que practica el intrusismo.

intuición f. Acción de intuir.

intuir v. t. Percibir clara o instantáneamente una idea o verdad.

intuitivo, va adj. Relativo a la intuición. ||Que obra guiado por la intuición (ú. t. c. s.).

inundación f. Acción de inundar. || *Fig.* Abundancia excesiva.

inundar v. t. Cubrir de agua un terreno, un río o lago que se ha salido de madre (ú. t. c. pr.). || Cubrir un sitio de agua. Ú. t. c. pr.: *se ha inundado el jardín.*

inusitado, da adj. No usado.

inútil adj. Que no es útil (ú. t. c. s.).

inutilidad f. Calidad de inútil.

inutilizar v. t. Hacer inútil una cosa (ú. t. c. pr.). || Destruir, poner fuera de funcionamiento.

invadir v. t. Acometer, entrar por fuerza en una parte: *los árabes invadieron España.* || *Fig.* Llenar un sitio alguna cosa muy importuna: *los turistas invaden el país.* | Apoderarse del ánimo un sentimiento.

invalidación f. Acción de invalidar.

invalidar v. t. Hacer inválido.

invalidez f. Falta de validez. || Calidad de inválido.

inválido, da adj. Que no puede desplazarse o ejercer alguna actividad por tener algún miembro tullido o cortado (ú. t. c. s.). || *Fig.* Que no tiene las condiciones fijadas por la ley: *matrimonio inválido.* || — M. *Mil.* Soldado herido o viejo.

invariabilidad f. Calidad de invariable.

invariable adj. Que no padece ni puede padecer variación.

invasión f. Irrupción en un país de fuerzas militares extranjeras. || Presencia masiva de personas en algún sitio: *una invasión de turistas.*

invasor, ra adj. y s. Que invade.

invectiva f. Palabra mordaz.

invencible adj. Que no puede ser vencido.

invención f. Acción y efecto de inventar. ||Invento. || Ficción, engaño: *lo que diré es invención.* || Hallazgo, descubrimiento.

inventar v. t. Hallar algo nuevo.

inventariar v. t. Hacer el inventario.

inventario m. Relación ordenada de los bienes de una persona o comunidad. || Documento en que se hace esta relación. || *Com.* Estimación de las mercancías en almacén y de los diversos valores que componen la fortuna del comerciante. || *Fig. A beneficio de inventario,* con prudencia y reservas.

inventivo, va adj. Capaz de inventar. || — F. Facultad de inventar.

invento m. Cosa inventada.

inventor, ra adj. y s. Que inventa.

invernadero m. Local cerrado y acristalado en el que se resguardan de las inclemencias del tiempo ciertas plantas.

invernal adj. Del invierno.

invernar v. t. Pasar el invierno.

inverosímil adj. Que no tiene apariencia de verdad.

inversión f. Acción de invertir. || Colocación de dinero.

inversionista adj. Dícese de la persona u organismo que invierte un capital en una empresa (ú. t. c. s.).

inverso, sa adj. Opuesto a la dirección natural de las cosas.

invertebrado, da adj. y s. m. Dícese de los animales que carecen de columna vertebral, como los insectos y los crustáceos.

invertido m. Homosexual.

invertir v. t. Cambiar completamente el sentido u orden de las cosas. || Cambiar simétricamente: *el espejo invierte los objetos.* || Colocar un capital en una empresa. || Emplear el tiempo: *invertir dos horas en un recorrido.* || *Mat.* Cambiar de lugar los dos términos de cada razón o proporción.

investidura f. Acción y efecto de investir. || Carácter que confiere la toma de posesión de ciertos cargos.

investigación f. Acción de investigar. || Búsqueda, indagación.

investigador, ra adj. Que investiga (ú. t. c. s.).

investigar v. t. Hacer indagaciones.

investir v. t. Conferir una dignidad o un cargo.

invicto, ta adj. No vencido.

invidente adj. Que no ve (ú. t. c. s.).

invierno m. Estación fría que en el hemisferio norte va desde el 22 de diciembre al 22 de marzo y en el hemisferio sur desde el 22 de junio al 22 de septiembre.

inviolabilidad f. Calidad de inviolable.

inviolable adj. Que no se debe o no se puede violar.

invisibilidad f. Calidad de lo invisible.

invisible adj. Que no se ve.

invitación f. Acción y efecto de invitar. || Tarjeta con que se invita.

invitado, da m. y f. Persona que ha sido invitada.

invitador, ra o **invitante** adj. Que invita (ú. t. c. s.).

invitar v. t. Convidar.

invocación f. Oración o ruego.

invocar v. t. Pedir la ayuda de Dios o de los santos. || Llamar a uno en su favor. || *Fig.* Citar en defensa propia: *invocar una ley.*

involución f. *Biol.* Conjunto de modificaciones regresivas que ocurren en un organismo o en un órgano. || *Fig.* Regresión.

involucionismo m. *Fig.* Regresión.

involucionista adj. y s. Regresivo.

involucrar v. t. Mezclar en un discurso o escrito asuntos ajenos.

involuntario, ria adj. No voluntario.

invulnerabilidad f. Calidad que tiene el que es invulnerable.

invulnerable adj. Que no puede ser herido.

inyección f. Introducción a presión de una sustancia líquida o semilíquida dentro de un cuerpo. || *Med.* Administración de un medicamento en las cavidades orgánicas por este sistema. | Sustancia contenida en una ampolla que se introduce con jeringuilla. || *Fig.* Aportación masiva de fondos o capitales. | Aportación: *la buena noticia fue una inyección de optimismo para todos.* || *Motor de inyección,* motor de explosión que carece de carburador y en el que el carburante se introduce directamente en los cilindros.

inyectar v. t. Introducir a presión una sustancia dentro de otra. || *Med.* Introducir un medicamento en el organismo mediante una aguja o jeringa. ‖ – V. pr. Enrojecer por el aflujo de sangre: *se le inyectaron los ojos.*

inyector m. Aparato para introducir a presión un fluido.

ion m. Partícula dotada de una carga eléctrica y que está formada por un átomo o grupo de átomos que ha ganado o perdido uno o varios electrones.

ionización f. Formación de iones.

ionizar v. t. Disociar una molécula en iones o convertir en ion (ú. t. c. pr.).

ionosfera f. Capa ionizada de la atmósfera, situada entre los 60 y los 600 km de altura, en la cual se reflejan las ondas hertzianas.

iota f. Novena letra del alfabeto griego (ι) que corresponde a la *i* castellana.

ipecacuana f. Planta de América del Sur y su raíz.

ipsilon f. Vigésima letra del alfabeto griego (υ), equivalente a la y castellana.

ipso facto loc. lat. En el acto.

iqueño, ña adj. y s. De Ica (Perú).

iquiqueño, ña adj. y s. De Iquique (Chile).

iquiteño, ña adj. y s. De Iquitos (Perú).

Ir v. i. Moverse hacia cierto sitio: *fueron en coche.* ‖ Presenciar algún espectáculo: *ir a los toros.* ‖ Dar clases: *va al colegio.* ‖ Convenir: *te irá bien verlo.* ‖ Venir, acomodarse una cosa con otra, sentar: *esto va de maravilla.* ‖ Extenderse: *la calle va del bulevar a la avenida.* ‖ Haber diferencia: *¡lo que va del padre al hijo!* ‖ Obrar, proceder: *ir con cautela.* ‖ Marchar, dar ciertos resultados: *su empresa va muy bien.* ‖ Ser: *lo dicho va en serio.* ‖ Apostar. ‖ Con un gerundio, empezar a efectuarse la acción del verbo: *va anocheciendo.* ‖ Con el participio pasivo de algunos verbos, estar: *ir vendido.* ‖ Con la prep. *con,* llevar, tener: *ir con cuidado.* ‖ Con la prep. *a* y un infinitivo, estar a punto de empezar la acción del verbo: *iba a gritar cuando vino.* ‖ Con la prep. *en,* importar, interesar: *en eso le va la vida.* ‖ Con la prep. *para,* acercarse a cierta edad: *va para doce años.* ‖ Con la prep. *por,* seguir una carrera: *ir por la toga;* también significa ir a buscar: *ir por carbón;* y llegar a cierto número: *ya voy por el tercer bocadillo.* ‖ – V. pr. Marcharse. ‖ Morirse: *irse de este mundo.* ‖ Deslizarse: *se le fueron los pies.* ‖ Gastarse o perderse una cosa: *el dinero se va rápido.* ‖ Desaparecer: *esta mancha no se va.* ‖ Escaparse: *irsele a uno la mano.*

Ir, símbolo químico del *iridio.*

ira f. Cólera.

iracundia f. Ira.

iracundo, da adj. y s. Colérico.

iraní adj. y s. Del Irán moderno.

iranio, nia adj. y s. Del Irán antiguo.

iraqués, esa adj. y s. Iraquí.

iraquí adj. y s. De Irak.

irascible adj. Colérico.

iribú m. *Amer.* Zopilote.

iridio m. Metal blanco (símb. Ir).

iris m. Arco que aparece en el cielo cuando la luz del Sol atraviesa unas partículas de agua en suspensión y que presenta los siete colores del espectro (rojo, anaranjado, amarillo, verde, azul, añil y violado). Se le llama también *arco iris.* ‖ *Anat.* Membrana del ojo, situada detrás de la córnea y delante del cristalino, que está atravesada por la pupila.

irisación f. Acción de irisar.

irisar v. i. Presentar los colores del arco iris. (ú. t. c. t.).

irlandés, esa adj. y s. De Irlanda. ‖ – M. Lengua hablada en este país.

ironía f. Burla fina y disimulada.

irónico, ca adj. Con ironía.

irracional adj. Que carece de razón. ‖ – M. Animal.

irracionalidad f. Calidad de irracional.

irracionalismo m. Sistema que prefiere lo irracional a lo racional.

irradiación f. Acción de irradiar. ‖ *Fig.* Influencia, difusión.

irradiar v. t. e i. Despedir un cuerpo rayos de luz, calor u otra energía en todas las direcciones. ‖ Someter un cuerpo a varias radiaciones. ‖ *Fig.* Difundirse, tener influencia.

irreal adj. No real.

irrealidad f. Calidad de no real.

irrealismo m. Carencia, falta de realismo.

irrealista adj. Que carece de realismo (ú. t. c. s.).

irrealizable adj. Que no se puede realizar.

irrebatible adj. Indiscutible.

irreconciliable adj. Que no quiere o no puede reconciliarse.

irrecuperable adj. Que no se puede recuperar.

irrecusable adj. Que no se puede recusar.

irredimible adj. Que no puede redimirse.

irreducible o **irreductible** adj. Que no se puede reducir.

irreemplazable adj. No reemplazable.

irreflexión f. Falta de reflexión.

irreflexivo, va adj. Que no reflexiona. ‖ Hecho o dicho sin reflexionar.

irreformable adj. Que no puede ser objeto de una reforma.

irrefragable adj. Que no se puede contrarrestar: *prueba irrefragable.*

irrefutable adj. Incontrovertible.

irregular adj. Que no es simétrico: *polígono irregular.* ‖ Que no obra o funciona de un modo regular. ‖ Relativo a las palabras cuya declinación o conjugación se apartan del modelo normal: *verbo irregular.*

irregularidad f. Calidad de irregular. ‖ Cosa irregular.

irrelevante adj. Poco importante.

irreligiosidad f. Condición de irreligioso.

irreligioso, sa adj. Que no tiene religión o que se opone a ésta (ú. t. c. s.).

irremediable adj. No remediable.

irreemplazable adj. Irreemplazable.

irreprochable adj. Sin falta.

irresarcible adj. Que no puede resarcirse.

irresoluto, ta adj. y s. Indeciso.

irresponsabilidad f. Calidad de irresponsable.

irresponsable adj. No responsable.

irretroactividad f. Carencia de retroactividad.

irreverencia f. Falta de respeto. ‖ Hecho o dicho irreverente.

irreverente adj. y s. Irrespetuoso.

irreversibilidad f. Condición de irreversible.

irreversible adj. Que no puede ser repetido en sentido inverso.

irrevocabilidad f. Calidad de irrevocable.

irrevocable adj. Que no se puede revocar: *sentencia irrevocable.*

irrigación f. Técnica de llevar el agua a las tierras secas para mejorar el cultivo. || *Med.* Riego por inyección de una cavidad orgánica.

irrigar v. t. *Med.* Rociar con un líquido alguna parte del cuerpo. || Regar: *irrigar un terreno.*

irrisible adj. Risible.

irrisión f. Mofa. || Objeto de risa.

irrisorio, ria adj. Ridículo.

irritabilidad f. Propensión a irritarse.

irritable adj. Que se irrita.

irritación f. Acción de irritar o irritarse. || Inflamación.

irritado, da adj. Colérico.

irritador, ra adj. Que irrita (ú. t. c. s.).

irritamiento m. Irritación.

irritar v. t. Enfadar: *irritar a uno.* || Excitar vivamente otros afectos: *irritar el apetito.* || *Med.* Causar dolor o inflamación: *el viento irrita la piel.* || — V. pr. Enfadarse.

irritativo, va adj. Que irrita.

irrogar v. t. Causar.

irrompible adj. Que no se rompe.

irrumpir v. t. Entrar violentamente.

irrupción f. Entrada violenta. || Invasión.

isa f. Canto y baile canario.

isabelino, na adj. Relativo a cualquiera de las reinas Isabel.

isagoge f. Preámbulo.

isangas f. pl. *Arg.* Angarillas, sera, capacho que, en el lomo de las caballerías, sirven para transportar mercancías.

isidro, dra m. y f. En Madrid, campesino, paleto o forastero.

isla f. Porción de tierra rodeada de agua. || Manzana de casas. || Isleta de peatones.

islam m. Islamismo. || Religión y civilización de los musulmanes. || El mundo musulmán.

islámico, ca adj. Del Islam.

islamismo m. Religión de Mahoma o de los creyentes musulmanes.

islamita adj. Dícese de la persona que profesa el islamismo (ú. t. c. s.).

islamización f. Acción y efecto de islamizar.

islamizar v. t. Adoptar la religión y usos islámicos (ú. t. c. pr.). || — V. t. Difundir la religión islámica (ú. t. c. pr.).

islandés, esa adj. y s. De Islandia. || — M. Lengua hablada en este país.

isleta f. Pequeña acera en medio de una calzada o plaza que sirve de refugio a los peatones o para señalar el tránsito rodado. || Islote.

islote m. Isla pequeña. || Isleta en una calle.

ismaelita adj. y s. Descendiente de Ismael, hijo de Abrahán. || Dícese de los árabes miembros de una secta de musulmanes chiítas.

isócrono, na adj. De la misma duración.

isogamia f. Fusión de dos gametos semejantes en las algas y hongos.

isógono, na adj. Que posee ángulos iguales.

isósceles adj. Dícese del triángulo que tiene dos lados iguales.

isotermia f. Temperatura constante.

isotérmico, ca adj. Que se mantiene a una temperatura constante.

isotopía f. Calidad de isótopo.

isótopo adj. y s. m. Dícese de los elementos químicos idénticos con masas atómicas diferentes.

isotropía f. Calidad de isótropo.

isótropo adj. y s. m. Dícese de los cuerpos cuyas propiedades físicas son idénticas en todas las direcciones.

isquion m. *Anat.* Hueso que, junto al ilion y al pubis, constituye el hueso iliaco.

israelí adj. y s. Del Estado moderno de Israel.

israelita adj. y s. De la religión judía. || — M. y f. Descendiente de Israel y de Jacob, llamado también *judío o hebreo.*

istmeño, ña adj. y s. Natural de un istmo, del istmo mexicano de Tehuantepec (Oaxaca) o del istmo de Panamá.

ístmico, ca adj. Relativo al istmo.

istmo m. Lengua de tierra que une dos continentes o una península con un continente. || *Anat.* Parte estrecha del organismo, por oposición a otras de mayor anchura.

italianismo m. Vocablo o giro del italiano. || Vocablo o giro del italiano empleados en otra lengua. || Carácter italiano. || Amor por lo italiano.

italianización f. Acción y efecto de italianizar.

italianizar v. t. Dar carácter italiano (ú. t. c. pr.).

italiano, na adj. y s. De Italia. || — M. Lengua hablada en Italia.

itálico, ca adj. y s. De la Italia antigua: *pueblos itálicos.* || *Letra itálica,* la cursiva.

itapuense adj. y s. De Itapúa (Paraguay).

ítem adv. lat. Además. || — M. Párrafo, artículo.

iterar v. t. Repetir.

iterbio m. Elemento simple (símb. Yb) del grupo de las tierras raras.

itinerante adj. Que recorre varios sitios para desempeñar sus funciones.

itinerario m. Recorrido, trayecto.

itrio m. Elemento simple (símb. Y) del grupo de las tierras raras.

itzcuintli m. Décimo signo de los veinte que tiene el calendario azteca.

ixtle m. *Méx.* Cualquier amarilidácea textil del género agave.

izabaleño, ña o **izabalino, na** adj. y s. De Izabal (Guatemala).

izar v. t. Levantar.

izote m. *Méx. y Amér. C.* Árbol liliáceo, especie de palma.

izquierda f. Mano izquierda. || Lado izquierdo: *torcer a la izquierda.* || Colectividad política partidaria del cambio y que se opone a la acción conservadora de la derecha.

izquierdismo m. Conjunto de corrientes políticas de extrema izquierda que preconiza la realización de acciones revolucionarias inmediatas y radicales.

izquierdista adj. y s. Relativo a la izquierda política o partidario de la misma. || Revolucionario, extremista.

izquierdo, da adj. Dícese de lo que en el hombre está del lado en que late el corazón: *mano izquierda.* || En un edificio, monumento, etc., dícese de lo que corresponde a este lado con relación a una persona que da su espalda a la fachada.

j f. Décima letra del alfabeto castellano y séptima de sus consonantes. ‖ — **J**, abrev. de *julio* o *joule*.

jabalcón m. *Arq.* Madero inclinado que sostiene un elemento horizontal o inclinado apoyándose en otro elemento vertical.

jabalí m. Mamífero paquidermo, considerado como un cerdo salvaje.

jabalina f. Arma arrojadiza a manera de venablo. ‖ Instrumento para lanzar, que tiene forma de pica, empleado en atletismo.

jabato m. Cría del jabalí. ‖ *Fig.* y *fam.* Joven valiente.

jábega f. Red que se tira desde tierra. ‖ Embarcación de pesca.

jabirú m. Ave zancuda.

jabón m. Producto obtenido por la acción de un álcali en un cuerpo graso que sirve para lavar. ‖ Pastilla de esta materia. ‖ *Por ext.* Lavado con jabón. ‖ *Fig.* Represión severa.

jabonado m. Lavado con jabón.

jabonar v. t. Dar jabón. ‖ Humedecer la barba con agua jabonosa para afeitarse. ‖ *Fam.* Reprender.

jaboncillo m. Árbol americano de cuyo fruto se extrae saponina.

jabonoso, sa adj. Que contiene jabón o tiene su naturaleza.

jaborandi m. Árbol originario de Brasil y del Paraguay, de flores en racimos delgados, con cuyas hojas se hace una infusión. ‖ Su flor u hoja.

jaca f. Caballo pequeño.

jacal m. *Méx.* Choza de adobes.

jacalón m. *Méx.* Cobertizo.

jacamar m. Ave trepadora.

jacana f. Ave zancuda.

jácara f. Romance festivo.

jacarandá m. Árbol de América tropical, de flores azules, cuya madera es muy apreciada en ebanistería. ‖ Su madera.

jacarandoso, sa adj. Alegre.

jacaré m. *Amer.* Yacaré.

jacarero, ra m. y f. Persona alegre.

jacinto m. Planta de la familia de las liliáceas de hermosas flores. ‖ Su flor. ‖ Circón, piedra preciosa.

jaco m. Caballo pequeño o malo.

jacobeo, a adj. Relativo al apóstol Santiago.

jactancia f. Vanagloria.

jactancioso, sa adj. y s. Vanidoso.

jactarse v. pr. Vanagloriarse.

jaculatoria f. Oración breve.

jade m. Piedra fina muy dura y de color verdoso.

jadeante adj. Que jadea.

jadear v. i. Respirar anhelosamente.

jadeo m. Respiración jadeante.

jaez m. Clase, género.

jagua f. Árbol de América.

jagual m. Terreno con jaguas.

jaguar m. Mamífero félido.

jaguareté m. Yaguareté.

jai alai m. (pal. vasca). Juego de pelota.

jaiba f. *Amer.* Cangrejo.

¡ja, ja, ja!, onomatopeya de la risa.

jala f. *Amer.* Borrachera.

jalado, da adj. *Amer.* Ebrio.

jalapa f. Planta americana. ‖ Su raíz. ‖ — Adj. y s. Jalapeño.

jalapeño, ña adj. y s. De Jalapa (Guatemala y México).

jalar v. t. *Fam.* Tirar, halar. ‖ *Pop.* Comer. ‖ *Méx.* Tirar. ‖ — V. i. *Amer.* Correr o andar muy deprisa. ‖ Largarse, irse. ‖ — V. pr. *Amer.* Emborracharse.

jalea f. Zumo gelatinoso y transparente de frutas. ‖ Salsa de carne clarificada y solidificada.

jalear v. t. Aclamar con palmas y exclamaciones a los que bailan o cantan. ‖ Alentar, animar.

jaleo m. Gritos, aplausos. ‖ Cierto baile popular andaluz. ‖ Copla y música que lo acompaña. ‖ Última parte del merengue, baile típico dominicano. ‖ *Fam.* Ruido, alboroto: *armar jaleo.* ‖ Juerga: *estaban de jaleo.* ‖ Confusión, agitación. ‖ Lío: *se ha formado un jaleo tremendo.*

jaleoso, sa adj. y s. Ruidoso.

jaliscience adj. y s. De Jalisco (México).

jalón m. Palo que se clava en tierra para determinar puntos fijos.

jalonamiento m. Colocación de jalones.

jalonar v. t. Alinear por medio de jalones. ‖ *Fig.* Determinar, fijar.

jamaicano, na y **jamaiquino, na** adj. y s. De Jamaica (isla de las Antillas).

jamancia f. *Pop.* Comida.

jamar v. t. *Pop.* Comer.

jamás adv. Nunca, en ninguna ocasión. ‖ *Jamás de los jamases*, nunca.

jamba f. Cada una de las dos piezas verticales que sostienen el dintel.

jambar v. t. e i. *Méx.* Comer.

jamelgo m. *Fam.* Caballo flaco.

jamón m. Carne curada de la pierna del cerdo.

jam-session f. (pal. ingl.). Reunión de músicos de jazz que tocan música improvisada.

japonés, esa adj. y s. Del Japón. ‖ — M. Lengua japonesa.

japuta f. Pez comestible.

jaque m. Jugada en el ajedrez en que el rey o la reina están amenazados por una pieza adversaria.

|| Palabra con que se avisa este lance: *jaque al rey*. ||
— *Jaque mate*, jaque que, al no poder evitarse, pone fin a la partida de ajedrez. || *Fig. Tener en jaque a uno*, tenerle en gran desasosiego.

jaqueca f. Dolor de cabeza.

jáquima f. Cabezal, cabestro.

jara f. Arbusto siempre verde y con flores grandes y blancas.

jarabe m. Bebida hecha con azúcar en solución concentrada y sustancias aromáticas o medicinales. || *Fig.* Bebida dulce. || *Méx.* Baile popular parecido al zapateado.

jaramago m. Planta de flores amarillas en espigas.

jarana f. *Fam.* Diversión, juerga: *andar de jarana.* | Ruido, alboroto.

jaranear v. i. Andar de jarana.

jaranero, ra y **jaranista** adj. y s. Aficionado a las jaranas.

jarano adj. y s. m. *Méx.* Dícese del sombrero de fieltro blanco, ala ancha y copa baja.

jarcia f. *Mar.* Aparejos y cuerdas de un buque (ú. m. en pl.).

jardín m. Terreno en una casa en el que se cultivan flores, árboles de sombra o adorno, etc. || Mancha en las esmeraldas o en otras piedras preciosas. || *Jardín de la infancia* (en América *jardín de infantes*), colegio de párvulos.

jardinero, ra m. y f. Persona encargada de cuidar los jardines.

jaripeada f. *Méx.* Acción de jaripear.

jaripear v. t. *Méx.* Participar en un jaripeo.

jaripeo m. Lidia taurina a la mexicana, con suertes a caballo. || Fiesta charra en la que se montan potros cerriles con suertes de lazo y canciones rancheras.

jarocho, cha adj. y s. De Veracruz (México).

jarra f. Vasija de barro, loza o cristal con cuello y boca anchos.

jarrete m. Corva, corvejón.

jarretera f. Orden de caballería existente en Gran Bretaña.

jarro m. Vasija de boca más estrecha que la jarra y con un asa. || Cantidad de líquido que cabe en ella: *un jarro de vino.*

jarrón m. Jarro grande.

jaspe m. Piedra silícea, diversamente coloreada, empleada en joyería.

jaula f. Armazón hecha de madera, mimbres o alambres para encerrar aves u otros animales. || *Min.* Aparato para bajar o subir en las minas.

jauría f. Conjunto de perros que cazan juntos. || *Fig.* Conjunto de personas que van en contra de otra.

jazmín m. Arbusto de flores blancas olorosas. || Su flor.

jazz m. Música de danza de origen negroamericano. (El *jazz* se caracteriza por una melodía sincopada que contrasta con la permanencia rítmica de la batería.)

jedive m. Título que utilizaba el virrey de Egipto.

jeep [*yip*] m. (pal. ingl.). Vehículo automóvil descubierto para terrenos desiguales, llamado también *coche todo terreno* o *campero.*

jefa f. Superiora. || Mujer del jefe.

jefatura f. Dignidad, oficina y funciones de jefe.

jefe m. Superior o principal de un cuerpo o asociación. || En el escalón militar, categoría superior

a capitán e inferior a general. || *Méx.* Señor, caballero.

jején m. *Amer.* Mosquito.

jeque m. Jefe árabe.

jerarca m. Alto dignatario.

jerarquía f. Orden, graduación. || Dignatario, personaje.

jerárquico, ca adj. Relativo a la jerarquía: *orden jerárquico.*

jerarquizar v. t. Establecer un orden de acuerdo con la jerarquía.

jeremiada f. Lamentación.

jerez m. Vino de fina calidad que se cría en Jerez de la Frontera (España).

jerezano, na adj. y s. De Jerez de la Frontera o de Jerez de los Caballeros (España).

jerga f. Tela gruesa basta. || Jergón, colchón. || Lenguaje especial de ciertas profesiones o círculos.

jergón m. Colchón de paja.

jeribeque m. Mueca. || Guiño.

jerigonza f. Galimatías.

jeringa f. Instrumento que sirve para aplicar o inyectar ciertos líquidos.

jeringar v. t. *Fig.* Molestar, fastidiar.

jeringuilla f. Jeringa pequeña.

jeroglífico, ca adj. Aplícase a la escritura usada por los egipcios y algunos pueblos aborígenes americanos en la que las palabras se representan con símbolos o figuras. || — M. Cada uno de los caracteres de esta escritura. || Pasatiempo consistente en sustituir una palabra o frase con signos o figuras.

jerónimo, ma adj. Relativo a la orden de San Jerónimo. || Perteneciente a ella (ú. t. c. s.).

jersey m. (pal. ingl.). Prenda de abrigo de tejido de punto elástico que se introduce por la cabeza.

jesuita adj. De la Compañía de Jesús. || Dícese del religioso de la Compañía de Jesús (ú. t. c. s. m.).

jesuítico, ca adj. De los jesuitas.

jet [*yet*] m. Avión de reacción. || Chorro de fluido que al salir por una tobera produce un efecto de propulsión.

jeta f. Boca abultada. || *Pop.* Cara.

ji f. Vigésima segunda letra del alfabeto griego (θ).

jíbaro, ra adj. y s. Indio de origen caribe. || *Amer.* Campesino.

jibia f. Molusco cefalópodo.

jicalcoate m. *Méx.* Culebra acuática. || Cincuate.

jícama f. *Amer.* Planta tuberosa.

jícara f. Taza pequeña.

jícaro m. *Amer.* Güira.

jiennense adj. y s. De Jaén (España).

jifero m. Cuchillo para descuartizar las reses. || Persona que descuartiza las reses.

jilguero m. Pájaro de plumaje pardo con una mancha roja en la cara y un collar blanco.

jilote m. *Méx.* y *Amér. C.* Mazorca de maíz con los granos sin cuajar.

jilotear v. i. *Méx.* y *Amér. C.* Empezar a cuajar el maíz.

jindama f. *Pop.* Miedo.

jinete m. Caballista.

jinotegano, na adj. y s. De Jinotega (Nicaragua).

jinotepino, na adj. y s. De Jinotepe (Nicaragua).

jipar v. i. *Fam.* Hipar, jadear.

jipi m. *Fam.* Jiipijapa.

jipido m. Hipido.

jipijapa m. Sombrero de palma.

jipío m. Lamento en el cante andaluz.

jiquilete m. Planta leguminosa mexicana de la que se obtiene añil.

jira f. Merienda campestre.

jirafa f. Mamífero rumiante de cuello largo y extremidades abdominales bastante más cortas que las torácicas. || *Cin.* Brazo articulado que sostiene un micrófono.

jirón m. Desgarrón. || *Per.* Vía urbana formada por varias calles o tramos entre esquinas.

jitomate m. *Méx.* Tomate.

jiu-jitsu m. Lucha japonesa que sirve de defensa sin armas.

job m. Hombre de mucha paciencia.

jockey [*yoki*] m. (pal. ingl.). Jinete que monta los caballos de carrera.

jocoatle m. *Méx.* Bebida de atole.

jocoque m. *Méx.* Alimento hecho con leche cortada o nata agria.

jocosidad f. Calidad de jocoso. || Chiste, donaire.

jocoso, sa adj. Gracioso.

jocundidad f. Alegría, placer.

jocundo, da adj. Alegre.

joder v. tr. *Pop.* Practicar el coito. | Fastidiar. | Romper, estropear. | Lastimar, hacer daño. | Echar a perder, estropear. || *¡Joder!*, interjección de fastidio, enfado, cólera, asombro, admiración.

jofaina f. Palangana.

joker [*yoke*] m. (pal. ingl.). En los juegos de cartas, comodín.

jolgorio m. Regocijo, diversión.

jollín m. *Fam.* Gresca, disputa.

jondo adj. Dícese del cante hondo flamenco de gran profundidad melódica y dramática.

jónico, ca adj. y s. De Jonia (Grecia).

jopo m. Rabo. || *Arg.* Alfiler grande para sujetar el pelo.

jordano, na adj. y s. De Jordania.

jornada f. Camino que se anda en un día. || Todo el camino o todo el viaje. || Día. || Acto en los dramas antiguos. || Episodio de una película o novela.

jornal m. Lo que gana el trabajador en un día: *trabajar a jornal.*

jornalero, ra m. y f. Persona que trabaja a jornal.

joroba f. Giba. || *Fig.* Molestia.

jorobado, da adj. Corcovado, gibado (ú. t. c. s.). || *Fig.* Fastidiado.

jorobar v. t. *Fig.* y *fam.* Molestar, fastidiar (ú. t. c. pr.). | Estropear (ú. t. c. pr.). || — V. pr. *Fam.* Aguantarse.

jorongo m. Poncho o capote que usan los campesinos mexicanos. || *Méx.* Colcha de lana.

joropo m. *Col.* y *Venez.* Baile de los llaneros.

josefino, na adj. y s. De San José (Costa Rica).

jota f. Nombre de la letra *j.* || Baile popular de Aragón, Navarra y Valencia. || Su música y copla. || Sota en la baraja francesa.

joule m. *Fís.* Julio.

joven adj. De poca edad (ú. t. c. s.).

jovial adj. Alegre, festivo.

jovialidad f. Alegría.

joya f. Objeto de metal precioso guarnecido de piedras finas o perlas que sirve para adorno. || *Fig.* Cosa o persona de mucho valor.

joyel m. Joya pequeña.

joyería f. Comercio de joyas.

joyero, ra m. y f. Comerciante en joyas. || — M. Estuche para joyas.

juanete m. Hueso del dedo grueso del pie. || *Mar.* Cada una de las vergas que cruzan sobre las gavias: *mastelero de juanete.*

jubilación f. Acción y efecto de jubilar o jubilarse de un empleo civil o administrativo, retiro. || Pensión que cobra la persona jubilada.

jubilado, da adj. y s. Dícese de la persona que se ha retirado del ejercicio de sus funciones.

jubilar adj. Relativo al jubileo.

jubilar v. t. Eximir del servicio a un empleado o funcionario civil por motivo de antigüedad o enfermedad. || *Fig.* y *fam.* Desechar por inútil una cosa. || — V. i. Alegrarse: *jubilar por el triunfo* (ú. t. c. pr.). || — V. pr. Dejar el trabajo activo a causa de la jubilación.

jubileo m. Año consagrado a Dios y al descanso cada cincuenta años en la religión hebrea. || Entre los católicos, indulgencia plenaria concedida por el papa.

júbilo m. Viva alegría.

jubiloso, sa adj. Lleno de alegría.

jubón m. Especie de chaleco ajustado al cuerpo.

judaico, ca adj. Relativo a los judíos.

judaísmo m. Hebraísmo o profesión de la ley de los judíos.

judas m. *Fig.* Traidor. || Mirilla para ver a través de las puertas.

judeoalemán, ana adj. Aplícase a los descendientes de los judíos expulsados de Alemania (s. XIV). || — M. Lengua hablada por ellos o yiddish.

judeocristianismo m. Doctrina de los primeros tiempos del cristianismo, según la cual era necesaria la iniciación al judaísmo para entrar en la Iglesia de Cristo.

judeocristiano, na adj. y s. Relativo al judeocristianismo.

judeoespañol adj. y s. Dícese de los judíos expulsados de España en 1492, que conservan en Oriente la lengua y costumbres españolas. || Lengua sefardí.

judería f. Barrio de judíos.

judía f. Planta papilionácea de fruto comestible. || Su fruto.

judicatura f. Cargo de juez y tiempo que dura. || Cuerpo de jueces de una nación.

judicial adj. Relativo al juicio, a la administración de justicia.

judío, a adj. y s. Hebreo. || De Judea.

judo m. Método japonés de lucha.

judoka com. Luchador de judo.

juego m. Acción y efecto de jugar. || Lo que sirve para jugar: *juego de bolos.* || Ejercicio recreativo sometido a reglas, y en el cual se gana o se pierde: *juego de ajedrez.* || En sentido absoluto, juego de naipes. || Conjunto de cartas de un jugador: *tener buen juego.* || *Por ext.* Juego de azar, de la lotería: *una sala de juego en el casino.* || Ejercicio público deportivo: *juegos olímpicos.* || División de un set en tenis. || Lugar donde se practican ciertos juegos. || Disposición de dos cosas articuladas: *juego de goznes.* || Holgura de una pieza mecánica. || Serie completa de objetos de una misma especie: *un juego de llaves.* || Servicio: *juego de té.* || Visos o cambiantes: *juego de aguas, de luces.* || *Fig.* Habilidad y arte para conseguir una cosa o para estorbarla: *descubrir el juego de uno.* | Funcionamiento adecuado: *el juego de las instituciones.* || — Hacer *juego*, armonizarse. || *Juego de manos*, prestidigitación. || *Juego de palabras*, equívoco. || *Juegos florales*, certamen poético en el que se recompensan las mejores composiciones con una flor de oro, de plata o natural.

juerga f. *Fam.* Fiesta, jolgorio.

juerguearse v. pr. *Fam.* Irse de juerga. | Divertirse. | Burlarse, reírse.

juergueo m. *Fam.* Juerga.

juerguista adj. y s. *Fam.* Aficionado a juerguearse.

jueves m. Quinto día de la semana.

juez m. Magistrado encargado de juzgar. || Árbitro.

jugada f. Acción de jugar. || Lance de juego. || *Fig.* Treta, jugarreta.

jugador, ra adj. y s. Persona que juega. || Persona que tiene el vicio de jugar. || *Jugador de manos*, prestidigitador.

jugar v. t. e i. Entretenerse, divertirse: *jugar al ajedrez.* || Tomar parte en juegos de azar: *jugar a la lotería.* || Tomar parte en los juegos de equipo: *jugar un partido de fútbol.* || *Fig.* No dar la importancia debida: *no hay que jugar con la salud.* || Moverse ciertas cosas: *una puerta que juega.* || Hacer juego: *un mueble que juega con otro.* || Intervenir: *jugar en un asunto.* || — V. tr. Arriesgar: *jugar mucho dinero a la lotería.* || Echar una carta: *es mejor no jugar al as de bastos ahora.* || — V. pr. Sortearse. || Arriesgar: *jugarse la vida.* || Estar en juego: *lo que se juega es el porvenir del país.*

jugarreta f. *Fig.* Mala jugada.

juglar m. En la Edad Media, el que se ganaba la vida recitando versos.

juglaresco, ca adj. Del juglar.

juglaría f. Arte de los juglares.

jugo m. Zumo de una sustancia animal o vegetal: *jugo de naranja.* || Líquido orgánico: *jugo gástrico, pancreático.* || *Fig.* Lo más sustancial de algo.

jugosidad f. Calidad de jugoso.

jugoso, sa adj. Con jugo.

juguete m. Objeto con que se entretienen los niños. || *Fig.* Lo que se abandona a la acción de una fuerza.

juguetear v. i. Divertirse jugando.

jugueteo m. Acción de juguetear.

juicio m. Acción de juzgar. || Facultad de distinguir el bien del mal y lo verdadero de lo falso. || Opinión: *a su juicio.* || Sana razón: *estar en su juicio.* || *Fig.* Sentido común, cordura: *buen juicio.* || Decisión o sentencia de un tribunal: *juicio sin apelación.* || — Juicio Final, el que, según la religión católica, ha de pronunciar Dios al fin del mundo. || Poner en *tela de juicio*, someter a examen.

juicioso, sa adj. Que tiene juicio.

jujeño, ña adj. y s. De Jujuy (Argentina).

julepe m. Cierto juego de naipes. || *Fig.* Reprimenda. | Ajetreo.

julepear v. t. *Amer.* Asustar.

juliana f. Sopa de legumbres.

julias adj. y s. f. pl. *Arg.* Dícese de las fiestas conmemorativas de la Independencia argentina (9 de julio de 1816).

julio m. Séptimo mes del año que tiene treinta y un días. || *Fís.* Unidad de trabajo, de energía o de cantidad de calor equivalente al trabajo producido por una fuerza de 1 newton cuyo punto de aplicación se traslada un metro en la dirección de la fuerza.

jumento, ta m. y f. Asno.

jumera f. *Fam.* Borrachera.

juncáceas f. pl. Familia de plantas monocotiledóneas (ú. t. c. adj.).

junción f. Juntura.

junco m. Planta de la familia de las juncáceas de tallos flexibles. || Tallo de esta planta. || Varilla que sirve para enmarcar un cuadro. || Bastón delgado.

jungla f. Sabana muy espesa y exuberante en la India.

juniense adj. y s. De Junín (Perú).

junino, na adj. y s. De Junín (Argentina).

junio m. Sexto mes del año que tiene treinta días.

júnior m. Deportista comprendido entre las edades de 17 y 21 años. || El más joven entre dos del mismo apellido: *Ramírez, júnior.*

junta m. Reunión de varias personas para tratar un asunto. || Cada una de las reuniones que celebran: *junta semanal.* || Unión de dos o más cosas. || Juntura: *junta de culata.* || Nombre que se da a ciertos gobiernos de origen insurreccional. || Órgano administrativo. || Órgano de gobierno y administración en ciertas comunidades autónomas españolas (Galicia, Castilla-La Mancha, Extremadura, Andalucía, Canarias).

juntar v. t. Unir unas cosas con otras. || Acopiar, amontonar: *juntar dinero.* || Reunir: *juntar amigos en su casa.* || — V. pr. Reunirse. || Arrimarse.

junto, ta adj. Unido, reunido: *las mesas están juntas.* || En compañía: *vivían juntos.* || — Adv. *Junto a*, al lado de, cerca de: *junto al pueblo.*

juntura f. Unión.

jura f. Acto solemne en el que se jura fidelidad a unos principios, a la Constitución, a un cargo o función, etc.

juraco m. *Amer.* Agujero.

jurado, da adj. Que ha prestado juramento: *guarda jurado.* || — M. Tribunal cuyo cargo es juzgar el hecho, quedando al cuidado de los magistrados la designación de la pena. || Individuo de dicho tribunal. || Conjunto de examinadores de un certamen o competición deportiva.

juramentar v. t. Tomar juramento. || — V. pr. Comprometerse con juramento.

juramento m. Afirmación o negación de una cosa poniendo por testigo a Dios. || Voto, reniego.

jurar v. t. Afirmar con juramento: *jurar por Dios.* || Reconocer solemnemente la soberanía de un príncipe o jefe: *jurar acatamiento.* || Obligarse con juramento a los preceptos constitucionales de un país, estatutos de órdenes religiosas, deberes de determinados cargos, etc. || — V. i. Echar votos, renegar.

jurásico, ca adj. y s. m. *Geol.* Aplícase al terreno sedimentario que sigue cronológicamente al triásico y precede al cretáceo.

jurel m. Pez marino.

jurídico, ca adj. Del Derecho.

jurisconsulto, ta m. y f. Jurista.

jurisdicción f. Autoridad para gobernar. || Término, extensión de un lugar: *jurisdicción municipal, provincial.* || Territorio en que un juez ejerce su autoridad.

jurisdiccional adj. Relativo a la jurisdicción: *mar jurisdiccional.*

jurisperito, ta m. y f. Jurista.

jurisprudencia f. Ciencia del Derecho. || Conjunto de las decisiones de los tribunales sobre una materia. || Hecho que sirve de punto de referencia en el caso en que hay que fallar en una materia que no está cubierta o determinada por ninguna ley escrita.

jurista com. Persona que estudia o profesa la ciencia del Derecho.

justa f. Combate. || *Fig.* Certamen.

justedad y **justeza** f. Calidad de justo.

justicia f. Virtud que nos hace dar a cada cual lo que le pertenece. || Derecho, equidad: *obrar con justicia.* || Calidad de justo: *la justicia de una decisión.* || *For.* Derecho de pronunciar sentencias y de castigar los delitos: *administrar justicia.* | Conjunto de los tribunales y magistrados. || Una de las cuatro virtudes cardinales.

justicialismo m. En la Argentina, política social durante el régimen del general Perón.

justicialista adj. Relativo al justicialismo. || — M. y f. Su partidario.

justiciero, ra adj. y s. Que observa estrictamente la justicia.

justificación f. Motivo que justifica una acción. || Prueba de una cosa. || *Impr.* Longitud de la línea.

justificante adj. y s. m. Dícese de lo que justifica o prueba.

justificar v. t. Demostrar la inocencia: *justificar sus actos* (ú. t. c. pr.). || Hacer que una cosa sea conforme con la justicia. || Probar el fundamento de algo.

justificativo, va adj. Que justifica.

justipreciar v. t. Estimar.

justiprecio m. Evaluación.

justo, ta adj. Que juzga y obra con justicia y equidad: *persona justa.* || Conforme con la justicia y la equidad: *recompensa justa.* || Legítimo, fundado: *reclamaciones justas.* || Exacto: *hora justa.* || Conforme a la razón y a la verdad: *razonamiento justo.* || Apretado, estrecho: *este traje me está justo.* || Que es fiel a la ley de Dios y a la moral (ú. t. c. s. m.). || — Adv. Exactamente, precisamente: *justo lo que te anuncié antes.* || Con estrechez: *vivir justo.*

jutía f. Mamífero roedor existente en las selvas de América.

jutiapaneco, ca adj. y s. De Jutiapa (Guatemala).

juvenil adj. Relativo a la juventud. || — Com. En deportes, júnior.

juventud f. Edad que media entre la niñez y la edad madura. || Conjunto de jóvenes. || Condición de joven. || Primeros tiempos de alguna cosa.

juzgado m. Conjunto de los jueces que concurren a dar sentencia. || Tribunal de un solo juez. || Sitio donde se juzga. || Sitio o territorio de su jurisdicción. || Judicatura. || *Juzgado municipal,* el que tiene jurisdicción en materia civil o criminal en asuntos menores.

juzgar v. t. *For.* Deliberar y sentenciar acerca de la culpabilidad de uno. || Resolver una cuestión como juez o árbitro. || Estimar.

JU

ANATOMÍA HUMANA

HÍGADO (CARA INFERIOR)

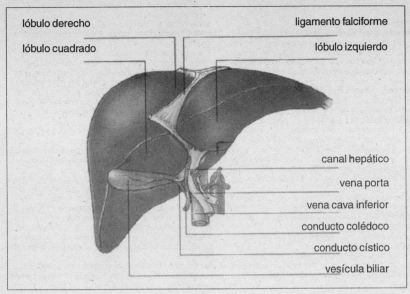

lóbulo derecho

lóbulo cuadrado

ligamento falciforme

lóbulo izquierdo

canal hepático

vena porta

vena cava inferior

conducto colédoco

conducto cístico

vesícula biliar

CORAZÓN (VISTA Y CORTE FRONTAL)

cayado de la aorta

vena cava superior

arteria pulmonar

pericardio (corte)

aurícula derecha

arteria coronaria

pericardio

diafragma

ventrículo izquierdo

ventrículo derecho

vena cava superior

arteria pulmonar derecha

vena pulmonar derecha

válvula tricúspide

vena cava inferior

válvula sigmoide de la arteria pulmonar

arteria pulmonar izquierda

vena pulmonar izquierda

válvula mitral

ventrículo izquierdo

miocardio

aorta

ventrículo derecho

ESTÓMAGO (VISTA Y CORTE FRONTAL)

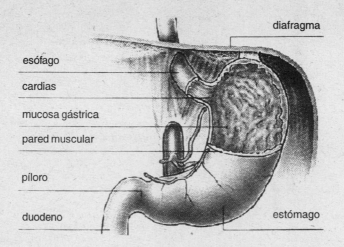

diafragma

esófago

cardias

mucosa gástrica

pared muscular

píloro

duodeno

estómago

CEREBRO

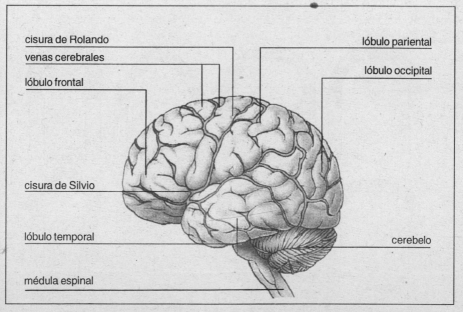

cisura de Rolando

venas cerebrales

lóbulo frontal

lóbulo pariental

lóbulo occipital

cisura de Silvio

lóbulo temporal

cerebelo

médula espinal

COLUMNAS

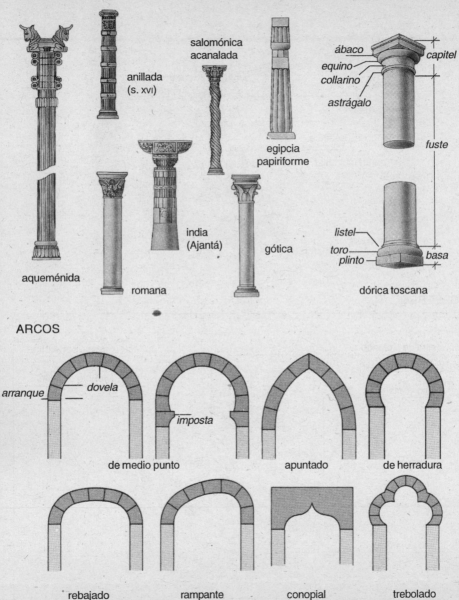

salomónica
acanalada

anillada
(S. XVI)

egipcia
papiriforme

ábaco — capitel
equino
collarino
astrágalo

fuste

india
(Ajantá)

gótica

listel
toro
plinto

basa

aqueménida

romana

dórica toscana

ARCOS

arranque — dovela

imposta

de medio punto

apuntado

de herradura

rebajado

rampante

conopial

trebolado

CASA

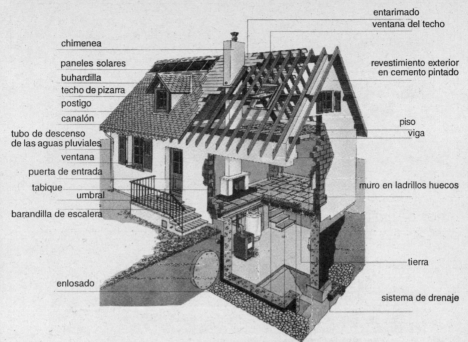

chimenea

paneles solares
buhardilla
techo de pizarra
postigo
canalón

tubo de descenso
de las aguas pluviales

ventana
puerta de entrada
tabique
umbral

barandilla de escalera

enlosado

entarimado
ventana del techo

revestimiento exterior
en cemento pintado

piso
viga

muro en ladrillos huecos

tierra

sistema de drenaje

casa: nomenclatura de las partes o elementos que pueden constituir una casa unifamiliar

PUERTA

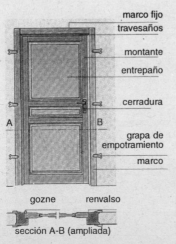

marco fijo
travesaños

montante

entrepaño

cerradura

A   B

grapa de
empotramiento

marco

gozne   renvalso

sección A-B (ampliada)

VENTANA

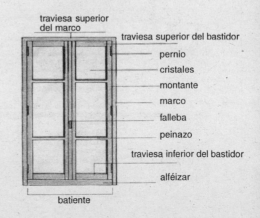

traviesa superior
del marco

traviesa superior del bastidor

pernio

cristales

montante

marco

falleba

peinazo

traviesa inferior del bastidor

alféizar

batiente

ARQUITECTURA

SECCIONES DE UNA CARRETERA

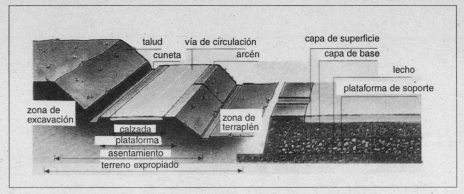

TIPOS DE PUENTES

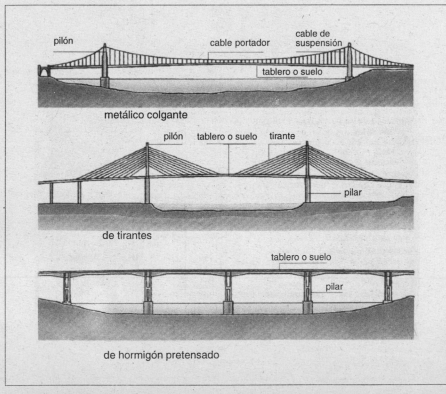

metálico colgante

de tirantes

de hormigón pretensado

COHETE

Lanzamiento y puesta en órbita de un satélite

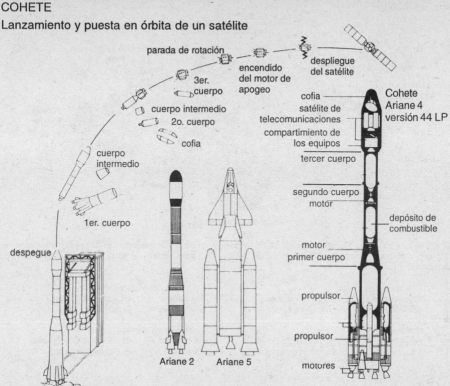

parada de rotación

3er. cuerpo

encendido del motor de apogeo

despliegue del satélite

cuerpo intermedio
2o. cuerpo

cofia

cuerpo intermedio

1er. cuerpo

despegue

cofia
satélite de telecomunicaciones
compartimiento de los equipos
tercer cuerpo

segundo cuerpo
motor

motor
primer cuerpo

propulsor

propulsor

motores

Cohete Ariane 4 versión 44 LP

depósito de combustible

Ariane 2   Ariane 5

Fases de la puesta en órbita de un satélite, con la separación de los cuerpos del cohete.

Diferentes configuraciones del cohete impulsor Ariane y corte del modelo Ariane 4.

RADIOTELESCOPIO

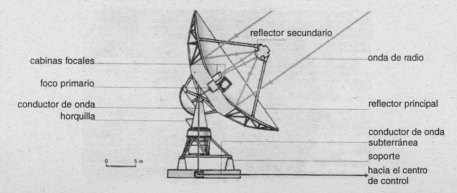

reflector secundario

cabinas focales

onda de radio

foco primario

conductor de onda
horquilla

reflector principal

conductor de onda subterránea

soporte

hacia el centro de control

0   5 m

ESTACIONES

equinoccio de marzo

sentido de rotación de la Tierra

solsticio de junio

Sol

solsticio de diciembre

equinoccio de septiembre

El eje de rotación de la Tierra está inclinado. Por ello, cuando ésta gira alrededor del Sol recibe sus rayos de diferente manera, lo que provoca que la duración del día y la noche varíen a lo largo del año y se generen las estaciones.

Equinoccio de marzo
HN primavera   La duración del día
HS otoño   y la noche es igual

Equinoccio de septiembre
HN otoño   La duración del día y
HS primavera   la noche es igual

Solsticio de junio
HN verano   El día más largo del año
HS invierno   El día más corto del año

Solsticio de diciembre
HN invierno   El día más corto del año
HS verano   El día más largo del año

LUNA

mares

cráteres

DIFERENTES TIPOS DE ECLIPSES DE SOL

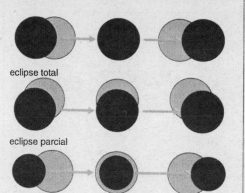

eclipse total

eclipse parcial

eclipse anular

EL FENÓMENO DE LAS MAREAS

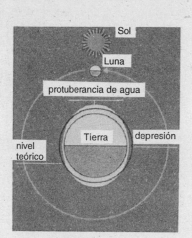

Sol

Luna

protuberancia de agua

Tierra

depresión

nivel teórico

Marea viva

La atraccción de la Luna y el Sol se suman

REPRESENTACIÓN ESQUEMÁTICA DE LA GALAXIA

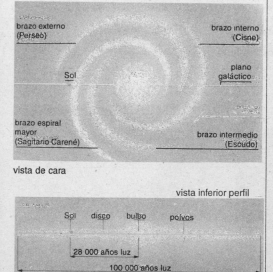

vista superior frontal

brazo externo (Perseo)

brazo interno (Cisne)

plano galáctico

Sol

brazo espiral mayor (Sagitario Carené)

brazo intermedio (Escudo)

vista de cara

vista inferior perfil

Sol disco bulbo polvos

28 000 años luz

100 000 años luz

vista de perfil

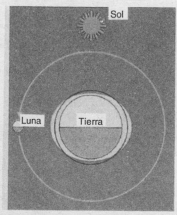

Sol

Luna Tierra

Marea muerta

La atracción del Sol y la Luna son contrarias

ESCALA DE LAS DISTANCIAS EN EL UNIVERSO

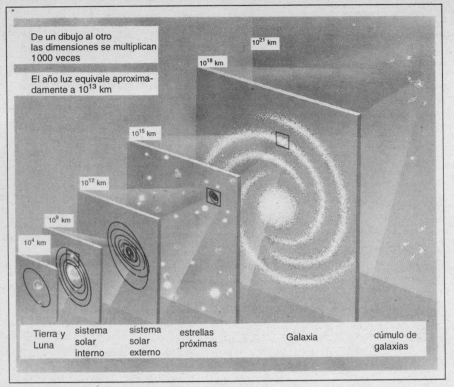

De un dibujo al otro las dimensiones se multiplican 1 000 veces

El año luz equivale aproximadamente a 10^{13} km

10^{21} km

10^{18} km

10^{15} km

10^{12} km

10^9 km

10^4 km

| Tierra y Luna | sistema solar interno | sistema solar externo | estrellas próximas | Galaxia | cúmulo de galaxias |

ESTRUCTURA DEL SOL

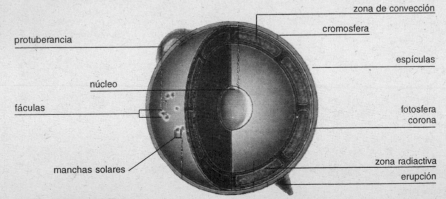

zona de convección

cromosfera

protuberancia

espículas

núcleo

fáculas

fotosfera
corona

manchas solares

zona radiactiva

erupción

TIPOS DE INFLORESCENCIAS

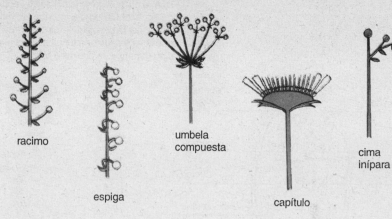

racimo

espiga

umbela
compuesta

capítulo

cima
inípara

FRUTOS

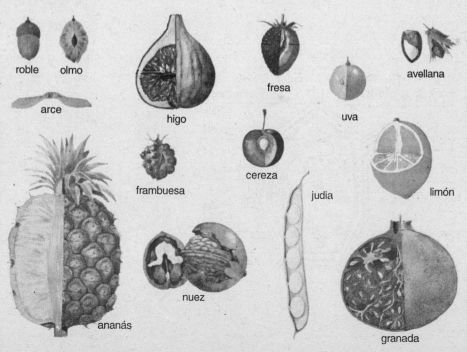

roble olmo

arce

higo

fresa

uva

avellana

frambuesa

cereza

judia

limón

ananás

nuez

granada

CÉLULAS

ADN

Dentro del núcleo de la célula se encuentra el ADN (ácido desoxirribonucléico), componente principal de los cromosomas que lleva a cabo una función de transmisión genética de padres a hijos.

Animal

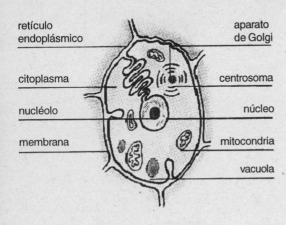

retículo endoplásmico

aparato de Golgi

citoplasma

centrosoma

nucléolo

núcleo

membrana

mitocondria

vacuola

Vegetal

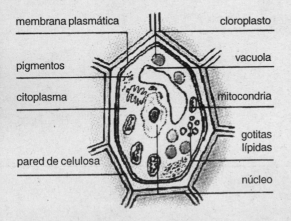

membrana plasmática

cloroplasto

pigmentos

vacuola

citoplasma

mitocondria

gotitas lípidas

pared de celulosa

núcleo

célula

núcleo

ADN

TIPOS DE CUERNOS

TIPOS DE LENGUAS

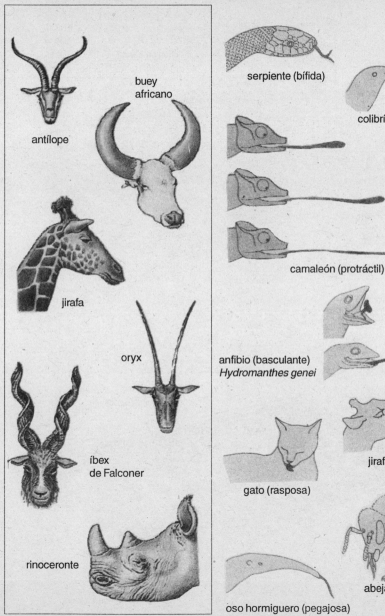

antílope

buey
africano

jirafa

oryx

íbex
de Falconer

rinoceronte

serpiente (bífida)

colibrí (tubular)

camaleón (protráctil)

anfibio (basculante)
Hydromanthes genei

gato (rasposa)

jirafa (prensil)

abeja (libadora)

oso hormiguero (pegajosa)

DEPORTES

FUTBOL

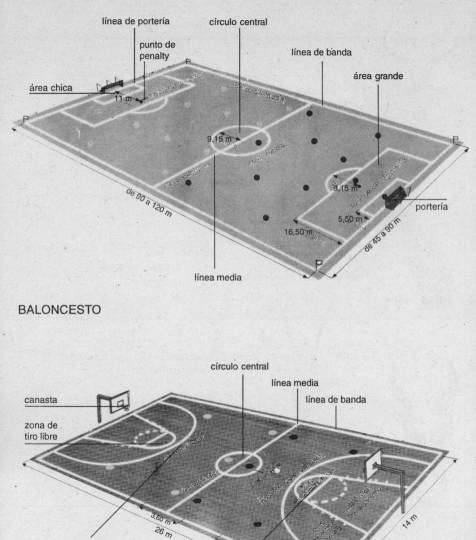

línea de portería
círculo central
punto de penalty
línea de banda
área grande
área chica
11 m
9,15 m
9,15 m
de 90 a 120 m
5,50 m
portería
16,50 m
de 45 a 90 m
línea media

BALONCESTO

círculo central
línea media
línea de banda
canasta
zona de tiro libre
3,60 m
26 m
14 m
línea de canasta de 3 puntos
7,82 m
zona de tiro libre
línea de fondo

BALONVOLEA

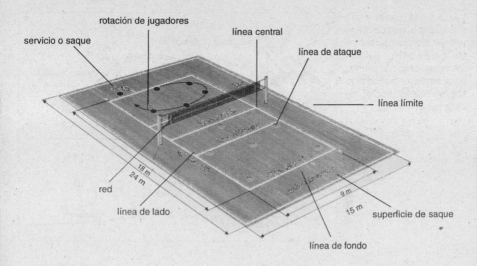

rotación de jugadores

línea central

servicio o saque

línea de ataque

línea límite

18 m
24 m

red

línea de lado

9 m

15 m

superficie de saque

línea de fondo

BÉISBOL

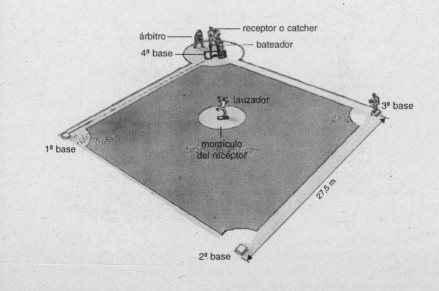

receptor o catcher

árbitro

bateador

4ª base

lanzador

3ª base

1ª base

montículo
del receptor

27.5 m

2ª base

CADENA ALIMENTARIA

La llamada cadena alimentaria o trófica tiene como misión aportar a cualquier organismo viviente las sustancias necesarias para mantener las constantes biológicas propias de cada especie.

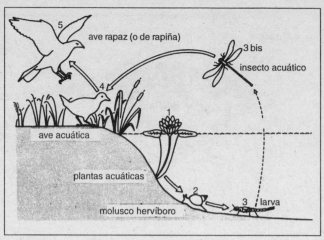

5 ave rapaz (o de rapiña)

3 bis
insecto acuático

4

ave acuática

1

plantas acuáticas

2
molusco hervíboro
3 larva

PIRÁMIDE ALIMENTARIA

5

4

3

2

1

La pirámide alimentaria está formada por una serie de especies vivas en la que los organismos situados en primer lugar en la pirámide formada constituye el alimento de aquellos otros que le siguen, y éstos lo serán a su vez de los siguientes.

CICLOS DEL CARBONO Y NITRÓGENO

El carbono y el nitrógeno son elementos fundamentales de los seres vivos. Gracias a los ciclos naturales, estos elementos nunca se pierden.

Ciclo del carbono

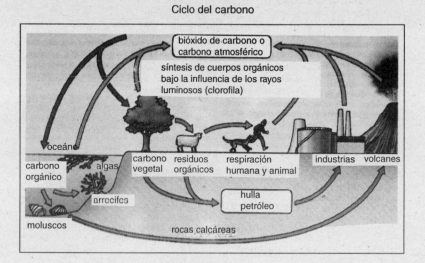

bióxido de carbono o carbono atmosférico

síntesis de cuerpos orgánicos bajo la influencia de los rayos luminosos (clorofila)

océano

carbono orgánico

algas

carbono vegetal

residuos orgánicos

respiración humana y animal

industrias

volcanes

arrecifes

hulla petróleo

moluscos

rocas calcáreas

Ciclo del nitrógeno

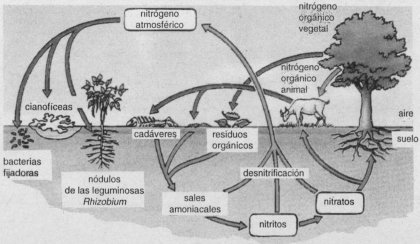

nitrógeno atmosférico

nitrógeno orgánico vegetal

nitrógeno orgánico animal

cianofíceas

aire

cadáveres

residuos orgánicos

suelo

bacterias fijadoras

nódulos de las leguminosas *Rhizobium*

desnitrificación

sales amoniacales

nitritos

nitratos

acciones bacterianas

EFECTO DE LA LLUVIA ÁCIDA SOBRE UN ÁRBOL

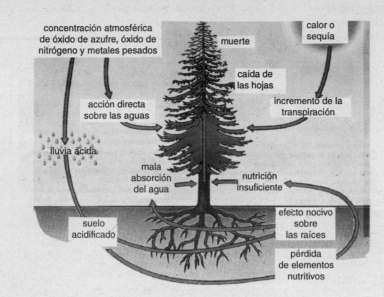

concentración atmosférica de óxido de azufre, óxido de nitrógeno y metales pesados

muerte

calor o sequía

caída de las hojas

acción directa sobre las aguas

incremento de la transpiración

lluvia ácida

mala absorción del agua

nutrición insuficiente

suelo acidificado

efecto nocivo sobre las raíces

pérdida de elementos nutritivos

SUCESIÓN

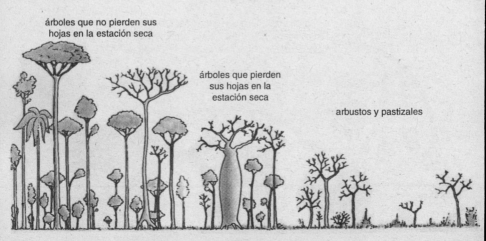

árboles que no pierden sus hojas en la estación seca

árboles que pierden sus hojas en la estación seca

arbustos y pastizales

Sabana africana

La sucesión es una forma de disposición natural en el que diferentes tipos de vegetación se desarrollan unos junto a otros. Cada bioma tiene una disposición característica.

TIPOS DE ENERGÍA

La energía es todo aquello capaz de producir trabajo. Puede manifestarse de muchas formas: movimiento, luz, calor, etc. La energía no puede crearse ni destruirse, pero sí se transforma: en la ilustración puede verse como un cierto tipo de energía (la fuerza muscular del hombre, el viento, el combustible) se transforman en movimiento o (la electricidad) en luz.

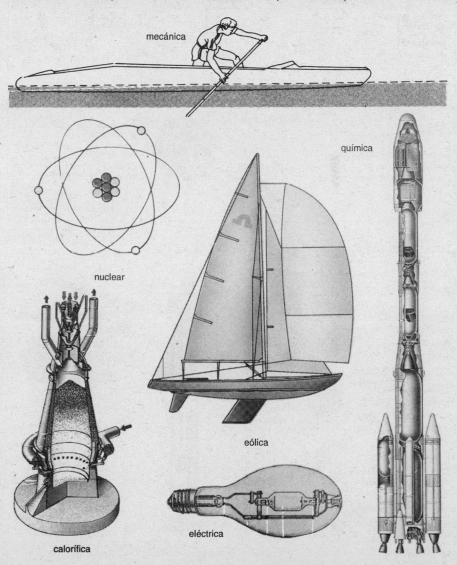

mecánica

química

nuclear

eólica

calorífica

eléctrica

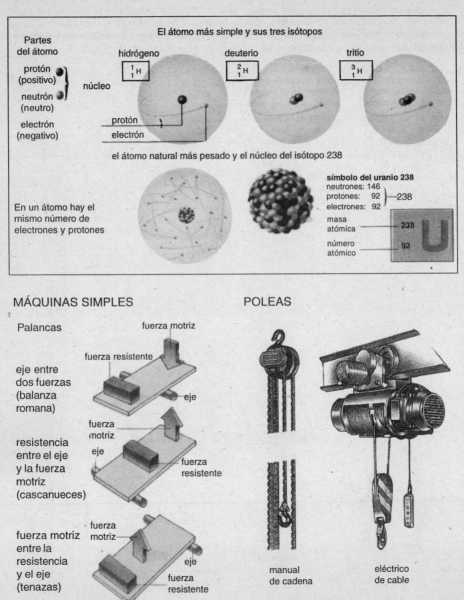

FÍSICA

ÁTOMO

El átomo más simple y sus tres isótopos

Partes
del átomo

protón
(positivo)

neutrón
(neutro)

núcleo

electrón
(negativo)

hidrógeno
$^1_1 H$

deuterio
$^2_1 H$

tritio
$^3_1 H$

protón

electrón

el átomo natural más pesado y el núcleo del isótopo 238

En un átomo hay el
mismo número de
electrones y protones

símbolo del uranio 238
neutrones: 146
protones: 92 ⎫ 238
electrones: 92

masa
atómica — 238

número
atómico — 92

U

MÁQUINAS SIMPLES

Palancas

fuerza motriz

fuerza resistente

eje entre
dos fuerzas
(balanza
romana)

eje

fuerza
motriz

eje

resistencia
entre el eje
y la fuerza
motriz
(cascanueces)

fuerza
resistente

fuerza
motriz

fuerza motriz
entre la
resistencia
y el eje
(tenazas)

eje

fuerza
resistente

POLEAS

manual
de cadena

eléctrico
de cable

LATITUD

La latitud indica la ubicación de un lugar con respecto al Ecuador.

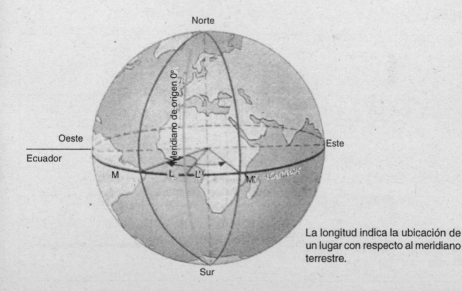

LONGITUD

La longitud indica la ubicación de un lugar con respecto al meridiano terrestre.

VOLCÁN

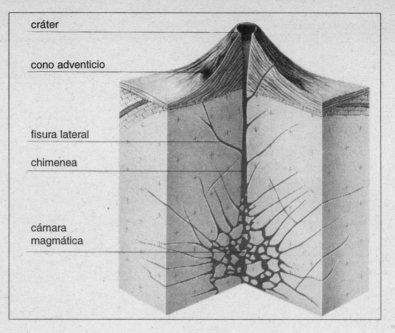

cráter

cono adventicio

fisura lateral

chimenea

cámara magmática

NUBES

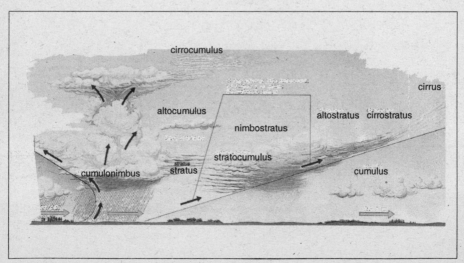

cirrocumulus

cirrus

altocumulus

nimbostratus

altostratus   cirrostratus

stratocumulus

cumulonimbus   stratus   stratus

cumulus

AJEDREZ

El objetivo de el ajedrez es capturar al rey del contrario.

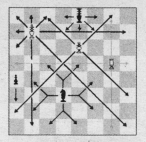

Movimiento de piezas

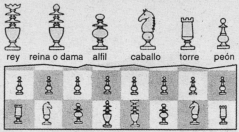

rey   reina o dama   alfil   caballo   torre   peón

Colocación de las piezas en el
tablero al inicio del juego

DOMINÓ

El objetivo del dominó es deshacerse de todas las fichas asignadas, antes de que lo hagan los otros participantes.

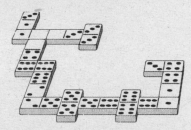

BACKGAMON

En el backgamon gana el jugador que logre primero sacar sus 15 fichas del área que le corresponde en el tablero.

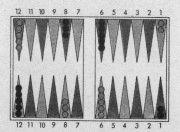

DAMAS

El objetivo de las damas es comerse todas las fichas del contrario.

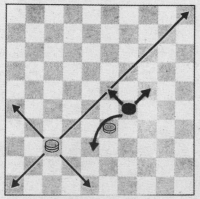

Movimiento de las fichas

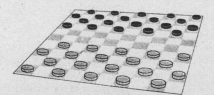

Colocación de las fichas al
inicio del juego

CALCULADORAS

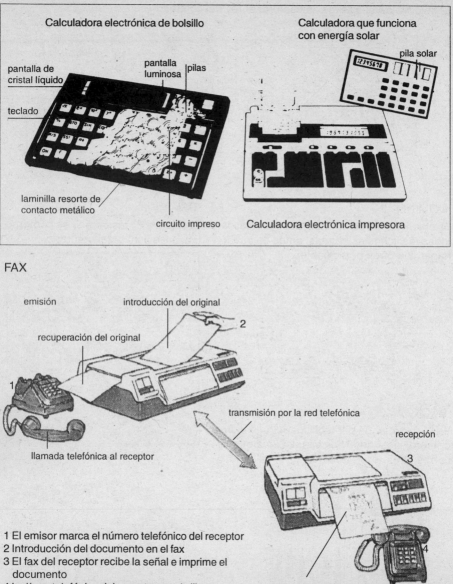

Calculadora electrónica de bolsillo

Calculadora que funciona con energía solar

pila solar

pantalla de cristal líquido

pantalla luminosa

pilas

teclado

laminilla resorte de contacto metálico

circuito impreso

Calculadora electrónica impresora

FAX

emisión

introducción del original

recuperación del original

2

1

transmisión por la red telefónica

recepción

llamada telefónica al receptor

3

1 El emisor marca el número telefónico del receptor
2 Introducción del documento en el fax
3 El fax del receptor recibe la señal e imprime el documento
4 La línea telefónica del receptor queda libre

4

salida del documento reproducido

CÁMARA DE CINE 35 mm

En el cine la imagen es una fotografía. La sensación de movimiento se logra al proyectar 24 fotografías por segundo.

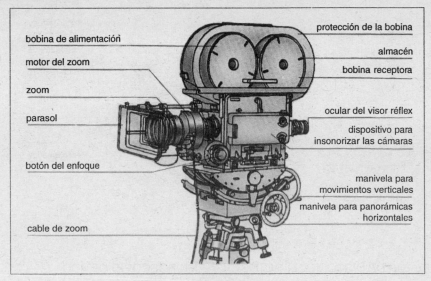

protección de la bobina

bobina de alimentación

almacén

motor del zoom

bobina receptora

zoom

parasol

ocular del visor réflex

dispositivo para insonorizar las cámaras

botón del enfoque

manivela para movimientos verticales

manivela para panorámicas horizontales

cable de zoom

CÁMARA DE TELEVISIÓN EN COLOR

En la televisión la imagen se forma por medio de puntos y líneas.

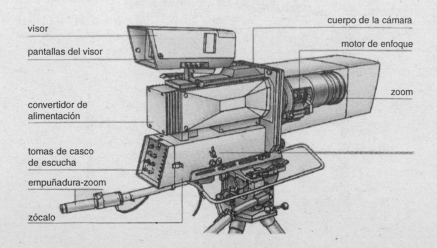

cuerpo de la cámara

visor

motor de enfoque

pantallas del visor

zoom

convertidor de alimentación

tomas de casco de escucha

empuñadura-zoom

zócalo

CASETE DE AUDIO

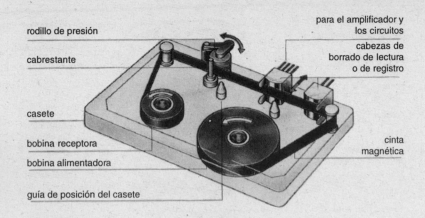

rodillo de presión

cabrestante

para el amplificador y
los circuitos

cabezas de
borrado de lectura
o de registro

casete

bobina receptora

bobina alimentadora

cinta
magnética

guía de posición del casete

LECTOR DE DISCOS COMPACTOS

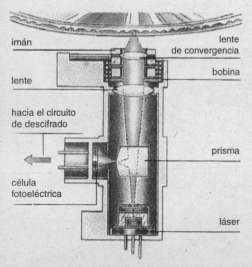

imán

lente
de convergencia

lente

bobina

hacia el circuito
de descifrado

célula
fotoeléctrica

prisma

láser

MICROSCOPIO ÓPTICO

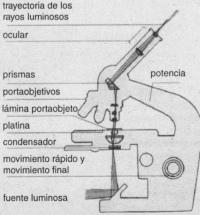

trayectoria de los
rayos luminosos

ocular

potencia

prismas

portaobjetivos

lámina portaobjeto

platina

condensador

movimiento rápido y
movimiento final

fuente luminosa

MOTOR DE COMBUSTIÓN INTERNA

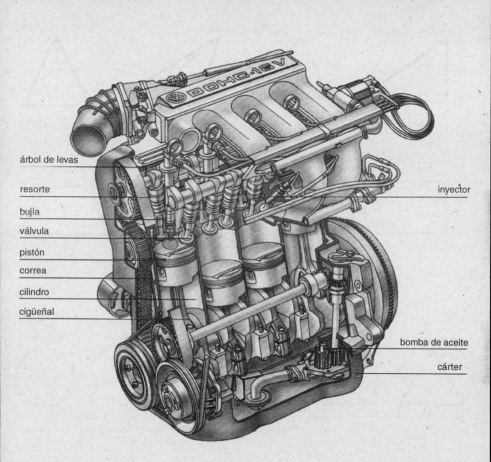

árbol de levas

resorte

bujía

válvula

pistón

correa

cilindro

cigüeñal

inyector

bomba de aceite

cárter

El motor de combustión interna es el más utilizado a pesar de ser altamente contaminante debido a los gases de escape. Se intenta evitar este gran inconveniente con la fabricación de otros motores cuyo funcionamiento sea menos perjudicial.

SUPERFICIES

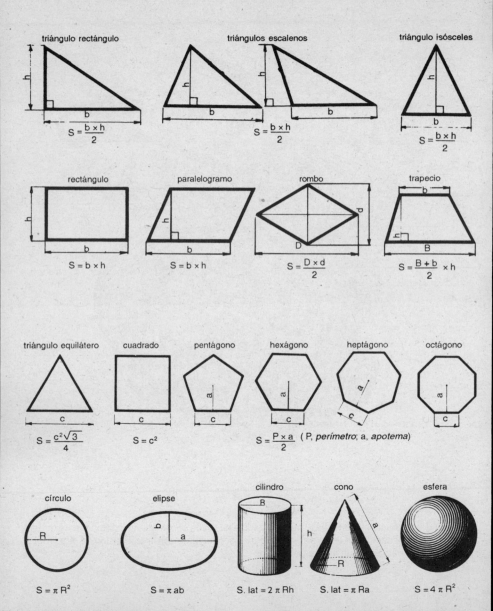

triángulo rectángulo

$$S = \frac{b \times h}{2}$$

triángulos escalenos

$$S = \frac{b \times h}{2}$$

triángulo isósceles

$$S = \frac{b \times h}{2}$$

rectángulo

$$S = b \times h$$

paralelogramo

$$S = b \times h$$

rombo

$$S = \frac{D \times d}{2}$$

trapecio

$$S = \frac{B + b}{2} \times h$$

triángulo equilátero

$$S = \frac{c^2 \sqrt{3}}{4}$$

cuadrado

$$S = c^2$$

pentágono

hexágono

heptágono

octágono

$$S = \frac{P \times a}{2} \quad (P, \textit{perímetro}; a, \textit{apotema})$$

círculo

$$S = \pi R^2$$

elipse

$$S = \pi ab$$

cilindro

$$S.\ lat = 2 \pi Rh$$

cono

$$S.\ lat = \pi Ra$$

esfera

$$S = 4 \pi R^2$$

VOLÚMENES Y ÁNGULOS

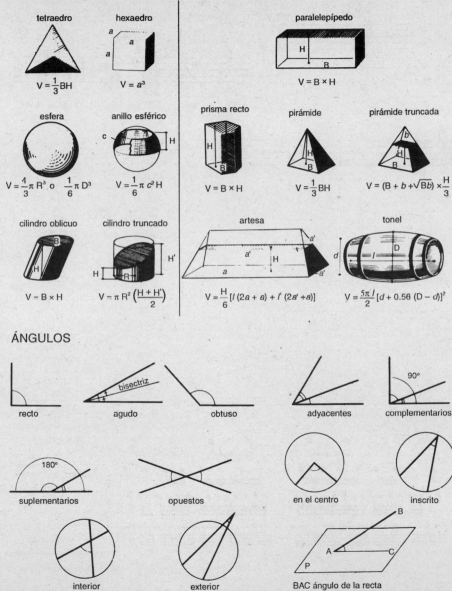

tetraedro
$$V = \frac{1}{3}BH$$

hexaedro
$$V = a^3$$

paralelepípedo
$$V = B \times H$$

esfera
$$V = \frac{4}{3}\pi R^3 \text{ o } \frac{1}{6}\pi D^3$$

anillo esférico
$$V = \frac{1}{6}\pi c^2 H$$

prisma recto
$$V = B \times H$$

pirámide
$$V = \frac{1}{3}BH$$

pirámide truncada
$$V = (B + b + \sqrt{Bb}) \times \frac{H}{3}$$

cilindro oblicuo
$$V - B \times H$$

cilindro truncado
$$V - \pi R^2 \left(\frac{H + H'}{2}\right)$$

artesa
$$V = \frac{H}{6}[l\,(2a + a) + l'\,(2a' + a)]$$

tonel
$$V = \frac{5\pi l}{2}[d + 0.56\,(D - d)]^2$$

ÁNGULOS

recto

agudo — bisectriz

obtuso

adyacentes

complementarios — 90°

suplementarios — 180°

opuestos

en el centro

inscrito

interior

exterior

BAC ángulo de la recta
AB con el plano P

MÚSICA

NOTACIÓN MUSICAL

Pentagrama

Llaves

sol   fa   do1   do2   do3   do4

Notas

do   re   mi   fa   sol   la   si   do

Alteraciones

sostenido   bemol   becuadro

VALOR DE LAS NOTAS

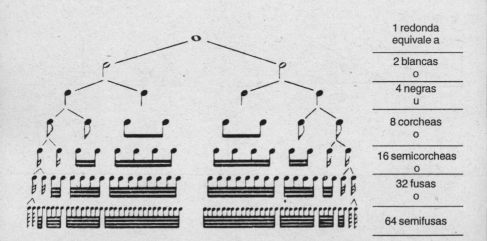

1 redonda equivale a	
2 blancas o	
4 negras u	
8 corcheas o	
16 semicorcheas o	
32 fusas o	
64 semifusas	

VALOR DE LOS SILENCIOS

pausa	media pausa	suspiro	medio suspiro	cuarto de suspiro	octavo de suspiro	dieciseisavo de suspiro

| redonda | blanca | negra | corchea | semicorchea | fusa | semifusa |

ESCALAS

Mayor

1/2 tono   1/2 tono

Menor

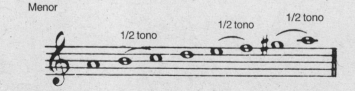

1/2 tono   1/2 tono   1/2 tono

SEMITONOS

diatónicos   cromáticos

HEMORRAGIAS

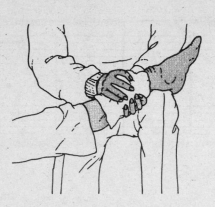

Colocar un torniquete (lazo o pedazo de tela) que mantenga la herida cerrada para evitar, en la medida de lo posible, que la sangre fluya. Si la herida se halla en un brazo o en una pierna, es necesario mantenerlos hacia arriba.

QUEMADURAS DE PRIMER GRADO

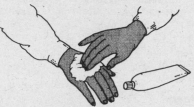

Hay que lavar la lesión con agua, secarla y cubrirla. Se puede aplicar alguna pomada para disminuir el dolor.

FRACTURAS DE BRAZOS Y PIERNAS

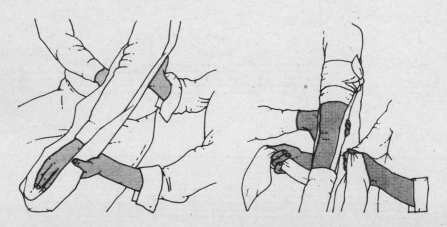

Hay que mantener el miembro fracturado en posición rígida. Para ello, se coloca una tablilla que evite cualquier movimiento que pueda agravar aún más la fractura.

OBSTRUCCIÓN DE VÍAS RESPIRATORIAS POR AGUA

Poner a la víctima boca abajo y golpearla con fuerza en la espalda para desalojar el agua de los pulmones.

PARO RESPIRATORIO

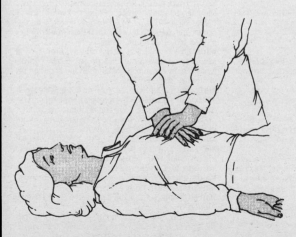

Se debe aplicar la técnica de respiración artificial. Esta técnica consiste en colocar a la víctima boca arriba sobre un piso duro, presionar su pecho diez veces y soplar dos veces en la boca, cuidando de tapar la nariz y mantener la cabeza lo más atrás que sea posible.

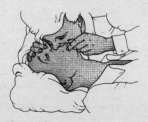

k

k f. Undécima letra del alfabeto castellano y octava de sus consonantes. || – **k**, símbolo de *kilo*.

K, símbolo químico del *potasio* y del *Kelvin*.

ka f. Nombre de la letra *k*.

kA, símbolo del *kiloamperio*.

kabila adj. y s. Cabila.

káiser m. (pal. alem.). Emperador.

kaki adj. y s. m. Caqui, color.

kamichí m. Género de aves zancudas que viven en América del Sur.

kamikase m. (pal. japonesa). Avión cargado de explosivos que un piloto suicida lanzaba contra un barco enemigo. || Este piloto.

kan m. Título de príncipe turcomongol.

kappa f. Décima letra del alfabeto griego (κ), que corresponde a la *k* o c dura castellana.

kárate m. (pal. japonesa). Modalidad de lucha japonesa basada en golpes secos dados con el borde de la mano, los codos o los pies.

karateka com. Luchador de kárate.

kart m. Pequeño vehículo automóvil de competición que carece de carrocería, embrague, caja de cambios y suspensión, con una cilindrada máxima de 100 cm^3.

karting m. Carrera de karts o deporte de los aficionados al kart.

katún m. (pal. maya). Período de veinte años, de 360 días cada uno, del calendario maya.

kayac m. Canoa.

kc, símbolo del *kilociclo*.

kcal, símbolo de *kilocaloría*.

kelvin m. Unidad de base de temperatura (símb. K) equivalente a 1/273,16 de la temperatura termodinámica del punto triple del agua.

keniata adj. y s. De Kenia.

kepis m. Quepis, gorro militar.

kermesse f. Feria, verbena.

kerosén m. Queroseno.

ketchup m. (pal. ingl.). Condimento o salsa preparado a base de tomate sazonado con diferentes especias.

keynesianismo m. Doctrina económica que afirma que el sistema capitalista podrá evitar las crisis y alcanzar el pleno empleo con una mayor intervención del Estado.

keynesiano, na adj. Perteneciente o relativo a la doctrina defendida por el economista inglés J. M. Keynes (1883-1946).

kg, símbolo del *kilogramo masa*.

kgf, símbolo del *kilogramo fuerza*.

kgm, símbolo del *kilográmetro*.

khan m. Kan.

khmer adj. y s. V. KMER.

kibutz o **kibbutz** m. Granja colectiva en Israel. (Pl. *kibutzim*.)

kif m. Grifa, cáñamo indio mezclado con tabaco.

kilo, prefijo que significa *mil*: *kilómetro, kilogramo*. || – M. Kilogramo. || *Fam.* Un millón de pesetas. || *Fam. Un kilo*, mucho.

kiloamperio m. Unidad en electricidad (símb. kA) equivalente a mil amperios.

kilocaloría f. Gran caloría (símb. kcal), igual a mil calorías.

kilociclo m. Unidad eléctrica de frecuencia (1000 oscilaciones por segundo) [símb. kc].

kilográmetro m. Antigua unidad de trabajo (símb. kgm) que equivale al esfuerzo hecho para levantar un peso de un kilogramo a la altura de un metro.

kilogramo m. Peso de mil gramos y unidad principal de masa (símb. kg).

kilohercio m. Mil hercios.

kilojulio m. Unidad legal de trabajo en el sistema M.T.S. (símb. kJ).

kilometraje m. Medida en kilómetros. || Acción de medir las distancias en kilómetros. || Número de kilómetros recorridos por un automóvil o vehículo.

kilometrar v. t. Medir en kilómetros.

kilométrico, ca adj. Relativo al kilómetro. || *Fig.* y *fam.* Muy largo, interminable: *distancia kilométrica*. || *Billete kilométrico*, el de ferrocarril, dividido en cupones, que permite recorrer un determinado número de kilómetros en un plazo dado.

kilómetro m. Medida de mil metros (símb. km). || *Kilómetro cuadrado*, unidad de superficie equivalente al área de un cuadrado cuyos lados miden un kilómetro (símb. km^2).

kilovatio m. Unidad de potencia equivalente a 1000 vatios (símb. kW). || *Kilovatio hora*, unidad de trabajo o de energía equivalente al trabajo ejecutado durante una hora por una máquina cuya potencia es de un kilovatio (símb. kWh).

kilovoltio m. Unidad de tensión eléctrica equivalente a 1000 voltios (símb. kV).

kilt m. Faldilla de los escoceses.

kimono m. Especie de bata larga.

kindergarten m. (pal. alem.). Jardín de la infancia.

kinesiterapeuta com. Masajista.

kinesiterapia f. Curación por medio de masajes.

kiosco m. Quiosco.

kirieleison m. Invocación que se hace al principio de la misa. || Música compuesta sobre dicha invocación. || *Fig.* Canto de los difuntos.

kiwi m. Pájaro corredor de Nueva Zelanda.

kJ, símbolo del *kilojulio*.

klaxon m. Claxon.

km, símbolo del *kilómetro.* || *Km²,* símbolo del *kilómetro cuadrado.*

kmer adj. y s. Dícese del individuo de un pueblo indochino, cuyo imperio, en el centro de la actual República Kmer, antes Camboya, alcanzó una cultura floreciente.

knock-down [*nocdaon*] adj. y s. m. inv. (pal. ingl.). Estado de un boxeador derribado a la lona, pero sin estar fuera de combate.

knock-out [*nokaut*] adv. y s. m. inv. (pal. ingl.). Fuera de combate.

K. O. V. KNOCK-OUT.

koala m. Mamífero marsupial trepador de Australia.

koljoz m. En la U.R.S.S., cooperativa agrícola de producción que usufructúa perpetuamente la tierra que cultiva y tiene la propiedad colectiva de los bienes de explotación.

koljoziano, na adj. Perteneciente o relativo al koljoz. || — M. y f. Miembro de esta cooperativa agrícola.

Kr, símbolo químico del *criptón.*

kopeck m. Copeck.

krack [*krak*] m. Bancarrota.

kriptón m. Criptón.

kummel m. Licor alcohólico aromático con cominos.

kV, abreviatura de *kilovoltio.*

kW, abreviatura de *kilovatio.*

K

l

l f. Duodécima letra del alfabeto castellano y novena de sus consonantes. ‖ – **l,** símbolo de *litro.* ‖ – **L,** letra que tiene el valor de cincuenta en la numeración romana.

la art. determinado femenino singular: *la silla.* ‖ Acusativo del pronombre personal femenino singular de tercera persona: *a ella la vi ayer.*

la m. *Mús.* Sexta nota de la escala musical.

La, símbolo químico del *lantano.*

lábaro m. *Méx.* Bandera nacional.

label m. (pal. ingl.). Etiqueta.

laberinto m. Lugar artificiosamente formado de intricados caminos y rodeos en el que es muy difícil encontrar la salida. ‖ *Fig.* Cosa confusa. ‖ *Anat.* Oído interno.

labia f. Gran facilidad de palabra.

labiadas f. pl. Familia de plantas dicotiledóneas (ú. t. c. adj.).

labial adj. Relativo a los labios. ‖ Dícese de la consonante que se pronuncia con los labios, como *b, p* (ú. t. c. s. f.).

labio m. Cada una de las partes exteriores de la boca que cubren la dentadura. ‖ *Fig.* Borde de una cosa.

labor f. Trabajo: *las labores de la casa.* ‖ Obra de costura o bordado: *labores de aguja.* ‖ Vuelta de arado que se da a la tierra, labranza. ‖ Tabaco manufacturado.

laborable adj. Que se dedica al trabajo. ‖ Que se puede labrar.

laboral adj. Relativo al trabajo.

laboralista adj. Dícese del abogado especializado en temas laborales (ú. t. c. s.).

laborar v. i. Trabajar.

laboratorio m. Local dispuesto para hacer investigaciones científicas: *laboratorio químico.* ‖ Sitio donde se efectúan trabajos fotográficos, como el revelado, etc. ‖ En una farmacia, cuarto donde se preparan los medicamentos y se hacen los análisis.

laboriosidad f. Aplicación al trabajo.

laborioso, sa adj. Trabajador.

laborismo m. Tendencia política de signo socialista en Gran Bretaña.

laborista adj. y s. Perteneciente o relativo al Labour Party o Partido Laborista británico.

labrador, ra adj. y s. Que labra la tierra.

labradorita f. Feldespato de alúmina y cal.

labranza f. Cultivo de la tierra.

labrar v. t. Dar una forma: *labrar un bloque de mármol.* ‖ Cultivar la tierra. ‖ Arar. ‖ Llevar una tierra en arrendamiento. ‖ *Fig.* Causar, hacer: *labrar la felicidad.*

labriego, ga m. y f. Agricultor.

laca f. Resina de color encarnado oscuro extraída de ciertas plantas de Oriente. ‖ Sustancia aluminosa de color que se emplea en pintura. ‖ Barniz de China muy hermoso de color rojo o negro. ‖ Objeto pintado con este barniz. ‖ Sustancia incolora que se aplica al pelo para fijarlo. ‖ Barniz para colorear las uñas.

lacado, da adj. Con laca. ‖ – M. Acción y efecto de lacar.

lacar v. t. Cubrir con laca.

lacayo m. Criado de librea.

laceador m. *Amer.* Peón que lacea.

lacear v. t. Cazar con lazo.

laceración f. Acción de lacerar.

lacerar v. t. Lastimar, herir (ú. t. c. pr.).

lacio, cia adj. Marchito, mustio. ‖ Dícese del cabello liso, sin ondular.

lacón m. Brazuelo del cerdo.

lacónico, ca adj. Breve.

laconismo m. Concisión.

lacra f. Señal dejada por una enfermedad o achaque. ‖ *Fig.* Defecto, tara, vicio: *las lacras de la sociedad.* ‖ Plaga, miseria.

lacrar v. t. Cerrar con lacre.

lacre m. Pasta o barra de goma laca que sirve para cerrar y sellar cartas. ‖ – Adj. Rojo.

lacrimógeno, na adj. Que hace llorar.

lacrimoso, sa adj. Que tiene lágrimas. ‖ Que mueve a llanto.

lactación f. Amamantamiento.

lactancia f. Lactación. ‖ Período de la vida en que la criatura mama. ‖ Secreción de la leche.

lactante adj. Dícese del niño que mama (ú. t. c. s.). ‖ Que amamanta (ú. t. c. s.).

lactar v. t. Amamantar. ‖ Criar con leche. ‖ – V. i. Mamar la leche.

lacteado, da adj. Con leche.

lácteo, a adj. De leche.

lacustre adj. Relativo a los lagos.

ladear v. t. Inclinar y torcer una cosa hacia un lado (ú. t. c. pr.): *ladear un clavo.* ‖ *Fig.* Soslayar, esquivar: *ladear una dificultad.* ‖ – V. i. Inclinarse (ú. t. c. pr.).

ladera f. Vertiente de un monte.

ladi f. V. LADY.

ladilla f. Piojo del pubis.

ladino, na adj. Aplícase al romance o castellano antiguo, retorromano. ‖ Que habla una o varias lenguas extranjeras. ‖ *Fig.* Astuto. ‖ *Amer.* Dícese del indio o negro que habla bien el español (ú. t. c. s.). ‖ *Guat.* Mestizo (ú. t. c. s.). ‖ – M. Retorromano. ‖ Judeoespañol.

lado m. Parte del cuerpo de la persona o del animal comprendida entre el brazo y el hueso de la cadera.

|| Lo que está a la derecha e izquierda de un todo. || Cualquiera de los parajes que están alrededor de un cuerpo: *por el lado del río.* || Sitio, lugar: *déjame a un lado.* || *Geom.* Cada una de las líneas que forman el contorno de una figura. || Cada una de las dos caras de una cosa. || Línea genealógica: *lado paterno.* || Opinión, punto de vista, partido: *estoy a su lado.* || *Fig.* Aspecto: *tiene un lado bueno.* | Camino: *se fueron cada uno por su lado.*

ladrar v. i. Dar ladridos.

ladrido m. Voz del perro.

ladrillar v. t. Enladrillar.

ladrillo m. Arcilla cocida, en forma de paralelepípedo rectangular, utilizada para construir paredes. || Baldosín para solar habitaciones, etc. || *Fig.* Lo que tiene forma parecida a la de estos paralelepípedos: *ladrillo de chocolate.* || *Fam.* Cosa muy pesada.

ladrón, ona adj. y s. Dícese de la persona que hurta o roba. || — M. Portillo hecho en una presa para robar agua. || Casquillo de bombilla con enchufes para conectar con la instalación eléctrica.

lady [*leidi*] f. (pal. ingl.). Mujer de la nobleza en Inglaterra. (Pl. *ladies*).

lagar m. Sitio donde se pisa la uva o se prensa la aceituna.

lagarta f. Hembra del lagarto. || *Fig.* y *fam.* Mujer astuta. | Mujer mala.

lagartija f. Lagarto pequeño.

lagarto m. Reptil saurio insectívoro. || Bíceps, músculo del brazo. || *Fig.* y *fam.* Hombre astuto.

lago m. Gran masa de agua depositada en hondonadas del terreno.

lágrima f. Líquido salado, segregado por dos glándulas situadas debajo de los párpados y encima de los globos oculares, que humedece la conjuntiva y la córnea.

lagrimal adj. Dícese de los órganos de secreción y excreción de las lágrimas: *conductos lagrimales.* || — M. Extremidad del ojo próxima a la nariz.

lagrimear v. i. Llorar.

lagrimeo m. Acción de lagrimear. || Flujo de lágrimas.

laguna f. Lago pequeño. || *Fig.* Interrupción en el texto de un escrito. | Olvido: *lagunas de memoria.*

lagunar m. *Arq.* Cada uno de los huecos de un techo artesonado.

laicismo m. Doctrina que defiende la independencia del Estado de toda influencia eclesiástica.

laicista com. Partidario del laicismo.

laicización f. Acción y efecto de laicizar.

laicizar v. t. Eliminar el carácter religioso de una cosa.

laico, ca adj. Que no pertenece a la Iglesia o al clero (ú. t. c. s.). || Dícese del centro de enseñanza público que no depende de la Iglesia.

laísmo m. Empleo defectuoso de *la, las* en lugar de *le, les* en el dativo del pronombre personal femenino *ella* como en *la dijeron* en vez de *le dijeron* o *las sucedió* por *les sucedió.*

laísta adj. y s. Que emplea *la* o *las* en lugar de *le* o *les.* (V. LAÍSMO.)

laja f. Piedra lisa.

lambda f. Undécima letra del alfabeto griego (λ) equivalente a la *l* castellana.

lambiscón, ona adj. y s. *Méx. Fam.* Adulador.

langosta f. Insecto ortóptero con patas posteriores saltadoras. || Crustáceo marino de gran tamaño, con cinco pares de patas, cuya carne es muy estimada.

langostino m. Crustáceo marino de unos 10 a 15 cm de largo, de carne apreciada.

languedociano, na adj. Perteneciente o relativo al Languedoc, región de Francia.

languidecer v. i. Estar en un estado de debilidad física o moral. || Carecer de animación.

languidez f. Falta de ánimo o vigor.

lánguido, da adj. Falto de fuerzas.

lanoso, sa adj. Que tiene lana.

lansquenete m. Soldado mercenario alemán (s. xv y xvi).

lantánidos m. pl. Quím. Nombre genérico de 15 elementos de tierras raras (ú. t. c. adj.).

lantano m. Metal (La) del grupo de las tierras raras.

lanudo, da adj. Que tiene abundante lana.

lanza f. Arma ofensiva de asta larga y hierro en punta. || Lancero. || Extremidad de una manga de riego.

lanzacohetes m. inv. Mil. Aparato para lanzar cohetes.

lanzadera f. Instrumento que usan los tejedores para tramar. || Pieza de la máquina de coser que guía el hilo inferior.

lanzado, da adj. Atrevido, decidido. || Muy veloz o rápido.

lanzallamas m. inv. Mil. Aparato para lanzar líquidos inflamados.

lanzamiento m. Acción de lanzar. || Acción de dar a conocer: el lanzamiento de un producto comercial. || Mar. Botadura. || Conjunto de operaciones que acompañan la salida de un vehículo espacial. || Acción de lanzar la pelota o el balón para castigar una falta o simplemente para empezar el juego. || Acción de lanzar la jabalina o el peso.

lanzar v. t. Arrojar con fuerza: lanza una pelota. || Decir en voz alta: lanzar gritos. || Dar a conocer al público: lanzar una actriz. || Hacer correr un rumor, etc.: lanzar una acusación. || Dejar caer, saltar: lanzar paracaidistas. || Echar, dirigir: me lanzaba miradas cariñosas. || Botar un barco. || Poner en órbita un vehículo espacial. || — V. pr. Ir precipitadamente en pos de, precipitarse: lanzarse en persecución. || Abalanzarse. || Echarse: lanzarse al agua. || Fig. Meterse: lanzarse en los negocios. | Emprender bruscamente o con decisión una acción.

lanzatorpedos m. inv. Mil. Aparato para lanzar torpedos.

laña f. Grapa para unir dos objetos de porcelana o de barro.

lapa f. Molusco de concha cónica aplastada. || Fam. Persona pegajosa. || Amer. Paca, animal.

lapacho m. Árbol de América del Sur.

lapicera f. Amer. y **lapicero** m. Instrumento en que se pone el lápiz. || Lápiz. || Amer. Bolígrafo.

lápida f. Piedra que lleva una inscripción: lápida mortuoria.

lapidación f. Acción de apedrear.

lapidar v. t. Apedrear.

lapidario, ria adj. Fig. Muy conciso: estilo lapidario.

lapislázuli m. Piedra fina azul.

lápiz m. Barrita de grafito dentro de una funda de madera con que se escribe o dibuja. || Barrita cilíndrica empleada para maquillarse o como medicamento: lápiz de labios.

lapo m. Fam. Escupitajo.

lapón, ona adj. y s. De Laponia.

lapso m. Espacio de tiempo. || Lapsus.

lapsus m. Error, desliz, equivocación. || — Lapsus cálami, error cometido al escribir. || Lapsus linguae, error cometido al hablar.

laque m. Amer. Boleadoras.

laquear v. t. Barnizar con laca.

lar m. Hogar (fuego).

lardo m. Tocino. || Grasa.

larense adj. y s. De Lara (Venezuela).

lares m. pl. Entre los romanos, dioses protectores del hogar. || Fig. Hogar, casa propia.

largar v. t. Aflojar, ir soltando poco a poco. || Mar. Hacerse a la mar. || Fam. Decir: largar un discurso. | Dar: largar un bofetón. | Tirar, deshacerse de algo: largar un coche viejo. || — V. pr. Fam. Marcharse, irse.

larghetto [largueto] adv. (pal. ital.). Mús. Movimiento menos lento que el largo. || — M. Música tocada con este movimiento.

largo, ga adj. Que tiene longitud considerable: camino largo. || Que dura mucho tiempo: conferencia muy larga. || Dícese de la persona muy alta. || Muchos: largos años. || Más de la cuenta: dos millones largos. || Fig. Astuto. | Generoso. | Dilatado. || — M. Largor, longitud: dos metros de largo. || En deportes, ventaja en la llegada equivalente a la longitud de un caballo, de una bicicleta, etc. || Mús. Movimiento pausado o lento. | Composición escrita en este movimiento.

largometraje m. Película larga cuya proyección sobrepasa los 60 minutos.

largor m. Longitud.

larguero m. Travesaño. || Almohada larga. || Tabla que permite alargar una mesa. || Poste superior de una portería de fútbol o de otros deportes.

largueza f. Generosidad.

laringe f. Parte superior de la tráquea.

laringitis f. Inflamación de la laringe.

laringología f. Parte de la medicina que estudia la laringe.

larva f. Primera forma de ciertos animales (batracios, insectos, crustáceos, etc.).

larvado, da adj. Dícese de las enfermedades sin síntomas característicos.

las art. determinado de género femenino y número plural: las manos. || — Acusativo del pronombre personal femenino plural o de tercera persona: las encontró en la calle.

lasca f. Trozo que salta de una piedra. || Lonja de jamón.

lascivia f. Propensión a los deleites carnales.

lascivo, va adj. Propenso a la lujuria (ú. t. c. s.). || Que excita la lujuria.

láser m. (pal. ingl.). Fuente luminosa que produce una luz coherente muy intensa y que se utiliza en biología, medicina, tiro, misiles, telecomunicaciones, etc.

lastex m. Hilado de látex cubierto de fibras textiles (algodón, nylon, etc.) empleado en la confección de fajas, trajes de baño, etc.

lástima f. Compasión que excitan los males de otro. || Objeto que excita la compasión. || Queja, lamentación.

lastimador, ra adj. Que hace daño.

lastimadura f. Daño.

lastimar v. t. Herir, dañar: *estos zapatos me lastiman.* || Compadecer (ú. t. c. pr.). || *Fig.* Herir, ofender: *lastimado por su conducta.*

lastimoso, sa adj. Que da lástima.

lastrar v. t. Poner lastre.

lastre m. Peso que se pone en el fondo de una embarcación o vehículo para facilitar su conducción. || Arena que llevan los globos libres para arrojarla y aliviar su peso: *largar lastre.* || *Fig.* Cosa que impide el buen funcionamiento o causa dificultades.

lata f. Hoja de lata. || Envase hecho de hoja de lata: *lata de sardinas.* || Bidón: *lata de aceite.* || *Fig.* y *fam.* Cosa pesada o fastidiosa. | Persona pesada, pelmazo. | — *Fig.* y *fam. Dar la lata,* fastidiar. | *Sin una lata,* sin dinero.

latazo m. *Fig.* y *fam.* Persona o cosa pesada y molesta.

latente adj. Que no se manifiesta exteriormente, sin síntomas aparentes.

lateral adj. Que está en un lado. || *Fig.* Que no viene por línea recta: *línea lateral.* || — M. Costado.

latero m. Hojalatero.

látex m. Líquido de aspecto lechoso que producen ciertos vegetales.

latido m. Movimiento alternativo de contracción y dilatación del corazón y de las arterias.

latifundio m. Finca rústica de gran extensión.

latifundista com. Persona que posee uno o varios latifundios.

latigazo m. Golpe con el látigo.

látigo m. Azote para pegar.

latiguillo m. *Fig.* Estribillo, frase o palabra que se repite.

latín m. Lengua del antiguo Lacio o Roma.

latinajo m. Cita latina.

latinidad f. Conjunto de pueblos latinos.

latinismo m. Vocablo, giro propio de la lengua latina.

latinista com. Especialista en lengua y literaturas latinas.

latinización f. Acción y efecto de latinizar un vocablo, un pueblo.

latinizar v. t. Dar forma o terminación latina a palabras de otra lengua. || Dar carácter, aspecto latino.

latino, na adj. Perteneciente al Lacio o Roma o a sus habitantes (ú. t. c. s.). || Relativo al latín: *gramática latina.* || Aplícase a la Iglesia de Occidente, en contraposición a la griega. || *Naciones latinas,* aquellas cuya lengua deriva del latín (España, Portugal, Francia, Italia y los países latinoamericanos).

latinoamericano, na adj. y s. Dícese de los países, personas o cosas de América Latina o Latinoamérica, conjunto de naciones americanas de lengua y cultura española o portuguesa.

latir v. i. Dar latidos.

latitud f. Anchura. || Distancia de un lugar al ecuador de la Tierra. || Lugar desde el punto de vista de su clima.

latitudinal adj. Que se extiende a lo ancho.

lato, ta adj. Ancho. || Grande.

latón m. Aleación de cobre y cinc.

latoso, sa adj. Pesado (ú. t. c. s.).

latria f. Adoración.

latrocinio m. Hurto, robo.

laucha f. *Arg.* y *Chil.* Ratón. | *Fig.* Persona lista. | Persona delgada (ú. t. c. s. m.).

laúd m. *Mús.* Instrumento de cuerdas pulsadas.

laudable adj. Elogiable.

láudano m. Medicamento líquido a base de opio.

laudatorio, ria adj. Elogioso. || — F. Escrito de alabanza.

laudo m. Arbitraje.

laureado, da adj. Premiado, galardonado: *escritor laureado* (ú. t. c. s.). || Recompensado con la cruz de San Fernando: *general laureado* (ú. t. c. s.). || — F. Cruz laureada de San Fernando, condecoración más importante en España.

laurear v. t. Coronar con laureles. || Premiar. || Condecorar con la cruz laureada de San Fernando.

laurel m. Árbol de hojas aromáticas utilizadas como condimento. || — Pl. *Fig.* Recompensa, galardón, premio, triunfo.

laurencio m. Elemento químico transuránico (Lw).

lava f. Materia en fusión y viscosa que expulsan los volcanes.

lavabo m. Lavamanos. || Cuarto de aseo. || Retrete.

lavacoches m. inv. El que lava los coches.

lavadero m. Lugar para lavar la ropa y pila donde se hace. || Sitio donde se lava la arena de un río aurífero o cualquier otro mineral.

lavado m. Acción y efecto de lavar o lavarse. || Aseo de una persona. || *Fam.* Riña, reprimenda. || *Med.* Irrigación de una cavidad del cuerpo.

lavador, ra adj. y s. Que lava. || — F. Máquina de lavar ropa.

lavafrutas m. inv. Recipiente para lavar frutas y enjuagarse los dedos.

lavamanos m. inv. Recipiente para lavarse las manos.

lavanco m. Pato bravío.

lavanda f. Espliego. || Agua de colonia hecha con esta planta.

lavandería f. Establecimiento industrial para lavar la ropa.

lavaparabrisas m. inv. Chorros de agua que limpian los parabrisas.

lavaplatos m. inv. Persona que lava los platos. || — M. inv. *Amer.* Fregadero. || — Adj. inv. Que sirve para fregar los platos: *máquina lavaplatos* (ú. t. c. s.).

lavar v. t. Quitar con un líquido lo sucio, limpiar con agua u otro líquido: *lavar a fondo.* Ú. t. c. pr.: *lavarse la cara.*

lavativa f. Inyección de un líquido en el intestino grueso por medio de una cánula. || Jeringa con que se pone.

lavavajillas m. inv. Lavaplatos.

lavazas f. pl. Agua sucia.

lavotear v. t. *Fam.* Lavar mal.

lawrencio m. Laurencio.

laxante adj. Que laxa. || — M. Medicamento purgante.

laxar v. t. Aflojar, soltar. || Purgar por medio de un laxante.

laxitud f. Aflojamiento.

laxo, xa adj. Flojo, que no está tenso. || *Fig.* Relajado, libre, amplio.

laya f. Calidad, naturaleza. || Pala fuerte para remover la tierra.

lazada f. Nudo, lazo.

lazareto m. Establecimiento sanitario donde guardan cuarentena las personas procedentes de países en los que hay enfermedades contagiosas.

lazarillo m. Guía de un ciego.

lazo m. Nudo apretado hecho con un hilo, cinta, cuerda, etc. || Cuerda con un nudo corredizo utilizada para cazar animales o apresar cualquier otra cosa. || *Fig.* Vínculo: *los lazos del matrimonio.* | Enlace, unión: *España sirve de lazo entre Europa y América Latina.* | Trampa: *caer en el lazo.* || Condecoración que tiene una cinta doblada: *lazo de la Orden de Isabel la Católica.*

le m. dativo del pron. de tercera persona en singular en los dos géneros: *le dije la verdad.* || — Acusativo del pron. masculino de tercera persona en singular: *ya le veo.* || — Acusativo del pron. masculino de la segunda persona en singular cuando se habla de usted: *le vi ayer en la calle.*

leader [*líder*] m. (pal. ingl.). Líder.

leal adj. Que sigue las reglas del honor, de la propiedad, de la rectitud y de la fidelidad. || Inspirado por la honradez, la probidad o la rectitud. || Fiel a un régimen político, a una dinastía (ú. t. c. s.).

lealtad f. Carácter leal.

lebrato m. Cría de liebre.

lebrel adj. y s. m. Dícese de un perro utilizado para cazar liebres.

lebrillo m. Barreño ancho.

lección f. Enseñanza dada en una clase a una o varias personas. || Conferencia sobre un tema determinado. || Lo que un profesor da a sus discípulos para que lo sepan en la clase siguiente. || Capítulo en que se halla dividido un texto de enseñanza. || *Fig.* Advertencia, consejo dado a alguien para orientar su conducta. | Advertencia que, recibida de una persona o sacada de la experiencia, sirve en el futuro de enseñanza.

lecha f. Semen de los peces.

lechada f. Cal para blanquear.

lechal adj. Aplícase al animal que aún mama: *cordero lechal.*

leche f. Líquido blanco opaco de sabor dulce segregado por las glándulas mamarias de la mujer y por las de las hembras de los mamíferos. || Cualquier líquido que tiene alguna semejanza con la leche. || *Bot.* Líquido de apariencia lechosa que se encuentra en numerosas plantas. || Cosmético líquido o semifluido que suaviza y refresca la epidermis y sirve también para quitar el maquillaje. || Bebida obtenida con semillas machacadas y maceradas en agua: *leche de almendras.* || *Pop.* Puñetazo. | Golpe. | Choque. | Malhumor. | Molestia, engorro. | Semen. || — Pl. *Pop.* Monsergas, tonterías.

lechería f. Despacho de leche.

lechero, ra adj. Que tiene leche: *vaca lechera.* | Relativo a la leche y a sus derivados. || — M. y f. Comerciante en leche.

lecho m. Cama. || *Fig.* Cauce, madre: *el lecho de un río.*

lechón m. Cochinillo de leche.

lechuga f. Planta compuesta cuyas hojas son comestibles.

lechuguilla f. Cuello o puño de camisa almidonado con adornos.

lechuguino m. *Fig.* Muchacho que se las da de hombre. | Gomoso, dandy.

lechuza f. Ave rapaz nocturna.

lectivo, va adj. Escolar.

lector, ra m. y f. Persona que lee. || Persona que lee en alta voz. || Profesor extranjero auxiliar en la enseñanza de idiomas. || Colaborador que lee los manuscritos enviados a un editor. || M. Una de las cuatro órdenes menores. || Aparato reproductor del sonido grabado en cinta magnética: *lector de casete.* || Dispositivo para almacenar la información en la memoria de un ordenador.

lectorado m. Lectoría.

lectoría f. Empleo de lector religioso o en la enseñanza.

lectura f. Acción de leer. || Cosa leída. || Introducción de la información en la memoria de un ordenador: *cabeza de lectura.*

leer v. t. Conocer y saber juntas las letras: *aprender a leer.* || Comprender lo que está escrito o impreso en una lengua extranjera: *leer alemán.* || Decir en voz alta o pasar la vista por lo que está escrito o impreso: *leer el periódico.* || Enterarse de lo que contiene este texto escrito. || Darse cuenta del significado de algo, de un sentimiento oculto, interpretando ciertos signos: *leyó en la mirada su desgracia.* || Enseñar el profesor una materia, interpretar un texto. || *Impr.* Corregir: *leer pruebas.*

legación f. Cargo y oficio del legado. || Misión diplomática de un gobierno en un país en donde no tiene embajada.

legado m. *For.* Disposición testamentaria hecha en beneficio de una persona física o moral. || *Fig.* Lo que una generación transmite a las generaciones que le siguen, herencia. || Cargo diplomático equivalente al ministro plenipotenciario.

legajo m. Carpeta de documentos relacionados con un asunto.

legal adj. Conforme a la ley.

legalidad f. Calidad de legal.

legalización f. Acción de legalizar. || Certificado o nota con firma y sello que prueba la autenticidad de un documento o firma.

legalizar v. t. Dar estado legal. || Certificar la autenticidad de algo.

légamo m. Cieno, lodo.

legaña f. Humor viscoso procedente de la mucosa de los párpados.

legar v. t. *Fig.* Dejar en herencia.

legatario, ria m. y f. Persona beneficiaria de un legado.

legendario, ria adj. Que pertenece a la leyenda.

legible adj. Que se puede leer.

legión f. Cuerpo de tropa romana de 6 000 hombres, dividido en diez cohortes. || Cuerpo de tropa en Francia y España compuesto de soldados voluntarios, generalmente extranjeros. || *Fig.* Gran número de personas.

legionario, ria adj. De la legión. || — M. Soldado de la legión.

legislación f. Conjunto de leyes por las que se gobierna un Estado. || Ciencia de las leyes. || Cuerpo de leyes que regulan una materia.

legislador, ra adj. y s. Que legisla.

legislar v. i. Dar leyes.

legislativo, va adj. Aplícase al derecho de hacer leyes: *asamblea legislativa.* || Relativo a las leyes. || Dícese del código o cuerpo de las leyes.

legislatura f. Tiempo durante el cual funcionan los cuerpos legislativos. || Período de sesiones de las Cortes o Asambleas deliberantes. || *Arg.* Congreso de las provincias.

legista m. y f. Jurisconsulto.

legítima f. *For.* Parte de la herencia que la ley asigna obligatoriamente a determinados herederos.

legitimación f. Acción y efecto de legitimar.

legitimar v. t. Probar la legitimidad. || Hacer legítimo al hijo natural.

legitimidad f. Calidad de legítimo.

legítimo, ma adj. Que reúne los requisitos ordenados por las leyes. || Dícese de la unión matrimonial consagrada por la ley. || Genuino, cierto o verdadero en cualquier línea: *cuero, oro legítimo.* || Justo, equitativo: *deseos legítimos.*

lego, ga adj. Seglar, laico, que no tiene órdenes clericales. || Sin instrucción, ignorante. || — M. Religioso que no recibe las órdenes sagradas.

legrado m. Raspado.

legrar v. t. Raspar la superficie de un hueso o la mucosa del útero.

legua f. Medida itineraria de 5 572 metros. || *A la legua,* desde muy lejos.

legui m. Polaina de cuero.

leguleyo m. Mal abogado.

legumbre f. Fruto que se cría en vaina. || *Por ext.* Hortaliza.

leguminosas f. pl. Familia de plantas angiospermas dicotiledóneas cuyo fruto está en una vaina, como la lenteja, el guisante (ú. t. c. adj.).

leísmo m. *Gram.* Empleo de la forma *le* del pronombre como única en el acusativo masculino singular; por ej.: *aquel juguete no te* LE *doy,* por *no te* LO *doy.*

leísta adj. y s. Que emplea el pronombre *le* como único acusativo masculino.

leitmotiv m. (pal. alem.). *Mús.* Tema conductor. || *Fig.* Frase, fórmula o motivo central que se repite.

lejanía f. Distancia grande.

lejano, na adj. Que está lejos.

lejía f. Producto detergente.

lejos adv. A gran distancia. || En tiempo o lugar remoto.

lelo, la adj. y s. Tonto.

lema m. Divisa que se pone en los emblemas, armas, empresas, etc. || Palabra o frase de contraseña con que se firma el trabajo presentado en algunos concursos. || Argumento que precede ciertas composiciones literarias. || Tema del discurso. || Norma, regla que guía o debería guiar el comportamiento o conducta de alguien.

lempira m. Unidad monetaria de Honduras.

lempirense adj. y s. De Lempira (Honduras).

lémur m. Mamífero cuadrumano.

lencería f. Conjunto de ropa blanca y comercio que se hace con ella. || Tienda de ropa blanca.

lencero, ra m. y f. Persona que vende ropa blanca.

lendakari m. (pal. vasca). Presidente del Gobierno del País Vasco (España).

lengua f. Órgano móvil constituido por numerosos músculos cubiertos de una mucosa situado en la cavidad bucal que interviene en la percepción del gusto, en la masticación, deglución y en la articulación de los sonidos. || Lenguaje propio de un pueblo o de una comunidad de pueblos: *lengua castellana.* || Conjunto del vocabulario y de la sintaxis propias de determinadas épocas, de ciertos escritores, de algunas profesiones, etc. || Lengüeta de la balanza. || Cosa con forma de lengua: *lengua de fuego.*

lenguado m. Pez marino de forma aplanada y carne estimada.

lenguaje m. Conjunto de sonidos articulados con que el hombre manifiesta lo que piensa o siente. || Facultad de expresarse por medio de estos sonidos. || Idioma hablado por un pueblo o nación. || Manera de expresarse: *lenguaje culto.* || *Fig.* Conjunto de señales que dan a entender una cosa: *el lenguaje de su sonrisa, del campo.* || En informática, conjunto de caracteres, símbolos y reglas utilizado para escribir las instrucciones dadas a un ordenador.

lenguaraz adj. y s. Mal hablado.

lengüeta f. Lengua pequeña. || Tirilla del zapato. || Laminilla vibrátil en algunos instrumentos músicos de viento.

lengüetada f. y **lengüetazo** m. Acción de tomar o de lamer una cosa con la lengua.

lengüetear v. i. Lamer. || *Amer. Fam.* Hablar mucho y poco claramente.

lengüicorto, ta adj. Que habla poco (ú. t. c. s.).

lengüilargo, ga adj. y s. Hablador.

lenidad f. Indulgencia.

lenificación f. Dulcificación.

lenificar v. t. Suavizar.

leninismo m. Doctrina de Lenin.

lente amb. Cristal refringente de superficie esférica con caras cóncavas o convexas que se emplea en varios instrumentos ópticos. || Dispositivo electromagnético que reemplaza los cristales ópticos en el microscopio electrónico. || Cristal de gafas. || Lupa. || Monóculo. || — M. pl. Gafas. || Quevedos. || *Lente de contacto,* disco pequeño, cóncavo de un lado, convexo del otro, que se aplica directamente sobre la córnea para corregir los vicios de refracción del ojo.

— OBSERV. Aunque esta palabra es ambigua, se suele usar como masculino plural cuando significa gafas y como femenino en el sentido de cristal refringente.

lenteja f. Planta de semillas alimenticias. || Semilla de esta planta.

lentejuela f. Laminilla redonda de metal o de cristal que se pone en el tejido de un vestido para hacerlo brillar.

lenticular adj. De forma de lenteja. || — M. Hueso pequeño del oído medio.

lentilla f. Lente de contacto.

lentisco m. Arbusto de flor amarillenta o rojiza y fruto carnoso.

lentitud f. Falta de rapidez.

lento, ta adj. Poco rápido. || — Adv. *Mús.* Lentamente y con gravedad.

leña f. Madera utilizada para quemar. || *Fig.* Castigo. | Paliza. | Juego duro en la práctica de un deporte.

leñador, ra m. y f. Persona que corta o vende leña.

leñazo m. *Fam.* Golpe. | Choque.

leño m. Trozo de árbol cortado y sin ramas. || Madera. || *Fig.* Persona inhábil o de poco talento.

leñoso, sa adj. De leña.

león, ona m. y f. Gran mamífero carnicero de la familia de los félidos, de color entre amarillo y rojo, cuyo macho tiene una abundante melena. || — M. *Fig.* Persona valiente y atrevida. || *Amer.* Puma. || — Pl. *Arg. Fam.* Pantalones.

leonera f. Jaula o foso de leones. || *Fig.* Cuarto desarreglado.

leonés, esa adj. y s. De León (España). || — M. Dialecto que se habló en el antiguo reino de León.

leonesismo m. Palabra, giro propios de León. || Condición de leonés. || Amor a León.

leonino, na adj. Relativo o semejante al león: *facies leonina.* || *For.* Aplícase al contrato poco equitativo: *condiciones leoninas.*

leontina f. Cadena del reloj que se lleva en el chaleco.

leopardo m. Mamífero carnicero de piel rojiza con manchas negras. || Su piel.

leotardo m. Traje sin mangas muy ajustado al cuerpo usado por gimnastas y trapecistas. || Prenda muy ajustada, generalmente de punto, que cubre desde el pie hasta la cintura. || Media de mujer que llega hasta la cintura.

leperuza f. *Méx. Fam.* Pelandusca.

lepidóptero, ra adj. y s. m. Aplícase a los insectos que tienen dos pares de alas cubiertas de escamas muy tenues y boca chupadora, como las mariposas.

lepra f. Infección crónica de la piel, debida a la presencia del bacilo de Hansen, que cubre la piel de pústulas y escamas.

leprosería f. Hospital de leprosos.

leproso, sa adj. y s. Que padece lepra.

lerdo, da adj. y s. Torpe.

leridano, na adj. y s. De Lérida (España). || — M. Dialecto del catalán.

les dativo del pronombre personal de tercera persona en ambos géneros y números *(les propuse venir conmigo)* y de segunda cuando se habla de usted *(les digo que no).*

lesbiana adj. y s. f. Dícese de la mujer homosexual.

lesión f. Herida: *lesión en la pierna.* || *Fig.* Perjuicio. || *For.* Daño causado en un contrato.

lesionador, ra adj. Que lesiona.

lesionar v. t. Causar lesión (ú. t. c. pr.). || Causar perjuicio.

lesivo, va adj. Perjudicial.

let m. (pal. ingl.). Net, en tenis.

letanía f. Oración formada por un larga serie de breves invocaciones (ú. m. en pl.). || *Fig.* Enumeración larga.

letárgico, ca adj. Que sufre letargo.

letargo m. Estado de somnolencia enfermiza, profunda y prolongada, sin fiebre ni infección. || Estado de sopor.

leticiano, na adj. y s. De Leticia (Colombia).

letón, ona adj. y s. De Letonia. || — M. Lengua de los letones.

letra f. Cada uno de los signos del alfabeto con los que se indican los sonidos de una lengua. || Carácter tipográfico que representa uno de los signos del alfabeto. || Cada uno de los estilos de escritura: *letra itálica.* || Manera de escribir. || Texto de una canción. || Lema, divisa. || Letra de cambio. || Sentido riguroso de un texto: *atenerse a la letra de un escrito.* || *Fig.* Astucia. || — Pl. Carta: *me envió dos letras.* || Literatura (por oposición a ciencias): *licenciado en Letras.* || Conocimientos: *hombre de letras.* || *Letra de cambio,* documento de giro mediante el cual el firmante ordena a una persona que pague, en una época determinada, cierta cantidad a otra.

letrado, da adj. Instruido (ú. t. c. s.). || — M. y f. Abogado.

letrero m. Escrito o rótulo.

letrilla f. Composición poética de versos cortos con el mismo estribillo.

letrina f. Retrete.

letrista com. Autor de la letra de una canción.

leucemia f. Enfermedad que se caracteriza por un aumento del número de glóbulos blancos (leucocitos) en la sangre (hasta 500 000 por mm³).

leucémico, ca adj. y s. Relativo a la leucemia o que la padece.

leucocito m. Glóbulo blanco de la sangre y de la linfa que asegura la defensa contra los microbios (cada mm³ de la sangre contiene 7 000).

leucorrea f. Flujo blanquecino en las vías genitales de la mujer.

leva f. Salida de un barco del puerto. || Reclutamiento de gente para el servicio militar. || *Mec.* Álabe.

levadura f. Masa, con la que se hace el pan, que se aparta y se deja agriar para añadirla después a la masa fresca y provocar su esponjamiento.

levantamiento m. Acción y efecto de levantar. || Alzamiento, rebelión, sublevación.

levantar v. t. Mover de abajo hacia arriba: *levantó la cabeza.* || Colocar derecho lo que estaba inclinado. || Alzar, dirigir hacia arriba: *levantó la vista.* || Destapar, retirar: *levantar la cubierta.* || Hacer, provocar: *levantar una polvareda.* || Construir, edificar, erigir: *levantar una torre.* || Hacer salir: *le levantó ampollas.* || Trazar: *levantó un plano fotográfico.* || Poner: *siempre levanta obstáculos.* || Hacer constar, tomar por escrito: *levantaron un atestado.* || Retirar: *levantar el ancla.* || Subir: *levantar el telón.* || Abandonar, cesar: *levantar el asedio.* || Hacer salir de donde está oculto: *el perro levanta la caza.* || *Fig.* Trastornar, remover: *eso levanta el estómago.* | Sublevar: *levantar al hijo contra el padre.* | Restablecer la prosperidad de: *levantar la economía nacional.* | Señalar: *levantar errores.* | Suscitar, provocar: *problemas levantados por su política.* | Hacer: *levantar falso testimonio.* | Suprimir, hacer cesar: *levantar un castigo.* | Suspender: *levantar la excomunión.* | Dar por terminado: *levantar una sesión, la veda.* | Irse de: *levantó el campo.* | Alistar, reclutar: *levantar un ejército.* | Alzar: *no levantes la voz.* | Animar, hacer más animoso: *¡levanta tu moral!* | Causar, ocasionar: *su discurso levantó gritos de aprobación.* || — V. pr. Comenzar a aparecer: *el Sol se levanta temprano.* || Empezar a formarse, a extenderse, a soplar: *se levantó un gran viento.* || Ponerse borrascoso: *el mar se levanta.* || Ponerse mejor: *el tiempo se levanta.* ||

Ponerse de pie: *se levantó al llegar las señoras.* || Abandonar o dejar la cama: *levantarse tarde.* || Rebelarse, sublevarse: *el pueblo se levantó en armas.* || Subir en el aire: *el avión se levantó majestuosamente.* || Alzarse, erguirse: *a lo lejos se levanta un campanario.* || Estallar, desencadenarse: *se levantó un escándalo.*

levante m. Punto por donde parece salir el Sol. || Viento que sopla del Este.

levar v. t. Levantar las anclas.

leve adj. Ligero. || Poco grave.

levedad f. Ligereza.

levita f. Traje de hombre con faldones largos.

léxico, ca adj. Relativo al léxico. || — M. Diccionario abreviado. || Conjunto de las palabras de una lengua.

lexicografía f. Arte de componer léxicos o diccionarios.

lexicógrafo, fa m. y f. Autor de un léxico o diccionario.

lexicología f. Estudio científico de las palabras.

lexicólogo, ga m. y f. Especialista en lexicología.

ley f. Expresión de la relación necesaria que une entre sí dos fenómenos naturales; regla constante que expresa esta relación: *leyes de la atracción de la Tierra.* || Destino ineludible: *eso es ley de vida.* || Cariño, afecto: *le he cobrado mucha ley.* || Lealtad. || Proporción que un metal precioso debe tener en una aleación: *oro de ley.* || Conjunto de reglas dictadas por el legislador. || Cualquier regla general y obligatoria a la que ha de someterse una sociedad: *leyes fundamentales.* || Poder, autoridad, dominio: *la ley del más fuerte.*

leyenda f. Relato de la vida de un santo. || Relato de carácter imaginario. || Pie de una foto, grabado, mapa, etc. || *Leyenda negra,* interpretación de la Historia de España desfavorable para los españoles.

lezna f. Instrumento de zapatero para agujerear el cuero.

Li, símbolo del *litio.*

liana f. Bejuco.

liar v. t. Envolver. || *Fig.* y *fam.* Engatusar. | Meter en un compromiso: *no me líes en este asunto* (ú. t. c. pr.). || Envolver en un papel el tabaco para hacer un cigarrillo. || — V. pr. *Pop.* Amancebarse. || *Fig.* Trabucarse.

lias y **liásico** m. *Geol.* Conjunto de las capas inferiores del terreno jurásico.

libación f. Acción de libar.

libanés, esa adj. y s. Del Líbano.

libar v. t. Chupar. || Probar un líquido.

libelo m. Escrito difamatorio.

libélula f. Insecto con cuatro alas.

líber m. Tejido vegetal provisto de conductos por los que pasa la savia en el interior de la corteza y ramas de los árboles.

liberación f. Acción de poner en libertad. || Término puesto a la ocupación del enemigo.

liberador, ra adj. y s. Libertador.

liberal adj. Favorable a las libertades individuales. || Indulgente, tolerante: *reglas muy liberales.* || Generoso. || — *Artes liberales,* las que eran antiguamente realizadas por personas de condición libre, como la pintura y la escultura. || *Profesión liberal,* profesión intelectual en la que no existe ninguna subordinación entre el que la efectúa y el que acude a

sus servicios (notarios, procuradores, abogados, médicos, consejeros, etc.). || — M. y f. Partidario de la libertad individual en política y en economía.

liberalidad f. Generosidad.

liberalismo m. Doctrina política o económica que defiende la aplicación de la libertad en la sociedad.

liberalización f. Acción de liberalizar. || Tendencia a promover una mayor libertad en los intercambios comerciales entre naciones.

liberalizar v. t. Hacer más liberal.

liberar v. t. Libertar. || Eximir a uno de una obligación. || Librar un país de la ocupación extranjera. || — V. pr. Eximirse de una deuda u obligación. || Hacer caso omiso de las trabas de orden moral.

liberatorio, ria adj. Que libera.

liberiano, na adj. y s. De Liberia.

libérrimo, ma adj. Muy libre.

libertad f. Ausencia de obligación. || Estado de un pueblo que no está dominado por un poder tiránico o por una potencia extranjera. || Estado de una persona que no está prisionera o que no depende de nadie. || Poder de hacer lo que no está prohibido, de obrar a su antojo. || Libre arbitrio, facultad de actuar como queremos sin obligación alguna. || Modo de hablar, de obrar demasiado atrevido, sin tener en cuenta nuestros deberes. Úsase también en pl.: *este chico se toma libertades con todo el mundo.* || Facilidad, falta de impedimento: *libertad de movimientos.* || Derecho que uno se otorga: *me tomo la libertad de contradecirle.*

libertador, ra adj. y s. Que liberta.

libertar v. t. Poner en libertad.

libertario, ria adj. y s. Defensor de la libertad absoluta.

libertinaje m. Manera de vivir disoluta.

libertino, na adj. y s. Disoluto.

liberto, ta m. y f. Esclavo que recobraba la libertad.

libidinosidad f. Lujuria.

libidinoso, sa adj. y s. Lujurioso.

libido f. Origen de las manifestaciones del instinto sexual.

libio, bia adj. y s. De Libia.

libra f. Antigua medida de peso, de valor variable en diferentes lugares, que oscilaba entre 400 y 460 gramos. || Unidad monetaria inglesa (libra esterlina), dividida hasta 1971 en 20 chelines o 240 peniques y ahora en 100 nuevos peniques. || Unidad de moneda de Egipto, Israel, Turquía, Eire, Líbano, Siria, Chipre y Sudán.

librado, da m. y f. Persona contra quien se gira una letra de cambio.

librador, ra adj. y s. Que libra. || — M. y f. Persona que gira una letra de cambio.

libranza f. Orden de pago.

librar v. t. Sacar a uno de un peligro. || Empeñar, entablar, trabar: *librar batalla.* || *Com.* Girar. || Eximir de una obligación. || — V. i. Parir la mujer. || Disfrutar los empleados y obreros del día de descanso semanal. || — V. pr. Evitar: *librarse de un golpe.* || Eximirse de una obligación. || Deshacerse de un perjuicio.

libre adj. Que posee la facultad de obrar como quiere. || Que no está sujeto a la dominación extranjera, independiente: *nación libre.* || Que no depende de nadie. || Que hace lo que quiere. || Que ha pasado el peor momento: *libre de cuidados.* || Sin ninguna sujeción o traba: *comercio libre.* || Que no tiene obstáculos: *la vía está libre.* || Desocupado: *queda todavía un piso libre*. || Que no está preso: *lo dejaron pronto libre*. || Que no tiene ocupación: *en mis ratos libres*. || Atrevido, osado: *muy libre en sus actos*. || Exento: *libre de franqueo*. || Dispensado: *libre de toda obligación*. || En algunas pruebas deportivas, como natación, gimnasia, patinaje artístico, dícese del estilo o ejercicio de libre elección practicado por los participantes en las pruebas.

librea f. Uniforme de ciertos criados.

librecambio m. Comercio entre naciones sin derechos de aduana.

librepensador, ra adj. Dícese de la persona que se considera libre de cualquier dogma religioso (ú. t. c. s.).

librería f. Tienda de libros. || Armario para libros.

librero, ra m. y f. Persona que vende libros. || — M. *Amér. C. y Méx.* Librería, mueble.

libreta f. Cuaderno.

libretista com. Autor de un libreto.

libreto m. Obra de teatro a la que se pone música.

libro m. Conjunto de hojas de papel escritas o impresas reunidas en un volumen cosido o encuadernado: *libro de texto*. || Obra de carácter científico o literario de cierta extensión. || División de una obra. || Libreto. || Tercera de las cuatro cavidades del estómago de los rumiantes. || — *Libro de caballerías*, relato en prosa o en verso de las aventuras heroicas y amorosas de los caballeros andantes. || *Libro escolar*, libro en el que están señaladas las notas de un alumno.

licencia f. Permiso. || Grado universitario: *licencia en Derecho*. || Libertad dada por los poderes públicos para el ejercicio de ciertas profesiones y también para la importación o exportación de ciertos productos. || Certificado de inscripción de una persona o de una entidad que les autoriza a participar en una competición deportiva. || Documento que autoriza a quien lo posee la práctica de la caza o la pesca. || Terminación del servicio militar. || Libertad demasiado grande y contraria al respeto y a la buena educación. || *Amer.* Permiso de conducir automóviles.

licenciado, da adj. Que ha hecho los estudios universitarios de una licencia (ú. t. c. s.). || Despedido, expulsado. || Que ha acabado el servicio militar (ú. t. c. s.).

licenciamiento m. Despido.

licenciar v. t. Despedir, echar. || Dar el título universitario de licenciado. || Autorizar, dar permiso. || Dar por terminado el servicio militar. || — V. pr. Obtener el grado, el título de licenciado universitario.

licenciatura f. Licencia universitaria.

licencioso, sa adj. Contrario a la licencia, al pudor.

liceo m. Sociedad literaria o recreativa. || Instituto de segunda enseñanza.

licitación f. Venta en subasta.

licitar v. t. Ofrecer precio por una cosa en subasta. || *Amer.* Subastar.

lícito, ta adj. Permitido por la ley.

licitud f. Calidad de lícito.

licor m. Bebida alcohólica.

licuación f. Acción de licuar.

licuado m. *Amer.* Batido, refresco.

licuadora f. Aparato para licuar frutas y otros alimentos.

licuar v. t. Convertir en líquido.

licuecer v. t. Licuar.

licuefacer v. t. Licuar.

lid f. Combate, lucha.

líder m. Jefe, dirigente. || El primero en una clasificación.

lideraje, liderato y **liderazgo** m. Jefatura: *el liderato estudiantil*.

lidia f. Acción de lidiar.

lidiador, ra m. Torero.

lidiar v. i. Combatir. || — V. t. Torear.

liebre f. Mamífero parecido al conejo, muy corredor y de orejas largas.

lied m. (pal. alem.). Canción popular o melodía romántica. (Pl. *lieder*.)

liendre f. Huevo del piojo.

lienzo m. Tela en general. || Tela en un bastidor en la que se pinta. || Cuadro pintado.

liga f. Cinta elástica con que se sujetan las medias o calcetines. || Materia pegajosa que se saca del muérdago. || Mezcla, aleación. || Confederación, alianza. || Acuerdo de personas o colectividades. || En deportes, campeonato.

ligadura f. Acción y efecto de unir. || Atadura de una vena o arteria.

ligamento m. Conjunto de haces fibrosos que une dos huesos entre sí en las articulaciones o mantiene los órganos en la debida posición.

ligar v. t. Atar. || Alear metales. || Unir, enlazar. || Obligar: *estar ligado por una promesa*. || Trabar: *ligar amistad*. || Hacer una ligadura en un órgano: *ligar una vena*. || Hacer un torero una faena o dar pases con determinada sucesión o continuidad, sin ninguna interrupción. || — V. i. Trabar amistad, entenderse. || Reunir dos o varios naipes del mismo color. || *Fam.* Hacer la conquista de una mujer.

ligazón f. Unión, trabazón.

ligereza f. Calidad de ligero. || Prontitud, agilidad. || *Fig.* Hecho o dicho irreflexivo.

ligero, ra adj. Que pesa poco. || Ágil. || Rápido: *ligero de pies*. || Fácil de digerir. || Que tiene poca fuerza: *café ligero*. || Frugal: *comida ligera*. || Desconsiderado: *pecar de ligero*. || Atolondrado. || Superficial: *sueño ligero*. || Inconstante, voluble: *mujer ligera*. || Poco grave: *falta ligera*. || — Adv. De prisa. || *Peso ligero*, una de las categorías de boxeo, de 61,235 a 66,678 kg de peso.

lignito m. Carbón fósil que tiene un gran porcentaje de carbono.

ligón, ona adj. y s. *Fam.* Que se entiende bien con las personas del sexo opuesto, conquistador.

ligue m. *Fam.* Relación amorosa. | Persona con quien se tiene esta relación.

liguilla f. En fútbol y en otros deportes, torneo o competición entre un reducido número de equipos en el que se proclama vencedor al conjunto que obtenga el mayor número de puntos.

lija f. Pez marino del orden de los selacios. || Piel de este pez o de otros parecidos. || Papel de lija o esmeril.

lijado m. Acción y efecto de lijar.

lijar v. t. Pulir con lija.

lila f. Arbusto muy común en los jardines. || Su flor. || — M. Color morado claro. || — Adj. inv. y s. *Fam.* Tonto.

liliáceas f. pl. Familia de plantas monocotiledóneas (ú. t. c. adj.).

liliputiense adj. y s. *Fig.* Enano.

lima f. Instrumento de acero templado, con la superficie estriada, que sirve para desgastar y alisar metales o madera. || *Bot.* Limero. | Fruto de este árbol.

limado m. Limadura.

limador, ra adj. y s. Que lima.

limadura f. Acción y efecto de limar. || — Pl. Partículas que caen al limar.

limar v. t. Alisar con la lima. || *Fig.* Pulir, perfeccionar una obra. | Debilitar: *limar las asperezas.*

limaza f. Babosa.

limbo m. Lugar a donde van las almas de los niños que mueren sin bautizar. || *Bot.* Parte plana de una hoja o pétalo.

limeño, ña adj. y s. De Lima (Perú).

limero, ra m. y f. Persona que vende limas. || — M. Árbol parecido al limonero, cuyo fruto es la lima.

limitación f. Término.

limitador, ra adj. Que limita.

limitar v. t. Poner límites. || Reducir a ciertos límites (ú. t. c. pr.). || — V. i. Lindar, ser fronterizo.

límite m. Línea común que divide dos Estados, dos posesiones, etc. || Línea, punto o momento que señala el final de una cosa material o no: *fuerza sin límites.* || *Fig.* Tope: *el límite presupuestario.* || — Adj. Que no se puede sobrepasar: *velocidad límite.*

limítrofe adj. Que limita.

limo m. Cieno, légamo.

limón m. Fruto del limonero. || — Adj. De color de limón: *amarillo limón.*

limonada f. Bebida compuesta de agua, azúcar y zumo de limón.

limonar m. Sitio plantado de limoneros.

limonense adj. y s. De Limón (Costa Rica).

limonero m. Árbol de la familia de las rutáceas cuyo fruto es el limón.

limosna f. Lo que se da por caridad para socorrer una necesidad.

limpia m. *Fam.* Limpiabotas.

limpiabotas com. inv. Persona que limpia y lustra el calzado.

limpiado m. Limpieza, lavado.

limpiaparabrisas m. inv. Dispositivo mecánico para mantener limpio el parabrisas de un automóvil.

limpiar v. t. Quitar la suciedad de una cosa: *limpiar un vestido.* || Quitar las partes malas de un conjunto: *limpiar las lentejas.* || *Fig.* Purificar. || Desembarazar: *limpiar un sitio de mosquitos.* || Podar. | *Fig.* y fam. Hurtar: *me limpiaron el reloj.* | Ganar a alguien todo el dinero en el juego.

limpidez f. Calidad de límpido.

límpido, da adj. Claro, puro.

limpieza f. Calidad de limpio. || Acción y efecto de limpiar.

limpio, pia adj. Que no tiene mancha o suciedad. || Puro. || Aseado, pulcro: *niño limpio.* || *Fig.* Exento: *limpio de sospecha.* | Que lo ha perdido todo en el juego. | Sin dinero. | Decente. | Claro: *motivos poco limpios.* | Despejado, claro: *cielo limpio.* | Sin conocimiento alguno, ignorante: *estoy limpio en economía.*

lináceas f. pl. Familia de plantas dicotiledóneas (ú. t. c. adj.).

linaje m. Raza, familia.

linaza f. Simiente del lino.

lince m. Mamífero carnicero parecido al gato, pero de mucho mayor tamaño, que tiene vista muy penetrante. || *Fig.* Persona muy perspicaz.

linchamiento m. Acción de linchar.

linchar v. t. Ejecutar a un supuesto delincuente.

lindante adj. Que linda.

lindar v. i. Estar contiguo.

linde f. Límite.

lindero, ra adj. Que limita, limítrofe. || — M. Linde.

lindeza f. Calidad de lindo. || — Pl. *Fam.* Insultos, injurias.

lindo, da adj. Hermoso, bonito. || *De lo lindo,* con gran primor; mucho.

lindura f. Lindeza.

línea f. Trazo continuo, visible o imaginario, que separa dos cosas contiguas: *línea del horizonte.* || Trazo que limita un objeto, perímetro. || Raya: *trazar líneas en un papel.* || Renglón. || Corte de los trajes, silueta señalada por la moda: *la línea del año 1990.* || Silueta de una persona: *guardar la línea.* || Serie de puntos unidos entre sí de manera que formen un conjunto: *línea de fortificaciones.* || Conjunto de puntos comunicados por el mismo medio de transporte; este servicio de comunicación: *línea aérea.* || *Fig.* Dirección que se da al comportamiento; regla de conducta. || Manera de pensar o de obrar conforme a la ortodoxia: *en la línea del cristianismo.* | Orden de valores: *escritores que no pueden situarse en la misma línea.* || Conjunto de conductores destinado a llevar la energía eléctrica o los medios de telecomunicación. || Filiación, sucesión de generaciones de la misma familia: *por la línea paterna.* || *Mar.* Formación de los buques: *la escuadra se dispuso en línea.* || *Mat.* Conjunto de puntos que dependen continuamente del mismo parámetro. || *Mil.* Dispositivo formado por hombres o por medios de combate unos al lado de otros: *línea de batalla.* | Frente de combate. || En televisión, superficie de análisis de la imagen que hay que transmitir, o de la que se recibe, constituida por la yuxtaposición de los puntos elementales. || Raya que señala los límites de un terreno de deportes: *línea de banda.* || En un equipo deportivo, conjunto de jugadores que están, a derecha o izquierda, en la misma parte del campo y que desarrollan una misión semejante: *línea de defensa, media, de ataque o delantera.*

lineal adj. Relativo a las líneas. || Que representa cierta cantidad igual para todos: *un aumento lineal de 5 000 pesetas mensuales para todos.*

linfa f. Líquido, fuera de los vasos sanguíneos, que baña constantemente células y tejidos.

linfocito m. Leucocito.

lingote m. Barra de metal en bruto.

lingual adj. Relativo a la lengua.

lingüista com. Especialista en lingüística.

lingüístico, ca adj. Relativo al estudio científico de la lingüística. || — F. Ciencia del lenguaje humano. || Estudio científico de las lenguas.

linimento m. Medicamento graso con el que se dan masajes.

lino m. Planta cuya corteza está formada de fibras textiles. || Tejido hecho de esta planta.

linóleo m. Revestimiento del suelo hecho con un hule impermeable.

linotipia f. *Impr.* Máquina de componer provista de matrices de la que sale la línea en una sola pieza.

linotipista com. Persona que trabaja en la linotipia.

linterna f. Aparato manual, provisto de una pila eléctrica, que sirve para alumbrar.

linyera m. *Arg.* y *Urug.* Paquete en el que se guarda ropa. | Vagabundo en los campos y caminos.

lío m. Cualquier cosa atada, paquete. || *Fig.* y *fam.* Embrollo, enredo, cosa complicada. | Jaleo, desorden: *formar un lío.* | Amancebamiento.

lioso, sa adj. *Fam.* Complicado. | Aficionado a armar líos (ú. t. c. s.).

lípido m. Sustancia orgánica llamada comúnmente grasa.

lipoide m. Sustancia similar a la grasa.

lipotimia f. Breve pérdida del conocimiento sin que se detengan la respiración ni el funcionamiento del corazón.

licuefacción f. Licuefacción.

liquelique m. Liqui-liqui.

liquen m. Planta criptógama constituida por la reunión de un alga y un hongo.

liquidación f. Acción y efecto de licuefacer. || *Com.* Pago de una cuenta. | Venta a bajo precio de géneros por cesación, quiebra, reforma o traslado de una casa de comercio. || Solución, terminación.

liquidar v. t. Licuar, convertir en líquido. || *Com.* Saldar, vender en liquidación. | Hacer el ajuste final de cuentas en un negocio. || *Fig.* Hacer el estado final de una cuenta. | Pagar: *le liquidé mi deuda.* | Poner fin, acabar: *liquidar un asunto.* || *Fig.* y *fam.* Quitarse de encima: *liquidar una visita.* | Matar: *lo liquidaron sus enemigos.*

liquidez f. Estado de líquido. || En economía, carácter de los medios de pago que son inmediatamente disponibles. || Conjunto de activos financieros que se pueden convertir en dinero.

líquido, da adj. Que fluye o puede fluir. || Que tiene poca densidad. || Aplícase al dinero del que se puede disponer inmediatamente. || Limpio, neto: *ganancia líquida.* || — M. Sustancia líquida. || Bebida o alimento líquido. || Cantidad sujeta a gravamen: *líquido imponible.*

liqui-liqui m. Traje de hombre, típico de los países caribeños, compuesto de una chaqueta sin solapas y pantalones blancos.

lira f. Instrumento de música de varias cuerdas tañidas con ambas manos como el arpa. || Unidad monetaria de Italia. || Composición poética cuyas estrofas tienen cinco o seis versos.

lírico, ca adj. Dícese de la poesía en la que se expresan con ardor y emoción sentimientos colectivos o la vida interior del alma. || — M. Poeta lírico. || — F. Género de la poesía lírica.

lirio m. Planta de hermosas flores. || Esta flor.

lirismo m. Conjunto de la poesía lírica. || Inspiración lírica.

lirón m. Mamífero roedor semejante al ratón. || *Fig.* Dormilón.

lis f. Lirio.

lisa f. Mújol, pez.

lisboeta, lisbonense y **lisbonés, esa** adj. y s. De Lisboa (Portugal).

lisiado, da adj. y s. Baldado.

lisiar v. t. Producir lesión en una parte del cuerpo. || Baldar.

liso, sa adj. Igual, llano, sin aspereza: *superficie lisa.* || Exento de obstáculos: *cien metros lisos.* || Sin adornos, sin realces: *tejido liso.*

lisonja f. Alabanza, adulación.

lisonjeador, ra adj. y s. Adulador.

lisonjear v. t. Adular, alabar.

lista f. Raya de color en una tela o tejido. || Serie de nombres: *lista de afiliados.* || Papel en que se encuentra: *no he hecho aún la lista.* || Recuento en alta voz: *pasar lista.* || Enumeración: *la lista de platos en un restaurante.* || En informática, conjunto de elementos informativos estructurados de tal forma para que se pueda perfectamente conocer la posición relativa de cada uno de estos elementos en el conjunto. || — *Lista civil,* dotación económica anual de que dispone un jefe de Estado. || *Lista de correos,* mención que indica que una carta debe quedar en la oficina de correos durante cierto plazo para que el destinatario pase a recogerla. || *Lista negra,* lista en la que aparecen los nombres de las personas poco gratas.

listado, da adj. Con listas. || — M. Lista. || En informática, resultado de un proceso que se imprime en papel continuo.

listeza f. Inteligencia. || Sagacidad.

listín m. Lista pequeña. || Cuaderno con notas: *listín telefónico.*

listing m. (pal. ingl.). Listado.

listo, ta adj. Inteligente: *chico muy listo.* || Sagaz, astuto: *es más listo que Cardona.* || Preparado: *listo para salir.*

listón m. Tabla estrecha y larga usada en carpintería.

litera f. Cama superpuesta a otra: *dormir en literas.*

literal adj. Conforme al sentido estricto del texto.

literario, ria adj. Relativo a la literatura: *concurso literario.*

literato, ta m. y f. Escritor.

literatura f. Arte cuyo modo de expresión es generalmente la palabra escrita y en algunos casos la hablada. || Conjunto de las obras literarias de un país, de una época. || Su estudio. || *Fig.* Charloteo, palabras huecas: *todo lo que me dices es sólo literatura.*

litigante adj. Que litiga (ú. t. c. s.).

litigar v. t. Pleitear, discutir en juicio una cosa. || — V. i. Estar en litigio.

litigio m. Pleito.

litigioso, sa adj. En pleito. || Aficionado a promover pleitos.

litio m. Metal alcalino (Li).

litografía f. Arte de reproducir mediante impresión los dibujos trazados con una tinta grasa sobre una piedra caliza. || Grabado hecho de este modo.

litografiar v. t. Imprimir por medio de la litografía.

litoral adj. Relativo a la costa del mar. || — M. Costa. || *Amer.* Franja de tierra al borde de los ríos.

litosfera f. Parte sólida de la corteza terrestre.

litro m. Medida de capacidad del sistema métrico decimal, que equivale a un decímetro cúbico (símb. l). || Cantidad de líquido o de áridos que cabe en tal medida.

lituano, na adj. y s. De Lituania. || — M. Lengua de los lituanos.

liturgia f. Orden y forma determinados por la Iglesia para la celebración de los oficios divinos.

liviandad f. Ligereza.

liviano, na adj. De poco peso. ‖ *Fig.* De poca importancia. ‖ Lascivo.

lividecer v. i. Ponerse lívido.

lividez f. Palidez.

lívido, da adj. Pálido.

ll f. Antigua letra del alfabeto español.

llaca f. Animal marsupial que vive en terrenos pedregosos de la Argentina y Chile.

llaga f. Úlcera.

llagar v. t. Hacer llagas (ú. t. c. pr.).

llama f. Gas incandescente producido por una sustancia en combustión. ‖ Mamífero rumiante doméstico de América del Sur donde se aprovecha la carne y la lana y es utilizado como bestia de carga. ‖ *Fig.* Pasión vehemente. ‖ Suplicio de la hoguera: *condenado a las llamas.* ‖ *Las llamas eternas,* las torturas del infierno.

llamada f. Llamamiento. ‖ Voz o señal con que se llama. ‖ Invitación urgente para que alguien venga: *se oían llamadas plañideras.* ‖ Excitación, invitación a una acción: *llamada a la sublevación.* ‖ Remisión en un libro. ‖ Sonido del timbre: *se oían las llamadas de teléfono.* ‖ Comunicación: *llamada telefónica.* ‖ Acción de traer a la mente: *llamada de atención.* ‖ *Fig.* Atracción: *siento en mí la llamada de mi sangre árabe.*

llamado m. Llamamiento.

llamador m. Aldaba de puerta. ‖ Botón del timbre.

llamamiento m. Acción y efecto de llamar. ‖ Convocatoria.

llamar v. t. Invitar a alguien para que venga o preste atención por medio de una palabra, de un grito o de cualquier otro signo: *llamar a voces.* ‖ Invocar, pedir socorro o auxilio por medio de la palabra o mentalmente. ‖ Dar un nombre a alguien, a algo: *llamar las cosas con la palabra adecuada.* ‖ Dar un calificativo: *le llamaron ladrón.* ‖ Convocar, citar: *lo llamaron ante los tribunales.* ‖ Atraer: *eso llama la atención.* ‖ Destinar: *está llamado a desempeñar un gran papel.* ‖ — V. i. Tocar, pulsar: *llamar con el timbre.* ‖ Golpear: *llamó a la puerta con los puños.* ‖ Sonar el timbre de la puerta del teléfono. ‖ Comunicar: *llamar por teléfono.* ‖ — V. pr. Tener como nombre o apellido: *¿cómo se llama esa señora?* ‖ Tener cierto título una obra.

llamarada f. Llama intensa y breve. ‖ *Fig.* Pasión pasajera.

llamativo, va adj. Vistoso: *colores llamativos.* ‖ Que llama la atención.

llameante adj. Que llamea.

llamear v. i. Echar llamas.

llampo m. *Chil.* Parte menuda de mineral.

llana f. Paleta para extender la mezcla, argamasa o yeso.

llanca f. *Chil.* Mineral de cobre de color verde azulado.

llanero, ra adj. Relativo a la llanura. ‖ Relativo a Los Llanos de Venezuela y a los Llanos Orientales de Colombia. ‖ Dícese de los habitantes de estas dos regiones (ú. t. c. s.). ‖ *Méx.* Aplícase a la persona que juega al fútbol en un terreno no destinado a la práctica de este deporte (ú. t. c. s.).

llaneza f. *Fig.* Sencillez.

llano, na Liso, igual, plano: *superficie llana.* ‖ *Fig.* Que no tiene adornos, sencillo. ‖ Claro, que no

admite duda. ‖ Simple, afable: *persona llana.* ‖ *Gram.* Que carga el acento en la penúltima sílaba: *palabra llana.* ‖ — M. Llanura.

llanta f. Cerco de hierro o de goma que rodea las ruedas del coche. ‖ Corona de la rueda sobre la que se aplica el neumático. ‖ *Amer.* Neumático.

llantén m. Planta herbácea.

llantera y **llantina** f. *Fam.* Ataque de llanto.

llanto m. Efusión de lágrimas.

llanura f. Terreno llano.

llapa f. Yapa.

llapango, ga adj. y s. *Ecuad.* Dícese de la persona que no usa calzado.

llapingacho m. *Ecuad.* y *Per.* Tortilla de papas con queso.

llar m. Fogón de las cocinas. ‖ — F. pl. Cadena de hierro que cuelga del cañón de la chimenea.

llareta f. Planta herbácea de Chile.

llave f. Pieza metálica con la que se abre una cerradura. ‖ Nombre dado a diversas herramientas utilizadas para apretar o aflojar tuercas o tornillos, los muelles de un mecanismo, las cuerdas de un instrumento de música, etc. ‖ Grifo: *llave de paso.* ‖ Tecla móvil de los instrumentos de música de viento. ‖ Pieza con que se le da cuerda a un reloj. ‖ Disparador de arma de fuego. ‖ Interruptor de electricidad. ‖ Corchete ([) en que se encierra una enumeración de puntos. ‖ Presa, manera de agarrar al adversario en la lucha para inmovilizarlo y vencerlo. ‖ *Fig.* Posición, punto estratégico: *Gibraltar era la llave del Mediterráneo.* ‖ Medio de acceder a: *cree poseer las llaves del Paraíso.* ‖ *Mús.* Clave del pentagrama. ‖ *Llave inglesa,* instrumento de hierro con un dispositivo para abrir las dos partes que forman la cabeza de tal modo que se puedan aplicar a la tuerca o al tornillo que se hace mover.

llavero, ra m. y f. Persona que tiene las llaves. ‖ — M. Anillo de metal o especie de carterita de piel en que se ponen las llaves.

llavín m. Llave pequeña.

llegada f. Acción de llegar.

llegar v. i. Alcanzar el sitio adonde se quería ir: *llegó a la ciudad.* ‖ Acercarse: *al llegar la noche.* ‖ Alcanzar su destino: *llegó el correo.* ‖ Alcanzar: *llegar a la vejez.* ‖ Tocar: *le llegó su vez.* ‖ Subir: *el precio no llega a tanto.* ‖ Suceder, ocurrir: *llegó lo que esperaba.* ‖ Conseguir, obtener: *llegó a ser presidente.* ‖ Venir: *ya llegó el verano.* ‖ Extenderse hasta cierto punto: *el abrigo le llega a las rodillas.* ‖ — *Llegar a las manos,* reñir, pelearse. ‖ *Llegar a ser,* convertirse en. ‖ — V. pr. Ir: *llégate a su casa.*

llenar v. t. Ocupar con algo lo que estaba vacío: *llenar un vaso.* ‖ Ocupar: *llenar el teatro.* ‖ *Fig.* Colmar: *la noticia me llena de alegría.* ‖ Emplear: *lo hago para llenar el tiempo.* ‖ Satisfacer: *esta persona no me llena.* ‖ Cubrir: *llenar de injurias.* ‖ Poner las indicaciones necesarias, rellenar un formulario. ‖ Fecundar el macho a la hembra. ‖ — V. i. Llegar la Luna al plenilunio. ‖ — V. pr. No dejar sitio libre. ‖ Cubrirse: *llenarse los dedos de tinta.* ‖ *Fam.* Hartarse.

llenazo m. Gran concurrencia.

llenazón f. *Arg.* Empacho.

lleno, na adj. Ocupado completamente por algo: *una botella llena.* ‖ Que contiene algo en gran cantidad: *con el estómago lleno.* ‖ Que tiene abundancia: *lleno de orgullo*. || Redondo: *mejillas llenas*. || *Fig.* y *fam.* Nada flaco sin llegar a ser realmente gordo. || *Dar de lleno*, dar completamente. || — M. Plenilunio. || Gran concurrencia: *lleno en la plaza de toros*.

llevar v. t. Estar cargado de un peso (persona o cosa): *llevar un saco en las espaldas*. || Impulsar: *llevado por su entusiasmo*. || Arrastrar: *el viento lo llevó todo*. || Transportar: *llévame en coche*. || Conducir, dirigir, manejar: *no sabes llevar el coche*. || Traer: *lo llevé a mi opinión*. || Vestir: *llevaba chaqueta*. || Tener de cierta manera: *llevar la cabeza alta*. || Producir: *tierra que lleva trigo*. || Coger consigo y depositar en un sitio: *lleva esta carta al buzón*. || Dirigir, mover hacia: *llevó la copa a sus labios*. || Introducir, meter: *llevó la mano al bolsillo*. || Tener: *la vida que yo llevaba*. || Poseer, estar caracterizado por: *lleva un nombre ilustre*. || Nombrar, elegir: *lo llevaron al Poder*. || Incitar, impulsar a algo: *esto me lleva a decir*. || Someter a una jurisdicción: *lo llevaron a los tribunales*. || Causar, provocar: *esto te llevará a la ruina*. || Manifestar, presentar: *lleva la crueldad en su rostro*. || Soportar: *lleva sus males con resignación*. || Ir, conducir: *este camino lleva a mi casa*. || Tener consigo: *no llevo ningún dinero*. || Durar: *un día lleva este artículo*. || Estar desde hace: *lleva un mes en la cama*. || Contener: *este vino lleva mucha agua*. || Pedir, cobrar: *me ha llevado muy caro el sastre*. || Encargarse: *lleva los negocios de la familia*. || Ocuparse: *llevar las relaciones exteriores*. || Anotar: *llevar las cuentas en un libro*. || Presentar, encerrar: *asunto que lleva muchas dificultades*. || Conducir: *¿adónde nos lleva la guerra?* || Acompañar: *llevó a sus hermanitas al cine*. || Retener: *veintitrés, pongo tres y llevo dos*. || Haber: *llevar estudiado*. || Tener de más: *le llevo trece años*. || Tener un adelanto: *su coche me lleva diez kilómetros*. || Arrancar: *la bala le llevó el brazo*. || Tener, gastar: *lleva una barba espesa*. || Acomodar al carácter de una persona: *sabe llevar muy bien a su marido*. || Dejarse llevar, dejarse influir. || — V. pr. Tomar consigo: *se llevó todos mis libros*. || Ganar: *me llevé un premio*. || Obtener, lograr, ganar: *en ese negocio se llevó un millón de pesos*. || Estilarse: *unos sombreros ya no se llevan*. || Tener: *llevarse un susto*. || Recibir: *se llevó un bofetón*. || Entenderse: *estas dos chicas se llevan muy bien*.

lliclla f. *Bol.*, *Ecuad.* y *Per.* Mantilla de lana que llevan las mujeres indias en los hombros.

llicta f. *Arg.* y *Bol.* Mezcla de ceniza de quinua y puré de papas.

lloclla f. *Per.* Inundación causada por una lluvia torrencial.

lloque m. *Per.* Planta silvestre rosácea de madera fuerte que se emplea en la fabricación de bastones.

llorar v. i. Derramar lágrimas. || — V. t. Sentir vivamente la pérdida de alguien. || Sentir mucho: *llorar sus desgracias*.

llorera f. Llanto prolongado.

llorica y **lloricón, ona** adj. y s. Que lloriquea.

llorido m. *Guat.* y *Méx.* Lloriqueo.

lloriquear v. i. Gimotear.

lloriqueo m. Gimoteo.

lloro m. Llanto, lágrimas.

llorón, ona adj. Que llora mucho (ú. t. c. s.). || Dícese de algunos árboles con ramas colgantes: *sauce llorón*. || — M. Penacho de plumas utilizado como adorno en sombreros femeninos. || — F. Plañidera. || — F. pl. *Arg.* y *Bol.* Grandes espuelas de los vaqueros.

llovedizo, za adj. Que deja pasar la lluvia. || *Agua llovediza*, agua de lluvia.

llover v. impers. Caer agua de las nubes: *llueve a cántaros*. || — V. i. *Fig.* Caer una cosa sobre uno con abundancia. || — *Fig. Como llovido del cielo*, inesperadamente. | *Llover sobre mojado*, venir una cosa molesta tras otras. || — V. pr. Calarse con las lluvias.

llovizna f. Lluvia menuda.

lloviznar v. impers. Caer llovizna.

lloviznoso, sa adj. *Amer.* Con lloviznas frecuentes: *tiempo, lugar lloviznoso*.

llueca adj. f. Clueca.

lluvia f. Precipitación de agua de la atmósfera en forma de gotas: *temporada de las lluvias*. || *Fig.* Caída de objetos como si fuesen gotas de lluvia: *lluvia de balas*. | Gran abundancia o cantidad: *lluvia de injurias*. || *Amer.* Ducha.

lluvioso, sa adj. Abundante en lluvias: *es zona climática fría y muy lluviosa*.

lo art. determinado del género neutro: *lo triste del caso*. || — Acusativo del pronombre personal de tercera persona en género masculino o neutro singular: *lo veo*.

loa f. Alabanza, elogio. || Poema en honor de alguien.

loar v. t. Alabar, hacer elogios.

lobanillo m. Tumor producido por la hipertrofia de una glándula sebácea.

lobato m. Cría del lobo.

lobby m. (pal. ingl.). Grupo de presión.

lobezno m. Lobato.

lobo m. Mamífero carnicero de la familia de los cánidos, de pelaje gris amarillento. || *Fig.* Persona mala, cruel. || *Amer.* Zorro, coyote.

lóbrego, ga adj. Oscuro.

lobreguez f. Oscuridad.

lobulado, da y **lobular** adj. *Bot.* y *Zool.* Con forma de lóbulo.

lóbulo m. Parte redonda y saliente de una cosa. || Parte redondeada y recortada de ciertos órganos vegetales. || Perilla de la oreja. || Porción redondeada y saliente del pulmón, del cerebro, del hígado, etc.

locación f. *Amér. C.* Arrendamiento.

local adj. Relativo al lugar: *costumbre local*. || — M. Sitio cerrado y cubierto. || Domicilio de una administración o de un organismo.

localidad f. Lugar o población. || Local. || Cada uno de los asientos de un sitio destinado a espectáculos. || Billete de entrada a un espectáculo.

localismo m. Regionalismo. || Carácter local.

localista adj. Relativo al localismo. || De interés local.

localización f. Acción de localizar.

localizar v. t. Determinar el lugar.

loción f. Producto de perfumería para friccionar la piel o el cuero cabelludo.

lock-out [*lokáut*] m. (pal. ingl.). Cierre de fábricas por los empresarios para replicar a las reinvidicaciones hechas por los obreros.

loco, ca adj. Que ha perdido la razón (ú. t. c. s.). || *Fig.* De poco juicio (ú. t. c. s.). | Trastornado: *la discusión le volvió loco.* | Fuera de sí: *loco de dolor.* | Muy grande, extraordinario: *suerte loca.* || — *A lo loco,* sin reflexionar. || *Fig. Estar loco de, por o con,* estar entusiasmado; estar muy enamorado.

locomoción f. Traslado de un punto a otro: *medios de locomoción.*

locomotor, ra adj. Propio para la locomoción. || — F. Máquina de vapor, eléctrica, etc., montada sobre ruedas, que remolca los vagones de ferrocarril.

locro m. *Amer.* Guisado de carne con choclos o zapallos, papas, ají, etc.

locuacidad f. Propensión a hablar mucho.

locuaz adj. Que habla mucho.

locución f. Expresión.

locura f. Demencia. || Extravagancia, imprudencia. || Amor exagerado, muy intenso: *lo quiero con locura.*

locutor, ra m. y f. Presentador de una emisión de radio o televisión.

locutorio m. Departamento dividido generalmente por una reja donde reciben visitas las monjas o los presos. || Cabina telefónica pública.

lodazal m. Cenagal.

lodo m. Barro, fango.

log, símbolo de *logaritmo.*

logaritmo m. *Mat.* Exponente a que es necesario elevar una cantidad positiva para que resulte un número determinado.

logia f. Local donde se reúnen los masones. || Reunión de masones.

lógica f. Método en las ideas, razonamiento: *exponer una opinión con lógica.*

logicial m. Conjunto de los programas y sistemas de un ordenador.

lógico, ca adj. Conforme a la lógica. || Normal.

logrado, da adj. Conseguido. || Muy bien hecho.

lograr v. t. Conseguir (ú. t. c. pr.).

logrero, ra m. y f. Usurero. || *Amer.* Persona que intenta lucrarse por todos los medios.

logro m. Obtención. || Éxito.

loísmo m. Defecto gramatical que consiste en el empleo de *lo* en lugar de *le* en el dativo del pronombre personal *él* (*lo doy* en vez de *le doy*). || Tendencia a emplear *lo* en lugar de *le* en el acusativo (*lo miro* en vez de *le miro*).

loísta adj. y s. Que emplea *lo* para el acusativo y dativo masculinos del pronombre *él.*

lojano, na adj. y s. De Loja (Ecuador).

lojeño, ña adj. y s. De Loja (España).

loma f. Altura pequeña.

lombarda f. Col morada.

lombriz f. Gusano anélido que vive enterrado en los sitios húmedos.

lomo m. Espalda de un animal. || Carne sacada de este sitio. || Parte posterior de un libro en que suele ir escrito el título. || Parte opuesta al filo en los instrumentos cortantes. || Caballón, tierra levantada por el arado entre dos surcos.

lona f. Tela fuerte con la que se hacen velas, toldos, zapatos, etc.

loncha f. Tajada, lonja.

lonchería f. *Amer.* Restaurante en que se dan comidas ligeras.

londinense adj. y s. De Londres.

longanimidad f. Magnanimidad.

longánimo, ma adj. Magnánimo.

longaniza f. Cierto embutido.

longevidad f. Larga duración de la vida.

longevo, va adj. Muy viejo.

longitud f. Dimensión de una cosa de un extremo a otro. || *Geogr.* Distancia de un lugar al primer meridiano. || *Fís. Longitud de onda,* distancia entre dos puntos correspondientes a una misma fase en dos ondas consecutivas.

longitudinal adj. De la longitud.

lonja f. Tira larga y poco gruesa: *lonja de jamón.* || Centro de contratación o bolsa de comercio.

loor m. Alabanza, elogio.

lora f. *Amer.* Loro. || Hembra del loro.

lord m. (pal. ingl.). Título de los pares británicos. (Pl. *lores.*) || Miembro de la Cámara Alta o Cámara de los Lores.

lores m. pl. V. LORD.

loretano, na adj. y s. De Loreto (Perú).

loriga f. Armadura.

loro m. Papagayo. || *Fig. y fam.* Mujer fea o vieja.

lorquiano, na adj. Relativo o referente al poeta Federico García Lorca.

los, las art. determinado plural de ambos géneros. || — Acusativo del pron. personal de tercera persona en número plural.

losa f. Baldosa.

loseta f. Losa pequeña.

lota f. Pez de ríos y lagos.

lote m. Parte en que se divide un todo para su distribución. || Premio de lotería. || Grupo de objetos que se venden juntos. || Lo que corresponde a cada uno en los sorteos o juegos en los que se rifan diferentes cosas. || Cada una de las parcelas o solares en que se divide un terreno edificable.

lotería f. Juego de azar que se vende una serie de billetes numerados que, después de verificado el sorteo, resultarán premiados o no. || Juego de azar en el que los participantes poseen uno o varios cartones numerados que cubren a medida que se sacan bolas con los números correspondientes. || *Fig. y fam.* Cosa o asunto en manos del azar: *la vida es una lotería.*

lotero, ra m. y f. Persona que posee un despacho de lotería.

loto m. Planta acuática.

loza f. Barro fino cocido y barnizado para hacer platos, tazas, jarros, etc. || Conjunto de estos objetos en el ajuar doméstico.

lozanía f. Robustez. || Juventud.

lozano, na adj. Con lozanía.

Lu, símbolo químico del *lutecio.*

lubina f. Róbalo, pez marino.

lubricante adj. y s. m. Lubrificante.

lubricar v. t. Lubrificar.

lubricidad f. Lujuria.

lúbrico, ca adj. Lujurioso.

lubrificación f. Acción y efecto de lubrificar.

lubrificante adj. y s. m. Dícese de toda sustancia que lubrifica.

lubrificar v. t. Engrasar, untar con lubrificante una superficie para que se deslice mejor sobre otra.

lucense adj. y s. De Lugo (España).

lucero m. Astro brillante, estrella grande. || — Pl. *Fig.* Los ojos.

lucha f. Combate. || – *Lucha de clases.* V. CLASE. || *Lucha grecorromana,* aquella en la que vence el luchador que consigue que su adversario toque tierra o el suelo con las espaldas. || *Lucha libre,* aquella en la que se emplean llaves y golpes según ciertas normas.

luchador, ra m. y f. Persona que lucha o que tiene como profesión algún deporte de lucha.

luchar v. i. Combatir, pelear.

lucidez f. Clarividencia.

lucido, da adj. Que tiene gracia. || *Fig.* Brillante: *fiesta lucida.*

lúcido, da adj. Claro en el estilo. || Clarividente. || En estado mental normal. || Que brilla.

luciérnaga f. Insecto coleóptero, cuya hembra despide por la noche una luz fosforescente verdosa.

lucifer m. Demonio.

lucimiento m. Brillantez.

lucio m. Pez de río muy voraz.

lucir v. i. Brillar, resplandecer. || *Fig.* Sobresalir en algo: *lucir en el foro* (ú. t. c. pr.). | Ser de provecho: *le luce lo que come.* | Hacer buen efecto: *este reloj chapado de oro luce mucho.* || Corresponder claramente la utilidad de lo que se hace en cualquier tarea: *a mí no me luce el trabajo que hago.* || *Amer.* Tener buen aspecto exteriormente. || – V. t. Iluminar (ú. t. c. i.). || *Fig.* Hacer ver, mostrar: *lucir su valor.* | Exhibir: *lucir sus piernas.* | Llevar: *luce una bonita corbata.* || – V. pr. Salir airoso de una empresa, quedar bien. || *Fig.* y *fam.* Quedar mal, hacer mal papel: *¡te has lucido!*

lucrarse v. t. Aprovecharse.

lucrativo, va adj. Beneficioso.

lucro m. Ganancia.

luctuoso, sa adj. Triste.

lucubración f. Divagación.

lucubrar v. t. Divagar.

ludibrio m. Burla, irrisión.

lúdico, ca adj. Del juego.

luego adv. Pronto, prontamente: *vuelvo luego.* || Después: *iré luego al cine.* || – Conj. que denota deducción o consecuencia: *pienso, luego existo.* || – *Desde luego,* naturalmente. || *Hasta luego,* expresión de despedida. || *Luego que,* en seguida que.

luengo, ga adj. Largo.

lugar m. Parte determinada del espacio: *dos cuerpos no pueden ocupar el mismo lugar.* || Sitio de una persona o cosa: *en su lugar habitual.* || Sitio no material que ocupa uno. || Localidad, población, pueblo, aldea. || Sitio, tiempo conveniente para decir o hacer algo. || Pasaje de un libro. || Motivo, causa, origen: *dar lugar a críticas.* || – *En lugar de,* en vez de. || *Fuera de lugar,* en un momento poco oportuno. || *Lugar común,* expresión trillada que se repite siempre en casos análogos. || *Tener lugar,* suceder, ocurrir; tener sitio o cabida; tener tiempo; hacer las veces de, servir de.

lugareño, ña adj. y s. Vecino de un lugar.

lugarteniente m. El segundo que puede sustituir al jefe.

lugre m. Embarcación pequeña.

lúgubre adj. Triste, fúnebre.

lugués, esa adj. y s. De Lugo (España).

lujo m. Suntuosidad, fausto, boato. || *Fig.* Abundancia. || *Permitirse el lujo de,* darse el gusto de.

lujoso, sa adj. Con lujo.

lujuria f. Vicio de los placeres de la carne. || *Fig.* Demasía.

lujurioso, sa adj. Lascivo (ú. t. c. s.).

lumbago m. Dolor en la espalda debido a una afección de las articulaciones de las vértebras lumbares a causa de traumatismo (directo o indirecto) o reumatismo (artritis o artrosis).

lumbalgia f. Lumbago.

lumbar adj. *Anat.* Relativo a la parte posterior de la cintura.

lumbre f. Cualquier combustible encendido. || Luz. || Fuego.

lumbrera f. Abertura en un techo. || Claraboya en un barco. || En las máquinas, orificio de entrada o salida del vapor. || *Fig.* Persona muy sabia o inteligente.

luminiscente o **luminescente** adj. Que emite rayos luminosos sin que haya incandescencia.

luminosidad f. Calidad de luminoso.

luminoso, sa adj. Que despide luz. || *Fig.* Brillante.

luminotecnia f. Técnica del alumbrado.

luminotécnico, ca adj. Relativo o perteneciente a la luminotecnia. || – M. y f. Persona que se dedica a la iluminación con propósitos artísticos.

luna f. Cuerpo celeste que gira alrededor de la Tierra y recibe la luz del Sol que refleja en nuestro planeta. || Esta misma luz. || Cada fase que presenta este cuerpo celeste: *Luna creciente.* || Espejo: *armario de luna.* || Cristal: *la luna de un escaparate.* || *Fig.* Capricho, humor caprichoso. || – *Fig. De buena (o mala) luna,* de buen (o mal) humor. | *Estar en la Luna,* estar en Babia. | *Luna de miel,* primeros tiempos de casado. | *Pedir la Luna,* solicitar algo imposible.

lunar adj. Relativo a la Luna. || – M. Mancha pequeña y negra o parda en la piel. || Dibujo redondo.

lunático, ca adj. y s. Loco.

lunch [lanch] m. (pal. ingl.). Almuerzo ligero que se toma de pie.

lunes m. Segundo día de la semana.

lunfardismo m. Voz o giro propio del lunfardo.

lunfardo m. Germanía argentina. || *Arg.* Rufián, chulo.

lupa f. Lente de aumento con un mango.

lupanar m. Casa de prostitución.

lúpulo m. Planta cuyo fruto se emplea para aromatizar la cerveza.

lusitano, na y **luso, sa** adj. y s. De Lusitania. || Portugués.

lustrar v. t. Dar lustre o brillo.

lustre m. Brillo.

lustro m. Período de cinco años.

lustroso, sa adj. Brillante.

lutecio m. Metal del grupo de las tierras raras (símb. Lu).

luteranismo m. Doctrina de Lutero.

luterano, na adj. Relativo a la doctrina de Lutero. || – M. y f. Partidario de la doctrina de Lutero.

luto m. Situación producida por la muerte de un pariente cercano, de un gran personaje, etc. || Conjunto de signos exteriores de duelo en vestidos, adornos, etc. || Dolor, pena.

lux m. Unidad de iluminación.

luxación f. Dislocación de un hueso.

luxar v. t. Dislocar (ú. t. c. pr.).

luxemburgués, esa adj. y s. De Luxemburgo.

luz f. Lo que ilumina los objetos y les hace visibles. || Cualquier objeto que ilumina: *tráeme una luz.* || Claridad que este objeto da: *apaga la luz.* || Electricidad: *pagar la luz.* || Claridad del día dada por el Sol: *hoy hay poca luz.* || Faro de un automóvil: *luces muy potentes.* || Destello de una piedra preciosa. || Parte de un cuadro de pintura en la que hay más claridad. || *Fig.* Aclaración, claridad. || *Arq.* Ventana. | Tramo, arco de un puente. || — Pl. Cultura, ilustración: *el siglo de las luces.* || Inteligencia: *hombre de pocas luces.* || — *Dar a luz*, parir la mujer; publicar una obra. || *Fig. Dar luz verde*, autorizar a hacer algo. || *Luces de tráfico* o *señalización*, semáforos para regular la circulación. || *Luz de carretera* o *larga, de cruce* o *corta*, la de los automóviles cuando están en una carretera y es larga o más baja para no deslumbrar a otro coche que viene en sentido contrario. || *Luz de población*, la utilizada por los automóviles en la ciudad. || *Luz de posición* o *de situación*, las que se colocan en automóviles, barcos y aviones para distinguirlos en la noche. || *Fig. Sacar a luz*, publicar; descubrir.

Lw, símbolo del *laurencio.*

Lx, símbolo del *lux.*

m

m f. Decimotercera letra del alfabeto castellano y décima de sus consonantes. || — **M,** letra numeral que tiene valor de mil en la numeración romana. || Símbolo del prefijo *mega,* empleado en el sistema de pesas y medidas, que equivale a *un millón de veces.* || Símbolo del *maxwell.* || — **m,** símbolo del *metro,* del *minuto* y del prefijo *mili.*

mabinga f. *Méx.* Estiércol.

maca f. Mancha de la fruta por un golpe u otro motivo. || Pequeño deterioro que tienen algunas cosas.

macabro, bra adj. Relativo a la muerte. || Tétrico, lúgubre.

macaco, ca adj. Feo, mal hecho. || — M. Mono de Asia, del que hay varias especies, de estatura media y complexión robusta.

macagua f. Ave rapaz de América. || Árbol silvestre de Cuba. || Serpiente venenosa de Venezuela.

macana f. *Amer.* Arma contundente parecida al machete. || *Amer. Fig.* Garrote, porra. | Disparate, tontería. | Mentira, bola. || Objeto invendible. | Cosa deteriorada o anticuada. | Chisme, cosa. | Especie de chal de algodón que usan las mujeres mestizas.

macanada f. *Arg.* Disparate, tontería.

macanazo m. *Amer.* Golpe dado con la macana. || *Amer.* Disparate.

macaneador, ra adj. *Arg.* Amigo de macanear, embustero (ú. t. c. s.).

macanear v. i. *Amer.* Mentir.

macaneo m. *Arg.* Acción de macanear.

macanero, ra adj. *Arg.* Macaneador.

macanudo, da adj. *Fam..* Magnífico, estupendo, formidable.

macarra adj. y s. m. *Pop.* Chulo.

macarrones m. pl. Pasta de harina de trigo, recortada en canutos largos.

macarronea f. Composición burlesca en versos macarrónicos.

macarrónico, ca adj. Dícese del lenguaje burlesco que se forma poniendo terminaciones latinas a palabras de la lengua vulgar.

macedonia f. Ensalada de frutas o de verduras.

macedonio, nia adj. y s. De Macedonia (Grecia).

maceración f. Operación consistente en dejar remojar cuerpos en un líquido.

macerar v. t. Poner a remojar una cosa en un líquido (ú. t. c. pr.). ||Ablandar una cosa golpeándola o estrujándola (ú. t. c. pr.).

macero, ra m. y f. Persona que lleva la maza.

maceta f. Tiesto para plantas.

macetero m. Mueble para poner macetas de flores.

mach m. Unidad de velocidad para aviones y cohetes que equivale a la del sonido.

machacador, ra adj. y s. Que machaca o muele. || — F. Máquina trituradora de materias duras.

machacamiento y **machacadura** m. y f. Acción y efecto de machacar.

machacar v. t. Quebrantar o reducir a polvo una cosa golpeándola. || *Fig.* Repetir insistentemente. || *Mil.* Bombardear un objetivo con proyectiles de artillería o de aviación hasta destruirlo. || — V. i. *Fig.* Importunar, fastidiar. | Insistir, repetir. | Estudiar con ahínco.

machacón, ona adj. y s. Pesado, que repite mucho las cosas.

machaconería f. Insistencia, repetición pesada.

machamartillo (a) m. adv. Firmemente: *creer a machamartillo.*

machaquear v. t. Machacar.

machaqueo m. Trituración. || Molido. || *Fig.* Repetición.

machaquería f. Machaconería.

machear v. i. Dárselas de hombre.

machetazo m. Golpe de machete.

machete m. Cuchillo grande usado para varios usos.

machetero m. Hombre que desmonta los bosques con el machete. || Hombre que corta la caña con el machete.

machihembrar v. t. Ensamblar dos piezas de madera a caja y espiga o a ranura y lengüeta.

machismo m. Importancia exagerada dada a la condición de varón.

machista adj. Relativo al machismo. || — M. Persona que pone de relieve su condición de varón.

macho adj. m. Que pertenece al sexo masculino. || *Fig.* Fuerte, vigoroso. | Varonil, viril. || — M. Animal del sexo masculino: *macho y hembra.* || Mulo. || Parte del corchete que engancha en otra llamada hembra. || Pieza que penetra en otra. || Pilar de fábrica. || Martillo grande de herrero. || Banco del yunque. || Borla en el traje de los toreros.

machón m. Pilar de fábrica.

machorra f. Marimacho.

machota f. Mujer valiente. || *Fam.* Marimacho.

machote adj. y s. Muy hombre. || — M. *Méx.* Modelo. | Borrador. | Formulario.

machucar v. t. Golpear.

macilento, ta adj. Pálido.

macillo m. *Mús.* Pieza del piano que golpea la cuerda.

macizo, za adj. Grueso: *mueble macizo.* || Ni chapado ni hueco: *pulsera de oro macizo.* || *Fig.* De peso: *argumentos macizos.* || — M. Grupo de alturas generalmente montañosas.

macrocéfalo, la adj. y s. De cabeza voluminosa.

macrocósmico, ca adj. Del macrocosmos.

macrocosmo y **macrocosmos** m. El universo considerado en relación con el hombre o microcosmos.

macroeconomía f. Parte de la economía que estudia las relaciones entre cantidades globales con objeto de promover una política económica que pueda ejercer una influencia en éstas.

macroestructura f. Estructura general.

macuco, ca y **macucón, ona** adj. *Arg., Chil.* y *Per.* Macanudo. || *Fam. Chil.* Astuto, taimado. || *Arg., Bol.* y *Col.* Muy grande.

mácula f. Mancha.

macular v. t. Manchar.

macuto m. Mochila. || *Amer.* Cesto de los mendigos para recoger las limosnas.

made, pal. ingl. empleada en la expresión *made in,* fabricado en.

madeja f. Hilo de seda o de lana recogido en varias vueltas iguales.

madera f. Sustancia dura de los árboles debajo de la corteza. || Trozo labrado de esta sustancia. || *Fig.* Disposición natural, valor peculiar: *tener madera de pintor.* || – M. Vino de la isla de Madera.

maderero, ra adj. De la madera. || – M. Comerciante en maderas.

madero m. Pieza larga de madera. || *Fig.* Necio, zoquete.

madona f. Nombre que se da a las representaciones de la Virgen.

madrastra f. Mujer del padre respecto de los hijos que éste tiene de un matrimonio anterior. || *Fig.* Madre mala.

madraza f. *Fam.* Madre que mima mucho a sus hijos.

madre f. Mujer que ha tenido hijos: *madre de familia.* || Hembra de un animal que ha tenido crías. || Tratamiento que se da a ciertas religiosas: *madre superiora.* || *Fam.* Mujer de edad avanzada. || *Fig.* Cuna, lugar de donde procede una cosa: *Grecia, madre de las artes.* | Causa, origen: *la ociosidad es madre de todos los vicios.* | Matriz. | Cauce de un río: *salir de madre.* || Heces del mosto, vino o vinagre. || – *Lengua madre,* aquella de la cual se han derivado otras lenguas. || *Madre patria,* país que ha fundado una colonia. || *Madre política,* suegra; madrastra.

madreperla f. Concha bivalva donde están las perlas.

madrépora f. Pólipo de los mares intertropicales que forma un polipero calcáreo y arborescente.

madreselva f. Planta trepadora.

madrigal m. Poesía galante.

madrigalesco, ca adj. Relativo al madrigal. || Delicado, fino.

madrigalista com. Persona que compone o canta madrigales.

madriguera f. Guarida de ciertos animales. || *Fig.* Refugio.

madrilense adj. y s. De Madrid (Colombia).

madrileñismo m. Carácter madrileño.

madrileñista adj. De carácter madrileño.

madrileño, ña adj. y s. De Madrid.

madrina f. Mujer que asiste a uno en el sacramento del bautismo, de la confirmación, de la boda, etc. || *Fig.* Protectora.

madroño m. Arbusto de fruto parecido a una cereza. || Su fruto. || Borlita redonda que se pone de adorno en la montera del torero y en la mantilla española.

madrugada f. Alba, amanecer. || Horas después de medianoche: *las tres de la madrugada.*

madrugador, ra adj. y s. Que acostumbra madrugar.

madrugar v. i. Levantarse temprano. || *Fig.* Ganar tiempo.

madrugón, ona adj. Madrugador. || – M. *Fam.* Madrugada.

maduración f. Acción de madurar.

madurar v. t. Dar sazón a los frutos: *el Sol madura las mieses.* || Reflexionar detenidamente: *madurar un proyecto.* || *Fig.* Volver experimentado: *la vida le ha madurado.* || – V. i. Ir sazonándose una fruta. || Adquirir experiencia y madurez: *maduró con los años.*

madurez f. Sazón de los frutos. || Edad adulta. || Juicio, cordura.

maduro, ra adj. Que está en sazón: *fruta madura.* || *Fig.* Sentado, reflexivo: *juicio maduro.* | Entrado en años, ni joven ni viejo.

maese, sa m. y f. (Ant.) Maestro.

maestra f. Profesora.

maestrante m. Miembro de una maestranza.

maestranza f. Sociedad de equitación. || *Mil.* Talleres donde se componen y construyen los montajes de las piezas de artillería. | Conjunto de empleados que trabajan en esos talleres. || Ciertas corporaciones nobiliarias: *maestranzas de Sevilla, de Ronda.*

maestrazgo m. Dignidad de maestre.

maestre m. Superior de las órdenes militares.

maestría f. Arte, destreza.

maestro, tra adj. Muy bien hecho, perfecto: *obra maestra.* || – M. y f. Persona que enseña un arte o ciencia. || Profesor de primera enseñanza: *maestro de escuela.* | Artesano de cierto grado: *maestro sastre.* || Persona que tiene más conocimientos en una materia que la mayoría de la gente: *inspirarse en los maestros.* || Persona que dirige el personal y las operaciones de un servicio: *maestro de obras.* || Compositor de música. || Persona muy diestra: *ser maestro en un arte.*

maffia f. (pal. ital.). Mafia.

mafia f. Asociación u organización secreta de malhechores o de otras personas unidas por intereses comunes.

mafioso, sa adj. y s. De la mafia.

magallánico, ca adj. Del estrecho de Magallanes. || De Magallanes, prov. de Chile (ú. t. c. s.).

magdalena f. Bollo pequeño de forma ovalada. || *Fig.* Mujer arrepentida.

magdalenense adj. y s. De Magdalena (Colombia).

magdaleniense adj. y s. m. Aplícase al último período del paleolítico.

maghrebi, na o **maghrebino, na** adj. y s. Del Maghreb o norte de África (Marruecos, Túnez, Argelia).

magia f. Ciencia oculta que pretende realizar prodigios. || Atractivo poderoso, encanto: *la magia de las palabras.*

magiar adj. y s. Húngaro. || – M. Lengua húngara.

mágico, ca adj. Relativo a la magia. || Que debe producir efectos sobrenaturales: *varita mágica*.

magín m. *Fam.* Imaginación.

magister m. *Fam.* Maestro.

magisterio m. Enseñanza dada por el maestro. || Profesión de maestro. || Título o grado de maestro. || Conjunto de maestros. || *Fig.* Gravedad afectada.

magistrado m. Superior en el orden civil. || Dignidad o empleo de juez. || Miembro de un tribunal de justicia.

magistral adj. Hecho con maestría: *un discurso magistral*. || Relativo al maestro o al magisterio. || *Fig.* Afectado, solemne.

magistratura f. Dignidad o cargo de magistrado. || Tiempo durante el cual se ejerce este cargo. || Corporación de los magistrados. || *Magistratura del Trabajo*, en España, tribunal integrado por representantes de los asalariados y los empresarios, encargado de resolver los litigios de tipo profesional.

magma m. *Geol.* Masa de materias en fusión que, al solidificarse, forma una roca.

magnanimidad f. Generosidad.

magnánimo, ma adj. Generoso.

magnate m. Persona importante.

magnesia f. Óxido de magnesio.

magnesio m. Metal blanco sólido (símb. Mg) que arde con luz intensa.

magnético, ca adj. Relativo al imán. || De propiedades análogas a las del imán. || *Fig.* Que tiene un poder de atracción.

magnetismo m. Fuerza atractiva del imán. || Parte de la física que estudia las propiedades de los imanes. || *Fig.* Atractivo que tiene una persona sobre otra.

magnetización f. Acción y efecto de magnetizar.

magnetizador, ra adj. y s. Que magnetiza.

magnetizar v. t. Comunicar a un cuerpo las propiedades del imán. || Hipnotizar. || *Fig.* Ejercer una atracción fuerte.

magneto f. Generador eléctrico en el cual la inducción es producida por un imán permanente.

magnetófono m. Aparato que registra los sonidos por imantación de un hilo o una cinta magnéticos y que dispone también de circuitos amplificadores para restituirlos.

magnetoscopio m. Sistema de grabación en una cinta de las imágenes y del sonido de la televisión, vídeo.

magnetrón m. Tubo de vacío, generador o amplificador de corrientes de muy alta frecuencia, cuyo flujo de electrones se encuentra sometido al mismo tiempo a la acción de un campo eléctrico y de un campo magnético.

magnicida adj. y s. Que comete magnicidio.

magnicidio m. Muerte dada a una persona que ocupa el Poder.

magnificar v. t. Engrandecer.

magnificiencia f. Esplendor.

magnífico, ca adj. Espléndido, muy hermoso: *piso magnífico*. || Excelente: *libro magnífico*. || Título de honor: *rector magnífico*.

magnitud f. Tamaño de un cuerpo. || *Fig.* Importancia. || *Mat.* Cantidad.

magno, na adj. Grande.

magnolia f. Árbol de flores aromáticas. || Esta flor.

magnoliáceas f. pl. Familia de plantas dicotiledóneas (ú. t. c. adj.).

mago, ga adj. y s. Que ejerce la magia. || Aplícase a los tres reyes que adoraron a Jesús recién nacido (Melchor, Gaspar y Baltasar).

magrear v. t. *Pop.* Sobar.

magreo m. *Pop.* Sobo.

magro, gra adj. Delgado, flaco. || — M. Carne sin grasa. || *Fam.* Lomo de cerdo.

maguey m. Pita, agave.

magulladura f. y **magullamiento** m. Contusión o cardenal.

magullar v. t. Producir contusión o cardenal en la piel por un golpe.

maharajá m. Título de los príncipes feudatarios de la India. (El femenino es *maharaní*.)

mahatma m. Personalidad espiritual en la India.

mahometano, na adj. y s. Seguidor de la religión de Mahoma.

mahometismo m. Religión de Mahoma, islamismo.

mahonés, esa adj. y s. De Mahón (España). || — F. Mayonesa.

maicena f. Harina fina de maíz.

maicería f. *Amer.* Casa que vende maíz.

maicero, ra adj. *Amer.* Del maíz.

mailing m. (pal. ingl.). Envío de publicidad por correo.

maitines m. pl. Hora canónica que se reza antes del amanecer.

maíz m. Cereal de la familia de las gramíneas que produce mazorcas con granos amarillos. || Su grano.

maizal m. Campo de maíz.

maja f. Mano de almirez. || Mujer joven y apuesta.

majadería f. Necedad, tontería.

majadero, ra adj. y s. Necio.

majado m. Lo molido.

majar v. t. Machacar, moler: *majar pimienta*. || *Fig. y fam.* Molestar. | Pegar: *majar a palos*.

majara y **majareta** adj. y s. Loco.

majestad f. Título que se da a Dios y a los soberanos. || Suma grandeza.

majestuosidad f. Calidad de majestuoso.

majestuoso, sa adj. Que tiene majestad: *tenía un porte majestuoso*.

majeza f. Calidad de majo.

majo, ja adj. Que ostenta elegancia y guapeza propia de la gente del pueblo. Ú. t. c. s.: *los majos fueron representados por Goya*. || *Fam.* Compuesto: *ir muy majo*. | Bonito, mono, hermoso: ¡*qué majo es este niño!* | Simpático.

majorette f. (pal. fr.). Muchacha joven que, vestida con traje de fantasía, acompaña algunos desfiles en ciertos festejos.

mal adj. Apócope de *malo*: *mal día; mal humor*. || — M. Lo opuesto al bien o a la moral: *no hacer nunca mal*. || Daño: *hacer mucho mal a uno*. || Desgracia, calamidad: *los males de la guerra*. || Enfermedad, dolencia: *curó su mal*. || Inconveniente: *esto es un mal necesario*. || — *Llevar a mal*, quejarse. || *Mal de ojo*, maleficio.

mal adv. De manera muy imperfecta: *cantar mal*. || Contrariamente a lo que se esperaba: *el negocio ha salido mal*. || Difícilmente: *mal puede ayudarme*. || Poco, no suficientemente: *oír mal*. || De manera poco agradable: *oler, saber mal*.

malabarismo m. Juegos de destreza. || *Fig.* Habilidad, destreza.

malabarista com. Persona que se dedica a hacer juegos de destreza, equilibrista. || *Fig.* Persona muy hábil.

malacitano, na adj. y s. Malagueño.

malacopterigio, gia adj. y s. Aplícase a los peces de aletas blandas o flexibles y con el esqueleto óseo, como el salmón y el bacalao. || — Pl. Orden de estos peces.

málaga m. Vino dulce de Málaga.

malage adj. y s. Sin gracia.

malagueño, ña adj. y s. De Málaga (España). || — F. Aire popular y baile de la prov. española de Málaga, parecido al fandango.

malaje adj. y s. *Pop.* Malage.

malaleche com. *Pop.* Persona de muy mala intención.

malambo m. *Riopl.* Baile típico del gaucho. || Su música.

malange adj. y s. *Pop.* Malage.

malapata com. Persona de mala suerte. || — F. Mala suerte.

malaquita f. Carbonato hidratado natural de cobre de color verde.

malaria f. *Med.* Paludismo.

malasombra com. *Fam.* Persona con poca gracia. || — F. *Fam.* Mala suerte. || Falta de gracia.

malaventura f. Desventura.

malaxación f. Amasado.

malaxar v. t. Amasar.

malcasar v. t. Casar a uno con una persona mal escogida o de condición inferior (ú. t. c. pr.).

malcomer v. i. Comer mal.

malconsiderado, da adj. Desconsiderado, despreciado.

malcontento, ta adj. Descontento.

malcriadez o **malcriadeza** f. *Amer.* Mala educación.

malcriado, da adj. y s. Mal educado.

malcriar v. t. Educar mal.

maldad f. Propensión a obrar mal. || Acción mala: *cometer maldades.*

maldecir v. t. Echar maldiciones. || — V. i. Hablar mal, calumniar.

maldiciente adj. y s. Que habla mal de la gente.

maldición f. Imprecación.

maldito, ta adj. Muy malo: *¡maldito clima!* || Odioso: *¡maldito embustero!* || Condenado por la justicia divina (ú. t. c. s.). || *Fam.* Ninguno, nada: *no saber maldita la cosa.*

maldonadense adj. y s. De Maldonado (Uruguay).

maldoso, sa adj. *Méx.* Travieso.

maleabilidad f. Calidad de maleable.

maleable adj. Que puede batirse o aplastarse en láminas sin romperse. || Que se puede modelar o labrar fácilmente: *la cera es muy maleable.* || *Fig.* Dócil, flexible: *persona extremadamente maleable.*

maleado, da adj. Pervertido.

maleante adj. Que malea. || Perverso, malo. || Maligno. || — M. Malhechor.

malear v. t. Echar a perder (ú. t. c. pr.). || *Fig.* Pervertir.

malecón m. Dique que protege la entrada de un puerto.

maledicencia f. Acción de mal decir, murmuración, denigración.

maldiciente adj. y s. Maldiciente.

maleficiar v. t. Causar daño. || Estropear una cosa. || Hechizar.

maleficio m. Sortilegio.

maléfico, ca adj. Que perjudica con maleficios. || Que tiene una influencia sobrenatural mala.

malentender v. t. Entender mal.

malentendido m. Equívoco, quid pro quo, mal entendimiento.

maléolo m. *Anat.* Cada una de las dos protuberancias huesudas que forman el tobillo.

malestar m. Sensación de incomodidad causada por un ligero trastorno fisiológico. || *Fig.* Inquietud moral, desasosiego. | Desazón.

maleta f. Especie de cofre pequeño y ligero que uno lleva de viaje para transportar ropa u otros enseres. || Portaequipaje de un coche. || — M. *Fam.* El que es muy torpe en la práctica de su profesión.

maletero m. Fabricante o vendedor de maletas. || Mozo de equipajes. || Portaequipaje de un coche.

maletilla m. Aprendiz de torero.

maletín m. Maleta pequeña.

malevo, va adj. *Arg.* Malévolo. | Pendenciero (ú. t. c. s.). | Resuelto, valiente. | Audaz.

malevolencia f. Mala voluntad.

malévolo, la adj. y s. Inclinado a hacer mal.

maleza f. Abundancia de malas hierbas en los sembrados.

malformación f. Deformación.

malgache adj. y s. De Madagascar: *República Malgache.* || — M. Lengua de Madagascar.

malgastar v. t. Gastar el dinero en cosas inútiles o malas.

malgeniado, da adj. De mal genio.

malhablado, da adj. y s. Grosero.

malhadado, da adj. Desdichado.

malhaya adj. *Fam.* Maldito.

malhechor, ra adj. y s. Que comete un delito.

malherir v. t. Herir gravemente.

malhumor m. Mal humor.

malhumorado, da adj. De mal humor, disgustado.

malhumorar v. t. Poner de mal humor.

malicia f. Maldad, inclinación a lo malo: *tener malicia.* || Afición a gastar bromas o a menos pesadas. || Perversidad. || Agudeza, astucia, sutileza.

maliciar v. t. Sospechar, recelar. Ú. t. c. pr.: *maliciarse de algo.* || Malear, pervertir, corromper.

malicioso, sa adj. y s. Con malicia.

malignidad f. Calidad de maligno.

maligno, na adj. Propenso a lo malo y perverso. || Pernicioso.

malinchismo m. *Méx.* Inclinación favorable a lo extranjero, en particular a lo español.

malintencionado, da adj. y s. Que tiene mala intención.

malla f. Cada uno de los cuadriláteros que forman el tejido de la red. || Red. || Tejido de anillos de hierro o acero con que se hacían las cotas y otras armaduras y cada uno de estos anillos. || *Amer.* Bañador. | Camiseta de deportista.

mallorquín, ina adj. y s. De Mallorca (España). || — M. Variedad de la lengua catalana que se habla en Mallorca.

malmirado, da adj. Mal considerado.

malo, la adj. Que no es bueno: *comida mala.* ‖ Inclinado al mal: *ser malo con su familia.* ‖ Perjudicial: *malo para la salud.* ‖ Sin talento o habilidad: *cómico malo.* ‖ Desagradable: *sabor malo.* ‖ Difícil: *malo de entender.* ‖ Peligroso: *malas compañías.* ‖ Enfermo: *estar malo.* ‖ Muy travieso o desobediente: *niños malos.* ‖ Funesto: *un día muy malo para él.* ‖ Insuficiente: *mala cosecha.* ‖ — Adv. Mal, de modo contrario a lo que es debido: *es malo quedarse sin hacer nada.* ‖ — Interj. Denota disgusto. ‖ — M. *El malo,* el demonio; el malhechor de un relato, de una película, etc. ‖ — M. y f. Persona que no es buena. ‖ Travieso.

malograr v. t. No aprovechar, perder: *malograr la oportunidad.* ‖ — V. pr. Frustrarse, fracasar: *se malograron sus deseos.* ‖ No llegar una persona o cosa a su completo desarrollo.

maloja m. *Amer.* Planta de maíz que sólo sirve para pastos.

maloliente adj. Que huele mal.

malón m. *Amer.* Correría de indios. ‖ Grupo de personas que provocan desórdenes. ‖ Mala jugada.

malora adj. *Méx.* Travieso.

malorear v. i. *Méx.* Hacer travesuras.

malparado, da adj. En mala situación o estado: *salir malparado.*

malpensado, da adj. y s. Avieso.

malquerencia f. Mala voluntad.

malquerer v. t. Tener mala voluntad.

malquistar v. t. Enemistar.

malsano, na adj. Nocivo para la salud. ‖ Enfermizo.

malsonante adj. Que suena mal.

malta f. Cebada germinada para fabricar cerveza, y, a veces, para hacer café.

maltaje m. Transformación de la cebada en malta.

maltraer v. t. Maltratar.

maltratar v. t. Tratar duramente.

maltrecho, cha adj. En mal estado.

maltusianismo m. Limitación voluntaria de la natalidad.

malva f. Planta de flores moradas. ‖ *Méx. Fam.* Marihuana. ‖ *Pop. Criar malvas,* estar muerto. ‖ — Adj. inv. Violeta pálido. ‖ — M. Color malva.

malváceo, a adj. Dícese de unas plantas arbustivas, abundantes en los países tropicales, que tienen flores con cinco pétalos y fruto en cápsula (ú. t. c. s. f.).

malvado, da adj. y s. Perverso.

malvender v. t. Vender con pérdida.

malversación f. Utilización fraudulenta de los caudales ajenos que uno tiene a su cargo.

malversador, ra adj. y s. Que malversa.

malversar v. t. Hacer malversaciones.

malvivir v. i. Vivir mal.

mama f. Teta, pecho. ‖ *Fam.* Madre, en lenguaje infantil.

mamá f. *Fam.* Madre.

mamacona f. *Amer.* Virgen anciana que estaba al servicio de los templos incaicos.

mamado, da adj. *Pop.* Ebrio. ‖ Fácil, sencillo.

mamandurria f. *Amer.* Ganga.

mamar v. t. Chupar con los labios y lengua la leche de los pechos. ‖ *Fam.* Tragar, engullir. ‖ *Fig.* Aprender algo desde la infancia. ‖ — V. pr. *Fam.* Emborracharse. ‖ *Amer. Fam. Mamarse a uno,* matarle; sacarle ventaja engañándole.

mamario, ria adj. De las mamas.

mamarrachada f. Tontería.

mamarracho m. *Fam.* Imbécil, tonto. ‖ Fantoche. ‖ De mala calidad.

mambí o **mambís, isa** adj. y s. Dícese del cubano que se rebeló contra la dominación española en 1868.

mambo m. Baile cubano.

mamboretá m. *Riopl.* Santateresa, insecto.

mameluco m. Antiguo soldado de una milicia egipcia. ‖ *Amer.* Prenda de vestir de una sola pieza para niños.

mamífero, ra adj. y s. m. Dícese de los animales vertebrados cuyas hembras alimentan a sus crías con la leche de sus mamas.

mamón, ona adj. y s. Que sigue mamando. ‖ Que mama demasiado.

mamotreto m. Libro o legajo muy voluminoso. ‖ Cosa que abulta.

mampara f. Tabique movible y plegable.

mampostería f. Obra hecha de piedras pequeñas unidas con argamasa.

mamúa f. *Arg. Fam.* Borrachera.

mamut m. Elefante fósil.

maná m. Alimento que envió Dios a los israelitas en el desierto.

manabita adj. y s. De Manabí (Ecuador).

manada f. Hato o rebaño. ‖ Bandada de animales. ‖ Puñado, manojo. ‖ *Fig.* y *fam.* Grupo de personas.

management m. (pal. ingl.). Técnica de la dirección y gestión de una empresa.

manager [*máneyer*] com. (pal. ingl.). Persona que dirige una empresa. ‖ Persona que se ocupa de los intereses de un deportista profesional.

managüense adj. y s. De Managua (Nicaragua).

manantial m. Sitio donde las aguas salen de la tierra.

manar v. i. Brotar.

manatí y **manato** m. Mamífero herbívoro.

manaticero, ra y **manatiero, ra** adj. y s. De Manatí (Colombia).

manazas m. y f. inv. *Fam.* Persona poco hábil con las manos.

manceba f. Concubina.

mancebía f. Casa de prostitución.

mancebo m. Chico joven. ‖ Hombre soltero. ‖ Auxiliar de farmacia.

mancha f. Marca dejada en una cosa por un cuerpo sucio. ‖ Parte de una cosa de distinto color que el resto de ella. ‖ *Fig.* Lo que empaña la reputación.

manchar v. t. Ensuciar (ú. t. c. pr.). ‖ *Fig.* Desacreditar.

manchego, ga adj. y s. De La Mancha (España). ‖ — M. Queso muy apreciado fabricado en La Mancha.

mancilla f. *Fig.* Mancha.

mancillar v. t. Deshonrar.

manco, ca adj. y s. Que ha perdido un brazo o una mano o tiene lisiados estos miembros. ‖ *Fig.* Imperfecto, incompleto.

mancomunar v. t. Unir (ú. t. c. pr.).

mancomunidad f. Unión.

manda f. Legado. ‖ *Chil.* y *Méx.* Voto, promesa hecha a Dios o a un santo.

mandado m. Compra. ‖ Recado.

mandamás com. inv. Personaje influyente y poderoso.

mandamiento m. Cada uno de los preceptos del Decálogo y de la Iglesia católica. || Orden judicial.

mandar v. t. Ordenar. || Enviar: *mandar una carta.* ||Legar por testamento. ||Encargar. || Confiar. ||*Fam. Mandar a paseo o mandar con viento fresco,* despedir de mala manera. || – V. t. e i. Gobernar, dirigir. || Ejercer su autoridad: *aquí no manda más que él.* || *Amer.* ¡Mande!, interjección usada para hacer repetir algo que no se ha oído.

mandarín m. Título que daban los europeos a los altos funcionarios chinos. || *Fig.* Persona muy influyente.

mandarina f. Variedad de naranja pequeña y muy dulce.

mandarino y **mandarinero** m. Árbol que da mandarinas.

mandatario, ria m. y f. Persona que tiene poderes para actuar en nombre de otra. || Gobernante, el que manda.

mandato m. Orden. || *For.* Poderes que da una persona a otra para que actúe en su nombre. || Funciones delegadas por el pueblo o por una clase de ciudadanos: *mandato de diputado.* || Soberanía temporal ejercida por un país en un territorio en nombre de la Sociedad de Naciones y que la O.N.U. ha sustituido por la *tutela.*

mandíbula f. Cada una de las dos piezas que limitan la boca y en las cuales están los dientes.

mandil m. Delantal grande.

mandioca f. Arbusto de cuya raíz se extrae la tapioca. || Tapioca.

mando m. Autoridad, poder. || Empleado de alto rango: *los mandos de un país.* || Dispositivo que sirve para poner en marcha, regular, gobernar y parar un aparato, una máquina, un vehículo, etc. || *– Mando a distancia,* accionamiento a distancia de un mecanismo, máquina, vehículo, etc. ||*Mando automático,* el que funciona sin necesidad de la mano humana. || *Puesto de mando,* lugar en el que está situada la persona que dirige una operación.

mandoble m. Golpe dado con espada. || Espada grande. || *Fig.* Golpe, porrazo.

mandolina f. *Mús.* Instrumento de cuerdas punteadas.

mandón, ona adj. y s. Autoritario. || – M. y f. Mandamás. || – M. *Amer.* Capataz de una mina. || *Chil.* Persona que da la orden de salida de una carrera.

mandria adj. y s. Mentecato.

mandril m. Vástago metálico que se introduce en ciertos instrumentos quirúrgicos huecos. || Dispositivo con que se asegura en una máquina herramienta la pieza que se ha de labrar.

mandriladora f. Calibradora.

mandrilar v. t. Calibrar.

manduca f. *Fam.* Comida.

manducación f. *Fam.* Comida.

manducar v. t. e i. *Fam.* Comer.

manecilla f. Broche para cerrar libros y otros objetos. || Aguja del reloj o de otros instrumentos. || Palanquilla, llave de ciertos mecanismos.

manejar v. t. Manipular, tocar con las manos. || Servirse de una cosa: *manejar una herramienta.* || *Fig.* Dirigir: *manejar a uno a su antojo.* || *Amer.*

Conducir un automóvil. || – V. pr. Moverse. || Saberse conducir. || Arreglárselas.

manejo m. Acción de manejar, de servirse de algo. || Maquinación, intriga. || *Amer.* Conducción de un automóvil.

manera f. Modo particular de ser o de hacer algo. || Porte y modales de una persona. Ú. m. en pl.: *maneras groseras.*

manes m. pl. Entre los romanos, almas de los muertos considerados como divinidades. || *Fig.* Sombras o almas de los difuntos.

manflora y **manflorita** adj. y s. m. *Amer.* Afeminado.

manga f. Parte del vestido que cubre el brazo. || Tubo largo de material flexible que se adapta a las bombas o bocas de riego. || Pequeña red en forma de bolsa para pescar o cazar. || Adorno cilíndrico de tela que cubre la vara de la cruz parroquial. || Bolsa de fieltro de forma cónica que sirve para colar. || *Mar.* Ancho del buque. || En los juegos, una de las pruebas que se ha convenido jugar. || Tubo de tela que sirve para indicar la dirección del viento: *manga de aire.*

mangancia f. *Pop.* Robo.

manganeso m. Metal de color gris (Mn), duro y quebradizo, oxidable, que se emplea en la fabricación del acero.

manganzón, ona adj. *Amer.* Aprovechado, aprovechón (ú. t. c. s.). | Ladrón (ú. t. c. s.). | Holgazán.

mangante m. y f. *Pop.* Ladrón.

mangar v. t. *Pop.* Robar.

manglar m. Terreno con mangles.

mangle m. Arbusto de América tropical. || Su fruto.

mango m. Asidero de un instrumento o utensilio. || Árbol de Asia y América. || Su fruto comestible.

mangonear v. i. *Fam.* Mandar.

mangoneo m. *Fam.* Mando.

mangosta f. Mamífero carnívoro.

manguera f. Manga de riego.

maní m. Cacahuate.

manía f. Forma de locura dominada por una idea fija: *lleno de manías.* || Extravagancia, capricho. || Afecto o deseo desordenado: *tener manía por las modas.* || *Fam.* Ojeriza: *tenerle manía a uno.* || *Manía persecutoria,* obsesión de ser objeto de la mala voluntad de los demás.

maníaco, ca o **maniaco, ca** adj. Maniático.

maniatar v. t. Atar de manos.

maniático, ca adj. Que tiene manías o ideas fijas (ú. t. c. s.).

manicomio m. Casa de locos.

manicuro, ra m. y f. Persona que cuida las manos, uñas, etc. || – F. Cuidado de las manos, uñas, etc.

manido, da adj. Sobado.

manifestación f. Acción de manifestar o manifestarse: *manifestación de alegría.* || Expresión pública de un sentimiento o de una opinión política: *hacer una manifestación contra el Gobierno.*

manifestante com. Persona que toma parte en una manifestación.

manifestar v. t. Declarar, dar a conocer: *manifestar su opinión, sus deseos.* || Descubrir, poner a la vista. || – V. i. Hacer una demostración colectiva pública. || – V. pr. Darse a conocer.

manifiesto, ta adj. Claro, patente. || – M. Escrito dirigido a la opinión pública.

manigua f. *Cub.* Terreno cubierto de malezas. | Selva. || *Fig.* Desorden, confusión.

manigüero, ra adj. *Antill.* Habitante de la manigua.

manileño, ña adj. y s. De Manila (Filipinas).

manillar m. Barra provista de puños en sus extremos con que se orienta la horquilla para guiar las bicicletas o motocicletas.

maniobra f. Cualquier operación material que se ejecuta con las manos. || *Fig.* Manejo, intriga. || *Mar.* Arte de gobernar la embarcación. || *Mil.* Evolución o ejercicio de la tropa. || — Pl. Operaciones que se hacen en las estaciones para formar trenes.

maniobrar v. i. Hacer maniobras.

manioc m. Mandioca.

manipulación f. y **manipulado** m. Acción y efecto de manipular.

manipular v. t. Operar con las manos. || Manejar mercancías para su empaquetado y transporte. || *Fig.* y fam. Manejar un negocio.

maniquí m. Figura de madera articulada para uso de pintores y escultores. || Armazón de madera o de mimbre que sirve a los sastres y costureras para probar los vestidos. || Mujer que presenta los modelos de una casa de costura. || *Fig.* Hombre sin carácter.

manir v. t. Sobar.

manirroto, ta adj. y s. Despilfarrador.

manisero, ra m. y f. Vendedor de maní.

manitas m. y f. inv. Persona habilidosa con las manos.

manito, ta m. y f. *Méx.* Hermano, amigo. | Tratamiento de confianza. || — F. *Amer.* Manecita.

manitú m. Personaje poderoso.

manivela f. Palanca acodada que sirve para imprimir un movimiento de rotación continua al árbol giratorio al que se halla fijada. || Órgano mecánico destinado a transformar un movimiento rectilíneo alternativo en movimiento giratorio continuo.

manizaleño, ña adj. y s. De Manizales (Colombia).

manjar m. Comestible. || *Fig.* Deleite.

mano f. Parte del cuerpo humano que va de la muñeca a la extremidad de los dedos. || Extremidad de algunos animales de carnicería: *mano de cerdo.* || En los cuadrúpedos, cualquiera de los dos pies delanteros. || Lado: *a mano derecha.* || Instrumento de metal, madera u otra materia empleado para moler algo en el almirez. || Rodillo de piedra para moler. || Capa de pintura, barniz, etc. || Conjunto de cinco cuadernillos de papel o vigésima parte de la resma. || En varios juegos, partida o uno de los lances en que se divide: *una mano de cartas.* || *Fig.* Serie: *dar una mano de azotes.* | Destreza: *tener buena mano.* | Persona que ejecuta una cosa: *faltan manos en la agricultura.* | La mujer pretendida por esposa: *pedir la mano de la hija de un amigo.* | Intervención, ayuda: *es necesaria la mano de un perito en la materia.* | Ayuda, auxilio: *echar una mano.* || Prioridad, preferencia de paso en la carretera. || *Amer.* Conjunto de cuatro, cinco o seis objetos de la misma especie. | Aventura, percance. | Racimo de varios frutos. || — Com. En el juego, el primero de los que juegan. || — *Fig.* Bajo mano, ocultamente. | *Dar de mano,* dejar de trabajar. | *Dar la última mano,* acabar. | *De primera mano,* nuevo:

coche de primera mano; directamente, sin intermediarios, de la misma fuente: *saber de primera mano.* | *De segunda mano,* usado, de lance; por un intermediario. || *Mano a mano,* competición entre dos contendientes; entrevista entre dos personas; corrida en la que sólo participan dos matadores. || *Mano de obra,* trabajo manual que se emplea para hacer una obra; conjunto de obreros necesarios para efectuar un trabajo dado. || *Fig. Pedir la mano a una mujer,* solicitarla por esposa. | *Traerse entre manos una cosa,* ocuparse de ella.

mano m. *Amer. Fam.* Amigo.

manojo m. Conjunto de objetos que se pueden coger con la mano.

manolo, la m. y f. *Fam.* En Madrid, mozo o moza del bajo pueblo.

manómetro m. Instrumento para medir la presión de un fluido.

manopla f. Guante.

manosear v. t. Tocar constantemente con la mano, por lo general sin mucho cuidado: *manosear un libro.* || *Tema manoseado,* tema trillado.

manoseo m. Acción de manosear.

manotada f. y **manotazo** m. Golpe dado con la mano.

mansedumbre f. Apacibilidad.

mansión f. Morada.

manso, sa adj. Apacible, muy bueno. || Domesticado, que no es salvaje: *toro manso.* || Tranquilo: *aguas mansas.* || — M. En un rebaño, macho que sirve de guía.

manta f. Pieza, por lo común de lana o algodón, que sirve de abrigo en la cama. || Capa, abrigo. || Cubierta para las caballerías. || *Fam.* Paliza.

mantarraya f. Especie de pez de México.

manteador, ra adj. Que mantea (ú. t. c. s.).

manteamiento m. Acción y efecto de mantear.

mantear v. t. Hacer saltar a uno en una manta para mofarse de él o humillarle.

manteca f. Grasa de los animales, especialmente la del cerdo. || Sustancia grasa de la leche. || Mantequilla: *untar manteca en el pan.* || Sustancia grasa vegetal usada como pomada: *manteca de cacao.* || — Pl. *Fam.* Gordura, carnes.

mantecado m. Bollo amasado con manteca de cerdo. || Helado de leche, huevos y azúcar.

mantecoso, sa adj. Que tiene manteca. || Untuoso como la manteca.

mantel m. Paño que se pone encima de la mesa para comer.

mantelería f. Conjunto de manteles.

mantenedor, ra m. y f. Persona encargada de que se respetasen las leyes o reglas en un torneo, justa, juegos florales, etc. || Persona que hace el discurso de presentación en ciertos certámenes, como los juegos florales. || Persona que mantiene a otras: *mantenedor de familia.*

mantener v. t. Proveer a uno de alimento. || Proveer de todo lo necesario. || Conservar, hacer que una cosa siga siendo lo mismo o igual que anteriormente. || Sostener: *los puntales mantienen el muro.* || Proseguir lo que se está haciendo: *mantener la conversación.* || Sostener un torneo, justa, juegos florales, etc. || *Fig.* Afirmar, sostener, defender: *mantener una opinión.* | Conservar, guardar: *mantener su rango.* || Hacer durar: *mantener la paz.* || Conservar en buen estado. || Tener, celebrar: *mantener una entrevista.* || — V. pr. Alimentarse. || Satisfacer sus necesidades: *se mantiene con su trabajo.* || Perseverar en una opinión. || Permanecer en el mismo estado.

mantenimiento m. Subsistencia. || Alimento. || Conservación del buen estado del material y de las instalaciones de una industria, de una construcción, etc.

manteo m. Manteamiento.

mantequería f. Tienda donde se venden mantequilla, quesos, fiambres y otros productos alimenticios.

mantequilla f. Sustancia grasa y pastosa obtenida de la leche de vaca al batir la nata.

mantilla f. Prenda de encaje que usan las mujeres para cubrirse la cabeza. || Pieza de lana en que se envuelve al niño. || *Fig. En mantillas,* en sus principios.

mantillo m. Capa superior del terreno, formada por la descomposición de materias orgánicas. || Abono que resulta de la descomposición del estiércol.

mantisa f. Parte decimal siempre positiva de un logaritmo.

manto m. Ropa suelta a modo de capa que llevan las mujeres encima del vestido. || Mantilla grande, chal. || Vestidura recamada que cubre la imagen de la Virgen. || Ropa talar para ciertas ceremonias. || *Fig.* Lo que encubre una cosa: *el manto de la indiferencia.*

mantón m. Pañuelo grande que abriga los hombros y la espalda.

manual adj. Que se ejecuta con las manos: *trabajos manuales.* || Manejable. || — M. Libro que contiene las nociones esenciales de un arte o ciencia.

manubrio m. Manivela.

manufactura f. Establecimiento industrial. || Fabricación en gran cantidad de un producto industrial.

manufacturación f. Acción y efecto de manufacturar.

manufacturar v. t. Fabricar.

manu militari loc. lat. Por la fuerza de las armas.

manumisión f. Liberación legal de un esclavo.

manumiso, sa adj. Libre.

manumitir v. t. Dar libertad a un esclavo.

manuscrito, ta adj. Escrito a mano. || — M. Cualquier obra escrita a mano. || Original de un libro.

manutención f. Manipulación de mercancías. || Mantenimiento y cuidado. || Conservación.

manzana f. Fruto del manzano. || Grupo de casas delimitado por calles. || *Amer.* Nuez de la garganta.

manzanareño, ña adj. y s. Manzanarita. || De Manzanares (España).

manzanarita adj. y s. De Manzanares (Colombia).

manzanilla f. Planta compuesta cuyas flores amarillas se usan en infusión como estomacal. || Esta infusión. || Vino blanco que se hace en Sanlúcar de Barrameda (Cádiz), población próxima a Jerez de la Frontera (España).

manzano m. Árbol rosáceo cuyo fruto es la manzana.

maña f. Destreza, habilidad.

mañana f. Tiempo que media entre el amanecer y el mediodía: *trabajar por la mañana.* || Espacio de tiempo desde la medianoche hasta el medio día: *a las tres de la mañana.* || — M. Tiempo futuro: *pensar en el mañana.* || — Adv. El día después del de hoy: *mañana será domingo.* || En tiempo futuro: *el mundo de mañana.*

mañanero, ra adj. Madrugador.

mañanita f. Prenda de punto que las mujeres llevan sobre el camisón para abrigarse. || — Pl. *Méx.* Canto popular para celebrar a un personaje o un hecho famoso.

maño, ña m. y f. *Fam.* Aragonés. || *Amer.* Hermano. | Amigo.

mañoso, sa adj. Hábil, diestro.

maoísmo m. Movimiento marxista inspirado en la doctrina del dirigente chino Mao Tse-tung.

mapa m. Representación convencional de alguna parte de la Tierra.

mapache y **mapachín** m. Mamífero carnicero parecido al tejón.

mapamundi m. Mapa con la superficie entera de la Tierra.

mapuche adj. y s. Araucano.

maque m. Laca. || Charol.

maquear v. t. Dar laca o barniz. || — V. pr. *Fam.* Arreglarse, vestirse bien.

maqueta f. Representación a escala reducida de una construcción, máquina, decoración de teatro, etc. || Boceto de ilustración y presentación de un libro.

maquetista com. Persona que se dedica a hacer maquetas.

maqueto, ta adj. y s. Dícese del emigrante de una región española asentado en el País Vasco.

maquiavelismo m. Doctrina política de Maquiavelo. || *Fig.* Política falta de lealtad. | Perfidia y falta de escrúpulos.

maquila f. Porción de grano, harina o aceite que percibe el molinero por cada molienda.

maquiladora f. *Méx.* Planta que ejecuta, para una empresa más importante, una de las operaciones del proceso de fabricación de un producto.

maquillaje m. Acción de maquillar.

maquillar v. t. Pintar la cara con productos de belleza para hacer resaltar sus cualidades estéticas o tapar sus imperfecciones (ú. t. c. pr.). || Pintar y componer la cara con preparados artificiales para lograr determinados efectos en teatro, cine o televisión (ú. t. c. pr.). || *Fig.* Alterar, falsificar.

máquina f. Conjunto de mecanismos combinados para aprovechar, dirigir, regular o transformar una energía o para producir cierto efecto. || Artefacto cualquiera: *máquina fotográfica.* || Cualquier vehículo provisto de un mecanismo, como bicicleta, automóvil y locomotora. || *Fig.* Conjunto de órganos que concurren a un mismo fin: *la máquina del Estado.* | Proyecto, idea. | Hombre que obedece ciegamente a otro. || *Teatr.* Tramoya. || — *Máquina de vapor,* la que utiliza la fuerza de expansión del vapor. || *Máquina herramienta,* la que efectúa cualquier trabajo habitualmente manual.

maquinación f. Intrigas secretas para realizar malos designios.

maquinador, ra adj. y s. Que trama maquinaciones.

maquinal adj. Instintivo.

maquinar v. t. Preparar.

maquinaria f. Mecanismo que da movimiento a un artefacto. || Conjunto de máquinas: *maquinaria agrícola.* || *Fig.* Conjunto de órganos destinados a un mismo fin.

maquinismo m. Predominio de las máquinas en la industria.

maquinista com. Persona que vigila o dirige o conduce una máquina. || Persona que monta y desmonta los decorados de teatro y cine.

mar m. Gran extensión de agua salada que ocupa la mayor parte de la Tierra. || Porción determinada de esta extensión. || Extensión de agua tierras adentro: *mar Caspio.* || *Fig.* Gran cantidad de agua o de cualquier líquido: *un mar de sangre.* | Gran extensión: *un mar de arena.* | Lo que sufre fluctuaciones: *el mar de las pasiones.* || — *Fig. A mares,* en gran abundancia. | *La mar,* mucho: *la mar de gente, de trabajo;* muy: *es la mar de simpático.*
— Observ. La palabra *mar* se emplea en masculino en el habla corriente y en femenino cuando la usa la gente de mar o en locuciones como *la alta mar, la mar de cosas,* etc.

marabú m. Ave zancuda.

marabunta f. Muchedumbre.

maraca f. *Mús.* Instrumento formado por una calabaza hueca con granos o piedrecitas dentro. | Instrumento semejante utilizado en las orquestas modernas.

maracaibero, ra adj. y s. De Maracaibo (Venezuela).

maracaná m. *Arg.* Especie de papagayo.

maracayá m. *Amer.* Pequeño animal carnicero de cola larga.

maracayero, ra adj. y s. De Maracaibo (Venezuela).

maracucho, cha adj. y s. De Maracay (Venezuela).

maracure m. Bejuco de Venezuela del cual se extrae el curare.

maranta f. Planta de América del Sur de cuyo tubérculo se saca el arrurruz.

maraña f. *Fig.* Cosa enmarañada: *una maraña de pelo.* | Asunto complicado: *¡qué maraña!*

maraquero, ra adj. *Amer.* Que toca las maracas (ú. t. c. s.).

marasmo m. *Med.* Extremado enflaquecimiento del cuerpo humano. || *Fig.* Apatía. | Disminución de la actividad económica o comercial.

maratón m. Carrera pedestre de un recorrido de 42,195 km. || *Fig.* Cualquier otra competición o esfuerzo que requieren gran resistencia.

maravedí m. Antigua moneda.

maravilla f. Cosa que suscita la admiración.

maravillar v. t. Provocar la admiración (ú. t. c. pr.).

maravilloso, sa adj. Admirable.

marbete m. Etiqueta que se pega en las mercancías para indicar su contenido, precio, marca de fábrica, etc.

marca f. Señal que se pone a una cosa para reconocerla. || Acción de marcar: *la marca del ganado.* || Distintivo de un fabricante o comerciante. || Casa productora: *las grandes marcas de coñac.* || En deportes, récord y resultado: *batir una marca.* || Provincia o distrito fronterizo: *la Marca Hispánica.* || — *Marca de fábrica,* distintivo que el fabricante pone a sus productos. || *Marca registrada,* la reconocida legalmente para su uso exclusivo.

marcado, da adj. Manifiesto, claro, patente. || — M. Operación consistente en ondular el cabello.

marcador, ra adj. Que marca (ú. t. c. s.). || — M. Tablero para anotar los puntos de un jugador o un equipo o para marcar una votación.

marcapaso o **marcapasos** m. Aparato eléctrico que provoca la contracción del corazón cuando ésta no puede efectuarse normalmente.

marcar v. t. Poner una marca: *marcar la ropa.* || *Dep.* Conseguir un gol, un tanto, un ensayo (ú. t. c. pr.). | Contrarrestar un jugador el juego de su contrario por medio de una gran vigilancia (ú. t. c. i.). || *Fig.* Dejar una señal. || Apuntar, tomar nota: *marcar una dirección.* || Señalar el reloj la hora o indicar cualquier otro aparato un número, precio, peso, etc. || Formar un número de teléfono. || Ondular el cabello.

marcha f. Acción de andar. || Movimiento regular de un mecanismo, de un móvil; funcionamiento: *la marcha del reloj; poner en marcha.* || Grado de velocidad media: *la marcha de un motor.* || Salida. || *Fig.* Curso: *la marcha del tiempo.* || *Mús.* Pieza para regularizar el desfile de una tropa o comitiva: *marcha fúnebre.* || Ejercicio atlético que consiste en andar corrientemente manteniendo siempre el contacto de los pies con el suelo. || *Fig.* y fam. Euforia general. | Juerga, jolgorio. || — *Marcha Real,* himno nacional español. || *Poner en marcha,* hacer funcionar.

marchamo m. Señal, sello. || *Fig.* Marca distintiva. | Sello. || *Arg.* Impuesto que se cobra en los mataderos por matar una res.

marchante, ta m. y f. Vendedor. || Cliente de una tienda.

marchar v. i. Caminar, ir a un sitio a otro (ú. t. c. pr.). || Funcionar: *este reloj no marcha bien.* || *Fig.* Progresar: *el negocio no marcha regularmente.* | Desenvolverse, desarrollarse.

marchitar v. t. Ajar (ú. t. c. pr.).

marcial adj. De aspecto bélico o muy varonil: *porte marcial.*

marcialidad f. Aspecto marcial.

marciano, na adj. Del planeta Marte. || — M. y f. Supuesto habitante del planeta Marte.

marco m. Cerco que rodea algunas cosas: *marco de un cuadro.* || Unidad monetaria alemana y finlandesa. || *Fig.* Ámbito: *en el marco de la economía.* || Portería, meta en algunos deportes.

marea f. Movimiento periódico y alternativo de ascenso y descenso de las aguas del mar debido a la combinación de las atracciones lunar y solar.

marear v. t. Gobernar o dirigir una embarcación. || *Fig.* y fam. Molestar, fastidiar: *marear a preguntas.* || Causar mareo: *el movimiento del barco me marea.* || — V. pr. Tener náuseas.

marejada f. Agitación de las olas.

maremagno o **mare magnum** m. *Fig.* Gran cantidad confusa.

maremaro m. *Venez.* Música y baile de los indígenas del Oeste.

maremoto m. Agitación del mar.

marengo adj. Gris oscuro (ú. t. c. m.).

mareo m. Turbación de la cabeza y del estómago. || *Fig.* Fastidio.

marfil m. Materia dura, rica en sales de calcio, de que están principalmente formados los dientes de los vertebrados, en particular los colmillos de los elefantes. || Parte dura de los dientes cubierta por el esmalte.

margarina f. Especie de mantequilla hecha con aceites vegetales.

margarita f. Planta de flores blancas con corazón amarillo. || Bebida mexicana a base de tequila.

margay m. Felino sudamericano.

margen amb. Linde u orilla: *la margen del río, del campo*. || Espacio blanco que se deja alrededor de un escrito: *el margen de una página*. || Apostilla, nota marginal. || *Com*. Cuantía del beneficio que puede sacarse en un negocio: *un margen de ganancias*. || *Fig*. Facilidad, libertad: *margen de movimiento*. || Oportunidad: *dar margen*.
— OBSERV. El género de esta palabra es masculino cuando designa el blanco de una página y femenino cuando se trata de la orilla de un río, de un lago, etc.

marginación f. Aislamiento.

marginado, da adj. Que vive al margen de la sociedad (ú. t. c. s.).

marginal adj. Al o en el margen.

marginar v. t. Dejar márgenes. || Dejar de lado.

mariachi, mariachis y **mariache** m. Música popular procedente del Estado de Jalisco (México) y orquesta que la interpreta. || Miembro de ésta.

marianista adj. y s. Aplícase al religioso de la Compañía de María, fundada en 1817 en Burdeos por el padre Chaminade.

mariano, na adj. De la Virgen.

marica f. Urraca, ave. || — M. *Fig*. y *fam*. Hombre afeminado.

maricón m. y **maricona** f. *Fam*. Marica. | Persona despreciable.

mariconada f. Acción propia del maricón. || Jugarreta, mala pasada.

mariconera f. Bolso de hombre.

marido m. Hombre unido a una mujer por los lazos del matrimonio.

mariguana f. Marihuana.

marihuana y **marijuana** f. Cáñamo cuyas hojas producen efecto narcótico en el que la fuma.

marimacho m. Mujer hombruna.

marimandona f. Mujer autoritaria.

marimba f. Tambor de ciertos negros de África. || *Amer*. Instrumento músico parecido al xilófono. || *Arg*. Paliza.

marimorena f. Pelea. || Lío.

marina f. Arte de la navegación marítima. || Conjunto de los buques de una nación. || Servicio de los barcos: *entrar en la marina del Estado*. || Conjunto de las personas que sirven en la armada. || Cuadro que representa una vista marítima.

marinar v. t. Poner en escabeche.

marine m. Anglicismo por *soldado de infantería de marina*.

marinería f. Oficio de marinero. || Tripulación de un barco, de una escuadra. || Conjunto de marineros.

marinero, ra adj. Que navega bien: *barco marinero*. || De la marina y los marineros. || — M. El que se ocupa del servicio de los barcos.

marino, na adj. Relativo al mar. || — M. El que sirve en la marina.

marioneta f. Títere.

mariposa f. Clase de insectos lepidópteros, diurno o nocturno, provisto de cuatro alas cubiertas de escamas microscópicas. || Lamparilla flotante en un vaso con aceite. || Tuerca para ajustar tornillos. || *Braza mariposa*, estilo de natación en el que los brazos se mueven hacia adelante por encima del agua.

mariposear v. t. Ser versátil.

mariposeo m. Versatilidad.

mariquita f. Insecto coleóptero. || *Arg*. Danza popular. | Su música y cante. || — M. y f. *Fam*. Hombre afeminado.

mariquiteño, ña adj. De Mariquita (Colombia).

mariscal m. General francés a quien se le ha concedido la dignidad de este título por sus victorias militares.

mariscar v. i. Pescar mariscos.

marisco m. Animal marino invertebrado, especialmente el crustáceo y molusco comestibles.

marisma f. Terreno anegadizo situado a orillas del mar o de los ríos.

marista m. Religioso de las congregaciones de María. || — Adj. Relativo a estas congregaciones.

marital adj. Conyugal.

marítimo, ma adj. Del mar o de la navegación.

marketing m. (pal. ingl.). Estudio y aplicación de las medidas adecuadas para incrementar las ventas de un producto, una vez conocidas las necesidades del consumidor.

marmita f. Olla de metal.

marmitón m. Pinche de cocina.

mármol m. Piedra caliza metamórfica, de textura compacta y cristalina, susceptible de buen pulimento.

marmolista m. y f. Persona que labra o vende obras de mármol.

marmóreo, a adj. De mármol.

marmota f. Mamífero roedor que pasa el invierno durmiendo. || *Fig*. Persona que duerme mucho. || *Fam*. Criada.

maroma f. Cuerda gruesa.

maromero, ra adj. *Amer*. Versátil. || — M. y f. *Amer*. Volatinero.

marplatense adj. y s. De Mar del Plata (Argentina).

marqués m. Título nobiliario, entre los de conde y duque.

marquesa f. Mujer o viuda del marqués, o la que tiene un marquesado.

marquesado m. Dignidad de marqués.

marquesina f. Cobertizo, generalmente de cristal, que avanza sobre una puerta, escalinata, etc., para resguardar de la lluvia. || Alfiler que abrazaba varios anillos de mujer.

marquetería f. Obra de taracea.

marrajo, ja adj. Taimado, malicioso (ú. t. c. s.). || *Fig*. Hipócrita, astuto. || Dícese del toro de lidia muy peligroso (ú. t. c. s. m.). || — M. Tiburón.

marrana f. Cerda.

marranada y **marranería** f. *Fig*. y *fam*. Cochinada.

marrano m. Cerdo. || Converso que conservaba las prácticas de los judíos de manera disimulada.

marrar v. t. e i. Fallar, errar.

marras adv. *De marras*, consabido.

marrasquino m. Licor hecho con cerezas amargas y azúcar.

marrón adj. De color de castaña. || En deportes, dícese de la persona que, bajo la calificación de aficionado, cobra como un jugador profesional. ‖ — M. Color castaño.

marroquí adj. y s. De Marruecos. ‖ — M. Tafilete.

marroquinería f. Tafiletería.

marroquinero m. Tafiletero.

marrullería f. Astucia.

marrullero, ra adj. y s. Astuto.

marsellés, esa adj. y s. De Marsella (Francia).

marsopa y **marsopla** f. Cetáceo parecido al delfín.

marta f. Mamífero carnicero, de pelaje suave muy estimado.

martajar v. t. *Amér. C.* y *Méx.* Triturar maíz.

martes m. Tercer día de la semana.

martillado m. Acción y efecto de martillar los metales.

martillar v. t. Dar martillazos.

martillazo m. Golpe de martillo.

martillear v. t. Martillar.

martilleo m. Acción de martillear.

martillo m. Herramienta de percusión compuesta de una cabeza de acero duro templado y un mango. ‖ Utensilio de forma parecida a esta herramienta que usa el presidente de una sesión o el subastador. ‖ Especie de tiburón de cabeza ensanchada lateralmente. ‖ *Anat.* Primer huesecillo del oído interno. ‖ Esfera metálica con un cable de acero y una empuñadura que lanzan los atletas.

martingala f. Artimaña.

martiniqués, esa adj. y s. De la isla Martinica (Antillas).

mártir adj. y s. Que prefiere morir y no renunciar a su fe. ‖ *Fig.* Que ha padecido grandes sufrimientos e incluso la muerte por defender sus opiniones. | Que sufre mucho.

martirio m. Tormento o muerte padecidos por la fe o un ideal. ‖ *Fig.* Sufrimiento grande y largo.

martirizar v. t. Hacer sufrir el martirio. ‖ *Fig.* Hacer sufrir.

marxismo m. Conjunto de las teorías socialistas de Karl Marx y sus seguidores, fundadas en la doctrina del materialismo dialéctico e histórico. ‖ *Marxismo-leninismo,* doctrina política inspirada en Marx y Lenin, base teórica del comunismo.

marxista adj. y s. Del marxismo.

marzo m. Tercer mes del año de 31 días.

mas conj. Pero.

más adv. Indica superioridad en la calidad, cantidad, distancia y valor: *más simpático.* ‖ Mejor: *más vale olvidar todo eso.* ‖ Muy: *¡es más tonto!* ‖ Durante más tiempo: *no te detengas más.* ‖ — M. La mayor cosa: *el más y el menos.* ‖ *Mat.* Signo de la adición (+).

masa f. Totalidad de una cosa cuyas partes son de la misma naturaleza: *la masa de la sangre.* ‖ Cuerpo sólido y compacto: *masa de hierro.* ‖ Conjunto de cosas que forman un todo: *masa de bienes.* ‖ Harina u otra sustancia pulverulenta amasada con un líquido, especialmente empleada para hacer un pastel. ‖ *Fig.* Conjunto: *todos los habitantes vinieron en masa.* | Gran cantidad de gente: *manifestación en masa.* | Pueblo: *la rebelión de las masas.* ‖ *Mec.* Cociente de la intensidad de una fuerza constante por la aceleración del movimiento que produce cuando se aplica al cuerpo considerado: *la unidad de masa es el kilogramo.* ‖ *Electr.* Conjunto de las piezas metálicas que se hallan en comunicación con el suelo. ‖ *Masa salarial,* conjunto de todos los salarios de una empresa.

masacoate m. *Méx.* Boa.

masacre f. Matanza.

masaje m. Fricción del cuerpo con fines terapéuticos: *dar masajes.*

masajista com. Persona que da masajes.

masayense o **masaya** adj. y s. De Masaya (Nicaragua).

mascar v. t. Masticar.

máscara f. Figura de cartón pintado o de otra materia con que se tapa uno el rostro para disfrazarse. ‖ Traje extravagante para disfrazarse. ‖ Careta de protección contra los productos tóxicos: *máscara de gas.* ‖ Aparato de protección que usan los colmeneros, los esgrimidores, los pescadores submarinos, etc. ‖ Mascarilla. ‖ *Fig.* Apariencia engañosa. ‖ — Com. Persona enmascarada.

mascarilla f. Máscara que sólo tapa la parte superior de la cara. ‖ Vaciado de yeso sacado sobre el rostro de una persona o escultura, particularmente de un cadáver. ‖ Producto utilizado para los cuidados estéticos del rostro. ‖ Aparato utilizado por los anestesistas o para hacer inhalar oxígeno que se aplica sobre la nariz y la boca del paciente.

mascarón m. Máscara esculpida que sirve de adorno en cerraduras, fuentes, muebles, etc. ‖ *Mascarón de proa,* figura de adorno en el tajamar de los barcos.

mascota f. Fetiche, objeto, persona o animal que da suerte.

masculinizar v. t. Dar carácter masculino.

masculino, na adj. Perteneciente o relativo al macho. ‖ *Fig.* Viril: *voz masculina.* ‖ Aplícase al género gramatical que corresponde a los varones o a las cosas consideradas como tales (ú. t. c. s. m.).

mascullar v. t. *Fam.* Hablar entre dientes, de manera poco clara.

masía f. Finca.

masilla f. Mezcla de yeso y aceite de linaza para sujetar cristales.

masivo, va adj. *Med.* Aplícase a la dosis inmediatamente inferior al límite máximo de tolerancia. ‖ Que reúne gran número de personas o se refiere a gran cantidad de cosas: *producción masiva.*

masón m. Miembro de la masonería.

masonería f. Asociación secreta cuyos miembros profesan la fraternidad.

masónico, ca adj. De la masonería.

masoquismo m. Perversión sexual del que encuentra placer en verse humillado o maltratado.

masoquista adj. Del masoquismo. | Que padece masoquismo (ú. t. c. s.).

masoterapia f. Terapéutica basada en el masaje.

mass media o **mass-media** m. pl. (pal. ingl.). Conjunto de los medios de comunicación, como la prensa, radio, televisión, etc., que permiten transmitir la información a medios sociales muy diversos.

mastelero m. *Mar.* Palo menor sobre cada uno de los palos mayores.

masticación f. Acción de triturar los alimentos sólidos.

masticar v. t. Triturar los alimentos sólidos con los dientes.

masticatorio, ria adj. Que, con fin medicinal, ha de masticarse. ‖ Que sirve para masticar.

mástil m. *Mar.* Palo de una embarcación. || Mango de la guitarra y de otros instrumentos de cuerda.

mastín m. Perro grande que se utiliza para guardar los ganados.

mastodonte m. Mamífero paquidermo fósil de fines de la era terciaria y principios de la cuaternaria que tenía cuatro colmillos. || *Fam.* Persona o cosa enorme.

masturbación f. Acción y efecto de masturbar o masturbarse.

masturbador, ra adj. Relativo a la masturbación. || Que masturba o se masturba (ú. t. c. s.).

masturbar v. t. Producir el orgasmo por excitación de los órganos genitales con la mano (ú. t. c. pr.).

masurio m. *Quím.* Tecnecio.

mata f. Planta perenne de tallo bajo, leñoso y ramificado. || *Mata de pelo,* conjunto de cabello de una persona.

matadero m. Sitio donde se sacrifica el ganado para el consumo.

matador, ra adj. Que mata (ú. t. c. s.). || *Fig.* y *fam.* Difícil y cansado: *una labor matadora.* || — M. Torero que mata al toro.

matadura f. Llaga.

matagalpino, na adj. y s. De Matagalpa (Nicaragua).

matalón, ona adj. y s. m. Aplícase al caballo flaco y con mataduras.

matamoros m. inv. Bravucón.

matancero, ra adj. y s. De Matanzas (Cuba). || — M. Matarife.

matanza f. Acción de matar a una o varias personas. || Exterminio, hecatombe. || Operación que consiste en matar los cerdos y preparar su carne. || Época en que se hace.

matar v. t. Quitar la vida de manera violenta (ú. t. c. pr.). || *Provocar la muerte: el alcoholismo le mató.* || Destruir: *el hielo mata las plantas.* || *Fig.* Apagar: *matar la sed.* | Achaflanar, redondear: *matar una arista.* | Poner el matasellos: *matar un sobre.* | Arruinar la salud: *esta vida me mata.* | Echar abajo: *matar un negocio.* | Fastidiar, importunar: *matar a preguntas.* | Cansar mucho física o moralmente: *el ruido me mata.* | Hacer más llevadero, distraer: *matar el tiempo.* || — V. i. Hacer la matanza del cerdo. || — V. pr. *Fig.* Fatigarse mucho: *matarse trabajando.* | Desvivirse: *se mata por complacerle.*

matarife m. El que por oficio mata las reses.

mataronés, esa adj. y s. De Mataró (España).

matarratas m. inv. Raticida. || *Fam.* Aguardiente muy fuerte.

matasanos m. inv. Médico malo.

matasellos m. inv. Marca hecha en los sobres por el servicio de correos para inutilizar los sellos. || Instrumento con que se hace esta marca.

match m. (pal. ingl.). Encuentro deportivo.

match-ball [*machbol*] m. (pal. ingl.). Último tanto o pelota de un partido de tenis.

mate adj. Que no tiene brillo: *color mate.* || Amortiguado, apagado: *voz mate.* || — M. Lance final del ajedrez. || En el tenis, golpe fuerte hacia abajo de una pelota alta.

mate m. *Amer.* Calabaza que, seca y vaciada, tiene numerosos usos domésticos. | Planta parecida al acebo con cuyas hojas se hace una infusión como la del té. | Infusión, especialmente la de hojas de esta planta tostadas. | Vasija en que se bebe esta infusión. || *Amer. Fam.* Cabeza. || — *Cebar el mate,* hacerlo añadiendo agua caliente a la yerba. || *Curar el mate,* preparar la calabacita antes de que se toma el mate. || *Mate amargo* o *verde,* el que se ceba sin azúcar. || *Mate cimarrón,* mate amargo. || *Mate dulce,* el que se prepara con azúcar. || *Mate de leche,* el hecho con leche en lugar de agua. || *Mate lavado,* el que no tiene mucho gusto por no cambiar la yerba de la cebadura. || *Mate yerbado* o *cocido,* el que se prepara como el té y no se sirve en el fruto de la calabacera.

matear v. i. Tomar mate.

matemático, ca adj. Relativo a las matemáticas. || *Fig.* Riguroso, preciso: *exactitud matemática.* || — M. y f. Persona que es especialista en matemáticas. || — F. Ciencia que estudia por razonamiento deductivo las propiedades de los seres abstractos (números, figuras geométricas, etc.) y las relaciones entre sí (ú. m. en pl.). || — *Matemáticas aplicadas,* estudio de la cantidad considerada en relación con ciertos fenómenos físicos. || *Matemáticas puras,* estudio de la cantidad considerada en abstracto.

materia f. Sustancia extensa, divisible y pesada que puede tomar cualquier forma. || *Fig.* Tema de que se trata. | Motivo, causa: *esto no debe ser materia a que se enemisten.* || Asignatura. || — *Materia gris,* parte del sistema nervioso formada por el cuerpo de las neuronas. || *Materia prima,* producto natural que tiene que ser transformado antes de ser vendido a los consumidores.

material adj. Formado por materia. || Que no es espiritual: *bienes materiales.* || Demasiado apegado a las cosas materiales. || — M. Conjunto de instrumentos, herramientas o máquinas necesarios para la explotación de una finca, de una industria, etc.: *material agrícola, escolar* (ú. m. en pl.). || Materia con que se hace una cosa: *material de construcción.* || Cuero.

materialidad f. Realidad.

materialismo m. *Fil.* Doctrina que considera la materia como la única realidad. || Manera de comportarse de los que sólo se preocupan por las satisfacciones corporales.

materialista adj. Del materialismo. || Partidario del materialismo (ú. t. c. s.).

materialización f. Acción y efecto de materializar.

materializar v. t. Considerar como material una cosa que no lo es: *materializar el alma.* || Volver material. || Volver concreto, hacer realidad una idea, etc. Ú. t. c. pr.: *no se ha materializado todavía el proyecto.*

maternidad f. Estado o calidad de madre. || Establecimiento hospitalario donde se efectúan los partos.

materno, na adj. Relativo a la madre o propio de ella. || Nativo.

matero, ra adj. y s. *Amer.* Aficionado a tomar mate.

matinal adj. De la mañana.

matiz m. Cada una de las gradaciones que puede tomar un color. || *Fig.* Pequeña diferencia que existe entre cosas parecidas. | Aspecto: *cierto matiz poético.* | Rasgo: *sin un matiz de locura.*

matización f. Acción de matizar.

matizar v. t. Dar a un color un matiz determinado. || *Fig.* Graduar con cuidado sonidos, expresiones, conceptos, afectos, etc.

matojo m. Matorral.

matón m. *Fam.* Bravucón.

matonear v. i. *Fam.* Chulear.

matonería f. Fanfarronería.

matorral m. Campo de matas.

matraca f. Carraca. || *Fig.* Molestia, lata: *dar la matraca.*

matraz m. Frasco de cuello largo.

matrero, ra adj. Astuto. || *Amer.* Suspicaz, receloso. || *Arg., Bol., Chil., Per.* y *Urug.* Dícese del individuo que anda por los montes huyendo de la justicia.

matriarcado m. Preponderancia de la autoridad materna.

matricida com. Asesino de su madre (ú. t. c. adj.).

matricidio m. Delito de matar uno a su madre.

matrícula f. Inscripción en algún registro de una persona o cosa con el número que se le atribuye para facilitar su identificación. || Documento o registro en que se acredita esta inscripción. || Inscripción en un centro de enseñanza. || Placa metálica en los vehículos automóviles que indica el número de inscripción. || Este número.

matriculación f. Matrícula.

matriculado, da adj. Que se halla inscrito en una matrícula o registro (ú. t. c. s.).

matricular v. t. Inscribir en algún registro o matrícula. || — V. pr. Inscribirse en un centro de enseñanza.

matrimonial adj. De matrimonio.

matrimonio m. Unión legítima de hombre y mujer. || *Fam.* Marido y mujer.

matritense adj. y s. Madrileño.

matriz f. Víscera de los mamíferos en que se desarrollan el embrión y el feto en la madre. || Molde para fundir ciertos objetos. || Parte del talonario que queda después de cortar los talones. || — Adj. *Fig.* Madre, principal: *casa matriz.* || Dícese del original de una escritura con el cual se cotejan los traslados.

matrona f. Madre de familia de cierta edad. || Partera.

maturinense, maturinés, esa y **maturino, na** adj. y s. De Maturín (Venezuela).

matusalén m. Hombre de edad.

matute m. Contrabando.

matutino, na adj. Que aparece, ocurre o se hace por la mañana. || — M. Diario de la mañana.

maula f. Cosa inútil. || Retal. || Engaño. || — Com. *Fam.* Mal pagador. | Persona perezosa. | Persona astuta y tramposa.

maullar v. i. Dar maullidos.

maullido m. Voz del gato.

mausoleo m. Sepulcro. || Monumento funerario.

maxilar adj. y s. m. Relativo a la mandíbula: *hueso maxilar.*

máxima f. Sentencia o proposición general que sirve de precepto. || Temperatura más alta en un sitio y tiempo determinados.

máxime adv. Principalmente.

máximo, ma adj. Aplícase a lo más grande en su género, mayor. || — M. Límite superior de una cosa. || Valor mayor de una cantidad variable entre ciertos límites.

máximum m. Máximo.

maxwell o **maxvelio** m. Unidad C.G.S. de flujo magnético (símb. M).

maya adj. Relativo a un pueblo americano del sureste de México, Yucatán y Guatemala. || Perteneciente a él (ú. t. c. s.). || — M. Lengua hablada por este pueblo.

mayagüezano, na adj. y s. De Mayagüez (Puerto Rico).

mayo m. Quinto mes del año de 31 días.

mayonesa f. Salsa fría hecha con aceite, yema de huevo y sal.

mayor adj. Que excede a una cosa en cantidad o calidad: *esta casa es mayor que la tuya.* || Más intenso, más grande: *ese es mi mayor deseo.* || De más edad. Ú. t. c. s.: *el mayor de los hijos.* || Que es mayor de edad: *sus hijos ya son mayores.* || Entrado en años: *una señora mayor.* || Calificativo de ciertos grados y dignidades: *oficial mayor del Congreso.* || — *Al por mayor*, en grandes cantidades. || *Mayor edad*, edad a partir de la cual, según la ley, una persona tiene la plena capacidad de ejercer sus derechos y es considerada responsable de todos sus actos. || — M. Oficial superior o jefe. || *Mat.* Entre dos cantidades, signo (>) que indica que la primera es superior a la segunda. || — Pl. Abuelos y demás progenitores. || Antepasados. || Personas adultas.

mayoral m. Encargado que cuida de los rebaños o de las manadas de toros. || *Amer.* Cobrador de tranvía.

mayorazgo m. Institución destinada a perpetuar en una familia la posesión de ciertos bienes transmitiéndolos al hijo mayor.

mayordomo m. Criado principal.

mayoría f. Mayor edad. || La mayor parte: *la mayoría de los asistentes.* || Partido más numeroso de una asamblea. || En unas elecciones, número de votos que permite a un candidato vencer a los demás. || Condición de mayor. || — *Mayoría absoluta*, la mitad más uno de los votos. || *Mayoría relativa*, la del candidato que obtiene mayor número de votos.

mayorista m. Comerciante al por mayor. || — Adj. Al por mayor.

mayoritario, ria adj. De la mayoría.

mayúsculo, la adj. Dícese de la letra de mayor tamaño que se usa en principio de frase, de nombre propio, en títulos, etc. (ú. t. c. s. f.). || *Fig.* Muy grande.

maza f. Arma contundente antigua. || Insignia de los maceros. || Pieza que en el martinete sirve para golpear. || Palillo con una pelota de cuero en una extremidad que sirve para tocar el bombo. || *Amer.* Cubo de una rueda.

mazacote m. *Fig.* Persona pesada. | Obra de arte pesada, poco elegante.

mazamorra f. Gachas de harina de maíz con leche y azúcar o sal.

mazapán m. Pasta de almendra y azúcar cocida al horno.

mazateco, ca adj. y s. De Mazatenango (Guatemala).

mazatleco, ca adj. y s. De Mazatlán (México).

mazmorra f. Calabozo subterráneo.

mazo m. Martillo grande de madera. || Manojo. || Maza del bombo.

mazorca f. Panoja del maíz, del cacao. || *Fig. Chil.* Grupo de personas que forman un gobierno dictatorial. ‖ Nombre dado en Buenos Aires a la Sociedad Popular Restauradora durante la dictadura de Rosas (1835-1851).

mazurca f. Baile y música de tres tiempos de origen polaco.

mazut m. Fuel.

mbaracayá m. Mamífero carnívoro, especie de gato montés, que tiene piel con pintas elípticas negras y vive en Argentina, sur del Brasil, Paraguay y Uruguay.

me, dativo y acusativo del pronombre personal *yo: me lo prometió.*

meada f. *Vulg.* Orina.

meadero m. *Vulg.* Urinario.

meandro m. Curva o sinuosidad de un río o camino.

mear v. i. *Vulg.* Orinar (ú. t. c. pr.). ‖ — V. pr. *Pop.* Tener mucho miedo. ‖ Despreciar. ‖ Reírse mucho.

meca f. Centro: *París fue meca del mundo artístico antes de la segunda guerra mundial.* ‖ *Chil.* Estiércol.

¡mecachis! interj. *Fam.* ¡Caray!

mecánica f. Ciencia que estudia las fuerzas y sus acciones. ‖ Obra que trata de esta ciencia. ‖ Estudio de las máquinas, de su construcción y de su funcionamiento. ‖ Combinación de órganos propios para producir un movimiento: *la compleja mecánica de un aparato.*

mecanicismo m. Sistema que explica todo por las leyes de la mecánica.

mecánico, ca adj. De la mecánica. ‖ Perteneciente a los oficios manuales: *artes mecánicas.* ‖ Efectuado con una máquina: *lavado mecánico.* ‖ Maquinal: *ademán mecánico.* ‖ Que obra con arreglo a las leyes del movimiento o de las fuerzas, que no tiene efecto químico: *acción mecánica de los vientos.* ‖ — M. y f. Persona que maneja y arregla máquinas. ‖ — M. Conductor de vehículos automóviles.

mecanismo m. Combinación de piezas para producir un movimiento. ‖ *Fig.* Conjunto de varios órganos que concurren a una misma tarea.

mecanización f. Utilización de las máquinas para sustituir al hombre. ‖ Transformación en una cosa mecánica.

mecanizado m. Proceso de elaboración mecánica.

mecanizar v. t. Dotar de aparatos mecánicos. ‖ Someter a la elaboración mecánica. ‖ Aplicar las técnicas de la informática. ‖ *Mil.* Dotar una unidad de vehículos para el transporte y combate.

mecanografía f. Arte de escribir con máquina.

mecanografiar v. t. Escribir con máquina.

mecanógrafo, fa m. y f. Persona que escribe con máquinas.

mecapacle o **mecapatli** m. *Méx.* Zarzaparrilla.

mecapal m. *Amér. C.* y *Méx.* Trozo de cuero que se ponen los mozos de cordel en la frente para llevar cargas.

mecapalero m. *Amér. C.* y *Méx.* Mozo de cordel.

mecatazo m. *Méx.* Latigazo dado con el mecate. ‖ Trago.

mecate m. *Méx.* y *Amér. C.* Cuerda fibrosa generalmente de pita. ‖ Bramante o cordel. ‖ *Fig.* Persona inculta y tosca.

mecatero m. *Méx.* Persona que hace mecates.

mecedor, ra adj. Que mece. ‖ — M. Columpio. ‖ — F. Silla de brazos para mecerse.

mecenas m. Protector.

mecenazgo m. Protección.

mecer v. t. Mover, menear, balancear acompasadamente: *mecer a un niño.* ‖ — V. pr. Balancearse.

mecha f. Conjunto de hilos torcidos de una lámpara o vela al cual se prende fuego. ‖ Cuerda combustible para prender fuego a cohetes, minas, barrenos, etc. ‖ Gasa retorcida que se emplea en cirugía para facilitar la salida del exudado de una herida. ‖ Lonjilla de tocino para mechar la carne. ‖ Manojillo de pelo. ‖ Broca de una barrena. ‖ *Amer.* Broma, burla.

mechero m. Encendedor.

mechón m. Mecha grande. ‖ Manojillo de pelos, de lana.

meclascal m. *Méx.* Tortilla hecha con la sustancia blanda del maguey.

meco, ca adj. *Méx.* De color bermejo con mezcla de negro. ‖ — M. y f. *Méx.* Indio salvaje.

mecual m. *Méx.* Raíz del maguey.

medalla f. Pieza metálica, generalmente redonda u ovalada, acuñada con alguna figura o emblema. ‖ Pieza de metal que se concede como recompensa en exposiciones y certámenes, por algún mérito, etc. ‖ *Arq.* Motivo decorativo circular o elíptico que suele encerrar un bajorrelieve.

médano m. Duna en las costas.

medellinense adj. y s. De Medellín (Colombia).

media f. Prenda de punto que cubre el pie y la pierna. ‖ *Amer.* Calcetín.

media f. Cantidad que representa el promedio de varias otras: *media horaria.* ‖ Media hora: *tocar la media.* ‖ En los deportes de equipo, línea de jugadores que ocupa el centro del terreno.

media m. pl. (pal. ingl.). Mass media.

mediacaña f. Moldura cóncava de perfil semicircular.

mediación f. Intervención destinada a producir un arbitraje o un acuerdo. ‖ *For.* Procedimiento que consiste en proponer a las partes litigantes una solución sin imponérsela.

mediado, da adj. Medio lleno. ‖ *A mediados de,* hacia la mitad.

mediador, ra adj. y s. Que media. ‖ Intermediario.

medialuna f. Símbolo de los musulmanes, especialmente de los turcos.

mediana f. *Geom.* En un triángulo, línea que une un vértice con el punto medio del lado opuesto.

medianería f. Pared común a dos casas o fincas contiguas.

medianero, ra adj. Dícese de la cosa que está en medio de otras dos. ‖ — M. y f. Persona que vive en una casa que tiene medianería con otra o que tiene un campo medianero con otro. ‖ Aparcero, labrador que trabaja a medias con otro en una finca.

medianía f. Término medio entre dos extremos. ‖ Situación económica modesta: *vivir en la medianía.* ‖ *Fig.* Persona corriente, que carece de prendas relevantes.

mediano, na adj. De calidad intermedia: *inteligencia mediana.* ‖ Ni muy grande ni muy pequeño. ‖ Ni bueno ni malo, regular.

medianoche f. Hora en que el Sol está en el punto opuesto al de mediodía. ‖ Las doce de la noche. ‖ *Fig.* Emparedado de jamón, queso, etc., hecho en un bollo pequeño.

mediante adv. Que media o intercede. || — Prep. Gracias a.

mediar v. i. Llegar a la mitad de una cosa concreta o no. || Estar en medio. || Interponerse entre personas que están en desacuerdo. || Interceder: *mediar en favor de uno.* || Transcurrir el tiempo: *mediaron tres años.* || Ocurrir, haber: *lo haré, de no mediar una contraorden.*

mediatinta f. Tono medio entre lo claro y lo oscuro.

mediatizar v. t. Influir.

mediatriz f. *Geom.* Perpendicular levantanda en el punto medio de un segmento de recta.

mediatuna f. Típica canción de Colombia.

médica f. Mujer que ejerce la medicina. || Esposa del médico.

medicación f. *Med.* Empleo de medicamentos con fin terapéutico determinado. || Conjunto de medicamentos.

medicamentar v. t. Medicinar.

medicamento m. Sustancia empleada para curar una enfermedad.

medicar v. t. Dar un medicamento.

medicina f. Ciencia que se ocupa de precaver y curar las enfermedades. || Profesión de médico. || Sistema empleado para curar. || Medicamento: *tomar medicinas.* || — *Medicina interna,* la que trata las enfermedades generales que no requieren intervención quirúrgica. || *Medicina laboral,* o *del trabajo,* la que se ocupa de las enfermedades de los trabajadores. || *Medicina legal* o *forense,* la que tiene por misión dar informaciones de carácter médico a los tribunales de justicia para ayudarles en su trabajo. || *Medicina preventiva,* la que tiene como objetivo la prevención y profilaxis de las enfermedades. || *Medicina social,* la que se ocupa de todos los aspectos de las enfermedades de la colectividad.

medicinar v. t. Administrar o dar medicamentos al enfermo. || — V. pr. Tomar medicamentos.

medición f. Medida.

médico, ca adj. Relativo a la medicina: *receta médica.* || — M. y f. Persona que ejerce la medicina.

medida f. Evaluación de una magnitud según su relación con otra magnitud de la misma especie adoptada como unidad. || Medición: *medida de las tierras.* || Recipiente empleado para evaluar los volúmenes y cantidad representada por estos volúmenes: *dos medidas de vino.* || Proporción: *se paga el jornal a medida del trabajo.* || Disposición, recurso tomado con algún fin: *tomar medidas enérgicas.* || Moderación: *hablar con medida.* || — Pl. Dimensiones de una persona que se evalúan con objeto de hacerle un traje, etc.

medieval adj. De la Edad Media.

medievalista com. Persona que se dedica al estudio de la Edad Media.

medievo m. Edad Media.

medio m. Parte que en una cosa equidista de sus extremos, centro. || Mitad. || Procedimiento, lo que sirve para conseguir una cosa: *el fin justifica los medios.* || Medida: *tomar los medios necesarios.* || Elemento físico en que vive un ser: *el medio atmosférico.* || Ambiente, esfera intelectual, social y moral en que vivimos: *la influencia del medio.* || Grupo social o profesional: *en los medios bien informados.* || Lo que puede servir para un fin determinado:

medios de comunicación. || Tercer dedo de la mano. || Medium. || *Mat.* Quebrado que tiene por denominador el número 2. || *Biol.* Cualquiera de las sustancias nutritivas artificiales utilizadas para el cultivo de bacterias u otros organismos. || *Dep.* Jugador que ocupa el centro del terreno. || Categoría de boxeadores del peso medio. || Término de un silogismo que enlaza el término mayor con el menor (se llama tb. *término medio).* || — Pl. Caudal, recursos: *estar corto de medios.* || Elementos: *medios de producción.* || — *Medio ambiente,* V. AMBIENTE. || *Medios de transporte,* modos de locomoción que permiten desplazarse. || *Por medio de,* en medio de; gracias a, mediante.

medio, dia adj. Exactamente igual a la mitad de una cosa: *media naranja.* || Que es tan distante de un extremo como de otro: *de estatura media.* || Que se divide en dos partes iguales: *línea media.* || *Fig.* Mediocre, ni bueno ni malo. | Corriente, de una posición económica, social o intelectual mediana: *el español medio.* || Calculado haciendo un promedio: *temperatura media.* || — Adv. No completamente: *una botella medio llena* (con el infinitivo va precedido de *a:* se anda medio terminar). || — *A medias,* no del todo: *satisfecho a medias;* por mitad: *ir a medias en un negocio.* || *Medio fondo,* carrera de a pie de media distancia, entre 800 y 1500 metros; carrera ciclista disputada tras moto. || *Peso medio,* categoría de boxeadores que tienen un peso entre 72,574 y 79,378 kilos. || *Por medio de,* mediante. || *Término medio,* promedio.

mediocre adj. Mediano.

mediocridad f. Medianía.

mediodía f. Mitad del día. || Sur.

mediopensionista adj. y s. Dícese de la persona que está en alguna institución en régimen de media pensión, o sea que come a mediodía pero no se aloja en ella.

medir v. t. Determinar la longitud, extensión, volumen o capacidad de una cosa. || Tomar las dimensiones de una persona. || Tener cierta dimensión. || Ver si tienen los versos la medida adecuada. || *Fig.* Comparar una cosa con otra: *medir las fuerzas.* | Examinar detenidamente: *medir las consecuencias de un acto.* || Moderar: *medir las palabras.*

meditabundo, da adj. Pensativo.

meditación f. Reflexión.

meditar v. t. Pensar.

mediterráneo, a adj. Rodeado de tierras: *mar Mediterráneo.* || Relativo a este mar. || — M. Mar Mediterráneo.

medium m. Persona que pretende comunicar con los espíritus.

medrar v. i. Enriquecerse.

medroso, sa adj. y s. Miedoso.

médula o **medula** f. Sustancia grasa, blanquecina o amarillenta que se halla dentro de los huesos. || Sustancia esponjosa de los troncos y tallos de diversas plantas. || *Médula espinal,* prolongación del encéfalo que ocupa la cavidad de la columna vertebral.

medular adj. De la médula.

medusa f. Celentéreo de cuerpo gelatinoso en forma de campana.

megaciclo m. Unidad de frecuencia en ondas de radiodifusión, equivalente a un millón de ciclos.

megafonía f. Conjunto de aparatos electrónicos destinados a aumentar el volumen del sonido en un lugar público.

megáfono m. Bocina para reforzar la voz.

megalito m. Piedra monumental levantada por los hombres de la edad del cobre o del bronce.

megalomanía f. Delirio de grandezas.

megatón m. *Fís.* Unidad de potencia de los proyectiles y bombas nucleares, equivalente a un millón de toneladas de trinitrotolueno.

meiosis f. División celular.

mejicanismo m. Mexicanismo.

mejicano, na adj. y s. Mexicano.

— OBSERV. En España se escribe esta palabra y sus derivados generalmente con *j.* En México se ha preferido conservar la ortografía antigua, pronunciando, sin embargo, la x con sonido de *j.*

mejilla f. Cada una de las dos partes laterales del rostro.

mejillón m. Cierto molusco.

mejor adj. Más bueno. Ú. t. c. s.: *el mejor de todos los hermanos.* || — Adv. Más bien: *mejor dicho.* || Antes: *escogería mejor este abrigo.*

mejora f. Cambio hacia algo mejor. || Progreso, adelanto. || Aumento: *mejora del sueldo.* || Puja en una subasta. || *For.* Porción de bienes que puede dejar el testador a uno de sus herederos además de la legítima.

mejoramiento m. Mejora.

mejorana f. Planta aromática.

mejorar v. t. Volver mejor. || Hacer recobrar la salud a un enfermo: *la cura le ha mejorado mucho.* || Aumentar: *mejorar el sueldo.* || Pujar los licitadores. || *For.* Dejar mejora a uno de sus herederos. || — V. i. Irse reponiendo el enfermo. || Ponerse el tiempo más benigno. || Prosperar. || Volverse mejor.

mejoría f. Mejora.

mejunje m. Mezcla.

melancolía f. Tristeza profunda.

melancólico, ca adj. y s. Que padece melancolía. || — Adj. Que infunde melancolía o está impregnado de ella.

melanesio, sia y **melanésico, ca** adj. y s. De Melanesia, parte de Oceanía.

melaza f. Residuo de la cristalización del azúcar.

melcocha f. Miel caliente.

melée f. (pal. fr.). Grupo que forman, en ciertos casos, los jugadores de rugby.

melena f. Cabello largo y colgante. || Crin del león.

melifluo, flua adj. *Fig.* Dulce y tierno en el trato.

melillense adj. y s. De o relativo a Melilla.

melindre m. Delicadeza afectada.

melindroso, sa adj. y s. De una delicadeza afectada y ridícula.

mella f. Rotura en el filo de un arma, en el borde de un objeto, etc., y hueco que resulta de ella. || Hueco que hay cuando se caen los dientes.

mellar v. t. Hacer mellas a una cosa. || *Fig.* Menoscabar.

mellizo, za adj. y s. Gemelo.

melocotón m. Fruto del melocotonero.

melocotonero m. Árbol rosáceo.

melodía f. Sucesión de sonidos que forman una frase musical. || Composición vocal o instrumental con acompañamiento o sin él. || Sucesión de sonidos que halagan el oído.

melodioso, sa adj. Dulce y agradable al oído: *verso melodioso.*

melodista com. Compositor de melodías o que da gran importancia a éstas.

melodrama m. Drama.

melómano, na adj. y s. Aficionado a la música.

melón m. Planta cucurbitácea de fruto esferoidal y ovalado.

melonar m. Terreno de melones.

melopea f. Canto monótono.

melosidad f. Dulzura, suavidad.

meloso, sa adj. Dulce como la miel. || *Fig.* De dulzura afectada.

membrana f. Tejido fino que forma, cubre o tapiza algunos órganos: *membrana mucosa.* || Lámina delgada.

membrete m. Inscripción estampada en la parte superior del papel de escribir que indica el nombre y señas de una persona, oficina, etc.

membrillo m. Arbusto rosáceo de fruto amarillo. || Su fruto. || *Carne de membrillo,* dulce de membrillo.

memela f. *Méx.* Tortilla de maíz.

memento m. Parte de la misa en que se reza por vivos y difuntos. || Manual, compendio. || Agenda.

memez f. Necedad, idiotez.

memo, ma adj. y s. Necio.

memorable adj. Digno de ser recordado: *suceso memorable.*

memorando y **memorándum** m. Librito de apuntes. || Comunicación diplomática para exponer brevemente la situación de un asunto. || *Com.* Nota de pedido.

memoria f. Facultad de recordar algo vivido o aprendido. || Lista de gastos, factura. || Estudio breve sobre alguna materia. || Informe de una asamblea. || En informática, órgano esencial de un ordenador que consiste en un dispositivo electrónico capaz de almacenar la información o datos y restituirlos en el momento que lo requiera el usuario: *hay una memoria central, completada por los registros, y las memorias auxiliares, compuestas por tarjetas y cintas perforadas.* || — Pl. Relación escrita de ciertos acontecimientos públicos o privados. || Recuerdos, saludo a una ausente por escrito o por tercera persona: *déle memorias a su padre.* || *De memoria,* conservando una cosa en la memoria.

memorial m. Petición escrita en que se solicita un favor o gracia. || Libro donde se apuntan hechos memorables.

memorización f. Acción de fijar algo en la memoria.

memorizar v. t. Aprender de memoria. || Retener, registrar datos en la memoria.

mena f. Mineral metalífero.

menaje m. Mobiliario de una casa. || Ajuar. || Utensilios de cocina.

mención f. Acción de referir un hecho o de nombrar a una persona.

mencionar v. t. Hacer mención.

menda pron. pers. de 1.ª persona. *Pop.* Persona que habla.

mendaz adj. y s. Mentiroso.

mendelevio m. *Quím.* Elemento transuránico (Mv).

mendicidad f. Acción de mendigar.

mendigar v. t. Pedir limosna (ú. t. c. i.). || Pedir con insistencia.

mendigo, ga m. y f. Persona que pide limosna.

mendocino, na adj. y s. De Mendoza (Argentina).

mendrugo m. Trozo de pan duro.

menear v. t. Agitar, mover: *menear la mano, el café.* || Fig. Manejar, dirigir. || — V. pr. Moverse. || *Fig.* y *fam.* Hacer todas las diligencias o esfuerzos necesarios para conseguir algo.

meneo m. Movimiento, agitación. || Contoneo al andar. || *Fig.* y *fam.* Dificultad, obstáculo: *los meneos de la vida.* | Paliza: *darle un meneo a uno.* | Abucheo.

menester m. Necesidad.

menesteroso, sa adj. y s. Indigente.

menestra f. Guisado de carne acompañado de varias hortalizas.

menestral m. Artesano.

mengano, na m. y f. Nombre indeterminado que se usa para designar a una persona sin nombrarla.

mengua f. Reducción. || Falta. || *En mengua de,* en perjuicio de.

menguante adj. Que mengua. || — F. Marea saliente. || Última fase de la Luna.

menguar v. t. e i. Disminuir.

menhir m. Megalito formado por una piedra larga fijada en el suelo.

menina f. Mujer que desde niña servía a la reina o a las infantas.

meninge f. Membrana del encéfalo y de la médula espinal.

meningitis f. Inflamación de las meninges.

menisco m. Cartílago situado entre los huesos en algunas articulaciones.

menopausia f. Cesación de la menstruación en la mujer.

menor adj. Más pequeño: *el menor ruido.* || Que no ha llegado a la mayor edad legal. Ú. t. c. s.: *tribunal de menores.* || Más joven: *soy menor que tú* (ú. t. c. s.). || Dícese de las cuatro primeras órdenes de la jerarquía eclesiástica. || — *Al por menor,* en pequeñas cantidades. || *Menor que,* signo matemático (<) que, colocado entre dos cantidades, indica ser menor la primera que la segunda.

menorquín, ina adj. y s. De Menorca (España). || — M. Lengua que allí se habla.

menos adv. Indica inferioridad en la calidad, cantidad, distancia y valor: *menos inteligente.* || — *Al menos, a lo menos, lo menos, por lo menos,* como mínimo. || *A menos que,* a no ser que. || *Echar de menos,* notar la ausencia de una cosa o persona. || *Ser lo de menos,* no importar. || *Perder categoría, decaer.* || — Prep. Excepto: *fueron todos menos yo.* || — Pron. Una cantidad menor: *hoy vinieron menos.* || — M. Mat. Signo de sustracción o resta y de las cantidades negativas (−).

menoscabar v. t. Disminuir.

menoscabo m. Disminución. || Daño, perjuicio. || *Fig.* Descrédito.

menospreciable adj. Despreciable.

menospreciar v. t. Despreciar.

menosprecio m. Poco aprecio.

mensaje m. Recado de palabra que envía una persona a otra. || Comunicación oficial entre poderes públicos. || Comunicación importante que se considera como una revelación: *el mensaje de Cristo.*

mensajería f. Servicio de transporte para viajeros y mercancías. || Su oficina. || Transporte rápido de mercaderías por ferrocarril, camiones o mar.

mensajero, ra adj. y s. Que transmite mensajes.

menstruación y **menstruo** m. Flujo de líquido sangriento que evacuan periódicamente las mujeres.

mensual adj. Que sucede o se repite cada mes. || Que dura un mes.

mensualidad f. Sueldo de un mes. || Cantidad abonada cada mes.

mensualización f. Pago mensual de los salarios.

mensualizar v. t. Efectuar la mensualización de los salarios.

mensurar v. t. Medir.

menta f. Hierbabuena.

mental adj. Relativo a la mente.

mentalidad f. Modo de pensar.

mentalizar v. t. Hacer adquirir plena conciencia de algo (ú. t. c. pr.).

mentar v. t. Mencionar. || — V. i. *Amer.* Apodar, dar un mote.

mente f. Pensamiento.

mentecatada, mentecatería y **mentecatez** f. Necedad.

mentecato, ta adj. y s. Necio.

mentir v. i. Decir mentiras.

mentira f. Declaración intencionadamente falsa. || Cuento, historia falsa. || Mancha blanca en las uñas.

mentiroso, sa adj. Que miente (ú. t. c. s.). || Engañoso, falaz.

mentís m. Negación de lo que otra persona afirma.

mentol m. Alcohol de la menta.

mentón m. Barbilla.

mentor m. *Fig.* Consejero.

menú m. (pal. fr.). Minuta, lista de platos. || Comida que se toma. || Comida a precio fijo de un restaurante.

menudencia f. Pequeñez.

menudeo m. Frecuencia. || *Venta al menudeo,* venta al por menor.

menudillo m. En los cuadrúpedos, articulación situada debajo de la caña. || — Pl. Sangre, higadillo, molleja, madrecilla y otras vísceras de las aves.

menudo, da adj. Pequeño. || Despreciable, de poca importancia. || Usado irónica y enfáticamente significa enorme, difícil, grave, increíble: *menuda catástrofe.* || — *A menudo,* frecuentemente. || *La gente menuda,* los niños.

meñique adj. y s. m. Aplícase al dedo quinto y más pequeño de la mano.

meollo m. Seso, masa nerviosa del cráneo. || Médula. || *Fig.* Sustancia, lo principal de una cosa. || Entendimiento, juicio.

mequetrefe com. *Fam.* Persona sin importancia.

mercadeo m. Investigación de mercado, conjunto de operaciones por las que pasa una mercancía desde el productor al consumidor.

mercader m. Comerciante.

mercadería f. Mercancía.

mercado m. Lugar público cubierto o al aire libre donde se venden y compran mercancías. || Comerciantes que se reúnen en cierto sitio y fecha para vender sus productos. ‖ Concurrencia de gente en estos sitios. ‖ Salida económica: *el mercado de ultramar.* ‖ Situación de la oferta y la demanda: *mercado en retroceso.* ‖ — *Estudio de mercado,* conjunto de técnicas de investigación empleadas para adquirir un mejor conocimiento del mercado de venta. ‖ *Mercado de capitales,* reunión de la oferta y demanda de capital y de cualquier otra clase de títulos financieros; se llama también *mercado financiero.* ‖ *Mercado de divisas,* conjunto de las relaciones de cambio que determina el precio de las monedas extranjeras. ‖ *Mercado de trabajo,* conjunto de las relaciones existentes entre la oferta y la demanda de trabajo considerado como factor de la producción.

mercancía f. Todo aquello que se vende o compra.

mercante adj. Mercantil, comercial.

mercantil adj. Comercial. ‖ Dícese del conjunto de normas jurídicas que regulan las actividades comerciales: *derecho mercantil.* ‖ *Fig.* Que tiene afán de lucro.

mercantilismo m. Espíritu mercantil aplicado a cualquier cosa. ‖ Conjunto de medidas de política económica existente en los siglos XVI, XVII y XVIII que propugnaba la acumulación de metales preciosos por medio de la intervención del Estado.

mercantilista adj. Del mercantilismo. ‖ — M. y f. Experto en materia de Derecho mercantil.

mercantilizar v. t. Valorar todo en función del dinero.

mercar v. t. Comprar.

merced f. Favor, gracia. ‖ Voluntad, arbitrio: *a la merced de alguien.* ‖ Tratamiento de cortesía: *vuestra merced.* ‖ *Merced a,* gracias a.

mercedario, ria adj. y s. De la orden de la Merced.

mercenario, ria adj. Que se hace sólo por dinero. ‖ Aplícase al soldado o tropa que presta sus servicios al gobierno que le paga (ú. t. c. s. m.).

mercería f. Comercio de objetos menudos para las labores femeninas.

mercurio m. Metal líquido de color blanco brillante (símb. Hg).

mercurocromo m. Antiséptico de color rojo empleado en soluciones.

merecedor, ra adj. Que merece (ú. t. c. s.).

merecer v. t. Ser o hacerse digno de algo: *merecer un premio* (ú. t. c. pr.). ‖ Presentar los requisitos necesarios para una cosa: *documento que merece aprobación.* ‖ Conseguir algo, lograr, alcanzar. ‖ — V. i. Hacer méritos, ser digno de premio.

merecido m. Castigo merecido.

merecimiento m. Mérito.

merendar v. i. Tomar la merienda: *merendar a las cuatro de la tarde.* ‖ — V. t. Comer en la merienda.

merendero m. Sitio, establecimiento donde se pueden tomar consumiciones y a veces bailar. ‖ Establecimiento público en el campo, en la playa, donde se come.

merendona f. *Fig.* Merienda.

merengue m. Dulce hecho con claras de huevo y azúcar y cocido al horno. ‖ *Fig.* Persona enclenque. ‖ Baile típico dominicano.

meridano, na adj. y s. De Mérida (México).

meridense adj. y s. De Mérida (c. de Venezuela).

merideño, ña adj. y s. De Mérida (España). ‖ De Mérida, estado de Venezuela.

meridiano, na adj. Relativo al mediodía. ‖ Dícese del plano que, en un lugar dado, contiene la vertical del mismo y el eje de rotación del globo (ú. t. c. s. m.). ‖ Aplícase a los instrumentos que sirven para observar el paso de los astros por el meridiano local. ‖ *Fig.* Luminosísimo, clarísimo: *luz meridiana.* ‖ — M. Círculo máximo de la esfera celeste que pasa por los polos. ‖ *Geogr.* Cualquier semicírculo de la esfera terrestre que va de polo a polo. ‖ *Astr.* Intersección del plano meridiano y del horizontal en un lugar determinado. ‖ — F. Siesta.

meridional adj. Del Sur.

merienda f. Comida ligera que se toma por la tarde. ‖ Comida fría que se lleva para irse de excursión o de viaje.

mérito m. Acción que hace al hombre digno de premio o estima. ‖ Calidad apreciable de una persona o cosa: *el mérito de una persona.*

meritorio, ria adj. Digno de elogio. ‖ — M. y f. Aprendiz de un despacho.

merluza f. Pez teleósteo marino de carne blanca. ‖ *Pop.* Borrachera.

merma f. Disminución.

mermar v. t. e i. Disminuir.

mermelada f. Dulce de fruta triturada, cocida y mezclada con azúcar.

mero, ra adj. Puro, solo: *por mera casualidad.* ‖ — M. Pez marino.

merodeador, ra adj. y s. Que merodea, vagabundo.

merodear v. i. Andar por los campos robando frutas y legumbres.

merza adj. y s. *Arg. Fam.* Cursi.

mes m. Cada una de las doce divisiones del año. ‖ Espacio de treinta días. ‖ Mensualidad, salario mensual. ‖ Menstruo de la mujer.

mesa f. Mueble compuesto de una tabla lisa sostenida por uno o varios pies y que sirve para comer, escribir, etc. ‖ Conjunto de personas que presiden una asamblea: *la Mesa del Congreso.* ‖ *Geogr.* Parte más alta y poco extendida de una llanura elevada. ‖ Meseta.

mesana f. *Mar.* Mástil de popa. ‖ Vela que se coloca en este palo.

mesar v. t. Arrancar o estrujar el cabello o la barba con las manos (ú. t. c. pr.).

mesero, ra m. y f. *Méx.* Camarero.

meseta f. Llanura extensa.

mesiánico, ca adj. Del Mesías.

mesías m. Cristo.

mesiote m. *Méx.* Fina capa exterior del maguey.

mesnada f. Antigua compañía de soldados u hombres de armas.

mesocarpio m. Parte entre la epidermis y el hueso en los frutos carnosos.

mesocéfalo, la adj. Dícese de la persona cuyo cráneo tiene las proporciones intermedias entre la branquicefalia y la dolicocefalia.

mesocracia f. Gobierno de la clase media. ‖ *Fig.* Burguesía.

mesolítico adj. Dícese del período comprendido entre el paleolítico y el neolítico (ú. t. c. s. m.).

mesón m. Posada, venta. ‖ *Fís.* Masa intermedia entre el protón y el electrón producida por el bombardeo de los rayos cósmicos.

mesonero, ra m. y f. Propietario o encargado de un mesón.

mesopotámico, ca adj. y s. De Mesopotamia, región de Asia.

mesosfera f. Capa atmosférica superior a la estratosfera, entre 40 y 80 km.

mesozoico, ca adj. Aplícase a los terrenos de la época secundaria (ú. t. c. s. m.).

mesta f. Antigua asociación de propietarios de ganado transhumante.

mester m. (Ant.). Oficio, arte. || *Mester de clerecía, de juglaría,* género literario cultivado por clérigos o por los cantores populares en la Edad Media.

mestizaje m. Cruce de dos razas. || Conjunto de mestizos.

mestizar v. t. Cruzar dos razas.

mestizo, za adj. y s. Nacido de padres de raza diferente.

mesura f. Moderación.

mesurar v. t. Moderar (ú. t. c. pr.).

meta f. Final de una carrera. || En fútbol, portería o guardameta. || *Fig.* Finalidad, objetivo.

metabolismo m. *Biol.* Conjunto de transformaciones materiales que se efectúa constantemente en las células del organismo vivo.

metacarpiano adj. m. De cada uno de los cinco huesos del metacarpo.

metacarpo m. Parte de la mano entre el carpo y los dedos.

metacrílico, ca adj. Dícese de un ácido carboxílico y de las resinas derivadas de él que se emplea para hacer vidrios de seguridad.

metafase f. Segunda fase de la división celular por mitosis.

metafísica f. Ciencia de los principios primeros y de las primeras causas: *la metafísica aristotélica.* || Filosofía, teoría general y abstracta.

metáfora f. Traslación del sentido recto de una palabra a otro figurado.

metal m. Cuerpo simple sólido a la temperatura ordinaria, a excepción del mercurio, conductor del calor y de la electricidad, y que se distingue de los demás sólidos por su brillo especial. || *Fig.* Calidad o condición: *eso es de otro metal.* | Dinero: *el vil metal.* | Timbre de la voz. || *Mús.* Término genérico con el que se designan los instrumentos de viento de una orquesta (trompeta, trombones, bugles, trompas). || *Metales preciosos,* el platino, el oro y la plata.

metaldehído m. Polímero del aldehído acético utilizado como combustible.

metálico, ca adj. De metal o parecido a él: *objeto metálico.* || Que contiene metal. || — M. Dinero en monedas o billetes, por oposición a cheques: *pagar en metálico.* || Dinero en general.

metalizar v. t. Dar un brillo metálico. || — V. pr. *Fig.* Tener mucho interés por el dinero.

metaloide m. *Quím.* Cuerpo simple, mal conductor del calor y de la electricidad, que combinado con el oxígeno produce compuestos ácidos o neutros (flúor, cloro, bromo, yodo, oxígeno, azufre, selenio, telurio, nitrógeno, fósforo, arsénico, carbono, silicio y boro).

metalurgia f. Arte de extraer, elaborar y tratar los metales.

metalúrgico, ca adj. Relativo a la metalurgia. || — M. Metalurgista.

metalurgista m. El que se dedica a la metalurgia.

metamorfismo m. Transformación.

metamorfosear v. t. Transformar profundamente.

metamorfosis f. Transformación de un ser en otro. || Mudanza de forma y de modo de vida que experimentan los insectos y otros animales. || *Fig.* Cambio completo en la condición o carácter.

metano m. Gas incoloro.

metástasis f. Reproducción de un padecimiento por aparición de nuevos focos en una enfermedad.

metatarso m. Parte del pie entre el tarso y los dedos.

metate m. Piedra cuadrada usada en Guatemala y México para moler el maíz.

metatórax m. Parte posterior del tórax de los insectos.

metedor m. Pañal de niño.

metedura f. *Metedura de pata,* dicho o hecho poco adecuado.

metempsicosis f. Supuesta reencarnación de las almas de un cuerpo en otro.

meteorito m. Fragmento de piedra de los espacios interplanetarios.

meteoro m. Cualquier fenómeno atmosférico. || *Fig.* Persona o cosa que brilla con resplandor fugaz.

meteorología f. Estudio de los fenómenos atmosféricos, especialmente para la previsión del tiempo.

meteorólogo, ga m. y f. Especialista en meteorología.

metepatas m. y f. inv. *Fam.* Persona que mete la pata.

meter v. t. Introducir: *meter la llave en la cerradura.* || Encerrar: *meter en la cárcel.* || Hacer entrar: *meter a un niño en el colegio.* || Introducir de contrabando: *meter tabaco.* || Hacer participar a una persona: *meter a uno en un negocio.* || Causar, producir: *meter ruido.* || Embeber tela en una costura. || En el juego o la lotería, poner el dinero que se ha de jugar. || *Fam.* Dar, asestar: *meter un bofetón.* || — V. pr. Introducirse: *meterse en la cama.* || Enredarse en una cosa: *meterse en un mal negocio.* || Abrazar una profesión, seguir un oficio o estado: *meterse a fraile.* || *Fig.* Frecuentar, tratar: *anda siempre metido con mala gente.* || Sumirse, abstraerse: *estar metido en un problema.* | Empezar: *meterse a escribir.* | Ocuparse: *¡métete en tus cosas y no en las mías!*

meticulosidad f. Carácter meticuloso.

meticuloso, sa adj. Minucioso.

metilbenceno m. Tolueno.

metileno m. Radical químico formado por carbono e hidrógeno.

metílico, ca adj. Del metano.

metilo m. *Quím.* Radical monovalente, derivado del metano.

metlapil m. *Méx.* Rodillo para moler el maíz en el metate.

metódico, ca adj. Con método.

método m. Modo de decir o hacer una cosa con orden y según ciertos principios. || Modo de obrar: *cambiar de método.* || *Fil.* Procedimiento racional para llegar al conocimiento de la verdad y enseñarla: *método sintético.* || Obra que reúne según un sistema lógico los principales elementos de un arte o ciencia: *método de lectura.*

metodología f. Método.

metomentodo com. *Fam.* Persona entremetida.

metopa f. *Arq.* Espacio que hay entre los triglifos del friso dórico.

metraje m. Longitud de una cinta cinematográfica.

metralla f. Fragmento en que se divide un proyectil al estallar.

metralleta f. Pistola ametralladora.

métrica f. Ciencia que estudia la estructura de los versos.

métrico, ca adj. Relativo al metro y a las medidas: *sistema métrico*. || Relativo a la medida de los versos: *arte métrica*. || — *Quintal métrico*, peso de cien kilogramos (símb. q). || *Tonelada métrica*, peso de mil kilogramos (símb. t).

metro m. Unidad de longitud adoptada en casi todos los países y que sirve de base a todo un sistema de pesas y medidas (símb. m). || Objeto de medida que tiene una longitud igual a esta unidad. || Grupo determinado de sílabas largas o breves en una composición poética. || — *Metro cuadrado*, unidad de superficie equivalente a la de un cuadrado de un metro de lado (símb. m^2). || *Metro cúbico*, unidad de volumen que equivale al de un cubo de un metro de lado (símb. m^3). || *Metro por segundo*, unidad de velocidad (símb. m/s).

metro m. Metropolitano.

metrónomo m. Instrumento para medir el tiempo musical.

metrópoli f. Ciudad principal, cabeza de provincia o Estado. || Iglesia arzobispal que tiene dependientes otras sufragáneas. || La nación, respecto a sus colonias.

metrópolis f. Metrópoli.

metropolitano, na adj. Relativo a la metrópoli. || — M. Arzobispo. || Ferrocarril urbano subterráneo o aéreo.

mexica adj. y s. Azteca.

mexicanismo m. Voz o giro propio de los mexicanos. || Carácter mexicano. || Amor a México.

mexicano, na adj. y s. De México. || — M. Lengua azteca. || Modalidad del castellano hablado en México.

meyosis f. Meiosis.

mezcal m. Variedad de pita. || Aguardiente que se saca de ella.

mezcla f. Acción y efecto de mezclar o mezclarse. || Agregación de varias sustancias: *mezcla de licores*. || Reunión de cosas o personas diversas. || Tejido hecho con hilos de diferentes clases y colores. || Argamasa. || Grabación simultánea en la cinta sonora cinematográfica de todos los sonidos necesarios (palabras, música, etc.).

mezclador, ra m. y f. Persona que mezcla. || — F. Máquina o aparato que se utiliza para mezclar diferentes cosas.

mezclar v. t. Juntar, incorporar una cosa con otra (ú. t. c. pr.): *mezclar licores*. || Reunir personas o cosas distintas. || Desordenar, revolver: *mezclar papeles*. || V. pr. Introducirse, meterse uno entre otros. || Intervenir, participar en una cosa: *se mezcló en mis asuntos*.

mezcolanza f. Mezcla confusa.

mezquindad f. Avaricia.

mezquino, na adj. Avaro. || Escaso: *sueldo mezquino*.

mezquita f. Edificio religioso musulmán: *la mezquita de Córdoba*.

mg, abrev. de *miligramo*.

Mg, símbolo químico del *magnesio*.

mi adj. pos. Apócope de *mío, mía* que sólo se emplea antepuesto al nombre: *mi casa; mi esposa*. || — M. *Mús.* Tercera nota de la escala musical.

mí pron. pers. de primera persona: *me lo dijo a mí*.

miaja f. Migaja.

miasma m. Emanación perniciosa de las sustancias pútridas.

miau m. Maullido del gato.

mica f. Mineral hojoso.

micado m. Emperador del Japón.

michoacano, na adj. y s. De Michoacán (México).

micifuz m. *Fam.* Gato.

mico m. Mono pequeño de cola larga. || *Fig.* y *fam.* Persona muy fea. | Mequetrefe.

micra f. Millonésima parte de un metro (símb. μ).

micro m. *Fam.* Apócope de *micrófono* y de *microbús*.

microamperio m. Millonésima parte del amperio (símb. μA).

microbiano, na adj. Relativo a los microbios.

microbio m. Ser unicelular infinitamente pequeño.

microbús m. Pequeño autobús.

microcircuito m. Circuito electrónico de muy reducidas dimensiones, constituido por circuitos integrados, transistores, diodos, resistencias y capacidades, que está encerrado en una caja hermética.

microcosmo m. Microcosmos.

microcosmos m. Universo en pequeño. || El hombre o ser que refleja el universo.

microeconomía f. Parte de la economía que estudia el comportamiento individual de las unidades económicas de producción y de consumo.

microelectrónica f. Parte de la electrónica relacionada con la concepción y fabricación de material electrónico de muy pequeñas dimensiones.

microfilm y **microfilme** m. Película constituida por fotografías pequeñas para reproducir documentos.

micrófono m. Aparato eléctrico que recoge y transmite los sonidos aumentando su intensidad.

microhmio m. Millonésima parte del ohmio (símb. μΩ).

micrón m. Micra.

microonda f. Onda electromagnética cuya longitud está situada entre un milímetro y un metro.

microordenador m. Ordenador de pequeñas dimensiones cuya unidad central de tratamiento es un microprocesador.

microprocesador m. Órgano de tratamiento de la información constituido por microcircuitos electrónicos integrados.

microprogramación f. Técnica que consiste en ejecutar un programa mediante instrucciones elementales.

microscópico, ca adj. Muy pequeño.

microscopio m. Instrumento óptico para observar de cerca objetos extremadamente pequeños.

microsegundo m. Millonésima parte de un segundo (símb. Ms).

microsurco m. Ranura muy fina de algunos discos fonográficos que permite una larga audición. || Disco con estas ranuras (ú. t. c. adj.).

miedo m. Sentimiento de gran inquietud suscitado por un peligro real o imaginario. || — *Fam. De miedo*, extraordinario, estupendo. || *Meter miedo*, asustar.

miedoso, sa adj. *Fam.* Que se asusta por todo (ú. t. c. s.).

miel f. Sustancia dulce, perfumada, espesa y viscosa, que preparan ciertos insectos con el néctar de las flores.

miembro m. Cualquiera de las extremidades del hombre y de los animales articuladas con el tronco: *miembros inferiores.* || Órgano de la generación en el hombre y algunos animales: *el miembro viril.* || Individuo que forma parte de una comunidad, sociedad o cuerpo: *miembro de la Academia.* || *Mat.* Cada una de las dos expresiones de una igualdad o desigualdad. || Cada división de un período o de una frase.

mientras adv. y conj. Durante el tiempo en que: *hazlo mientras voy.*

miércoles m. Cuarto día de la semana. || *Miércoles de ceniza*, primer día de cuaresma.

mierda f. *Vulg.* Excremento. || *Pop.* Suciedad. | Cosa sin valor. || — M. y f. *Pop.* Persona que no vale nada.

mies f. Cereal maduro.

miga f. Migaja. || Parte más blanda del pan.

migaja f. Parte pequeña y menuda del pan o de cualquier cosa.

migar v. t. Desmenuzar el pan. || Echar migajas de pan.

migración f. Desplazamiento de individuos de un sitio a otro por razones económicas, sociales o políticas. || Viaje periódico de ciertos animales, en particular de las aves de paso.

migraña f. Dolor de cabeza, jaqueca.

miguelete m. Antiguo fusilero de montaña en Cataluña. || Soldado de la milicia foral en Guipúzcoa.

mihrab m. Hornacina que en las mezquitas señala el sitio adonde han de mirar los que oran.

mijo m. Planta gramínea.

mikado m. Micado.

mil adj. Diez veces ciento. || Milésimo: *el año mil.* || *Fig.* Gran número: *pasar mil angustias.* || — M. Signo o conjunto de signos con que se representa el número mil. || Millar: *gastar miles de pesetas.*

milady f. (pal. ingl.). Título que se da a la mujer de un lord.

milagro m. Hecho sobrenatural: *los milagros de Jesucristo.* || Cosa extraordinaria que la razón no puede explicar. || Cosa magnífica: *los milagros de la ciencia.* || Drama religioso de la Edad Media.

milanés, esa adj. y s. De Milán (Italia).

milanesa f. *Arg.* Filete de carne empanada.

milano m. Ave rapaz diurna.

mildiu m. Enfermedad de la vid.

milenario, ria adj. Que tiene mil unidades o mil años. || *Fig.* Muy antiguo. || — M. Período de mil años. || Milésimo aniversario.

milenio m. Período de mil años.

milésimo, ma adj. Que ocupa el lugar indicado por el número mil: *el milésimo año* (ú. t. c. m.). || — M. Cada una de las mil partes iguales de un todo.

milhojas m. Pastel de hojaldre.

mili f. *Fam.* Servicio militar.

miliamperio m. Milésima parte del amperio (símb. mA).

miliárea f. Milésima parte del área.

milicia f. Gente armada que no forma parte del ejército activo y es una fuerza auxiliar. || Cuerpo de organización militar nacional. || Servicio militar.

miliciano, na m. y f. Persona perteneciente a una milicia.

miligramo m. Milésima parte de un gramo (símb. mg).

mililitro m. Milésima parte de un litro (símb. ml).

milimétrico, ca adj. Del milímetro. || Graduado en milímetros.

milímetro m. Milésima parte de un metro (símb. mm).

milimicra f. Milésima parte de la micra (símb. mμ).

militante adj. y s. Que milita.

militar adj. Relativo a la milicia, al ejército o a la guerra. || — M. El que forma parte del ejército.

militar v. i. Servir como soldado. || *Fig.* Tener una actividad política o religiosa: *militar en un partido.*

militarismo m. Influencia de los militares en el gobierno del Estado.

militarización f. Organización militar.

militarizar v. t. Infundir la disciplina o el espíritu militar. || Dar una organización militar.

milivatio m. Milésima parte del vatio (símb. mW).

milivoltio m. Milésima parte del voltio (símb. mV).

milla f. Medida itineraria marina (1 852 m). || Medida itineraria inglesa (1 609 m). || Medida itineraria romana (1 375 m).

millar m. Mil unidades. || *Fig.* Número grande, indeterminado.

millón m. Mil millares. || *Fig.* Número muy grande, indeterminado.

millonada f. Cantidad aproximada de un millón. || *Fig.* Cantidad muy grande: *gastó una millonada.*

millonario, ria adj. y s. Muy rico.

millonésimo, ma adj. y s. Dícese de cada una del millón de partes iguales en que se divide un todo. || Que ocupa el lugar indicado por el número un millón.

milocha f. Cometa, juguete.

milonga f. Canción y baile popular de la Argentina.

milonguero, ra m. y f. Persona que canta o baila milongas.

milpa f. *Amér. C.* y *Méx.* Tierra en que se cultiva maíz.

milrayas m. inv. Tejido de rayas.

mimar v. t. Tratar con cariño.

mimbre m. Mimbrera y su rama.

mimbrera f. Arbusto cuyas ramas flexibles se utilizan en cestería.

mimetismo m. Reproducción maquinal de gestos o ademanes.

mímico, ca adj. Relativo al mimo o a la mímica. || Que expresa una acción con gestos o ademanes. || — F. Arte de imitar o de darse a entender por medio de gestos.

mimo m. Representación en la que el actor manifiesta con gestos y ademanes la acción o los sentimientos. || Este actor. || Cariño, demostración excesiva de ternura.

mimosa f. Planta mimosácea con flores parecidas a pequeñas borlas.

mimoso, sa adj. Muy cariñoso.

mina f. Yacimiento de minerales. || Carga explosiva que se deja a flor de tierra, se entierra o se sumerge y que estalla por presión, choque, magnetismo, etc.

|| *Fig.* Lo que abunda en cosas útiles o curiosas: *una mina de noticias.* | Empleo o negocio que, sin mucho trabajo, produce grandes ganancias: *este comercio es una mina.* || *Mina de lápiz,* barrita de grafito mezclado con arcilla.

minar v. t. Cavar lentamente por debajo: *el agua mina las piedras.* || *Fig.* Ir consumiendo poco a poco: *la tuberculosis le minaba el organismo.* || Colocar minas: *minar un puerto.*

minarete m. Alminar.

mineral adj. Relativo a los cuerpos inorgánicos: *reino mineral.* || — M. Cuerpo inorgánico, sólido a la temperatura normal, que constituye las rocas de la corteza terrestre. || Elemento del terreno que contiene metales o metaloides aprovechables.

mineralizar v. t. Comunicar a una sustancia las propiedades del mineral. || — V. pr. Convertirse en mineral.

mineralogía f. Ciencia que trata de los minerales.

minería f. Explotación de minas.

minero, ra adj. Relativo a las minas. || Referente a la explotación de las minas. || — M. El que trabaja en las minas.

minga f. *Arg. Fam.* Nada.

mingitorio m. Urinario.

miniatura f. Letra o dibujo de color rojo que encabeza los manuscritos antiguos. || Pintura de pequeñas dimensiones. || Reproducción de un objeto en tamaño reducido.

miniaturizar v. t. Dar a un mecanismo las dimensiones más pequeñas posibles.

minifundio m. Finca rústica de poca extensión.

mínima f. Cosa muy pequeña. || *Mús.* Nota equivalente a la mitad de la semibreve. || Temperatura más baja en un tiempo y lugar dados.

minimizar v. t. Reducir algo al mínimo. || *Fig.* Quitar importancia.

mínimo, ma adj. Muy pequeño: *cantidad mínima.* || Que ha llegado al mínimo: *temperatura mínima.* || — M. Grado más pequeño al que puede reducirse una cosa. || Valor matemático más pequeño que puede tomar una magnitud variable entre ciertos límites. || *Mat. Mínimo común múltiplo* (m. c. m.), el menor de los múltiplos comunes de dos o más números.

mínimum m. Mínimo. || Límite inferior de una cosa. || Cantidad más pequeña necesaria para hacer algo.

minino, na m. y f. Gato, gata.

minio m. Óxido de plomo usado para proteger el hierro contra el orín.

ministerio m. Misión, función: *el ministerio del sacerdocio, de la justicia.* || Conjunto de los ministros de un gobierno: *ministerio liberal.* || Empleo de ministro. || Cada uno de los departamentos en que se divide el gobierno de un Estado: *ministerio de Agricultura.* || Edificio donde se encuentra la oficina del ministro. || *Ministerio público* o *fiscal,* el que vela por los intereses del Estado, de la comunidad.

ministro m. Hombre de Estado encargado de un ministerio.

minoración f. Disminución.

minorar v. t. Disminuir.

minoría f. El número menor en una nación, población o asamblea, en oposición a *mayoría.* || Conjunto de votos dados en contra de lo que opina el mayor número de los votantes. || Condición de una persona que, a causa de su poca edad, no está considerada por la ley como responsable de sus actos o no es plenamente capaz jurídicamente: *minoría de edad.* || Tiempo durante el cual una persona es menor.

minorista m. Comerciante al por menor. || — Adj. Al por menor.

minoritario, ria adj. y s. Que pertenece a la minoría.

minucia f. Esmero con que se hace algo. || Pequeño detalle.

minuciosidad f. Minucia, esmero.

minucioso, sa adj. Que requiere o está hecho con mucho esmero.

minué m. Baile francés del s. XVII. || Su música.

minuendo m. En una resta, cantidad de la que se sustrae otra.

minueto m. *Mús.* Composición instrumental de movimiento moderado.

minúsculo, la adj. Diminuto, muy pequeño. || — F. Letra ordinaria menor que la mayúscula.

minusválido, da adj. y s. Dícese de la persona disminuida físicamente por una afección sensorial o motriz.

minuta f. Lista de los platos de una comida. || Honorarios de un abogado.

minutar v. t. Medir el tiempo. || Hacer un abogado la minuta.

minutero m. Aguja que señala los minutos en el reloj.

minuto m. Cada una de las sesenta partes iguales en que se divide una hora.

miñón m. Guardia foral de Álava y Vizcaya.

mío, mía adj. y pron. pos. De mí: *este libro es mío.*

miocardio m. Parte musculosa del corazón.

mioceno adj. m. *Geol.* Aplícase al período de la era terciaria que sigue al oligoceno (ú. t. c. s. m.).

mioma m. Tumor en los músculos.

miope adj. y s. Corto de vista.

miopía f. Defecto de la vista que sólo permite ver los objetos próximos al ojo. || *Fig.* Incapacidad para ver con perspicacia.

mira f. Pieza de las armas de fuego para asegurar la puntería. || *Fig.* Intención, objetivo: *tener miras altas.* || *Con miras a,* con la idea de.

mirabel m. Planta ornamental quenopodiácea. || Planta de girasol.

mirada f. Acción de mirar.

mirado, da adj. Circunspecto, cauto. || Cuidadoso. || Tenido en buena o mala estima. || Analizado, si se piensa con detenimiento: *bien mirado, su situación no es tan mala como parece.*

mirador m. Lugar desde donde se contempla un paisaje. || Balcón cubierto cerrado con cristales.

miraguano m. Palmera cuyo fruto se usa para rellenar cojines, etc.

miramiento m. Acción de mirar. || Consideración, circunspección.

mirandense adj. y s. De Miranda (Venezuela).

mirandeño, ña adj. y s. De Miranda (Colombia).

mirar v. t. Fijar atentamente la mirada en: *mirar de cerca, de lejos* (ú. t. c. pr.). || Estar orientado hacia: *la casa mira al Sur.* || Buscar, considerar, interesarse por: *sólo mira a su provecho.* || *Fig.* Juzgar, estimar: *mirar bien a uno.* | Examinar, reflexionar, considerar:

bien mirado todo. | Cuidar, ocuparse de: *mirar por sus negocios.* | Averiguar, informarse: *mire usted si ha llegado.*

miríada f. Cantidad indefinida.

miriámetro m. Medida de diez mil metros (símb. Mm).

miriápodo adj. y s. m. Dícese del animal que tiene uno o dos pares de patas en cada uno de sus numerosos artejos. || — M. pl. Clase de estos animales.

mirilla f. Abertura para mirar.

miriñaque m. Armadura de alambre o ballenas que llevaban las mujeres para ahuecar las faldas.

mirlo m. Pájaro de plumaje oscuro. || *Fig.* y *fam. Ser un mirlo blanco,* ser una persona muy difícil de encontrar.

mirra f. Gomorresina.

misa f. Ceremonia religiosa en la que el sacerdote católico, ante el altar, ofrece a Dios Padre el sacrificio del cuerpo y la sangre de Jesucristo bajo las especies de pan y vino.

misal m. Devocionario.

misantropía f. Odio a los hombres.

misantrópico, ca adj. Propio de los misántropos.

misántropo, pa m. y f. Persona huraña que huye del trato humano.

miscelánea f. Mezcla.

miscible adj. Mezclable.

miserable adj. Malvado, infame (ú. t. c. s.): *acción miserable.* || Tacaño, mezquino (ú. t. c. s.). || Pobre, de pocos recursos: *una familia miserable.* || Ínfimo, escaso: *sueldo miserable.* || Mísero: *¡miserable de mí!* || Lastimoso: *estado miserable.*

miserere m. Cierto salmo.

miseria f. Desgracia: *sufrir miserias.* || Pobreza extremada: *vivir en la miseria.* || Avaricia, mezquindad. || *Fig.* y *fam.* Cosa de poco valor.

misericordia f. Virtud que nos inclina a ser compasivos. || Perdón: *pedir misericordia.*

misericordioso, sa adj. y s. Inclinado a la compasión y al perdón.

mísero, ra adj. y s. Desgraciado. || Tacaño.

mishiadura f. *Arg. Fam.* Persona de pocos recursos. | Escasez de recursos.

misil m. Cohete, proyectil balístico.

misión f. Facultad que se otorga a una persona para que desempeñe algún cometido: *cumplir una misión.* || Comisión temporal otorgada por el Gobierno a un agente especial: *misión diplomática.* || Conjunto de las personas que han recibido este cometido. || Serie de predicaciones para la instrucción de los fieles y la conversión de los pecadores. || Establecimiento de misioneros o región en que predican: *las misiones del Paraguay.* || Labor a que está obligada una persona en razón de su cargo o condición.

misionero, ra adj. Relativo a la misión evangélica. || — M. y f. Persona que predica la religión cristiana en las misiones. || — Adj. y s. De Misiones (Argentina y Paraguay).

misiva f. Carta, mensaje.

mismo, ma adj. Denota identidad, similitud o paridad: *del mismo color.* || Se agrega a los pronombres personales y a algunos adverbios para darles más fuerza: *yo mismo; hoy mismo.* || Hasta, incluso: *sus mismos hermanos le odian.*

misoginia f. Odio a las mujeres.

misógino adj. y s. m. Que rehúye el trato con las mujeres.

miss f. (pal. ingl.). Tratamiento que se da en Inglaterra a las señoritas. || Institutriz inglesa. || *Fig.* Reina de belleza. (Pl. *misses.*)

míster m. (pal. ingl.). Tratamiento inglés equivalente a señor.

misterio m. En la religión cristiana, cosa inaccesible a la razón y que debe ser objeto de fe. || *Fig.* Cosa incomprensible. | Lo que sólo puede ser comprendido por unos pocos iniciados: *los misterios de la poesía.* | Cosa secreta: *andar siempre con misterios.* || Obra teatral de la Edad Media de asunto religioso, que trataba principalmente de la Pasión de Jesucristo.

misterioso, sa adj. Que encierra en sí misterio.

mística f. Parte de la teología que trata de la vida espiritual y contemplativa. || Literatura basada en la vida espiritual y contemplativa.

misticismo m. Estado de la persona que se dedica a la contemplación de Dios o de las cosas espirituales. || *Teol.* Unión inefable entre el alma y Dios por medio del amor, que puede ir acompañada de éxtasis y revelaciones. || Mística, literatura espiritual.

místico, ca adj. Que se refiere a los misterios cristianos y a las realidades invisibles: *teología mística.* || Que pertenece al misticismo: *autor místico* (ú. t. c. s.). || De sentido oculto, figurado o alegórico.

mistificación f. Falseamiento.

mistificador, ra adj. y s. Que mistifica.

mistificar v. t. Falsear, falsificar. || Burlarse, engañar.

mita f. Trabajo pagado al que estaba obligado durante cierto tiempo el indio americano. || Tributo que pagaban los indios del Perú.

mitad f. Cada una de las dos partes iguales en que se divide un todo. || Medio: *llegar a la mitad del camino.* || *Fig.* La mayor parte: *la mitad del tiempo no está en su casa.* || *Fam.* Cónyuge. || — Adv. En parte: *mitad hombre, mitad animal.*

mitayo m. En América, indio sorteado para el trabajo. || Indio que llevaba lo recaudado en la mita.

mitificar v. t. Dar carácter de mito, convertir en mito.

mitigar v. t. Disminuir (ú. t. c. pr.).

mitimaes m. pl. *Per.* Colonias de indios que mandaban los Incas a las regiones recién conquistadas. || Indios que servían en las filas españolas.

mitin m. Reunión pública de asuntos políticos o sociales.

mito m. Relato de los tiempos fabulosos y heroicos, de sentido generalmente simbólico: *los mitos griegos.* || *Fig.* Cosa que no tiene realidad concreta: *el mito de la Atlántida.*

mitología f. Historia de los dioses.

mitón m. Guante sin dedos.

mitosis f. División de la célula.

mitote m. *Méx.* Baile de los aztecas. || *Amer.* Fiesta casera.

mitra f. Toca de los prelados.

mitrado m. Obispo.

mitral adj. Dícese de la válvula que existe entre la aurícula y el ventrículo izquierdos del corazón.

mixcoacalli m. Entre los aztecas, escuela de música y baile.

mixomatosis f. Enfermedad infecciosa del conejo.
mixomicetos m. pl. Orden de hongos.
mixteca adj. y s. Dícese de un pueblo indio mexicano que vivía en el S. del país (Oaxaca, Guerrero y Puebla).
mixtificación f. Mistificación.
mixtificador, ra adj. y s. Mistificador.
mixtificar v. t. Mistificar.
mixto, ta adj. Mezclado e incorporado con una cosa. || Compuesto de elementos de distinta naturaleza: *cuerpo mixto.* || Híbrido, mestizo. || Que comprende personas de ambos sexos o pertenecientes a grupos distintos: *escuela mixta.* || — M. Fósforo, cerilla. || Partido de doble en tenis jugado por dos equipos compuestos de un hombre y una mujer.
mixtura f. Mezcla.
ml, abreviatura del *mililitro.*
mm, abreviatura del *milímetro.*
Mm, abreviatura del *miriámetro.*
Mn, símbolo del *manganeso.*
mnemotecnia f. Arte de cultivar la memoria mediante ejercicios apropiados. || Empleo de procedimientos científicos para fijar en la memoria datos difíciles de recordar.
mnemotécnico, ca adj. De la mnemotecnia. || — F. Mnemotecnia.
Mo, símbolo del *molibdeno.*
moaré m. Muaré.
mobiliario, ria adj. Mueble. || *Com.* Transmisible: *valores mobiliarios.* || — M. Conjunto de los muebles.
moblaje m. Mobiliario.
moca m. Café árabe.
mocasín m. Zapato muy flexible de una sola pieza y pala cerrada.
mocedad f. Juventud.
mocerío m. Conjunto de mozos.
mochica adj. Dícese de un pueblo indio que vivía en la costa septentrional del antiguo Perú. || Relativo a este pueblo. || Natural de él (ú. t. c. s.).
mochila f. Morral. || Bolsa de lona con correas que llevan a la espalda los excursionistas, exploradores, etc.
mocho, cha adj. Romo.
mochuelo m. Ave rapaz nocturna.
moción f. Proposición que se hace en una asamblea.
moco m. Sustancia pegajosa y viscosa segregada por las glándulas mucosas, especialmente la que fluye de las narices. || Extremo del pabilo de una vela encendida.
mocoso, sa adj. y s. *Fig.* Niño.
moda f. Gusto que predomina en cierta época y determina el uso de vestidos, muebles, etc. || Manera de vestirse: *la moda parisiense.*
modal adj. Que comprende o incluye modo o determinación particular. || *Gram.* Relativo a los modos verbales. || — M. pl. Manera de portarse en sociedad: *modales finos.*
modalidad f. Modo de ser.
modelado m. Acción de modelar.
modelador, ra adj. Que modela.
modelar v. t. Formar con barro, cera, etc., una figura o adorno. || Pintar una figura con relieve por medio del claroscuro. || *Fig.* Adaptar: *modelar su conducta.* || — V. pr. *Fig.* Ajustarse a un modelo.

modelista m. y f. Operario encargado de los moldes para el vaciado de piezas de metal, cemento, etc. || Persona que dibuja modelos de costura. || Persona que realiza modelos reducidos o maquetas.
modelo m. Objeto que se reproduce o se imita. || Representación de alguna cosa en pequeña escala: *modelo reducido.* || Persona, animal u objeto que reproduce el pintor o escultor: *un modelo clásico.* || Obra de arte de barro o cera que se reproduce luego en forma de escultura. || Persona o cosa digna de ser imitada: *modelo de virtudes.* || Vestido original en una colección de alta costura. || *Tecn.* Construcción de una o varias piezas para hacer el molde en el cual se vaciarán los objetos. || — F. Mujer que en las casas de modas exhibe los nuevos trajes y vestidos. || — Adj. inv. Perfecto en su género, digno de ser imitado: *escuela modelo.*
moderación f. Virtud que consiste en permanecer igualmente alejado de ambos extremos. || Cordura.
moderado, da adj. Que tiene moderación. || Que no es excesivo: *precio moderado.* || En política, alejado de extremismos (ú. t. c. s.).
moderador, ra adj. Que modera (ú. t. c. s. m.). || Dícese de la persona que dirige un debate en una asamblea (ú. t. c. s.).
moderar v. t. Reducir la intensidad: *moderar la velocidad.* || Contener fuera de todo exceso: *moderar las pasiones.* || — V. pr. Contenerse.
modernidad f. Modernismo.
modernismo m. Calidad de moderno. || Afición a las cosas modernas, especialmente en literatura, arte y religión. || Movimiento de renovación literaria, relacionado con el parnasianismo y el simbolismo franceses, que surge a fines del s. XIX y principios del XX en Hispanoamérica y España.
modernista adj. Relativo al modernismo. || — adj. y s. Partidario del modernismo.
modernización f. Acción y efecto de modernizar.
modernizar v. t. Dar forma moderna (ú. t. c. pr.).
moderno, na adj. Que pertenece a la época actual o existe desde hace poco tiempo. || Que representa el gusto actual: *muebles modernos.* || *Edad Moderna,* tiempo posterior a la Edad Media, que va desde la toma de Constantinopla (1453) o desde el descubrimiento de América (1492) hasta fines del siglo XVIII.
modestia f. Sencillez.
modesto, ta adj. y s. Sencillo.
modicidad f. Calidad de módico.
módico, ca adj. Moderado.
modificación f. Cambio.
modificar v. t. Cambiar.
modismo m. Expresión.
modista com. Persona que hace vestidos para señoras o que los diseña.
modisto m. Modista.
modo m. Manera de ser, de manifestarse o de hacer una cosa. || *Gram.* Manera de expresar el estado o la acción del verbo. (Los *modos* del verbo castellano son cinco: *infinitivo, indicativo, imperativo, condicional* o *potencial* y *subjuntivo.*) || — Pl. Modales: *malos modos.* || Cortesía, urbanidad.
modorra f. Sueño pesado, sopor.
modosidad f. Calidad de modoso.
modoso, sa adj. Recatado.

modulación f. Acción de modular la voz o el tono. || Variación en el tiempo de una de las características de una onda (amplitud, frecuencia, fase) con arreglo a una ley determinada.

modulador, ra adj. y s. m. Que modula.

modular v. t. e i. Ejecutar algo por medio de inflexiones diversas de la voz. || *Mús.* Pasar de un tono a otro en una composición. || *Electr.* Modificar la amplitud, frecuencia o fase de una onda portadora.

módulo m. *Arq.* Unidad convencional que sirve para determinar las proporciones de una construcción. | Semidiámetro de una columna. || *Mat.* Cantidad que sirve de comparación para medir otras. || Coeficiente que sirve para caracterizar una propiedad mecánica: *módulo de elasticidad.* || Unidad que se toma para establecer una proporción. || *Fig.* Modelo, tipo. || Nombre dado a los vehículos espaciales norteamericanos empleados para llegar a la Luna.

mofa f. Burla.

mofar v. i. Burlarse (ú. t. c. pr. y t.).

mofeta f. Comadreja.

moflete m. *Fam.* Carrillo.

mogol, la adj. y s. Mongol.

mogólico, ca adj. y s. Mongólico.

mogón, ona adj. Descornado.

mogrebí adj. Maghrebí (ú. t. c. s.).

mohair m. Pelo de cabra de Angora. || Tejido hecho con este pelo.

mohín m. Mueca o gesto.

moho m. Hongo muy pequeño que se cría en la superficie de ciertos cuerpos orgánicos. || Capa de óxido que se forma en la superficie de algunos metales, como el hierro.

mohoso, sa adj. Con moho.

moiré [*muaré*] m. (pal. fr.). Muaré.

moisés m. Cuna de mimbre.

mojama f. Cecina de atún o jamón.

mojar v. t. Humedecer una cosa con agua u otro líquido: *mojar la ropa* (ú. t. c. pr.). || *Fig.* y *fam.* Celebrar con vino un acontecimiento feliz: *mojar una victoria.* || — V. i. *Fig.* Introducirse o tener parte en un negocio (ú. t. c. pr.).

mojicón m. *Fam.* Puñetazo.

mojiganga f. Burla.

mojigatería f. Hipocresía. || Beatería.

mojigato, ta adj. y s. Hipócrita. || Santurrón, beato. || Gazmoño.

mojón m. Hito, poste o señal para indicar los límites. || *Por ext.* Señal que sirve de guía en un camino. || Excremento humano.

moka m. Moca.

mol m. Molécula gramo.

molar adj. Relativo a la muela. || *Diente molar,* dícese de cada uno de los dientes posteriores a los caninos.

molcajetear v. t. *Méx.* Moler.

moldavo, va adj. y s. De Moldavia.

molde m. Pieza en la que se hace en hueco la figura del objeto que se quiere estampar o reproducir. || Instrumento que sirve para dar forma a una cosa. || *Fig.* Modelo. || *Letra de molde,* la impresa.

moldear v. t. Sacar el molde de un objeto. || Vaciar en un molde. || *Fig.* Dar cierta forma o carácter (ú. t. c. pr.).

moldura f. Parte saliente que se utiliza para adornar.

mole f. Cosa voluminosa y mal delimitada. || — M. *Méx.* Guiso que se prepara con salsa de chile y de ajonjolí.

molécula f. Partícula formada de átomos que representa la cantidad más pequeña de un cuerpo que pueda existir en estado libre. || *Molécula gramo,* masa representada por la fórmula de un cuerpo químico.

molecular adj. De la molécula.

moler v. t. Triturar, reducir un cuerpo a polvo: *moler grano.* || *Fig.* Fatigar, cansar: *moler a uno con el trabajo.* | Maltratar: *moler a golpes.*

molestar v. t. Causar molestia, incomodar: *¿le molesta el humo?* || Fastidiar, importunar: *le molesta hacer visitas.* || Ofender, herir: *lo que le dije le molestó.* || Hacer daño: *me molestan estos zapatos.* || — V. pr. Tomarse la molestia de hacer algo: *no se ha molestado en ayudarme.* || Picarse, ofenderse: *se molesta por cualquier cosa.*

molestia f. Contrariedad, disgusto: *su carácter le acarreó muchas molestias.* || Fastidio: *es una molestia allí.* || Trabajo: *tomarse la molestia de hacer un recado.* || — Pl. Achaques de salud: *tener molestias en una pierna.*

molesto, ta adj. Que causa molestia.

molibdeno m. Metal muy duro, de color y brillo plomizos (símb. Mo).

molicie f. Mucha comodidad.

molido, da adj. Muy cansado.

molienda f. Acción de moler. || Cantidad molida de una vez.

molinero, ra adj. Relativo al molino: *industria molinera.* || — M. y f. Persona que tiene un molino.

molinete m. Juguete de papel u otro material que gira a impulsos del viento. || Figura de baile.

molinillo m. Utensilio pequeño para moler: *molinillo de café.*

molino m. Máquina para moler o estrujar: *molino de harina.* || Edificio donde está esta máquina.

molla f. Parte carnosa del cuerpo.

mollar adj. Blando.

mollate m. *Pop.* Vino corriente.

molle m. Árbol de América.

molleja f. Estómago de las aves.

mollendino, na adj. y s. De Mollendo (Perú).

mollera f. Parte más alta del casco de la cabeza. || *Fig.* Juicio.

molo m. *Chil.* Malecón de un puerto.

molonguear v. t. *Méx.* Golpear.

molote m. *Méx.* y *Amér. C.* Motín, asonada. | Lío, enredo.

molturación f. Molienda.

moluscos m. pl. Tipo de animales metazoos invertebrados, de cuerpo blando protegido a menudo por una concha, como el caracol, la ostra, el pulpo, la jibia, etc.

momentáneo, a adj. Que sólo dura un momento. || Provisional.

momento m. Espacio de tiempo muy corto o indeterminado. || Ocasión, circunstancia: *escoger el momento oportuno.* || Tiempo presente, actualidad. || *Mec.* Producto de la intensidad de una fuerza por la distancia a un punto.

momia f. Cadáver conservado por medio de sustancias balsámicas.

momificar v. t. Convertir en momia un cadáver (ú. m. c. pr.).

momio m. *Fig.* Ganga.

mona f. *Fam.* Borrachera.

monada f. Cosa o persona pequeña, delicada y muy bonita: ¡qué *monada de pulsera!* || Amabilidad. || Gesto o ademán gracioso. || Melindre, carantoña. || *Fam.* Acción graciosa de los niños. | Cosa fútil poco propia de los mayores.

monaguense adj. y s. De Monagas (Venezuela).

monaguillo m. Niño que ayuda al sacerdote en las ceremonias religiosas.

monarca m. Rey.

monarquía f. Estado regido por un monarca.

monárquico, ca adj. Del monarca o de la monarquía. || — Adj. y s. Partidario de la monarquía.

monarquismo m. Adhesión a la monarquía.

monasterio m. Convento.

monda f. Operación consistente en mondar árboles, frutas o legumbres. || *Pop. Ser la monda,* ser el colmo; ser muy divertido.

mondadientes m. inv. Palillo para limpiarse los dientes.

mondadura f. Monda.

mondante adj. Muy divertido.

mondar v. t. Pelar las frutas y las legumbres. || *Fig.* Quitarle a uno lo que tiene: *le mondaron en el juego.* || *Mondar a palos,* pegar muy fuerte. || — V. pr. *Fam. Mondarse de risa,* partirse de risa.

mondo, da adj. Limpio y libre de otras cosas.

mondongo m. Tripas de las reses.

moneda f. Instrumento legal de los pagos: *moneda de papel.* || Pieza de metal acuñada por cuenta del Estado que facilita las transacciones comerciales. || Billete de banco. || *Fig.* Dinero, caudal.

monedero m. Bolsa pequeña donde se guardan las monedas.

monegasco, ca adj. y s. De Mónaco.

monema m. Morfema.

monería f. Monada.

monetario, ria adj. De la moneda.

monetizar v. t. Dar curso legal a los billetes de banco u otros signos pecuniarios. || Convertir en moneda.

mongol, la adj. y s. De Mongolia. || — M. Lengua hablada por los mongoles.

mongólico, ca adj. y s. Mongol. || Que padece mongolismo.

mongolismo m. Enfermedad caracterizada por la deformación congénita del rostro, que suele ser redondo con los ojos hendidos, y por retraso mental.

moni m. *Fam.* Dinero.

monigote m. *Fig.* Muñeco ridículo. | Pintura o dibujo mal hecho. | *Fam.* Persona despreciable y sin personalidad.

monitor, ra m. y f. Persona que amonesta o avisa. | Persona que enseña algunos deportes o la práctica de algunas disciplinas. || — M. *Mar.* Buque de guerra con espolón de acero a proa. || En las emisoras de televisión, aparato que permite controlar el buen funcionamiento. || *Med.* Dispositivo electrónico destinado a vigilar a los enfermos. || En informática, programa de control que sirve para seguir la ejecución de distintos programas sin relación unos con otros.

monja f. Religiosa.

monje m. Fraile.

mono, na adj. *Fig.* y *fam.* Bonito, delicado o gracioso: *un niño muy mono.* || — M. Mamífero del orden de los primates. || *Fig.* Persona que hace gestos parecidos a los de este mamífero. | Persona muy fea. | Dibujo tosco, monigote. | Joven presumido. | Traje de faena, de tela fuerte y por lo común azul. || Comodín en los juegos de naipes. || — Pl. *Méx.* Grabados, historietas ilustradas.

monocorde adj. Monótono.

monocotiledóneo, a adj. Dícese de las plantas angiospermas de un solo cotiledón (ú. t. c. s. f.).

monocromía f. Calidad o condición de lo que tiene un solo color. || Arte de pintar utilizando un único color. || Cuadro realizado con un solo color.

monocromo, ma adj. De sólo un color.

monóculo, la adj. Que tiene un solo ojo. || —M. Lente para un solo ojo.

monocultivo m. *Agr.* Cultivo en un terreno de un solo producto.

monofásico, ca adj. Aplícase a las tensiones o a las corrientes alternas simples, así como a los aparatos que producen o utilizan estas corrientes.

monogamia f. Régimen jurídico que no admite la pluralidad de cónyuges.

monógamo, ma adj. Que practica la monogamia. || Que sólo se ha casado una vez.

monografía f. Estudio particular sobre un tema determinado.

monolingüe adj. Que habla una lengua. || Escrito en un solo idioma.

monolítico, ca adj. Relativo al monolito. || Hecho de un solo bloque.

monolito m. Monumento de piedra de una sola pieza.

monólogo m. Escena dramática en que sólo habla un personaje. || Discurso que se hace uno a sí mismo. || En una reunión, discurso de una persona que no deja hablar a las demás.

monomanía f. Trastorno mental en el que una sola idea parece absorber todas las facultades intelectuales.

monomio m. Expresión algebraica que consta de un solo término.

monopolio m. Privilegio exclusivo para la venta, la fabricación o explotación de una cosa. || *Fig.* Posesión exclusiva: *atribuirse el monopolio de la verdad.*

monopolista com. Persona que ejerce monopolio.

monopolístico, ca adj. Relativo al monopolio.

monopolización f. Acción de monopolizar.

monopolizador, ra adj. y s. Que monopoliza.

monopolizar v. t. Adquirir o atribuirse un monopolio. || *Fig.* Acaparar.

monorrimo, ma adj. Que tiene un sola firma.

monorrítmico, ca adj. Que tiene un solo ritmo.

monosabio m. Mozo de la plaza de toros que ayuda al picador.

monosílabo, ba adj. y s. m. Dícese de la palabra de una sola sílaba.

monoteísmo m. Doctrina teológica que reconoce a un solo Dios.

monotipia f. Procedimiento de composición tipográfica por medio del monotipo.

monotipo m. Máquina de componer en imprenta que funde los tipos por separado.

monotonía f. Uniformidad de tono. ‖ Falta de variedad.

monótono, na adj. Que está casi siempre en el mismo tono. ‖ Demasiado uniforme: *paisaje monótono.*

monovalente adj. *Quím.* De una sola valencia (ú. t. c. s. m.).

monroísmo m. Doctrina de Monroe (1758-1831), presidente de los Estados Unidos que se oponía a la intervención de Europa en los países americanos (*América para los americanos*) y de Estados Unidos en los países europeos.

monseñor m. Tratamiento que se da en Italia a los prelados y en Francia a los obispos y a otras personas de alta dignidad.

monserga f. Tostón, pesadez.

monstruo m. Ser que presenta una malformación importante. ‖ Ser fantástico de la mitología o la leyenda. ‖ *Fig.* Persona perversa y cruel. | Persona o cosa muy fea: *casarse con un monstruo.* | Animal u objeto enorme: *los monstruos marinos.* ‖ — Adj. *Fig.* Enorme, colosal.

monstruosidad f. Calidad de monstruoso. ‖ *Fig.* Acción sumamente cruel. | Fealdad muy grande.

monstruoso, sa adj. Que está contra el orden de la naturaleza: *cabeza monstruosa.* ‖ *Fig.* Extraordinario: *animal monstruoso.* | Excesivo. | Espantoso: *crimen monstruoso.* | Muy feo.

monta f. Acción de montar. ‖ Arte de montar a caballo. ‖ Acaballadero. ‖ Suma, total de varias partidas. ‖ *Fig.* Importancia, valor: *persona de poca monta.*

montacargas m. inv. Ascensor destinado a elevar bultos o mercancías.

montador, ra m. y f. Persona que monta. ‖ Operario, operaria que monta máquinas, aparatos, etc.

montaje m. Operación consistente en unir las distintas piezas de un objeto, particularmente de una máquina. ‖ Organización. ‖ Selección y unión en una banda definitiva de las secuencias cinematográficas que se han rodado. ‖ *Fig. y fam.* Farsa, tinglado.

montante m. Madero que en los edificios y máquinas se pone verticalmente para servir de apoyo. ‖ *Arq.* Listón que divide el vano de una ventana. ‖ Suma total. ‖ Importe, cuantía.

montaña f. Gran elevación natural del terreno: *cadena de montañas.* ‖ *Fig.* Amontonamiento, gran cantidad.

montañero, ra m. y f. Persona que practica el montañismo.

montañés, esa adj. y s. Que ha nacido o vive en la Montaña de Santander (España). ‖ — M. Modalidad dialectal hablada en la provincia de Santander.

montañismo m. Práctica de las ascensiones de montaña.

montañoso, sa adj. Relativo a las montañas o cubierto de ellas.

montar v. i. Instalarse en un vehículo para viajar en él: *montar en avión.* ‖ Subir en un caballo o cabalgar en él. Ú. t. c. t.: *montar un alazán.* ‖ Ser de importancia: *este negocio monta poco.* ‖ Importar una cantidad: *la factura monta a mil pesetas.* ‖ Montar en cólera, ponerse furioso. ‖ — V. t. Armar, efectuar un montaje: *montar una máquina.* ‖ *Fig.* Organizar. ‖ Instalar: *montar una fábrica.* ‖ Engastar: *montar un rubí en una sortija.* ‖ Armar una pistola

o fusil. ‖ Acaballar. ‖ *Cin.* Realizar el montaje de una película. ‖ Poner en escena una obra de teatro.

montaraz adj. Salvaje.

monte m. Gran elevación natural de terreno. ‖ Cierto juego de naipes. ‖ *Monte de piedad,* establecimiento público que hace préstamos sobre ropa o alhajas.

montepío m. Establecimiento de socorros mutuos público o privado. ‖ *Amer.* Monte de piedad.

montera f. Gorro de los toreros. ‖ Cubierta de cristales en un patio.

montería f. Caza mayor.

montés, esa adj. Salvaje.

montevideano, na adj. y s. De Montevideo (Uruguay).

montgolfier m. Globo aerostático inflado con aire caliente.

montículo m. Monte pequeño.

monto m. Importe, suma.

montón m. Conjunto de cosas puestas sin orden unas encima de otras: *un montón de papeles.* ‖ *Fig. y fam.* Gran cantidad: *un montón de gente.* ‖ — *Fig. y fam. A montones,* con abundancia. | *Del montón,* corriente. | *Un montón,* mucho.

montonera f. *Amer.* Tropa de a caballo insurrecta.

montonero m. *Amer.* Guerrillero.

montubio, bia m. y f. *Ecuad.* y *Per.* Campesino de la costa.

montura f. Cabalgadura. ‖ Silla para montar a caballo. ‖ Montaje de una máquina. ‖ Armadura, soporte: *la montura de las gafas.*

monumental adj. Enorme. ‖ Excelente, extraordinario.

monumento m. Obra arquitectónica o escultórica destinada a recordar un acontecimiento o a un personaje ilustre. ‖ Edificio público considerable. ‖ Construcción que cubre una sepultura. ‖ *Fig.* Obra digna de perdurar por su gran valor. ‖ *Fam.* Cosa o persona magnífica.

monzón m. Viento de Asia.

moña f. Lazo que las mujeres se ponen en el tocado. ‖ Moño.

moño m. Pelo recogido detrás o encima de la cabeza. ‖ Lazo de cintas. ‖ Penacho de algunos pájaros.

moqueguano, na adj. y s. De Moquegua (Perú).

moqueo m. *Fam.* Secreción nasal.

moqueta f. Tela fuerte de lana o algodón para alfombrar.

mor de (por) loc. Por culpa de.

mora f. Fruto del moral o de la morera. ‖ Zarzamora. ‖ *For.* Demora, tardanza.

moráceas f. pl. Familia de plantas dicotiledóneas como el moral, la morera, la higuera, etc. (ú. t. c. adj.).

morada f. Casa.

morado, da adj. De color violeta (ú. t. c. s. m.). ‖ — *Fam. Estar morado,* estar borracho. | *Pasarlas moradas,* pasarlo mal. | *Ponerse morado,* comer o beber mucho.

morador, ra adj. y s. Habitante.

moral adj. Relativo a la moral o a la moralidad: *el progreso moral.* ‖ Conforme con la moral: *vida moral.* ‖ Que tiene buenas costumbres: *hombre moral.* ‖ — F. Parte de la filosofía que enseña las reglas que deben gobernar la actividad libre del hombre. ‖ Conjunto de las facultades del espíritu.

|| Estado de ánimo: *levantar la moral de uno*. || – M. Árbol cuyo fruto, llamado mora, es una baya carnosa de color morado.

moraleja f. Enseñanza que se saca de un cuento, fábula, etc.

moralidad f. Conformidad con los preceptos de la moral.

moralizar v. t. Volver conforme a la moral. || Reformar las malas costumbres enseñando las buenas. || – V. i. Hacer reflexiones morales.

morar v. i. Residir, vivir.

moratoria f. *For.* Suspensión de la exigibilidad de los créditos.

moravo, va adj. y s. De Moravia.

morazanense adj. y s. De Morazán (El Salvador).

morazaneño, ña adj. y s. De Francisco Morazán (Honduras).

morbidez f. Calidad de mórbido.

mórbido, da adj. Relativo a la enfermedad. || Malsano.

morbo m. *Med.* Enfermedad.

morbosidad f. Calidad de morboso.

morboso, sa adj. Enfermo, enfermizo. || Mórbido.

morcilla f. Embutido de sangre y manteca de cerdo cocidas.

mordacidad f. Calidad de mordaz.

mordaz adj. Sarcástico.

mordaza f. Pañuelo o cualquier objeto que se aplica a la boca de una persona para que no pueda gritar. || *Tecn.* Nombre de diversos aparatos usados para apretar.

mordedura f. Acción de morder.

mordelón, ona adj. y s. *Méx.* Que acepta la mordida.

morder v. t. Clavar los dientes en una cosa: *morder una manzana* (ú. t. c. i.). || Coger con la boca: *el pez ha mordido el anzuelo.* || Hacer presa en algo. || Someter una plancha grabada a la acción del aguafuerte. || *Fig.* y *fam. Morder el polvo,* ser vencido en un combate. || – V. i. Atacar una plancha grabada al aguafuerte. || *Méx.* Exigir indebidamente un funcionario dinero para prestar un servicio. || – V. pr. *Fig. Morderse los dedos* o *los puños,* arrepentirse.

mordido, da adj. Menoscabado, escaso, disminuido. || – M. Operación en la que se somete una plancha de grabado a la acción del aguafuerte. || – F. Mordedura, mordisco. || Acción de picar un pez al anzuelo. || Pez que ha picado el anzuelo. || *Amér. C., Bol., Col.* y *Méx.* Soborno, acción de sobornar. | Cantidad de dinero obtenida por medio del soborno.

mordiscar y **mordisquear** v. t. Morder frecuente o ligeramente.

mordisco m. Mordedura.

morelense adj. y s. De Morelos (México).

moreliano, na adj. y s. De Morelia (México).

morena f. Pez teleósteo parecido a la anguila, muy voraz y de carne estimada. || *Geol.* Morrena.

moreno, na adj. y s. De tez muy tostada por el Sol. || De pelo negro o castaño.

morera f. Árbol moráceo, pero distinto del moral por el fruto blanco.

morfema m. La más pequeña unidad significativa en lingüística.

morfina f. Medicamento narcótico y estupefaciente derivado del opio.

morfinómano, na adj. y s. Que abusa de la morfina o del opio.

morfología f. Parte de la biología que trata de la forma y estructura de los seres orgánicos. || *Gram.* Estudio de las formas de las palabras consideradas aisladamente. || Aspecto general del cuerpo humano.

morfosintaxis f. Descripción de las reglas relativas a la combinación de los morfemas para formar palabras, sintagmas y frases.

morganático, ca adj. Dícese del matrimonio de un príncipe con una mujer que no pertenece a la nobleza.

morgue f. (pal. fr.). Depósito de cadáveres.

moribundo, da adj. y s. Que se está muriendo.

moriche m. Árbol y pájaro de América.

morigeración f. Moderación.

morigerado, da adj. Moderado.

morigerar v. t. Moderar los excesos.

morilla f. *Bot.* Cagarria.

morir v. i. Perder la vida: *morir de muerte natural.* || *Fig.* Dejar de existir (ú. t. c. pr.). | Desaparecer: *la envidia es algo que no muere.* | Sentir violentamente alguna pasión: *morir de pena* (ú. t. c. pr.). | Sufrir mucho: *morir de frío, de hambre* (ú. t. c. pr.). || *Fig. Morir con las botas puestas* o *vestido,* morir violentamente. || – V. pr. Dejar de vivir: *morirse de viejo.* || Querer mucho: *él se muere por ti.*

morisco, ca adj. Aplícase a los moros bautizados que permanecieron en España después de la Reconquista (ú. t. c. s.). || Relativo a ellos. (V. MUDÉJAR).

morisqueta f. Mueca.

morlaco m. Toro de lidia.

mormón, ona m. y f. Persona que profesa el mormonismo.

mormonismo m. Secta religiosa fundada en los Estados Unidos por Joseph Smith en 1830.

moro, ra adj. y s. Árabe.

morocho, cha adj. *Amer.* Aplícase a una variedad de maíz (ú. t. c. s. m.). || *Amer. Fam.* Tratándose de personas, robusto, fuerte. || *Arg.* Moreno.

morosidad f. Lentitud. || Desidia. || Retraso en el pago.

moroso, sa adj. Lento. || Que tarda en pagar sus deudas (ú. t. c. s.).

morral m. Saco o talego.

morralla f. Pescado menudo. || *Fig.* Conjunto de personas o cosas de poco valor. || *Méx.* Dinero menudo.

morrena f. Montón de piedras arrastradas y depositadas por los glaciares.

morrillo m. Cuello.

morriña f. Nostalgia.

morrión m. Clase de casco.

morro m. Extremidad redonda de una cosa. || Extremo de un malecón. || *Fig.* Hocico de un animal. || *Fam.* Labio abultado de una persona. | Parte anterior de un coche, avión o cohete. || *Fam. Estar de morros,* estar enfadados.

morrocotudo, da adj. Imponente.

morronguear v. i. *Amer.* Beber. || *Arg.* y *Chil.* Dormitar.

morsa f. Mamífero pinnípedo anfibio de los mares árticos.

morse m. Sistema telegráfico que utiliza un alfabeto convencional de puntos y rayas. || Este alfabeto.

mortadela f. Embutido de carne de cerdo, de ternera y tocino.

mortaja f. Sábana o lienzo en que se envuelve el cadáver antes de enterrarlo. || *Tecn.* Muesca.

mortal adj. Que ha de morir: *el hombre es mortal.* || Que puede provocar la muerte: *caída mortal.* || Que hace perder la gracia de Dios: *pecado mortal.* || *Fig.* Que llega hasta desear la muerte, encarnizado: *odio mortal.* | Aburrido, abrumador: *trabajo mortal.* || — M. y f. Ser humano: *un mortal feliz.*

mortalidad f. Condición de mortal. || Número proporcional de defunciones en población o tiempo determinados.

mortandad f. Gran número de muertes.

mortecino, na adj. Apagado.

mortero m. Recipiente que sirve para machacar en él especias, semillas, drogas, etc. || Pieza de artillería de cañón corto, destinada a tirar proyectiles por elevación. || Argamasa de yeso, arena y agua.

mortífero, ra adj. Que ocasiona o puede ocasionar la muerte.

mortificación f. Acción de mortificar o mortificarse.

mortificar v. t. Castigar el cuerpo con ayunos y austeridades (ú. t. c. pr.). || Dominar o reprimir por privaciones voluntarias (ú. t. c. pr.). || *Fig.* Atormentar, molestar mucho: *siempre me está mortificando.* | Afligir, causar pesadumbre.

mortuorio, ria adj. Relativo al muerto o a los funerales.

morueco m. Carnero padre.

moruno, na adj. Moro.

mosaico, ca adj. De Moisés. || Aplícase a la obra taraceada de piedras, vidrios, baldosas de varios colores (ú. t. c. m.).

mosca f. Nombre dado a varios insectos dípteros, como la *mosca doméstica,* la *mosca de la carne* o *moscarda,* la *mosca verde,* con reflejos metálicos, la *mosca tsé-tsé,* transmisora de la enfermedad del sueño. || Pelo que se deja crecer entre el labio inferior y la barba. || *Fig.* y *fam.* Dinero. || — Adj. *Fam.* Receloso. || Muisca (ú. t. c. s.). || *Peso mosca,* categoría entre los boxeadores que tienen un peso comprendido entre 50,802 y 53,524 kilos.

mosca adj. Que está en la categoría de los boxeadores de los pesos moscas (ú. t. c. s. m.).

moscarda f. Mosca grande que se alimenta de carne muerta.

moscardón m. Mosca parásita de los rumiantes y solípedos. || *Fig.* Hombre pesado.

moscatel adj. Aplícase a una uva, al viñedo que la produce y al vino hecho con ella (ú. t. c. s. m.).

moscón m. Mosca de la carne. || *Fig.* Persona pesada.

mosconeo m. Zumbido.

moscovita adj. y s. De Moscú. || De Moscovia. || Ruso.

mosén m. Título que se daba a ciertos nobles en Cataluña y Aragón.

mosqueado, da adj. *Fig.* Receloso. | Enfadado.

mosquearse v. pr. *Fig.* Sospechar. | Enfadarse, enojarse mucho.

mosqueo m. Enfado.

mosquerío m. Abundancia de moscas.

mosquete m. Arma de fuego portátil antigua, parecida al fusil.

mosquetero m. Soldado armado de mosquete.

mosquetón m. Arma de fuego parecida a la carabina, pero más corta.

mosquitero m. Cortina de gasa o tul para protegerse de los mosquitos.

mosquito m. Insecto díptero, de cuerpo cilíndrico, patas largas y finas y alas transparentes.

mostacho m. Bigote.

mostaza f. Planta cuya semilla picante se emplea como condimento. || Este condimento.

mosto m. Zumo de la uva antes de fermentar.

mostrador, ra adj. y s. Que muestra o enseña alguna cosa. || — M. Mesa larga para presentar los géneros en las tiendas o servir las consumiciones en los bares.

mostrar v. t. Exponer a la vista, enseñar: *mostrar unas joyas.* || Demostrar: *su contestación muestra que es inteligente.* || Manifestar, dejar ver algo inmaterial: *mostrar valor.* || — V. pr. Portarse de cierta manera: *mostrarse generoso.* || Exponerse a la vista: *mostrarse en público.*

mostrenco, ca adj. Dícese de los bienes sin propietario conocido.

mota f. Nudillo que se forma en el paño. || *Fig.* Defecto ligero.

mote m. Apodo.

motejar v. t. Acusar, tachar.

motel m. Hotel en la carretera para albergar a los automovilistas.

motete m. Breve composición musical religiosa. || *Amer.* Lío, bulto, envoltorio.

motilidad f. Movilidad.

motín m. Sedición.

motivación f. Acción y efecto de motivar. || Conjunto de motivos.

motivar v. t. Dar motivo. || Explicar la razón o motivo que se ha tenido para actuar de cierta manera. || Impulsar a actuar.

motivo m. Causa que mueve a actuar de cierta manera. || Tema de una composición musical o pictórica.

moto f. Motocicleta.

motobomba f. Bomba que está accionada por un motor.

motocarro m. Vehículo de tres ruedas con motor que se utiliza para el transporte.

motocicleta f. Vehículo de dos ruedas con un motor de explosión de una cilindrada superior a 125 cm^3.

motociclismo m. Afición a la motocicleta y deporte efectuado con ella.

motociclista com. Motorista. || — Adj. Relativo a la motocicleta.

motociclo m. Vehículo automóvil de dos ruedas.

motocross m. Carrera de motocicletas en un terreno accidentado.

motocultivo m. Cultivo con máquinas agrícolas.

motor, ra adj. Que produce movimiento o lo transmite: *árbol motor, nervio motor.* || — M. Lo que comunica movimiento, como el viento, el agua, el vapor. || Sistema material que permite transformar cualquier forma de energía en energía mecánica. || *Fig.* Instigador: *ser el motor de una rebelión.* | Causa. || — *Motor cohete,* el utilizado en aviación y astronáutica que consiste en un propulsor que funciona sin tener necesidad del aire exterior para obtener el comburente. || *Motor de combustión interna,* el que convierte directamente en energía mecánica la energía proporcionada por un combustible. || *Motor de explosión,* el que toma su energía de la explosión de una mezcla gaseosa. || *Motor de reacción,* aquel en que la acción mecánica está producida por la proyección hacia fuera de chorros de gases a gran velocidad.

motora f. Lancha de motor.

motorismo m. Motociclismo.

motorista com. Persona que monta en moto.

motorización f. Generalización del empleo de vehículos de transporte en el ejército, industria, etc. || Colocación de un motor en un vehículo.

motorizar v. t. Generalizar el empleo de vehículos de transporte en el ejército, industria, etc. || Dotar de un motor. ||— V. pr. *Fam.* Tener un vehículo automóvil.

motorreactor m. Motor de reacción.

motoso, sa y **motudo, da** adj. *Chil.* y *Riopl.* Que tiene mechones de pelo (ú. t. c. s.).

motricidad f. Movimiento.

motriz adj. f. Motora.

movedizo, za adj. Que se mueve.

mover v. t. Poner en movimiento. || Cambiar de sitio o de posición: *mueve un poco el sillón.* || Menear, agitar: *mover el brazo.* || *Fig.* Incitar: *mover a la rebelión.* | Excitar, picar: *mover la curiosidad.* ||Causar: *mover a risa.* | Provocar, ocasionar: *mover discordia.* | Hacer obrar: *mover al pueblo.* | Conmover. || — V. pr. Ponerse en movimiento: *no te muevas.* || Agitarse: *este niño se mueve mucho.* || Cambiar de sitio, trasladarse: *moverse con dificultad.* || *Fam.* Hacer todo lo posible para conseguir algo: *en la vida hay que moverse.* | Darse prisa.

movido, da adj. *Fig.* Activo, inquieto: *persona muy movida.* | Agitado: *debate movido.* || Aplícase a la fotografía borrosa o confusa. || — F. Movimiento de masas o de grupos.

móvil adj. Que puede moverse. || Dícese de los sellos y timbres impresos que se pegan en el papel (ú. t. c. m.). || Que carece de estabilidad o permanencia. || *Fam. Fiesta móvil,* aquella cuyo día de celebración cambia cada año. || — M. Causa, motivo: *el móvil de un crimen.* || Cuerpo en movimiento. || Escultura metálica realizada cuyos elementos se mueven impulsados por el aire.

movilidad f. Capacidad de mover o de moverse.

movilización f. Acción de movilizar.

movilizar v. t. Efectuar la movilización, poner en pie de guerra. || *Fig.* Solicitar la participación de alguien en la realización de una obra colectiva.

movimiento m. Estado de un cuerpo cuya posición cambia continuamente respecto a un punto fijo. || Acción o manera de moverse. || Animación, vida: *el movimiento de la calle.* || Corriente de opinión o tendencia artística de una época determinada. || Variación numérica en las estadísticas, cuentas, precios, etc. || Cada una de las posiciones del cuerpo al realizar un ejercicio físico o gimnástico. || Tendencia de un grupo político o alianza de varios de éstos: *movimiento republicano.* || Curso real o aparente de los astros. || *Fig.* Sublevación. || Sentimiento fuerte y pasajero: *un movimiento de cólera.* || *Mús.* Velocidad del compás. | Parte de una composición musical. || — *Movimiento continuo,* el

que dura por tiempo indefinido sin ser impulsado por una fuerza motriz. || *Movimiento obrero,* agrupación de obreros que lucha en favor de su emancipación. || *Movimiento ondulatorio,* propagación de una vibración periódica con transporte de energía. || *Movimiento uniformemente acelerado, retardado,* aquellos en que la velocidad aumenta o disminuye proporcionalmente al tiempo transcurrido. || *Movimiento variado,* movimiento en el que velocidad *no* es constante.

moviola f. Aparato de visión individual para mirar en una pantalla una película que puede proyectarse a diferente velocidad, detenerse o volver hacia atrás con objeto de efectuar las operaciones de montaje.

moza f. Muchacha joven. || Soltera. || Criada.

mozárabe adj. Cristiano de España que vivía entre los árabes (ú. t. c. s.). || Relativo a los mozárabes, a su arte y literatura (s. x y principios del xi).

mozo, za adj. y s. Joven. || Soltero. || — M. Criado. || Camarero: *mozo de comedor.* || Joven alistado para el servicio militar. || Maletero en una estación.

muaré m. Tejido que forma visos.

mucamo, ma m. y f. *Amer.* Sirviente.

muchachada f. Acción propia de muchachos. || Grupo de jóvenes.

muchachería f. Muchachada.

muchacho, cha m. y f. Niño. || Joven. || — F. Sirvienta en una casa.

muchedumbre f. Multitud.

mucho, cha adj. Abundante, numeroso: *mucha gente.* || — Pron. Gran cantidad de personas: *muchos piensan.* || Muchas cosas: *tener mucho que contar.* || — Adv. Con abundancia: *trabaja mucho.* || Con gran intensidad: *divertirse mucho.* || Con un adverbio de comparación indica una gran diferencia: *llegó mucho más tarde.* || Equivale a veces a *sí, ciertamente.* || Largo tiempo: *hace mucho que no voy.*

mucilago o **mucílago** m. Sustancia viscosa que se encuentra en ciertos vegetales.

mucosa f. Membrana humedecida por mucosidades que tapiza cavidades y conductos.

mucosidad f. Humor espeso.

mucoso, sa adj. Parecido al moco. || Relativo a las mucosidades.

múcura o **mucura** m. Ánfora de barro.

muda f. Acción de mudar una cosa. || Conjunto de ropa blanca que se muda de una vez. || Época en que mudan las plumas las aves o la piel otros animales. || Cambio de voz de los muchachos en la pubertad.

mudanza f. Cambio. || Traslado de domicilio: *estar de mudanza.*

mudar v. t. e i. Transformar, cambiar, variar de aspecto o de naturaleza: *mudar el agua en vino.* || Sustituir una cosa por otra: *mudar de vestido.* || Cambiar los pañales a un niño. || Efectuar la muda los animales. || Estar de muda un muchacho: *mudar la voz.* || *Fig.* Variar: *mudar de parecer.* || — V. pr. Cambiarse: *mudarse de ropa interior.* || Cambiarse de domicilio: *me mudé de casa.*

mudéjar adj. y s. m. Dícese del mahometano que se quedó en España después de la Reconquista sin cambiar de religión, siendo vasallo de los reyes cristianos. || *Arq.* Aplícase al estilo que floreció desde el siglo XII al XVI, caracterizado por el empleo de elementos del arte cristiano y árabe.

mudo, da adj. Privado de la facultad de hablar (ú. t. c. s.). || Callado, silencioso: *dolor mudo.* || Aplícase a los mapas que no llevan ningun nombre escrito. || Dícese de las películas cinematográficas que no van acompañadas de sonido.

mueble adj. Dícese de los bienes que se pueden trasladar. || — M. Cualquier objeto que sirve para la comodidad o el adorno de una casa: *muebles de caoba.*

mueca f. Contorsión del rostro.

muecín m. Almuédano.

muela f. Piedra superior en los molinos con la que se tritura el grano, etc. || Piedra de asperón para afilar. || Diente, particularmente cada uno de los grandes situados detrás de los caninos.

muelle adj. Suave, blando, delicado. || Elástico: *colchón muelle.* || Voluptuoso: *vida muelle.* || — M. Construcción hecha en un puerto, en la orilla del mar o de un río para permitir el atraque de los barcos. || Andén de ferrocarril. || Pieza elástica capaz de soportar deformaciones muy grandes y que, después de haber sido comprimida, distendida o doblada, tiende a recobrar su forma.

muérdago m. Planta parásita. || Su flor y fruto.

muerte f. Cesación completa de la vida: *muerte repentina.* || Acción de matar. || Pena capital: *condenar a muerte.* || *Fig.* Dolor profundo: *con la muerte en el alma.* || Desaparición, aniquilamiento: *muerte de un imperio.* | Causa de ruina: *el monopolio es la muerte de la pequeña industria.* || Esqueleto humano, armado de una guadaña, considerado como símbolo de la muerte.

muerto, ta adj. Que está sin vida (ú. t. c. s.) || *Fam.* Matado (ú. t. c. s.): *muerto en la guerra.* || *Fig.* Poco activo: *ciudad muerta.* | Apagado, desvaído: *color muerto.* | Que ya no se habla: *lengua muerta.* | Dícese del yeso o de la cal apagados con agua.

muesca f. Entalladura que hay en una cosa para que encaje otra.

muestra f. Letrero en la fachada de una tienda que anuncia la naturaleza del comercio o el nombre del comerciante. || Pequeña cantidad de una mercancía o de un producto para darla a conocer o estudiarla. || Exposición de los productos de un comercio. || Modelo: *visitar un piso de muestra.* || *Fig.* Señal: *muestra de cansancio.* | Prueba: *muestra de inteligencia.* | Ejemplo: *nos dio una muestra de su saber.* || Exposición artística. || Fracción representativa de un grupo de personas consultadas en una encuesta. || *Feria de muestras,* exposición periódica de productos industriales y agrícolas.

muestrario m. Colección de muestras.

muestreo m. Selección de muestras. || En estadística, estudio de la distribución de determinadas características de una población utilizando una muestra representativa de la misma.

mugido m. Bramido.

mugir v. i. Dar mugidos.

mugre f. Suciedad grasienta.

mugriento, ta adj. Sucio.

mugrón m. Tallo de la vid.

muguete m. Planta liliácea.

muisca adj. y s. Otro nombre de los indios *chibchas.*

mujer f. Persona del sexo femenino. || La que ha llegado a la edad de la pubertad. || Esposa: *tomar mujer.*

mujerío m. Conjunto de mujeres.

mujic m. Campesino ruso.

mújol m. Pez marino.

mula f. Hembra del mulo.

muladar m. Sitio donde se echa el estiércol o las basuras.

muladí adj. y s. Cristiano español que durante la dominación árabe se hacía musulmán.

mulato, ta adj. y s. Nacido de negra y blanco o viceversa.

muleta f. Palo con un travesaño en el extremo superior que se coloca debajo del sobaco o en el que se apoyan las manos para ayudar a andar. || *Fig.* Cosa que sostiene otra. || *Taurom.* Palo del que cuelga un paño encarnado con el cual el matador engaña al toro antes de matarlo.

muletilla f. Bastón que sirve de muleta. || *Fig.* Voz o frase que una persona repite por hábito vicioso en la conversación.

muletón m. Tela muy tupida.

mulillas f. pl. Tiro de mulas que arrastran al toro muerto fuera de la plaza.

mullido, da adj. Blando.

mulo m. Cuadrúpedo híbrido nacido de burro y yegua o de caballo y burra. || *Fam.* Bruto, animal. | Idiota.

multa f. Pena pecuniaria.

multar v. t. Imponer una multa.

multicolor adj. De muchos colores.

multicopia f. Reproducción de un escrito.

multicopiar v. t. Reproducir un escrito con la multicopista.

multicopista f. Máquina para sacar varias copias de un escrito.

multilateral adj. Concertado entre varias partes.

multimillonario, ria adj. y s. Que posee muchos millones.

multinacional adj. Relativo a varias naciones. || — F. Empresa comercial cuyas actividades y patrimonios se encuentran repartidos en varios países.

múltiple adj. Vario, que no es simple: *contacto múltiple.* || — Pl. Diversos, muchos, varios.

multiplicación f. Aumento en número. || *Mat.* Operación que consiste en multiplicar dos cantidades. || *Mec.* Aumento de velocidad de una rueda dentada arrastrada por otra de mayor tamaño.

multiplicador, ra adj. Que multiplica. || — M. *Mat.* Número o cantidad que multiplica.

multiplicando adj. y s. m. Dícese del número o cantidad que se multiplica.

multiplicar v. t. Aumentar en número: *multiplicar los trámites.* || *Mat.* Repetir una cantidad llamada *multiplicando* tantas veces como unidades contiene otra llamada *multiplicador* para obtener una cantidad llamada *producto.* || — V. i. Engendrar. || — V. pr. Afanarse, ser muy activo: *multiplicarse en su trabajo.* || Reproducirse.

multiplicidad f. Diversidad.

múltiplo, pla adj. y s. m. *Mat.* Aplícase al número que contiene a otro un número exacto de veces.

multiprocesador adj. y s. m. Dícese de un sistema informático compuesto por varias unidades de tratamiento que funcionan con un mismo conjunto de memorias y de periféricos.

multiprogramación f. Modo de explotación de un ordenador que permite ejecutar distintos programas con una misma máquina.

multitratamiento m. Ejecución simultánea de varios programas de informática en distintos procesadores de un mismo ordenador.

multitud f. Gran número de personas o cosas. || *Fig.* Muchedumbre.

multitudinario, ria adj. De la multitud.

mundanal adj. Mundano.

mundano, na adj. Del mundo. || Relativo a la vida de sociedad: *fiesta mundana.*

mundial adj. Universal. || — M. Campeonato mundial.

mundillo m. *Fig.* Mundo, grupo determinado: *el mundillo del arte.*

mundo m. Universo, todo lo que existe. || Tierra, el planeta en que vivimos: *dar la vuelta al mundo.* || Parte de la Tierra: *el mundo árabe.* || Esfera con que se representa el globo terráqueo. || *Fig.* Conjunto de los hombres: *reírse del mundo entero.* | Humanidad: *la evolución del mundo.* | Conjunto de individuos que se dedican a la misma clase de actividades: *el mundo de las letras.* | Conjunto de cosas que forman un todo: *el mundo exterior.* || *Teol.* Uno de los enemigos del alma. || Vida secular: *dejar el mundo.* || Baúl: *guardar la ropa en un mundo.* || *Fig.* Experiencia de la vida, de la sociedad: *es hombre de mucho mundo.* | Diferencia muy grande: *hay un mundo entre las dos versiones.* || — *El Nuevo Mundo,* América. || *Fig. El otro mundo,* la otra vida.

mundología f. Experiencia y conocimiento del mundo y de los hombres. || Reglas mundanas, usos sociales.

mundovisión f. Desde 1962, transmisión de imágenes de televisión de un continente a otro por medio de estaciones retransmisoras colocadas en satélites que giran alrededor del globo terrestre.

munición f. *Mil.* Todo lo necesario para el abastecimiento de un ejército o de una plaza fuerte. || Carga de las armas.

municipal adj. Relativo al municipio. || — M. Guardia municipal. || *Chil.* Concejal.

municipalidad f. Municipio.

municipalizar v. t. Hacer depender del municipio.

municipio m. División territorial administrada por un alcalde y un concejo. || Conjunto de habitantes de este territorio. || Ayuntamiento, alcaldía. | Concejo.

munificencia f. Generosidad.

muñeca f. Articulación que une la mano con el antebrazo. || Figurilla que representa una niña o una mujer y sirve de juguete. || Lío o pelotilla de trapo que se embebe de un líquido para barnizar, estarcir u otros usos. || *Fig.* y *fam.* Muchacha preciosa y delicada. | Chica presumida. || *Arg.* Maqueta. | Influencia para lograr algo.

muñeco f. Figurilla de niño que sirve de juguete. || Figurilla humana hecha de pasta, trapo, etc. || *Fig.* Persona que se deja llevar por otra. | Dibujo mal hecho.

muñeira f. Baile popular de Galicia. || Su música.

muñequilla f. Muñeca para barnizar. || *Arg.* y *Chil.* Mazorca tierna de maíz.

muñón m. Parte que queda de un miembro amputado.

mural adj. Que se aplica o coloca sobre el muro. || — M. *Pint.* Fresco: *los murales de Orozco.*

muralismo m. Pintura de murales.

muralista adj. Relativo al muralismo. || Dícese del pintor que hace murales (ú. t. c. s.).

muralla f. Muro muy grueso.

murcianismo m. Palabra o giro propios del castellano hablado en la región de Murcia. || Amor o apego a las cosas de Murcia.

murciano, na adj. y s. De Murcia (España). || — M. Habla de la provincia española de Murcia y parte de las de Alicante y Albacete.

murciélago m. Mamífero nocturno de alas membranosas.

murena f. Morena, pez.

murga f. Banda de músicos callejeros. || *Fam.* Lata, cosa pesada: *dar la murga.* | Persona muy pesada (ú. t. c. s. m.).

murmullo m. Ruido sordo que se hace hablando bajo.

murmuración f. Conversación en que se critica a un ausente.

murmurador, ra adj. y s. Que murmura, maldiciente.

murmurar v. i. Hacer un ruido sordo y apacible. || *Fig.* y fam. Criticar.

muro m. Pared o tapia hecha de fábrica, especialmente que sirve para sostener o soportar cargas. || Muralla. || *Fig.* Lo que aísla o separa: *rodeado de un muro de incomprensión.*

murria f. *Fam.* Melancolía.

mus m. Juego de naipes que juegan cuatro personas, dos contra dos.

musa f. Cada una de las nueve deidades que habitaban el Parnaso y presidían las artes liberales y las ciencias. || *Fig.* Numen, inspiración de un poeta.

musaraña f. Pequeño mamífero insectívoro, parecido a un ratón.

muscular adj. De los músculos.

musculatura f. Conjunto de los músculos. || Desarrollo de los músculos.

músculo m. Órgano fibroso que al contraerse o distenderse produce los movimientos en un ser vivo.

muselina f. Tejido muy ligero.

museo m. Colección pública de objetos de arte o científicos: *museo de escultura, de historia natural.* || Edificio en que se guardan estas colecciones: *el museo del Prado.*

musgo m. Planta formada por varios tallos menudos y apiñados que crece en lugares sombríos.

música f. Arte de combinar los sonidos conforme a las normas de la melodía, armonía y ritmo. || Teoría de este arte: *clases de música.* || Concierto de instrumentos o voces o de ambas cosas a la vez. || Conjunto de músicos, banda: *la música municipal.* || — Pl. *Fam.* Monsergas, latas: *déjame de músicas.*

musical adj. Relativo a la música. || En que se hace música: *velada musical.* || — M. Comedia musical.

músico, ca adj. Relativo a la música. ‖ — M. y f. Persona que compone o ejecuta obras de música: *músico de renombre universal.*

musitar v. t. e i. Susurrar.

muslo m. Parte de la pierna, desde la cadera hasta la rodilla.

mustango m. Caballo que vive en estado de semilibertad en las pampas de América del Sur.

mustélidos m. pl. Familia de mamíferos carniceros como la comadreja, el armiño, la nutria, el visón, etc. (ú. t. c. adj.).

mustiarse v. pr. Marchitarse.

mustio, tia adj. Triste.

musulmán, ana adj. Relativo al Islam. ‖ Adepto de la religión del Islam, mahometano (ú. t. c. s.).

mutabilidad f. Capacidad de sufrir mutaciones.

mutación f. Cambio.

mutar v. t. Mudar, cambiar (ú. t. c. pr.).

mutilación f. Acción de mutilar.

mutilado, da adj. y s. Aplícase al que ha sufrido mutilación.

mutilar v. t. Cortar un miembro u otra parte de un cuerpo vivo. ‖ Destruir parcialmente: *mutilar una estatua.* ‖ Cortar parte de una cosa: *mutilar un texto.*

mutismo m. Silencio.

mutual adj. Mutuo, recíproco.

mutualidad f. Sistema de prestaciones mutuas que sirve de base a algunas asociaciones del mismo nombre: *mutualidad obrera, escolar.*

mutualismo m. Conjunto de asociaciones basadas en la mutualidad. ‖ Doctrina según la cual la humanidad se considera como una asociación de servicios mutuos.

mutualista adj. Relativo a la mutualidad: *sociedad mutualista.* ‖ — Com. Miembro de una mutualidad.

mutuo, tua adj. Recíproco: *ayuda mutua.* ‖ *Seguro mutuo,* sociedad cuyos miembros se aseguran mutuamente. ‖ — F. Mutualidad.

muy adj. En grado sumo: *mis padres vivían muy lejos de mi casa.*

mV, abreviatura de *milivoltio.*

Mv, símbolo del *mendelevio.*

mW, abreviatura de *milivatio.*

my f. Duodécima letra del alfabeto griego (μ) que corresponde a la *m* castellana.

n

n f. Decimocuarta letra del alfabeto castellano y decimoprimera de sus consonantes. || Signo con que se nombra a alguien indeterminado. || *Mat.* Exponente de una potencia indeterminada. || **– N**, símbolo del *nitrógeno* y del *newton*. || **– N.**, abreviatura de *norte*.

Na, símbolo químico del *sodio*.

nabo m. Planta de raíz carnosa comestible y de color blanco.

nacaomense adj. y s. De Nacaome (Honduras).

nácar m. Sustancia dura, brillante, irisada, que se forma en la concha de algunos moluscos.

nacarado, da y **nacarino, na** adj. Que tiene aspecto de nácar.

nacatamal m. *Méx.* Tamal relleno de carne y salsa de chile.

nacer v. i. Venir al mundo: *Cervantes nació en Alcalá.* || Brotar, salir: *el trigo nace en primavera.* || Empezar su curso, brotar: *el Ebro nace en Fontibre.* || Salir (un astro). || Originarse: *el vicio nace del ocio.* || Descender de una familia o linaje: *Goya nació de familia humilde.* || Tener condiciones innatas, estar destinado a: *Lope de Vega nació (para) escritor.* || *Fig.* Surgir, aparecer: *el tango nació en Buenos Aires.*

nacido, da adj. Connatural y propio de una cosa. || Apto y a propósito para algo. || – M. y f. Ser humano: *están invitados todos los nacidos en mi pueblo.*

nacimiento m. Acción y efecto de nacer. || Extracción: *de ilustre nacimiento.* || Principio de una cosa: *el nacimiento de un río.* || Representación por medio de figuras del nacimiento de Jesús, belén.

nación f. Comunidad humana, generalmente establecida en un mismo territorio, unida por lazos históricos, lingüísticos, religiosos, económicos en mayor o menor grado. || Entidad jurídica formada por el conjunto de habitantes de un país regidos por una misma Constitución y titular de la soberanía. || Territorio de ese mismo país.

nacional adj. Relativo a la nación o natural de ella. || – M. pl. Totalidad de los individuos de una nación.

nacionalcatolicismo m. Doctrina y práctica política consistente en una imbricación del poder estatal y eclesiástico.

nacionalidad f. Condición y carácter peculiar de los pueblos e individuos de una nación. || Grupo de individuos que tienen idéntico origen o por lo menos historia y tradiciones comunes. || Estado de la persona nacida o naturalizada en una nación: *nacionalidad española.*

nacionalismo m. Doctrina fundada en la exaltación de la idea de patria o nación. || Movimiento

político de personas que tienen la convicción de formar una comunidad nacional a causa de los vínculos (lengua, cultura) que los unen: *el nacionalismo irlandés.*

nacionalista adj. Del nacionalismo. || Partidario del nacionalismo (ú. t. c. s.).

nacionalización f. Acción y efecto de nacionalizar. || Transferencia a la colectividad de la propiedad de ciertos medios de producción pertenecientes a particulares, ya para servir mejor el interés público, ya para asegurar mejor la independencia del Estado o para castigar la falta de civismo de sus propietarios.

nacionalizar v. t. Dar carácter nacional: *nacionalizar las minas, la banca.* || Naturalizar o dar la ciudadanía: *nacionalizar a ciertos residentes extranjeros* (ú. t. c. pr.).

nacionalsocialismo m. Doctrina política y económica fundada por Hitler en 1923.

nacionalsocialista adj. Relativo al nacionalsocialismo. || Partidario de esta doctrina (ú. t. c. s.).

nacom m. Sacerdote maya que sacaba el corazón a los sacrificados.

nada f. El no ser o carencia absoluta de todo ser. || Cosa mínima: *por nada se asusta.* || – Pron. indef. Ninguna cosa: *no decir nada.* || Adv. Poco: *no hace nada que salió.*

nadador, ra adj. y s. Que nada.

nadar v. i. Sostenerse flotando y moverse en el agua. || Flotar en un líquido cualquiera. || *Fig.* Estar una cosa muy holgada: *nadar en su abrigo.* || Abundar en una cosa: *está nadando en dinero.* || – V. t. Practicar un estilo de natación: *nadar braza.* || Participar en una prueba de natación.

nadería f. Cosa sin importancia.

nadie pron. indef. Ninguna persona: *no ha venido nadie.* || – M. *Fig.* Persona insignificante, de ninguna importancia.

nafta f. Carburo de hidrógeno obtenido del petróleo. || *Amer.* Gasolina.

naftaleno f. Hidrocarburo bencénico sólido, blanco, aromático.

naftalina f. Preparado comercial de naftaleno.

naftol m. Fenol derivado del naftaleno.

nagual m. *Méx.* Hechicero. || – F. *Méx.* Mentira.

nahua adj. y s. Aplícase al individuo de un pueblo indio americano de México y parte de América Central. || – M. Lengua que hablaba.

náhuatl adj. y s. m. Dícese de la lengua de los indígenas nahuas de México.

nailon m. Nylon.

naipe m. Cada una de las cartulinas rectangulares que sirven para jugar a las cartas. || – Pl. Baraja.

301

naja f. Serpiente.

najarse v. pr. *Pop.* Irse.

nalga f. Cada una de las dos partes carnosas y posteriores del muslo que constituyen el trasero.

nana f. *Fam.* Abuela. || Canción de cuna. || Nodriza.

nao f. Nave, barco.

napias f. pl. *Fam.* Narices.

napoleónico, ca adj. Relativo a Napoleón: *imperio napoleónico.*

napolitano, na adj. y s. De Nápoles (Italia). || — M. Dialecto hablado en Nápoles y su región.

naranja f. Fruto del naranjo. || — *Fig.* y *fam. Media naranja,* la esposa. || *Pop.* ¡*Naranjas!,* o ¡*naranjas de la China!,* ¡ni hablar! || — Adj. inv. y s. m. Anaranjado (color).

naranjado, da adj. De color anaranjado. || — F. Zumo de naranja con agua y azúcar.

naranjal m. Sitio plantado de naranjos.

naranjero, ra adj. De la naranja. || — M. y f. Cultivador o vendedor de naranjas.

naranjo m. Árbol cuyo fruto esférico y azucarado es la naranja.

narcisismo m. Amor excesivo de sí mismo o de lo hecho por uno.

narcisista adj. Relativo al narcisismo. || — Com. Persona enamorada de sí misma, narciso.

narciso m. Planta de flores blancas o amarillas. || *Fig.* Hombre enamorado de sí mismo.

narcosis f. Sueño producido por un narcótico.

narcótico, ca adj. y s. m. Dícese de la droga que produce sueño, como el opio, los barbitúricos, etc.

narcotización f. Adormecimiento por medio de narcóticos.

narcotizante adj. y s. m. Que narcotiza.

narcotizar v. t. Adormecer por medio de un narcótico.

narcotraficante m. Traficante de drogas.

narcotráfico m. Tráfico en drogas.

nardo m. Planta de flores blancas aromáticas dispuestas en espiga.

narigón, ona adj. y s. Narigudo. || — M. Nariz grande.

narigudo, da adj. De narices muy grandes (ú. t. c. s.). || De figura de nariz.

nariñense adj. y s. Del Nariño (Colombia).

nariz f. Órgano saliente de la cara, entre la frente y la boca, con dos orificios que comunican con la membrana pituitaria y el aparato de la respiración (ú. t. en pl.). || Cada uno de los orificios o ventanas de este órgano. || *Fig.* Sentido del olfato. | Perspicacia. | Extremidad aguda de algunas cosas.

narizón, ona adj. *Fam.* Narigudo.

narizota y **narizotas** f. *Fam.* Nariz grande y fea. || Com. *Fam.* Narigudo.

narración f. Relato.

narrador, ra adj. Que narra (ú. t. c. s.).

narrar v. t. Relatar, contar.

narrativo, va adj. Relativo a la narración. || — F. Habilidad para narrar. || Narración.

nasa f. Red de pescar.

nasal adj. Relativo a la nariz. || *Gram.* Dícese del sonido modificado por la vibración del aire en las fosas nasales y de la consonante pronunciada con este sonido (ú. t. c. s. f.). || Aplícase a la letra o sonido que suenan así (ú. t. c. s. f.).

nasalidad f. Calidad de nasal.

nasciturus m. (pal. lat.). Feto.

nata f. Materia grasa de la leche con que se hace la mantequilla. || Esta materia grasa batida con azúcar. || *Fig.* Lo principal: *la nata de la sociedad.*

natación f. Acción de nadar. || Deporte que consiste en nadar.

natal adj. Del nacimiento.

natalicio m. Nacimiento.

natalidad f. Relación entre el número de nacimientos y el de habitantes de una población o país.

natillas f. pl. Dulce de huevo, leche y azúcar.

Natividad f. Fiesta que conmemora el nacimiento de Jesucristo, de la Virgen María o de San Juan Bautista. || Navidad.

nativismo m. *Amer.* Indigenismo.

nativo, va adj. Natural, en estado puro: *plata nativa.* || Natal: *país nativo.* || De origen: *profesor nativo; lengua nativa.* || Innato, natural, propio: *cualidades nativas* || — M. y f. Indígena, natural de un país. || *Nativo de,* nacido en.

nato, ta adj. Que va anejo a un cargo o persona: *presidente nato de una junta.* || *Fig.* De nacimiento: *español nato.*

natura f. Naturaleza.

natural adj. Conforme al orden de la naturaleza: *ley natural.* || Que aparece en la naturaleza: *gas natural.* || Fresco: *fruta natural.* || Que se trae al nacer: *simpatía natural.* || Inherente, propio: *el escándalo es natural en él.* || Instintivo: *repulsa natural.* || Conforme con la razón o el uso: *es natural pagar a quien trabaja.* || Que no está cohibido: *estuvo muy natural.* || Que carece de afectación, sencillo: *modales naturales.* || Nativo: *natural de Málaga.* || Nacido fuera del matrimonio, ilegítimo: *hijo natural.* || — *Ciencias naturales,* las derivadas del estudio de la naturaleza (física, química, geología). || *Historia natural,* ciencia que describe y clasifica los seres vivos. || — M. Cosa que se toma por modelo en pintura o escultura: *tomado del natural.* || Índole, carácter, condición: *un natural agresivo.* || *Taurom.* Pase de muleta dado con la mano izquierda y sin ayuda del estoque. || — Pl. Habitantes originarios de un país. || — Adv. Naturalmente. || *Al natural,* sin artificio; dícese de los frutos en conserva enteros.

naturaleza f. Esencia y propiedad de cada ser: *naturaleza humana.* || Mundo físico: *las maravillas de la naturaleza.* || Orden y disposición de todos los elementos del Universo: *la naturaleza de las aves es volar.* || Clase: *objetos de diferente naturaleza.* || Índole, carácter, condición: *ser de naturaleza fría.* || Privilegio que concede un soberano a un extranjero para que goce de los mismos derechos que los nacionales: *carta de naturaleza.* || *Naturaleza muerta,* bodegón.

naturalidad f. Calidad natural.

naturalismo m. Escuela literaria de fines del s. XIX, opuesta al romanticismo.

naturalización f. Acción y efecto de naturalizar o naturalizarse. || Adquisición por un ciudadano de una nacionalidad distinta.

naturalizado, da adj. Dícese de la persona que ha cambiado de nacionalidad (ú. t. c. s.).

naturalizar v. t. Dar a un extranjero los derechos de ciudadanía (ú. t. c. pr.).

naturismo m. Doctrina higiénica y deportiva que propugna la vida al aire libre. || Nudismo.

naturista adj. Del naturismo: *revista naturista*. || — M. y f. Partidario del naturismo, que lo practica. || Nudista.

naufragar v. i. Hundirse una embarcación. || *Fig.* Fracasar.

naufragio m. Hundimiento.

náufrago, ga adj. y s. Dícese del barco o de las personas que han padecido nufragio.

náusea f. Ansia, ganas de vomitar. || — Pl. *Fig.* Repugnancia.

nauseabundo, da adj. Que produce náuseas: *hedor nauseabundo*.

náutica f. Ciencia de navegar.

náutico, ca adj. De la navegación. || Dícese de los deportes practicados en un medio acuático (pesca, vela, remo, submarinismo, etc.).

navaja f. Cuchillo.

navajada f. o **navajazo** m. Cuchillada con la navaja. || Herida que produce.

navajero m. Malhechor que ataca y amenaza con una navaja.

naval adj. Relativo a las naves y a la navegación. || *Escuela naval*, la de formación de los oficiales de la marina militar.

navarro, rra adj. y s. De Navarra (España).

nave f. Barco, embarcación. || *Arq.* Parte de una iglesia comprendida entre dos muros o dos filas de arcadas. || Sala muy grande y ampliamente ventilada: *la nave de una fábrica*. || *Nave espacial* o *del espacio*, astronave.

navegable adj. Aplícase al río, lago, etc., donde circulan barcos.

navegación f. Viaje en una nave. || Tiempo que éste dura. || Arte del navegante.

navegante adj. Que navega. || — Com. Persona que navega.

navegar v. i. Viajar en una nave por el mar, los lagos, los ríos o los aires. || Hacer seguir a una nave o a un avión una ruta.

Navidad f. Nacimiento de Jesucristo y día en que se celebra (25 de diciembre). || Época de esta fiesta (ú. m. en pl.).

navideño, ña adj. De la Navidad.

naviero, ra adj. Relativo a las naves o a la navegación. || — M. Propietario de barcos, armador. || — F. Compañía de navegación.

navío m. Barco.

nayarita adj. y s. De Nayarit (México).

nazareno, na adj. y s. De Nazaret. || — M. Penitente en las procesiones de Semana Santa. || *El Nazareno*, Jesucristo.

nazi adj. y s. Nacionalsocialista.

nazismo m. Nacionalsocialismo.

Nb, símbolo químico del *niobio*.

N.B., abrev. de *Nota Bene*.

Ne, símbolo químico del *neón*.

neblina f. Niebla espesa y baja.

nebulosidad f. Nubosidad.

nebuloso, sa adj. Oscurecido por las nubes o la niebla. || *Fig.* Sombrío. | Falto de claridad: *estilo nebuloso*. || — F. Materia cósmica que aparece en el firmamento como una nube difusa y luminosa.

necedad f. Tontería.

---

necesario, ria adj. Indispensable, que hace absolutamente falta.

neceser m. Estuche o maletín.

necesidad f. Calidad de necesario. || Lo que no puede evitarse: *necesidad ineludible*. || Fuerza, obligación: *necesidad de trabajar para vivir*. || Pobreza, carencia: *estar en la necesidad*. || Falta de alimento. || — Pl. Evacuación del vientre.

necesitado, da adj. y s. Pobre, que carece de lo necesario.

necesitar v. t. e i. Haber menester de una persona o cosa.

necio, cia adj. y s. Tonto.

necrología f. Escrito o discurso consagrado a un difunto. || Notificación de las muertes en una sección de un periódico.

necrópolis f. Cementerio.

néctar m. Bebida de los dioses mitológicos. || *Fig.* Licor delicioso, exquisito. || Líquido azucarado segregado por las flores.

neerlandés, esa adj. y s. Holandés. || — M. Lengua germánica de Holanda y norte de Bélgica.

nefando, da adj. Infame.

nefasto, ta adj. Triste, funesto.

nefrítico, ca adj. De los riñones.

nefritis f. Inflamación de los riñones.

negación f. Acción y efecto de negar. || Carencia o falta total de una cosa: *es la negación del arte*. || *Gram.* Partícula o voz que sirve para negar, como *no*, *ni*.

negar v. t. Decir que una cosa no es cierta, desmentir. || Dejar de reconocer una cosa, no admitir su existencia: *negar a Dios*. || Denegar: *negar una gracia*. || Prohibir: *negar un permiso*. || No confesar una falta, un delito: *negar ante el juez*. || — V. pr. Rehusar hacer una cosa: *negarse a comer*.

negativo, va adj. Que incluye o supone negación o contradicción. || Que no es positivo, que indica falta de algo: *resultado médico negativo*. || — M. Cliché fotográfico. || — F. Respuesta negativa, negación: *contestar con la negativa*. || No concesión de lo que se pide.

negatón y **negatrón** m. Electrón negativo.

negligencia f. Abandono.

negligente adj. y s. Descuidado.

negociación f. Acción de negociar.

negociado m. Cada una de las dependencias en que se divide una oficina.

negociador, ra adj. y s. Que negocia.

negociante com. Persona que negocia. || Comerciante.

negociar v. i. Dedicarse a negocios, comerciar. || — V. tr. Tratar dos o más personas para la resolución de un asunto. || Tratar de resolver asuntos internacionales: *negociar la paz*. || Efectuar una operación con un valor bancario o de Bolsa. || Descontar una letra. || Gestionar, tramitar.

negocio m. Establecimiento comercial. || Cualquier cosa de la que se saca ganancia o ventaja. || Cualquier ocupación, trabajo o empleo, asunto.

negrero, ra adj. y s. Que se dedicaba a la trata de negros.

negrilla f. *Impr.* Letra de trazo más grueso que el usual.

negritud f. Condición de las personas de raza negra.

negro, gra adj. De color totalmente oscuro: *cabellos negros.* || Oscuro, sombrío: *cielo negro.* || Bronceado, moreno: *se puso negro en la playa.* || *Fig.* Magullado, lívido: *le puso negro a palos.* | Triste, melancólico: *negro de pena.* | Furioso, indignado: *estar negro por algo.* | Apurado: *verse negro para resolver un problema.* | Desgraciado, infeliz: *tener una suerte negra.* || Trabajo negro, el que se efectúa clandestinamente de tal modo que no se ve gravado con impuestos. || Dícese del individuo perteneciente a la raza negra. Ú. t. c. s.: *un negro de África.* || — M. Color negro: *negro subido.* || Bronceado: *el negro del sol.* || El que escribe obras literarias por cuenta de otro, quien las firma sin ser el autor. || — F. *Mús.* Nota equivalente a un cuarto de la redonda y que se representa por la cifra 4.

negrura f. Calidad de negro.

negruzco, ca adj. Casi negro.

negus m. Título que tenía el emperador de Etiopía.

neivano, na adj. y s. De Neiva (Colombia).

nematelmintos m. pl. Clase de gusanos de cuerpo fusiforme sin apéndices locomotores (ú. t. c. adj.).

nematodo adj. m. Dícese de los gusanos nematelmintos provistos de tubo digestivo, casi todos parásitos (ú. t. c. s. m.). || M. pl. Orden que forman.

nemotecnia f. Mnemotecnia

nemotécnico, ca adj. Mnemotécnico.

nene, na m. y f. *Fam.* Niño.

nenúfar m. Planta acuática.

neoclasicismo m. Corriente literaria y artística inspirada en la Antigüedad clásica.

neoclásico, ca adj. y s. Propio del neoclasicismo o su partidario.

neocolonialismo m. Forma moderna de colonialismo cuyo objetivo es dominar económicamente a los países que han alcanzado la independencia.

neocolonialista adj. y s. Propio del neocolonialismo o partidario de él.

neoespartano, na adj. y s. De Nueva Esparta (Venezuela).

neófito, ta m. y f. Persona que ha adoptado recientemente una opinión o partido. || *Fig.* principiante en cualquier actividad (ú. t. c. adj.).

neógeno m. Período final de la era terciaria, subdividido en mioceno y plioceno.

neogranadino, na adj. y s. De Nueva Granada, hoy Colombia.

neoimpresionismo m. Último período del impresionismo en pintura.

neolatino, na adj. Procedente o derivado de los latinos. || Aplícase especialmente a las lenguas derivadas del latín, como el castellano, el catalán, el gallego, el francés, el portugués, el italiano, el rumano, etc.

neoleonés, esa adj. y s. De Nuevo León (México).

neolítico, ca adj. y s. m. Aplícase al período de la era cuaternaria, que va del año 5000 al 2500 a. de J.C., entre el mesolítico y la edad de los metales.

neologismo m. Vocablo, acepción o giro nuevo en una lengua.

neón m. Elemento químico de la familia de los gases raros, de número atómico 10 (símb. Ne), que se emplea en tubos luminosos para el alumbrado.

neonazismo m. Tendencia política actual que se inspira en el nazismo.

neorrománico, ca adj. Aplícase a la arquitectura, surgida a mediados del siglo XIX, que se inspira o tiene como patrón el estilo románico (ú. t. c. s. m.).

neosegoviano, na adj. y s. De Nueva Segovia (Nicaragua).

neoyorquino, na adj. y s. De Nueva York (Estados Unidos).

neozoico, ca adj. *Geol.* Aplícase a la era terciaria (ú. t. c. s. m.).

nepote m. Pariente y privado del Papa.

nepotismo m. Favor que disfrutaban con ciertos papas sus sobrinos y allegados. || *Fig.* Abuso de poder en favor de parientes o amigos.

neptunio m. Elemento químico, transuránico (símb. Np), radiactivo, que se obtiene en los reactores nucleares.

nerón m. *Fig.* Hombre cruel.

neroniano, na adj. Propio de Nerón. || *Fig.* Cruel, sanguinario.

nervadura f. *Arq.* Moldura saliente de una bóveda. || *Bot.* Conjunto de los nervios de una hoja.

nervio m. *Anat.* Cada uno de los cordones fibrosos blanquecinos que, partiendo del cerebro y de la médula espinal u otros centros, se distribuyen por todas partes del cuerpo y son los órganos de la sensibilidad y del movimiento. | Cualquier tendón o tejido blanco, duro y resistente. | *Arq.* Nervadura. || Filamento en las hojas de las plantas. || *Fig.* Fuerza, vigor, energía: *un hombre de mucho nervio.* | Ánimo, brío. | Alma: *es el nervio de la empresa.*

nerviosidad f. Inquietud, excitación, falta de calma o aplomo.

nerviosismo m. Nerviosidad.

nervioso, sa adj. Que tiene nervios: *tejido nervioso.* || Relativo a los nervios: *dolor nervioso.* || De nervios irritables. || Irritado. || *Fig.* Que tiene vivacidad, inquieto: *niño nervioso.*

nervosidad f. Carácter o estado de la persona nerviosa. || Fuerza y actividad nerviosa.

net m. (pal. ingl.). En tenis o ping-pong, dícese de la pelota que, en el saque, toca la red antes de caer en el campo adverso.

neto, ta adj. Claro: *afirmación neta.* || Dícese de un ingreso del que ya se han hecho los descuentos correspondientes: *sueldo neto.* || Dícese del beneficio o ganancia de un comerciante una vez hechos los descuentos en concepto de cargas o gravámenes. || Aplícase al peso de una mercancía después de quitar el de los embalajes, envases o todo lo que no sea la misma mercancía.

neumático, ca adj. *Fís.* Dícese de la máquina que sirve para extraer el aire de un recipiente: *máquina neumática.* || — M. Cubierta de caucho vulcanizado que se fija a las ruedas de los vehículos y en cuyo interior va una cámara de aire.

neumococo m. Microbio que produce neumonía, bronconeumonía, peritonitis, meningitis y otras infecciones.

neumonía f. *Med.* Pulmonía.

neumotórax m. *Med.* Enfermedad producida por la entrada del aire en la cavidad de la pleura. || *Neumotórax artificial,* método de tratamiento de la tuberculosis pulmonar mediante la inyección de nitrógeno o aire en la cavidad de la pleura.

neuquino, na adj. y s. De Neuquen (Argentina).

neuralgia f. Dolor en un nervio.

neurálgico, ca adj. Relativo a la neuralgia. || *Fig.* Sensible. | Más importante: *problema neurálgico.*

neurastenia f. Enfermedad del sistema nervioso.

neurasténico, ca adj. Relativo a la neurastenia. || Que la padece.

neuritis f. Inflamación de un nervio.

neurocirujano m. Cirujano del sistema nervioso y del cerebro.

neuroendocrinología f. Estudio de las hormonas secretadas por ciertas estructuras del sistema nervioso central.

neurología f. Parte de la anatomía que trata del sistema nervioso.

neurólogo, ga m. y f. Especialista en neurología.

neuroma m. Tumor que se forma en el tejido de los nervios.

neurona f. Célula nerviosa que no tiene centrosoma y consta de un cuerpo de forma variable provisto de diversas prolongaciones.

neurópata adj. y s. Que padece una enfermedad nerviosa.

neuropatía f. Afección nerviosa.

neuropatología f. Ciencia de las enfermedades del sistema nervioso.

neurosis f. Enfermedad nerviosa que se manifiesta por trastornos psíquicos sin lesión orgánica.

neurótico, ca adj. De la neurosis. || Que padece neurosis (ú. t. c. s.).

neutonio m. *Fís.* Newton.

neutral adj. Que no está a favor de uno ni de otro: *hombre neutral* (ú. t. c. s. m.). || Que no interviene en la guerra promovida por otros: *país neutral.*

neutralidad f. Calidad de neutral. || Situación de un Estado que permanece al margen de un conflicto armado entre dos o más potencias.

neutralismo m. No adhesión a una alianza militar.

neutralista adj. Relativo al neutralismo. || Partidario del neutralismo (ú. t. c. s.).

neutralización f. Acción y efecto de neutralizar o neutralizarse.

neutralizante adj. y s. m. Que neutraliza.

neutralizar v. t. Hacer neutral. || *Quím.* Hacer neutra una sustancia: *neutralizar un ácido.* || *Fig.* Anular el efecto de una causa mediante una acción contraria. || — V. pr. Anularse.

neutro, tra adj. *Gram.* Relativo al género que no es masculino ni femenino y del vocablo que puede llevar el atributo *lo* (ú. t. c. s. m.). || Dícese del verbo que no puede tener complemento directo: *verbo neutro o intransitivo.* || *Quím.* Aplícase al compuesto que no es básico ni ácido: *sal neutra.* || Relativo a los cuerpos que no presentan ninguna electrización. || Aplícase a los animales que no tienen sexo. || Neutral.

neutrón m. *Fís.* Partícula eléctricamente neutra que, junto con los protones, constituye uno de los núcleos de los átomos. || *Bomba de neutrones,* carga termonuclear que, en comparación con las otras bombas, tiene una radiación neutrónica superior pero una onda de choque y una emisión de calor y de radiactividad más reducidas.

nevada f. Acción y efecto de nevar. || Nieve caída.

nevado, da adj. Cubierto de nieve. || *Fig.* Blanco como la nieve: *cabeza nevada.* || — M. *Amer.* Alta cumbre cubierta de nieve.

nevar v. impers. Caer nieve.

nevatilla f. Aguzanieves.

nevera f. Refrigerador.

nevería f. *Méx.* Tienda de helados.

nevisca f. Nevada ligera.

newton o **neutonio** m. *Fís.* Unidad de fuerza (símb. N) equivalente a la fuerza que comunica a una masa de un kg una aceleración de un metro por segundo cada segundo.

nexo m. Lazo, unión.

ni conj. Enlaza vocablos u oraciones expresando negación: *ni pobre ni rico.* || Incluso: *ni lo dijo a sus amigos.* || *Ni que,* como si: *ni que fuera tonto.*

Ni, símbolo químico del *níquel.*

nicaragüeñismo m. Locución, modo de hablar o palabra propios de los nicaragüenses. || Condición propia de Nicaragua. || Amor a Nicaragua.

nicaragüeño, ña o **nicaragüense** adj. y s. De Nicaragua. || — M. Modalidad del castellano hablado en Nicaragua.

nicarao adj. y s. Aplícase a una tribu indígena de Nicaragua.

nicho m. Hueco en un muro que al tapiarlo sirve de sepultura. || Concavidad en el espesor de un muro para poner una imagen, estatua, etc.

nicotina f. Alcaloide del tabaco muy venenoso.

nidificar v. t. Hacer un nido.

nido m. Especie de lecho que forman las aves, ciertos insectos y algunos peces para depositar sus huevos. || Cavidad en que viven ciertos animales: *nido de ratas.* || *Por ext.* Lugar donde procrean otros animales: *nido de abejas.* || *Fig.* Lugar donde se agrupan ciertas cosas: *nido de ametralladoras.* | Lugar originario de ciertas cosas inmateriales: *nido de disputas.* | Casa, patria, morada de uno: *nido patrio.* | Guarida, madriguera: *nido de malhechores.*

niebla f. Nube en contacto con la Tierra.

nieto, ta m. y f. Hijo o hija del hijo o de la hija, con relación al abuelo o abuela.

nieve f. Agua helada desprendida de las nubes en forma de copos blancos. || *Fig.* Blancura extremada: *blanco como la nieve.* || *Fam.* Cocaína. | *Amer.* Helado polo. || — Pl. Nevada: *cayeron las primeras nieves.*

nife m. *Geol.* Núcleo hipotético de la Tierra formado por una materia pesada a base de níquel y hierro.

nigeriano, na adj. y s. De Nigeria.

nigerio, ria adj. y s. De Níger.

night-club [*naitclab*] m. (pal. ingl.). Sala de fiestas, club nocturno.

nigua f. Especie de pulga.

nihilismo m. Negación de toda creencia o principio político y social.

nihilista adj. y s. Partidario del nihilismo.

nihil obstat expr. lat. Fórmula empleada por la censura eclesiástica para dar su aprobación a una publicación.

nilón m. Nylon.

nimbo m. Aureola, círculo luminoso que se suele poner sobre la cabeza de las imágenes de santos. || Nube baja formada por la aglomeración de cúmulos. || Círculo que rodea a veces un astro.

nimiedad f. Pequeñez.

nimio, mia adj. Pequeño.

ninfa f. *Mit.* Divinidad femenina que vivía en las fuentes, los bosques, los montes y los ríos. || *Fig.* Joven hermosa. || Insecto que ha pasado del estado

305

de larva. || *Fig. Ninfa Egeria,* persona que aconseja a otra.

ningún adj. Apócope de *ninguno* empleado delante de los nombres masculinos.

ninguno, na adj. Ni uno. || Nulo: *no posee interés ninguno.* || — Pron. indef. Ni uno: *no hay ninguno.* || Nadie: *ninguno lo sabrá.*

niña f. Pupila del ojo. || V. NIÑO.

niñada f. Acción de niños.

niñear v. i. Hacer niñerías.

niñera f. Criada de niños.

niñería f. Acción de niños.

niñez f. Primer período de la vida humana. || Niñería.

niño, ña adj. y s. Que se halla en la niñez. || Joven. || Sin experiencia.

niobio m. Metal de color gris (Nb) empleado en aleaciones y en los reactores nucleares.

nipón, ona adj. y s. Japonés.

níquel m. Metal (Ni) de color blanco agrisado y de consistencia fibrosa. || *Urug.* Dinero, fortuna. | Moneda.

niquelado m. Acción de niquelar.

niquelar v. t. Cubrir un metal con un baño de níquel.

nirvana m. En el budismo, última etapa de la contemplación, caracterizada por la ausencia de dolor y la posesión de la verdad.

niscome o **niscómel** m. *Méx.* Recipiente para cocer el maíz y hacer tortillas.

níspero m. Árbol de la familia de las rosáceas. || Su fruto. || *Amer.* Zapote.

nitidez f. Limpieza, claridad.

nítido, da adj. Limpio, claro.

nitración f. Tratamiento químico valiéndose del ácido nítrico.

nitrar v. t. Transformar un compuesto orgánico en un derivado nitrado.

nitratación f. Transformación del ácido nitroso en ácido nítrico o de los nitritos en nitratos.

nitratar v. t. Transformar en nitrato. || Incorporar un nitrato.

nitrato m. Sal que resulta de la combinación del ácido nítrico con un radical. || *Nitrato de Chile,* nitrato sódico, nitrato potásico y pequeñas cantidades de boro, yodo y otros elementos cuya combinación constituye un abono nitrogenado natural que se extrae en la zona septentrional de Chile.

nítrico, ca adj. Relativo al nitro o al nitrógeno. || *Ácido nítrico,* líquido ácido formado por nitrógeno, oxígeno e hidrógeno.

nitrificar v. t. Transformar en nitrato. || — V. pr. Cubrirse de nitro.

nitro m. Salitre o nitrato de potasio.

nitrogenación f. Fijación del nitrógeno libre en los tejidos de plantas y animales.

nitrogenado, da adj. Con nitrógeno.

nitrógeno m. Gas incoloro, insípido e inodoro (símb. N).

nitroglicerina f. *Quím.* Cuerpo oleaginoso formado por la acción del ácido nítrico sobre la glicerina. (Es un explosivo muy potente.)

nitroso, sa adj. Que tiene nitro.

nitruro m. Combinación del nitrógeno y de un metal.

nivel m. Instrumento para averiguar la horizontalidad de un plano o la diferencia de altura entre dos puntos. || Horizontal: *estar al nivel.* || Altura: *al nivel de mis hombros.* || Altura a que llega la superficie de un líquido o gas: *el nivel de la pleamar.* || *Fig.* Igualdad, equivalencia. | Grado: *nivel económico.* || — *Nivel de vida,* valoración cuantitativa y objetiva de los medios de existencia de un grupo social. || *Nivel mental,* grado de evolución intelectual.

nivelación f. Acción de nivelar.

nivelador, ra adj. y s. Que nivela.

nivelar v. t. Comprobar con el nivel la horizontalidad de una cosa. || Allanar, poner un plano en posición horizontal: *nivelar un camino.* || Hallar la diferencia de altura entre dos puntos de un terreno. || *Fig.* Igualar una cosa con otra material o inmaterial: *nivelar las exportaciones con las importaciones.* | Corregir: *nivelar el desequilibrio de la balanza comercial.*

no adv. de negación que se emplea para contestar preguntas: *¿No vienes al cine? No, no voy.* || — *¿A qué no?,* desafío que se dirige a uno. || *¿Cómo no?,* forma amable de contestar afirmativamente. || *No bien,* tan pronto como, en seguida que. || *No más,* solamente. || *No ya,* no solamente. || — M. Negación: *contestar con un no.*

— OBSERV. En varios puntos de América *no más* tiene significados diferentes que en España, tales como *pues, nada más, pero, sólo* y, a veces, añade un sentido enfático.

NO., abreviatura de noroeste.

No, símbolo químico del nobelio.

nobelio m. Elemento transuránico (No) obtenido bombardeando curio con átomos de carbono.

nobiliario, ria adj. De la nobleza.

noble adj. Preclaro, ilustre. || Generoso, magnánimo: *corazón noble.* || Que goza de ciertos privilegios y tiene títulos heredados o concedidos por un soberano (ú. t. c. s.). || Honroso, estimable: *propósito noble.* || De calidad muy fina: *metal noble.* || Aplícase a los cuerpos que son químicamente inactivos, particularmente a ciertos gases. || Aplícase al estilo armonioso, grave y digno. || Dícese de los animales, como el perro y el caballo, muy amigos del hombre.

nobleza f. Calidad de noble. || Conjunto de los nobles de un país.

noche f. Tiempo en que falta sobre el horizonte la claridad del Sol. || Tiempo que hace durante la noche. || Oscuridad que reina durante este tiempo. || — *Ayer noche,* anoche. || *Noche Triste,* la del 30 de junio de 1520 en que Hernán Cortés fue derrotado por los mexicanos.

Nochebuena f. Noche de la víspera de Navidad (24 de diciembre).

nochecita f. *Amer.* Crepúsculo vespertino.

nochero, ra m. y f. *Amer.* Vigilante nocturno, sereno.

Nochevieja f. La última noche del año.

noción f. Concepto.

nocividad f. Calidad de nocivo.

nocivo, va adj. Perjudicial: *es un alimento muy nocivo para la salud.*

noctámbulo, la adj. y s. Que le gusta vivir por la noche.

nocturnidad f. Condición o carácter de nocturno. || *For.* Circunstancia agravante que existe al ejecutarse un delito por la noche.

nocturno, na adj. Relativo a la noche: *horas nocturnas*. || Que se hace o sucede durante la noche: *trabajo nocturno*. || Aplícase a las plantas cuyas flores se abren sólo de noche y a los animales que de día están ocultos.

nodo m. *Astr.* Cada uno de los dos puntos opuestos en que la órbita de un astro corta la eclíptica.

nodriza f. Ama de cría.

nódulo m. Nudosidad o concreción de poco tamaño. || *Med.* Nombre con el que se suelen denominar determinadas estructuras, de carácter normal o de origen patológico, que aparecen en el organismo. || *Geol.* Concreción contenida en algunas rocas sedimentarias.

nogal m. Árbol de madera dura y apreciada cuyo fruto es la nuez. || Esta madera.

noguera f. Nogal.

nómada adj. y s. Que vive errante, sin domicilio fijo.

nomadismo m. Vida de los nómadas.

nomás adv. *Méx.* No más.

nombradía f. Fama, reputación.

nombrado, da adj. Célebre, famoso. || Citado.

nombramiento f. Designación. || Cédula, despacho o título en que se designa a uno para algún cargo, empleo u oficio.

nombrar v. t. Decir el nombre de una persona o cosa. || Designar a uno para un cargo. || Poner nombre.

nombre m. Palabra con la que se designa una persona o cosa. || Conjunto del nombre de pila y del apellido de una persona. || Apodo, mote. || Título de una cosa. || Fama, reputación. || *Gram.* Parte de la oración con que se designan las personas o cosas. || — *Nombre común*, el que conviene a las personas o cosas de una misma clase. || *Nombre de pila*, el que se recibe en el bautismo. || *Nombre propio*, el que se da a persona o cosa para distinguirla de las demás de su especie.

nomenclátor m. Lista de nombres sobre un tema determinado (calles, pueblos, etc.).

nomenclatura f. Conjunto de palabras empleadas en una materia determinada. || Catálogo, lista.

nomeolvides m. Flor de la raspilla, de color azul.

nómina f. Lista o catálogo de nombres de personas o cosas. || Relación nominal de empleados que tienen sueldo en una empresa. || Importe de estos pagos. || Lista o catálogo de nombres. || *Estar en nómina*, formar parte del personal fijo.

nominación f. Nombramiento.

nominado, da adj. Designado, nombrado para ocupar un puesto o cargo.

nominal adj. Relativo al nombre. || Que sólo tiene el título de algo.

nominar v. t. Nombrar. || Dar o poner un nombre. || Proponer un candidato.

nominativo, va adj. Aplícase a los títulos o valores bancarios que llevan el nombre de su propietario. || — M. Caso de la declinación que designa el sujeto de la oración.

non adj. (P. us.). Impar.

nonada f. Pequeñez.

nonagenario, ria adj. y s. Que ha cumplido la edad de noventa años.

nonagésimo, ma adj. Que ocupa el lugar noventa. || — M. Cada una de las noventa partes iguales en que se divide un todo.

nonato, ta adj. No nacido.

noningentésimo, ma adj. Que ocupa el lugar novecientos. || — M. Cada una de las 900 partes iguales en que se divide un todo.

nonio m. Reglilla graduada para medir calibres pequeños.

nono, na adj. Noveno.

nopal m. Planta cactácea, cuyo fruto es el higo chumbo.

nopalera y **nopaleda** f. Terreno poblado de nopales.

noquear v. t. Dejar fuera de combate o k.o. (*knock out*).

nordeste m. Punto del horizonte entre el norte y el este.

nórdico, ca adj. y s. Del norte.

nordista adj. Relativo al gobierno federal durante la guerra de Secesión de los Estados Unidos. || Partidario de este gobierno federal (ú. t. c. s.).

noreste m. Nordeste.

noria f. Máquina para sacar agua de un pozo formada por una rueda vertical con cangilones y otra horizontal, movida por una caballería, que engrana con aquélla. || Recreo de feria que consiste en varias vagonetas colocadas a manera de cangilones que giran alrededor de un eje horizontal.

norma f. Regla.

normal adj. Natural. || Aplícase a las escuelas para preparar maestros (ú. t. c. s. f.). || *Geom.* Perpendicular (ú. t. c. s. f.).

normalidad f. Calidad de normal.

normalización f. Acción y efecto de normalizar. || Conjunto de normas técnicas adoptadas por acuerdo entre productores y consumidores cuyo fin es unificar y simplificar el uso de determinados productos y facilitar la fabricación.

normalizar v. t. Hacer normal. || Regularizar, poner en buen orden lo que no lo estaba. || Aplicar normas internacional o nacionalmente adaptadas a la industria.

normando, da adj. y s. De Normandía (Francia).

normativo, va adj. Que da normas, reglas. || — F. Reglas.

noroeste m. Punto del horizonte entre el norte y el este.

norsantandereano, na adj. y s. Del Norte de Santander (Colombia).

norte m. Uno de los puntos cardinales, hacia donde está la estrella Polar. || *Fig.* Objetivo, meta, dirección.

norteamericano, na adj. Relativo a América del Norte. || — Adj. y s. Estadounidense.

norteño, ña adj. y s. Del Norte.

noruego, ga adj. y s. De Noruega. || — M. Lengua noruega.

nos, pron. pers. de primera pers. en masculino o femenino y número pl. en dativo y acusativo: *nos da, háblanos*. (Ú. también en ciertos casos en lugar de *nosotros*: *ruega por nos*.)

nosotros, tras, pron. pers. de primera persona en número pl.

nostalgia f. Pena de verse ausente de personas o cosas queridas: *nostalgia de la patria*. || Sentimiento de pena causado por el recuerdo de un bien perdido.

nostálgico, ca adj. Relativo a la nostalgia. || Que padece nostalgia (ú. t. c. s.).

nota f. Señal, breve indicación que se hace para recordar algo: *tomo nota de lo dicho*. || Comentario breve que se hace en los márgenes de un escrito. || Calificación, apreciación: *tener buena nota en matemáticas*. || Noticia de periódico: *notas necrológicas*. || Comunicación hecha sin forma de carta: *nota diplomática*. || Noticia sucinta, comunicación corta: *encontré una nota suya en el casillero*. || Detalle: *hay una nota discordante en su proceder*. || Signo de música que representa un sonido y su duración. || — Fig. *Dar la nota*, singularizarse. || *Nota bene*, observación puesta al pie de un escrito (abrev. N. B.).

notabilidad f. Calidad de notable. || Persona notable.

notable adj. Digno de nota, reparo, atención o cuidado: *obra notable*. || Grande, excesivo. || — M. Persona principal: *reunión de notables*. || Calificación de los exámenes, inferior al sobresaliente.

notación f. Acción de notar.

notar v. t. Reparar, observar, advertir, darse cuenta: *notar la diferencia*. || Experimentar una sensación: *no noto la fiebre*. || Poner notas a un libro o escrito. || — V. pr. Verse: *se nota el cambio*.

notaría f. Empleo y oficina de notario.

notariado, da adj. Legalizado ante notario. || — M. Carrera, profesión o ejercicio de notario. || Conjunto de notarios.

notarial adj. Relativo al notario.

notario, ria m. y f. Funcionario público que da fe de los contratos, escrituras de compra y venta, testamentos y otros actos extrajudiciales.

noticia f. Noción, conocimiento elemental. || Información. || — Pl. Diario hablado en la radio o televisión, noticiario.

noticiar v. t. Dar noticia.

noticiario m. Película cinematográfica con noticias de actualidad. || Diario hablado en la radio o televisión. || Sección de un periódico dedicada a una especialidad.

noticiero, ra adj. Que da noticias. || — M. y f. Persona que da noticias o las escribe. || — M. *Méx.* Noticiario.

noticioso, sa adj. Que tiene noticias. || Conocedor.

notificación f. Acción de notificar. || Documento en que consta.

notificar v. t. Hacer saber oficialmente una resolución. || Dar noticia.

notoriedad f. Calidad de notorio.

notorio, ria adj. Evidente, patente.

novatada f. Broma o vejamen hecho en colegios, academias y cuarteles a los individuos de nuevo ingreso.

novato, ta adj. y s. Principiante.

novecientos, tas adj. Noningentésimo. || Nueve veces ciento (ú. t. c. s. m.). || — M. Conjunto de signos que representan el número novecientos.

novedad f. Calidad de nuevo. || Cambio inesperado: *hubo una gran novedad*. || Noticia o suceso reciente. || — Pl. Géneros de moda: *almacén de novedades*.

novedoso, sa adj. *Amer.* Nuevo.

novel adj. y s. Principiante.

novela f. Obra literaria extensa, en prosa, en la que se describen y narran acciones fingidas, caracteres, costumbres, etc. || Género literario constituido por estos relatos.

novelar v. i. Componer o escribir novelas. || *Fig.* Referir cuentos y patrañas. || — V. t. Dar forma de novela.

novelesco, ca adj. De novela.

novelista com. Escritor de novelas.

novelístico, ca adj. Relativo a la novela. || — F. Tratado histórico o preceptivo de la novela. || Género de las novelas.

novena f. Ejercicio devoto que se practica durante nueve días.

noveno, na adj. Que sigue en orden a lo octavo. || — M. Cada una de las nueve partes iguales en que se divide un todo.

noventa adj. Nueve veces diez (ú. t. c. s. m.). || — Nonagésimo (ú. t. c. s.). || — M. Conjunto de signos con que se representa el número noventa.

noventavo, va adj. y s. Nonagésimo.

noviazgo m. Estado de novio o novia. || Tiempo que dura.

noviciado m. Estado de los novicios antes de profesar. || Tiempo que dura este estado. || Casa en que residen los novicios. || *Fig.* Aprendizaje.

novicio, cia adj. y s. Religioso que aún no ha tomado el hábito. || Principiante en un arte u oficio.

noviembre m. Undécimo mes del año que tiene treinta días.

novillada f. Corrida de novillos.

novillero m. Torero de novillos.

novillo, lla m. y f. Res vacuna de dos o tres años. || *Chil.* y *Méx.* Ternero castrado. || *Fam. Hacer novillos*, faltar sin motivo al colegio.

novio, via m. y f. Persona que tiene relaciones amorosas con propósito de contraer matrimonio. || Contrayente en la ceremonia del matrimonio. || Recién casado: *viaje de novios*.

Np, símbolo químico del *neptunio*.

nube f. Masa de vapor acuoso en suspensión en la atmósfera. || Polvareda, humo u otra cosa que enturbia la atmósfera. || Multitud: *una nube de fotógrafos*. || *Fig.* Cosa que oscurece: *no hay una nube en mi felicidad*. || Mancha en las piedras preciosas. || *Med.* Mancha en la córnea del ojo.

nublado m. Ocultación del cielo por las nubes. || *Fig.* Multitud.

nublar v. t. Anublar. || Ocultar. || — V. pr. Cubrirse de nubes. || Volverse poco claro: *nublarse la vista*.

nubosidad f. Estado de nuboso.

nuca f. Parte posterior del cuello en que la columna vertebral se une con la cabeza.

nuclear adj. Relativo al núcleo de los átomos: *física nuclear*.

núcleo m. Hueso de la fruta. || Parte central del globo terrestre. || *Astr.* Parte más luminosa y más densa de un planeta. || *Biol.* Corpúsculo esencial de la célula. || *Fís.* Parte central del átomo formada por protones y neutrones. || *Fig.* Elemento primordial de una cosa. | Grupo reducido de personas. | Sector, centro urbano.

nucléolo m. Cuerpo esférico en el interior del núcleo de la célula.

nudillo m. Articulación de los dedos.

nudismo m. Práctica que consiste en exponer el cuerpo desnudo a los agentes naturales.

nudista adj. y s. Que practica el nudismo (ú. t. c. s.).

nudo m. Lazo muy apretado. || En los árboles y plantas, parte del tronco de donde salen las ramas.

|| Lugar donde se cruzan dos o más sistemas montañosos: *nudo de montañas.* || Cruce: *nudo de carreteras.* || *Fig.* Unión, vínculo. | Principal dificultad o duda: *el nudo de la cuestión.* || *Mar.* Unidad de velocidad equivalente a una milla (1 852 m) por hora.

nudoso, sa adj. Que tiene nudos.

nuera f. Hija política.

nuestro, tra adj. y pron. pos. De nosotros.

nueva f. Noticia.

nueve adj. Ocho y uno. || Noveno día del mes. || — M. Cifra que representa el número nueve. || Naipe con nueve figuras.

nuevo, va adj. Que se ve u oye por primera vez: *un nuevo sistema.* || Que sucede a otra cosa en el orden natural: *el nuevo parlamento.* || Novicio, inexperto: *ser nuevo en natación.* || Recién llegado: *nuevo en esta plaza.* || *Fig.* Poco usado: *un traje nuevo.* || — *Año nuevo,* primer día del año. || *De nuevo,* nuevamente. || *El Nuevo Mundo,* América.

nuez f. Fruto del nogal. || Prominencia de la laringe en el varón adulto.

nulidad f. Calidad de nulo. || Vicio que anula un acto jurídico: *recurso de nulidad.* || *Fam.* Persona inútil, nula.

nulo, la adj. Que carece de efecto legal: *fallo nulo.* || Incapaz, inútil, inepto: *hombre nulo.* || *Combate nulo,* tablas, empate.

numen m. Inspiración.

numeración f. Acción de numerar. || *Mat.* Sistema empleado para expresar todos los números. || — *Numeración arábiga* o *decimal,* la que emplea los diez signos árabes que, por su valor absoluto combinado con su posición relativa, pueden expresar cualquier cantidad. || *Numeración romana,* la que expresa los números por medio de siete letras del alfabeto latino.

Numeración romana

I	1	XII	12	C	100
II	2	XIV	14	CXC	190
III	3	XIX	19	CC	200
IV	4	XX	20	CCC	300
V	5	XXX	30	CD	400
VI	6	XL	40	D	500
VII	7	L	50	DC	600
VIII	8	LX	60	DCC	700
IX	9	LXX	70	DCCC	800
X	10	LXXX	80	CM	900
XI	11	XC	90	M	1000

numerador m. *Mat.* Término que indica cuántas partes de la unidad contiene un quebrado. || Aparato para numerar correlativamente.

numeral adj. Relativo al número. || Dícese de los adjetivos que sirven para indicar un número (ú. t. c. s. m.).

numerar v. t. Contar por el orden de los números. || Poner número a una cosa. || Expresar numéricamente la cantidad.

numerario, ria adj. Numeral, relativo al número. || Dícese del valor legal de la moneda. || — M. Dinero efectivo.

numérico, ca adj. Relativo a los números.

número m. *Mat.* Expresión de la cantidad computada con relación a una unidad. || Cifra o guarismo: *el número 7.* || Parte del programa de un espectáculo. || Tamaño de ciertas cosas: *¿qué número de zapatos tienes?* || *Gram.* Accidente que expresa si una palabra se refiere a una persona o cosa o a más de una. || *Fig.* Clase: *no está en el número de sus admiradores.* || Billete de lotería. || Cada una de las publicaciones periódicas: *lo leí en un número del diario ABC.* || — *Número redondo,* el que tiene unidades completas y representa algo aproximadamente. || *Números rojos,* saldo negativo en una cuenta de banco. || *Ser el número uno,* ser el primero, el mejor. || *Sin número,* en gran cantidad.

numeroso, sa adj. Muchos.

numismática f. Ciencia que trata de las monedas y medallas.

nunca adv. En ningún tiempo: *nunca ocurrió tal cosa.* || Ninguna vez: *nunca volveré a esta ciudad.*

nunciatura f. Cargo de nuncio.

nuncio m. Mensajero. || Representante diplomático del Papa.

nupcial adj. Relativo a las bodas.

nupcias f. pl. Boda.

nurse f. (pal. ingl.). Niñera.

nutria f. Mamífero carnívoro de color pardo rojizo y piel apreciada.

nutricio, cia adj. Nutritivo.

nutrición f. Conjunto de funciones orgánicas por las que los alimentos son transformados y hechos aptos para el crecimiento y la actividad de un ser viviente.

nutrido, da adj. *Fig.* Lleno, abundante: *estudio nutrido de datos.*

nutrir v. t. Alimentar: *la sangre nutre el cuerpo* (ú. t. c. pr.).

nutritivo, va adj. Que nutre.

ny f. Decimotercera letra del alfabeto griego.

nylon m. Fibra textil sintética realizada teniendo como base la resina poliamida.

NO

ñ

ñ f. Decimoquinta letra del alfabeto castellano y decimosegunda de sus consonantes.

ña f. *Amer.* Tratamiento que se da a ciertas mujeres.

ñacaniná f. *Arg.* Víbora grande.

ñácara f. *Amér. C.* Úlcera, llaga.

ñaco m. *Chil.* Gachas, puches.

ñacundá m. *Arg.* Ave nocturna de color pardo.

ñacurutú m. *Amer.* Búho.

ñamal m. Plantío de ñames.

ñame m. Planta comestible parecida a la batata. || Su raíz.

ñamera f. Planta del ñame.

ñancu m. *Chil.* Ave falcónida.

ñandú m. Ave corredora de América, semejante al avestruz.

ñandubay m. Árbol mimosáceo de América de madera rojiza.

ñandutí m. *Riopl.* Encaje muy fino, de origen paraguayo, que dio fama a la ciudad Itaguá.

ñanga f. *Amér. C.* Fango, lodo.

ñango, ga adj. *Amer.* Desgarbado. | Débil, anémico.

ñaño, ña adj. *Col.* Consentido, mimado. || *Per.* Íntimo amigo. || — F. *Arg.* y *Chil.* Hermana mayor. || *Chil.* y *P. Rico. Fam:* Niñera. || *Amer.* Excremento.

ñapa f. *Amer.* Propina. | Añadidura. || *Méx.* Robo, hurto. || *De ñapa,* por añadidura.

ñapango, ga adj. y s. *Col.* Mestizo; mulato.

ñapindá m. *Riopl.* Arbusto, parecido a la acacia, de flores amarillas.

ñapo m. *Chil.* Junco.

ñato, ta adj. *Amer.* Dícese de lo que es chato, romo. || — F. *Amer.* Nariz.

ñaupa adj. *Amer.* Dícese de la persona que es anticuada, que es ya de cierta edad, vieja (ú. t. c. s.).

ñeco m. *Ecuad.* Puñetazo.

ñeembucuense adj. y s. De Ñeembucú (Paraguay).

ñeque m. *Amer.* Fuerza, vigor. || *Méx.* Bofetada. || — Adj. *Amer.* Fuerte, vigoroso.

ño, ña m. y f. *Amer.* Tratamiento de señor.

ñoclo m. Buñuelo.

ñoñería y **ñoñez** f. Acción o dicho propio de una persona ñoña.

ñoño, ña adj. y s. *Fam.* Apocado, tímido, de poco ingenio. | Melindroso. | Soso, de poca gracia: *estilo ñoño.*

ñoqui m. Plato de pastas dispuestas en masitas irregulares aderezadas de varias maneras. || *Arg., Chil.* y *Urug.* Masa compuesta de patatas, mezcladas con harina de trigo, mantequilla, leche, huevos y queso rallado, que se hierve y se come en trocitos.

ñorbo m. *Ecuad.* y *Per.* Planta de adorno. || Su flor.

ñu m. Género de antílope del África del Sur.

ñublense adj. y s. De Ñuble (Chile).

ñuco, ca adj. y s. *Amer.* Dícese de la persona que perdió los dedos o parte de ellos.

ñudo m. (Ant.). Nudo.

ñufla f. *Chil.* Cosa sin valor.

ñutir v. t. *Col.* Refunfuñar.

ñusta f. Hija de los emperadores incaicos o joven perteneciente a la familia real.

ñuto, ta adj. *Ecuad.* Triturado.

o

o f. Decimosexta letra del alfabeto castellano y cuarta de sus vocales. || — **O,** símbolo químico del *oxígeno.* || **O.,** abreviatura de *Oeste.*

o conj. Denota alternativa o diferencia: *ir o venir.* || Denota también idea de equivalencia significando *o sea, esto es.*

oasis m. Lugar con vegetación y con agua en medio del desierto.

oaxaqueño, ña adj. y s. De Oaxaca (México).

obcecar v. t. Cegar, ofuscar.

obedecer v. t. Hacer lo que otro manda: *obedecer a un superior.* || Ejecutar lo que ordenan las leyes. || Tener un motivo: *mi acción obedece a razones humanitarias.* || *Fig.* Estar sometido a una fuerza, a un impulso.

obediencia f. Acción o hábito de obedecer. || Sumisión.

obediente adj. Que obedece.

obelisco m. Monumento cuadrangular en forma de aguja.

obenque m. *Mar.* Cabo que sujeta la cabeza de los palos.

obertura f. Trozo de música instrumental con que se da principio a una ópera, oratorio, concierto, etc.

obesidad f. Desarrollo excesivo del tejido adiposo.

obeso, sa adj. y s. Muy grueso.

óbice m. Obstáculo.

obispado m. Dignidad y cargo del obispo. || Diócesis.

obispo m. Prelado que gobierna una diócesis.

óbito m. Defunción.

objeción f. Impugnación de algo.

objetar v. t. Impugnar.

objetivar v. t. Hacer objetivo.

objetividad f. Calidad de objetivo.

objetivo, va adj. Relativo al objeto en sí y no a nuestro modo de pensar o de sentir. || Desapasionado, imparcial: *explicación objetiva.* || — M. Lente de un aparato de óptica o máquina fotográfica dirigida hacia el objeto que se observa. || Finalidad, meta.

objeto m. Todo lo que puede ser materia de conocimiento intelectual o sensible: *las imágenes de los objetos.* || Cosa: *había muchos objetos tirados por el suelo.* || Propósito, intención: *su conducta tenía por objeto ser simpático a sus electores.* || Asunto, motivo: *ser objeto de admiración.* || Con objeto de, para.

objetor adj. y s. Que se opone a algo. || *Objetor de conciencia,* el que se niega a hacer el servicio militar por razones de orden político o religioso.

oblea f. Hoja muy delgada de harina y agua con la que se hacen las hostias.

oblicuángulo, la adj. Que no tiene recto ningún ángulo.

oblicuidad f. Calidad de oblicuo.

oblicuo, cua adj. Sesgado, inclinado al través o desviado de la horizontal. || *Geom.* Dícese del plano o línea que se encuentra con otro u otra y forma con él o ella un ángulo que no es recto.

obligación f. Imposición o exigencia moral que limita el libre albedrío. || Vínculo que sujeta a hacer o no hacer una cosa. || Gratitud: *tenerle obligación a uno.* || Título negociable de interés fijo que representa una suma prestada a favor de una sociedad o colectividad pública.

obligado, da adj. Que hay que hacer.

obligar v. t. Hacer que alguien realice algo por la fuerza o autoridad. || Tener autoridad para forzar: *la ley obliga a todos.* || Afectar: *norma que obliga a todos.* || Hacer fuerza en una cosa para colocarla de cierta manera. || — V. pr. Comprometerse a cumplir una cosa.

obligatoriedad f. Calidad de obligatorio.

obligatorio, ria adj. Que obliga.

obliteración f. Acción y efecto de obliterar.

obliterador, ra adj. Que oblitera. || — M. Aparato o instrumento con que se oblitera.

obliterar v. t. Obstruir o cerrar un conducto o cavidad de un cuerpo. || Imprimir o poner una marca especial sobre los sellos de correos para que no puedan utilizarse de nuevo.

oblongo, ga adj. Más largo que ancho.

obnubilación f. Ofuscamiento.

oboe m. Instrumento músico de viento, semejante a la dulzaina, provisto de doble lengüeta. || — M. y f. Oboísta.

oboísta com. Persona que toca el oboe.

óbolo m. Contribución pequeña.

obra f. Cosa hecha o producida por un agente. || Edificio en construcción. || Parte estrecha de un alto horno encima del crisol. || *Obras públicas,* las realizadas en la construcción, reparación o conservación de cosas de utilidad general.

obrador m. Taller: *obrador de costura.*

obrar v. t. Hacer una cosa. || Edificar, construir una obra. || — V. i. Causar efecto. || Exonerar el vientre. || Estar en poder de: *obra en mi poder su carta.*

obrero, ra adj. Que trabaja. || — M. y f. Trabajador manual.

obscenidad f. Calidad de obsceno. || Cosa obscena.

obsceno, na adj. Contrario al pudor.

obscuro *y sus derivados.* V. oscuro *y sus derivados.*

obseder v. t. Provocar obsesión.

obsequiar v. t. Agasajar con atenciones o regalos. || Galantear.

obsequio m. Agasajo. ‖ Regalo. ‖ Deferencia, afabilidad.

obsequiosidad f. Atención, cortesía. ‖ Amabilidad excesiva.

obsequioso, sa adj. Cortés.

observación f. Acción y efecto de observar. ‖ Atención dada a algo: *la observación de las costumbres.* ‖ Advertencia: *le hice algunas observaciones.* ‖ Nota explicativa en un libro.

observador, ra adj. Que observa o cumple un precepto (ú. t. c. s.).

observar v. t. Examinar con atención: *observar los síntomas de una enfermedad.* ‖ Acatar, cumplir lo que se manda y ordena: *observar una ley.* ‖ Advertir, darse cuenta, notar: *observar un error.* ‖ Vigilar, espiar: *observar la conducta ajena.* ‖ Contemplar los astros: *observar las estrellas.* ‖ — V. pr. Notarse: *se observa una mejoría.*

observatorio m. Lugar para hacer observaciones, especialmente astronómicas o meteorológicas.

obsesión f. Idea fija que se apodera del espíritu.

obsesionante adj. Obsesivo.

obsesionar v. t. Causar obsesión.

obsesivo, va adj. Que obsesiona.

obseso, sa adj. y s. Dominado por una obsesión.

obsolescencia f. Calidad de antiguo.

obsolescente adj. Que empieza a estar anticuado, en desuso.

obsoleto, ta adj. Anticuado.

obstaculizar v. t. Poner obstáculos.

obstáculo m. Impedimento, estorbo. ‖ Cada una de las vallas en la pista de algunas carreras: *carrera de obstáculos.*

obstante adj. Que obsta. ‖ *No obstante,* sin embargo.

obstar v. i. Impedir, estorbar. ‖ — V. impers. Oponerse o ser contraria una cosa a otra: *eso no obsta.* (Este verbo sólo se emplea en oraciones negativas.)

obstetricia f. Parte de la medicina que trata del embarazo, el parto y el puerperio.

obstinación f. Terquedad.

obstinado, da adj. Terco (ú. t. c. s.).

obstinarse v. pr. Empeñarse.

obstrucción f. Acción de obstruir. ‖ *Med.* Atascamiento de un conducto natural. ‖ En una asamblea, táctica que retarda o impide los acuerdos: *hacer obstrucción al proyecto.*

obstruccionismo m. Práctica de la obstrucción en una asamblea.

obstruir v. t. Estorbar el paso, cerrar un camino o conducto. ‖ *Fig.* Impedir la acción, dificultar, obstaculizar. ‖ — V. pr. Cerrarse, taparse un agujero, caño, etc.

obtemperar v. t. Asentir.

obtención f. Consecución.

obtener v. t. Alcanzar.

obturación f. Acción y efecto de obturar.

obturador, ra adj. Que sirve para obturar. ‖ — M. *Fot.* Aparato que cierra el objetivo y puede abrirse durante un tiempo determinado para dar paso a la luz.

obturar v. t. Tapar, obstruir.

obtuso, sa adj. Sin punta. ‖ *Fig.* Tardo en comprender, torpe: *obtuso de entendimiento* (ú. t. c. s.). ‖ *Ángulo obtuso,* el mayor o más abierto que el recto.

obús m. Cañón corto. ‖ Proyectil de artillería.

obviar v. t. Sortear, quitar obstáculos. ‖ — V. i. Obstar, oponerse.

obvio, via adj. *Fig.* Muy claro.

oc adj. (pal. provenzal que significa sí). *Lengua de oc* u *occitano,* conjunto de dialectos del sur de Francia que tienen un origen latino.

oca f. Ansar. ‖ Juego que se practica con dos dados y un cartón sobre el cual van pintadas casillas que representan objetos diversos y un ganso u oca cada nueve de ellas. ‖ *Fam.* ¡La oca!, ¡el colmo!

ocarina f. Instrumento músico de viento de forma ovoide y ocho agujeros.

ocasión f. Oportunidad. ‖ Causa, motivo: *ocasión de lamentarse.* ‖ Momento, circunstancia: *en aquella ocasión.* ‖ Peligro, riesgo. ‖ Objeto que se vende a un precio muy bajo. ‖ Cualquier objeto que se vende después de haber sido usado. ‖ *De ocasión,* de lance. ‖ *En cierta ocasión,* una vez.

ocasional adj. Accidental.

ocasionar v. t. Ser causa o motivo.

ocaso m. Puesta del Sol tras el horizonte. ‖ *Fig.* Decadencia.

occidental adj. Relativo al Occidente. ‖ *Astr.* Dícese del planeta que se pone después del ocaso del Sol. ‖ Dícese de los pueblos de Occidente, por oposición a los del Este de Europa (ú. t. c. s. m.).

occidente m. Punto cardinal por donde se oculta el Sol, oeste. ‖ Parte del hemisferio Norte situada hacia donde se pone el Sol. ‖ Conjunto de los Estados del O. de Europa, por oposición a los del E. y a los de Asia.

occipital adj. Del occipucio.

occipucio m. Parte de la cabeza en que ésta se une a las vértebras del cuello.

occiso, sa adj. y s. Muerto violentamente.

occitano, na adj. Relativo a Occitania, nombre dado a las regiones en que se hablaba la lengua de oc (Francia). ‖ — M. y f. Habitante de Occitania. ‖ — M. Lengua de oc.

oceánico, ca adj. Relativo al océano o a Oceanía.

océano m. Masa total de agua que cubre las tres cuartas partes de la Tierra. ‖ Cada una de sus cinco grandes divisiones: *océano Glacial del Norte o Ártico, océano Atlántico, océano Pacífico y océano Índico.* ‖ *Fig.* Inmensidad, infinitud.

ocelo m. Ojo sencillo de los insectos.

ocelote m. Mamífero felino.

ochavo m. Moneda antigua de cobre.

ochenta adj. y s. Ocho veces diez. ‖ Octogésimo.

ochentavo, va adj. Aplícase a cada una de las ochenta partes iguales en que se divide un todo (ú. t. c. s.).

ochentón, ona adj. y s. *Fam.* Octogenario.

ocho adj. Siete y uno, o dos veces cuatro. ‖ Octavo: *el año ocho.* ‖ — M. Cifra que representa el número ocho. ‖ Naipe con ocho figuras.

ochocientos, tas adj. y s. m. Ocho veces ciento. ‖ Octingentésimo. ‖ — M. Conjunto de signos que representan el número ochocientos.

ocio m. Tiempo libre.

ociosidad f. Estado de ocioso.

ocioso, sa adj. Que está sin trabajar (ú. t. c. s.). ‖ Innecesario, inútil.

ocluir v. t. Cerrar un conducto.

oclusión f. Cierre accidental de un conducto natural.

ocote m. *Méx.* Especie de pino.

ocozol m. *Méx.* Árbol cuyo tronco y ramas exudan un bálsamo aromático.

ocre m. Tierra arcillosa amarilla que contiene un óxido férreo, hidratado y se emplea en pintura. || — Adj. y s. m. Dícese del color amarillo oscuro.

octaedro m. *Geom.* Sólido de ocho caras que son triángulos.

octagonal adj. Del octágono.

octágono, na adj. y s. m. Octógono.

octanaje m. Número de octanos de un carburante.

octano m. Hidrocarburo saturado del petróleo.

octava f. Los ocho días que siguen a ciertas fiestas religiosas.

octavilla f. Octava parte de un pliego de papel. || Hoja de propaganda. || Estrofa de ocho versos cortos.

octavo, va adj. Que sigue en orden a lo séptimo. || — M. Cada una de las ocho partes iguales en que se divide un todo.

octogenario, ria adj. y s. Que tiene la edad de ochenta años.

octogésimo, ma adj. Que ocupa el lugar ochenta. || — M. Cada una de las 80 partes iguales en que se divide un todo.

octogonal adj. Del octógono.

octógono, na adj. y s. m. Dícese del polígono de ocho lados y ángulos.

octosílabo, ba adj. De ocho sílabas. || — M. Verso de ocho sílabas.

octubre m. Décimo mes del año que tiene treinta días.

ocular adj. Relativo a los ojos o a la vista. || — M. En los aparatos ópticos, lente a que aplica el ojo el observador.

oculista adj. y s. Médico especialista de los ojos.

ocultación f. Acción de ocultar.

ocultador, ra adj. Que oculta (ú. t. c. s.).

ocultar v. t. Impedir que sea vista una persona o cosa. || Esconder: *ocultar el dinero* (ú. t. c. pr.). || Encubrir, disfrazar: *ocultar un delito.* || Callar: *ocultar la verdad.*

oculto, ta adj. Escondido. || Misterioso: *influencia oculta.*

ocupación f. Acción y efecto de ocupar: *la ocupación de una ciudad.* || Trabajo que impide emplear el tiempo en otra cosa. || Empleo, oficio: *dedicarse a sus ocupaciones.*

ocupado, da adj. Dícese de la línea telefónica que está comunicando.

ocupante adj. y s. Que ocupa.

ocupar v. t. Tomar posesión, apoderarse de una cosa: *ocupar un país.* || Llenar un espacio: *ocupar un local.* || Habitar: *ocupar un piso.* || Desempeñar un cargo: *ocupar la presidencia.* || Llevar: *su encargo me ocupó el día.* || Dar en qué trabajar: *ocupar a los obreros.* || — V. pr. Emplearse en algo.

ocurrencia f. Idea de hacer algo que tiene una persona. || Gracia, agudeza.

ocurrente adj. Que ocurre. || Que tiene ocurrencias ingeniosas.

ocurrir v. i. Acontecer, suceder. || — V. pr. Venir a la imaginación.

oda f. Composición lírica.

odalisca f. Mujer del harén.

odeón m. Teatro.

odiar v. t. Sentir odio, aborrecer.

odio m. Aversión.

odioso, sa adj. Abominable.

odisea f. Conjunto de penalidades y dificultades que pasa alguien.

odontología f. Estudio y tratamiento de los dientes.

odontólogo, ga m. y f. Dentista.

odorante adj. Oloroso.

odre m. Piel cosida para contener vino, etc. || *Fam.* Borracho.

oeste m. Occidente, poniente. || Viento que sopla de esta parte. || Punto cardinal situado donde se pone el Sol. || País situado al Oeste. || *Película del Oeste,* la que relata la colonización de los pioneros y vaqueros en el Oeste de los Estados Unidos.

ofender v. t. Injuriar, agraviar a uno. || — V. pr. Picarse o enfadarse.

ofendido, da adj. y s. Agraviado.

ofensa f. Palabra que agravia.

ofensivo, va adj. Que ofende o puede ofender. || Que sirve para atacar: *arma ofensiva.* || — F. Actitud o estado del que trata de ofender o atacar.

ofensor, ra adj. y s. Que ofende.

oferta f. Proposición de un contrato a otra persona. || Ofrecimiento de un bien o de un servicio que puede ser vendido a un precio determinado: *la ley de la oferta y la demanda.* || La cosa ofrecida: *oferta interesante.*

ofertar v. t. Ofrecer en venta.

ofertorio m. Parte de la misa en que el celebrante ofrece a Dios la hostia y el vino.

office [*ofis*] m. (pal.fr.). Antecocina, parte de una casa donde se prepara lo que depende del comedor.

offset m. Procedimiento de impresión en el cual la plancha entintada imprime un cilindro de caucho que traslada la impresión al papel. || — Adj. Dícese de la máquina que aplica este procedimiento.

offshore u **off shore** adj. inv. (pal. ingl.). Dícese de la parte de la industria petrolera que se relaciona con la exploración, perforación y explotación de los yacimientos situados en los fondos marinos.

offside [*ofsaid*] m. (pal. ingl.). En fútbol, rugby, etc., falta del delantero que se sitúa entre el portero y los defensas contrarios, fuera de juego.

off the record loc. ingl. De modo oficioso. || Confidencialmente.

oficial adj. Que proviene de una autoridad. || formal, serio: *novia oficial.* || — M. Obrero. || Aquel que en un oficio no es todavía maestro. || Militar desde alférez a capitán.

oficiala f. Obrera.

oficializar v. t. Hacer oficial.

oficiante com. Persona que oficia.

oficiar v. t. e i. Celebrar los oficios religiosos. || Hacer el papel de.

oficina f. Despacho, departamento donde trabajan hombres de negocios, los empleados, etc. || Establecimiento público: *oficina de Correos.*

oficinista com. Persona empleada en una oficina.

oficio m. Profesión manual o mecánica. || Función, papel: *desempeñar su oficio.* || Comunicación escrita de carácter oficial. || Función propia de una cosa. || *De oficio,* automáticamente.

oficiosidad f. Calidad de oficioso.

oficioso, sa adj. Hecho o dicho por una autoridad sin carácter oficial.

ofidios m. pl. Orden de reptiles que comprende las culebras y las serpientes (ú. t. c. adj.).

ofrecer v. t. Prometer, asegurar: *ofrecer ayuda.* || Presentar o dar voluntariamente una cosa: *le ofrecí un cigarrillo.* || Tener, mostrar, presentar ventajas. || Decir lo que uno está dispuesto a pagar por algo. || — V. pr. Proponerse. || Ocurrir: *¿qué se te ofrece?*

ofrecimiento m. Acción de ofrecer.

ofrenda f. Don que se ofrece a Dios o a los santos. || Regalo.

ofrendar v. t. Hacer una ofrenda: *ofrendar a Dios.* || Sacrificar.

oftálmico, ca adj. De los ojos.

oftalmología f. Estudio de las enfermedades de los ojos.

oftalmólogo, ga m. y f. Oculista.

ofuscación y **ofuscamiento** m. Turbación de la vista por deslumbramiento. || *Fig.* Ceguera.

ofuscar v. t. Deslumbrar, turbar la vista. || *Fig.* Obcecar, trastornar el entendimiento (ú. t. c. pr.).

ogro m. *Mit.* Gigante que devoraba a las personas.

¡oh! interj. Indica asombro, admiración, dolor, pena o alegría.

ohm y **ohmio** m. Unidad de medida de la resistencia eléctrica (símb. Ψ)

oídio m. Hongo parásito.

oído m. Sentido del oír: *tener el oído fino.* || Aparato de la audición, especialmente su parte interna. || — *Dar oídos,* dar crédito. || *Ser todo oídos,* escuchar atentamente. || *Tener oído* o *buen oído,* tener disposición para la música.

oíl adv. *Lengua de oíl,* conjunto de dialectos medievales existente en la mitad norte de Francia, es decir en la parte superior de una línea trazada entre las ciudades de Poitiers y Grenoble.

oír v. t. Percibir los sonidos: *oír un ruido.* || Acceder a los ruegos de uno: *oír sus súplicas.* || Darse por enterado. || Asistir a misa.

ojal m. Abertura en una tela por donde entra un botón.

¡ojalá! interj. Expresa vivo deseo de que ocurra una cosa.

ojeada f. Mirada rápida.

ojeador, ra m. y f. Persona que ojea la caza.

ojear v. t. Mirar a determinada parte. || Espantar la caza para que vaya al sitio donde están los cazadores.

ojeo m. Acción y efecto de ojear.

ojera f. Círculo amoratado que rodea a veces el ojo (ú. m. en pl.).

ojeriza f. Odio, inquina, tirria.

ojete m. *Fam.* Ano.

ojiva f. *Arq.* Figura formada por dos arcos de círculos iguales cruzados en ángulo. | Arco de esta forma. || Carga atómica que se desprende de los cohetes.

ojo m. Órgano de la vista: *tener algo ante los ojos.* || Agujero de ciertos objetos: *ojo de la aguja.* || Agujero de las herramientas o donde pasa el mango o de las tijeras por donde se meten los dedos. || Agujero del pan, del queso, de las gotas redondas de grasa que hay en el caldo, etc. || *Fig.* Atención, cuidado: *tenga mucho ojo para no ofenderle.* | Perspicacia, acierto: *tiene mucho ojo en los negocios.* || Palabra que se dice o pone como señal al margen de un escrito para llamar la atención de

algo. || — *Fig. A ojo,* a bulto. || *A ojos cerrados,* sin reflexionar. | *A ojos vistas,* claramente. || *Fam. Costar un ojo de la cara,* costar muy caro. || *Fig. En un abrir y cerrar de ojos,* con gran rapidez. | *Estar ojo alerta* o *avizor,* estar sobre aviso. | *No pegar (el) ojo,* no dormir. | *¡Ojo!* o *¡mucho ojo!,* ¡cuidado! || *Ojo de buey,* ventana o claraboya circular. || *Fig. Saltar a los ojos,* ser evidente. | *Ser el ojo derecho de uno,* ser el de su mayor confianza y el preferido. | *Ser todo ojos,* mirar muy atentamente.

ojolote m. *Méx.* Planta de cuya fibra se saca el hilo de este nombre.

ojota f. *Amer.* Sandalia.

O.K. [*okey*], Expresión norteamericana que significa *bien, de acuerdo.*

okapi m. Animal rumiante de aspecto intermedio entre la cebra y la jirafa.

ola f. Onda de gran amplitud en la superfice de las aguas. || Fenómeno atmosférico que produce variación repentina de la temperatura de un lugar: *ola de frío.* || *Fig.* Multitud, oleada: *ola de gente.* || *Fig. La nueva ola,* la joven generación vanguardista.

¡ole! y **¡olé!** interj. Se emplea para animar o aplaudir.

oleáceo, a adj. y s. f. Dícese de las plantas dicotiledóneas a que pertenecen el olivo, el fresno, el jazmín, la lila. || — F. pl. Familia de estas plantas.

oleada f. Ola grande. || Embate, golpe que da la ola. || *Fig.* Movimiento impetuoso de la gente. | Abundancia repentina.

oleaginoso, sa adj. Aceitoso.

oleaje m. Sucesión de olas.

oleicultura f. Cultivo del olivo o producción de aceite.

oleína f. Sustancia líquida que forma parte de la composición de las grasas y aceites.

óleo m. Aceite de oliva. || Por antonomasia, el que usa la Iglesia en los sacramentos y otras ceremonias: *los santos óleos.* || — *Pintura al óleo,* la que se hace con colores disueltos en aceite secante. || *Santo óleo,* el de la extremaunción.

oleoducto m. Tubería para la conducción de petróleo.

oler v. t. Percibir los olores. || *Fig.* Figurarse, imaginarse, sospechar una cosa. Ú. t. c. pr.: *olerse un peligro.* | Curiosear. || — V. i. Exhalar olor. || *Fig.* Tener aspecto de una cosa: *eso huele a mentira.*

olfatear v. t. Oler mucho. || *Fam.* Sospechar. || Ventear los perros.

olfateo m. Acción y efecto de olfatear.

olfato m. Sentido para percibir los olores. || *Fig.* Sagacidad, perspicacia.

oligarca m. Cada uno de los individuos de una oligarquía.

oligarquía f. Gobierno en que unas cuantas personas de una misma clase asumen todos los poderes del Estado. || *Fig.* Conjunto de negociantes poderosos que imponen su monopolio.

oligoceno adj. y s. m. *Geol.* Dícese del período y del terreno de la era terciaria entre el eoceno y el mioceno.

oligoelemento m. Sustancia necesaria en cantidad muy pequeña para el funcionamiento de los organismos vivos: *el manganeso, hierro, cobalto, boro, magnesio son oligoelementos.*

oligofrenia f. Desarrollo mental defectuoso de origen congénito.

oligopolio m. Mercado con pocos vendedores y muchos compradores.

olimpeño, ña adj. y s. De Olimpo (Paraguay).

olimpiada u **olimpíada** f. Entre los griegos, fiesta o juego que se celebraba cada cuatro años en la ciudad de Olimpia. || Período de cuatro años entre estas fiestas. || Juegos olímpicos.

olímpico, ca adj. Relativo al Olimpo o a Olimpia (Grecia). || Propio de los Juegos olímpicos. || *Fig.* Altanero, orgulloso: *olímpico desdén*. || *Juegos olímpicos*, competiciones deportivas internacionales que se verifican cada cuatro años con la participación de atletas aficionados de todos los países.

olimpo m. Residencia de los dioses. || Conjunto de los dioses que vivían en el monte Olimpo.

oliscar y **olisquear** v. t. Olfatear.

oliva f. Aceituna.

olivar m. Terreno con olivos.

olivarero, ra adj. Relativo al olivo.

olivo m. Árbol oleáceo cuyo fruto es la aceituna. || Madera de este árbol.

olla f. Vasija redonda de barro o metal, con dos asas, que sirve para cocer. || Guisado de carne y legumbres secas.

olmeca adj. y s. Dícese del individuo de un pueblo mexicano en los actuales Estados de Veracruz, Tabasco y Oaxaca.

olmo m. Árbol de excelente madera.

ológrafo, fa adj. Aplícase al testamento de puño y letra del testador.

olor m. Emanación transmitida por un fluido (aire, agua) y percibida por el olfato. || Sensación producida por esta emanación.

oloroso, sa adj. De buen olor.

olote m. *Méx.* Hueso de la mazorca del maíz.

olvidadizo, za adj. Desmemoriado.

olvidar v. t. Perder el recuerdo de una cosa: *olvidar su nombre* (ú. t. c. pr.). || Dejar por inadvertencia: *olvidar el paraguas* (ú. t. c. pr.). || Dejar el cariño que antes se tenía: *olvidar a su novia*. || No agradecer: *olvidó todos mis favores*.

olvido m. Falta de memoria.

ombligo m. Cicatriz redonda y arrugada que se forma en el vientre después de secarse el cordón umbilical. || *Fig.* Centro de una cosa.

ombú m. Árbol de América de madera fofa y corteza blanda y gruesa.

omega f. Última letra del abecedario griego (ω) correspondiente a la *o larga*.

omeya adj. Aplícase a los descendientes del jefe árabe de este nombre (ú. t. c. s.).

ómicron f. O breve del alfabeto griego.

ominoso, sa adj. Abominable.

omisión f. Abstención de hacer o decir. || Lo omitido. || Olvido.

omiso, sa adj. Flojo y descuidado. || *Hacer caso omiso,* no hacer caso.

omitir v. t. Dejar de hacer una cosa.

ómnibus m. Vehículo para el transporte público de viajeros.

omnímodo, da adj. Total, absoluto.

omnipotencia f. Poder omnímodo.

omnipotente adj. Todopoderoso.

omnipresencia f. Presencia constante.

omnipresente adj. Que está siempre presente en cualquier lugar.

omnisciencia f. Conocimiento de todo.

omnisciente adj. Que sabe todo.

ómnium m. Competición ciclista sobre pista de varias pruebas.

omnívoro, ra adj. y s. Aplícase a los animales que se nutren con toda clase de sustancias orgánicas.

omóplato y **omoplato** m. Cada uno de los dos huesos anchos y casi planos a uno y otro lado de la espalda, donde se articulan los húmeros y las clavículas.

onagro m. Asno salvaje.

once adj. Diez y uno. || Undécimo: *Alfonso XI (once).* || — M. Equipo de once jugadores. || Cifra que representa el número once.

onceavo, va adj. Undécimo.

onda f. Cada una de las elevaciones producidas en la superficie del agua. || Ola. || Ondulación. || *Fig.* Curva que forma el pelo, una tela, etc. || *Fís.* Modificación de un medio físico que, como consecuencia de una perturbación inicial, se propaga por el mismo en forma de oscilaciones periódicas. || *Onda corta,* en radio, la que tiene una longitud comprendida entre 10 y 100 m. || *Onda eléctrica* o *hertziana,* la generada por una corriente oscilatoria. || *Onda larga,* en radio, la de 1 000 a 2 000 m. || *Onda media,* en radio, la de 200 a 600 m. || *Onda sonora,* la que se origina en un cuerpo elástico y transmite el sonido.

ondear v. i. Formar ondas.

ondina f. Ninfa de las Aguas.

ondulación f. Movimiento oscilatorio que se produce en un líquido. || Cualquier otro movimiento parecido al de las ondas. || Forma sinuosa que se da al pelo.

ondulado, da adj. Que forma ondas.

ondular v. i. Moverse una cosa formando giros en figura de eses. || — V. t. Hacer ondas en el pelo.

ondulatorio, ria adj. Que se extiende en forma de ondulaciones.

oneroso, sa adj. Que cuesta dinero.

ónice f. Ágata veteada.

onírico, ca adj. De los sueños.

onirismo m. Delirio onírico.

ónix f. Ónice.

onomástico, ca adj. De los nombres propios. || *Día onomástico,* el del santo de uno (ú. t. c. s.).

onomatopeya f. Palabra que imita el sonido de la cosa como *paf* y *runrún.* || Empleo de estas palabras.

ontología f. Parte de la metafísica que trata del ser en general.

ontológico, ca adj. Relativo a la ontología.

onubense adj. y s. De Huelva (España).

onza f. Mamífero carnicero.

onzavo, va adj. y s. Undécimo.

oocito m. Célula sexual femenina que aún no ha sufrido la reducción cromática o meyosis.

opacidad f. Calidad de opaco.

opaco, ca adj. No transparente.

opal m. Tejido fino de algodón.

ópalo m. Piedra preciosa tornasolada.

opción f. Facultad de elegir.

opcional adj. Facultativo.

ópera f. Obra teatral cantada. || Su letra. || Su música. || Teatro donde se representan estas obras. || — *Ópera bufa,* la de carácter humorístico. || *Ópera* cómica, la que alterna el canto con el diálogo hablado.

operación f. Acción o labor necesarias para hacer una cosa. || *Com.* Negociación o contrato sobre valores o mercaderías: *operación de Bolsa*. || *Mat.* Ejecución de un cálculo determinado sobre una o varias entidades matemáticas con objeto de hallar otra entidad llamada *resultado*. || *Med.* Intervención quirúrgica. || *Mil.* Conjunto de maniobras, combates, etc., en una región determinada encaminado al logro de una finalidad precisa.

operado, da adj. y s. Que ha sufrido una operación quirúrgica.

operador, ra m. y f. Cirujano. || Persona encargada de la parte fotográfica del rodaje de una película.

operar v. t. Someter a una intervención quirúrgica. || Efectuar una operación de cálculo, de química. || *Fig.* producir. || — V. i. Obrar, producir su efecto. || *Com.* Negociar. || — V. pr. Realizarse, producirse. || Someterse a una operación quirúrgica.

operario, ria m. y f. Obrero.

opereta f. Obra musical de teatro de carácter frívolo y alegre.

opinante adj. y s. Que opina.

opinar v. i. Pensar, formar o tener opinión. || Expresarla.

opinión f. Parecer, concepto.

opio m. Droga narcótica que se obtiene del jugo desecado de las cabezas de las adormideras.

opíparo, ra adj. Abundante.

oponente adj. y s. Que se opone.

oponer v. t. Poner una cosa contra otra para estorbarla o impedirle su efecto. || *Fig.* Poner enfrente. Objetar, opugnar: *oponer argumentos.* || — V. pr. Ser una cosa contraria a otra. || Estar una cosa enfrente de otra. || Mostrarse contrario: *oponerse a una decisión.*

oporto m. Vino de Oporto (Portugal).

oportunidad f. Ocasión.

oportunismo m. Acción de aprovechar las oportunidades.

oportunista adj. y s. Partidario del oportunismo.

oportuno, na adj. Que se hace o sucede en el momento conveniente. || Indicado: *sería oportuno decírselo.*

oposición f. Obstáculo, impedimento. || Contraste. || Disconformidad, desacuerdo. || Concurso para la obtención de ciertos empleos: *oposición a una cátedra.* || Minoría de los cuerpos legislativos impugna los actos del Gobierno.

oposicionista adj. Relativo a la oposición. || Dícese de la persona que forma parte de la oposición política (ú. t. c. s.).

opositar v. i. hacer oposiciones.

opositor, ra m. y f. Persona que se opone a otra. || Candidato que toma parte en las oposiciones.

opresión f. Acción de oprimir.

opresivo, va adj. Que oprime.

opresor, ra adj. y s. Que oprime.

oprimido, da adj. y s. Que sufre opresión.

oprimir v. t. Ejercer presión sobre una cosa: *oprimir un botón.* || Gobernar tiránicamente, dominar: *oprimir al pueblo.* || Afligir.

oprobio m. Infamia.

optar v. t. e i. Elegir.

óptico, ca adj. Relativo a la óptica. || *Nervio óptico,* el que une el ojo al encéfalo. || — M. Comerciante en instrumentos de óptica. || — F. Estudio de las leyes y los fenómenos de la luz. || Sistema óptico. || Arte de hacer microscopios, lentes e instrumentos de óptica. || Tienda de aparatos de óptica. || *Fig.* Punto de vista, enfoque: *según la óptica con que se mire.*

optimismo m. Propensión a ver en las cosas el aspecto más favorable.

optimista adj. y s. Que ve las cosas bajo el aspecto más favorable.

óptimo, ma adj. Muy bueno.

opuesto, ta adj. Enfrente.

opugnación f. Oposición.

opugnar v. t. Hacer oposición.

opulencia f. Gran riqueza.

opulento, ta adj. Muy rico. || Abundante: *opulenta cabellera.*

opúsculo m. Libro pequeño.

oquedad f. Hueco.

oquis (de) adv. *Méx. Fam.* Gratis.

ora conj. Expresa una relación de alternancia: *ora sabio, ora ignorante.*

oración f. Rezo. || *Gram.* Frase.

oráculo m. *Fig.* Persona considerada como sabia y de gran autoridad.

orador, ra m. y f. Persona que pronuncia un discurso en público.

oral adj. Expresado verbalmente. || — M. Examen que consta de preguntas hechas de viva voz.

orangután m. Mono antropomorfo de brazos muy largos.

orar v. i. Rezar. || — V. t. Rogar.

orate com. Loco.

oratoria f. Arte de hablar.

oratorio m. Lugar destinado a la oración. || Drama musical religioso.

orbe m. Mundo, universo.

órbita f. Curva elíptica que describe un astro o un satélite o cohete alrededor de un planeta. || Cavidad o cuenca del ojo. || *Fig.* Ámbito, esfera.

orca f. Cetáceo muy voraz.

órdago m. Envite del resto en el mus. || *De órdago,* magnífico.

orden m. Colocación de las cosas en el lugar que les corresponde. || Conjunto de reglas, leyes, estructuras que constituyen una sociedad. || Paz, tranquilidad: *asegurar el orden.* || Clase, categoría: *problemas de orden financiero.* || *Arq.* Cierta disposición y proporción de los cuerpos principales que componen un edificio. || *Hist. nat.* División o grupo en la clasificación de las plantas y animales intermedio entre la clase y la familia. || *El orden del día,* lista de asuntos que tratará una asamblea. || — F. Mandato: *obedecer una orden.* || Decisión: *orden ministerial.* || Sociedad religiosa cuyos miembros hacen el voto de seguir una regla. || Instituto civil o militar. || Endoso de una letra de cambio comercial: *billete a la orden.* || — *Orden del día,* la dada diariamente a los cuerpos de un ejército. || *Orden de pago,* documento en el que se dispone que sea pagada una cantidad al portador o nominalmente.

ordenación f. Disposición, arreglo. || Ceremonia para conferir las sagradas órdenes. || Mandato, orden.

ordenado, da adj. Que tiene orden y método. ‖ Que ha recibido las órdenes sagradas (ú. t. c. s.). ‖ Encaminado, dirigido. ‖ — F. *Geom.* Recta tirada desde un punto perpendicularmente al eje de las abscisas.

ordenador, ra adj. y s. Que ordena. ‖ — M. Calculador electrónico constituido por un conjunto de máquinas especializadas dependientes de un programa común, que permite, sin intervención del hombre, efectuar complejas operaciones aritméticas y lógicas.

ordenamiento m. Acción y efecto de ordenar. ‖ Conjunto de leyes dictadas al mismo tiempo o sobre la misma materia.

ordenanza f. Conjunto de disposiciones referentes a una materia. ‖ Reglamento militar. ‖ — M. *Mil.* Soldado puesto a la disposición de un oficial.

ordenar v. t. Poner en orden. ‖ Mandar: *ordenar que venga.* ‖ Destinar y dirigir a un fin. ‖ Conferir las sagradas órdenes: *ordenar un presbítero.* ‖ — V. pr. Recibir las órdenes sagradas.

ordeñar v. t. Extraer la leche de la ubre de los animales.

ordinal adj. Dícese del adjetivo numeral que expresa orden o sucesión: *ocho es un número cardinal y octavo un número ordinal.*

ordinariez f. *Fam.* Vulgaridad.

ordinario, ria adj. Común, corriente, usual. ‖ Basto, vulgar. ‖ Diario: *gasto ordinario.* ‖ — M. Recadero.

ordinograma m. Gráfico que representa el desarrollo del programa de un ordenador.

orear v. t. Poner al aire.

orégano m. Planta aromática.

oreja f. Oído en su parte externa. ‖ Parte lateral de ciertos objetos. ‖ Saliente, al lado del respaldo, que tienen algunos sillones para apoyar la cabeza.

orejera f. Pieza de la gorra que cubre las orejas. ‖ Laterales del respaldo de algunos sillones, oreja. ‖ Rodaja llevada por algunos indios en la oreja.

orejón m. Pulpa del melocotón u otra fruta secada al aire. ‖ Nombre dado a los nobles incas por los españoles por los grandes discos con que adornaban el lóbulo de las orejas. ‖ Nombre que se dio a varias tribus indias de América, entre otras, las del Alto Amazonas, a orillas del Napo.

orensano, na adj. y s. De Orense (España).

orense adj. y s. De El Oro (Ecuador).

orfanato m. Asilo de huérfanos.

orfandad f. Estado de huérfano. ‖ Pensión que reciben algunos huérfanos.

orfebre com. Persona que hace o vende objetos de orfebrería.

orfebrería f. Obra de oro o de plata. ‖ Oficio de orfebre.

orfeón m. Agrupación coral.

organdí m. Tejido de algodón.

orgánico, ca adj. Relativo a los órganos o a los organismos animales o vegetales: *la vida orgánica.* ‖ Dícese de las sustancias cuyo componente constante es el carbono. ‖ *Fig.* Aplícase a la constitución de las entidades colectivas o sus funciones: *reglamentos, estatutos orgánicos.* ‖ *Química orgánica,* parte de la química dedicada al estudio del carbono y sus compuestos.

organigrama m. Gráfico de la estructura de una organización.

organillo m. Órgano pequeño.

organismo m. Ser vivo. ‖ Conjunto de órganos y funciones del cuerpo animal o vegetal: *el organismo humano.* ‖ *Fig.* Conjunto de oficinas, dependencias o empleos que forman un cuerpo o institución.

organista com. Persona que toca el órgano.

organización f. Acción de organizar, preparación. ‖ Disposición de los órganos de un cuerpo animal o vegetal. ‖ Orden, arreglo. ‖ Apelación de ciertas instituciones internacionales: *Organización Internacional del Trabajo.*

organizado, da adj. Que tiene una organización.

organizador, ra adj. y s. Que organiza.

organizar v. t. Fundar, establecer: *organizar una escuela.* ‖ Preparar: *organizar una fiesta.* ‖ — V. pr. Tomar una forma regular. ‖ Arreglarse: *yo sé organizarme.* ‖ Formarse: *se organizó un desfile.* ‖ *Fig.* Armarse: *se organizó una pelea.*

órgano m. *Mús.* Instrumento de viento de grandes dimensiones con tubos donde se produce el sonido y un teclado. ‖ Parte del cuerpo animal o vegetal que ejerce una función: *órganos de la nutrición.* ‖ En las máquinas, aparato elemental que transmite o guía un movimiento: *órgano transmisor.* ‖ *Fig.* Medio, conducto. ‖ Periódico portavoz de un grupo: *el órgano del partido republicano.*

orgasmo m. Fin del placer sexual.

orgía f. Festín que se come y bebe sin moderación. ‖ *Fig.* Desenfreno.

orgullo m. Exceso de estimación propia, presunción que puede deberse, a veces, a causas nobles. ‖ *Fig.* Cosa o persona de la cual la gente está muy ufana.

orgulloso, sa adj. y s. Que tiene orgullo.

orientación f. Acción de orientar u orientarse. ‖ Situación.

orientador, ra adj. y s. Que orienta.

oriental adj. De Oriente. ‖ — Adj. y s. Natural de Oriente. ‖ De Morona-Santiago, Zamora-Chinchipe, Napo y Pastaza (Ecuador), de Oriente (Cuba) o de la República Oriental del Uruguay. ‖ — M. pl. Los pueblos de Oriente.

orientalista com. Especialista en cosas de oriente.

orientar v. t. Situar una cosa en posición determinada respecto a los puntos cardinales: *orientar un edificio.* ‖ Dirigir. ‖ Informar: *orientar a los turistas.* ‖ — V. pr. *Fig.* Estudiar bien las circunstancias: *orientarse en un asunto.* ‖ Dirigirse hacia un lugar.

oriente m. Punto cardinal del horizonte por donde sale el Sol. ‖ Nombre dado a Asia y a las regiones inmediatas de África y Europa. ‖ Brillo de las perlas. ‖ Nombre que dan los masones a las logias de provincias. ‖ *Extremo o Lejano oriente,* los países de Asia Central y Oriental. ‖ *Gran Oriente,* logia central masónica de un país. ‖ *Oriente Medio,* Egipto y los países de Asia Occidental.

orificio m. Agujero.

oriflama f. Estandarte.

origen m. Principio de una cosa. ‖ Causa, motivo. ‖ Ascendencia, clase social de donde procede una persona. ‖ Patria: *de origen español.* ‖ Etimología.

original adj. Relativo al origen. ‖ Que no es copia o imitación. ‖ Que parece haberse producido por primera vez: *idea original.* ‖ Singular, extraño, raro:

un hombre muy original (ú. t. c. s.). || — M. Manuscrito primitivo del que se sacan copias. || Manuscrito que se da a la imprenta.

originalidad f. Calidad de original.

originar v. t. Dar origen o lugar, ser causa. || — V. pr. Traer una cosa su principio u origen de otra.

orilla f. Borde de una superficie. || Parte de tierra contigua a un río, mar, etc. || Acera de las calles. || — Pl. *Arg.* y *Méx.* Afueras de una población.

orillar v. t. *Fig.* Arreglar un asunto. | Evitar, sortear una dificultad.

orillero, ra adj. y s. *Amer.* De las afueras de una población.

orillo m. Faja del borde de una tela.

orín m. Herrumbre.

orina f. Secreción de los riñones que se acumula en la vejiga y se expele por la uretra.

orinal m. Recipiente para la orina.

orinar v. i. Echar fuera o hacer salir del cuerpo la orina (ú. t. c. pr.). || — V. t. Echar fuera por la uretra cualquier otro líquido: *estoy preocupado porque orino sangre.*

oriundo, da adj. Que viene de algún lugar.

orla f. Adorno que rodea una cosa.

orlar v. t. Adornar con orla.

ornamentación f. Adorno.

ornamental adj. De adorno.

ornamentar v. t. Adornar.

ornamento m. Adorno.

ornar v. t. Adornar.

ornato m. Adorno.

ornitología f. Estudio de las aves.

ornitorrinco m. Mamífero de Australia con hocico parecido al pico de un pato.

oro m. Metal precioso de color amarillo brillante. || Moneda de este metal. || Joyas y adornos de esta especie. || Color amarillo. || Cualquiera de los naipes del palo de oros. || — Pl. Palo de la baraja española, en cuyos naipes aparecen una o varias monedas de óro. || — *Fig. No es oro todo lo que reluce,* no hay que fiarse de las apariencias. | *Oro negro,* petróleo. | *Valer su peso en oro,* valer mucho.

orografía f. Estudio de las montañas. || Conjunto de los montes de un país, región, etc.

oropel m. Cosa de mucha apariencia y escaso valor.

oropéndola f. Pájaro de plumaje amarillo, con alas y cola negras.

oroya f. Cesta de cuero utilizada para cruzar algunos ríos de América.

orquesta f. Conjunto de músicos que ejecutan una obra instrumental. || En los teatros, espacio entre el escenario y los espectadores, destinado para estos músicos.

orquestación f. Acción y efecto de orquestar.

orquestar v. t. Instrumentar para orquesta.

orquidáceo, a adj. y f. Dícese de las plantas monocotiledóneas con hermosas flores. || — F. pl. Familia que forman.

orquídea f. Planta de la familia de las orquidáceas. || Su flor.

orquitis f. Inflamación de los testículos.

orsái (en) adv. *Arg. Fam.* Fuera de lugar.

ortiga f. Planta urticácea.

orto m. Salida del Sol.

ortocentro m. Punto de intersección de las tres alturas de un triángulo.

ortodoxia f. Calidad de ortodoxo.

ortodoxo, xa adj. y s. Conforme con el dogma católico. || *Por ext.* Conforme con la doctrina de cualquier religión o escuela. || — Adj. Conforme con cualquier doctrina considerada como la única verdadera: *opinión poco ortodoxa.* || *Iglesia ortodoxa,* nombre de las Iglesias cristianas orientales separadas de Roma desde 1054.

ortografía f. Parte de la gramática que enseña a escribir correctamente.

ortografiar v. t. Escribir una palabra según su ortografía.

ortográfico, ca adj. Relativo a la ortografía: *signo ortográfico.*

ortología f. Arte de hablar o pronunciar con propiedad, de forma correcta.

ortopedia f. Arte de corregir las deformaciones del cuerpo humano.

ortopédico, ca adj. De la ortopedia.

ortópteros m. pl. Orden de insectos masticadores como la langosta, el grillo, etc. (ú. t. c. adj.).

oruga f. Larva de los insectos lepidópteros, que se alimenta de vegetales. || Banda sin fin compuesta de placas metálicas articuladas e interpuesta entre el suelo y las ruedas de un vehículo para que éste pueda avanzar por cualquier terreno (ú. t. c. adj.).

orujo m. Residuo de la uva o de la aceituna una vez exprimidos.

orureño, ña adj. y s. De Oruro (Bolivia).

orvallo m. Llovizna.

orzuelo m. Pequeño divieso situado en el borde de los párpados.

os, dativo y acusativo del pronombre de segunda persona en ambos géneros y número plural: *os amé.*

Os, símbolo químico del *osmio.*

osa f. Hembra del oso.

osadía f. Atrevimiento, valor.

osado, da adj. y s. Atrevido.

osamenta f. Esqueleto.

osar v. i. Atreverse a algo.

osario m. En los cementerios, lugar para enterrar los huesos.

oscar m. Recompensa cinematográfica anual dada en Hollywood.

oscense adj. y s. De Huesca (España).

oscilación f. Balanceo.

oscilar v. i. Moverse alternativamente un cuerpo de un lado a otro. || *Fig.* Variar, vacilar: *los precios oscilan.* | Crecer y disminuir alternativamente la intensidad de algunas manifestaciones o fenómenos. | Vacilar, titubear.

ósculo m. Beso.

oscurantismo m. Oposición a la difusión de la instrucción entre el pueblo.

oscurantista adj. y s. Partidario del oscurantismo.

oscurecer v. t. Privar de luz y claridad. || Debilitar el brillo de una cosa. || *Fig.* Quitar claridad a la mente. || — V. i. Anochecer. || — V. pr. Nublarse el cielo, la vista.

oscurecimiento m. Acción y efecto de oscurecer u oscurecerse.

oscuridad f. Falta de luz o de claridad. || Sitio sin luz. || *Fig.* Humildad, bajeza en la condición social. | Falta de claridad.

oscuro, ra adj. Que no tiene luz o claridad. ‖ De color casi negro: *color oscuro.* ‖ Que carece de brillo. ‖ Nublado: *día oscuro.* ‖ De noche: *llegamos ya oscuro.* ‖ *Fig.* Poco conocido, humilde. ‖ Confuso, incomprensible: *estilo oscuro.* ‖ Turbio: *proyectos oscuros.* ‖ Incierto: *porvenir muy oscuro.*

óseo, a adj. De hueso.

osezno m. Cachorro del oso.

osificarse v. pr. Convertirse en hueso.

osmio m. Metal raro (Os).

ósmosis f. Paso recíproco de líquidos de distinta densidad a través de una membrana porosa que los separa. ‖ *Fig.* Influencia recíproca entre dos personas.

oso m. Mamífero carnicero plantígrado, de cuerpo pesado, espeso pelaje, patas recias con grandes uñas ganchudas, que vive en los países fríos. ‖ *Fig.* Hombre peludo y feo. ‖ Hombre poco sociable.

osornino, na adj. y s. De Osorno (Chile).

ostensible adj. Que puede manifestarse. ‖ Manifiesto, visible.

ostensivo, va adj. Que muestra algo.

ostentación f. Acción de ostentar. ‖ Jactancia y vanagloria. ‖ Magnificencia exterior y visible.

ostentar v. t. Mostrar o hacer patente una cosa. ‖ Hacer gala de grandeza, lucimiento y boato. ‖ Manifestar.

ostentoso, sa adj. Magnífico, lujoso. ‖ Claro, manifiesto.

osteología f. Parte de la anatomía que trata de los huesos.

osteopatía f. Enfermedad de los huesos.

ostión m. Ostra grande.

ostra f. Molusco lamelibranquio comestible que vive adherido a las rocas.

ostracismo m. Destierro político. ‖ Apartamiento de la vida pública.

ostricultor, ra m. y f. Persona que cría ostras.

ostricultura f. Cría de ostras.

ostrogodo, da adj. Perteneciente o relativo a un antiguo pueblo germánico que formaba parte de los godos. ‖ — M. y f. Persona de este pueblo.

otalgia f. Dolor de oídos.

otaria f. Mamífero pinnípedo del Pacífico, parecido a la foca.

otario, ria adj. *Arg. Fam.* Tonto, infeliz. ‖ Persona incauta.

otear v. t. Dominar desde un lugar alto (ú. t. c. i.). ‖ *Fig.* Escudriñar.

otero m. Cerro aislado.

otitis f. Inflamación del oído.

otomano, na adj. Turco (ú. t. c. s.): *el gran imperio otomano.*

otomí adj. y s. m. Dícese de una de las lenguas de México, la más importante después del azteca. ‖ — M. Indio de México en los Estados de Querétaro, Guanajuato, en el NO del de Hidalgo y parte del de México.

otoñal adj. Del otoño.

otoño m. Estación del año que, en el hemisferio boreal, dura del 23 de septiembre al 21 de diciembre y, en el austral, del 21 de marzo al 21 de junio. ‖ *Fig.* Edad madura: *el otoño de la vida.*

OZO

otorgamiento m. Concesión.

otorgar v. t. Consentir, conceder una cosa que se pide. ‖ Dar, atribuir: *otorgar un premio.*

otorrino, na m. y f. Otorrinolaringólogo.

ctorrinolaringología f. Parte de la medicina que trata de las enfermedades del oído, nariz y laringe.

otorrinolaringólogo, ga m. y f. Especialista en otorrinolaringología.

otro, tra adj. Distinto: *otra máquina.* ‖ Igual, semejante: *es otro Cid.* ‖ Anterior: *otro día, año.* ‖ — Pron. Persona distinta: *unos no sabían, otros no querían.*

otrora adv. En otro tiempo.

ovación f. Aplauso ruidoso del público.

ovacionar v. t. Aclamar, aplaudir.

oval u **ovalado, da** adj. De forma de óvalo.

ovalar v. t. Dar forma de óvalo.

óvalo m. Cualquier figura que sea plana, oblonga y curvilínea.

ovario m. Glándula genital femenina en la que se forman los óvulos y que segrega varias hormonas.

oveja f. Hembra del carnero.

ovetense adj. y s. De Oviedo (España).

óvidos m. pl. Familia de rumiantes como los carneros, cabras, etc.

ovillo m. Bola de hilo que se forma al devanar una fibra textil.

ovino, na adj. y s. m. Aplícase al ganado lanar.

ovíparo, ra adj. y s. Aplícase a los animales cuyas hembras ponen huevos.

ovni m. Nombre con el que se designan los objetos celestes de origen misterioso que algunos pretenden haber visto volar en la atmósfera terrestre.

ovulación f. Desprendimiento natural de un óvulo en el ovario.

óvulo m. Célula sexual femenina destinada a ser fecundada.

oxhídrico, ca adj. Compuesto de oxígeno e hidrógeno.

oxidación f. Formación del óxido. ‖ Estado de oxidado.

oxidante adj. Que tiene la propiedad de oxidar (ú. t. c. s. m.).

oxidar v. t. Transformar un cuerpo por la acción del oxígeno o de un oxidante (ú. t. c. pr.). ‖ Poner mohoso (ú. t. c. pr.).

óxido m. Combinación del oxígeno con un radical. ‖ Orín.

oxigenación f. Acción de oxigenar.

oxigenado, da adj. Con oxígeno. ‖ Rubio con agua oxigenada.

oxigenar v. t. Combinar el oxígeno formando óxidos. ‖ Decolorar el pelo con oxígeno (ú. t. c. pr.). ‖ — V. pr. *Fig.* Respirar al aire libre.

oxígeno m. Metaloide gaseoso, elemento principal del aire y esencial a la respiración, cuyo símbolo es O.

oyente adj. Que oye. ‖ Dícese del alumno asistente a una clase sin estar matriculado (ú. t. c. s.). ‖ — Com. Auditores.

ozono m. Cuerpo gaseoso, de color azul, cuya molécula está formada por tres átomos de oxígeno.

OR

319

p

p f. Decimoséptima letra del alfabeto castellano y decimotercera de sus consonantes. ‖ **– P,** símbolo químico del *fósforo.*

pabellón m. Edificio construido para un fin determinado. ‖ Vivienda para militares, funcionarios, etc. ‖ Bandera nacional: *izar el pabellón argentino.* ‖ *Fig.* Nación a la que pertenece un barco mercante: *navegar bajo pabellón chileno.* ‖ Parte exterior y cartilaginosa de la oreja.

pabilo m. Mecha de una vela.

pábulo m. *Fig.* Lo que sustenta una cosa inmaterial.

paca f. Mamífero roedor americano, del tamaño de una liebre.

pacana f. Árbol de tronco grueso y gran altura de América del Norte cuya madera es muy apreciada. ‖ Esta madera. ‖ Fruto del tamaño de una nuez criado por este árbol.

pacato, ta adj. y s. Tranquilo.

paceño, ña adj. y s. De La Paz (Bolivia, Honduras y El Salvador).

pacer v. i. Comer hierba el ganado en prados o campos.

pachá m. Bajá. ‖ *Fig.* y *fam.* Persona que vive muy bien.

pachamanca f. *Amer.* Carne asada entre piedras caldeadas.

pachanga f. *Méx.* Diversión ruidosa. | Desorden. | Borrachera. | Cierto baile.

pachón, ona adj. y s. Dícese de un perro de caza.

pachorra f. *Fam.* Flema.

pachorrudo, da adj. *Fam.* Flemático, indolente (ú. t. c. s.).

pachucho, cha adj. Muy maduro. ‖ *Fig.* Malucho, algo enfermo.

pachuco m. Jerga hispanoinglesa hablada por los emigrantes en el sur de Estados Unidos.

pachulí m. *Fam.* Perfume malo.

paciencia f. Virtud del que sabe sufrir con resignación. ‖ Capacidad para esperar con tranquilidad las cosas.

paciente adj. Que tiene paciencia. ‖ Sufrido. ‖ – M. Sujeto que recibe la acción del agente. ‖ Com. Enfermo.

pacificación f. Obtención de la paz. ‖ *Fig.* Apaciguamiento.

pacificador, ra adj. y s. Que pacifica.

pacificar v. t. Obtener la paz. ‖ – V. pr. Sosegarse, calmarse.

pacífico, ca adj. Tranquilo, amigo de la paz. ‖ Apacible: *temperamento pacífico.* ‖ Que transcurre en paz.

pacifismo m. Doctrina y acción de los que condenan la guerra.

pacifista adj. Relativo al pacifismo. ‖ Partidario de él (ú. t. c. s.).

pactar v. t. e i. Acordar, comprometerse a cumplir algo varias partes.

pacto m. Convenio o concierto entre dos o más personas o entidades. ‖ Tratado.

padecer v. t. e i. Sentir física y moralmente un daño o dolor. ‖ Ser víctima de una cosa. ‖ Soportar. ‖ Sufrir.

padecimiento m. Sufrimiento.

padrastro m. Marido de la madre respecto de los hijos llevados en matrimonio. ‖ *Fig.* Mal padre. ‖ Pedazo de pellejo que se levanta junto a las uñas.

padrazo m. Padre indulgente.

padre m. El que tiene uno o varios hijos. ‖ *Teol.* Primera persona de la Santísima Trinidad. ‖ Nombre que se da a ciertos religiosos y a los sacerdotes: *el padre Bartolomé de las Casas.* ‖ *Fig.* Origen, principio: *el ocio es padre de todos los vicios.* ‖ – Pl. El padre y la madre: *mañana iré a ver a mis padres.* ‖ – *Padre espiritual,* confesor. ‖ *Padre eterno,* Dios. ‖ *Padre de familia,* cabeza de una casa o familia. ‖ *Padre nuestro,* la oración dominical. ‖ *Padre político,* suegro. ‖ *Santo padre,* el Sumo Pontífice. ‖ *Santos padres,* los primeros doctores de la Iglesia. ‖ – Adj. Fam. Muy grande, extraordinario: *llevarse un susto padre.*

padrenuestro m. Padre nuestro.

padrinazgo m. Acción de asistir como padrino.

padrino m. Hombre que asiste a otro a quien se administra un sacramento: *padrino de pila, de boda.* ‖ El que presenta y acompaña a otro que recibe algún honor, grado, etc. ‖ *Fig.* El que ayuda a otro en la vida, protector. ‖ – Pl. El padrino y la madrina.

padrón m. Lista de vecinos de una población, censo.

paella f. Plato de arroz con carne y pescado, mariscos, legumbres, etc.

paellera f. Sartén muy grande en la que se hace la paella.

paga f. Acción de pagar. ‖ Sueldo: *hoja de paga.*

pagadero, ra adj. Que se ha de pagar en cierta fecha.

pagador, ra adj. y s. Que paga.

pagaduría f. Oficina donde se paga.

paganismo m. Estado de los que no son cristianos.

paganizar v. i. Profesar el paganismo. ‖ – V. t. Volver pagano.

pagano, na adj. y s. Dícese del que no es cristiano. ‖ *Fam.* Dícese de la persona que paga. | Aplícase a la persona que padece daño por culpa ajena.

pagar v. t. e i. Dar uno a otro lo que le debe: *pagar el sueldo.* ‖ Dar cierta cantidad por lo que se compra o disfruta. || Satisfacer una deuda, un derecho, impuesto, etc. || Costear: *pagar los estudios.* | *Fig.* Corresponder: *un amor mal pagado.* | Expiar: *pagar un crimen.* || — *Pagar al contado, a crédito o a plazos,* pagar inmediatamente, poco a poco. || *Fam. Pagar el pato o los vidrios rotos o los platos rotos,* sufrir las consecuencias de un acto ajeno. | *Pagarla o pagarlas,* sufrir el castigo merecido o las consecuencias inevitables de una acción. || — V. pr. Comprar.

pagaré m. Obligación escrita de pagar una cantidad en tiempo determinado: *un pagaré a sesenta días.*

pagaya f. Remo corto.

página f. Cada una de las dos planas de la hoja de un libro o cuaderno. || Lo escrito o impreso en cada una de ellas. || *Fig.* Suceso, lance o episodio.

paginar v. t. Numerar páginas.

pago m. Acción de pagar. || Cantidad que se da para pagar algo. || *Fig.* Satisfacción, recompensa o lo que uno se merece: *el pago de la gloria.* || Finca o heredad. || *Amer.* País o pueblo.

pagoda f. Templo en Oriente.

paguro m. Cangrejo ermitaño marino.

paica f. *Arg. Fam.* Muchacha que ha llegado a la edad de la pubertad.

paila f. Vasija redonda de metal a modo de sartén. || *Amer.* Machete para cortar la caña de azúcar.

pailero, ra m. y f. *Ecuad.* y *Méx.* Persona que fabrica, repara o vende pailas u otros objetos semejantes. || *Amér. C., Méx.* y *Venez.* Persona que se sirve de la paila en los ingenios de azúcar. || *Amér. C.* Labrador que corta la caña de azúcar con la paila.

paipai m. Abanico de palma.

paipano, na adj. y s. De Paipa (Colombia).

país m. Territorio que forma una entidad geográfica o política.

paisaje m. Porción de terreno considerada en su aspecto artístico. || Pintura o dibujo que representa el campo, un río, bosque, etc.

paisajista adj. y s. Aplícase al pintor de paisajes.

paisano, na adj. y s. Del mismo país, provincia o lugar que otro. || *Méx.* Español. || — M. y f. *Provinc.* y *Amer.* Campesino. || — M. El que no es militar. || *Traje de paisano,* el que no es un uniforme.

paja f. Caña de las gramíneas después de seca y separada del grano. || Tubito hecho con esta gramínea u otra materia para sorber líquidos. || *Fig.* Cosa de poca entidad.

pajar m. Almacén de paja.

pajarero, ra adj. Relativo a los pájaros. || *Fam.* Alegre, bromista (ú. t. c. s.). || — F. Jaula de pájaros.

pajarilla f. *Alegrársele a uno las pajarillas,* ponerse muy alegre.

pajarita f. Figura de papel doblado que representa un pajarito. || — *Corbata de pajarita,* la que tiene forma de mariposa. || *Cuello de pajarita,* el que tiene las puntas dobladas hacia afuera.

pájaro m. Cualquiera de las aves terrestres, voladoras, de tamaño pequeño, como el tordo, el gorrión y la golondrina. || *Fig.* Persona que sobresale o es muy astuto o muy mala.

pajarraco m. Pájaro grande y feo. || *Fam.* Persona muy mala.

paje m. Joven noble que servía a un caballero, un príncipe, etc.

pajizo, za adj. De color de paja.

pajolero, ra adj. *Fam.* Maldito.

pakistaní adj. y s. Paquistaní.

pala f. Instrumento compuesto de una plancha de hierro, más o menos combada, prolongada por un mango. || Contenido de este instrumento. || Hoja metálica de la azada, del azadón, etc. || Tabla con mango para jugar a la pelota vasca, al béisbol. || Raqueta: *pala de ping-pong.* || Parte delantera y curva del zapato. || Parte plana del remo. || Cada una de los elementos propulsores de una hélice. || Parte del calzado que abraza el pie por encima. || Lo ancho y plano de los dientes.

palabra f. Sonido o conjunto de sonidos que designan una cosa o idea: *una palabra de varias sílabas.* || Representación gráfica de estos sonidos. || Facultad de hablar: *perder la palabra.* || Promesa: *dar su palabra.* || *Teol.* Verbo: *la palabra divina.* || Derecho para hablar en las asambleas: *hacer uso de la palabra.* || — Pl. Texto de un autor. || — *De palabra,* verbalmente. || *Fig. No tener palabra,* faltar uno a sus promesas. || *Palabras cruzadas,* crucigrama. || *Palabras mayores,* las injuriosas.

palabreo m. Acción de hablar mucho y en vano.

palabrería f. Exceso de palabras.

palabrota f. Palabra injuriosa o grosera. || Término difícil de entender.

palace m. (pal. ingl.) Hotel lujoso.

palacete m. Casa lujosa.

palaciego, ga adj. Relativo a palacio. || Cortesano (ú. t. c. s.).

palacio m. Casa suntuosa, especialmente la que sirve de residencia a los reyes y nobles. || Residencia de ciertas asambleas, tribunales, etc.

paladar m. Parte interior y superior de la boca. || *Fig.* Capacidad para apreciar el sabor de lo que se come: *tener buen paladar.*

paladear v. t. Saborear.

paladeo m. Saboreo.

paladín m. Defensor acérrimo.

paladio m. Metal blanco (Pd) muy dúctil y duro.

palafito m. Vivienda lacustre.

palafrenero m. Mozo de caballos.

palanca f. Barra rígida, móvil alrededor de un punto de apoyo, que sirve para transmitir un movimiento, para levantar grandes pesos. || Plataforma flexible, colocada a cierta altura al borde de una piscina, para efectuar saltos. || *Fig.* y *fam.* Apoyo, influencia. || *Palanca de mando,* barra para manejar un avión.

palangana f. Recipiente ancho y poco profundo usado para lavar o lavarse. || —Com. *Arg.* y *Per.* Fanfarrón.

palangre m. Cordel con varios anzuelos para pescar.

palatal adj. Del paladar: *bóveda palatal.* || Dícese de las vocales o consonantes cuya articulación se forma en cualquier punto del paladar, como la *i,* la *e,* la *ll,* la *ñ* (ú. t. c. s. f.).

palatalizar v. t. Dar a un fonema sonido palatal.

palatino, na adj. Relativo al paladar o a un palacio.

palco m. En los teatros y plazas de toros, especie de departamento con balcón donde hay varios asientos.

palenque m. Estacada de madera. || Sitio cercado donde se celebra una función pública, torneo, etc.

P

|| *Riopl.* Estaca para atar los animales. || *Fig.* Sitio donde se combate.

palentino, na adj. y s. De Palencia (España).

paleoantropología f. Ciencia que trata de los fósiles humanos.

paleoceno, na adj. Aplícase al primer período de la era terciaria, entre 65 y 55 millones de años (ú. t. c. s. m.).

paleogeografía f. Ciencia que se dedica a reconstituir hipotéticamente la distribución de los mares y continentes en el curso de las épocas geológicas.

paleolítico, ca adj. y s. m. Aplícase al período de la edad de piedra tallada.

paleólogo, ga adj. y s. Que conoce las lenguas antiguas.

paleontología f. Tratado de los seres orgánicos cuyos restos o vestigios se encuentran fósiles.

paleozoico adj. m. Aplícase al segundo período de la historia de la Tierra.

palero, ra. m. y f. *Amer.* Persona que sirve de gancho en el juego. | Persona que hace el juego de otra.

palestino, na adj. y s. De Palestina.

palestra f. Sitio donde se lidia o lucha. || *Fig. Poét.* Lucha, competición.

paleta f. Pala pequeña. || Tabla pequeña con un agujero por donde se introduce el pulgar y en la cual el pintor tiene preparados los colores que usa. || Espátula. || Utensilio de cocina a modo de pala. || Badil para revolver la lumbre. || Llana de albañil. || Raqueta de ping-pong. || *Anat.* Paletilla. || Álabe de la rueda hidráulica. || Pala de hélice, ventilador, etc. || *Méx.* Caramelo montado sobre un palo.

paletazo m. Cornada de toro.

paletilla f. *Anat.* Omóplato.

paleto, ta adj. y s. Palurdo.

paletó m. Especie de levita sin faldones.

paletón m. Parte de la llave en que están los dientes y guardas.

paliacate m. *Méx.* Pañuelo grande.

paliar v. t. Encubrir, disimular. || Disculpar: *paliar una falta.*

paliativo, va adj. y s. m. Dícese de lo que puede paliar.

palidecer v. i. Ponerse pálido. || *Fig.* Perder una cosa su importancia.

palidez f. Calidad de pálido.

pálido, da adj. Amarillo, macilento. || *Fig.* Falto de colorido o expresión.

palier m. En algunos vehículos automóviles, cada una de las dos mitades en que se divide el eje de las ruedas motrices.

palillero m. Portaplumas.

palillo m. Varilla en que se encaja la aguja de hacer media. || Mondadientes de madera. || Bolillo para hacer encaje. || Cada una de las dos varitas para tocar el tambor. || Vena gruesa de la hoja del tabaco. || Raspa del racimo de pasas. || *Fig.* Palique, charla. || — Pl. Varitas que usan los asiáticos para comer. || Espátulas que usan los escultores. || Castañuelas. || *Fam.* Banderillas de torear.

palimpsesto m. Manuscrito antiguo con huellas de una escritura anterior.

palio m. Dosel portátil.

palique m. *Fam.* Conversación.

palisandro m. Madera compacta de color rojo oscuro.

palito m. Palo pequeño. || *Arg. Pisar el palito,* caer en la trampa.

palitroque m. Palo pequeño. || Palote en escritura. || Banderilla.

paliza f. Conjunto de golpes: *pegar una paliza.* || *Fig.* y *fam.* Trabajo o esfuerzo muy cansado. || Derrota.

palizada f. Valla de estacas.

palizón m. Paliza muy grande.

palla f. *Amer.* Entre los incas, mujer de sangre real.

palma f. Palmera. || Hoja de este árbol. || Datilera. || Palmito. || Parte interna de la mano desde la muñeca hasta los dedos. || — Pl. Palmadas, aplausos.

palmáceo, a adj. y s. f. Dícese de ciertas plantas de tallo simple y grandes hojas. || — F. pl. Familia que forman.

palmada f. Golpe que se da con la palma de la mano.

palmar adj. Relativo a la palma de la mano. || *Fig.* Claro, manifiesto. || — M. Sitio donde se crían palmas.

palmar v. i. *Fam.* Morir.

palmarés m. (pal. fr.). Historial, hoja de servicios.

palmario, ria adj. Patente.

palmatoria f. Candelero bajo.

palmeño, ña adj. y s. De La Palma (Panamá).

palmer m. Instrumento para medir objetos de poco grueso.

palmera f. Árbol palmáceo cuyo fruto es el dátil.

palmesano, na adj. y s. De Palma de Mallorca (España).

palmípedo, da adj. y s. f. Dícese de las aves que tienen las patas palmeadas, como el ganso.

palmireño, ña adj. y s. De Palmira (Colombia).

palmitina f. Éster palmítico de la glicerina, uno de los constituyentes de las materias grasas.

palmito m. Planta palmácea con cuyas hojas se hacen escobas y esteras. || Tallo blanco y comestible de esta planta. || *Fig.* y *fam.* Cara bonita o figura esbelta de la mujer.

palmo m. Medida de longitud, cuarta parte de la vara (21 cm), equivalente aproximadamente al largo de la mano del hombre extendida. || *Fig. Quedarse con dos palmos de narices,* no conseguir lo que se esperaba.

palmotear v.i. Aplaudir.

palmoteo m. Acción de palmotear.

palo m. Trozo de madera cilíndrico. || Golpe dado con este objeto. || Madera: *cuchara de palo.* || Estaca, mango: *el palo de la escoba.* || *Taurom.* Banderilla. || *Mar.* Mástil del barco. || Cada una de las cuatro series de naipes de la baraja: *palo de oros, de bastos, de copas, de espadas.* || Trazo grueso de algunas letras como la *b* y la *d.* || *Bot.* Voz que entra en el nombre de varios vegetales (*palo brasil,* o *del Brasil, palo campeche* o *de Campeche*).

paloma f. Ave doméstica de la que existe infinidad de variedades. || *Fig.* Persona muy bondadosa. | Símbolo de la paz. || Aguardiente con agua. || *Arg.* Cierto baile popular. || *Méx.* Canción típica del país.

palomar m. Edificio donde se crían las palomas.

palometa f. Tuerca que tiene forma de mariposa.

palomilla f. Mariposa pequeña. || Especie de soporte de madera para mantener tablas, estantes, etc. || Palometa, tuerca. || Paloma, aguardiente anisado con agua. || *Guat., Méx.* y *Per.* Grupo de personas que se reúnen para divertirse.

palomino m. Pollo de paloma. || *Fig.* Joven inexperto.

palomita f. Roseta de maíz tostado. || Anís con agua.

palomo m. Macho de la paloma.

palor m. Palidez.

palote m. Trazo recto que hacen los niños en el colegio para aprender a escribir.

palpable adj. Manifiesto, evidente.

palpar v. t. Tocar una cosa con las manos para reconocerla. || *Fig.* Notar.

palpitación f. Latido.

palpitante adj. Que palpita

palpitar v. i. Contraerse y dilatarse alternativamente: *el corazón palpita.* || *Fig.* Manifestarse algún sentimiento en las palabras o actos.

pálpito m. Corazonada.

palqui m. Arbusto americano.

palta f. *Amer.* Aguacate, fruto.

palto m. *Amer.* Aguacate, árbol.

palúdico, ca adj. Dícese de la fiebre causada por el microbio procedente de los terrenos pantanosos y transmitido por el anofeles. || Que padece paludismo (ú. t. c. s.).

paludismo m. Enfermedad del que padece fiebres palúdicas.

palurdo, da adj. y s. Rústico, dícese de la gente que vive en el campo.

palustre m. Llana de albañil.

pambazo m. *Méx.* Panecillo que se rellena con diversos manjares.

pamela f. Sombrero flexible femenino de ala ancha.

pamema f. *Fam.* Tontería, bobada.

pampa f. Llanura extensa de América Meridional desprovista de vegetación arbórea: *la pampa argentina.* || *Chil.* Pradera más o menos llana entre los cerros. || —Adj. y s. *Arg.* Indio de origen araucano de la Pampa.

pámpano m. Sarmiento de la vid.

pampeano, na adj. y s. Pampero.

pampear v. i. *Amer.* Recorrer la pampa.

pampeño, ña adj. De la pampa.

pamperada f. Viento pampero.

pampero, ra adj. Relativo a las pampas. || Dícese del habitante de las pampas (ú. t. c. s.). || Aplícase al viento impetuoso y frío que viene de las pampas (ú. t. c. s. m.).

pamplina f. *Fig.* Tontería, necedad: *no dices más que pamplinas.*

pamplinada f. *Fig.* Tontería.

pamplinero, ra y **pamplinoso, sa** adj. y s. Tonto, necio, bobo.

pamplonés, esa y **pamplonica** adj. y s. De Pamplona (España).

pamporcino m. Planta herbácea.

pan m. Alimento hecho de harina amasada, fermentada y cocida en el horno. || Alimento en general: *ganarse el pan de cada día.* || Masa a la que se da una forma en un molde: *pan de higos.* || Trigo: *año de mucho pan.* || Hoja de oro o plata muy batida.

pana f. Tela de algodón fuerte acanalada.

panacea f. Medicamento que se creía podía curar todas las enfermedades. || *Fig.* Solución que puede aplicarse a cualquier problema.

panadería f. Establecimiento donde se hace o vende el pan.

panadero, ra m. y f. Persona que hace o vende pan.

panadizo m. Inflamación de los dedos, principalmente junto a la uña.

panafricanismo m. Doctrina encaminada a promover la unión y la solidaridad de los países de África.

panafricano, na adj. Relativo a los países del continente africano.

panal m. Conjunto de celdillas prismáticas hexagonales de cera que forman las abejas para depositar en ellas la miel.

panamá m. Sombrero de paja muy flexible. || *Amer.* Negocio fraudulento.

panameñismo m. Locución, modo de hablar y palabra propios de los panameños. || Condición de panameño. || Amor a Panamá.

panameño, ña adj. y s. De Panamá (ciudad y país). || — M. Modalidad del castellano hablado en Panamá.

panamericanismo m. Doctrina que preconiza el desarrollo de las relaciones entre los países americanos.

panamericanista com. Persona que defiende el panamericanismo. || — Adj. Relativo al panamericanismo.

panamericano, na adj. Relativo a toda América.

panarabismo m. Doctrina que preconiza la unión de todos los países de lengua y civilización árabes.

pancarta f. Cartel, letrero.

pancho, cha adj. *Fig.* Tranquilo. | Satisfecho.

páncreas m. Glándula abdominal localizada detrás del estómago cuyo jugo contribuye a la digestión.

panda m. Mamífero parecido al oso. || *Fam.* Pandilla.

pandear v. i. Torcerse una cosa encorvándose (ú. t. c. pr.).

pandeo m. Alabeo, combadura.

pandereta f. Pandero.

panderete m. Tabique.

pandero m. Instrumento de percusión formado por un redondel de piel sujeto a un aro con sonajas.

pandilla f. Conjunto de personas, generalmente jóvenes, que se reúnen para divertirse juntas.

pandino, na adj. y s. De Pando (Bolivia).

pandit m. Título dado en la India a los bramanes eruditos.

panegírico adj. De alabanza. || — M. Loa.

panegirista com. Persona que hace grandes elogios de otra.

panegirizar v. t. Elogiar.

panel m. Cada uno de los compartimentos en que se dividen los lienzos de madera, las hojas de puertas, etc. || Tabla de madera en que se pinta. || Tablero indicador en las estaciones y aeropuertos. || Material prefabricado de grandes dimensiones y poco espesor que sirve para separar o dividir un espacio construido. || Especie de cartelera de grandes dimensiones. || Técnica de encuesta que consiste en repetir a intervalos de tiempo más o menos largos las mismas preguntas a las mismas personas. || Grupo de personas a quien se hace estas preguntas.

panera f. Cesta del pan.

paneuropeo, a adj. Relativo a toda Europa.

pánfilo, la adj. y s. Muy tranquilo. || Tonto, bobo.

panfletista m. Libelista.

panfleto m. Libelo.

pangolín m. Mamífero desdentado.

panhelenismo m. Doctrina que propugna la unión de todos los griegos.

paniaguado, da m. y f. Persona allegada a otra y favorecida por ella.

pánico, ca adj. Aplícase al terror grande. || — M. Miedo excesivo.

paniculo m. Estrato de un tejido: *el panículo adiposo es la capa de tejido adiposo que se desarrolla en la hipodermis.*

panificación f. Transformación de la harina en pan.

panificadora f. Instalación industrial para hacer pan.

panificar v. t. Transformar harina en pan.

panislamismo m. Doctrina que propugna la unión de los musulmanes.

panocha y **panoja** f. Mazorca.

panoli adj. y s. *Pop.* Majadero.

panoplia f. Armadura completa. || Colección de armas y tabla donde se colocan. || *Fig.* Serie de medios que permiten actuar en una situación determinada.

panorama m. Vista de un horizonte muy extenso. || *Fig.* Vista de conjunto.

panorámico, ca adj. Relativo al panorama: *vista panorámica.* || *Fig.* Global, de conjunto. || — F. Procedimiento cinematográfico que consiste en hacer girar la cámara sobre un eje horizontal o vertical durante la toma de vistas.

panqué o **panqueque** m. *Amer.* Especie de tortilla hecha con harina y azúcar.

pantaletas f. pl. *Amer.* Bragas.

pantalla f. Lámina de diversas formas que se coloca delante o alrededor de la luz. || Telón blanco sobre el cual se proyectan imágenes cinematográficas o diapositivas, o parte delantera de los televisores donde aparecen las imágenes. || *Por ext.* Cinematógrafo: *actriz de la pantalla.* || *Fig.* Persona que encubre a otra. || *Arg.* Abanico. || *La pantalla pequeña,* la televisión.

pantalón m. Prenda de vestir dividida en dos piernas que cubre desde la cintura hasta los tobillos. || Prenda de ropa interior femenina.

pantalonera f. Costurera que hace pantalones. || *Méx.* Pantalón de traje charro.

pantano m. Hondonada natural donde se acumulan aguas. || Embalse.

pantanoso, sa adj. Lleno de pantanos. || Cenagoso.

panteísmo m. Sistema según el cual Dios se identifica con el mundo.

panteísta adj. y s. Seguidor, partidario del panteísmo.

panteón m. Templo consagrado antiguamente por los griegos y romanos a todos sus dioses. || Conjunto de los dioses de una religión politeísta. || Monumento nacional donde se guardan los restos de hombres ilustres. || Monumento funerario donde se entierran varias personas.

pantera f. Leopardo de la India, de manchas anilladas.

pantomima f. Arte de expresarse por medio de gestos y movimientos, sin recurrir a la palabra. || Representación teatral sin palabras.

pantorrilla f. Parte de la pierna por debajo de la corva.

pantufla f. Zapatilla.

panza f. Barriga.

pañal m. Trozo de tela de varias formas en que se envuelve a los recién nacidos. || Faldón de la camisa del hombre. || — Pl. Envoltura de los niños pequeños. || *Fig.* Niñez. || Principios de una cosa: *una cultura aún en pañales.*

pañería f. Tienda de paños.

paño m. Tejido de lana muy tupida. || Tela. || Ancho de una tela. || Tapiz o colgadura. || Trapo para limpiar. || Cada una de las divisiones de una mesa de juego. || Mancha oscura en la piel, especialmente del rostro. || Lienzo de pared. || Enlucido. || Impureza que empaña el brillo de una cosa. || *Mar.* Vela. || — Pl. Vestiduras y ropas que caen en pliegues en retratos y estatuas. || Trozos de tela para varios usos médicos.

pañol m. Parte del buque donde se guardan víveres, municiones, etc.

pañuelo m. Pedazo de tela pequeño y cuadrado para diferentes usos. || El que sirve para limpiarse las narices. ·

papa m. Sumo pontífice de la Iglesia católica: *el papa Juan Pablo II.*

papa f. Patata: *la palabra papa es mucho más empleada en América que patata.* || *Fam.* Comida. || *Amer.* Papilla de los niños.

papá m. *Fam.* Padre.

papacho m. *Méx.* Caricia.

papada f. Abultamiento de carne debajo de la barba.

papado m. Pontificado.

papagayo m. Ave de plumaje amarillento verde y encarnado.

papal adj. Relativo al papa. || — M. *Amer.* Plantío de papas.

papalote m. *Guat.* y *Méx.* Cometa, juguete. | Especie de planeador muy ligero que permite a una persona recorrer cierta distancia volando tras haberse lanzado desde un lugar alto.

papanatas m. inv. *Fam.* Bobo.

paparrucha f. Mentira: *contar paparruchas.* || Obra sin valor.

papaveráceo, a adj. y s. f. Dícese de las plantas herbáceas como la adormidera. || — F. pl. Familia que éstas forman.

papaverina f. Alcaloide del opio usado como estupefaciente.

papaya f. Fruta del papayo.

papayo m. Arbolillo tropical.

papel m. Hoja delgada fabricada con toda clase de sustancias vegetales molidas que sirve para escribir, imprimir, envolver, etc. || Pliego, hoja, escrito o impreso. || Parte de la obra que representa cada actor de cine o teatro: *desempeñar un papel.* || Personaje de la obra dramática: *primero, segundo papel.* || *Fig.* Función, empleo: *tu papel es obedecer.* || *Com.* Dinero en billetes de banco. | Conjunto de valores mobiliarios. || *Fam.* Periódico. || — Pl. Documentación, lo que acredita la identidad de una persona: *tener los papeles en regla.* || — *Papel biblia* el muy fino. ‖ *Papel carbón,* el usado para sacar copias. ‖ *Papel cebolla,* el de seda muy fino. ‖ *Papel de estaño o de plata,* laminilla de este metal que se usa para envolver y conservar ciertos productos. ‖ *Papel del Estado,* documento de crédito emitido por el Gobierno. ‖ *Papel de lija,* el fuerte con polvos de esmeril, de vidrio, etc., para pulir. ‖ *Papel de pagos,* hoja timbrada para hacer pagos al Estado. ‖ *Papel moneda,* el creado por el Estado para reemplazar la moneda metálica.

papeleo m. Acción de revolver papeles. ‖ Gran cantidad de papeles inútiles. ‖ Trámites para resolver un asunto.

papelera f. Fábrica de papel. ‖ Cesto para arrojar los papeles.

papelería f. Tienda de objetos de escritorio.

papeleta f. Cédula, resguardo: *papeleta del Monte de Piedad, de empeño.* ‖ Papel pequeño que lleva algo escrito: *papeleta de voto.* ‖ Papel donde se da una calificación: *papeleta de examen.* ‖ Pregunta, sacada por sorteo, a la que el candidato a un examen debe responder. ‖ *Fig. y fam.* Asunto difícil: *se me presentó una papeleta difícil de arreglar.* ‖ Cosa molesta, pesada.

papelillo m. Confeti.

papera f. Bocio. ‖ — Pl. Parotiditis.

papi m. *Fam.* Papá.

papiamento m. Lengua criolla hablada en Curazao.

papila f. Prominencia más o menos saliente de la piel y las membranas mucosas: *las papilas gustativas.* ‖ Prominencia formada por el nervio óptico en el fondo del ojo y desde donde se extiende la retina.

papilionáceo, a adj. Aplícase a las plantas leguminosas de corola amariposadas (ú. t. c. s. f.). ‖ — F. pl. Familia que forman.

papilla f. Comida de niños, hecha con harina, patatas u otras féculas, cocida en agua o en leche.

papiro m. Planta de Oriente, cuya médula empleaban los antiguos para escribir. ‖ Hoja de papiro escrita.

pápiro m. *Pop.* Billete de banco.

papirusa f. *Arg.* Muchacha linda.

papisa f. Mujer papa.

papismo m. Nombre dado por los protestantes a la Iglesia católica y a la autoridad del papa.

papista adj. y s. Entre los protestantes, aplícase al católico romano. ‖ *Fam. Ser uno más papista que el papa,* mostrar más celo en un asunto que el mismo interesado.

papo m. Parte entre la barba y el cuello. ‖ Buche de las aves.

paprika f. Especie de pimentón picante usado como condimento.

papú adj. invar. y s. De Papuasia. (Pl. *papúes* o *papúas*.)

pápula f. Pequeño bulto que aparece en la piel.

paquebote m. Transatlántico.

paquete m. Lío o envoltorio: *paquete de cigarrillos.* ‖ *Fig.* Conjunto de medidas. ‖ Persona que va en el sidecar de una moto. ‖ *Pop.* Cosa pesada y fastidiosa: *¡vaya un paquete!* ‖ Castigo. ‖ — Adj. *Arg.* Presumido, elegante. ‖ — *Guat.* y *Méx. Darse paquete,* darse tono. ‖ *Mil.* y *Fam. Meter un paquete,* reprender. ‖ *Paquete postal,* el que se envía por correo.

paquetear v. i. *Arg. Fam.* Ir bien vestido, fardar.

paquidermo adj. y s. m. Aplícase a los animales de piel muy gruesa y dura, como el elefante, el rinoceronte y el hipopótamo. ‖ — M. pl. Suborden de estos animales.

paquistaní adj. y s. Del Paquistán.

par adj. Igual, semejante en todo. ‖ *Mat.* Exactamente divisible por dos: *seis es un número par.* ‖ — M. Conjunto de dos personas o cosas de la misma clase: *un par de zapatos.* ‖ Objeto compuesto de dos piezas idénticas: *un par de tijeras.* ‖ Título de alta dignidad en ciertos países: *Cámara de los pares en Inglaterra.* ‖ *Arq.* Cada uno de los maderos oblicuos que sostienen la cubierta de un edificio. ‖ *Mec.* Conjunto de dos fuerzas iguales, paralelas y de sentido contrario. ‖ Igualdad del cambio de monedas entre sí países.

para prep. Indica varias relaciones: Término de un movimiento: *salió para Madrid.* ‖ Término de un transcurso de tiempo: *faltan tres días para mi cumpleaños.* ‖ Duración: *alquilar un coche para una semana.* ‖ Destino o fin de una acción: *trabajar para ganarse la vida.* ‖ Aptitud o competencia: *ser capaz para los negocios.* ‖ Comparación o contraposición: *es un buen piso para el alquiler que paga.* ‖ Motivo suficiente: *lo que ha hecho es para pegarle.* ‖ Estado físico o de ánimo: *hoy no estoy para bromas.* ‖ Inminencia de una acción: *estoy para marchar al extranjero.* ‖ Intención: *está para dimitir.*

parabién m. Felicitación.

parábola f. Narración de la que se deduce una enseñanza moral. ‖ Línea curva cuyos puntos son todos equidistantes de un punto fijo, llamado *foco,* y de una recta igualmente fija llamada *directriz.*

parabólico, ca adj. De la parábola.

parabolizar v. i. Hablar utilizando parábolas. ‖ — V. t. Dar forma parabólica.

parabrisas m. inv. Cristal al frente de los automóviles para proteger del viento.

paraca f. *Amer.* Viento fuerte del Pacífico.

paracaídas m. inv. Saco de tela que se abre automáticamente o por la acción del hombre cuando un cuerpo cae desde gran altura.

paracaidismo m. Lanzamiento de un avión en vuelo con paracaídas. ‖ *Méx.* Ocupación indebida.

paracaidista com. Persona que se dedica al descenso en paracaídas. ‖ Adj. y s. m. Aplícase a los soldados que descienden en terreno enemigo en paracaídas.

parachoques m. inv. Artefacto protector contra los choques.

parada f. Acción de detenerse. ‖ Sitio donde se para un vehículo para dejar y recoger viajeros. ‖ Sitio donde se cambiaban las caballerías de las diligencias. ‖ Fin del movimiento de una cosa. ‖ *Mús.* Pausa. ‖ *Mil.* Revista de tropas. ‖ En ciertos deportes, detención del balón por el guardameta. ‖ En esgrima, desviación del arma del adversario.

paradero m. Morada. ‖ *Amer.* Apeadero de ferrocarril. ‖ *Fig.* Fin.

paradigma m. Ejemplo, modelo.

paradisíaco, ca adj. Del paraíso.

parado, da adj. Que no se mueve. ‖ Poco activo. ‖ Desocupado, sin empleo (ú. t. c. s. m.). ‖ *Amer.* De pie, en pie.

paradoja f. Aserción inverosímil o absurda que se presenta con apariencias de verdadera. ‖ Figura que consiste en emplear expresiones o frases que encierran una contradicción.

paradójico, ca adj. Que incluye paradoja o usa de ella.

parador m. Mesón, hotel.

paraestatal adj. Que coopera con el Estado sin formar parte de él.

parafernales adj. pl. Aplícase a los bienes de la mujer no comprendidos en la dote, y los obtenidos por herencia o donación.

parafina f. Sustancia sólida, blanca, insoluble en el agua que se extrae de los aceites del petróleo.

parafinar v. t. Poner parafina.

parafrasear v. t. Hacer la paráfrasis.

paráfrasis f. Explicación.

paragonar v. t Comparar.

parágrafo m. Párrafo.

paraguariense adj. y s. De Paraguarí (Paraguay).

paraguas m. inv. Utensilio portátil para protegerse de la lluvia.

paraguayo, ya adj. De Paraguay (ú. t. c. s.). ‖ — M. Modalidad del castellano hablado en Paraguay. ‖ — F. Fruta parecida al pérsico.

paraguayismo m. Voz o giro especiales usados en Paraguay. ‖ Carácter paraguayo. ‖ Amor a Paraguay.

paraiseño, ña adj. y s. De El Paraíso (Honduras).

paraíso m. En el Antiguo Testamento, jardín de las delicias donde colocó Dios a Adán y Eva. ‖ En el Nuevo Testamento, cielo. ‖ Fig. Lugar sumamente ameno y agradable. ‖ Teatr. Localidades del piso más alto. ‖ Ave del Paraíso, pájaro de Nueva Guinea, cuyo macho lleva un plumaje de colores vistosos.

paraje m. Lugar, sitio.

paralelepípedo m. Sólido de seis caras iguales y paralelas de dos en dos, y cuya base es un paralelogramo.

paralelismo m. Calidad de paralelo.

paralelo, la adj. Geom. Aplícase a las líneas o a los planos que se mantienen, cualquiera que sea su prolongación, equidistantes entre sí. ‖ Correspondiente, correlativo, semejante: acción paralela. ‖ Aplícase al mercado que, contrariamente a lo legislado, mantiene unos precios más elevados que los oficiales. ‖ Dícese de lo que es más o menos clandestino, de las actividades que se encargan en parte de las efectuadas por un organismo legal u oficial: policía paralela. ‖ — F. Línea paralela a otra: trazar paralelas. ‖ — F. pl. En gimnasia, aparato compuesto de dos barras paralelas. ‖ — M. Geogr. Círculo del globo terrestre paralelo al ecuador. ‖ Comparación, parangón. ‖ Geom. Cada una de las secciones de una superficie de revolución al ser ésta cortada por planos perpendiculares a su eje.

paralelogramo m. Cuadrilátero cuyos lados opuestos son paralelos entre sí.

parálisis f. inv. Privación o disminución del movimiento de una parte del cuerpo. ‖ Fig. Paralización.

paralítico, ca adj. y s. Enfermo de parálisis.

paralización f. Acción y efecto de paralizar o paralizarse. ‖ Fig. Detención que experimenta una cosa dotada normalmente de movimiento.

paralizar v. t. Causar parálisis. ‖ Fig. Detener impedir la acción y movimiento de una cosa o persona.

paramento m. Adorno con que se cubre una cosa.

paramera f. Región con páramos.

parámetro m. Geom. Cantidad distinta de la variable a la cual se puede fijar un valor numérico y que entra en la ecuación de algunas curvas, especialmente en la parábola. ‖ Fig. Dato que se considera fijo en el estudio de una cuestión.

páramo m. Terreno yermo.

paranaense adj. y s. Del o relativo al río Paraná (Argentina y Paraguay).

parangón m. Comparación. ‖ Modelo, dechado.

parangonar v. t. Comparar.

paraninfo m. Salón de actos académicos en algunas universidades.

paranoia f. Cierta clase de locura.

paranoico, ca adj. Relativo a la paranoia. ‖ Que la padece (ú. t. c. s.).

parapetarse v. pr. Resguardarse con parapetos. ‖ Fig. Protegerse.

parapeto m. Barandilla: parapeto de un puente. ‖ Muro o barricada para protegerse de los golpes del enemigo.

paraplejía f. Parálisis de la mitad inferior del cuerpo.

parapléjico, ca adj. Relativo a la paraplejía. ‖ Enfermo de ella (ú. t. c. s.).

parar v. i. Cesar en el movimiento o en la acción: ha parado la lluvia. ‖ Detenerse un vehículo público en un sitio determinado. ‖ Acabar, ir a dar: el camino va a parar en un bosque. ‖ Hospedarse: parar en un mesón. ‖ Convertirse una cosa en otra diferente de la que se esperaba. ‖ No trabajar. ‖ Decidir. ‖ — Ir a parar, llegar. ‖ Parar de, cesar o dejar de. ‖ Sin parar, sin sosiego, sin descanso. ‖ — V. t. Detener, impedir el movimiento o acción: parar un vehículo. ‖ Prevenir o precaver. ‖ En deportes, detener el balón. ‖ Esgr. Detener el golpe del contrario. ‖ — V. pr. Detenerse. ‖ Fig. Reparar: pararse en tonterías. ‖ Amer. Ponerse de pie. ‖ Méx. Levantarse después de dormir.

pararrayos m. inv. Aparato para proteger contra el rayo.

parasimpático adj. Del sistema nervioso antagónico al simpático (ú. t. c. s. m.).

parásito, ta adj. y s. m. Aplícase al animal o planta que se alimenta o crece con sustancias producidas por otro a quien vive asido. ‖ Fig. Dícese de la persona que vive a expensas de los demás. ‖ Fís. Dícese de las interferencias que perturban una transmisión radioeléctrica.

parasol m. Quitasol.

paratifoidea f. Infección intestinal parecida a la fiebre tifoidea.

paratiroides adj. inv. Dícese de las glándulas de secreción interna situadas alrededor del tiroides, cuya principal función consiste en regular el metabolismo del calcio (ú. t. c. s. m.).

parcela f. Superficie pequeña.

parcelación f. División en parcelas.

parcelar v. t. Dividir en parcelas.

parche m. Pedazo de tela, papel, etc., que se pega sobre una cosa para arreglarla. ‖ Pedazo de goma para componer un neumático que se ha pinchado. ‖ Fig. Cosa añadida a otra y que desentona.

parcheo m. Arreglo transitorio.

parchís o **parchesi** m. Juego que se hace sobre un tablero dividido en cuatro casillas y varios espacios por donde han de pasar las fichas de los jugadores.

parcial adj. Relativo a una parte de un todo. || No completo: *eclipse parcial.* || Que procede o juzga con parcialidad, sin ecuanimidad: *autor parcial.* || Partidario, seguidor (ú. t. c. s.).

parcialidad f. Preferencia injusta, falta de ecuanimidad. || Facción.

parco, ca adj. Sobrio. || Mezquino. || Moderado. || Muy pequeño.

¡pardiez! interj. ¡Por Dios!

pardillo, lla adj. y s. Paleto. || — M. Pájaro de pecho y cabeza rojos.

pardo, da adj. De color más o menos oscuro. || *Amer.* Mulato.

pareado m. Estrofa consonante de dos versos que riman entre sí.

parear v. t. Juntar dos cosas.

parecer m. Opinión. || Aspecto.

parecer v. i. Suscitar cierta opinión: *¿qué te parece esta novela?.* || Tener cierta apariencia: *parece cansado.* || Convenir: *allá iremos si le parece.* || Existir cierta posibilidad: *parece que va a nevar.* || V. pr. Tener alguna semejanza.

parecido, da adj. Algo semejante. || Que tiene cierto aspecto: *persona bien parecida.* || — M. Semejanza.

pared f. Obra de fábrica levantada para cerrar un espacio. || Superficie lateral de un cuerpo: *la pared de un vaso.*

pareja f. Conjunto de dos personas o cosas semejantes. || En particular, dos guardias. || Dos animales, macho y hembra: *una pareja de palomas.* || Dos cosas que siempre van juntas: *este guante no hace pareja con ningún otro.* || Compañero o compañera de baile. || Matrimonio o novios. || Compañero en el juego.

parejo, ja adj. Igual. || Llano.

parénquima m. Tejido celular esponjoso que en los vegetales llena el espacio comprendido entre las partes fibrosas. || *Anat.* Tejido de los órganos glandulares.

parentela f. Conjunto de parientes.

parentesco m. Vínculo entre los parientes. || *Fig.* Unión, vínculo, conexión.

paréntesis m. Palabra o frase incidental que se intercala en el período formando sentido por sí sola. || Signo ortográfico () en que suele encerrarse esta oración o frase. || *Fig.* Suspensión o interrupción. || Digresión. || *Entre paréntesis,* incidentalmente.

paria com. Persona que no pertenece a ninguna casta.

paridad f. Igualdad o semejanza. || Comparación de una cosa con otra o símil. || Relación existente entre una unidad monetaria y su equivalencia en peso de metal.

pariente, ta m. y f. Persona unida con otra por lazos de consanguinidad o afinidad. || — M. *Fam.* El marido. || — F. *Fam.* La mujer, respecto del marido.

parietal adj. y s. m. Aplícase a cada uno de los dos huesos de las partes medias o laterales del cráneo.

parihuelas f. pl. Angarillas.

parir v. i. y t. En las especies vivíparas, nacer la cría que ha concebido la hembra. || *Fig.* Salir a la luz lo que estaba oculto. || — V. t. *Fig.* Producir una cosa.

parisién, parisiense y **parisino, na** adj. y s. De París (Francia).

paritario, ria adj. Dícese de una comisión, organismo o negociación en los que las dos partes son representadas por el mismo número de personas.

parking m. Aparcamiento.

parla f. Charla, conversación frívola. || Charlatanería, verborragia.

parlamentar v. i. Conversar. || Negociar el vencido la rendición.

parlamentario, ria adj. Relativo al Parlamento. || *Régimen parlamentario,* régimen político en el que los ministros son responsables ante el Parlamento. || — M. y f. Miembro de un Parlamento.

parlamentarismo m. Doctrina o sistema parlamentario.

parlamentarista adj. y s. Parlamentario.

parlamento m. Asamblea que ejerce el Poder legislativo. || *Fam.* Charla.

parlanchín, ina adj. y s. Hablador.

parlar v. i. Hablar.

parlotear v. i. Hablar mucho.

parloteo m. Charloteo.

parmesano, na adj. y s. De Parma (Italia).

parnasiano, na adj. Relativo al Parnaso, reino simbólico de los poetas.

parné o **parnés** m. *Pop.* Dinero.

paro m. Nombre de varios pájaros. || — *Med.* *Paro cardiaco,* síncope. || *Paro encubierto,* el existente cuando se emplea sin necesidad a un cierto número de trabajadores para disminuir el paro. || *Paro estacional,* el existente en algunas profesiones en las que los trabajadores sólo se emplean en determinadas épocas del año. || *Paro forzoso,* carencia de trabajo por causa ajena a la voluntad del obrero y del patrono. || *Paro laboral,* huelga. || *Seguro de paro,* el que cubre, mediante una ayuda económica, a los que no tienen empleo.

parodia f. Imitación burlesca de una obra literaria o de cualquier otra cosa. || Representación teatral festiva y satírica en la que se ridiculiza algo serio.

parodiar v. t. Hacer una imitación.

parónimo, ma adj. Aplícase a los vocablos que tienen entre sí semejanza por su etimología, su forma o su sonido, como *honda* y *onda* (ú. t. c. s. m.).

parótida f. Glándula salival situada debajo del oído y detrás de la mandíbula inferior.

parotiditis f. inv. Inflamación de la parótida.

paroxismo m. Exacerbación.

parpadear v. i. Abrir y cerrar los párpados muchas veces seguidas.

parpadeo m. Acción de parpadear.

párpado m. Cada una de las membranas movibles de los ojos.

parque m. Lugar arbolado, de cierta extensión, para caza o para recreo. || Lugar en el que estacionan los vehículos transitoriamente. || *Mil.* Recinto donde se custodian cañones, municiones, automóviles, etc. || Cuadrilátero formado por una barandilla donde se ponen los niños muy pequeños para que jueguen.

parqué m. Entarimado.

parquedad f. Moderación.

parquet m. (pal. fr.). Parqué.

parra f. Vid. viña trepadora.

parrafada f. *Fam.* Conversación.
parrafear v. i. Hablar.
párrafo m. Cada una de las divisiones de un capítulo o de cualquier escrito. || *Gram.* Signo ortográfico (§) con que se señalan estas divisiones. || *Fam.* Conversación corta: *echar un párrafo.*
parral m. Parra.
parranda f. *Fam.* Jolgorio, juerga.
parrandear v. i. Juerguearse.
parrandeo m. Juerga.
parricida com. Persona que mata a su ascendiente, descendiente o cónyugue.
parricidio m. Acción de parricida.
parrilla f. Rejilla de horno o fogón. || Sala de restaurante donde se asan carne o pescado delante de los consumidores. || Útil de cocina de figura de rejilla que sirve para asar o tostar: *bistec a la parrilla* (ú. t. en pl.).
parrillada f. Plato compuesto de diversos pescados, mariscos o carne que se asan en la parrilla. || *Arg.* Plato compuesto de carne de vaca, chorizo, chinchulines, riñones, etc., que se asan en la parrilla.
párroco m. Sacerdote encargado de una feligresía (ú. t. c. adj.).
parroquia f. Territorio que está bajo la jurisdicción espiritual de un cura párroco. || Conjunto de feligreses y clero de dicho territorio. || Su iglesia. || Clientela.
parroquiano, na m. y f. Feligrés de una parroquia. || Cliente.
parsimonia f. Moderación.
parte f. Porción indeterminada de un todo: *parte de la casa.* || Lo que toca a uno en el reparto de algo: *parte proporcional.* || Lugar: *la parte norte de México.* || Cada una de las divisiones de una obra: *la segunda parte del Quijote.* || Cada una de las personas que participan en un negocio o en un pleito: *las partes contratantes de un acuerdo.* || Lado, partido: *ponerse de parte de los insurrectos.* || Papel representado por el actor en una obra dramática, y este mismo actor. || Rama de una familia: *primos por parte de madre.* || — Pl. Facción o partido. || *Anat.* Órganos de la generación.
parte m. Escrito breve que se envía a una persona para informarla de algo. || Comunicación telefónica, telegráfica o radiofónica. || Informe o comunicado breve: *parte meteorológico.* || — *Dar parte,* comunicar. || *Parte de boda,* tarjeta en la que se comunica un matrimonio. || *Parte de guerra,* boletín oficial sobre las operaciones militares en una jornada. || *Parte médico* o *facultativo,* informe periódico sobre el estado de salud de un enfermo.
partera f. Mujer que asiste a la parturienta.
partición f. División.
participación f. Acción de participar y su resultado. || Parte: *participación de boda.* || Aviso, notificación. || Sistema mediante el cual los empleados de una empresa son asociados a sus beneficios y eventualmente a su gestión. || Posesión por una empresa, un banco, una entidad pública o privada de una parte del capital social de una compañía.
participante adj. y s. Dícese del que participa en algo.
participar v. t. Dar parte, notificar, comunicar. || — V.i. Intervenir: *participar en un trabajo.* || Compartir: *participar de la misma opinión.* || Recibir parte

de algo: *participar de una herencia.* || Tener algunas de las características de algo: *el mulo participa del burro y del caballo.*
partícipe adj. y s. Que tiene parte o interés en una cosa.
participio m. Forma del verbo que se usa a veces como adjetivo y otras como verbo propiamente dicho.
partícula f. Porción pequeña de algo. || *Fig.* Cada uno de los elementos que constituyen el átomo (electrón, protón, neutrón). || Parte invariable de la oración como los adverbios, sufijos, etc.
particular adj. Propio y privativo de una cosa, característico. || Individual, opuesto a general: *interés particular.* || Especial, extraordinario: *habilidad particular.* || Dícese de la clase que un estudiante recibe fuera de un centro de enseñanza con un profesor privado. || Privado, no público: *domicilio particular.* || Separado, distinto: *habitación particular.* || — M. Individuo que no tiene ningún título especial. || Asunto, cuestión de que se trata: *no sé nada de este particular.*
particularidad f. Carácter particular. || Circunstancia particular.
particularizar v. t. Expresar una cosa con todas sus circunstancias y detalles. || Caracterizar, dar carácter particular. || Referirse a un caso determinado. || — V. pr. Distinguirse en una cosa.
partida f. Marcha, salida: *tuvimos que aplazar la partida.* || Asiento en los libros del registro civil o de las parroquias, o su copia certificada: *partida de nacimiento.* || Cada uno de los artículos o cantidades parciales que contiene una cuenta o presupuesto. || Cantidad de mercancía entregada de una vez: *una partida de papel.* || Expedición, excursión: *partida de caza.* || Guerrilla, bando, parcialidad: *partida carlista.* || Pandilla: *partida de niños.* || Mano de juego: *una partida de ajedrez.*
partidario, ria adj. y s. Adicto.
partidismo m. Inclinación a favor de un partido, tendencia u opinión.
partidista adj. Relativo a un partido político (ú. t. c. s.).
partido, da adj. Dividido. || — M. Parcialidad, grupo de personas unidas por la misma opinión o los mismos intereses: *partido político.* || Provecho: *sacar partido.* || Amparo, apoyo, influencia. || Medio, proceder. || Resolución, decisión: *tomar el partido de marcharse.* || Equipo, conjunto de varios jugadores que juegan contra otros tantos: *el partido contrario.* || Prueba deportiva entre dos competidores o dos equipos: *un partido de fútbol.* || Distrito de una administración o jurisdicción que tiene por cabeza un pueblo principal: *partido judicial.* || Novio, futuro marido: *un buen partido.*
partir v. t. Dividir en dos o más partes: *partir leña.* || Romper, cascar: *partir nueces.* || Repartir, fraccionar: *partir un pastel entre cuatro.* || *Mat.* Dividir. || — V. i. Empezar, caminar, marcharse: *partir a la India.* || *Fig.* Asentar una cosa para deducir otra: *partiendo de este supuesto.* || Contar desde: *a partir de mañana.* || — V. pr. Irse, marcharse. || Romperse. || Dividirse. || *Fam. Partirse de risa,* reír mucho. | *Partirse el pecho,* deshacerse por conseguir algo.
partitura f. *Mús.* Texto completo de una obra.
parto m. Alumbramiento.

parturienta adj. y s. Que está de parto o recién parida.

parva f. Mies tendida en la era.

parvedad f. Pequeñez.

parvo, va adj. Pequeño.

párvulo, la adj. y s. Niño pequeño.

pasa f. Uva secada al sol (ú. t. c. adj.).

pasable adj. Pasadero, mediano.

pasacalle m. Marcha popular.

pasada f. Paso, acción de pasar de una parte a otra. || Cada aplicación de una operación a una cosa. || — *De pasada,* de paso. || *Fam. Mala pasada,* jugarreta.

pasadero, ra adj. Mediano.

pasadizo m. Paso estrecho.

pasado, da adj. Aplícase a la fruta y la carne estropeadas por ser ya viejas, del guisado demasiado cocido, etc. || Dícese del tiempo anterior: *el año pasado.* || Descolorido. || — M. Tiempo anterior al presente.

pasador m. Barra pequeña de hierro que se corre para cerrar puertas, ventanas, etc. || Varilla de metal que sirve de eje para el movimiento de las bisagras. || Horquilla. || Sortija que se pone a ciertas corbatas. || Imperdible para colgar condecoraciones y medallas. || Colador. || — Pl. Gemelos de camisa.

pasaje m. Acción de pasar de una parte a otra. || Derecho que se paga por pasar por un paraje. || Sitio por donde se pasa. || Precio de un viaje marítimo o aéreo. || Totalidad de los viajeros que van en un mismo barco o avión. || Trozo o lugar de un escrito. || Paso entre dos calles. || *Mús.* Paso de un tono a otro. || *Amer.* Billete para un viaje.

pasajero, ra adj. Aplícase al sitio por donde pasa mucha gente. || Que dura poco: *capricho pasajero.* || Que utiliza un medio de transporte, viajero (ú. t. c. s.).

pasamanería f. Obra, oficio y taller del que hace pasamanos.

pasamano m. Barandilla. || Galón.

pasamontañas m. inv. Gorra que cubre el cuello y las orejas.

pasante adj. Que pasa. || — M. y f. Persona que asiste a un abogado, profesor, etc., para adquirir práctica.

pasaportar v. t. Dar o expedir pasaporte. || *Fam.* Matar. || Despachar. || Echar, despedir, expulsar.

pasaporte m. Documento para pasar de un país a otro.

pasapuré m. Utensilio para hacer puré con patatas y verduras.

pasar v. t. Llevar, conducir, trasladar de un lugar a otro. || Atravesar, cruzar: *pasar un río.* || Enviar, transmitir: *pasar un recado.* || Introducir géneros prohibidos: *pasar contrabando.* || Poner en circulación: *pasar moneda falsa.* || Contagiar una enfermedad. || Cerner, tamizar. || Colar un líquido. || Adelantar: *pasar un coche.* || Aprobar un examen (ú. t. c. i.). || Volver: *pasar las hojas de una revista.* || *Fig.* Rebasar, ir más allá: *pasar los límites.* | Superar, aventajar. | Padecer: *pasar frío.* | Ocupar el tiempo: *pasé la noche desvelado.* | Omitir, silenciar. | Tolerar, consentir. || — V. i. Ir: *pasaré por tu casa.* Ir: *dígale que pase.* || Moverse una cosa de una parte a otra: *pasó el tren.* || Poder entrar: *este sobre no pasa por debajo.* || Transcurrir: *el tiempo pasa.* ||

Morir: *pasar a mejor vida.* || Volverse: *el joven pasó de pronto a hombre.* || Dejar alguna actividad para comenzar otra: *pasar al estudio del último punto.* || Ser considerado: *su hermano pasa por ser muy listo.* || Conformarse: *puedo pasar sin coche.* || Ser creído: *esta mentira conmigo no pasa.* || En algunos juegos, no jugar por no tener naipe o ficha conveniente. || — V. pr. Cambiar de partido: *pasarse al bando contrario.* || Olvidarse, borrarse de la memoria: *se me ha pasado ir a verlo.* || Dejar de ver: *a este niño no se le pasa nada.* || Acabarse. || Excederse uno: *pasarse de listo.* || Echarse a perder las frutas, carnes, etc. || Ir a un sitio por poco tiempo: *me pasaré por tu casa.* || *Fam.* Excederse, propasarse.

pasarela f. Puente pequeño o provisional. || En los barcos, puentecillo ligero delante de la chimenea. || En los teatros, pequeña prolongación del escenario más o menos circular para presentarse los artistas, especialmente las bailarinas. || Plataforma en la que se verifican desfiles de modelos.

pasatiempo m. Distracción.

pascal m. Unidad de presión.

pascua f. Fiesta de la Iglesia católica en memoria de la Resurrección de Cristo. || Cualquiera de las fiestas de Navidad, de la Epifanía y de Pentecostés. || — Pl. Tiempo que media entre Navidad y los Reyes inclusive.

pascual adj. Relativo a la Pascua.

pase m. Permiso para que se use de un privilegio. || Salvoconducto: *pase de favor.* || *Taurom.* Cada uno de los lances en que el matador cita al toro con la muleta y le deja pasar. || Movimiento que hace con las manos el hipnotizador. || En ciertos deportes, envío del balón a un jugador.

paseante adj. y s. Que se pasea.

pasear v. i. Andar a pie, en coche, etc., por diversión o para tomar el aire. Ú. t. c. pr.: *pasearse por el campo.* || — V. tr. Llevar de una parte a otra, hacer pasear: *pasear a un niño.*

paseíllo m. Desfile de los toreros al comenzar la corrida.

paseo m. Acción de pasear: *dar un paseo.* || Sitio por donde suele pasearse. || Distancia corta. || *Fig. Mandar a paseo a uno,* despedirle con severidad o enfado.

paseriforme adj. Dícese de un orden de aves de talla pequeña, arborícolas y cantoras como la alondra y el ruiseñor. || — M. Este orden de aves.

pasillo m. Corredor.

pasión f. Perturbación o efecto violento y desordenado del ánimo: *dominado por la pasión.* || Inclinación muy viva y objeto de ésta: *su hija es su pasión.* || Afición vehemente y su objeto: *pasión por la lectura.* || Prevención a favor o en contra de una persona o cosa: *hay que juzgar sin pasión.* || *Relig.* En el Evangelio, relato de la condenación, agonía y muerte de Jesucristo.

pasional adj. Relativo a la pasión.

pasionaria f. Planta originaria del Brasil. || Su flor.

pasividad f. Falta de reacción.

pasivo, va adj. Aplícase al que es objeto de una acción: *sujeto pasivo.* || Que permanece inactivo y deja actuar a los demás. || Dícese del haber o pensión que se disfruta por jubilación, viudedad, etc. || Aplícase al importe total de las deudas y cargas de un comerciante (ú. t. c. s. m.). || — *Clases pasivas,* conjunto de las personas que disfrutan pensiones. || *Verbo pasivo,* el que expresa una acción sufrida por el sujeto.

pasmar v. t. Asombrar mucho.

pasmo m. Asombro.

paso m. Movimiento de cada uno de los pies para andar. || Espacio recorrido al avanzar el pie. || Manera de andar. || Movimiento regular con que camina una caballería. || Acción de pasar: *el paso del mar Rojo por los judíos.* || Lugar por donde se pasa: *paso protegido.* || Huella impresa al andar: *se veían pasos en la arena.* || Licencia para poder pasar sin estorbo: *dar paso a uno.* || Distancia entre dos filetes contiguos de un tornillo. || Situación difícil, apuro: *salir de un mal paso.* || Grupo escultórico que representa una escena de la Pasión de Jesucristo y se saca en procesión por la Semana Santa. || Pieza corta dramática: *un paso de Lope de Rueda.* || Cada mudanza que se hace en el baile. || Conducta del hombre. || Gestión, trámite. || Progreso, adelanto: *dar un paso adelante.* || Estrecho de mar: *el paso de Calais.* || Sitio por donde pasa la caza. || Peldaño. || *Amer.* Vado de un río. || — *Mal paso,* dificultad. || *Paso a nivel,* sitio en que un ferrocarril cruza un camino o una carretera al mismo nivel que él. || *Paso doble,* pasodoble. || *Paso en falso,* acción contraproducente.

pasodoble m. Música de marcha de compás 4/4. || Baile de movimiento muy vivo.

pasota m. y f. *Fam.* Indolente, persona que no hace el menor esfuerzo por nada y desea vivir como quiere.

pasotismo m. *Fam.* Modo de vida de los pasotas.

pasqueño, ña adj. y s. De Cerro de Pasco (Perú).

passing-shot m. (pal. ingl.). En tenis, lanzamiento potente de la pelota a muy poca altura de red.

pasquín m. Octavilla de propaganda, generalmente política.

pasta f. Masa hecha de una o diversas cosas machacadas: *pasta de papel.* || Masa de harina y manteca o aceite, que se emplea para hacer pasteles, etc. || Cartón cubierto de tela o piel para encuadernar: *encuadernación en pasta.* || Sustancia utilizada para hacer ciertos productos alimenticios, farmacéuticos, técnicos: *sopa de pastas; pasta dentífrica.* || *Fam.* Dinero. || Parsimonia, lentitud, pachorra. || — Pl. Masa de harina de trigo y agua que se presenta en forma de fideos, tallarines, etc.: *pastas alimenticias.* || Galletas pequeñas, pastelillos: *tomar el té con pastas.* || — *Pasta de dientes,* dentífrico. || *Fam. Ser de buena pasta,* ser bondadoso.

pastar v. t. Llevar el ganado al pasto. || — V.i. Pacer el ganado.

pastel m. Masa de harina y manteca en que se envuelve crema o dulce, fruta, carne o pescado, cociéndose después del horno: *pastel de almendras.* || Lápiz compuesto de una materia colorante amasada con agua de goma. || Dibujo hecho con este lápiz.

pastelería f. Establecimiento en que se hacen o venden pasteles.

pastelero, ra m. y f. Persona que hace o vende pasteles.

pastense adj. y s. De Pasto (Colombia).

pasterización o **pasteurización** f. Operación que consiste en calentar entre 75° y 85° ciertas sustan-

cias alimenticias (leche, cerveza) para destruir los microbios.

pasterizar o **pasteurizar** v. t. Esterilizar por pasterización.

pastilla f. Porción pequeña de pasta, generalmente cuadrada o redonda: *pastilla de jabón, de chocolate.*

pastines m. pl. *Arg.* Pastas para sopas.

pastizal m. Campo con pastos.

pasto m. Acción de pastar. || Hierba que pace el ganado. || Prado o campo en que pasta. || *Fig.* Hecho, noticia u ocasión que sirve para fomentar algo: *ser pasto de la crítica.*

pastor, ra m. y f. Persona que guarda el ganado. || — M. Sacerdote.

pastoral adj. Pastoril. || De los prelados: *visita pastoral.* || — F. Especie de drama bucólico.

pastoril adj. De los pastores. || Aplícase a la obra literaria de carácter bucólico.

pastosidad f. Calidad de pastoso.

pastoso, sa adj. Blando, suave y suficientemente espeso: *sustancia pastosa.* || Dícese de la voz de timbre suave: *voz pastosa.* || Dícese de la boca o lengua secas.

pasturaje m. Sitio común en el que pastan los animales. || Contribución pagada para que el ganado pueda pastar en un lugar.

pastuso, sa adj. y s. De Pasto (Colombia).

pata f. Pie y pierna de los animales. || *Fam.* Pie o pierna del hombre. || Cada una de las piezas que sostienen un mueble. || Hembra del pato. || En las prendas de vestir, cartera, tira de paño. || — *Fam.* A cuatro patas, a gatas. | *Estirar la pata,* morir. | *Meter la pata,* cometer un desacierto. || *Pata de gallo,* tela de textura cruzada que forma cuadros de varios colores; arruga que se forma en el ángulo externo de cada ojo; despropósito. || *Fig.* y *fam. Patas arriba,* en desorden. | *Poner a uno de patas en la calle,* echarle. | *Tener mala pata,* tener mala suerte.

patada f. Golpe dado con la pata o con el pie. || *Fam.* Paso, gestión: *dar muchas patadas para lograr algo.* || — *Fig. Dar la patada,* despedir, expulsar. | *Darse (de) patadas,* no ir bien dos cosas juntas. | *En dos patadas,* rápidamente.

patagón, ona adj. y s. De Patagonia (Argentina y Chile).

patagónico, ca adj. Relativo a la Patagonia o a los patagones.

patalear v. i. Agitar violentamente las piernas.

pataleo m. Acción de patalear.

pataleta f. *Fam.* Convulsión fingida, ataque de nervios exagerado.

patán m. *Fam.* Hombre zafio.

patanería f. *Fam.* Zafiedad.

patata f. Planta solanácea cuyos tubérculos, carnosos y feculentos, son uno de los alimentos más útiles para el hombre. || Su tubérculo.

patatal y **patatar** m. Campo plantado de patatas.

patatús m. *Fam.* Desmayo.

patear v. t. *Fam.* Dar golpes con los pies. || *Fig.* y *fam.* Tratar ruda y desconsideradamente. | Abuchear dando patadas. | Reprender. || — V. i. *Fam.* Dar patadas en señal de dolor, cólera, impaciencia. | Andar mucho para lograr algo. || — V. pr. Ir a un lugar.

patena f. Platillo de oro o plata en el cual se pone la hostia.

patentado, da adj. Con patente.

patentar v. t. Conceder y expedir patentes. || Obtener patentes.

patente adj. Manifiesto, evidente: *una injusticia patente*. || – F. Documento por el cual se confiere un derecho o privilegio. || Documento que acredita haberse satisfecho el impuesto para el ejercicio de algunas profesiones o industrias: *patente industrial, profesional*.

patentizar v. t. Hacer patente.

pateo m. Pataleo.

paterfamilias m. (pal. lat.). Jefe de la familia.

paternal adj. De padre.

paternalismo m. Carácter paternal.

paternalista adj. Que tiene las características del paternalismo.

paternidad f. Calidad de padre.

paterno, na adj. Del padre.

patético, ca adj. Que conmueve.

patetismo m. Carácter patético.

patíbulo m. Tablado o lugar en que se ejecuta la pena de muerte.

patidifuso, sa adj. Asombrado.

patilla f. Porción de pelo que se deja crecer delante de las orejas.

patín m. Plancha de metal provista de una cuchilla que se adapta a la suela del zapato para deslizarse sobre el hielo (con ruedas permite patinar sobre pavimento duro). || Aparato con flotadores paralelos para deslizarse sobre el agua. || Parte del tren de aterrizaje de un avión. || Calzado de niños pequeños. || Juguete de niño que se compone de una plancha montada sobre dos ruedas y de un manillar.

pátina f. Especie de barniz.

patinador, ra adj. y s. Que patina.

patinaje m. Acción de patinar.

patinar v. i. Deslizarse por el hielo o el suelo con patines. || Resbalar las ruedas de un vehículo. || Deslizarse intempestivamente un órgano mecánico. || *Fam.* Errar, equivocarse. || – V. t. Dar pátina a un objeto.

patinazo m. Acción y efecto de patinar. || *Fam.* Planchazo, desliz.

patineta f. Patín, juguete.

patinillo m. Patio pequeño.

patio m. Espacio descubierto en el interior de un edificio. || Piso bajo de teatro: *patio de butacas*.

patitieso, sa adj. Asombrado.

patizambo, ba adj. y s. Zambo.

pato m. Ave acuática palmípeda de pico ancho en la punta. || *Arg.* Juego entre jinetes que consiste en disputarse la posesión de un pato, o simplemente una pelota, metido en una bolsa. || *Fam. Pagar el pato*, llevar un castigo injusto.

patochada f. *Fam.* Disparate.

patógeno, na adj. Que causa enfermedad.

patología f. Estudio de las enfermedades.

patológico, ca adj. De la patología.

patoso, sa adj. Sin gracia.

patraña f. *Fam.* Embuste.

patria f. País en que se nace. ||– *Madre patria*, país de origen. || *Patria chica*, lugar de nacimiento en un país.

patriarca m. En el Antiguo Testamento, nombre de los primeros jefes de familia. || *Fig.* Anciano respetable.

patriarcado m. Dignidad de patriarca y territorio de su jurisdicción. || Organización social caracterizada por la supremacía del padre sobre los otros miembros de la tribu.

patriarcal adj. Relativo al patriarca: *iglesia patriarcal*. || *Fig.* Ejercido con sencillez y benevolencia: *autoridad patriarcal*. || – F. Iglesia del patriarca. || Patriarcado.

patricio, cia adj. y s. En Roma, descendiente de los primeros senadores instituidos por Rómulo. || Noble. || – Adj. Relativo a los patricios. || – M. Individuo que descuella por sus virtudes o talento.

patrimonial adj. Del patrimonio.

patrimonio m. Hacienda que se hereda del padre o de la madre: *patrimonio familiar*. || *Fig.* Bienes propios adquiridos por cualquier motivo. | Lo que es privativo de un grupo de gente: *la vitalidad es el patrimonio de la juventud*.

patrio, tria adj. Relativo a la patria. || Perteneciente al padre.

patriota adj. y s. Que tiene amor a su patria y procura su bien.

patriotería f. *Fam.* Alarde propio del patriotero.

patriotero, ra adj. y s. *Fam.* Que presume de patriotismo.

patriótico, ca adj. Relativo al patriota o a la patria.

patriotismo m. Amor a la patria.

patrística f. Estudio de los Padres de la Iglesia.

patrocinador, ra adj. y s. Que patrocina.

patrocinar v. t. Defender, proteger, amparar, favorecer.

patrocinio m. Protección.

patrón, ona m. y f. Dueño de una casa de huéspedes. || Jefe de una empresa industrial o comercial (pl. del m. *patronos*, en Amér. *patrones*). || Maestro, profesor bajo cuya dirección se estudia o investiga. || Santo titular de una iglesia. || Santo o santa escogidos como protector por un pueblo, patria, ciudad, corporación, asociación, etc. || – M. Jefe de un barco mercantil o de pesca. || Modelo: *el patrón de un vestido*. || Tipo, ejemplo o modelo que sirve para efectuar comparaciones o referirse a otra cosa de la misma clase o especie. || Valor tipo que se utiliza para poder definir una unidad. || Metal adoptado como tipo de moneda: *patrón oro*. || Modelo o tipo legal de los pesos y las medidas. || Plantilla taladrada utilizada para pintar números, letras o adornos. || Planta en la que se hace el injerto. || *Fig. Cortado con el mismo patrón*, muy parecido o semejante.

patronal adj. Relativo al patrono o al patronato: *sindicatos patronales*. || – F. Confederación que reúne a los jefes de las principales empresas de un país.

patronato m. Derecho, poder o facultad que tiene el patrono. || Corporación que forman los patronos. || Fundación de una obra pía.

patronímico m. Nombre común a todos los descendientes de una raza.

patrono, na m. y f. Persona que tiene empleados trabajando por su cuenta. || Santo titular de una iglesia o pueblo. || Patrón, protector de una iglesia o corporación.

patrulla f. *Mil.* Partida de soldados, en corto número, que ronda para mantener el orden y seguridad en las plazas y campamentos. || Escuadrilla de buques o aviones de vigilancia. || *Fig.* Grupo de personas.

patrullar v. i. Rondar una patrulla. || Hacer servicio de patrulla.

patrullero, ra adj. Que patrulla. || Aplícase al buque o avión destinado a patrullar (ú. t. c. s. m.).

patulea f. *Fam.* Grupo de niños.

paulatino, na adj. Lento.

paulino, na adj. Relativo al apóstol San Pablo.

paulista adj. y s. De São Paulo (Brasil).

paupérrimo, ma adj. Muy pobre.

pausa f. Breve interrupción. || Tardanza, lentitud. || *Mús.* Breve intervalo en que se deja de cantar o tocar. | Signo que lo indica.

pausado, da adj. Lento.

pauta f. Cada una de las rayas trazadas en el papel en que se escribe o se hace la notación musical o conjunto de ellas. || *Fig.* Lo que sirve de regla o norma para hacer una cosa. | Dechado, modelo.

pava f. Hembra del pavo. || *Fig.* Mujer sosa y desgarbada.

pavada f. Manada de pavos. || *Fig.* y *fam.* Sosería.

pavana f. Danza española antigua, lenta y grave. || Su música.

pavés m. Escudo grande.

pavesa f. Partícula que se desprende de un cuerpo en combustión.

pavimentación f. Acción de pavimentar. || Revestimiento del suelo.

pavimentar v. t. Revestir el suelo con baldosas, adoquines.

pavimento m. Piso solado.

pavo m. Ave gallinácea de plumaje negro verdoso, cabeza desnuda cubierta de carúnculas rojas y cresta eréctil. || *Fig.* y *fam.* Hombre necio e ingenuo. || – M. *Pop.* Duro, cinco pesetas. || – *Pavo real*, gallinácea oriunda de Asia, cuyo macho posee una hermosa cola de plumas verdes. || *Fam. Subírsele a uno el pavo*, ruborizarse.

pavón m. Color azul con que se cubren objetos de hierro y acero para protegerlos contra la oxidación.

pavonar v. t. Dar pavón.

pavonear v. i. Vanagloriarse (ú. m. c. pr.). || – V. t. Engañar.

pavoneo m. Ostentación.

pavor m. Temor muy grande.

pavoroso, sa adj. Que da pavor.

paya f. *Arg.* Composición poética dialogada de los payadores.

payada f. *Amer.* Canto del payador. | Justa poética y musical de dos payadores.

payador m. *Arg.* Gaucho que canta acompañándose con la guitarra.

payadura f. *Arg.* Paya.

payar v. i. *Arg.* Cantar payadas.

payasada f. Bufonada, farsa.

payasear v. i. Hacer payasadas.

payaso m. Artista que hace de gracioso en las ferias o circos.

payés, esa m. y f. Aldeano.

payo, ya adj. y s. Aldeano, campesino ignorante y rudo. || *Pop.* Tonto, mentecato. || Para los gitanos, aplícase a cualquier persona que no es de su raza.

paz f. Situación de un país que no sostiene guerra con ningún otro. || Unión, concordia entre los miembros de un grupo o de una familia. || Convenio o tratado que pone fin a una guerra: *firmar la paz*. || Sosiego, tranquilidad: *la paz de un monasterio*. || Descanso: *dejar morir en paz*. || Reconciliación. Ú.t en pl.: *hacer las paces los reñidos*. || Sosiego o tranquilidad del alma: *la conciencia en paz*. || – *Dar paz*, dar tranquilidad. || *Dejar en paz*, no inquietar ni molestar. || *Fig. Descansar en paz*, estar muerto. | *Estar en paz*, no deberse nada.

pazguatería f. Tontería, simpleza.

pazguato, ta adj. y s. Simple, bobo.

pazo m. Casa solariega gallega.

Pb, símbolo químico del *plomo*.

P.C., siglas de *Partido Comunista*.

Pd, símbolo químico del *paladio*.

P.D., abreviatura de *posdata*.

pe f. Nombre de la letra *p*.

pea f. *Pop.* Borrachera.

peaje m. Derecho de tránsito pagado en ciertas autopistas, carreteras, etc.

peana f. Plataforma para colocar una estatua u otra cosa. || *Pop.* Pie.

peatón m. El que camina a pie.

peatonal adj. Para peatones.

pebeta f. *Arg.* Muchacha.

pebete m. *Arg.* Niño.

pebetero m. Perfumador.

peca f. Mancha en el cutis.

pecado m. Hecho, dicho, deseo, pensamiento u omisión contra la ley divina: *pecado venial.*

pecador, ra adj. y s. Que peca.

pecaminoso, sa adj. Relativo al pecado o al pecador.

pecar v. i. Incurrir en pecado. || Cometer una falta. || Dejarse llevar de una afición o pasión: *pecar de severo.*

pecarí o **pécari** m. *Amer.* Saíno, especie de cerdo.

pecblenda f. Óxido natural de uranio.

pecera f. Recipiente para peces.

pechada f. Hartón, hartazgo. || *Arg. Fam.* Sablazo de dinero.

pechar v. i. Asumir una carga.

pechblenda f. Pecblenda.

pechera f. Parte de la camisa que cubre el pecho. || Pecho de mujer.

pecho m. Parte interna y externa del cuerpo humano que se extiende desde el cuello hasta el vientre. || Parte anterior del tronco de los cuadrúpedos entre el cuello y las patas anteriores. || Cada una de las mamas de la mujer: *dar el pecho al hijo*. || *Fig.* Corazón. | Valor, ánimo: *hombre de mucho pecho*. | Calidad o duración de la voz: *dar el do de pecho*. || – *Dar el pecho*, dar de mamar. || *Fig. De pecho*, aplícase al niño que mama. || *Echarse o tomarse algo a pecho*, tomarlo con gran interés; ofenderse por ello.

pechuga f. Pecho de las aves. || *Fam.* Pecho.

peciolo m. Rabillo de la hoja.

pecoso, sa adj. Que tiene pecas.

pectíneo m. Músculo del muslo.

pectoral adj. Relativo al pecho: *cavidad pectoral.* || Bueno para el pecho (ú. t. c. s. m.). || – M. Adorno suspendido o fijado en el pecho.

pecuario, ria adj. Del ganado.

peculado m. Hurto de caudales públicos por el que los administra.

peculiar adj. Propio o privativo de cada persona o cosa.

peculiaridad f. Condición de peculiar.

peculiarismo m. Carácter muy peculiar.

peculio m. Dinero.

pecuniario, ria adj. Del dinero.

pedagogía f. Ciencia de la educación. ‖ Arte de enseñar o educar a los niños. ‖ Método de enseñanza.

pedagógico, ca adj. De la pedagogía.

pedagogo, ga m. y f. Educador.

pedal m. Palanca que se mueve con el pie: *los pedales del piano*.

pedalear v. i. Accionar los pedales.

pedaleo m. Acción de pedalear.

pedanía f. *Amer.* Distrito.

pedante adj. y s. Que hace alarde de sus conocimientos.

pedantear v. i. Hacerse el pedante. ‖ Hacer alarde de erudición.

pedantería f. Afectación.

pedazo m. Trozo, porción.

pederasta m. Sodomita.

pederastia f. Sodomía.

pedernal m. Variedad de cuarzo de color amarillento que da chispas al ser golpeado con el eslabón.

pedestal m. Cuerpo compuesto de base y cornisa que sostiene una columna, estatua, etc. ‖ *Fig.* Lo que permite encumbrarse, apoyo: *le sirvió de pedestal para su fama*.

pedestre adj. Que anda a pie. ‖ Dícese del deporte que consiste en andar o correr: *carrera pedestre*. ‖ *Fig.* Vulgar, ramplón, sin valor.

pedestrismo m. Deporte de las carreras a pie.

pediatra com. Médico especialista de las enfermedades infantiles.

pediatría f. Parte de la medicina relativa a las enfermedades infantiles.

pedículo m. Serie de elementos de la anatomía que unen un órgano a otro. ‖ *Bot.* Pedúnculo.

pedicuro, ra m. y f. Callista.

pedido m. Encargo de géneros hecho a un fabricante o vendedor.

pedigrí o **pedigree** m. (pal. ingl.). Genealogía de un animal.

pedigüeño, ña adj. Que pide con frecuencia (ú. t. c. s.).

pedimento m. Petición.

pedir v. t. Rogar a uno que dé o haga una cosa: *pedir protección*. ‖ Por antonomasia, pedir limosna. ‖ Exigir: *pedir justicia*. ‖ Encargar: *pedir un café*. ‖ Solicitar uno su derecho ante el juez. ‖ Requerir: *las plantas piden agua*. ‖ Fijar precio a una mercancía el que la vende: *este sastre pide muy caro*. ‖ Rogar a los padres de una mujer para que la concedan en matrimonio: *pedir la mano*.

pedo m. Ventosidad que se expulsa por el ano. ‖ *Fam.* Borrachera.

pedrada f. Acción de arrojar una piedra. ‖ Golpe dado con ella y herida producida.

pedrea f. Acción de apedrear. ‖ Lucha a pedradas. ‖ Granizo. ‖ Conjunto de los premios de muy poco valor en la lotería.

pedregal m. Lugar pedregoso.

pedregoso, sa adj. Con piedras.

pedrisco m. Granizo grueso.

pedrojuancaballerense adj. y s. De Pedro Juan Caballero (Paraguay).

pedrusco m. *Fam.* Piedra tosca.

pedúnculo m. Rabillo en las plantas.

peer v. i. Echar pedos (ú. t. c. pr.).

pega f. *Fam.* Pregunta difícil en los exámenes. ‖ Dificultad: *no me vengas con pegas*. ‖ *Amer.* Trabajo, empleo. ‖ *Pop. De pega*, falso.

pegada f. En deportes, manera de pegar a la pelota o al contrario en boxeo.

pegadizo, za adj. Que se pega fácilmente. ‖ Pegajoso. ‖ *Fig.* Contagioso: *risa pegadiza*. ‖ Que se retiene fácilmente: *música pegadiza*.

pegado, da adj. Ignorante.

pegadura f. Acción de pegar.

pegajosidad f. Viscosidad.

pegajoso, sa adj. Que se pega con facilidad. ‖ Cargante, pesado: *amigo pegajoso*.

pegamento m. Producto para pegar.

pegamiento m. Pegadura.

pegar v. t. Adherir, unir dos cosas con cola o producto semejante: *pegar un sello, un sobre*. ‖ Atar, coser: *pegar un botón*. ‖ Fijar, unir una cosa con otra (ú. t. c. pr.). ‖ *Fig.* Comunicar, contagiar: *pegar la escarlatina* (ú. t. c. pr.). ‖ Golpear: *pegar a un niño* (ú. t. c. pr.). ‖ Dar: *pegar un bofetón, un tiro, un salto, un susto*. ‖ Lanzar, dar: *pegar un grito*. ‖ Arrimar, acercar mucho: *pegar el piano a la pared* (ú. t. c. pr.). ‖ *Fam.* Hacer sufrir: *¡menudo rollo nos ha pegado!* ‖ *Fig. No pegar ojo*, no dormir. ‖ *Pegar fuego*, prender, incendiar algo. ‖ — V. i. Sentar o ir bien: *estos colores que pegan*. ‖ Venir a propósito, caer bien. ‖ Estar una cosa contigua a otra. ‖ Dar: *aquí el sol pega muy fuerte*. ‖ *Fam.* Realizar una acción con determinación y esfuerzo: *está pegando muy fuerte ahora*. ‖ — V. pr. Unirse con alguna sustancia viscosa. ‖ Quemarse y adherirse los guisos a las vasijas en que cuecen: *pegarse el arroz*.

pego (dar el) loc. *Fam.* Engañar.

pegote m. Emplasto. ‖ *Fig.* Cosa que no va con otra a la cual ha sido añadida.

pegual m. *Amer.* Cincha con argolla para sujetar los animales cogidos con lazo. ‖ *Arg.* Sobrecincha.

peinado m. Arreglo del pelo.

peinar v. t. Arreglar el cabello (ú. t. c. pr.). ‖ Limpiar la lana.

peinazo m. Travesaño horizontal en las puertas y ventanas.

peine m. Utensilio de concha, plástico, hueso, etc., con púas, para desenredar, limpiar o componer el cabello. ‖ Pieza del telar por cuyas púas pasan los hilos de la urdimbre. ‖ Enrejado de poleas situado en el telar de los escenarios de teatro en el que se cuelgan las decoraciones. ‖ Pieza metálica que contiene las balas de un arma de fuego.

peineta f. Peine de adorno.

pejerrey m. Pez marino.

pejesapo m. Pez marino acantopterigio de cabeza muy grande.

pejiguera f. *Fam.* Cosa molesta.

pekinés, esa adj. y s. Pequinés.

peladilla f. Almendra confitada.

pelado, da adj. Que se ha quedado sin pelo. ‖ Que no tiene piel o carne. ‖ Sin vegetación: *monte pelado*. ‖ Aplícase al número que tiene decenas, centenas o millares justos: *el veinte pelado*. ‖ *Fam. Estar pelado*, estar sin dinero. ‖ — M. Corte de pelo.

‖ — M. y f. *Méx.* Tipo popular de las clases bajas. ‖ Persona mal educada.

peladura f. Mondadura.

pelagatos m. y f. inv. *Fam.* Persona sin posición social ni económica.

pelaje m. Pelo de un animal. ‖ *Fig.* y *fam.* Apariencia: *persona de mal pelaje.* ‖ Índole, categoría.

pelambre m. Conjunto de pelo en todo o parte del cuerpo. ‖ Alopecia.

pelambrera f. Porción de pelo o vello crecido.

pelanas m. inv. *Fam.* Persona de muy poca importancia.

pelandusca f. *Pop.* Prostituta.

pelar v. t. Cortar o quitar el pelo. ‖ Mondar una fruta: *pelar una manzana.* ‖ Desplumar: *pelar un ave.* ‖ *Fig.* y *fam.* Ganar a otro todo el dinero en el juego: *pelarle el sueldo.* ‖ Quitar a uno sus bienes con engaño o violencia: *dejarle pelado.* ‖ Criticar, despellejar a uno. ‖ Quitar parte de la piel el sol o una enfermedad. Ú. t. c. pr.: *no hay que tomar demasiado sol para no pelarse.* ‖ — V. pr. *Fam.* Hacerse cortar el pelo. ‖ *Amer.* Confundirse.

peldaño m. Escalón.

pelea f. Combate.

peleano, na adj. Aplícase a un tipo de erupción volcánica que tiene lavas muy viscosas que se solidifican rápidamente. ‖ Relativo al volcán Pelado (Martinica).

pelear v. i. Batallar, combatir, contender. ‖ Reñir de palabra. ‖ *Fig.* Combatir entre sí u oponerse las cosas unas a otras. ‖ Luchar para vencer las pasiones y apetitos. ‖ Afanarse: *pelear por conseguir una cosa.* ‖ — V. pr. Reñir dos o más personas: *pelearse a puñetazos.* ‖ *Fig.* Desavenirse, enemistarse: *pelearse dos amigos.*

pelechar v. i. Echar o mudar el pelo o plumas los animales.

pelele m. Muñeco de paja o trapos que se mantea en carnaval. ‖ *Fig.* y *fam.* Persona sin carácter que se deja manejar por otra. ‖ Traje de punto de una pieza que llevan los niños para dormir.

peletería f. Oficio y tienda del peletero. ‖ Arte de preparar las pieles.

peletero, ra m. y f. Persona que tiene por oficio trabajar en pieles finas o venderlas.

peliagudo, da adj. Muy difícil.

pelícano m. Ave acuática palmípeda de pico muy largo y ancho.

película f. Piel muy delgada y delicada. ‖ Cinta delgada de acetato de celulosa revestida de una emulsión sensible de gelatinobromuro de plata que se emplea en fotografía y cinematografía. ‖ Cinta cinematográfica.

peligrar v. i. Estar en peligro.

peligro m. Riesgo.

peligrosidad f. Riesgo.

peligroso, sa adj. Arriesgado.

pelirrojo, ja adj. De pelo rojo.

pella f. Masa que se une y aprieta, regularmente en forma redonda.

pelleja f. Piel de un animal. ‖ *Fig. Salvar la pelleja,* salvar la vida.

pellejo m. Piel. ‖ Odre: *un pellejo de aceite.* ‖ *Fam.* Vida: *salvar el pellejo.*

pelliza f. Prenda de abrigo hecha o forrada de pieles finas.

pellizcar v. t. Apretar la piel con dos dedos. ‖ Tomar una pequeña cantidad de una cosa.

pellizco m. Acción de pellizcar y señal en la piel que resulta de ello. ‖ Porción pequeña que se coge de una cosa.

pelma y **pelmazo** adj. y s. Dícese de una persona muy pesada.

pelo m. Filamento cilíndrico, sutil, de naturaleza córnea, que nace y crece en diversos puntos de la piel del hombre y de los animales. ‖ Filamento parecido que crece en los vegetales: *pelos del maíz.* ‖ Conjunto de estos filamentos. ‖ Cabello: *cortarse el pelo.* ‖ Hebra delgada de seda, lana, etc. ‖ Color de la piel de los caballos. ‖ Defecto en un diamante o en una pieza. ‖ *Fig.* Cosa de muy poca importancia. ‖ — *A contra pelo,* en dirección contraria a la del pelo. ‖ *Fig. Con pelos y señales,* con muchos detalles. ‖ *De medio pelo,* poco fino, de poca categoría. ‖ *Echar pelos a la mar,* olvidar. ‖ *Estar hasta los pelos o hasta la punta de los pelos,* estar harto. ‖ *No tener pelo de tonto,* no ser nada tonto. ‖ *No verle el pelo a uno,* no verlo. ‖ *Ponérsele a uno los pelos de punta,* sentir miedo. ‖ *Por los pelos,* por muy poco. ‖ *Tomar el pelo a uno,* burlarse de él. ‖ *Un pelo,* muy poco.

pelota f. Bola hecha con distintos materiales, generalmente elástica y redonda, que sirve para jugar. ‖ Juego que se hace con ella. ‖ *Fam.* Balón. ‖ Bola de cualquier materia blanda: *hacerse una pelota con un papel.* ‖ *Pop.* Cabeza. ‖ — Pl. *Pop.* Testículos. ‖ — *Fam. En pelota,* desnudo. ‖ *Hacer la pelota,* adular. ‖ *Pelota vasca,* juego originario del país vasco en que el jugador *(pelotari)* lanza una pelota contra una pared *(frontón)* con la mano, con una raqueta *(pala)* o con una cesta especial *(chistera).* ‖ — Adj. y s. *Fam.* Cobista, adulón.

pelotari m. y f. Jugador de pelota vasca.

peloteo m. En el tenis, acción de jugar a la pelota sin hacer partido.

pelotera f. *Fam.* Pelea, disputa.

pelotilla f. Adulación.

pelotilleo m. Adulación.

pelotillero, ra adj. y s. Adulón.

pelotón m. *Mil.* Grupo pequeño de soldados. ‖ *Fig.* Aglomeración de personas. ‖ Grupo de participantes en una carrera. ‖ *Pelotón de ejecución,* grupo de soldados encargados de ejecutar a un condenado.

peluca f. Cabellera postiza.

peludo, da adj. Con mucho pelo.

peluquería f. Tienda u oficio del peluquero.

peluquero, ra m. y f. Persona que corta o arregla el pelo.

peluquín m. Peluca pequeña.

pelusa f. Vello muy fino de las plantas. ‖ Pelo menudo que se desprende de las telas. ‖ *Pop.* Envidia.

pelviano, na adj. De la pelvis.

pelvis f. inv. Cavidad del cuerpo humano en la parte inferior del tronco determinada por los dos ilíacos, el sacro y el cóccix.

pena f. Castigo impuesto por un delito o falta: *pena correccional.* ‖ Pesadumbre, tristeza, aflicción: *tengo mucha pena.* ‖ Dificultad, trabajo: *lo ha hecho con mucha pena.* ‖ Lástima: *es una pena que no* vengas. ‖ *Amer.* Timidez. | *A duras penas,* con mucha dificultad. ‖ *Pena capital,* la de muerte.

penacho m. Grupo de plumas que tienen en la parte superior de la cabeza ciertas aves. ‖ Adorno de plumas de un casco, morrión, etc.

penado, da m. y f. Delincuente condenado a una pena.

penal adj. Relativo a la pena o que la incluye: *derecho penal.* ‖ — M. Lugar en que los penados cumplen condenas mayores que las del arresto.

penalidad f. Trabajo, dificultad: *sufrir penalidades.* ‖ *For.* Sanción impuesta por la ley penal, las ordenanzas, etc. ‖ En deportes, penalización.

penalización f. Sanción. ‖ En deportes, desventaja, castigo o sanción que sufre un jugador por haber cometido falta.

penalizar v. t. Infligir penalización.

penalti m. Penalty.

penalty m. (pal. ingl.). En fútbol y otros deportes, sanción contra un equipo que ha cometido una falta en el área de gol.

penar v. t. Infligir una pena a uno. ‖ V. i. Padecer, sufrir.

penates m. pl. Dioses domésticos.

penca f. Hoja carnosa de algunas plantas. ‖ *Amer.* Racimo de plátanos. ‖ *Arg.* Chumbera.

pencal m. *Arg.* Nopal.

pence m. pl. V. PENNY.

penco m. *Fam.* Jamelgo.

pendejada f. *Amer. Fam.* Tontería. | Cobardía.

pendejear v. i. *Amer.* Hacer o decir tonterías, necedades.

pendejismo m. *Amer. Fam.* Tontería. | Cobardía.

pendejo m. Pelo que nace en el pubis y en las ingles. ‖ *Fam.* Hombre cobarde o pusilánime. ‖ *Amer.* Tonto.

pendencia f. Contienda, pelea.

pendenciero, ra adj. y s. Aficionado a pendencias.

pendentif m. (pal. fr.). Colgante, joya que que lleva pendiente del cuello.

pender v. i. Colgar. ‖ Depender.

pendiente adj. Inclinado, en cuesta. ‖ Que cuelga. ‖ *Fig.* Que está sin resolver: *problemas pendientes.* ‖ Que depende de algo: *pendiente de sus decisiones.* ‖ — M. Arete para adornar las orejas, la nariz, etc. ‖ *Méx.* Preocupación, aprensión. ‖ — F. Cuesta de un terreno.

péndola f. Pluma de escribir.

pendón m. Bandera, estandarte pequeño.

pendular adj. Del péndulo.

péndulo m. Cuerpo pesado que oscila por la acción de la gravedad alrededor de un punto fijo del cual está suspendido por un hilo o varilla.

pene m. Miembro viril.

penetrable adj. Que se puede penetrar.

penetración f. Acción de penetrar. ‖ *Fig.* Perspicacia, sagacidad.

penetrante adj. Que penetra: *bala penetrante.* ‖ *Fig.* Hablando de un sonido, agudo: *voz penetrante.*

penetrar v. t. *Fig.* Causar un dolor profundo: *su quejido me penetra el alma* (ú. t. c. i.). | Llegar a comprender o adivinar. | Llegar más a fondo en el conocimiento de una cuestión: *penetrar una cuestión difícil* (ú. t. c. i.). ‖ V.i. Entrar en un sitio con cierta dificultad: *penetrar en la selva tropical.* ‖ Llegar una cosa a entrar dentro de otra. Ú. t. c. t.:

penetrar un clavo en un madero. ‖ — V. pr. Darse perfecta cuenta: *penetrarse del sentido de un texto.*

penibético, ca adj. Aplícase a todo lo relacionado a la cordillera Penibética (España).

penicilina f. Cierta clase de antibiótico.

penillanura f. Meseta.

península f. Tierra rodeada de agua excepto por una parte que comunica con otra tierra de extensión mayor.

peninsular adj. Relativo a una península. ‖ Natural o habitante de una península (ú. t. c. s.). ‖ *Amer.* Español.

penique m. Moneda inglesa, duodécima parte del chelín.

penitencia f. Sacramento en el cual, por la absolución del sacerdote, se perdonan los pecados. ‖ Pena impuesta por el confesor al penitente. ‖ *Fig.* Castigo.

penitenciaría f. Penal.

penitenciario, ria adj. Relativo a las cárceles.

penitente adj. Relativo a la penitencia. ‖ Que hace penitencia (ú. t. c. s.). ‖ — M. y f. Persona que se confiesa. ‖ En las procesiones, persona que viste cierta túnica en señal de penitencia.

penny m. (pal. ingl.). Penique. (Pl. *pence.*)

penoso, sa adj. Trabajoso, difícil: *tarea penosa.* ‖ Que causa pena.

penquisto, ta adj. y s. De Concepción (Chile).

pensador, ra adj. Que piensa (ú. t. c. s.).

pensamiento m. Facultad de pensar. ‖ Cosa que se piensa. ‖ Sentencia, máxima: los «Pensamientos» de Pascal. ‖ Mente: *una idea extraña le vino al pensamiento.* ‖ Intención.

pensar v. t. e i. Formar conceptos en la mente: *pienso, luego existo.* ‖ Reflexionar: *piensa bien este problema.* ‖ Imaginar: *con sólo pensarlo me entra miedo.* ‖ Tener intención, proyectar: *pienso marcharme para América.* ‖ Creer, juzgar: *pienso que mejor sería no hacerlo.* ‖ Recordar: *pensar en los ausentes.*

pensativo, va adj. Que piensa.

pensión f. Cantidad anual o mensual asignada a uno por servicios prestados anteriormente: *pensión civil, militar.* ‖ Dinero percibido por una renta impuesta sobre una finca. ‖ Cantidad que se da a una persona para que realice estudios. ‖ Casa de huéspedes. ‖ Cantidad que se paga por albergarse en ella. ‖ *Fig.* Gravamen. ‖ *Media pensión,* en un hotel, régimen del cliente que paga la habitación, el desayuno y una sola comida; en un colegio, régimen del alumno que come al mediodía.

pensionado, da adj. y s. Que goza de una pensión. ‖ — M. Colegio de alumnos internos.

pensionar v. t. Conceder pensión.

pensionista com. Persona que goza de una pensión. ‖ Persona que paga pensión en un colegio, casa de huéspedes, etc.

pentaedro m. Sólido de cinco caras.

pentagonal adj. Relativo al pentágono.

pentágono, na adj. Dícese del polígono de cinco ángulos y cinco lados (ú. t. c. s. m.).

pentagrama m. Rayado de cinco líneas paralelas en las cuales se escribe la música.

pentano m. Hidrocarburo saturado.

Pentecostés m. Fiesta celebrada por la Iglesia católica en memoria de la venida del Espíritu Santo cincuenta días después de la Pascua de Resurrección (entre el 10 de mayo y el 13 de junio).

pentodo m. *Fís.* Válvula electrónica de cinco electrodos.

penúltimo, ma adj. y s. Inmediatamente anterior a lo último.

penumbra f. Falta de luz.

penuria f. Escasez.

peña f. Roca. || Monte o cerro rocoso. || Grupo, círculo, reunión.

peñasco m. Peña grande.

peñascoso, sa adj. Con peñascos.

peñón m. Peña grande.

peo m. *Fam.* Pedo.

peón m. Jornalero que ayuda al oficial: *peón de albañil.* || En el ajedrez y en las damas, cada una de las piezas de menos valor. || *Amer.* El que trabaja en una hacienda bajo las órdenes de un capataz.

peonada f. Trabajo que hace un peón en un día. || Jornal del peón. || *Amer.* Conjunto de peones.

peonza f. Trompo.

peor adj. Más malo: *le tocó el peor pedazo.* || – Adv. Más mal.

pepinillo m. Pepino pequeño que se conserva en vinagre.

pepino m. Planta cucurbitácea de fruto comestible. || Este fruto. || *Fig. No importar un pepino,* no tener ninguna importancia.

pepita f. Simiente de algunas frutas: *pepitas de melón.* || Tumorcillo que se forma en la lengua de las gallinas. || *Min.* Trozo rodado de metal nativo, particularmente de oro. || *Amer.* Almendra de cacao.

pepito m. Pequeño bocadillo de carne. || *Amer.* Lechuguino, pisaverde.

pepitoria f. Guisado de carne de pollo o gallina con salsa.

pepla f. *Fam.* Cosa fastidiosa.

peplo m. Túnica sin mangas.

pepona f. Muñeca de cartón.

peppermint m. (pal. ingl.). Pepermín.

pepsina f. Fermento del jugo gástrico.

peque m. y f. Niño.

pequeñez f. Calidad de pequeño. || Infancia, corta edad. || *Fig.* Bajeza, mezquindad. | Cosa insignificante.

pequeño, ña adj. De tamaño reducido: *piso pequeño.* (Ú. t. c. s. m.: *clase de los pequeños.* || Dícese del hermano menor (ú. t. c. s.). || *Fig.* De poca importancia: *pequeña molestia.* | Bajo, mezquino.

pequinés, esa adj. y s. De Pequín (China). || – M. Perrito de pelo largo.

pera f. Fruto del peral. || *Fig.* Pequeña barba en punta que se deja crecer en la barbilla. || Objeto de forma parecida a este fruto, como ciertos interruptores eléctricos, el dispositivo adaptado a los pulverizadores, etc.

peral m. Árbol rosáceo cuyo fruto es la pera.

peraltar v. t. *Arq.* Levantar la curva de un arco, bóveda o armadura más de lo que corresponde al semicírculo. || Levantar el carril exterior en las curvas de ferrocarriles o de carreteras.

peralte m. *Arq.* Lo que excede del semicírculo en la altura de un arco, bóveda o armadura. || En las carreteras, vías férreas, etc., elevación de la parte exterior de una curva superior a la interior.

perborato m. Sal que se produce mediante la oxidación del borato.

perca f. Pez de río.

percal m. Tela de algodón.

percance m. Contratiempo.

per cápita, expresión latina que se aplica a lo que corresponde a cada persona: *renta per cápita.*

percatarse v. pr. Darse cuenta.

percebe m. Crustáceo cirrópodo comestible. || *Fam.* Torpe, ignorante.

percepción f. Acción de percibir el mundo exterior por los sentidos. || Idea. || Recaudación.

perceptible adj. Que se puede percibir. || Que puede ser cobrado o recibido

perceptivo, va adj. y s. Que tiene virtud de percibir.

perceptor, ra adj. y s. Dícese del o de lo que percibe.

percha f. Soporte de forma adecuada, provisto de un gancho, que sirve para colgar trajes. || Perchero.

perchero m. Soporte, con uno o varios brazos, que sirve para colgar abrigos, sombreros, etc.

percherón, ona adj. Aplícase al caballo y yegua de raza corpulenta y robusta que se emplea para el tiro (ú. t. c. s.).

percibir v. t. Apreciar la realidad exterior por los sentidos. || Recibir o cobrar: *percibir dinero.*

percusión f. Golpe dado por un cuerpo que choca contra otro. || En medicina, método de examen clínico que permite conocer el estado de un órgano al escuchar el sonido producido por los golpes leves dados en la superficie del cuerpo. || *Instrumentos de percusión,* los que se tocan dándoles golpes (tambor, triángulo, platillos, etc.).

percusor m. En las armas de fuego, pieza que hace estallar el fulminante.

percutir v. i. Golpear.

percutor m. Percusor.

perdedor, ra adj. y s. Que pierde.

perder v. t. Verse privado de una cosa que se poseía o de una cualidad física o moral: *perder su empleo.* || Estar separado por la muerte: *perder a sus padres.* || Extraviar: *perder las llaves* (ú. t. c. pr.). || No poder seguir: *perder el hilo de un razonamiento.* || Disminuir de peso o dimensiones: *ha perdido cinco kilos en un mes.* || Ser vencido: *perder la batalla* (ú. t. c. i.). || *Fig.* Desaprovechar: *perder una oportunidad.* | Malgastar, desperdiciar: *perder su tiempo* (ú. t. c. pr.). | No poder alcanzar o coger: *perder el tren.* | No poder disfrutar de algo por llegar tarde: *al llegar retrasado me perdí la exposición.* | Faltar a una obligación: *perder el respeto.* | Deslucir, deteriorar, ocasionar un daño. | Arruinar. | Ser perjudicado. Ú.t.c.i.: *en todos los negocios salgo perdiendo.* | Perjudicar: *su excesiva bondad le pierde.* || – V.i. Sufrir una desventaja: *hemos perdido mucho con la marcha de este profesor.* || – V. pr. Errar el camino, extraviarse: *perderse en la selva.* || *Fig.* Naufragar, irse a pique. || No percibirse claramente: *su voz se pierde entre las de sus compañeros.* || *Fig.* Corromperse. | Entregarse completamente a los vicios. | Amar con pasión ciega. | No seguir la ilación de un discurso: *perderse en consideraciones.*

perdición f. Pérdida. || *Fig.* Ruina. | Lo que perjudica en uno: *esta mujer será su perdición.* | Condenación eterna.

pérdida f. Privación de lo que se poseía. || Lo que se pierde: *tener grandes pérdidas.* || Muerte: *sentir la pérdida de un amigo.* || Menoscabo, daño. || Diferencia desventajosa entre el costo de una operación comercial o financiera y la ganancia: *vender con pérdida.* || Mal empleo: *pérdida de tiempo.* || — Pl. *Mil.* Bajas, conjunto de los militares puestos fuera de combate como consecuencia de una batalla.

perdido, da adj. Extraviado. || *Fam.* Muy sucio: *ponerse perdido de barro.* | Consumado, rematado: *tonto perdido.* | Licencioso (ú. t. c. s.). || — M. *Fam.* Golfo, calavera.

perdigón m. Pollo de la perdiz. || Cada uno de los granos de plomo que forman la munición de caza. || *Fam.* Partícula de saliva que se despide al hablar. | Repetidor, alumno que ha perdido un curso.

perdiz f. Ave gallinácea con plumaje ceniciento rojizo.

perdón m. Remisión de pena o deuda.

perdonar v. t. Remitir una deuda, ofensa, falta, delito, etc. || Autorizar a uno para que no cumpla una obligación.

perdonavidas m. y f. inv. Bravucón.

perdurable adj. Perpetuo.

perdurar v. i. Durar mucho.

perecedero, ra adj. Poco duradero.

perecer v. i. Morir.

perecuación f. Reparto equitativo de las cargas entre los que las soportan.

peregrinación f. Viaje.

peregrinaje m. Peregrinación.

peregrinar v. i. Ir a un santuario por devoción o por voto. || Andar por tierras extrañas, de pueblo en pueblo.

peregrino, na adj. Que viaja por tierras extrañas. || *Fig.* Extraño, singular, raro: *idea peregrina.* | Extraordinario: *peregrina belleza.* || — M. y f. Persona que por devoción visita algún santuario. || — F. Vieira, molusco.

pereirano, na adj. y s. De Pereira (Colombia).

perejil m. Planta cuya hoja se utiliza para condimento.

perengano, na m. y f. Palabra con que se llama a una persona cuyo nombre se desconoce.

perenne adj. Eterno.

perennidad f. Perpetuidad.

perentorio, ria adj. Aplícase al último plazo concedido. || Apremiante, urgente. || Terminante, tajante: *tono perentorio.*

pereza f. Repugnancia al trabajo, al esfuerzo, a cumplir las obligaciones del cargo de cada uno.

perezoso, sa adj. Que tiene pereza. || Que huye de cualquier trabajo o actividad. || — M. Mamífero desdentado de América tropical.

perfección f. Calidad de perfecto.

perfeccionador, ra adj. Que perfecciona (ú. t. c. s.).

perfeccionamiento m. Mejora para intentar alcanzar la perfección.

perfeccionar v. t. Mejorar una cosa para alcanzar la perfección.

perfeccionismo m. Deseo excesivo de alcanzar la perfección.

perfeccionista adj. y s. Dícese de la persona que da pruebas de perfeccionismo.

perfectibilidad f. Condición de perfecto.

perfectible adj. Que puede perfeccionarse.

perfecto, ta adj. Que tiene el mayor grado posible de las cualidades requeridas: *obra perfecta.* || Excelente, muy bueno: *ejecución perfecta.* || *Gram. Futuro perfecto,* el que indica que una acción futura es anterior a otra también venidera. || *Pretérito perfecto,* aplícase al tiempo que denota que una acción pasada está completamente terminada.

perfidia f. Falta de lealtad.

pérfido, da adj. Desleal, infiel o traidor (ú. t. c. s.). || Que implica perfidia.

perfil m. Contorno aparente de una persona o cosa puesta de lado. || Silueta, contorno. || *Geom.* Figura que presenta un cuerpo cortado por un plano vertical. | Corte o sección. || *Fig.* Retrato moral de una persona. || Barra de acero laminada.

perfilar v. t. *Pint.* Sacar y retocar el perfil de una cosa. || *Fig.* Perfeccionar, rematar con esmero una cosa. || — V. pr. Ponerse de perfil. || *Fam.* Destacarse: *el campanario se perfila en el cielo.* | Empezar a tomar forma: *se perfila el resultado final.*

perforable adj. Que se puede perforar.

perforación f. Acción de perforar. || Taladro. || Rotura de las paredes de algunos órganos o partes del cuerpo: *perforación intestinal.* || Agujero de dimensiones normalizadas hecho en una cinta, tarjeta o ficha por medio de una perforadora. || Conjunto de operaciones consistentes en barrenar canteras o minas. || Exploración del terreno perforándolo en busca de petróleo, gas natural o agua.

perforado m. Perforación.

perforador, ra adj. Que perfora u horada. || — F. Herramienta de barrena rotativa, generalmente accionada por aire comprimido, que sirve para taladrar las rocas. || Instrumento para perforar el papel. || Máquina que, en las tarjetas perforadas, traduce los datos en forma de taladros.

perforar v. t. Taladrar. || Hacer fichas o tarjetas perforadas para su utilización en diferentes máquinas especiales (calculadoras, clasificadoras, etc.).

perforista com. Persona encargada de manejar las tarjetas o fichas de una máquina de perforar.

perfumar v. t. Impregnar una cosa con materias olorosas (ú. t. c. pr.). || V.i. Exhalar perfume.

perfume m. Composición química que exhala un olor agradable.

perfumería f. Fábrica o tienda de perfumes.

perfusión f. *Med.* Introducción lenta y continua de una sustancia medicamentosa o de sangre en un organismo o un órgano.

pergamino m. Piel de cabra o de carnero preparada especialmente para que se pueda escribir en ella. || Documento escrito en esta piel. || — Pl. *Fig.* y *fam.* Títulos de nobleza. | Diplomas universitarios.

pergeñar v. t. Esbozar.

pérgola f. Galería de columnas.

periantio m. Perigonio.

pericardio m. Tejido membranoso que envuelve el corazón.

pericarpio m. Parte exterior del fruto que cubre las semillas.

pericia f. Habilidad.

periclitar v. i. Decaer, declinar.

perico m. Especie de papagayo.

pericón m. Abanico grande. || *Arg.* Baile criollo en cuadrilla.

periferia f. Circunferencia. || Contorno de una figura curvilínea. || *Fig.* Alrededores de una población.

periférico, ca adj. Relativo a la periferia: *paseo periférico*. || Dícese del elemento de un sistema de tratamiento de la información que es distinto de la unidad central y sirve esencialmente para comunicar con el exterior (ú. t. c. s. m.).

perifollos m. pl. Adornos.

perífrasis f. Circunloquio.

perigeo m. Punto de la órbita de la Luna o de un satélite artificial más cerca de la Tierra.

perigonio m. Envoltura de los órganos sexuales de una planta.

perihelio m. Punto en que un planeta se halla más cerca del Sol.

perilla f. Porción de pelo que se deja crecer en la punta de la barba. || Interruptor eléctrico.

perillán m. *Fam.* Pícaro, bribón.

perimétrico, ca adj. Del perímetro.

perímetro m. *Geom.* Línea que limita una figura plana. || Su dimensión. || Contorno: *el perímetro de una ciudad*.

periné o **perineo** m. Parte del cuerpo entre el ano y las partes sexuales.

periodicidad f. Condición de lo que es periódico.

periódico, ca adj. Que se repite a intervalos determinados: *movimiento periódico*. || Que se edita en época fija: *publicación periódica* (ú. t. c. s. m.). || *Mat.* Dícese de la función que tiene el mismo valor cada vez que su variable aumenta de una cantidad fija llamada *período* o de un múltiplo de éste. | Aplícase a la fracción decimal en la cual una misma cifra o grupo de cifras se repite indefinidamente. || — M. Diario.

periodismo m. Profesión de periodista. || Conjunto de periodistas.

periodista com. Persona que tiene por oficio el escribir en periódicos.

periodístico, ca adj. Relativo a periódicos y periodistas.

período o **periodo** m. Espacio de tiempo después del cual se reproduce alguna cosa. || Tiempo de revolución de un astro: *período lunar*. || Espacio de tiempo, época: *período histórico*. || *Mat.* En las divisiones inexactas, cifras repetidas indefinidamente después del cociente entero. || Conjunto de oraciones que enlazadas entre sí forman un sentido cabal: *período gramatical*. || Fase de una enfermedad. || Menstruación.

peripecia f. Suceso imprevisto.

periplo m. Circunnavegación.

peripuesto, ta adj. *Fam.* Ataviado con gran esmero y elegancia.

periquete m. *Fam.* Instante.

periscopio m. Aparato óptico instalado en la parte superior de un tubo que usan para ver lo que pasa en el exterior los barcos submarinos y los soldados en las trincheras.

peristilo m. Galería de columnas alrededor de un edificio.

peritación y **peritaje** m. Trabajo o informe que hace un perito.

perito, ta adj. Experimentado, competente en un arte o ciencia. || — M. y f. Persona autorizada legalmente por sus conocimientos para dar su opinión acerca de una materia. || Grado inferior en las carreras técnicas o mercantiles.

peritoneo m. Membrana serosa que cubre el interior del vientre.

peritonitis f. Inflamación del peritoneo.

perjudicado, da adj. Que ha sufrido perjuicios (ú. t. c. s.).

perjudicador, ra adj. Que perjudica (ú. t. c. s.).

perjudicar v. i. Causar perjuicio.

perjudicial adj. Que perjudica.

perjuicio m. Daño.

perjurar v. i. Jurar en falso.

perjurio m. Juramento en falso.

perjuro, ra adj. y s. Que jura en falso o que no cumple un juramento.

perla f. Concreción esferoidal nacarada, de reflejos brillantes, que suele formarse en el interior de las conchas de diversos moluscos, particularmente de las madreperlas. || Objeto parecido fabricado artificialmente: *un collar con perlas falsas*. || *Fig.* Persona o cosa excelente: *esta niña es una perla*.

perlífero, ra adj. Que tiene perlas.

permanecer v. i. Quedarse.

permanencia f. Inmutabilidad, duración constante: *la permanencia de las leyes*. || Estancia en un mismo lugar.

permanente adj. Que permanece. || — F. Ondulación del cabello.

permeabilidad f. Calidad de permeable.

permeable adj. Que puede ser atravesado por agua u otro fluido.

pérmico, ca adj. y s. m. Aplícase al último período de la era primaria.

permisible adj. Que se puede permitir.

permisivismo m. y **permisividad** f. Carácter permisivo.

permisivo, va adj. Que incluye la facultad o licencia de hacer una cosa sin preceptuarla.

permiso m. Autorización: *pedir permiso para salir*. || Licencia; documento: *permiso de conducir, de caza*.

permitir v. t. Dar su consentimiento a una persona para que haga algo. || Dar cierta posibilidad: *esto permite vivir bien*. || — V. pr. Tomarse la libertad de hacer algo.

permuta f. Cambio.

permutación f. Cambio.

permutar v. t. Cambiar.

pernicioso, sa adj. Perjudicial.

pernil m. Anca y muslo de un animal. || Parte del pantalón en que se meten las piernas.

perno m. Clavo corto con cabeza redonda por un extremo y que por el otro se asegura con una tuerca.

pernoctar v. i. Pasar la noche.

pero m. Variedad de manzano. || Su fruto.

pero conj. Se emplea para indicar la oposición, la restricción, la objeción, etc.: *el piso es bonito, pero caro*. || — M. *Fam.* Inconveniente, reparo: *poner peros a todo*. | Defecto.

perogrullada f. *Fam.* Verdad de Perogrullo.

Perogrullo n. pr. Se emplea en loc. *verdad de Perogrullo*, la que es tan evidente que resulta ridículo decirla.

perol m. Cacerola.

peroné m. Hueso largo y delgado de la pierna, detrás de la tibia.

perorar v. i. Discursear.

perorata f. Discurso largo.

perpendicular adj. *Geom.* Aplícase a la línea o al plano que forma ángulo recto con otro. || — F. Línea perpendicular.

perpendicularidad f. Condición de perpendicular.

perpetración f. Ejecución.

perpetrar v. t. Cometer.

perpetua f. Planta herbácea.

perpetuación f. Acción de perpetuar o perpetuarse una cosa.

perpetuar v. t. Hacer perpetuo.

perpetuidad f. Duración sin fin.

perpetuo, tua adj. Que dura toda la vida: *cadena perpetua.* || Constante: *una inquietud perpetua.* || Dícese de ciertos cargos vitalicios.

perplejidad f. Irresolución.

perquirir v. t. Investigar.

perplejo, ja adj. Irresoluto.

perra f. Hembra del perro. || *Fig.* y *fam.* Dinero. | Rabieta. | Obstinación.

perrera f. Lugar donde se guardan o encierran los perros.

perrería f. Mala jugada.

perro m. Mamífero doméstico carnicero de la familia de los cánidos, de tamaño, forma y pelaje muy diversos, según las razas: *perro de lanas, pachón, podenco.* || Nombre dado antiguamente por afrenta a moros y judíos. || — *Fig. Andar como perros y gatos,* llevarse muy mal. | *De perros,* muy malo. | *Humor de perros,* muy mal humor. || *Perro caliente,* bocadillo de salchichas calientes. || *Fig. Ser perro viejo,* haber adquirido astucia por la experiencia.

perro, rra adj. *Fam.* Muy malo: *¡qué vida más perra llevamos!*

perroquete m. *Mar.* Mastelerillo de juanete.

persa adj. y s. De Persia, hoy Irán.

persecución f. Acción de perseguir.

persecutorio, ria adj. Relativo a la persecución.

perseguidor, ra adj. y s. Aplícase al que persigue.

perseguimiento m. Persecución.

perseguir v. t. Seguir al que huye intentando alcanzarle: *perseguir al adversario.* || Atormentar con medidas tiránicas y crueles: *perseguir a los cristianos.* || *Fig.* Acosar, estar siempre detrás de una persona: *perseguirle a todas horas.* | Atormentar, no dejar en paz: *el recuerdo de sus faltas le persigue.* | Importunar: *perseguir con sus demandas.* | Intentar conseguir porfiadamente. | Ocurrir varias veces seguidas: *le persiguen las desgracias.* || *For.* Proceder judicialmente contra uno: *perseguir al delincuente.*

perseverancia f. Firmeza y constancia en seguir lo empezado.

perseverante adj. y s. Que persevera.

perseverar v. i. Mantenerse constante en la prosecución de lo comenzado.

persiana f. Especie de celosía formada de tablillas movibles por entre las cuales pueden entrar la luz y el aire, pero no el Sol.

pérsico, ca adj. De Persia: *el golfo Pérsico.* || — M. Árbol frutal rosáceo. || Su fruto comestible.

persignarse v. pr. Santiguarse.

persistencia f. Constancia. || Larga duración de una cosa.

persistente adj. Muy duradero.

persistir v. i. Mantenerse firme o constante. || Perdurar: *persistir la fiebre.*

persona f. Individuo de la especie humana, hombre o mujer. || *For.* Entidad física o moral que tiene derechos y obligaciones: *persona jurídica.* || *Gram.* Accidente gramatical que indica quién es el agente o paciente de la oración (*primera persona,* la que habla; *segunda persona,* aquella a quien se habla; *tercera persona,* aquella de quien se habla).

personación f. Acción y efecto de personarse o presentarse en un lugar. || Comparecencia en un juicio procesal.

personaje m. Persona notable: *un personaje ilustre.* || Ser humano o simbólico que se representa en una obra literaria.

personal adj. Propio de una persona: *calidades personales.* || Presenciado o hecho por la persona misma de que se trata: *entrevista personal.* || Subjetivo: *juicio muy personal.* || *Pronombres personales,* los que designan a las tres personas del verbo. || — M. Conjunto de personas que trabajan en un sitio: *hay mucho personal en esta empresa.* || *Pop.* Gente: *¡qué de personal había allí!*

personalidad f. Individualidad consciente. || Carácter original que distingue a una persona de las demás: *tener una gran personalidad.* || *Fil.* Conjunto de cualidades que constituyen el supuesto inteligente. || *For.* Aptitud legal: *personalidad jurídica.* || Persona notable por su actividad.

personalizar v. t. Dar carácter personal a una cosa.

personamiento m. Personación.

personarse v. pr. Presentarse personalmente en una parte.

personería f. *Amer.* Cargo o función del personero. | Personalidad jurídica y hecho de ser capaz para comparecer en juicio. | Representación de otra persona.

personero, ra m. y f. *Amer.* Representante de otra persona.

personificación f. Acción y efecto de personificar.

personificar v. t. Atribuir sentimientos o acciones de personas a los irracionales o a las cosas. || Simbolizar, representar perfectamente. || Aludir a personas determinadas en un escrito o discurso.

perspectiva f. Arte de representar en una superficie los objetos en la forma, tamaño y disposición con que aparecen a la vista. || Conjunto de cosas que se presentan ante la vista en la lejanía. || *Fig.* Contingencia que es previsible: *perspectivas económicas.*

perspicacia f. Agudeza y penetración de la vista. || *Fig.* Sagacidad.

perspicacidad f. Agudeza del entendimiento.

perspicaz adj. Sagaz.

persuadir v. t. Convencer (ú. t. c. pr.).

persuasión f. Acción de persuadir. || Convicción, certeza.

persuasivo, va adj. Que persuade.

persulfato m. Sal obtenida por electrólisis de un sulfato.

persulfuro m. Combinación que posee más cantidad de azufre que el sulfuro normal.

pertenecer v. i. Ser una cosa de la propiedad de uno. || Formar parte de.

pertenencia f. Propiedad. || Espacio o territorio que toca a uno por jurisdicción o propiedad. || Cosa accesoria de otra: *las pertenencias de un palacio.* || Adhesión: *la pertenencia a un partido.*

pértiga f. Vara larga. || *Salto de pértiga,* salto de altura con ayuda de una pértiga.

pertinacia f. Obstinación.

pertinaz adj. Obstinado, tenaz. || *Fig.* Persistente, incesante.

pertinencia f. Condición de pertinente.

pertinente adj. Oportuno.

pertrechar v. t. Abastecer de municiones. || *Fig.* Preparar lo necesario para hacer algo (ú. t. c. pr.).

pertrechos m. pl. Utensilios propios para determinada cosa.

perturbación f. Desorden: *sembrar la perturbación.* || Disturbio: *perturbaciones sociales.* || Emoción.

perturbador, ra adj. Que perturba. || — M. y f. Agitador.

perturbar v. t. Trastornar.

peruanismo m. Voz o giro propios del Perú. || Condición de peruano. || Amor a Perú.

peruano, na adj. Natural del Perú (ú. t. c. s.). || Relativo a este país. || — M. Modalidad del castellano hablado en Perú.

peruétano, na adj. *Col., Cub.* y *Méx.* Mequetrefe.

perversidad f. Suma maldad.

perversión f. Corrupción. || *Med.* Alteración de una función normal. | Anormalidad que se manifiesta en ciertas tendencias: *perversión sexual.*

perverso, sa adj. y s. Depravado.

pervertidor, ra adj. y s. Que pervierte: *literatura pervertidora.*

pervertir v. t. Corromper (ú. t. c. pr.).

pervinca f. Planta herbácea.

pervivencia f. Supervivencia.

pervivir v. i. Sobrevivir.

pesa f. Pieza de determinado peso que sirve para evaluar en una balanza el que tienen las otras cosas. || Pieza de determinado peso que sirve para dar movimiento a ciertos relojes, o de contrapeso para subir y bajar lámparas, etc. || Pieza del teléfono que agrupa el micrófono y el auricular. || — Pl. Haltera.

pesadez f. Peso: *la pesadez de un paquete.* || Gravedad: *la pesadez de los cuerpos.* || *Fig.* Obstinación, terquedad. | Cachaza, lentitud. | Sensación de peso: *pesadez de estómago.* | Molestia: *¡qué pesadez este trabajo!* | Aburrimiento: *¡qué pesadez de novela!*

pesadilla f. Ensueño angustioso y tenaz. || Preocupación continua. || *Fam.* Persona o cosa fastidiosa.

pesado, da adj. De mucho peso. || *Fig.* Obeso. | Intenso, profundo: *sueño pesado.* | Difícil de digerir: *comida pesada.* | Aplícase a los órganos en que se siente pesadez: *tener la cabeza pesada.* | Caluroso y cargado: *tiempo pesado.* | Molesto, cargante: *un amigo pesado* (ú. t. c. s.). | Aburrido: *una película pesada.* | Molesto por ser de mal gusto: *broma pesada.* | Aplícase al sueño del que es difícil despertar. || Dícese de una categoría de los participantes en ciertos deportes, como el boxeo o la lucha (ú. t. c. s.). || Dícese de la industria que se dedica a la construcción de maquinarias y armamentos que requiere la utilización de una técnica importante.

pesadumbre f. Tristeza, pesar.

pesaje m. Peso.

pésame m. Expresión del sentimiento que se tiene por la aflicción de otro: *dar su sentido pésame.*

pesar m. Sentimiento o dolor interior: *me contó todos sus pesares.* || Arrepentimiento: *tener pesar por haber actuado mal.* || — *A pesar de,* contra la voluntad de; haciendo caso omiso de. || *A pesar de que,* aunque.

pesar v. t. Determinar el peso de una cosa o persona por medio de un aparato adecuado. || *Fig.* Examinar cuidadosamente: *pesar el pro y el contra.* || — V. i. Tener peso. Ú. t. c. t.: *esta maleta pesa diez kilos.* || Tener mucho peso: *este diccionario pesa.* || *Fig.* Ser sentido como una carga: *le pesa la educación de sus hijos.* | Recaer: *todas las responsabilidades pesan sobre él.* | Tener influencia: *en su decisión han pesado mis argumentos.* | Causar tristeza o arrepentimiento: *me pesa que no haya venido.* || — *Pese a,* a pesar de. || *Pese a quien pese,* a todo trance.

pesaroso, sa adj. Afligido.

pesca f. Arte, acción de pescar. || Lo que se pesca.

pescada f. Merluza, pez.

pescadería f. Establecimiento en que se vende pescado.

pescadero, ra m. y f. Persona que vende pescado al por menor.

pescadilla f. Merluza pequeña.

pescado m. Pez comestible.

pescador, ra adj. y s. Que pesca.

pescante m. En algunos carruajes antiguos, asiento del cochero.

pescar v. t. Coger con redes, cañas u otros instrumentos, peces, mariscos, etc.: *pescar gambas.* || *Fig.* y *fam.* Encontrar por suerte: *pesqué un buen puesto.* | Sorprender a alguno o agarrarle: *pescar a un ladronzuelo.* | Coger, pillar: *pescar un resfriado.* | Lograr algo ansiado: *pescar un marido.* | Coger en falta: *estudiante difícil de pescar en geografía.*

pescuezo m. Parte del cuerpo desde la nuca hasta el tronco.

pesebre m. Especie de cajón para dar de comer a las bestias.

pesero m. *Méx.* Taxi colectivo de recorrido y precio fijos.

peseta f. Unidad monetaria en España que se divide en 100 céntimos.

pesimismo m. Propensión a ver siempre el lado malo de las cosas.

pesimista adj. y s. Que tiende a ver las cosas con pesimismo.

pésimo, ma adj. Muy malo.

peso m. Efecto de la gravedad sobre las moléculas de un cuerpo. || Su medida tomando como punto de comparación unidades determinadas: *peso de diez kilos.* || Balanza. || Acción de pesar: *el peso de los boxeadores.* || Unidad monetaria de varios países americanos dividido en cien centavos: *el peso mexicano, cubano, colombiano, dominicano, uruguayo, boliviano, chileno.* || Esfera metálica de 7,257 kg que se lanza con una mano en los juegos atléticos. || *Fig.* Carga: *el peso de los años.* | Importancia o eficacia: *argumento de peso.* || — *Peso atómico,* el del átomo-gramo de un elemento. || *Peso bruto,* el total sin descontar la tara. || *Peso específico de un cuerpo,* gramos que pesa un centímetro cúbico de este cuerpo. || *Peso molecular,* el de una molécula-gramo de un cuerpo. || *Peso neto,* el que queda, deducida la tara, del peso bruto. || *Peso pluma, gallo, ligero, mosca, medio, semipesado, pesado,* categorías en el boxeo y otros deportes.

pespunte m. Cierta costura en la cual se pone la aguja por el sitio mismo por donde se han sacado dos puntadas antes.

pesquería f. Actividades relacionadas con la pesca.

pesquero, ra adj. Referente o relativo a la pesca. || — M. Barco de pesca.

pesquisa f. Averiguación.

pesquisidor, ra adj. y s. Dícese de la persona que hace pesquisas.

pestaña f. Cada uno de los pelos del borde de los párpados. || Parte que sobresale al borde de ciertas cosas.

pestañear v. i. Mover los párpados.

pestazo m. *Fam.* Hedor.

peste f. Enfermedad infecciosa y contagiosa causada por el bacilo de Yersin que transmiten las ratas y las pulgas. || *Fig.* y *fam.* Mal olor, fetidez. | Depravación, corrupción. | Persona malvada: *esta niña es una peste.* | Cosa mala, molesta, que existe en abundancia. | Plaga, cosa demasiado abundante. || — Pl. Palabra de crítica: *echar pestes contra uno.*

pestilencia f. Hedor.

pestilente adj. Pestífero.

pestillo m. Pasador, cerrojo.

pestiño m. Masa de harina y huevo que se fríe y luego se baña en miel.

pestoso, sa adj. Que huele mal.

petaca f. Estuche para el tabaco o los cigarrillos.

pétalo m. Cada una de las hojas que componen la corola de la flor.

petardo m. Morterete para batir o hacer saltar puertas. || Cohete cargado de pólvora que explota con ruido. || *Fig.* y *fam.* Mujer muy fea. | Porro. | Algo malo, lo que no tiene las cualidades que debía poseer. | Cosa aburrida.

pelatillo m. *Amer.* Tejido fino de esparto.

petenera f. Cante andaluz.

petenero, ra adj. y s. De El Petén (Guatemala).

petición f. Acción de pedir.

peticionar v. t. *Amer.* Hacer una petición.

petimetre, tra m. y f. Persona joven y presumida.

petirrojo m. Pájaro de color aceitunado y de cuello rojo.

petiso, sa adj. *Amer.* Pequeño, bajo de estatura (ú. t. c. s.). || — M. y f. *Riopl.* Muchacho. | Caballo de poca alzada.

petitorio, ria adj. De la petición.

petizo, za adj. y s. Petiso.

peto m. Armadura del pecho. || Parte superior de un delantal, mono o prenda parecida. || *Taurom.* Protección almohadillada con que se cubre a los caballos de los picadores. || Protección que sirve para defender el pecho en ciertos deportes (esgrima, béisbol, etc.).

petral m. Parte del arnés de una caballería que ciñe el pecho del animal.

petrel m. Ave palmípeda marina.

pétreo, a adj. De piedra.

petrificación f. Transformación en piedra.

petrificar v. t. Transformar en piedra. || *Fig.* Dejar inmóvil de sorpresa.

petróleo m. Líquido oleoso negro constituido por una mezcla de hidrocarburos y otros compuestos orgánicos que se encuentra nativo en el interior de la Tierra o en las profundidades del mar.

petrolero, ra adj. Relativo al petróleo: *industria, producción petrolera* (ú. t. c. s. m.). || Dícese del barco dedicado a transportar petróleo. || — M. y f. Vendedor de petróleo al por menor.

petrolífero, ra adj. Que contiene petróleo.

petroquímico, ca adj. Que utiliza el petróleo como materia prima para obtener productos químicos. || — F. Técnica e industria de los derivados del petróleo.

petulancia f. Presunción vana.

petulante adj. y s. Vanidoso.

petunia f. Planta solanácea de hermosas flores olorosas. || Su flor.

peyorativo, va adj. Despectivo.

peyote m. Planta cactácea de México de la cual se saca una droga tóxica.

pez m. Animal acuático, vertebrado, de cuerpo alargado cubierto de escamas, respiración branquial, generación ovípara y con extremidades en forma de aletas aptas para la natación. || Pescado de río. || — Pl. Clase de los peces. || — *Fam. Estar pez,* no saber nada. || *Fig. Pez de cuidado,* persona que no es de fiar. || *Pez espada,* acantopterigio marino cuya mandíbula superior tiene forma de espada. || *Fam. Pez gordo,* persona importante.

pez f. Sustancia pegajosa y resinosa que se saca de pinos y abetos.

pezón m. Rabillo que sostiene la hoja, la flor o el fruto en las plantas. || Extremidad de la mama o teta.

pezuña f. En los animales de pata hendida, parte final de ésta.

pH m. *Quím.* Coeficiente que indica el grado de acidez de un medio.

phi [*fi*] f. Fi, letra griega (φ) correspondiente a la *f* castellana.

pi f. Letra griega (π) que corresponde a la *p* castellana. || *Mat.* Símbolo que representa la relación constante que existe entre la circunferencia y el diámetro del círculo (aproximadamente 3,1416).

piadoso, sa adj. Que tiene piedad.

piamadre o **piamáter** f. Membrana serosa intermedia de las tres que envuelven el encéfalo y la médula espinal.

pianista com. Persona que toca el piano. || — M. Fabricante de pianos.

piano m. Instrumento musical de teclado y cuerdas. || — Adv. Suavemente.

pianola f. Piano mecánico.

piar v. i. Emitir su voz los pollos y algunas aves. || *Fam.* Llamar o pedir con insistencia. || Protestar.

piara f. Manada de cerdos.

piastra f. División de la unidad monetaria en algunos países (Egipto, Líbano, Siria y Sudán).

pibe, ba m. y f. *Riopl.* Niño.

piberío m. *Arg.* Chiquillos.

pibil adj. *Méx.* Asado en el horno.

pica f. Arma antigua compuesta de una vara larga terminada por una punta de metal. || Soldado que llevaba esta arma. || Garrocha del picador de toros. || Acción y efecto de picar a los toros.

picacho m. Cumbre puntiaguda y escarpada de algunos montes.

picadero m. Sitio donde los picadores adiestran los caballos o en que las personas aprenden a montar. || *Fam.* Cuarto de soltero.

picadillo m. Guiso de carne cruda picada con tocino, verdura y ajos u otros aderezos. || Lomo de cerdo picado para hacer embutidos. || *Fig. Hacer picadillo*, hacer trizas.

picado, da adj. Que tiene en la piel, generalmente de la cara, cicatrices: *está picado de viruela.* || Aplícase al vino ligeramente avinagrado. || *Fig.* Enfadado. || *Amer. Fig.* Algo ebrio. || — M. Acción y efecto de picar o picarse. || Picadillo, guiso. || *Mús.* Modo de tocar separando muy claramente el sonido de cada nota. || Descenso casi vertical del avión.

picador m. Torero a caballo que hiere al toro con la garrocha.

picadura f. Acción de picar una cosa. || Mordedura. || Caries en la dentadura. || Hoyuelo en la piel dejado por la viruela. || Tabaco picado.

picamaderos m. inv. Pájaro carpintero, ave trepadora.

picana f. *Amer.* Aguijón.

picante adj. Que pica. || *Fig.* Mordaz: *palabras picantes.* | Gracioso: *chiste picante.* || — M. Sabor de lo que pica. || *Fig.* Acrimonia o mordacidad en el decir. || Pimiento. || *Méx.* Chile o salsa hecha con chile.

picapedrero m. Cantero.

picapleitos m. inv. Mal abogado.

picaporte m. Barrita movible que sirve para cerrar las puertas.

picar v. t. Herir levemente con un instrumento punzante: *picar con un alfiler.* || Morder con el pico o la boca ciertos animales. || Herir el picador al toro con la garrocha. || Morder el pez en el anzuelo. || Enardecer el paladar ciertas cosas excitantes como la pimienta, guindilla, etc. (ú. t. c. i.). || Escocer: *esta herida me pica* (ú. t. c. i.). || Cortar en trozos menudos: *picar tabaco.* || Comer cosas una por una: *picar aceitunas.* || Comer las aves. || Espolear o adiestrar el caballo. || Hacer un agujero en un billete de tren, metro, etc. || Herir con la punta del taco la bola de billar para que tome determinado movimiento. || Dar con el pie a la pelota para obtener un efecto: *picar el balón.* || Golpear la piedra con un pico o piqueta. || *Fig.* Irritar, enojar: *le ha picado lo que le dije.* | Herir: *picarle a uno el amor propio.* | Excitar, mover: *picar la curiosidad.* || — V. i. Lanzarse en vuelo de arriba abajo las aves de rapiña o los aviones para atacar. || Calentar mucho el Sol. || *Fig. y fam.* Dejarse atraer: *está tan bien hecha la propaganda que mucha gente pica.* | Rayar en algo, acercarse a: *picar en poeta.* || Registrar las horas de entrada y salida en una fábrica u oficina. || — V. pr. Agujerarse algo con la polilla. || Echarse a perder: *picarse una muela.* || Agitarse la superficie del mar, formando olas pequeñas. || *Fig.* Irritarse, ofenderse, resentirse: *se pica por cualquier cosa.* | Presumir de algo: *picarse de literato.* | Estimularse por vanidad: *los corredores se picaron.* || *Fam.* Ponerse una inyección.

picardear v. t. Corromper. || — V i. Decir o hacer picardías (ú. t. c. pr.).

picardía f. Acción baja, ruindad. || Malicia. || Travesura.

picaresca f. Pandilla de pícaros. || Vida de pícaro. || Género de la novela española que se desarrolló en el Siglo de Oro y que satirizaba violentamente la sociedad de aquel entonces por medio del pícaro: *los principales autores de la picaresca son Mateo Alemán, López de Úbeda, Quevedo, Vicente Espinel, Cervantes y Vélez de Guevara, y en Francia, A. R. Lesage, con su relato Gil Blas de Santillana.*

picaresco, ca adj. Relativo a los pícaros: *novela picaresca.*

pícaro, ra adj. y s. Bajo, ruin. || Taimado, astuto. || Bribón. || *Fig.* Sinvergüenza, pillo (tómase en buen sentido). || — M. Individuo vagabundo, travieso, astuto y de mal vivir, pero generalmente simpático, que figura en varias obras de la literatura española: *el pícaro Lazarillo de Tormes.*

picatoste m. Trozo de pan frito.

picaza f. Urraca, ave.

picazón f. Desazón y molestia que causa algo que pica. || *Fig.* Enojo.

picea f. Árbol parecido al abeto.

picha f. *Pop.* Miembro viril.

piche m. *Amer.* Armadillo. || *Arg. y Cub.* Miedo.

pichí m. *Arg. y Chil.* Orina.

pichinchense adj. y s. De Pichincha (Ecuador).

pichón m. Pollo de la paloma.

pick-up [*pikap*] m. (pal. ingl.). Tocadiscos. || *Méx.* Camioneta, furgoneta.

picnic m. (pal. ingl.). Comida campestre.

pico m. Punta, parte saliente en la superficie de algunas cosas: *sombrero de tres picos.* || En el borde de una falda, parte más larga que el resto. || Zapapico, herramienta de cantero y cavador: *trabajar de pico y pala.* || Parte saliente de la cabeza de las aves con dos piezas córneas en punta para tomar el alimento. || Parte de algunas vasijas por donde se vierte el líquido. || Paño de forma triangular que se pone a los niños entre las piernas. || Montaña de cumbre puntiaguda: *el pico del Teide.* || Parte pequeña que excede de un número redondo: *dos mil pesetas y pico.* || Extremo del pan. || Panecillo de forma alargada. || *Fam.* Facundia, facilidad en el hablar: *tener buen pico.* || — Pl. Uno de los palos de la baraja francesa. || — Pl. *Fam.* Cerrar el pico, no hablar; callar. || Costar un pico, costar mucho. || Hincar el pico, morir. || Irse del pico, hablar demasiado. || Pico carpintero, pájaro carpintero.

picor m. Escozor, picazón.

picota f. Poste o columna donde se exponían las cabezas de los ajusticiados. || Clase de cereza.

picotazo m. Golpe dado por las aves con el pico. || Señal que deja.

picotear v. t. Picar o herir con el pico las aves. || *Fig.* Picar: *picotear almendras.*

picoteo m. Acción de picotear.

pictórico, ca adj. De la pintura.

picudo, da adj. En forma de pico.

pie m. Extremidad de cada una de las piernas del hombre o de las patas del animal que sirve para sostener el cuerpo y andar: *tener los pies planos.* || Pata, cada una de las piezas en que se apoyan los muebles o cosas semejantes. || Base, parte inferior: *el pie de la montaña.* || Tronco de los árboles o tallo de las plantas. || Planta: *un pie de clavel.* || Parte de las medias, calcetas, etc., que cubre el pie. || *Geom.* Punto de encuentro de una perpendicular a una recta o plano. || Cada una de las partes en que se divide un verso para su medición. || Metro de la poesía castellana. ‖ Medida de longitud usada en varios países con distintas dimensiones. ‖ Parte que está al final de un escrito: *al pie de la carta.* ‖ Explicación que se pone debajo de una foto, grabado, etc. ‖ *Fig.* Fundamento, origen o base de una cosa. ‖ Modo: *tratar en un pie de igualdad.* ‖ *Chil.* Parte del precio que se paga en el momento de convenir una compra. ‖ — Pl. Parte opuesta a la cabecera: *a los pies de la cama.* ‖ *Fig.* Agilidad para andar: *tener buenos pies.* ‖ — *Fig. Al pie de la letra,* textualmente. ‖ *A pie,* andando. ‖ *Fig. A pie juntillas,* sin la menor duda. | *Con pies de plomo,* con mucha prudencia. | *Dar pie,* dar ocasión. ‖ *De pies a cabeza,* enteramente. ‖ *Echar pie en tierra,* bajar de un vehículo o caballo. ‖ *Fig. Hacer pie,* no estar cubierta por el agua una persona. | *Levantarse con el pie izquierdo,* levantarse de muy mal humor. | *Nacer de pie,* tener buena suerte. | *No dar pie con bola,* hacerlo todo desacertadamente. | *No tener pies ni cabeza,* no tener sentido alguno. | *Poner pies en polvorosa,* huir. | *Saber de qué pie cojea uno,* conocer sus defectos. | *Sacar los pies del plato,* empezar a tomarse ciertas libertades.

piedad f. Devoción. ‖ Lástima, compasión: *piedad para el prójimo.* ‖ Representación artística de la Virgen de las Angustias.

piedra f. Sustancia mineral más o menos dura y compacta: *estatua de piedra.* ‖ Pedazo de esta sustancia: *tirar una piedra.* ‖ *Med.* Cálculo, piedrecilla que se forma en la vejiga o en la vesícula biliar. ‖ Granizo. ‖ Pedernal de las armas o de los instrumentos de chispa: *la piedra de un mechero.* ‖ Muela de molino. ‖ — *Fig. No dejar piedra sobre piedra,* destruirlo todo. ‖ *Piedra angular,* sillar que forma esquina; (fig.) base, fundamento. ‖ *Piedra pómez,* piedra volcánica, muy ligera y dura, que sirve como abrasivo. ‖ *Piedra preciosa,* la dura, transparente y rara que, tallada, se usa en joyería.

piel f. Membrana que cubre el cuerpo del hombre y de los animales: *hombre de piel blanca.* ‖ Cuero curtido: *artículos de piel.* ‖ Parte exterior que cubre la pulpa de las frutas y algunas partes de las plantas: *la piel de las ciruelas.* ‖ — Pl. Piel de animal con su pelo para hacer prendas de abrigo. ‖ *Piel roja,* nombre dado al indio de América del Norte.

piélago m. Océano, mar.

pienso m. alimento del ganado.

pierna f. Cada uno de los miembros inferiores del hombre. ‖ Pata de los animales. ‖ Muslo de los cuadrúpedos y aves. ‖ Cada una de las partes de una cosa que giran alrededor de un eje o un centro: *piernas de compás.*

piernas m. inv. *Fam.* Pelanas.

pieza f. Cada parte en que se divide una cosa, particularmente una máquina: *las piezas de un motor.* ‖ Moneda: *pieza de cuproníquel.* ‖ Alhaja u obra de arte trabajada con esmero: *pieza de joyería.* ‖ Cada unidad de una serie: *en su colección tiene magníficas piezas.* ‖ Trozo de tela para hacer un remiendo: *poner una pieza a un pantalón.* ‖ Habitación, cuarto: *piso de cuatro piezas.* ‖ Animal de caza o pesca. ‖ Nombre genérico de las fichas o figurillas que se utilizan en ciertos juegos: *piezas de ajedrez.* ‖ Obra dramática: *una pieza en tres actos.* ‖ Composición musical: *pieza para orquesta.* ‖ Unidad de presión (símb. pz) equivalente a la pre-

sión que, aplicada uniformemente en una superficie plana de 1 m³, produce una fuerza total de un estenio. ‖ *Pieza de recambio* o *de repuesto,* pieza suelta que puede sustituir en un mecanismo otra igual que ha sido estropeada. ‖ *Fam. Quedarse de una pieza,* quedarse estupefacto.

pífano m. Flautín.

pifia f. Error, metedura de pata.

pifiar v. i. Meter la pata.

pigargo m. Especie de águila.

pigmentación f. Formación y acumulación del pigmento en un tejido.

pigmentar v. t. Colorar con pigmento.

pigmento m. Materia colorante en el protoplasma de muchas células vegetales y animales.

pigmeo, a m. y f. Individuo de una raza de pequeña estatura de África central y meridional. ‖ — M. *Fig.* Hombre muy pequeño.

pignoración f. Acción de pignorar.

pignorar v. t. Empeñar.

pijada f. *Pop.* Tontería.

pijama m. Traje ancho y ligero compuesto de chaqueta y pantalón usado para dormir.

pijo, ja adj. y s. *Pop.* Tonto. ‖ — M. *Pop.* Pene.

pijota f. Merluza pequeña.

pijotada o **pijotería** f. *Fam.* Tontería.

pijotero, ra adj. y s. *Fam.* Pesado.

pijuí m. Pájaro insectívoro.

pila f. Recipiente donde cae o se echa el agua para varios usos: *la pila de la cocina, de una fuente.* ‖ En las iglesias, sitio donde se administra el sacramento del bautismo. ‖ Recipiente donde se guarda el agua bendita. ‖ Montón, rimero: *una pila de leña.* ‖ *Fam.* Gran cantidad: *tener una pila de niños.* ‖ *Arq.* Machón que sostiene los arcos de un puente. ‖ *Fig.* Generador de electricidad que convierte la energía química en energía eléctrica. ‖ — *Nombre de pila,* el que precede a los apellidos. ‖ *Pila atómica,* reactor nuclear, generador de enegía que utiliza la fisión nuclear.

pilar m. Elemento vertical macizo que sirve de soporte a una construcción. ‖ Pilón de una fuente. ‖ Hito o mojón. ‖ Pila de puentes. ‖ *Fig. Apoyo.* ‖ En el rugby, uno de los delanteros de primera fila que sostiene al talonador en una melée.

pilarense adj. y s. De Pilar (Paraguay).

pilastra f. Columna cuadrada.

pilca f. *Amer.* Tapia de piedras.

pilcha f. *Arg., Chil.* y *Urug.* Prenda del recado de montar a caballo. | Prenda, ropa de vestir en mal estado.

píldora f. Medicamento de forma de bolita: *píldora purgante.* ‖ *Fam.* Anticonceptivo oral.

pileta f. Pila o fuente pequeña. ‖ Pila de cocina o de lavar. ‖ *Amer.* Piscina.

pillaje m. Robo.

pillapilla m. Juego de niños.

pillar v. t. Saquear. ‖ *Fig.* y *fam.* Alcanzar, coger: *pillar a un ladrón.* | Atropellar: *cuidado que no te pille un coche.* | Coger: *el engranaje le pilló un dedo.* | Descubrir: *pilló a su hijo fumando.* ‖ Agarrar: *pillar un resfriado.* ‖ — V. i. Estar situado, encontrarse: *el colegio pilla de camino para ir a tu casa.*

pillastre m. *Fam.* Pillo.

pillear v. i. Hacer pillerías.

pillería f. Acción propia de pillo.

pillo, lla adj. y s. *Fam.* Pícaro.

pilón m. Pila grande. || Receptáculo de piedra o de fábrica que se coloca debajo del caño de una fuente.

piloncillo m. *Méx.* Azúcar morena.

píloro m. Abertura inferior del estómago por la cual entran los alimentos en los intestinos.

pilorriza f. *Bot.* Cubierta que protege la extremidad de las raíces.

pilosidad f. Revestimiento piloso.

piloso, sa adj. Relativo al pelo.

pilotaje m. Acción de pilotar.

pilotar v. t. Dirigir, guiar un buque, automóvil, avión o cualquier otro vehículo.

pilote m. Madero puntiagudo que se hinca en tierra para consolidar cimientos, servir de soporte, etc.

piloto m. Persona que gobierna o dirige un buque, un avión, un helicóptero o un vehículo (motocicleta, automóvil) en una competición deportiva. || *Fig.* Luz roja en la parte posterior de un vehículo: *dejar el piloto encendido al aparcar.* | Pequeña lámpara que sirve para indicar que funciona un aparato. | Llama que sirve para encenderlos. || — Adj. Aplícase a lo que sirve de modelo: *granja, fábrica piloto.*

piltra f. *Pop.* Cama.

piltrafa f. *Fam.* Trozo de carne que casi no tiene más que pellejo.

pimentón m. Polvo de pimientos encarnados secos.

pimienta f. Fruto picante usado como condimento. || *Fig.* Gracia.

pimiento m. Planta solanácea cuyo fruto es una baya hueca, generalmente cónica, al principio verde y después roja. || Fruto de esta planta. || Pimentón. || *Fig. Me importa un pimiento,* me da igual.

pimpampum m. Juego que hay en las ferias y consistente en derribar a pelotazos muñecos colocados en fila.

pimpante adj. Peripuesto.

pimpinela f. Planta rosácea.

pimpollo m. Vástago que echan las plantas. || Árbol nuevo. || Capullo de rosa. || *Fig. y fam.* Niño o niña, muchacho o muchacha que se distinguen por su belleza.

pinacoteca f. Galería de pintura.

pináculo m. Parte más elevada de un edificio monumental o templo. || *Fig.* Cumbre, cima, auge.

pinar m. Bosque de pinos.

pincel m. Instrumento hecho con pelos atados a un mango con que el pintor asienta los colores. || *Fig.* Pintor, estilo de éste o modo de pintar.

pincelada f. Trazo o toque que se da con el pincel. || *Fig.* Expresión concisa de una idea o de un rasgo.

pincelar v. t. Pintar.

pinchar v. t. Picar, punzar con una cosa aguda o punzante: *pinchar con un alfiler* (ú. t. c. pr.). || *Fig.* Irritar, provocar. | Enojar, picar. || — V. i. Perforarse una cámara de aire. || — V. pr. *Fam.* Inyectarse.

pinchazo m. Herida que se hace con un objeto que pincha. || Perforación que provoca la salida del aire de una cámara, neumático, balón, etc. || *Fam.* Inyección. || *Fig. y fam.* Hecho o dicho con los que se mortifica a una persona o se la incita a hacer algo.

pinche m. y f. Ayudante de cocina o aprendiz de una profesión. || — Adj. y s. *Méx.* Despreciable.

pincho m. Aguijón, espina, púa de planta o animal. || Nombre aplicado a los manjares ensartados en un mondadientes que se sirven en los bares como tapa. || *Pincho moruno,* brocheta de carne de cordero sazonada.

pindonguear v. i. *Fam.* Callejear.

pindongueo m. *Fam.* Callejeo.

pineda f. Pinar.

pingajo m. *Fam.* Harapo.

pingo m. *Fam.* Pingajo. || *Pop.* Persona de mala vida. || *Amer.* Caballo.

ping-pong m. Juego de tenis sobre una mesa.

pingüe adj. Abundante.

pingüino m. Ave palmípeda blanca y negra de alas muy cortas.

pinitos m. pl. Primeros pasos del niño. || *Fig.* Principios.

pinnípedo, da adj. Dícese de los mamíferos marinos de patas palmeadas, como la foca, la otaria, la morsa (ú. t. c. s.). || — M. pl. Orden formado por estos animales.

pino m. Árbol con tronco de madera resinosa y hojas siempre verdes que da frutos llamados piñas.

pinol m. *Amer.* Harina de maíz tostado. | Pinole.

pinolate m. *Méx.* Bebida de pinole, azúcar y cacao, con agua.

pinole m. *Amer.* Mezcla de vainilla y otros ingredientes aromáticos que se echaban, para darle color y sabor, al chocolate.

pinrel m. *Pop.* Pie.

pinsapo m. Árbol conífero parecido al abeto.

pinta f. Adorno en forma de mancha redonda. || Mancha. || *Fig.* Aspecto: *Tiene muy buena pinta.* || Medida de capacidad equivalente a 0,568 litros en Inglaterra y 0,473 en los Estados Unidos. || En ciertos juegos de cartas, triunfo. || *Arg.* Color de los animales || — *Fam.* Golfo, persona poco seria.

pintada f. Gallina de Guinea.

pintado, da adj. Naturalmente matizado de diversos colores. || *Fig.* Exacto: *es su padre pintado.* || — *Fig. El más pintado,* el más listo. || *Venir como pintado,* venir muy bien. || — M. Acción de pintar. || — F. Letrero o dibujo hechos con la mano en un muro, generalmente de contenido político o social.

pintar v. t. Representar cosas o seres vivos con líneas y colores: *pintar un paisaje.* || Cubrir con pintura: *pintó su coche.* || *Fam.* Dibujar. || *Fig.* Describir: *pintar una escena.* || — V.i. *Fig. y fam.* Tener importancia o influencia: *yo no pinto nada en la dirección de la empresa.* || Señalar a un palo de la baraja su calidad de triunfo: *pintan oros.* || — V. pr. Darse colores y cosméticos: *pintarse los labios.* || *Fig.* Manifestarse, dejarse ver.

pintarrajar o **pintarrajear** v. t. *Fam.* Pintorrear.

pintarroja f. Lija, pez selacio.

pintiparado, da adj. Muy parecido: *es su madre pintiparada.* || Muy adecuado u oportuno: *esto me viene pintiparado.* || Adornado, emperejilado: *iba muy pintiparado.*

pintiparar v. t. Comparar, cotejar. || Hacer parecida una cosa a otra.

pintor, ra m. y f. Persona que se dedica a la pintura.

pintoresco, ca adj. Vivo, muy gráfico y expresivo: *lenguaje pintoresco.* || Original.

pintorrear v. t. Pintar sin arte.

pintura f. Arte de pintar. ‖ Obra pintada. ‖ Sustancia con que se pinta: *pintura verde.* ‖ *Fig.* Descripción.

pinturero, ra adj. y s. *Fam.* Bien parecido.

pin-up [*pinap*] f. (pal. ingl.). Mujer o muchacha muy atractiva.

pinzas f. pl. Instrumento de metal a modo de tenacillas para coger o sujetar cosas pequeñas: *pinzas de cirugía.* ‖ Órgano prensil de los crustáceos, insectos y otros animales: *pinzas del cangrejo.* ‖ Pliegue hecho en el interior de la ropa para estrecharla o como adorno.

pinzón m. Pájaro insectívoro.

piña f. Fruto del pino. ‖ Ananás. ‖ *Fig.* Conjunto de personas o cosas muy unidas.

piñata f. Olla llena de dulces que en los bailes de máscaras suele colgarse del techo y que se tiene que romper con los ojos vendados.

piñón m. Simiente del pino, dulce y comestible en el pino piñonero. ‖ Esta simiente bañada en azúcar. ‖ Rueda dentada de un sistema de transmisión de movimiento en la que engrana una cadena de eslabones articulados: *el piñón de una bicicleta.* ‖ La menor de las dos ruedas dentadas de un engranaje.

pío m. Voz del pollo de una ave.

pío, a adj. Devoto.

piocha f. Zapapico.

piojo m. Género de insectos hemípteros, parásitos en el hombre y en los animales.

piola f. Juego en el que los jugadores saltan alternativamente unos por encima de otros.

pionero, ra m. y f. Persona que abre el camino a otras, adelantando. ‖ Colonizador norteamericano que, durante los siglos XVIII y XIX, protagonizó la expansión desde las colonias del Este hasta el Pacífico. ‖ *Fig.* Persona que inicia una actividad completamente nueva y sirve de indicador a aquellos que intentarán hacer lo mismo después.

piorrea f. Flujo de pus, especialmente en las encías.

pipa f. Utensilio para fumar consistente en un cañón y una cazoleta. ‖ Pepita o semilla: *las pipas de la calabaza.* ‖ Semilla del girasol.

pipe-line m. (pal. ingl.). Oleoducto o gasoducto que sirven para el transporte de gas, petróleo o sólidos pulverizados.

pipermín m. Bebida de menta.

pipeta f. Tubo de cristal, ensanchado en su parte media, para transvasar pequeñas porciones de líquidos.

pipí m. *Fam.* Orina.

pipiolo m. *Fam.* Novato, inexperto.

pipirigallo m. Planta herbácea de la familia de las papilionáceas.

pique m. Resentimiento, enfado. ‖ Sentimiento de emulación o rivalidad. ‖ *Amer.* Amor propio. ‖ *Amer.* Nigua, insecto. | Senda estrecha. ‖ — *A pique,* a punto de, próximo a; a plomo, perpendicularmente. ‖ *Echar a pique,* hundir una embarcación; (fig.) destruir una empresa. ‖ *Irse a pique,* hundirse una embarcación; (fig.) fracasar una empresa; arruinarse.

piqué m. Tela de algodón.

piquera f. En los altos hornos, agujero por donde sale el metal fundido.

piqueta f. Zapapico.

piquete m. Número reducido de soldados empleados para ciertos servicios. ‖ *Piquete de huelga,* grupo de huelguistas que se colocan a la entrada de un lugar de trabajo y cuidan de la buena ejecución de las consignas de huelga.

pira f. Hoguera.

piragua f. Embarcación larga y estrecha, en general de una pieza.

piragüismo m. Deporte que hacen los aficionados a la piragua o canoa.

piragüista m. y f. Persona que conduce una piragua.

pirámide f. Sólido que tiene por base un polígono y cuyas caras son triángulos que se reúnen en un mismo punto llamado vértice. ‖ Monumento que tiene la forma de este sólido: *las pirámides de Cholula.* ‖ Montón de objetos que tiene la misma forma.

piraña f. Pez muy voraz.

pirarse v. pr. *Fam.* Marcharse.

pirata adj. Clandestino, ilícito: *emisora pirata.* ‖ — M. El que se hace a la mar para asaltar y robar barcos. ‖ *Fig.* Hombre cruel y despiadado. ‖ *Pirata del aire,* persona que, valiéndose de amenazas, desvía un avión en vuelo para hacerlo aterrizar en otro sitio que el señalado como destino.

piratear v. i. Apresar y robar embarcaciones. ‖ *Fig.* Robar. | Copiar y atribuirse textos ajenos.

piratería f. Actividad de los piratas. ‖ Acción cometida por los piratas.

piraya f. *Amer.* Piraña.

pirca f. *Amer.* Pared o muro hecho con piedras y barro.

pirenaico, ca adj. De los Pirineos.

pirex m. (n. registrado). Cristal poco fusible y muy resistente al calor.

pirita f. Sulfuro natural de hierro o de cobre.

pirógeno, na adj. Que causa fiebre.

pirómano, na adj. y s. Que tiene la manía de provocar incendios.

piropear v. t. *Fam.* Echar piropos.

piropo m. *Fam.* Requiebro.

pirosfera f. Masa candente en el centro de la Tierra.

pirosis f. Sensación de ardor desde el estómago hasta la faringe.

pirotecnia f. Arte de preparar explosivos y fuegos artificiales.

pirrarse v. t. *Fam.* Tener mucha afición o ganas: *pirrarse por ir.*

pírrico, ca adj. *Victoria pírrica,* la que se logra con muchos sacrificios.

pirueta f. Voltereta.

pirulí m. Caramelo montado sobre un palito.

pirulo m. Botijo.

pis m. *Fam.* Pipí, orina.

pisa f. Acción y efecto de pisar. ‖ Operación consistente en estrujar uvas o aceitunas en el lagar o el molino para hacer vino o aceite.

pisada f. Huella que deja el pie en la tierra. ‖ Ruido que hace una persona al andar: *se oían sus pisadas.*

pisado m. Pisa.

pisar v. t. Poner el pie sobre algo: *me has pisado el pie.* ‖ Apretar o estrujar con el pie o con un instrumento: *pisar la uva.* ‖ Entre las aves, cubrir el macho a la hembra: *pisar el palomo a la paloma.*

|| *Fig.* Pisotear: *pisar la Constitución, las leyes.* | Aprovechar una cosa anticipándose a otra persona: *pisarle el puesto a uno.* || Entrar en un lugar, estar en él: *es la última vez que piso este sitio.*

piscícola adj. De la piscicultura.

piscicultura f. Arte de criar peces y fomentar su reproducción.

piscina f. Estanque artificial para nadar y bañarse.

pisco m. *Amer.* Aguardiente de uva elaborado en Pisco (Perú). | Tinajuela en que se vende.

piscolabis m. *Fam.* Comida ligera.

piso m. Suelo de un edificio, habitación o terreno: *el piso de una carretera.* || Cada una de las plantas de una casa: *primer, último piso.* || Vivienda: *un piso de cinco habitaciones.* || *Geol.* Cada una de las capas que se distinguen en un terreno.

pisón m. Instrumento pesado con el cual se golpea el suelo para apretar la tierra, el asfalto, piedras, hormigón, para nivelar los adoquines, etc.

pisotear v. t. Pisar repetidamente: *este periódico ha sido pisoteado en el suelo.* || *Fig.* Humillar, maltratar de palabra: *pisotear al vencido.* | Hacer caso omiso de, infringir: *pisotear las leyes.*

pisoteo m. Acción de pisotear.

pisotón m. Acción de pisar.

pisqueño, ña adj. y s. De Pisco (Perú).

pista f. Rastro o huellas de los animales en la tierra por donde han pasado: *la pista del jabalí.* || Sitio destinado a jugar al tenis, a las carreras y otros ejercicios: *pista de un hipódromo, de un circo.* || Sitio adecuadamente allanado para ciertas cosas: *pista de baile.* || Terreno destinado al despegue y aterrizaje de los aviones. || Camino provisional: *pista militar.* || *Fig.* Conjunto de indicios que puede conducir a la averiguación de un hecho. || *Tecn.* Parte de la cinta magnética en que se graban los sonidos.

pistache m. *Méx.* Pistacho.

pistachero m. Alfóncigo, árbol.

pistacho m. Fruto del alfóncigo.

pistilo m. Órgano femenino de la flor.

pisto m. Fritada de pimientos, tomates, cebolla y varias hortalizas más. || *Amér. C.* Dinero. || *Fig* y *fam. Darse pisto,* darse importancia.

pistola f. Arma de fuego pequeña, de cañón corto y que se dispara con una sola mano. || Pulverizador para pintar.

pistolero m. Bandido con pistola.

pistón m. Émbolo. || Cápsula, mixto para percusión o para hacer el efecto de explosión en las pistolas de juguete. || *Mús.* Llave en forma de émbolo de ciertos instrumentos: *corneta de pistón.* | Corneta de llaves.

pistonudo, da adj. *Pop.* Excelente.

pita f. Planta amarilidácea de hojas grandes y carnosas. || Acción de pitar, abucheo: *al entrar recibió una pita.*

pitada f. *Fig.* Pita, abucheo.

pitahaya f. *Amer.* Planta cactácea.

pitanza f. *Fam.* Alimento cotidiano.

pitar v. i. Tocar el pito. || *Fig.* y *fam.* Ir algo a medida de los deseos de uno: *mi negocio pita.* | Funcionar. || *Fam. Salir pitando,* irse a todo correr. || — V. t. Manifestar desaprobación o descontento mediante silbidos: *pitar a un torero.* || *Fam.* Arbitrar un encuentro deportivo.

pitecántropo m. Primate fósil.

pitido m. Silbido.

pitillera f. Petaca.

pitillo m. Cigarrillo.

pítima f. *Fam.* Borrachera.

pitiminí m. Rosal de flor pequeña.

pito m. Pequeño instrumento parecido al silbato y de sonido agudo. || Dispositivo que silba por acción del vapor o del aire comprimido: *se oía el pito de la locomotora.* || *Fam.* Cigarrillo. | Claxon. | Pene. || Pico de vasija. || — *Fig. No importar un pito,* no importar nada. | *No valer un pito o tres pitos,* no valer nada.

pitón m. Cuerno que empieza a salir a ciertos animales: *pitón del toro.* || Especie de clavo utilizado en montañismo. || Reptil de Asia y África no venenoso.

pitonazo m. Cornada.

pitonisa f. Sacerdotisa de Apolo.

pitorrearse v. pr. *Pop.* Burlarse.

pitorreo m. *Pop.* Guasa, burla.

pitorro m. En los botijos, tubo para la salida del líquido.

pituita f. Mucosidad de las membranas de la nariz y los bronquios.

pituitario, ria adj. *Membrana pituitaria,* la mucosa de la nariz.

piurano, na adj. y s. De Piura (Perú).

pivotante adj. Aplícase a la raíz central de ciertas plantas que profundiza verticalmente en la tierra. || Que gira.

pivote m. *Tecn.* Pieza cilíndrica que gira sobre un soporte. | Soporte en el que puede girar algo. || En baloncesto, delantero centro.

piyama m. y f. *Amer.* Pijama.

pizarra f. Roca de color negro azulado que se divide fácilmente en hojas planas y delgadas. || Trozo de esta piedra o de otra materia que sirve para escribir o dibujar.

pizarral m. Sitio donde hay pizarras.

pizarrín m. Lápiz para escribir en la pizarra.

pizarrón m. *Amer.* Encerado.

pizca f. *Fam.* Porción pequeña.

pizza f. (pal. ital.). Tarta rellena de tomates, anchoas, aceitunas, etc.

pizzería f. Restaurante en el que se sirven pizzas.

pizzicato m. (pal. ital.). *Mús.* Modo de ejecución en los instrumentos de arco que consiste en pellizcar las cuerdas con los dedos. || Trozo ejecutado de esta manera.

placa f. Lámina, plancha u hoja delgada y rígida. || Lámina de cristal o de metal sensibilizada que sirve para obtener una prueba fotográfica negativa. || *Med.* Mancha en la piel o en una mucosa provocada por una dolencia. || Insignia de ciertas órdenes y profesiones. || Lámina de metal, mármol, materia plástica, etc., que se coloca en la puerta de una casa con la inscripción para señalar el nombre, la profesión de la persona que la ocupa o cualquier otra cosa.

placeado, da adj. *Fig.* Experimentado.

placear v. t. Vender comestibles al por menor. || *Fig.* Ejercitarse.

pláceme m. Felicitación.

placenta f. Órgano ovalado que une el feto con la superficie del útero.

placentario, ria adj. Relativo a la placenta. || — M. pl. Mamíferos que están provistos de placenta.

placentero, ra adj. Agradable.

placer m. Sentimiento experimentado a causa de algo que agrada. || Gusto: *le ayudaré con sumo placer.* || Diversión, entretenimiento: *los placeres de la vida.* || Voluntad: *tal es mi placer.* || Banco de arena en el mar. || Yacimiento superficial aurífero. || Pesquería de perlas en América. || *A placer,* a medida de sus deseos.

placer v. i. Agradar.

plácet m. (pal. lat.). Asentimiento de un gobierno al nombramiento de un diplomático extranjero.

placible adj. Placentero.

placidez f. Calma, apacibilidad.

plácido, da adj. Tranquilo.

plaga f. Calamidad grande.

plagar v. t. Llenar (ú. t. c. pr.).

plagiar v. t. Copiar o imitar.

plagiario, ria adj. y s. Que plagia.

plagio m. Copia o imitación.

plan m. Estructura general de una obra: *el plan de una novela.* || Intención, proyecto: *no tengo ningún plan para esta tarde.* || Programa, detalle de las cosas que hay que hacer para la ejecución de un proyecto: *plan de trabajo.* || Conjunto de medidas gubernamentales o intergubernamentales tomadas para organizar y desarrollar la actividad económica: *plan quinquenal.* || Altitud o nivel. || Régimen y tratamiento médico prescrito a un enfermo: *estar a plan para adelgazar.* || *Méx.* Compromiso político de carácter revolucionario: *el Plan de Iguala.* || *Fam.* Chico o chica con quien uno sale. | Relación que éstos tienen entre sí. | Mujer fácil en amores. || *En plan de,* en concepto de.

plana f. Cara de una hoja de papel. || Página de escritura hecha por los niños. || *Impr.* Página de composición.

plancha f. Lámina o placa de metal. || Utensilio consistente en una superficie metálica calentada generalmente por una resistencia eléctrica y un asa que sirve para planchar la ropa. || Conjunto de ropa planchada. || *Impr.* Reproducción estereotípica o galvanoplástica lista para la impresión. || En el fútbol, plantillazo, golpe dado con la planta del pie. || Modo de nadar flotando en el agua de espaldas: *hacer la plancha.* || En gimnasia, posición horizontal del cuerpo en el aire apoyándose en las manos que están asidas a un punto. || *Fig.* Metedura de pata: *tirarse una plancha.* || *Plancha a vela,* tabla a vela.

planchado m. Acción de planchar.

planchar v. t. Desarrugar la ropa con la plancha caliente o una máquina especial.

planchazo m. En el fútbol, plantillazo. || *Fam.* Metedura de pata: *tirarse un planchazo.*

plancton m. Conjunto de los organismos microscópicos que viven en suspensión en las aguas marinas o dulces.

planeador m. Avión sin motor.

planeamiento m. Acción de planear.

planear v. t. Trazar el plan de una obra. || Proyectar: *planear una conspiración.* || — V. i. Cernerse en el aire como las aves. || Hacer proyectos. || *Vuelo planeado,* el de un avión que vuela sin motor.

planeta m. Cuerpo celeste opaco que gira alrededor del Sol.

planetario, ria adj. Relativo a los planetas. || Relativo a todo el mundo: *a escala planetaria.* || — M. Aparato mecánico con el cual se imita el movimiento de los planetas. || Planetarium. || En un mecanismo diferencial, piñón montado directamente en los árboles mandados por los satélites de la corona.

planetarium m. Dispositivo para reproducir los movimientos de los cuerpos celestes en una bóveda que figura el firmamento.

planetoide m. Asteroide.

planicie f. Llanura. || Meseta.

planificación f. Programación.

planificador, ra m. y f. Persona que se ocupa de la planificación.

planificar v. t. Establecer un plan para organizar una actividad.

planilla f. *Amer.* Lista, nómina de los trabajadores o empleados.

planisferio m. Mapa que representa las esferas celeste o terrestre.

planning m. Planificación.

plano, na adj. Llano, de superficie lisa. || *Geom.* Relativo al plano: *geometría plana.* | Aplícase al ángulo que es igual a dos rectos. || — M. *Geom.* Superficie plana limitada. || Representación gráfica de las diferentes partes de una ciudad, un edificio, una máquina, etc.: *un plano de Barcelona.* || Elemento de una película fotografiado en una sola toma de vistas: *primer plano.* || *Fig.* Esfera, terreno.

planta f. Nombre genérico de todo lo que vive adherido al suelo por medio de raíces: *planta herbácea.* || Plantío. || Parte del pie o de la pata que se apoya en el suelo. || Plano: *la planta de un templo.* || Piso: *vivir en la primera planta.* || Pie de una perpendicular. || Fábrica, instalación: *planta eléctrica.* || *Fam.* Presencia: *tener buena planta.*

plantación f. Acción de plantar. || Conjunto de lo plantado.

plantado, da adj. *Bien plantado,* que tiene buena facha, buena presentación, buen porte.

plantar adj. De la planta del pie.

plantar v. i. Meter en tierra una planta o un vástago para que arraigue: *plantar vides.* || *Fig.* Clavar en tierra: *plantar postes.* || Colocar: *plantar su tienda en un campo.* || Establecer, fundar. || *Fig.* y *fam.* Asestar un golpe: *plantar un bofetón.* | Poner con violencia: *le plantaron en la calle.* | Dejar a uno burlado: | Abandonar: *le plantó la novia.* | Dejar callado, callar. || *Fam. Dejar plantado,* abandonar. || — V. pr. *Fig.* Ponerse de pie firme en un sitio: *plantarse ante la puerta.* | *Fig.* y *fam.* Llegar a un sitio sin tardar mucho: *en una hora me plantaré en tu casa.* || Pararse un animal sin querer seguir adelante: *plantarse el caballo.* || En ciertos juegos, no querer un jugador pedir más cartas.

plante m. Suspensión voluntaria del trabajo en una empresa.

planteamiento m. Acción de plantear.

plantear v. t. Trazar las líneas fundamentales para resolver algo: *plantear un problema.* || Proponer, exponer un tema para que se examine y discuta: *plantear la cuestión de confianza* (ú. t. c. pr.). || Idear un proyecto, madurarlo. || *Fig.* Establecer, instituir: *plantear una reforma.*

plantel m. Criadero de plantas. || *Fig.* Conjunto: *plantel de artistas.*

planteo m. Planteamiento.

plantificar v. t. Establecer, implantar. || *Fam.* Dar (golpes, etc.). | Dejar a uno en alguna parte en contra de su voluntad, dejar plantado. || — V. pr. *Fam.* Ir a un lugar: *me plantifiqué en su casa.*

plantígrado, da adj. y s. m. Dícese de los cuadrúpedos que al andar apoyan toda la planta de los pies y las manos, como el oso.

plantilla f. Suela interior del zapato. || Conjunto de los empleados y trabajadores de una empresa o de un servicio público. || Lista de estos empleados: *estar en plantilla.* || Cartón o chapa recortada que sirve de modelo para reproducir ciertas piezas o dibujos con arreglo a la forma del recorte.

plantillazo m. En fútbol, golpe dado al adversario con la planta del pie.

plantío, a adj. Aplícase al terreno plantado o que puede serlo. || — M. Acción de plantar. || Terreno plantado de vegetales.

plantón m. *Fig. Dar un plantón,* no acudir a una cita.

plañidero, ra adj. Lloroso. || — F. Mujer contratada que llora en los entierros.

plañido m. Lamento, queja.

plañir v. i. Gemir y llorar.

plaqué m. Chapa delgada de oro o plata con que se cubre otro metal de menor valor.

plaqueta f. Placa pequeña. || Elemento celular de la sangre.

plasma m. Líquido donde están los glóbulos de la sangre y de la linfa.

plasmación f. Acción de plasmar. || Realización.

plasmador, ra adj. Que plasma (ú. t. c. s.).

plasmar v. t. Dar forma. || *Fig.* Manifestar, concretar. || — V. pr. *Fig.* Concretarse.

plasmodio m. Masa del citoplasma que tiene varios núcleos. || Esporozoo parásito que causa la malaria.

plasta f. Masa blanda. || Cosa aplastada. || — M. y f. *Fam.* Persona pesada.

plastia f. Intervención quirúrgica que modifica las formas o las relaciones entre los órganos.

plástica f. Aspecto de una persona o cosa desde el punto de vista de la estética.

plasticidad f. Calidad de plástico.

plástico, ca adj. Relativo a la plástica: *artes plásticas.* || Moldeable: *materia plástica.* || Expresivo: *fuerza plástica.* || — M. Materia sintética consistente, por lo general, en resina artificial, susceptible de ser modelada o moldeada en caliente o a presión. || Explosivo que tiene la consistencia de la masilla.

plastificación f. y **plastificado** m. Acción y efecto de plastificar.

plastificar v. t. Recubrir algo entre dos capas de plástico.

plastrón m. Pechera.

plata f. Metal precioso, de un color blanco brillante, inalterable y muy dúctil (símb. Ag), de número atómico 47. || Vajilla u otros objetos de este metal. || *Fig.* Moneda o monedas de este metal. || *Fam.* Dinero: *tiene mucha plata.* || — Adj. De color de la plata.

plataforma f. Tablero horizontal más elevado que lo que le rodea. || Parte de un tranvía o de un autobús en la que se viaja de pie. || Vagón descubierto y con bordes de poca altura. || Estación de perforación petrolífera instalada en el mar. || Programa: *plataforma electoral.* || *Fig.* Lo que sirve para lograr algún fin.

platanáceo, a adj. y s. f. Dícese de unas plantas angiospermas como el plátano. || — F. pl. Familia que forman.

platanal y **platanar** m. Terreno que está plantado de plátanos.

platanero m. Plátano, árbol.

plátano m. Planta cuyos frutos, agrupados en racimos, tienen un sabor dulce y agradable. || Este fruto. || Árbol de adorno de la familia de las platanáceas.

platea f. Palco en la planta baja de un teatro.

plateado, da adj. De color de plata. || — M. Acción de platear.

platear v. t. Cubrir con plata.

plateau [*plató*] m. (pal. fr.). Plató.

platelminto adj. m. Dícese de un grupo de gusanos que tienen el cuerpo en forma de cinta, como la tenia. || — M. pl. Este grupo.

platense adj. y s. De la región del Río de la Plata o de la ciudad de La Plata (Argentina).

plateresco, ca adj. Dícese de un estilo arquitectónico español del s. XVI en que se emplean elementos clásicos y ojivales con profusión de adornos y bajorrelieves (ú. t. c. s. m.).

plática f. Conversación, charla.

platicar v. i. Hablar. || — V. t. *Amer.* Decir. | Hablar de.

platija f. Pez marino comestible.

platillo m. Plato pequeño. || Disco que tienen las balanzas sobre el cual se pone lo que se ha de pesar o las pesas. || *Mús.* Instrumento de percusión (ú. m. en pl.). || *Platillo volante,* nombre que se da a ciertos artefactos que algunos dicen haber visto aparecer y desaparecer en la atmósfera terrestre.

platina f. *Impr.* Mesa de hierro utilizada para ajustar las formas. | Superficie plana de la máquina de imprimir donde se coloca la forma. || Plato de un tocadiscos o de un equipo estereofónico.

platinar v. t. Cubrir con una capa de platino.

platino m. Metal precioso de número atómico 78 (símb. Pt). || — Pl. En los motores de automóvil, bornes de tungsteno que establecen el contacto en el ruptor.

platirrinos m. pl. División de los monos (ú. t. c. adj.).

plato m. Recipiente generalmente redondo donde se echa la comida. || Manjar, guiso: *poner carne como plato fuerte.* || Objeto en forma de disco: *plato de la bicicleta.* || Objeto circular móvil con que se ejercita la puntería: *tiro al plato.* || Plataforma circular sobre la que gira el disco en un tocadiscos.

plató m. Escenario de un estudio cinematográfico.

platónico, ca adj. Relativo a Platón. || Ideal, puramente espiritual.

platudo, da adj. *Amer.* Rico.

plausible adj. Que se puede admitir o aprobar: *motivos plausibles.*

playa f. Extensión llana, cubierta de arena o guijarros, a orillas del mar o de un río. || *Arg.* Aparcamiento.

play-back m. (pal. ingl.). Grabación del sonido antes de impresionar la imagen.

play-boy m. (pal. ingl.). Hombre atractivo y mundano.

playera f. Camisa ancha de verano. || — Pl. Sandalias.

playo, ya adj. *Amer.* Que tiene poca profundidad.
plaza f. Lugar espacioso rodeado de casas en el interior de una población. || Sitio parecido en un parque, etc. || Mercado: *ir a la plaza a hacer las compras.* || Ciudad fortificada: *plaza fuerte.* || Inscripción en un libro del que quiere ser soldado: *sentar plaza.* || Población donde se hacen operaciones de comercio de cierta importancia: *la Bolsa de la plaza de París.* || Oficio, puesto o empleo: *tener una buena plaza.* || Espacio que se reserva a un viajero en un medio de transporte. || En un colegio, pensionado, hospital, hotel, hospicio, etc., lugar destinado para ser ocupado por una persona. || Sitio: *un aparcamiento de quinientas plazas.* || Suelo del horno. || *Plaza de toros,* circo donde se verifican las corridas de toros.
plazo m. Tiempo máximo concedido para pagar una suma o hacer una cosa. || Vencimiento del término. || Cada parte de una cantidad pagadera en varias veces. || *A plazos,* pagando en dos o más veces y en fechas sucesivas.
plazoleta f. Plaza pequeña.
pleamar f. *Mar.* Marea alta.
plebe f. Pueblo bajo, populacho.
plebeyez f. Calidad de plebeyo.
plebeyo, ya adj. Propio de la plebe. || Que no es noble ni hidalgo: *hombre plebeyo* (ú. t. c. s.).
plebiscitar v. t. Someter a plebiscito. || Ratificar por plebiscito.
plebiscito m. Resolución tomada por todos los habitantes de un país a pluralidad de votos. || Votación de todos los ciudadanos para legitimar algo.
plegado m. Acción de plegar.
plegamiento m. Deformación de las capas de la corteza terrestre. || Plegado.
plegar v. t. Hacer pliegues en una cosa. || Doblar especialmente los pliegos: *plegar un libro.* || — V. pr. Someterse.
plegaria f. Oración.
pleistoceno, na adj. y s. m. *Geol.* Dícese del primer período de la era cuaternaria.
pleiteante adj. y s. Que pleitea.
pleitear v. i. Litigar o contender judicialmente sobre una cosa.
pleitesía f. Acatamiento.
pleito m. *For.* Proceso judicial.
plenario, ria adj. Completo, en que participan todos los miembros: *asamblea plenaria* (ú. t. c. s. f.). || *Indulgencia plenaria,* remisión total de las penas debidas a un pecados.
plenilunio m. Luna llena.
plenipotencia f. Pleno poder.
plenipotenciario, ria adj. y s. Aplícase a la persona enviada por su gobierno a otro con plenos poderes.
plenitud f. Totalidad. || Abundancia. || *Fig.* Completo desarrollo.
pleno, na adj. Lleno, completo. || *Plenos poderes,* delegación temporal del poder legislativo por el Parlamento a un gobierno; capacidad para negociar o concertar un acuerdo. || — M. Reunión plenaria.
plénum m. Sesión plenaria.
pleonasmo m. Repetición de palabras que tiene un sentido equivalente, como *subir arriba, bajar abajo.*

plétora f. Abundancia.
pletórico, ca adj. Rebosante.
pleura f. Cada una de las membranas serosas que en ambos lados del pecho cubren las paredes de la cavidad torácica y la superficie de los pulmones.
pleuresía f. Inflamación de la pleura.
pleuritis f. Inflamación de la pleura.
plexiglás m. Resina sintética transparente, incolora y flexible que se emplea principalmente como vidrio de seguridad.
plexo m. *Anat.* Red de filamentos nerviosos o vasculares entrelazados.
pléyade f. Grupo de personas.
plica f. Sobre cerrado y sellado.
pliego m. Papel doblado por la mitad. || *Por ext.* Hoja de papel. || Carta o documento que se manda cerrado. || Parte de una hoja de papel doblada 16 ó 32 veces en los impresos. || Memorial, resumen.
pliegue m. Doblez en una cosa normalmente lisa o plana. || Tabla: *los pliegues de una falda.* || *Geol.* Ondulación del terreno.
plinto m. *Arq.* Cuadrado sobre el que descansa la columna. || Especie de taburete alargado de superficie almohadillada para ejercicios gimnásticos.
plioceno, na adj. y s. m. *Geol.* Aplícase al último período de la era terciaria que sucede al mioceno.
plisado m. Acción de plisar.
plisar v. t. Hacer pliegues.
plomada f. Pesa de plomo que sirve para determinar la línea vertical.
plomero m. *Amer.* Fontanero.
plomizo, za adj. Que contiene plomo. || De color de plomo.
plomo m. Metal pesado, dúctil, maleable, blando, fusible y de color gris azulado (símb. Pb), cuyo número atómico es 82. || Trozo de este metal empleado para dar peso a varias cosas: *los plomos de una red.* || Bala. || Plomada para determinar las líneas verticales. || *Electr.* Fusible. || Caracter tipográfico y composición de imprenta, fundición. || *Fam.* Supercarburante. || *Fig.* y *fam.* Persona pesada, cargante: *ser un plomo.*
pluma f. Órgano producido por la epidermis de las aves formado de una especie de tubo o cañón cubierto de barbillas que sirve para el vuelo, la protección y el mantenimiento de una temperatura constante. || Conjunto de estas plumas. || Instrumento para escribir con tinta. || Plumilla, chapita de metal que sirve para escribir. || *Fig.* Estilo o manera de escribir: *escribir con pluma mordaz.* | Escritor. | Oficio de escritor. || Categoría de boxeadores que pesan entre 57,172 y 61,235 kilos. || *Pluma estilográfica,* la que contiene un depósito para la tinta en el interior del mango.
plumaje m. Conjunto de plumas.
plumazo m. Trazo de pluma.
plúmbeo, a adj. De plomo.
plumbífero, ra adj. Que tiene plomo. || *Fig.* Muy pesado o latoso.
plumero m. Conjunto de plumas reunidas y atadas a un mango que sirve para quitar el polvo. || Estuche de lápices y plumas. || Penacho de plumas. || *Amer.* Pluma, portaplumas.
plumilla f. Parte de la pluma que sirve para escribir o dibujar.

plural adj. y s. m. *Gram.* Dícese del número que se refiere a dos o más personas o cosas.

pluralidad f. Gran número.

pluralismo m. Multiplicidad. ‖ Sistema político basado en la coexistencia de varias tendencias.

pluralista adj. Del pluralismo. ‖ Partidario del pluralismo (ú. t. c. s.).

pluralización f. Acción de pluralizar.

pluralizar v. t. *Gram.* Dar el número plural a palabras que ordinariamente no lo tienen. ‖ Aplicar a varios sujetos lo que sólo es propio de uno.

pluriempleo m. Trabajo de una persona en varios empleos o lugares diferentes.

plurilateral adj. Que interesa a varias partes.

pluripartidismo m. Sistema político en el que coexisten varios partidos.

pluripartidista adj. Del pluripartidismo. ‖ Partidario de este sistema.

plus m. Gratificación.

pluscuamperfecto m. Tiempo del verbo que expresa una acción pasada anterior a otra también pretérita.

plusmarca f. Récord.

plusmarquista m. y f. Persona que tiene un récord o plusmarca.

plus ultra loc. lat. Más allá.

plusvalía f. Aumento de valor.

plúteo m. Anaquel, estante.

plutocracia f. Gobierno ejercido por la clase de los ricos.

plutocrático, ca adj. Relativo a la plutocracia.

plutonio m. Metal (Pu), de número atómico 94, obtenido del uranio.

pluvial adj. Relativo a la lluvia.

pluviómetro m. Aparato para medir la cantidad de lluvia.

pluviosidad f. Abundancia de lluvia. ‖ Cantidad de lluvia caída.

pluvioso, sa adj. Lluvioso.

p.m., abrev. de *post-meridiem,* que significa *después de mediodía.*

Pm, símbolo del *prometio.*

Po, símbolo químico del *polonio.*

poblacho m. Pueblo pequeño.

población f. Conjunto de los habitantes de un país, región o ciudad. ‖ Aglomeración, agrupación de casas que puede llegar a formar un lugar o una ciudad. ‖ Acción de poblar.

poblado, da adj. Habitado: *barrio muy poblado.* ‖ Arbolado: *monte poblado.* ‖ Espeso: *barba poblada.* ‖ — M. Población.

poblador, ra adj. y s. Que habita.

poblano, na adj. y s. De Puebla (México). ‖ *Amer.* Campesino.

poblar v. t. Establecer hombres, animales o vegetales en un lugar donde no los había (ú. t. c. pr.).

pobre adj. Que no tiene lo necesario para vivir: *hombre pobre* (ú. t. c. s.). ‖ *Fig.* Que tiene algo en muy poca cantidad: *pobre en vitaminas.* ‖ Estéril: *terreno pobre.* ‖ De poco valor o entidad: *libro pobre de contenido.* ‖ Desdichado: *el pobre de tu padre.* ‖ — M. y f. Mendigo.

pobretear v. i. Comportarse como un pobre.

pobreza f. Condición del que no tiene lo necesario para vivir. ‖ Falta, escasez: *pobreza de recursos.* ‖ Abandono voluntario de todos los bienes propios:

voto de pobreza. ‖ *Fig.* Falta de magnanimidad: *pobreza de ánimo.* ‖ Falta de entidad o de valor: *la pobreza de un tema.* ‖ Esterilidad de un terreno.

pochismo m. *Amer.* Calidad de pocho.

pocho, cha adj. Descolorido, pálido. ‖ Pasado, demasiado maduro: *fruta pocha.* ‖ *Fig.* Estropeado. ‖ Pachucho, algo enfermo. ‖ *Méx.* Dícese de los estadounidenses de ascendencia mexicana que entremezclan hablando el inglés y el castellano (ú. t. c. s.).

pocholo, la adj. *Fam.* Bonito.

pocilga f. Establo para cerdos.

pócima f. Bebida de mal sabor.

poción f. Bebida.

poco, ca adj. Limitado en cantidad: *pocos árboles.* ‖ *Ser poca cosa,* tener poca imprtancia. ‖ — M. Cantidad pequeña: *un poco de vino.* ‖ — Adv. En pequeña cantidad: *beber poco.* ‖ Indica también corta duración: *se quedó poco aquí.* ‖ Insuficientemente: *este guiso está poco salado.* ‖ — *Dentro de poco,* pronto. ‖ *Poco a poco,* progresivamente. ‖ *Poco más o menos,* aproximadamente. ‖ *Por poco,* casi.

poda f. Acción de podar.

podagra f. *Med.* Gota en el pie.

podar v. t. Cortar las ramas inútiles de los árboles y arbustos.

podenco, ca adj. y s. Dícese de una variedad de perros de caza.

poder m. Autoridad: *tiene el poder de nombrar a los ministros.* ‖ Dominio: *estar bajo el poder de un país extranjero.* ‖ Gobierno de un Estado: *el poder político.* ‖ Facultad, capacidad: *tiene un gran poder de trabajo.* ‖ Posesión: *la carta llegó a su poder.* ‖ Documento notarial en el que se da autorización a uno para que haga cierta cosa. ‖ — Pl. *Fig.* Autorización para actuar en nombre de otra persona: *casarse por poderes* (ú. t. en sing.). ‖ — *Dar poder,* autorizar. ‖ *Poder ejecutivo,* el que se dedica a hacer ejecutar las leyes. ‖ *Poder judicial,* el que ejerce la administración de la justicia. ‖ *Poder legislativo,* el que se ocupa de la preparación y modificación de las leyes.

poder v. t. Tener facultad o autoridad para hacer algo: *puedo pagarme el viaje.* ‖ Tener permiso o autorización: *no puedo salir por la noche.* ‖ Tener facilidad: *con tanta gente en medio no puedo estudiar.* ‖ Ser incapaz: *no puedo dejarle solo en tan triste circunstancia.* ‖ Tener cierta probabilidad: *puedes encontrártelo a cada paso.* ‖ — V. impers. Ser contingente o posible una cosa: *puede que llueva.*

poderío m. Poder.

poderoso, sa adj. Que tiene mucho poder: *Estado poderoso.* ‖ Muy rico: *un poderoso industrial.* ‖ Muy eficaz o activo: *remedio poderoso.* ‖ Muy fuerte: *argumento poderoso.* ‖ — M. pl. Gente rica o de mucha influencia.

podio m. Pequeña plataforma a donde se suben los tres primeros vencedores en una prueba deportiva.

podología f. Estudio médico del pie.

podólogo, ga adj. y s. Especialista en podología.

podredumbre f. Putrefacción.

podrido, da adj. Echado a perder. ‖ *Fig.* Viciado, corrompido.

poema m. Obra en verso de alguna extensión. ‖ *Mús. Poema sinfónico,* composición para orquesta.

poemario m. Serie de poemas.

poesía f. Arte de componer versos: *dedicarse a la poesía.* ‖ Cada uno de los géneros de este arte: *poesía lírica.* ‖ Composición en verso, generalmente corta. ‖ Carácter de lo que produce una emoción afectiva o estética: *la poesía de un paisaje.*

poeta m. y f. Persona que compone obras poéticas. (El femenino puede ser también *poetisa.*)

poetastro m. *Fam.* Mal poeta.

poético, ca adj. Relativo a la poesía o propio de ella. ‖ Que podría inspirar a un poeta: *un asunto poético.* ‖ Que produce una emoción afectiva o estética. ‖ — F. Tratado sobre los principios y reglas de la poesía.

poetisa f. Mujer poeta.

poetización f. Acción y efecto de poetizar o poetizarse.

poetizar v. t. Dar carácter poético.

pogrom (pal. rusa) y **pogromo** m. Movimiento dirigido por las autoridades zaristas para la exterminación de los judíos.

póker m. Juego de cartas de envite de origen norteamericano. ‖ Juego de dados. ‖ Conjunto de cuatro cartas o dados del mismo valor: *póker de ases.*

polaco, ca adj. y s. De Polonia. ‖ — M. Lengua de los polacos.

polaina f. Prenda que cubre el pie y la pierna hasta la rodilla.

polar adj. Relativo a los polos.

polaridad f. Propiedad que poseen los agentes físicos de acumularse en un cuerpo y de sufrir polarización. ‖ Cualidad que hace posible distinguir cada polo de un generador eléctrico.

polarimetría f. Análisis químico efectuado con el polarímetro.

polarímetro m. Aparato destinado a medir la rotación del plano de polarización de la luz.

polarización f. Propiedad que presenta un rayo luminoso, después de sufrir la reflexión o la refracción, de producir vibraciones localizadas desigualmente alrededor de este rayo. ‖ Concentración de la atención, de las fuerzas, etc., en algo.

polarizado, da adj. Dícese de un aparato que tiene dos polos completamente diferentes. ‖ Que tiene polarización.

polarizar v. t. *Fís.* Someter al fenómeno de la polarización. ‖ *Fig.* Atraer toda la atención.

polca f. Danza y música originarias de Bohemia.

pólder m. En Holanda, región recuperada por el hombre en el mar.

polea f. Rueda de madera o metal, de canto acanalado, móvil sobre su eje, por la que corre una cuerda.

poleadas f. pl. Gachas.

polémico, ca adj. Relativo a la polémica. ‖ — F. Discusión.

polemista com. Persona que sostiene polémicas.

polemizar v. i. Sostener o entablar una polémica.

polen m. Polvillo fecundante de los estambres de las flores.

polenta f. Gachas de harina de maíz. ‖ *Arg. Fam.* Oro.

poli m. *Fam.* Agente de policía. ‖ — F. *Fam.* Cuerpo de policía.

poliandria f. Estado de la mujer casada con varios hombres.

poliartritis f. Reumatismo que afecta a varias articulaciones.

polichinela m. Personaje cómico de las farsas italianas y del teatro de marionetas. ‖ *Fig.* Hombre muy cambiadizo.

policía f. Conjunto de las reglas cuya observancia garantiza el mantenimiento del orden y la seguridad de los ciudadanos. ‖ Cuerpo encargado de mantener este orden. ‖ Conjunto de los agentes de este cuerpo. ‖ — M. Agente de policía.

policiaco, ca, policíaco, ca y **policial** adj. Relativo a la policía.

policopiador, ra adj. Multicopista (ú. t. c. s. m.).

policopista adj. Multicopista (ú. t. c. s. f.).

policromía f. Mezcla de varios colores.

policromo, ma y **polícromo, ma** adj. De varios colores.

poliedro adj. m. *Geom.* Dícese de un sólido de caras planas y de los ángulos formados por estas caras. ‖ — M. Sólido limitado por varias caras planas.

poliéster m. Materia textil sintética.

polifacético, ca adj. De varios aspectos. ‖ Aplícase a la persona que tiene aptitudes muy variadas.

polifonía f. Conjunto simultáneo de voces o de instrumentos musicales.

poligamia f. Condición del hombre casado con varias mujeres.

polígamo, ma adj. Dícese del hombre casado simultáneamente con varias mujeres (ú. t. c. s. m.).

poliglotismo m. Conocimiento de varias lenguas.

polígloto, ta adj. Escrito en varias lenguas: *Biblia Políglota.* ‖ Que habla varios idiomas (ú. t. c. s.).

polígono m. Figura plana de varios ángulos limitada por líneas rectas o curvas. ‖ Campo de tiro y de maniobras de la artillería. ‖ *Polígono industrial,* zona industrial.

polígrafo, fa m. y f. Persona que ha escrito sobre muy diversas materias.

polilla f. Mariposa nocturna cuya larva destruye los tejidos.

polimerización f. Unión de varias moléculas idénticas para formar otra mayor.

polímero, adj. y s. m. Dícese de un cuerpo químico obtenido por polimerización.

polinesio, sia adj. y s. De Polinesia (Oceanía).

polinización f. *Bot.* Transporte del polen de un estambre hasta el estigma para fecundar una flor.

polinomio m. Expresión algebraica que consta de varios términos.

polio f. *Fam.* Poliomielitis.

poliomielítico adj. Relativo a la poliomielitis. ‖ Que padece poliomielitis (ú. t. c. s.).

poliomielitis f. Enfermedad contagiosa del hombre producida por un virus fijado en los centros nerviosos, en particular en la médula espinal, que provoca parálisis mortal si alcanza los músculos respiratorios.

pólipo m. Celentéreo. ‖ Pulpo, molusco. ‖ *Med.* Tumor blando, fibroso, debido a la hipertrofia de las membranas mucosas.

polis f. Ciudad-Estado de la antigua Grecia. ‖ Estado.

polisílabo, ba adj. Que tiene varias sílabas (ú. t. c. s. m.).

polisón m. Miriñaque.

polista com. Jugador de polo.

politburó m. Comisión política del Comité Central del Partido Comunista de la U.R.S.S. (Desde 1952 se llama *presidium*.)

politécnico, ca adj. Que comprende muchas ciencias o artes: *escuela politécnica*. || — M. Alumno de esta escuela.

politeísmo m. Creencia de que existen varios dioses.

politeísta adj. Dícese del que adora a muchos dioses (ú. t. c. s.).

político, ca adj. Relativo a la organización y al gobierno de los asuntos públicos. || Relativo a un concepto particular del gobierno de un país: *credos políticos*. || Dícese de la persona que se ocupa de los asuntos públicos, del gobierno de un Estado (ú. t. c. s. m.). || Sensato, juicioso: *su actuación ha sido poco política*. || Educado, cortés, urbano. || Dícese del parentesco por afinidad: *tío, hermano político*. || — F. Arte de gobernar o dirigir un Estado. || Conjunto de los asuntos que interesan al Estado: *política interior*. || Manera de dirigir los asuntos de un Estado: *política liberal*. || *Fig*. Manera de obrar, de llevar un asunto: *llevar una buena política*. || Cortesía, urbanidad.

politiqueo m. Intervención en política con propósitos turbios.

politización f. Acción de dar carácter político.

politizar v. t. Dar carácter u orientación política.

poliuretano m. Materia plástica.

polivalente adj. Eficaz en varios casos diferentes. || *Fig*. Polifacético.

póliza f. Documento en que consta un contrato de seguro. || Sello que hay que poner en ciertos documentos para satisfacer un impuesto.

polizón m. El que se embarca clandestinamente en un buque o avión.

polla f. Gallina joven. || Apuesta en carreras. || *Fam*. Mocita. || *Arg.* Carrera de dos o más jinetes en un hipódromo.

pollastre m. *Fam*. Jovenzuelo.

pollear v. i. Empezar los muchachos y muchachas a salir unos con otros.

pollera f. Sitio o cesto donde se crían pollos. || Andador, cesto de mimbres o de otro material sin fondo donde se pone a los niños para que aprendan a andar. || Falda interior. || *Amer*. Falda exterior del vestido femenino.

pollerío m. Mocerío.

pollerón m. *Arg*. Falda de amazona para montar a caballo.

pollino, na m. y f. Asno.

pollito, ta m. y f. Muchacho o muchacha. || — M. Pollo chico.

pollo m. Cría de las aves. || *Fam*. Muchacho joven. || *Pop*. Esputo.

polo m. Cada uno de los dos extremos de un eje imaginario alrededor del cual gira la esfera celeste en veinticuatro horas. || Cada uno de los extremos del eje de la Tierra: *polo Norte*. || Cada uno de los extremos de un generador o receptor eléctrico utilizado para las conexiones con el circuito exterior. || Cada uno de los extremos de un imán en el que se encuentra la fuerza magnética. || *Fig*. Lo que atrae, centro: *polo de atención*. || Término en completa oposición con otro: *el error y la verdad están en dos polos diferentes*. || Zona de desarrollo agrí-cola e industrial. || Camisa de sport de punto y con mangas largas. || Juego practicado a caballo y en el que los jinetes impulsan la pelota con una maza. (Tb. existe otro juego, llamado *acuático*, en el que participan dos equipos de siete nadadores.) || Bloque de helado que se sostiene con un palo para chuparlo. || Variedad de cante flamenco.

polonesa f. Danza de Polonia. || Su música.

polonio m. Metal (Po) radiactivo, de número atómico 84.

poltrona f. Silla con brazo.

poltronear v. i. Haraganear.

poltronería f. Pereza.

polución f. Derrame involuntario del semen. || Contaminación.

polucionar v. t. Contaminar.

polvareda f. Cantidad de polvo que se levanta de la tierra. || *Fig*. Perturbación, efecto provocado entre las gentes por dichos o hechos que apasionan.

polvera f. Caja o estuche de las mujeres para polvos de tocador.

polvo m. Conjunto de partículas de tierra fina que se levanta en el aire: *nube de polvo*. || Materia dividida en partículas muy pequeñas: *polvos dentífricos*. || Cantidad de una sustancia pulverizada que se toma con los dedos: *polvo de rapé*. || *Fig*. Restos del hombre después de su muerte: *eres polvo y en polvo te convertirás*. || *Fam*. Cocaína. || — Pl. Mezcla de productos minerales destinados a la protección y al embellecimiento del rostro de las mujeres.

pólvora f. Sustancia explosiva que se emplea para impulsar un proyectil en las armas de fuego.

polvoriento, ta adj. Con polvo.

polvorilla com. Persona de genio vivo y pronta.

polvorín m. Almacén de explosivos.

polvorón m. Dulce que se deshace en polvo al comerlo.

pomada f. Producto graso y pastoso que se emplea en medicina para uso externo o como cosmético.

pomelo m. Fruto comestible de sabor ácido, un poco mayor que una naranja. || Árbol que lo produce.

pomo m. Remate redondeado de algunas cosas. || Tirador de una puerta, cajón, etc., que sirve para abrirlos. || Frasco de perfume. || Extremo del puño de la espada, de un bastón.

pompa f. Acompañamiento suntuoso y de gran aparato: *entierro con gran pompa*. || Esplendor, magnificencia: *la pompa real*. || Burbuja de aire que se forma con un líquido: *pompa de jabón*. || — Pl. Vanidades, vanos placeres del mundo. || *Pompas fúnebres*, ceremonias celebradas en honor de un difunto.

pomposidad f. Solemnidad.

pomposo, sa adj. Solemne.

pómulo m. Hueso de cada una de las mejillas.

ponchada f. *Amer*. Lo que cabe en un poncho. || Gran abundancia.

ponche m. Bebida hecha con una mezcla de ron u otro licor con agua caliente, limón, azúcar y alguna especia.

ponchera f. Recipiente grande en que se prepara y sirve el ponche.

poncho m. *Amer*. Prenda de lana sin mangas que consiste en una pieza rectangular con abertura en el centro para pasar la cabeza.

ponderación f. Prudencia, moderación, reflexión: *hablar con ponderación*. || Exageración.

ponderado, da adj. Mesurado.

ponderal adj. Relativo al peso.

ponderar v. t. Considerar detenidamente una cosa. || Alabar.

ponderativo, va adj. Que pondera o encarece una cosa.

ponencia f. Cargo de ponente. || Informe o proyecto presentado por el ponente. || Comisión ponente.

ponente adj. Aplícase al magistrado, funcionario o miembro de un cuerpo colegiado o a la comisión designada por éste para que redacte un informe o presente una propuesta o proyecto para que sea discutido (ú. t. c. s.).

poner v. t. Colocar en un lugar determinado una persona o cosa. || Adoptar: *poner cara de mal genio*. || Preparar, disponer: *poner la mesa*. || Pensar, suponer: *pongamos que sucedió así*. || Vestir: *no tengo qué ponerle*. || Apostar: *pongo cien pesos a que no lo haces*. || Tardar: *puso dos horas en venir*. || Instalar: *poner un piso*. || Montar: *puse una tienda*. || Hacer que funcione: *poner la radio*. || Colocar en un empleo: *a Juan le han puesto de secretario*. || Representar: *poner una comedia suya*. || Proyectar: *poner una película*. || Causar un efecto: *el sol pone moreno*. || Exponer: *poner en peligro*. || Calificar, tratar de: *poner de mentiroso*. || Asignar, establecer: *poner precio*. || Dar: *poner un nombre*. || Contribuir: *poner mucho dinero*. || Invertir: *poner su capital en el negocio*. || Hacer: *no poner nada de su parte*. || Escribir o enviar: *le pondré dos letras*. || Presentar: *poner por testigo*. || Enunciar: *poner condiciones*. || Soltar el huevo las aves. || — V. pr. Colocarse, situarse: *ponerse de pie*. || Volverse: *ponerse enfermo*. || Vestirse: *ponerse el abrigo*. || Mancharse: *ponerse de grasa hasta los pelos*. || Ocultarse los astros tras el horizonte: *ponerse el Sol*. || Llegar a un lugar determinado: *en diez minutos me pongo en tu casa*. || Fam. Decir: *va el niño y se pone: ¡socorro, auxilio, que me ahogo!*

poney [*poni*] m. (pal. ingl.). Caballo pequeño y con el pelo largo.

poniente m. Oeste.

pontevedrés, esa adj. y s. De Pontevedra (España).

pontificado m. Dignidad y ejercicio de pontífice. || Tiempo que dura.

pontifical adj. Del papa.

pontificar v. i. Ser pontífice u obtener la dignidad pontificia. || Fam. Obrar, hablar con solemnidad.

pontífice m. Papa.

pontificio, cia adj. Del papa.

pontón m. Puente flotante.

ponzoña f. Veneno.

ponzoñoso, sa adj. Venenoso.

pool [*pul*] m. (pal. ingl.). Agrupación o sindicato de productores. || Organismo internacional encargado de la organización de un mercado común entre los países asociados: *el pool del carbón, del acero*. || Servicio: *el pool mecanográfico*.

popa f. Parte posterior de una embarcación.

popayanejo, ja y **popayanense** adj. y s. De Popayán (Colombia).

pope m. Sacerdote oriental.

popelín m. o **popelina** f. Tejido de algodón, seda, etc.

popotal m. *Méx*. Lugar en el que se crían popotes.

popote m. *Méx*. Paja utilizada para hacer escobas y para tomar sorbiendo refrescos. || *Fig. Hecho un popote*, muy delgado.

populachería f. Fácil popularidad alcanzada entre el vulgo.

populachero, ra adj. Relativo al populacho. || Propio para halagar al populacho.

populacho m. Bajo pueblo.

popular adj. Relativo al pueblo. || Grato al pueblo: *autor muy popular*. || Muy extendido: *fiesta popular*.

popularidad f. Aceptación que uno tiene en el pueblo. || Fama.

popularismo m. Carácter popular.

popularista adj. Relativo al popularismo. || Que posee una tendencia o afición hacia lo que es popular (ú. t. c. s.).

popularización f. Acción y efecto de popularizar.

popularizar v. t. Propagar entre el pueblo, hacer popular: *popularizar una canción*. || Hacer grato al pueblo: *popularizar una obra*. || — V. pr. Adquirir popularidad.

populismo m. Régimen o movimiento político que intenta buscar apoyo en las masas populares y defender los intereses de éstas.

populista adj. Relativo al pueblo.

pópulo m. *Fam*. Pueblo.

popurrí m. Sucesión de diversas melodías. || Revoltillo.

póquer m. Póker.

por prep. Indica la causa de una cosa: *trabajar por necesidad*. || A través: *ir por las calles*. || Indica el medio, el instrumento: *avejentado por los sufrimientos*. || Indica el destino: *lo hice por ayudarte*. || En favor de: *interceder por uno*. || Como: *dar por hecho*. || Denota la manera de hacer una cosa: *por escrito*. || Indica trueque o venta: *lo compré por diez mil pesos*. || En lugar de: *tiene sus padres por maestros*. || Indica multiplicación: *tres por dos son seis*. || Lugar aproximado: *está por el centro*. || Tiempo aproximado: *iré por Navidad*. || Durante: *vendré por tres días*. || Porque: *no viene por tener mucho trabajo*. || Para: *se calló por no equivocarse*. || Seguida de infinitivo, indica perspectiva futura o necesidad: *la solución está por encontrar*. || Aunque: *por mucho que te esfuerces, no lo conseguirás*. || — *Por qué*, por cual razón o motivo. || *Por tanto*, por consiguiente.

porcelana f. Producto cerámico de masa vitrificada muy compacta.

porcentaje m. Tanto por ciento.

porcentual adj. Calculado en tantos por ciento.

porche m. Soportal.

porcino, na adj. Relativo al cerdo. || — M. Cerdo pequeño.

porción f. Cantidad.

porcuno, na adj. Relativo al cerdo. || — M. pl. Ganado porcino.

pordiosear v. i. Mendigar.

pordioseo m. Mendicidad.

pordiosero, ra adj. y s. Mendigo.

porfía f. Empeño, insistencia: *porfía inútil*. || Disputa insistente.

porfiado, da adj. y s. Terco.

porfiar v. i. Disputarse con obstinación. || Insistir para lograr algo.

pórfido m. Roca compacta.

pormenor m. Detalle, conjunto de circunstancias secundarias.

pormenorizar v. t. Detallar.

porno adj. *Fam.* Pornográfico.

pornografía f. Obscenidad.

pornográfico, ca adj. Obsceno.

poro m. Espacio hueco en las moléculas de los cuerpos.

porongo m. *Amer.* Calabaza.

pororó m. *Riopl.* Rosetas de maíz.

porosidad f. Calidad de poroso.

poroso, sa adj. Que tiene poros.

poroto m. *Amer.* Judía, fríjol.

porque conj. Por la razón de que: *porque es rico no quiere estudiar.* || Para que: *trabajamos porque no nos falte nada.*

porqué m. *Fam.* Causa, motivo: *el porqué de las cosas.*

porquería f. *Fam.* Suciedad, basura: *quita esta porquería de en medio.* | Acción sucia o indecente. | Indecencia: *contar porquerías.* | Mala jugada: *me hizo una porquería.* | Cosa insignificante, de poco valor o mala: *este reloj es una porquería.*

porqueriza f. Pocilga.

porra f. Cachiporra. || Especie de churro grande. || *Méx.* Claque. | Conjunto de partidarios de un equipo deportivo, de un torero, un político, etc. || *Mandar a la porra,* mandar a paseo.

porrada f. *Fig.* Abundancia.

porrazo m. *Fig.* Golpe que se recibe al caerse o tropezar.

porrillo m. Maza de cantero. || *A porrillo,* en gran cantidad.

porro m. Cigarrillo de marihuana o hachís mezclado con tabaco.

porrón m. Vasija de vidrio con pitón largo para beber vino a chorro. || *Fam. Un porrón,* mucho.

porta adj. f. *Vena porta,* la que lleva la sangre al hígado.

portaaviones m. inv. Buque de guerra que transporta aviones, que despegan y aterrizan en su cubierta.

portada f. *Arq.* Obra de ornamentación en la puerta de un edificio. || *Fig.* Frontispicio de una cosa. || Primera página de un libro impreso en la cual figura el título de la obra, el nombre del autor, etc.

portadilla f. Anteportada.

portador, ra adj. Dícese de la persona que lleva consigo una cosa o está en posesión de algo (ú. t. c. s.). || Dícese de la persona encargada de entregar una carta, un mensaje. Ú. t. c. s.: *portador de malas noticias.* || — M. y f. Persona en favor de quien se ha suscrito o girado un efecto de comercio: *cheque al portador.* || Persona o cosa que lleva con ella los agentes contagiosos de una infección: *portador de gérmenes.*

portaequipaje y **portaequipajes** m. inv. Parte de un vehículo para poner equipajes.

portafolio y **portafolios** m. *Amer.* Cartera de documentos.

portal m. Zaguán en la puerta de entrada de una casa. || Belén, nacimiento.

portalón m. Puerta grande.

portamaletas m. Portaequipajes.

portamonedas m. inv. Bolsa o cartera en la que se guarda el dinero.

portañica f. Portañuela.

portañuela f. Tira de tela que oculta la bragueta de los pantalones. || *Col. y Méx.* Puerta de carruaje.

portarse v. pr. Conducirse, obrar.

portarretrato m. Marco en que se colocan retratos.

portátil adj. Que se puede transportar: *máquina de escribir portátil.*

portaviones m. inv. Portaaviones.

portavoz m. Persona que habla en nombre de una colectividad, de un grupo, de una autoridad. || Bocina, megáfono.

portazgo m. Derechos pagados por pasar por ciertos caminos.

portazo m. Golpe dado por la puerta.

porte m. Transporte, traslado: *porte de mercancías.* || Cantidad pagada por el transporte de una cosa de un lugar a otro: *franco de porte.* || Facha, aspecto: *porte distinguido.* || Conducta, modo de proceder: *persona de buen porte.* || Dimensión, tamaño.

porteador adj. y s. m. Transportista.

portear v. t. Transportar.

portento m. Prodigio.

portentoso, sa adj. Prodigioso.

porteño, ña adj. y s. Del Puerto de Santa María (España), de Puerto Cortés (Honduras) y de Valparaíso (Chile). || Bonaerense, de Buenos Aires (Argentina). || Barrioporteño, de Puerto Barrios (Guatemala).

portería f. Cuarto en el que está el portero o portera de una casa. || En algunos deportes, como el fútbol, meta, espacio limitado por dos postes provistos de una red por donde hay que hacer pasar el balón.

portero, ra m. y f. Persona encargada del cuidado y custodia de una casa privada o de un edificio público. || — M. Jugador que defiende la portería. || *Portero automático* o *eléctrónico* o *eléctrico,* interfono que comunica una vivienda con la puerta de entrada por medio de un dispositivo que permite franquear esta puerta al visitante que se identifique.

portezuela f. Puerta pequeña.

pórtico m. Lugar cubierto y con columnas delante de la puerta de un edificio. || Galería con arcadas o columnas a lo largo de una fachada, patio, etc.

portobaquericense adj. y s. De Puerto Baquerizo (Ecuador).

portón m. Puerta grande.

portorriqueño, ña adj. y s. Puertorriqueño, de Puerto Rico.

portovejense adj. y s. De la ciudad de Portoviejo (Ecuador).

portuario, ria adj. Del puerto.

portuense adj. y s. De cualquiera de las ciudades llamadas *Puerto.*

portuguense adj. y s. De Portuguesa (Venezuela).

portugués, esa adj. y s. De Portugal. || — M. Lengua de este país.

portuguesismo m. Lusitanismo.

porvenir m. Tiempo futuro.

pos (en) m. adv. Tras, detrás.

posada f. Hospedería, fonda. || *Méx.* Fiesta popular que se celebra nueve días antes de Navidad.

posadeño, ña adj. y s. De Posadas (Argentina).

posaderas f. pl. *Fam.* Trasero.

posar v. t. Colocar, poner. || Dirigir: *posó su vista en mi automóvil.* || – V. i. Detenerse los pájaros para descansar (ú. t. c. pr.). || Ponerse una persona delante del pintor o escultor para servirle de modelo. || Colocarse una persona en postura para que sea fotografiada. || Darse tono, presumir. || – V. pr. Depositarse en el fondo las sustancias que están en suspensión en un líquido o en un objeto las partículas que están en el aire. || Aterrizar aeronaves o astronaves.

posbélico, ca adj. Tras la guerra.

posclásico, ca adj. Que sucede a un período clásico.

poscombustión f. Nueva combustión en el turborreactor para aumentar su potencia. || Dispositivo que se encarga de esta combustión.

posdata f. Lo que se añade a una carta ya firmada.

pose f. (pal. fr.). *Fot.* Exposición. || Sesión de un modelo. || *Fig.* Afectación, poca naturalidad.

poseedor, ra adj. y s. Que posee.

poseer v. t. Ser propietario: *posee muchos bienes.* || Tener en su poder: *él posee la llave.* || Tener: *posee un carácter endiablado.* || Contar con, disponer de: *poseer excelentes comunicaciones.* || Conocer a fondo: *poseo tres idiomas.* || Gozar de los favores de una mujer: *nunca llegó a poseerla.* || Detentar: *poseer un récord.* || – V. pr. Ser dueño de sí mismo.

posesión f. Acto de poseer una cosa, facultad de disponer de un bien. || La cosa poseída. || Colonia de un Estado. || Ayuntamiento carnal con una mujer. || *Amer.* Finca rústica.

posesionar v.t. Dar posesión. || – V. pr. Tomar posesión.

posesivo, va adj. Que denota posesión. || Posesorio. || – *Adjetivo posesivo,* el que determina el sustantivo añadiendo una idea de posesión. || *Pronombres posesivos,* los que van en lugar del nombre y denotan posesión o pertenencia (ú. t. c. s. m.).

poseso, sa adj. y s. Endemoniado.

posesor, ra adj. y s. Poseedor.

posesorio, ria adj. *For.* Relativo o perteneciente a la posesión.

posglacial adj. Dícese del período que siguió a la última glaciación cuaternaria (ú. t. c. s. m.).

posgraduado, da adj. y s. Que ha adquirido ya un título universitario.

posguerra f. Tiempo posterior a la guerra.

posibilidad f. Calidad de posible.

posibilitar v. t. Hacer posible.

posible adj. Que puede ser.

posición f. Lugar preciso en que está colocada una cosa. || *Fig.* Situación relativa a un objetivo, a circunstancias particulares: *posición difícil.* | Condición económica o social de una persona. | Opinión, partido que se adopta en una situación determinada o ante un problema preciso.

positivado m. Acción de sacar copias positivas de un negativo fotográfico.

positivadora f. Máquina en la que se lleva a cabo el positivado fotográfico.

positivismo m. Realismo.

positivista adj. y s. Realista.

positivo, va adj. Que se basa en hechos ciertos, reales: *hecho positivo.* || Que se funda en la expe-

riencia: *ciencias positivas.* || Fundado en la afirmación de un hecho: *prueba positiva.* || Que está escrito, prescrito: *derecho positivo.* || Que existe de hecho (por oposición a *negativo*): *la existencia positiva de obligaciones.* || Aplícase a la prueba fotográfica sacada de un negativo (ú. t. c. s. m.). || Dícese de la electricidad que se obtiene frotando el vidrio con un paño y que lleva el signo +. || – M. Lo que es real.

pósito m. Almacén de cereales.

positón y **positrón** m. Antipartícula del electrón que posee la misma masa y carga que éste, pero de signo positivo.

posma f. Pesadez, lentitud.

poso m. Sedimento.

posología f. Dosis.

posponer v. t. Colocar una persona o cosa tras otra. || Aplazar.

posposición f. Acción de posponer.

posromanticismo m. Literatura entre el romanticismo y el realismo.

posromántico, ca adj. Posterior al romanticismo. || Seguidor del posromanticismo (ú. t. c. s.).

post prep. Pos. || – *Post scriptum,* posdata, postscriptum. || *Post meridiem,* posterior al mediodía (abrev. *p. m.*)

posta f. Conjunto de caballerías y carruajes que se paraba varias veces en el camino para cambiar los tiros, entregar el correo y descender o montar los viajeros que transportaba. || Lugar donde se paraba. || Bala pequeña de plomo. || *A posta,* adrede.

postal adj. Relativo al correo. || – F. Tarjeta postal.

postbalance m. Estado después de haber hecho el balance.

postclásico, ca adj. Posclásico.

postcombustión f. Poscombustión.

postdata f. Posdata.

poste m. Madero, pilar de hierro o de hormigón colocado verticalmente para servir de apoyo o señal.

poste restante f. (pal. fr.). *Amer.* Lista de correos.

postema f. Absceso que supura.

poster m. (pal. ingl.). Cartel.

postergación f. Retraso. || Relegación. || Olvido.

postergar v. t. Hacer sufrir atraso, dejar atrasada una cosa: *postergar un asunto.* || Perjudicar a un empleado dando a otro más reciente el ascenso. || Dejar de lado.

posteridad f. Descendencia de aquellos que tienen un mismo origen. || Conjunto de las generaciones futuras. || Fama póstuma.

posterior adj. Que viene después o está detrás. || – M. *Fam.* Trasero.

posterioridad f. Estado de una cosa posterior a otra.

postglacial adj. Posglacial.

postgraduado, da adj. y s. Posgraduado.

postguerra f. Posguerra.

postigo m. Tablero con que se cierran las ventanas.

postilla f. Costra en las llagas.

postillón m. Mozo de una diligencia.

postín m. Presunción. || *De postín,* de lujo.

postinero, ra adj. Presumido.

postizo, za adj. Que no es natural, sino agregado: *diente postizo.* || *Fig.* Falso: *cortesía postiza.*

postor m. Licitador.

postpartum m. Período que sucede al parto.

postración f. Abatimiento.

postrar v. t. Debilitar, abatir, quitar el vigor a uno: *postrado por la calentura, la desgracia* (ú. m. c. pr.). || – V. pr. Hincarse de rodillas. || Humillarse.

postre m. Fruta o dulce que se toma al fin de la comida. || *A la postre,* en definitiva.

postrer adj. Apócope de *postrero.*

postrero, ra adj. y s. Último.

postrimer adj. Apócope de *postrimero.*

postrimería f. Último período.

postrimero, ra adj. Postrero.

postromanticismo m. Posromanticismo.

postromántico, ca adj. Posromántico.

postscriptum m. Posdata.

postsincronizar v. t. Grabar el sonido de una película cinematográfica después de la toma de vistas.

postulación f. Acción de postular.

postulado m. Proposición que hay que admitir sin pruebas para establecer una demostración.

postulante, ta adj. y s. Que postula.

postular v. t. e i. Pedir.

póstumo, ma adj. Nacido o publicado después de la muerte del padre o del autor.

postura f. Posición, actitud, disposición de una persona, animal o cosa: *una postura incómoda.* || Opinión, comportamiento. || Precio ofrecido por el comprador en una subasta. || Puesta, cantidad que se juega en una apuesta. || Función de poner huevos las gallinas. || *Fig.* Condición, situación: *estar en mala postura.* || Actitud, posición: *postura elegante.*

postventa y **posventa** adj. Dícese del servicio comercial que asegura el cuidado de las máquinas vendidas.

potabilidad f. Condición de potable.

potable adj. Que puede beberse. || *Fam.* Admisible, aceptable.

potaje m. Guiso de legumbres secas y verduras. || *Fig.* Mezcolanza.

potasa f. *Quím.* Hidróxido de potasio y carbonato de potasio.

potásico, ca adj. Del potasio.

potasio m. Metal alcalino (K), de número atómico 19, extraído de la potasa, que arde en contacto con el agua.

pote m. Cocido de alubias, verduras y tocino. || *Fig.* Presunción.

potencia f. Fuerza capaz de producir un efecto: *la potencia del viento.* || Poder, fuerza de un Estado: *potencia militar.* || Estado soberano: *las grandes potencias.* || Virtud generativa, virilidad. || *Fil.* Posibilidad, virtualidad: *pasar de la potencia al acto.* || *Fís.* Cociente del trabajo hecho por una máquina dividido por el tiempo que ha tardado en efectuarlo. || Energía eléctrica suministrada por un generador en cada unidad de tiempo. || *Mat.* Cada uno de los productos que resultan de multiplicar una cantidad por sí misma tantas veces como su exponente indica: *elevar un número a la potencia cuatro.*

potenciación f. Cálculo de la potencia de un número. || Fomento.

potencial adj. Que tiene en sí potencia: *energía potencial.* || Posible, que puede suceder o existir: *enemigo potencial.* || *Gram.* Que enuncia la acción como posible: *modo potencial* (ú. t. c. s. m.). || M.

Electr. Grado de electrización de un conductor. || *Fig.* Poder, fuerza disponible: *potencia militar.*

potenciar v. t. Dar potencia. || Hacer posible. || Fomentar.

potentado, da m. y f. Persona poderosa, influyente o rica.

potente adj. Que tiene potencia. || Capaz de engendrar.

potestad f. Poder. || *Patria potestad,* autoridad que los padres tienen sobre los hijos no emancipados.

potestativo, va adj. Facultativo.

potingue m. Preparado de botica o bebida de sabor desagradable.

potosí m. *Fig.* Gran riqueza.

potosino, na adj. De Potosí (Bolivia) o de San Luis Potosí (México.)

potpurrí m. Popurrí.

potra f. Yegua joven. || *Fam.* Suerte.

potranco, ca m. y f. Potro joven.

potro m. Caballo joven de menos de cuatro años y medio de edad. || Aparato de gimnasia para ejecutar diferentes saltos. || Aparato de madera con el que se daba tormento. || Máquina de madera donde se sujetan los animales con objeto de herrarlos o curarlos.

poyete y **poyo** m. Banco de piedra contra la pared.

pozo m. Hoyo profundo, generalmente circular y recubierto de mampostería, abierto en la tierra para llegar a la capa acuífera procedente de manantiales subterráneos. || Hoyo profundo por donde se baja a una mina. || *Fig.* Manantial abundante: *pozo de sabiduría.* || – *Pozo de petróleo,* el excavado para extraer este mineral. || *Pozo negro,* hoyo en que se recogen las inmundicias en los lugares donde no existe alcantarillado.

pozole m. *Méx.* Bebida compuesta de masa de nixtamal batida en agua. | Guiso hecho con maíz, carne y chile que tiene mucho caldo.

pozongo m. *Amer.* Maraca.

Pr, símbolo del praseodimio.

práctica f. Aplicación, ejecución de las reglas, de los principios de una ciencia, de una técnica, de un arte, etc.: *poner en práctica un método.* || Cumplimiento de un deber moral, social: *la práctica de la caridad.* || Observación de los deberes del culto: *práctica religiosa.* || Experiencia creada por la repetición de actos: *tiene mucha práctica en hacer diccionarios.* || Realización de un ejercicio: *la práctica de un deporte.* || Costumbre, uso. || – Pl. Clases en que los alumnos hacen aplicación de los conocimientos adquiridos teóricamente.

practicanta f. Mujer que hace el oficio de practicante.

practicante adj. y s. Que lleva a cabo las obligaciones impuestas por su religión. || Dícese de la persona que hace las curas, pone inyecciones y realiza otras intervenciones de cirugía menor.

practicar v. t. Aplicar, ejecutar, poner en práctica. || Ejercer: *practicar la medicina.* || Observar los deberes del culto: *practicar la religión* (ú. t. c. i.). || Ejercitarse: *practicar un idioma.* || Realizar por costumbre: *practicar los deportes.* || Hacer, ejecutar: *practicó una operación.*

práctico, ca adj. Relativo a la acción, a la aplicación (por oposición a *teórico*): *medicina práctica.* || Que es adecuado para conseguir un fin. || De aplicación o de uso cómodo o fácil: *un horario muy práctico*. ‖ Dícese de la persona que tiene un gran sentido de la realidad. ‖ Diestro, experto en una actividad. ‖ — M. Marino que conoce muy bien los peligros de la navegación en cierto sitio y dirige el rumbo de un barco para entrar en un puerto, costear, etc.

pradera f. Prado extenso.

prado m. Terreno que sirve para pasto de los ganados.

pragmático, ca adj. Que funda las teorías en el estudio de los textos: *historia pragmática*. ‖ Referente a la acción (por oposición a *especulativo, teórico*). ‖ Que utiliza el valor práctico como criterio de veracidad: *política pragmática*. ‖ — F. Edicto de un soberano.

pragmatismo m. Empirismo.

pragmatista adj. y s. Empírico.

praliné m. (pal. fr.). Guirlache.

praseodimio m. Metal del grupo de las tierras raras (Pr).

preámbulo m. Prefacio, prólogo. ‖ Rodeo, digresión.

preamplificador m. Amplificador de tensión de la señal que sale de un detector o de una cabeza de lectura antes de que entre en un amplificador de potencia.

prebenda f. Renta de ciertas dignidades eclesiásticas. ‖ *Fig.* Ventaja.

precámbrico, ca adj. y s. m. Dícese del período geológico más antiguo.

precario, ria adj. Poco duradero.

precaución f. Cautela, prevención.

precaucionarse v. pr. Precaverse.

precaver v. t. Prevenir un riesgo. ‖ — V. pr. Protegerse.

precedencia f. Anterioridad en el tiempo o en el espacio.

precedente adj. Que precede. ‖ — M. Antecedente.

preceder v. t. Ir delante en tiempo, orden, lugar o importancia.

preceptivo, va adj. Obligatorio. ‖ Que incluye los preceptos. ‖ — F. Conjunto de preceptos.

precepto m. Disposición, orden. ‖ Cada una de las reglas de los mandamientos de la ley de Dios. ‖ *De precepto*, en que hay que oír misa.

preceptor, ra m. y f. Encargado de la educación de los niños.

preceptuar v. t. Ordenar.

preces f. pl. Oraciones. ‖ Súplicas.

preciar v. t. Apreciar, estimar. ‖ — V. pr. Considerarse, estimarse.

precintar v. t. Poner un sello de plomo, banda pegada o cualquier otra cosa que se rompe al abrir lo que debía mantenerse cerrado.

precinto m. Plomo sellado, banda pegada o cualquier otra cosa parecida con que se cierran los cajones, baúles, paquetes, puertas, etc., para que no se abran.

precio m. Valor venal de una cosa respecto a su venta o a su compra, valoración en el dinero o en algo similar a éste. ‖ *Fig.* Lo que cuesta obtener una ventaja cualquiera. ‖ Valor, importancia. ‖ — *Precio alzado*, el establecido por el total de un trabajo sin entrar en el coste de los diferentes conceptos. ‖

Precio de fábrica o de coste, aquel en el que no hay ningún margen de beneficio.

preciosidad f. Condición de precioso.

preciosismo m. Afectación extremada en el estilo.

precioso, sa adj. De mucho valor: *piedra preciosa*. ‖ Muy bonito.

preciosura f. *Fam.* Preciosidad.

precipicio m. Lugar escarpado.

precipitación f. Gran prisa. ‖ Acción química en la cual el cuerpo que se encuentra en una solución se deposita en el fondo. ‖ Cantidad total del agua que cae de la atmósfera.

precipitado, da adj. Que obra con mucha prisa o que sucede rápidamente. ‖ — M. Sedimento que se deposita en el fondo del recipiente a causa de una reacción química.

precipitar v. t. Hacer caer una cosa desde un lugar elevado. ‖ Hacer caer, tirar: *lo precipitó por tierra*. ‖ *Fig.* Apresurar, acelerar: *precipitar los acontecimientos*. ‖ Llevar: *precipitó el país a la ruina*. ‖ *Quím.* Aislar del líquido en que estaba disuelta una sustancia y hacer que ésta se sedimente en el fondo del recipiente. ‖ — V. pr. Caer impetuosamente desde un lugar elevado. ‖ Evolucionar con rapidez, tender a su fin. ‖ Lanzarse, arrojarse: *precipitarse contra el enemigo*. ‖ Decir o hacer algo con apresuramiento, con irreflexión.

precisar v. t. Determinar, fijar, expresar de modo preciso: *precisar una fecha*. ‖ Obligar, forzar: *verse precisado a irse*. ‖ Necesitar: *preciso un diccionario*. ‖ Aclarar: *precisa tu idea*. ‖ — V. impers. Ser necesario.

precisión f. Carácter de lo que es claro, preciso. ‖ Exactitud: *tener precisión en el trabajo*. ‖ Limitación estricta de un tema; exactitud grande en la expresión. ‖ Necesidad absoluta de algo.

preciso, sa adj. Necesario, indispensable: *es preciso que vengas*. ‖ Fijo, determinado: *fecha precisa*. ‖ Puntual, exacto: *definición precisa*. ‖ Claro, conciso, que dice lo esencial. ‖ Justo: *lugar preciso*. ‖ Mismo: *en aquel preciso momento*.

precocidad f. Condición de precoz.

precolombino, na adj. Anterior a Cristóbal Colón.

preconizar v. t. Recomendar.

precortesiano, na adj. Anterior a Hernán Cortés en México.

precoz adj. Dícese del fruto que madura temprano, inmaduro. ‖ *Fig.* Que muestra más talento o habilidad de lo que corresponde a sus años: *niño precoz*. ‖ Que sucede antes de lo acostumbrado: *invierno precoz*.

precursor, ra adj. y s. Que precede o va delante.

predador, ra adj. Depredador.

predatorio, ria adj. Relativo al robo.

predecesor, ra m y f. Antecesor.

predecir v. t. Anunciar antes.

predestinación f. Destinación anterior de algo.

predestinado, da adj. y s. *Teol.* Destinado por Dios desde la eternidad para lograr la gloria. ‖ Que tiene que actuar en algo ya sabido.

predestinar v. t. Destinar anticipadamente para un fin. ‖ Destinar y elegir Dios a los que han de alcanzar la salvación.

predeterminar v. t. Determinar con anticipación una cosa.

prédica f. Sermón.

predicación f. Sermón.

predicado m. Lo que se afirma del sujeto en una proposición filosófica. || *Gram.* Aquello que se dice del sujeto en una oración.

predicador, ra adj. y s. Que predica. || — M. Santateresa, insecto.

predicamento m. Autoridad.

predicar v.t.e i. Pronunciar un sermón. || *Fig.* Amonestar.

predicción f. Presagio.

predilección f. Preferencia.

predilecto, ta adj. Preferido.

predio m. Finca. || Edificio.

predisponer v. t. Disponer anticipadamente algunas cosas o preparar el ánimo para un fin. || Inclinar a favor o en contra de algo o alguien (ú. t. c. i.).

predisposición f. Inclinación, propensión, aptitud. || Tendencia a adquirir ciertas enfermedades.

predispuesto, ta adj. Dispuesto de antemano.

predominante adj. Que predomina.

predominar v. t. e i. Dominar.

predominio m. Dominio.

preeminencia f. Privilegio, prerrogativa. || Superioridad, supremacía.

preeminente adj. Superior.

preescolar adj. Anterior a la enseñanza primaria.

preexistencia f. Existencia anterior.

preexistir v. i. Existir antes.

prefabricación f. Sistema de construcción que permite ejecutar ciertas obras valiéndose de elementos hechos de antemano que se unen entre sí siguiendo un plan establecido.

prefabricado, da adj. Dícese de un elemento de construcción que no se fabrica en la obra y que se monta después en ella. || Dícese de una construcción realizada exclusivamente con elementos hechos antes.

prefacio m. Prólogo. || Parte de la misa que precede inmediatamente al canon. || *Fig.* Lo que precede.

prefecto m. Entre los romanos, título de varios jefes militares o civiles. || Nombre de dignidades militares o políticas en diversos países. || *Prefecto apostólico,* eclesiástico que está al frente de una prefectura apostólica.

prefectura f. Dignidad, cargo, territorio y oficina del prefecto. || *Prefectura apostólica,* circunscripción eclesiástica en país de misión, análoga al vicariato apostólico, regida por un prefecto apostólico.

preferencia f. Inclinación hacia alguien o algo que incita a escogerlo entre todo lo demás. || Circunstancia de poseer más derechos.

preferente adj. Que establece una preferencia.

preferible adj. Más ventajoso.

preferido, da adj. y s. Que goza de preferencia.

preferir v. t. Gustar más, estimar más. || Dar primacía.

prefigurar v. t. Representar con anticipación. || — V. pr. Figurarse.

prefijar v. t. Fijar antes.

prefijo m. Partícula antepuesta a ciertas palabras para modificar su sentido añadiendo una idea secundaria. || Número o serie de números que sirven para identificar el lugar de origen o de procedencia de un mensaje telefónico, telegráfico o radiofónico.

pregón m. Anuncio que se hace de una mercancía en la calle y a gritos. || Anuncio que se hace todavía en ciertos pueblos, por medio de los pregoneros, de una orden o comunicación del ayuntamiento. || Discurso literario pronunciado por alguien para inaugurar ciertas fiestas.

pregonar v. t. Anunciar algo por medio de un pregón. || *Fig.* Decir algo para que lo sepa todo el mundo.

pregonero, ra adj. y s. Divulgador indiscreto de noticias. || — M. y f. Persona empleada en un ayuntamiento que anuncia los pregones.

pregunta f. Proposición que uno formula para que otro le responda.

preguntar v. t. Hacer uno preguntas. || Exponer en forma de interrogación una duda. || Examinar, interrogar: *preguntar a un candidato.* || — V. pr. Dudar de algo.

prehispánico, ca adj. Anterior a la conquista en los países que estuvieron bajo dominio español.

prehistoria f. Parte de la historia que estudia el período anterior a la existencia de documentos escritos.

prehistórico, ca adj. Anterior a los tiempos históricos.

preincaico, ca adj. Anterior a la dominación incaica.

prejuicio m. Actitud discriminatoria hacia personas de otra clase social o de otra raza: *prejuicio racial.* || Opinión preconcebida.

prejuzgar v. t. Juzgar las cosas antes del tiempo oportuno.

prelación f. Anterioridad.

prelado m. Superior eclesiástico.

prelatura f. Dignidad de prelado.

preliminar adj. Que sirve de antecedente, preámbulo.

preludiar v. t. Preparar, iniciar.

preludio m. Lo que precede o sirve de entrada o preparación.

prematuro, ra adj. Hecho antes de tiempo. || Dícese del niño que nace, viable, antes del término del embarazo (ú. t. c. s.).

premeditación f. Acción de premeditar. || Circunstancia agravante de la responsabilidad criminal.

premeditado, da adj. Realizado con premeditación.

premeditar v. t. Pensar, planear una cosa antes de ejecutarla.

premiado, da adj. y s. Que ha ganado un premio.

premiar v. t. Galardonar.

premier m. (pal. ingl.). Primer ministro británico.

premio m. Recompensa o galardón por algún mérito. || Lote sorteado en la lotería.

premiosidad f. Falta de soltura al hablar o escribir. || Calma, lentitud.

premioso, sa adj. Lento.

premisa f. Cada una de las dos primeras proposiciones del silogismo, de donde se saca la conclusión. || *Fig.* Fundamento, base.

premolar adj. Dícese de las muelas situadas antes de los molares (ú. t. c. s. m.).

premonición f. Presentimiento.

premonitor, ra adj. Que renuncia.

premonitorio, ria adj. Dícese del síntoma precursor.

premunir v. t. *Amer.* Proveer de algo como prevención para un fin (ú. t. c. pr.).

premura f. Apremio, urgencia: *pedir algo con premura.* || Escasez.

prenatal adj. Antes de nacer.

prenda f. Lo que se da en garantía de una obligación. || Cualquiera de las alhajas, muebles o enseres de uso doméstico. || Cualquiera de las partes que componen el vestido y calzado: *prenda de abrigo.* ||*Fig.* Cosa que sirve de prueba a una cosa. | Lo que se ama intensamente, como mujer, hijos, etc. | Cualidad, virtud, perfección moral de una persona: *mujer de muchas prendas.* || *En prenda,* en fianza.

prendar v. t. Enamorar (ú. t. c. pr.).

prender v. t. Asir, agarrar, sujetar una cosa. || Apresar a una persona metiéndola en la cárcel. || Enganchar: *prender un clavel en el pelo.* || *Prender fuego,* incendiar; (Amer.) encender. || — V. i. Arraigar una planta. || Empezar a arder la lumbre. || Comunicarse el fuego. || Surtir efecto la vacuna. || *Fig.* Propagarse: *doctrina que prendió en la juventud.* || — V. pr. Encenderse.

prendimiento m. Captura.

prensa f. Máquina que sirve para comprimir. || *Fig.* Imprenta. | Conjunto de las publicaciones periódicas.

prensado m. Acción de prensar.

prensar v. t. Apretar en la prensa. || Estrujar la uva, etc.

prensor, ra adj. Aplícase a ciertas aves con pico robusto como el guacamayo, el loro. || — F. pl. Orden de estas aves.

preñado, da adj. Dícese de la mujer o hembra fecundada (ú. t. c. s. f.). || *Fig.* Lleno, cargado.

preñar v. t. Embarazar a una mujer. || *Fig.* Llenar, henchir.

preocupación f. Inquietud.

preocupado, da adj. Inquieto.

preocupar v. t. *Fig.* Ocupar el ánimo de uno algún temor, sospecha, etc: *la salud de su hijo le preocupa.* | Dar importancia: *no le preocupa lo que digan los demás.* || — V. pr. Estar prevenido en favor o en contra de una persona o cosa. || Inquietarse: *no preocuparse por nada.* || Tener cuidado, prestar atención: *no me preocupo más del asunto.* || Encargarse: *preocúpese de que cumplan las órdenes.*

preparación f. Acción de preparar o prepararse. || Cosa preparada. | Conjunto de conocimientos: *tiene preparación científica.* || Aquello que se examina en el microscopio. || Preparado farmacéutico.

preparado m. Medicamento.

preparador, ra adj. y s. Que prepara. || — M. y f. Entrenador.

preparar v. t. Disponer algo para un fin. || Prevenir a uno para una acción: *preparar los ánimos.* || Poner en estado: *preparar un piso.* || Estudiar una materia: *preparar el bachillerato.* ||Dar clase: *me preparó para la oposición.* || Tramar, organizar: *preparar un complot.* || *Quím.* Hacer las operaciones necesarias para obtener un producto. || — V. pr. Disponerse para realizar una cosa: *prepararse para un examen, para un viaje.* || Existir síntomas: *se prepara una tormenta.*

preparativo, va adj. Preparatorio. || — M. Cosa preparada.

preparatorio, ria adj. Que prepara. || — M. Curso escolar que existe antes de ingresar en ciertas carreras.

preponderancia f. Importancia mayor de una cosa respecto de otra.

preponderante adj. Que tiene más importancia.

preponderar v. i. Predominar.

preposición f. *Gram.* Parte invariable de la oración que indica la relación entre dos palabras: *las preposiciones españolas son a, ante, bajo, cabe, con, contra, de, desde, en, entre, hacia, hasta, para, por, según, sin, so, sobre, tras.*

prepósito m. Superior de una comunidad o junta.

prepotencia f. Mayor poder.

prepotente adj. Muy poderoso.

prepucio m. Piel del bálano.

prerrogativa f. Privilegio anexo a una dignidad o cargo.

presa f. Acción de prender o tomar una cosa. || Cosa apresada, botín: *presa de guerra; presa de caza.* || Muro o dique construido a través de un río con objeto de regular su caudal o embalsar agua aprovecharla para el riego o la producción de fuerza hidráulica. || Llave en la lucha para inmovilizar al contrario. || *De presa,* rapaz (ave).

presagiar v. t. Predecir, prever.

presagio m. Conjetura.

presbicia f. Mala visión de cerca.

présbita y **présbite** adj. y s. Que adolece de presbicia.

presbiteriano, na adj. Dícese del protestante ortodoxo en Inglaterra, Escocia y Estados Unidos (ú. t. c. s.).

presbiterio m. Área del altar mayor hasta el pie de las gradas.

presbítero m. Sacerdote.

prescindir v. i. Hacer caso omiso.

prescribir v. t. Preceptuar, ordenar, mandar una cosa. || Recetar el médico. || *For.* Adquirir la propiedad de una cosa por prescripción. | Caducar un derecho por haber transcurrido el tiempo señalado por la ley.

prescripción f. Acción y efecto de prescribir. || *For.* Modo de adquirir la propiedad de una cosa por haberla poseído durante el tiempo fijado por las leyes. || *Prescripción facultativa,* receta del médico.

prescrito, ta adj. Señalado.

preselección f. Selección previa.

presencia f. Acción de estar presente. || Asistencia personal: *hacer acto de presencia.* || Aspecto exterior: *persona de buena presencia.* || *— En presencia de,* delante de. || *Presencia de ánimo,* serenidad.

presenciar v. t. Estar presente.

presenil adj. Dícese de los signos de vejez aparecidos antes de la senectud.

presentación f. Acción de pesentar, exhibición. || Aspecto: *una presentación impecable.* || Acción de trabar conocimiento, por medio de alguien, con otra persona. || Arte de representar con propiedad y perfección: *presentación de una ópera.* || *Amer.* Demanda, súplica.

presentador, ra adj. y s. Dícese de la persona que presenta. || — M. y f. Persona que en las emisiones de radio o televisión presenta o comenta.

presentar v.t. Mostrar, poner algo para que sea visto: *presentar los modelos de la colección.* || Exhibir ante el público: *presentar una película.* ||Hacer conocer una persona a otra: *le presenté a mi hermana.* ||Proponer para un cargo: *presentaron su* candidatura. || Dar: *le presentó sus disculpas.* || Ofrecer a la vista: *presentaba un aspecto agradable.* || Explicar, hacer ver: *presenta sus doctrinas de modo hábil.* || Mil.Poner las armas para rendir honores. || Tener: *el problema presenta dificultades.* || Tener cierto aspecto: *la llaga presentaba pocos síntomas de cicatrización.* || Poner ante alguien: *le presenté una bandeja con diferentes licores.* || Hacer: *presentó una solicitud.* || Librar: *el ejército presentó batalla.* || – V. pr. Llegar a un lugar: *se presentaron en mi casa.* || Aparecer: *presentarse un obstáculo.* || Tener cierto aspecto: *el porvenir se presenta amenazador.* || Comparecer: *presentarse ante sus jefes.* || Acudir: *se presentó ante los jueces.* || Sufrir: *no se presentó al examen.* || Visitar: *preséntate a él de mi parte.*

presente adj. Que se encuentra en persona en un lugar: *presente en una reunión* (ú. t. c. s.). || Actual: *el día presente.* || Que está ante la vista: *la presente carta.* || Que está constantemente en la memoria. || *Gram.* Dícese del tiempo en que la acción del verbo ocurre en el momento actual (ú. t. c. s. m.). || – M. Época actual: *pensar en el presente.* || Regalo: *recibir muchos presentes.*

presentimiento m. Presagio.

presentir v. t. Prever.

preservación f. Acción de preservar.

preservar v. t. Poner a cubierto anticipadamente a una persona o cosa de algún daño o peligro (ú. t. c. pr.).

preservativo, va adj. Que preserva. || – M. Anticonceptivo masculino.

presidencia f. Dignidad o cargo de presidente. || Acción de presidir: *ejercer la presidencia.* || Sitio que ocupa el presidente. || Edificio en que reside el presidente. || Tiempo que dura el cargo.

presidencial adj. Relativo a la presidencia.

presidencialismo m. Sistema de gobierno en que el presidente de la República es también jefe de Gobierno o del Poder ejecutivo.

presidencialista adj. Relativo al presidencialismo. || Partidario de este sistema de gobierno (ú. t. c. s.).

presidente, ta m. y f. Persona que preside. || Cabeza o superior de un consejo, tribunal, junta, etc. || En las repúblicas, jefe electivo del Estado.

presidiario m. Condenado a presidio.

presidio m. Cárcel, prisión.

presidir v. t. Ocupar el primer puesto en un Estado, junta, asamblea, consejo o tribunal. || Predominar.

presidium m. Presidencia del Consejo Supremo de los Soviets en la U.R.S.S.

presilla f. Cordón que sirve de ojal. || Entre sastres, punto de ojal.

presión f. Acción de apretar o comprimir. || *Fig.* Coacción o violencia que se ejerce sobre una persona. || *Fís.* Cociente de la fuerza ejercida por un fluido sobre determinada superficie y esta misma superficie. || *Presión atmosférica,* la que el aire ejerce al nivel del suelo y que se mide con el barómetro. || *Presión arterial,* la producida por la sangre en la pared de las arterias.

presionar v. t. Hacer presión.

preso, sa adj. y s. En prisión.

presonorización f. Grabacion del sonido antes de impresionar la imagen.

presonorizar v. t. Grabar el sonido antes de impresionar la imagen.

prestación f. Acción de prestar. || Renta o tributo: *prestación por maternidad.* || Servicio exigible por la ley. || Obligación de hacer algo: *prestación de juramento.* || Acción y efecto de prestar un servicio, ayuda, etc.

prestamista com. Persona que presta dinero.

préstamo m. Acto de prestar o tomar prestado. || Lo prestado.

prestancia f. Distinción.

prestar v. t. Entregar algo a uno con obligación de restituirlo: *le presté diez mil pesetas.* || Contribuir al logro de una cosa: *prestar ayuda.* || Dar: *prestar alegría.* || – *Prestar atención,* estar muy atento. || *Prestar auxilio o socorro,* auxiliar. || – V. pr. Avenirse a algo. || Acceder, consentir. || Dar lugar a: *esto se presta a errores.*

presteza f. Prontitud.

prestidigitación f. Arte de hacer juegos de manos.

prestidigitador, ra m. y f. Persona que hace juegos de manos.

prestigio m. Buena fama.

prestigioso, sa adj. Con prestigio.

presto, ta adj. Dispuesto.

presumido, da adj. y s. Que presume.

presumir v. t. Suponer. || – V. i. Vanagloriarse, alardear.

presunción f. Engreimiento, vanagloria. || Suposición.

presunto, ta adj. Supuesto.

presuntuoso, sa adj. Lleno de presunción y orgullo (ú. t. c. s.).

presuponer v. t. Dar por supuesto.

presupuestar v. t. Hacer un presupuesto. || Incluir en un presupuesto.

presupuestario, ria adj. Relativo al presupuesto.

presupuesto m. Cálculo anticipado del gasto o del coste de una cosa. || Cálculo de los gastos e ingresos de una colectividad o Estado. || Suposición.

presurizar v. t. Mantener una presión normal en el interior de un avión que vuela a mucha altura en atmósfera enrarecida.

prêt-à-porter m. (pal. fr.). Ropa hecha o de confección.

pretencioso, sa adj. Presumido, presuntuoso (ú. t. c. s.).

pretender v. t. Solicitar una cosa: *pretender un cargo.* || Procurar, intentar, tratar de. || Asegurar algo que no es demasiado cierto: *pretender haber sido el primero.* || Cortejar a una mujer para casarse con ella.

pretendienta f. La que aspira o solicita del mismo modo que un pretendiente.

pretendiente adj. y s. Aspirante, persona que pretende o solicita algo. || Aplícase al hombre que corteja a una mujer con idea de casarse con ella.

pretensado m. Acción y efecto de pretensar.

pretensar v. t. Someter un material a una presión permanente en sentido opuesto a la que tendrá que soportar a causa de las cargas que se le apliquen posteriormente.

pretensión f. Reclamación de un derecho, reivindicación. || Precio pedido por un trabajo, por un objeto en venta. || Intención, designio.

preterir v. t. Prescindir, excluir.

pretérito, ta adj. Pasado: *acontecimiento pretérito*. || — M. *Gram.* Tiempo verbal que indica que una acción se verificó en el pasado. || — *Pretérito anterior*, el que enuncia una acción inmediatamente anterior a otra pasada *(se fue cuando hubo terminado)*. || *Pretérito imperfecto*, el que expresa que una acción pasada y no terminada se realiza al mismo tiempo que otra igualmente pasada *(el día que me marché, llovía)*. || *Pretérito indefinido*, el que indica que la acción enunciada es anterior al momento presente sin precisar si está o no acabada *(ayer recorrí toda la ciudad)*. || *Pretérito perfecto*, el que expresa que una acción acaba de verificarse en el momento en que se habla *(no me lo ha dicho)*. || *Pretérito pluscuamperfecto*, el que indica que una acción ya se había verificado cuando se efectuó otra *(había terminado mi trabajo)*.

pretextar v. t. Utilizar un pretexto: *pretextar una dolencia.*

pretexto m. Motivo o causa simulada para excusarse de hacer algo.

pretil m. Antepecho.

pretor m. Magistrado que ejercía funciones judiciales en Roma.

preuniversitario, ria adj. Dícese de las enseñanzas preparatorias para ingresar en la Universidad. || — M. Estas enseñanzas.

prevalecer v. i. Predominar.

prevaler v. i. Prevalecer. || — V. pr. Valerse.

prevaricación f. Acción del que falta a las obligaciones de su cargo.

prevaricador, ra adj. y s. Que prevarica.

prevaricar v. i. Cometer una infracción en los deberes.

prevención f. Precaución. || Conjunto de medidas tomadas con vistas a evitar accidentes de la circulación o del trabajo, enfermedades profesionales, propagación de epidemias, deterioro de la asistencia sanitaria. || Desconfianza. || Prejuicio, opinión desfavorable. || Puesto de policía. || Detención de un reo antes del juicio.

prevenido, da adj. Dispuesto para una cosa. || Prudente.

prevenir v. t. Preparar, disponer con anticipación. || Precaver, evitar: *prevenir una enfermedad.* || Prever, conocer de antemano: *prevenir una dificultad.* || Advertir, informar, avisar: *prevenir a la autoridad.* || Predisponer, inclinar el ánimo a alguien a favor o en contra de algo. || — V. pr. Prepararse con lo necesario. || Precaverse, tomar precauciones.

preventivo, va adj. Que previene. || Dícese de la prisión que sufre el procesado mientras dura la sustanciación o celebración de un juicio.

preventorio m. Hospital en el que se cuidan preventivamente ciertas enfermedades.

prever v. t. Pensar de antemano.

previo, via adj. Anticipado.

previsible adj. Que puede preverse.

previsión f. Acción de prever. || Lo que se prevé.

previsor, ra adj. y s. Que prevé.

previsto, ta adj. Sabido antes.

prez amb. Honor.

prima f. Cantidad pagada por un asegurado a la compañía aseguradora. || Cantidad de dinero pagada a un obrero o empleado, además de su sueldo normal, para reembolsarlo de ciertos gastos o para

que participe en los beneficios de la producción. || Subvención dada por el Estado a una persona que construye una vivienda o realiza otra cosa de interés público: *prima de exportación.* || Dinero que se da a un jugador deportivo o a cualquier otra persona para recompensar un rendimiento excepcional. || Cuerda más aguda de la guitarra o de los otros instrumentos.

primacía f. Preeminencia.

primada f. *Fam.* Tontería.

primado, da adj. Dícese del obispo más antiguo de una nación (ú. t. c. s. m.). || Del primado.

primario, ria adj. Primordial, básico, fundamental: *necesidad primaria.* || Relativo al grado elemental de instrucción: *enseñanza primaria* (ú. t. c. s. f.). || Aplícase a los colores rojo, amarillo y azul. || *Fam.* Que tiene poca cultura o conocimientos. || Dícese del sector de actividades económicas de producción de materias primas, principalmente de la agricultura y de las industrias extractoras.

primate m. Orden de mamíferos superiores que comprende principalmente a los monos (ú. t. c. adj.).

primavera f. Estación del año que corresponde en el hemisferio boreal a los meses de marzo, abril y mayo, y en el austral a los de octubre, noviembre y diciembre. || *Fig.* Incauto, simple, cándido.

primaveral adj. De la primavera.

primer adj. Apócope de *primero.*

primero, ra adj. Que precede a los demás en el tiempo, en el lugar, en el orden: *primera prueba de imprenta* (ú. t. c. s.). || Refiriéndose a cosas, que tienen más importancia, más valor: *ganar la primera prueba.* || Que es más esencial, más necesario, más urgente: *primeras disposiciones.* || Que señala el comienzo: *primeras nociones de una ciencia.* || — M. Piso que está después del entresuelo. || *Primer* año de estudios. || — F. La menor de las velocidades de un automóvil. || Clase mejor en los ferrocarriles, buques y aviones. || — Adv. Ante todo, en primer lugar: *le digo primero que no se marche.* || Antes, más bien: *primero morir que vivir en la esclavitud.* || Antes: *llegué primero.* || *De primera,* muy bien, excelentemente.

primicias f. pl. Primeros frutos de la tierra. || Primeros productos.

primitivismo m. Calidad de primitivo, de los pueblos primitivos. || *Fig.* Calidad de poco evolucionado. | Tosquedad, rudeza. || Carácter del arte o de la literatura primitivos. || Imitación de lo primitivo en arte.

primitivo, va adj. Primero en su línea, o que no tiene ni toma origen en otra cosa. || Dícese de los colores principales del espectro solar (violeta, índigo, azul, verde, amarillo, anaranjado, rojo). || Dícese del hombre o de las sociedades humanas que no siguen la pauta trazada por los países desarrollados y que han construido sucesivamente características propias (ú. t. c. s.). || Dícese de la palabra que no se deriva de otra de la misma lengua. || *Fig.* Rudimentario, poco evolucionado.

primo, ma adj. Primero. || — *Materias primas,* productos naturales que no han sido aún labrados o manufacturados. || *Número primo,* el que es sólo divisible por sí mismo y por la unidad. || — M. y f. Hijo o hija del tío o tía. || *Fig.* Tonto. || — Adv. En primer lugar.

primogénito, ta adj. y s. Dícese del hijo que nace primero.

primogenitura f. Condición o derecho de primogénito.

primor m. Cuidado, esmero. || Belleza: *esta chica es un primor.*

primordial adj. Fundamental.

primoroso, sa adj. Esmerado.

princeps adj. (pal. lat.). Príncipe, primera edición de una obra.

princesa f. Mujer del príncipe o hija de él.

principado m. Dignidad de príncipe. || Territorio de un príncipe.

principal adj. Primero en estimación o importancia: *el personaje principal de una obra.* || Esencial o fundamental: *asunto, tema principal.* || Aplícase a la planta que se halla entre la planta baja y el primer piso: *piso principal* (ú. t. c. s. m.).

príncipe adj. Aplícase a la primera edición de un libro: *edición príncipe.* || — M. El primero y el superior en una cosa: *el príncipe de las letras.* || Por antonomasia, primogénito del rey, heredero de su corona. || Individuo de familia real o imperial: *príncipe de sangre.* || Soberano de un Estado: *el príncipe de Liechtenstein.* || Título nobiliario que dan los reyes. || — *Príncipe Azul,* personaje de los cuentos de hadas. || *Príncipe de Asturias,* heredero al trono de España.

principiante, ta adj. y s. Que empieza.

principiar v. t. e i. Comenzar.

principio m. Primera parte de una cosa o acción, comienzo: *el principio del mes.* || Causa primera, origen. || Base, fundamento: *los principios de la moral.* || Rudimento: *principios de metafísica.* || Regla de conducta, norma de acción: *hombre sin principios.* || Plato que se sirve entre el primero y los postres. || *Fís.* Ley general cuyas consecuencias rigen toda una parte de la física: *el principio de Arquímedes.*

pringar v. t. Empapar con pringue. || Ensuciar con grasa o pringue (ú. t. c. pr.). || *Fig.* y *fam.* Comprometer, hacer intervenir a alguien en un asunto. || — V. i. *Fam.* Trabajar denodadamente. | Sacar provechos ilícitos en un negocio (ú. t. c. pr.).

pringoso, sa adj. Grasiento.

pringue f. Grasa. || Suciedad.

prior, ra m. y f. Superior de algunas comunidades religiosas.

priorato m. Dignidad de prior. || Su jurisdicción.

priori (a) loc. lat. V. A PRIORI.

prioridad f. Preferencia.

prisa f. Apresuramiento, prontitud, rapidez: *trabajar con prisa.* || Apremio, precipitación: *días de prisa.* || — *A* (o de) *prisa,* con prontitud. || *Correr prisa,* ser urgente. || *Darse prisa,* apresurarse. || *De prisa y corriendo,* con rapidez.

prisión f. Cárcel. || Estado del que está preso.

prisionero, ra adj. y s. Dícese de la persona detenida en prisión o detenida por cualquier enemigo.

prisma m. Cuerpo geométrico limitado por dos polígonos paralelos e iguales, llamados *bases,* y por tantos paralelogramos como lados tenga cada base. || Sólido triángular de materia transparente que desvía y descompone los rayos luminosos. || *Fig.* Lo que nos deslumbra y nos hace ver las cosas diferentes de lo que son.

prismático, ca adj. De forma de prisma. || — M. pl. Anteojos.

prístino, na adj. Puro.

privación f. Hecho de ser privado o de privarse de algo.

privado, da adj. Que no es público. || Particular, personal: *mi domicilio privado.* || — M. Hombre que goza de la confianza de un gobernante, favorito.

privanza f. Situación del privado.

privar v. t. Quitar o rehusar a uno la posesión, el goce de algo: *le privaron de sus bienes.* || Quitar a una cosa todas o parte de sus propiedades características. || Impedir: *no le prives de ver a sus amigos.* || Gustar mucho. || Estar en boga, de moda: *en la colección privan los trajes ajustados.* || — V. pr. Dejar o abandonar voluntariamente algo: *se priva de todo.*

privativo, va adj. Propio de una cosa o persona y no de otras.

privatización f. Acción de privatizar.

privatizar v. t. Dar carácter privado a lo que antes era estatal.

privilegiar v. t. Favorecer.

privilegio m. Ventaja o excepción especial que se concede a uno.

pro m. Provecho. || — *El pro* y *el contra,* lo favorable y lo adverso. || *En pro,* en favor. || *Hombre de pro,* hombre de bien. || *For. Pro indiviso,* aplícase a los bienes que se poseen en común. || *Pro forma,* dícese de las facturas o recibos hechos para justificar una operación posterior.

proa f. Parte delantera de un barco, de un avión, de otros vehículos.

probabilidad f. Calidad de probable.

probable adj. Que es fácil que ocurra, verosímil.

probado, da adj. Acreditado.

probador, ra adj. y s. Que prueba. || — M. Sala donde los clientes se prueban los trajes.

probar v. t. Demostrar indudablemente la certeza de un hecho o la verdad de una afirmación: *probar lo que se dice.* || Indicar: *eso prueba tu malestar.* || Experimentar las cualidades de una persona, animal o cosa: *probar un método.* || Poner para ver si tiene la medida o proporción adecuada: *probar un traje.* || Gustar un manjar: *probar la salsa.* || — V. i. Intentar, tratar de hacer algo: *probó a levantarse y no pudo* (ú. t. c. t.). || — V. pr. Ver si una prenda sienta bien: *probarse un vestido.*

probeta f. Tubo de cristal.

problema m. Cuestión o proposición dudosa que se trata de aclarar: *resolver un problema.* || Cosa difícil de explicar: *un problema complicado.* || Cosa que presenta una dificultad: *los problemas económicos.* || *Mat.* Proposición dirigida a averiguar el modo de obtener un resultado conociendo ciertos datos.

problemático, ca adj. Dudoso, incierto. || — F. Serie de problemas que se estudian sobre un asunto.

probo, ba adj. Íntegro, recto.

proboscidio adj. y s. m. Dícese de los mamíferos ungulados con trompa prensil, como el elefante. || — M. pl. Orden que forman.

procacidad f. Indecencia.

procaz adj. Descarado.

procedencia f. Origen de una cosa. || Conformidad con la moral, la razón y el derecho.

procedente adj. Que procede, dimana o trae su origen de una persona o cosa. || Que llega a un sitio: *Tren procedente de Burgos.* ‖ Conforme a derecho, mandato o conveniencia.

proceder m. Comportamiento.

proceder v. i. Derivarse, tener su origen una cosa en otra: *esta palabra procede del latín.* ‖ Tener su origen: *los que proceden de España.* ‖ Obrar con cierto orden: *proceder con método.* ‖ Conducirse bien o mal una persona: *proceder con corrección.* ‖ Empezar a ejecutar una cosa: *proceder a la elección del presidente.* ‖ Convenir: *procede tomar otro rumbo.* ‖ Ser sensato, pertinente. ‖ *For.* Ser conforme a derecho. ‖ *Proceder contra uno,* iniciar procedimiento judicial contra él.

procedimiento m. Manera de hacer o método práctico para hacer algo. ‖ Manera de seguir una instancia en justicia: *ley de procedimiento civil.*

prócer adj. Ilustre, eminente. ‖ — M. Hombre ilustre.

procesado, da adj. Sometido a un proceso judicial (ú. t. c. s.).

procesador m. Elemento de un ordenador capaz de efectuar el tratamiento completo de una serie de datos.

procesal adj. Relativo al proceso. ‖ M. Derecho procesal, es decir, conjunto de leyes que ordena el desarrollo de un proceso judicial.

procesamiento m. Acción y efecto de procesar. ‖ En informática, tratamiento de la información.

procesar v. t. Enjuiciar, someter a un proceso judicial. ‖ Someter una cosa a un proceso de elaboración, transformación, etc. ‖ Tratar la información por medio de un ordenador o computadora.

procesión f. Marcha ordenada de un grupo de personas.

proceso m. Progreso, curso del tiempo. ‖ Conjunto de las fases de un fenómeno en evolución: *proceso de una enfermedad.* ‖ Procedimiento: *proceso de fabricación.* ‖ *For.* Conjunto de los autos y escritos de una causa criminal o civil. ‖ Causa criminal, juicio: *proceso por robo.* ‖ En informática, procesamiento.

proclamación f. Publicación solemne de un decreto, bando o ley. ‖ Conjunto de ceremonias públicas con que se inaugura un régimen.

proclamar v. t. Publicar en alta voz una cosa para que sea conocida por todos. ‖ Dar a conocer públicamente por un acto oficial. ‖ Declarar solemnemente el principio de un reinado, república, etc. ‖ Reconocer públicamente: *proclamar los principios democráticos.* ‖ Aclamar: *proclamar un campeón.* ‖ *Fig.* Dar señales de una pasión: *proclamar sus ideas.* ‖ Mostrar: *esto proclama la verdad.* ‖ — V. pr. Declararse uno investido de un cargo, autoridad o mérito.

proclive adj. Propenso.

procónsul m. Gobernador de una provincia entre los romanos.

procreación f. Acción de procrear.

procrear v. t. Engendrar.

procuración f. Poder dado a otro para que éste obre en nombre de aquél. ‖ Cargo y oficina del procurador.

procurador, ra adj. y s. Que procura. ‖ — M. y f. Persona que, con habilitación legal, representa en juicio a cada una de las partes. ‖ *Procurador de* (o *a* o *en*) *Cortes,* persona designada para asistir a las Cortes.

procurar v. t. Hacer diligencias y esfuerzos para conseguir lo que se desea. ‖ Proporcionar, facilitar: *le ha procurado un piso muy bueno.* ‖ — V. pr. Conseguir.

prodigalidad f. Derroche, gasto excesivo. ‖ Abundancia.

prodigar v. t. Derrochar, malgastar: *prodigar el caudal.* ‖ Dar con profusión y abundancia. ‖ *Fig.* Dispersar profusa y repetidamente: *prodigar favores.* ‖ — V. pr. Excederse en la exhibición personal.

prodigio m. Suceso extraordinario.

prodigioso, sa adj. Extraordinario.

pródigo, ga adj. y s. Despilfarrador. ‖ Generoso. ‖ *Hijo pródigo,* el que regresa a su familia después de una larga ausencia y de haber llevado una vida irregular.

producción f. Acción de producir. ‖ Cosa producida. ‖ Organismo que facilita el capital para asegurar la realización de una película cinematográfica.

producir v. t. Dar: *árbol que produce muchos frutos.* ‖ Hacer, realizar: *producir obras artísticas.* ‖ Fabricar. ‖ Hacer ganar, dar beneficios: *su negocio le produce mucho.* ‖ Causar: *producir alegría.* ‖ Ocasionar, originar: *la guerra produce grandes males.* ‖ Financiar una película cinematográfica. ‖ Generar, dar lugar: *producir un cierto malestar.*

productividad f. Facultad de producir. ‖ Cantidad producida teniendo en cuenta el trabajo efectuado o el capital invertido.

productivo, va adj. Que produce.

producto m. Lo que crea cualquier actividad de la naturaleza, del hombre: *producto de la tierra.* ‖ Resultado de una operación: *los productos de la destilación del petróleo.* ‖ Riqueza, cosa material a la que el hombre le ha dado valor por medio del trabajo. ‖ *Mat.* Resultado de la multiplicación. ‖ Sustancia destinada al cuidado de algo: *producto de limpieza.* ‖ *Fig.* Creación: *producto clásico de la época moderna.* ‖ — *Producto interior,* suma de todos los bienes y servicios producidos en un país durante un cierto período de tiempo, de modo general un año. ‖ *Producto interior bruto,* valor de coste total de la producción al cual se suman los impuestos indirectos y se restan los subsidios. ‖ *Producto interior neto,* el producto interior bruto una vez deducidas las amortizaciones. ‖ *Producto manufacturado,* el obtenido después de la transformación de la materia prima. ‖ *Producto nacional,* el interior una vez que se ha desquitado la parte correspondiente a los factores productivos extranjeros. ‖ *Producto nacional bruto,* conjunto de la producción global de un país y de las compras hechas por éste en el mercado exterior durante el año considerado. ‖ *Producto semimanufacturado,* el que sólo ha sufrido una transformación parcial y no está aún preparado para el consumo.

productor, ra adj. y s. Dícese de lo que produce. ‖ Obrero, trabajador: *las clases productoras.* ‖ — M. y f. Persona que tiene la responsabilidad económica de la realización de una película cinematográfica.

proemio m. Prólogo, exordio.

proeza f. Hazaña.

profanación f. Acción de profanar.

profanador, ra adj. y s. Que profana.

profanamiento m. Profanación.

profanar v. t. Tratar sin respeto las cosas sagradas. || *Fig.* Deshonrar.

profano, na adj. Que no es sagrado. || Ignorante (ú. t. c. s.).

profecía f. Predicción.

proferir v. t. Decir.

profesar v. t. Ejercer: *profesar la medicina.* || Tener un sentimiento o creencia: *profesar una doctrina.* || — V.i. Hacer votos en una orden religiosa.

profesión f. Empleo u oficio.

profesional adj. Relativo a la profesión. || — Com. Aplícase al que realiza su trabajo mediante retribución.

profesionalismo m. Ejercicio de una profesión como medio de lucro.

profesionalizar v. t. Ejercer habitualmente cualquier actividad.

profesionista com. *Méx.* Profesional.

profesor, ra m. y f. Persona que enseña.

profesorado m. Cargo de profesor. || Cuerpo de profesores.

profesoral adj. Del profesor.

profeta m. Persona que predice el futuro.

profético, ca adj. Relativo a la profecía o al profeta.

profetisa f. Mujer que profetiza.

profetizar v. t. Predecir.

profiláctico, ca adj. Relativo a la profilaxis. || — F. Profilaxis.

profilaxis f. Conjunto de medidas para evitar las enfermedades.

pro forma loc. lat. Para cumplir una formalidad, es decir factura, recibo, etc., en los que se justifican las operaciones posteriores a la fecha de los estados de cuenta en que figura.

prófugo, ga adj. Dícese del que huye de la justicia o de la autoridad o que elude el servicio militar (ú. t. c. s. m.).

profundidad f. Distancia que media entre el fondo y la superficie, hondura. || Una de las tres dimensiones de un cuerpo; las otras son *longitud* y *anchura.* || *Fig.* Carácter de lo que es profundo.

profundización f. Acción y efecto de profundizar.

profundizar v. t. Ahondar una cosa para que esté más profunda. || *Fig.* Examinar atentamente para llegar a su perfecto conocimiento.

profundo, da adj. Hondo, que tiene el fondo distante del borde: *piscina profunda.* || Que penetra mucho: *corte profundo.* || *Fig.* Grande, muy vivo, intenso: *pesar profundo.* | Difícil de comprender: *enigma profundo.* | Que dice cosas de gran alcance: *escritor profundo.*

profusión f. Gran abundancia.

profuso, sa adj. Muy abundante.

progenie f. Familia.

progenitor, ra m. y f. Pariente en línea recta, ascendiente de una persona. || — Pl. Antepasados; padres.

progenitura f. Progenie.

prognato, ta adj. y s. De mandíbulas salientes.

programa m. Escrito que indica los detalles de un espectáculo, de una ceremonia, etc. || Exposición que fija la línea de conducta que ha de seguirse. || Plan detallado de las materias correspondientes a un curso o a un examen. || Conjunto de instrucciones preparadas de modo que un ordenador, máqui-

na herramienta u otro aparato automático pueda efectuar una sucesión de operaciones determinadas.

programación f. Establecimiento de un programa.

programador, ra adj. y s. Que establece un programa. || — M. Aparato acoplado a un ordenador en el cual se inscribe el programa de las operaciones que la máquina ha de resolver para hallar la solución del problema planteado.

programar v. t. Fijar un programa. || Proyectar: *programar una reforma.* || Descomponer los datos de un problema que ha de efectuar un ordenador en una sucesión de instrucciones codificadas propias para ser interpretadas y ejecutadas por dicha máquina.

progre adj. y s. Progresista.

progresar v. i. Hacer progresos.

progresía f. Conjunto de progres.

progresión f. Acción de avanzar o de proseguir una cosa. || Serie no interrumpida; movimiento progresivo. || — *Progresión aritmética,* serie de números en que los términos consecutivos difieren en una cantidad constante: *1, 3, 5, 7, 9,* etc. || *Progresión geométrica,* serie de números en que cada uno es igual al anterior multiplicado por una cantidad constante: *1, 3, 9, 27, 81, 243,* etc.

progresismo m. Ideas y doctrinas progresistas.

progresista adj. y s. Que tiene ideas políticas y sociales avanzadas.

progresivo, va adj. Que se desarrolla o aumenta gradualmente.

progreso m. Aumento, adelanto.

prohibición f. Acción de prohibir.

prohibido, da adj. Vedado.

prohibir v. t. Vedar o impedir (ú. t. c. pr.).

prohibitivo, va adj. Que prohíbe.

prohijamiento m. Adopción.

prohijar v. t. Adoptar.

proindivisión f. Estado y situación de los bienes *pro indiviso,* es decir, no repartidos entre las diferentes personas que tienen derechos a ellos.

proindiviso, sa o **pro indiviso, sa** adj. Que no se ha repartido.

prójimo m. Cualquier persona respecto de otra. || *Fam.* Persona. || — F. *Fam.* Mujer. | Esposa.

prole f. Descendencia.

prolegómenos m. pl. Introducción.

proletariado m. Clase social de los proletarios.

proletario, ria adj. Relativo a los obreros. || — M. y f. Obrero.

proletarización f. Acción de proletarizar.

proletarizar v. t. Reducir a los productores independientes (agricultores, artesanos, comerciantes, etc.) a la condición de proletarios o trabajadores asalariados.

proliferación f. Multiplicación.

proliferar v. i. Reproducirse.

prolífero, ra adj. Que se multiplica o reproduce.

prolífico, ca adj. Que se reproduce con rapidez. || *Fig.* Que tiene una producción abundante.

prolijo, ja adj. Largo, difuso: *discurso prolijo.* || Muy detallado. || Esmerado.

prologar v. t. Hacer el prólogo. || *Fig.* Servir de preliminar, hacer preceder.

prólogo m. Escrito que antecede a una obra para presentarla al público.

prologuista com. Autor del prólogo.

prolongación f. Acción de prolongar o prolongarse.

prolongamiento m. Prolongación.

prolongar v. t. Alargar (ú. t. c. pr.).

promecio m. Prometio.

promediar v. t. Dividir una cosa en dos partes iguales.

promedio m. Término medio.

promesa f. Expresión de la voluntad de dar a uno o hacer por él algo.

prometedor, ra adj. Que promete.

prometer v. t. Obligarse a hacer, decir o dar alguna cosa. || Augurar, hacer creer: *los viñedos prometen muchas uvas.* || – V. i. Dar muestras de precocidad o aptitud: *este niño promete.* || Tener buenas perspectivas: *negocio que promete.* || – V. pr. Esperar mucho de una cosa: *prometérselas felices.* || Darse palabra de casamiento.

prometido, da m. y f. Futuro esposo.

prometio m. Elemento del grupo de los lantánidos (símb. Pm).

prominencia f. Elevación.

prominente adj. Que sobresale.

promiscuidad f. Mezcla.

promiscuo, cua adj. Mezclado.

promisión f. Promesa. || *Tierra de promisión,* la prometida por Dios al pueblo de Israel.

promoción f. Acción de elevar a una o varias personas a una dignidad o empleo superior. || Conjunto de personas que efectúan los mismos estudios en el mismo establecimiento y durante el mismo período. || Accesión a un nivel de vida superior, a la cultura: *promoción social.* || *Dep.* Partido o liguilla entre los equipos de una división y los de otra inferior para determinar el ascenso de estos últimos. || – *Promoción de ventas,* técnica propia para acrecentar el volumen de negocios de una empresa por medio de una red de distribución. || *Promoción inmobiliaria,* actividad económica consistente en financiar la construcción o renovación de edificios y poner éstos en venta.

promocionar v. t. Acrecentar la venta de un producto. || Elevar a un empleo superior. || Favorecer el desarrollo.

promontorio m. Altura de tierra que avanza dentro del mar.

promotor, ra adj. y s. Que promueve, da impulso a una cosa. || Que se compromete a construir uno o varios edificios en el marco de una operación de promoción.

promovedor, ra adj. y s. Promotor.

promover v. t. Iniciar, dar impulso a una cosa. || Ascender a uno a una dignidad superior. || Ocasionar.

promulgación f. Acción y efecto de promulgar.

promulgar v. t. Publicar una cosa solemnemente.

pronación f. Movimiento de rotación de la mano hacia dentro.

pronador, ra adj. Que efectúa un movimiento de pronación (ú. t. c. s. m.): *músculo pronador.*

pronombre m. Parte de la oración que sustituye al nombre.

pronominal adj. *Gram.* Dícese del verbo cuya acción recae en el mismo sujeto que la ejecuta, como *atreverse, quedarse,* etc. | Relativo al pronombre: *forma pronominal.*

pronosticador, ra adj. y s. Que pronostica o presagia.

pronosticar v. t. Conocer o conjeturar lo futuro.

pronóstico m. Señal por la que se conjetura una cosa futura. || Juicio que da el médico respecto a una enfermedad.

prontitud f. Celeridad en ejecutar una cosa. || Viveza de ingenio.

pronto, ta adj. Veloz, rápido: *pronto en enfadarse.* || Listo, dispuesto, preparado: *estar pronto para el viaje.* || – M. *Fam.* Arrebato repentino de ánimo o impulso inesperado: *le dio un pronto.* || – Adv. Prontamente, en seguida. || Temprano.

pronunciación f. Acción y efecto de pronunciar.

pronunciamiento m. Levantamiento militar. || Declaración.

pronunciar v. t. Emitir y articular sonidos para hablar: *pronunciar palabras.* || Echar: *pronunciar un discurso.* || Determinar, resolver. || *For.* Publicar la sentencia o auto: *el tribunal pronunció su fallo.* || – V. pr. Sublevarse, rebelarse. || Declarar su preferencia.

propagación f. Multiplicación de los seres por vía de reproducción. || Difusión.

propagador, ra adj. y s. Que propaga.

propaganda f. Toda acción organizada para difundir una opinión, una religión, una doctrina, etc. || Publicidad dada a un producto comercial para fomentar su venta. || Prospectos, anuncios, etc., con que se hace esta publicidad.

propagandista adj. y s. Dícese de la persona que hace propaganda.

propagandístico, ca adj. Relativo a la propaganda.

propagar v. t. Multiplicar por generación u otra vía de reproducción: *propagar una raza* (ú. t. c. pr.). || *Fig.* Difundir una cosa: *propagar una noticia* (ú. t. c. pr.). || – V. pr. Extenderse el fuego, una epidemia, una rebelión.

propalador, ra adj. Que propala (ú. t. c. s.).

propalar v. t. Divulgar, difundir.

propano m. Hidrocarburo saturado gaseoso usado como combustible.

propasar v. t. Rebasar el límite. || – V. pr. Excederse.

propedéutico, ca adj. Relativo a la propedéutica. || – F. Enseñanza preparatoria para el estudio de un arte o ciencia.

propender v. i. Tener propensión.

propensión f. Predisposición.

propenso, sa adj. Inclinado.

propiciar v. t. Hacer propicio.

propicio, cia adj. Benigno, benévolo. || Favorable: *momento propicio.* || Adecuado: *es la persona más propicia para este trabajo.*

propiedad f. Derecho de gozar y disponer de una cosa con exclusión de otra persona. || Cosa en la que recae este derecho. || Característica o cualidad particular: *la propiedad del imán es atraer el hierro.* || Exactitud: *imitación hecha con gran propiedad.* || – *Propiedad horizontal,* la de casas por pisos. || *Propiedad industrial,* derecho exclusivo de usar de un nombre comercial, de una marca, de una patente, de un dibujo, de un modelo de fabricación, etc. || *Propiedad intelectual,* derecho exclusivo que tiene un artista o escritor (y sus inmediatos sucesores) de sacar una renta de la explotación de su obra.

propietario, ria adj. y s. Que tiene derecho de propiedad sobre algo.

propina f. Gratificación.

propinar v. t. Dar.

propincuo, cua adj. Cercano.

propio, pia adj. Que pertenece a uno en propiedad: *su propio hogar.* || Característico, particular, peculiar: *propio de él.* || Conveniente, adecuado, a propósito para un fin: *propio para curar.* || Natural, no postizo: *dentadura propia.* || Mismo: *escrito de su propio puño y letra.* || Dícese del significado original de una palabra: *en su sentido propio.* || *Gram.* Dícese del nombre que da a la persona, país, etc.: *nombre propio.* || — M. Mensajero.

proponer v. t. Manifestar algo para inducir a un acto: *proponer una solución.* || Tener intención de hacer una cosa. Ú. t. c. pr.: *se propone ir a Madrid.* || Indicar o presentar a uno para un empleo o beneficio: *proponer un candidato.*

proporción f. Relación, correspondencia de las partes entre ellas o con el todo. || Importancia: *se saben las proporciones de las pérdidas.*

proporcionado, da adj. Que tiene proporción. || Regular, adecuado, conveniente.

proporcional adj. Relativo a la proporción o que la incluye en sí.

proporcionalidad f. Proporción.

proporcionar v. t. Disponer con la debida proporción: *proporcionar sus gastos a sus recursos.* || Dar: *esto proporciona animación.* || — V. pr. Conseguir.

proposición f. Acción de proponer o someter a un examen. || Cosa que se propone. || *Gram.* Oración.

propósito m. Intención, ánimo.

propuesta f. Idea, proyecto encaminado a un fin. || Indicación de alguien para un empleo o beneficio.

propugnación f. Defensa.

propugnar v. t. Defender.

propulsar v. t. Impulsar.

propulsión f. Acción de impeler o empujar hacia adelante. || *Propulsión a chorro o por reacción,* la de un avión, cohete o proyectil para que avance por medio de la reacción.

propulsor, ra adj. Que propulsa (ú. t. c. s.).

prorrata f. Cuota o porción que toca a uno en un reparto.

prorratear v. t. Repartir a prorrata.

prorrateo m. Reparto de una cantidad entre varias personas proporcionada a lo que debe tocar cada una.

prórroga f. Prolongación.

prorrogar v. t. Prolongar.

prorrumpir v. i. *Fig.* Emitir voces, risa, suspiros, llanto.

prosa f. Forma natural del lenguaje no sometido a la medida y ritmo del verso. || *Fig.* Aspecto vulgar de las cosas: *la prosa de la vida.*

prosaico, ca adj. De la prosa.

prosaísmo m. Falta de armonía en los versos. || *Fig.* Vulgaridad.

prosapia f. Abolengo, linaje.

proscenio m. Parte del escenario más inmediata al público.

proscribir v. t. Desterrar. || Prohibir.

proscripción f. Destierro, expatriación. || *Fig.* Prohibición.

proscrito, ta adj. y s. Desterrado, expatriado.

prosecución f. Continuación.

proseguir v. t. Seguir (ú. t. c. i.).

proselitista adj. Encaminado a ganar prosélitos (ú. t. c. s.).

prosélito m. Adepto.

prosificar v. t. Poner en prosa.

prosista com. Escritor en prosa.

prosodia f. Tratado de la pronunciación y acentuación.

prosopopeya f. Pompa.

prospección f. Exploración de terreno en busca de yacimientos minerales. || Búsqueda de mercados o clientes.

prospectar v. t. Realizar prospecciones.

prospecto m. Folleto publicitario.

prospector, ra m. y f. Persona que hace prospecciones.

prosperar v. i. Tener prosperidad. || Mejorar de situación.

prosperidad f. Bienestar material. || Buena marcha de los asuntos.

próspero, ra adj. Que se desenvuelve favorablemente.

próstata f. Glándula secretora entre la vejiga y la uretra.

prosternación f. Acción y efecto de prosternarse.

prosternarse v. i. Postrarse.

prostíbulo m. Casa de mujeres públicas.

prostitución f. Acción por la que una persona tiene relaciones sexuales con un número indeterminado de otras mediante remuneración.

prostituir v. t. Entregar a la prostitución (ú. t. c. pr.).

prostituta f. Mujer que se entrega por dinero.

protactinio m. Metal radiactivo (Pa).

protagonismo m. Papel principal. || Actuación.

protagonista com. Personaje principal de cualquier obra literaria, de una película, de un suceso.

protagonizar v. t. Ser el protagonista de algo, efectuar.

protección f. Acción de proteger.

proteccionismo m. Sistema económico que defiende la protección de la producción nacional frente a los productos extranjeros.

proteccionista adj. Relativo al proteccionismo.

protector, ra adj. y s. Que protege.

protectorado m. Dignidad de protector. || Parte de soberanía que un Estado ejerce en territorio extranjero.

protectriz adj. f. y s. f. Protectora.

proteger v. t. Poner al amparo, resguardar, defender (ú. t. c. pr.). || Ayudar, socorrer: *proteger a los huérfanos.* || Patrocinar, velar por: *proteger un candidato.* || Favorecer, alentar: *protegió las letras.*

protegido, da adj. y s. Que posee un protector.

proteído m. Proteína.

proteína f. Sustancia orgánica de las células.

prótesis f. Procedimiento mediante el cual se sustituye artificialmente un órgano o parte de él: *prótesis dental.* | Pieza empleada.

protesta f. Acción de protestar.

protestante adj. Que protesta. || Que profesa el protestantismo.

protestantismo m. Conjunto de las doctrinas religiosas y de las Iglesias originadas en la Reforma.

protestar v. t. *Com.* Hacer el protesto de una letra de cambio. || — V. i. Afirmar con ahínco: *protestar* *de su inocencia.* ‖ Manifestar oposición o desacuerdo.

protesto m. Diligencia notarial al no ser aceptada una letra de cambio.

protocolo m. Serie ordenada de escrituras matrices o de los documentos que un notario autoriza y custodia. ‖ Libro en el que se consignan las actas de un congreso, de un acuerdo diplomático. ‖ Ceremonial, etiqueta: *el protocolo real.* ‖ Expediente que tiene un médico de cada paciente que cuida.

protomártir m. Primer mártir.

protón m. Núcleo del átomo de hidrógeno con electricidad positiva.

protoplasma m. Sustancia que constituye la parte esencial de las células.

prototipo m. Ejemplo, modelo.

protozoario, ria o **protozoo** adj. y s. m. Dícese de los animales de cuerpo unicelular y de forma rudimentaria. ‖ — M. pl. Subreino que forman.

protuberancia f. Saliente.

protuberante adj. Saliente.

provecho m. Beneficio.

provechoso, sa adj. Benéfico.

provecto, ta adj. Viejo.

proveedor, ra m. y f. Persona o entidad que abastece.

proveer v. t. Abastecer, suministrar lo necesario para un fin: *proveer a uno de ropa, de alimentos* (ú. t. c. pr.). ‖ Subvenir, atender: *ella proveía a su necesidades.* ‖ Cubrir un cargo o empleo: *proveer una notaría* (ú. t. c. pr.). ‖ — V. pr. Aprovisionarse, abastecerse.

proveniencia f. Procedencia.

proveniente adj. Procedente.

provenir v. i. Proceder, venir.

provenzal adj. y s. De Provenza (Francia). ‖ — M. Lengua de Provenza.

proverbial adj. Habitual.

proverbio m. Refrán.

providencia f. Disposición, medida para lograr un fin. ‖ Suprema sabiduría de Dios que rige el orden del mundo. ‖ Dios: *los decretos de la Divina Providencia.* ‖ *Fig.* Persona que cuida de otra: *ser la providencia de los pobres.* ‖ *For.* Resolución del juez.

providencial adj. Relativo a la Providencia. ‖ *Fig.* Oportuno.

provincia f. Cada una de las grandes divisiones administrativas de un Estado.

provincial adj. De la provincia.

provincialismo m. Predilección por los usos de una provincia. ‖ Voz, giro o manera de hablar de una provincia. ‖ Carácter provincial. ‖ Amor, afecto a lo provincial.

provincianismo m. Condición de provinciano.

provinciano, na adj. Que vive en una provincia (ú. t. c. s.). ‖ Relativo a ésta.

provisión f. Suministro, abastecimiento. ‖ Disposición, medida. ‖ *Provisión de fondos,* existencia de fondos en poder del pagador para hacer frente a una letra de cambio, cheque, etc.

provisional adj. No definitivo.

provisor, ra m. y f. Proveedor.

provisorio, ria adj. provisional.

provocación f. Reto, desafío.

provocador, ra adj. y s. Que provoca disturbios, alborotador.

provocar v. t. Incitar o inducir a uno a que haga algo. ‖ Irritar, excitar: *provocar con ademanes.* ‖ Desafiar, retar: *provocar al adversario.* ‖ *Amer.* Apetecer.

provocativo, va adj. Que provoca.

proxeneta com. Persona que comercia con los amores ilícitos.

proxenetismo m. Actividad del proxeneta.

próximamente adv. Pronto.

proximidad f. Cercanía.

próximo, ma adj. Cerca.

proyección f. Acción de lanzar un cuerpo pesado, un líquido, un fluido. ‖ Acción de proyectar una película: *proyección cinematográfica.* ‖ *Fig.* influencia, influjo poderoso: *la proyección de la cultura hispánica.*

proyectar v. t. Arrojar, lanzar a distancia. ‖ Preparar o trazar un plan, concebir un proyecto. ‖ Hacer los planos de una obra de ingeniería o arquitectura. ‖ Hacer ver una película en la pantalla.

proyectil m. Todo cuerpo al cual se comunica una velocidad cualquiera y es lanzado en una dirección determinada, como bala, granada, bomba, cohete, etc.

proyectista com. Persona que hace proyectos de ingeniería, etc.

proyecto m. Plan, designio de hacer algo, intención. ‖ Conjunto de planos y documentos explicativos, con indicación de costes, que se hace previamente a la construcción de una obra. ‖ Esbozo, bosquejo, esquema: *proyecto de novela.* ‖ Texto de ley elaborado por el Gobierno y que se somete a la aprobación del Parlamento.

proyector, ra adj. Que sirve para proyectar. ‖ — M. Reflector destinado a lanzar en una dirección determinada un haz de luz muy fuerte. ‖ Aparato para proyectar imágenes sobre una pantalla.

prudencia f. Moderación.

prudencial adj. Prudente.

prudente adj. Que obra con prudencia. ‖ Razonable: *hora prudente.*

prueba f. Razón o argumento con que se demuestra una cosa. ‖ Ensayo, experiencia: *pruebas nucleares.* ‖ Una de las partes en que se divide un examen: *prueba de física.* ‖ *Fig.* Señal, testimonio: *prueba de amistad.* ‖ Acción de ponerse un traje que se está haciendo para que el sastre o la costurera compruebe si le va bien al cliente. ‖ Competición deportiva. ‖ *Mat.* Operación mediante la cual se comprueba la exactitud del resultado de un problema o cálculo cualquiera. ‖ Primera impresión que se saca para corregir las erratas: *prueba de imprenta.* ‖ *Fot.* Copia positiva.

prurito m. Picor. ‖ *Fig.* Afán.

prusiano, na adj. y s. De Prusia.

pseudo adj. Seudo.

psi f. Vigésima tercera letra del alfabeto griego (ψ).

psico, prefijo griego que entra en la composición de algunas palabras. (Actualmente se autoriza prescindir de la *p* inicial, v. gr.: *sicosis, sicología,* etc.).

psicoanálisis m. Exploración psicológica del pasado moral y mental de un enfermo por el método de Sigmund Freud. ‖ Método de tratamiento de las enfermedades nerviosas de origen psíquico basado en esta exploración.

psicoanalista m. y f. Especialista en psicoanálisis.

psicología f. Ciencia que trata del alma, de sus facultades y operaciones, y particularmente de los fenómenos de la conciencia. || *Fig.* Todo lo que atañe al espíritu. | Carácter, modo de ser.

psicológico, ca adj. Referente a la psicología: *estado psicológico.*

psicólogo, ga adj. y s. Especialista en psicología. || Que analiza el espíritu de otras personas.

psicópata com. Enfermo mental.

psicopatía f. Enfermedad mental.

psicosis f. Nombre genérico de las enfermedades mentales. || Estado anímico colectivo originado por una conmoción de carácter social.

psicoterapia f. Conjunto de medios psicológicos empleado para tratar a los enfermos mentales.

psique y **psiquis** f. El alma.

psiquiatra com. Médico especialista en psiquiatría.

psiquiatría f. Parte de la medicina que estudia las enfermedades mentales. || Tratamiento seguido para curar estos males.

psiquiátrico, ca adj. Relativo a la psiquiatría.

psíquico, ca adj. Relativo al alma, al espíritu, a la conciencia.

Pt, símbolo químico del *platino.*

Pu, símb. químico del *plutonio.*

púa f. Objeto delgado y rígido que termina en punta aguda. || Diente de un peine o de la carda. || Pincho del erizo, del puerco espín, etc. || Chapa triangular de concha para tocar la guitarra o la bandurria. || Hierro del trompo. || — Adj. *Arg. Fam.* Astuto. | Hábil para engañar.

púber, ra adj. y s. Adolescente.

pubertad f. Adolescencia.

pubis m. Parte inferior del vientre que se cubre de vello en la pubertad. || Hueso que se une al ilion y al isquion para formar el hueso innominado.

publicación f. Acción y efecto de publicar. || Obra publicada.

publicar v. t. Hacer pública una cosa. || Imprimir y poner en venta un escrito: *publicar un libro.*

publicidad f. Notoriedad pública: *dar publicidad a un escándalo.* || Carácter de lo que se hace en presencia del público: *publicidad de una causa criminal.* || Conjunto de medios empleados para dar a conocer una empresa comercial, industrial, etc., para facilitar la venta de los artículos que produce. || Anuncio: *agencia de publicidad.*

publicista com. Persona que se dedica a la publicidad.

publicitario, ria adj. Referente a la publicidad.

público, ca adj. Relativo a una colectividad: *interés público.* || Común, que es de todos: *monumento público.* || Relativo al gobierno de un país: *funciones públicas.* || Que puede ser utilizado por todos: *vía pública.* || Que puede presenciar cualquiera: *sesión pública.* || Notorio, manifiesto, que no es secreto. || Dícese de una parte del Derecho que trata de los intereses generales del Estado. || — M. Todo el mundo en general, el pueblo: *aviso al público.* || Concurrencia de personas reunidas para oír, ver, juzgar. || Conjunto de personas que leen, ven, oyen una obra literaria, dramática, musical, etc.: *este escritor tiene su público.*

pucallpeño, ña adj. y s. De Pucallpa (Perú).

pucara m. *Amer.* Pucará.

pucará m. *Amer.* Fortín precolombino en Bolivia y Perú.

pucha f. *Méx.* Rosquilla.

pucherazo m. Fraude electoral.

puchero m. Vasija de barro o hierro para guisar. ||Cocido. ||— Pl. *Fam.* Gesto de los niños al empezar a llorar.

pucho m. *Amer.* Poco, cantidad insignificante. | Sobre. | Cigarrillo.

pudding m. (pal. ing.). Pastel hecho generalmente con harina.

pudelar v. t. Convertir el hierro colado en acero o en hierro dulce.

pudibundez f. Mojigatería.

pudibundo, da adj. Pudoroso.

púdico, ca adj. Casto, pudoroso.

pudiente adj. y s. Rico.

pudín m. Pudding.

pudor m. Vergüenza, recato.

pudoroso, sa adj. Con pudor.

pudrir v. t. Corromper una materia orgánica (ú. t. c. pr.). || *Fig.* Consumir.

pueblada f. *Riopl.* Motín.

pueblerino, na adj. Aldeano (ú. t. c. s.).

pueblo m. Población. || Conjunto de los habitantes de un lugar o país: *el pueblo mexicano.* || Gente común de una población. || Nación: *el pueblo inca.* || Conjunto de personas que están unidos por cualquier vínculo, religión, etc.: *el pueblo judío estuvo diseminado por todo el mundo:* || Conjunto de las personas de una clase social y económica modesta: *régimen autoritario de explotación del pueblo.*

pulche m. *Chil.* Viento de la cordillera andina. | Indio que vivía en la parte oriental de los Andes.

puente m. Obra destinada a poner en comunicación dos puntos separados por un obstáculo o que permite que pasen sin cruzarse al mismo nivel dos corrientes de circulación. || Dispositivo eléctrico que tiene cuatro elementos de circuitos colocados según los cuatro lados de un cuadrilátero cuyas diagonales poseen una fuente de corriente y un aparato de medida. || Conexión eléctrica realizada con objeto de permitir el paso de la corriente entre dos cables. || En los automóviles, conjunto formado por los elementos que transmiten a las ruedas el movimiento del árbol de transmisión y el peso del vehículo. || Ejercicio de acrobacia que consiste en arquear el cuerpo hacia atrás apoyándose en los dos pies y en las dos manos. || *Mar.* Plataforma elevada desde la cual el oficial de guardia da las órdenes de mando a la tripulación de un barco. || Parte de las gafas que cabalga sobre la nariz. || Aparato de prótesis dental que consiste en la inserción de un diente o muela artifical entre dos sanos. || *Fig.* Existencia de dos días de fiesta separados por uno de trabajo y que se aprovecha para declarar de asueto los tres días. || — *Fig. Hacer puente,* considerar como festivo el día intermedio entre dos que lo son. | *Puente aéreo,* enlace aéreo muy frecuente entre dos ciudades; servicio aéreo que se establece con un lugar que ha quedado incomunicado por vía terrestre.

puerco, ca adj. Sucio. || — M. Cerdo. || *Fig.* y *fam.* Hombre sucio y grosero. || — *Puerco espín,* mamífero roedor que tiene el cuerpo cubierto de púas.

|| *Amer. Puerco salvaje*, pecarí. || — F. Hembra del puerco. || *Fig.* Mujer desaliñada, sucia o grosera.

puericultor, ra m. y f. Médico especialista de niños.

puericultura f. Medicina de niños.

pueril adj. Del niño.

puerilidad f. Condición de pueril.

puerro m. Planta de raíz comestible.

puerta f. Armazón de hierro o madera que, sujeta a un marco, sirve para dar o impedir el paso entre dos habitaciones de una casa, a través de una verja o vallado o para cerrar un armario o mueble. || Entrada: *en las puertas de la ciudad.* || *Fig.* Medio de acceso, introducción: *las puertas del saber.* || Portería, meta en fútbol.

puerto m. Lugar en la costa defendido de los vientos y dispuesto para seguridad de las naves. || Paso estrecho entre montañas. || *Fig.* Asilo, refugio: *puerto de salvación.*

puertocarrense adj. y s. De Puerto Carreño (Colombia).

puertomonttino, na adj. y s. De Puerto Montt (Chile).

puertorriqueñismo m. Vocablo o giro propio del habla de Puerto Rico. || Condición de puertorriqueño. || Amor, afecto a Puerto Rico.

puertorriqueño, ña adj. y s. De Puerto Rico. || — M. Modalidad del castellano hablado en Puerto Rico.

pues conj. Denota causa, razón o consecuencia y se usa a veces como condicional o ilativa. || Con interrogante equivalente a *¿cómo?* || A principio de cláusula encarece lo que en ella se dice.

puesta f. Acción de ponerse u ocultarse un astro: *la puesta del Sol.* || Cantidad que se apuesta en un juego de azar. || Acción de poner: *puesta al día.* || Funcionamiento: *la puesta en marcha de un motor.* || Cantidad de huevos que ponen las aves.

puestero m. *Amer.* Dueño de un puesto en la vía pública.

puesto, ta adj. Vestido, arreglado, ataviado: *mujer muy bien puesta.* || — M. Sitio que ocupa una cosa o una persona. || Lugar ocupado en una clasificación. || Tienda ambulante para vender al pormenor. || Cargo, empleo: *un puesto del Estado.* || *Mil.* Lugar donde hay soldados apostados con algún fin. || Sitio donde se oculta el cazador para tirar. || — Conj. *Puesto que,* ya que.

puf m. Taburete bajo acolchado.

pufo m. Deuda sin pagar.

púgil m. Boxeador.

pugilato m. Lucha. || Boxeo.

pugilismo m. Boxeo.

pugilista m. Púgil.

pugna f. Lucha.

pugnar v. i. Luchar, batallar.

puja f. Acción de pujar.

pujanza f. Fuerza, vigor.

pujar v. t. e i. Ofrecer un licitador en una subasta más dinero que el anunciado por su predecesor. ||

pujo m. Dolor que a veces se siente al orinar o evacuar el cuerpo. || *Fig.* Deseo grande.

pulcazo m. *Méx.* Trago de pulque.

pulcritud f. Esmero en el aseo: *vestir con pulcritud.* || Cuidado.

pulcro, cra adj. Aseado, limpio. || Cuidado, esmerado.

pulga f. Insecto díptero que vive parásito en el cuerpo del hombre y de algunos animales chupándoles la sangre. || *Tener malas pulgas,* tener mal genio.

pulgada f. Medida de longitud inglesa equivalente a 25,4 mm.

pulgar adj. Dícese del dedo más grueso de la mano (ú. t. c. s. m.).

pulido, da adj. Pulcro, muy cuidado. || — M. Pulimento.

pulimentar v. t. Pulir.

pulimento m. Acción de pulir.

pulir v. t. Alisar o dar brillo. || Perfeccionar. || Civilizar: *pulir a un lugareño.* || *Pop.* Vender.

pulla f. Dicho ocurrente con que se zahiere a uno.

pull-over [*pulóver*] m. Jersey.

pulmón m. Órgano de la respiración del hombre y de los vertebrados que viven o pueden vivir fuera del agua y que está en la cavidad torácica.

pulmonar adj. Del pulmón.

pulmonía f. Inflamación del pulmón.

pulpa f. Tejido de algunos frutos carnosos. || Tejido conjuntivo embrionario contenido en el interior de los dientes. || Tira delgada de remolachas o de cañas de azúcar de las que ha extraído el azúcar.

pulpería f. *Amer.* Tienda de comestibles, bebidas y géneros de droguería, mercería, etc. || *P. Rico.* Tienda de abarrotes.

pulpero, ra m. y f. *Amer.* Persona que tiene una pulpería.

púlpito m. Tribuna del predicador.

pulpo m. Molusco cefalópodo con ocho tentáculos provistos de dos filas de ventosas. || Tiras de goma que sirven para fijar los bultos en la baca de un coche.

pulque m. Bebida alcohólica hecha con la fermentación de la savia, llamada aguamiel, de varias especies de maguey.

pulquería f. Establecimiento en que se vende pulque.

pulquero, ra m. y f. Vendedor de pulque.

pulsación f. Cada uno de los latidos de una arteria. || *Fís.* Movimiento vibratorio y periódico en los fluidos elásticos. || Cada uno de los golpes que se da al teclado de una máquina de escribir, de un piano, etc.

pulsador, ra adj. Que pulsa. || — M. Interruptor que cierra un circuito mientras se oprime su botón.

pulsar v. t. Tocar, tañer: *pulsar una guitarra.* || Presionar: *pulsar un botón eléctrico.* || *Fig.* Tantear un asunto.

púlsar m. *Astr.* Fuente de radiación radioeléctrica, luminosa, X o gamma.

pulsera f. Joya que se pone en la muñeca.

pulsión f. Impulso que incita a realizar o rehuir ciertos actos.

pulso m. Transmisión de la onda provocada por la contracción cardiaca en un vaso de la circulación, perceptible principalmente en la muñeca por un latido intermitente: *tomar el pulso.* || Parte de la muñeca donde se siente este latido. || *Fig.* Seguridad y destreza en la ejecución de ciertos trabajos de precisión. || Tacto, discreción, cuidado. || *Amer.* Pulsera.

pululación f. Acción y efecto de pulular.

pulular v. i. Abundar.

pulverización f. División en corpúsculos o gotas.

pulverizador m. Aparato que sirve para proyectar al exterior un líquido en forma de gotas o un sólido en forma de polvo. || Surtidor del carburador de un automóvil.

pulverizar v. t. Reducir a polvo una cosa. || proyectar un líquido en gotitas. || *Fig.* Hacer añicos: *pulverizar un vaso.* | Aniquilar, destruir: *pulverizó al enemigo.* | Sobrepasar en mucho: *pulverizar un récord.*

¡pum! interj. Onomatopeya que expresa ruido o golpe.

puma m. Mamífero carnívoro félido de América, semejante al tigre.

puna f. En los Andes, plataforma de tierras frías comprendida entre los 3 000 y los 5 000 m, según la latitud. || *Amer.* Cualquier gran extensión de terreno o de tierras llanas y estériles. | Soroche.

punción f. Operación quirúrgica que consiste en introducir un instrumento punzante en un cavidad llena de un líquido para vaciarla o extraer cierta cantidad del mismo.

puncionar v. t. Hacer punciones.

pundonor m. Amor propio.

pundonoroso, sa adj. Que tiene pundonor, caballeroso (ú. t. c. s.).

puneño, ña adj. y s. De Puno (Perú).

punible adj. Que merece castigo.

punibilidad f. Condición de punible.

punición f. Castigo.

púnico, ca adj. Cartaginés (ú. t. c. s.).

punir v. t. Castigar.

punta f. Extremo puntiagudo de una cosa. || Pico de una parte de una prenda de vestir: *la punta del cuello.* || Lengua de tierra que penetra en el mar. || Clavo pequeño. || Parte final del cuerno de un toro. || Colilla: *puntas de cigarrillos.* || Porción del ganado que se separa del rebaño. || Multitud de personas o cosas. || Postura de la bailarina que danza sobre el extremo de los dedos de los pies. || *Fig.* Un poco, algo, pequeña cantidad de: *tiene puntas de escritor dramático.* || *Horas (de) punta,* aquellas en que hay mucho tráfico. || *Poner los nervios de punta,* crispar los nervios. || *Velocidad punta,* velocidad máxima.

puntada f. Agujero que hace en la tela la aguja de coser.

puntal m. Madero que sirve de sostén o de entibado. || *Fig.* Sostén.

puntano, na adj. y s. De San Luis (Argentina).

puntapié m. Golpe con la punta del pie.

puntarenense adj. y s. De Punta Arenas (Chile) y de Puntarenas (Costa Rica).

puntear v. t. Marcar, señalar puntos en una superficie. || dibujar con puntos. || — V. i. *Amer.* Encabezar un grupo de personas o una manada de animales.

puntera f. Remiendo en el calzado, en los calcetines y las medias, etc., por la parte de la punta del pie. || Contrafuerte de cuero en la punta de algunos zapatos.

puntería f. Operación que consiste en orientar convenientemente un arma de fuego para que el proyectil dé en el objetivo.

puntero, ra adj. Dícese de la persona que descuella en lo que hace.

puntiagudo, da adj. En punta.

puntilla f. Encaje fino. || Clavo pequeño. || Puñal para matar reses. || — *Fig. Dar la puntilla,* rematar. || *De puntillas,* sobre las puntas de los pies.

puntillero m. El que remata al toro con la puntilla.

puntilloso, sa adj. Susceptible.

punto m. Señal de pequeña dimensión: *marcar con un punto.* || Pequeño signo ortográfico que se pone sobre la *i* y la *j.* || Signo ortográfico (.) que, empleado solo, indica el fin de una frase; cuando son dos, situados verticalmente (:), se ponen al final de una frase para anunciar una cita, una palabra, una explicación, una consecuencia. || Signo: *punto de interrogación, de admiración.* || Lugar del espacio sin extensión: *punto geométrico.* || Intersección de dos líneas. || Sitio determinado: *punto de reunión.* || Asunto de una materia: *estar de acuerdo en un punto.* || Aquello que es esencial, importante, delicado; tema, pregunta: *el punto capital de un asunto.* || Estado, situación: *encontrarse en el mismo punto que antes.* || Momento, instante: *al llegar a este punto se fue.* || Cosa muy pequeña, parte mínima: *esto tiene su punto de acidez.* || Cada unidad de una nota que sirve para estimar la conducta y los conocimientos de un alumno: *obtener muchos puntos en el examen escrito.* || *Arq.* Arco o bóveda de curvatura semicircular: *arco de medio punto.* || Unidad de medida utilizada en tipografía para expresar el tamaño del cuerpo de los caracteres, equivalente a 0,375 mm. || Valor que se atribuye a cada carta de la baraja, a los dados o a las fichas de dominó. || Unidad de cálculo que sirve para saber los derechos adquiridos en ciertos regímenes basado en el reparto, en la determinación de la pensión de jubilación: *puntos de subsidios familiares.* || Unidad en los valores de la Bolsa, en la cotización del cambio de divisas monetarias. || Unidad, sin especificación de medida o de valor, utilizada en numerosos deportes para designar al vencedor. || Superficie elemental de análisis de la imagen que hay que transmitir o que se recibe en televisión. || Grado de temperatura en que se produce un fenómeno físico: *punto de fusión.* || Lo que se pone en los labios de una herida para cerrarla: *le echaron diez puntos.* || Clase de tejido hecho con mallas entrelazadas formadas con agujas especiales (de jersey, de medias, etc.) y manera de combinar los hilos en este tejido. || Persona que juega contra el banquero en los juegos de azar. || *Fam.* Persona sin muchos escrúpulos, de poca vergüenza: *¡está hecho un buen punto!* || — Pl. Plus familiar. || — *A punto de,* muy cerca de. || *En punto,* exactamente: *a la hora en punto.* || *Fig. En su punto,* la mejor manera que puede estar. || *Punto cardinal,* el Norte, el Sur, el Este y el Oeste. || *Punto de apoyo,* punto fijo en el cual se apoya una palanca. || *Punto de vista,* punto en que se coloca el observador para examinar algo; (fig.) criterio, modo de ver. || *Fig. Punto flaco,* debilidad. || *Punto muerto,* posición de la palanca del cambio de velocidades cuando el automóvil está parado; (fig.) estado de un asunto o negociación en que no se realizan progresos. || *Punto y aparte,* signo de puntuación que se pone para separar dos párrafos. || *Punto y coma,* signo ortográfico (;) con el que se separan dos miembros de la misma frase. || *Puntos suspensivos,* signos (...) que se emplean cuando se deja sin concluir una oración.

puntuación f. Acción y manera de puntuar. || Conjunto de signos gráficos que señalan las separaciones entre los diversos elementos de una oración.

‖ Conjunto de puntos obtenidos en una clasificación o nota de un alumno.

puntual adj. Que llega a la hora.

puntualidad f. Condición de puntual.

puntualizar v. t. Precisar.

puntuar v. t. Escribir los signos de puntuación. ‖ Sacar puntos en una competición deportiva o en cualquier prueba. ‖ Poner puntos o notas.

punzada f. Dolor agudo.

punzante adj. Que pincha. ‖ Que da punzadas. ‖ *Fig.* Mordaz.

punzar v. t. Pinchar.

punzón m. Instrumento de acero puntiagudo que sirve para perforar chapas de metal, abrir ojetes, etc. ‖ Buril. ‖ Troquel de la punzonadora para acuñar monedas, medallas, etc.

punzonadora f. Máquina para perforar chapas por medio de un punzón.

puñado m. Porción de cualquier cosa que cabe en el puño.

puñal m. Arma blanca de corto tamaño y con punta acerada.

puñalada f. Herida hecha con el puñal. ‖ *Fig.* Pesadumbre.

puñeta f. *Pop.* Tontería. | Pejiguera. | Complicación. | Historia, cuento. ‖ — *Pop. Hacer la puñeta,* fastidiar. | *Hacerse la puñeta,* fastidiarse. | *Importar una puñeta,* dar igual. | *Mandar a hacer puñetas,* mandar a paseo. | *¡Puñeta!* expresión de enojo.

puñetazo m. Golpe con el puño.

puñetero, ra adj. Fastidioso.

puño m. Mano cerrada. ‖ Parte de las prendas de vestir que rodea la muñeca. ‖ Empuñadura de ciertas cosas: *el puño del bastón.*

pupa f. Erupcion en los labios. ‖ En el lenguaje infantil, daño, dolor.

pupila f. Abertura del iris del ojo por donde entra la luz. ‖ Huérfana respecto a su tutor.

pupilo m. Huérfano respecto a su tutor. ‖ Individuo que se hospeda en una pensión.

pupitre m. Mueble con tapa inclinada que hay en las escuelas. ‖ Unidad periférica de un ordenador que consta de un teclado y de una pantalla de visualización.

puquío m. *Amer.* Manantial.

puré m. Alimento que se obtiene moliendo y pasando por un tamiz legumbres cocidas.

pureza f. Condición de puro.

purga f. Medicamento que sirve para exonerar el vientre. ‖ *Fig.* Eliminacion de elementos políticamente indeseables.

purgación f. Blenorragia.

purgador m. Dispositivo para evacuar de una canalización o de una máquina un fluido cuya presencia puede dificultar el funcionamiento.

purgante adj. Que purga. ‖ — M. Medicamento que purga.

purgar v. t. Administrar un purgante para exonerar el vientre. ‖ Destruir, borrar por medio de la purificación: *purgar sus pecados.* ‖ Expiar, pagar una falta: *purgar una condena en un penal.* ‖ Eliminar de una canalización o de una máquina un fluido cuya presencia puede dificultar el funcionamiento normal. ‖ *Fig.* Eliminar enemigos políticos. ‖ — V. pr. Tomar una purga.

purgatorio m. Lugar donde, según la teoría católica, las almas de los justos, incompletamente purificadas, acaban de purgar sus culpas antes de ir a la gloria.

purificación f. Acción de purificar.

purificador, ra adj. y s. Que purifica.

purificar v. t. Quitar las impurezas.

purista adj. y s. Que escribe o habla con pureza.

puritano, na adj. y s. Aplícase al miembro de una secta de presbiterianos, rigurosos observadores de la letra del Evangelio. ‖ Dícese del que real o afectadamente profesa gran austeridad de principios.

puritito, ta adj. *Méx.* Entero.

puro, ra adj. Que no está mezclado con ninguna otra cosa: *agua pura.* ‖ Que no está alterado con nada: *atmófera pura.* ‖ Que es exclusivamente lo que se expresa: *una pura coincidencia.* ‖ Sin mancha moral alguna: *alma pura.* ‖ Conforme a las reglas del lenguaje, castizo: *castellano muy puro.* ‖ Perfecto, bello: *facciones puras.* ‖ Exclusivamente teórico: *matemáticas puras.* ‖ Íntegro, moral, recto: *conducta pura.* ‖ — M. Cigarro hecho con una hoja de tabaco enrollada.

púrpura f. Molusco gasterópodo marino que segrega un líquido amarillo que, por oxidación, se transforma en rojo y fue muy usado por los antiguos en tintorería y pintura. ‖ Color rojo oscuro algo morado.

purpurado m. Cardenal.

purpurina f. Polvo finísimo dorado o plateado usado en pintura.

purulencia f. Supuración.

purulento, ta adj. Con pus.

pus m. Humor espeso, amarillento, que se produce en los tejidos inflamados, tumores, llagas, etc., y está formado por leucocitos y microbios muertos.

pusilánime adj. Apocado.

pusilanimidad f. Cobardía.

pústula f. *Med.* Vesícula inflamatoria de la piel llena de pus.

puta f. Ramera, prostituta.

putada f. *Pop.* Jugarreta, mala pasada.

putativo, va adj. Tenido por padre, hermano, etc., no siéndolo.

putear v. i. *Pop.* Ir con prostitutas. | Ser prostituta. ‖ — V. t. *Pop.* Fastidiar.

putería f. *Pop.* Putada.

puterío m. Prostitución.

putero adj. y s. m. Dícese del que acostumbra ir con prostitutas.

puto, ta adj. *Pop.* Maldito, execrable. | Fastidioso, molesto. | Malo, pernicioso. | Difícil, complicado. ‖ — M. *Pop.* Astuto. | Homosexual. | Hombre que se prostituye.

putón m. y **putona** f. *Pop.* Prostituta.

putrefacción f. Descomposición de las materias orgánicas.

putrefacto, ta adj. Podrido.

putrescencia f. Putrefacción.

putrescente adj. Que se encuentra en estado de putrefacción.

pútrido, da adj. Podrido.

putsch m. Alzamiento.

putumaense, putumayense y **putumayo, ya** adj. y s. De Putumayo (Colombia).

puya f. Punta acerada de las varas de los picadores.

puyazo m. Herida hecha con la puya.

puzzle m. (pal. ingl.). Rompecabezas.

q

q f. Decimoctava letra del alfabeto castellano y decimocuarta de sus consonantes. || − **q**, símbolo del *quintal*.

quantum m. *Fís.* Cantidad mínima de energía que puede emitirse, propagarse o ser absorbida. (Pl. *quanta*.)

quasar m. Astro de aspecto estelar que constituye generalmente una radiofuente de gran potencia.

que pron. rel. Equivale a *el, la o lo cual; los o las cuales: el libro que estoy leyendo; la casa que veo.* || Puede equivaler a *algo que: dar que pensar.* || − Conj. Sirve para enlazar oraciones: *quiero que vengas.* || Equivale a *porque o pues: hable más fuerte que oigo mal.* || Equivale a o: *¡cállate que te mato!* || Equivale a *si: que no viene, nos arreglamos sin él.* || En oraciones principales o independientes puede expresar deseo, mandato o imprecación: *que me muera si...* || Sirve de correlativo con *tan, más, menos, mejor,* etc. || Forma parte de loc. conj. como *antes que, con tal que, hasta que, luego que,* etc. || Puede usarse con sentido de encarecimiento y equivale entonces a *y: corre que corre.* || Puede dar un sentido enfático: *¡que no lo volverá a ver!*

qué pron. interr. Se emplea como adjetivo para preguntar por personas o cosas: *¿qué edad tienes?* || Puede usarse exclamativamente: *¡qué suerte!* || Como neutro equivale a *qué cosa: ¿de qué se trata?* || − *El qué dirán,* la opinión pública. || *Qué de, cuánto, cuántos: ¡qué de gente!* || *Fam. ¿Qué hay?* o *¿qué tal?,* expresiones que se usan para saludar a alguien. || *¿Qué tal?,* cómo: *¿qué tal le pareció la película?*

quebracho m. Nombre de varios árboles de madera dura.

quebrada f. Paso estrecho entre montañas. || *Amer.* Arroyo o riachuelo.

quebradizo, za adj. Frágil.

quebrado, da adj. Aplícase al que ha hecho bancarrota o quiebra: *banquero quebrado* (ú. t. c. s.). || Que padece una hernia (ú. t. c. s.). || Debilitado: *de salud quebrada.* || *Mat.* Dícese del número que expresa una o varias de las partes iguales en que está divida la unidad. || Dícese del verso o pie que es más corto que los otros de la misma estrofa. || − M. *Mat.* Fracción.

quebrantahuesos m. inv. Ave rapaz.

quebrantamiento m. Acción de quebrantar. || Infracción.

quebrantar v. t. Romper, quebrar o hender una cosa. || *Fig.* Faltar al cumplimiento de algo: *quebrantar la ley.* | Debilitar: *quebrantar la salud.*

quebranto m. Quebrantamiento.

quebrar v. t. Romper con violencia: *quebrar un vaso.* || Doblar: *quebrar el cuerpo.* || − V. i. Ceder, disminuir. || Romperse (ú. t. c. pr.). || Declararse insolvente, hacer quiebra.

quechua adj. Dícese del individuo de un pueblo indio que habitaba, en tiempos de la colonización, la región andina de los actuales Estados de Perú y Bolivia (ú. t. c. s.). || Relativo a este individuo y al pueblo al cual pertenece. || − M. Lengua hablada por este pueblo y que es oficial en algunos países andinos junto con el castellano.

quechuismo m. Voz o giro propios de la lengua quechua. || Voz quechua introducida en otra lengua. || Admiración y apego a la cultura y a todo lo que es propio de los quechuas.

quedar v. i. Permanecer en un lugar: *quedó en casa* (ú. t. c. pr.). || Subsistir: *me quedan dos francos.* || Cesar, acabar: *ahí quedó la conversación.* || Faltar: *faltan aún unos minutos para acabar.* || Seguir estando: *la carta que recibió quedó sin contestar.* || Estar: *queda lejos.* || Llegar a ser, resultar: *su pantalón le quedó corto.* Ú. t. c. pr.: *quedarse ciego.* || Portarse de cierta manera: *has quedado como una señora.* || Hacer cierto efecto: *tus zapatos quedan muy bien con tu bolso.* || Darse cita: *hemos quedado para el lunes.* || Acordar: *quedamos en salir mañana.* || Frustrarse: *por mí que no quede.* || − V. pr. Retener una cosa en vez de devolverla: *se quedó con mi libro.*

quedo, da adj. Quieto, tranquilo. || Bajo, suave.

quehacer m. Trabajo, tarea.

queimada f. En Galicia, especie de ponche o grog elaborado quemando una mezcla de limón con azúcar y aguardiente de orujo.

queja f. Manifestación de dolor, pena o sentimiento. || Acusación hecha ante el juez.

quejarse v. pr. Expresar su dolor con voz quejumbrosa: *quejarse de pena.* || Manifestar uno el resentimiento que tiene de otro: *quejarse de su vecino.* || Querellarse.

quejido m. Voz lastimosa.

quejigal m. Terreno de quejigos.

quejigo m. Árbol de fruto parecido al de los robles.

quejumbroso, sa adj. Que se queja.

quelonios m. pl. Nombre científico de la familia de los reptiles que tienen cuatro extremidades cortas, el cuerpo protegido por un caparazón duro (ú. t. c. adj.).

quema f. Acción de quemar.

quemadura f. Quema. || Herida causada por algo que quema.

quemar v. t. Abrasar o consumir con fuego: *quemar leña.* || Estropear un guiso por haberlo dejado demasiado tiempo o haber puesto el fuego demasiado fuerte (ú. t. c. pr.). ‖ Destruir algo una sustancia corrosiva: *los ácidos queman la piel*. ‖ Calentar con exceso. Ú. t. c. i.: *el sol quema en el estío*. ‖ Causar sensación picante en la boca: *el pimiento me quemó los labios*. ‖ *Fig*. Malgastar, derrochar: *quemar su fortuna*. | En deportes, entrenar de una manera excesiva y perjudicial para el estado físico del deportista. | Causar perjuicio a la fama de uno. ‖ — *A quema ropa*, refiriéndose a disparos, desde muy cerca; (fig.) de improviso. ‖ — V. i. Estar demasiado caliente una cosa: *esta sopa quema*. ‖ — V. pr. Acercarse al fuego y sufrir sus efectos: *quemarse la mano*. ‖ *Fig*. Sentir mucho calor.

quena f. Flauta con cinco agujeros de los indios del Perú y de Bolivia.

quenopodiáceo, a adj. y s. f. Aplícase a unas plantas angiospermas dicotiledóneas como la espinaca. ‖ — F. pl. Su familia.

querandí adj. y s. Dícese del individuo de un pueblo indio de América del Sur (Argentina). ‖ — M. Lengua hablada por estos indios.

queratina f. Sustancia fundamental del tejido cutáneo, piloso, etc.

querella f. Acusación presentada ante el juez. ‖ Discordia, pelea.

querellarse v. pr. *For*. Presentar querella contra uno.

querencia f. Inclinación o tendencia del hombre o de ciertos animales a volver al sitio en que se han criado.

querendón, ona adj. *Amer*. Muy cariñoso. ‖ — M. y f. *Fam*. Amante.

querer m. Cariño, afecto, amor.

querer v. t. Desear o apetecer: *querer comer*. ‖ Amar, tener cariño: *querer a sus abuelos*. ‖ Resolver, desear: *querer terminar sus estudios*. ‖ Intentar, procurar, pretender: *quiere dárselas de listo*. ‖ Necesitar, requerir: *esta planta quiere agua*. ‖ Conformarse al intento, deseo u orden de otro: *¿quieren callarse?* ‖ Pedir cierto precio: *¿cuánto quieres por tu tocadiscos?* ‖ — V. impers. Estar a punto de ocurrir algo: *quiere llover*. ‖ — V. pr. Experimentar un cariño recíproco: *los dos jóvenes se querían como dos tórtolos*.

queretano, na adj. y s. De Querétaro (México).

querido, da m. y f. Amante.

querindongo, ga m. y f. Querido.

quero o **kero** m. Vaso de madera tallada que usaban los incas en ciertas ceremonias.

querosén m. *Amer*. Queroseno.

queroseno m. Líquido obtenido de la destilación del petróleo natural.

querosín m. *Amer*. Queroseno.

querubín m. Cada uno de los ángeles del primer coro.

quesadilla f. *Amer*. Empanada de tortilla de maíz y queso.

quesero, ra adj. Relativo al queso: *industria quesera*. ‖ Que le gusta mucho el queso (ú. t. c. s.). ‖ — M. y f. Persona que hace o vende quesos.

queso m. Masa hecha con leche cuajada y privada de suero.

quesquémetl m. Prenda típica de México, de forma triangular, que cubre los hombros.

quetzal m. Ave trepadora, de pico corto y larga cola, que tiene un plumaje verde tornasolado en las partes superiores del cuerpo y rojo en el pecho y abdomen. ‖ Unidad monetaria de Guatemala.

quevedos m. pl. Gafas.

quezalteco, ca adj. y s. De Quezaltenango (Guatemala).

quibdoano, na o **quibdoense** adj. y s. De Quibdó (Colombia).

quibey m. Planta de las Antillas.

quiché adj. y s. Dícese de un pueblo indígena de Guatemala. ‖ — M. Lengua hablada por estos indios.

quichelense adj. y s. De El Quiché (Guatemala)

quichua adj. y s. Quechua.

quichuismo m. Quechuismo.

quicio m. Parte de la puerta o ventana en la que entra el espigón que asegura el marco. ‖ Marco de puerta o ventana. ‖ *Sacar de quicio a uno*, hacer que pierda el dominio de sí.

quid m. Razón, punto principal.

quídam m. *Fam*. Individuo.

quid pro quo loc. lat. Error en tomar a una persona o cosa por otra.

quiebra f. Rotura, abertura. ‖ *Com*. Estado del comerciante que no puede satisfacer las deudas que sobre él pesan. | Procedimiento legal para resolver la situación de este comerciante. | Hundimiento de valores en Bolsa. ‖ *Fig*. Fallo, fracaso: *la quiebra de los valores humanos*.

quiebro m. En fútbol, regate. ‖ Gorgorito hecho con la voz.

quien pron. rel. Se refiere esencialmente a las personas y hace en plural *quienes*: *el hombre a quien hablo*. ‖ Con el antecedente implícito, equivale a *la persona que: quien te ha dicho esto es un ignorante*. ‖ Puede usarse como pron. interr. o exclamat., en cuyo caso lleva un acento gráfico: *¿quién llama?*; *¡quién pudiera!*

quienesquiera pron. indet. pl. Personas indeterminadas, personas cualesquiera.

quienquiera pron. indet. Cualquier persona.

quieto, ta adj. Que no tiene o no hace movimiento. ‖ *Fig*. Tranquilo.

quietud f. Carencia de movimiento. ‖ *Fig*. Sosiego, tranquilidad.

quijada f. Cada uno de los dos huesos de la cabeza del animal en que están encajados dientes y muelas.

quijotada f. Acción propia de un quijote.

quijote m. *Fig*. Hombre demasiado idealista. | Hombre aficionado a entremeterse en cosas que no le importan en nombre de la justicia.

quijotesco, ca adj. Que obra con quijotería.

quijotismo m. Exageración en los sentimientos caballerosos.

quila f. *Amer*. Planta gramínea parecida al bambú.

quilate m. Unidad de peso para las perlas y piedras preciosas (200 mg). ‖ Cada una de las veinticuatro partes de oro fino que contiene una aleación de este metal.

quilla f. Parte inferior del casco de un barco que sostiene la armazón.

quillay m. Árbol rosáceo.

quilo m. Kilo, kilogramo.

quimba f. *Amer*. Contoneo.

quimbaya adj. y s. Dícese de un pueblo indio colombiano establecido en los actuales departamentos de Caldas y Valle del Cauca.

373

quimera f. *Fig.* Ficción, ilusión.

quimérico, ca adj. Imaginario.

química f. Ciencia que estudia la composición interna y propiedades de los cuerpos simples y sus transformaciones, combinaciones y acciones recíprocas. ‖ — *Química general,* la que trata de las leyes relativas al conjunto de los cuerpos químicos. ‖ *Química inorgánica,* la que estudia los cuerpos simples y compuestos sin carbono. ‖ *Química orgánica,* la que estudia los compuestos del carbono.

químico, ca adj. Relativo a la química. ‖ — Dícese de las armas que utilizan productos con efectos tóxicos. ‖ — M. y f. Persona que se dedica al estudio de la química o la profesa.

quimioterapia f. Tratamiento de las enfermedades con productos químicos desinfectantes o paralizadores de los microbios.

quimono m. Túnica larga japonesa.

quina f. Corteza del quino.

quinario, ria adj. De cinco unidades o guarismos.

quincajú m. *Amer.* Animal carnívoro de hocico puntiagudo.

quincalla f. Conjunto de objetos de metal, generalmente de poco valor.

quincallería f. Tienda de quincalla.

quince adj. Diez y cinco: *tener quince años* (ú. t. c. s.). ‖ Decimoquinto (ú. t. c. s.).

quincena f. Espacio de quince días. ‖ Paga por un trabajo de quince días: *cobrar la quincena.*

quincenal adj. Que sucede, se hace o sale cada quincena.

quinceno, na adj. Decimoquinto (ú. t. c. s.).

quincha f. *Amer.* Trama de junco para hacer cercos, armazones, etc.

quinchar v. t. *Amer.* Cubrir con quinchas. ‖ — V. i. Hacer quinchas.

quincuagenario, ria adj. De cincuenta años (ú. t. c. s.).

quincuagésimo, ma adj. Que ocupa el lugar cincuenta. ‖ — M. Cada una de las cincuenta partes iguales en que se divide un todo.

quindiano, na adj. y s. De Quindío (Colombia).

quingentésimo, ma adj. Que ocupa el lugar quinientos. ‖ — M. Cada una de las quinientas partes iguales en que se divide un todo.

quingombó m. *Amer.* Planta malvácea de hojas grandes, flores amarillas y fruto casi cilíndrico lleno de semillas.

quinielas f. pl. Juego público de apuestas que consiste en señalar en un boleto los triunfadores de una jornada de partidos de fútbol; el que consigue acertar el máximo de resultados se ve premiado con una parte de lo recaudado con la venta de los boletos. (Se hacen también quinielas en las carreras de caballos y de galgos.) ‖ Este boleto (ú. t. en sing.). ‖ *Arg.* Cierto juego de azar consistente en apostar a la última o las últimas cifras del número premiado en la lotería.

quinielista adj. y s. Aplícase a la persona que hace quinielas.

quinientos, tas adj. Cinco veces ciento. ‖ Quingentésimo.

quinina f. Alcaloide sacado de la corteza de la quina utilizado para combatir la fiebre y el paludismo.

quino m. Árbol rubiáceo cuya corteza es la quina.

quinqué m. Lámpara de petróleo con tubo de cristal.

quinquenal adj. Que ocurre cada quinquenio o dura cinco años.

quinquenio m. Cinco años.

quinqui m. *Pop.* Malhechor.

quinta f. Finca de recreo en el campo. ‖ *Mil.* Reclutamiento. ‖ Reemplazo anual para el ejército.

quintaesencia f. Lo mejor.

quintal m. Cien kilos.

quinteto m. Combinación métrica de cinco versos de arte mayor. ‖ Composición musical para cinco voces o instrumentos. ‖ Conjunto musical de cinco músicos o cantantes.

quintilla f. Poesía de cinco versos.

quintillizo, za m. y f. Cada uno de los cinco hermanos que han nacido en un parto quíntuple.

quinto, ta adj. y s. Que sigue en orden al o a lo cuarto: *Felipe Quinto.* ‖ — M. Cada una de las cinco partes iguales en que se divide un todo. ‖ Soldado durante el primer período de instrucción militar.

quintuplicar v. t. Multiplicar por cinco (ú. t. c. pr.).

quíntuplo, ple adj. y s. m. Dícese de lo que contiene un número cinco veces exactamente o es cinco veces mayor: *veinticinco es el quíntuplo de cinco.*

quiosco m. Pequeño edificio que suele constar de un techo sostenido por columnas y que adorna las azoteas, parques, jardines, etc.: *esta tarde tocará la banda en el quiosco.* ‖ Pabellón pequeño donde se suelen vender periódicos, flores, etc.

quipos y **quipus** m. pl. Cuerdas de varios colores con que, haciendo diversos nudos, los indios del Perú consignaban informaciones y hacían sus cálculos.

quiquiriquí m. Canto del gallo.

quirófano m. Sala de cirugía.

quiromancia f. Adivinación por las rayas de la mano.

quiróptero adj. y s. m. Dícese de los animales mamíferos adaptados al vuelo, con membranas laterales en forma de alas, como los murciélagos, vampiros, etc. ‖ — M. pl. Orden que forman.

quirquincho m. Armadillo.

quirúrgico, ca adj. De la cirugía.

quiscal m. Ave dentirrostra de América, de plumaje negro.

quisque (cada o **todo)** adv. m. Cada uno: *eso lo sabe todo quisque.*

quisquilla f. *Fam.* Pequeñez, menudencia. ‖ Camarón, crustáceo. ‖ — Adj. y s. m. Dícese del color de este animal, salmón claro.

quisquillosidad f. Condición de quisquilloso.

quisquilloso, sa adj. y s. Que se para en quisquillas o pequeñeces.

quiste m. Vejiga membranosa, de contenido líquido, que se desarrolla anormalmente en diferentes partes del cuerpo.

quitamanchas adj. y s. m. inv. Que sirve para quitar manchas.

quitar v. t. Separar una cosa de otra: *quitar la piel.* ‖ Sacar una cosa del lugar en que estaba: *quitar los platos de la mesa.* ‖ Despojar, suprimir: *me han quitado el pasaporte.* ‖ Robar: *quitar a uno la cartera.* ‖ Hacer que desaparezca: *quitar una mancha* (ú. t. c. pr.). ‖ Impedir, obstar: *esto no quita que* *sea un holgazán.* || Restar: *quitar dos de tres.* || Privar de algo: *el café quita el sueño.* || Apartar: *quitar a uno la preocupación.* || — V. pr. Despojarse de una prenda: *quitarse el abrigo.* || Apartarse de una cosa: *me quité de fumar.*

quitasol m. Sombrilla.

quite m. Lance con que el torero libra a otro de la acometida del toro.

quiteño, ña adj. y s. De Quito (Ecuador).

quiyá m. *Riopl.* Mamífero roedor bastante parecido al carpincho.

quizá o **quizás** adv. Indica la posibilidad de una cosa: *quizá vaya a Roma.*

quórum m. Número de miembros presentes requerido para que sea válida una votación en una asamblea.

QU

r

r f. Décima novena letra del alfabeto castellano y decimoquinta de sus consonantes. ‖ — **R**, símbolo del *roentgen, röntgen* o *roentgenio*.

Ra, símbolo químico del *radio*.

rabadilla f. Extremidad inferior de la columna vertebral.

rábano m. Planta crucífera de raíz carnosa comestible. ‖ Esta raíz.

rabia f. Enfermedad infecciosa que se transmite al hombre por mordedura de algunos animales, y caracterizada por fenómenos de excitación, luego por parálisis y muerte. ‖ *Fig.* Ira, cólera, furia: *decir algo con rabia.* ‖ Enojo, enfado: *le da rabia trabajar.*

rabiar v. i. Padecer rabia: *el perro rabió.* ‖ *Fig.* Enojarse, encolerizarse: *está que rabia.* ‖ Sufrir intensamente: *está rabiando de dolor.* ‖ Desear mucho: *el niño rabiaba por ir al cine.*

rabieta f. *Fam.* Berrinche.

rabihorcado m. Ave palmípeda de los países tropicales.

rabilargo, ga adj. Largo de rabo.

rabillo m. Ángulo: *rabillo del ojo.*

rabino m. Jefe espiritual de una comunidad israelita.

rabioso, sa adj. y s. Que padece rabia: *perro rabioso.* ‖ *Fig.* Muy enojado, furioso: *estoy rabioso contigo.* ‖ Vehemente, excesivo, violento: *ganas rabiosas de irse.* ‖ Chillón: *verde rabioso.*

rabo m. Cola de un animal: *el rabo del lobo.* ‖ Rabillo, pecíolo o pedúnculo: *el rabo de una hoja.* ‖ Ángulo, rabillo: *el rabo del ojo.*

rabona f. *Fam.* Hacer rabona, hacer novillos, faltar al colegio sin motivo.

racanear v. i. *Fam.* Holgazanear.

rácano, na adj. y s. Avaro.

racha f. *Mar.* Ráfaga: *racha de aire.* ‖ *Fig.* Período breve en que sólo ocurren cosas buenas o al contrario acontecimientos malos: *tener buena o mala racha.*

racial adj. Relativo a la raza.

racimo m. Conjunto de frutos unidos a un mismo tallo como en las uvas, la grosella, los plátanos, los dátiles, etc.

raciocinar v. i. Razonar.

raciocinio m. Razonamiento.

ración f. Porción de alimento que se reparte a cada persona: *una ración de cocido.* ‖ Cantidad de una cosa que se vende a cierto precio.

racional adj. Dotado de razón: *seres racionales* (ú. t. c. s. m.). ‖ Conforme con la razón: *método racional.*

racionalismo m. Carácter de lo que se fundamenta sólo en la razón.

racionalista adj. y s. Relativo al racionalismo o que es partidario de él.

racionalización f. Acción de racionalizar.

racionalizar v. t. Organizar de una manera razonable y según los cálculos apropiados. ‖ Volver más eficaz y menos costoso un proceso de producción.

racionamiento m. Distribución de cantidades limitadas de bienes que escasean por varias razones.

racionar v. t. Someter a racionamiento: *racionar el pan.*

racismo m. Teoría que sostiene la superioridad de ciertos grupos raciales frente a los demás.

racista adj. Del racismo. ‖ Partidario de esta teoría (ú. t. c. s.).

racor m. Pieza metálica que sirve para empalmar dos tubos.

rada f. Ensenada.

radar m. Dispositivo para determinar la distancia entre dos objetos o la posición que tienen, detectar aviones, buques, costas, obstáculos, etc., por medio de ondas radioeléctricas.

radiación f. *Fís.* Emisión de ondas, rayos o partículas. ‖ Elemento de una onda luminosa o electromagnética: *radiación infrarroja.*

radiactividad f. *Fís.* Propiedad que tienen ciertos elementos químicos (radio, uranio, etc.) de transformarse espontáneamente en otros elementos con emisión de determinadas radiaciones.

radiactivo, va adj. *Fís.* Relativo a la radiactividad o que tiene radiactividad.

radiado, da adj. Compuesto de rayos divergentes. ‖ Dispuesto en forma de rayos. ‖ Difundido por radio: *noticia radiada.* ‖ — M. pl. Animales invertebrados de cuerpo dispuesto en forma de radios alrededor de un centro, como la estrellamar, la medusa, el pólipo, etc. (ú. t. c. adj.).

radiador m. Aparato de calefacción que consta de varios elementos huecos por los que circula agua o aceite caliente, vapor, etc. ‖ Dispositivo para refrigerar el agua en un motor de explosión.

radial adj. Relativo al radio.

radián m. *Geom.* Unidad angular que corresponde a un arco de longitud igual al radio.

radiante adj. Que radia: *calor radiante.* ‖ *Fig.* Resplandeciente.

radiar v. t. Irradiar (ú. t. c. i.). ‖ Difundir o emitir por radio: *radiar noticias, música.* ‖ *Med.* Tratar una lesión por medio de los rayos X. ‖ — V. i. *Fís.* Emitir radiaciones.

radical adj. Relativo a la raíz. ‖ *Fig.* Fundamental, básico: *nulidad radical de un documento.* ‖ Muy eficaz: *emplear un medio radical.* ‖ Total, definitivo, absoluto: *curación radical.* ‖ En política, partidario de reformas democráticas avanzadas (ú. t. c. s.): *el partido radical.* ‖ — M. *Gram.* Parte de una palabra que, contrariamente a la desinencia, queda invariable: *el radical del verbo comer es* COM. || *Mat.* Signo (√) con que se indica la operación de extraer raíces.

radicalismo m. Calidad de radical. || Doctrina de los radicales.

radicalización f. Acción y efecto de radicalizar.

radicalizar v. t. Volver radical.

radicando m. *Mat.* Número del cual se ha de extraer la raíz.

radicar v. i. Arraigar (ú. t. c. pr.). || Estar situado en determinado lugar. || *Fig.* Estribar, consistir en: *la dificultad radica en esto.* || — V. pr. Establecerse.

radio m. Recta tirada desde el centro del círculo a la circunferencia o desde el centro de la esfera a su superficie. || Cada una de las piezas que unen el cubo de la rueda con la llanta. || Hueso contiguo al cúbito, con el cual forma el antebrazo. || Metal (Ra), de número atómico 88, de gran poder radiactivo, descubierto en 1898 por Pierre y Marie Curie y G. Bémont. || Apócope *radiotelegrafista, radiograma* y *radiotelefonista.* || Apócope de *radiograma.* || *Fam.* Apócope de *radiorreceptor.* || — *En un radio de cien kilómetros,* a cien kilómetros a la redonda. || *Radio de acción,* distancia máxima a la cual puede alejarse un avión, barco u otro vehículo sin aprovisionarse en combustible y conservando lo necesario para volver a su punto de partida; (fig.) esfera de actividad, zona de influencia. || *Apócope de* radiorreceptor. || Apócope de *radiografía, radiotelegrafía, radiotelegrafista, radiotelefonía* y *radiodifusión.*

radiocobalto m. Isótopo radiactivo del cobalto.

radiocomunicación f. Técnica de la transmisión radioeléctrica de imágenes, textos, signos y sonidos.

radiodetección f. Detección por medio de las radiaciones.

radiodifundir v. t. Emitir por medio de la radiotelefonía.

radiodifusión f. Transmisión por ondas hertzianas de música, noticias, reportajes y otros programas destinados al público. || *Estación de radiodifusión,* emisora.

radiodifusor, ra adj. Que emite por radio: *estación radiodifusora.*

radioelemento m. *Quím.* Elemento radiactivo.

radiofonía f. Radiotelefonía.

radiofrecuencia f. Frecuencia utilizada para las ondas radiofónicas, superior a 10 000 ciclos por segundo.

radiografía f. Fotografía interna del cuerpo por medio de los rayos X. || Cliché así obtenido.

radiografiar v. t. Fotografiar por medio de los rayos X.

radiograma m. Despacho transmitido por radiotelegrafía.

radiología m. Empleo terapéutico de los rayos X.

radiólogo, ga m. y f. Especialista en radiología.

radiometría f. Medida de la intensidad de una radiación.

radionavegación f. Navegación que utiliza las propiedades de las ondas radioeléctricas para la dirección de barcos y aviones.

radionovela f. Novela radiada.

radioonda f. Onda electromagnética empleada en radiocomunicación.

radiorreceptor m. Aparato receptor de las ondas del radiotransmisor.

radioscopia f. Examen de un objeto o de un órgano del ser humano por medio de la imagen que proyectan en una pantalla fluorescente al ser atravesados por los rayos X.

radioseñalización f. Señalización de la ruta de los barcos y aviones por radio.

radiotecnia o **radiotécnica** f. Técnica de la radioelectricidad.

radiotelefonía f. Sistema que permite la comunicación de dos personas por medio de ondas electromagnéticas.

radiotelefonista com. Persona que trabaja en radiotelefonía.

radiotelegrafía f. Telegrafía sin hilos.

radiotelegráfico, ca adj. Relativo a la radiotelegrafía.

radiotelegrafista com. Persona que se ocupa del funcionamiento de los aparatos radiotelegráficos.

radioterapia f. Empleo de los rayos X.

radiotransmisión f. Transmisión o difusión por radio.

radiotransmisor m. Transmisor de radiotelegrafía o de telefonía sin hilos.

radiotransmitir v. t. Transmitir por radio.

radioyente com. Persona que escucha las emisiones de radio.

radón m. Elemento químico (Rn) radiactivo, de número atómico 86.

raer v. t. Raspar, arrancar lo adherido a la superficie.

ráfaga f. Movimiento violento y rápido del aire. || Golpe de luz vivo y de poca duración. || Serie de disparos sucesivos y rápidos de un arma automática.

rafia f. Palmera que tiene una fibra muy flexible. || Esta fibra.

raglán m. Ranglán.

raid [reed] m. Incursión.

raído, da adj. Muy gastado.

raigambre f. Conjunto de raíces. || *Fig.* Conjunto de antecedentes, tradición, hábitos o afectos, etc., que vinculan una cosa a otra.

raíl o **rail** m. Riel, carril.

raimi m. Raymi.

raíz f. Parte de los vegetales que está en la tierra, de donde saca las sustancias nutritivas: *las raíces de un árbol.* || Parte de un órgano animal implantado en un tejido: *la raíz de un diente.* || *Fig.* Origen, principio: *la raíz de un mal.* || *Gram.* Elemento de una palabra a partir del cual se derivan todas las que son de la misma familia: CANT *es la raíz de cantar, cantante,* etc. || *Mat.* Cada uno de los valores que puede tener la incógnita de una ecuación. || *Med.* Prolongación profunda de ciertos tumores: *la raíz de un lobanillo.* || — *A raíz de,* inmediatamente. || *Mat. Raíz cuadrada,* cantidad que se ha de multiplicar por sí misma una vez para obtener un número determinado. | *Raíz cúbica,* cantidad que se ha de multiplicar por sí misma dos veces para obtener un número determinado.

raja f. Porción de poco espesor cortada a lo largo de un melón, sandía, salchichón, etc. || Hendidura que se hace en una cosa. || Grieta.

rajá m. Antiguo soberano de la India: *el rajá de Kapurtala.*

377

rajado, da adj. y s. Cobarde.

rajadura f. Hendidura.

rajar v. t. Partir en rajas: *rajó la sandía.* || Hender, partir, abrir: *rajar un mueble* (ú. t. c. pr.). || — V. i. *Fig.* y *fam.* Hablar mucho. | Refunfuñar. | Jactarse, presumir. || *Amer.* Hablar mal de uno. || — V. pr. *Fig.* y *fam.* Volverse atrás, desistir de una cosa por miedo. || *Amer.* Huir, escapar.

rajatabla (a) adv. De modo absoluto.

rajeta adj. y s. *Fam.* Rajado.

ralea f. Especie, categoría.

ralentí m. *Cin.* Proyección más lenta que el rodaje. || *Mec.* La menor velocidad a que puede funcionar un motor de explosión con el mínimo de gases.

rallador m. Útil para rallar.

rallar v. t. Desmenuzar una cosa restregándola con el rallador.

rally [rali] m. (pal. ingl.). Competición deportiva en la cual los participantes, a pie o motorizados, deben reunirse en un sitio determinado después de haber realizado varias pruebas.

rallye m. (pal. ingl.). Rally.

ralo, la adj. Poco espeso: *Pelo ralo.* || Muy separado: *dientes ralos.*

rama f. Cada una de las partes nacidas del tronco de la planta. || *Fig.* Cada una de las familias del mismo tronco. || Cada una de las subdivisiones de una cosa. || División primaria del reino animal.

ramadán m. Noveno mes del año lunar musulmán consagrado al ayuno.

ramaje m. Conjunto de ramas.

ramal m. Cada uno de los cabos de que se compone una cuerda, cable o correa. || Cada uno de los tramos de una escalera que concurren en el mismo rellano. || Cada una de las subdivisiones de una cosa: *los ramales de una carretera.*

ramalazo m. Racha de aire. || Ataque pasajero: *ramalazo de loco.*

rambla f. Paseo o avenida con árboles.

ramera f. Prostituta.

ramificación f. División de una planta en ramas. || Bifurcación de las arterias, venas o nervios. || *Fig.* Consecuencia derivada de algún hecho. | Subdivisión: *las ramificaciones de una ciencia.* | División en varios ramales de una carretera, de una vía de ferrocarril, de un conducto, etc.

ramificarse v. pr. Dividirse en ramas. || *Fig.* Subdividirse. | Propagarse, extenderse las consecuencias de una acción o hecho.

ramillete m. Conjunto de flores, de cosas, de personas.

ramnáceo, a adj. y s. f. Aplícase a las plantas dicotiledóneas de hojas simples y de fruto en drupa o cápsula. || — F. pl. Familia que forman.

ramo m. Ramillete de flores. || *Fig.* Subdivisión.

ramoso, sa adj. Con ramas.

rampa f. Terreno en declive: *subir por la rampa.* || Superficie inclinada. || Plano inclinado que se emplea para subir o bajar cargas. || *Rampa de lanzamiento,* plano inclinado para el lanzamiento de aviones, proyectiles o cohetes de propulsión.

ramplón, ona adj. *Fig.* Vulgar.

ramplonería f. Vulgaridad.

rana f. Batracio saltador de piel verdosa. || Juego que consiste en arrojar una moneda o un tejo por la boca abierta de una rana de hierro.

rancagüino, na adj. y s. De Rancagua (Chile).

ranchear v. i. Formar ranchos en un sitio, acampar (ú. t. c. pr.).

ranchera f. Canción popular originaria de México. || Danza rural de los alrededores de Buenos Aires.

ranchería f. Conjunto de ranchos.

ranchero m. El que guisa el rancho. || Dueño de un rancho o finca. || Campesino que trabaja en un rancho. || *Fig. Méx.* Apocado, ridículo.

ranchito m. *Amer.* Chabola.

rancho m. Comida hecha para muchos: *el rancho de la tropa.* || *Fam.* Comida o guiso malo. || Campamento: *rancho de gitanos.* || *Amer.* Choza con techo de ramas o paja: *rancho pampero.* | Finca, granja, hacienda. || *Per.* Quinta, casa de campo. || *Fig.* y *fam. Hacer rancho aparte,* llevar una vida aislada de los demás.

ranciar v. t. Volver rancio (ú. t. c. pr.).

rancio, cia adj. Aplícase al vino y ciertos comestibles grasientos que con el tiempo adquieren sabor y olor fuertes: *tocino rancio.* || *Fig.* Antiguo.

ranglán m. Gabán de hombre con esclavina. || *Manga ranglán,* la que arranca del cuello y no tiene costura en el hombro.

rango m. Clase, categoría. || *Amer.* Generosidad.

rante adj. *Arg. Fam.* Pobre.

ranunculáceo, a adj. y s. f. Aplícase a unas plantas dicotiledóneas como la anémona y la peonía. || — F. pl. Familia que forman.

ranura f. Hendidura estrecha hecha en un madero, una pieza metálica, etc. || Pequeña abertura alargada donde se introduce una moneda o una ficha.

rapabarbas m. inv. *Fam.* Barbero.

rapacejo m. Muchacho.

rapacidad f. Avidez, codicia. || Inclinación al robo.

rapapolvo m. *Fam.* Represión.

rapar v. t. Afeitar la barba (ú. t. c. pr.). || Cortar el pelo al rape. || *Fig.* Robar.

rapaz adj. Dado al robo, hurto o rapiña. || *Fig.* Ávido de ganancias: *comerciante rapaz.* || Aplícase al ave de rapiña. || — F. pl. Orden de aves carnívoras, de pico corvo, uñas grandes y aceradas, como el águila, el halcón, el buitre, etc. || — M. y f. Muchacho o muchacha de corta edad.

rapaza f. Muchacha de poca edad.

rape m. Pez marino de cabeza ancha y aplastada, ojos y cabeza grandes.

rapé adj. Aplícase al tabaco en polvo que se toma por la nariz. Ú. t. c. s. m.: *tomar rapé.*

rapidez f. Calidad de rápido.

rápido, da adj. Veloz. || — M. Tren de gran velocidad: *el rápido de Barcelona a Madrid.* || Parte de un río muy impetuosa: *los rápidos del Niágara.*

rapiña f. Robo, expoliación o saqueo hecho con violencia. || *Ave de rapiña,* la carnívora, como el águila y el buitre.

rapiñar v. t. *Fam.* Hurtar.

raposa f. Zorra. || *Fig.* Hombre astuto.

raposo m. Zorro.

rapsoda com. Recitador de poemas.

rapsodia f. Trozo de un poema, especialmente de Homero, que cantaban los rapsodas. || Composición musical.

raptar v. t. Cometer rapto.

rapto m. Delito que consiste en llevarse de su domicilio por el engaño, la violencia o la seducción a alguien, especialmente a una mujer, a un niño. ‖ *Fig.* Éxtasis. | Arrebato: *rapto de locura.*

raptor, ra adj. y s. Que rapta.

raqueta f. Aro de madera, provisto de una red de cuerdas de tripa o de otra materia y terminado por un mango, que sirve para jugar al tenis, etc. ‖ Pala utilizada para jugar al tenis de mesa.

raquídeo, a adj. Del raquis.

raquis m. Columna vertebral.

raquítico, ca adj. Que sufre raquitismo (ú. t. c. s.). ‖ *Fig.* Escaso, mezquino.

raquitismo m. Enfermedad infantil, caracterizada por las deformaciones del sistema óseo.

rarefacción f. Enrarecimiento.

rarefacer v. t. Enrarecer, disminuir la densidad (ú. t. c. pr.).

rareza f. Calidad de raro.

rarificar v. t. Rarefacer (ú. t. c. pr.).

raro, ra adj. Poco frecuente: *un fenómeno muy raro.* ‖ Singular, poco corriente: *libro raro.* ‖ *Gases raros,* los que, en pequeña cantidad, forman parte de la atmósfera, como el helio, el neón, el argón, el criptón, el xenón.

ras m. Igualdad de nivel.

rasante adj. Que rasa, que pasa rozando. ‖ — M. Línea de una calle o camino considerada en relación con el plano horizontal. ‖*Cambio de rasante,* punto más elevado de la pendiente de una carretera.

rasar v. t. Igualar con el rasero. ‖ Pasar muy cerca.

rascacielos m. inv. Edificio de muchas plantas.

rascar v. t. Refregar o frotar la piel con las uñas (ú. t. c. pr.). ‖ Raspar una superficie. ‖ Raer con el rascador.

rasero, ra adj. Rasante. ‖— M. Palo cilíndrico para rasar las medidas de los áridos.

rasgado, da adj. Dícese de los ojos que tienen muy prolongada la comisura de los párpados. ‖ — M. Rasgón.

rasgar v. t. Romper, destrozar una cosa tirando de ella en varias direcciones (ú. t. c. pr.): *le rasgó las vestiduras.* ‖— V. t. Rasguear un instrumento músico de cuerdas.

rasgo m. Línea trazada con la pluma, especialmente de adorno. ‖ *Fig.* Expresión acertada: *rasgo de humor.* ‖ Acción notable: *un rasgo de heroísmo.* ‖ Característica, peculiaridad: *rasgo de su carácter.* ‖— Pl. Facciones de la cara: *rasgos finos.*

rasgón m. Rotura en una tela.

rasgueado m. Rasgueo.

rasguear v. t. Tocar la guitarra u otro instrumento rozando varias cuerdas a la vez.

rasgueo m. Manera de tocar la guitarra rasgueándola.

rasguñar v. t. Arañar o rascar.

rasguño m. Arañazo.

rasilla f. Ladrillo delgado y hueco.

raso, sa adj. Llano, liso, despejado: *terreno raso.* ‖ Sin nubes, desencapotado. ‖ Que casi toca el suelo: *vuelo raso.* ‖ Dícese del que en su empleo no tiene ni título ni categoría especial: *un soldado raso.* ‖— M. Satén. ‖ *Al raso,* al aire libre.

raspa f. Espina de pescado. ‖ Arista del grano de trigo y otros cereales. ‖Escobajo de la uva.

raspado m. Acción de raspar. ‖ Operación que consiste en raer con un instrumento quirúrgico la mucosa del útero o la superficie de un hueso.

raspador m. Útil para raspar.

raspadura f. Acción de raspar.

raspar v. t. Raer ligeramente una cosa para quitar la parte superficial. ‖ Hacer la operación quirúrgica del raspado. ‖ Tener sabor áspero un vino u otro licor y picar en el paladar (ú. t. c. i.). ‖ Tener una superficie áspera. Ú. t. c. i.: *su piel raspa con el frío.* ‖ Rasar.

rasponazo m. Señal o marca que deja un cuerpo que raspa.

rastra f. Huella. ‖ *Agr.* Grada. | Rastro, rastrillo. ‖ *Riopl.* Adorno, generalmente de plata, que los gauchos llevan en el cinturón a manera de hebilla.

rastreador, ra adj. Que rastrea.

rastrear v. t. Buscar una persona, animal o cosa siguiendo su rastro. ‖ *Fig.* Averiguar una cosa valiéndose de varios indicios, indagar (u. m. c. i.). ‖— V. i. Ir volando casi a ras del suelo.

rastreo m. Acción de rastrear.

rastrillado m. Acción de rastrillar.

rastrillar v. t. Limpiar con rastrillo.

rastrillo m. Instrumento de jardinería formado de un palo largo cruzado en su extremo inferior por un travesaño con púas que sirve para recoger la broza, paja, etc. ‖ Utensilio parecido usado en las mesas de juego para recoger el dinero apostado.

rastro m. Huella. ‖ *Fig.* Señal. ‖ Mercado de cosas viejas.

rastrojera f. Conjunto de tierras que han quedado en rastrojo.

rastrojo m. Paja de la mies que queda después de segar.

rasurador m. *Amer.* Maquinilla de afeitar eléctrica.

rasurar v. t. Afeitar.

rata f. Mamífero roedor, de cola larga, muy voraz y perjudicial.

rata f. Parte proporcional. ‖ En física, variación por unidad de tiempo. ‖ *Col.* y *Pan.* Porcentaje. ‖ — *Rata parte,* prorrata. ‖ *Rata por cantidad,* a prorrata, mediante prorrateo.

rateo m. Prorrateo.

ratería f. y **raterismo** m. Hurto.

ratero, ra adj. Ladrón (ú. t. c. s.).

raticida m. Sustancia química para matar ratas y ratones.

ratificación f. Confirmación.

ratificador, ra adj. Que ratifica.

ratificar v. t. Aprobar o confirmar lo hecho o prometido (ú. t. c. pr.).

rato adj. m. Dícese del matrimonio celebrado y no consumado.

rato m. Espacio de tiempo corto.

ratón m. Mamífero roedor.

ratona f. Hembra del ratón.

ratonera f. Trampa para cazar ratones. ‖ Madriguera de ratones. ‖ *Fig.* Trampa. ‖ *Amer.* Cuchitril.

raudal m. Corriente violenta de agua. ‖ *Fig.* Gran cantidad.

raudo, da adj. Rápido.

ravioles o **raviolis** m. pl. Cuadritos de pasta con carne picada y servidos con salsa y queso rallado.

raya f. Línea recta: *las cinco rayas del pentagrama.* ‖ Lista: *camisa a rayas.* ‖ Separación de los cabellos hecha con el peine. ‖ Pliegue del pantalón. ‖ Señal larga de alfabeto Morse, equivalente a tres puntos por su duración. ‖ *Gram.* Guión algo más largo que el corriente que separa oraciones incidentales o indica el diálogo. ‖ Pez marino selacio de cuerpo aplastado y romboidal y cola larga y delgada. ‖ *Méx.* Sueldo, paga.

rayadillo m. Tela rayada.

rayadito m. Pájaro de cabeza negra de Patagonia y de Tierra del Fuego.

rayado, da adj. Que tiene rayas o listas. ‖ — M. Conjunto de rayas: *el rayado de una tela.* ‖ Acción de rayar.

rayador m. Ave de América, parecida a la golondrina de mar.

rayano, na adj. Cercano.

rayar v. t. Hacer o tirar rayas: *rayar una hoja de papel.* ‖ Subrayar: *rayar una frase.* ‖ Tachar lo escrito o impreso: *rayar las palabras inútiles.* ‖ Suprimir: *lo rayaron de la lista.* ‖ — V. i. Ser colindante o limítrofe: *su casa raya con la mía.* ‖ Despuntar, empezar a salir: *rayar el alba, el día.* ‖ *Fig.* Estar a punto de alcanzar, frisar: *rayar en los cincuenta años.* ‖ Ser casi, aproximarse mucho a: *su conducta raya en lo ridículo.* ‖ Distinguirse, descollar, destacarse: *raya por su inteligencia.* ‖ *Méx.* Pagar a los trabajadores el salario.

rayo m. Haz de luz que procede de un cuerpo luminoso, especialmente del Sol: *los rayos solares.* ‖ Línea de propagación de la energía: *rayos caloríficos.* ‖ Corpúsculo o radiación electromagnética que posee esta energía: *rayos X, gamma.* ‖ Chispa eléctrica de gran intensidad entre los nubes o entre una nube y la Tierra: *cayó un rayo en el campanario de la iglesia.* ‖ Radio de una rueda. ‖ *Fig.* Persona muy viva: *este chico es un rayo.* ‖ Cosa o desgracia imprevista: *la noticia cayó como un rayo.* ‖ — *Rayos alfa* (α), *beta* (β) *y gama* (γ), los emitidos por los cuerpos radiactivos. ‖ *Rayos cósmicos,* los que proceden del espacio sideral. ‖ *Rayos X o de Röntgen,* los que atraviesan fácilmente muchos cuerpos opacos y se utilizan en medicina como medio de investigación y tratamiento.

raymi o **raimi** m. Fiesta principal de los incas, de carácter religioso, que se celebraba en Cuzco y que duraba nueve días, a partir del 21 de junio.

rayón m. y **rayona** f. Hilo textil de viscosa. ‖ Tejido hecho con él.

raza f. Grupo de individuos cuyos caracteres biológicos son constantes y se perpetúan por herencia: *raza blanca.* ‖ Conjunto de los ascendientes y descendientes de una familia, de un pueblo: *la raza de David.* ‖ Subdivisión de una especie: *razas humanas.*

razón f. Facultad de pensar, discurrir y juzgar: *el hombre está dotado de razón.* ‖Facultad intelectual que permite actuar acertadamente o distinguir lo bueno y verdadero de lo malo y falso: *luz de la razón.* ‖ Motivo, causa: *la razón de un acto.* ‖ Recado: *llevar una razón.* ‖ Información: *razón aquí.* ‖*Mat.* Relación que resulta de la comparación entre dos cantidades. ‖ — *A razón de,* al precio de; según la proporción de. ‖ *En razón a o de,* debido a. ‖ *Perder la razón,* enloquecer. ‖ *Razón de Estado,* consideraciones basadas en las conveniencias políticas que se invocan para justificar acciones ilegales e injustas. ‖ *Razón social,* denominación con que se da a conocer una sociedad comercial.

razonable adj. Sensato.

razonamiento m. Acción o manera de razonar.

razonar v. i. Exponer las razones en que se funda un juicio, creencia, demostración, etc. ‖ Discurrir: *razonar por inducción.* ‖ — V. t. Apoyar con pruebas o documentos una cosa, justificar.

re m. Nota de la escala musical.

Re, Símbolo químico del renio.

reabsorber v. t. Volver a absorber.

reacción f. Acción provocada por otra y de sentido contrario: *todo exceso suscita una reacción.* ‖ En política, acción de un partido opuesto a todas las innovaciones políticas o sociales y empeñado en resucitar las instituciones del pasado; partido que tiene estas opiniones: *acabar con la reacción.* ‖ En psicología, comportamiento de un ser vivo en presencia de un estímulo externo o interno. ‖ *Fisiol.* Acción orgánica que tiende a producir un efecto contrario al del agente que la provoca. ‖ *Quím.* Fenómeno por el cual, del contacto de dos o más cuerpos, resulta la formación de cuerpos diferentes. ‖— *Avión de reacción,* el propulsado por un motor de reacción. ‖ *Motor de reacción,* el que eyecta unos chorros de gases a gran velocidad y, en virtud del principio de la acción y de la reacción, hace avanzar un vehículo en sentido opuesto al de la eyección.

reaccionar v. i. Producirse una reacción. ‖ *Fig.* Oponerse, resistir.

reaccionario, ria adj. y s. Que se opone a las innovaciones.

reacio, cia adj. Que resiste.

reactivación f. Acción y efecto de reactivar.

reactivar v. t. Dar nueva fuerza.

reactividad f. Capacidad de reaccionar que tiene un cuerpo químico. ‖ Aptitud para reaccionar una persona ante un hecho o dicho.

reactivo, va adj. Que reacciona o produce reacción. ‖ — M. *Quím.* Sustancia empleada para determinar la naturaleza de los cuerpos por las reacciones producidas en ellos.

reactor m. Propulsor aéreo que utiliza el aire ambiente como comburente y funciona por reacción directa sin ayuda de hélice. ‖ Instalación industrial donde se efectúa una reacción química en presencia de un catalizador. ‖ Avión de reacción. ‖ *Reactor nuclear,* fuente de energía que utiliza la fisión.

readaptación f. Acción de readaptar o readaptarse.

readaptar v. t. Adaptar de nuevo (ú. t. c. pr.).

readmisión f. Nueva admisión.

readmitir v. t. Volver a admitir.

reafirmar v. t. Afirmar de nuevo.

reagrupar v. t. Agrupar de nuevo.

reajustar v. t. Volver a ajustar.

reajuste m. Acción de reajustar.

real adj. Que tiene existencia verdadera y efectiva: *afecto real.* ‖ Del rey o de la realeza: *familia real.* ‖ *Fig.* Regio, suntuoso. ‖ Hermoso: *un real mozo.* ‖ *Derechos reales,* impuesto que grava toda transferencia de propiedad. ‖ — M. Campamento de un ejército. ‖ Campo de una feria, ferial. ‖ Antigua moneda española de veinticinco céntimos de peseta. ‖Moneda de diversos países de América que equivale a unos 10 centavos de peso.

realce m. *Fig.* Relieve.

realeza f. Dignidad o soberanía real. ‖ Magnificencia.

realidad f. Existencia efectiva de una cosa: *la realidad del mundo físico.* ‖ Cosa concreta. ‖ Mundo real: *vivir fuera de la realidad.* ‖ Verdad.

realismo m. Doctrina filosófica que afirma la realidad de las ideas (realismo espiritualista) o que considera que el mundo, tal y como lo vemos, es la única realidad (realismo materialista). ‖ Doctrina literaria y artística basada en la descripción precisa y objetiva de los seres y de las cosas. ‖ Doctrina política favorable a la monarquía.

realista adj. Que tiene muy en cuenta la realidad tal y como es, que observa una conducta práctica (ú. t. c. s.). ‖ Relativo al realismo filosófico, literario o artístico. ‖ Seguidor o partidario de este realismo (ú. t. c. s.). ‖ Perteneciente o relativo a la monarquía. ‖ Partidario de la monarquía, monárquico (ú. t. c. s.). ‖ Perteneciente o relativo a las instituciones, tropas, etc., españolas del período colonial de la América hispana (ú. t. c. s.).

realizable adj. Que puede realizarse, hacedero.

realización f. Acción de realizar. ‖ Cosa realizada. ‖ Conjunto de operaciones necesarias para hacer una película, una emisión de radio o de televisión.

realizador, ra m. y f. Director de cine o de una emisión radiofónica o televisada. ‖ — Adj. y s. Que realiza.

realizar v. t. Hacer real: *realizar sus aspiraciones* (ú. t. c. pr.). ‖ Efectuar, llevar a cabo: *realizar un viaje.* ‖ Ejecutar: *realizar una hazaña.* ‖ Dirigir la preparación y la ejecución de una película o de una emisión radiofónica o televisada. ‖ — V. pr. Tener lugar.

realquilar v. t. Subarrendar.

realzar v. t. Poner de relieve.

reanimación f. Acción y efecto de reanimar. ‖ *Med.* Conjunto de medios terapéuticos destinados a restablecer las funciones vitales (circulación, respiración, sistema nervioso). ‖ Nuevo vigor.

reanimar v. t. Dar vigor, restablecer las fuerzas: *medicina que reanima.* ‖ Restablecer las funciones vitales: *reanimar al desmayado.* ‖ *Fig.* Levantar el ánimo. ‖ Reanudar, reavivar: *reanimar la conversación.*

reanudación f. Continuación.

reanudar v. t. Continuar lo interrumpido.

reaparecer v. i. Volver a aparecer.

reaparición f. Vuelta a aparecer.

reapertura f. Nueva apertura.

reaseguro m. Contrato por el cual un asegurador toma a su cargo, completamente o en parte, un riesgo ya cubierto por otro asegurador.

reata f. Cuerda que sujeta dos o más caballerías e hilera que éstas forman.

reavivación f. y **reavivamiento** m. Acción y efecto de reavivar o reavivarse.

reavivar v. t. Volver a avivar (ú. t. c. pr.).

rebaba f. Resalto en los bordes de un objeto.

rebaja f. Descuento, disminución del precio: *vender con rebaja.*

rebajador m. Producto utilizado para hacer menor la opacidad de las imágenes fotográficas.

rebajamiento m. Acción de rebajar. ‖ *Fig.* Humillación.

rebajar v. t. Volver algo más bajo de lo que era. ‖ Disminuir, reducir: *rebajar el sueldo.* ‖ Oscurecer o disminuir la intensidad de un color en pintura o fotografía. ‖ *Fig.* Abatir, hacer que disminuya: *reba-*

jar la soberbia. ‖ Humillar. ‖ *Rebajar de rancho,* entregar el rebaje de rancho a un soldado. ‖ — V. pr. *Fig.* Humillarse.

rebaje m. *Mil.* Dispensa de alguna obligación. ‖ *Rebaje de rancho,* dinero que se da al soldado que no come en el cuartel.

rebalse m. Presa.

rebanada f. Porción delgada, ancha y larga, que se saca de algo.

rebañadura f. Restos en el fondo de una cacerola o plato (ú. m. en pl.).

rebañar v. t. Apurar los restos de una cosa comestible.

rebaño m. Hato de ganado. ‖ *Fig.* Congregación.

rebasar v. t. Pasar de cierto límite. ‖ Dejar atrás, ir más allá en una marcha, camino, recorrido. ‖ *Amer.* Adelantar un automóvil.

rebatible adj. Refutable.

rebatir v. t. Refutar, impugnar.

rebato m. Toque de alarma.

rebeca f. Jersey de mangas largas que suele abrocharse por delante.

rebeco m. Gamuza.

rebelarse v. pr. Sublevarse.

rebelde adj. y s. Que se rebela. ‖ Que se niega a obedecer.

rebeldía f. Calidad de rebelde. ‖ Insubordinación, indisciplina. ‖ *For.* Oposición del reo a comparecer ante el tribunal.

rebelión f. Sublevación.

rebenque m. Látigo.

reblandecer v. t. Ablandar.

reblandecimiento m. Acción de reblandecer. ‖ Estado de una cosa reblandecida. ‖ Alteración de los tejidos orgánicos, caracterizada por la disminución de su consistencia: *reblandecimiento cerebral.*

reborde m. Borde.

rebosante adj. Que rebosa.

rebosar v. i. Derramarse un líquido por encima de los bordes del recipiente en que no cabe. ‖ *Fig.* Tener algo en abundancia: *rebosar de alegría.*

rebotar v. i. Botar repetidamente.

rebote m. Acción de rebotar.

rebozar v. t. Cubrir casi todo el rostro con la capa, el manto u otra prenda (ú. t. c. pr.). ‖ Bañar una cosa comestible en huevo, harina, etc.: *rebozar el pescado.*

rebozo m. Modo de cubrirse casi todo el rostro con la capa o manto. ‖ *Fig.* Pretexto. ‖ *Amer.* Pañolón, típico de México, que usan las mujeres.

rebusca f. Acción y efecto de rebuscar.

rebuscado, da adj. Afectado.

rebuscamiento m. Afectación.

rebuscar v. t. Buscar con cuidado.

rebuznar v. i. Dar rebuznos.

rebuzno m. Voz del asno.

recabar v. t. Pedir, solicitar.

recadero, ra m. y f. Persona encargada de hacer recados.

recado m. Mensaje verbal: *le di recado que no iría.* ‖ Mensaje escrito. ‖ Encargo, comisión, mandado. ‖ Conjunto de utensilios necesarios para cierto fin: *recado de escribir.* ‖ *Amer.* Conjunto de las piezas que constituyen la montura.

recaer v. i. Caer nuevamente enfermo. ‖ *Fig.* Ir a parar: *la culpa recayó sobre él.* ‖ Dirigirse: *la sospe-*

cha recayó sobre él. | Volver: *la conversación recae siempre sobre el mismo tema.* | Caer en suerte: *el premio recaerá en el más digno.* | Reincidir: *recaer en los mismos vicios.*

recaída f. Reaparición de una enfermedad que no había curado completamente: *tener una recaída.* || Reincidencia, acción de volver a incurrir en los mismos vicios o defectos.

recalar v. i. Llegar un barco a un punto de la costa. || Bucear, nadar bajo el agua. || *Fig.* Llegar a un sitio, aparecer.

recalcar v. t. Subrayar.

recalcificar v. t. Aumentar la cantidad de calcio en el organismo.

recalcitrante adj. Obstinado en el error, terco. || Reacio.

recalentamiento m. Acción y efecto de recalentar o recalentarse.

recalentar v. t. Volver a calentar. || Calentar mucho. || *Fig.* Excitar (ú. t. c. pr.). | Poner en celo (ú. t. c. pr.).

recalificar v. t. Dar una nueva calificación.

recamar v. t. Bordar de realce.

recámara f. Parte de la culata de las armas de fuego donde se coloca el cartucho. || *Fig.* Cautela, segunda intención. || *Méx.* Dormitorio.

recambiar v. t. Cambiar de nuevo.

recambio m. Acción de recambiar. || Pieza que sustituye a otra semejante.

recapacitar v. t. e i. Reflexionar.

recapitulación f. Resumen.

recapitular v. t. Resumir.

recapitulativo, va adj. Que recapitula: *cuadro recapitulativo.*

recarga f. Pieza de recambio.

recargamiento m. Acumulación o abundancia excesiva de algo.

recargar v. t. Volver a cargar. || Adornar excesivamente: *estilo recargado.* || Aumentar la cantidad que hay que pagar: *recargar los impuestos.*

recargo m. Nueva carga o aumento de carga. || Aumento en los impuestos o precios. || Sobretasa. || Agravación de una pena.

recatado, da adj. Circunspecto.

recatar v. t. Encubrir u ocultar lo que no se quiere que se vea o se sepa (ú. t. c. pr.).

recato m. Modestia, pudor.

recauchar v. t. Recauchutar.

recauchutado m. Acción y efecto de recauchutar.

recauchutar v. t. Revestir un neumático gastado con una disolución de caucho.

recaudación f. Cobro de contribuciones, de dinero procedente de la venta de objetos, etc. || Oficina en la que se efectúa este cobro. | Cantidad recaudada.

recaudador, ra m. y f. Persona encargada de la cobranza de caudales públicos. || Cobrador en un banco.

recaudar v. t. Cobrar o percibir caudales públicos o efectos. || Recibir cantidades de dinero por varios conceptos.

recaudo m. Recaudación. || *Poner a buen recaudo,* poner en lugar seguro.

recelar v. t. Sospechar. || Temer. || — V. i. Desconfiar.

recelo m. Suspicacia. || Desconfianza. || Miedo.

receloso, sa adj. Suspicaz, desconfiado. || Temeroso.

recental adj. Que no ha pastado aún (ú. t. c. s.).

recepción f. Acción de recibir: *recepción de un paquete.* || Admisión en una asamblea o corporación acompañada de una ceremonia: *recepción de un nuevo miembro.* || Ceremonia oficial en que un alto personaje acoge a los diplomáticos, miembros del gobierno, etc. || Gran fiesta en una casa particular. || Sitio donde se recibe a los clientes en un hotel. || *Rad.* Acción de captar una emisión de ondas hertzianas.

recepcionista com. Encargado de la recepción en un hotel, etc.

receptáculo m. Cavidad.

receptor, ra adj. Que recibe. || — M. Aparato que recibe las señales eléctricas, telegráficas, telefónicas, radiotelefónicas o televisadas: *un receptor de televisión.* || Elemento sensorial, como las células visuales de la retina. || Persona que por medio de una transfusión recibe parte de la sangre de un donante. || *Receptor universal,* sujeto perteneciente a un grupo sanguíneo (AB) que le permite recibir la sangre de individuos de cualquier grupo.

recesar v. i. Cesar en sus actividades una corporación. || — V. t. Clausurar una Asamblea.

recesión f. Disminución de una actividad: *recesión económica.*

receso m. *Amer.* Vacación, suspensión. || *Amer. Estar en receso,* haber suspendido sus sesiones una asamblea.

receta f. Prescripción médica y nota escrita en que consta. || Nota que indica los componentes de un plato de cocina y la manera de hacerlo. || *Fig.* Fórmula.

recetar v. t. Prescribir el médico un medicamento. || *Fig.* Aconsejar.

rechazamiento m. Acción de rechazar, repulsa, negativa.

rechazar v. t. Obligar a retroceder: *rechazar al enemigo.* || Resistir victoriosamente: *rechazar un asalto.* || *Fig.* No ceder a, apartar: *rechazar los malos pensamientos.* | Rehusar, no aceptar: *rechazar un regalo.* | No atender: *rechazar una petición.* | Despedir, desairar: *rechazar a un pretendiente.* | Refutar. || *Med.* No aceptar un injerto en el organismo.

rechazo m. Retroceso de un cuerpo al chocar con otro. || *Fig.* Rechazamiento, negativa. || *Med.* No aceptación de un injerto o trasplante por un organismo.

rechinar v. i. Producir un ruido desapacible, al rozar una cosa con otra. || *Fig.* Gruñir.

rechistar v. i. Chistar.

rechoncho, cha adj. *Fam.* Gordo y de poca altura.

rechupete (de) loc. Muy bien.

recibidor, ra adj. y s. Aplícase al que recibe. || — M. Antesala donde se reciben las visitas.

recibimiento m. Acogida. || Entrada, vestíbulo. || Salón.

recibir v. t. Aceptar o tener entre las manos lo dado o enviado: *recibir un regalo.* || Percibir o cobrar una cantidad. || Ser objeto de algo: *recibir felicitaciones.* || Tomar, acoger: *recibieron con gran entusiasmo su propuesta.* || Aceptar: *reciba mi sincera enhorabuena.* || Admitir, acoger en una asamblea o corporación. || Admitir visitas una persona. Ú. t. c. i.: *a esta* mujer no le gusta recibir. || Salir al encuentro del que llega: *recibir con gran pompa a uno.* || Acoger: *me han recibido con los brazos abiertos.* || Esperar al que acomete para resistirle. || — V. pr. Tomar el título necesario para ejercer una profesión: *se recibió de doctor en medicina.*

recibo m. Recepción, acción y efecto de recibir algo: *acusar recibo de una carta.* || Recibimiento, cuarto de una casa. || Resguardo en que se declara haber recibido una cosa o haber sido pagada una suma: *haber perdido el recibo de la electricidad.*

reciclado m. Reciclaje.

reciclaje m. Reconversión de una persona en el campo laboral.

reciclamiento m. Reciclaje.

reciclar v. t. Llevar a cabo el reciclaje. || — V. pr. Adquirir una nueva formación.

recidivar v. i. Volver a tener la misma enfermedad.

reciedumbre f. Fuerza, vigor.

recién adv. Hace poco.

reciente adj. Que acaba de suceder o hacerse: *de fecha reciente.*

recinto m. Espacio encerrado.

recio, cia adj. Fuerte.

recipiendario, ria m. y f. Persona recibida solemnemente en una corporación, academia, etc.

recipiente adj. Que recibe. || — M. Receptáculo para recibir o contener fluidos, objetos, etc.

reciprocidad f. Correspondencia.

recíproco, ca adj. Mutuo: *amor recíproco.* || — F. Acción semejante o equivalente a la que se hizo.

recitación f. Acción y efecto de recitar.

recitador, ra adj. y s. Aplícase a la persona que recita.

recital m. Función dada por un solo artista: *recital de piano.* || Lectura o recitación de composiciones de un poeta.

recitar v. t. Decir de memoria y en voz alta: *recitar un poema.*

reclamación f. Acción de reclamar.

reclamar v. t. Pedir o exigir con derecho o con instancia una cosa.

reclamo m. Ave amaestrada que se lleva a la caza para que llame y atraiga a las de la misma especie. || Voz con que se llama a uno, llamada. || Publicidad, propaganda. || *Fig.* Cosa destinada a atraer a la gente.

reclinar v. t. Inclinar el cuerpo o parte de él, apoyándolo sobre algo. Ú. t. c. pr.: *reclinarse en (o sobre) la mesa.* || Inclinar una cosa apoyándola sobre otra.

reclinatorio m. Silla baja para arrodillarse y rezar.

recluir v. t. Encerrar (ú. t. c. pr.).

reclusión f. Prisión.

recluso, sa adj. y s. Preso.

recluta m. Mozo que hace el servicio militar.

reclutador, ra adj. y s. Aplícase al que recluta.

reclutamiento m. Acción de reclutar.

reclutar v. t. Alistar reclutas. || Reunir gente para cierta labor.

recobrar v. t. Volver a tener lo que antes se tenía y se había perdido: *recobrar la salud.* || *Recobrar el sentido,* volver al estado normal después de haber perdido el conocimiento. || — V. pr. Desquitarse de un daño o de una pérdida. || Recuperarse físicamente.

recochinearse v. pr. Regodearse.

recochineo m. Regodeo.

recodo m. Ángulo.

recogedor, ra adj. Que recoge. || — M. Especie de pala para recoger las basuras.

recoger v. t. Volver a coger o levantar una cosa caída: *recogió del suelo el pañuelo.* || Juntar cosas dispersas: *recoger documentos.* || Ir juntando: *recogió mucho dinero.* || Cosechar: *recoger las mieses.* || Arremangar: *recoger la falda.* || Encoger, ceñir, estrechar. || Guardar: *recoge esta plata.* || Dar asilo, acoger: *recoger a los menesterosos.* || Ir a buscar: *le recogeré a las ocho.* || *Fig.* Obtener: *por ahora sólo ha recogido disgustos.* || — V. pr. Retirarse a dormir o descansar: *yo me recojo tarde.* || Arreglarse, peinarse para que el pelo no esté suelto. || *Fig.* Ensimismarse.

recogida f. Acción de recoger.

recogimiento f. Recopilación, resumen: *recolección de datos.* || Cosecha: *la recolección de la aceituna.*

recolectar v. t. Cosechar: *recolectar la naranja.* || Recaudar fondos.

recolector, ra m. y f. Recaudador. || Cosechador.

recoleto, ta adj. Que vive retirado del mundo. || Tranquilo, poco animado.

recomendable adj. Digno de ser recomendado, estimable.

recomendación f. Acción de recomendar, especialmente con elogios, una persona a otra para que se ocupe de ella. || Consejo: *recomendación paterna.*

recomendado, da m. y f. Persona que goza de una recomendación.

recomendar v. t. Aconsejar. || Hablar en favor de uno: *recomendé a mi amigo.*

recomenzar v. t. Comenzar de nuevo.

recompensa f. Premio.

recompensar v. t. Premiar.

recomponer v. t. Volver a componer.

reconcentramiento m. Concentración muy grande.

reconcentrar v. t. Concentrar, reunir: *reconcentrar las fuerzas.* || — V. pr. Ensimismarse.

reconciliación f. Acción y efecto de reconciliar.

reconciliar v. t. Poner de acuerdo los que estaban enfadados (ú. t. c. pr.).

reconcomerse v. pr. Consumirse.

reconcomio m. *Fig.* Rencor. | Remordimiento. | Impaciencia.

recóndito, ta adj. Oculto.

reconducir v. t. *For.* Prorrogar un contrato de arrendamiento.

reconfortar v. t. Dar nuevas fuerzas físicas. || Dar ánimo.

reconocer v. t. Ver que una persona o cosa es cierta, determinada, que se conocía anteriormente: *no reconoció a su hermano.* || Confesar, admitir como cierto: *reconocer sus errores.* || Admitir la legalidad o existencia de algo: *reconocer un gobierno.* || Examinar detenidamente: *reconocer el terreno.* || Agradecer: *reconocer los favores.* || — V. pr. Dejarse conocer fácilmente una cosa. || Confesarse: *reconocerse culpable.*

reconocido, da adj. Agradecido.

reconocimiento m. Acción de reconocer o admitir como cierto: *reconocimiento de un error.* || Gratitud, agradecimiento. || Acto de admitir como propio: *reconocimiento de un niño.* || *Mil.* Operación encaminada a obtener informaciones sobre el enemigo en una zona determinada. || *Reconocimiento médico,* examen facultativo.

reconquista f. Acción de reconquistar: *la reconquista fue realizada por los cristianos de España, ocupada por los musulmanes, en el espacio de tiempo comprendido entre la batalla de Covadonga (718) y la toma de Granada (1492).*

reconquistar v. t. Recuperar, volver a conquistar.

reconstitución f. Acción y efecto de reconstituir.

reconstituir v. t. Volver a formar: *reconstituir un partido.* || Reproducir un suceso a partir de los datos que se tienen: *reconstituir un crimen.*

reconstrucción f. Nueva construcción de algo destruido.

reconstruir v. t. Volver a construir. || Reconstituir.

reconvención f. Censura.

reconvenir v. t. Censurar.

reconversión f. Adaptación de la producción de guerra a la producción de paz y, por extensión, de una producción antigua a una nueva: *reconversión de una empresa.* || Nueva formación de una persona para que pueda adaptarse a otra actividad.

reconvertir v. t. Proceder a una reconversión.

recopilación f. Reunión de varios escritos, a veces resumidos.

recopilar v. t. Juntar, recoger o unir diversas cosas.

récord m. (pal. ingl.). En deporte, resultado que supera a todos los alcanzados hasta la fecha, plusmarca, marca. || Resultado excepcional.

recordar v. t. Acordarse. || Traer a la mente: *esto recuerda mi juventud.*

recordatorio m. Estampa de primera comunión, primera misa, en recuerdo de los difuntos, etc.

recordman m. (pal. ingl.). El que ha conseguido realizar un récord deportivo, plusmarquista. (Pl. *recordmen.*) [El fem. es *recordwoman,* que hace en pl. *recordwomen.*]

recordwoman f. V. RECORDMAN.

recorrer v. t. Andar cierta distancia. || Leer rápidamente: *recorrer un escrito.*

recorrido m. Espacio que recorre una persona o cosa, trayecto.

recortar v. t. Cortar lo que sobra de una cosa. || Cortar el papel u otro material en varias figuras. || *Fig.* Reducir, menguar. || – V. pr. Destacarse, perfilarse.

recorte m. Acción de recortar y fragmento cortado. || Trozo cortado de un escrito en que hay algo interesante: *recorte de prensa.* || *Fig.* Reducción.

recostar v. t. Reclinar (ú. t. c. pr.).

recoveco m. Vuelta y revuelta.

recre m. *Fam.* Recreo en un centro de enseñanza.

recrear v. t. Entretener, divertir, deleitar (ú. t. c. pr.). || Provocar una sensación agradable: *recrear la vista.* || Crear de nuevo.

recreativo, va adj. Que recrea.

recreo m. Diversión, distracción. || Tiempo que tienen los niños para jugar en el colegio. || *Amer.* Merendero.

recría f. Acción y efecto de recriar.

recriar v. t. Cebar a los animales.

recriminación f. Reproche.

recriminar v. t. Reprochar.

recriminatorio, ria adj. Que supone recriminación.

recrudecer v. i. Incrementar algo malo o molesto (ú. t. c. pr.).

recrudecencia f. Acción y efecto de recrudecer o recrudecerse.

recrudescente adj. Que recrudece.

recta f. Línea recta.

rectangular adj. *Geom.* Que tiene forma de rectángulo. || Que tiene uno o más ángulos rectos.

rectángulo, la adj. *Geom.* Rectangular. | Aplícase principalmente al triángulo y al paralelepípedo. || – M. Paralelogramo que tiene los cuatro ángulos rectos y los lados contiguos desiguales.

rectificación f. Corrección de una cosa inexacta. || Palabra o escrito con que se rectifica algo. || Transformación de una corriente alterna en corriente continua.

rectificador, ra adj. Que rectifica. || – M. Aparato que transforma una corriente eléctrica alterna en continua.

rectificar v. t. Corregir una cosa inexacta: *rectificar un error.* || *Fig.* Contradecir a alguien por haber formulado un juicio erróneo. || Volver recto o plano: *rectificar el trazado de un camino.* || Transformar una corriente eléctrica alterna en otra de dirección constante.

rectificativo, va adj. Que rectifica o corrige.

rectilíneo, a adj. Compuesto de líneas rectas: *figura rectilínea.*

rectitud f. Calidad de justo.

recto, ta adj. Derecho: *camino recto.* || *Fig.* Justo, íntegro: *persona recta.* | Dícese del sentido propio de una palabra, por oposición a *figurado.* || *Geom.* Ángulo recto, aquel cuyos lados son perpendiculares. || – M. Última porción del intestino grueso, que termina en el ano. || *Impr.* Folio o plana de un libro que, abierto, cae a la derecha del que lee, por oposición a *verso.* || – F. Línea más corta de un punto a otro. || – Adv. Derecho, todo seguido: *siga recto.*

rector, ra adj. Que rige o gobierna: *principio rector.* || – M. y f. Superior de un colegio, comunidad, etc. | Superior de una universidad. || *Fig.* Dirigente.

rectorado m. Cargo del rector.

rectoscopia f. Examen, hecho por vía del recto, del intestino.

rectoscopio m. Instrumento médico que sirve para hacer una rectoscopia.

recua f. Conjunto de caballerías.

recubrir v. t. Volver a cubrir.

recuento m. Cálculo.

recuerdo m. Impresión que se queda en la memoria de un suceso. || Regalo hecho en memoria de una persona o suceso. || Objeto que se vende a los turistas en los lugares muy concurridos: *tienda de recuerdos.* || – Pl. Saludos: *da recuerdos a tu madre.*

recular v. i. Retroceder.

recuperación f. Acción y efecto de recuperar o recuperarse.

recuperador, ra adj. Que recupera.

recuperar v. t. Recobrar. || Recoger materiales para aprovecharlos: *recuperar chatarra.* || – V. pr. Restablecerse, reponerse después de una enfermedad o emoción. || Reactivarse los negocios.

recurrible adj. Aplícase a una decisión de la administración que se puede impugnar por medio de un recurso.

recurrir v. i. Acudir a uno para obtener alguna cosa: *recurrir al médico*. ‖ Utilizar un medio: *recurrir a la adulación*. ‖ Acudir a un juez o autoridad con una demanda.

recurso m. Acción de recurrir a alguien o algo. ‖ Medio, expediente que se utiliza para salir de apuro: *no me queda otro recurso*. ‖ Acción que concede la ley al condenado en juicio para que pueda recurrir a otro tribunal: *recurso de casación*. ‖ — Pl. Medios económicos: *faltarle a uno recursos*.

recusación f. Acción de recusar.

recusar v. t. *For.* Rechazar la competencia de un tribunal, juez, perito, etc. ‖ No querer admitir o aceptar una cosa.

red f. Aparejo para pescar o cazar hecho con hilos entrelazados en forma de mallas. ‖ Cualquier labor de mallas, como la que se tiende en medio de un campo de tenis, detrás de los postes de la portería de fútbol, etc. ‖ Redecilla para sujetar el pelo. ‖ Malla que se pone debajo de los aparatos de gimnasia (trapecio, anillas, etc.) para recoger al acróbata en caso de caída de éste. ‖ *Fig.* Engaño, trampa: *caer en la red*. ‖ Conjunto de vías de comunicación, líneas telegráficas o eléctricas, gaseoductos, oleoductos, ríos y sus afluentes, cañerías para el abastecimiento de agua, etc.: *red ferroviaria, de carreteras.* | Conjunto de calles que se entrelazan en un punto: *la red de San Luis en Madrid.* | Conjunto de personas o cosas estrechamente relacionadas entre sí para algún fin: *red de espionaje.* | Organización con ramificaciones en diferentes lugares: *red de hipermercados.* | Conjunto de enlaces telefónicos, de radio y de televisión.

redacción f. Acción y efecto de redactar. ‖ Oficina donde se redacta. ‖ Conjunto de los redactores. ‖ Escrito redactado.

redactar v. t. Escribir.

redactor, ra adj. y s. Que redacta.

redada f. Lanzamiento de la red. ‖ Conjunto de animales cogidos en la red. ‖ *Fig.* Conjunto de personas o cosas cogidas de una vez: *redada de policía.*

redecilla f. Labor de malla en que se recoge el pelo. ‖ En los vehículos, red para colocar el equipaje. ‖ Bolsa de mallas para la compra.

redención f. Rescate.

redentor, ra adj. y s. Que redime. ‖ *El Redentor*, Jesucristo.

redescuento m. Nuevo descuento.

redil m. Aprisco del ganado.

redimir v. t. Rescatar o sacar de esclavitud: *redimir a un cautivo.* ‖ Hablando de Jesucristo, salvar al género humano. ‖ Librar de una obligación: *redimir del servicio militar.*

rédito m. Interés del capital.

redoblar v. t. Reiterar, repetir aumentando: *redoblar sus esfuerzos.* ‖ Repetir: *redoblar una consonante.* ‖ — V. i. Tocar redobles en el tambor.

redoma f. Vasija de vidrio.

redomado, da adj. Consumado.

redonda f. Letra redondilla. ‖ *A la redonda*, alrededor: *en muchos kilómetros a la redonda.*

redondear v. t. Poner redonda una cosa. ‖ Igualar la altura de la parte inferior de una prenda de vestir: *redondear una falda.* ‖ *Fig.* Convertir una cantidad en un número completo de unidades: *redondear una suma.*

redondel m. Espacio donde se lidian los toros en las plazas. ‖ Círculo o circunferencia.

redondeo m. Acción y efecto de redondear.

redondez f. Forma redonda.

redondilla f. Estrofa de cuatro versos octosílabos. ‖ Letra de mano o imprenta que es derecha y circular (ú. t. c. adj. f.).

redondo, da adj. De forma circular o esférica: *pelota redonda.* ‖ *Fig.* Claro, sin rodeo. | Total, rotundo: *éxito redondo.* ‖ — M. Cosa de forma circular o esférica. ‖ — *Fam. Negocio redondo*, negocio magnífico. ‖ *Número redondo*, el aproximado que sólo expresa unidades completas. ‖ — Adj. y s. f. Dícese de la letra redondilla.

reducción f. Disminución, aminoración. ‖ Sometimiento, represión: *reducción de una sublevación.* ‖ Durante la colonización de América, pueblos de indios convertidos al cristianismo. ‖ Copia reducida: *la reducción de una escultura.* ‖ Conversión de una cantidad en otra equivalente, pero más sencilla: *reducción de fracciones a un común denominador.* ‖ Compostura de los huesos rotos.

reducido, da adj. Limitado.

reducir v. t. Disminuir. ‖ Cambiar una cosa en otra: *reducir a polvo.* ‖ Copiar o reproducir disminuyendo: *reducir una foto.* ‖ Resumir, compendiar: *han reducido el texto.* ‖ Componer los huesos rotos o descompuestos: *reducir una fractura.* ‖ *Fig.* Someter, vencer: *reducir una sublevación.* ‖ Sujetar, obligar: *reducir al silencio.*

reducto m. Fortificación cerrada.

reductor, ra adj. Que reduce.

redundancia f. Empleo de palabras inútiles.

redundante adj. Que demuestra redundancia: *estilo redundante.*

redundar v. i. Resultar una cosa beneficiosa o nociva.

reduplicar v. t. Redoblar.

reedición f. Nueva edición.

reeditar v. t. Volver a editar.

reeducación f. Método que permite a algunos convalecientes recobrar el uso de sus miembros o de sus facultades.

reeducar v. t. Aplicar la reeducación. ‖ — V. pr. Hacer la reeducación.

reelección f. Nueva elección.

reelecto, ta adj. Elegido de nuevo.

reelegir v. t. Volver a elegir.

reembolsable adj. Que puede o debe ser reembolsado.

reembolsar v. t. Devolver una cantidad desembolsada. ‖ — V. pr. Recuperar lo desembolsado.

reembolso m. Acción de reembolsar. ‖ *Envío contra reembolso*, envío por correo de una mercancía cuyo importe debe pagar el destinatario para que se le entregue.

reemplazable adj. Que se puede reemplazar.

reemplazar v. t. Sustituir.

reemplazo m. Acción de reemplazar. ‖ *Mil.* Renovación parcial y periódica del contingente activo del ejército. | Quinta.

reencarnación f. Nueva encarnación.

reencarnar v. t. Volver a encarnar (ú. t. c. pr.).

reenganchar v. t. *Mil.* Volver a enganchar un soldado. || — V. pr. *Mil.* Engancharse o alistarse de nuevo un soldado.

reenganche m. *Mil.* Acción de reenganchar o reengancharse.

reestrenar v. t. Proyectar una película en un cine de reestreno.

reestreno m. Pase de una película al segundo circuito de exhibición: *cine de reestreno.*

reestructuración f. Acción de dar una nueva estructura.

reestructurar v. t. Dar una nueva estructura o reorganizar.

reexpedición f. Envío de una cosa que se ha recibido.

reexpedir v. t. Expedir al remitente o a otro algo que se ha recibido.

refaccionar v. t. *Amer.* Reparar.

refajo m. *Amer.* Falda.

refección f. Reparación. || Colación.

refectorio m. Comedor.

referencia f. Relación, dependencia, semejanza de una cosa respecto de otra. || Remisión de un escrito a otro. || Indicación en el encabezamiento de una carta a la cual hay que referirse en la contestación.

referéndum m. Votación directa de los ciudadanos de un país sobre cuestiones importantes de interés general.

referente adj. Que se refiere.

réferi m. *Amer.* Árbitro.

referir v. t. Dar a conocer, relatar o narrar un hecho: *referir el resultado de una investigación.* || Relacionar una cosa con otra. || — V. pr. Tener cierta relación. || Aludir: *no me refiero a usted.*

refinación f. Refino.

refinado, da adj. *Fig.* Distinguido, muy fino y delicado. || Que no tiene impurezas: *aceite refinado.* || — M. Refino.

refinamiento m. Esmero. || Buen gusto, distinción. || Ensañamiento: *refinamiento en la crueldad.*

refinar v. t. Hacer más fina o más pura una cosa. || — V. pr. Educarse.

refinería f. Fábrica donde se refinan determinados productos: *refinería de petróleo, de azúcar.*

refino m. Operación que consiste en volver más fino o puro el azúcar, el petróleo, los metales, el alcohol, etc.

refistolero, ra adj. y s. *Méx., Ecuad.* y *P. Rico.* Presumido.

reflectante adj. Que refleja.

reflector, ra adj. Que refleja. || — M. Aparato que refleja rayos luminosos, calor u otra radiación.

reflejar v. t. Hacer retroceder o cambiar de dirección los rayos luminosos, caloríficos, acústicos, etc., oponiéndoles una superficie lisa (ú. t. c. pr.). || *Fig.* Expresar, manifestar: *cara que refleja bondad.* || — V. pr. *Fig.* Dejarse ver una cosa en otra.

reflejo, ja adj. Que ha sido reflejado: *rayo reflejo.* || Dícese de un movimiento involuntario. || Reflexivo: *verbo reflejo.* || — M. Luz reflejada: *reflejos en el agua.* || *Fig.* Representación, imagen. || Conjunto de una excitación sensorial transmitida a un centro por vía nerviosa y de la respuesta motriz o glandular, siempre involuntaria, que aquélla provoca. || Reacción rápida y automática ante un hecho repentino o imprevisto: *tener buenos reflejos.*

reflex adj. (pal. ingl.). Aplícase a la cámara fotográfica con un visor que hace posible ver la imagen exactamente igual de como va a ser captada por la película.

reflexión f. Cambio de dirección de las ondas luminosas, caloríficas o sonoras que inciden sobre una superficie reflectante: *reflexión de la luz.* || Acción de reflexionar, actividad mental en que el pensamiento se vuelve sobre sí mismo.

reflexionar v. t. Meditar, pensar.

reflexivo, va adj. Que refleja. || Hecho o que obra con reflexión. || *Verbo reflexivo*, el que indica que el sujeto de la proposición sufre la acción.

refocilación f. y **refocilamiento** m. Alegría, gozo.

refocilar v. t. Alegrar (ú. t. c. pr.).

reforestar v. t. Hacer una repoblación forestal.

reforma f. Cambio en vista de una mejora: *reforma agraria.* || En una orden religiosa, vuelta a su primitiva observancia. || Enmienda, perfeccionamiento. || Religión reformada, protestantismo.

reformado, da adj. Aplícase a la religión protestante y a los que la siguen (ú. t. c. s.).

reformador, ra adj. y s. Aplícase a la persona que reforma.

reformar v. t. Dar una nueva forma, modificar, enmendar: *reformar las leyes.* || Transformar: *reformar la cocina.* || Restituir a su primitiva observancia: *reformar una orden religiosa.* || — V. pr. Enmendarse, corregirse.

reformatorio, ria adj. Que reforma. || — M. Establecimiento para corregir las inclinaciones perversas de ciertos jóvenes.

reforzado, da adj. Que tiene refuerzo.

reforzar v. t. Dar mayor solidez, consolidar. || *Fig.* Animar.

refracción f. Cambio de dirección de la luz al pasar de un medio a otro.

refractar v. t. Hacer que cambie de dirección el rayo de luz que pasa oblicuamente de un medio a otro de diferente densidad.

refractario, ria adj. Que rehúsa cumplir un deber o admitir una cosa: *refractario a toda reforma.* || Aplícase al cuerpo que resiste la acción de agentes químicos o físicos y, especialmente, altas temperaturas sin descomponerse.

refrán m. Dicho sentencioso.

refranero m. Colección de refranes.

refregar v. t. Estregar una cosa con otra. || *Fig.* y *fam.* Echar en cara a uno una cosa.

refreír v. t. Volver a freír.

refrenar v. t. Reprimir.

refrendar v. t. Aprobar.

refrendo m. Aprobación.

refrescamiento m. Acción y efecto de refrescar o refrescarse.

refrescante adj. Que refresca.

refrescar v. t. Hacer bajar la temperatura de algo: *refrescar vino.* || *Fig.* Reavivar, renovar: *refrescar recuerdos.* || *Refrescar la memoria*, recordar. || — V. i. Disminuir el calor: *el tiempo refresca.* || — V. pr. Beber algo refrescante. || Tomar el fresco.

refresco m. Bebida fría.

refriega f. Combate. || Riña.

refrigeración f. Acción de hacer bajar artificialmente la temperatura.

refrigerador, ra adj. Dícese de lo que refrigera. ‖ — M. Frigorífico.

refrigerante adj. Que refrigera.

refrigerar v. t. Someter a refrigeración: *carne refrigerada.* ‖ Enfriar: *refrigerar un motor.*

refrigerio m. Colación.

refrito, ta adj. Muy frito, frito de nuevo. ‖ — M. *Fig.* Cosa rehecha o aderezada de nuevo.

refuerzo m. Mayor grueso que se da a una pieza para aumentar su resistencia. ‖ Pieza con que se fortalece algo: *echar un refuerzo a los zapatos.* ‖ Socorro, ayuda: *un refuerzo de tropas, de policía.*

refugiado, da adj. y s. Dícese de la persona que, a causa de una guerra o convulsión política, halla asilo en país extranjero.

refugiar v. t. Acoger, dar asilo: *refugiar a un perseguido político.* ‖ — V. pr. Acogerse a asilo. ‖ Guarecerse, cubrirse: *refugiarse bajo un árbol.*

refugio m. Asilo, amparo: *buscar refugio.* ‖ Edificio construido en las montañas para alojar a los alpinistas. ‖ Instalación, generalmente subterránea, para protegerse de los bombardeos.

refulgencia f. Resplandor.

refulgir v. i. Resplandecer.

refundición f. Nueva fundición de los metales. ‖ Obra literaria que adopta nueva forma.

refundidor, ra m. y f. Persona que refunde.

refundir v. t. Volver a fundir o liquidar los metales. ‖ *Fig.* Dar nueva forma a una obra literaria: *refundir un libro.* | Comprender, incluir: *una ley que refunde las anteriores.*

refunfuñar v. i. Gruñir.

refutación f. Acción de refutar.

refutar v. t. Contradecir lo que otro asegura: *refutar una tesis.*

regadera f. Utensilio para regar.

regadío, a adj. Aplícase al terreno que se puede regar.

regalar v. t. Dar una cosa en muestra de afecto: *regalar un reloj.* ‖ Recrear, deleitar: *regalar la vista.*

regalía f. Prerrogativa regia. ‖ Privilegio. ‖ Royalty. ‖ *Amer.* Regalo.

regaliz m. Planta leguminosa de raíz dulce y aromática. ‖ Pasta elaborada con el extracto de estas raíces.

regalo m. Obsequio.

regañadientes (a) m. adv. *Fam.* Con desgana.

regañar v. i. Dar muestras de enfado o enojo. ‖ — V. t. Reñir.

regañina f. y **regaño** m. Riña.

regar v. t. Echar agua por el suelo para limpiarlo o refrescarlo: *regar la calle.* ‖ Dar agua a las plantas: *regar el huerto.* ‖ Atravesar un río o canal, una comarca o territorio: *el Ebro riega Zaragoza.* ‖ *Fig.* Acompañar una comida con vino, rociar.

regata f. *Mar.* Competición entre varias embarcaciones.

regate m. Movimiento pronto y rápido que se hace burlando el cuerpo. ‖ En fútbol, acción de regatear, quiebro.

regatear v. t. Debatir el comprador y el vendedor el precio de una cosa puesta en venta. ‖ *Fam.* Poner dificultades para algo: *no regatea el apoyo a una empresa.* ‖ — V. i. Hacer regates o fintas. ‖ En fútbol, burlar al adversario, llevando la pelota en rápidos pases sucesivos, driblar.

regateo m. Debate o discusión sobre el precio de algo. ‖ Acción de regatear en fútbol.

regato m. Charco. ‖ Arroyo.

regatón m. Contera.

regazo m. Parte del cuerpo de una persona sentada que va desde la cintura hasta la rodilla. ‖ *Fig.* Amparo, refugio.

regencia f. Gobierno de un Estado durante la menor edad del soberano.

regeneración f. Reconstitución de un órgano destruido o perdido, o de un tejido lesionado. ‖ Tratamiento de materias usadas para que puedan servir otra vez.

regenerar v. t. Restablecer, reconstituir una cosa que degeneró: *regenerar un tejido orgánico lesionado.* ‖ *Fig.* Renovar moralmente: *regenerar una nación.* ‖ Tratar materias usadas para que puedan servir de nuevo: *regenerar caucho.*

regentar v. t. Dirigir.

regente adj. y s. Que rige o gobierna: *reina regente.* ‖ — M. y f. Jefe del Estado durante la menor edad del soberano.

regicida adj. Dícese del que mata a un rey (ú. t. c. s.).

regicidio m. Asesinato de un rey.

regidor, ra adj. y s. Que rige o gobierna. ‖ — M. y f. Persona que en el teatro está encargada del orden y realización de todos los efectos escénicos. ‖ En cine, director adjunto de producción.

régimen m. Conjunto de reglas observadas en la manera de vivir, especialmente en lo que se refiere a alimentos y bebidas: *estar a régimen.* ‖ Forma de gobierno de un Estado: *régimen parlamentario.* ‖ Administración de ciertos establecimientos. ‖ Conjunto de leyes o reglas, sistema: *el régimen de seguros sociales.* ‖ Conjunto de variaciones que experimenta el caudal de un río: *régimen torrencial.* ‖ *Gram.* Dependencia existente entre las palabras de una misma frase. ‖ Ritmo de funcionamiento de una máquina en condiciones normales. (Pl. *regímenes.*)

regimentar v. t. Agrupar.

regimiento m. *Mil.* Cuerpo de varios batallones, escuadrones o baterías al mando de un coronel. ‖ *Fam.* Abundancia de gente.

regio, gia adj. Real. ‖ *Fig.* Excelente.

regiomontano, na adj. y s. De Monterrey (México).

región f. Parte de un territorio que debe su unidad a causas de orden geográfico (clima, vegetación, relieve) o humano (población, economía, administración, etc.). ‖ Espacio determinado del cuerpo: *región pectoral.*

regional adj. Relativo a la región.

regionalismo m. Doctrina política que propugna la concesión de la autonomía a las regiones de un Estado. ‖ Amor a determinada región. ‖ Giro o vocablo propio de una región. ‖ Carácter de la obra de un escritor regionalista.

regionalista adj. Relativo al regionalismo. ‖ — Adj. y s. Partidario del regionalismo. ‖ Dícese del escritor cuyas obras se localizan en una región determinada.

regionalización f. Acción y efecto de regionalizar.

regionalizar v. t. Adaptar a las necesidades de una región. ‖ Asentar en regiones diferentes. ‖ Aumentar los poderes de las regiones administrativas.

regir v. t. Gobernar o mandar: *regir un país.* ‖ Dirigir, administrar: *regir una imprenta.* ‖ *Gram.* Tener una palabra a otra bajo su dependencia. ∣ Pedir un verbo tal o cual preposición. ‖ — V. i. Estar vigente: *aún rige esta ley.* ‖ — V. pr. *Fig.* Fiarse de algo, confiar en algo: *se rige por su buen sentido.*

registrador, ra adj. Dícese de un aparato que anota automáticamente medidas, cifras, fenómenos físicos (ú. t. c. s. m.): *caja registradora.* ‖ Que registra o inspecciona. ‖ — M. y f. Funcionario encargado de un registro: *registrador de la propiedad.*

registrar v. t. Examinar o buscar una cosa con cuidado. ‖ Cachear a una persona: *registrar a un ladrón.* ‖ Inspeccionar, reconocer minuciosamente: *la policía registró todo el barrio.* ‖ Inscribir en los libros de registro: *registrar un nacimiento.* ‖ Matricular. ‖ Llevar la cuenta de algo: *registrar la entrada de mercancías.* ‖ Marcar un aparato automáticamente ciertos datos: *el termómetro registra una temperatura muy alta.* ‖ Tomar nota, anotar, apuntar. ‖ Grabar sonidos, imágenes. ‖ Tener: *el país ha registrado un aumento de la criminalidad.* ‖ *Amer.* Certificar: *carta registrada.* ‖ — V. i. Buscar algo con empeño, rebuscar: *registrar en el armario.* ‖ — V. pr. Matricularse. ‖ Ocurrir.

registro m. Libro en que se anotan determinados datos: *registro mercantil.* ‖ Oficina donde se registra. ‖ Acción de registrar o inscribir. ‖ Anotación, apunte que queda de lo que se registra. ‖ Investigación policiaca. ‖ Acción de cachear a uno. ‖ Trampilla o abertura con su tapa para examinar el interior de una cañería, alcantarilla, chimenea, etc. ‖ *Mús.* Extensión de la escala vocal. ∣ Mecanismo del órgano que modifica el timbre de los sonidos. ∣ Pedal para reforzar o apagar los sonidos del piano, clave, etc. ‖ Grabación (cinta, disco, etc.). ‖ — *Registro civil,* oficina en que se hacen constar los hechos relativos al estado civil de la persona, como nacimiento, vecindad, matrimonio, etc. ‖ *Registro de la propiedad,* libro oficial en el que el registrador inscribe a quienes pertenecen los bienes raíces. ‖ *Registro de la propiedad industrial,* registro en el que se inscriben las patentes de invención, marcas de fábricas, nombres comerciales, etc. ‖ *Registro de la propiedad intelectual,* el que sirve para registrar y amparar los derechos de los autores o editores de obras literarias, científicas o artísticas.

regla f. Listón largo, de sección rectangular o cuadrada, para trazar líneas rectas. ‖ Norma: *regla de conducta.* ‖ Operación de aritmética: *las cuatro reglas son: suma, resta, multiplicación y división.* ‖ — Pl. Menstruación. ‖ *Regla de cálculo,* instrumento que permite efectuar ciertos cálculos aritméticos con rapidez.

reglamentación f. Acción de reglamentar. ‖ Conjunto de reglas.

reglamentar v. t. Sujetar a reglamento.

reglamentario, ria adj. Que sigue el reglamento.

reglamento m. Colección ordenada de reglas o preceptos.

regocijado, da adj. Alegre.

regocijar v. t. Alegrar (ú. t. c. pr.).

regocijo m. Júbilo, alegría.

regodearse v. pr. Deleitarse.

regodeo m. Deleite.

regresar v. i. Volver.

regresión f. Retroceso.

regresivo, va adj. Que retrocede.

regreso m. Vuelta, retorno.

regüeldo m. *Pop.* Eructo.

reguera f. Canal para regar.

reguero m. Corriente líquida y señal que deja.

regulación f. Acción de regular, ordenar o controlar.

regulador, ra adj. Que regula: *sistema regulador.* ‖ — M. Mecanismo para regular automáticamente el funcionamiento de una máquina o mantener constante la tensión de un circuito eléctrico, etc. ‖ *Regulador cardiaco,* marcapasos.

regular adj. Conforme a las reglas, a las leyes naturales: *movimiento regular.* ‖ De frecuencia e itinerario establecidos: *línea aérea regular.* ‖ Razonable, moderado en las acciones y modo de vivir: *persona de vida regular.* ‖ Mediano, mediocre, ni bueno ni malo: *un alumno regular.* ‖ Así, así, ni mucho ni poco: *el agua está regular de fría.* ‖ Aplícase al polígono cuyos lados y ángulos son iguales entre sí y al poliedro cuyas caras y ángulos son también iguales. ‖ Dícese de la palabra derivada o formada de otro vocablo siguiendo la regla general de otras de su misma clase: *participio regular.*

regular v. t. Poner en orden, arreglar: *regular la circulación.* ‖ Someter a reglas: *regular el turismo.* ‖ Controlar: *regular los precios.* ‖ Ajustar un mecanismo, poner a punto su funcionamiento.

regularidad f. Calidad de regular.

regularización f. Acción y efecto de regularizar.

regularizar v. t. Regular, ajustar.

rehabilitación f. Acción de rehabilitar. ‖ *Med.* Reeducación.

rehabilitar v. t. Restablecer a una persona en sus derechos, capacidad, situación jurídica de los que fue desposeído: *rehabilitar a un militar degradado.* ‖ *Fig.* Devolver la estimación pública: *rehabilitar la estima del calumniado.* ‖ *Med.* Reeducar.

rehacer v. t. Volver a hacer (ú. t. c. pr.). ‖ — V. pr. Reparar lo deteriorado. ‖ Recobrar la salud, la respiración, las fuerzas, la tranquilidad, etc.

rehala f. Rebaño de ganado de diversos propietarios que conduce un solo capataz. ‖ Agrupación de perros de caza.

rehén m. Persona que queda como fianza o garantía en poder de un adversario.

rehuir v. t. Tratar de eludir.

rehusar v. t. No aceptar una cosa ofrecida. ‖ Negarse a hacer algo.

reimportar v. t. Importar en un país lo que se había exportado de él.

reimpresión f. Nueva impresión.

reimprimir v. t. Imprimir de nuevo.

reina t. Esposa del rey. ‖ La que ejerce la potestad real por derecho propio. ‖ Pieza del juego de ajedrez, la más importante después del rey. ‖ Hembra fértil de cualquier sociedad de insectos (abejas, hormigas, comejenes). ‖ *Fig.* Mujer que sobresale entre las demás: *reina de belleza.*

reinado m. Tiempo en que gobierna un rey. ‖ *Fig.* Predominio.

reinar v. i. Regir un rey o príncipe un Estado. ‖ *Fig.* Predominar.

reincidencia f. Reiteración de una misma culpa o delito.

reincidente adj. y s. Que reincide.

reincidir v. i. Incurrir de nuevo en un error, falta o delito.

reineta f. Clase de manzanas.

reingresar v. i. Volver a ingresar.

reingreso m. Nuevo ingreso.

reino m. Territorio sujeto a un rey. || Cada uno de los tres grandes grupos en que se dividen los seres naturales: *reino animal, vegetal, mineral.*

reinsertar v. t. Volver a incluir.

reintegración f. Acción y efecto de reintegrar o reintegrarse.

reintegrar v. t. Restituir o devolver íntegramente una cosa. || Volver a ocupar: *reintegrar a uno en su cargo* (ú. t. c. pr.). || — V. pr. Recobrarse enteramente de lo perdido o gastado.

reintegro m. Reintegración. || Pago de dinero. || Premio de la lotería que consiste en la devolución del dinero que se había jugado.

reír v. i. Mostrar alegría o regocijo mediante ciertos movimientos de la boca acompañados de espiraciones más o menos ruidosas: *reír a carcajadas* (ú. t. c. pr.). || Manifestar alegría: *sus ojos ríen.* || *Fig.* Hacer burla, mofarse. || — V. t. Celebrar con risa una cosa: *reír una gracia.* || — V. pr. Burlarse.

reis m. pl. Moneda fraccionaria portuguesa y brasileña.

reiteración f. Acción de reiterar.

reiterar v. t. Volver a decir o ejecutar, repetir (ú. t. c. pr.).

reivindicación f. Acción y efecto de reivindicar.

reivindicar v. t. Reclamar uno aquello a que tiene derecho.

reja f. Pieza del arado que abre el surco y remueve la tierra. || Conjunto de barras de hierro que se ponen en las ventanas para su defensa o adorno.

rejilla f. Enrejado, red de alambre. || Trama hecha con tiritas de mimbre u otros tallos vegetales flexibles con que se forman asientos de sillas. || En una lámpara de radio, electrodo, en forma de pantalla, para regular el flujo electrónico.

rejón m. Palo con una punta de hierro empleada para rejonear.

rejoneador, ra m. y f. Torero que rejonea a caballo.

rejonear v. t. En la lidia a caballo, herir al toro con el rejón. || — V. i. Torear a caballo.

rejoneo m. Acción de rejonear.

rejuvenecedor, ra adj. Que rejuvenece.

rejuvenecer v. t. Dar a uno la fuerza y vigor de la juventud (ú. t. c. i. y pr.). || *Fig.* Renovar, modernizar: *rejuvenecer un estilo, una obra.* — || Pl.

rejuvenecimiento m. Acción de rejuvenecer o rejuvenecerse.

relación f. Conexión de una cosa con otra: *relación entre causa y efecto.* || Correspondencia, trato entre personas por razones de amistad o de interés: *relaciones amistosas.* || Narración, relato. || Lista, catálogo: *relación de gastos.* || Informe. || — Pl. Personas conocidas, amistades: *tener muchas relaciones.* || Noviazgo: *estar en relaciones.* || Con relación a, respecto a.

relacionar v. t. Hacer relación de un hecho: *relacionar un suceso.* || Poner en relación dos o más personas o cosas (ú. t. c. pr.). || — V. pr. Tener conexión o enlace. || Tener muchas amistades o trato. || Referirse.

relais m. (pal. fr.). Repetidor.

relajación f. Aflojamiento, disminución del ardor, de la severidad, etc. || Disminución de la tensión de los músculos, del ánimo. || *Med.* Estado de laxitud: *relajación del útero.* | Distensión de los músculos para obtener descanso: *ejercicio de relajación.* || *Fig.* Depravación: *relajación de las costumbres.*

relajador, ra adj. Que relaja.

relajamiento m. Relajación.

relajar v. t. Aflojar, laxar, ablandar: *relajar los músculos* (ú. t. c. pr.). || *Fig.* Esparcir, divertir el ánimo con algún descanso: *este espectáculo relaja.* || Hacer menos riguroso: *relajar la severidad* (ú. t. c. pr.). || — V. pr. Aflojarse. || *Fig.* Viciarse, depravarse: *relajarse en las costumbres.* || Distender uno los músculos para obtener un descanso completo: *relajarse en una hamaca.* | *Fig.* Disminuir la tensión.

relajo m. *Amer.* Burla. || Relajación.

relamido, da adj. Afectado.

relámpago m. Resplandor vivísimo e instantáneo producido en las nubes por una descarga eléctrica. || *Fig.* Resplandor repentino. || — *Amer.* Cierre relámpago, cremallera de prendas de vestir. || *Fot. Luz relámpago*, flash. || — Adj. Muy rápido o corto.

relampaguear v. i. Haber relámpagos. || *Fig.* Brillar mucho.

relanzamiento m. Nuevo impulso, reactivación.

relanzar v. t. Dar nuevo impulso, reactivar.

relatar v. t. Narrar, contar.

relatividad f. Calidad de relativo. || *Fís.* Teoría de Einstein según la cual la duración del tiempo no es la misma para dos observadores que se mueven uno con respecto al otro.

relativo, va adj. Que hace relación a una persona o cosa: *en lo relativo a su conducta.* || Que no es absoluto: *todo es relativo.* || *Pronombres relativos,* los que se refieren a personas o cosas de las que ya se hizo mención.

relato m. Narración.

relator, ra adj. y s. Que relata.

relax adj. (pal. ingl.). Relajación.

relé m. Repetidor.

releer v. t. Volver a leer.

relegar v. t. Desterrar. || *Fig.* Apartar, posponer.

relente m. Humedad.

relevador m. Repetidor.

relevancia f. Importancia.

relevante adj. Importante.

relevar v. t. Eximir, liberar de una carga o gravamen. || *Mil.* Mudar una guardia. || Sustituir a una persona en un empleo u obligación. || Destituir de un cargo. || — V. pr. Reemplazarse mutuamente.

relevo m. *Mil.* Acción de relevar. || Soldado o cuerpo que se releva. || En los deportes por equipos, sustituir un atleta o grupo de atletas por otro en el curso de la prueba: *carrera de relevos.*

relicario m. Estuche o medallón para guardar reliquias o un recuerdo.

relieve m. Lo que resalta sobre el plano: *bordados en relieve.* || Conjunto de desigualdades en la superficie de un país: *el relieve de España.* || Escultura tallada en una sola parte de la superficie. || — *Fig. De relieve,* importante. | *Poner de relieve,* hacer resaltar.

religión f. Conjunto de creencias o dogmas acerca de la divinidad.

religiosidad f. Fiel observancia de las obligaciones religiosas. || *Fig.* Exactitud en hacer una cosa.

religioso, sa adj. Relativo a la religión. || Piadoso, que practica la religión, creyente (ú. t. c. s.): *persona religiosa.* || *Fig.* Exacto, puntual: *religioso en sus citas.* || — M. y f. Persona que ha tomado hábito en una orden religiosa regular.

relincho m. Voz del caballo.

reliquia f. Parte del cuerpo de un santo. || *Fig.* Resto, vestigio: *vive rodeado de reliquias del tiempo pasado.*

rellano m. Descansillo de escalera.

rellenar v. t. Volver a llenar. || Escribir un impreso: *rellenar un formulario.* || Llenar de carne picada u otro manjar: *rellenar una empanada.* || Llenar con una materia más o menos compresible: *rellenar un sillón.* || Colmar un hueco o una brecha.

relleno, na adj. Muy lleno o lleno de algún manjar: *aceitunas rellenas.* || — M. Picadillo sazonado para rellenar aves, pescados, etc. || Acción de rellenar. || Materias que se usan para rellenar, como borra para los asientos, escombros para las brechas, etc.

reloj m. Máquina dotada de movimiento uniforme que sirve para medir el tiempo en horas, minutos y segundos.

relojería f. Comercio del relojero.

relojero, ra m. y f. Persona que hace, compone o vende relojes.

reluciente adj. Que reluce.

relucir v. i. Despedir luz una cosa resplandeciente: *el Sol reluce.* || Lucir, resplandecer, brillar. || *Fig.* Sobresalir, destacarse. || — *Sacar a relucir,* citar; poner de relieve. | *Salir a relucir,* aparecer.

remachado m. Acción y efecto de remachar.

remachador, ra adj. Que remacha.

remachar v. t. Machacar la punta o cabeza de un clavo. || Sujetar con remaches. || *Fig.* Recalcar, subrayar.

remache m. Acción de remachar.

remanente m. Resto.

remangar v. t. Arremangar (ú. t. c. pr.).

remanso m. Detención de la corriente del agua u otro líquido.

remar v. i. Mover los remos.

rematador, ra m. y f. Persona que remata en una subasta pública. || En fútbol, jugador que remata.

rematar v. t. Finalizar una cosa: *rematar una traducción.* || Poner fin a la vida de la persona o animal que está agonizando: *rematar un toro.* || Hacer remate: *rematar una venta.* || — V. i. Terminar. || En fútbol, tirar a gol.

remate m. Fin. || Coronamiento de la parte superior de un edificio. || Postura última en una subasta. || *Fig.* Lo que termina una cosa, final: *el remate de su carrera.* || En deportes, tiro a gol. || *For.* Adjudicación en subasta. || — *Dar remate,* rematar, terminar, concluir. || *De remate,* absoluto: *loco de remate.*

rembolsable adj. Reembolsable.

rembolsar v. t. Reembolsar.

rembolso m. Reembolso.

remedador, ra adj. y s. Imitador.

remedar v. t. Imitar.

remediar v. t. Poner remedio al perjuicio. || Evitar, impedir que se ejecute algo que pueda provocar un daño: *no poder remediarlo.*

remedio m. Cualquier sustancia que sirve para prevenir o combatir una enfermedad. || *Fig.* Medio que se toma para reparar o prevenir cualquier daño. || *Sin remedio,* sin arreglo posible.

remembranza f. Recuerdo.

remembrar v. t. Rememorar.

rememorar v. t. Recordar.

remendar v. t. Reforzar con remiendo lo viejo o roto.

remesa f. Envío.

remiendo m. Pedazo de tela que se cose a lo viejo o roto. || Compostura de una cosa deteriorada.

remilgo m. Gesto y ademán afectado. || Melindre.

reminiscencia f. Recuerdo.

remisible adj. Perdonable.

remisión f. Envío, expedición. || Perdón: *remisión de pecados.* || En un libro, indicación para que el lector acuda a otro párrafo o página.

remiso, sa adj. Poco entusiasta.

remite m. Indicación con el nombre y dirección del que escribe que se pone en la parte posterior del sobre.

remitente adj. y s. Que remite.

remitir v. t. Enviar: *remitir un giro postal.* || Perdonar: *remitir los pecados.* Aplazar, diferir, suspender: *remitir una resolución.* || Entregar: *remitir un pedido.* || Confiar al juicio de otro una resolución: *remitir una cosa a la discreción de alguien.* || Indicar en un escrito otro pasaje relacionado con el que se estudia (ú. t. c. i. y pr.). || — V. i. Perder una cosa parte de su intensidad: *la fiebre ha remitido.* || — V. pr. Atenerse a lo dicho o hecho, referirse: *remitirse a la decisión de alguien.* || Confiar en: *remitirse a la Providencia.*

remo m. Instrumento en forma de pala larga y estrecha que sirve para mover las embarcaciones haciendo fuerza en el agua. || Deporte acuático que se practica en embarcaciones ligeras. || *Fam.* Brazo o pierna.

remojar v. t. Empapar, mojar algo de modo que el líquido lo penetre (ú. t. c. pr.). || *Amer.* Dar propina.

remojo m. Acción de remojar una cosa. || *Amer.* Propina.

remolacha f. Planta de raíz grande y carnosa.

remolachero, ra adj. De la remolacha. || — M. y f. Persona que la cultiva.

remolcador, ra adj. Que remolca. || — M. Embarcación provista de motores potentes para remolcar otras embarcaciones. || Cualquier otro vehículo que remolca. || *Fig.* Persona o cosa que lleva tras de sí, que arrastra.

remolcar v. t. Arrastrar una embarcación a otra por medio de un cabo o cadena. || Llevar por tierra un vehículo a otro. || *Fig.* Llevar tras sí, arrastrar.

remolino m. Movimiento giratorio y rápido del aire, agua, polvo, humo, etc. || *Fig.* Apiñamiento de gente.

remolón, ona adj. y s. Perezoso.

remolonear v. i. Holgazanear.

remolque m. Acción de remolcar. || Cabo con que se remolca. || Vehículo remolcado.

remonta f. Depósito caballar de sementales.

remontarse v. pr. Subir o volar muy alto las aves o aviones. || *Fig.* Elevarse hasta el origen de una cosa.

remonte m. Acción y efecto de remontarse.

remoquete m. Apodo.

rémora f. Pez marino cuya cabeza se adhiere a los objetos flotantes. || *Fig.* Cualquier cosa que detiene o dificulta algo.

remorder v. t. Causar remordimiento.

remordimiento m. Pesar que queda después de ejecutar una mala acción.

remoto, ta adj. Distante.

remover v. t. Trasladar una cosa de un lugar a otro. || Mover un líquido. || Quitar: *remover un obstáculo.*

remozamiento m. Rejuvenecimiento.

remozar v. t. Rejuvenecer (ú. t. c. pr.). || *Fig.* Poner como nuevo.

remplazable adj. Reemplazable.

remplazar v. t. Reemplazar.

remplazo m. Reemplazo.

rempujón m. *Fam.* Empujón.

remuneración f. Precio o pago de un trabajo, de un servicio.

remunerador, ra adj. Que proporciona un beneficio.

remunerar v. t. Retribuir, pagar.

renacentista adj. inv. Dícese de la persona o del estilo de la época del Renacimiento (ú. t. c. s.).

renaciente adj. Que renace.

renacer v. i. Nacer de nuevo.

renacimiento m. Acción de renacer. || Renovación; vuelta; reaparición. || Recuperación, resurgimiento de un país. || Movimiento literario, artístico o científico que se produjo en Europa en los siglos XV y XVI. || — Adj. inv. Relativo a la época o al estilo renacentista: *muebles renacimiento.*

renacuajo m. Larva de los batracios. || *Fam.* Hombrecillo.

renal adj. Relativo a los riñones.

renano, na adj. y s. Del Rin y de Renania (Alemania).

renard m. (pal. fr.). Piel de zorro. || Abrigo hecho con esta piel.

rencilla f. Rencor.

renco, ca adj. Cojo.

rencor m. Resentimiento.

rencoroso, sa adj. Que guarda rencor (ú. t. c. s.).

rendición f Acción de rendirse.

rendido, da adj. Sumiso, obsequioso: *rendido servidor.* || Muy cansado.

rendija f. Hendidura.

rendimiento m. Agotamiento, cansancio. || Sumisión, humildad. || Obsequiosidad, respeto. || Producción o utilidad de una cosa: *el rendimiento de la tierra.* || Utilidad que da un trabajador manual o intelectual.

rendir v. t. Vencer al enemigo y obligarle a entregarse. || Someter al dominio de uno: *rendir una plaza* (ú. t. c. pr.). || Dar o devolver a uno lo que le corresponde: *rendir honores.* || Dar fruto o utilidad una cosa: *rendir interés* (ú. t. c. i.). || Cansar, fatigar, agotar: *este paseo me ha rendido* (ú. t. c. pr.). || Presentar: *rendir cuentas.* || Vomitar, devolver.

renegado, da adj. y s. Que renuncia a la religión cristiana o la fe política para abrazar otra.

renegar v. t. Volver a negar. || — V. i. Cometer apostasía, abjurar. || Negarse a reconocer como tal, abandonar: *renegar de su familia.*

renglón m. Línea escrita o impresa. || Partida de una cuenta. || Parte en un gasto.

renguear v. i. *Amer.* Renquear.

reniego m. Blasfemia. || Injuria.

reno m. Mamífero rumiante.

renombrado, da adj. Célebre.

renombre m. Fama, celebridad.

renovación f. Acción de renovar.

renovar v. t. Hacer como de nuevo una cosa o volverla a su primer estado: *renovar un local.* || Sustituir lo viejo por lo nuevo: *renovar un mobiliario.* || Reemplazar, cambiar: *renovar el personal de una empresa.* || Reanudar, restablecer: *renovar una alianza.* || Reiterar, repetir: *te renuevo mi petición.*

renqueante adj. Que renquea o cojea.

renquear v. i. Cojear.

renqueo m. Cojera.

renta f. Utilidad, beneficio, ingreso anual: *las rentas del trabajo.* || Lo que paga en dinero o frutos un arrendatario: *renta de una casa.* || Deuda pública o títulos que la representan. || *Fam.* Pensión, gasto periódico: *sus estudios son una renta para nosotros.* | Persona o cosa de la que se saca un beneficio. || *Amer.* Alquiler. || — *Renta nacional,* conjunto de las rentas públicas y privadas de un país. || *Renta per cápita o por habitante,* la obtenida al dividir la renta nacional por el número de habitantes de un país. || *Renta pública,* cantidades que cobra el Estado, sea de los impuestos, sea de sus propiedades. || *Renta vitalicia,* pensión pagada mientras vive el beneficiario.

rentabilidad f. Carácter de lo que produce un beneficio.

rentabilizar v. t. Hacer que produzca un beneficio.

rentable adj. Que produce ganancias o beneficios, productivo.

rentar v. t. Producir renta (ú. t. c. i.). || *Amer.* Alquilar.

rentista com. Persona que tiene rentas o que vive de ellas.

renuevo m. Vástago de un árbol.

renuncia f. Acto por el cual una persona hace abandono de una cosa, un derecho, un cargo, una función. || Documento en que consta.

renunciación f. y **renunciamiento** m. Renuncia.

renunciar v. t. Abandonar una cosa: *renunciar a un proyecto.* || Dejar de pretender: *renunciar a los honores.*

reñido, da adj. Enemistado con otro. || Encarnizado, porfiado.

reñir v. i. Disputarse, contender de obra o de palabra: *reñir con un amigo.* || Desavenirse, enfadarse: *reñir con la novia.* || — V. t. Reprender, regañar: *reñir a un hijo.* || Efectuar una batalla o desafío.

reo m. Acusado.

reorganización f. Acción y efecto de reorganizar. || Cambio.

reorganizar v. t. Volver a organizar: *reorganizar el ejército* (ú. t. c. pr.). || Cambiar algunos miembros de un gobierno.

reóstato o **reostato** m. Resistencia variable que permite hacer variar la intensidad de una corriente en un círculo eléctrico.

repanchigarse v. pr. Repantigarse.

repantigarse v. pr. Arrellanarse en el asiento.

reparación f. Acción de reparar.

reparador, ra adj. Que repara o mejora una cosa: *justicia reparadora* (ú. t. c. s.). || Que restablece las fuerzas: *descanso reparador.* ‖ — M. y f. Persona que compone o arregla algo roto.

reparar v. t. Componer una cosa: *reparar una máquina.* ‖ *Fig.* Advertir, ver: *reparar un error.* | Enmendar, corregir: *reparar una falta.* | Desagraviar: *reparar el honor ofendido.* | Restablecer las fuerzas: *reparar la fatiga.* ‖ — V. i. Hacer caso, atender, ver: *nadie reparó en él.* ‖ Mirar cuidadosamente: *reparar en un detalle.* ‖ Advertir, notar: *reparar en un error.*

reparo m. Advertencia, observación. ‖ Crítica, objeción. ‖ Reticencia, reserva: *aprobar con cierto reparo.*

repartición f. Reparto.

repartidor, ra adj. Que reparte. ‖ — M. y f. Empleado que lleva a domicilio las mercancías.

repartimiento m. Reparto. ‖ Durante la colonización española de América, concesión de indios hecha a favor de los conquistadores, quienes, como contrapartida de los derechos adquiridos, contraían la obligación de proteger e instruir a aquellos que estaban sometidos a su jurisdicción.

repartir v. t. Distribuir entre varios una cosa dividiéndola en partes. ‖ Distribuir, entregar a domicilio. ‖ *Fam.* Dar, administrar: *repartir golpes.*

reparto m. Distribución: *reparto de premios.* ‖ Entrega a domicilio. ‖ División: *el reparto de Polonia.* ‖ Distribución de papeles entre los actores de una obra teatral o cinematográfica.

repasar v. t. Volver a pasar: *repasar por una calle.* ‖ Examinar de nuevo. ‖ Revisar lo estudiado: *repasar la lección.* ‖ Recoser la ropa o zurcirla si hace falta.

repaso m. Acción y efecto de repasar. ‖ Lectura rápida de lo que ya se ha aprendido de memoria. ‖ *Fam.* Reprimenda.

repatriación f. Acción de repatriar.

repatriado, da adj. y s. Que vuelve a su patria.

repatriar v. t. Hacer regresar a la patria. ‖ — V. pr. Volver a su patria.

repecho m. Cuesta, pendiente.

repelencia f. Rechazo. ‖ Repugnancia o aversión.

repelente adj. Que repele.

repeler v. t. Contradecir, objetar: *repeler un argumento.* ‖ *Fig.* Repugnar, asquear.

repellar v. t. Cubrir de yeso.

repeluco y **repeluzno** m. Escalofrío.

repente m. Movimiento súbito. ‖ Arrebato. ‖ Presentimiento brusco. ‖ *De repente,* de pronto.

repentino, na adj. Pronto.

repercusión f. Acción de repercutir. ‖ *Fig.* Consecuencia. | Alcance, eco.

repercutir v. i. Retroceder o rebotar un cuerpo al chocar con otro. ‖ Producir el sonido. ‖ *Fig.* Trascender, causar efecto una cosa en otra.

repertorio m. Índice, registro, en que las materias están ordenadas de forma que puedan encontrarse fácilmente: *repertorio alfabético.* ‖ Colección de obras de una misma clase: *repertorio de autores clásicos.* ‖ Conjunto de las obras que representa una compañía de teatro, una orquesta o un músico. ‖ *Fig.* Conjunto de conocimientos: *todo el repertorio de mis recuerdos.*

repesca f. Examen o prueba de un estudiante que no ha aprobado o de un equipo o jugador que no se ha clasificado para darle mejor nota o que pueda participar en una competición.

repetición f. Acción de repetir varias veces la misma idea o la misma palabra. ‖ Reproducción de la misma acción.

repetidor, ra adj. y s. Que repite. ‖ Que vuelve al mismo curso de estudios por no haber aprobado: *alumno repetidor.* ‖ — M. y f. Persona que repasa a otra la lección. ‖ — M. Amplificador telefónico para comunicaciones muy lejanas. ‖ Estación de radio o televisión que retransmite por ondas hertzianas las señales recibidas de una estación principal.

repetir v. t. Volver a hacer o decir lo que se había hecho o dicho. ‖ Volver al mismo curso escolar por no haber aprobado: *repetir curso* (ú. t. c. i.). ‖ Tomar de nuevo un plato de comida. ‖ — V. i. Venir a la boca el sabor de lo que se ha comido o bebido: *el ajo repite* (ú. t. c. pr.). ‖ — V. pr. Usar siempre las mismas palabras, formas, etc. ‖ Volver a suceder un acontecimiento.

repetitivo, va adj. Que se repite.

repicar v. t. Picar mucho una cosa. ‖ Tañer rápidamente y a compás las campanas en señal de fiesta (ú. t. c. i.). ‖ — V. i. Tocar el tambor con golpes ligeros y rápidos.

repipi adj. y s. Afectado.

repiquetear v. i. Repicar.

replantación f. Nueva plantación.

repisa f. Estante.

replanteamiento m. Acción y efecto de replantear.

replantear v. t. Plantear de nuevo.

replanteo m. Nuevo planteo de un problema o asunto.

replegar v. t. Plegar o doblar muchas veces. ‖ Ocultar, hacer desaparecer un órgano mecánico saliente: *replegar el tren de aterrizaje de un avión.* ‖ — V. pr. Retirarse en buen orden las tropas.

repleto, ta adj. Muy lleno.

réplica f. Respuesta.

replicar v. i. Responder.

repliegue m. Pliegue doble. ‖ *Fig.* Recoveco, profundidad: *repliegues del alma.* ‖ Retirada de las tropas.

repoblación f. Acción y efecto de repoblar. ‖ *Repoblación forestal,* plantación sistemática de árboles en una zona o región.

repoblar v. t. Volver a poblar.

repollo m. Col.

reponer v. t. Volver a poner. ‖ Volver a representar una obra dramática o una película. ‖ Hacer recobrar la salud. ‖ — V. pr. Recobrar la salud o la hacienda.

reportaje m. Artículo periodístico. ‖ Película cinematográfica o emisión de radio o televisión de carácter documental.

reportar v. t. Alcanzar, lograr: *reportar un triunfo.* ‖ *Impr.* Pasar una prueba litográfica a una piedra o plancha para multiplicar las tiradas. ‖ *Amér. C. y Méx.* Acusar, denunciar. | Notificar, informar. ‖ — V. pr. Reprimirse, contenerse. ‖ Serenarse.

repórter m. Reportero.

reportero, ra adj. Que hace reportajes. ‖ — M. y f. Periodista.

reposado, da adj. Descansado.

reposar v. i. Descansar de la fatiga o trabajo, durmiendo o no (ú. t. c. t. y pr.). ‖ — V. pr. Posarse un líquido (ú. t. c. i.).

reposición f. Restablecimiento. ‖ *Com.* Renovación, acción y efecto de reemplazar lo viejo por lo nuevo: *reposición de existencias.*

reposo m. Descanso.

repostar v. i. Reponer provisiones, combustibles (ú. t. c. pr.).

repostería f. Establecimiento donde se fabrican y venden dulces.

repostero, ra m. y f. Persona que hace pastas, dulces.

reprender v. t. Amonestar.

reprensión f. Amonestación.

represa f. Estancamiento del agua corriente. ‖ Embalse, presa.

represalia f. Derecho que se arroga un combatiente de causar al enemigo igual o mayor daño que el recibido. Ú. m. en pl.: *tomar represalias.*

representación f. Acción de representar una obra teatral, función. ‖ Idea que nos formamos del mundo exterior o de un objeto determinado. ‖ Expresión artística de la realidad. ‖ Conjunto de personas que representan una colectividad. ‖ Acción de negociar por cuenta de una casa comercial.

representante adj. Que representa. ‖ — Com. Persona que representa a un ausente o a un cuerpo o colectividad. ‖ Agente comercial encargado de la venta de un producto en una plaza o zona. ‖ *Amer.* Diputado en algunos países.

representar v. t. Hacer presente algo en la imaginación por medio de palabras o figuras, figurar: *este dibujo representa una casa.* ‖ Ejecutar en público una obra teatral: *representar un drama.* ‖ Desempeñar un papel. ‖ Sustituir a uno o hacer sus veces: *representar al presidente.* ‖ Ser imagen o símbolo de una cosa: *Pérez Galdós representa el realismo en España.* ‖ Aparentar, parecer: *representa menos edad que la que tiene.* ‖ Equivaler: *esta obra representa diez años de trabajo.* ‖ — V. pr. Volver a presentar. ‖ Imaginarse: *no me represento a Juan con sotana.*

representatividad f. Carácter de lo que es representativo.

representativo, va adj. Que representa perfectamente una cosa. ‖ Que representa adecuadamente a una o varias personas. ‖ Dícese del organismo que está capacitado para representar un país o una comunidad.

represión f. Acción de reprimir.

represivo, va adj. Que reprime.

represor, ra adj. y s. Que reprime.

reprimenda f. Reprensión.

reprimir v. t. Contener, detener.

reprobación f. Censura, crítica.

reprobador, ra adj. Que censura (ú. t. c. s.).

reprobar v. t. Censurar.

réprobo, ba adj. y s. Condenado a las penas del infierno.

reprochable adj. Que merece reproche.

reprochar v. t. Criticar (ú. t. c. pr.).

reproche m. Censura, crítica.

reproducción f. Proceso biológico por el que dos seres vivos perpetúan la especie. ‖ Copia o imitación de una obra literaria o artística: *reproducción de un cuadro de Goya.* ‖ Acción de reproducir un texto, una ilustración, sonidos valiéndose de medios mecánicos. ‖ Imagen sacada a partir de un origi-

nal. ‖ *Fot.* Negativo tirado a partir de una copia positiva.

reproducir v. t. Volver a producir (ú. t. c. pr.). ‖ Imitar, copiar: *reproducir un cuadro.* ‖ Sacar una copia por medio de una máquina de un texto, escrito, ilustración (ú. t. c. pr.). ‖ Da una imagen exacta, el equivalente (ú. t. c. pr.): *reproducir los sonidos.* ‖ *Fot.* Sacar un negativo a partir de una copia positiva. ‖ — V. pr. Perpetuarse por medio de la generación.

reproductor, ra adj. Que sirve a la reproducción (ú. t. c. s.).

reptar v. i. Andar arrastrándose.

reptil adj. y s. m. Aplícase a los animales vertebrados que caminan rozando la tierra con el vientre.

república f. Forma de gobierno representativo en el que el poder reside en el pueblo, personificado éste en un presidente elegido por la nación o sus representantes. ‖ Gobierno del Estado.

republicanismo m. Condición de republicano.

republicano, na adj. Relativo a la república: *régimen republicano.* ‖ Partidario de la república (ú. t. c. s.).

repudiación f. Acción de repudiar.

repudiar v. t. Rechazar legalmente a la propia esposa. ‖ Renunciar voluntariamente. ‖ *Fig.* Condenar, rechazar.

repudio m. Repudiación.

repuesto, ta adj. Puesto de nuevo. ‖ Restablecido en un cargo. ‖ Recuperado de salud. ‖ — M. Provisión de víveres o de otras cosas. ‖ Pieza de recambio. ‖ *De repuesto,* de reserva; de recambio.

repugnancia f. Aversión. ‖ Asco.

repugnante adj. Que repugna.

repugnar v. i. Causar asco.

repujado m. Labrado de chapas metálicas en frío, o de cuero por martilleo.

repujar v. t. Labrar de relieve.

repullo m. Sobresalto.

repulsar v. t. Rechazar.

repulsión f. Aversión.

repulsivo, va adj. Repelente.

repuntar v. i. *Mar.* Empezar la marea. ‖ *Amer.* Empezar a manifestarse algo como enfermedad, cambio de tiempo, etc. ‖ — V. t. *Arg.* Reunir los animales que están dispersos en el campo. ‖ Recuperar una buena situación que se había perdido. ‖ Aparecer. ‖ Manifestarse, mostrarse. ‖ — V. pr. Empezar a picarse el vino. ‖ *Fig.* y *fam.* Enfadarse: *repuntarse con el vecino.*

repunte m. *Mar.* Comienzo de la marea. ‖ *Arg.* Acción y efecto de repuntar. ‖ Alza, subida de precios. ‖ Aumento.

reputación f. Fama.

reputado, da adj. Célebre.

reputar v. t. Estimar.

requebrar v. t. *Fig.* Piropear.

requemar v. t. Volver a quemar. ‖ Tostar mucho: *requemar la tez.* ‖ — V. pr. Quemarse o tostarse mucho. ‖ *Fig.* Consumirse interiormente y sin darlo a conocer: *requemarse de pena.*

requeridor, ra o **requirente** adj. y s. Que requiere.

requerimiento m. Demanda.

requerir v. t. Intimar, avisar a la autoridad pública. ‖ Necesitar, tener precisión de algo: *requerir cuida-*

dos. || Obligar a alguien a que haga algo. || Exigir, precisar. || – V. pr. Exigirse.

requesón m. Queso hecho con leche cuajada sin el suero.

requeté m. En España, cuerpo de voluntarios que defienden la tradición carlista. || Individuo de este cuerpo.

requetebién adv. Muy bien.

requiebro m. Piropo.

réquiem m. Oración por los difuntos. || Su música.

requiescat in pace expr. lat. Descanse en paz.

requirente adj. y s. Demandante.

requisa f. Examen, inspección. || Requisición.

requisar v. t. Hacer una requisición.

requisición f. Acción de la autoridad que exige de una persona o de una entidad la prestación de una actividad o el goce de un bien (vehículo, fábrica, edificio, etc.).

requisito m. Formalidad.

res f. Cualquier animal cuadrúpedo de ciertas especies domésticas, como el ganado vacuno, lanar, porcino, etc., o de algunas salvajes, como el venado, jabalí, etc. || *Amer.* Buey o vaca: *carne de res.*

resabiar v. t. Hacer tomar un vicio o mala costumbre (ú. t. c. pr.).

resabio m. Vicio o mala costumbre que queda. || Sabor malo.

resaca f. Movimiento en retroceso de las olas del mar al llegar a la orilla. || *Com.* Letra que el tenedor de otra protestada gira a cargo del librador o de uno de los endosantes. || *Fig.* y *fam.* Malestar padecido al día siguiente de la borrachera: *tener resaca.* || *Amér. C.* y *Méx.* Aguardiente muy bueno.

resaltar v. i. Destacarse, hacer contraste. || Sobresalir de una superficie. || *Fig.* Distinguirse, descollar.

resalto m. Parte que sobresale de la superficie de una cosa.

resarcimiento m. Indemnización.

resarcir v. t. Indemnizar, reparar, compensar (ú. t. c. pr.).

resbalada f. *Amer.* Resbalón.

resbaladizo, za adj. Que resbala.

resbalamiento m. Resbalón.

resbalar v. i. Escurrirse, deslizarse: *resbalar en el hielo.*

resbalón m. Acción de resbalar.

rescacio m. Pez marino cuya cabeza lleva espinas agudas.

rescatar v. t. Recobrar mediante pago, redimir: *rescatar a un cautivo.* || Salvar, recuperar: *rescatar a un náufrago.* || *Fig.* Librar: *rescatar a uno de la desesperación.* || Sacar: *rescatar del olvido.*

rescate m. Acción y efecto de rescatar. || Dinero con que se rescata.

rescindir v. t. Dejar sin efecto un contrato, obligación, etc.

rescisión f. Anulación.

rescoldo m. Brasa menuda envuelta en la ceniza. || *Fig.* Resto.

resección f. Operación quirúrgica que consiste en separar o cortar parte de un órgano.

reseco, ca adj. Muy seco.

resentido, da adj. y s. Que tiene resentimiento, rencoroso.

resentimiento m. Animosidad.

resentir v. t. Sentir. || – V. pr. Sentir los efectos de un mal, de una enfermedad. || *Fig.* Tener los caracteres de: *se resentía de falta de unidad.* | Ofenderse, sentir pesar por una cosa. | Experimentar resentimiento contra alguien.

reseña f. Relato, narración sucinta, artículo. || Artículo de una obra artística o científica.

reseñar v. t. Hacer una reseña.

reserva f. Acción de reservar. || Cosa reservada. || Guarda, custodia de algo: *tener provisiones en reserva.* || Acción de reservar un asiento en un vehículo de transporte público, una habitación en un hotel, localidad para un espectáculo, etc. || *Fig.* Limitación, restricción. | Salvedad que se hace o condición que se pone a algo: *prometer su ayuda pero con muchas reservas.* | Discreción, comedimiento: *obrar con reserva.* | Cautela, circunspección: *acoger una noticia con mucha reserva.* || Terreno reservado para la repoblación: *reserva zoológica.* || Territorio reservado a los indígenas en ciertos países: *las reservas de indios en Esados Unidos.* || Parte del ejército que no está en servicio activo y puede ser movilizada, y situación de los que pertenecen a ella. || *For.* Fondo creado por las empresas mercantiles constituido por parte de los beneficios. || – *Com.* En deportes, jugador que sustituye en un equipo a un titular (ú. t. c. adj.).

reservado, da adj. Discreto, comedido, callado, poco comunicativo. || No seguro: *pronóstico reservado.* || – M. Departamento en algún sitio, como restaurante, vagón de ferrocarril, etc., destinado a personas que quieren mantenerse apartadas de las demás.

reservar v. t. Guardar una cosa para disponer de ella más adelante. || Retener una habitación en un hotel, un asiento en un barco, avión, una localidad en un espectáculo, etc. || Callar una cosa: *reservo mi opinión.* || Dejar: *reservar una salida.* || – V. pr. Esperar, conservarse para mejor ocasión: *me reservo para mañana.* || Cuidarse.

resfriado, da adj. Acatarrado. || – M. *Med.* Indisposición causada por el frío.

resfriar v. t. Causar un resfriado. || – V. pr. Acatarrarse.

resfrío m. *Arg.* Resfriado.

resguardar v. t. Defender, proteger (ú. t. c. pr.).

resguardo m. Defensa, custodia. || Documento que acredita la entrega a una persona de una suma, un objeto, etc. || Talón: *resguardo de un recibo.* || Vale.

residencia f. Acción de residir. || Lugar en que se reside. || Establecimiento donde, sometidas a ciertas reglas, viven personas unidas por afinidades: *residencia de estudiantes.* || Hotel, casa de huéspedes.

residencial adj. Dícese del barrio reservado a viviendas, muy especialmente cuando son de lujo.

residente adj. y s. Que reside.

residir v. i. Tener domicilio en un lugar: *residir en París.* || *Fig.* Radicar en un punto lo esencial de una cuestión: *ahí reside el problema.*

residual adj. Que queda como residuo. || *Aguas residuales,* las que arrastran residuos.

residuo m. Parte que queda de un todo. || *Mat.* Resultado de la operación de restar.

resignación f. Renuncia a un derecho, a un cargo, en favor de alguien. || *Fig.* Conformidad.

resignar v. t. Renunciar un cargo a favor de alguien. || Entregar una autoridad el gobierno a otra: *resignar el mando*. || — V. pr. Conformarse con lo irremediable, someterse: *resignarse con su suerte*.

resina f. Sustancia viscosa que fluye de ciertas plantas.

resinero, ra adj. Relativo a la resina.

resinoso, sa adj. Que tiene resina.

resistencia f. Propiedad que tiene un cuerpo de reaccionar contra la acción de otro cuerpo. || Fuerza que se opone al movimiento. || Fuerza que permite sufrir el cansancio, el hambre, etc.: *resistencia física*. || Capacidad de defensa del organismo contra la agresión microbiana. || Defensa contra un ataque. || Oposición, repugnancia a obedecer: *encontrar resistencia entre la gente*. || *Por ext.* Durante la segunda guerra mundial, conjunto de las organizaciones o movimientos que combatieron al invasor alemán. || Obstrucción que hace un conductor al paso de la corriente eléctrica.

resistente adj. Que resiste al cansancio, al dolor, etc. || Que tiene resistencia: *madera resistente*. || — Com. Miembro de la Resistencia en la segunda guerra mundial.

resistir v. i. Hablando de personas, oponer la fuerza a la fuerza, defenderse: *resistir al enemigo*. || Soportar físicamente: *resiste bien al cansancio*. || Mostrarse firme no aceptando algo: *resistir a las pasiones* (ú. t. c. pr.). || — V. t. Sufrir, soportar: *resistir el calor*. || — V. pr. Debatirse, forcejear. || Rehusar: *se resiste a morir*.

resma f. Paquete de veinte manos de papel, o sea quinientas hojas.

resollar v. i. Respirar con ruido.

resolución f. Acción de resolverse. || Decisión, determinación. || Calidad de resuelto, arresto, valor. || Texto votado por una Asamblea. || Cosa resuelta por una autoridad. || Extinción de un contrato por la voluntad de las partes.

resolver v. t. Decidir, tomar una determinación. || Encontrar la solución: *resolver un problema*. || *Med.* Hacer desaparecer poco a poco. || *Resolver una ecuación*, calcular sus raíces.

resonancia f. Propiedad de aumentar la duración o la intensidad de un sonido: *la resonancia de una sala*. || Modo de transmisión de las ondas sonoras por un cuerpo. || *Fig.* Repercusión, divulgación: *discursos de gran resonancia*.

resonante adj. Que resuena.

resonar v. i. Reflejar el sonido aumentando su intensidad. || Sonar mucho, ser muy sonoro: *resonar las campanas*. || *Fig.* Tener repercusiones un hecho.

resoplido m. Resuello fuerte.

resorte m. Muelle. || *Fig.* Medio para lograr un fin.

respaldar m. Respaldo.

respaldar v. t. Escribir detrás de un escrito. || *Fig.* Proteger, amparar. || Servir de garantía.

respaldo m. Parte del asiento en que se apoyan las espaldas. || Vuelta, verso del escrito en que se anota algo. || *Fig.* Protección, amparo. | Garantía.

respectar v. defectivo. Atañer.

respectivo, va adj. Que atañe a persona o cosa determinada. || Dicho de los miembros de una serie, que tienen correspondencia con los de otra: *los hijos iban con sus respectivos padres*.

respecto m. *Al respecto* (o *a este*) *respecto*, en relación con. || *Con respecto a* (o *respecto a* o *de*), en relación con.

respetable adj. Que merece respeto. || *Fig.* Muy grande, enorme. || — M. *Fam.* Público de un espectáculo.

respetar v. t. Tener respeto por alguien: *respetar a las autoridades*. || Cumplir, acatar: *respetar las leyes*. || Tomar en consideración: *respeto tu punto de vista*. || No ir contra: *respetar el bien ajeno*. || Tener cuidado con, tratar cuidadosamente, tener en cuenta: *no respetan el carácter sagrado del lugar*. || No molestar, no perturbar: *respetar el sueño de alguien*. || Conservar, no destruir.

respeto m. Sentimiento que induce a tratar a alguien con deferencia a causa de su edad, superioridad o mérito. || Sentimiento de veneración que se debe a lo que es sagrado. || Actitud que consiste en no ir en contra de algo: *respeto de los bienes ajenos*. || Acatamiento, cumplimiento: *respeto de las leyes*. || Miramiento, consideración, atención: *faltarle el respeto a uno*. || — Pl. Manifestaciones de cortesía, de urbanidad: *preséntele mis respetos*.

respetuoso, sa adj. Que respeta. || Conveniente, adecuado.

respingo m. Salto o sacudida violenta del cuerpo: *dar un respingo*.

respingona adj. Aplícase a la nariz de punta algo levantada.

respiración f. Función común a toda célula viviente que consiste en un intercambio gaseoso (absorción de oxígeno y expulsión de gas carbónico). || Aliento: *perder la respiración*. || Ventilación de un aposento o lugar cerrado.

respiradero m. Abertura por donde entra y sale el aire.

respirador, ra adj. Que respira. || Que sirve para respirar (ú. t. c. s. m.).

respirar v. i. Aspirar y expeler el aire para renovar el oxígeno del organismo. || *Fig.* Vivir: *lo sé desde que respiro*. | Recuperar el aliento, tener un poco de tranquilidad: *déjame respirar*. || — V. t. Aspirar por las vías respiratorias: *respirar aire puro*. || *Fig.* Expresar.

respiratorio, ria adj. Relativo a la respiración.

respiro m. Respiración. || *Fig.* Descanso, pausa.

resplandecer v. i. Brillar.

resplandeciente adj. Que resplandece. || *Fig.* Radiante.

resplandor m. Brillo.

responder v. t. Dar a conocer alguien, después de una pregunta, su pensamiento por medio de la voz o de un escrito. || Afirmar, asegurar: *le respondo que es así*. || — V. i. Dar una respuesta: *no responde de nadie*. || Replicar en lugar de obedecer: *no respondas a tus padres*. || Enviar una carta en correspondencia a otra: || Decir la opinión de uno, replicar: *argumento difícil de responder*. || Contestar a la llamada de alguien: *toqué el timbre y nadie respondió*. || Presentarse, personarse alguien cuando ha sido requerido: *responder a un llamamiento militar*. || Deberse: *¿a qué responde tanta insistencia?* || *Fig.* Salir fiador, garantizar: *responde de su solvencia*. | Corresponder, devolver: *responder a los favores recibidos*. | No frustrar, no defraudar: *responder a las esperanzas*. | Obrar de cierta forma:

responder a la fuerza con la fuerza. | Asumir la responsabilidad, ser responsable de: *no respondo de lo hecho.*

responsabilidad f. Obligación de responder de los actos que alguien ejecuta o que otros hacen.

responsabilizarse v. pr. Asumir la responsabilidad.

responsable adj. Que ha de dar cuenta de sus propios actos o de los ejecutados por otra persona (ú. t. c. s.).

responso m. Rezo o canto litúrgico en honor de los difuntos.

respuesta f. Palabra o escrito dirigidos en correspondencia a lo que se ha dicho, escrito o preguntado: *respuesta categórica.* || Carta escrita para responder a otra. || *Fig.* Contestación. || Reacción: *la respuesta de los agredidos no se hizo esperar.*

resquebrajamiento m. Grieta.

resquebrajar v. t. Rajar (ú. t. c. pr.).

resquemor m. Remordimiento.

resquicio m. Abertura. || *Fig.* Posibilidad.

resta f. Sustracción.

restablecer v. t. Volver a poner en el primer estado: *restablecer las comunicaciones* (ú. t. c. pr.). || Recuperar la salud: *restablecido de su enfermedad.* || Volver a colocar a alguien en su puesto, categoría, clase, empleo. || Hacer renacer, instaurar: *restablecer el orden* (ú. t. c. pr.). || — V. pr. Recobrar la salud.

restablecimiento m. Acción y efecto de restablecer o restablecerse.

restallar v. i. Chasquear.

restante adj. Que resta.

restañar v. t. Detener la salida de la sangre de una herida (ú. t. c. pr.). || *Fig.* Reparar, curar.

restar v. t. Sustraer, hallar la diferencia entre dos cantidades. || Quedar: *resta algo de vino.* || *Fig.* Quitar: *restar importancia.* || En el tenis, devolver la pelota. || — V. i. Quedar o faltar: *un cuarto resta del año.*

restauración f. Acción y efecto de restaurar: *la restauración de un cuadro.* || Restablecimiento de un régimen político en un país.

restaurador, ra adj. Dícese de la persona que restaura (ú. t. c. s.).

restaurant [-*toran*] m. (pal. fr.). Restaurante.

restaurante m. Establecimiento público donde se sirven comidas.

restaurar v. t. Restablecer en el trono. || Restablecer: *restaurar las costumbres.* || Reparar, volver a poner en el estado que antes tenía una obra de arte.

restitución f. Devolución.

restituir v. t. Devolver.

resto m. Aquello que queda, que subsiste de un conjunto del que se ha quitado una o varias partes. || Lo que hay además de algo: *sé una parte y sabré pronto el resto.* || Resultado de una sustracción. || En la división, diferencia entre el dividendo y el producto del divisor por el cociente. || Jugador que en el tenis devuelve la pelota lanzada por el que saca. || Envite en que se juega toda la cantidad de dinero que se arriesga en una partida de cartas. || *Fig.* Lo que queda en poca cantidad: *un resto de esperanza.* || — Pl. Ruinas, vestigios de un monumento. || Cuerpo humano después de muerto: *los restos mortales.* || Desperdicios, desechos, sobras: *restos de comida.* || *Fig.* Huella. || *Echar el resto,* realizar el máximo esfuerzo.

restorán m. Restaurante.

restregar v. t. Frotar con fuerza una cosa con otra.

restricción f. Limitación: *restricción de la libertad.* || Disminución. || — Pl. Medidas de racionamiento decretadas en época de escasez.

restrictivo, va adj. Que restringe.

restringir v. t. Disminuir.

resucitado, da adj. Que vuelve a la vida (ú. t. c. s.).

resucitar v. t. Hacer que un muerto vuelva a la vida. || *Fig.* Restablecer, renovar: *resucitar una vieja costumbre.*

resuello m. Aliento, respiración.

resuelto, ta adj. Decidido.

resulta f. Efecto, consecuencia. || *De resulta de,* a causa de.

resultado m. Lo que resulta de una acción, de un cálculo.

resultante adj. Que resulta.

resultar v. i. Nacer, originarse o venir una cosa de otra: *los males que resultan de la guerra.* || Salir, venir a ser: *el plan resultó un fracaso.* || Dar un resultado acorde con lo que se esperaba: *la fiesta no ha resultado.* || Salir, venir a costar. || Obtenerse, dar como resultado: *ahora resulta que él fue el responsable.* || Producir efecto bueno o malo: *este collar resulta muy bien con este vestido.* || Convenir, agradar: *eso no me resulta.*

resumen m. Exposición breve.

resumir v. t. Abreviar (ú. t. c. pr.).

resurgimiento m. Acción de resurgir. || Renacimiento.

resurgir v. i. Surgir de nuevo, volver a aparecer. || *Fig.* Resucitar.

resurrección f. Acción de resucitar. || Por antonomasia, la de Jesucristo. || *Teol.* La de todos los muertos en el día del Juicio Final.

retablo m. Elemento arquitectónico que se coloca encima de un altar y que sirve para su decoración. || Conjunto de figuras pintadas o de talla que representan en serie una historia.

retaco m. Escopeta corta. || *Fam.* Hombre rechoncho.

retador, ra adj. Que desafía (ú. t. c. s.).

retaguardia f. Espacio que se extiende detrás de una formación militar en guerra. || Parte rezagada de una formación militar que atiende a cualquier necesidad de las unidades que están en la línea del frente.

retahíla f. Serie.

retal m. Pedazo que sobra de una tela, piel, chapa, etc.

retalteco, ca adj. y s. De Retalhuleu (Guatemala).

retama f. Arbusto papilionáceo.

retar v. t. Desafiar.

retardado, da adj. Dícese del medicamento que surte efecto durante cierto tiempo. || Aplícase al artefacto que posee un dispositivo que permite provocar una explosión en un momento determinado. || Dícese del movimiento cuya velocidad disminuye. || *Arg.* Retrasado (ú. t. c. s.).

retardar v. t. Diferir, retrasar (ú. t. c. pr.).

retardo m. Retraso, demora.

retazo m. Retal de tela.

retén m. Grupo de hombres que presta un servicio colectivo.

retención f. Conservación en la memoria. || Acción de retener o retenerse. || Parte que se retiene de un sueldo.

retener v. t. Impedir que uno se vaya, obligar a que alguien permanezca en un lugar. || Guardar uno lo que es de otro: *retener los bienes ajenos*. || No dejar pasar, conservar: *este montículo retiene el agua*. || Deducir, descontar: *retener una cantidad en un sueldo*. || No dejar obrar: *le retuvo el miedo*. || Conservar en la memoria: *retener una dirección*. || Contener: *retener el aliento*. || – V. pr. Moderarse, contenerse.

retenimiento m. Retención.

retentiva f. Memoria.

reticencia f. Omisión voluntaria con intención malévola de lo que se debería o pudiera decir.

reticente adj. Que usa reticencias o contiene reticencia. || Reacio.

reticular adj. De forma de red.

retículo m. En los rumiantes, segunda de las cuatro cavidades del estómago. || En óptica, disco con una abertura circular que lleva dos hilos cruzados en ángulo recto que permiten fijar el punto de mira.

retina f. Membrana interna del ojo en la que se reciben las impresiones luminosas.

retintín m. Tonillo irónico.

retirado, da adj. Apartado, alejado, poco frecuentado: *barrio retirado*. || Solitario: *vida retirada*. || Dícese de los militares o empleados que han dejado ya de prestar servicio. || – F. Retroceso de un ejército. || Acción de retirar: *la retirada de una moneda*. || Estado de lo que vuelve atrás: *la retirada del mar*. || Acto por el cual se da fin a una actividad: *la retirada de un actor*. || Abandono en una competición: *la retirada de un equipo*.

retirar v. t. Apartar, quitar: *retirar los platos de la mesa*. || Sacar: *retirar dinero del banco*. || Quitar de la circulación: *retirar una moneda*. || Jubilar: *retirar a un militar*. || *Fig.* Desdecirse, retractarse: *retiro lo dicho*. || Dejar de otorgar: *retirar la confianza a uno*. || – V. pr. Dejar el trato con la gente: *retirarse en un convento*. || Cesar un funcionario o empleado sus actividades, jubilarse: *retirarse del ejército*. || Abandonar una competición: *retirarse del campeonato*. || Recogerse, irse: *retirarse a dormir*.

retiro m. Acción de abandonar un empleo, los negocios, el servicio activo. || Pensión que se cobra en este caso. || Lugar apartado donde uno se retira.

reto m. Desafío. || Amenaza.

retocar v. t. Dar la última mano a una cosa, perfeccionarla, hacer correcciones o modificaciones.

retoñar v. i. Echar nuevos brotes.

retoño m. Vástago, brote de una planta. || Hijo de poca edad.

retoque m. Modificación hecha para mejorar: *retoque de fotografías*. || Rectificación de un traje de confección hecha después de que se lo ha probado el comprador. || Pincelada de corrección que hace el pintor en un cuadro. || Rectificación que hace una mujer de la pintura con cosméticos de su cara.

retorcer v. t. Torcer mucho una cosa dándole vueltas: *retorcer un alambre*. || *Fig.* Volver un argumento contra aquel que lo emplea. | Quitar, dar un significado falso a lo afirmado por otro. || – V. pr. Doblarse, enrollarse.

retorcimiento m. Acción y efecto de retorcer.

retórico, ca adj. De la oratoria o de la retórica. || *Fig.* Afectado, amanerado, atildado. || Dícese de la persona especialista en retórica (ú. t. c. s.). || – F.

Conjunto de reglas y principios referentes al arte de hablar o escribir de manera elegante. || *Fig.* Grandilocuencia afectada. | Palabrería: *todo eso es retórica*.

retornar v. t. Devolver, restituir. || – V. i. Volver, regresar.

retorno m. Acción de retornar.

retorsión f. Acción de volver un argumento contra el que lo emplea. || Represalia.

retorta f. Vasija de laboratorio.

retortijón m. Dolor intestinal breve y agudo: *retortijones de tripas*.

retozar v. i. Juguetear.

retozo m. Acción de retozar.

retracción f. Reducción del volumen de ciertos tejidos u órganos.

retractable adj. Que se puede o debe retractar.

retractación f. Acción de desdecirse.

retractar v. t. Retirar lo dicho o hecho, desdecirse de ello. Ú. m. c. pr.: *retractarse de una opinión*. || Ejercitar el derecho de retracto.

retráctil adj. Contráctil, que puede retirarse y quedar oculto.

retracto m. Derecho que tienen ciertas personas de adquirir, por el mismo precio, la cosa vendida a otro.

retraer v. i. Volver a traer. || Retirar contrayendo, encoger (ú. t. c. pr.). || Ejercitar el derecho de retracto. || – V. pr. Aislarse.

retraído, da adj. *Fig.* Que gusta de la soledad, solitario.

retraimiento m. Acción de retraerse. || *Fig.* Cortedad, reserva.

retranca f. Correa ancha que llevan en el aparejo las caballerías de tiro. || *Amer.* Freno.

retransmisión f. Acción y efecto de retransmitir.

retransmitir v. t. Volver a transmitir: *retransmitir un mensaje*. || Difundir directamente un concierto, un espectáculo, por radio o televisión.

retrasado, da adj. Que llega con retraso (ú. t. c. s.). || Que está más atrás de lo que en realidad se debe: *retrasado en estudios*. || Dícese del reloj que señala una hora anterior a la que realmente es. || Inadecuado a la época actual: *costumbres retrasadas*. || Poco desarrollado u oculto: *naciones retrasadas*. || Que ha pasado ya el momento en que se debía hacer algo: *estoy retrasado en el pago del alquiler*. || *Retrasado mental*, débil mental.

retrasar v. t. Diferir, aplazar, dejar para más tarde. || Hacer llegar más tarde de lo que se debe. || Hacer obrar más lentamente que lo que debía: *esto retrasa mi trabajo*. || Poner las agujas de un reloj a una hora inferior a la que realmente es. || – V. i. Funcionar un reloj a un ritmo inferior al del paso del tiempo. || Ir en sentido contrario al del progreso: *este país retrasa*. || Rezagarse: *retrasar en los estudios*. || – V. pr. Llegar más tarde.

retraso m. Hecho de llegar demasiado tarde, de hacer algo más tarde de lo que se debía. || Demora: *el retraso del avión*. || Atraso, condición de los pueblos poco desarrollados. || Tiempo que retrasa un reloj. || Lo que está aún sin hacer y debía haberse hecho. || Debilidad: *retraso mental*.

retratar v. t. Pintar, dibujar o fotografiar. || *Fig.* Describir. || – V. pr. Reflejarse. || Sacarse una fotografía. || *Pop.* Pagar.

retrato m. Representación de una persona, animal o cosa hecha en pintura o fotografía. || *Fig.* Descripción.

retrechero, ra adj. Encantador.

retreparse v. pr. Echar hacia atrás la parte superior del cuerpo.

retreta f. Toque militar para que la tropa se recoja por la noche en el cuartel.

retrete m. Habitación y receptáculo para la evacuación de los excrementos.

retribución f. Paga.

retribuir v. t. Pagar.

retro m. *Fam.* Retrógrado.

retroactividad f. Aplicación al tiempo pasado de los efectos de una ley, sentencia o acto jurídico.

retroactivo, va adj. Que obra o tiene fuerza sobre lo pasado.

retroceder v. i. Volver hacia atrás. || *Fig.* Remontarse: *retroceder al siglo pasado.* || Retirarse ante el enemigo.

retrocesión f. Acción de ceder el derecho o cosa que él había cedido.

retroceso m. Acción de retroceder.

retrogradar v. i. Retroceder.

retrógrado, da adj. Que va hacia atrás. || Reaccionario, opuesto al progreso: *hombre retrógrado* (ú. t. c. s.).

retrospección f. Mirada o examen retrospectivo.

retrospectivo, va adj. Que se refiere a un tiempo pasado. || — F. Exposición que presenta, de manera cronológica, las obras de un artista, una escuela o una época.

retrovisor m. Espejo, colocado en la parte superior del interior de un parabrisas o en un guardabarros, que permite al conductor de un vehículo ver lo que hay detrás. Ú. t. c. adj.: *espejo retrovisor.*

retruécano m. Juego de palabras que se hace con el empleo de vocablos parónimos, pero con distintos significados.

retumbante adj. Que retumba.

retumbar v. i. Resonar.

reúma o **reuma** m. Reumatismo.

reumático, ca adj. Que padece reumatismo (ú. t. c. s.). || Relativo a esta enfermedad.

reumatismo m. Enfermedad caracterizada por dolores en las articulaciones, los músculos, las vísceras, etc.

reunificación f. Nueva unión.

reunificar v. t. Volver a unir.

reunión f. Acción de reunir. || Conjunto de personas reunidas.

reunir v. t. Volver a unir. || Hacer de dos o más cosas una sola: *reunir dos pisos.* || Juntar, congregar: *reunir a los asociados.* || Tener ciertas condiciones: *los que reúnan estos requisitos pueden venir.* || Recoger, coleccionar: *reunir sellos.* || — V. pr. Juntarse.

reválida f. Examen final para obtener un grado universitario.

revalidación f. Acción de revalidar.

revalidar v. t. Ratificar.

revalorización f. Acción de dar a una moneda devaluada todo o parte del valor que tenía.

revalorizar v. t. Hacer una revalorización.

revancha f. Desquite.

revanchista adj. y s. Que tiene deseos de tomarse la revancha.

revelación f. Acción de revelar aquello que era secreto u oculto y cosa revelada. || Aquello que una vez conocido hace descubrir otras cosas. || Persona que pone de manifiesto en un momento determinado sus excelentes cualidades para algo: *fue la revelación de la temporada.* || Por antonomasia, acción de Dios que manifiesta a los hombres verdades inasequibles a la sola razón. || La religión revelada.

revelado m. Operación de revelar una película fotográfica.

revelador, ra adj. Que revela.

revelar v. t. Dar a conocer lo que estaba secreto, oculto o desconocido. || Divulgar. || Ser señal o indicio de: *su cara revelaba terror.* || Dar a conocer por revelación divina. || Mostrar, poner de manifiesto. || Hacer visible, con ayuda de un revelador, la imagen obtenida en una película fotográfica. || — V. pr. Manifestarse.

revendedor, ra adj. Que vende con lucro lo que ha comprado (ú. t. c. pr.).

revender v. t. Vender lo que se ha comprado con fines de lucro.

reventa f. Venta, con fines de lucro, de lo que se ha comprado.

reventado, da adj. Agotado.

reventar v. i. Estallar, romperse una cosa a causa de una fuerza interior: *reventar un neumático* (ú. t. c. pr.). || *Fig.* Desear mucho: *revienta por ir al cine.* | Estallar, prorrumpir: *reventar de risa.* | Estar lleno de: *reventar de orgullo.* | Morir. | *Reventado de cansancio,* cansadísimo. || — V. t. Romper una cosa aplastándola. || *Fig.* Fatigar, cansar en exceso (ú. t. c. pr.). | Fastidiar.

reverberación f. Reflexión de la luz o del calor.

reverberante adj. Que reverbera.

reverberar v. i. Reflejarse.

reverbero m. Farol de cristal para iluminar. || *Amer.* Infiernillo.

reverdecer v. i. Ponerse verdes otra vez. || *Fig.* Tomar nuevo vigor.

reverdecimiento m. Acción y efecto de reverdecer o reverdecerse.

reverencia f. Profundo respeto. || Movimiento del cuerpo que se hace para saludar ya sea inclinándose, ya sea doblando las rodillas.

reverenciable adj. Digno de reverencia.

reverenciar v. t. Honrar, venerar.

reverendo, da adj. Dícese de cierto tratamiento dado a las dignidades eclesiásticas (ú. t. c. s.). || *Fam.* Descomunal, tremendo, enorme.

reverenciador, ra adj. Que reverencia (ú. t. c. s.).

reversible adj. Dícese de los bienes que, en ciertos casos, deben volver al propietario que dispuso de ellos. || Dícese de un traje que está hecho para que pueda ser llevado tanto al derecho como al revés: *abrigo reversible.* || Dícese de un fenómeno en el que el efecto y la causa pueden ser invertidos.

reverso m. Revés.

revertir v. i. Volver una cosa al estado que antes tenía.

revés m. Lado opuesto al principal. || Golpe dado con la parte contraria a la palma de la mano. || En tenis, golpe dado con la raqueta de izquierda a derecha. || *Fig.* Contratiempo, hecho desafortunado: *los reveses de la vida.* || Derrota: *revés militar.* || *Al revés,* en sentido contrario al normal.

revestimiento m. Capa con la que se recubre algo. || Parte que se ve de una calzada, acera, etc.

revestir v. t. Cubrir con una capa. || Ponerse un traje (ú. t. c. pr.). || *Fig.* Cubrir, dar un aspecto. || — V. pr. *Fig.* Armarse, ponerse en disposición de ánimo para lograr un fin: *revestirse de paciencia*.

revigorar y **revigorizar** v. t. Dar nuevo vigor.

revisada f. *Amer.* Revisión.

revisar v. t. Volver a ver, someter una cosa a nuevo examen.

revisión f. Control de los billetes en un transporte público. || Verificación: *revisión de cuentas*. || Inspección: *revisión de armamento*. || Examen para ver el estado de funcionamiento de algo: *revisión del coche*. || Modificación de un texto jurídico para adaptarlo a una situación nueva: *revisión de la Constitución*.

revisor, ra adj. Que revisa. || — M. y f. Empleado que comprueba que los viajeros de un transporte público tienen billete.

revista f. Examen detallado de algo, enumeración: *pasar revista a sus errores*. || Publicación periódica sobre una o varias materias: *revista cinematográfica*. || Inspección de los efectivos, armas y materiales de una tropa. || Espectáculo teatral de carácter frívolo compuesto de cuadros sueltos.

revistar v. t. Pasar revista.

revitalizar v. t. Dar nueva vida.

revivificar v. t. Reavivar.

revivir v. i. Resucitar. || — V. t. Evocar, recordar, vivir de nuevo.

revocable adj. Que puede ser revocado.

revocación f. Medida disciplinaria tomada contra un funcionario para la que éste se ve desposeído de su función en la administración pública. || Anulación de una disposición.

revocar v. t. Anular: *revocar un testamento*. || Poner fin a las funciones por medida disciplinaria: *revocar a un funcionario*. || Enlucir las paredes exteriores de un edificio.

revoco m. Revoque.

revolcar v. t. Derribar por tierra, echar al suelo. || *Fig.* Ser infinitamente superior en una contienda. || — V. pr. Tirarse o echarse en el suelo y dar vueltas sobre sí mismo.

revolotear v. t. Volar.

revoloteo m. Vuelo.

revoltijo y **revoltillo** m. Mezcolanza de cosas revueltas.

revoltoso, sa adj. y s. Travieso. || Promotor de sediciones, rebelde.

revolución f. Movimiento circular por el que un móvil vuelve a su posición inicial: *la revolución de la Tierra alrededor del Sol*. || Movimiento de una figura alrededor de su eje. || Vuelta: *motor de muchas revoluciones*. || Cambio violento en las estructuras políticas, sociales o económicas de un Estado: *la Revolución Francesa*. || *Fig.* Cambio completo.

revolucionar v. t. Provocar un cambio con la introducción de principios revolucionarios. || Causar entre la gente agitación. || Cambiar, transformar totalmente.

revolucionario, ria adj. Relativo a las revoluciones. || Dícese de la persona que es partidaria o que participa en una revolución (ú. t. c. s.).

revolver v. t. Remover, mover lo que estaba junto: *revolver papeles*. || Crear el desorden en algo que estaba ordenado: *revolver el cajón*. || Confundir, mezclar sin orden ni concierto: *tiene una serie de conocimientos revueltos*. || Alterar, turbar: *revolver los ánimos*. || Irritar, indignar: *esta noticia me revolvió*. || Causar trastornos: *esto me revuelve el estómago*. || — V. pr. Agitarse, moverse.

revólver m. Pistola con un tambor que contiene varias balas.

revoque m. Acción de revocar.

revuelo m. *Fig.* Agitación.

revuelto, ta adj. En desorden: *pelo revuelto*. || Revoltoso: *los niños están revueltos*. || Mezclado: *viven revueltos unos con otros*. || Agitado: *mar revuelto*. || Levantisco, alborotado: *el pueblo está revuelto con esas medidas*. || — F. Vuelta: *daba vueltas y revueltas por el mismo sitio*. || Cambio de dirección de un camino, carretera, calle. || Motín, alteración del orden público.

revulsivo, va adj. y s. m. Aplícase al medicamento que produce revulsión. || — M. *Fig.* Reacción, cosa que hace reaccionar.

rey m. Monarca o príncipe soberano de un Estado. || *Fig.* El que sobresale entre los demás de su clase. || Pieza principal en el juego del ajedrez. || Carta duodécima de un palo de la baraja española.

reyerta f. Riña, pelea.

reyezuelo m. Pájaro cantor.

rezado, da adj. Aplícase a la misa recitada y no cantada.

rezagado, da adj. y s. Que se queda atrás.

rezagar v. t. Dejar atrás. || Aplazar. || — V. pr. Quedarse atrás.

rezar v. t. Dirigir a la divinidad alabanzas o súplicas. || Recitar una oración. || Decir la misa sin cantarla. || *Fam.* Decir. || — V. i. Ser aplicable: *esto no reza conmigo*.

rezno m. Larva de un insecto que vive parásito en algunos mamíferos.

rezo m. Acción de rezar.

rezongar v. i. *Fam.* Refunfuñar.

rezumar v. t. Dejar pasar un cuerpo por sus poros gotas de un líquido.

Rh, símbolo químico del *rodio*.

rhesus m. *Factor Rhesus*, carácter sanguíneo que debe tenerse en cuenta en las transfusiones y en la patología del recién nacido.

rho o **ro** f. Decimoséptima letra del alfabeto griego (ρ) equivalente a la *r* castellana.

ría f. Parte inferior de un valle fluvial invadido por el mar.

riachuelo m. Río pequeño.

riada f. Avenida, inundación.

rial m. Unidad monetaria de Irán y Omán.

ribagorzano, na adj. y s. De Ribargorza (España). || — M. Dialecto del catalán.

ribera f. Orilla.

ribereño, ña y **riberano, na** adj. Relativo a la ribera de un río, de un lago, de un mar. || Habitante de la ribera (ú. t. c. s.).

ribete m. Cinta que se pone a la orilla del vestido, calzado, etc., como adorno o refuerzo. || — Pl. *Fig.* Visos, indicios.

ribetear v. t. Poner ribetes.

ribonucleico, ca adj. Dícese de un grupo de ácidos nucleicos, situados en el citoplasma y en el nucléolo, que desempeñan un papel importante en la síntesis de las proteínas.

ricino m. Planta de cuyas semillas se extrae un aceite purgante.

rico, ca adj. Que tiene mucho dinero o bienes: *rico propietario*. ‖ Que posee en sí algo abundantemente: *mineral rico en plata*. ‖ Fértil: *tierras ricas*. ‖ Abundante: *viaje rico en aventuras*. ‖ De mucho precio: *adornado con ricos bordados*. ‖ Exquisito, delicioso: *pastel muy rico*. ‖ Mono, agradable, lindo: *¡que niño más rico!* ‖ Empléase como expresión de cariño: *come, rico*. ‖ — M. y f. Persona que posee muchos bienes. ‖ *Nuevo rico*, persona que ha conseguido hace poco una gran fortuna.

rictus m. Contracción espasmódica de los músculos de la cara.

ricura f. Condición de bueno de sabor o de bonito, lindo.

ridiculez f. Cosa que provoca la risa o la burla. ‖ Cosa muy pequeña.

ridiculizar v. t. Poner en ridículo. ‖ — V. pr. Hacer el ridículo.

ridículo, la adj. Digno de risa, de burla: *decir cosas ridículas*. ‖ Escaso, parco: *una ganancia ridícula*. ‖ — M. Ridiculez. ‖ *Hacer el ridículo*, provocar la risa o la burla.

riego m. Acción y efecto de regar. ‖ *Riego sanguíneo*, cantidad de sangre que nutre los tejidos del cuerpo.

riel m. Carril de una vía férrea.

riel m. Unidad monetaria, dividida en cien sen, de Kampuchea o Camboya.

rielar v. i. Brillar con luz trémula.

rienda f. Correa fijada en el bocado de una caballería para que el jinete pueda conducir su montura. ‖ — Pl. *Fig.* Dirección: *las riendas del gobierno*.

riesgo m. Peligro. ‖ Daño, siniestro garantizado por las compañías de seguros mediante pago de una prima.

rifa f. Sorteo.

rifar v. t. Sortear en una rifa.

rifirrafe m. *Fam.* Riña, gresca.

rifle m. Fusil.

rigidez f. Condición de rígido. ‖ *Fig.* Gran severidad, austeridad.

rígido, da adj. Inflexible, difícil de doblar. ‖ *Fig.* Riguroso, severo.

rigodón m. Danza antigua.

rigor m. Severidad, dureza, inflexibilidad: *el rigor de un juez*. ‖ Gran exactitud: *rigor mental*. ‖ Intensidad, inclemencia, crudeza: *el rigor del clima polar*.

rigorismo m. Exceso de rigor.

rigorista adj. y s. Muy severo.

rigurosidad f. Rigor.

riguroso, sa adj. Muy severo, inflexible, cruel. ‖ Estricto: *aplicación rigurosa de la ley*. ‖ Duro, difícil de soportar: *pena rigurosa*. ‖ Austero, rígido: *moral rigurosa*. ‖ Rudo, extremado: *invierno riguroso*. ‖ Exacto, preciso: *en sentido riguroso*. ‖ Indiscutible, sin réplica: *principios rigurosos*. ‖ Completo: *luto riguroso*.

rima f. Consonancia o asonancia en las terminaciones de dos o más versos. ‖ — Pl. Composición en verso.

rimador, ra adj. Que rima (ú. t. c. s.).

rimar v. i. Componer en verso. ‖ Ser una voz asonante o consonante de otra: ASTRO rima con CASTRO. ‖ *Fam.* Pegar, ir bien junto: *una cosa no rima con la otra*. ‖ Venir: *¿y esto a qué rima?* ‖ — V. t. Hacer rimar una palabra con otra: *rimar* HEBRAICA *con* JUDAICA.

rimbombancia f. Condición de rimbombante.

rimbombante adj. Aparatoso.

rimero m. Conjunto de cosas.

rincón m. Ángulo entrante que se forma en el encuentro de dos superficies. ‖ Lugar apartado.

rinconera f. Mesita, armario o estante que se pone en un rincón.

ring m. Cuadrilátero de boxeo.

rinoceronte m. Mamífero paquidermo con uno o dos cuernos sobre la nariz.

rinofaringe f. Parte superior de la faringe.

rinofaríngeo, a adj. Relativo a la rinofaringe.

rinofaringitis f. Inflamación de la rinofaringe.

riña f. Pelea, disputa.

riñón m. Cada uno de los dos órganos glandulares secretorios de la orina situados en la región lumbar, uno a cada lado de la columna vertebral. ‖ Este mismo órgano en los animales en el que se hace un plato culinario. ‖ *Fig.* Interior, centro: *el riñón de España*. ‖ Pl. Región lumbar: *dolor de riñones*.

río m. Corriente de agua continua y más o menos caudalosa que va a desembocar en otra o en el mar. ‖ *Fig.* Gran abundancia.

riobambeño, ña adj. y s. De Riobamba (Ecuador).

riohachero, ra adj. y s. De Riohacha (Colombia).

rioja m. Vino de La Rioja (España).

riojano, na adj. y s. De La Rioja (Argentina o España).

rionegrano, na adj. y s De Rionegro, mun. de Colombia (Santander).

rionegrense adj. y s. De Río Negro (Uruguay).

rionegrero, ra y **rionegriño**, ña adj. y s. De Rionegro (departamento colombiano de Antioquia).

rionegrino, na adj. y s. De Río Negro (Argentina).

ripio m. Escombros de albañilería. ‖ Palabra superflua.

ripollés, esa adj. y s. De Ripoll (España).

riqueza f. Abundancia de bienes, prosperidad. ‖ Fecundidad, fertilidad: *la riqueza de la tierra*. ‖ Condición de una materia que da un rendimiento abundante: *la riqueza de un mineral*. ‖ Carácter que da valor a algo: *la riqueza de una joya*. ‖ Lujo, esplendor: *la riqueza del decorado*. ‖ Abundancia de términos y locuciones de una lengua: *la riqueza del castellano*. ‖ — Pl. Bienes de gran valor, especialmente en dinero o en títulos: *amontonar riquezas*. ‖Objetos de gran valor: *el museo tiene inestimables riquezas*. ‖ Productos de la actividad económica de un país y recursos naturales que éste posee.

risa f. Manifestación de un sentimiento de alegría que se produce al contraer ciertos músculos del rostro y que va acompañada por una espiración espasmódica y ruidosa. ‖ Irrisión, objeto de burla.

risaraldense y **risaraldeño, ña** adj. y s. De Risaralda (Colombia).

risco m. Peñasco.

risible adj. Que provoca risa.

risotada f. Carcajada.

risotear v. i. Dar risotadas.

risoteo m. Acción y efecto de risotear.

ríspido, da adj. Áspero, desabrido.

ristra f. Trenza de ajos o cebollas. || *Fig.* y *fam.* Serie.

ristre m. Hierro del peto de la armadura donde se afianzaba el cabo de la lanza: *lanza en ristre*.

risueño, ña adj. Sonriente.

ritmar v. i. Acompasar.

rítmico, ca adj. Del ritmo.

ritmo m. Distribución simétrica y sucesión periódica de los tiempos fuertes y débiles en un verso, una frase musical, etc.: *ritmo poético*. || Frecuencia periódica de un fenómeno fisiológico: *ritmo cardiaco*. || *Fig.* Cadencia, orden regular.

rito m. Conjunto de reglas establecidas para el culto y ceremonias de una religión: *rito griego*. || Ceremonia o costumbre.

ritual adj. Relativo al rito. || — M. Ceremonial.

rival adj. y s. Adversario.

rivalidad f. Competencia entre dos o más personas.

rivalizar v. i. Esforzarse por conseguir una cosa a la cual aspira también otra persona. || Intentar igualar e incluso superar a otro.

rivense adj. y s. De Rivas (Nicaragua).

riverense adj. y s. De Rivera (Uruguay).

riyal m. Unidad monetaria de Arabia Saudita, Qatar y República Árabe del Yemen.

rizado, da adj. Que forma rizos: *pelo rizado*. || Dícese del mar movido, con ondas. || — M. Acción de rizar.

rizar v. t. Formar rizos o bucles en el cabello. || Mover el viento la mar, formando olas pequeñas. || — V. pr. Ensortijarse el cabello.

rizo, za adj. Rizado. || — M. Mechón de pelo ensortijado: *un rizo rubio*. || Looping, acrobacia aérea que consiste en dar una vuelta completa sobre un plano vertical: *rizar el rizo*.

rizoma m. Tallo subterráneo.

rizópodo adj. m. Dícese de los cuatro grandes grupos de protozoos susceptibles de emitir seudópodos. || — M. pl. Clase que forman.

Rn, símbolo químico del *radón*.

ro, voz que se usa, repetida, para arrullar a los niños.

ro f. Rho, letra griega.

roano, na adj. De pelo mezclado de blanco, gris y bayo.

roatanense adj. y s. De Roatán (Honduras).

róbalo o **robalo** m. Pez marino con dos aletas en el lomo.

robar v. t. Tomar para sí con violencia lo ajeno. || Hurtar de cualquier modo que sea. || En ciertos juegos de naipes y de dominó, tomar algunas cartas o fichas de las que quedan sin repartir. || *Fig.* Causar preocupación, quitar: *robar el sueño*. | Cobrar muy caro: *en esa tienda te roban con frecuencia*.

robinsón m. Hombre solitario.

roblar v. t. Doblar o remachar.

roble m. Árbol de madera muy dura cuyo fruto es la bellota. || *Fig.* Persona o cosa muy resistente.

robleda f., **robledal** y **robledo** m. Sitio poblado de robles.

roblón m. Clavo de hierro cuya punta se remacha.

roblonar v. t. Asegurar con roblones.

robo m. Delito cometido por el que se apropia indebidamente del bien ajeno: *cometer un robo.*

|| Producto del robo. || Acción de vender muy caro. || En ciertos juegos de naipes o de dominó, cartas o fichas que se toman del monte.

roboración f. Acción y efecto de roborar.

roborante adj. Que robora.

roborar v. t. Fortificar. || *Fig.* Corroborar, reforzar con razones.

robot m. (pal. checa). Aparato capaz de realizar de manera automática diversas operaciones. || *Fig.* Persona que obra de manera automática, muñeco. (Pl. *robots*.) || *Retrato robot*, el dibujado según las indicaciones dadas por los testigos que han visto al autor de un delito.

robótica f. Conjunto de estudios y técnicas destinado a fabricar sistemas capaces de desempeñar funciones motrices o intelectuales en sustitución del hombre.

robotización f. Acción y efecto de robotizar.

robotizar v. t. Hacer funcionar por medio de robots. || *Fig.* Quitar a alguien cualquier iniciativa, hacer que un trabajo sea una tarea meramente automática, semejante a la de un robot.

robustecer v. t. Dar vigor (ú. t. c. pr.).

robustecimiento m. Acción de robustecer. || Consolidación.

robustez f. Fuerza, vigor.

robusto, ta adj. Fuerte.

roca f. Cualquier masa mineral que forma parte de la corteza terrestre: *roca sedimentaria, cristalina, metamórfica*. || Peñasco que se levanta en la tierra o en el mar. || *Fig.* Cosa o persona muy dura o muy firme, inquebrantable: *es un ser que tiene un corazón de roca*.

roce m. Acción de tocar suavemente la superficie de una cosa. || *Fig.* Trato frecuente. | Desavenencia.

rochense adj. y s. De Rocha (Uruguay).

rociada f. Acción de rociar con un líquido. || *Fig.* Conjunto de cosas.

rociar v. i. Caer sobre la tierra el rocío o la lluvia menuda. || — V. t. Esparcir un líquido en gotas menudas. || *Fig.* Acompañar una comida con alguna bebida. | Arrojar cosas de modo que se dispersen al caer.

rocín m. Penco, caballo malo.

rocinante m. *Fig.* Rocín.

rocío m. Conjunto de gotitas menudas que se depositan de noche sobre la tierra o las plantas.

rock m. (pal. ingl.). Baile moderno llamado también *rock and roll.*

rockero, ra adj. Relativo al *rock and roll*. || — M. y f. Persona que ejecuta este baile.

rococó m. Estilo decorativo muy recargado derivado del barroco que floreció en el s. XVIII en Europa y especialmente en Alemania. || — Adj. Que tiene ese estilo.

rocoso, sa adj. Con rocas.

roda f. Pieza encima de la quilla que forma la proa de la embarcación.

rodaballo m. Pez marino.

rodado, da adj. Aplícase a las piedras redondeadas a fuerza de rodar: *canto rodado*. || *Fig.* Experimentado. || *Tránsito rodado*, tráfico de vehículos. || — M. *Arg.* Cualquier vehículo de ruedas.

rodadura f. Acción y efecto de rodar.

rodaja f. Disco de madera, metal. || Tajada circular de ciertas frutas, pescados, embutidos. || Parte de la espuela con la que se pica al caballo. || Ruedecilla.

rodaje m. Acción de filmar una película. || Período en el cual las piezas de un motor nuevo no han de soportar grandes esfuerzos hasta que por frotamiento se realice su ajuste.

rodamiento m. Cojinete formado por dos cilindros entre los que se intercala un juego de bolas o de rodillos de acero que pueden girar libremente.

rodapié m. Cenefa.

rodar v. i. Avanzar girando sobre sí mismo: *la pelota rueda.* || Moverse por medio de ruedas. || Funcionar de cierto modo, avanzar a cierta velocidad: *coche que rueda bien.* || Caer dando vueltas: *rodar escaleras abajo.* || *Fig.* Llevar una vida aventurera: *mujer que ha rodado mucho.* | Ir de un lado para otro: *rodar por las calles.* | Recorrer. Ú. t. c. t.: *rodar mundo.* | Existir: *aún ruedan por el mundo modelos tan viejos.* | Tener en la mente: *mil proyectos rodaban en su cabeza.* || *Arg.* Caer hacia adelante el caballo. || — V. t. Impresionar una película cinematográfica: *cinta rodada en Madrid.* || Hacer marchar un vehículo o funcionar una máquina para que se ajusten sus piezas.

rodear v. t. Poner alrededor. || Cercar. || Dar la vuelta: *la carretera rodea la montaña.* || Tratar con mucho miramiento: *rodear de cuidados.* || *Amer.* Reunir el ganado en un sitio por medio de caballos que lo acorralan. || — V. pr. Llegar a tener en torno a sí.

rodela f. Escudo redondo.

rodeo m. Camino más largo que el directo: *dar un rodeo.* || Reunión que se hace del ganado mayor para recontarlo y reconocerlo. || Sitio donde se efectúa. || Corral de forma circular donde charros y rancheros compiten en los ejercicios propios de los ganaderos, y fiesta que se celebra con este motivo en algunas partes de América. || *Fig.* Manera indirecta de decir una cosa, circunloquio, perífrasis: *hablar sin rodeos.* || En Texas, jaripeo.

rodericense adj. y s. De Ciudad Rodrigo (España).

rodete m. Rosca de tela, esparto u otra cosa que se pone en la cabeza. || Guarda de una cerradura.

rodilla f. Parte del cuerpo donde se une el muslo con la pierna: *tiene el pantalón roto en las rodillas.*

rodillera f. Lo que se pone por comodidad, defensa o adorno en la rodilla. || Bolsa que forma el pantalón viejo en las rodillas.

rodillo m. Cilindro macizo que sirve para diversos usos. || Cilindro de caucho duro que soporta el golpe de las teclas de las máquinas de escribir, máquinas contables, calculadoras y tabuladoras. || Cilindro de caucho que sirve para dar masajes. || Cilindro que se utiliza para el entintado de las formas en las máquinas de imprimir. || Instrumento con que se allana o apisona la tierra. || Objeto de forma cilíndrica que se utiliza en vez de la brocha para pintar. || Cilindro de madera que se emplea en repostería para alisar la masa.

rodio m. Metal (Rh), de número atómico 45, semejante al cromo y al cobalto.

rododendro m. Arbolillo de hermosas flores purpúreas.

rodoficeo, a adj. Relativo o perteneciente a una clase de algas marinas. || — F. pl. Familia que forman.

rodrigón m. Palo o caña puesto al pie de una planta para sujetarla.

roedor, ra adj. Que roe. || *Fig.* Que conmueve o agita el ánimo: *una pasión roedora.* || Dícese de un orden de mamíferos con dos incisivos en cada mandíbula como la ardilla, el ratón, el castor, el conejo, el conejillo de Indias, la marmota, etc. (ú. t. c. s. m.). || M. pl. Este orden de animales.

roentgen m. V. RÖNTGEN.

roentgenio m. V. RÖNTGEN.

roer v. t. Raspar con los dientes: *el perro roe un hueso.* || *Fig.* Concomer, atormentar, desazonar: *el remordimiento le roe.*

rogar v. t. Pedir, suplicar.

rogativa f. Oración pública para suplicar algo (ú. m. en pl.).

rogatorio, ria adj. Que ruega.

rojizo, za adj. Que tira a rojo.

rojo, ja adj. Encarnado muy vivo, del color de la sangre. || Aplícase al pelo de un rubio casi colorado. || En política, dícese de la persona de ideas muy izquierdistas (ú. t. c. s.). || — M. Uno de los colores fundamentales de la luz, el menos refrangible. || Temperatura a partir de la cual los cuerpos entran en incandescencia y emiten este color: *poner un metal al rojo.* || Color característico de las señales de peligro o detención: *el disco está en rojo.* || Cosmético de color rojo: *rojo de labios.*

rol m. Lista de nombres. || *Mar.* Licencia que lleva el capitán y donde consta la lista de la tripulación. || *Amer.* Galicismo por *papel* de un actor o en un asunto.

rolar v. i. *Amer.* Conversar.

rollazo m. *Fam.* Cosa o persona pesada.

rollista adj. y s. *Fam.* Pesado, aburrido. | Cuentista, exagerado.

rollizo, za adj. Robusto y gordo.

rollo m. Objeto cilíndrico formado por una cosa arrollada: *rollo de papel.* || Carrete de película. || Envoltijo de cuerda, alambre, cable, etc. || Cilindro de madera, rulo, rodillo: *rollo de pastelero.* || Carne grasa alrededor de un miembro del cuerpo. || *Fam.* Exposición, discurso, conversación larga y aburrida. | Labia, verbosidad. | Cuento, embuste. | Cosa o asunto pesado, aburrido. | Persona latosa, pesada. | Mundo o ambiente en que se encuentra uno. | Tema, asunto del que se habla. | Conversación. | El mundo de los drogadictos y de los pasotas. | Droga. | Tipo de vida, actividad que se lleva a cabo.

romadizo m. Catarro nasal.

romana f. Instrumento para pesar.

romance adj. y s. m. Dícese de cada una de las lenguas modernas derivadas del latín, como el castellano, el catalán, el gallego, el francés, el portugués, el italiano, el rumano, el provenzal, etc. || — M. Idioma castellano. || Composición poética que consiste en repetir al fin de todos los versos pares una asonancia y en no dar a los impares rima de ninguna especie. || Aventura amorosa pasajera (es un anglicismo).

romancero m. Colección de romances poéticos.

románico, ca adj. Dícese del arte que predominó fundamentalmente en los países latinos entre los siglos XI y XIII (ú. t. c. s. m.). || Romance, neolatino: *las lenguas románicas.*

romanizar v. t. Difundir las leyes y costumbres romanas. || — V. pr. Ser influido por la civilización romana.

romano, na adj. De la antigua Roma o de la Roma actual (ú. t. c. s.). || Dícese de la Iglesia católica. || — *Números romanos*, las letras numerales I, V, X, L, C, D y M. || *Fig. Obra de romanos*, trabajo muy difícil.

romanticismo m. Conjunto de los movimientos intelectuales que, a partir del final del siglo XVIII, hizo prevalecer, en Inglaterra y Alemania, y más tarde en Francia, Italia y España, los sentimientos y la imaginación sobre la razón y el análisis crítico. || Carácter de romántico. || Época o tiempo en que estuvieron vigentes los principios o reglas de este movimiento literario o artístico.

romántico, ca adj. Relativo al romanticismo. || Dícese de los escritores y artistas que, a principios del s. XIX, se adhirieron al romanticismo (ú. t. c. s.). || Sentimental, apasionado.

rómbico, ca adj. Aplícase al sistema cristalizado que tiene tres ejes binarios rectangulares, tres planos de simetría y un centro.

romboédrico, ca adj. Aplícase al sistema cristalino que tiene como tipo el romboedro.

rombo m. Paralelogramo que tiene los lados iguales y dos de sus ángulos mayores que los otros dos.

romboedro m. Prisma cuyas bases y caras son rombos.

romboidal adj. De figura de romboide.

romboide m. Paralelogramo cuyos lados son paralelos e iguales cada uno con el opuesto.

romboideo, dea adj. Romboidal.

romería f. Viaje o peregrinación.

romero, ra adj. y s. Peregrino. || — M. Planta labiada, aromática cuyas flores tienen propiedades estimulantes.

romo, ma adj. Sin filo.

rompecabezas m. inv. Juego de paciencia que consiste en reconstituir un dibujo recortado caprichosamente. || *Fam.* Problema.

romper v. t. Separar con violencia las partes de un todo: *romper una silla.* || Hacer pedazos: *romper la vajilla* (ú. t. c. pr.). || Rasgar: *romper un papel.* || Gastar, destrozar: *romper el calzado.* || *Fig.* Interrumpir: *romper la monotonía.* | Abrir, iniciar: *romper las hostilidades.* | Tener principio, comenzar: *romper el día.* | Surcar: *el velero rompe las aguas.* | Quebrantar: *romper un contrato.* || — V. i. Estrellarse, deshacerse en espuma las olas. || Dejar de ser amigos, novios, etc.: *Juan y Pilar han roto.* || Quitar toda relación: *romper con el pasado.* || Empezar bruscamente: *rompió a hablar.* || Prorrumpir: *romper en llanto.* || — V. pr. No funcionar, tener una avería: *se me rompió el coche.*

rompimiento m. Ruptura.

rompope y **rompopo** m. *Amér. C.* y *Méx.* Bebida tonificante a base de leche, aguardiente, huevos, azúcar y algunas especias.

ron m. Bebida alcohólica hecha con zumo de caña de azúcar.

roncar v. i. Respirar haciendo con la garganta y las narices un ruido sordo mientras se duerme.

roncha f. Bultillo que aparece en la piel después de una picadura.

ronco, ca adj. Que ronca.

ronda f. Vuelta dada para vigilar. || Patrulla que ronda. || Grupo de jóvenes que andan rondando por la noche. || Estudiantina, tuna, conjunto musical de estudiantes. || Trayecto que efectúa el cartero repartiendo el correo. || Mano en el juego de cartas. || Giro, vuelta. || Vuelta ciclista por etapas. || Espacio entre la parte interior de la muralla y las casas de una ciudad fortificada. || Camino de circunvalación en una población. || *Fam.* Invitación de bebida o tabaco a varias personas: *pagar una ronda.* || Serie de negociaciones. || Carrera ciclista en etapas.

rondador m. *Ecuad.* Zampoña.

rondalla f. Grupo de músicos que tocan por calles y plazas.

rondar v. i. Recorrer de noche una población para vigilar. || Pasear de noche los mozos por las calles donde viven las mozas a quienes galantean. || — V. t. *Fig.* Dar vueltas alrededor de una cosa. || *Fig.* Rayar en: *rondar la cincuentena.* | Andar en pos de uno solicitando algo. | Cortejar, galantear.

rondel m. Composición poética corta en la que se repite al final el primer verso o las primeras palabras.

rondeño, ña adj. y s. De Ronda (España). || — F. Aire popular de Ronda.

rondó m. Composición musical cuyo tema se repite varias veces.

rondón (de) m. adv. Sin avisar.

ronquear v. i. Estar ronco.

ronquedad f. Calidad de ronco.

ronquera f. Afección de la laringe que hace bronco el timbre de la voz.

ronquido m. Ruido que se hace roncando. || *Fig.* Sonido ronco.

ronronear v. i. Producir el gato cierto ronquido de satisfacción. || *Fig.* Dar vueltas en la cabeza.

röntgen o **roentgen** o **roentgenio** m. Unidad de cantidad de radiación X o gamma (símb. R).

röntgenterapia f. Radioterapia.

ronzal m. Cuerda que se ata al cuello o a la cabeza de las caballerías.

roña f. Sarna del ganado lanar. || Suciedad, mugre. || Roñosería. || — M. y f. *Fam.* Persona tacaña.

roñería f. *Fam.* Roñosería.

roñica adj. y s. *Fam.* Tacaño.

roñosería f. *Fam.* Tacañería.

roñoso, sa adj. Que tiene roña: *carnero roñoso.* || Sucio, mugriento. || Oxidado, mohoso. || *Fig.* y fam. Avaro, tacaño (ú. t. c. s.). || *Méx.* Rencoroso.

ropa f. Todo género de tela para uso o adorno de personas o cosas. || Prenda de vestir: *quitarse la ropa.* || — *A quema ropa*, refiriéndose a disparos, desde muy cerca; (fig.) de improviso. || *Ropa blanca*, la de hilo, algodón, etc., para uso doméstico. || *Ropa de cama*, conjunto de sábanas, mantas, etc., para la cama. || *Ropa hecha*, prendas que se compran ya confeccionadas. || *Ropa interior*, conjunto de prendas que se llevan debajo del vestido o traje.

ropaje m. Conjunto de ropas.

ropavejería f. Tienda del ropavejero.

ropavejero, ra m. y f. Persona que vende ropas viejas y baratijas.

ropero m. Armario o cuarto para guardar ropa (ú. t. c. adj.).

roquefort m. Queso hecho con leche de ovejas y pan enmohecido.

rorro m. Niño que aún mama.

ros m. Gorro militar con visera.

rosa f. Flor del rosal. || Adorno que tiene forma de rosa. || *Arq.* Rosetón. || *Rosa de los vientos* o *náutica*, círculo en forma de estrella dividido en treinta y dos partes iguales cuyas puntas señalan las direcciones del horizonte. || — M. Color de la rosa. || — Adj. Que tiene un color rojo claro. || *Fig. Novela rosa,* la que narra aventuras amorosas siempre felices.

rosáceo, a adj. De color semejante al de la rosa. || Aplícase a las plantas dicotiledóneas como el rosal, el almendro, la fresa (ú. t. c. s. f.). || — F. pl. Familia que forman.

rosado, da adj. De color de rosa. || Dícese del vino ligero y de color claro hecho con la misma uva que la empleada para realizar el tinto, pero acortando el tiempo en que están en contacto el mosto y el hollejo (ú. t. c. s. m.).

rosal m. Arbusto rosáceo. || Plantío de rosales.

rosaleda f. Plantío de rosales.

rosarino, na adj. y s. De Rosario (Argentina, Paraguay y Uruguay).

rosario m. Rezo en que se conmemoran los quince misterios de la Virgen. || Rezo abreviado en que sólo se celebran cinco misterios de la Virgen. || Sarta de cuentas separadas de diez en diez por otras más gruesas que se usa para este rezo. || *Fig.* Sarta, serie: *un rosario de desdichas.*

rosbif m. Trozo de carne de vaca asada.

rosca f. Resalto helicoidal de un tornillo o estría helicoidal de una tuerca. || Pan, bollo o torta de forma circular con un espacio vacío en medio. || Carnosidad de las personas gruesas alrededor de cualquier parte del cuerpo. || Círculo que hace el humo en el aire. || Rodete. || *Fig. Hacer la rosca a uno,* adularle.

roscado, da adj. En forma de rosca. || — M. Aterrajado.

rosco m. Roscón. || Rosca de pan. || Rosca de carne.

roscón m. Bollo en forma de rosca. || *Roscón de Reyes,* el que se come el día de Reyes y en cuya masa se halla una haba como sorpresa.

rosellonés, esa adj. Del Rosellón, región del sur de Francia (ú. t. c. s.). || — M. Dialecto catalán hablado en esta región.

roseta f. Rosa pequeña. || *Arg.* Rodaja de espuela. ||— Pl. Granos de maíz tostados y abiertos en forma de flor, palomitas.

rosetón m. Roseta grande. || *Arq.* Ventana redonda y calada con adornos, frecuente en las iglesias góticas. || Mancha roja en la cara.

rosquilla f. Bollo, rosca.

rosticería f. *Amér. C.* y *Méx.* Establecimiento en el que se venden carnes asadas.

rostro m. Cara.

rota f. Tribunal de apelación del Vaticano.

rotación f. Movimiento en un cuerpo alrededor de un eje real o imaginario: *la rotación de la Tierra.* || Empleo metódico y sucesivo de material, de mercancías, de procedimientos, etc. || Frecuencia de los viajes de un barco, avión, etc., en una línea regular. || *Rotación de cultivos,* sistema de cultivo en que se alternan las especies vegetales que se siembran.

rotativo, va adj. Que da vueltas. || Dícese de la máquina tipográfica formada por dos cilindros cubiertos por una plancha estereotipada y entintada entre los que se desliza el papel que se va a imprimir (ú. t. c. s. f.). || — M. Periódico impreso en estas máquinas.

rotatorio, ria adj. Que gira.

rotería f. *Chil.* Plebe.

roto, ta adj. Que ha sufrido rotura. || *Fig.* Destrozado, deshecho: *una vida rota por el destino.* || *Chil.* Dícese de la persona de muy baja condición social (ú. t. c. s.). || *Arg. Pop.* Chileno (ú. t. c. s.). || — M. Rotura, desgarrón.

rotograbado m. Huecograbado.

rotonda f. Plaza circular.

rotor m. Parte móvil en un motor, generador eléctrico, turbina, etc. || Sistema de palas giratorias de un helicóptero que sirve para sustentarlo e impulsarlo.

rótula f. Hueso plano situado en la parte anterior de la rodilla.

rotulación f. y **rotulado** m. Composición de un letrero.

rotulador, ra adj. y s. Que dibuja rótulos. || — M. Instrumento para escribir, formado por una barra de fieltro impregnada de tinta, con el que se hacen trazos gruesos. || — F. Máquina para rotular.

rotular v. t. Poner un rótulo.

rótulo m. Inscripción que se pone a una cosa indicando lo que es. || Cartel, letrero, anuncio público.

rotundidad f. Sonoridad del lenguaje. || Carácter categórico, terminante.

rotundo, da adj. *Fig.* Terminante, categórico. | Completo, patente: *éxito rotundo.*

rotura f. Acción de romperse.

roturación f. Primer arado de una tierra.

roturador, ra adj. y s. Que rotura.

roturar v. t. Arar por primera vez una tierra para cultivarla.

round m. (pal. ingl.). Asalto en un combate de boxeo o lucha.

roya f. Honguillo parásito.

royalty f. (pal. ingl.). Derecho que se paga al propietario de una patente, a un escritor, a un editor o al propietario de un terreno donde se explotan minas o pozos de petróleo o por el que pasa un oleoducto.

roza f. Cultivo de tierras en un bosque o selva que, una vez agotadas, se dejan de labrar.

rozadura f. Roce.

rozagante adj. Vistoso, de mucha apariencia. || *Fig.* Espléndido.

rozamiento m. Roce. || Fricción, resistencia al movimiento de un cuerpo o de una pieza mecánica debida al frotamiento. || *Fig.* Enfado, disgusto leve.

rozar v. t. Pasar una cosa tocando ligeramente la superficie de otra. Ú. t. c. i.: *la rueda rozó con el bordillo de la acera* (ú. t. c. pr.). || Pasar muy cerca: *rozaba las paredes.* || Raspar, tocar o arañar levemente. || *Fig.* Rayar en: *rozaba la cuarentena.* | Escapar por poco, estar muy cerca: *rozó el accidente.* | Tener cierta relación con: *su actitud roza el descaro* (ú. t. c. i.). || — V. pr. Sufrir una rozadura. | Desgaste por el roce. || *Fam.* Tener trato, tratarse.

Ru, símbolo químico del *rutenio.*

rúa f. Calle.

rubefacción f. Color rojo o sanguíneo en la piel.

rubéola y **rubeola** f. Cierta enfermedad eruptiva parecida al sarampión.

rubí m. Piedra preciosa de color rojo y brillo intenso. (Pl. *rubíes*.)

rubiáceo, a adj. y s. f. Dícese de unas plantas dicotiledóneas como el cafeto. || — F. pl. Familia que forman.

rubiales adj. y s. Rubio.

rubicundo, da adj. Rubio que tira a rojo. || Aplícase a la persona de cara de color rojo encendido.

rubidio m. Metal alcalino (Rb) de número atómico 37.

rubio, bia adj. De color parecido al del oro: *cabello rubio*. || — M. y f. Persona que tiene el pelo rubio. || — M. Este color.

rublo m. Unidad monetaria rusa, dividida en 100 copecks.

rubor m. Color rojo muy encendido. || Color que la vergüenza saca al rostro. || *Fig.* Bochorno, vergüenza.

ruborizar v. t. Avergonzar (ú. t. c. pr.).

ruboroso, sa adj. Vergonzoso.

rúbrica f. Rasgo o rasgos que se pone tras el nombre al firmar. || *Fig.* Firma, nombre. || Título, epígrafe de un capítulo o sección en un periódico, revista, etc.

rubricar v. t. Poner uno su rúbrica después de la firma. || Firmar. || *Fig.* Dar testimonio de algo. | Concluir, coronar: *rubricó su carrera con el doctorado*.

rubro m. *Amer.* Rúbrica, título, epígrafe. | Asiento, partida de comercio. | Sección de un comercio.

rucio y **rucho** m. Asno.

rudeza f. Brusquedad.

rudimentario, ria adj. Elemental.

rudimento m. Estado primero de un órgano. || — Pl. Nociones elementales de una ciencia o profesión.

rudo, da adj. Tosco, sin pulimento, basto. || Duro, difícil, penoso: *trabajo rudo*. || Brusco, sin artificio: *franqueza ruda*. || Fuerte, severo: *los rudos golpes de la vida*.

rueca f. Útil para hilar.

rueda f. Órgano plano de forma circular destinado a girar alrededor de su centro y que permite que un vehículo se mueva o que, en una máquina, se transmita el movimiento mediante los dientes que rodean su contorno. || Corro: *rueda de personas*. || Abanico que forma el pavo real cuando extiende la cola. || Tajada: *rueda de merluza*. || Rodaja: *rueda de salchichón*. || Tambor que contiene los números en un sorteo de lotería: *rueda de la fortuna*. || — *Rueda de prensa*, reunión de varios periodistas para interrogar a una persona. || *Rueda hidráulica*, la provista de paletas movidas por el agua y que acciona un molino o cualquier otra máquina.

ruedo m. Redondel, espacio de las plazas de toros para lidiar.

ruego m. Súplica, petición. || *Ruegos y preguntas*, en una reunión, final de ella en que los asistentes hacen preguntas.

rufián m. Sinvergüenza.

rugby m. Especie de fútbol practicado con las manos y pies, en el cual dos equipos de 15 ó 13 jugadores se disputan un balón de forma oval.

rugido m. Grito del león. || *Fig.* Grito fuerte de reprobación. | Bramido, ruido del viento.

rugir v. i. Dar rugidos el león, el tigre y otras fieras. || *Fig.* Bramar, producir un ruido fuerte y ronco el viento, la tempestad. | Dar gritos muy fuertes una persona.

rugosidad f. Condición de rugoso. || Arruga.

rugoso, sa adj. Que tiene arrugas.

ruibarbo m. Planta cuya raíz se emplea como purgante.

ruido m. Conjunto de sonidos inarticulados y confusos: *el ruido de la calle*. || *Fig.* Escándalo, jaleo: *esta noticia va a armar mucho ruido*.

ruidoso, sa adj. Aplícase a lo que hace o donde hay mucho ruido. || *Fig.* Que da mucho que hablar.

ruin adj. Vil. || Tacaño.

ruina f. Destrucción, natural o no, de una construcción. Ú. m. c. pl.: *caer en ruinas*. || *Fig.* Pérdida de la fortuna, de la prosperidad, del honor: *vamos a la ruina*. | Pérdida: *labrar su ruina*. | Decadencia moral. | Caída, derrumbamiento: *la ruina del régimen*. | Persona en estado de gran decadencia física o moral: *lo encontré hecho una ruina*. || — Pl. Restos de una o más construcciones hundidas: *ruinas de Sagunto*.

ruindad f. Abyección. || Avaricia.

ruinoso, sa adj. Que provoca la ruina. || Que amenaza ruina.

ruiseñor m. Pájaro insectívoro de plumaje pardo y canto melodioso.

ruleta f. Juego de azar en que se usa una rueda horizontal giratoria dividida en 37 casillas radiales numeradas y pintadas alternativamente de negro y rojo.

ruleteo m. *Méx.* Acción consistente en recorrer las calles con un taxi en busca de clientes.

ruletero m. *Méx.* Taxista.

rulo m. Rodillo para allanar la tierra o para triturar. || Pequeño cilindro de plástico que emplean las mujeres para rizar el pelo.

rumano, na adj. y s. De Rumanía. || — M. Lengua de Rumanía.

rumba f. Cierto baile cubano y su música. || *Antill.* Diversión.

rumbear v. i. *Arg.* Orientarse, tomar el rumbo. | *Cub.* Andar de juerga o parranda. || — V. pr. Bailar la rumba.

rumbo m. Cada una de las 32 partes iguales en que se divide la rosa náutica. || Dirección del barco o del avión. || *Fig.* Camino que uno se propone seguir: *tomar otro rumbo*. | Pompa, boato, ostentación: *celebrar con mucho rumbo*. | Generosidad.

rumboso, sa adj. Generoso.

rumiante adj. Que rumia. || Dícese de los mamíferos ungulados que carecen de dientes incisivos en la mandíbula superior y tienen cuatro cavidades en el estómago, como el buey, el camello, el ciervo, el carnero, etc. (ú. t. c. s.). || — M. pl. Suborden que forman.

rumiar v. t. Hablando de los rumiantes, masticar por segunda vez los alimentos que ya estuvieron en el estómago volviéndolos a la boca (ú. t. c. i.). || *Fig.* y *fam.* Reflexionar con mucha detención una cosa. | Refunfuñar.

rumor m. Ruido confuso: *el rumor del público*. || Noticia vaga que corre entre la gente.

rumorear v. t. e i. Hablar de (ú. t. c. pr.).

runcho m. Marsupial que vive en América del Sur, especie de zarigüeya común.

runrún m. Ruido, zumbido. || Ruido confuso de voces. || Rumor.

runrunear v. t. e i. Correr el runrún, rumorear (ú. t. c. pr.).

runruneo m. Runrún, rumor.

rupachico m. *Amer.* Ortiga.

rupestre adj. Dícese de los dibujos y pinturas de la época prehistórica existentes en algunas rocas y cavernas: *el arte rupestre.*

rupia f. Unidad monetaria de la India dividida en 100 paise, de Nepal, Paquistán, Indonesia, Sri Lanka o Ceilán, Islas Mauricio y Seychelles.

ruptor m. *Electr.* Interruptor de una bobina de inducción.

ruptura f. Acción y efecto de romper o romperse. || Rompimiento, desavenencia: *ruptura conyugal.* || Suspensión, anulación: *ruptura de un contrato.* || Separación, discontinuidad, oposición de las cosas: *la mentalidad de hoy está en ruptura con la del pasado.* || *Mil.* Operación que da como resultado la apertura de una brecha en el dispositivo defensivo del adversario: *ruptura del frente enemigo.* || *Med.* Fractura.

rural adj. Relativo al campo o que vive en poblaciones del campo: *médico rural.* || De tierra cultivable: *propietario rural.* || *Amer.* Rústico, campesino (ú. t. c. s.).

ruso, sa adj. y s. Natural de Rusia o relativo a ella (ú. t. c. s.). || Dícese de la ensalada de diferentes verduras y patatas cortadas en trocitos cuadrados y con mayonesa. || — M. Lengua eslava hablada en Rusia y oficial en la Unión Soviética. || Albornoz de paño grueso.

rusticidad f. Condición de rústico.

rústico, ca adj. Relativo al campo: *fincas rústicas.* || Campesino (ú. t. c. s.). || *Fig.* Tosco, grosero, basto, poco refinado: *costumbres rústicas.* || *En* (o *a la*) *rústica,* encuadernado con cubiertas de papel o de cartulina.

ruta f. Camino e itinerario de un viaje: *la ruta del canal de Panamá.* || *Mar.* Rumbo. || *Fig.* Medio para llegar a un fin, derrotero.

rutáceo, a adj. Dícese de las plantas dicotiledóneas como el naranjo, el limonero (ú. t. c. s. f.). || — F. pl. Familia que forman.

rutenio m. Metal (Ru) de número atómico 44.

rutilante adj. Brillante.

rutilar v. i. Brillar mucho.

rutina f. Costumbre de hacer las cosas del mismo modo.

rutinario, ria adj. Que se hace por rutina. || Que obra siguiendo la rutina (ú. t. c. s.).

ruzafa f. Jardín de recreo.

S

s f. Vigésima letra del alfabeto castellano y decimosexta de sus consonantes. || — **s,** símbolo del *segundo,* unidad de tiempo. || — **S,** símbolo químico del *azufre.* || —**S.,** abreviatura de *Sur.*

sabadellense y **sabadellés, esa** adj. y s. De Sabadell (España).

sábado m. Séptimo y último día de la semana.

sábalo m. Pez marino.

sabana f. *Amer.* Llanura extensa sin vegetación arbórea.

sábana f. Cada una de las dos piezas de lienzo que se ponen en la cama.

sabandija f. Bicho generalmente asqueroso. || *Fig.* Persona despreciable.

sabanear v. i. *Amer.* Recorrer la sabana para reunir el ganado o vigilarlo.

sabanero, ra adj. Aplícase a la persona que vive en la sabana (ú. t. c. s.). || Relativo a la sabana.

sabañón m. Lesión inflamatoria de los pies, manos y orejas provocada por el frío y caracterizada por ardor y picazón.

sabático, ca adj. Relativo al sábado. || Dícese del año sin trabajar que se concede, generalmente cada siete años, en ciertos países a algunos empleados o profesores de universidad.

sabatino, na adj. Del sábado.

sabedor, ra adj. Enterado.

sabelotodo com. *Fam.* Sabihondo.

saber m. Sabiduría.

saber v. t. Conocer una cosa o tener noticia de ella: *supe que había venido.* || Ser docto en una materia: *saber griego.* || Haber aprendido de memoria: *saber su lección* (ú. t. c. pr.). || Tener habilidad: *saber dibujar.* || Ser capaz: *saber contentarse con poco.* || *Hacer saber,* comunicar. || — V. i. Ser muy sagaz y advertido: *sabe más que la zorra.* || Tener sabor una cosa: *esto sabe a miel.* || Parecer: *los consuelos le saben a injurias.* || — A saber, es decir. || *Saber de,* tener noticias de: *hace un mes que no sé de él;* entender en: *sabe de mecánica.*

sabido, da adj. Conocido: *como es sabido.* || *Fam.* Que sabe mucho.

sabiduría f. Conocimientos profundos. || Prudencia.

sabiendas (a) adv. Con conocimiento de lo que se hace.

sabihondo, da adj. y s. *Fam.* Que presume de sabio sin serlo.

sabino, na adj. De un antiguo pueblo latino de Roma (ú. t. c. s.).

sabio, bia adj. Aplícase a la persona que tiene conocimientos científicos profundos y que suele dedicarse a la investigación (ú. t. c. s.). || Sensato, prudente: *una sabia medida.* || Que instruye: *sabia lectura.*

sablazo m. Golpe dado con el sable. || Herida que produce. || *Fig.* Acción de sacar dinero prestado.

sable m. Arma blanca parecida a la espada, pero de un solo corte.

sableador, ra m. y f. *Fam.* Sablista.

sablear v. i. *Fam.* Dar sablazos.

sablista adj. y s. *Fam.* Que acostumbra sablear a los demás.

sabor m. Sensación que ciertos cuerpos producen en el órgano del gusto: *sabor a limón.* || *Fig.* Impresión que una cosa produce en el ánimo. | Carácter, estilo.

saborear v. t. Disfrutar detenidamente y con deleite el sabor de una cosa (ú. t. c. pr.).

saboreo m. Acción de saborear.

sabotaje m. Daño o deterioro que para perjudicar a los patronos hacen los obreros en la maquinaria, productos, etc. || Daño que se hace como procedimiento de lucha contra las autoridades, las fuerzas de ocupación o en conflictos sociales o políticos. || *Fig.* Entorpecimiento de la buena marcha de una actividad.

saboteador, ra adj. Aplícase a la persona que sabotea (ú. t. c. s.).

sabotear v. t. Cometer sabotaje.

saboteo m. Sabotaje.

saboyano, na adj. y s. De Saboya (Italia y Francia).

sabroso, sa adj. De sabor agradable. || *Fig.* Delicioso. | Gracioso: *un chiste muy sabroso.*

sabueso adj. Dícese de una variedad de perro podenco de olfato muy desarrollado (ú. t. c. s. m.).

saca f. Acción de sacar. || Acción de sacar los estanqueros los efectos que después venden al público. || Costal para transportar la correspondencia.

sacacorchos m. inv. Utensilio para quitar los tapones.

sacáis m. pl. *Pop.* Ojos.

sacalina f. *Fig.* Socaliña.

sacapuntas m. inv. Utensilio para afilar los lápices.

sacar v. t. Poner una cosa fuera del sitio donde estaba: *sacar dinero de la cartera.* || Llevar fuera: *sacar al perro.* || Salir con una persona para que se entretenga: *este chico saca mucho a su hermana.* || Quitar o apartar a una persona o cosa de un sitio: *sacar al niño de la escuela.* || Quitar: *sacar una mancha.* || Soltar una costura o dobladillo. || Extraer: *sacar azúcar de la caña.* || Derivar: *sacar una película de una novela.* || Comprar: *sacar un billete.* || Hacer las gestiones necesarias para la obtención de algo: *sacar el pasaporte.* || Librar: *sacar de la pobreza.* || Solucionar, resolver: *sacar un problema.*

‖ Descubrir por indicios: *saqué su nombre por un amigo.* ‖ Deducir: *de nuestra conversación saqué que no llegaríamos nunca a un acuerdo.* ‖ Encontrar: *sacarle muchas faltas a un alumno.* ‖ Conseguir, obtener, lograr: *sacar mayoría en las elecciones.* ‖ Hacer confesar a uno lo que quería ocultar: *por fin le saqué la verdad.* ‖ Poner hacia fuera: *sacar el pecho al andar.* ‖ Enseñar, mostrar: *sacar el documento de identidad.* ‖ Inventar, crear: *sacar una moda.* ‖ Citar, traer a la conversación: *siempre nos saca la historia de su vida.* ‖ Hacer aparecer: *sacaron a su hija en los periódicos.* ‖ Hacer perder el juicio: *sacar de sí.* ‖ Apuntar, copiar: *sacar datos.* ‖ Obtener cierto número en un sorteo: *sacar un buen número en una rifa.* ‖ Ganar en la lotería: *sacar el gordo.* ‖ Aventajar: *le sacó un largo de piscina.* ‖ *Dep.* Lanzar la pelota para iniciar el juego o volverla a poner cuando ha salido. ‖ *Mat.* Extraer: *sacar una raíz cuadrada.* ‖ — *Fig. Sacar adelante,* dicho de personas, cuidar de su educación; aplicado a negocios, llevarlos a buen término. | *Sacar de quicio o de sus casillas a uno,* hacer que pierda el dominio de sí mismo. | *Sacar en claro o en limpio un asunto,* dilucidarlo. ‖ *Sacar partido o provecho,* aprovechar. ‖ *Sacar una foto,* hacerla, fotografiar.

sacárido m. *Quím.* Glúcido.

sacarimetría f. Medida de la cantidad de azúcar en disolución que existe en un líquido.

sacarificar v. t. Convertir en azúcar.

sacarino, na adj. Que tiene azúcar o se le asemeja. ‖ — F. Sustancia blanca de sabor azucarado utilizada por los diabéticos y obesos.

sacaromicetos m. pl. Levadura que produce la fermentación alcohólica de los zumos azucarados.

sacatapón m. Sacacorchos.

sacatepesano, na adj. y s. De Sacatepéquez (Guatemala).

sacerdocio m. Dignidad, estado y funciones del sacerdote. ‖ Conjunto de sacerdotes. ‖ *Fig.* Función que requiere una dedicación entera.

sacerdotal adj. Relativo al sacerdote o al sacerdocio.

sacerdote m. Ministro religioso.

sacerdotisa f. Mujer dedicada al culto de una deidad.

saciar v. t. Satisfacer completamente (ú. t. c. pr.).

saciedad f. Satisfacción total.

saco m. Receptáculo a modo de bolsa que se abre por arriba: *un saco de yute.* ‖ Su contenido: *un saco de cemento.* ‖ Vestidura holgada que no se ajusta al cuerpo. ‖ *Fig.* Cosa que incluye en sí otras varias: *un saco de embustes.* | Persona gorda: *esta mujer es un saco.* ‖ Saqueo: *el saco de Roma.* ‖ *Anat.* Cavidad orgánica cerrada por un extremo: *saco sinovial.* ‖ *Amer.* Chaqueta. | Bolso de mujer. ‖ *Saco de dormir,* especie de edredón cerrado con cremallera en el cual se introduce uno para dormir.

sacramental adj. Relativo a los sacramentos. ‖ *Fig.* Consagrado por la ley o el uso.

sacramento m. Acto de la Iglesia católica por el cual se santifica o recibe la gracia divina una persona. (Los siete *sacramentos* son: bautismo, confirmación, eucaristía, penitencia, extremaunción, orden y matrimonio.) ‖ *El Santísimo Sacramento,* Jesucristo Sacramentado.

sacrificar v. t. Ofrecer en sacrificio: *sacrificar una víctima a los dioses.* ‖ Degollar, matar reses para el consumo. ‖ *Fig.* Abandonar algo en beneficio de otra cosa o persona: *sacrificar sus amigos a su ambición.* ‖ — V. pr. Ofrecerse a Dios. ‖ *Fig.* Dedicarse enteramente: *sacrificarse por un ideal.* | Privarse de algo, sujetarse con resignación a una cosa violenta o repugnante para agradar a otra persona.

sacrificio m. Muerte de una víctima en ofrenda a una deidad. ‖ Esfuerzo hecho o pena sufrida voluntariamente en expiación de culpas o para conseguir la intercesión divina. ‖ *Fig.* Privación que sufre o se impone una persona.

sacrilegio m. Profanación de cosa, persona o lugar sagrado. ‖ *Fig.* Falta de respeto hacia algo o alguien digno de consideración.

sacrílego, ga adj. Que comete o implica sacrilegio (ú. t. c. s.).

sacristán m. Persona encargada del cuidado de la sacristía.

sacristía f. Lugar donde se visten los sacerdotes.

sacro, cra adj. Sagrado. ‖ Aplícase al hueso de la extremidad inferior de la columna vertebral y a todo lo referente a esta región (ú. t. c. s. m.).

sacrosanto, ta adj. Sagrado.

sacudida f. Movimiento brusco. ‖ Oscilación del suelo en un terremoto. ‖ *Fig.* Conmoción provocada por alguna sorpresa. ‖ *Sacudida eléctrica,* descarga eléctrica.

sacudidor, ra adj. Que sacude. ‖ — M. Instrumento con que se sacude y limpia, zorros.

sacudir v. t. Mover violentamente una cosa a una y otra parte: *sacudir un árbol.* ‖ Golpear con violencia una cosa para quitarle el polvo: *sacudir una alfombra.* ‖ *Fig.* Emocionar, conmover: *la noticia sacudió al país.* ‖ *Fam.* Dar, asestar: *sacudir una bofetada.* | Pegar a uno.

sádico, ca adj. Relativo al sadismo. ‖ Que se complace en hacer sufrir (ú. t. c. s.).

sadismo m. Placer perverso ante el sufrimiento de otra persona.

saeta f. Flecha. ‖ Manecilla del reloj. ‖ Copla desgarrada que se canta en Andalucía ante los pasos de la Semana Santa.

saetín m. En los molinos, canal por donde se precipita el agua desde la presa hasta la rueda hidráulica para hacerla andar.

safari m. Expedición de caza mayor. ‖ Parque zoológico de animales salvajes.

safena f. Vena a lo largo de la pierna.

saga f. Cada una de las leyendas mitológicas de la antigua Escandinavia. ‖ *Fig.* Historia o novela de una familia.

sagacidad f. Perspicacia.

sagaz adj. Perspicaz, prudente.

sagrado, da adj. Consagrado a Dios y al culto divino. ‖ *Fig.* Digno de veneración. | Inviolable: *un secreto es una cosa sagrada.*

sagrario m. Parte de una iglesia donde se guardan las cosas sagradas. ‖ Tabernáculo donde se guardan las hostias consagradas. ‖ En algunas iglesias catedrales, capilla que sirve de parroquia.

saharaui y **saharauí** adj. Del Sáhara occidental (ú. t. c. s.).

sahariana f. Chaqueta holgada y fresca que tiene generalmente los bolsillos de parche.

sahariano, na o **sahárico, ca** adj. y s. Del Sáhara (África).

sahumar v. t. Dar humo aromático a una cosa (ú. t. c. pr.).

saimirí m. Mono de cola larga.

sainete m. Obra teatral corta, de asunto jocoso y carácter popular. || Salsa que se añade a ciertos platos de cocina.

sainetero, ra m. y f. o **sainetista** com. Autor de sainetes.

saíno m. Mamífero paquidermo de América del Sur, parecido al jabato.

saja y **sajadura** f. Corte.

sajar v. t. Hacer cortes en la carne.

sajón, ona adj. y s. De Sajonia. || Aplícase a los individuos de un pueblo germánico que vivía en la desembocadura del Elba y parte del cual se trasladó a Inglaterra en el s. v.

sal f. Sustancia cristalina de gusto acre, soluble en el agua, que se emplea como condimento y para conservar la carne o el pescado. || Compuesto que resulta de la acción de un ácido o de un óxido ácido sobre una base, o de la acción de un ácido sobre un metal. || *Fig.* Agudeza, gracia: *sátira escrita con mucha sal.* || Garbo, salero: *una mujer con mucha sal.* || – *Sal gema*, cloruro de sodio. || *Fig. Sal gorda*, humor chabacano. || – Pl. Sustancias volátiles que se dan a respirar con objeto de reanimar. || Sustancias cristaloides, perfumadas, que se mezclan con el agua del baño.

sala f. Pieza principal de una casa: *sala de recibir.* || Conjunto de muebles de esta pieza. || Local para reuniones, fiestas, espectáculos, etc.: *sala de cine.* || Dormitorio en un hospital: *sala de infecciosos.* || Sitio donde se constituye y reúne un tribunal de justicia: *sala de lo criminal.* || Conjunto de magistrados o jueces que entienden sobre determinadas materias. || *Sala de operaciones*, quirófano.

salabar m. Salabardo.

salabardo m. Red colocada en un aro y en la punta de un mango que se utiliza para coger pescados.

salacidad f. Inclinación a la lujuria.

salacot m. Sombrero en forma de casco de uso en países tropicales.

saladería f. *Arg.* Industria de salar carnes.

saladero m. Lugar destinado para salar las carnes o pescados. || *Riopl.* Matadero grande.

salado, da adj. Que tiene sal. || *Fig.* Gracioso: *niño salado.*

salador m. Saladero.

salamandra f. Batracio urodelo que se alimenta principalmente de insectos. || Estufa para calefacción doméstica.

salamanquesa f. Saurio terrestre.

salamateco, ca adj. y s. De Salamá (Guatemala).

salame m. *Amer.* Embutido de carne vacuna y grasa de cerdo. || *Arg. Fam.* Tonto, necio.

salami m. Salame.

salar m. *Arg.* Salina.

salar v. t. Echar en sal: *salar tocino.* || Poner sal: *salar la comida.* || *Amer.* Echar a perder, estropear. | Deshonrar.

salariado m. Pago del trabajador por medio del salario.

salarial adj. Del salario.

salario m. Remuneración de la persona que trabaja por cuenta ajena en virtud de un contrato laboral: *un salario insuficiente.* || – *Salario base* o *básico*, cantidad mensual utilizada para calcular las prestaciones familiares y sociales. || *Salario mínimo*, el menor que se puede pagar a un trabajador según la ley.

salaz adj. Lujurioso.

salazón f. Acción y efecto de salar.

salchicha f. Embutido, en tripa delgada, de carne de cerdo.

salchichería f. Tienda de embutidos de carne de cerdo.

salchichón m. Embutido de jamón, tocino y pimienta en grano.

salcochar v. t. Cocer con agua y sal.

saldar v. t. Liquidar enteramente una cuenta, unas deudas: *saldar una factura.* || Vender a bajo precio una mercancía. || *Fig.* Liquidar, acabar con: *saldé mis deudas morales.*

saldo m. Liquidación de una deuda. || Diferencia entre el debe y el haber de una cuenta: *saldo deudor.* || Mercancías que saldan los comerciantes para deshacerse de ellas. || *Fig.* Resultado.

saledizo adj. Saliente, que sobresale. || – M. *Arq.* Salidizo.

salero m. Recipiente para la sal de mesa. || *Fig.* Gracia, donaire.

saleroso, sa adj. *Fig.* y *fam.* Que tiene salero o gracia. | Divertido.

salesa adj. Relativo a la orden de las salesas. || – F. Religiosa de la Visitación.

salesiano, na adj. y s. Aplícase a los religiosos de la sociedad de San Francisco de Sales.

salgareño, ña adj. y s. De Salgar (Colombia).

sálico, ca adj. *Ley sálica*, la que excluía a las hembras de la sucesión a la corona.

salida f. Acción y efecto de salir o salirse: *presenciar un accidente a la salida del trabajo.* || Partida de un tren, buque, autobús de línea, avión, etc. || Aparición de un astro: *la salida del Sol.* || Parte por donde se sale de un sitio: *salida de emergencia.* || *Com.* Despacho o venta de los géneros: *dar salida a una mercancía.* | Posibilidad de venta: *buscar salida a los productos.* || Publicación, aparición: *la salida de un periódico.* || *Fig.* Posibilidad abierta a la actividad de alguien: *las carreras técnicas tienen muchas salidas.* | Escapatoria, evasiva. | Solución: *no veo salida a este asunto.* || *Fig.* y *fam.* Ocurrencia: *tener una buena salida.* || Dinero sacado de una cuenta para pagar las deudas contraídas.

salidizo m. Parte de una construcción que sobresale de la pared maestra, como balcón, tejadillo, etc.

saliente adj. Que sale (ú. t. c. m.).

salina f. Yacimiento de sal gema.

salinero, ra adj. Relativo a la salina: *compañía salinera.* || – M. y f. Persona que fabrica, extrae, vende o transporta sal.

salinidad f. Calidad de salino.

salino, na adj. Que contiene sal.

salir v. i. Pasar de la parte de adentro a la de afuera: *salir al jardín.* || Abandonar un sitio donde se había estado cierto tiempo: *salir del hospital.* || Marcharse: *saldremos para Barcelona.* || Dejar cierto estado: *salir de la niñez.* || Escapar, librarse: *salir de apuros.* || Haberse ido fuera de su casa: *la señora ha salido.*

409

‖ Ir de paseo: *salir con los amigos.* ‖ Dentro de un mismo recinto, ir a otro sitio para efectuar cierta actividad: *salir a batirse, a escena.* ‖ Partir, marcharse: *el tren sale muy temprano.* ‖ Aparecer: *salió un artículo en una revista hablando de su caso.* ‖ Presentarse una ocasión, una oportunidad: *me salió una colocación en la administración pública.* ‖ Verse con frecuencia un chico y una chica, generalmente como etapa previa al noviazgo. ‖ Franquear cierto límite: *salir del tema.* ‖ Aparecer: *ha salido el Sol.* ‖ Brotar, nacer: *ya ha salido el maíz.* ‖ Quitarse, desaparecer una mancha. ‖ Sobresalir, resaltar: *esta cornisa sale mucho.* ‖ Resultar: *el arroz ha salido muy bueno.* ‖ Proceder: *salir de la nobleza.* ‖ Presentarse: *me salió una oportunidad.* ‖ Deshacerse de una cosa: *ya he salido de esta mercancía.* ‖ Mostrarse en público: *mañana saldré en la televisión.* ‖ Costar: *cada ejemplar me sale a veinte pesetas.* ‖ Iniciar un juego. ‖ Encontrar la solución: *este problema no me sale.* ‖ Presentarse al público, aparecer: *ha salido un nuevo periódico.* ‖ Hablar u obrar de una manera inesperada: *¿ahora sales con eso?* ‖ Deducirse: *de esta verdad salen tres consecuencias.* ‖ Tener buen o mal éxito algo: *salir bien en un concurso.* ‖ Dar cierto resultado un cálculo: *esta operación me ha salido exacta.* ‖ Parecerse una persona a otra: *este niño ha salido a su padre.* ‖ Ser elegido por suerte o votación: *Rodríguez salió diputado.* ‖ Ser sacado en un sorteo: *mi billete de lotería no ha salido.* ‖ Dar, desembocar: *este callejón sale cerca de su casa.* ‖ Manifestar: *el descontento le sale a la cara.* ‖ — *A lo que salga* o *salga lo que salga,* sin preocuparse de lo que pueda resultar. ‖ *Salir adelante,* vencer las dificultades. ‖ *Salir con,* conseguir. ‖ *Salir del paso,* cumplir una obligación como se puede. ‖ *Salir por,* pagar cierta cantidad por todos los conceptos. ‖ *Salir por uno, defender a alguien.* ‖ — V. pr. Irse un fluido del sitio donde está contenido, por filtración o rotura: *el gas se sale.* ‖ Dejar escaparse el fluido que contenía un recipiente: *esta botella se sale.* ‖ Rebosar un líquido al hervir: *la leche se salió.* ‖ Dejar de pertenecer: *Ricardo se salió del Partido Socialista.* ‖ *Salirse con la suya,* conseguir lo que uno deseaba.

salitral adj. Yacimiento de salitre.

salitre m. Nitrato de potasio.

salitroso, sa adj. Con salitre.

saliva f. Líquido claro, alcalino y algo viscoso de la boca.

salivación f. Acción de salivar.

salivadera f. *Amer.* Escupidera.

salivajo m. *Fam.* Escupitajo.

salivar adj. De la saliva.

salivar v. i. Segregar saliva.

salivazo m. *Fam.* Escupitajo.

salivera f. *Amer.* Escupidera.

salmantino, na adj. y s. De Salamanca (España).

salmo m. Canto a Dios.

salmón m. Pez fluvial y marino de carne rosa pálido muy estimada. ‖ — Adj. Del color del salmón.

salmonete f. Pez marino teleósteo, rojizo y de carne muy sabrosa.

salmónido, da adj. Dícese de una familia de peces que tienen dos aletas dorsales, como el salmón y la trucha. ‖ — M. pl. Familia formada por estos peces.

salmuera f. Líquido salado en el cual se conservan carnes y pescados.

salobre adj. Que contiene sal.

salobridad f. Calidad de salobre.

salomón m. *Fig.* Sabio.

salón m. Sala grande: *salón de actos.* ‖ En una casa, cuarto donde se reciben las visitas. ‖ Nombre dado a ciertos establecimientos: *salón de té, de peluquería.* ‖ Exposición: *salón del automóvil.*

salpicadero m. Tablero en el automóvil, delante del conductor, donde se encuentran situados algunos mandos y testigos de control.

salpicadura f. Acción y efecto de salpicar. ‖ Mancha producida.

salpicar v. t. Rociar, esparcir gotas menudas. ‖ Manchar con gotas de una materia líquida. ‖ *Fig.* Esparcir, diseminar. ‖ Amenizar una conversación o texto con datos diversos.

salpicón m. Guiso de carne, pescado o marisco, desmenuzado y aderezado con pimiento, sal, vinagre y cebolla. ‖ Salpicadura.

salpimentar v. t. Aderezar con sal y pimienta. ‖ *Fig.* Amenizar.

salpullido m. Erupción cutánea.

salsa f. Mezcla de varias sustancias desleídas que se hace para aderezar los guisos: *salsa verde.* ‖ *Fig.* Cosa que ameniza otra.

salsera f. Recipiente con la salsa.

salsifí m. Planta compuesta de raíz blanca y comestible.

saltador, ra adj. Que salta (ú. t. c. s.).

saltamontes m. Insecto ortóptero de grandes patas traseras.

saltar v. i. Levantarse del suelo con impulso y ligereza o lanzarse, arrojarse o tirarse de un lugar a otro, esencialmente de una altura, para caer de pie: *saltar de alegría; saltar desde el trampolín.* ‖ Botar una pelota. ‖ Levantarse rápidamente: *al oír eso saltó de la cama.* ‖ Moverse ciertas cosas con gran rapidez: *una chispa saltó de la chimenea.* ‖ Brotar un líquido con violencia: *saltó el champán.* ‖ Estallar, explotar: *el polvorín saltó.* ‖ Desprenderse algo de donde estaba sujeto: *saltó un botón de la americana.* ‖ Romperse, resquebrajarse: *el vaso saltó al echarle agua caliente.* ‖ Salir con ímpetu: *el equipo de fútbol saltó al terreno.* ‖ *Fig.* Pasar bruscamente de una cosa a otra: *el conferenciante saltaba de un tema a otro.* ‖ Pasar de un sitio a otro sin seguir el orden establecido: *el alumno saltó de cuarto a sexto.* ‖ Decir algo inesperado o inadecuado: *saltó con una impertinencia.* ‖ Reaccionar vigorosamente ante alguna acción o palabra: *saltó al oír semejantes insultos.* ‖ Salir despedido o expulsado: *el ministro ha saltado.* ‖ — V. t. Franquear de un salto: *saltar una valla.* ‖ Hacer explotar: *saltar un puente.* ‖ Hacer desprenderse algo del sitio donde estaba alojado: *le saltó un ojo.* ‖ Cubrir el macho a la hembra. ‖ *Fig.* Omitir algo al leer o escribir: *saltar un renglón* (ú. t. c. pr.).

saltarín, ina adj. y s. Que salta.

salteado m. Alimento sofrito.

salteador, ra m. y f. Persona que saltea.

saltear v. t. Robar en despoblado. ‖ Sofreír un manjar a fuego vivo.

salteño, ña adj. y s. De Salta (Argentina). ‖ De Salto (Uruguay).

salteo m. Acción y efecto de saltear.

saltillense adj. y s. De Saltillo (México).

saltimbanqui m. Titiritero.

salto m. Movimiento brusco producido por la flexión y súbita extensión de los músculos de las piernas por el cual se eleva el cuerpo. || Espacio que se salta: *un salto de varios metros.* || Acción de lanzarse en paracaídas desde un avión en vuelo. || Desnivel grande en el terreno. || Cascada de agua. || Lanzamiento al agua del nadador: *el salto de la carpa.* || En atletismo, prueba que consiste en salvar una altura o un espacio: *salto de altura, con pértiga.* || — *Fig. A saltos,* sin continuidad. | *En un salto,* muy rápidamente. || *Salto de agua,* instalación hidroeléctrica movida por el agua que cae de un desnivel. || *Salto de cama,* bata ligera y amplia que se pone la mujer al levantarse. || *Salto mortal,* aquel en que el cuerpo da la vuelta completa en el aire. || *Triple salto,* prueba de atletismo en que hay que franquear la mayor distancia en tres saltos.

salubre adj. Saludable.

salubridad f. Calidad de salubre. || Estado general de la salud pública en un país. || Grado que hace que algo sea benéfico o nocivo para la salud.

salud f. Buen estado físico: *gozar de buena salud.* || Estado de gracia espiritual: *la salud del alma.* || Salvación: *la salud eterna.*

saludable adj. Bueno para la salud. || Provechoso para un fin.

saludar v. t. Dar una muestra exterior de cortesía o respeto a una persona que se encuentra o de quien se despide uno. || Enviar saludos. || *Fig.* Aclamar. || — V. pr. Precedido de una negación estar peleado o enemistado con alguien: *sus relaciones son tan malas que ya ni siquiera se saludan.*

saludo m. Acción de saludar. || Palabra, gesto o fórmula para saludar. || *Mil.* Signo externo de subordinación hecho por un inferior a un superior.

salutación f. Saludo.

salutífero, ra adj. Saludable.

salva f. Saludo hecho con armas de fuego. || *Fig. Una salva de aplausos,* aplausos repetidos y unánimes.

salvable adj. Que puede salvarse.

salvación f. Acción de salvar o salvarse. || Gloria eterna.

salvado m. Cascarilla que envuelve el trigo u otros cereales.

salvador, ra adj. y s. Dícese de la persona que salva. || — M. Por antonomasia, Jesucristo.

salvadoreñismo m. Locución, modo de hablar, palabra propios de los salvadoreños. || Condición de salvadoreño. || Amor o afecto a El Salvador.

salvadoreño, ña adj. y s. De El Salvador. || — M. Modalidad del castellano hablado en El Salvador.

salvaguarda f. Salvaguardia.

salvaguardar v. t. Defender.

salvaguardia f. Protección.

salvajada f. Hecho o dicho propio de salvajes. || Atrocidad.

salvaje adj. Aplícase a las plantas no cultivadas, silvestres. || Dícese del animal no domesticado. || Áspero, inculto: *tierra salvaje.* || Natural de un país todavía en estado primitivo (ú. t. c. s.). || *Fig.* Sumamente bruto (ú. t. c. s.).

salvajismo m. Modo de ser de los salvajes. || *Fig.* Barbaridad.

salvamento m. Acción y efecto de salvar o salvarse.

salvar v. t. Librar de un peligro. || Sacar de una desgracia: *salvar de la miseria.* || Poner a salvo: *salvar una obra de arte.* || Dar la salvación eterna: *salvar el alma.* || Evitar, soslayar: *salvar una dificultad.* || Recorrer la distancia que separa dos puntos. || *Fig.* Conservar intacto: *salvar su honra.* || Exceptuar, excluir. || — V. pr. Librarse de un peligro. || Alcanzar la gloria eterna.

salvavidas adj. y s. m. inv. *Mar.* Dícese de la boya, chaleco o bote utilizados en caso de naufragio.

salve f. Oración de salutación a la Virgen.

salvedad f. Advertencia que excusa o limita el alcance de lo que se va a decir. || Excepción.

salvia f. Planta de flores violáceas, blancas o amarillas.

salvo, va adj. Salvado de un peligro: *sano y salvo.* || — Adv. Excepto: *haré todo, salvo irme.* || — *A salvo,* en seguridad: *poner a salvo; sin daño o menoscabo.* || *Salvo que,* a no ser que.

salvoconducto m. Documento para poder ir por ciertos sitios.

samanés, esa adj. y s. De Samaná (Rep. Dominicana.)

samaniegano, na y **samaniegueño, ña** adj. De Samaniego (Colombia).

samario m. Metal (símb. Sm) del grupo de las tierras raras.

samario, ria adj. y s. De Santa Marta (Colombia).

samaritano, na adj. y s. De Samaria (Palestina).

samba f. Alegre baile brasileño. || Música que lo acompaña.

sambenito m. Descrédito.

sambumbia f. *Cub.* y *P. Rico.* Refresco de miel de caña.

samovar m. Recipiente con hornillo para calentar el agua.

sampa f. *Arg.* Arbusto ramoso que crece en terrenos salitrosos.

sampedrano, na adj. y s. De Villa de San Pedro (Paraguay). || De San Pedro Sula (Honduras).

samurai m. En la sociedad feudal japonesa, guerrero militar.

san adj. Apócope de *santo.*

sanandresano, na adj. y s. De San Andrés (Colombia).

sanar v. t. Curar. || — V. i. Curarse.

sanatorio m. Establecimiento destinado al tratamiento de enfermos.

sancarlino, na adj. y s. De San Carlos (Chile).

sanchac o **sanchaque** m. *Méx.* Cocido de carne y verduras.

sanchopancesco, ca adj. Propio de Sancho Panza. || Prosaico.

sanción f. Acto solemne por el que un jefe de Estado confirma una ley o estatuto. || Autorización, aprobación: *la sanción de un acto.* || Pena o castigo que la ley establece para el que la infringe. || *Fig.* Medida de represión aplicada por una autoridad. | Castigo.

sancionado, da adj. y s. Que ha sufrido sanción.

sancionador, ra adj. y s. Dícese del que o de lo que sanciona.

SA

sancionar v. t. Dar la sanción a algo: *el Rey sancionó la Constitución*. || Autorizar, aprobar: *palabra sancionada por el uso*. || Castigar.

sancochar v. t. Cocer ligeramente.

sancocho m. Carne o plato a medio guisar o cocer. || Plato americano de yuca, carne, plátano, etc., a modo de cocido. || *Méx. Fig.* Lío.

sandalia f. Calzado consistente en una suela de cuero sostenida por correas.

sándalo m. Planta labiada de jardín. || Árbol de madera aromática. || Esta madera.

sandez f. Necedad, tontería.

sandía f. Planta cucurbitácea de fruto comestible. || Este fruto.

sanducero, ra adj. y s. De Paysandú (Uruguay).

sandunga f. *Fam.* Gracia, salero. || *Chil., Méx. y Per.* Parranda, jolgorio. || *Méx.* Cierto baile de Tehuantepec.

sandunguero, ra adj. Saleroso.

sándwich [-*duich*] m. (pal. ingl.). Bocadillo, emparedado.

saneado, da adj. Aplícase a los bienes libres de cargas. || Dícese del beneficio obtenido en limpio.

saneamiento m. Dotación de condiciones de salubridad.

sanear v. t. Hacer desaparecer las condiciones de insalubridad en un sitio. || Desecar un terreno. || Equilibrar, estabilizar: *sanear la moneda*. || Hacer que las rentas o bienes estén libres de gravámenes.

sanedrín m. Consejo supremo de los judíos.

sanfelipeño, ña adj. y s. De San Felipe (Chile).

sanfernandino, na adj. y s. De San Fernando (Chile).

sangrante adj. Que sangra.

sangrar v. t. Abrir una vena y dejar salir determinada cantidad de sangre. || *Fig.* Dar salida a un líquido abriendo un conducto por donde corra. || *Impr.* Empezar un renglón más adentro que los otros de la plana. || Sacar resina: *sangrar un pino*. || — V. i. Arrojar sangre: *sangrar por la nariz*. || — V. pr. Hacerse una sangría.

sangre f. Líquido rojo que circula por las venas y las arterias de los vertebrados, irriga el corazón, transporta los elementos nutritivos y arrastra los productos de desecho. || *Fig.* Linaje, parentesco, raza. || Vida: *dar su sangre por la patria*. || — *A sangre fría*, con tranquilidad. || *Fig. Llevar una cosa en la sangre*, ser esta cosa innata o hereditaria. | *Sangre azul*, linaje noble. | *Sangre fría*, serenidad. | *Sudar sangre*, hacer muchos esfuerzos. | *Tener la sangre gorda*, ser muy lento. | *Tener mala sangre*, ser malo.

sangregorda adj. y s. Dícese de la persona que tiene mucha pachorra.

sangría f. Acción y efecto de sangrar a un enfermo. || Parte de la articulación del brazo opuesta al codo. || Incisión que se hace en un árbol para que fluya la resina. || *Fig.* Salida continua de dinero. || Bebida refrescante compuesta de agua, vino, azúcar y limón.

sangriento, ta adj. Que echa sangre o que está bañado en sangre: *rostro sangriento*. || Que causa efusión de sangre: *batalla sangrienta*.

sangrón, ona adj. *Cub. y Méx. Fam.* Antipático, molesto.

sanguijuela f. Gusano anélido de boca chupadora.

sanguinario, ria adj. Feroz, cruento: *fue una batalla sanguinaria*.

sanguíneo, a adj. Relativo a la sangre. || De color de sangre. || Dícese de la complexión caracterizada por la riqueza de sangre y la dilatación de los vasos capilares que da un color rojo a la piel.

sanguinolento, ta adj. Sangriento, mezclado de sangre.

sanidad f. Calidad de sano. || Salubridad. || Conjunto de servicios administrativos encargados de velar por la salud pública.

sanitario, ria adj. Relativo a la sanidad. || *Aparatos sanitarios*, los de limpieza e higiene instalados en cuartos de baño. || — M. Excusado.

sanjosense o **sanjosino, na** adj. y s. De San José (Uruguay).

sanjosiano adj. y s. De San José (Paraguay).

sanjuaneño, ña adj. y s. De Río San Juan (Nicaragua).

sanjuanino, na adj. y s. De San Juan (Argentina). || De San Juan Bautista (Paraguay).

sanluiseño, ña y **sanluisero, ra** adj. y s. De San Luis (Argentina).

sanmartinense adj. y s. De San Martín (Perú).

sanmartiniano, na adj. Relativo a José de San Martín, héroe argentino liberador de América de la autoridad española.

sanmiguelense adj. y s. De San Miguel de Allende (México).

sano, na adj. Que goza de salud: *persona sana*. || Saludable: *alimentación sana; aire sano*. || *Fig.* En buen estado, sin daño: *fruto sano*. | Libre de error o de vicio: *principios sanos*. | Sensato, justo: *en su sano juicio*. | Entero, no roto ni estropeado: *toda la vajilla está sana*. | Saneado: *un negocio muy sano*.

sánscrito, ta adj. Aplícase a la lengua de los bramanes (ú. t. c. m.).

sansón m. Hombre muy fuerte.

santabarbarense adj. y s. De Santa Bárbara (Honduras).

santacruceño, ña adj. y s. De Santa Cruz (Argentina) y de Santa Cruz de Tenerife (España).

santacrucero, ra adj. y s. De Santa Cruz de Tenerife (España).

santacruzano, na adj. y s. De Santa Cruz del Quiché (Guatemala).

santafecino, na o **santafesino, na** adj. y s. De Santa Fe (Argentina).

santafereño, ña adj. y s. De Santa Fe (Colombia).

santalucense adj. y s. De Santa Lucía (Uruguay).

santandereano, na adj. y s. De Santander (Colombia).

santanderino, na adj. y s. De Santander (España).

santaneco, ca adj. y s. De Santa Ana (El Salvador).

santarroseño, ña adj. y s. De Santa Rosa (Guatemala y El Salvador).

santateresa f. Insecto ortóptero con patas delanteras prensoras.

santeño, ña adj. y s. De Los Santos (Panamá).

santiaguense adj. y s. De la provincia de Santiago o de la ciudad de Santiago de los Caballeros (Rep. Dominicana).

santiagueño, ña adj. y s. De Santiago (Panamá y Uruguay). || De Santiago del Estero (Argentina).

santiaguero, ra adj. y s. De Santiago de Cuba.

santiagués, esa adj. y s. De Santiago de Compostela (España).

santiaguino, na adj. y s. De Santiago de Chile.

santiamén m. *Fam. En un santiamén,* en un instante.

santidad f. Estado de santo. ‖ *Su Santidad,* tratamiento que se da al Papa.

santificación f. Acción de santificar.

santificar v. t. Hacer a uno santo: *la gracia santifica al hombre.* ‖ Venerar como santo: *santificar el nombre de Dios.* ‖ Guardar el descanso dominical y el de los días de fiesta o precepto.

santiguar v. t. Hacer con la mano derecha la señal de la cruz desde la frente al pecho y desde el hombro izquierdo al derecho. ‖ — V. pr. Persignarse.

santísimo, ma adj. Muy santo. ‖ Tratamiento dado al Papa. ‖ — M. *El Santísimo,* Cristo en la Eucaristía.

santo, ta adj. Divino; dícese de todo lo que se refiere a Dios: *el Espíritu Santo.* ‖ Aplícase a las personas canonizadas por la Iglesia católica (ú. t. c. s.). ‖ Conforme con la moral religiosa: *llevar una vida santa.* ‖ Aplícase a la semana que empieza el domingo de Ramos y termina el domingo de Resurrección. ‖ Inviolable, sagrado: *lugar santo.* ‖ *Fig.* Dícese de la persona muy buena o virtuosa. Ú. t. c. s.: *este hombre es un santo.* ‖ Que tiene un efecto muy bueno: *remedio santo.* ‖ *Fig.* y *fam.* Antepuesto a ciertos sustantivos, refuerza el significado de éstos, con el sentido de real, mismísimo, gran: *hizo su santa voluntad; tener santa paciencia.* ‖ — M. Imagen de un santo: *un santo de madera.* ‖ Día del santo cuyo nombre se lleva y fiesta con que se celebra: *mi santo cae el 30 de mayo.* ‖ Ilustración, grabado con motivo religioso. ‖ — *Fig. ¿A santo de qué?,* ¿por qué razón o motivo? ‖ *Írsele a uno el santo al cielo,* olvidar lo que se iba a hacer o decir. ‖ *No ser santo de su devoción,* no caer en gracia una persona a otra. ‖ *Santo Oficio,* tribunal de la Iglesia católica cuya misión era la defensa de la fe y las costumbres. (Su nombre se cambió en 1965 por el de *Congregación para la Doctrina de la Fe.*).

santoñés, esa adj. y s. De Santoña (España).

santoral m. Libro que contiene vidas de santos. ‖ Lista de los santos que se celebran cada día.

santuareño, ña o **santuarino, na** adj. y s. De Santuario (Colombia).

santuario m. Templo donde se venera a un santo.

santurrón, ona m. y f. Beato.

saña f. Ensañamiento.

sapajú m. *Amer.* Saimirí, mono.

sápido, da adj. Con sabor.

sapiencia f. Sabiduría.

sapiente adj. y s. Sabio.

sapindáceo, a adj. y s. f. Dícese de unas plantas dicotiledóneas con fruto en cápsula. ‖ — F. pl. Familia que forman.

sapo m. Batracio insectívoro.

saponaria f. Planta cuyas raíces contienen saponina.

saponificar v. t. Transformar en jabón materias grasas.

saponina f. Sustancia contenida en la saponaria, el palo de Panamá, etc., que se disuelve en el agua volviéndola jabonosa.

sapotáceo, a adj. Relativo a una familia de plantas dicotiledóneas tropicales como la goma de chicle o la gutapercha. ‖ F. pl. Familia de estas plantas.

sapote m. Zapote.

saque m. *Dep.* En los juegos de pelota, lanzamiento de la pelota al iniciarse el partido. ‖ Acción de volver a poner la pelota en juego cuando ésta ha salido del campo. ‖ — *Línea de saque,* raya desde donde se saca la pelota. ‖ *Saque de esquina,* en futbol, acción de volver a poner la pelota en juego desde uno de los ángulos dirigiendo el tiro hacia la portería. ‖ *Fam. Tener buen saque,* ser comilón.

saquear v. t. Apoderarse los soldados de lo que encuentran en un país enemigo. ‖ *Fig.* y *fam.* Llevarse todo lo que hay en un sitio.

saqueo m. Acción de saquear.

saraguate y **saraguato** m. *Amér. C.* y *Méx.* Mono velludo.

sarampión m. Fiebre eruptiva que se manifiesta por manchas rojas.

sarandí m. *Arg.* Arbusto de ramas largas y flexibles.

sarao m. Fiesta nocturna.

sarape m. *Méx.* Capote de monte de lana o colcha de algodón de vivos colores con una abertura en el centro para pasar la cabeza.

sarasa m. *Fam.* Marica.

sarcasmo m. Ironía amarga.

sarcástico, ca adj. Que denota sarcasmo. ‖ Que emplea sarcasmos.

sarcófago m. Sepulcro.

sarcoide adj. Aplícase a un tumor pequeño de la piel (ú. t. c. s. m.).

sarcoma m. Tumor maligno.

sarcomatoso, sa adj. Relativo al sarcoma.

sardana f. Danza popular catalana que se baila en corro. ‖ Su música.

sardanés, esa adj. y s. De Cerdaña (Cataluña).

sardina f. Pez teleósteo marino parecido al arenque.

sardo, da adj. y s. De Cerdeña (Italia). ‖ — M. Lengua de esta isla.

sardónico, ca adj. Irónico.

sargazo m. Alga marina.

sargento m. *Mil.* Suboficial que manda un pelotón. ‖ *Méx.* Especie de pato que abunda en los lagos del interior del país.

sargo m. Pez teleósteo marino.

sari m. Traje femenino de la India consistente en una tela drapeada y sin costura que cubre hasta los pies.

sarmentoso, sa adj. Parecido al sarmiento: *planta sarmentosa.*

sarmiento m. Vástago de la vid.

sarna f. Enfermedad contagiosa de la piel que se manifiesta por la aparición de vesículas y pústulas que causan picazón intensa y cuyo agente es el ácaro o arador.

sarpullido m. Salpullido.

sarpullir v. t. Salpullir.

sarraceno, na adj. y s. Musulmán.

sarro m. Sedimento que se adhiere en las paredes de un conducto de líquido o en el fondo de una vasija. ‖ Sustancia calcárea que se pega al esmalte de los dientes. ‖ Capa amarillenta que cubre la parte superior de la lengua a causa de determinados trastornos gástricos.

sarta f. Serie de cosas metidas por orden en un hilo, cuerda, etc. ‖ *Fig.* Serie.

sartén f. Utensilio de cocina para freír, de forma circular, más ancho que hondo, y provisto de un mango largo. ‖ Lo que cabe en él.

sarteneja f. *Amer.* Grieta formada en la tierra a causa de una sequía pertinaz.

sartorio adj. y s. m. Dícese del músculo del muslo que se extiende oblicuamente a lo largo de sus caras anterior e interna.

sascab m. *Méx.* Tierra blanca y caliza empleada en la construcción.

sastra f. Mujer que confecciona o arregla trajes de hombre.

sastre m. El que tiene por oficio cortar y coser trajes. ‖ Traje femenino compuesto de chaqueta y falda (dícese también *traje sastre*).

sastrería f. Taller de sastre.

satánico, ca adj. Perverso.

satanismo m. Perversidad.

satélite m. *Astr.* Planeta secundario que gira alrededor de otro principal y le acompaña en su revolución alrededor del Sol. ‖ *Fig.* Persona dependiente de otra a quien acompaña constantemente. ‖ *Mec.* Rueda dentada de un engranaje que gira libremente sobre un eje para transmitir el movimiento de otra rueda también dentada. ‖ — Adj. y s. m. Que depende de otra política, administrativa o económicamente: *ciudad, país satélite.* ‖ *Satélite artificial,* astronave lanzada por un cohete que la coloca en una órbita elíptica alrededor de un planeta.

satén m. y **satín** m. Tejido de algodón o seda brillante.

satinar v. t. Dar a un papel o tela el aspecto del satén.

sátira f. Composición poética, escrito o dicho en que se censura o ridiculiza a personas o cosas.

satírico, ca adj. Burlón, mordaz.

satirizar v. i. Escribir sátiras. ‖ — V. t. Ridiculizar.

sátiro m. Semidiós mitológico que tiene orejas puntiagudas, cuernos y la parte inferior del cuerpo de macho cabrío. ‖ *Fig.* Individuo dado a las manifestaciones eróticas sin respeto al pudor.

satisfacción f. Estado que resulta de la realización de lo que se deseaba. ‖ Reparación de un agravio o daño.

satisfacer v. t. Conseguir lo que se deseaba: *satisfacer un capricho.* ‖ Dar a alguien lo que esperaba: *satisfacer a sus profesores.* ‖ Pagar lo que se debe: *satisfacer una deuda.* ‖ Saciar: *satisfacer el hambre.* ‖ Colmar: *satisfacer la curiosidad.* ‖ Cumplir la pena impuesta por un delito: *satisfacer una pena.* ‖ Llenar, cumplir: *satisfacer ciertas condiciones.* ‖ Bastar: *esta explicación no me satisface.* ‖ Gustar: *ese trabajo no me satisfizo.* ‖ Reparar un agravio u ofensa: *satisfacer la honra.* ‖ — V. pr. Vengarse de un agravio. ‖ Contentarse: *me satisfago con poco.*

satisfactorio, ria adj. Que satisface: *resultado satisfactorio.*

satisfecho, cha adj. Contento.

sátrapa m. En la antigua Persia, gobernador de una provincia. ‖ *Fig.* Persona que vive de modo fastuoso o que gobierna despóticamente.

saturación f. Acción de saturar.

saturar v. t. *Quím.* Combinar dos o más cuerpos en las proporciones atómicas máximas en que pueden unirse. ‖ *Fig.* Colmar, saciar, hartar (ú. t. c. pr.). ‖ Llenar, ser superior la oferta a la demanda.

sauce m. Árbol que crece en los márgenes de los ríos.

sauceda f. y **saucedal** m. Lugar poblado de sauces.

saúco m. Arbusto de flores blancas aromáticas y frutos negruzcos.

saudade f. Nostalgia.

saudí y **saudita** adj. y s. De Arabia Saudí.

sauna f. Baño de calor seco.

saurio adj. m. y s. m. Dícese de los reptiles con cuatro extremidades cortas y piel escamosa como los lagartos, cocodrilos, etc. ‖ — M. pl. Orden que forman.

savia f. Líquido nutritivo de los vegetales que corre por los vasos.

saxifragáceo adj. y s. f. Aplícase a unas plantas dicotiledóneas como el grosellero. ‖ — F. pl. Familia que forman.

saxofonista com. Persona que toca el saxófono.

saxófono o **saxofón** m. Instrumento músico de viento y metal. ‖ Saxofonista.

saya f. Falda.

sazón f. Punto o madurez de las cosas: *fruta en sazón.* ‖ *Fig.* Ocasión, oportunidad, coyuntura. ‖ Gusto y sabor que se percibe en los alimentos. ‖ — *A la sazón,* entonces. ‖ *En sazón,* oportunamente. ‖ *Fuerza de sazón,* inoportunamente. ‖ — Adj. *Amer.* Maduro. ‖ — M. *Amer.* Buen gusto. ‖ Buen modo de cocinar.

sazonado, da adj. Condimentado.

sazonar v. t. Condimentar, aderezar. ‖ *Fig.* Adornar, amenizar, ornar.

Sb, símbolo del *antimonio.*

Sc, símbolo del *escandio.*

scanner m. (pal. ingl.). Aparato compuesto de un dispositivo de tomografía y un ordenador, destinado a analizar los datos obtenidos, que sirve para establecer un diagnóstico muy preciso a partir de la observación radiográfica de secciones muy finas del organismo. ‖ Aparato de teledetección capaz de captar, gracias a un dispositivo que opera por exploración, las radiaciones electromagnéticas emitidas por superficies extensas. ‖ En artes gráficas, aparato que sirve para realizar, por exploración electrónica de un documento original en colores, las selecciones necesarias para su reproducción.

scherzo [*skerso*] m. (pal. ital.). *Mús.* Trozo vivo y alegre.

scoop m. (pal. ingl.). Noticia importante o sensacional dada exclusivamente por una agencia de prensa.

scooter [*scúter*] m. Especie de motocicleta carenada.

score m. Tanteo. ‖ Resultado.

scotch m. Whisky escocés.

scout m. Explorador.

script girl [*-guerl*] f. Secretaria de rodaje, ayudante del director cinematográfico.

se pron. pers. reflexivo de la tercera persona en ambos géneros y números: *se enamoró perdidamente de ella.*

Se, símbolo químico del *selenio.*

SE., abreviatura de *sureste* o *sudeste.*

sebáceo, a adj. Que tiene la naturaleza del sebo.

sebo m. Grasa sólida y dura que se saca de los animales herbívoros: *vela de sebo.* ‖ Grasa, gordura.

sebón, ona adj. *Arg.* Holgazán.

seboso, sa adj. Grasiento.

secado m. Operación cuyo fin es eliminar de un cuerpo, en su totalidad o en parte, el agua que se encuentra en él.

secador m. Aparato para secar.

secadora f. Máquina para secar.

secano m. Tierra de labor no irrigada: *cultivo de secano.*

secante adj. y s. m. Que seca: *aceite, papel, pintura secante.* || — M. *Dep.* Jugador encargado de vigilar estrechamente a un adversario. || — Adj. y s. f. *Mat.* Dícese de las líneas o superficies que cortan a otras líneas o superficies.

secar v. t. Extraer la humedad de un cuerpo: *secar la ropa.* || Ir consumiendo el jugo en los cuerpos: *el Sol seca las plantas.* || Limpiar: *secar las lágrimas* (ú. t. c. pr.). || — V. pr. Evaporarse la humedad de algo: *la toalla se ha secado.* || Quedar sin agua: *secarse un río.* || Perder una planta su verdor o lozanía. || Curarse y cerrarse una llaga o pústula.

sección f. En cirugía, corte, cortadura: *la sección de un tendón.* || Cada una de las partes en que se divide un todo continuo o un conjunto de cosas. || Cada una de las partes en que se divide un conjunto de personas: *sección de ventas.* || División hecha de una obra escrita: *libro dividido en tres secciones.* || Categoría introducida en cualquier clasificación. || *Geom.* Figura que resulta de la intersección de una superficie o de un sólido con otra superficie: *sección cónica.*

seccionar v. t. Fraccionar, dividir en partes o secciones.

secesión f. Acto de separarse de un Estado parte de su pueblo y territorio, y también el de un Estado o un grupo de Estados que se separa de una federación o de una confederación.

seco, ca adj. Que no tiene humedad: *aire seco; clima seco.* || Carente de agua: *pozo, río seco.* || Sin caldo: *guiso seco.* || Sin lluvia: *tiempo seco.* || Que ya no está verde: *ramas secas.* || Dícese de las frutas de las que se saca la humedad para conservarlas: *higos secos.* || Que no está mojado o húmedo: *el campo está seco.* || Flaco, descarnado: *persona seca.* || Desprovisto de secreciones humorales: *piel seca.* || *Fig.* Desabrido, adusto, poco sensible: *carácter seco.* | Estricto, que no tiene sentimientos: *respuesta seca.* | Tajante, categórico: *un no seco.* | Sin nada más: *a pan seco.* | Escueto: *explicación seca.* | Aplícase a los vinos y aguardientes sin azúcar: *anís seco.* | Ronco, áspero: *tos, voz seca.* | Aplícase al golpe o ruido brusco y corto: *porrazo seco.* | Que está solo. | Árido, falto de amenidad: *prosa seca.*

secoya f. Árbol de hojas persistentes de América del Norte.

secreción f. Sustancia segregada.

secretar v. t. Expulsar las glándulas, membranas y células una sustancia.

secretaría f. Cargo y oficina del secretario. || Oficina donde se encuentran los servicios administrativos de una entidad. || *Amer.* Ministerio.

secretariado m. Conjunto de personas que desempeñan el cargo de secretario. || Función de secretario. || Secretaría, oficina administrativa. || Estudios para ser secretario o secretaria.

secretario, ria m. y f. Persona encargada de redactar la correspondencia por cuenta de otro, extender las actas de una oficina o asamblea, dar fe de los acuerdos de una corporación, etc. || *Secretario de Estado,* en los Estados Unidos y en el Vaticano, ministro de Asuntos Exteriores; en México y algunos otros países de América, ministro.

secretear v. i. Hablar en secreto.

secreteo m. *Fam.* Cuchicheo.

secreter m. Escritorio.

secreto, ta adj. Puesto de tal modo que no puede verse: *puerta secreta.* || Que se mantiene oculto: *matrimonio secreto.* || Dícese de lo que no es manifiesto o aparente: *encanto secreto.* || Que esconde o disimula sus sentimientos: *enemistad secreta.* || —M. Lo que hay más escondido, lo que no es visible, lo más íntimo: *revelar un secreto.* || Lo que es más difícil y que exige una iniciación especial: *los secretos del arte de escribir.* || Medio que no se revela para alcanzar un fin: *secreto de fabricación.* || Lo que no se debe decir a nadie: *secreto profesional.*

secta f. Reunión de personas que profesan una misma doctrina.

sectario, ria adj. Que sigue una secta (ú. t. c. s.). || Fanático.

sector m. *Geom.* Porción del círculo comprendida entre un arco y los dos radios que pasan por sus extremidades. | Parte de esfera comprendida entre un casquete y la superficie cónica formada por los radios que terminan en su borde. || *Mil.* Zona de acción de una unidad: *sector de operaciones.* || *Fig.* Parte, grupo: *un sector de la opinión pública.* | Zona, área: *la luz fue cortada en varios sectores de la capital.* || División de las actividades económicas: *el sector primario comprende las minas y la agricultura, el secundario la industria, y el terciario el comercio, el transporte y los servicios de administración.*

sectorizar v. t. Dividir en sectores.

secuaz adj. y s. Partidario.

secuela f. Consecuencia.

secuencia f. Serie de cosas que van unas tras otras y que tienen entre sí cierta relación. || Serie de imágenes o de escenas de una película cinematográfica que constituyen un conjunto.

secuestrador, ra adj. y s. Que secuestra.

secuestrar v. t. Depositar judicial o gubernativamente una cosa en poder de un tercero hasta que se decida a quién pertenece. || Embargar una cosa por medio de un mandato judicial. || Prender indebidamente, raptar a una persona para exigir dinero por su rescate. || Recoger la tirada de un periódico o publicación por orden superior. || Apoderarse por la violencia del mando de una nave o avión de cualquier otro vehículo para exigir como rescate cierta cantidad de dinero o la concesión de determinadas reivindicaciones de carácter político o de otra índole.

secuestro m. Acción y efecto de secuestrar. || Bienes secuestrados.

secular adj. Seglar, que no es eclesiástico: *justicia secular.* || Que sucede o se repite cada siglo. || Que dura uno o más siglos: *encina secular.* || Muy viejo: *costumbres seculares que datan desde mucho antes de mi nacimiento.*

secularización f. Conversión en secular de lo que era eclesiástico.

secularizar v. t. Convertir en secular lo que era eclesiástico.

secundar v. t. Ayudar, apoyar.

secundario, ria adj. Que viene en segundo lugar en una serie: *enseñanza secundaria.* || *Fig.* Derivado, accesorio: *efecto secundario.* || Dícese de la corriente eléctrica inducida y del circuito por donde pasa (ú. t. c. s. m.). ‖ *Geol.* Aplícase a la era caracterizada por la abundancia de moluscos, la existencia de gran variedad de reptiles y la aparición de las aves y mamíferos (ú. t. c. s. m.). ‖ Dícese de los fenómenos patológicos subordinados a otros: *fiebre secundaria.* ‖ *Sector secundario,* actividades económicas tendentes a la transformación de materias primas en bienes productivos o de consumo.

secuoya f. Secoya.

sed f. Gana de beber. ‖ *Fig.* Vivo deseo de una cosa.

seda f. Secreción que tienen unas glándulas especiales con la que forman los capullos ciertos gusanos o arañas. ‖ Hilo formado con varias de estas hebras. ‖ Tejido formado por estos hilos.

sedal m. Hilo de la caña de pescar.

sedante adj. y s. m. Sedativo.

sedar v. t. Calmar.

sedativo, va adj. y s. m. Aplícase a aquello que tiene virtud de calmar el dolor o sosegar la excitación nerviosa.

sede f. Asiento o trono de un prelado que ejerce jurisdicción: *sede arzobispal.* ‖ Capital de una diócesis. ‖ Diócesis. ‖ Jurisdicción y potestad del Sumo Pontífice: *Santa Sede.* ‖ Residencia, domicilio: *sede social.*

sedentario, ria adj. Que se hace sentado o con poco movimiento: *labor sedentaria.* ‖ Aplícase al oficio o vida de poco movimiento.

sedicente adj. Supuesto.

sedición f. Sublevación, rebelión.

sedicioso, sa adj. Rebelde (ú. t. c. s.).

sedientes adj. pl. Dícese de los bienes raíces.

sediento, ta adj. Que tiene sed (ú. t. c. s.): ‖ *Fig.* Ávido.

sedimentación f. Formación de sedimentos.

sedimentar v. t. Depositar sedimento un líquido (ú. t. c. pr.). ‖ — V. pr. *Fig.* Estabilizarse.

sedimentario, ria adj. De la naturaleza del sedimento.

sedimento m. Materia que, habiendo estado suspensa en un líquido, se posa en el fondo. ‖ *Fig.* Lo que queda de algo.

seducción f. Acción de seducir. ‖ Atractivo, encanto.

seducir v. t. Engañar con maña. ‖ Conseguir un hombre los favores de una mujer. ‖ Cautivar con algún atractivo.

seductivo, va adj. Que seduce.

seductor, ra adj. y s. Que seduce.

sefardí o **sefardita** adj. Dícese de los judíos de origen español (ú. t. c. s.). ‖ — M. Lengua que hablan los sefarditas, judeoespañol.

segador, ra adj. y s. Que siega.

segar v. t. Cortar mieses o hierba con la hoz, la guadaña o una máquina. ‖ Cortar la parte superior de una cosa. ‖ *Fig.* Impedir el desarrollo de algo.

seglar adj. Laico (ú. t. c. s.).

segmentación f. División en segmentos.

segmentado, da adj. Aplícase al animal cuyo cuerpo está dividido en segmentos, como las lombrices.

segmento m. Parte cortada de una cosa. ‖ *Geom.* Parte del círculo comprendida entre un arco y su cuerda.

segobricense adj. y s. De Segorbe (España).

segregación f. Secreción. ‖ Separación de las personas de raza o religión diferentes practicada en un país.

segregacionismo m. Política o doctrina de segregación racial.

segregacionista adj. De la segregación racial (ú. t. c. s.).

segregar v. t. Separar una cosa de otra. ‖ Secretar: *segregar saliva.*

seguida f. *De seguida* o *en seguida,* inmediatamente.

seguidilla f. Composición poética de cuatro o siete versos. ‖ Danza popular española y música que la acompaña (ú. m. en pl.). ‖ Cante flamenco de carácter plañidero y triste cuya letra se compone de cuatro versos. ‖ Música y baile que la acompañan.

seguido, da adj. Continuo, consecutivo: *dos números seguidos.* ‖ Muy cerca unos de otros: *tiene tres niños seguidos.*

seguidor, ra adj. y s. Que sigue. ‖ Partidario: *un seguidor del Real Madrid.* ‖ Discípulo: *los seguidores de Kant.*

seguimiento m. Prosecución. ‖ Acción de observar atentamente la evolución de un sector o la realización de un proyecto.

seguir v. t. Ir después o detrás de uno (ú. t. c. i.). ‖ Ir en busca de una persona o cosa: *seguir su rastro.* ‖ Ir en compañía de uno: *seguirle siempre.* ‖ Continuar: *sigue haciendo frío.* ‖ Perseguir, acosar: *seguir un animal.* ‖ Caminar, ir: *seguir el mismo camino.* ‖ Observar: *seguir el curso de una enfermedad.* ‖ Ser partidario o adepto: *seguir un partido.* ‖ Prestar atención: *seguir a un orador.* ‖ Obrar, conducirse de acuerdo a. ‖ Suceder: *la primavera sigue al invierno.* ‖ Cursar: *seguir la carrera de medicina.* ‖ Reanudar, proseguir: *cuando escampe seguiremos la marcha.* ‖ — V. i. Ir derecho, sin apartarse. ‖ Estar aún: *sigue en París.* ‖ — V. pr. Deducirse una cosa de otra. ‖ Suceder una cosa a otra. ‖ Derivarse: *de este conflicto se siguieron grandes males.*

seguiriya f. Seguidilla flamenca.

según prep. Conforme, con arreglo a: *según el Evangelio.* ‖ — Adv. Como, con arreglo a: *según te portes irás o no al cine.* ‖ A medida que, conforme: *según vienen los trenes.* ‖ Quizá, depende: *¿Lo vas a hacer? — Según.* ‖ *Según y como,* depende de; tal como.

segunda f. Segunda intención. ‖ Segunda velocidad en un automóvil. ‖ Segunda clase en ferrocarril.

segundero m. Aguja que señala los segundos en un reloj.

segundo, da adj. Que sigue inmediatamente en orden al o a lo primero: *Felipe Segundo; capítulo segundo.* ‖ Otro: *para mí ha sido un segundo padre.* ‖ *De segundo grado: tío segundo.* ‖ — M. Sexagésima parte del minuto (símb. s). ‖ *Fig.* Instante. ‖ Unidad de medida angular (símb. ”). ‖ El que sigue en importancia al principal. ‖ Piso más arriba del primero en una casa. ‖ Asistente de un boxeador en un combate.

segundogénito, ta adj. Dícese del hijo nacido después del primogénito (ú. t. c. s.).

segur f. Hacha grande. ‖ Hoz.

seguridad f. Calidad de seguro: *la seguridad de un avión.* ‖ Certidumbre en la realización de algo: *tiene* seguridad en la victoria. || Confianza, situación de lo que está a cubierto de un riesgo: *guardado con toda seguridad.* || Aplomo: *hablar con seguridad.* || Confianza: *seguridad en sí mismo.* || Fianza que se da como garantía de algo. || *Seguridad Social,* conjunto de leyes y de los organismos que las aplican que tienen por objeto proteger a la sociedad contra determinados riesgos (accidentes, enfermedad, paro, vejez, etc.).

seguro, ra adj. Libre y exento de todo daño o riesgo. || Cierto: *negocio seguro.* || Firme, sólido: *el clavo está seguro.* || Confiado: *seguro de sí mismo.* || Fiel: *su seguro servidor.* || Que ha de realizarse, infalible: *así tendrás un enemigo seguro.* || — M. Contrato por el cual una persona o sociedad *(asegurador)* se compromete a indemnizar a otra *(asegurado)* de un daño o perjuicio que pueda sufrir ésta, mediante el pago de una cantidad de dinero *(prima).* || Dispositivo destinado a evitar accidentes en las máquinas o armas de fuego.

seibo m. Árbol de flores rojas.

seibón m. Ceibón.

seis adj. Cinco y uno. || Sexto: *año seis.* || — M. Signo que representa el número seis. || El sexto día de un mes. || Naipe de seis puntos.

seisavo, va adj. y s. Sexto.

seiscientos, tas adj. Que hace seis veces ciento: *seiscientas mujeres.* || Sexcentésimo: *el número seiscientos.* || — M. Número que lo representa.

seiseno, na adj. Sexto.

seísmo m. Terremoto.

seje m. *Amer.* Árbol de la familia de las palmas, semejante al coco.

selacio, cia adj. y s. m. Dícese de los peces cartilaginosos de cuerpo deprimido, como el tiburón. || — M. pl. Orden que forman.

selección f. Elección de una persona o cosa entre otras. || Conjunto de cosas o personas elegidas: *la selección nacional de fútbol.* || Colección de obras escogidas de un autor.

seleccionado, da adj. y s. Dícese del jugador deportivo o de la persona escogida para representar a una colectividad. || —M. *Amer.* Selección.

seleccionador, ra adj. y s. Dícese de la persona encargada de formar una selección.

seleccionar v. t. Elegir, escoger.

selectividad f. Calidad de un aparato selectivo. || Selección. || Condiciones y pruebas a las que se someten a los estudiantes para ingresar en la Universidad.

selectivo, va adj. Que supone una selección. || — M. Curso que precede a una carrera especial técnica.

selecto, ta adj. Que es o se reputa mejor en su especie.

selector, ra adj. Que selecciona. || — M. Dispositivo con el que se hace una selección.

selenio m. Metaloide (Se) de número atómico 34.

selenita com. Habitante de la Luna.

self adj. y s. f. Palabra inglesa cuyo significado es *auto* y entra como primer elemento de numerosas voces compuestas, algunas de las cuales son empleadas con frecuencia dentro del área hispánica: *self-control,* dominio de sí mismo; *self-government,* autogobierno; *self-induction,* autoinducción; *self-*

service, autoservicio; *self-made man,* persona que por sus propios medios se ha elevado a una alta posición social o económica, autodidacto.

sellado m. Acción de sellar.

sellar v. t. Imprimir el sello. || *Fig.* Estampar una cosa en otra. | Concluir una cosa: *sellar una amistad.* || Cerrar: *sellar los labios.*

sello m. Plancha de metal o de caucho usada para estampar armas, divisas, letras, etc., grabadas en ella. || Señal que deja esta plancha. || *Fig.* Carácter distintivo de algo: *un sello de nobleza.* || Viñeta de papel que se usa como señal del pago de algún derecho: *sello postal, fiscal, móvil.* || Sortija con escudo o iniciales. || *Med.* Conjunto de dos obleas entre las que se pone un polvo medicamentoso para evitar así el sabor desagradable.

selva f. Terreno extenso, inculto y muy poblado de árboles.

semáforo m. Poste indicador con luces verde, ámbar y roja, que regula la circulación en calles y carreteras.

semana f. Serie de siete días naturales consecutivos: *el año tiene 52 semanas.* || *Fig.* Remuneración pagada por una semana de trabajo: *semana de un obrero.* || — *Fin de semana,* de sábado a lunes. || *Semana inglesa,* descanso laboral desde el final de la mañana del sábado hasta el lunes. || *Semana Santa, Mayor o Grande,* la que va desde el domingo de Ramos al de Resurrección.

semanal adj. Que ocurre cada semana o dura una semana.

semanario, ria adj. Semanal. || — M. Publicación que aparece semanalmente. || Pulsera compuesta de siete aros.

semántico, ca adj. Relativo a la significación de las palabras. || — F. Estudio del significado de las palabras y sus variaciones.

semblante m. Cara. || *Fig.* Aspecto.

semblantear v. t. *Amer.* Mirar a alguien cara a cara para descubrir sus intenciones.

semblanza f. Reseña biográfica.

sembrado, da adj. Dícese del terreno donde se ha efectuado la siembra (ú. t. c. s. m.). || Ocurrente, ingenioso.

sembrar v. t. Echar las semillas en la tierra para que germinen. || *Fig.* Propagar: *sembrar el odio.* | Difundir: *sembrar a los cuatro vientos.* | Hacer algo que posteriormente pueda producir un fruto: *el que siembra, recoge.* | Poner, estar lleno: *senda sembrada de dificultades.*

semejante adj. Igual. || Tal: *no he visto a semejante persona.* || — M. Hombre o animal en relación con los demás: *amar a sus semejantes.*

semejanza f. Parecido.

semejar v. i. Padecer (ú. t. c. pr.).

semen m. Sustancia segregada por las glándulas genitales masculinas que contiene los espermatozoides.

semental adj. y s. m. Dícese del animal macho destinado a la reproducción.

sementera f. Siembra. || *Fig.* Origen, fuente.

semestral adj. Que ocurre cada semestre o dura seis meses.

semestre m. Período de seis meses. || Renta o sueldo que se cobra o paga cada semestre.

semiacabado, da adj. *Producto semiacabado,* el que se sitúa entre la materia prima y el producto acabado.

semiautomático, ca adj. Parcialmente automático.

semibreve f. *Mús.* Nota que tiene la duración de cuatro negras.

semicilindro m. Cada una de las dos mitades de un cilindro separadas por un plano que pasa por el eje.

semicírculo m. *Geom.* Cada una de las dos mitades del círculo separadas por un diámetro.

semicorchea f. Nota musical equivalente a media corchea.

semiesfera f. Media esfera.

semifinal f. *Dep.* Prueba que precede a la final.

semifinalista adj. y s. *Dep.* Que toma parte en una semifinal.

semifusa f. Nota musical equivalente a la mitad de una fusa.

semilla f. Cada uno de los cuerpos que forman parte del fruto que da origen a una nueva planta. || *Fig.* Germen, origen: *semilla de discordia.* || — Pl. Granos que se siembran, exceptuados el trigo y la cebada.

semillero m. Sitio donde se siembran los vegetales. || Lugar donde se guardan las semillas. || *Fig.* Origen, causa: *semillero de pleitos, de vicios.* | Cantera: *semillero de hombres ilustres.*

semimanufacturado, da adj. Dícese de los productos no terminados, de la materia prima que ha sido parcialmente transformada.

semimedio adj. Dícese de una categoría de boxeadores cuyo peso no supera 67 kg (ú. t. c. s. m.).

seminal adj. Del semen.

seminario m. Casa destinada a la educación de los jóvenes que se dedican al estado eclesiástico. || Curso práctico de investigación en las universidades, anejo a la cátedra. || Reunión de técnicos.

seminarista m. Alumno de un seminario.

seminternado m. Media pensión en un colegio.

semiótica f. En lingüística, ciencia de los signos. || En lógica matemática, teoría de los símbolos.

semipesado adj. Dícese de una de las categorías de boxeadores cuyo peso oscila entre 72,574 y 79,378 kg (ú. t. c. s. m.).

semiproducto m. Producto semimanufacturado.

semirrecta f. *Geom.* Segmento de recta entre un punto y el infinito.

semirrecto adj. *Geom.* Dícese del ángulo de 45 grados.

semita adj. Dícese de los árabes, hebreos, sirios y otros pueblos (ú. t. c. s.). || Semítico.

semítico, ca adj. Relativo a los semitas: *pueblos semíticos.* || Dícese de un grupo de lenguas del SE de Asia y N de África, como el árabe y el hebreo.

semitono m. *Mús.* Cada una de las dos partes desiguales en que se divide el intervalo de un tono.

semitransparente adj. Translúcido.

semivocal adj. y s. f. Aplícase a las vocales *i* e *u* al final del diptongo.

semnopiteco m. Género de monos.

sémola f. Pasta de harina de flor reducida a granos muy menudos.

semoviente adj. *For. Bienes semovientes,* el ganado.

sempiterno, na adj. Eterno.

sen m. Unidad monetaria fraccionaria existente en varios países de Extremo Oriente. || Centésima parte del yen, unidad monetaria del Japón.

senado m. Asamblea de patricios que formaba el Consejo Supremo de la antigua Roma. || En los Estados modernos de régimen parlamentario bicameral, la asamblea formada de personalidades designadas o elegidas por su notabilidad. || Edificio en el que se reúne la asamblea de los senadores.

senadoconsulto m. Decreto del antiguo Senado romano.

senador, ra m. y f. Miembro del Senado.

sencillez f. Calidad de sencillo.

sencillo, lla adj. De un solo elemento: *una hoja sencilla.* || Simple, fácil: *operación sencilla.* || Desprovisto de artificio, claro: *escribe en un estilo muy sencillo.* || Poco complicado: *mecanismo sencillo.* || Que carece de adornos: *traje sencillo.* || *Fig.* Franco en el trato, llano: *hombre sencillo.* | Carente de refinamiento o artificio: *comida sencilla.* || — M. *Amer.* Dinero suelto.

senda f. Camino.

sendero m. Senda.

sendos, das adj. pl. Uno o una para cada cual de dos o más personas o cosas: *los soldados llevaban sendos fusiles.*

senectud f. Vejez.

senegalés, esa adj. y s. Del Senegal.

senescencia f. Envejecimiento.

senil adj. Propio de los viejos.

senior m. (pal. lat.). Mayor, de más edad. (Se aplica para distinguir al padre del hijo con el mismo nombre: *Mr John Mill, senior.*) || En deportes, participante que ha pasado la edad de los juniors (unos 20 años), o que sin haberla pasado ha obtenido ciertos títulos.

seno m. Concavidad, cavidad. || *Anat.* Cavidad existente en el espesor de un hueso: *el seno frontal, maxilar.* | Pecho de mujer, mama. || *Fig.* Parte interna de una cosa. || *Geom.* Perpendicular tirada de uno de los extremos del arco al radio que pasa por el otro extremo.

sensación f. Impresión que recibimos por medio de los sentidos.

sensacional adj. Impresionante.

sensacionalismo m. Carácter sensacional o sensacionalista.

sensacionalista adj. De carácter sensacional o emotivo.

sensatez f. Buen sentido, cordura.

sensato, ta adj. Juicioso.

sensibilidad f. Facultad de sentir privativa de los seres animados. || Propensión del hombre a dejarse llevar por los afectos de compasión y ternura. || Carácter de una cosa que recibe fácilmente las impresiones exteriores: *la sensibilidad de un termómetro.* || Receptividad para determinados efectos: *la sensibilidad de la placa fotográfica.* || Capacidad para sentir emociones: *sensibilidad artística.*

sensibilización f. Acción de sensibilizar.

sensibilizador, ra adj. Que hace sensible a la acción de la luz o de cualquier otro agente (ú. t. c. m.).

sensibilizar v. t. Hacer sensible.

sensible adj. Capaz de sentir física y moralmente: *corazón sensible.* || Perceptible, manifiesto, muy patente al entendimiento: *adelanto sensible.* || Que causa pena o dolor: *pérdida sensible.* || *Fís.* Capaz de señalar o registrar muy leves diferencias: *termómetro sensible.*

sensiblería f. Sentimentalismo.

sensitivo, va adj. Relativo a los sentidos corporales. || Capaz de sensibilidad. || Que excita la sensibilidad. || — F. Género de plantas mimosáceas de América Central.

sensual adj. Sensitivo. || Aplícase a los gustos y deleites de los sentidos, a las cosas que los incitan o satisfacen y a las personas sensibles a ellos: *mujer sensual.* || Carnal: *apetito sensual.*

sensualidad f. Propensión, apego a los placeres de los sentidos.

sensuntepequense adj. y s. De Sensuntepeque (El Salvador).

sentada f. Tiempo en el que se permanece sentado. || Acción de sentarse en el suelo de un lugar público varias personas para manifestar su protesta por algo o apoyar de este modo una petición.

sentado, da adj. Juicioso: *hombre sentado.* || *Dar algo por sentado,* considerar algo como cierto.

sentar v. t. Poner en un asiento (ú. t. c. pr.): *sentar al niño en su silla.* || Establecer: *sentar una verdad.* || — V. i. *Fig.* Caer bien, ir una prenda de vestir. | Cuadrar, convenir: *su modestia le sienta bien.* | Caer bien o mal un alimento o bebida en el estómago: *sentar bien la comida.* | Hacer provecho: *le sentó bien la ducha.* | Gustar, agradar una cosa: *le sentó bien tu consejo.*

sentencia f. Dicho que encierra doctrina o moralidad. || Resolución del tribunal, juez o árbitro. || Decisión cualquiera: *las sentencias del vulgo.*

sentenciar v. t. Dar o pronunciar sentencia. || Condenar.

sentencioso, sa adj. Que contiene una sentencia o máxima.

sentido, da adj. Sincero: *dolor muy sentido.* || Que es muy sensible o se ofende fácilmente: *un niño muy sentido.* || Dolido, resentido: *estoy muy sentido con él.* || Emotivo: *un sentido recuerdo.* || — M. Cada una de las facultades que tiene el hombre y cualquier animal de recibir por medio de determinados órganos corporales la impresión de los objetos externos: *el sentido de la vista.* || Entendimiento, razón: *un hombre sin sentido.* || Conocimiento, discernimiento: *tiene un sentido muy agudo.* || Modo de entender algo: *tiene un sentido peculiar del deber.* || Conocimiento: *perdió el sentido.* || Significado: *el sentido de una palabra.* || Interpretación: *no has comprendido el sentido de la moraleja.* || Finalidad, objeto: *tu gestión no tiene sentido.* || Capacidad o aptitud para algo: *tener sentido del humor.* || Dirección: *van los dos en sentido opuesto.* || *Amer.* Sien. || *Fig.* Costar o valer un sentido, ser muy cara una cosa. || *Sentido común,* sensatez.

sentimental adj. Dícese de la persona inclinada a experimentar muchos sentimientos afectivos (ú. t. c. s.).

sentimentalismo m. Estado de una persona sentimental.

sentimiento m. Conocimiento. || Estado afectivo. || Pena, aflicción: *le acompaño en el sentimiento.*

sentina f. Parte de un buque en la que se almacena agua.

sentir m. Sentimiento.

sentir v. t. Experimentar una impresión física. || Experimentar cierto sentimiento: *siento un gran amor por ella.* || Darse cuenta: *sentir el descontento del pueblo.* || Pensar: *se lo dije como lo sentía.* || Lamentar: *todos sentimos su muerte.* || Oír: *sentía ruidos extraños.* || — V. pr. Encontrarse: *me siento muy feliz.*

seña f. Nota o indicio para dar a entender una cosa: *hacer señas.* || Cosa que conciertan dos personas para entenderse: *convenir una seña.* || Signo usado para acordarse de algo. || — Pl. Detalles del aspecto de una persona o cosa que se dan para reconocerla. || Domicilio, dirección: *dar sus señas.* || Signos, manifestaciones: *daban señas de contento.*

señal f. Marca o nota que se pone en algo para distinguirlo: *poner una señal en un naipe.* || Indicio, signo: *lo que me dices es buena señal.* || Gesto: *hacer una señal con la mano.* || Prueba: *señal de prosperidad.* || Hito, mojón para marcar un lindero. || Signo para recordar una cosa: *una señal en la página de un libro.* || Placa rotulada con símbolos que se pone en las vías de comunicación para regular o dirigir la circulación: *respetar las señales.* || Zumbido de diferente naturaleza que se oye en el teléfono al obtener la línea, al entrar en comunicación o al encontrar ocupada la línea de un abonado. || Vestigio o impresión que queda de una cosa. || Cicatriz: *la señal de una herida.* || Dinero que se da como anticipo y garantía de un pago: *dejar una señal.*

señalado, da adj. Famoso. || — F. *Arg.* Acción de señalar al ganado. | Época en que se hace. | Fiesta que se celebra con tal motivo.

señalamiento m. Señalización.

señalar v. t. Poner una marca o señal en alguna cosa. || Ser seña de: *señalar el principio de la vejez.* || Mostrar: *señaló con el bastón.* || Hacer observar: *ya lo señalé anteriormente.* || Determinar, fijar: *señalaron la fecha de la asamblea.* || Indicar: *el reloj señalaba las cinco.* || Fijar: *señalar el precio.* || Hacer una herida que deje cicatriz: *le señaló la cara de un latigazo.* || Hacer una señal para indicar algo: *el vigía señaló un barco enemigo.* || Designar: *el soldado fue señalado para esta misión.* || — V. pr. Distinguirse, hacerse muy conocido: *señalarse en la política.*

señalización f. Conjunto de señales indicadoras o su colocación.

señalizar v. t. Poner señales.

señero, ra adj. Único.

señor, ra adj. Noble, distinguido, señorial: *un gesto muy señor.* || *Fam.* Grande, hermoso. Ú. antepuesto al sustantivo: *tiene una señora fortuna.* || — M. y f. Dueño, amo, propietario: *un señor feudal.* || *Fig.* Persona distinguida, noble: *es un gran señor.* || Hombre, mujer, cuando se habla de persona desconocida: *una señora nos recibió amablemente.* || Tratamiento que actualmente se antepone al apellido de toda persona o al cargo que desempeña: *el señor Martínez; la señora de Martínez.* || Tratamiento que, seguido de *don,* o *doña,* se antepone al nombre y apellido de una persona: *Sr. D. Ricardo García López.* || — M. Dios o Jesucristo en la Eucaristía (en esta acepción debe escribirse en mayúscula). || — F. Esposa, mujer: *dé recuerdos a su señora.* || — *Nuestra Señora,* la Virgen María. || *Nuestro Señor,* Jesucristo.

señorear v. t. Dominar, mandar en una cosa como dueño de ella. || *Fig.* Dominar, estar a mayor altura: *la ermita señorea el valle.*

señoría f. Tratamiento de cortesía dado a ciertas personas.

señorial adj. Relativo al señorío: *dominio señorial.* || Noble, distinguido: *porte señorial.*

señoril adj. Relativo al señor o al señorito.

señorío m. Dominio sobre algo. || Antiguo territorio del dominio de un señor. || *Fig.* Caballerosidad, dignidad. | Dominio de las pasiones. | Conjunto de señores, o de personas de distinción.

señorita f. Tratamiento que dan los criados a las jóvenes a quienes sirven, y a veces a la señora. || Mujer soltera y joven.

señoritingo, ga m. y f. Señorito en sentido despectivo.

señoritismo m. Condición de señorito y conducta propia de él.

señorito m. Tratamiento que dan los criados a los jóvenes a quienes sirven. || Joven acomodado y ocioso.

señuelo m. Cualquier cosa que sirve para atraer las aves. || *Fig.* Cebo, espejuelo.

seo f. Iglesia catedral.

sépalo m. Hoja del cáliz de la flor.

separación f. Acción y efecto de separar. || Espacio entre dos cosas distantes. || Lo que sirve a dividir, a separar. || Interrupción de la vida conyugal sin llegar a romper el lazo matrimonial.

separar v. t. Poner a una persona o cosa fuera del contacto o proximidad de otra: *separar lo bueno de lo malo.* || Desunir lo que estaba junto: *separar un sello de un sobre.* || Apartar a dos o más personas que luchan entre sí. || Considerar aparte: *separar varios significados de un vocablo.* || Dividir: *el canal de Panamá separa América en dos.* || — V. pr. Retirarse, apartarse: *separarse de la política.* || Alejarse: *se separaba más del fin buscado.* || Dejar de cohabitar los esposos por decisión judicial.

separata f. Tirada aparte de un artículo publicado en un libro.

separatismo m. Doctrina separatista. || Partido separatista.

separatista adj. y s. Dícese de la tendencia o de la persona que labora por separar un territorio de un Estado.

sepelio m. Entierro.

sepia f. *Zool.* Jibia. || Color terroso, ocre (ú. t. c. s. m.).

septembrino, na adj. De septiembre.

septenario, ria adj. Aplícase al número compuesto de siete unidades o que se escribe con siete guarismos. || — M. Tiempo de siete días dedicados a un culto.

septenio m. Siete años.

septeno, na adj. Séptimo. || Aplícase a cada una de las siete partes en que se divide un todo.

septentrión m. Norte.

septentrional adj. Nórdico.

septeto m. *Mús.* Composición para siete instrumentos o voces. | Orquesta o coro de siete instrumentos o voces.

septicemia f. Infección de la sangre causada por gérmenes patógenos.

septicémico, ca adj. De la septicemia. || — M. y f. Persona que la padece.

septiembre m. Noveno mes, de treinta días, del año actual.

séptimo, ma adj. Que sigue inmediatamente en orden a lo sexto. || — M. Cada una de las siete partes en que se divide un todo.

septingentésimo, ma adj. Que ocupa el lugar setecientos. || — M. Cada una de las setecientas partes iguales de un todo.

septuagenario, ria adj. y s. Que ha cumplido setenta años.

septuagésimo, ma adj. Que ocupa el lugar setenta. || — M. Cada una de las setenta partes iguales en que se divide un todo.

septuplicar v. t. Multiplicar por siete una cantidad (ú. t. c. pr.).

séptuplo, pla adj. y s. m. Dícese de la cantidad que incluye en sí siete veces a otra.

sepulcral adj. Del sepulcro.

sepulcro m. Obra que se construye para la sepultura de los muertos.

sepultar v. t. Enterrar.

sepultura f. Entierro. || Fosa donde se entierra el cadáver.

sepulturero m. Enterrador.

sequedad f. Calidad de seco.

sequía f. Falta de lluvia.

séquito m. Grupo de personas que acompañan a otra principal. || *Fig.* Secuela, acompañamiento.

sequoia f. Secoya.

ser m. Esencia o naturaleza: *ser orgánico.* || Ente, lo que es o existe: *el ser humano.* || Hombre, persona, individuo: *todos formaban un ser único.* || Modo de existir o de vivir. || Naturaleza íntima de una persona.

ser v. sustantivo que afirma del sujeto lo que significa el atributo: *la nieve es blanca.* || – V. auxiliar que sirve para la conjugación de todos los verbos en la voz pasiva: *yo seré juzgado.* || – V. i. Haber o existir. || Pertenecer: *este diccionario es de mi hijo.* || Servir, tener utilidad: *este traje es para el invierno.* || Suceder: *la cosa fue bien.* || Corresponder, tocar: *este asunto no es de mi incumbencia.* || Formar parte de un cuerpo o asociación: *este funcionario es del ayuntamiento.* || Tener principio, origen o naturaleza: *yo soy de Jerez.* || – *A no ser que*, salvo. || *Como sea*, de cualquier modo. || *Por sí fuera poco*, para colmo. || *Puede ser*, quizá. || *Ser muy de*, ser muy propio o característico de; ser muy adepto de.

sera f. Espuerta grande sin asas.

serafín m. Cada uno de los espíritus bienaventurados que forman el segundo coro de los ángeles. || *Fig.* Persona muy bella.

serbio, bia adj. Relativo a los serbios y croatas. || – M. Lengua eslava hablada en Serbia y Croacia.

serenar v. t. Moderar (ú. t. c. i y pr.).

serenata f. Música o canciones que se ejecutan por la noche para rendir homenaje a alguien.

serenense adj. y s. De La Serena (Chile).

serenidad f. Calma, calidad de sereno. || Título de honor de algunos príncipes.

sereno, na adj. *Fig.* Sosegado, apacible. || – M. Vigilante que en ciertas poblaciones ronda las calles durante la noche. || *Al sereno*, al aire libre por la noche.

sergas f. pl. Hechos, proezas.

seriación f. Acción y efecto de seriar.

serial m. Novela radiofónica o televisada que se da por episodios.

seriar v. t. Clasificar por series.

serie f. Conjunto de cosas relacionadas entre sí y que se suceden unas a otras: *una serie de hechos.* || *Mat.* Sucesión ininterrumpida de carambolas en el juego de billar. || Prueba preliminar deportiva para poder participar en una gran competición. || — *Electr.* En serie, dícese del montaje en el que toda la electricidad pasa por el circuito. || *Fabricación en serie,* ejecución de un trabajo por un procedimiento mecánico que permite obtener un gran número de unidades por un precio mínimo. || *Fuera de serie,* dícese del artículo comercial que queda sin vender de una serie y suele venderse a precio rebajado; dícese también de las personas o cosas extraordinarias.

seriedad f. Gravedad, formalidad.

seringa f. *Amer.* Siringa.

serio, ria adj. Que tiene carácter grave, sentado: *persona seria.* || Severo en el semblante, en el modo de mirar o hablar. || Real, sincero: *promesas serias.* || Grave, importante: *enfermedad seria.* || *En serio,* seriamente.

sermón m. Discurso pronunciado en el púlpito por un sacerdote. || *Fig.* Discurso moral, represión.

sermonear v. t. Reprender.

serón m. Sera grande.

serpenteado, da adj. Ondulado.

serpentear v. i. Moverse o extenderse dando vueltas.

serpenteo m. Movimiento sinuoso.

serpentín m. Tubo de forma espiral del alambique.

serpentina f. Tira de papel arrollada que se arroja en ciertas fiestas.

serpiente f. Cualquier reptil ofidio, generalmente de gran tamaño. || Culebra. || — *Serpiente de cascabel,* crótalo. || *Serpiente pitón,* la de gran tamaño con cabeza cubierta de escamas. || *Fig. Serpiente monetaria,* figura que señala los niveles superior e inferior que no deben superar los valores de las monedas relacionadas entre sí por un acuerdo destinado a limitar sus fluctuaciones.

serrallo m. Harén.

serrana f. Serranilla.

serranía f. Espacio de terreno cruzado por montañas y sierras.

serranilla f. Poesía de asunto rústico, escrita en metros cortos.

serrano, na adj. De la sierra (ú. t. c. s.). || *Jamón serrano,* el curado al aire de la montaña.

serrar v. t. Cortar con una sierra.

serrería f. Aserradero.

serrín m. Partículas finas de madera que se desprenden al serrarla.

serrucho m. Sierra de hoja ancha y con un mango.

sertão m. (pal. port.). Zona semiárida del Nordeste brasileño.

serventesio m. Cuarteto endecasílabo.

servicial adj. Que sirve.

servicio m. Acción y efecto de servir. || Manera de servir o atender: *en este hotel el servicio es muy malo.* || Estado de sirviente: *muchacha de servicio.* || Servidumbre: *ahora es difícil encontrar servicio.* || Mérito que se hace sirviendo al Estado: *hoja de servicio.* || Culto: *servicio que se debe a Dios.*

|| Utilidad que se saca de una cosa: *este coche me presta buen servicio.* || Turno: *el jueves estoy de servicio.* || Disposición: *estar al servicio de alguien.* || Conjunto de la vajilla o de la mantelería: *servicio de mesa.* || Lavativa, ayuda. || Organismo que forma parte de un conjunto en una administración o en una actividad económica: *servicio de publicidad.* || En un hotel, restaurante o bar, porcentaje que se añade a la cuenta en concepto de la prestación hecha por los mozos o camareros: *allí el servicio es de un 15%.* || En el tenis, saque de la pelota. || — Pl. Parte de un alojamiento dedicada a la servidumbre. || Lavabo, aseo. || Producto de la actividad del hombre que no se presenta en forma material (transportes, espectáculos, etc.). || — *Servicio militar,* el que tienen que prestar los ciudadanos durante un cierto tiempo para contribuir a la defensa del país. || *Servicio secreto,* el de seguridad del Estado.

servidor, ra m. y f. Persona que sirve a otra. || Persona que sirve a otra como criado. || Persona encargada del manejo de un arma, de una máquina o de cualquier otra cosa. || Término de cortesía: *su seguro servidor.* || — ¡*Servidor!,* ¡presente!, contestación que se hace cuando pasan lista. || *Un servidor,* yo.

servidumbre f. Conjunto de criados. || Estado o condición de siervo. || *Fig.* Obligación o dependencia pesada. || *For.* Derecho que tiene una casa o heredad sobre otra: *servidumbre de vistas.*

servil adj. Relativo a criados. || Vil, rastrero: *hombre servil.*

servilismo m. Sumisión ciega.

servilleta f. Pieza de tela o papel para limpiarse la boca.

servilletero m. Aro para enrollar la servilleta.

servio, via adj. y s. Serbio.

servir v. i. y t. Desempeñar ciertas funciones o cumplir con unos deberes para con una persona o colectividad. || Vender, suministrar mercancías: *servir un pedido.* || Ser útil: *este aparato no sirve para nada.* || Ser uno apto para algo: *yo no sirvo para periodista.* || Ser soldado en activo: *servir en filas.* || Asistir con naipe del mismo palo: *servir una carta.* || Poder utilizarse: *servir de instrumento.* || En tenis, hacer el saque. || Poner en la mesa: *servir el almuerzo.* || Presentar o dar parte de un manjar a un convidado. Ú. t. c. pr.: *sírvase más paella.* || Ser favorable: *esta reforma sirve sus intereses.* || Dar culto: *servir a Dios.* || Obrar en favor de otra persona: *servir de introductor.* || — V. pr. Valerse de una cosa: *servirse de las manos.* || Tener a bien: *sírvase venir conmigo.* || Beneficiarse de: *servirse de sus amistades.*

servocroata adj. y s. Serbocroata.

servodirección f. Servomando.

servomando m. Mecanismo auxiliar que amplifica una fuerza débil para hacer funcionar una máquina o un dispositivo cualquiera.

servomotor m. Servomando.

sésamo m. Planta herbácea de flores blancas. || *Ábrete sésamo,* se aplica a un recurso infalible para vencer todos los obstáculos.

sesear v. i. Pronunciar la ce o la zeta como ese.

sesenta adj. Seis veces diez. || Sexagésimo: *año sesenta.* || — M. Número equivalente a seis veces diez.

sesentavo, va adj. y s. m. Aplícase a cada una de las sesenta partes iguales en que se divide un todo.

sesentón, ona adj. y s. Sexagenario.

seseo m. Pronunciación de la ce o la *zeta* como *ese*.

sesgadura f. Corte al sesgo.

sesgar v. t. Cortar el sesgo.

sesgo, ga adj. Oblicuo. ‖ — M. Oblicuidad. ‖ *Fig.* Rumbo, camino: *este asunto tomó mal sesgo.*

sesión f. Reunión de un cuerpo deliberante. ‖ Tiempo que duran estas reuniones. ‖ Función de teatro o cine.

sesionar v. i. Celebrar sesión. ‖ Asistir a una sesión.

seso m. Cerebro.

sesudo, da adj. Que tiene seso.

set m. (pal. ingl.). En el tenis, conjunto de seis juegos o más, hasta obtener un jugador una diferencia de dos. ‖ Plató de cine. (Pl. *sets.*)

seta f. Hongo de sombrerillo.

setecientos, tas adj. Siete veces ciento. ‖ Septingentésimo: *número, año, setecientos.* ‖ — M. Número equivalente a siete veces ciento.

setenta adj. Siete veces diez. ‖ Septuagésimo. ‖ — M. Número equivalente a siete veces diez.

setentavo, va adj. y s. m. Aplícase a la septuagésima parte de un todo.

setentón, ona adj. y s. Septuagenario.

setiembre m. Septiembre.

seto m. Cercado, valla.

setter m. Raza de perros de caza.

seudo, prefijo que significa *supuesto, falso: seudónimo, seudohombre.*

seudónimo m. Nombre adoptado por algún autor o artista en vez del suyo.

seudópodo m. Prolongación protoplasmática emitida por algunos seres unicelulares y que sirve para la ejecución de movimientos y para coger partículas orgánicas.

severidad f. Rigor en el trato o en el castigo. ‖ Seriedad.

severo, ra adj. Riguroso: *castigo severo.* ‖ Que no tiene indulgencia: *maestro severo.* ‖ Que muestra rigor: *mirada severa.* ‖ Austero: *vida severa.* ‖ Sin adornos excesivos: *estilo severo.* ‖ Destemplado, riguroso: *invierno muy severo.* ‖ Grave, fuerte: *severa derrota.*

seviche m. *Amer.* Pescado crudo aderezado con limón y especias.

sevicia f. Crueldad excesiva.

sevillano, na adj. y s. De Sevilla (España). ‖ — F. pl. Danza y música que la acompaña propias de la provincia de Sevilla.

sexagenario, ria adj. y s. Dícese de la persona que ha cumlido sesenta años y tiene menos de setenta.

sexagésimo, ma adj. Que ocupa el lugar sesenta. ‖ — M. Cada una de las sesenta partes iguales en que se divide un todo.

sex-appeal m. Atractivo físico.

sexcentésimo, ma adj. Que ocupa el lugar seiscientos. ‖ — M. Cada una de las seiscientas partes iguales en que se divide un todo.

sexenio m. Seis años.

sexismo m. Actitud discriminatoria de los hombres en su trato con las mujeres.

sexista adj. Relativo al sexismo. ‖ Partidario del sexismo (ú. t. c. s.).

sexo m. En los seres humanos, animales y plantas, condición orgánica que distingue el macho de la hembra. ‖ Órgano de la generación. ‖ Circunstancia de ser macho o hembra: *ser del sexo femenino.*

sex-shop m. (pal. ingl.). Tienda donde se venden revistas, libros y objetos eróticos o pornográficos.

sextante m. Instrumento utilizado para determinar la latitud de los astros.

sexteto m. *Mús.* Composición para seis instrumentos o seis voces. ‖ Orquesta de seis instrumentos o coro de seis voces.

sexto, ta adj. y s. Que sigue inmediatamente al o a lo quinto. ‖ — M. Cada una de las seis partes iguales en que se divide un todo.

sextuplicar v. t. Multiplicar por seis. ‖ Hacer seis veces mayor una cosa.

séxtuplo, pla adj. Que incluye en sí seis veces una cantidad. ‖ — M. Número seis veces mayor que otro: *el séxtuplo de 5 es 30.*

sexual adj. Relativo al sexo. ‖ *Órganos sexuales,* los que están encargados de la generación o reproducción.

sexualidad f. Conjunto de condiciones que caracterizan a cada sexo.

sha m. Antiguo soberano de Irán.

sheriff [*cherif*] m. (pal. ingl.). En los Estados Unidos, oficial de administración elegido por un distrito con cierto poder judicial.

shock [*chok*] m. Depresión psíquica producida por una intensa conmoción.

short [*chort*] m. Pantalón corto.

show m. (pal. ingl.). Espectáculo.

shullo m. *Per.* Gorro con orejeras.

si conj. Implica o denota condición o hipótesis: *si lloviera iría en coche.* ‖ A principio de cláusula da énfasis a las expresiones de duda, dolo o aseveración: *si ayer lo negaste, ¿cómo te atreves a afirmarlo hoy?* ‖ Precedida de *como* o de *que* se emplea en conceptos comparativos. ‖ En lenguaje indirecto sirve para expresar la afirmación: *dime si quieres ir al cine.* ‖ En expresiones ponderativas equivale a *cuanto: ¡mira si sabe este niño!* ‖ Se emplea en exclamaciones de sorpresa: *¡si será posible!*

si m. *Mús.* Séptima nota de la escala.

Si, símbolo químico del *silicio.*

sí pron. Forma reflexiva del pron. pers. de tercera persona empleada siempre con preposición: *de sí; por sí; para sí.* ‖ — *Dar de sí,* alargarse, estirarse. ‖ *Volver en sí,* recobrar el sentido.

sí adv. Se emplea para responder afirmativamente: *¿Tienes dinero suficiente? — Sí.* ‖ — M. Consentimiento: *dar el sí.* (Pl. *síes.*)

sial m. Parte superficial y sólida de la corteza terrestre.

siamés, esa adj. y s. De Siam. ‖ Dícese de una cierta raza de gatos. ‖ *Hermanos siameses,* nombre dado a los mellizos que nacen unidos por cualquier parte del cuerpo. ‖ — M. Lengua hablada en Siam.

sibarita adj. y s. Aficionado a los placeres exquisitos.

sibarítico, ca adj. Amante del placer.

sibaritismo m. Vida regalada.

siberiano, na adj. y s. De Siberia.

sibila f. Adivina.

sic adv. lat. Así (se usa entre paréntesis para indicar que se cita textualmente).

sicalipsis f. Pornografía.
sicalíptico, ca adj. Pornográfico.
sicamor m. *Bot.* Ciclamor.
sicario m. Asesino asalariado.
siciliano, na adj. y s. De Sicilia (Italia). || — M. Lengua hablada en esta isla.
sico V. PSICO.
sicoanálisis m. Psicoanálisis.
sicoanalista m. y f. Psicoanalista.
sicología f. Psicología.
sicológico, ca adj. Psicológico.
sicólogo, ga m. y f. Psicólogo.
sicomoro m. Especie de higuera. || Plátano falso.
sicópata com. Psicópata.
sicopatía f. Psicopatía.
sicosis f. Psicosis.
sicoterapia f. Psicoterapia.
sida m. Síndrome de inmunodeficiencia adquirida o enfermedad en la que los organismos inmunitarios de los aquejados por ella quedan sin defensa alguna para afrontar los agentes infecciosos externos.
sidecar [*saidcar*] m. Vehículo de una sola rueda unido a una motocicleta.
sideral adj. De las estrellas o astros.
siderurgia f. Arte de extraer el hierro, de fundirlo y de elaborar acero.
siderúrgico, ca adj. Relativo a la siderurgia.
sidra f. Bebida alcohólica obtenida por la fermentación del zumo de las manzanas.
sidrería f. Tienda donde se vende sidra.
siega f. Corte de las mieses.
siembra f. Acción de sembrar.
siempre adv. En todo o cualquier tiempo: *siempre han ocurrido desgracias.* || En todo caso: *este título siempre te servirá.* || *Amér. C., Col.* y *Méx.* Con seguridad. || *Siempre que* o *siempre y cuando,* con tal que, si.
siempreviva f. Perpetua.
sien f. Parte lateral de la cabeza, entre la frente, la oreja y la mejilla.
sierra f. Herramienta que sirve para cortar madera, piedra, etc. || Cordillera de montes. || Nombre de diversos peces del golfo de México.
siervo, va m. y f. Esclavo.
sieso m. Ano.
siesta f. Sueño que se duerme después de haber almorzado.
siete adj. Seis más uno. || Séptimo. || — M. Número equivalente a seis más uno. || Carta o naipe de siete puntos. || *Fam.* Desgarradura en forma de ángulo. || *Amer. Fig.* Ano.
sietemesino, na adj. y s. Nacido a los siete meses de engendrado.
sífilis f. Enfermedad venérea provocada por un treponema.
sifilítico, ca adj. Relativo a la sífilis. || Enfermo de sífilis (ú. t. c. s.).
sifón m. Tubo en el que se hace el vacío y sirve para trasegar líquidos de un recipiente a otro. || Dispositivo consistente en un tubo acodado, que siempre contiene agua, y sirve para aislar de los malos olores en las cañerías de fregaderos, retretes, etc. || Botella de agua gaseosa provista de un tubo acodado y de una espita para vaciarla.
sigilar v. t. Callar, ocultar.

sigilo m. Secreto, silencio.
sigiloso, sa adj. Silencioso.
sigla f. Letra inicial usada como abreviatura: *O.N.U. son las siglas de la Organización de las Naciones Unidas.*
siglo m. Período de cien años. || Dícese en particular de los períodos de cien años contados a partir del nacimiento de Jesucristo: *siglo xx.* || Época en que vive uno: *nuestro siglo.* || *Fig.* Mucho tiempo: *hace un siglo que no te veo.* || El mundo, en oposición al claustro: *abandonar el siglo.* || — *Siglo de las luces* o *de la ilustración,* nombre dado al siglo XVIII por el movimiento de la ilustración que se produjo en él. || *Siglo de Oro,* época de mayor esplendor en las artes, las letras, etc.
sigma f. Decimoctava letra del alfabeto griego (Σ, σ, ς).
signatario, ria adj. y s. Firmante.
significación f. Significado. || Importancia. || Tendencia política.
significado, da adj. Conocido, importante. || — M. Manera como se ha de entender una palabra, acción o hecho, sentido.
significante m. Manifestación fónica de un signo lingüístico.
significar v. t. Ser una cosa representación o indicio de otra: *la bandera blanca significa rendición.* || Representar una palabra, una idea o una cosa material: *rezar significa rogar a Dios.* || Equivaler: *esto significaría la derrota.* || Hacer saber, indicar: *significar sus intenciones.* || — V. i. Representar, tener importancia: *esto no significa nada para mí.* || — V. pr. Hacerse notar, distinguirse: *significarse por su probidad.*
significativo, va adj. Que tiene significado claro o importancia.
signo m. Representación material de una cosa, dibujo, figura o sonido que tiene un carácter convencional: *signos de puntuación.* || *Mat.* Señal que se usa en los cálculos para indicar las diversas operaciones: *el signo +.* || Indicio, señal: *hay signos de tormenta.* || *Fig.* Tendencia: *un movimiento de signo derechista.* || Cada una de las doce divisiones del Zodíaco. || En lingüística, unidad que consta de forma de contenido (significado) y forma de expresión (significante).
siguatepeque adj. y s. de Siguatepeque (Honduras).
siguiente adj. Que sigue.
sij adj. Dícese de una secta religiosa monoteísta existente en la India. || Seguidor de esta doctrina (ú. t. c. s.).
sikh adj. y s. Sij.
sílaba f. Sonido articulado que se emite de una sola vez.
silampa f. *Amér. C.* Llovizna.
silba f. Pita, acción de silbar.
silbar v. i. Producir el aire un sonido agudo al pasar por un espacio estrecho: *las ventanas silbaban con el viento.* || Producir este sonido una persona con la boca o un silbato. || Agitar el aire produciendo un ruido parecido al silbido: *las balas silbaban.* || Pitar: *la locomotora silba antes de arrancar.* || Tararear una canción por medio de silbidos: *yo silbo al afeitarme* (ú. t. c. t.). || *Fig.* Manifestar su desaprobación con silbidos. Ú. t. c. t.: *silbar a un actor.*

silbato m. Instrumento que produce un silbido o silba cuando se sopla en él.

silbido o **silbo** m. Sonido agudo que hace el aire al pasar por un sitio estrecho. || Acción de silbar. || Ruido hecho al silbar.

silenciador m. Dispositivo para amortiguar el ruido.

silenciar v. t. Callar.

silencio m. Abstención de hablar: *permanecer en silencio.* || Ausencia de ruido: *el silencio de la noche.*

silencioso, sa adj. Que calla o habla muy poco. || Que no hace ruido. || Donde no se oye ruido.

sílex m. Pedernal, sílice.

silfide f. Ninfa.

silicato m. Sal compuesta de ácido silícico y una base.

sílice f. Óxido de silicio.

silicio m. Metaloide (Si), análogo al carbono, que se extrae de la sílice, de número atómico 14.

silla f. Asiento individual con respaldo y por lo general cuatro patas: *silla de rejilla.* || Aparejo para montar a caballo: *silla inglesa.* || Sede de un prelado: *la silla de Toledo.* || Dignidad de papa y otras eclesiásticas: *la silla pontificia.* || – *Silla de tijera,* la que es plegable y tiene patas cruzadas en forma de aspa. || *Silla eléctrica,* asiento donde se ejecuta a los condenados a muerte por medio de la electrocución.

sillar m. Piedra grande labrada usada en construcción.

sillería f. Conjunto de asientos de una misma clase.

sillín m. Asiento de bicicleta o moto.

sillón m. Silla de brazos mayor y más cómoda que la ordinaria.

silo m. Lugar y edificio donde se guarda el trigo u otros granos.

silogismo m. Argumento de lógica que consta de tres proposiciones, la última de las cuales *(conclusión)* se deduce de las otras dos *(premisas).*

silueta f. Dibujo sacado siguiendo los contornos de la sombra de un objeto. || Figura, líneas generales del cuerpo: *silueta esbelta.* || Imagen de un objeto cuyo contorno se dibuja claramente sobre el fondo: *la silueta de la iglesia se dibujaba en el horizonte.*

silúrico, ca o **siluriano, na** adj. y s. m. Aplícase a un terreno sedimentario antiguo comprendido entre el cambriano y el devónico.

silvestre adj. Que se cría o crece sin cultivo en selvas o campos.

silvicultura f. Ciencia que estudia el cultivo de los bosques.

sima f. Abismo, cavidad muy profunda en la tierra. || Zona intermedia de la corteza terrestre entre el *nife* y el *sial.*

simbiosis f. Asociación entre personas u organismos de la que se deriva mutuo beneficio.

simbólico, ca adj. Que sólo tiene apariencia y no realidad.

simbolismo m. Sistema de símbolos con que se representa algo. || Movimiento poético, literario y artístico, nacido en Francia a fines del siglo XIX, que fue una reacción contra el naturalismo.

simbolización f. Representación de una idea por un símbolo.

simbolizar v. t. Representar una idea por medio de un símbolo.

símbolo m. Cosa que se toma convencionalmente como representación de un concepto: *el laurel es el símbolo de la victoria.* || *Quím.* Letra o letras adoptadas para designar los cuerpos simples. || Cualquier signo convencional utilizado para indicar una abreviatura. || Cualquier signo que representa una magnitud, un número, una operación matemática.

simetría f. Correspondencia de posición, forma y medida con relación a un eje entre los elementos de un conjunto: *simetría de un edificio.*

simétrico, ca adj. Con simetría.

simiente f. *Bot.* Semilla.

símil m. Comparación.

similar adj. Semejante.

similitud f. Semejanza.

similitudinario, ria adj. Que posee similitud con otra cosa.

simio m. Mono.

simonía f. Comercio con las cosas espirituales.

simpatía f. Inclinación natural por la cual dos personas se sienten mutuamente atraídas: *le tengo simpatía.* || Amabilidad, manera de ser de una persona grata y atractiva para los demás: *joven de mucha simpatía.*

simpático, ca adj. Que inspira simpatía (ú. t. c. s.): *persona simpática.* || Animado por la simpatía, agradable: *reunión simpática.* || *Gran simpático,* parte del sistema nervioso que regula la vida vegetativa.

simpaticón, ona adj. Que es simpático.

simpatizador, ra adj. Que simpatiza.

simpatizante adj. y s. Dícese de la persona que tiene simpatías.

simpatizar v. i. Sentir simpatía.

simple adj. Que no está compuesto de varias partes: *un cuerpo simple.* || Sencillo, único, sin duplicar: *una simple capa de yeso.* || Fácil, que no presenta dificultad: *un trabajo simple.* || Que basta por sí solo: *le calló con una simple palabra.* || Sin adornos superfluos: *estilo simple.* || Que rehúye la afectación: *carácter simple.* || – Adj. y s. Aplícase a la persona falta de inteligencia o astucia: *este hombre es un simple.* || Tonto, necio: *simple de espíritu.* || – M. Partido de tenis entre dos adversarios.

simpleza f. Tontería, necedad.

simplicidad f. Sencillez.

simplificación f. Acción y efecto de simplificar.

simplificar v. t. Hacer más sencilla una cosa.

simplismo m. Condición de simplista.

simplista adj. Aplícase al razonamiento, acto o teoría carente de base lógica y que pretende resolver fácilmente lo que de suyo es complicado. || Dícese de la persona que generalmente tiende a ver soluciones fáciles en todo (ú. t. c. s.).

simplón, ona y **simplote, ta** adj. y s. *Fam.* Muy simple, ingenuo.

simposio o **simposium** m. Conjunto de trabajos o estudios sobre determinada materia realizados por distintas personas. || Reunión de especialistas diversos para estudiar a fondo algún asunto.

simulación f. Acción de simular o fingir.

simulacro m. Acción con que se aparenta algo.

simulador, ra adj. y s. Aplícase al que o a lo que simula algo. || – M. Dispositivo que reproduce el funcionamiento de un aparato con objeto de estudiar o de aprender a utilizar este último.

simular v. t. Dar la apariencia de algo que no es.

simultanear v. t. Realizar al mismo tiempo dos o más cosas.

simultaneidad f. Existencia simultánea de varias cosas.

simultáneo adj. Que se hace u ocurre al mismo tiempo. ‖ — F. pl. Enfrentamiento de un jugador de ajedrez contra varios tableros.

simún m. Viento abrasador en el desierto del Sáhara.

sin prep. Denota carencia o falta: *estaba sin un céntimo*. ‖ *Sin embargo*, no obstante.

sinagoga f. Lugar donde se reúnen los judíos para el culto. ‖ Reunión religiosa de los judíos.

sinalefa f. Enlace de la última sílaba de un vocablo y de la primera del siguiente cuando aquél acaba y éste empieza por vocal.

sinaloense adj. y s. De Sinaloa (México).

sinapismo m. Cataplasma.

sinarquía f. Gobierno de un grupo de personas.

sinarquismo m. Movimiento de carácter derechista de México, creado en León en 1937, contrario a la política llevada a cabo por Lázaro Cárdenas y disuelto en 1950.

sinarquista adj. Relativo al sinarquismo. ‖ Partidario de él (ú. t. c. s.).

sinceano, na adj. y s. De Sincé (Colombia).

sincelejano, na adj. y s. De Sincelejo (Colombia).

sincerarse v. pr. Hablar sinceramente.

sinceridad f. Calidad de sincero.

sincero, ra adj. Dícese de quien habla o actúa sin doblez o disimulo.

síncopa f. Supresión de un sonido o de una sílaba en el interior de una palabra: *hidalgo es la síncopa de hijodalgo*.

sincopado, da adj. *Mús*. Aplícase a la nota que se halla entre otras que juntas tienen el mismo valor que ella. ‖ Dícese del ritmo o canto que tiene esta clase de notas.

sincopar v. t. Suprimir un fonema en el interior de una frase. ‖ *Mús*. Unir por medio de una síncopa. ‖ *Fig*. Abreviar.

síncope m. Síncopa de una palabra. ‖ *Med*. Suspensión momentánea o disminución de los latidos del corazón, por falta de presión sanguínea, que causa la pérdida del conocimiento y de la respiración.

sincrociclotrón m. Aparato acelerador de partículas electrizadas análogo al ciclotrón pero que permite alcanzar energías mayores.

sincronía f. Coincidencia de época de varios acontecimientos.

sincrónico, ca adj. Que sucede al mismo tiempo.

sincronismo m. Circunstancia de ocurrir varias cosas al mismo tiempo.

sincronización f. Acción de sincronizar. ‖ Concordancia entre las imágenes y el sonido de una película cinematográfica.

sincronizar v. t. Hacer que coincidan en el tiempo varios movimientos o fenómenos. ‖ *Cin*. Hacer coincidir la imagen con el sonido.

sincrotrón m. Acelerador de partículas electrizadas parecido a la vez al ciclotrón y al betatrón.

sindicación f. Adhesión a un sindicato.

sindicado, da adj. Que pertenece a un sindicato.

sindical adj. Relativo al síndico o al sindicato.

sindicalismo m. Sistema de organización laboral por medio de sindicatos. ‖ Doctrina que considera los sindicatos como el centro de la vida orgánica de una nación.

sindicalista adj. Propio del sindicalismo. ‖ Partidario del sindicalismo o miembro de un sindicato: *militante sindicalista* (ú. t. c. s.).

sindicalización f. Acción de sindicarse.

sindicalizar v. t. Sindicar.

sindicar v. t. Organizar en sindicato a las personas de una misma profesión. ‖ — V. pr. Afiliarse a un sindicato.

sindicato m. Agrupación formada para la defensa de intereses profesionales comunes: *sindicato obrero*.

sindicatura f. Dignidad, cargo u oficio de síndico. ‖ Oficina o despacho del síndico.

síndico m. Persona que representa y defiende los intereses de una comunidad. ‖ Liquidador de una quiebra.

síndrome m. Conjunto de síntomas de una enfermedad. ‖ *Fig*. Síntoma, señal. ‖ *Síndrome de inmunodeficiencia adquirida*. V. SIDA.

sinecura f. Ganga.

sine die loc. lat. Sin fijar fecha.

sine qua non loc. lat. Indispensable: *una condición sine qua non*.

sinfín m. Infinidad.

sinfonía f. *Mús*. Conjunto de voces, instrumentos, o ambas cosas, que suenan a la vez. ‖ Sonata para orquesta caracterizada por la multiplicidad de músicos y la variedad de timbres de los instrumentos. ‖ *Fig*. Acorde de varias cosas que producen una sensación agradable: *una sinfonía de luces y colores*.

sinfónico, ca adj. De la sinfonía.

singladura f. Distancia recorrida por una nave en veinticuatro horas. ‖ *Fig*. Rumbo. ‖ Camino, senda.

single m. (pal. ingl.). Partida simple de tenis entre dos adversarios, individual. ‖ Compartimiento individual en un coche cama.

singular adj. Único, solo, sin par. ‖ *Fig*. Fuera de lo común, excepcional, raro: *hecho singular*. ‖ *Gram*. Aplícase al número de una palabra que se atribuye a una sola persona o cosa o a un conjunto de personas o cosas (ú. t. c. s. m.).

singularidad f. Condición de singular. ‖ Particularidad.

singularizar v. t. Particularizar una cosa entre otras (ú. t. c. pr.).

sinhueso f. *Fam*. Lengua.

siniestrado, da adj. y s. Víctima de un siniestro.

siniestro, tra adj. Izquierdo: *lado siniestro*. ‖ *Fig*. Avieso, mal intencionado: *hombre siniestro*. ‖ Infeliz, funesto: *año siniestro*. ‖ — M. Daño o pérdida que sufren las personas o cosas y que hace entrar en acción la garantía del asegurador. ‖ — F. La mano izquierda.

sinnúmero m. Gran número.

sino m. Destino, hado, suerte.

sino conj. Sirve para contraponer a un concepto afirmativo otro negativo: *no lo hizo Fernando, sino Ramón*. ‖ Salvo, excepto: *nadie le conoce sino Pedro*.

sínodo m. Reunión de eclesiásticos para estudiar los asuntos de una diócesis o de la Iglesia.

425

sinonimia f. Circunstancia de ser sinónimos dos o más vocablos.

sinónimo, ma adj. Aplícase a los vocablos que tienen una significación idéntica o muy parecida (ú. t. c. s. m.).

sinopsis f. Compendio.

sinóptico, ca adj. Dícese de lo que permite apreciar a primera vista las diversas partes de un todo: *tabla sinóptica.*

sinovia f. Humor viscoso que lubrica las articulaciones óseas.

sinovial adj. De la sinovia.

sinovitis f. Inflamación de la membrana sinovial de una articulación.

sinrazón f. Falta de razón.

sinsabor m. Pesar, disgusto.

sinsonte m. Pájaro americano parecido al mirlo.

sintagma m. Unión de dos o más unidades lingüísticas consecutivas.

sintaxis f. Parte de la gramática que estudia la coordinación de las palabras en las oraciones.

síntesis f. Exposición que reúne los distintos elementos de un conjunto: *hacer la síntesis de unas discusiones.* || Composición de un cuerpo o de un conjunto a partir de sus elementos separados.

sintético, ca adj. Relativo a la síntesis: *emplear un método sintético.* || Que resume, que sintetiza. || Aplícase a los productos obtenidos por procedimientos industriales, generalmente una síntesis química, que reproducen la composición y propiedades de algunos cuerpos naturales: *caucho, tela, alimentos sintéticos.*

sintetizar v. t. Preparar por síntesis. || Resumir, compendiar.

sintoísmo m. Religión del Japón.

síntoma m. Fenómeno revelador de una enfermedad. || *Fig.* Indicio.

sintomático, ca adj. Revelador.

sintonía f. Vibración de dos circuitos eléctricos al tener la misma frecuencia. || Adaptación de un aparato receptor de radio o televisión a la longitud de onda de la emisora. || Música característica que anuncia el comienzo de una emisión radiofónica o televisada.

sintonización f. Pulsación de los mandos adecuados para poner un receptor en sintonía.

sintonizar v. t. Hacer vibrar dos circuitos eléctricos por tener la misma frecuencia. || Poner el receptor de radio o de televisión en sintonía con la estación emisora.

sinuosidad f. Calidad de sinuoso.

sinuoso, sa adj. Que tiene recodos: *camino sinuoso.* || *Fig.* Poco claro.

sinusitis f. Inflamación de la mucosa de los senos del cráneo.

sinusoide f. Curva plana que representa las variaciones del seno cuando varía el arco.

sinvergonzada, sinvergonzonada y **sinvergonzonería** f. Falta de vergüenza.

sinvergüenza adj. y s. *Fam.* Pillo, granuja. | Desvergonzado, descarado.

sionismo m. Movimiento que propugnaba el establecimiento de un Estado judío autónomo en Palestina, fin logrado al crearse el Estado de Israel en 1948.

sionista adj. Relativo al sionismo. || Adepto a este movimiento (ú. t. c. s.).

sique y **siqui** f. Psique.

siquiatra o **siquiatra** m. Psiquiatra.

siquiatría f. Psiquiatría.

siquiátrico, ca adj. Psiquiátrico.

síquico, ca adj. Psíquico.

siquier conj. Siquiera.

siquiera (conj. Equivale a *bien que, aunque.* || — Adv. Por lo menos: *déjame siquiera un poco.* || *Ni siquiera, ni: ni siquiera se dignaron hablarme.*

sirena f. *Mit.* Ser fabuloso con busto de mujer y cuerpo de pez que atraía a los navegantes con su canto melodioso. || *Fig.* Mujer seductora. || Señal acústica que emite un sonido intenso y se utiliza para avisar la entrada y salida en las fábricas, para anunciar una alarma aérea, para que puedan abrirse paso los coches de bomberos y ambulancias, etc.

sirga f. *Mar.* Cable o maroma para halar barcos, redes, etc.

sirimiri m. Llovizna.

siringa f. Árbol de caucho. || Zampoña.

sirio, ria adj. y s. De Siria.

siroco m. Viento caluroso.

sirvienta f. Criada.

sirviente adj. Que sirve a otra persona (ú. t. c. s.). || — M. Servidor, criado.

sisa f. Robo en la compra diaria o en otras cosas menudas. || Sesgadura hecha en algunas prendas de vestir para que ajusten bien al cuerpo.

sisal m. Variedad de agave de México, con cuyas fibras se hacen cuerdas, sacos, etc. || Esta fibra.

sisar v. t. Hurtar. || Hacer sisas en las prendas de vestir.

sisear v. t. e i. Pronunciar repetidamente el sonido inarticulado de s y ch para mostrar desagrado o para llamar la atención: *sisearon al actor.*

siseo m. Acción de sisear.

sísmico, ca adj. Del seísmo.

sismo m. Seísmo, terremoto.

sismógrafo m. Aparato para registrar los movimientos sísmicos.

sisón m. Ave zancuda.

sistema m. Conjunto de principios coordinados para formar un todo científico o un cuerpo de doctrina: *sistema filosófico.* || Combinación de varias partes reunidas para conseguir cierto resultado o formar un conjunto: *sistema nervioso, solar.* || Combinación de procedimientos destinados a producir cierto resultado: *sistema de educación, de defensa.* || Manera de estar dispuesto un mecanismo: *un sistema de alumbrado.* || Modo de gobierno, de administración o de organización social: *sistema monárquico.* || Manera ordenada de hacer las cosas: *hacer un trabajo con sistema.* || Conjunto de unidades fijadas para poder expresar las medidas principales de modo racional: *sistema decimal.* || *Sistema periódico de los elementos,* tabla de clasificación de los elementos químicos según el número atómico.

sistemático, ca adj. Relativo a un sistema o hecho según un sistema. || — F. Ciencia de la clasificación.

sistematización f. Acción y efecto de sistematizar.

sistematizar v. t. Organizar con sistema.

sístole f. Período de contracción del músculo cardiaco que provoca la circulación de la sangre.

sitial m. Asiento.

sitiar v. t. Cercar un lugar para apoderarse de él. || *Fig.* Acorralar.

sit-in m. (pal. ingl.). Sentada.

sitio m. Lugar, espacio que ocupa una persona o cosa. || Casa campestre: *el real sitio de la Granja.* || *Méx.* Lugar de estacionamiento de taxis. || Acción y efecto de sitiar un lugar: *el sitio de Buenos Aires por los ingleses.* || *Arg.* y *Chil.* Solar. || *Col.* Poblado.

sito, ta adj. Situado.

situación f. Posición: *la situación de una casa.* || Condición: *una situación próspera.* || Estado de los asuntos políticos, diplomáticos, económicos, etc.: *la situación política internacional.* || Estado característico de los personajes de una obra de ficción: *situación dramática.*

situado, da adj. Colocado. || Que tiene una buena situación económica o social.

situar v. t. Poner, colocar (ú. t. c. pr.). || — V. pr. Abrirse camino en la vida: *luchar duramente hasta situarse.*

siútico, ca adj. *Chil. Cursi.*

siutiquería y **siutiquez** f. *Chil.* Cursilería.

siux adj. y s. Dícese de los individuos de una tribu india en el Estado de Iowa (Estados Unidos).

sketch m. (pal. ingl.). Obra corta de teatro o cine.

S.L., abrev. de *sociedad de responsabilidad limitada.* (Se emplea también la abreviatura Ltd.)

slalom m. (pal. noruega). Descenso en esquíes por un camino sinuoso. || Prueba de habilidad que hacen los esquiadores sobre un recorrido en pendiente jalonado de banderas que hay que franquear en zigzag.

slang m. (pal. ingl.). Germanía.

slip m. (pal. ingl.). Prenda interior masculina usada en lugar de calzoncillos, de los que se diferencia por ser más pequeño.

slogan m. (pal. ingl.). Fórmula breve y elocuente usada en publicidad o en propaganda política.

smash m. Mate, en tenis.

smoking m. Traje de ceremonia con solapas de raso utilizado por los hombres.

Sn, símbolo químico del *estaño.*

snack-bar m. Cafetería.

snob adj. y s. Que da pruebas de snobismo.

snobismo m. Admiración infundada por todas las cosas que están de moda, especialmente por las que vienen del extranjero.

so m. *Fam.* Palabra usada solamente seguida de adjetivos despectivos para reforzar su sentido: so tonto, so bruto.

so prep. Bajo. Ú. en las frases *so capa de, so pena de,* etc.

¡so!, interj. empleada para que se detengan las caballerías.

SO., abreviatura de *suroeste* o *sudoeste.*

soasar v. t. Asar ligeramente.

soba f. Manoseo. || Paliza.

sobaco m. Concavidad en el arranque del brazo con el cuerpo.

sobado, da adj. Rozado, gastado. || *Fig.* Manido, trillado.

sobadura f. Soba.

sobajar v. t. *Amer.* Humillar.

sobajear v. t. *Amer.* Manosear.

sobaquera f. Abertura del vestido en el sobaco. || Pieza de refuerzo que se pone al vestido en el sobaco. || Pieza con que se protegen los vestidos del sudor en la parte del sobaco.

sobar v. t. Manosear una cosa o persona repetidamente. || Manejar algo para amasarlo o ablandarlo: *sobar pieles.* || *Fig.* Dar una paliza.

sobeo m. Soba.

soberanía f. Calidad de soberano, de autoridad suprema. || Territorio de un príncipe soberano o de un país. || Poder supremo del Estado. || Poder político de una nación o de un organismo que no está sometido al control de otro Estado u organismo.

soberano, na adj. Que ejerce o posee la autoridad suprema: *príncipe soberano* (ú. t. c. s.). || *Fig.* Extremo, muy grande: *una soberana lección.* | Excelente, no superado: *una superioridad soberana.* || — M. y f. Rey, reina, monarca.

soberbia f. Orgullo y amor propio desmedidos.

soberbio, bia adj. Orgulloso, arrogante. || Magnífico.

sobo m. Soba.

sobornar v. t. Corromper.

soborno m. Corrupción de alguien por medio de dádivas. || Dádiva con que se soborna.

sobra f. Resto. || *De sobra,* más que lo necesario; perfectamente.

sobrado, da adj. Demasiado, suficiente, bastante, que sobra. || — M. Desván. || *Arg.* Vasar. || — Adv. De sobra.

sobrante adj. Que sobra. || — M. Resto, restante, exceso.

sobrar v. i. Estar una cosa de más.

sobrasada f. Embutido de carne de cerdo picada y sazonada.

sobre m. Cubierta de papel que encierra una carta. || Bolsa de papel, de materia plástica o de papel de estaño, que contiene una materia en polvo: *un sobre de sopa.*

sobre prep. Encima: *sobre la mesa.* || Acerca de: *discutir sobre política.* || Aproximadamente: *tendrá sobre 25 hectáreas.* || Además de, por encima de: *pagó un 20% sobre lo estipulado.* || Prefijo unido a otra palabra y utilizada para aumentar la significación de esta: *sobresaliente, sobrepaga, sobrehumano, sobrecargar.* || Se emplea también para indicar una idea de repetición, de abundancia: *en aquella época había crímenes sobre crímenes.* || Por encima de: *cinco grados sobre cero.* || — *Ir sobre seguro,* no arriesgar. || *Sobre todo,* principalmente.

sobreabundancia f. Abundancia excesiva.

sobreabundante adj. Excesivo.

sobreabundar v. i. Abundar mucho.

sobrealimentación f. Método terapéutico consistente en aumentar anormalmente la cantidad de alimento que se da a un enfermo.

sobrealimentar v. t. Dar a alguien una ración alimenticia superior a la normal (ú. t. c. pr.).

sobreasada f. Sobrasada.

sobrecarga f. Carga excesiva.

sobrecargo m. Oficial de a bordo que defiende los intereses de la compañía naviera o de aviación en lo que concierne al cargamento. || Tripulante de avión que supervisa diversas funciones auxiliares.

sobrecogedor, ra adj. Que sobrecoge.

sobrecoger v. t. Coger desprevenido. || Asustar (ú. t. c. pr.).

sobrecongelación f. Congelación muy rápida efectuada a una temperatura muy baja.

sobrecubierta f. Segunda cubierta de una cosa. || Cubierta de papel que protege un libro. || *Mar.* Cubierta que está encima de la principal.

sobredosis f. Dosis excesiva.

sobreentender v. t. Sobrentender (ú. t. c. pr.).

sobreentendido, da adj. Que se sobreentiende, implícito.

sobreentrenar v. t. Entrenar con exceso a un deportista (ú. t. c. i. y pr.).

sobreexceder v. t. Sobrexceder.

sobreexcitación f. Sobrexcitación.

sobreexcitar v. t. Sobrexcitar.

sobrehilar v. t. Dar puntadas en la orilla de una tela cortada para que no se deshilache.

sobrehumano, na adj. Que es superior a lo humano.

sobrellevar v. t. Soportar.

sobremanera adv. Mucho.

sobremesa f. Tapete que se pone sobre la mesa. || Tiempo que los comensales siguen reunidos después de haber comido.

sobrenadar v. i. Flotar.

sobrenatural adj. Dícese de lo que no sucede según las leyes de la naturaleza. || Relativo a la religión: *vida sobrenatural.*

sobrenombre m. Nombre añadido al apellido.

sobrentender v. t. Entender una cosa que no está expresa, pero que se deduce (ú. t. c. pr.).

sobrepaga f. Suplemento a la paga.

sobrepasar v. t. e i. Exceder, superar. || Adelantar.

sobrepelliz f. Vestidura blanca que se pone el sacerdote sobre la sotana.

sobrepeso m. Sobrecarga.

sobreponer v. t. Poner una cosa encima de otra. || *Fig.* Anteponer.

sobreproducción f. Exceso de producción, superproducción.

sobresaliente adj. Que sobresale. || — M. Calificación máxima en los exámenes: *obtener un sobresaliente.* || — M. y f. *Fig.* Persona destinada a suplir la falta de otra, como un comediante, un torero.

sobresalir v. i. Exceder una persona o cosa a otras en figura, tamaño, etc. || Ser más saliente, resaltar: *la cornisa sobresalía medio metro.* || *Fig.* Destacarse o distinguirse por algo.

sobresaltar v. t. Asustar (ú. t. c. pr.).

sobresalto m. Sensación que proviene de un acontecimiento repentino: *tener un sobresalto.* || Temor.

sobresaturar v. t. Producir la sobresaturación (ú. t. c. pr.).

sobresdrújulo, la adj. y s. Aplícase a las voces que llevan un acento en la sílaba anterior a la antepenúltima: HABIÉNdoseme.

sobreseer v. t. *For.* Suspender un procedimiento.

sobreseimiento m. Interrupción, suspensión, cesación.

sobrestimación f. Estimación por encima del valor real.

sobrestimar v. t. Estimar mucho más que su valor.

sobresueldo m. Dinero que se paga además del sueldo fijo.

sobretodo m. Especie de gabán.

sobrevenir v. i. Suceder.

sobrevivencia f. Supervivencia.

sobreviviente adj. y s. Superviviente.

sobrevivir v. i. Vivir uno más que otro o después de un determinado suceso o plazo.

sobrevolar v. t. Volar por encima de: *sobrevolar el territorio.*

sobrexceder v. t. Exceder.

sobrexcitación f. Excitación excesiva.

sobrexcitar v. t. Excitar más de lo normal (ú. t. c. pr.).

sobriedad f. Moderación.

sobrino, na m. y f. Hijo o hija del hermano o hermana (sobrinos carnales) o del primo o la prima (sobrinos segundos).

sobrio, bria adj. Moderado.

socaire m. *Al socaire de,* al abrigo de.

socaliña f. Ardid para sacar a uno lo que no está obligado a dar.

socapa f. *Fam.* Pretexto.

socarrar v. t. Chamuscar, tostar superficialmente (ú. t. c. pr.).

socarrón, ona adj. y s. Burlón.

socarronería f. Malicia, burla.

socavar v. t. Excavar, cavar. || Hacer un hueco por debajo de un terreno o dejándole en falso: *el agua socavó los cimientos.* || *Fig.* Minar, debilitar: *socavar la moral.*

socavón m. Hundimiento del suelo.

sociabilidad f. Condición de sociable.

sociable adj. Que gusta y busca la compañía de sus semejantes.

social adj. Relativo a la sociedad o a una compañía mercantil.

socialdemocracia f. Partido o doctrina de tendencia socialista moderada.

socialdemócrata adj. Relativo a la socialdemocracia. || Partidario de ella (ú. t. c. s.).

socialismo m. Doctrina socioeconómica y política que preconiza una distribución más equitativa de la riqueza basada en el principio de la colectivización de los medios de producción y de intercambio, que llevaría a la desaparición de las clases sociales.

socialista adj. Relativo al socialismo. || Perteneciente al socialismo (ú. t. c. s.).

socialización f. Colectivación de los medios de producción y de intercambio, de las fuentes de riqueza, etc.

socializante adj. De carácter socialista.

socializar v. t. Poner al servicio del conjunto de la sociedad determinados medios de producción o de intercambio, desposeyendo a los propietarios mediante adquisición o expropiación por parte del Estado.

sociedad f. Reunión de hombres o de animales sometidos a leyes comunes: *las sociedades primitivas.* || Medio humano en el que está integrada una persona: *deberes para con la sociedad.* || Asociación de personas sometidas a un reglamento común, o dirigidas por convenciones tendentes a una actividad común en defensa de sus intereses: *sociedad literaria, deportiva.* || Reunión de personas formada por el conjunto de los seres humanos con quienes se convive: *huir de la sociedad por misantropía.* || Conjunto de personas más distinguidas, afortunadas y de alta categoría social: *pertenecer a la alta sociedad.* || Contrato por el que dos o más personas ponen en común ya sea capitales ya sea capacidades industriales con objeto de alcanzar unos beneficios que se repartirán más tarde entre ellas. || Persona moral o entidad creada por este contrato. || — *Sociedad anónima,* la constituida por acciones tranferibles y en la que la responsabilidad económica se limita al valor de dichas acciones (abreviatura S. A.). || *Sociedad comanditaria* o *en comandita,* forma intermedia entre la anónima y la colectiva en que hay dos clases de socios, unos que poseen los mismos derechos y obligaciones que los de una sociedad colectiva y otros, denominados comanditarios, que tienen limitados los beneficios y la responsabilidad. || *Sociedad conyugal,* la constituida por el marido y la esposa. || *Sociedad de responsabilidad limitada,* sociedad comanditaria. || *Sociedad regular, colectiva,* aquella en que los socios tienen proporcionalmente los mismos derechos y obligaciones, con responsabilidad indefinida.

socio, cia m. y f. Miembro de una sociedad, de un club. || *Fam.* Individuo, persona: *¡vaya un socio!*

sociología f. Ciencia que trata de la constitución y desarrollo de las sociedades humanas.

sociólogo, ga m. y f. Especialista en sociología.

socollón m. *Amer.* Sacudida violenta.

socolor m. Pretexto.

socorrano, na adj. y s. De Socorro (Colombia).

socorrer v. t. Ayudar.

socorrido, da adj. Dispuesto a socorrer al prójimo. || Práctico.

socorrismo m. Método para prestar los primeros auxilios en caso de accidente: *curso de socorrismo.*

socorrista m. y f. Miembro de una sociedad de socorrismo.

socorro m. Ayuda, auxilio, asistencia. || — *Casa de socorro,* clínica de urgencia donde se prestan los primeros cuidados. || *¡Socorro!, ¡auxilio!*

suda f. *Quím.* Sosa. || Bebida de agua gaseosa.

sódico, ca adj. De sodio.

sodio m. Metal alcalino (Na) abundante en la naturaleza, de número atómico 11.

sodomía f. Relación sexual entre varones, pederastia.

sodomita adj. y s. Dícese del que comete sodomía, pederasta.

soez adj. Indecente, grosero.

sofá m. Asiento con respaldo y brazos para dos o más personas.

sofión m. Bufido de enojo.

sofisma m. Razonamiento falso.

sofista adj. y s. Que utiliza sofismas. || — M. En la Grecia antigua, filósofo de cierta escuela.

sofistería f. Razonamiento sofístico.

sofística f. Movimiento filosófico de la escuela de los sofistas existente en Atenas en la segunda mitad del siglo V a. de J.C.

sofisticación f. Afectación excesiva, falta de naturalidad. || Complicación y perfección técnica.

sofisticado, da adj. Desprovisto de naturalidad, artificioso, amanerado: *una muchacha muy sofisticada.* || Dícese del mecanismo o aparato de muy complicada técnica: *avión de caza muy sofisticado.*

sofisticar v. t. Adulterar, falsificar con sofismas. || Quitar naturalidad a una persona a base de artificio. || Perfeccionar técnicamente un sistema, un aparato.

sofocación f. Sentimiento ansioso de opresión que molesta la respiración. || *Fig.* Enojo grande.

sofocante adj. Que sofoca.

sofocar v. t. Ahogar, impedir la respiración: *un calor que sofoca* (ú. t. c. pr.). || Apagar, dominar, extinguir: *sofocar un incendio.* || *Fig.* Avergonzar, abochornar: *les sofocó con sus groserías* (ú. t. c. pr.). | Acosar, importunar demasiado a uno. | Dominar, reducir: *sofocar una rebelión.* || — V. pr. Irritarse: *se sofoca fácilmente.*

sofoco m. Sofocación. || Sensación de ahogo. || Sensación de calor y de molestia que suelen sentir algunas mujeres en la época del embarazo o de la menopausia. || *Fig.* Vergüenza.

sofocón m. o **sofoquina** f. *Fam.* Disgusto grande.

sofreír v. t. Freír ligeramente.

sofrito m. Manjar sofrito.

software m. Logicial.

soga f. Cuerda gruesa.

soirée [*suaré*] f. (pal. fr.). Velada.

soja f. Planta de cuyo fruto se extrae un aceite comestible.

sojuzgador, ra adj. Que sojuzga (ú. t. c. s.).

sojuzgar v. t. Avasallar.

sol m. Astro central, luminoso, del sistema planetario en que vivimos y alrededor del cual giran los planetas. || Astro considerado como el centro de un sistema planetario. || Imagen simbólica del Sol. || Luz, calor del Sol. || Día. || Unidad monetaria del Perú, sustituida en 1986 por el *inti.* || *Fig.* Encanto: *¡qué sol de niño!* | Persona a quien se quiere mucho: *ella es el sol de mi vida.* || Parte de las plazas de toros en que da el sol y donde están las localidades más baratas. || Dispersión coloidal de partículas en un gas o en un líquido.

sol m. Quinta nota de la escala musical. || Signo que la representa.

solado m. Solería.

solador m. Persona que enlosa.

solamente adv. m. Únicamente.

solana f. Lugar en el que da el sol. || Galería para tomar el sol.

solanáceo, a adj. y s. f. Dícese de las plantas con flores acampanadas y fruto en baya, como la tomatera, la patata, la berenjena, el pimiento y el tabaco. || — F. pl. Familia que forman.

solapa f. Parte de la chaqueta o abrigo, junto al cuello, que se dobla hacia fuera. || Parte del sobre de carta que sirve para cerrarla. || Prolongación lateral de la sobrecubierta de un libro que se dobla hacia dentro. || Carterilla de un bolsillo. || *Fig.* Disimulo.

solapado, da adj. Hipócrita.

solar adj. Relativo al Sol: *día, sistema solar.* || Dícese del centro neurovegetativo situado en el abdomen, entre el estómago y la columna vertebral: *plexo solar.* || — M. Terreno donde se edifica. || Suelo: *el solar patrio.*

solar v. t. Revestir el suelo con entarimado, ladrillos, losas, etc.: *solar la cocina con mosaicos.*

solarium o **solario** m. Lugar habilitado para tomar el sol.

solaz m. Recreo, esparcimiento.

solazar v. t. Dar solaz (ú. t. c. pr.).

soldadesco, ca adj. De los soldados. || — F. Profesión de soldado. || Conjunto de soldados.

soldadito m. Juguete de plomo que representa un soldado.

soldado m. Persona que sirve en el ejército. || Militar sin graduación.

soldador, ra m. y f. Obrero que suelda. || — M. Instrumento para soldar.

soldadura f. Modo de unión permanente de dos piezas metálicas o de determinados productos sintéticos ejecutado por medios térmicos. || Aleación fusible a baja temperatura, a base de estaño, utilizada para realizar la unión de dos metales. || Juntura de dos piezas soldadas.

soldar v. t. Unir por medio de una soldadura. || — V. pr. Unirse.

soleá f. Copla y danza populares andaluzas. (Pl. *soleares*.)

solear v. t. Poner al sol.

solecismo m. Vicio de dicción consistente en una falta de sintaxis o en el empleo incorrecto de una palabra o expresión.

soledad f. Vida solitaria; estado de una persona retirada del mundo o momentáneamente sola. || Lugar en que se vive alejado del trato de los hombres. || Sitio solitario, desierto. Ú. m. en pl.: *en las soledades de la Pampa*. || *Fig.* Estado de aislamiento: *soledad moral*. | Pesadumbre y nostalgia por la ausencia, pérdida o muerte de alguien o algo queridos.

solemne adj. Celebrado con pompa o ceremonia: *sesión solemne*. || Enfático, grave, majestuoso: *tono solemne*. || *Fig.* Enorme, descomunal.

solemnidad f. Carácter solemne.

solemnizar v. t. Celebrar de manera solemne. || Engrandecer.

soler v. i. Acostumbrar (seres vivos). || Ser frecuente (hechos o cosas).

solera f. Suelo del horno. || Reserva, madre del vino. || *Fig.* Tradición familiar: *un torero de solera*.

solería f. Material para solar. || Conjunto de baldosas del suelo.

solfa f. Solfeo. || *Fam.* Paliza.

solfeo m. Disciplina que constituye la base principal de la enseñanza de la música.

solicitación f. Ruego insistente. || Tentación. | *Solicitación de fondos*, petición de capitales.

solicitador, ra o **solicitante** adj. y s. Que solicita.

solicitar v. t. Pedir una cosa. || Requerir: *está muy solicitado*.

solícito, ta adj. Atento.

solicitud f. Diligencia o instancia ciudadosa. || Petición. || Escrito en que se solicita alguna cosa.

solidaridad f. Circunstancia de ser solidario de un compromiso. || Adhesión circunstancial a la causa de otros. || Responsabilidad mutua.

solidario, ria adj. Aplícase a las obligaciones contraídas por varias personas de modo que deban cumplirse enteramente por cada una de ellas: *compromiso solidario*. || Aplícase a la persona que ha adquirido este compromiso con relación a otra u otras. || Adherido a la causa, empresa u opinión de otro.

solidarizar v. t. Hacer solidario (ú. t. c. pr.).

solidez f. Calidad de sólido.

solidificación f. Paso del estado líquido o gaseoso al sólido.

solidificar v. t. Hacer pasar al estado sólido (ú. t. c. pr.).

sólido, da adj. Firme, denso: *cuerpos sólidos*. || Aplícase al cuerpo cuyas moléculas tienen entre sí mayor cohesión que la de los líquidos: *el fósforo es un cuerpo sólido* (ú. t. c. s. m.). || *Fig.* Asentado, establecido con razones fundamentales: *un argumento sólido*. | Fuerte, resistente: *muro sólido*. | Firme, estable: *terreno sólido*. | Inalterable, que no destiñe: *colores sólidos*. | Vasto, grande: *una sólida formación*. || — M. *Geom.* Espacio limitado por superficies.

soliloquio m. Monólogo.

solio m. Trono con dosel.

solípedo, da adj. Dícese de los mamíferos ungulados que tienen el pie con un solo dedo o pezuña, como el caballo (ú. t. c. s. m.). || — M. pl. Orden de estos animales.

solista adj. y s. *Mús.* Dícese de la persona que ejecuta un solo.

solitaria f. *Zool.* Tenia.

solitario, ria adj. Desamparado, desierto: *paraje solitario*. || Que vive solo o sin compañía (ú. t. c. s.). || — M. Diamante montado aisladamente. || Juego de naipes que sólo necesita un jugador.

soliviantar v. t. Excitar el ánimo.

sollo m. Esturión, pez.

sollozar v. i. Emitir sollozos.

sollozo m. Contracción del diafragma que se produce al llorar.

solo, la adj. Que no tiene compañía, aislado: *estoy solo en mi casa*. || Que no tiene quien le ampare o consuele: *solo en el mundo*. || Único en su especie: *un solo ejemplar*. || Que toca únicamente: *violín solo*. || — M. Paso de danza ejecutado sin pareja. || *Mús.* Composición para una sola voz o un solo instrumento: *un solo para violín*. || Café sin leche.

sólo adv. Solamente.

sololateco, ca adj. y s. De Sololá (Guatemala).

solomillo m. En los animales de consumo, carne que se extiende por entre las costillas y el lomo.

solsticio m. Época en que el Sol está en uno de los dos trópicos, es decir del 21 al 22 de junio para el trópico de Cáncer y del 21 al 22 de diciembre para el de Capricornio.

soltar v. t. Desatar: *soltar el cinturón* (ú. t. c. pr.). || Dejar en libertad: *soltar a un prisionero*. || Desasir lo que estaba sujeto: *soltar la espada*. || Desprender, echar. || Dar salida a lo que estaba detenido: *soltar la barca*. || Ablandar, laxar: *soltar el vientre*. || Iniciar, romper: *soltó la risa*. || Descifrar, resolver: *soltar una dificultad*. || *Fam.* Decir: *soltar un disparate*. | Asestar, propinar: *le solté una bofetada*. || — V. pr. Adquirir soltura en hacer algo: *el niño se está soltando en andar*. || Hablar con facilidad: *me he soltado en inglés*.

soltería f. Condición de soltero.

soltero, ra adj. Que no se ha casado (ú. t. c. s.).

solterón, ona adj. Soltero, generalmente de cierta edad (ú. t. c. s.).

soltura f. Acción de soltar o soltarse. || Agilidad, desenvoltura, prontitud: *moverse con soltura*. || *Fig.* Descaro, desvergüenza. || Facilidad y claridad de dicción: *soltura en el hablar*.

solubilidad f. Condición de soluble.

solubilizar v. t. Hacer soluble.

soluble adj. Que se puede disolver o resolver.

solución f. Operación por la que un cuerpo se disuelve en un líquido, disolución. ‖ Líquido que contiene un cuerpo disuelto. ‖ Modo de resolver una dificultad. ‖ Desenlace, conclusión. ‖ *Mat.* Valor de las incógnitas en una ecuación. ‖ Indicación de las operaciones que hay que efectuar sirviéndose de los datos de un problema para resolverlo. ‖ Conjunto de estas operaciones. ‖ *Solución de continuidad,* interrupción.

solucionar v. t. Resolver.

solvencia f. Pago de una deuda. ‖ Capacidad para pagar las deudas.

solventar v. t. Resolver.

solvente adj. Capaz de cumplir cualquier compromiso.

somanta f. *Fam.* Paliza.

somatén m. En Cataluña, milicia armada que se reunía al toque de rebato y que no pertenece al ejército regular.

somático, ca adj. Del cuerpo.

somatización f. Transformación de los estados mentales en síntomas orgánicos.

sombra f. Oscuridad, falta de luz: *las sombras de la noche.* ‖ Proyección oscura que produce un cuerpo al interceptar la luz: *la sombra de un ciprés.* ‖ Apariencia, espectro: *la sombra de los difuntos.* ‖ *Fig.* Oscuridad, falta de claridad intelectual: *las sombras de la ignorancia.* ‖ Protección, asilo: *cobijarse a la sombra de la Iglesia.* ‖ Imagen, apariencia, semejanza: *no es ya ni sombra de lo que fue.* ‖ Indicio, señal: *no hay ni sombra de duda.* ‖ *Taurom.* Localidad preferente en las plazas de toros protegida de los rayos solares. ‖ *Fig. Buena* o *mala sombra,* gracia o poca gracia; suerte o mala suerte.

sombreado m. Gradación del color en pintura.

sombrear v. t. Dar o producir sombra. ‖ Poner sombra.

sombrerería f. Fábrica o tienda de sombreros.

sombrerete m. Sombrero pequeño. ‖ Caperuza de hongos. ‖ Parte superior de una chimenea.

sombrero m. Prenda para cubrir la cabeza compuesta de copa y ala. ‖ Tejadillo que cubre el púlpito de la iglesia. ‖ *Bot.* Sombrerillo de los hongos. ‖ Parte superior de ciertas piezas mecánicas. ‖ — *Sombrero cordobés,* el ancho de ala y bajo de copa. ‖ *Sombrero de copa,* el de ala estrecha y copa alta casi cilíndrica usado en ceremonias solemnes. ‖ *Sombrero de jipijapa,* el hecho con paja.

sombrilla f. Quitasol.

sombrío, a adj. Algo oscuro.

somero, ra adj. Superficial.

someter v. t. Reducir a la obediencia, sojuzgar. ‖ Proponer la elección, hacer enjuiciar a: *someter un proyecto a alguien.* ‖ Hacer que alguien o algo reciba cierta acción: *someter a alguien a tratamiento médico.* ‖ — V. pr. Rendirse en un combate. ‖ Ceder, conformarse: *someterse a la decisión tomada.* ‖ Recibir alguien determinada acción: *someterse a una intervención quirúrgica.*

sometimiento m. Sumisión.

somier m. Bastidor metálico para sostener el colchón de la cama.

somnambulismo m. Sonambulismo.

somnámbulo, la adj. y s. Sonámbulo.

somnífero, ra adj. Que causa sueño. Ú. t. c. s. m.: *abusar de los somníferos.* ‖ *Fig.* Muy aburrido.

somnolencia f. Pesadez, torpeza de los sentidos producida por el sueño. ‖ *Fig.* Amodorramiento, torpeza, falta de actividad.

somnoliento, ta adj. Soñoliento.

somorguijo m. Ave palmípeda.

somoteño, ña adj. y s. De Somoto (Nicaragua).

son m. Sonido agradable: *el son del violín.* ‖ *Fig.* Rumor de una cosa: *el son de la voz pública.* ‖ Tenor o manera: *a este son.* ‖ Motivo, pretexto: *con este son.*

sonado, da adj. Famoso, renombrado: *sonada victoria.* ‖ De que se habla mucho. ‖ *Fam.* Chiflado.

sonaja f. Par de chapas metálicas que se ponen en algunos juguetes o instrumentos músicos. ‖ Sonajero.

sonajero m. y **sonajera** f. Aro con mango provisto de sonajas utilizado para distraer a los niños.

sonambulismo m. Estado en el cual la persona anda a pesar de estar dormida.

sonámbulo, la adj. Dícese de la persona que, estando dormida, anda (ú. t. c. s.).

sonar m. Aparato submarino de detección por ondas ultrasonoras.

sonar v. i. Causar un sonido: *instrumento músico que suena bien.* ‖ Pronunciarse, tener una letra valor fónico: *la H no suena.* ‖ Mencionarse, citarse: *su nombre suena en los medios literarios.* ‖ Tener cierto aspecto, causar determinado efecto: *todo eso suena a una vulgar estafa.* ‖ Llegar, suceder: *cuando sonará el momento de la libertad.* ‖ *Fam.* Recordarse vagamente, decir algo, ser familiar: *no me suena ese apellido, esa cara.* ‖ Dar: *sonar las horas.* ‖ *Como suena,* literalmente, así: *este hombre es un ladrón, como suena.* ‖ — V. t. Tocar un instrumento o hacer que se oiga el sonido producido por una cosa. ‖ Limpiar de mocos las narices (ú. t. c. pr.). ‖ Dejar atontado a un boxeador a causa de golpes.

sonata f. Composición de música instrumental.

sonatina f. Sonata corta.

sonda f. Instrumento utilizado para medir las profundidades del agua en un lugar determinado y que da al mismo tiempo indicaciones de la naturaleza del fondo: *sonda ultrasónica.* ‖ Instrumento médico que se introduce en cualquier vía orgánica para evacuar el líquido que contiene, inyectar una sustancia medicamentosa o simplemente para explorar la región que se estudia. ‖ Aparato de meteorología utilizado para la exploración vertical de la atmósfera. ‖ Aparato con una gran barra metálica que se emplea para perforar a mucha profundidad en el suelo: *sonda de perforaciones petrolíferas.*

sondar v. t. Echar la sonda al agua para averiguar la profundidad y explorar el fondo. ‖ Averiguar la naturaleza del subsuelo. ‖ *Med.* Introducir en el cuerpo sondas o instrumentos para diversos fines.

sondear v. t. Sondar. ‖ *Fig.* Tratar de conocer el pensamiento ajeno. ‖ Tantear, estudiar las posibilidades: *sondear un mercado.*

sondeo m. Acción y efecto de sondar o sondear el aire, el agua. ‖ *Med.* Introducción en un canal natural de una sonda para evacuar el contenido de la cavidad a la que llega o estudiar las posibles lesiones que tenga el órgano objeto de cuidado. ‖ Operación de perforar un terreno con la sonda: *sondeos petrolíferos.* ‖ *Fig.* Procedimiento utilizado

SO

para conocer la opinión pública, las posibilidades de un mercado, etc.

soneto m. Poesía de catorce versos endecasílabos distribuidos en dos cuartetos y dos tercetos.

songo, ga adj. *Col.* y *Méx.* Tonto, taimado. || — F. *Amer.* Ironía, burla. || *Méx.* Chocarrería.

songuita f. *Amer.* Songa.

sonido m. Sensación auditiva originada por una onda acústica.

sonio m. Unidad de sonoridad que equivale a 40 fonios.

soniquete m. Sonsonete.

sonorense adj. y s. De Sonora (México).

sonoridad f. Calidad de sonoro.

sonorización f. Aumento de la potencia de los sonidos para mejorar su difusión. || Acción de poner sonido a una película cinematográfica.

sonorizar v. t. Instalar un equipo amplificador de sonidos. || Poner sonido: *sonorizar una película.*

sonoro, ra adj. Que produce un sonido: *instrumento sonoro.* || Que causa un sonido: *golpes sonoros.* || Que tiene un sonido intenso: *voz sonora.* || Dícese de cualquier fonema que hace vibrar las cuerdas vocales (ú. t. c. s. f.). || — *Banda sonora,* zona de la cinta cinematográfica en la que va grabado el sonido. || *Cine sonoro,* el hablado, posible gracias al montaje de una banda donde va grabado el sonido.

sonreír v. i. Reírse levemente (ú. t. c. pr.). || *Fig.* Tener aspecto agradable y atractivo. | Favorecer: *si la fortuna me sonríe.*

sonriente adj. Que sonríe.

sonrisa f. Esbozo de risa.

sonrojar v. t. Ruborizar, hacer salir los colores al rostro (ú. t. c. pr.).

sonrojo m. Vergüenza, rubor.

sonrosado, da adj. Rosado.

sonsacar v. t. Lograr de alguien algo con cierta insistencia.

sonso, sa adj. Tonto (ú. t. c. s.).

sonsonateco, ca adj. y s. de Sonsonate (El Salvador).

sonsonete m. Sonido desapacible y continuado. | Tonillo de desprecio o burla. | Tonillo monótono al leer o hablar. | Estribillo, cantinela.

soñador, ra adj. y s. Que sueña mucho. || *Fig.* Que imagina cosas fantásticas.

soñar v. t. Ver en sueño: *soñé que habías venido.* || Imaginar, figurarse: *nunca dije tal cosa, usted lo soñó.* || — V. i. Pensar cosas cuando se duerme: *soñé que me casaba.* || *Fig.* Estar distraído, dejar vagar la imaginación: *siempre está soñando.* | Pensar, reflexionar con tranquilidad. | Decir cosas poco juiciosas, extravagantes: *usted sueña cuando habla de paz universal.* | Desear con ardor: *soñar con un futuro mejor.*

soñarrera f. Ganas de dormir.

soñolencia f. Somnolencia.

soñoliento, ta adj. Presa del sueño o que dormita.

sopa f. Pedazo de pan empapado en cualquier líquido. || Guiso consistente en un caldo alimenticio con trozos de pan o arroz, fideos, féculas, pastas, etc. || — Pl. Trozos o rebanadas de pan que se echan en este guiso.

sopapina f. Paliza.

sopapo m. Cachete.

sope m. *Méx.* Tortilla sofrita de maíz rellena de picadillo.

sopera f. Recipiente para servir la sopa.

sopero adj. y s. m. Hondo: *plato sopero.*

sopesar v. t. Pesar.

sopetear v. t. Maltratar.

sopeteo m. Acción y efecto de sopetear.

sopetón m. Golpe fuerte dado con la mano. || *De sopetón,* de pronto.

sopicaldo m. Caldo claro.

sopitipando m. *Fam.* Soponcio.

soplado, da adj. Borracho. || — M. Operación de soplar el vidrio.

soplamocos m. inv. *Fig.* y *fam.* Golpe dado en las narices.

soplar v. i. Echar el aire por la boca o por un fuelle con cierta fuerza. || Correr: *el viento sopla.* || *Fam.* Beber vino, comer: *¡cómo sopla!* || — V. t. Dirigir el soplo hacia una cosa para activar, apagar, llenar de aire: *soplar el fuego.* || Apartar con el soplo: *soplar el polvo.* || Dar forma al vidrio mediante el aire expelido por la boca. || *Fig.* Inspirar: *soplado por las musas.* | Apuntar: *soplar la lección.* | Dar: *le sopló un par de bofetadas.* || Comerse una pieza del contrario en las damas o ajedrez cuando éste no hizo lo propio con una que tenía a su alcance. || *Fig.* y *fam.* Hurtar, birlar, quitar: *le sopló la cartera.* | Denunciar, acusar: *soplar el nombre del criminal.* || — V. pr. *Fam.* Comer o beber en abundancia: *me soplé una garrafa de vino.*

soplete m. Aparato que produce una llama al hacer pasar una mezcla de aire o de oxígeno y un gas inflamable por un tubo: *soplete oxhídrico.*

soplido m. Soplo.

soplillo m. Instrumento que sirve para remover o echar aire.

soplo m. Aire echado por la boca. || Movimiento del aire. || Sonido mecánico u orgánico parecido al producido por la respiración o por un fuelle: *soplo del corazón.* || *Fig.* Inspiración. | Momento, instante: *llegó en un soplo.* | Denuncia, delación. | *Dar el soplo,* delatar.

soplón, ona adj. Delator (ú. t. c. s.).

soplonería f. Chivatazo, denuncia.

soponcio m. *Fam.* Desmayo.

sopor m. Adormecimiento.

soporífero, ra y **soporífico, ca** adj. Que incita al sueño o lo causa. || *Fam.* Pesado, aburrido.

soportable adj. Tolerable.

soportal m. Pórtico en la entrada de algunas casas. || — Pl. Arcadas.

soportar v. t. Sostener por debajo, llevar la carga de: *pilares que soportan un edificio.* || *Fig.* Resistir, sufrir. | Tolerar, admitir: *no soporto este olor nauseabundo.* || — V. pr. Tolerarse.

soporte m. Apoyo que sostiene por debajo. || Pieza, en un aparato mecánico, destinada a sostener un órgano en la posición de trabajo. || *Fig.* Lo que sirve para dar una realidad concreta: *son los soportes de su doctrina.* || En informática, cualquier material que sirve para recibir, transportar, conservar y restituir la información (tarjeta perforada, cinta magnética, disco, etc.).

soprano m. Voz más aguda al cantar. || — Com. Cantante que tiene esta voz.

sor f. Hermana, religiosa.

sorber v. t. Beber aspirando. ‖ Aspirar con la nariz. ‖ Absorber, chupar.

sorbete m. Helado.

sorbetón m. Sorbo.

sorbo m. Líquido que se bebe de una vez o cantidad pequeña de líquido.

sordera f. Privación o disminución del sentido del oído.

sordidez f. Miseria. ‖ Avaricia.

sórdido, da adj. Bajo, mezquino.

sordina f. *Mús.* Recurso mecánico de diferentes tipos que sirve para amortiguar el sonido de un instrumento.

sordo, da adj. Que tiene el sentido del oído más o menos atrofiado (ú. t. c. s.). ‖ Que no quiere comprender: ¿está usted sordo? ‖ Dícese de aquello cuyo sonido está apagado: *ruido sordo.* ‖ *Fig.* Que no quiere hacer caso, insensible: *sordos a nuestras súplicas.* ‖ Que se verifica secretamente, sin manifestaciones exteriores: *guerra sorda.* ‖ Dícese de un fonema cuya emisión no hace vibrar las cuerdas vocales: *las consonantes sordas son p, z, s, ch, k, c, q, y j* (ú. t. c. s. f.).

sordomudez f. Calidad de sordomudo.

sordomudo, da adj. y s. Dícese de la persona muda por ser sorda de nacimiento.

sorgo m. Gramínea parecida al maíz.

sorianense adj. y s. De Soriano (Uruguay).

soriano, na adj. y s. De Soria (España).

sorna f. Tono burlón.

sorocharse v. pr. *Amer.* Tener soroche. ‖ *Chil.* Ruborizarse.

soroche m. *Amer.* Dificultad de respirar producida por la rarefacción del aire en ciertos lugares elevados: *el soroche de los Andes.* ‖ *Chil.* Rubor. ‖ *Bol.* y *Chil.* Galena.

sorprendente adj. Asombroso.

sorprender v. t. Coger en el momento de verificar un hecho: *sorprender a un atracador.* ‖ Ocurrir inesperadamente: *le sorprendió la noche mientras viajaba.* ‖ Asombrar: *todo me sorprende en este mundo* (ú. t. c. pr.).

sorprendido, da adj. Cogido de improviso.

sorpresa f. Impresión producida por algo que no se esperaba. ‖ Asombro, sentimiento experimentado al ser sorprendido.

sorpresivo, va adj. *Amer.* Sorprendente, imprevisto.

sorrascar v. t. *Méx.* Asar carne a medias sobre brasas.

sortear v. t. Hacer un sorteo. ‖ *Fig.* Evitar, esquivar. ‖ Driblar.

sorteo m. Acción de sacar los números en una lotería. ‖ Procedimiento utilizado antiguamente para designar los quintos que habían de hacer el servicio militar.

sortija f. Aro de metal que se pone como adorno en un dedo.

sortilegio m. Magia, hechicería.

S.O.S. m. Señal de auxilio.

sosa f. Óxido de sodio.

sosaina com. *Fam.* Soso.

sosegado, da adj. Tranquilo.

sosegar v. t. Aplacar, pacificar: *sosegar los ánimos.* ‖ *Fig.* Aquietar el espíritu (ú. t. c. pr.).

sosera y **sosería** f. Cosa que no tiene gracia, insulsa.

soseras adj. y s. Sin gracia.

sosiego m. Tranquilidad, calma.

soslayar v. t. Esquivar.

soso, sa adj. Falto de sal: *la sopa está sosa.* ‖ *Fig.* Carente de gracia. ‖ Insípido, insulso, poco expresivo: *estilo muy soso.* ‖ Falto de agudeza: *chiste soso.*

sospecha f. Opinión poco favorable respecto a una persona. ‖ Simple conjetura, indicio.

sospechar v. t. Tener la creencia de que alguien sea el autor de un delito. Ú. t. c. i.: *todo el vecindario sospechaba de él.* ‖ Creer, tener indicios. ‖ Imaginar.

sospechoso, sa adj. Que da lugar a sospechas (ú. t. c. s.).

sosquil m. Fibra del henequén.

sostén m. Lo que sostiene o sirve de apoyo: *sostén del emparrado.* ‖ Persona que asegura la subsistencia de la familia. ‖ *Fig.* Apoyo: *el sostén de una organización.* ‖ Prenda interior femenina que sirve para sostener los pechos.

sostener v. t. Servir de base, de apoyo, de fundamento. ‖ Impedir que se caiga: *sostener a un inválido.* ‖ *Fig.* Apoyar, ayudar: *sostener un partido.* ‖ Dar fuerzas: *sostener al enfermo a base de medicamentos.* ‖ Mantener: *sostener una gran familia.* ‖ Alimentar: *sostener la conversación.* ‖ Defender: *sostener sus convicciones.* ‖ Sufrir: *sostener los embates de la vida.* ‖ Resistir a: *doctrina que no puede sostener un análisis profundo.* ‖ Exponer y responder a las preguntas u objeciones hechas: *sostener una tesis.* ‖ Tener: *sostener buenas relaciones.* ‖ Afirmar, asegurar: *sostenía la esfericidad de la Tierra.* ‖ Costear: *sostiene un colegio de huérfanos.* ‖ Continuar, seguir: *sostuvieron el combate largo tiempo.* ‖ Poder resistir: *sostuvo su mirada.* ‖ Alimentar, nutrir: *la carne sostiene más que las verduras.* ‖ Mantener a flote. ‖ —V. pr. Mantenerse sin caerse. ‖ Seguir en vida, en funciones: *sostenerse en el poder.* ‖ Mantenerse. ‖ Ayudarse.

sostenido, da adj. Que no decae: *esfuerzo sostenido.* ‖ Aplícase a las notas musicales que tienen un semitono más que las corrientes: *fa sostenido.*

sostenimiento m. Sostén. ‖ Mantenimiento. ‖ Alimentación.

sota f. Décima carta de la baraja española que tiene la figura de un paje.

sotana f. Vestidura de cura.

sótano m. Parte subterránea de un edificio, entre los cimientos.

sotavento m. *Mar.* Costado de la nave opuesto al barlovento.

soto m. Arboleda.

sotol y **sotole** m. *Méx.* Palma gruesa. ‖ Bebida hecha con esta planta.

soufflé [suflé] adj. y s. m. (pal. fr.). Dícese de un plato de consistencia esponjosa preparado en el horno.

soviet m. Consejo de los delegados de obreros, campesinos y soldados en la U.R.S.S.

sovietización f. Acción y efecto de sovietizar.

sovietizar v. t. Dar carácter soviético.

sovjoz m. (pal. rusa). En la U.R.S.S., extensa granja modelo del Estado.

spaghetti [espagueti] m. Pasta alimenticia en forma de fideos largos.

speaker [spíker] m. (pal. ingl.). En la Gran Bretaña, presidente de la Cámara de los Comunes, y de la

SPE

SO

433

Cámara de Representantes en los Estados Unidos. || (P. us.). Locutor de radio o de televisión.

spiritual m. (pal. ingl.). Canto religioso de los negros norteamericanos.

sport m. (pal. ingl.). Deporte.

spot m. (pal. ingl.). Proyector. || Anuncio breve en la televisión.

spray m. (pal. ingl.). Pulverizador.

sprint m. (pal. ingl.). Aceleración del atleta al llegar a la meta.

sprinter m. Velocista.

Sr, símbolo del *estroncio*.

Sr., abreviatura de *señor*.

stábat m. Himno y canto musical dedicados a la Virgen María.

stagflation f. Situación económica de un país que sufre una alta inflación, escaso desarrollo económico y cierto desempleo.

stand m. (pal. ingl.). En una exposición, feria, etc., sitio o caseta reservados a los expositores.

standard m. (pal. ingl.). Tipo, modelo. || *Standard de vida,* nivel de vida. || — Adj. De serie: *producción standard.*

standardización f. Normalización de modelos de fabricación.

standardizar v. t. Normalizar, fabricar con arreglo a unas normas definidas.

starter m. (pal. ingl.). El que en las carreras da la señal de partida. || Estrangulador de un carburador.

statu quo m. (pal. lat.). Estado actual de una situación.

steeple-chase m. (pal. ingl.). Carrera de obstáculos.

sterilet m. (pal. fr.). Espiral, dispositivo intrauterino.

stick m. (pal. ingl.). Palo para golpear la pelota en hockey, golf.

stock m. Existencias, cantidad de mercancías en depósito.

stop m. (pal. ingl.). En las carreteras, señal que obliga a los vehículos a marcar un tiempo de parada. || En los telegramas, término para separar las frases, punto. || — Interj. Se usa para ordenar pararse.

strip-tease [*striptis*] m. (pal. ingl.). Espectáculo que consiste en desnudarse en público con acompañamiento de música o de danza.

stupa m. Monumento funerario de origen indio.

su, sus, adj. pos. de la 3.ª pers. en gén. m. y f. y ambos núm.: *su padre, sus amigos.* (Esta forma es apócope de *suyo, suyos* y se emplea sólo cuando precede al nombre.)

suampo m. *Amér. C.* Ciénega.

suasorio, ria adj. Que persuade.

suave adj. Dulce: *luz, voz suave.* || Liso y blando al tacto: *piel suave.* || Fig. Tranquilo: *carácter suave.* | Que no implica gran esfuerzo: *pendiente suave.* | Leve: *brisa suave.* | Que no es violento: *colores suaves.* || Dócil, apacible.

suavidad f. Condición de suave.

suavizar v. t. Hacer suave (ú. t. c. pr.). || Templar el carácter áspero.

suba f. *Arg.* Alza, subida de precios.

subafluente m. Corriente de agua que desemboca en un afluente.

subalterno, na adj. Subordinado (ú. t. c. s.). || Secundario.

subarrendar v. t. Dar o tomar en arriendo una cosa de manos de otro arrendatario de ella, realquilar.

subarriendo m. Contrato por el que se subarrienda algo. || Precio en que se hace.

subasta f. Procedimiento de venta pública o contrata en la que el adjudicatario es el mejor postor.

subastador, ra adj. Dícese de la persona que subasta (ú. t. c. s.).

subastar v. t. Vender u ofrecer una contrata en pública subasta.

subcampeón, ona adj. Dícese de la persona o equipo que ocupa el segundo lugar en la clasificación de un campeonato deportivo (ú. t. c. s.).

subcampeonato m. Acción de quedar en segundo lugar en la clasificación de un campeonato deportivo.

subclase f. Cada uno de los grupos en que se dividen las clases de animales y plantas.

subconsciencia f. Actividad mental que escapa a la introspección del sujeto.

subconsciente adj. Que no es consciente. || — M. Subconsciencia.

subcutáneo, a adj. Que está, vive o se introduce debajo de la piel.

subdelegación f. Distrito, oficina y empleo del subdelegado.

subdelegado, da adj. y s. Que sirve inmediatamente a las órdenes del delegado o lo sustituye.

subdesarrollado, da adj. Dícese del país o de la región caracterizados por el bajo nivel de vida originado por la escasa explotación de los recursos naturales y la insuficiencia de las industrias y del transporte. || Aplícase a aquello que no alcanza un nivel normal de desarrollo.

subdesarrollo m. Estado de un país en el que el capital es insuficiente en relación con la población y con los recursos naturales existentes y explotados.

subdirector, ra m. y f. Persona que sigue en jerarquía al director.

súbdito, ta adj. y s. Sujeto a una autoridad soberana con obligación de obedecerla. || — M. y f. Natural o ciudadano de un país.

subdividir v. t. Dividir lo ya dividido.

subdivisión f. Acción de subdividir. || Cada parte que resulta.

suberina f. Sustancia orgánica que se encuentra en la composición del corcho.

subespecie f. Subdivisión de una especie en historia natural.

subestimar v. t. Estimar menos de lo debido.

subgrupo m. Subdivisión de un grupo.

subibaja m. Columpio.

subida f. Ascensión. || Fig. Alza: *subida de precios.*

subir v. t. Recorrer de abajo arriba: *subir una escalera* (ú. t. c. pr.). || Llevar a un lugar más alto: *subir una maleta al desván* (ú. t. c. pr.). || Poner un poco más arriba. Ú. t. c. pr.: *súbete los calcetines.* || Poner más alto: *subir el sonido de la radio.* || Dar más fuerza o valor: *subir los colores.* || Aumentar: *la empresa subió los salarios.* || Levantar: *subir los hombros.* || — V. i. Ascender, ir de un lugar a otro más alto: *subir a un árbol* (ú. t. c. pr.). || Montar en un vehículo, en un animal: *subir en un avión* (ú. t. c. pr.). || Fig. Ascender, alcanzar una categoría más alta: *subir en el escalafón.* || Elevarse: *avión que* sube *muy alto.* || Ser superior de nivel: *la fiebre sube.* || Aumentar: *han subido lo precios, el sueldo.*

súbito, ta adj. Inesperado.

subiúdice o **subjúdice** loc. lat. Que está aún pendiente de una decisión judicial.

subjefe m. Segundo jefe.

subjetividad f. Calidad de subjetivo.

subjetivismo m. Doctrina o actitud que defiende que la realidad es creada en la mente del individuo.

subjetivo, va adj. Personal.

subjuntivo, va adj. Dícese del modo verbal empleado para expresar que una acción está concebida como subordinada a otra, como un simple deseo del sujeto o como una hipótesis. || — M. Este modo verbal.

sublevación f. y **sublevamiento** m. Desacato violento de la ley o contra la autoridad.

sublevar v. t. Alzar en sedición o motín (ú. t. c. pr.). || *Fig.* Excitar indignación o protesta.

sublimar v. t. Engrandecer, exaltar. || En química, volatilizar un cuerpo sólido, sin pasar por el estado líquido, o viceversa.

sublime adj. Excelso, eminente.

submarinismo m. Exploración subacuática.

submarinista m. Tripulante de un submarino. || — Com. Persona que practica el submarinismo.

submarino, na adj. Que está o se desarrolla debajo de la superficie del mar. || — M. Embarcación capaz de navegar bajo el agua.

submúltiplo, pla adj. Aplícase al número contenido exactamente en otro dos o más veces: *4 es submúltiplo de 28* (ú. t. c. s. m.).

subnormal adj. De desarrollo intelectual deficiente (ú. t. c. s.).

subocupación f. *Amer.* Subempleo.

suboficial m. Categoría militar entre la de oficial y clases de tropa.

subordinación f. Sujeción, sumisión. || *Gram.* Relación entre la oración subordinada y la principal.

subordinado, da adj. Sujeto a otro, dependiente. Ú. t. c. s.: *tratar con deferencia a los subordinados.* || *Oración subordinada,* oración gramatical que completa el sentido de otra, llamada principal.

subordinar v. t. Hacer que personas o cosas dependan de otras (ú. t. c. pr.). || Considerar como inferior: *subordinar el ocio al trabajo.*

subproducción f. Producción inferior al promedio normal.

subproducto m. Cuerpo obtenido de modo accesorio en la preparación química industrial o como residuo de una extracción.

subrayado, da adj. Dícese de la letra, palabra o frase con una línea debajo para llamar la atención. || — M. Acción de subrayar.

subrayar v. t. Poner una raya bajo una letra, palabra o frase. || *Fig.* Insistir, recalcar.

subreino m. Cada uno de los dos grupos (metazoos y protozoos) en que se divide el reino animal.

subrepticio, cia adj. Dícese de lo que se hace a escondidas.

subrogar v. t. Sustituir (ú. t. c. pr.).

subsanable adj. Remediable.

subsanación f. Acción y efecto de subsanar.

subsanar v. t. Remediar un error. || Corregir. || Resolver.

subscribir *y sus derivados* V. SUSCRIBIR y sus derivados.

subsecretaría f. Cargo y oficina del subsecretario.

subsecretario, ria m. y f. Ayudante de un secretario. || Persona que desempeña las funciones de secretario general de un ministerio.

subsidio m. Socorro o auxilio extraordinario: *subsidio de paro forzoso.* || Prestación efectuada por un organismo para completar los ingresos de un individuo o familia: *subsidios familiares.*

subsiguiente adj. Siguiente.

subsistencia f. Hecho de subsistir.

subsistente adj. Que subsiste.

subsistir v. i. Permanecer, durar, conservarse. || Vivir: *subsistir un pueblo.*

subsónico, ca adj. De velocidad inferior a la del sonido.

substancia f. V. SUSTANCIA.

substantivo *y sus derivados.* V. SUSTANTIVO y sus derivados.

substituir *y sus derivados.* V. SUSTITUIR y sus derivados.

substraer *y sus derivados.* V. SUSTRAER y sus derivados.

substrato m. *Fil.* Esencia, sustancia de una cosa. || *Geol.* Terreno que queda bajo una capa superpuesta. || *Fig.* Origen profundo.

subsuelo m. Terreno que está debajo de una capa de tierra laborable: *subsuelo calcáreo.* || Parte profunda del terreno ajena a la propiedad del dueño de la superficie.

subte m. *Arg.* Metropolitano.

subterfugio m. Pretexto, evasiva.

subterráneo, a adj. Que está debajo de tierra: *aguas subterráneas.* || — M. Cualquier lugar o espacio que está debajo de tierra. || *Arg.* Metropolitano.

subtitulado, da adj. Que tiene subtítulos: *película subtitulada.*

subtitular v. t. Poner subtítulo.

subtítulo m. Título secundario puesto después del principal. || Traducción resumida de una película cinematográfica en versión original situada debajo de la imagen.

suburbano, na adj. Que está muy cerca de la ciudad: *barrio suburbano.* || Relativo al suburbio: *comunicaciones suburbanas.* || — M. Habitante de un suburbio. || En algunas ciudades, tren subterráneo que une el suburbio con la ciudad.

suburbio m. Población muy próxima a una ciudad.

subvalorar v. t. Subestimar.

subvención f. Cantidad dada por el Estado o por una colectividad, etc., a una sociedad, empresa o individuo: *subvención teatral.* || Cantidad de dinero dada por el Estado a los productores o vendedores de determinados bienes o servicios de los sectores público o privado para obtener artificialmente una disminución del precio de venta o de coste.

subvencionar v. t. Favorecer con una subvención.

subvenir v. i. Ayudar.

subversión f. Acto de destruir o echar por tierra lo constituido.

subversivo, va adj. Capaz de subvertir o que tiende a ello.

subyacente adj. Que está debajo.

subyugación f. Avasallamiento.

subyugar v. t. Dominar.

435

succión f. Acción de chupar.

succionar v. t. Chupar.

sucedáneo adj. Aplícase a cualquier sustancia con la que se sustituye otra (ú. t. c. s. m.).

suceder v. i. Venir después de, a continuación de, en lugar de. ‖ Ser heredero. ‖ — V. impers. Ocurrir, producirse: *sucedió lo que tenía que suceder.* ‖ — V. pr. Ocurrir una cosa después de otra.

sucedido m. Suceso.

sucesión f. Serie de personas o de cosas que se siguen sin interrupción o con poco intervalo: *una sucesión de desgracias.* ‖ Transmisión del patrimonio de una persona fallecida a una o varias personas. ‖ Descendencia, conjunto de hijos o herederos: *falleció sin sucesión.*

sucesivo, va adj. Que sucede.

suceso m. Cosa que sucede. ‖ Éxito, triunfo.

sucesor, ra adj. y s. Que sucede.

sucesorio, ria adj. De la sucesión.

suchitepequense y **suchitepesano, na** adj. y s. De Suchitepéquez (Guatemala).

suciedad f. Calidad de sucio.

sucinto adj. Breve, pequeño.

sucio, cia adj. Que tiene manchas o impurezas: *un vestido sucio.* ‖ *Fig.* Dícese del color turbio: *un blanco sucio.* | Vil, innoble: *conducta sucia.* ‖ — Adv. *Fig.* Sin las debidas reglas o leyes: *jugar sucio.*

sucre m. Unidad monetaria del Ecuador dividida en 100 centavos.

sucrense adj. y s. De Sucre (Venezuela). ‖ Sucreño.

sucreño, ña adj. y s. de Sucre (Bolivia).

suculencia f. Condición de suculento.

suculento adj. Muy sabroso.

sucumbir v. i. Ceder, rendirse, someterse. ‖ Morir, perecer.

sucursal adj. y s. f. Dícese de un establecimiento comercial dependiente de otro central.

sud, forma prefija de *sur: sudamericano.* ‖ — M. *Amer.* Sur.

sudación f. Producción de sudor.

sudafricano, na adj. y s. De África del Sur.

sudamericano, na adj. y s. De América del Sur.

sudanés, esa adj. y s. Del Sudán.

sudar v. i. Transpirar, eliminar el sudor. ‖ *Fig.* Destilar jugo ciertas plantas. | Rezumar humedad: *sudar una pared.* ‖ *Fig.* y *fam.* Trabajar con gran esfuerzo y desvelo. ‖ — V. t. Empapar en sudor: *sudar una camisa.* ‖ *Fig.* Lograr con un gran esfuerzo.

sudario m. Lienzo en que se envuelven los cadáveres.

sudeste m. Punto del horizonte entre el Sur y el Este.

sudista m. Partidario de los Estados del Sur durante la Guerra de Secesión de los Estados Unidos (1861-1865).

sudoeste m. Punto del horizonte entre el Sur y el Oeste.

sudor m. Humor acuoso que segregan las glándulas sudoríparas de la piel de los mamíferos. ‖ *Fig.* Trabajo y fatiga: *ganar el pan con sudor.*

sudoríparo, ra adj. Que suda.

sudoroso, sa adj. Que suda.

sueco, ca adj. y s. De Suecia. ‖ *Fam. Hacerse el sueco,* hacerse el sordo. ‖ — M. Idioma hablado en Suecia.

suegro, gra m. y f. Padre o madre de un esposo respecto al otro.

suela f. Parte de los zapatos que toca el suelo: *suelas de cuero.*

sueldo m. Retribución de un empleado, un militar, un funcionario, etc., que se da a cambio de un trabajo regular. ‖ *A sueldo,* pagado: *asesino a sueldo.*

suelo m. Superficie en la que se ponen los pies para andar. ‖ Tierra, campo, terreno. ‖ País: *el suelo patrio.* ‖ Piso de una casa: *tiene el suelo embaldosado.*

suelto, ta adj. No sujeto, libre: *los perros estaban sueltos en el jardín.* ‖ Desabrochado: *el botón está suelto.* ‖ Desatado: *con los cordones del calzado sueltos.* ‖ Sin recoger: *con el pelo suelto.* ‖ Separado del conjunto de que forma parte: *trozos sueltos de una obra literaria.* ‖ Que no hace juego: *calcetines sueltos.* ‖ Poco ajustado, holgado: *llevaba un traje suelto.* ‖ Libre, atrevido: *lenguaje muy suelto.* ‖ Desenvuelto: *estuvo muy suelto hablando con sus superiores.* ‖ Fácil, natural, ágil: *estilo suelto.* ‖ Poco compacto, que no está pegado: *arroz suelto.* ‖ Que no está empaquetado: *comprar legumbres secas sueltas.* ‖ Por unidades: *vender cigarrillos sueltos.* ‖ Dícese del dinero en moneda fraccionaria: *éstos no son más que hechos sueltos.* ‖ Que hace deposiciones blandas: *tener el vientre suelto.* ‖ — M. Moneda fraccionaria: *no tengo suelto.* ‖ Reseña periodística de poca extensión: *ha publicado un suelto en el diario.* ‖ — F. Acción de lanzar: *suelta de palomas.*

sueño m. Tiempo en el que la sensibilidad y la actividad se encuentran en un estado de alargamiento caracterizado en el hombre por la pérdida de la conciencia del mundo exterior, la desaparición más o menos completa de las funciones de los centros nerviosos y la disminución relativa de las funciones de la vida orgánica. ‖ Representación en la mente de una serie de imágenes mientras se duerme: *tener sueños fantásticos.* ‖ *Fig.* Idea quimérica, imaginación sin fundamento, ilusión. | Deseo, esperanza: *sueños de gloria.* ‖ Estado de insensibilidad o de inercia, letargo. ‖ Deseos de dormir: *caerse de sueño.* ‖ *Fig.* y *fam.* Cosa preciosa, muy bonita: *su coche deportivo es un sueño.*

suero m. Líquido extraído de la sangre de un animal que se emplea para vacunar contra una enfermedad microbiana o contra una sustancia tóxica.

suerte f. Causa hipotética o predeterminación de los sucesos: *los caprichos de la suerte.* ‖ Estado que resulta de los acontecimientos afortunados o no que le ocurren a una persona: *satisfecho con su suerte.* ‖ Azar, fortuna: *mala suerte.* ‖ Resultado afortunado, fortuna: *tener suerte en el juego.* ‖ Condición, estado: *la suerte del pueblo.* ‖ Sorteo, elección: *me tocó por suerte.* ‖ Clase, género: *tuvo toda suerte de calamidades.* ‖ Manera, modo. ‖ Juego de manos del prestidigitador. ‖ Ejercicio del equilibrista. ‖ Tercio, cada una de las tres partes en que se divide la lidia de un toro: *suerte de banderillas.* ‖ *Amer.* Billete de lotería.

suéter m. Jersey de lana.

suevo, va adj. y s. Dícese del individuo de un pueblo germánico.

suficiencia f. Capacidad para hacer algo. ‖ Presunción insolente.

suficiente adj. Bastante. ‖ Apto o idóneo. ‖ *Fig.* Presuntuoso.

sufijo, ja adj. y s. m. Dícese de las partículas inseparables que se añaden a los radicales de algunas palabras cuyo significado varían dándoles una idea secundaria.

sufragáneo, a adj. Que depende de la jurisdicción de otro.

sufragar v. t. Costear, satisfacer: *sufragar gastos.* ‖ — V. i. *Amer.* Dar su voto a un candidato.

sufragio m. Voto.

sufragismo m. Defensa del derecho de voto de la mujer.

sufragista com. Persona partidaria del voto femenino.

sufrido, da adj. Que sufre con resignación. ‖ *Fig.* Sólido, resistente.

sufridor, ra adj. Que sufre (ú. t. c. s.).

sufrimiento m. Padecimiento.

sufrir v. t. Padecer, sentir: *sufrir una enfermedad.* ‖ Recibir con resignación un daño físico o moral: *sufrir un desengaño.* ‖ Sostener, soportar: *sufrir cansancio.* ‖ Aguantar, tolerar: *sufrir a una persona.* ‖ Tener: *sufrir un accidente.* ‖ *Sufrir un examen,* examinarse. ‖ — V. i. Padecer: *sufrir de reúma.* ‖ *Fam. Hacer sufrir,* hacer rabiar.

sugerencia f. Sugestión.

sugerir v. t. Hacer entrar en el ánimo de uno una idea. ‖ Proponer.

sugestión f. Insinuación, instigación. ‖ Especie sugerida: *sugestiones del diablo.* ‖ Acción y efecto de sugestionar: *sugestión hipnótica.* ‖ Propuesta.

sugestionar v. t. Inspirar a una persona hipnotizada. ‖ Captar o dominar la voluntad ajena. ‖ — V. pr. Experimentar sugestión.

sugestivo, va adj. Que sugiere o sugestiona. ‖ *Fig.* Atractivo.

suicida com. Persona que se mata a sí misma.

suicidarse v. pr. Matarse.

suicidio m. Muerte voluntaria.

suite f. Serie de piezas de música instrumental escritas en el mismo tono. ‖ Apartamento en un hotel.

suizo, za adj. y s. De Suiza. ‖ — M. Bollo esponjoso (ú. t. c. adj.).

sujeción f. Ligadura, unión firme: *la sujeción de algo en un paquete.* ‖ *Fig.* Dependencia, acatamiento: *con sujeción a las leyes.*

sujetador, ra adj. y s. Que sujeta. ‖ — M. Sostén, prenda femenina.

sujetar v. t. Afirmar o contener por la fuerza: *sujetar con cuerdas.* ‖ Fijar: *sujeto por un clavo.* ‖ Agarrar: *sujetar por el brazo.* ‖ Inmovilizar, retener: *sujetar a dos contendientes.* ‖ Someter al dominio o mando de alguien: *sujetar a un pueblo.* ‖ — V. pr. Acatar, someterse, obedecer: *sujetarse a la Constitución.* ‖ Agarrarse: *sujetarse a una rama.*

sujeto, ta adj. Expuesto o propenso a una cosa. ‖ — M. Persona innominada. ‖ Asunto, materia: *sujeto de discusión.* ‖ *Gram.* Sustantivo o pronombre que indican aquello de lo cual el verbo afirma algo.

sulfamida f. Conjunto de compuestos de acción antibacteriana empleados contra las enfermedades infecciosas.

sulfato m. Sal del ácido sulfúrico.

sulfhídrico, ca adj. Aplícase a un ácido compuesto de azufre e hidrógeno.

sulfurado, da adj. *Fig.* Enojado.

sulfurar v. t. Combinar con azufre. ‖ *Fig.* Enojar (ú. t. c. pr.).

sulfúrico, ca adj. *Quím.* Dícese de un ácido oxigenado y corrosivo derivado del azufre.

sulfuro m. *Quím.* Combinación del azufre con un cuerpo.

sullanense adj. y s. De Sullana (Perú).

sultán m. Emperador turco. ‖ Príncipe o gobernador mahometano.

sultanato m. Territorio gobernado por un sultán.

suma f. *Mat.* Operación aritmética que consiste en calcular el total de una o varias cantidades homogéneas. ‖ Resultado de esta operación. ‖ Determinada cantidad de dinero o de cualquier cosa. ‖ Conjunto, reunión de ciertas cosas: *una suma de conocimientos.* ‖ Título de algunas obras que estudian abreviadamente el conjunto de una ciencia, de una doctrina. ‖ *En suma,* en resumen.

sumaca f. *Amer.* Embarcación pequeña de cabotaje.

sumando m. Cada una de las cantidades parciales que se suman.

sumar v. t. Reunir en un solo número las unidades o fracciones contenidas en varias otras. ‖ Hacer un total de: *los participantes sumaban más de un centenar.* ‖ Elevarse, ascender a: *suma millones de dólares.* ‖ *Suma y sigue,* frase que se pone al final de una página para indicar que la suma de la cuenta continúa en la siguiente. ‖ — V. pr. *Fig.* Agregarse: *sumarse a una conversación.* ‖ Adherirse.

sumarial adj. Del sumario.

sumariar v. t. Instruir un sumario.

sumario, ria adj. Abreviado, resumido: *un discurso sumario.* ‖ Aplícase a los procesos civiles de justicia en los que se prescinden de algunas formalidades para que sean más rápidos. ‖ — M. Resumen, compendio, análisis abreviado. ‖ Epígrafe que se pone al principio de una revista o de un capítulo con la relación de los puntos que se tratan o estudian. ‖ Conjunto de actuaciones judiciales que estudian todos los datos que van a ser dirimidos en un proceso.

sumarísimo, ma adj. *For.* Dícese de ciertos juicios que se tramitan con un procedimiento muy breve.

sumergible adj. Que puede sumergirse. ‖ — M. Submarino.

sumergir v. t. Meter una cosa debajo de un líquido (ú. t. c. pr.).

sumersión f. Inmersión.

sumidero m. Alcantarilla.

suministrador, ra adj. y s. Que suministra.

suministrar v. t. Abastecer, surtir.

suministro m. Abastecimiento.

sumir v. t. Hundir o meter debajo de la tierra o del agua. ‖ *Fig.* Sumergir, abismar: *sumir en la duda.* ‖ — V. pr. Desaparecer las aguas de lluvia o residuales por algún hoyo o conducto. ‖ Hundirse los carrillos por cualquier motivo, adelgazar mucho. ‖ *Fig.* Abismarse: *se sumió en el desconsuelo.*

sumisión f. Sometimiento.

sumiso, sa adj. Obediente.

súmmum m. El grado sumo.

sumo, ma adj. Supremo. || *Fig.* Muy grande: *ignorancia suma.* || — *A lo sumo,* a lo más. || *En sumo grado,* en el más alto grado.

sunnita m. Musulmán ortodoxo.

suntuario, ria adj. De lujo.

suntuosidad f. Grandiosidad.

suntuoso, sa adj. Espléndido.

supeditación f. Subordinación.

supeditar v. t. Someter, subordinar, hacer depender (ú. t. c. pr.).

súper adj. *Fam.* Superior. || *Gasolina súper* o *súper,* gasolina superior con un índice de octano próximo a 100, supercarburante. || — M. Supermercado. || — Adv. Muy bien, excelente.

superable adj. Que puede superarse.

superabundancia f. Gran abundancia, copiosidad excesiva.

superabundante adj. Muy abundante.

superación f. Exceso. || Resolución: *superación de las dificultades.*

superar v. t. Aventajar, ser mayor, exceder: *superar una marca deportiva.* || Pasar, dejar atrás, salvar: *la época del colonialismo está superada.* || Vencer, resolver: *superar una dificultad.*

superávit m. Exceso del haber sobre el debe de una cuenta. || Diferencia existente entre los ingresos y los gastos en un negocio.

supercarburante m. Gasolina de un índice de octano próximo a 100.

superchería f. Engaño, fraude.

superdirecta f. En ciertas cajas de cambio de automóviles, combinación que proporciona al árbol de transmisión una velocidad de rotación superior a la del árbol motor.

superdotado, da adj. y s. Que tiene un coeficiente intelectual superior.

superestructura f. Conjunto de instituciones, ideas o cultura de una sociedad (por oposición a *infraestructura* o base material y económica de esta misma sociedad). || Conjunto de construcciones hechas encima de otras.

superficial adj. Referente a la superficie: *medidas superficiales.* || Poco profundo: *herida superficial.* || Falto de fondo: *examen, noción superficial.*

superficialidad f. Carencia de profundidad.

superficie f. Extensión, medida de un espacio limitado por una línea: *la superficie de un triángulo.* || Parte superior de una masa líquida: *la superficie de un estanque.* || Cualquier parte superior de algo: *superficie del globo terrestre.* || *Fig.* Apariencia, aspecto externo.

superfluidad f. Condición de superfluo. || Cosa superflua.

superfluo, a adj. No necesario.

superfortaleza f. Avión bombardero pesado.

superhombre m. Hombre excepcional.

superior adj. Que está colocado en un espacio más alto que otra cosa: *mandíbula superior.* || Que tiene una graduación más alta: *temperatura superior a la corriente.* || Dícese de los miembros del cuerpo situados más arriba del tórax. || Aplícase a los estudios hechos después de los de la enseñanza secundaria o media en una universidad o escuela

especial. || Que se encuentra más próximo del nacimiento de un río: *Renania Superior.* || *Fig.* Que supera a los otros, que pertenece a una clase o categoría más elevada: *grados superiores.* || Mayor o mejor que otra cosa: *producto de calidad superior.* || Dícese de la persona dotada de cualidades morales e intelectuales en grado extraordinario: *hombre superior.* || Dícese de la persona que tiene autoridad sobre las otras en el orden jerárquico: *padre superior* (ú. t. c. s.).

superioridad f. Condición de superior. || Autoridad oficial.

superlativo, va adj. Muy grande y excelente en su línea. || — M. *Gram.* Grado superior de significación del adjetivo y el adverbio.

supermercado m. Establecimiento comercial en régimen de autoservicio.

superpoblación f. Población excesiva.

superpoblado, da adj. Muy poblado.

superponer v. t. Poner encima, sobreponer (ú. t. c. pr.).

superposición f. Acción y efecto de superponer o superponerse.

superproducción f. Exceso de producción. || Película cinematográfica en la que se han hecho elevadas inversiones.

superpuesto, ta adj. Puesto uno encima de otro.

superrealismo m. Surrealismo.

supersónico, ca adj. De velocidad superior a la del sonido. || — M. Avión que va a velocidad supersónica.

superstición f. Presagio infundado originado sólo por sucesos fortuitos.

supersticioso, sa adj. De la superstición. || Que cree en ella (ú. t. c. s.).

supervaloración f. Valoración excesiva.

supervalorar v. t. Valorar en más (ú. t. c. pr.).

supervisar v. t. Revisar.

supervisión f. Revisión.

supervisor, ra adj. y s. Que supervisa.

supervivencia f. Acción de sobrevivir.

superviviente adj. y s. Que sobrevive.

supervivir v. i. Sobrevivir.

supino, na adj. Tendido sobre el dorso: *posición decúbito supino.* || Aplícase a la falta absoluta de conocimientos.

suplantación f. Sustitución.

suplantar v. t. Ocupar el lugar de otro: *suplantar a un rival.*

suplementario, ria adj. Que sirve de suplemento, que se añade.

suplemento m. Lo que sirve para completar algo, para hacer desaparecer la insuficiencia o carencia de algo: *suplemento de información.* || Cantidad que se da de más en un teatro, tren, avión, hotel, etc., para tener más comodidad o velocidad: *suplemento de lujo.* || Lo que se añade a un libro para completarlo. || Páginas independientes añadidas a una publicación periódica para tratar un asunto especial: *suplemento económico.* || Publicación que completa otra: *suplemento del «Gran Larousse Enciclopédico.»* || *Geom.* Ángulo que falta a otro para llegar a constituir dos rectos. | Arco de este ángulo.

suplencia f. Sustitución.

suplente adj. y s. Sustituto.

supletorio, ria adj. Que sirve de suplemento: *camas supletorias.*

súplica f. Petición, ruego. || Oración religiosa.

suplicar v. t. Rogar.

suplicio m. Pena corporal acordada por decisión de la justicia. || *Fig.* Gran dolor físico o moral.

suplir v. t. Sustituir.

suponer m. Suposición.

suponer v. t. Admitir por hipótesis: *supongamos que es verdad lo que se dice* (ú. t. c. pr.). || Creer, presumir, imaginar: *puedes suponer lo que quieras* (ú. t. c. pr.). || Confiar: *suponía su buena fe.* || Implicar, llevar consigo: *esta obra supone mucho trabajo.* || Costar: *el alquiler me supone mucho dinero.* || Significar, representar: *esta molestia no me supone nada.* || Tener importancia, significar: *su colaboración supone mucho en nuestra labor.* || Demostrar, indicar.

suposición f. Hipótesis.

supositorio m. Preparado farmacéutico sólido, de forma cónica u ovoide, administrado por vía rectal.

supranacionalidad f. Condición de supranacional.

suprarrealismo m. Surrealismo.

suprarrenal adj. Aplícase a cada una de las dos glándulas endocrinas que se encuentran encima de los riñones (ú. t. c. s.).

supremacía f. Superioridad.

supremo, ma adj. Que está por encima de todos y de todo: *jefe supremo del Estado.* || Último: *la hora suprema.* || Decisivo: *instante supremo.* || Imposible de sobrepasar: *momento supremo de felicidad.* || *El Ser Supremo,* Dios. || — M. El Tribunal Supremo.

supresión f. Eliminación.

suprimir v. t. Quitar.

supuesto, ta adj. Presunto, pretendido: *un supuesto periodista.* || — M. Suposición. || — *Dar algo por supuesto,* considerarlo cierto y admitido. || *Por supuesto,* sin ninguna duda, claro que sí. || *Supuesto táctico,* grandes maniobras militares.

supuración f. Proceso inflamatorio que supura.

supurar v. i. Echar pus.

suputación f. Cálculo.

suputar v. t. Calcular.

sur m. Punto cardinal del horizonte opuesto al Polo Norte. || Parte de un país que está más cerca del Polo Sur que las otras. || — Adj. Situado al Sur. || Que viene del Sur: *viento sur.*

sura m. Cada uno de los capítulos en que se divide el Corán.

sural adj. Dícese del músculo tríceps de la pantorrilla.

suramericano, na adj. y s. Sudamericano.

surcar v. t. Hacer surcos en la tierra. || Hacer rayas en una cosa. || *Fig.* Navegar un barco. | Cruzar el aire un avión.

surco m. Hendidura que hace el arado en la tierra. || Señal que deja una cosa sobre otra. || Arruga en el rostro. || Ranura grabada en un disco fonográfico para reproducir los sonidos.

surero, ra y **sureño, ña** adj. y s. *Chil.* Natural del Sur. || — M. Viento del Sur.

surgir v. i. Surtir, brotar del agua. || Aparecer, presentarse. || *Fig.* Nacer, manifestarse.

suriano, na adj. y s. *Méx.* Del Sur.

surmenaje m. Agotamiento producido por un exceso de trabajo intelectual.

suroeste m. Sudoeste.

surplus m. Excedente.

surrealismo m. Movimiento poético, literario y artístico, definido por el poeta francés André Breton en un manifiesto de 1924.

surrealista adj. Relativo al surrealismo. || Partidario del mismo (ú. t. c. s.).

sursum corda o **sursuncorda** m. Personaje supuesto.

surtido, da adj. Que tiene abundancia y variedad, aprovisionado: *tienda bien surtida.* || Que tiene diferentes clases o variedades de un mismo artículo: *caramelos surtidos.* || — M. Conjunto de cosas variadas del artículo de que se habla: *gran surtido de trajes de baño.*

surtidor, ra adj. Abastecedor, que surte (ú. t. c. s.). || — M. Chorro de agua que sale despedido hacia arriba: *los surtidores de una fuente.* || Aparato que sirve para distribuir un líquido: *surtidor de gasolina.* || Orificio calibrado en las canalizaciones del carburador de un vehículo automóvil por el que sale la gasolina pulverizada.

surtir v. t. Abastecer, aprovisionar, proveer (ú. t. c. pr.). || *Surtir efecto,* dar resultado: *el medicamento surtió efecto;* entrar en vigor: *la ley surtirá efecto dentro de un mes.* || — V. i. Salir chorros de agua proyectados hacia arriba.

surto, ta adj. *Mar.* Fondeado.

susceptibilidad f. Propensión a sentirse ofendido.

susceptible adj. Que puede ser modificado. || Que se ofende fácilmente.

suscitar v. t. Ser causa de.

suscribir v. t. Firmar al fin de un escrito: *suscribir un contrato.* || Convenir con el dictamen de uno: *suscribir una opinión.* || — V. pr. Pagar cierta cantidad para recibir una publicación periódica.

suscripción f. Acción y efecto de suscribir o suscribirse.

suscriptor, ra m. y f. Persona que suscribe o se suscribe.

susodicho, cha adj. Dicho antes.

suspender v. t. Colgar en alto: *suspender una tabla en un andamio.* || Detener por algún tiempo: *suspender una sesión* (ú. t. c. pr.). || Dejar sin aplicación: *suspender una prohibición.* || Privar a uno temporalmente de su empleo o cargo: *suspender a un funcionario.* || Declarar a alguien no apto en un examen: *suspender a un alumno.* || No aprobar un examen o asignatura. || *Fig.* Enajenar.

suspense m. (pal. ingl.). Calidad de una novela o película en la que se produce una fuerte tensión emocional antes del desenlace.

suspensión f. Acción y efecto de suspender. || Dispositivo para reunir la caja del automóvil al chasis y para amortiguar las sacudidas en marcha: *suspensión helicoidal.* || *Quím.* Estado de un cuerpo dividido en partículas muy finas y mezclado con un fluido sin disolverse en él. || *Fig.* Estado de emoción provocado por algo que suspende el ánimo. || *Suspensión de pagos,* situación jurídica del comerciante que no puede atender temporalmente al pago de sus obligaciones.

suspensivo, va adj. Que suspende. || *Puntos suspensivos,* signo gráfico (...) que se pone al final de una frase incompleta.

suspenso, sa adj. Suspendido, colgado: *suspenso de un cable.* || No aprobado, no apto: *estar suspenso en latín.* || *Fig.* Absorto, enajenado: *quedarse* suspenso ante un espectáculo. || — M. Nota de un escolar en la que se declara su ineptitud.

suspensores m. pl. Tirantes.

suspicacia f. Recelo.

suspicaz adj. Receloso.

suspirar v. i. Dar suspiros.

suspiro m. Respiración fuerte causada por un dolor, emoción, etc.

sustancia f. Lo que hay permanente en un ser. || Cada una de las diversas clases de la materia de que están formados los cuerpos, que se distinguen por un conjunto de propiedades: *sustancia mineral, vegetal,* etc. || Parte esencial de una cosa. || *Fig.* Juicio, madurez: *un libro de mucha sustancia.* || — *En sustancia,* en compendio. || *Sustancia gris,* materia gris.

sustancial adj. Relativo a la sustancia.

sustanciar v. t. Compendiar.

sustancioso, sa adj. Con sustancia.

sustantivar v. t. *Gram.* Dar una palabra valor de sustantivo.

sustantivo, va adj. Que tiene existencia real, independiente, individual. || *Gram. Verbo sustantivo,* el verbo ser. || — M. *Gram.* Cualquier palabra que designa un ser o un objeto.

sustentación f. y **sustentamiento** m. Acción y efecto de sustentar o sustentarse, de mantener o mantenerse.

sustentáculo m. Sostén.

sustentador, ra adj. Que sustenta.

sustentar v. t. Mantener o sostener algo: *la columna sustenta el techo.* || Alimentar (ú. t. c. pr.).

sustento m. Alimentación.

sustitución f. Cambio.

sustituir v. t. Poner a una persona o cosa en lugar de otra.

sustituto, ta m. y f. Suplente, persona que hace las veces de otra.

susto m. Miedo.

sustracción f. Robo, hurto. || *Mat.* Resta.

sustraendo m. Cantidad que se resta.

sustraer v. t. Separar, apartar, extraer. || Quitar, hurtar, robar. || *Mat.* Restar. || — V. pr. Evitar.

susurrar v. i. Hablar bajo.

susurro m. Murmullo.

sutil adj. Delicado, tenue. || *Fig.* Penetrante, ingenioso.

sutileza y **sutilidad** f. Condición de sutil.

sutilizar v. t. Discurrir con agudeza.

sutura f. Costura de los bordes de una herida. || Articulación dentada de dos huesos.

suturar v. t. Hacer una sutura.

suyo, ya, suyos, yas adj. y pron. pos. de 3.ª pers. m. y f. en ambos números: *tu coche es más reciente que el suyo; una hermana suya.* || — *De suyo,* de por sí: *de suyo no es mala persona.* || *Hacer de las suyas,* hacer algo bueno (o malo), pero de acuerdo con el carácter de la persona de quien se trata. || *Los suyos,* su familia; sus partidarios. || *Fig.* y *fam. Salirse con la suya,* conseguir lo que uno quiere.

suyuntu m. *Amer.* Zopilote.

sweater [*swéter*] m. Suéter.

swing [*suín*] m. (pal. ingl.). En boxeo, golpe dado balanceando lateralmente el brazo. || Movimiento del jugador de golf al ir a golpear la pelota. || Cierta música y baile de jazz.

t

t f. Vigésima primera letra del alfabeto castellano y decimoséptima de sus consonantes. || **t,** símbolo de *tonelada.*

Ta, símbolo del *tantalio* o *tántalo.*

taba f. Astrágalo, hueso del pie. || Juego de muchachos. || *Méx.* Charla.

tabacal m. Plantío de tabaco.

tabacalero, ra adj. Del tabaco. || — F. En España, nombre del organismo estatal que tiene el monopolio de la venta del tabaco.

tabaco m. Planta cuyas hojas, preparadas de varias maneras, se fuman, se mascan o se aspiran en polvo. || Cigarro puro. || Cigarrillo. || — Adj. De un color parecido al de las hojas de tabaco.

tabacón m. *Méx.* Marihuana.

tabanco m. Taberna. || *Amér. C.* Buhardilla.

tábano m. Insecto díptero parecido a la mosca. || *Fam.* Persona pesada.

tabaqueada adj. *Méx.* Riña.

tabaquera f. Caja para el tabaco en polvo. || Parte de la pipa donde se pone el tabaco. || *Amer.* Petaca.

tabaquería f. Estanco. || *Amer.* Fábrica de tabaco.

tabaquero, ra adj. Dícese del que vende o prepara el tabaco (ú. t. c. s.). || — M. *Amer.* Pañuelo.

tabaquismo m. Intoxicación provocada por el abuso de tabaco.

tabardillo m. Fiebre tifoidea. || *Fig.* Engorro. | Persona pesada.

tabarra f. *Fam.* Pesadez, lata.

tabarro m. Tábano. || Avispa.

tabasqueño, ña adj. y s. De Tabasco (México).

taberna f. Sitio donde se venden y consumen vinos y licores.

tabernáculo m. Sagrario.

tabernario, ria adj. Bajo, grosero.

tabernero, ra m. y f. Persona que tiene una taberna.

tabes f. Enfermedad caracterizada por una supresión progresiva de la coordinación de los movimientos.

tabicar v. t. Cerrar con tabique.

tabique m. Pared delgada hecha de cascote, ladrillos, adobes o madera. || Separación delgada: *el tabique de las fosas nasales.*

tabla f. Pieza de madera, plana, larga y poco ancha. || Pieza plana, rígida y de poco espesor de cualquier materia: *tabla de hierro colado.* || Pliegue ancho de la ropa: *falda con tablas.* || Índice de un libro: *tabla de materias.* || Lista, catálogo: *tablas astronómicas.* || Cuadro en que se inscriben los números en un orden metódico para facilitar los cálculos: *tabla de multiplicar.* || Mostrador de carnicería. || Superficie plana de madera que utilizan los dibujantes para trabajar. || Superficie plana de madera utilizada para

mantenerse en equilibrio encima de las olas y deslizarse en el agua de mar en el deporte llamado *surf.* || Superficie de madera a modo de bandeja en la que se sirve el queso. || Pintura hecha en piezas planas de madera. || Tablón de anuncios. || — Pl. En el juego de ajedrez y en el de damas, estado en que nadie puede ganar la partida. || *Fig.* Empate: *quedar en tablas.* | Escenario del teatro: *salir a las tablas.* | Soltura en una actuación ante el público. || *Taurom.* Barrera de la plaza de toros. | Tercio del ruedo inmediato a la barrera o vallas. || — *Fig. A raja tabla,* cueste lo que cueste. | *Hacer tabla rasa,* dar al olvido algo pasado. || *Tabla redonda,* en los libros de caballerías, la de los caballeros que tenían asiento en la mesa del rey Arturo. || *Tablas de la Ley,* piedras en que se escribió el Decálogo.

tablada f. *Arg.* Lugar donde se reúne el ganado que va al matadero.

tablado m. Suelo de tablas. || Escenario de un teatro.

tablajería f. Carnicería.

tablajero m. Carnicero.

tablao m. Tablado flamenco.

tableado, da adj. Con pliegues o tablas: *vestido tableado.* || — M. Conjunto de tablas o pliegues.

tablero m. Superficie plana formada por tablas reunidas para evitar que se combe. || Tabla, pieza plana. || Cartelera para fijar anuncios. || En un coche o avión, conjunto de los órganos que permiten al conductor vigilar la marcha de su vehículo. || Tabla escaqueada para jugar a las damas, al ajedrez y a otros juegos similares. || Plataforma de un puente. || Encerado en las escuelas. || Mostrador de tienda. || Cuadro de una puerta. || *Fig.* Campo: *en el tablero político.*

tableta f. Tabla. || Pastilla.

tabletear v. i. Producir ruido haciendo chocar tabletas. || Hacer ruido continuo los disparos de un arma.

tablilla f. Tabla pequeña.

tablón m. Tabla grande. || Tablilla de anuncios. || Trampolín. || *Fam.* Borrachera.

tabú m. Carácter de los objetos, seres o actos que hay que evitar por ser considerados como sagrados.

tabulador m. En las máquinas de escribir, dispositivo que facilita la disposición de cuadros, columnas, cantidades o palabras.

tabuladora f. Máquina que transcribe las informaciones de las tarjetas perforadas.

taburete m. Asiento sin brazos ni respaldo.

tacada f. Golpe dado con el taco a la bola de billar. || Serie de carambolas seguidas.

tacamadún m. Pez del golfo de México.

441

tacañear v. i. *Fam.* Ser avaro.
tacañería f. Avaricia, mezquindad.
tacaño, ña adj. y s. Mezquino.
tacha f. Falta, defecto. || *Amer.* Aparato utilizado en la fabricación del azúcar en el que se evapora en vacío el jarabe hasta obtener una masa cristalizada. | Tacho.
tachadura f. Raya que se hace sobre una palabra para suprimirla.
tachar v. t. Borrar o rayar lo escrito. || *Fig.* Censurar.
tachero, ra m. y f. *Amer.* Persona que trabaja en los tachos de los ingenios de azúcar.
tachigual m. *Méx.* Tejido de algodón.
tachirense adj. y s. De Táchira (Venezuela).
tacho m. *Amer.* Vasija grande de metal de fondo redondo. | Paila grande para cocer el jarabe obtenido por evaporación del jugo purificado de la caña en las fábricas de azúcar. | Hoja de lata. || *Chil.* Cacerola de metal o barro. || *Irse al tacho*, fracasar, irse abajo.
tachón m. Tachadura grande.
tachuela f. Clavo pequeño.
tácito, ta adj. Sobreentendido.
taciturno, na adj. Callado.
taclla f. Apero de labranza utilizado por los agricultores del imperio incaico.
tacneño, ña adj. y s. De Tacna (Perú).
taco m. Tarugo de madera u otra materia con que se tapa un hueco. || Cuña. | Pelotilla de trapo, papel o estopa que se ponía en las armas de fuego entre el proyectil y la pólvora. || Palo con que se impulsan las bolas en el billar. || Cilindro de cuero u otro material que se fija en la suela de las botas de fútbol para no resbalar. || Conjunto de las hojas del calendario de pared. | Conjunto de billetes de transporte que se venden juntos: *un taco de billetes de metro.* || *Fig.* y *fam.* Bocado ligero: *tomar tacos de queso con el aperitivo.* | Trago de vino: *tomar un taco.* | Juramento, palabrota: *soltó un taco.* | Lío, confusión: *se hizo un taco.* | Año: *tengo cuarenta tacos.* | Tableta de hachís. || *Amer.* Tacón. || *Méx.* Tortilla de maíz enrollada, que contiene diversas viandas.
tacón m. Pieza en el talón de la suela del zapato.
taconazo m. Golpe con el tacón.
taconear v. i. Hacer ruido con los tacones al andar o al bailar.
tacotal m. Plantío de tacotes.
tacote m. *Méx.* Marihuana.
tacotli m. Esclavo azteca que poseía cierta libertad al poder tener esclavos propios, familia e incluso bienes.
táctica f. Medios empleados para lograr un fin.
táctico, ca adj. Relativo a la táctica. || — M. Experto en ella.
táctil adj. Relativo al tacto.
tacto m. Uno de los cinco sentidos que permite, por contacto directo, conocer la forma y el estado exterior de las cosas. || Acción de tocar. || *Fig.* Tiento, delicadeza: *contestar con mucho tacto.*
tacuache m. *Cub.* y *Méx.* Mamífero insectívoro nocturno.
tacuacín m. *Amer.* Zarigüeya.
tacuara f. *Arg.* Bambú.
tacuarembonense adj. y s. De Tacuarembó (Uruguay).
tacurú m. *Riopl.* Especie de hormiga pequeña. | Montículo procedente de hormigueros.

tafetán m. Tela de seda.
tafia f. Aguardiente de caña.
tafilete m. Piel de cabra fina.
tagalo, la adj. y s. Dícese de los miembros de la población indígena de Filipinas. || — M. Lengua oficial de los filipinos.
tagua f. Marfil vegetal. || Ave zancuda.
tahitiano, na adj. y s. De Tahití.
tahona f. Panadería.
tahonero, ra m. y f. Panadero.
tahúr, ra m. y f. Persona que es un jugador empedernido, especialmente el fullero.
taifa f. Bandería, facción.
taiga f. Selva del norte de Eurasia y América de subsuelo helado.
tailandés, esa adj. y s. De Tailandia.
taimado, da adj. y s. Astuto.
taino, na y **taíno, na** adj. y s. Dícese del indígena de una población arawaka que vivía en Puerto Rico, Haití y al E. de Cuba.
taita m. Nombre cariñoso con que el niño designa a sus padres o a quien le cuida. || *Arg.* y *Chil.* Nombre dado a las personas de respeto: *taita cura.* || *Arg.* Entre los gauchos, matón.
tajada f. Porción que se corta de una cosa. || *Pop.* Borrachera.
tajadura f. Corte.
tajamar m. Espolón de puente. || *Chil.* Malecón, dique. || *Arq.* Presa para las aguas llovedizas.
tajante adj. Categórico.
tajar v. t. Cortar: *tajar carne.* || — V. pr. *Fam.* Embriagarse.
tajo m. Corte profundo. || Filo de un instrumento cortante. || Tarea, faena y lugar donde trabaja una cuadrilla de trabajadores: *los peones van al tajo.* || Corte profundo en el terreno: *el tajo de Roncesvalles.* || Trozo de madera donde se pica o corta la carne. || Corte que se da con la espada o el sable: *tirar tajos y estocadas.* || *Col.* y *Venez.* Camino de herradura.
tajón m. *Fam.* Borrachera.
tal adj. Semejante: *nunca se ha visto tal cinismo.* || Así: *tal es su opinión.* || Tan grande: *tal es su fuerza que todos le temen.* || Este, esta: *no me gusta hacer tal cosa.* || Calificativo que se aplica a una persona o cosa de nombre desconocido u olvidado: *Fulana de Tal; en la calle tal.* || — Pron. Esa cosa: *no dije tal.* || Alguno: *tal habrá que lo sienta así.* || — Adv. Así: *tal estaba de emocionado que no me río.* || De este modo: *cual el Sol ilumina la Tierra, tal ilumina las estrellas.* || — Con tal de o que, con la condición de que; siempre que. || *¿Qué tal?*, ¿cómo está usted?; ¿cómo va la cosa?; ¿qué le parece? || *Tal cual*, sin cambio; regular, ni bien ni mal; alguno que otro. || *Tal vez*, quizá. || *Y tal y cual*, etcétera.
tala f. Corte de un árbol por el pie. || Poda. || Destrucción, estrago.
talabartería f. Taller o tienda de talabartero.
talabartero m. Guarnicionero.
taladrado m. Operación de abrir un agujero con una barrena.
taladrador, ra adj. y s. Que taladra. || — F. Máquina de taladrar.
taladrar v. t. Agujerear con taladro. || *Fig.* Herir los oídos un sonido agudo.
taladro m. Barrena. || Agujero hecho con ella.

talamanca adj. Relativo o perteneciente a este pueblo indígena. ‖ Dícese de una tribu de un pueblo indígena de América Central que hablaba chibcha.

tálamo m. Cama conyugal. ‖ Receptáculo de una flor. ‖ Parte del encéfalo situada en la base del cerebro.

talante m. Humor.

talar adj. Dícese de la vestidura que llega a los talones: *traje talar*.

talar v. t. Cortar por el pie. ‖ Podar, cortar las ramas inútiles.

talareño, ña adj. y s. De Talara (Perú).

talaverano, na adj. y s. De Talavera (España).

talayot y **talayote** m. Monumento megalítico de las Baleares (España) parecido a una torre de poca altura.

talco m. Silicato de magnesio usado en farmacia reducido a polvo.

talega f. Saco de tela fuerte para transportar cosas. ‖ Su contenido.

talego m. Talega.

taleguilla f. Calzón de torero.

talento m. Moneda imaginaria de los griegos y romanos. ‖ Aptitud natural para hacer una cosa determinada: *pintor de gran talento*. ‖ Entendimiento, inteligencia: *hace falta mucho talento para hacerlo*.

talentoso, sa o **talentudo, da** adj. Que tiene talento.

talero m. *Arg.* y *Chil.* Fusta.

talgo m. Tren articulado español.

talio m. Metal blanco (Tl) parecido al plomo.

talión m. Castigo idéntico a la ofensa causada: *ley del talión*.

talismán m. Objeto que tiene la virtud de proteger al que lo lleva o de darle algún poder mágico.

talla f. Obra esculpida, especialmente en madera. ‖ Estatura: *hombre de buena talla*. ‖ Instrumento para medir a las personas. ‖ *Fig.* Capacidad: *tiene talla para ocupar este cargo*. ‖ Operación consistente en labrar las piedras preciosas: *la talla del diamante*. ‖ Tributo antiguo. ‖ Mano, en el juego de la banca y otros. ‖ *Fig. De talla*, de importancia.

tallado m. Acción y efecto de tallar el diamante, la madera, el metal, etc.

tallar v. t. Esculpir: *tallar una imagen*. ‖ Labrar piedras preciosas: *tallar diamantes*. ‖ Grabar metales. ‖ Cargar de tallas o tributos. ‖ Tasar, valuar. ‖ Medir con la talla: *tallar quintos*. ‖ Llevar la banca en los juegos de azar.

tallarín m. Cinta estrecha de pasta de macarrones.

talle m. Figura, disposición del cuerpo: *talle esbelto*. ‖ Cintura: *la cogió por el talle*. ‖ Parte del vestido que corresponde a esta parte del cuerpo: *falda alta de talle*. ‖ Medida que se toma del cuello a la cintura.

taller m. Lugar en el que se hace un trabajo manual.

tallista com. Persona que talla en madera o graba metales.

tallo m. *Bot.* Órgano del vegetal que lleva las hojas, las flores y los frutos. ‖ Renuevo, brote. ‖ Germen.

talofitas f. pl. Tipo de plantas que comprende las algas, los hongos y los líquenes.

talón m. Parte posterior del pie. ‖ Parte del zapato o calcetín que la cubre. ‖ Parte que se arranca de cada hoja de un talonario. ‖ Cheque. ‖ Patrón monetario: *el talón de oro*.

talonario m. Cuaderno que consta de varias hojas que se dividen en dos partes: una llamada *talón*, que se entrega, y otra denominada *matriz*, que se conserva como justificante.

talonazo m. Golpe con el talón.

talquino, na adj. y s. De Talca (Chile).

talud m. Inclinación del paramento de un muro o de un terreno.

tamal m. *Amer.* Empanada de masa de harina de maíz envuelta en hojas de plátano o de maíz y rellena de diferentes condimentos. ‖ *Chil.* Bulto grande. ‖ *Amer. Fam.* Lío, intriga: *armar un tamal*.

tamalada f. *Amer.* Comida a base de tamales.

tamalería f. Tienda donde se venden tamales.

tamanduá m. Mamífero desdentado de hocico largo.

tamaño, ña adj. Tal, tan grande o tan pequeño. ‖ — M. Dimensiones.

támara f. Palmera de Canarias.

tamarindo m. Árbol de flores amarillas. ‖ Su fruto.

tamarugal m. *Chil.* Terreno plantado de tamarugos.

tamarugo m. *Chil.* Especie de algarrobo que hay en la pampa.

tamaulipeco, ca adj. y s. De Tamaulipas (México).

tamba f. *Ecuad.* Chiripá usado por los indios.

tambache m. *Méx.* Lío de ropa.

tambalear v. i. Moverse a uno y otro lado como si se fuese a caer. Ú. m. c. pr.: *tambalearse al andar*. ‖ Ser inestable. Ú. m. c. pr.: *mueble que se tambalea*. ‖ *Fig.* Perder su firmeza. Ú. m. c. pr.: *la dictadura se tambalea*.

tambarria f. *Amer.* Parranda.

tambero m. *Amer.* Dueño de un tambo. ‖ — Adj. *Amer.* Del tambo. ‖ *Arg.* Manso: *ganado tambero*. ‖ *Arg.* y *Chil.* Que posee vacas lecheras.

también adv. Igualmente.

tambo m. *Amer.* Posada, venta, parador. ‖ *Arg.* Vaquería, lechería. ‖ *Amer.* Lugar para descansar en los viajes hechos en la época de los incas.

tambor m. Instrumento músico de percusión, de forma cilíndrica, hueco, cerrado por dos pieles tensas y que se toca con dos palillos. ‖ El que lo toca. ‖ Cilindro hueco, de metal, para diversos usos: *tambor de una máquina de lavar*. ‖ Depósito cilíndrico con una manivela que lo hace girar y que sirve para meter las bolas de una rifa o lotería. ‖ Cilindro en que se enrolla un cable. ‖ Cilindro giratorio donde se ponen las balas de un revólver. ‖ Pieza circular de acero, solidaria de la rueda, en cuyo interior actúan las zapatas del freno. ‖ *Amer.* Bote o pequeño barril que sirve de envase. ‖ *Méx.* Colchón de muelles.

tambora f. *Amer.* Grupo de músicos con instrumentos de percusión.

tamboril m. Tambor más largo y estrecho que el corriente.

tamborilear v. i. Tocar el tambor o el tamboril.

tamborileo m. Acción de tocar el tambor o tamboril y ruido producido.

tamborilero, ra m. y f. Persona que toca el tambor o el tamboril.

tameme m. *Chil.*, *Méx.* y *Per.* Mozo de cuerda indio.

tamiz m. Cedazo muy tupido.

tamizar v. t. Pasar por el tamiz.

tampiqueño, ña adj. y s. De Tampico (México).

tampoco adv. Sirve para expresar una segunda negación: *no vino su madre y su hermana tampoco.*

tampón m. Almohadilla para entintar sellos.

tamujal m. Terreno con tamujos.

tamujo m. Planta existente en las orillas de los ríos.

tan m. Ruido producido al tocar el tambor u otro instrumento parecido. || — Adv. Apócope de *tanto.* ||Expresa también la comparación: *es tan alto como su hermano.* || Muy: ¡*es tan tonto!* || *Tan siquiera,* siquiera.

tanagra f. Pequeño pájaro cantor de la América tropical. || Estatuita de terracota.

tanda f. Turno: *ésta es su tanda.* ||Tarea. || Capa de varias cosas superpuestas. || Grupo de personas o de bestias que se turnan en un trabajo: *la última tanda.* || Serie: *tanda de carambolas.* || Gran cantidad: *tanda de azotes.* || *Amer.* Sesión de una representación teatral: *teatro por tandas.*

tándem m. Bicicleta para dos personas sentadas una tras otra. || *Fig.* Asociación de dos personas o grupos.

tángano, na adj. *Méx.* Persona de baja estatura.

tangencia f. Estado de tangente.

tangencial adj. Tangente.

tangente adj. Aplícase a las líneas y superficies que se tocan en un solo punto sin cortarse. || — F. Recta que toca en un solo punto a una curva o a una superficie. || Relación entre el seno y el coseno de un ángulo (símb. tg.).

tangerino, na adj. y s. De Tánger.

tango m. Baile de origen argentino. || Su música y letra.

tanguillo m. Baile y canción andaluza.

tanguista com. Persona que canta o baila en un cabaret.

tanino m. Sustancia astringente de la corteza de la encina.

tanque m. *Mil.* Carro de combate. || Vehículo utilizado para transportar líquidos. || Barco cisterna: *tanque petrolífero.* || Avión cisterna. || Depósito para almacenar líquidos.

tanqueta f. Carro de combate ligero.

tantalio y **tántalo** m. Metal blanco plateado (Ta) de número atómico 73.

tanteador m. El que tantea en el juego. ||Marcador en que se apuntan los tantos de los contendientes en un encuentro deportivo o juego de naipes.

tantear v. t. Apuntar los tantos en el juego (ú. t. c. i.). || Ver si una cosa ajusta bien con otra. || *For.* Dar por una cosa, en virtud de cierto derecho, el precio en que se adjudicó a otro en pública subasta. || *Fig.* Examinar una cosa detenidamente antes de decidirse: *tantear un asunto.* | Probar: *tantear el terreno.* | Explorar la intención de uno: *tantear a una persona.* || *Amer.* Calcular aproximadamente.

tanteo m. Ensayo, prueba. ||Número de tantos que se apuntan los jugadores o competidores. ||Cálculo aproximado de algo. || Derecho que tiene alguien para comprar una cosa por el mismo precio en que fue vendida al que la acaba de adquirir.

tanto, ta adj. Dícese de una cantidad imprecisa y se emplea como correlativa de *cuanto: cuanto más trabajo, tanto más ingresos.* ||Tal cantidad: *no quiero tanto café.* || Tal número: ¡*tengo tantas amigas!* ||

— Adv. De tal modo: *no grites tanto.* || Muy largo tiempo: *para venir aquí no tardará tanto.* || — *Al tanto,* al corriente. || *En tanto* o *entre tanto,* mientras. || *Otro tanto,* lo mismo. || *Por lo tanto,* por consiguiente. || *Por tanto,* por eso. || *Tanto como,* lo mismo que. || *Tanto más que,* con mayor motivo que. || — M. Número que se apunta en cada jugada: *jugar una partida a cien tantos.* || En algunos deportes, gol: *el Atlético se apuntó cuatro tantos.* ||Ficha que representa los puntos en ciertos juegos. ||Porcentaje: *me darás un tanto de la ganancia.* || — Pl. Número indeterminado: *el año mil novecientos ochenta y tantos.* || — *A tanto alzado,* a destajo. || *Uno de tantos,* uno cualquiera. || *Un tanto,* algo, un poco. || *Un tanto por ciento,* porcentaje. || — F. pl. *Fam. Las tantas,* hora muy tardía.

tañedor, ra m. y f. Persona que tañe un instrumento músico.

tañer v. t. Tocar un instrumento como la guitarra. ||— V. i. Repicar las campanas: *tañer a muerto.*

tañido m. Sonido de cualquier instrumento que se tañe.

taoísmo m. Antigua religión china.

tapa f. Pieza que cubre o cierra una caja, vasija, etc. || Cubierta de un libro encuadernado. || Capa de suela en el tacón del calzado. || Bocado ligero que se suele tomar con las bebidas. || *La tapa de los sesos,* el cráneo.

tapachulteco, ca adj. y s. De Tapachula (México).

tapacubos m. inv. Tapa metálica para cubrir el buje de la rueda.

tapadera f. Tapa de una vasija.

tapadismo m. *Méx.* Sistema consistente en no revelar el nombre del candidato en las elecciones presidenciales.

tapado, da adj. Cubierto. ||Aplícase a la mujer que se tapa con el manto o pañuelo para ocultar su rostro (u. t. c. s. f.). || *Arg.* y *Chil.* Dícese de la caballería que no tiene ninguna mancha en la piel (ú. t. c. s.). || — M. *Col.* Plato de comida de carne y plátanos que se asan en barbacoa. || *Amer.* Entierro, tesoro oculto. | Abrigo. || *Méx.* Presunto candidato cuyo nombre se guarda en secreto.

tápalo m. *Méx.* Chal o mantón.

tapar v. t. Cubrir: *tapar un agujero.* || *Fig.* Encubrir a alguien. || *Chil.* Empastar las muelas. || — V. pr. Cubrirse: *taparse la cabeza.*

tapara f. Fruto del taparo.

taparo m. *Amer.* Árbol parecido a la güira.

taparrabo o **taparrabos** m. Calzón corto que cubre sólo el bajo vientre.

tapatío, tía adj. y s. De Guadalajara (México).

tapera f. En América, ruinas de un pueblo o vivienda ruinosa.

tapete m. Alfombra pequeña. || Paño que se pone por adorno o protección encima de un mueble. || *Tapete verde,* mesa de juego de azar.

tapetí m. Roedor de Argentina.

tapia f. Pared.

tapiar v. t. Cercar con tapias.

tapicería f. Conjunto de tapices. || Lugar donde se hacen tapices. || Tela con que se cubren los sillones, los asientos de un coche, etc.

tapicero, ra m. y f. Persona que teje tapices. || Persona cuyo oficio consiste en tapizar muebles y paredes, poner cortinajes, alfombras, etc.

tapioca f. Fécula blanca de la raíz de la mandioca. || Sopa hecha con ella.

tapir m. Mamífero de Asia y América del Sur parecido al jabalí.

tapisca f. *Méx.* Cosechar el maíz.

tapiz m. Paño con que se adornan las paredes. || Alfombra.

tapizado, da adj. Cubierto de tapices. || — M. Acción y efecto de tapizar.

tapizar v. t. Cubrir las paredes con tapices. || *Fig.* Forrar las paredes o los sillones con tela. | Alfombrar.

tapón m. Objeto de corcho, plástico o cristal usado para tapar las botellas, frascos y otros recipientes de abertura. || Masa de hilas o algodón que se usa para limpiar una herida u obstruir un conducto. || *Fig.* Cosa que obstruye algo: *un tapón de cerumen en el oído.* | Aglomeración de vehículos que impide la circulación fluida. || En baloncesto, interceptación de la trayectoria del balón lanzado al cesto por un jugador contrario. || Volumen líquido que se inyecta en un pozo de petróleo cuando se realiza la perforación o cuerpo sólido cuya función es la de obstruir parcialmente el pozo. || *Fig.* y *fam.* Persona baja y rechoncha.

taponamiento m. Obstrucción con tapones. || Tapón de circulación.

taponar v. t. Cerrar con tapón.

taqué m. Vástago que transmite la acción del árbol de levas a las válvulas de un motor.

taquería f. *Méx.* Lugar donde se venden tacos para comer.

taquero, ra m. y f. *Méx.* Vendedor de tacos.

taquicardia f. Ritmo muy rápido de las contracciones cardiacas.

taquigrafía f. Escritura formada por signos convencionales que permite escribir a gran velocidad.

taquigrafiar v. t. Escribir taquigráficamente.

taquigráfico, ca adj. Relativo a la taquigrafía: *texto taquigráfico.*

taquígrafo, fa m. y f. Persona capaz de utilizar la taquigrafía.

taquilla f. Armario o casillero donde se guardan papeles, fichas, ropa, etc. || Casillero para billetes de ferrocarril, de teatro, etc. || Sitio donde se despachan los billetes y entradas. || *Fig.* Dinero recaudado con la venta de las entradas.

taquillero, ra m. y f. Persona encargada de vender los billetes en la taquilla del ferrocarril o de un espectáculo. || — Adj. *Fig.* Aplícase al artista o espectáculo que atrae mucho público.

taquimeca f. Taquimecanógrafa.

taquimecanografía f. Arte del taquimecanógrafo.

taquimecanógrafo, fa m. y f. Persona que escribe utilizando la taquigrafía y la mecanografía.

tara f. Peso del embalaje, vehículo transportador, etc., que se tiene que rebajar del de la mercancía. || Defecto: *tara hereditaria.*

taracea f. Obra de incrustaciones sobre madera.

tarado, da adj. y s. Que padece una tara física o psíquica.

tarambana adj. y s. Chalado.

tarantela f. Baile y música del sur de Italia.

tarántula f. Araña muy grande.

tarapaqueño, ña adj. y s. De Tarapacá (Chile).

tarar v. t. Determinar el peso de la tara: *tarar un género.*

tararear v. t. Canturrear.

tarareo m. Acción de tararear.

tarascada f. Mordisco. || Rasguño.

tarasco, ca adj. Dícese de un antiguo pueblo indio del NO. de México (Michoacán, Guanajuato y Querétaro). || Natural de este pueblo (ú. t. c. s.). || Relativo a él.

tardanza f. Retraso. || Lentitud.

tardar v. i. Emplear cierto tiempo en efectuar algo.

tarde f. Tiempo entre el mediodía y el anochecer: *las cuatro de la tarde.* || — Adv. A una hora avanzada del día o de la noche: *terminar tarde.* || Después de la hora o del momento normal o conveniente: *ha llegado tarde.* || — *Buenas tardes,* saludo que se emplea por la tarde. || *De tarde en tarde,* de vez en cuando.

tardecer v. i. Atardecer.

tardío, a adj. Que madura tarde: *trigo tardío.* || Que llega u ocurre tarde: *gloria tardía.* || Que se da más tarde de lo conveniente.

tardo, da adj. Lento.

tarea f. Labor, obra, trabajo. || Deberes de un colegial.

tarifa f. Escala de precios, derechos o impuestos.

tarifar v. t. Aplicar una tarifa.

tarificar v. t. Tarifar.

tarijeño, ña adj. y s. De Tarija (Bolivia).

tarima f. Plataforma movible de poca altura.

tarjeta f. Cartulina rectangular con el nombre de una persona y generalmente con su actividad y dirección: *tarjeta de visita.* || Cartulina que lleva impreso o escrito un aviso, permiso, invitación, etc.: *tarjeta comercial, de invitación.* || — *Tarjeta de crédito,* documento de un banco que permite a la persona a cuyo nombre está pueda pagar sin extender un cheque o sin abonar en metálico. || *Tarjeta perforada,* ficha de cartulina rectangular en que se registran, por medio de perforaciones, informaciones numéricas o alfabéticas. || *Tarjeta postal,* cartulina generalmente ilustrada por una cara que se suele mandar sin sobre.

tarquino, na adj. y s. *Arg.* Aplícase al animal vacuno de raza fina.

tarraconense adj. y s. De Tarragona (España).

tarrasense adj. y s. De Tarrasa (España).

tarreguense adj. y s. de Tárrega (España).

tarro m. Vasija cilíndrica de barro o vidrio: *un tarro de mermelada.* || *Arg.* Vasija de lata. || *Antill., Méx.* y *Urug.* Cuerno. || — Pl. *Arg. Fam.* Zapatos.

tarso m. Parte posterior del pie.

tarta f. Pastel.

tartajear v. i. Articular impropiamente las palabras.

tartajeo m. Mala articulación al hablar.

tartajoso, sa adj. Dícese de la persona que tartajea (ú. t. c. s.).

tartamudear v. i. Hablar con pronunciación entrecortada repitiendo las sílabas.

tartamudeo m. Pronunciación entrecortada de las palabras.

tartamudez f. Defecto del tartamudo.

tartamudo, da adj. Dícese de la persona que tartamudea (ú. t. c. s.).

tártaro, ra adj. y s. De Tartaria (Asia).

tartera f. Cazuela de barro.

taruga f. Especie de ciervo de América del Sur.

tarugo f. Pedazo de madera grueso y corto. || *Fig.* y *fam.* Zoquete, necio.

tarumá m. *Riopl.* Árbol verbenáceo.

tarumba adj. *Fam.* Aturdido.

tas m. Yunque pequeño.

tasa f. Tasación. || Documento en que se indica esta tasación. || Precio fijado oficialmente para ciertas mercancías: *tasa de importación.* || Medida, norma: *obrar sin tasa.* || Índice: *tasa de natalidad.*

tasación f. Estimación.

tasador, ra adj. Dícese de la persona que tasa (ú. t. c. s).

tasajo m. Cecina.

tasar v. t. Poner precio a una cosa: *tasar el pan.* || Valorar, estimar el valor de una cosa. || *Fig.* Restringir algo por prudencia o avaricia: *tasar la comida.*

tasca f. Taberna.

tasquear v. i. Ir de tascas.

tata f. Niñera. ||— M. *Fam. Amer.* Papá. | Tratamiento de respeto.

tatarabuelo, la m. y f. Padre o madre del bisabuelo o de la bisabuela.

tataranieto, ta m. y f. Hijo o hija del biznieto o de la biznieta.

tatarear v. t. Tararear.

tatito m. *Amer. Fam.* Tata, papá.

tato, ta m. y f. *Fam.* Nombre cariñoso que los niños dan al hermano o a la hermana mayor. ||— M. *Amer.* Apelativo cariñoso dado para llamar al padre. | Nombre dado a algunas personas como tratamiento de respeto. || *El Tato,* término de comparación ponderativo: *eso lo sabe hasta el Tato.*

tatole m. *Méx. Fam.* Acuerdo.

tatú m. Mamífero desdentado de América tropical.

tatuaje m. Impresión de dibujos en la piel humana.

tatuar v. t. Imprimir en la piel, debajo de la epidermis, dibujos.

tatuso, sa adj. *Amer.* Dícese de la persona que le gusta mucho callejear. ||— F. *Arg.* Mujerzuela.

tau f. Decimonovena letra del alfabeto griego (τ) equivalente a la *t* castellana.

taula f. Monumento megalítico de Baleares (España) consistente en una gran losa apoyada en otra.

taumaturgia f. Facultad de hacer prodigios.

taumaturgo, ga m. y f. Persona capaz de hacer milagros.

taurino, na adj. Relativo a las corridas de toros: *fiestas taurinas.*

tauromaquia f. Arte de lidiar los toros, toreo.

tautología f. Pleonasmo.

taxáceo, a adj. y s. f. Aplícase a unas plantas coníferas como el tejo. ||— F. pl. Familia que forman.

taxativo, va adj. Limitado al sentido preciso de un término.

taxi m. Automóvil de alquiler.

taxidermista com. Disecador.

taxímetro m. Contador que en los automóviles de alquiler marca la distancia recorrida y el importe del servicio. || Taxi.

taxista com. Conductor de taxi.

taxonomía f. Parte de la historia natural que trata de la clasificación de los seres.

taxqueño, ña adj. y s. De Taxco (México).

taylorizar v. t. Aplicar el sistema establecido por Taylor para organizar racionalmente el trabajo con objeto de aumentar el rendimiento.

taza f. Vasija con asa que sirve para beber. || Pila de las fuentes. || Recipiente de un retrete. || Pieza cóncava del puño de la espada.

tazón m. Taza grande.

Tb, símbolo químico del *terbio.*

Tc, símbolo químico del *tecnecio.*

te f. Nombre de la letra *t.*

té m. Arbusto con cuyas hojas se hace una infusión en agua hirviente. || Esta infusión. || Reunión por la tarde en la que se suele servir esta infusión. || *Té de los jesuitas* o *del Paraguay,* mate.

Te, símbolo químico del *telurio.*

tea f. Antorcha.

teatral adj. Relativo al teatro.

teatro m. Edificio destinado a la representación de obras dramáticas y de otros espectáculos. || Profesión de actor. || Literatura dramática: *el arte del teatro.* || Conjunto de obras dramáticas: *el teatro de Lope.* || Lugar de un suceso, escenario: *el teatro de la batalla.*

tebeo m. Revista infantil con historietas ilustradas con dibujos.

teca f. Árbol verbenáceo.

tecali m. Alabastro de colores vivos procedente de Tecali (México).

techado m. Tejado.

techar v. t. Poner techo.

techo m. Parte interior y superior de un edificio, de un aposento o de un vehículo. || Tejado: *techo de pizarras.* || *Fig.* Casa, domicilio, hogar: *el techo familiar.* | Altura máxima, tope.

techumbre f. Cubierta de un edificio.

tecla f. Cada una de las piezas que se pulsan con los dedos para accionar las palancas que hacen sonar un instrumento músico o hacen funcionar otros aparatos: *tecla de piano, de máquina de escribir.*

teclado m. Conjunto de teclas.

teclear v. i. Pulsar las teclas.

tecleño, ña adj. y s. De Santa Tecla (El Salvador).

tecleo m. Acción de teclear.

tecnecio m. Elemento químico (Tc) de número atómico 43.

técnica f. Conjunto de procedimientos propios de un arte, ciencia u oficio. || Habilidad con que se utilizan esos procedimientos: *pintor con mucha técnica.* || *Fig.* Método, habilidad, táctica.

tecnicidad f. Carácter técnico.

tecnicismo m. Carácter técnico. || Palabra técnica.

técnico, ca adj. Relativo a las aplicaciones prácticas de las ciencias y las artes: *instituto técnico.* ||— M. y. f. Especialista que conoce perfectamente la técnica de una ciencia, arte u oficio.

tecnocracia f. Predominio de la influencia de los técnicos.

tecnócrata m. y f. Partidario de la tecnocracia. || Estadista o alto funcionario que, en su gestión, hace prevalecer la eficacia sobre los factores sociales, ideológicos o políticos.

tecnología f. Conjunto de los instrumentos, procedimientos y métodos empleados en las distintas ramas industriales.

tecnológico, ca adj. Relativo a la tecnología.

tecnólogo, ga m. y f. Técnico.

tecol m. Gusano del maguey.

tecolines m. pl. *Fam. Méx.* Dinero.

tecolote m. *Hond.* y *Méx.* Búho.

tecomate m. *Amér. C.* Vasija hecha en una calabaza. || *Méx.* Recipiente de barro del tamaño de una honda.

tecpaneca adj. Decíase de un pueblo indio del valle de México. || Natural de este pueblo (ú. t. c. s.).

tectónico, ca adj. Relativo a la estructura de la corteza terrestre. || — F. Parte de la geología que trata de dicha estructura.

tedéum m. Cántico católico de acción de gracias.

tedio m. Aburrimiento, hastío.

tedioso, sa adj. Aburrido.

tegucigalpense adj. y s. De Tegucigalpa (Honduras).

tegumento m. Membrana que envuelve algunas partes de los vegetales. || Tejido que cubre el cuerpo del animal (piel, plumas, etc.) o alguna de sus partes internas.

tehuano, na adj. y s. De Tehuantepec (México).

tehuelche adj. Dícese de un indio nómada y cazador de Patagonia cuyo pueblo está prácticamente extinguido (ú. t. c. s.). Se llama también *patagón*. || Relativo a estos indios. || — M. Lengua que hablaban.

teja f. Pieza de barro cocido o de cualquier otro material en forma de canal con que se cubren los tejados. || *Fam*. Sombrero de los eclesiásticos. || *Fig. A toca teja*, al contado.

tejado m. Parte superior y exterior de un edificio cubierta por tejas.

tejano, na adj. y s. De Tejas (Estados Unidos). || — M. Pantalón vaquero.

tejar v. t. Poner tejas.

tejemaneje m. Intriga, lío.

tejer v. t. Entrelazar regularmente hilos para formar un tejido, trencillas, esteras, etc. || Formar su tela la araña, el gusano de seda, etc. || *Fig*. Preparar cuidadosamente, tramar: *tejer una trampa*. | Construir poco a poco, labrar: *él mismo tejió su ruina*. || *Amer*. Intrigar. | Hacer punto.

tejeringo m. Churro.

tejido m. Acción de tejer. || Textura de una tela. || Cosa tejida, tela: *tejido de punto*. || Agrupación de células, fibras y productos celulares que constituyen un conjunto estructural: *en el organismo hay tejidos adiposo, cartilaginoso, conjuntivo, epitelial, fibroso, linfático, muscular, nervioso, óseo*. || *Fig*. Serie, retahíla: *un tejido de embustes*.

tejo m. Trozo redondo de varias materias que sirve para jugar.

tejocote m. *Méx*. Planta rosácea de fruto semejante a la ciruela.

tejolote m. *Méx*. Mano de piedra del almirez.

tejón m. Mamífero carnicero plantígrado. || *Amer*. Mapache o coendú.

tela f. Tejido de muchos hilos entrecruzados: *tela de lino*. || Película que se forma en la superficie de un líquido como la leche. || Especie de red que forman algunos animales con los filamentos que elaboran: *tela de araña*. || Nube del ojo. || Lienzo, cuadro. || *Fig*. Materia: *hay tela para rato*. || *Fam*. Dinero, cuartos. || — *Poner en tela de juicio*, examinar o discutir una cosa sobre la cual existe una duda. || *Fam. Tela de todo*, en gran cantidad. || *Tela metálica*, malla de alambre.

telar m. Máquina para tejer.

telaraña f. Tela que teje la araña. || *Fig*. Defecto en la vista que hace ver las cosas poco claras.

tele f. *Fam*. Televisión. | Televisor.

telecomunicación f. Emisión, transmisión o recepción de signos, señales, imágenes, sonidos o infor-

maciones de todas clases por hilo, radioelectricidad, medios ópticos, etcétera (ú. m. en pl.).

telecontrol m. Telemando.

teledetección f. Acción y efecto de descubrir a distancia.

telediario m. Diario televisado.

teledifusión f. Difusión por televisión.

teledirección f. Telemando.

teledirigido, da adj. Dirigido a distancia.

teledirigir v. t. Dirigir un vehículo a distancia.

teleférico m. Medio de transporte de personas o mercancías constituido por una cabina y uno o varios cables aéreos por donde se desliza la misma.

telefonazo m. Llamada telefónica.

telefonear v. i. Llamar por teléfono. || — V. t. Decir algo por teléfono.

telefonía f. Sistema de telecomunicaciones para la transmisión de la palabra.

telefónico, ca adj. Relativo al teléfono o a la telefonía. || — F. Compañía Telefónica y edificio donde está.

telefonista com. Persona encargada de las conexiones telefónicas.

teléfono m. Instrumento que permite a dos personas, separadas por cierta distancia, mantener una conversación. || Número que tiene cada persona asignado a su aparato.

telegénico, ca adj. Que sale favorecido en la televisión.

telegestión f. Gestión a distancia mediante teleproceso.

telegrafía f. Sistema de telecomunicación para la transmisión de mensajes escritos o documentos por medio de un código de señales o por otros medios adecuados.

telegrafiar v. t. Transmitir por telégrafo. || — V. i. Mandar un telegrama.

telegráfico, ca adj. Relativo al telégrafo o a la telegrafía.

telegrafista com. Persona encargada de la transmisión manual y de la recepción de telegramas.

telégrafo m. Dispositivo para la transmisión rápida a distancia de las noticias, despachos, etc.

telegrama m. Despacho transmitido por telégrafo. || Papel en que está este despacho.

teleguiar v. t. Teledirigir.

teleimpresor m. Teletipo.

teleinformática f. Informática que utiliza las telecomunicaciones para transportar las informaciones.

telele m. *Fam*. Soponcio.

telemando m. Dirección a distancia de una maniobra mecánica. || Sistema que permite efectuarla. || Aparato o mecanismo utilizado para el mando automático a distancia.

telemática f. Conjunto de las técnicas y servicios que combinan las telecomunicaciones y la informática.

telémetro m. Instrumento óptico que permite medir la distancia que separa un punto de otro alejado del primero.

teleobjetivo m. Objetivo para fotografiar objetos lejanos.

teleósteo adj. Aplícase a los peces que tienen esqueleto óseo, opérculos que protegen las branquias y escamas delgadas, como la carpa, la trucha, la sardina (ú. t. c. s. m.).

telépata adj. y s. Que practica la telepatía.

telepatía f. Transmisión directa del pensamiento entre dos personas alejadas una de otra.

teleproceso m. Técnica de tratamiento de la información que consiste en transmitir los datos a un ordenador, situado a gran distancia, por medio de líneas telefónicas o telegráficas o por haces hertzianos.

telera f. Travesaño de madera o metal que une el dental a la cama del arado o al timón. || Pan de forma oval.

telescópico, ca adj. Relativo al telescopio. || Que sólo se ve con la ayuda del telescopio. || Aplícase al objeto cuyos elementos encajan o empalman unos en otros: *antena telescópica.*

telescopio m. Anteojo para observar los astros.

telespectador, ra m. y f. Persona que mira la televisión.

telesquí m. Dispositivo teleférico que permite a los esquiadores subir a un sitio elevado con los esquís.

teletipia f. Telecomunicación telegráfica o radiotelegráfica para transmitir un texto mecanografiado.

teletipo m. Aparato telegráfico en el que los textos pulsados en un teclado aparecen automática y simultáneamente escritos en el otro extremo de la línea. || Texto así transmitido.

teletratamiento m. Teleproceso.

televidente m. y f. Telespectador.

televisado, da adj. Transmitido por televisión.

televisar v. t. Transmitir por televisión.

televisión f. Transmisión por ondas eléctricas de imágenes de objetos fijos o móviles, de escenas animadas. || Conjunto de servicios encargados de llevar a cabo estas transmisiones. || *Televisión por cable,* transmisión de imágenes de televisión por cables que enlazan la estación emisora con cierto número de receptores cuyos propietarios están abonados a los productores de este sistema.

televisivo, va o **televisual** adj. Relativo a la televisión o propio para ser televisado.

televisor m. Receptor de televisión.

télex m. Sistema de comunicación por teletipo. || Despacho así transmitido.

telón m. Lienzo grande pintado que se pone en el escenario de un teatro. || *Méx.* Acertijo. || *Fig. Telón de acero,* frontera que separa las democracias populares orientales de Europa occidental.

telonero, ra adj. Dícese del artista de menos importancia que empieza la función (ú. t. c. s.). || Aplícase al partido deportivo o combate de boxeo que precede a otro más importante.

telson m. Último anillo que tienen los artrópodos en el abdomen.

telúrico, ca adj. De la Tierra.

telurio m. Cuerpo simple sólido (Te), de número atómico 52.

tema m. Asunto o materia sobre el cual se habla, se escribe.

temático, ca adj. Relativo al tema.

temazcal m. Baño de vapor de los antiguos mexicanos.

tembetá m. *Arg.* Palillo que se ensartan algunos indios en el labio inferior.

tembladera f. Tembleque, temblor: *le dio una tembladera.* || Torpedo, pez. || Planta gramínea. ||

Amer. Tremedal. || *Arg.* Enfermedad que ataca a los animales en los Andes.

temblar v. i. Estremecerse, agitarse involuntariamente con pequeños movimientos convulsivos frecuentes: *temblar de frío.* || Estar agitado de pequeñas oscilaciones: *el suelo tiembla.* || Vacilar: *temblar la voz.* || *Fig.* Tener mucho miedo: *temblar como un azogado.*

temblor m. Movimiento del o de lo que tiembla: *temblor de manos.* || *Temblor de tierra,* terremoto.

tembloroso, sa adj. Que tiembla.

temer v. t. Tener miedo: *temer a sus padres.* || Respetar: *temer a Dios.* || Sospechar con cierta inquietud. Ú. t. c. pr.: *me temo que venga.* || Recelar un daño: *temer el frío.* || — V. i. Sentir temor.

temerario, ria adj. Que actúa con temeridad: *joven temerario.*

temeridad f. Acción temeraria.

temeroso, sa adj. Con temor.

temible adj. Que da miedo.

temolote m. *Méx.* Piedra para moler los ingredientes del chilmole.

temor m. Aprensión ante lo que se considera peligroso o molesto.

témpano m. Pedazo plano de una cosa dura: *témpano de hielo.*

temperamental adj. Del temperamento.

temperamento m. Manera de ser.

temperante adj. y s. Que tempera.

temperar v. t. Volver más templado. || Moderar. || Calmar.

temperatura f. Grado de calor. || Fiebre, calentura.

temperie f. Estado del tiempo.

tempestad f. Gran perturbación de la atmósfera caracterizada por lluvia, granizo, truenos, descargas eléctricas, etc.: *el tiempo amenaza tempestad.* || Perturbación de las aguas del mar causada por la violencia de los vientos. || *Fig.* Turbación del alma. | Explosión repentina, profusión: *tempestad de injurias.* | Agitación, disturbio: *tempestad revolucionaria.*

tempestuoso, sa adj. Que causa tempestades o está expuesto a ellas.

tempisque m. Planta de México.

templado, da adj. Moderado en sus apetitos: *persona templada.* || Ni frío ni caliente: *clima templado.* || Hablando de un instrumento, afinado.

templanza f. Virtud cardinal que consiste en moderar los apetitos, pasiones. || Sobriedad, moderación.

templar v. t. Moderar: *templar las pasiones.* || Moderar la temperatura de una cosa, en particular la de un líquido: *templar el agua de una bañera.* || Suavizar la luz, el color. || Endurecer los metales o el cristal sumergiéndolos en un baño frío: *acero templado.* || *Fig.* Mezclar una cosa con otra para disminuir su fuerza. | Aplacar: *templar la ira, la violencia.* || Afinar un instrumento músico: *templar un violín.* || — V. i. Suavizarse: *ha templado el tiempo.* || — V. pr. Moderarse.

templario m. Miembro de una antigua orden militar de caballería religiosa.

temple m. Endurecimiento de los metales y del vidrio por enfriamiento rápido. || Temperatura. || *Fig.* Humor: *estar de buen temple.* || Firmeza, energía: *tener temple de acero.* || Armonía que hay entre varios instrumentos músicos. ‖ *Pintura al temple,* la hecha con colores desleídos en clara o yema de huevo, miel o cola.

templete m. Pabellón o quiosco.

templo m. Edificio público destinado a un culto.

temporada f. Espacio de tiempo de cierta duración: *hace una temporada que no te veo.* ‖ Estancia en un sitio: *pasé una temporada en Francia.* ‖ Época: *temporada teatral.* ‖ Momento del año en que hay más turistas, más demanda: *tarifa de fuera de temporada.*

temporal adj. Que no es eterno: *vida temporal.* ‖ Relativo a las cosas materiales: *bienes temporales.* ‖ Que no es duradero: *empleo temporal.* ‖ *Anat.* De las sienes: *músculos, arterias temporales.* ‖ — M. Tempestad. ‖ Tiempo de lluvia persistente. ‖ Obrero temporero.

temporalizar v. t. Convertir en temporal lo eterno o espiritual.

témporas f. pl. Tiempo de ayuno prescrito por la Iglesia católica.

temporero, ra adj. y s. Que desempeña temporalmente un oficio.

temprano, na adj. Adelantado, anticipado al tiempo ordinario: *frutas tempranas.* ‖ — Adv. Antes de lo previsto: *venir muy temprano.* ‖ En las primeras horas del día o de la noche: *acostarse temprano.* ‖ En tiempo anterior al acostumbrado: *almorzar temprano.*

temuquense adj. y s. De Temuco (Chile).

tenacidad f. Calidad de tenaz.

tenacillas f. pl. Tenazas pequeñas: *tenacillas de rizar.* ‖ Pinzas.

tenaz adj. Que resiste a la ruptura o a la deformación: *metal tenaz.* ‖ Difícil de extirpar o suprimir: *prejuicios tenaces.* ‖ *Fig.* Firme. ‖ Perseverante, obstinado: *persona tenaz.*

tenaza f. Instrumento de metal compuesto de dos brazos articulados en un eje para asir o apretar.

tencolote m. *Méx.* Jaula de aves.

tendedero m. Lugar donde se tienden algunas cosas.

tendencia f. Fuerza que dirige un cuerpo hacia un punto. ‖ Fuerza que orienta la actividad del hombre hacia un fin determinado: *tendencia al bien.* ‖ *Fig.* Dirección, orientación de un movimiento.

tendencioso, sa adj. Que tiende hacia un fin determinado.

tendente adj. Que tiende a algo.

tender v. t. Desdoblar, desplegar. ‖ Alargar, extender: *tender la mano.* ‖ Echar y extender algo por el suelo. ‖ Colgar o extender la ropa mojada para que se seque. ‖ Echar: *tender las redes.* ‖ Instalar entre dos o más puntos: *tender un puente, una línea eléctrica.* ‖ Disponer algo para coger una presa: *tender una emboscada.* ‖ — V. i. Encaminarse a un fin determinado: *tender a la acción.* ‖ — V. pr. Tumbarse, acostarse. ‖ Encamarse las mieses.

ténder m. Vagón que sigue la locomotora y lleva combustible y agua.

tenderete m. *Fam.* Tenducha.

tendero, ra m. y f. Comerciante que vende al por menor o que tiene una tienda.

tendido m. Instalación: *el tendido de un cable.* ‖ En las plazas de toros, gradería próxima a la barrera.

tendón m. Haz de fibras conjuntivas que une los músculos a los huesos.

tenducha f. y **tenducho** m. Tienda de mal aspecto y pobre.

tenebrosidad f. Calidad de tenebroso.

tenebroso, sa adj. Sombrío, negro.

tenedor, ra m. y f. Persona que posee o tiene una cosa. ‖ Persona que posee legítimamente una letra de cambio u otro valor endosable. ‖ — M. Utensilio de mesa con varios dientes que sirve para comer alimentos sólidos. ‖ Signo que tiene esta figura y que se emplea para señalar la categoría de un restaurante según el número indicado: *lo llevé a almorzar a un restaurante de tres tenedores.* ‖ *Tenedor de libros,* persona encargada de los libros de contabilidad en una casa de comercio.

teneduría f. Cargo y oficina del tenedor de libros.

tenencia f. Posesión.

teneño, ña adj. y s. De Tena (Ecuador).

tener v. t. Poseer: *tener dinero.* ‖ Sentir: *tener hambre.* ‖ Mantener asido: *tener el sombrero en la mano.* ‖ Contener o comprender en sí: *México tiene varios millones de habitantes.* ‖ Ser de cierto tamaño: *tener dos metros de largo.* ‖ Mantener: *el ruido me ha tenido despierto toda la noche.* ‖ Padecer, sufrir: *tenía un miedo atroz; tengo mucho frío; tengo hambre; tenía gran vergüenza de hacer tal cosa.* ‖ Querer decir tiempo, edad: *ya tengo muchos años para hacer tales tonterías.* ‖ Pasar: *tener muy buen día.* ‖ Celebrar: *tener una asamblea.* ‖ Ocuparse de algo: *tener los libros, la caja.* ‖ Considerar: *tener a uno por inteligente.* ‖ Como auxiliar y seguido de la preposición de o la conjunción *que,* más el infinitivo de otro verbo, indica estar obligado a: *tengo que salir.* ‖ — *Tener a bien,* juzgar conveniente; tener la amabilidad de. ‖ *Tener a menos,* despreciar. ‖ *Tener en cuenta,* tomar en consideración. ‖ *Tener parte en,* participar en. ‖ *Tener presente una cosa,* recordarla. ‖ *Tener que ver,* existir alguna relación o semejanza entre las personas o cosas. ‖ — V. i. Ser rico, adinerado. ‖ — V. pr. Mantenerse: *tenerse en pie.* ‖ Considerarse: *tenerse por muy simpático.* ‖ Detenerse: *¡tente!*

tenería f. Curtiduría.

tenia f. Gusano platelminto parásito del intestino delgado.

tenida f. Sesión, reunión.

teniente adj. Que tiene o posee. ‖ — M. El que actúa como sustituto. ‖ *Mil.* Oficial de grado inmediatamente inferior al de capitán.

tenis m. Deporte en que los adversarios, provistos de una raqueta y separados por una red, se lanzan la pelota de un campo a otro. ‖ Espacio dispuesto para este deporte. ‖ *Tenis de mesa,* juego parecido al tenis y practicado en una mesa, que recibe también el nombre de *ping-pong.*

tenista com. Jugador de tenis.

tenor m. Constitución de una cosa. ‖ Texto literal de un escrito. ‖ *Mús.* Voz media entre contralto y barítono, y hombre que tiene esta voz. ‖ *A tenor,* por el estilo.

tenorio m. *Fam.* Seductor.

tensar v. t. Poner tenso.

tensión f. Estado de un cuerpo estirado: *la tensión de un muelle.* ‖ Presión de un gas. ‖ *Electr.* Diferencia de potencial. ‖ *Fig.* Tirantez, situación que puede llevar a una ruptura o a un conflicto: *tensión* entre dos Estados. || *Tensión arterial,* presión de la sangre en las arterias.

tenso, sa adj. En tensión.

tentación f. Sentimiento de atracción hacia una cosa prohibida. || Deseo.

tentacular adj. De los tentáculos: *apéndices tentaculares.*

tentáculo m. Cada uno de los apéndices móviles y blandos que tienen muchos moluscos, crustáceos, etc., y que les sirven como órganos táctiles o de aprehensión.

tentadero m. Sitio o corral cerrado donde se hace la tienta de toros. || Tienta de toros o becerros.

tentador, ra adj. Que tienta (ú. t. c. s.).

tentar v. t. Palpar o tocar. || Inducir a la tentación, seducir, atraer. || Intentar, tratar de realizar. || Hacer una tienta de toros.

tentativa f. Intento.

tentemozo m. Puntal.

tentempié m. Refrigerio.

tenue adj. Delicado, muy delgado. || De poca importancia. || Débil.

teñido m. Acción y efecto de teñir.

teñir v. t. Cambiar el color de una cosa o dar color a lo que no lo tiene: *teñir el pelo* (ú. t. c. pr.). || Rebajar un color con otro.

teocali m. Templo antiguo mexicano: *el teocali de Tenochtitlan.*

teocote m. Planta de México cuya raíz empleaban los aztecas como incienso en sus ceremonias religiosas.

teocracia f. Gobierno ejercido por el clero.

teodicea f. Conocimiento de Dios por la teología natural.

teodolito m. Instrumento de geodesia para medir ángulos.

teologal adj. Relativo a la teología. || *Virtudes teologales:* fe, esperanza y caridad.

teología f. Ciencia que estudia la religión y las cosas divinas.

teológico, ca adj. De la teología.

teólogo, ga m. y f. Persona que se dedica a la teología.

teopacle m. *Méx.* Ungüento sagrado de los sacerdotes aztecas.

teorema m. Proposición científica que puede ser demostrada.

teoría f. Conocimiento especulativo puramente racional, opuesto a *práctica.* || Conjunto de las reglas y leyes organizadas sistemáticamente que sirven de base a una ciencia y explican cierto orden de hechos: *teoría de la combustión.* || Conjunto sistematizado de ideas sobre una materia: *teoría económica.* || *Fig.* Serie: *una larga teoría de conceptos.*

teórico, ca adj. Relativo a la teoría. || — M. y f. Persona que conoce los principios de un arte o ciencia. || — F. Teoría.

teorización f. Acción y efecto de teorizar.

teorizador, ra adj. Que teoriza (ú. t. c. s.).

teorizante adj. Que teoriza (ú. t. c. s.).

teorizar v. t. Tratar una materia sólo teóricamente (ú. t. c. i.).

teotihuacano, na adj. y s. De San Juan de Teotihuacan (México).

tepache m. *Méx.* Bebida fermentada hecha con jugo de caña o piña, a veces pulque, y azúcar.

tepalcate m. *Méx.* Tiesto de barro.

tepantechuatzin m. Sacerdote azteca que vigilaba las escuelas.

tepeaqués, esa adj. y s. De Tepeaca (México).

tepeizcuinte m. *Méx.* Paca.

tepemechín m. *Amér. C.* Pez de río de carne muy apreciada.

tepetate m. *Méx.* Roca que se emplea en la construcción.

tepiqueño, ña adj. y s. De Tepic (México).

teponascle m. *Méx.* Árbol cuya madera se emplea en construcción. | Instrumento de percusión de madera.

tepozteco, ca adj. y s. De Tepoztlán (México).

tequense adj. y s. De Los Teques (Venezuela).

tequila m. *Méx.* Aguardiente extraído de una especie de maguey.

terapeuta com. Médico que estudia particularmente la terapéutica.

terapéutica f. Parte de la medicina que estudia el tratamiento de las enfermedades.

terapéutico, ca adj. Relativo al tratamiento de las enfermedades.

terapia f. Tratamiento de las enfermedades.

terbio m. Metal del grupo de las tierras raras (Tb), de número atómico 65.

tercer adj. Apócope de *tercero: éste es el tercer viaje que hago.*

tercero, ra adj. y s. Que sigue en orden al segundo: *Víctor es el tercero de la clase.* || Que sirve de mediador: *servir de tercero en un pleito.* || — M. Alcahuete. || Persona ajena a un asunto: *causar daño a un tercero.* || El tercer piso: *vivo en el tercero.* || El tercer curso de un colegio, liceo o academia.

tercerón, ona adj. Dícese del hijo o hija de blanco y mulata o viceversa (ú. t. c. s.).

terceto m. Combinación métrica de tres versos endecasílabos. || *Mús.* Composición para tres voces o instrumentos. | Conjunto de tres cantantes o tres músicos, trío.

tercianas f. pl. Fiebre intermitente.

terciar v. t. Poner una cosa atravesada diagonalmente: *terciar el fusil.* || Dividir en tres partes. || *Amer.* Aguar: *terciar un líquido.* || — V. i. Mediar en una discusión, ajuste, etc. || Participar en una cosa. || — V. pr. Ocurrir: *terciarse la oportunidad.*

terciario, ria adj. Tercero. || Aplícase a la era anterior a la cuaternaria, caracterizada por grandes movimientos tectónicos (ú. t. c. s. m.). || Dícese de la actividad económica que comprende el transporte, comunicaciones, comercio, administración, espectáculos (ú. t. c. s. m.).

tercio, cia adj. Tercero. || — M. Tercera parte. || Nombre de los regimientos españoles de infantería de los s. XVI y XVII: *los tercios de Flandes.* || Legión: *tercio de extranjeros.* || *Taurom.* Cada una de las tres partes concéntricas en que se divide el ruedo. | Cada una de las tres partes de la lidia: *tercio de banderillas.*

terciopelo m. Tela de algodón velluda por una de sus dos caras.

terco, ca adj. Obstinado.

terebinto m. Arbusto que produce trementina blanca olorosa.

tereré m. *Arg.* Bebida hecha con mate y otras hierbas.

teresiano, na adj. Relativo a Santa Teresa de Jesús.

tergal m. Nombre comercial de un hilo, fibra o tejido de poliéster.

tergiversación f. Falsa interpretación.

tergiversador, ra adj. y s. Que interpreta errónea-mente.

tergiversar v. t. Deformar la realidad o el sentido de algo.

termal adj. Relativo a las termas.

termas f. pl. Caldas, baños calientes de aguas medicinales.

termes m. Comején.

termia f. Cantidad de calor necesaria para elevar en un 1 °C la temperatura de una tonelada de agua tomada a 14,5 °C, bajo la presión atmosférica normal (símb. th): *una termia equivale a un millón de calorías.*

térmico, ca adj. Calorífico. || *Central térmica,* fábrica productora de energía eléctrica mediante la energía térmica de combustión.

terminación f. Final.

terminal adj. Final, último, que pone término. || Que está en el extremo de cualquier parte de la planta: *yema terminal.* || — M. *Electr.* Extremo de un conductor que facilita las conexiones. || Unidad periférica de un ordenador, generalmente situada a cierta distancia de éste, capaz de recibir resultados y respuestas y de transmitir datos o instrucciones. || — F. En el casco urbano, sitio a donde llegan y de donde salen los autocares que hacen el empalme entre la ciudad y el aeropuerto.

terminante adj. Concluyente.

terminar v. t. Poner fin: *terminó su carta con una frase muy amable.* || Llevar a su término: *terminar la obra empezada.* || — V. i. Llegar a su fin. || Reñir: *estos novios han terminado.* || — V. pr. Encaminarse a su fin.

término m. Punto en que acaba algo: *término de un viaje.* || Objetivo, fin. || Expresión, palabra: *términos groseros.* || Territorio contiguo a una población: *término municipal.* || Plazo determinado: *en el término de un mes.* || Elemento, componente de un conjunto: *analizar por término la argumentación de los oponentes a un plan o proyecto.* || Cada una de las partes de una proposición o silogismo. || *Mat.* Cada una de las cantidades que componen una relación, una suma o una expresión algebraica: *términos de la fracción.* || Punto final de una línea de transporte. || — Pl. Relaciones: *está en malos términos con sus padres.*

terminología f. Conjunto de términos de una profesión o ciencia.

términus m. (pal. lat.). Punto final de una línea de transporte.

termita m. Comején.

termitero m. Nido de termes.

termo y **termos** m. Vasija aislante en la que los líquidos conservan su temperatura durante mucho tiempo.

termodinámica f. Parte de la física que trata de las relaciones entre los fenómenos mecánicos y caloríficos.

termoelectricidad f. Conjunto de los fenómenos reversibles de transformación directa de la energía térmica en energía eléctrica y viceversa. || Electricidad producida por la combustión del carbón, del gas, de los hidrocarburos, del uranio o del plutonio. || Parte de la física que estudia esta energía.

termología f. Estudio de los fenómenos en los que intervienen el calor o la temperatura.

termómetro m. Instrumento para medir la temperatura.

termonuclear adj. Aplícase a las reacciones nucleares, entre elementos ligeros, realizadas gracias al empleo de temperaturas de millones de grados. || *Bomba termonuclear,* la atómica, llamada también *bomba de hidrógeno* o *bomba H,* fabricada entre 1950 y 1954 y realizada por la fusión del núcleo de los átomos ligeros, tales como el hidrógeno, cuyo efecto es mil millones de veces mayor que el de la bomba A de 1945. (Su potencia se mide en megatones.)

termos m. Termo.

termostato m. Aparato que mantiene constante una temperatura en el interior de un recinto. || Sistema automático en que cada maniobra es función de la temperatura.

terna f. Conjunto de tres personas propuestas para un cargo.

ternario, ria adj. Compuesto de tres elementos: *compuesto ternario.*

ternera f. Cría hembra de la vaca. || Carne de ternera.

ternero m. Cría macho de la vaca. || *Ternero recental,* el de leche.

terneza f. Ternura.

ternilla f. Tejido cartilaginoso de los animales vertebrados.

terno m. Conjunto de tres cosas de una misma especie. || Pantalón, chaleco y chaqueta hechos de la misma tela: *un terno azul.* || Voto, juramento: *echar ternos.*

ternura f. Sentimiento de amor, cariño o profunda amistad.

tero m. *Arg.* Terutero.

terquedad f. Obstinación.

terracota f. Escultura de barro.

terrado m. Azotea.

terraja f. Instrumento para labrar las roscas de los tornillos.

terramicina f. Antibiótico poderoso que se saca de un hongo.

terranova m. Perro de pelo oscuro.

terraplén m. Macizo de tierra con que se rellena un hueco o que se levanta para hacer una plataforma que servirá de asiento a una carretera, vía, construcción, etc.

terrateniente com. Propietario de tierras o fincas rurales extensas.

terraza f. Azotea. || Parte de la acera a lo largo de un café o bar donde se colocan mesas y sillas. || Bancal, terreno cultivado en forma de grada. || *Fam.* Cabeza.

terrazo m. Suelo de baldosas.

terremoto m. Movimiento o sacudida de la corteza terrestre.

terrenal adj. De la Tierra.

terreno, na adj. Terrestre: *la vida terrena.* || — M. Porción más o menos grande de la corteza terrestre de cierta época, cierta naturaleza o cierto origen: *terreno aurífero.* || Espacio de tierra: *terreno para edificar.* || Lugar donde se disputa un partido: *terre-*

TE

no de deportes. || *Fig.* Campo, sector: *en el terreno político.* || *Vehículo todo terreno*, el capaz de circular por carretera y por diferentes terrenos, jeep, campero.

térreo, a adj. De tierra.

terrestre adj. Relativo a la Tierra: *la esfera terrestre.* || Que vive o se desarrolla en la Tierra: *planta, transporte terrestre.* || — Com. Habitante de la Tierra.

terrible adj. Espantoso.

terrícola adj. Que vive en la Tierra (ú. t. c. s.).

terrier m. Raza de perros de caza.

territorial adj. Del territorio. || *Aguas territoriales* o *mar territorial*, zona marítima que bordea las costas de un Estado y que está sometida a la autoridad de éste.

territorialidad f. Condición de lo que está en el territorio de un Estado.

territorio m. Extensión de tierra que depende de un Estado, una ciudad, una jurisdicción, etc. || Demarcación sujeta al mando de un gobernador designado por el jefe del Estado: *el Territorio de Tierra del Fuego.*

terrón m. Masa pequeña de tierra compacta o de otras sustancias: *eché en el café dos terrones de azúcar.*

terror m. Miedo grande. || Persona o cosa que infunde este sentimiento.

terrorífico, ca adj. Que infunde terror.

terrorismo m. Intento de dominación por el terror: *el terrorismo hitleriano.* || Lucha violenta ejercida por grupos extremistas para crear un clima de inseguridad o para derribar al gobierno de un país.

terrorista adj. Relativo al terrorismo. || — Com. Partidario o participante en actos de terrorismo.

terruño m. País natal.

terso, sa adj. Limpio, claro. || Resplandeciente. || Liso, sin arrugas.

tersura f. Resplandor. || Lisura.

tertulia f. Reunión de personas para hablar, discutir.

terutero o **teruteru** m. *Arg.* Ave zancuda de color blanco.

tesauro m. Diccionario. || Antología.

tesina f. Tesis de menos importancia que la doctoral que se presenta para obtener la licenciatura.

tesis f. Proposición que se apoya con razonamientos: *no consiguió defender su tesis.* || Disertación escrita sobre una materia para doctorarse.

tesitura f. Estado de ánimo.

tesla m. Unidad de inducción magnética (símb. T).

tesón m. Tenacidad.

tesonería f. Perseverancia.

tesonero, ra adj. Tenaz.

tesorería f. Empleo y oficina del tesorero.

tesorero, ra m. y f. Persona encargada de recaudar y distribuir los capitales de una persona o entidad.

tesorizar v. t. Atesorar.

tesoro m. Conjunto de dinero, alhajas u otras cosas de valor que se guarda en un sitio seguro: *el tesoro de un banco.* || Sitio donde se guarda. || Cosas de valor que han sido escondidas y que uno encuentra por casualidad. || Erario público. || Tesauro, diccionario. || *Fig.* Persona o cosa que se quiere mucho o que es de gran utilidad.

test m. (pal. ingl.). Prueba, especialmente la destinada a conocer las aptitudes o la personalidad de alguien. || Prueba que permite juzgar la calidad de algo.

testa f. *Fam.* Cabeza.

testador, ra m. y f. Persona que hace un testamento.

testaferro m. El que presta su nombre para el negocio de alguien que no quiere hacer constar el suyo.

testamentaría f. Ejecución de lo dispuesto en un testamento. || Bienes de una herencia. || Junta de los testamentarios. || Conjunto de los documentos necesarios para cumplir lo dispuesto en un testamento.

testamentario, ria adj. Relativo al testamento. || — M. y f. Albacea, persona encargada del cumplimiento de lo dispuesto en un testamento.

testamentería f. *Amer.* Testamentaría.

testamento m. Declaración escrita en la que uno expresa su última voluntad y dispone de sus bienes para después de la muerte: *morir habiendo hecho testamento.* || *Fig.* Resumen de las ideas o de la doctrina que un escritor, artista, científico o político quiere dejar después de su fallecimiento: *testamento político.* || — *Antiguo* o *Viejo Testamento*, conjunto de los libros sagrados anteriores a la venida de Jesucristo. || *Nuevo Testamento*, conjunto de los libros sagrados que, como los Evangelios, son posteriores al nacimiento de Cristo.

testar v. i. Hacer testamento.

testarazo m. Cabezazo.

testarudez f. Obstinación.

testarudo, da adj. y s. Obstinado.

testera f. Frente de una cosa.

testero m. Testera, frente: *el testero de la cama.* || Lienzo de pared.

testicular adj. Relativo a los testículos.

testículo m. Cada una de las dos glándulas genitales masculinas que producen los espermatozoides.

testificar v. t. Afirmar o probar de oficio, presentando testigos o testimonios. || Atestiguar algo un testigo. || *Fig.* Demostrar, probar. || — V. i. Declarar como testigo.

testigo com. Persona que, por haber presenciado un hecho, puede dar testimonio de ello. || Persona que da testimonio de algo ante la justicia: *testigo de cargo, de descargo.* || Persona que asiste a otra en ciertos actos: *testigo matrimonial.* || — M. Prueba material: *estos restos son testigos de nuestra civilización.* || En una carrera de relevos, objeto en forma de palo que se transmiten los corredores. || *Testigo de Jehová*, miembro de una secta religiosa, fundada en los Estados Unidos en 1872, cuya doctrina afirma la próxima venida al mundo de Jesucristo.

testimoniar v. t. Testificar.

testimonio m. Declaración hecha por una persona de lo que ha visto u oído. || Prueba: *testimonio de amistad.* || *Falso testimonio*, deposición falsa.

testosterona f. Hormona sexual masculina.

testuz m. Frente. || Nuca.

teta f. Cada uno de los órganos glandulares que segregan la leche en las hembras. || — Pl. Par de colinas con forma de mama.

tetania f. Enfermedad caracterizada por contracciones musculares espasmódicas.

tetánico, ca adj. Del tétanos.

tétanos m. Enfermedad infecciosa muy grave producida por un bacilo anaerobio que se introduce en una herida y ataca los centros nerviosos.

tetera f. Recipiente utilizado para hacer y servir el té.

tetero m. *Amer.* Biberón.

tetilla f. Órgano de los mamíferos machos situado en el lugar correspondiente al de las mamas de las hembras. || Boquilla de goma que se pone en el biberón para que el niño pueda chupar.

tetina f. Tetilla.

tetraciclina f. Medicamento antibiótico.

tetraédrico, ca adj. Del tetraedro. || De figura de tetraedro.

tetraedro m. Sólido limitado por cuatro planos triangulares.

tetrágono m. *Geom.* Cuadrilátero (ú. t. c. s. m.). | Aplícase al polígono de cuatro ángulos.

tetralogía f. Conjunto de cuatro obras.

tetramotor adj. y s. m. Cuatrimotor.

tetraplejía f. Parálisis que afecta a los cuatro miembros.

tetrápodo, da adj. Dícese de un grupo de animales vertebrados que poseen cuatro extremidades (ú. t. c. s. m.).

tetrasílabo, ba adj. De cuatro sílabas, cuatrisílabo.

tétrico, ca adj. Triste.

tetrodo m. Válvula electrónica de cuatro electrodos.

teucali m. Teocali.

teutón, ona adj. Relativo a Germania. || Habitante de esta antigua región (ú. t. c. s.). || *Fam.* Alemán (ú. t. c. s.).

teutónico, ca adj. De los teutones.

textil adj. Que puede ser tejido. || Relativo a la fabricación de tejidos. || — M. Materia textil.

texto m. Lo dicho o escrito inicialmente por un autor: *texto claro.* || Contenido exacto de una ley u ordenanza: *atenerse al texto legal.* || Escrito: *corregir un texto.* || Trozo sacado de una obra literaria: *leer un texto.* || Sentencia de la Sagrada Escritura: *texto bíblico.* || *Libro de texto,* el que escoge un maestro para su clase y hace comprar a sus alumnos.

textura f. Manera de entrelazarse los hilos en una tela. || Disposición de las distintas partes que forman un todo, estructura.

tez f. Piel del rostro humano.

tezontle m. *Méx.* Piedra volcánica usada en la construcción.

Th, símbolo químico del *torio.*

theta f. Octava letra del alfabeto griego (θ).

ti pron. pers. de 2.ª pers. sing. (ú. siempre con prep.): *a ti, para ti, de ti.* || Con la prep. *con* forma una sola palabra (*contigo*).

Ti, símbolo químico del *titanio.*

tía f. Respecto de una persona, hermana o prima del padre o de la madre. || En los pueblos, tratamiento que se da a las mujeres casadas o de edad. || *Fam.* Tratamiento despectivo dado a una mujer cualquiera. | Mujer. | Compañera, amiga. | Prostituta.

tiangue o **tiánguez** m. *Amér. C.* y *Méx.* Tianguis.

tianguero, ra adj. Vendedor en un tianguis.

tianguis m. *Amér. C.* y *Méx.* Mercado pequeño y puesto de venta en este mercado.

tiara f. Mitra de tres coronas superpuestas que lleva el Papa en las solemnidades. || Dignidad pontificia.

tibetano, na adj. y s. Del Tíbet.

tibia f. Hueso principal y anterior de la pierna.

tibieza f. Calor templado.

tibio, bia adj. Templado: *el agua del baño está muy tibia.*

tiburón m. Nombre dado a los peces selacios de cuerpo fusiforme y aletas pectorales grandes.

tic m. Contracción convulsiva de ciertos músculos, principalmente del rostro. || *Fig.* Manía.

ticazo m. *Méx.* Bebida fermentada hecha de maíz.

ticket m. Úsase como sinónimo de *billete, entrada, boleto, cupón, bono,* etc.

tico, ca adj. y s. *Fam. Amér. C.* Costarricense.

tictac m. Ruido acompasado producido por ciertos mecanismos.

tiempo m. Duración determinada por la sucesión de los acontecimientos, y particularmente de los días, las noches y las estaciones. || Época. Ú. t. en pl.: *en los tiempos de Bolívar.* || Período muy largo: *hace tiempo que no le veo.* || Momento libre: *si tengo tiempo lo haré.* || Momento oportuno, ocasión propicia: *hacer las cosas en su tiempo.* || Estación del año: *fruta del tiempo.* || Edad: *¿qué tiempo tiene su hijo?* || Estado de la atmósfera: *tiempo espléndido.* || Cada una de las divisiones de una acción compleja: *motor de cuatro tiempos.* || En deporte, división de un partido: *un partido de fútbol consta de dos tiempos.* || *Mús.* División del compás. || *Gram.* Cada una de las formas verbales que indican el momento en que se verifica la acción: *tiempos simples, compuestos.* || — *A tiempo,* antes de que sea demasiado tarde; en el momento oportuno. || *A un tiempo,* a la vez. || *Hacer tiempo,* entretenerse esperando la hora de hacer algo.

tienda f. Armazón de palos hincados en tierra y cubiertos con tela, lona o piel sujeta con cuerdas, que se arma en el campo para alojarse: *tienda de campaña.* || Toldo que protege del sol. || Establecimiento comercial donde se vende cualquier mercancía. || *Med. Tienda de oxígeno,* dispositivo destinado a aislar al enfermo del medio ambiente y suministrarle oxígeno puro.

tienta f. Instrumento para explorar cavidades, heridas, etc. || Operación para probar la bravura del ganado destinado a la lidia: *tienta de becerros.* || *A tientas,* guiándose por el tacto; (fig.) con incertidumbre.

tiento m. Ejercicio del sentido del tacto. || Bastón de ciego. || *Fig.* Prudencia, tacto: *andar con tiento.* || *Fig.* y fam. Golpe, porrazo. | Trago, bocado: *dar un tiento a la botella, al jamón.* || — Pl. Cante y baile andaluz. || *A tiento,* a tientas.

tierno, na adj. Blando, fácil de cortar: *carne tierna.* || Reciente: *pan tierno.* || *Fig.* Sensible, propenso al cariño o al amor: *corazón tierno.* | Cariñoso: *miradas tiernas.*

tierra f. Planeta que habitamos. || Parte sólida de la superficie de este planeta. || Capa superficial del globo que constituye el suelo natural y materia que forma éste. || Suelo: *echar por tierra.* || Terreno cultivable: *tierra de labor.* || Patria: *mi tierra.* || País, región, comarca: *la tierra andaluza.* || Contacto entre un circuito eléctrico y la tierra: *toma de tierra.* || — *Fig. Echar por tierra,* destruir; derrumbar. | *Echar tierra a un asunto,* silenciarlo, echarlo en olvido. || *Tierra de Promisión,* la que Dios prometió al pueblo de Israel; (fig.) la muy fértil. || *Tierra firme,* continente. || *Tierra rara,* óxido de ciertos metales que existe en muy pocas cantidades y tiene propiedades semejantes a las del aluminio. || *Tierra Santa,* lugares de Palestina donde Jesucristo pasó su vida. || *Tomar tierra*, aterrizar un avión.

tierraltense adj. y s. De Tierralta (Colombia).

tierrafría com. *Col.* Habitante del altiplano.

tieso, sa adj. Erguido, firme. || Rígido: *pierna tiesa.* || Tenso. || *Fig.* Estirado, afectadamente grave. || *Pop.* Sin dinero: *estoy más que tieso este mes.*

tiesto m. Maceta. || Pedazo de cualquier vasija de barro.

tiesura f. Rigidez.

tifáceas f. pl. Familia de plantas acuáticas, como la espadaña.

tifo m. Tifus.

tifoideo, a adj. Relativo al tifus o a la fiebre tifoidea. || Dícese de una fiebre infecciosa provocada por la ingestión de alimentos que tienen los llamados bacilos de Eberth (ú. t. c. s. f.).

tifón m. Ciclón tropical del Pacífico occidental y del mar de China. || Tromba marina.

tifus o **tifo** m. Género de enfermedades infecciosas con fiebre alta, delirio y postración.

tigra f. Tigre hembra. || *Amer.* Jaguar hembra.

tigre m. Mamífero carnicero del género félido y de piel de color amarillo anaranjado rayado de negro. || *Fig.* Persona cruel y sanguinaria. || *Amer.* Jaguar.

tigresa f. Tigre hembra.

tigrillo m. *Ecuad.* y *Venez.* Mamífero carnicero americano del género félido más pequeño que el tigre.

tigüilote m. *Amér. C.* Árbol cuya madera se emplea en tintorería.

tijera f. Instrumento para cortar compuesto de dos piezas de acero articuladas en su eje. Ú. más en pl.: *tijeras para las uñas.* || *Fig.* Nombre que califica diferentes objetos formados por dos piezas articuladas: *catre, asiento, escalera de tijera.* || En deportes, llave en la lucha y también manera de saltar.

tila f. Flor del tilo. || Infusión hecha con esta flor. || Tilo.

tilcoate m. Culebra de México.

tildar v. t. Acusar.

tilde f. Signo que se pone sobre la letra ñ y algunas abreviaturas. || Acento. || *Fig.* Cosa insignificante. | Nota denigrativa. | Falta, defecto.

tildío m. Ave migratoria de México.

tiliche m. *Amer.* Baratija (ú. m. en pl.).

tilichero, ra m. y f. *Amér. C.* y *Méx.* Vendedor ambulante.

tilico, ca adj. *Méx.* Flacucho.

tilín m. Sonido de la campanilla. || *Fig. Tener tilín,* tener gracia, atractivo.

tilma f. *Méx.* Manta de algodón o lana que llevan los campesinos.

tilo m. Árbol de flores blanquecinas y medicinales.

timador, ra m. y f. Estafador.

tímalo m. Pez parecido al salmón.

timar v. t. *Fam.* Estafar. || — V. pr. *Fam.* Hacerse señas o cambiar miradas galanteadoras un hombre con una mujer.

timba f. *Fam.* Partida de juego de azar. | Casa de juego.

timbal m. Tambor. || Empanada rellena de carne, pescado u otra clase de alimentos.

timbiqueño, ña adj. y s. De Timbiquí (Colombia).

timbiriche m. *Méx.* Árbol de fruto comestible. | Despacho de bebidas.

timbó m. *Arg.* y *Parag.* Árbol leguminoso de madera muy sólida.

timbrado, da adj. Aplícase al papel con un sello que se utiliza para extender documentos oficiales. || Dícese del papel con membrete de una persona o entidad.

timbrar v. t. Estampar un sello o membrete en un documento.

timbre m. Sello que indica el pago de derechos fiscales en algunos documentos oficiales: *timbre fiscal, móvil.* || Aparato de llamada: *timbre eléctrico.* || Sonido característico de una voz o instrumento: *timbre metálico.* || *Blas.* Insignia en la parte superior del escudo de armas: *timbre de nobleza.* || *Fig.* Acción que ennoblece a la persona que la hace: *timbre de gloria.*

timeleáceas f. pl. Familia de plantas que tienen flores sin corola, como el torvisco.

timidez f. Falta de seguridad en sí mismo.

tímido, da adj. Que se encuentra cohibido en presencia de personas con quienes no tiene confianza (ú. t. c. s.). || Dícese de la actitud, gesto, etc., que muestra inseguridad, que tiene carácter poco abierto: *sonrisa tímida.*

timo m. Glándula endocrina de los vertebrados situada delante de la tráquea. || Tímalo, pez. || Estafa.

timón m. Pieza móvil colocada verticalmente en el codaste de la embarcación para gobernarla. || Dispositivo para la dirección de un avión, cohete, etc.: *timón de dirección.* || Palo derecho del arado, que va de la cama al yugo y en el que se fija el tiro. || *Fig.* Dirección, gobierno.

timonel m. El que maneja el timón.

timorato, ta adj. Tímido. || Miedoso.

timpanismo m. y **timpanitis** y **timpanización** f. Hinchazón del vientre a causa de la acumulación de gases.

timpanizarse v. pr. Hincharse el vientre a causa de una timpanitis.

tímpano m. *Mús.* Atabal, tamboril. | Instrumento formado por varias tiras de vidrio o cuerdas que se golpean con un macillo de corcho. || Membrana del oído que separa el conducto auditivo del oído medio. || *Arq.* Espacio triangular comprendido entre las dos cornisas inclinadas de un frontón y la horizontal de su base.

tina f. Tinaja.

tinaco m. *Méx.* Tinaja grande.

tinaja f. Vasija grande de barro.

tinamú m. *Amer.* Ave gallinácea.

tinerfeño, ña adj. y s. De Tenerife (España).

tingitano, na adj. y s. De Tánger (Marruecos).

tinglado m. Cobertizo. | Tablado, puesto hecho de madera o lona. || *Fig.* Artificio, intriga. | Lío, embrollo: *¡menudo tinglado se ha formado!*

tinieblas f. pl. Oscuridad.

tino m. Puntería con un arma: *tener mucho tino.* || *Fig.* Acierto, habilidad. | Juicio y cordura: *razonar con tino.* | Moderación: *comer con tino.*

tinta f. Líquido empleado para escribir con pluma, dibujar o imprimir. || Líquido que los cefalópodos vierten para ocultarse de sus perseguidores: *tinta de calamar.* || — Pl. Colores para pintar. || Matices: *pintar el porvenir con tintas negras.*

tinte m. Operación de teñir. || Colorante con que se tiñe: *tinte muy oscuro.* || Establecimiento donde se tiñen y limpian en seco las telas y la ropa. || *Fig.* Tendencia, matiz: *tener un tinte político.* | Barniz: *un ligero tinte de cultura.*

tintero m. Recipiente en que se pone la tinta de escribir.

tintineo m. Sonido del timbre.

tinto, ta adj. Teñido: *tinto en sangre.* || Aplícase a la uva de color negro y al vino de color rojo oscuro. Ú. t. c. s. m.: *una botella de tinto.* || *Amer.* De color rojo oscuro.: || — M. *Col.* Café solo.

tintóreo, a adj. Aplícase a las sustancias usadas para teñir.

tintorería f. Tienda del tintorero.

tintorero, ra m. y f. Persona que tiene por oficio teñir o limpiar en seco las telas y la ropa. || — F. Tiburón parecido al cazón.

tintorro m. Vino tinto malo.

tintura f. Tinte, sustancia colorante que sirve para teñir. || *Fig.* Conocimientos superficiales. || Producto farmacéutico que resulta de la disolución de una sustancia en alcohol o éter: *tintura de yodo.*

tío m. Respecto de una persona, hermano o primo del padre o de la madre. || *Fam.* Hombre casado o de cierta edad: *el tío Juan.* | Persona digna de admiración: *¡qué tío!* | Individuo despreciable. | Hombre, individuo. | Amigo, compañero.

tiovivo m. Diversión en la que una plataforma giratoria arrastra caballitos de madera u otras figuras en los que se montan los niños.

tipa f. Árbol leguminoso americano. || *Fig.* Mujer despreciable.

tiparraco, ca y **tipejo, ja** m. y f. Persona despreciable.

típico, ca adj. Propio de un sitio, persona o cosa.

tipificación f. Clasificación. || Normalización.

tipificar v. t. Normalizar, fabricar con arreglo a un tipo uniforme. || Representar el tipo al que pertenece una persona o cosa.

tipismo m. Carácter típico.

tiple m. La más aguda de las voces humanas. || — Com. Cantante con voz de tiple.

tipo m. Modelo, cosa o persona representativa: *Otelo es el tipo del celoso.* || Conjunto de los rasgos característicos de las personas o cosas de la misma naturaleza: *tipo deportivo.* || Figura, facha: *tener buen tipo.* || *Fam.* Persona, individuo: *un tipo vigilaba la puerta.* || Clase, género: *comedia musical de tipo americano.* || Ejemplar individual en el que se basa la descripción de una nueva especie o género biológico: *tipo ario.* || Conjunto de las características que tiene. || Pieza rectangular de metal en cuya parte superior está grabado cualquiera de los caracteres usados para la impresión tipográfica. || Porcentaje: *tipo de descuento.* || Índice: *tipo de cambio.* || *Fam. Jugarse uno el tipo,* arriesgar la vida.

tipografía f. Procedimiento de impresión con formas en relieve (caracteres móviles, grabados, clichés).

tipógrafo, fa m. y f. Persona que compone con tipos móviles lo que se ha de imprimir.

tipología f. Rasgos característicos.

tipoy m. Túnica suelta y sin mangas de las indias y campesinas del Río de la Plata.

tiquismo m. *Amér. C.* Costarriqueñismo.

tira f. Trozo largo y estrecho de tela, papel, cuero u otro material delgado. || En un periódico, serie de dibujos en los cuales se cuenta una historia o parte de ella. || *Fam. La tira,* mucho, gran cantidad.

tirabuzón m. *Fig.* Rizo de cabello retorcido como un sacacorchos. || Salto de trampolín en el que el cuerpo del atleta se retuerce como una barrena. || Acrobacia aérea consistente en bajar rápidamente el avión describiendo una curva como si fuera una hélice.

tirada f. Distancia bastante grande en el espacio o el tiempo: *de mi casa al trabajo hay una tirada.* || Serie de cosas que se escriben o dicen de una sola vez: *tirada de versos.* || Impresión de una obra y número de ejemplares que se tiran a la vez: *segunda tirada.*

tirado, da adj. Aplícase a las cosas muy baratas o que abundan: *este reloj está tirado.* || Muy fácil.

tirador, ra m. y f. Persona que tira con un arma: *un tirador de arco excelente.* || — M. Asidero para abrir los cajones o las puertas. || Cordón o cadenilla para tirar de una campanilla. ||Tiragomas. || *Arg.* Cinturón de cuero del gaucho, adornado con monedas de plata, que tiene unos bolsillos para llevar cosas (tabaco, dinero, facón, etc.). | Tirante del pantalón.

tiragomas m. inv. Juguete para tirar piedrecillas, etc.

tiralíneas m. inv. Instrumento que sirve para trazar líneas más o menos gruesas.

tiranía f. Gobierno ejercido por un tirano. || *Fig.* Abuso de autoridad. | Dominio excesivo que tienen ciertas cosas sobre los hombres: *la tiranía del amor.*

tiránico, ca adj. Que tiene el carácter de una tiranía.

tiranizar v. t. Gobernar como un tirano.

tirano, na adj. y s. Dícese del soberano despótico, injusto y cruel.

tirante adj. Tenso. || *Fig.* Que puede conducir a una ruptura: *situación tirante.* || — M. Correa que sirve para tirar de un carruaje. || Cada una de las dos tiras elásticas con las cuales se sujetan los pantalones. || Cada una de las dos tiras que sujetan las prendas interiores femeninas.

tirantez f. Tensión.

tirar v. t. Soltar algo de la mano: *tirar un libro al suelo.* || Echar: *tirar agua en la mesa.* || Echar, deshacerse: *tirar viejos objetos.* || Arrojar, lanzar en dirección determinada: *tirar el disco.* || Disparar: *tiró un cañonazo.* || Lanzar: *a medianoche tiraron los cohetes.* || Derribar, echar abajo: *tirar un árbol.* || Traer hacia sí: *tirar de la puerta.* || Estirar o extender: *tirar una cuerda.* || Trazar: *tirar una perpendicular.* || Dar: *tirar un pellizco.* || Disipar, malgastar: *tirar dinero.* || Imprimir: *tirar cinco mil ejemplares.* || Reproducir en positivo un cliché fotográfico. || Sacar una foto. || *Fam.* Hablar mal: *este chico siempre me está tirando.* || Vender barato. || *Dep.* Chutar el balón: *tirar un saque de esquina.* || — V. i. Atraer: *el imán tira del hierro.* || Arrastrar: *el caballo tira del coche.* || Disparar un arma: *tirar con la ametralladora.* || Producir aspiración de aire caliente: *esta chimenea tira mal.* || *Fam.* Andar, funcionar: *este motor tira no más.* || *Fig. La sangre siempre tira.* | Torcer: *tirar a la izquierda.* | Coger: *tirar por un camino.* | Durar o conservarse una cosa: *el abrigo tirará todo este invierno.* | Mantenerse: *tira con tres mil pesetas al mes.* | Parecerse: *este color tira a verde.* || — V. pr. Abalanzarse: *se tiró sobre él.* || Arrojarse, precipitarse: *se tiró al río.* || Tumbarse:

TIR

455

tirarse en la cama. ‖ *Fig.* Pasar: *se tiró todo el día corrigiendo.* ‖ Tener que aguantar: *tirarse un año de cárcel.* | Hacer: *tirarse un planchazo.* ‖ *Dep.* Abalanzarse el portero sobre el balón.

tirilla f. Tira pequeña.

tirio, ria adj. y s. De Tiro (Fenicia).

tirita f. Apósito adhesivo para proteger una lesión o herida.

tiritar v. i. Temblar.

tiritón m. Escalofrío.

tiritona f. Temblor.

tiro m. Acción o arte consistente en disparar un arma: *tiro al blanco.* ‖ Disparo: *tiro de pistola.* ‖ Estampido producido al disparar: *se oían tiros.* ‖ Huella o herida dejada por una bala: *se veían en la pared muchos tiros.* ‖ Carga de un arma de fuego: *fusil de cinco tiros.* ‖ Manera de disparar: *tiro oblicuo.* ‖ Pieza o cañón de artillería. ‖ Alcance de un arma arrojadiza: *a tiro de ballesta.* ‖ Medida de distancia: *a un tiro de piedra.* ‖ Sitio donde se tira al blanco: *línea de tiro.* ‖ Aspiración de aire caliente que se produce en un conducto, especialmente en una chimenea. ‖ Tronco: *tiro de caballos.* ‖ Tirante del coche. ‖ *Fam.* En fútbol, chut: *hizo gol de un soberbio tiro.* ‖ *Min.* Profundidad de un pozo.

tiroides adj. y s. m. Dícese de la glándula endocrina en la región faríngea que produce una hormona, la tiroxina, que interviene en el crecimiento y el metabolismo.

tiroidina f. Extracto de la glándula tiroides.

tirolés, esa adj. y s. Del Tirol (Austria).

tirón m. Sacudida. ‖ Estirón. ‖ Agarrotamiento de un músculo. ‖ *Fig.* y *fam.* Atracción vaga por algo o alguien de que uno está separado: *el tirón de la familia.* | Distancia grande: *hay un tirón de aquí a tu casa.* ‖ Robo de un bolso o de cualquier otra cosa (collar, cadena, etc.) arrancándoselos con violencia a la persona que lo lleva.

tirotear v. t. Disparar tiros.

tiroteo m. Acción de tirotear.

tiroxina f. V. TIROIDES.

tirria f. *Fam.* Ojeriza, manía.

tisana f. Bebida que se obtiene por infusión de hierbas medicinales.

tísico, ca adj. Relativo a la tisis. ‖ Tuberculoso (ú. t. c. s.).

tisis f. Tuberculosis pulmonar.

tisú m. Tela de seda con hilos de oro o de plata.

tita f. *Fam.* Tía.

titán m. Gigante.

titánico, ca adj. Grande.

titanio m. Metal (Ti) de color blanco.

títere m. Figurilla de madera o cartón a la que se mueve con cuerdas o con la mano: *teatro de títeres.* ‖ *Fig.* y *fam.* Persona sin carácter que se deja dominar por otra. | Persona informal o necia o de figura ridícula o grotesca.

tití m. Mono de América del Sur muy pequeño y con cola larga.

titil m. *Amér. C.* Molleja.

titilar v. i. Centellear.

titileo m. Centelleo.

titipuchal m *Méx.* Multitud.

titiritar v. i. Tiritar.

titiritero, ra m. y f. Volatinero, acróbata.

tito m. *Fam.* Tío.

titubear v. i. Dudar.

titubeo m. Acción de titubear.

titulación f. Acción y efecto de titular o titularse. ‖ Título de un artículo de periódico.

titulado, da adj. Que tiene un título (ú. t. c. s.). ‖ Supuesto.

titular adj. y s. Aplícase al que posee cualquier título. ‖ Dícese del que ejerce un cargo para el que tiene el correspondiente título: *profesor titular.* ‖ Aplícase al jugador de un equipo deportivo que no es suplente. ‖ — M. pl. Letras mayúsculas usadas en títulos y encabezamiento que se hace con ellas.

titular v. t. Poner un título. ‖ — V. pr. Tener por título.

titularización f. Acción de titularizar.

titularizar v. t. Hacer titular de un cargo.

título m. Palabra o frase que se pone al frente de un libro, de un capítulo, etc., para indicar el asunto de que trata o para calificarlo. ‖ Dignidad nobiliaria: *título de marqués.* ‖ Persona que la posee. ‖ Escritura auténtica que establece un derecho: *título de propiedad.* ‖ Fundamento jurídico de un derecho. ‖ Atestado representativo de un valor nobiliario, que puede ser nominativo o al portador: *título de renta.* ‖ Nombre que expresa un grado, una profesión: *título de doctor en Letras.* ‖ Diploma, documento en que viene acreditado: *título de bachiller.* ‖ Calificación de una relación social: *el título de amigo.* ‖ Calidad, capacidad, mérito. ‖ *Título al portador,* valor que no tiene el nombre del propietario y es, por lo tanto, pagadero a quien lo tenga en su posesión.

tiza f. Arcilla blanca que se usa para escribir en los encerados.

tizate m. *Amér. C.* y *Méx.* Tiza.

tiznar v. t. Manchar con tizne.

tizne amb. Hollín.

tiznón m. Mancha de tizne.

tizón m. Palo a medio quemar.

tizona f. *Fig.* Espada.

Tl, símbolo químico del *talio.*

tlachique m. *Méx.* Pulque sin fermentar.

tlacocol m. *Bot. Méx.* Jalapa.

tlacoyo m. *Méx.* Tortilla de frijoles.

tlacuache m. *Méx.* Zarigüeya.

tlascal m. *Méx.* Tortilla o torta de maíz.

tlascalteca o **tlaxcalteca** adj. y s. De Tlaxcala (México).

tlazol m. *Méx.* Extremo de la caña de maíz y de azúcar.

Tm, símbolo químico del *tulio.*

toalla f. Paño para secarse después de lavarse: *toalla de felpa.* ‖ Tejido de rizo parecido al utilizado para hacer toallas.

toallero m. Mueble o soporte para colgar las toallas.

toar v. t. *Mar.* Atoar.

toba adj. Relativo a un pueblo de indios americanos que vivían en Argentina, al sur del río Pilcomayo. ‖ Dícese de los miembros de este pueblo (ú. t. c. s.). ‖ — M. Lengua que hablaban.

tobera f. Abertura por donde se inyecta el aire en un horno metalúrgico. ‖ Parte posterior de un motor de reacción donde se efectúa la expansión del gas de combustión.

tobillera adj. y s. f. Aplícase a la muchacha muy joven. ‖ — F. Venda elástica que se aplica al tobillo.

tobillo m. Protuberancia a cada lado de la garganta del pie.

tobogán m. Deslizadero en declive por el que los niños se lanzan como diversión. || Dispositivo semejante al borde de las piscinas para lanzarse al agua. || Trineo bajo sobre patines para deslizarse por pendientes de nieve. || Pista utilizada para los descensos en nieve. || Esta misma pendiente. || Rampa de madera, rectilínea o helicoidal, utilizada para el descenso de las mercancías.

toca f. Prenda femenina usada para cubrirse la cabeza.

tocadiscos m. inv. Aparato eléctrico para reproducir los sonidos grabados en un disco.

tocado, da adj. Chiflado. || Que tiene una lesión o indisposición. || — M. Peinado. || Prenda que cubre la cabeza.

tocador m. Mueble con un espejo para el aseo o peinado de la mujer. || Cuarto destinado a este fin.

tocante adj. Que toca, contiguo. || *Tocante a*, referente a.

tocar v. t. Estar o entrar en contacto con una cosa: *tocar con la mano* (ú. t. c. pr.). || Remover: *yo no he tocado tus cosas.* || Estar próximo a, contiguo a: *su jardín toca al mío.* || Hacer sonar un instrumento músico. || Interpretar con un instrumento una pieza musical: *tocó una polonesa de Chopin.* || Anunciar por un toque de trompeta: *tocar retreta.* || Hacer sonar un timbre, una campana, etc. || Poner un disco para escucharlo. || En esgrima, alcanzar al adversario. || Arribar de paso a un lugar: *el barco tocará los siguientes puertos* (ú. t. c. i.). || *Fig.* Abordar o tratar superficialmente: *tocar un asunto arduo.* | Impresionar: *supo tocarle el corazón.* || — V. i. Llamar: *tocar a la puerta.* || Sonar una campana. || Pertenecer por algún derecho o título: *no le toca a usted hacer esto.* || Corresponder parte de una cosa que se distribuye entre varios: *tocar algo en un reparto.* || Caer en suerte: *me tocó el gordo en la lotería.* || Llegar el turno: *a ti se toca jugar.* || Llegar el momento oportuno: *ahora toca pagar.* || Ser pariente de uno: *¿qué te toca Vicente?* || — V. pr. Cubrirse la cabeza con un sombrero, pañuelo, etc.

tocata f. *Mús.* Pieza breve dedicada generalmente a un instrumento.

tocateja (a) loc. Al contado.

tocayo, ya m. y f. Persona con mismo nombre de pila que otra.

tochimbo m. *Per.* Horno de fundición.

tocino m. Carne grasa del cerdo.

tocología f. Obstetricia.

tocólogo, ga m. y f. Médico que ejerce la obstetricia.

tocomate m. Tecomate.

tocopillano, na adj. y s. De Tocopilla (Chile).

todavía adv. Expresa que una acción o un estado persiste o dura en un momento determinado: *la tienda está todavía abierta.* || Indica que una acción se repite: *quiso comer todavía más carne.* || Indica que una acción tiene una importancia, una intensidad mayor: *es todavía más inteligente que su hermana.* || Aún, desde un tiempo anterior hasta el momento actual: *todavía está durmiendo.*

todo, da adj. Expresa lo que se toma entero sin excluir nada: *se comió todo el pan.* || Cada: *cien*

francos todos los meses. || Empleado hiperbólicamente, indica la abundancia de lo expresado por el complemento: *la calle era todo baches.* || Real, cabal: *es todo un mozo.* || — *Ante todo*, principalmente. || *Así y todo*, a pesar de eso. || *Del todo*, enteramente. || *Sobre todo*, especialmente. || *Todo lo más*, como máximo. || *Fam. Todo quisque*, todo el mundo. || — Pron. Todas las personas mencionadas: *todos vinieron.* || — M. Cosa entera: *esto forma un todo.* || *Jugarse el todo por el todo*, arriesgarse a perderlo todo intentando ganarlo todo.

todopoderoso, sa adj. Que todo lo puede. || *El Todopoderoso*, Dios.

toga f. Prenda que los antiguos romanos llevaban sobre la túnica. || Vestidura talar de ceremonia que usan los magistrados y catedráticos.

togado, da adj. y s. Aplícase a la persona que viste toga.

toilette [*tualet*] f. (pal. fr.). Galicismo por *tocado, vestido, traje, lavabo.*

toisón de oro m. Insignia de una orden de caballería, llamada también *vellocino de oro.* || Esta orden. || Persona condecorada con esta insignia.

toldería f. *Arg., Bol., Chil.* y *Per.* Campamento indio.

toldo m. Cubierta de tela que se tiende en un patio o una calle, en la playa, sobre un escaparate, etc., para dar sombra. || Cubierta de lona o hule, sostenida sobre un carro o camión mediante unos arcos, que sirve para resguardar del sol y de la lluvia el contenido del vehículo. || *Arg.* Choza que hacen los indios con pieles y ramas.

toledano, na adj. y s. De Toledo (España).

tolerable adj. Soportable.

tolerancia f. Respeto hacia las opiniones o prácticas de los demás aunque sean contrarias a las nuestras. || Indulgencia: *tolerancia hacia sus hijos.* || Capacidad del organismo de soportar sin perjuicio ciertos remedios, alimentos, bebidas, etc.

tolerar v. t. Consentir, no prohibir terminantemente: *tolerar los abusos.* || Soportar, aguantar.

tolimense adj. y s. De Tolima (Colombia).

tolosano, na adj. y s. De Tolosa (España).

tolteca adj. Relativo a un pueblo mexicano de antes de la Conquista. || — Adj. y s. Perteneciente a este pueblo.

tolú m. Cierta clase de bálsamo. || — Adj. y s. Tolueño o Toludeño.

tolueño, ña y **toludeño, ña** adj. y s. De Tolú (Colombia).

tolueno m. Cierta clase de hidrocarburo.

toluqueño, ña adj. y s. De Toluca (México).

tolva f. En los molinos, recipiente en forma de cono invertido por donde se echa el grano. || Depósito en forma de tronco de pirámide invertido para almacenar minerales, mortero, etc.

tolvanera f. Remolino de polvo.

toma f. Conquista: *la toma de una ciudad.* || Cantidad de una cosa que se toma de una vez: *una toma de rapé.* || Desviación, lugar por donde se deriva una parte de la masa de un fluido: *toma de aire, de agua, de corriente.* || Porción de una cosa que se toma para examinarla o analizarla: *toma de muestras.* || — *Toma de hábito*, ceremonia durante la cual toma el hábito religioso una persona. || *Toma de posesión*, acto por el cual una persona empieza a ejercer un cargo importante. || *Toma de sangre,* pequeña sangría destinada a un análisis o una transfusión. ‖ *Toma de sonido, de vistas*, grabación fonográfica, cinematográfica. ‖ *Toma de tierra*, conexión conductora entre un aparato eléctrico y el suelo; aterrizaje de un avión o llegada al suelo de un paracaidista.

tomador, ra adj. Dícese de la persona que hurta en los bolsillos de los demás (ú. t. c. s.). ‖ *Amer.* Bebedor (ú. t. c. s.).

tomadura f. Toma, acción de tomar. ‖ *Tomadura de pelo*, burla.

tomar v. t. Coger o asir con la mano: *tomar un libro*. ‖ Coger aunque no sea con la mano: *tomar un pastel en la fuente*. ‖ Recibir o aceptar: *toma este regalo que te he traído*. ‖ Conquistar, apoderarse: *tomar una fortaleza*. ‖ Comer, beber, ingerir: *tomar el desayuno* (ú. t. c. pr.). ‖ Adoptar: *tomar decisiones*. ‖ Adquirir, contraer: *tomar una costumbre*. ‖ Empezar a tener: *tomar forma*. ‖ Contratar: *tomar un obrero*. ‖ Alquilar: *tomar un coche para una semana*. ‖ Adquirir un negocio: *tomar una panadería*. ‖ Comprar: *tomar las entradas*. ‖ Recibir: *tomar lecciones*. ‖ Sacar: *tomar una cita de un autor*. ‖ Interpretar: *tomar en serio*. ‖ Escoger: *tomar el mejor camino*. ‖ Imitar: *tomar los modales de uno*. ‖ Recobrar: *tomar fuerzas*. ‖ Hacer uso de: *tomar la palabra*. ‖ Emplear un vehículo: *tomar el autobús*. ‖ Montarse en él: *tomó el tren a las ocho*. ‖ Requerir: *tomar mucho tiempo*. ‖ — *Tomar el pelo a uno*, burlarse de él. ‖ *Tomarla* (o *tomarlas*) *con uno*, meterse con él; criticarle. ‖ *Tomar parte*, participar. ‖ *Tomar por*, equivocarse. ‖ *Tomar tierra*, aterrizar. ‖ *Tomar una fotografía*, sacarla. ‖ — V. i. Encaminarse, dirigirse.

tomatada f. Fritada de tomate.

tomatal m. Plantío de tomates.

tomate m. Fruto comestible, encarnado y jugoso, de la tomatera. ‖ Tomatera. ‖ *Fam.* Agujero que se forma en el talón de los calcetines. ‖ Jaleo, follón, lío. ‖ Complicación, dificultad. ‖ *Fam. Ponerse como un tomate*, ponerse colorado de vergüenza.

tomatera f. Planta solanácea originaria de América cuyo fruto es el tomate. ‖ *Fam.* Engreimiento, orgullo.

tomavistas m. inv. Cámara fotográfica con que se impresionan las películas cinematográficas.

tómbola f. Rifa pública en la que no se gana dinero sino objetos.

tomillo m. Planta aromática.

tomo m. División de una obra que forma generalmente un volumen completo: *un "Larousse" en dos tomos*.

tomografía f. *Med.* Técnica radiológica que permite obtener radiografías de un plano interno del organismo.

tomógrafo m. Scanner.

tompeate m. *Méx.* Canasta tejida con palma por los indígenas. ‖ — Pl. *Méx. Pop.* Testículos.

ton m. Apócope de *tono*. ‖ *Sin ton ni son*, sin ningún motivo.

tonadilla f. Canción corta.

tonalidad f. Tono determinado en el cual está basada una composición musical. ‖ Tinte, matiz.

tonco, ca adj. Dícese de una variedad de haba cultivada en América.

tondoi m. Instrumento músico de los indios peruanos formado por un tronco que se golpea.

tonel m. Recipiente de madera para líquidos compuesto de duelas aseguradas con aros y dos bases circulares llanas. ‖ Su contenido. ‖ Medida antigua para el arqueo de las naves, equivalente a cinco sextos de tonelada.

tonelada f. Unidad de peso equivalente a 1 000 kg (símb. t). ‖ *Fig.* Gran cantidad.

tonelaje m. Capacidad de un buque expresada en toneladas.

tonelería f. Taller del tonelero.

tongo m. En las carreras de caballos, partidos de pelota, etc., hecho de aceptar dinero uno de los participantes para dejarse vencer.

tónico, ca adj. Que se pronuncia acentuado: *vocal tónica*. ‖ Dícese de un medicamento que fortalece o estimula la actividad de los órganos. Ú. t. c. s. m.: *un tónico cardiaco*. ‖ *Mús.* Aplícase a la primera nota de una escala (ú. t. c. s. f.). ‖ — F. *Fig.* Tendencia general, tono: *marcar la tónica*.

tonificación f. Acción de tonificar.

tonificador, ra y **tonificante** adj. Que tonifica (ú. t. c. s. m.).

tonificar v. t. Fortificar.

tonillo m. Tono monótono.

tonina f. Atún que se pesca en el mar Mediterráneo.

tono m. Sonido formado por vibraciones periódicas o sonido musical. ‖ Grado de elevación por instrumentos de música o por la voz en relación con determinado punto de referencia: *bajar el tono al cantar*. ‖ Intervalo unitario, grado de la escala de los sonidos, diferente según las épocas y el sistema adoptado y que varía según la relación de frecuencias. ‖ Altura de los sonidos emitidos normalmente por la voz de una persona: *tiene un tono de voz agudo*. ‖ En fonética, elevación de la voz, acento en una sílaba. ‖ Manera de hablar, conjunto de inflexiones que toma la voz: *le habló con tono seco*. ‖ Estilo, modo de expresarse por escrito: *me envió una carta redactada en un tono académico desagradable*. ‖ Grado de intensidad de los colores: *tonos claros, neutros*. ‖ *Fig.* Vigor, energía. ‖ Carácter, tendencia: *fue una reunión de un tono claramente revolucionario*. ‖ Fuerza del colorido de una pintura. ‖ — *A este tono*, en este caso, de este modo. ‖ *Fig. Bajar de tono*, corregirse, moderarse. ‖ *Darse tono*, engreírse. ‖ *De buen* (o *mal*) *tono*, propio (o no) de personas distinguidas. ‖ *Estar a tono*, corresponder una cosa o persona con otra, no desentonar. ‖ *Fuera de tono*, de forma poco oportuna o desacertada. ‖ *Mudar el tono*, moderarse al hablar. ‖ *Ponerse a tono con alguien*, adoptar la misma manera de pensar o de obrar. ‖ *Salida de tono*, despropósito, inconveniencia. ‖ *Subir* (o *subirse*) *de tono*, insolentarse, adoptar un tono arrogante.

tonsura f. Ceremonia de la Iglesia católica en que se corta al aspirante a sacerdote un poco de cabello en la coronilla al conferirle el primer grado del sacerdocio. ‖ Parte de pelo así cortada.

tonsurado, da adj. Con el pelo cortado. ‖ Que ha celebrado la ceremonia de la tonsura (ú. t. c. s.).

tonsurar v. t. Hacer la tonsura eclesiástica. ‖ Cortar el pelo o la lana.

tontada f. Tontería.

tontaina, tontainas y **tontarrón, ona** adj. y s. Tonto.

tontear v. i. Hacer o decir tonterías. || *Fam.* Coquetear.

tontera f. Falta de inteligencia. || — M. Tonto.

tontería f. Falta de inteligencia, de juicio. || Acción o palabra tonta, necedad. || *Fig.* Cosa sin importancia.

tonto, ta adj. Falto de juicio y de entendimiento: *persona tonta* (ú. t. c. s.). || Estúpido: *accidente tonto.* || Aplícase a los débiles mentales (ú. t. c. s.). || — M. *Fam.* Payaso de los circos.

tontón, ona adj. Tonto (ú. t. c. s.).

tontorrón, ona adj. Tonto (ú. t. c. s.).

top m. Señal acústica que sirve para indicar un momento preciso.

topacio m. Piedra preciosa de color amarillo y transparente.

topar v. t. e i. Chocar una cosa con otra: *topar dos vehículos.* || Encontrar casualmente algo o a alguien: *topar con un amigo* (ú. t. c. pr.). || *Amer.* Echar a pelear dos gallos para probarlos. || — V. i. Topetear los carneros. || *Fig.* Radicar, consistir: *la dificultad topa en eso.* | Tropezar: *topar con una dificultad* (ú. t. c. pr.).

tope m. Parte por donde pueden topar las cosas. || Pieza que impide la acción o el movimiento de un mecanismo. || Pieza metálica circular colocada en los extremos de los vagones de tren y automóviles o al final de una línea férrea para amortiguar los choques. || *Fig.* Freno, obstáculo, límite: *poner tope a sus ambiciones.* | Límite, máximo: *precio tope; fecha tope.*

topera f. Madriguera del topo.

topetada f. Golpe con la cabeza.

topetazo m. Golpe dado con la cabeza o con un tope.

topetear v. t. Chocar.

topetón m. Choque.

tópico, ca adj. Perteneciente o relativo al tópico. || De uso externo: *medicamento tópico.* || — M. Tema de conversación frecuentemente empleado. || Afirmación corriente que carece de originalidad. || *Amer.* Asunto, tema.

topinambur o **topinambo** m. *Arg.* y *Bol.* Batata.

topo m. Pequeño mamífero insectívoro de pelo negro que abre galerías subterráneas donde se alimenta de gusanos y larvas. || *Fig.* y *fam.* Persona que ve poco.

topografía f. Arte de representar en un plano las formas del terreno y los principales detalles naturales o artificiales del mismo.

topógrafo, fa m. y f. Persona que se dedica a la topografía.

toponimia f. Estudio lingüístico o histórico de los nombres de lugar de un país.

topónimo m. Nombre propio de un lugar.

toque m. Acción de tocar leve y momentáneamente. || Golpecito. || Sonido de las campanas o de ciertos instrumentos músicos con que se anuncia algo: *toque de corneta.* || Pincelada ligera. || Aplicación ligera de una sustancia medicamentosa en un punto determinado.

toquetear v. t. e i. Sobar.

toqueteo m. Toques repetidos.

toquilla f. Pañuelo triangular que llevan las mujeres en la cabeza o el cuello. || *Amer.* Palmera con cuyas hojas se hacen los sombreros de jipijapa.

tora f. Para los judíos, ley mosaica y al Pentateuco que contiene ésta.

torácico, ca adj. Relativo al tórax.

tórax m. inv. Cavidad limitada por las costillas y el diafragma que contiene los pulmones y el corazón.

torbellino m. Remolino. || *Fig.* Lo que arrastra irresistiblemente a los hombres: *el torbellino de las pasiones.* | Abundancia de acontecimientos que ocurren al mismo tiempo: *un torbellino de desgracias.* || *Fig.* y *fam.* Persona muy viva, bulliciosa e inquieta: *este muchacho es un torbellino.*

torcaz adj. y s. f. Dícese de una variedad de paloma silvestre.

torcer v. t. Dar vueltas a un cuerpo por sus dos extremidades en sentido inverso: *torcer cuerdas.* || Doblar, encorvar: *torcer el cuerpo.* || Intentar desviar violentamente un miembro de su posición natural: *torcer el brazo.* || Desviar: *torcer la mirada.* || Doblar: *le vi al torcer la esquina.* || *Fig.* Interpretar mal: *torcer las intenciones de uno.* | Sobornar, hacer que una autoridad no obre con rectitud. || — V. i. Cambiar de dirección: *torcer a la izquierda.* || — V. pr. Sufrir la torcedura de un miembro: *me torcí un pie.* || Ladearse o combarse una superficie. || *Fig.* Desviarse del buen camino, pervertirse.

torcido, da adj. Que no es recto.

torcimiento m. Torcedura.

tordo, da adj. y s. Dícese de la caballería que tiene el pelo mezclado de color negro y blanco. || — M. Pájaro de Europa de lomo gris aceitunado y vientre blanco. || *Amér. C., Arg.* y *Chil.* Estornino.

torear v. i. y t. Lidiar los toros en la plaza: *toreaba con gran valor.* || — V. t. *Fig.* Entretener a uno engañándole en sus esperanzas. | Burlarse de uno con disimulo.

toreo m. Acción y efecto de torear.

torero, ra adj. Relativo al toreo o a los toreros. || — M. y f. Persona que se dedica a torear. || — F. Chaquetilla corta y ceñida.

toril m. Sitio en que se encierran los toros que han de lidiarse.

torio m. Metal radiactivo (Th) de color blanco y número atómico 90.

tormenta f. Tempestad. || *Fig.* Adversidad, desgracia: *las tormentas de la vida.* | Agitación o alteración del ánimo: *la tormenta de las pasiones.*

tormento m. Dolor físico intenso. || Tortura a que se sometía al reo para obligarle a confesar o como castigo. || *Fig.* Congoja, desazón.

tormentoso, sa adj. Que amenaza tormenta.

tornado m. Huracán.

tornar v. t. Devolver, restituir. || Volver, transformar: *tornar a uno alegre.* || — V. i. Regresar: *tornar a su patria.* || Hacer otra vez, repetir: *tornar a hablar.*

tornasol m. Girasol. || Reflejo o viso. || Materia colorante vegetal azul violácea que se torna roja con los ácidos y sirve de reactivo químico.

tornasolado, da adj. Que tiene o hace visos o tornasoles. || M. Reflejo o viso.

tornear v. t. Labrar con el torno.

torneo m. Certamen, encuentro amistoso entre dos o más equipos.

tornera f. Monja encargada del torno.

tornero, ra m. y f. Persona que labra con el torno.

tornillo m. Objeto cilíndrico de metal o madera con resalto helicoidal que se introduce en la tuerca. || Clavo con resalte helicoidal.

torniquete m. Cruz que gira sobre un eje vertical y se coloca en las entradas por donde sólo han de pasar una a una las personas.

torno m. Cilindro horizontal móvil, alrededor del cual se arrolla una soga, cable o cadena, que sirve para levantar pesos. || Armario giratorio, empotrado en una pared en los conventos, las casas de expósitos, los comedores, que sirve para pasar objetos de una habitación a otra sin verse las personas. || Máquina herramienta que sirve para labrar piezas animadas de un movimiento rotativo arrancando de ellas virutas. || Instrumento compuesto de dos mordazas que se acercan mediante un tornillo para sujetar las piezas que hay que labrar. || Máquina provista de una rueda que se usaba para hilar. || *En torno a*, alrededor de.

toro m. Mamífero rumiante, armado de cuernos, que es el macho de la vaca. || *Fig.* Hombre corpulento. || *Arq.* Bocel. || — Pl. Corrida de toros. || *Toro de lidia*, el destinado a las corridas de toros.

toronja f. Especie de cidra de forma parecida a la naranja. || *Amer.* Pomelo.

toronjo m. Árbol cuyo fruto es la toronja.

torpe adj. Que se mueve con dificultad. || Falto de habilidad.

torpedeamiento m. Torpedeo.

torpedear v. t. Lanzar torpedos. || *Fig.* Poner obstáculos.

torpedeo m. Acción de torpedear.

torpedero, ra adj. Aplícase a los barcos o aviones que se utilizan para lanzar torpedos (ú. t. c. s.).

torpedo m. Pez marino selacio carnívoro, de cuerpo aplanado y provisto, cerca de la cabeza, de un órgano eléctrico con el cual puede producir una conmoción a la persona o animal que lo toca. || Proyectil automotor cargado de explosivos utilizado contra objetivos marítimos por barcos o aeronaves.

torpeza f. Falta de destreza. || Necedad. || Palabra desacertada.

torpón, ona adj. y s. Muy torpe.

torpor m. Entorpecimiento.

torrado m. Garbanzo tostado.

torrar v. t. Tostar.

torre f. Edificio alto y estrecho que sirve de defensa en los castillos, de adorno en algunas casas y donde están las campanas de las iglesias. || Casa muy alta, rascacielos. || En algunas partes, casa de campo, quinta. || En los buques de guerra, reducto acorazado que se levanta sobre la cubierta y en donde están las piezas de artillería. || Pieza del juego del ajedrez. || — *Torre de control*, edificio que domina las pistas de un aeropuerto y de donde proceden las órdenes de despegue, de vuelo y de aterrizaje. || *Torre de perforación*, armazón metálica que sostiene la sonda de perforación de un pozo de petróleo.

torrefacción f. Tostado.

torrefactar v. t. Tostar el café.

torrefacto, ta adj. Tostado.

torrencial adj. Del torrente. || Tumultuoso como un torrente.

torrente m. Curso de agua rápido. || *Fig.* Abundancia.

torrentera f. Cauce del torrente.

torreón m. Torre grande.

torrezno m. Tocino frito.

tórrido, da adj. Muy caluroso. || *Zona tórrida*, parte de la Tierra situada entre los dos trópicos.

torsión f. Acción y efecto de torcer o torcerse.

torso m. Tronco del cuerpo humano.

torta f. Pastel de forma circular y aplastada, hecho generalmente con harina, huevos, mantequilla y cocido al horno. || *Fig.* Cualquier cosa de forma de torta. || *Fig.* y *fam.* Bofetada. | Borrachera. | Choque.

tortazo m. *Fam.* Bofetada.

tortícolis f. Dolor en el cuello que impide mover la cabeza.

tortilla f. Huevos batidos y cocidos en una sartén. || *Amer.* Torta de harina de maíz.

tortillería f. *Amér. C.* y *Méx.* Puesto o lugar donde se venden tortillas.

tórtola f. Ave del género de la paloma, pero más pequeña.

tórtolo m. Macho de la tórtola. || — Pl. *Fig.* Pareja muy enamorada.

tortuga f. Nombre común de todos los reptiles de cuerpo encerrado en un caparazón óseo.

tortuosidad f. Estado de tortuoso.

tortuoso, sa adj. Que da vueltas.

tortura f. Tormento.

torturar v. t. Dar tortura (ú. t. c. pr.).

torvo, va adj. Amenazador.

tory adj. Aplícase a los miembros del Partido Conservador inglés (ú. t. c. s.). || Relativo a este partido. (Pl. *tories*.)

tos f. Expulsión violenta y ruidosa del aire contenido en los pulmones producida por la irritación de las vías respiratorias. || *Tos ferina*, enfermedad infantil contagiosa, caracterizada por accesos de tos sofocantes.

toscano, na adj. De Toscana (ú. t. c. s.). || — M. Lengua italiana.

tosco, ca adj. Grosero.

toser v. i. Tener, padecer tos.

tosferina f. Tos ferina.

tósigo m. Ponzoña, veneno.

tosquedad f. Calidad de basto.

tostado, da adj. Aplícase al color ocre oscuro. || Bronceado: *tez tostada*. || — M. Acción de tostar. || *Amer.* Alazán oscuro. || — F. Rebanada tostada de pan.

tostador m. Instrumento para tostar.

tostar v. t. Someter una cosa a la acción del fuego hasta que tome color dorado y se deseque sin quemarse. || *Fig.* Broncear la piel (ú. t. c. pr.).

tostón m. Garbanzo tostado. || Cochinillo asado. || *Fam.* Cosa o persona fastidiosa, pesada, rollo.

total adj. Completo: *triunfo total*. || — M. Conjunto de varias partes que forman un todo. || Suma, resultado de la operación de sumar.

totalidad f. Todo, conjunto.

totalitario, ria adj. Aplícase a los regímenes políticos en los cuales todos los poderes del Estado están concentrados en el gobierno de un partido único o pequeño grupo de dirigentes y los derechos individuales son abolidos.

totalitarismo m. Régimen, sistema totalitario.

totalitarista adj. Relativo al totalitarismo. || Partidario del totalitarismo (ú. t. c. s.).

totalizador, ra adj. Que totaliza. || — M. Aparato que da el total de una serie de operaciones.

totalizar v. t. Sumar. || Calcular, hacer el total de algo.

totano, na adj. y s. De Tota (Colombia).

tótem m. En ciertas tribus primitivas, animal considerado como antepasado de la raza o protector de la tribu.

totoneca y **totonaco, ca** adj. Dícese de un indio mexicano que habitaba en la región central del Estado de Veracruz (ú. t. c. s.). || Relativo a él o a su cultura. || — M. Lengua hablada por él.

totonicapa, totonicapanés, esa o **totonicapense** adj. y s. De Totonicapán (Guatemala).

totopo o **totoposte** m. *Amér. C.* y *Méx.* Torta de harina de maíz muy tostada.

totora f. *Amer.* Especie de anea que se cría en terrenos húmedos. (Los indígenas de las riberas del lago Titicaca la utilizan para hacer sus embarcaciones.)

totoral m. Sitio con totoras.

totuma f. y **totumo** m. *Amer.* Calabaza, güira.

tournée [*turné*] f. (pal. fr.). Gira teatral.

toxicidad f. Calidad de tóxico.

tóxico, ca adj. Venenoso: *sustancia tóxica.* || — M. Veneno.

toxicomanía f. Hábito morboso de tomar estupefacientes.

toxicómano, na adj. y s. Que padece toxicomanía.

toxina f. Sustancia que produce en el organismo efectos tóxicos.

tozudez f. Obstinación.

tozudo, da adj. y s. Obstinado.

traba f. Unión, lazo. || Estorbo.

trabajado, da adj. Hecho con mucho trabajo y esmero.

trabajador, ra adj. Que trabaja (ú. t. c. s.).

trabajar v. i. Desarrollar una actividad: *ser demasiado joven para trabajar.* || Realizar o participar en la realización de algo: *trabajar en una obra.* || Ejercer un oficio: *trabajar de sastre.* || Esforzarse: *trabajar en imitar a su maestro.* || *Tam.* Actuar en el teatro o el cine. || *Fig.* Producir un efecto: *el tiempo trabaja a nuestro favor.* || — V. t. Labrar: *trabajar el hierro, la tierra.* || Hacer algo con mucho esmero: *trabajar el estilo de una obra.* || — V. pr. Ocuparse y estudiar algo con cuidado: *me estoy trabajando este asunto.*

trabajo m. Esfuerzo, actividad: *trabajo manual, intelectual.* || Ocupación retribuida: *abandonar su trabajo.* || Obra hecha o por hacer: *distribuir el trabajo entre varias personas.* || Manera de interpretar su papel un actor. || En economía política, uno de los factores de la producción. || Estudio, obra escrita sobre un tema: *un trabajo bien documentado.* || Fenómenos que se producen en una sustancia y cambian su naturaleza o su forma: *trabajo de descomposición.* || Producto de la intensidad de una fuerza por la distancia que recorre su punto de aplicación. || Efecto aprovechable de una máquina. || *Fig.* Dificultad, esfuerzo: *hacer algo con mucho trabajo.*

trabajosamente adv. Con dificultad o esfuerzo.

trabajoso, sa adj. Que cuesta trabajo. || Molesto, penoso.

trabar v. t. Juntar o ensamblar una cosa con otra: *trabar dos maderas.* || Atar, ligar. || Poner trabas a un animal. || Espesar, dar consistencia u homogeneidad: *trabar una salsa.* || *Fig.* Empezar, emprender:

trabar una discusión. || Entablar: *trabar amistad con uno.* || — V. pr. Enredarse los pies, las piernas. || Tomar consistencia u homogeneidad una salsa, etc. || *Se le ha trabado la lengua,* ha empleado una palabra por otra, tiene dificultad para hablar.

trabazón f. Unión. || Enlace.

trabilla f. Tira de tela o cuero que sujeta los bordes del pantalón por debajo del pie. || Tira que se pone detrás en la cintura de los abrigos, chaquetas, etc.

trabucar v. t. Trastornar. || Confundir, trastocar (ú. t. c. pr.).

trabuco m. Arma de fuego más corta que la escopeta ordinaria.

traca f. Petardos en una cuerda que estallan sucesivamente.

trácala f. *Amer.* Trampa, ardid.

tracalada f. *Amer.* Multitud.

tracción f. Acción de tirar, de mover un cuerpo arrastrándolo hacia adelante.

tracoma m. Conjuntivitis granulosa.

tracto m. Espacio de tiempo. || *Anat.* Conducto: *tracto digestivo.*

tractor, ra adj. Que arrastra o hace tracción. || — M. Vehículo automotor utilizado, sobre todo en la agricultura, para arrastrar otros.

tractorista m. y f. Conductor de tractor.

trade mark [*treidmark*] f. (pal. ingl.). Marca registrada.

trade union m. (pal. ingl.). Sindicato.

tradición f. Transmisión de doctrinas, leyendas, costumbres, etc., durante largo tiempo, por la palabra o el ejemplo. || Costumbre transmitida de generación en generación: *las tradiciones de una provincia.* || Transmisión oral o escrita de los hechos o doctrinas que se relacionan con la religión. || *For.* Entrega.

tradicional adj. Basado en la tradición. || Acostumbrado.

tradicionalismo m. Apego a la tradición. || Sistema político fundado en la tradición. || En España, carlismo.

tradicionalista adj. y s. Partidario del tradicionalismo. || Carlista.

traducción f. Acción de traducir, de verter a otro idioma. || Obra traducida. || Interpretación: *traducción del pensamiento.*

traducir v. t. Expresar en una lengua lo escrito o expresado en otra. || *Fig.* Expresar: *traducir su pasión.* | Interpretar: *tradujo lo que le dije.* || — V. pr. Expresarse por signos externos.

traductor, ra adj. y s. Que traduce. || — M. Programa de informática que sirve para traducir un programa de un lenguaje de programación a otro lenguaje más fácil de comprender que el de la máquina. || — F. Máquina de tarjetas perforadas que facilitan la interpretación de las perforaciones de una tarjeta en esta misma tarjeta y en otra.

traer v. t. Trasladar una cosa al sitio en que se encuentra una persona: *traer una carta* (ú. t. c. pr.). || Llevar: *hoy trae un abrigo nuevo.* || Transportar consigo de vuelta de un viaje: *ha traído cigarros puros de La Habana.* || Acarrear: *traer mala suerte.* || Atraer. || Tener: *el mes de junio trae treinta días.* || Contener: *el periódico trae hoy una gran noticia.* || — *Me trae sin cuidado,* me da igual. || *Fig. Traer cola,* tener consecuencias. | *Traer de cabeza a uno,* causarle muchas preocupaciones. ‖ – V. pr. *Traerse algo entre manos*, ocuparse de ello.

tráfago m. Tráfico.

traficante adj. y s. Que trafica.

traficar v. i. Negociar, realizar operaciones comerciales generalmente ilícitas y clandestinas.

tráfico m. Comercio ilegal y clandestino: *tráfico de divisas, de negros*. ‖ Tránsito, circulación de vehículos: *calle de mucho tráfico*. ‖ *Tráfico rodado*, circulación de vehículos por calles o carreteras.

tragaluz m. Ventanilla abierta en un tejado o en lo alto de una pared.

tragante m. Abertura en la parte superior de los altos hornos.

tragaperras adj. inv. Dícese de una máquina distribuidora automática que funciona al introducir una moneda en una ranura.

tragar v. t. Hacer que una cosa pase de la boca al esófago. Ú. t. c. i.: *no poder tragar*. ‖ Comer mucho o con voracidad. Ú. t. c. pr.: *¡hay que ver lo que se traga este chico!* ‖ Absorber: *suelo que traga rápidamente el agua*. ‖ Fig. Hacer desaparecer en su interior: *barco tragado por el mar* (ú. t. c. pr.). ‖ Creer fácil y neciamente. Ú. t. c. pr.: *se traga cuanto le dicen*. | Soportar algo vejatorio. Ú. t. c. pr.: *tragarse un insulto* ‖ – Fig. y fam. *No poder tragar a uno*, sentir por él profunda aversión. | *Tragar el anzuelo*, dejarse engañar.

tragedia f. Obra dramática en la que intervienen personajes que infunden lástima o terror por el desenlace funesto que tienen. ‖ Catástrofe.

trágico, ca adj. Relativo a la tragedia. ‖ Fig. Terrible, desastroso. ‖ – M. y f. Autor o actor de tragedias.

tragicomedia f. Obra dramática en que se mezclan los géneros trágico y cómico.

tragicómico, ca adj. De la tragicomedia. ‖ A la vez serio y cómico.

trago m. Cantidad de líquido que se bebe de una vez. ‖ Fig. Disgusto, contratiempo: *un mal trago*.

tragón, ona adj. y s. Comilón.

traición f. Violación de la fidelidad debida, deslealtad. ‖ Delito que se comete sirviendo al enemigo. ‖ – *Alta traición*, delito cometido contra la seguridad del Estado. ‖ *A traición*, alevosamente.

traicionar v. t. Hacer traición: *traicionar al país, al amigo*. ‖ Fig. Descubrir, revelar: *su gesto traiciona sus intenciones*. | Deformar, desvirtuar: *traicionar el pensamiento de un autor*. | Fallar: *le traicionó el corazón*.

traicionero, ra adj. Que traiciona (ú. t. c. s.).

traída f. Derivación de las aguas de un sitio hacia otro.

traidor, ra adj. Que comete traición (ú. t. c. s.). ‖ Pérfido.

tráiler m. (pal. ingl.). Avance de una película cinematográfica. ‖ Camión con una plataforma giratoria en la que se pone la carga.

traílla f. Correa con que se lleva atado el perro a la caza. ‖ Apero de labranza para allanar el terreno. ‖ Tralla del látigo.

traína f. Red de fondo.

trainera f. Barca con traína.

traiña f. Red muy grande.

traje m. Vestido, manera de vestirse propia de cierta clase de personas, de cierto país, de cierta

época, etc. ‖ Vestimenta completa de una persona. ‖ Conjunto de chaqueta, chaleco y pantalón. ‖ Vestido de mujer, de una sola pieza: *traje camisero*.

trajín m. Tráfico. ‖ Actividad, trabajo, quehaceres.

trajinar v. i. Fam. Ajetrearse. | Trabajar. ‖ – V. pr. Fam. Conquistar a una mujer.

tralla f. Trencilla de cuero colocada en la punta del látigo.

trallazo m. Golpe con la tralla.

trama f. Conjunto de hilos que, cruzados con los de la urdimbre, forman un tejido. ‖ Fig. Intriga, enredo.

tramado m. Retícula de puntos, líneas o sombreados que se dan a los fotograbados para que haya una variedad de tonos.

tramar v. t. Cruzar los hilos de la trama con los de la urdimbre. ‖ Fig. y fam. Preparar en secreto.

tramitación f. Acción de tramitar.

tramitar v. t. Efectuar los trámites necesarios para algo (ú. t. c. pr.).

trámite m. Cada una de las diligencias necesarias para resolver un asunto. ‖ Requisito, formalidad.

tramo m. Parte de una escalera entre dos rellanos. ‖ Parte entre dos puntos determinados.

tramontana f. Norte. ‖ En el Mediterráneo, viento del Norte.

tramoya f. Máquina o conjunto de máquinas para cambiar el decorado en los teatros.

tramoyista com. Persona que hace funcionar las tramoyas.

trampa f. Artificio para cazar consistente en una excavación disimulada por una tabla u otra cosa que puede hundirse bajo el peso de un animal. ‖ Puerta abierta en el suelo para poner en comunicación dos pisos. ‖ Fig. Ardid, estratagema con que se engaña a una persona. | Fullería, engaño en el juego. | En prestidigitación, truco. ‖ Deuda: *estar lleno de trampas*.

trampear v. i. Fam. Pedir prestado o fiado con la intención de no pagar. | Ir tirando: *va trampeando*. ‖ – V. t. Fam. Usar de artificios para engañar a otro.

trampilla f. Abertura en el suelo de una habitación.

trampolín m. Plano inclinado y generalmente elástico en que toma impulso el gimnasta, el nadador, etc., para saltar. ‖ Fig. Lo que sirve para obtener un resultado.

tramposo, sa adj. y s. Que hace trampas.

tranca f. Palo grueso que se usa como bastón o con que se asegura una puerta o ventana cerradas poniéndolo cruzado detrás de ellas.

trancazo m. Golpe dado con una tranca. ‖ Fig. y fam. Gripe.

trance m. Momento crítico: *trance desagradable*. ‖ Situación apurada, mal paso: *sacar a uno de un trance*. ‖ Estado del alma en unión mística. ‖ Estado hipnótico del médium.

tranco m. Paso largo.

tranquilidad f. Quietud, sosiego.

tranquilizante adj. y s. m. Sedativo.

tranquilizar v. t. Calmar, sosegar.

tranquillo m. Fam. Truco.

tranquilo, la adj. Quieto, no agitado: *mar tranquilo*. ‖ Apacible, sosegado, sin preocupación: *vida tranquila*.

transa m. Méx. Fam. Persona que acepta transar.

transacción f. Operación comercial o bursátil. ‖ Acuerdo basado en concesiones recíprocas.

transalpino, na adj. Del otro lado de los Alpes.

transandino, na adj. Del otro lado de los Andes o que los atraviesa. ‖ — M. Ferrocarril que une la Argentina y Chile pasando por los Andes.

transar v. t. e i. *Amer.* Transigir.

transatlántico, ca adj. Situado del otro lado del Atlántico o que lo cruza. ‖ — M. Buque de grandes dimensiones que hace viajes largos.

transbordador, ra adj. Que sirve para transbordar. ‖ — M. Barco grande preparado para transportar vehículos de una orilla a otra.

transbordar v. t. Trasladar personas o mercancías de un barco o vehículo a otro. ‖ — V. i. Cambiar de tren o de metro en un sitio determinado.

transbordo m. Acción y efecto de transbordar.

transcendencia f. Trascendencia.

transcendental adj. Trascendental.

transcendente adj. Trascendente.

transcender v. t. Trascender.

transcontinental adj. Que atraviesa un continente.

transcribir v. t. Copiar un escrito. ‖ Poner por escrito una cosa que se oye. ‖ Escribir con las letras de determinado alfabeto lo que está escrito con las de otro. ‖ *Fig.* Expresar por escrito un sentimiento o impresión.

transcripción f. Acción de transcribir. ‖ Cosa transcrita.

transculturación f. Proceso de difusión o de influencia de la cultura de una sociedad al entrar en contacto con otra que está menos evolucionada.

transcurrir v. i. Pasar el tiempo.

transcurso m. Paso del tiempo.

transepto m. Crucero de templo.

transeúnte com. Persona que transita o pasa por un lugar. ‖ Persona que está de paso, que no reside sino transitoriamente en un lugar (ú. t. c. adj.).

transexual adj. y s. Dícese de la persona que ha cambiado de sexo mediante una intervención quirúrgica.

transferencia f. Acción de transferir un derecho de una persona a otra. ‖ Operación bancaria consistente en transferir una cantidad de una cuenta a otra. ‖ Documento en que consta. ‖ Cambio de un jugador profesional de un club a otro. ‖ Transmisión, cesión: *transferencia de tecnología.*

transferir v. t. Trasladar una cosa de un lugar a otro. ‖ Ceder o traspasar un derecho a otra persona. ‖ Remitir, enviar fondos bancarios de una cuenta a otra.

transfiguración f. Cambio de figura.

transfigurar v. t. Hacer cambiar de figura o de aspecto (ú. t. c. pr.).

transformable adj. Que se puede transformar.

transformación f. Cambio de forma o de aspecto. ‖ En rugby, acción de enviar el balón por encima de la barra transversal después de un ensayo.

transformador, ra adj. y s. Aplícase al o lo que transforma. ‖ — M. Aparato que obra por inducción electromagnética y sirve para transformar un sistema de corrientes variables de la misma frecuencia, pero de intensidad o de tensión generalmente diferentes.

transformar v. t. Dar a una persona o cosa una forma distinta de la que tenía antes: *transformar un*

producto. ‖ Convertir: *transformar vino en vinagre.* ‖ Cambiar mejorando: *su viaje le ha transformado.* ‖ En rugby, convertir en tanto un ensayo. ‖ — V. pr. Sufrir un cambio, una metamorfosis. ‖ Cambiar de costumbres, de carácter, etc.

tránsfuga com. Persona que pasa de un partido a otro. ‖ Soldado que abandona el ejército en el cual sirve y se incorpora a las tropas enemigas.

transfusión f. Operación que hace pasar cierta cantidad de sangre de las venas de un individuo a las de otro.

transgredir v. t. Infringir, violar.

transgresión f. Infracción.

transgresor, ra adj. Que comete una transgresión (ú. t. c. s.).

transición f. Cambio de un estado a otro. ‖ Fase intermedia.

transigir v. i. Llegar a un acuerdo mediante concesiones recíprocas. ‖ Tolerar.

transistor m. Dispositivo basado en el uso de los semiconductores que, del mismo modo que un tubo electrónico, puede ampliar corrientes eléctricas, provocar oscilaciones y ejercer a la vez las funciones de modulación y de detección. ‖ Aparato receptor de radio provisto de estos dispositivos.

transistorizar v. t. Dotar de transistores.

transitar v. i. Pasar por la calle.

transitivo, va adj. Aplícase al verbo o forma verbal que expresa una acción que se realiza directamente del sujeto en el complemento.

tránsito m. Acción de transitar, paso: *el tránsito de los peatones.* ‖ Circulación de vehículos y gente: *calle de mucho tránsito.* ‖ Acción de pasar por un sitio para a otro: *viajeros de tránsito.* ‖ Muerte, con referencia a la Virgen o a los santos. ‖ *Tránsito rodado,* tráfico de vehículos.

transitoriedad f. Condición de transitorio.

transitorio, ria adj. Temporal.

translación f. Traslación.

translaticio, cia adj. Traslaticio.

translimitar v. t. Pasar los límites.

translúcido, da adj. Dícese del cuerpo que deja pasar la luz pero no permite ver lo que hay detrás.

transmediterráneo, a adj. Que atraviesa el Mediterráneo.

transmigración f. Traslado de un pueblo a otro país.

transmigrar v. i. Abandonar su país para ir a vivir en otro.

transmisible adj. Que se puede transmitir.

transmisión f. Cesión, paso de una persona a otra: *transmisión de poderes, de bienes.* ‖ Tratándose de herencia, comunicación de ciertos caracteres de padres a hijos. ‖ Paso de una enfermedad de un individuo enfermo a otro sano. ‖ Propagación: *transmisión del calor.* ‖ Comunicación de un mensaje telegráfico o telefónico. ‖ Comunicación del movimiento de un órgano a otro. ‖ Órgano que transmite el movimiento. ‖ Conjunto de órganos que, en un automóvil, sirve para comunicar el movimiento del motor a las ruedas motrices. ‖ — Pl. Servicio encargado de los enlaces (teléfono, radio, etc.) en un ejército.

transmisor, ra adj. Que transmite (ú. t. c. s.).

transmitir v. t. Hacer llegar a alguien, comunicarle: *transmitir una noticia.* ‖ Difundir por radio. ‖ Traspasar, dejar a otro: *transmitir un derecho.* || Comunicar a otro una enfermedad, una cualidad o un defecto. || Comunicar: *transmitir un mensaje por teléfono.* || — V. pr. Propagarse.

transmutación f. Cambio.

transmutar v. t. Transformar.

transnacional adj. Multinacional.

transoceánico, ca adj. Al otro lado del océano o que lo atraviesa.

transpacífico, ca adj. Del otro lado del Pacífico o que lo atraviesa.

transparencia f. Propiedad de lo transparente. || Diapositiva.

transparentarse v. pr. Pasar la luz u otra cosa a través de un cuerpo transparente. || Ser transparente.

transparente adj. Que se deja atravesar fácilmente por la luz y permite ver distintamente los objetos a través de su masa. || Translúcido.

transpiración f. Sudor.

transpirar v. i. Sudar.

transpirenaico, ca adj. Del otro lado de los Pirineos o que lo atraviesa.

transplantar v. t. Trasplantar.

transplante m. Trasplante.

transponer v. t. Cambiar de sitio: *transponer una palabra dentro de una frase.* || Desaparecer detrás de algo: *el Sol transpuso la montaña.* || — V. pr. Ocultarse a la vista, pasando al otro lado de un obstáculo. || Ponerse el Sol detrás del horizonte. || Quedarse algo dormido.

transportador, ra adj. Que transporta o sirve para transportar. || — M. Semicírculo graduado empleado para medir o trazar ángulos. || Instalación para el transporte mecánico aéreo.

transportar v. t. Llevar de un sitio a otro. || — V. pr. Extasiarse.

transporte m. Acción de llevar de un sitio a otro, acarreo: *transporte de mercancías.* || *Fig.* Arrebato, entusiasmo, emoción muy viva. || — Pl. Conjunto de los diversos medios para trasladar personas, mercancías, etc.

transportista com. Persona que se dedica a hacer transportes.

transposición f. Acción de transponer una cosa. || Puesta de un astro.

transubstanciación f. En la Eucaristía, cambio del pan y del vino en el cuerpo y sangre de Jesucristo.

transuránico adj. y s. m. Aplícase a los elementos químicos de número atómico superior al del uranio (92) que se obtienen artificialmente ya que no existen en la naturaleza.

transvasar y **transvase** V. TRASVASAR y TRASVASE.

transversal adj. Que está dispuesto de través: *listas transversales.* || Perpendicular a una dirección principal: *cordillera transversal.*

tranvía m. Ferrocarril urbano de tracción eléctrica que circula por rieles especiales empotrados en el pavimento de las calles.

tranviario, ria y **tranviero, ra** adj. Relativo a los tranvías. || — M. Empleado en el servicio de tranvías. || Conductor de tranvía.

trapacería f. Engaño. || Astucia.

trapatiesta f. *Fam.* Alboroto.

trapecio m. Aparato de gimnasia formado por dos cuerdas verticales que cuelgan de un pórtico y están reunidas por una barra horizontal. || Músculo plano situado en la parte posterior del cuello y superior de la espalda. || Hueso de la segunda fila del carpo. || *Geom.* Cuadrilátero que tiene dos lados desiguales y paralelos llamados *bases.*

trapecista m. Gimnasta o acróbata que trabaja en el trapecio.

trapense adj. y s. Aplícase a los religiosos de la orden del Císter reformada o de la Trapa.

trapero, ra m. y f. Persona que vende trapos viejos.

trapezoide m. Cuadrilátero cuyos lados opuestos no son paralelos.

trapiche m. Molino de aceituna o caña de azúcar. || *Amer.* Ingenio de azúcar. || Molino para pulverizar los minerales.

trapichear v. i. *Fam.* Ingeniárselas para lograr algo.

trapicheo m. *Fam.* Enredos.

trapío m. Planta de un toro.

trapisonda f. Lío, enredo.

trapito m. Trapo pequeño. || *Fam.* Ropa femenina.

trapo m. Pedazo de tela viejo y roto. || Trozo de tela que se emplea para quitar el polvo, secar los platos, etc. || *Mar.* Velamen. || *Taurom.* Muleta o capote. || — Pl. *Fam.* Vestidos de mujer: *hablar de trapos.* || — *A todo trapo,* a toda vela; (fig.) con mucha rapidez. || *Fig. Poner a uno como un trapo,* insultarle o criticarle.

tráquea f. Conducto formado por anillos cartilaginosos que empieza en la laringe y lleva el aire a los bronquios y pulmones.

traqueal adj. De la tráquea.

traquearteria f. Tráquea.

traqueotomía f. Incisión en la tráquea para impedir la asfixia de ciertos enfermos.

traqueteo m. Ruido del disparo de los cohetes. || Serie de sacudidas o tumbos acompañados de ruido.

traquido m. Ruido producido por un disparo. || Chasquido.

tras prep. Detrás de: *tras la puerta.* || Después de: *tras una larga ausencia.* || Más allá: *tras los Pirineos.* || En pos de: corrieron *tras el ladrón.* || Además: *tras ser malo, es caro.*

trasalpino, na adj. Transalpino.

trasandino, na adj. Transandino.

trasatlántico, ca adj. Transatlántico.

trasbordador, ra adj. y s. m. Transbordador.

trasbordar v. t. e i. Transbordar.

trascendencia f. Calidad de trascendente. || *Fig.* Importancia.

trascendental adj. Que se extiende a otras cosas. || *Fig.* De suma importancia.

trascendente adj. Que trasciende de, superior en su género. || *Fig.* Sumamente importante.

trascender v. i. Empezar a ser conocida una cosa, divulgarse: *trascendió la noticia.* || Extenderse, comunicarse los efectos de unas cosas a otras.

trasconejarse v. pr. Extraviarse.

trascribir v. i. Transcribir.

trascripción f. Transcripción.

trascurrir v. i. Transcurrir.

trascurso m. Transcurso.

trasdós m. *Arq.* Superficie exterior de un arco o bóveda. | Pilastra detrás de una columna.

trasegar v. t. Cambiar un líquido de recipiente: *trasegar vino.*

trasero, ra adj. Situado detrás: *rueda trasera de un coche.* || — M. Parte posterior e inferior del animal o persona. || — F. Parte posterior.

trasferencia, trasfiguración, trasformar, trasfusión, trasgredir y *sus derivados.* V. TRANSFERENCIA, TRANSFIGURACIÓN, TRANSFORMAR, TRANSFUSIÓN, TRANSGREDIR y sus derivados.

trasfondo m. Lo que está más allá del fondo visible o de la apariencia o intención de una acción.

trásfuga com. Tránsfuga.

trashumancia f. Traslado de los rebaños de un sitio a otro para que aprovechen los pastos de invierno y los estivales.

trashumante adj. Que trashuma.

trashumar v. i. Pasar el ganado en verano a las montañas o a pastos distintos de los de invierno.

trasiego m. Acción de trasegar.

traslación f. Acción de mudar de sitio. || Traducción. || *Movimiento de traslación,* el que sigue un astro al recorrer su órbita.

trasladar v. t. Llevar de un lugar a otro o a una persona o cosa. || Cambiar de oficina o cargo: *trasladar a un funcionario.* || Aplazar el día, de una reunión, de una función, etc. || Traducir. || Copiar: *trasladar un escrito.* || — V. pr. Cambiar de sitio.

traslado m. Copia: *traslado de un escrito.* || Traslación: *traslado de un preso.* || Cambio de destino. || Mudanza.

traslaticio, cia adj. Aplícase al sentido figurado de una palabra.

traslativo, va adj. Que transfiere.

traslimitar v. t. Translimitar.

traslúcido, da adj. Translúcido.

traslucirse v. pr. Ser traslúcido.

trasluz m. Luz que pasa a través de un cuerpo translúcido. || *Al trasluz,* por transparencia.

trasmigración, trasmisión y *sus derivados.* V. TRANSMIGRACIÓN, TRANSMISIÓN y sus derivados.

trasmutación f. Transmutación.

trasnacional adj. Transnacional.

trasnochador, ra adj. y s. Que acostumbra trasnochar.

trasnochar v. i. Acostarse tarde.

traspapelar v. t. Extraviar un papel entre otros (ú. t. c. pr.).

trasparencia, trasparentarse y **trasparente** V. TRANSPARENCIA, TRANSPARENTARSE y TRANSPARENTE.

traspasar v. t. Atravesar de parte a parte: *la bala le traspasó el brazo.* || Pasar hacia otra parte: *traspasar el río.* || Vender o ceder a otro una cosa: *traspasar un piso.* || Rebasar, pasar de ciertos límites. || Transferir un jugador profesional a otro equipo. || *Fig.* Producir un dolor físico o moral grande.

traspaso m. Cesión, transferencia de un local o negocio. || Cantidad pagada por esta cesión. || Local traspasado. || Transferencia de un jugador profesional a otro equipo.

traspié m. Resbalón, tropezón.

traspiración f. Transpiración.

traspirar v. i. Transpirar.

traspirenaico, ca adj. Transpirenaico, ca.

trasplantar v. t. Mudar un vegetal de un terreno a otro: *trasplantar un árbol.* || *Med.* Hacer un trasplante.

trasplante m. Acción y efecto de trasplantar o trasplantarse. || *Med.* Injerto de tejido humano o animal o de un órgano completo: *trasplante de córnea, del corazón.*

trasponer v. t. Transponer.

traspontín y **trasportín** m. Asiento supletorio y plegable de ciertos coches grandes, de las salas de espectáculos, etc.

trasportador, ra adj. y s. m. Transportador.

trasportar v. t. Transportar.

trasporte m. Transporte.

trasportista com. Transportista.

trasposición f. Transposición.

traspunte com. Persona que avisa a cada actor de teatro cuando ha de salir a escena y le apunta las primeras palabras.

traspuntín m. Traspontín.

trasquilar v. t. Cortar mal el pelo. || Esquilar: *trasquilar ovejas.*

trasquilón m. Corte desigual en el pelo.

trastada f. *Fam.* Jugarreta.

trastazo m. Porrazo, golpe.

traste m. Cada uno de los filetes de metal o hueso colocados en el mástil de la guitarra y otros instrumentos parecidos para modificar la longitud libre de las cuerdas.

trastero, ra adj. Aplícase al cuarto o desván donde se guardan trastos viejos o inútiles (ú. t. c. s. m.).

trastienda f. Local situado detrás de la tienda. || *Fam.* Astucia.

trasto m. Mueble, útil, cosa o persona inútil. || — Pl. Útiles, instrumentos, utensilios de un arte: *trastos de pescar; los trastos de matar de un torero.*

trastocar v. t. Desordenar (ú. t. c. pr.). || — V. pr. Perturbarse.

trastornador, ra adj. Que trastorna.

trastornar v. t. Revolver las cosas, desordenarlas: *ha trastornado todos los papeles.* || *Fig.* Perturbar los sentidos: *trastornar la razón.* | Impresionar, emocionar: *este espectáculo le ha trastornado.* || — V. pr. Turbarse. || Estar conmovido. || *Fig.* Volverse loco.

trastorno m. Desorden, confusión. || Cambio profundo. || Disturbio: *trastornos políticos.* || *Fig.* Turbación, perturbación. || Anomalía en el funcionamiento de un órgano, sistema: *trastornos mentales.*

trastrocamiento m. Confusión. || Transformación.

trastrocar v. t. Invertir el orden, intercambiar. || Transformar.

trasunto m. Copia o traslado. || Imagen exacta de una cosa.

trasvasar v. t. Hacer un trasvase.

trasvase m. Trasiego. || Acción de llevar las aguas de un río a otro para su mayor aprovechamiento.

trasversal adj. Transversal.

trata f. Antiguo comercio que se hacía con los negros que se vendían como esclavos. || *Trata de blancas,* tráfico de mujeres que consiste en atraerlas a los centros de prostitución para especular con ellas.

tratadista com. Autor de tratados.

tratado m. Convenio escrito y concluido entre dos gobiernos: *tratado de amistad, de no agresión.* || Obra que trata de un tema: *un tratado de historia.*

tratamiento m. Trato: *buenos tratamientos.* || Título de cortesía: *tratamiento de señoría.* || Conjunto de medios empleados para la curación de una enfermedad: *tratamiento hidroterápico.* || Conjunto

465

enfermedad: *tratamiento hidroterápico.* || Conjunto de operaciones a que se someten las materias primas: *tratamiento químico.*

tratante com. Persona que comercia.

tratar v. t. e i. Conducirse de cierta manera con uno: *tratar con humanidad.* || Manejar: *tratar muy mal sus cosas.* || Atender y dar de comer: *nos trató opíparamente.* || Tener trato social, alternar con uno: *no trato a esta gente* (ú. t. c. pr.). || Aplicar un tratamiento terapéutico. || Someter a la acción de un agente físico o químico: *tratar un mineral con ácido.* || Estudiar y discutir: *mañana trataremos este problema.* || — *Tratar de,* dar uno un título de cortesía: *tratar de excelencia, de usted;* calificar, llamar: *tratar a uno de ladrón;* tener como tema, ser relativo a: *¿de qué trata este libro?* || *Tratar de o sobre una cuestión,* hablar o escribir sobre ella. || — V. i. *Tratar de,* intentar, procurar: *tratar de salir de un apuro.* || *Tratar en,* comerciar: *tratar en vinos.* || — V. pr. Cuidarse. || Ser cuestión, constituir el objeto de algo: *¿de qué se trata?*

trato m. Manera de portarse con uno: *trato inhumano.* || Relación, frecuentación: *tengo trato con ellos.* || Modales, comportamiento: *un trato muy agradable.* || Acuerdo, contrato: *cerrar un trato.* || — Pl. Negociaciones.

trattoria f. (pal. ital.). Restaurante pequeño.

trauma m. Traumatismo.

traumatismo m. Lesión de los tejidos producida por un agente mecánico, en general externo. || *Fig.* Choque emocional que deja una impresión duradera en el subconsciente.

traumatizar v. t. Producir un trauma psíquico.

travelín m. Travelling.

traveller's check f. (pal. ingl.). Cheque de viaje.

travelling m. (pal. ingl.). Carro que soporta la cámara cinematográfica y permite su desplazamiento para la toma de vistas sucesivas. || Esta misma operación.

través m. Inclinación. || *Fig.* Revés, contratiempo, suceso adverso. || *A través o al través,* de un lado a otro: *un árbol tumbado a través de la carretera;* por entre: *a través de una celosía;* mediante: *reembolsar un empréstito a través de un banco.*

travesaño m. En una armazón, pieza horizontal que atraviesa de una parte a otra. || Almohada cilíndrica y alargada para la cama.

travesear v. i. Ser travieso.

travesía f. Viaje por mar: *la travesía del Pacífico.* || Calleja que atraviesa entre calles principales. || Camino transversal. || Parte de una carretera que atraviesa una población. || Distancia entre dos puntos de tierra o de mar. || *Arg.* Llanura extensa y árida entre dos sierras.

travestí o **travestido** adj. Dícese de la persona que se viste con la ropa propia del sexo contrario (ú. t. c. s. m.).

travestir v. t. Vestir a una persona con la ropa del sexo contrario (ú. t. c. pr.).

travestismo m. Acción y efecto de travestir.

travesura f. Picardía, diablura.

traviesa f. Madero colocado perpendicularmente a la vía férrea en que se asientan los rieles.

travieso, sa adj. Bullicioso (ú. t. c. s.).

trayecto m. Espacio que hay que recorrer para ir de un sitio a otro.

trayectoria f. Línea descrita en el espacio por un punto u objeto móvil. || *Fig.* Tendencias, orientación.

traza f. Proyecto, plano o diseño de una obra. || *Fig.* Huella, señal, rastro.

trazado m. Acción de trazar. || Representación por medio de líneas de un plano, dibujo, etc. || Recorrido de una carretera, canal, etc.

trazar v. t. Tirar las líneas de un plano, dibujo, etc. || Escribir. || *Fig.* Describir, pintar: *trazar una semblanza.* | Indicar: *ha trazado las grandes líneas del programa.* || *Trazar planes,* hacer proyectos.

trazo m. Línea.

trébedes f. pl. Utensilio con tres pies para poner vasijas al fuego.

trebejo m. Trasto o utensilio.

trébol m. Planta herbácea de flores blancas, rojas o moradas que se cultiva para forraje. || Uno de los palos de la baraja francesa.

trece adj. Diez y tres: *el día trece.* || Decimotercero: *León XIII* (trece). || — M. Número equivalente a diez y tres.

trecha f. Voltereta.

trecho m. Espacio de tiempo: *esperar largo trecho.* || Distancia. || Tramo, trozo de un camino, etc.

trefilar v. t. Reducir un metal a alambre o hilo pasándolo por una hilera.

tregua f. Suspensión temporal.

treinta adj. Tres veces diez: *tiene treinta años.* || Trigésimo.

treintadosavo, va adj. Aplícase a cada una de las 32 partes semejantes en que se divide un todo.

treintaidoseno, na adj. Trigésimo segundo.

treintaitresino, na adj. y s. De la c. y del dep. de Treinta y Tres (Uruguay).

treintavo, va adj. y s. Trigésimo.

treintena f. Conjunto de treinta unidades. || Treintava parte.

treinteno, na adj. Trigésimo.

trematodo, da adj. y s. m. Aplícase a los gusanos de cuerpo plano que viven parásitos en el cuerpo de los vertebrados. || — M. pl. Orden que forman.

tremebundo, da adj. Espantoso.

tremedal m. Terreno pantanoso.

tremendo, da adj. Espantoso.

trementina f. Resina semilíquida que se extrae de los pinos, alerces y terebintos.

tremolar v. i. Ondear.

tremolina f. *Fam.* Alboroto.

trémolo m. *Mús.* Sucesión rápida de notas cortas iguales.

trémulo, la adj. Tembloroso.

tren m. Sucesión de vehículos remolcados o en fila: *tren de camiones.* || Conjunto formado por los vagones de un convoy y la o las locomotoras que los arrastran. || *Tecn.* Conjunto de órganos mecánicos semejantes acoplados con algún fin: *tren de laminar.* || *Méx.* Tranvía. || *Mil.* Conjunto de material que un ejército lleva consigo en campaña. || *Fig.* Paso, marcha: *ir a buen tren.* || — *Fam. Tren botijo,* el que se habilitaba en verano por poco dinero con motivo de alguna fiesta o viaje. | *Tren carreta,* el muy lento. || *Tren correo,* el que lleva la correspondencia. || *Tren de aterrizaje,* dispositivo de aterrizaje de un avión. || *Tren de laminación,* conjunto de los diversos rodillos de un laminador. || *Tren delantero, trasero,* conjunto de elementos que reemplazan el eje de los vehículos modernos. || *Fig. Tren de vida,* manera de vivir en cuanto a comodidades, etc. || *Tren directo o expreso,* el muy rápido. || *Tren mixto,* el que lleva viajeros y mercancías. || *Tren rápido,* el que tiene mayor velocidad que el expreso. || *Fig.* y *fam. Vivir a todo tren,* vivir espléndidamente.

trenza f. Entrelazamiento de tres o más fibras, hebras, de los pelos.

trenzado m. Trenza.

trenzar v. t. Hacer una trenza.

trepador, ra adj. y s. Que trepa. || Dícese de ciertas plantas de tallo largo, como la hiedra, que trepan por las paredes, las rocas, etc. || Aplícase a las aves que pueden trepar a los árboles, como el papagayo, el pico carpintero, etc. || — F. pl. Orden que forman estas aves.

trepanación f. Operación quirúrgica que consiste en la perforación en un hueso, especialmente de la cabeza, para tener acceso a una cavidad craneana con objeto de extirpar un tumor o disminuir la tensión existente en la misma.

trepanar v. t. Horadar el cráneo u otro hueso con fin terapéutico.

trépano m. Instrumento quirúrgico propio para trepanar. || Aparato de sondeo que ataca el terreno en toda la superficie del agujero hecho por la perforadora.

trepar v. i. Subir a un lugar.

trepidación f. Temblor.

trepidar v. i. Temblar.

treponema m. Microbio causante de la sífilis.

tres adj. Dos y uno: *tiene tres hermanos.* || Tercero. || — M. Número equivalente a dos más uno. || Naipe que tiene tres figuras: *el tres de oros.* || — F. pl. Tercera hora después del mediodía o de la medianoche: *las tres de la madrugada.* || *Regla de tres,* cálculo de una cantidad desconocida a partir de tres otras conocidas de las cuales dos varían en proporción directa o inversa.

trescientos, tas adj. Tres veces ciento. || Tricentésimo. || — M. Guarismo que representa el número equivalente a tres veces ciento.

tresillo m. Juego de cartas entre tres personas en el cual gana el que hace el mayor número de bazas. || Conjunto de un sofá y dos sillones que hacen juego. || Sortija con tres piedras que hacen juego.

treta f. Artificio, ardid.

trezavo, va adj. Dícese de cada una de las trece partes iguales en que se divide un todo (ú. t. c. s. m.).

tríada f. Tres unidades.

triangular adj. De figura de triángulo.

triángulo m. *Geom.* Figura delimitada por tres líneas que se cortan mutuamente. || *Mús.* Instrumento de percusión.

triar v. t. Escoger, entresacar.

triásico, ca adj. *Geol.* Aplícase al primer período de la era secundaria (ú. t. c. s. m.).

tribu f. Conjunto de familias que están bajo la autoridad de un mismo jefe.

tribulación f. Adversidad: *las tribulaciones de la vida.*

tribuna f. Plataforma elevada desde donde hablan los oradores. || Espacio generalmente cubierto y

provisto de gradas desde donde se asiste a manifestaciones deportivas, carreras de caballos, etc.

tribunal m. Órgano del Estado donde se administra la justicia: *tribunal de primera instancia, militar, supremo, constitucional.* || Magistrados que administran justicia: *el tribunal ha fallado.* || Conjunto de personas capacitadas para juzgar a los candidatos de unos exámenes, oposiciones, etc. || — *Tribunal de casación,* el que sólo conoce de los recursos de casación. || *Tribunal tutelar de menores,* el que con fines educativos resuelve acerca de la infancia delincuente o desamparada.

tribuno m. Magistrado romano encargado de defender los derechos de la plebe. || *Fig.* Orador elocuente.

tributación f. Tributo.

tributar v. t. Pagar tributo. || *Fig.* Manifestar: *tributar respeto.*

tributario, ria adj. Relativo al tributo: *sistema tributario.* || Que paga tributo (ú. t. c. s. m.). || *Fig.* Afluente de un río (ú. t. c. s. m.).

tributo m. Lo que un Estado paga a otro en señal de dependencia. || Lo que se paga para contribuir a los gastos públicos, impuesto: *tributo municipal.* || Censo: *tributo enfitéutico.*

tricéfalo, la adj. De tres cabezas.

tricentenario, ria adj. Que tiene trescientos años o que dura desde hace trescientos años. || — M. Espacio de tiempo de trescientos años. || Fecha en que se cumplen trescientos años.

tricentésimo, ma adj. Que ocupa el lugar trescientos. || — M. Cada una de las trescientas partes iguales en que se divide un todo.

tríceps adj. y s. m. Dícese del músculo que tiene tres cabezas.

triciclo m. Vehículo de tres ruedas.

tricolor adj. De tres colores.

tricornio adj. Dícese del sombrero cuyos bordes replegados forman tres picos. Ú. t. c. s. m.: *tricornio de guardias civiles.*

tricot m. (pal. fr.). Tejido, jersey o prenda de punto.

tricota f. *Arg.* Jersey de punto.

tricotar v. t. Hacer un tejido de género de punto.

tricotosa f. Máquina con la que se hacen géneros de punto.

tricromía f. Impresión tipográfica con tres colores fundamentales.

tricúspide adj. Que tiene tres puntas o cúspides. || *Anat.* Que tiene tres zonas de inserción.

tridáctilo, la adj. Que tiene tres dedos.

tridentado, da adj. Que tiene tres dientes.

tridentino, na adj. De Trento (Tirol) [ú. t. c. s.]. || Relativo al concilio ecuménico celebrado allí.

triduo m. Serie de ejercicios religiosos que dura tres días.

triedro, dra adj. y s. m. Dícese del ángulo formado por tres planos o caras que concurren en un punto del ángulo.

trienal adj. Que dura tres años. || Que sucede cada tres años.

trienio m. Tres años.

trifásico, ca adj. Aplícase a un sistema de corrientes eléctricas polifásicas constituido por tres corrientes monofásicas que tienen una diferencia de fase de un tercio de período.

trifulca f. *Fam.* Disputa, riña.

trifurcarse v. pr. Dividirse una cosa en tres ramales.

trigal m. Plantío de trigo.

trigarante adj. De tres garantías.

trigésimo, ma adj. Que ocupa el lugar treinta. || — M. Cada una de las treinta partes iguales en que se divide un todo.

trigo m. Planta gramínea con espigas de cuyos granos molidos se saca la harina.

trigonometría f. Parte de las matemáticas que trata del estudio de las funciones circulares de los ángulos y de los arcos (seno, coseno, tangente) y cálculo de los elementos de un triángulo definidos por relaciones numéricas. || *Trigonometría esférica,* estudio de las relaciones entre los elementos de triángulos esféricos.

trigonométrico, ca adj. Relativo a la trigonometría.

trigueño, ña adj. Color trigo, entre moreno y rubio: *rostro trigueño.*

trilateral adj. De tres lados.

trilingüe adj. Que tiene tres lenguas. || Que habla tres lenguas. || Escrito en tres lenguas.

trilla f. *Arg.* Acción de trillar y temporada en que se efectúa.

trillado, da adj. Muy conocido.

trillador, ra adj. y s. Que trilla. || — F. Máquina para trillar.

trillar v. t. Quebrantar la mies para separar el grano de la paja.

trillizo, za m. y f. Cada uno de los tres hermanos o hermanas nacidos en un mismo parto.

trillo m. Utensilio para trillar.

trillón m. Un millón de billones, que se expresa por la unidad seguida de dieciocho ceros.

trilogía f. Conjunto de tres obras dramáticas o novelísticas que tienen entre sí cierto enlace.

trimensual adj. Que pasa o repite tres veces al mes.

trimestral adj. Que ocurre cada trimestre.

trimestre m. Espacio de tiempo de tres meses. || Cantidad que se cobra o se paga cada tres meses.

trimotor adj. Aplícase al avión provisto de tres motores (ú. t. c. s. m.).

trinar v. i. *Mús.* Hacer trinos. || Gorjear las aves. || Estar muy enfadado.

trinca f. Reunión de tres personas o cosas.

trincar v. t. *Fig.* y *fam.* Comer. | Beber. | Coger. | Hurtar, robar. || *Amer.* Apretar, oprimir.

trinchar v. t. Cortar en trozos una vianda para servirla.

trinchera f. Zanja que permite a los soldados circular y disparar a cubierto. || Excavación hecha en el terreno para hacer pasar un camino, con taludes a ambos lados. || Abrigo impermeable.

trineo m. Vehículo para desplazarse sobre la nieve o el hielo.

trinidad f. Conjunto de tres divinidades que tienen entre sí cierta unión. || Por antonomasia, en la religión cristiana, unión del Padre, Hijo y Espíritu Santo: *la Santísima Trinidad.* || Fiesta católica en honor de este misterio.

trinitario, ria adj. y s. De Trinidad (Bolivia y Uruguay).

trinomio m. Expresión algebraica compuesta de tres términos.

trinquete m. Verga mayor del palo de proa y vela que se pone en ella. || Palo inmediato a la proa.

trío m. *Mús.* Terceto, composición para tres instrumentos o voces. | Conjunto de tres músicos o cantantes. || Grupo de tres personas o tres cosas: *trío de ases.*

triodo, da adj. Aplícase al tubo electrónico que tiene tres electrodos (ú. t. c. s. m.).

tripa f. Intestino. || *Fam.* Vientre: *dolor de tripa.* | Barriga: *ya tienes mucha tripa.* || Panza, parte abultada de un objeto. || Cuerda hecha con los intestinos de ciertos animales: *raquetas fabricadas con tripas de gato.* || — Pl. *Fig.* Lo interior de un mecanismo, de un aparato complicado, etc.: *le gusta verle las tripas a todo.*

tripanosoma m. Protozoo parásito de la sangre.

tripartición f. División en tres.

tripartito, ta adj. Dividido en tres partes. || Formado por la asociación de tres partidos: *coalición tripartita.* || Realizado entre tres: *pacto tripartito.*

tripicallos m. pl. Callos.

triplano m. Avión cuyas alas están formadas por tres planos.

triplaza adj. De tres plazas.

triple adj. Que contiene tres veces una cosa. || Dícese del número que contiene a otro tres veces. Ú. t. c. s. m.: *el triple de cuatro es doce.* || *Triple salto,* prueba de salto de longitud en la que un atleta debe salvar la mayor distancia posible en tres saltos seguidos.

triplicación f. Acción de triplicar.

triplicar v. t. Multiplicar por tres (ú. t. c. pr.). || Hacer tres veces una misma cosa.

triplo, pla adj. y s. m. Triple.

trípode adj. De tres pies: *mesa, asiento trípode.* || — M. Banquillo de tres pies. || Armazón de tres pies para sostener un cuadro, ciertos instrumentos fotográficos, geodésicos, etc.

tripolitano, na adj. y s. De Trípoli (Libia).

tríptico m. Pintura, grabado o relieve en tres hojas de las cuales las dos laterales se doblan sobre la del centro. || Obra literaria o tratado dividido en tres partes. || Documento de tres hojas que permite a un automovilista pasar una frontera con su coche sin tener que pagar derechos de aduana.

triptongo m. Conjunto de tres vocales que forman una sílaba.

tripulación f. Personal que conduce un barco o avión.

tripulante com. Miembro de la tripulación.

tripular v. t. Conducir.

triquina f. Gusano parásito que vive adulto en el intestino del hombre y del cerdo, y, en estado larvario, en sus músculos.

triquinosis f. Enfermedad causada por las triquinas.

triquiñuela f. *Fam.* Artimaña, treta, ardid.

trirreme m. Galera antigua con tres órdenes de remos.

trisagio m. Himno en honor de la Santísima Trinidad.

trisección f. División en tres partes iguales.

trisílabo, ba adj. y s. m. Que consta de tres sílabas.

triste adj. Afligido, apesadumbrado: *triste por la muerte de un ser querido.* || Melancólico de carácter triste. || Que expresa o inspira tristeza: *ojos tristes; tiempo triste.* || Falto de alegría: *calle triste.* || Que aflige: *triste recuerdo.* || Lamentable, deplorable: *fin triste.* || *Fig.* Insignificante, insuficiente:

triste sueldo. | Simple: *ni siquiera un triste vaso de agua.* || — M. Canción popular de tono melancólico y amoroso de la Argentina, Perú y otros países sudamericanos que se canta con acompañamiento de guitarra.

tristeza f. Estado natural o accidental de pesadumbre, melancolía. || Impresión melancólica o poco agradable producida por una cosa: *la tristeza de un paisaje.*

tritio m. Isótopo radiactivo del hidrógeno (símb. T).

trituración f. Quebrantamiento, desmenuzamiento.

triturador, ra adj. Que tritura.

triturar v. t. Moler, desmenuzar, quebrar una cosa dura o fibrosa: *triturar rocas, caña de azúcar.* || Desmenuzar una cosa mascándola: *triturar los alimentos.* || *Fig.* Maltratar, dejar maltrecho: *triturar a palos.* | Criticar severamente: *triturar un texto.*

triunfador, ra adj. y s. Dícese de la persona que triunfa.

triunfal adj. De triunfo.

triunfalismo m. Actitud de aquellos que tienen una confianza exagerada en ellos mismos.

triunfalista adj. Que muestra triunfalismo (ú. t. c. s.).

triunfante adj. Que triunfa.

triunfar v. i. Ser victorioso: *triunfar de los enemigos.* || *Fig.* Ganar: *triunfar en un certamen.* | Tener éxito: *triunfar en la vida.*

triunfo m. Victoria: *los triunfos de Bolívar.* || *Fig.* Gran éxito: *triunfo teatral.* || Carta del palo considerado de más valor en algunos juegos. || *Arg.* y *Per.* Cierta danza popular.

triunvirato m. Unión de tres personas para gobernar.

triunviro m. Cada uno de los tres magistrados romanos que, en ciertas ocasiones, compartieron el poder.

trivalencia f. Calidad de trivalente.

trivalente adj. *Quím.* Que posee la valencia 3.

trivial adj. Común, que carece de novedad. || Superficial.

trivialidad f. Calidad de trivial. || Cosa trivial o insustancial.

triza f. Pedazo muy pequeño.

trocar v. t. Cambiar (ú. t. c. pr.).

trocear v. t. Dividir en trozos.

troceo m. División en trozos.

trocha f. Vereda estrecha. || Atajo. || *Amer.* Vía del ferrocarril.

trofeo m. Monumento, insignia, etc., que conmemora una victoria.

troglodita adj. y s. Que vive en cavernas. || *Fig.* Cavernícola.

trogo m. Ave de México.

troica f. Trineo o carro ruso.

troj y **troje** f. Granero.

trola f. Mentira, embuste.

trole m. Pértiga por donde los trenes o tranvías eléctricos y trolebuses toman la corriente del cable conductor.

trolebús m. Vehículo eléctrico de transporte urbano montado sobre neumáticos y que toma la corriente de un cable aéreo por medio de un trole.

trolero, ra adj. y s. Embustero.

tromba f. Columna de agua o vapor que se eleva desde el mar con movimiento giratorio muy rápido.

trombo m. Coágulo de sangre que se forma en un vaso sanguíneo o en una cavidad del corazón.

trombocito m. Plaqueta sanguínea.

trombón m. Instrumento músico de viento. || Músico que lo toca.

trombosis f. Formación de coágulos en los vasos sanguíneos. || Oclusión de un vaso por un coágulo.

trompa f. Instrumento músico de viento que consta de un tubo enroscado y de tres pistones: *trompa de caza.* || Prolongación muscular tubular larga y flexible de la nariz de ciertos animales: *la trompa del elefante.* || Aparato chupador de algunos insectos: *la trompa de la mariposa.* || Trompo de metal hueco que suena al girar. || *Fam.* Borrachera. | Trompazo, puñetazo. | Hocico. | Nariz. || — M. Músico que toca la trompa. || *Fam.* Borracho.

trompazo m. Golpe fuerte.

trompeta f. Instrumento músico de viento, metálico, con pistones o sin ellos, de sonido muy fuerte. || — M. El que toca este instrumento. || — Adj. *Arg.* Aplícase al animal vacuno que ha perdido un cuerno.

trompetazo m. Sonido muy fuerte producido con la trompeta.

trompetilla f. Aparato en forma de trompeta que suelen emplear los sordos para mejorar la audición.

trompicar v. i. Tropezar.

trompicón m. Tropezón.

trompillo m. Arbusto de América.

trompo m. Peonza, juguete.

tronado, da adj. Sin dinero.

tronar v. impers. Haber truenos: *tronó toda la noche.* || — V. i. Causar gran ruido parecido al del trueno. || *Fig.* Hablar o escribir criticando violentamente a alguien o algo.

troncar v. t. Truncar.

troncha f. *Amer.* Lonja.

tronchante adj. Gracioso.

tronchar v. t. Partir, romper algo doblándolo con violencia.

troncho m. Tallo.

tronco m. Parte de un árbol desde el arranque de las raíces hasta el de las ramas. || El cuerpo humano, o el de cualquier animal, prescindiendo de la cabeza y de los miembros superiores e inferiores. || Fragmento del fuste de una columna. || Conjunto de caballerías que tiran de un carruaje. || *Fig.* Origen de una familia. | Persona estúpida o inútil, zoquete.

tronera f. Abertura en el costado de un barco o en el parapeto de una muralla para disparar. || Ventana muy pequeña. || Agujero de una mesa de billar por donde pueden entrar las bolas.

tronido m. Ruido del trueno.

trono m. Sitial con gradas y dosel de los soberanos. || Tabernáculo donde se expone el Santísimo Sacramento.

tronzar v. t. Partir en trozos.

tropa f. Grupo de militares. || Conjunto de todos los militares que no son oficiales ni suboficiales: *hombre de tropa.* || *Amer.* Recua de ganado.

tropel m. Multitud.

tropelía f. Atropello, abuso de la fuerza o de la autoridad.

tropero m. *Arg.* Guía de ganado.

tropezar v. i. Dar involuntariamente con los pies en un obstáculo. || *Fig.* Encontrar un obstáculo: *tropezar con una dificultad.* | Encontrar por casualidad: *tropezar con un amigo* (ú. t. c. pr.). | Cometer una falta.

tropezón, ona adj. *Fam.* Que tropieza. || — M. Paso en falso, traspiés. || *Fig.* Error.

tropical adj. De los trópicos. || Que es propio de los trópicos: *fruta tropical.* || *Clima tropical,* el existente en ciertas regiones tropicales que se caracteriza por tener una larga estación seca en invierno y una estación pluviosa en verano.

trópico, ca adj. Concerniente a la posición exacta del equinoccio. || *Año trópico,* espacio de tiempo existente entre dos pasos del Sol por el equinoccio de primavera. || — M. Cada uno de los dos círculos menores de la esfera celeste paralelos al ecuador, y entre los cuales se efectúa el movimiento anual aparente del Sol alrededor de la Tierra. || — *Trópico de Cáncer,* el del hemisferio norte por donde pasa el Sol al cenit el día del solsticio de verano. || *Trópico de Capricornio,* el del hemisferio sur por donde pasa el Sol al cenit el día del solsticio de invierno.

tropiezo m. Cosa en que se tropieza, estorbo. || *Fig.* Desliz, equivocación, falta: *dar un tropiezo.* | Impedimento, dificultad.

tropilla f. *Arg.* Manada de caballos guiados por una madrina.

tropillo m. *Amer.* Aura, ave.

troposfera f. Zona de la atmósfera inmediata a la Tierra.

troquel m. Molde que sirve para acuñar monedas y medallas.

troquelar v. t. Acuñar.

trotador, ra adj. Que trota (ú. t. c. s.).

trotar v. i. Andar el caballo al trote. || Cabalgar sobre un caballo al trote. || *Fig.* Andar mucho dirigiéndose a varios sitios una persona.

trote m. Modo de andar una caballería, intermedio entre el paso y el galope, levantando a la vez la mano y el pie opuestos. || *Fam.* Actividad muy grande y cansada: *ya no estoy para estos trotes.* | Asunto complicado, enredo: *no quiero meterme en esos trotes.*

troupe [*trup*] f. (pal. fr.). Compañía de comediantes.

trousseau [*trusó*] m. (pal. fr.). Ajuar.

trova f. Poesía.

trovador, ra adj. Que hace versos. || — M. y f. Poeta, poetisa. || — M. Poeta provenzal de la Edad Media que trovaba o recitaba en lengua de oc.

trovadoresco, ca adj. Relativo a los trovadores.

trovar v. i. Componer versos.

trovero m. Poeta francés de la Edad Media que componía versos en lengua de oíl.

troyano, na adj. y s. De Troya, antigua ciudad de Asia Menor.

trozo m. Pedazo.

trucha f. Pez salmónido de agua dulce y de carne muy estimada.

truco m. Maña, habilidad. || Procedimiento ingenioso, artimaña, ardid: *andarse con trucos.* || Artificio cinematográfico para dar apariencia de realidad a secuencias que es imposible obtener directamente al rodar la película.

truculencia f. Aspecto espantoso.

truculento, ta adj. Espantoso.

trueno m. Estampido que acompaña al relámpago. || Ruido fuerte del tiro de un arma o cohete.

trueque m. Cambio.

trufa f. Hongo ascomiceto subterráneo. || *Fig.* Mentira.

trufar v. t. Rellenar de trufas. || *Fig.* Llenar, rellenar: *dictado trufado de errores.*

truhán, ana adj. y s. Granuja.

truhanada f. Truhanería.

truhanear v. i. Engañar.

truhanería f. Acción propia de un truhán. || Conjunto de truhanes.

trujillano, na adj. y s. De Trujillo (Colombia, España, Honduras, Perú y Estado de Venezuela).

trujillense adj. y s. De Trujillo (Venezuela).

truncado, da adj. Aplícase a las cosas a las que se ha quitado alguna parte esencial. || *Cono truncado, pirámide truncada,* cono o pirámide a los que les falta el vértice.

truncamiento m. Acción y efecto de truncar.

truncar v. t. Quitar alguna parte esencial: *truncar una estatua.* || *Fig.* Romper, cortar: *truncar las ilusiones.*

trusa f. *Per.* Bragas. || *Cub.* Traje de baño.

trust [*trost*] m. (pal. ingl.). Unión de grandes empresas con objeto de reducir los gastos de producción, evitar la competencia y acaparar el mercado de ciertos productos. || En la U.R.S.S., conjunto industrial bajo una dirección única.

tse-tsé f. Nombre indígena de una mosca africana cuya picadura transmite la enfermedad del sueño.

tu, tus pron. poses. de 2.ª pers. en sing. usado como adjetivo antes de un sustantivo.

tú pron. pers. de 2.ª pers. en sing.

tuba f. Instrumento músico de viento de tubo cónico con pistones.

tuberáceo, a adj. y s. f. Aplícase a los hongos ascomicetos subterráneos, como la trufa. || — F. pl. Familia que forman.

tubérculo m. Excrecencia feculenta en una planta, particularmente en la parte subterránea del tallo, como la patata, la batata, etc. || Tumorcillo que se forma en el interior de los tejidos y es característico de la tuberculosis.

tuberculosis f. Enfermedad infecciosa y contagiosa del hombre y de los animales causada por el bacilo de Koch y caracterizada por la formación de tubérculos en los órganos: *tuberculosis pulmonar.*

tuberculoso, sa adj. Relativo a la tuberculosis: *bacilo tuberculoso.* || Aplícase a la persona que padece tuberculosis (ú. t. c. s.).

tubería f. Conjunto de tubos o conductos para conducir un fluido.

tuberosidad f. Tumor.

tubo m. Pieza cilíndrica hueca: *el tubo del agua.* || *Anat.* Conducto natural: *tubo digestivo, intestinal.* || Recipiente alargado, metálico o de cristal de forma más o menos cilíndrica, destinado a contener pintura, pasta dentífrica, píldoras, etc. || En radioelectricidad, lámpara, tubo electrónico en forma de ampolla cerrada que tiene una de sus caras a modo de una pantalla fluorescente en la que incide un haz de electrones: *tubo catódico* o *de rayos catódicos.* || *Riopl.* Auricular de teléfono. || — *Tubo de escape,* tubo de evacuación de los gases quemados en un motor. || *Tubo de ensayo,* el de cristal, cerrado por uno de sus extremos, usado para los análisis químicos.

tubular adj. Que tiene forma de tubo o está hecho con tubos: *corola tubular*. || — M. Neumático para bicicletas formado por una cámara de aire delgada envuelta en una cubierta de goma.

tucán m. Ave trepadora.

tuco, ca m. y f. *Amer.* Manco. || — M. *Arg.* Coleóptero luminoso.

tucumá m. *Amer.* Especie de palmera de la que se obtiene una fibra textil y de cuyo fruto se extrae cierta clase de aceite.

tucumano, na adj. y s. De Tucumán (Argentina).

tucupita adj. y s. De Tucupita (Venezuela).

tucutuco m. *Arg.* y *Bol.* Mamífero roedor semejante al topo.

tucutuzal m. *Arg.* Terreno socavado por los tucutucos.

tudesco, ca adj. y s. Alemán.

tuerca f. Pieza con un orificio labrado en espiral en que encaja la rosca de un tornillo.

tuerto, ta adj. Aplícase a la persona que no tiene vista en un ojo (ú. t. c. s.).

tufarada f. Racha de olor o calor repentina y poco duradera.

tufo m. Emanación gaseosa que se desprende de ciertas cosas. || Mal olor: *tufo de alcantarilla*. || Mechón de pelo que se peina o riza delante de las orejas. || — Pl. *Fig.* Soberbia, presunción.

tugurio m. Casa miserable.

tui m. *Arg.* Loro pequeño.

tul m. Tejido fino y transparente.

tulcaneño, ña adj. y s. De Tulcán (Ecuador).

tulipa f. Pantalla de cristal de forma parecida a la del tulipán.

tulipán m. Planta liliácea de raíz bulbosa. || Su flor.

tulipanero o **tulipero** m. Árbol ornamental oriundo de América.

tullido, da adj. Baldado, que no puede mover algún miembro (ú. t. c. s.). || *Fig.* Muy cansado.

tullimiento m. Estado de tullido.

tullir v. t. Dejar tullido, lisiar. || *Fig.* Cansar mucho.

tulpa f. *Amer.* Piedra de fogón.

tumba f. Sepultura. || Ataúd.

tumbar v. t. Hacer caer, derribar: *tumbar a uno al suelo*. || Inclinar mucho: *el viento ha tumbado las mieses*. || *Fig.* y fam. Suspender en un examen. | Pasmar: *tumbado de asombro*. || — V. pr. Echarse: *tumbarse en la cama*.

tumbesino, na adj. y s. De Tumbes (Perú).

tumbo m. Vaivén violento.

tumbona f. Especie de hamaca o silla de tijera que sirve para tumbarse.

tumefacción f. Hinchazón.

tumefacto, ta adj. Hinchado.

tumescencia f. Tumefacción.

tumescente adj. Que se hincha.

tumor m. *Med.* Multiplicación anormal de las células. || *Tumor maligno,* cáncer.

tumoroso, sa adj. Que tiene uno o varios tumores.

túmulo m. Sepulcro levantado encima del nivel del suelo. || Catafalco.

tumulto m. Motín, disturbio, alboroto. || *Fig.* Agitación.

tumultuario, ria adj. Tumultuoso.

tumultuoso, sa adj. Que promueve tumultos, agitado.

tuna f. *Bot.* Nopal. | Su fruto, higo chumbo. || Vida vagabunda y pícara: *correr la tuna*. || Orquestina formada por estudiantes, estudiantina.

tunal m. Nopal.

tunantada f. Granujada.

tunante, ta adj. y s. Pícaro.

tunantear v. i. Bribonear.

tunantería f. Acción propia de un tunante. || Conjunto de tunantes.

tunda f. Acción y efecto de tundir los paños. || *Fam.* Paliza.

tundido m. Tunda de los paños.

tundir v. t. Cortar e igualar con tijera el pelo de los paños. || *Fam.* Pegar.

tundra f. En las regiones polares, formación vegetal consistente en musgos, líquenes, árboles enanos.

tunecí y **tunecino, na** adj. y s. De Túnez.

túnel m. Galería subterránea abierta para dar paso a una vía de comunicación.

tungsteno m. *Quím.* Volframio.

túnica f. Cualquier vestidura amplia y larga.

tunjano, na adj. y s. De Tunja (Colombia).

tuno, na adj. y s. Tunante. || — M. Estudiante de la tuna.

tuntún (al o **al buen)** m. adv. *Fam.* Sin reflexión, a la buena de Dios.

tupé m. Copete. || *Fig.* Caradura.

tupí adj. y s. Tupí-guaraní.

tupi-guaraní adj. y s. Dícese de una familia lingüística y cultural india de América del Sur y de sus miembros que efectuaron grandes migraciones desde la zona comprendida entre los ríos Paraná y Paraguay hasta el Amazonas y llegaron a los Andes bolivianos y al Chaco occidental. || — M. Idioma hablado por estos indios en Brasil. (El *guaraní* se extendió por el Sur y en Paraguay.)

tupido, da adj. Espeso.

tupinambo m. *Bot.* Aguaturna.

turba f. Combustible fósil que resulta de materias vegetales más o menos carbonizadas. || Muchedumbre generalmente bulliciosa.

turbación f. Confusión.

turbador, ra adj. Que turba.

turbante m. Faja de tela arrollada alrededor de la cabeza.

turbar v. t. Perturbar (ú. t. c. pr.).

turbera f. Yacimiento de turba.

turbidez f. Calidad de turbio.

túrbido, da adj. Turbio.

turbiedad f. Estado de turbio.

turbina f. Motor constituido por una rueda móvil de álabes sobre la cual actúa la fuerza viva de un fluido (agua, vapor, gas, etc.). || Aparato para separar por centrifugación los cristales de azúcar de otros componentes que hay en la melaza.

turbinto m. Planta arbórea de flores blanquecinas y fruto en baya.

turbio, bia adj. Que ha perdido su transparencia natural: *líquido turbio*. || *Fig.* Equívoco, poco claro: *negocio turbio*. | Agitado: *período turbio*. | Falto de claridad: *vista turbia*.

turbión m. Aguacero.

turboalternador m. Grupo generador de electricidad constituido por una turbina y un alternador acoplados en un mismo eje.

turbocompresor m. Compresor rotativo centrífugo que tiene alta presión.

turbodinamo f. Acoplamiento hecho con una turbina y una dinamo.

turbohélice m. Turbopropulsor.

turbomotor m. Turbina accionada por el aire comprimido que funciona como motor.

turbopropulsor m. Propulsor constituido por una turbina de gas acoplada a una o varias hélices por medio de un reductor de velocidad.

turborreactor m. Motor de reacción constituido por una turbina de gas cuya expansión a través de una o varias toberas produce un efecto de propulsión por reacción.

turbulencia f. Agitación, alboroto, bullicio. || Agitación desordenada de un fluido que corre.

turbulento, ta adj. *Fig.* Bullicioso, alborotado, agitado. || Turbio.

turco, ca adj. y s. De Turquía. || *Cama turca,* la que no tiene cabecera ni pies. || — M. Lengua turca.

turcomano, na adj. y s. Aplícase a un pueblo uraloaltaico de raza turca, establecido en el Turkmenistán, Uzbekistán, Afganistán e Irán.

túrdido, da adj. Dícese de una familia de aves paseriformes de la que forman parte los mirlos, los tordos y los zorzales. || — M. pl. Esta familia de aves.

turf m. (pal. ingl.). Hipódromo. || Deporte hípico.

turgencia f. Aumento patológico del volumen de un órgano.

turgente adj. Hinchado.

turinés, esa adj. y s. De Turín (Italia).

turismo m. Acción de viajar por distracción y recreo. || Organización, desde el punto de vista técnico, financiero y cultural, de los medios que facilitan estos viajes: *Oficinas de Turismo.* || Industria que se ocupa de la satisfacción de las necesidades del turista. || Automóvil de uso privado y no comercial: *un turismo azul.* || *Gran turismo,* vehículo de alquiler con chófer que carece de taxímetro y se contrata por servicio o por horas.

turista com. Persona que viaja por distracción y recreo.

turístico, ca adj. Relativo al turismo. || Frecuentado por los turistas.

túrmix f. (n. registrado). Batidora.

turnar v. t. Alternar o establecer un turno con otras personas (ú. t. c. pr.).

turno m. Orden establecido entre varias personas para la ejecución de una cosa: *turno de día; hablar en su turno.* || Cuadrilla, equipo a quien toca trabajar.

turón m. Mamífero carnicero.

turpial m. Pájaro americano parecido a la oropéndola.

turquesa f. Piedra preciosa de color azul verdoso.

turrón m. Dulce hecho de almendras, avellanas o nueces, tostadas y mezcladas con miel u otra clase de ingredientes.

turronería f. Tienda donde se venden turrones.

turulato, ta adj. *Fam.* Estupefacto. | Atolondrado por un golpe.

tusa f. *Amer.* Raspa del maíz. || *Cub.* y *Amér. C.* Bráctea del maíz. || *And.* y *Amer.* Cigarro envuelto en la hoja del maíz. || *Chil.* y *Amér. C.* Barbas del maíz. || *Amér. C.* y *Cub.* Mujer de vida alegre.

tute m. Juego de naipes en el cual hay que reunir los cuatro reyes o caballos. || Reunión de estos naipes. || *Pop.* Paliza. || *Fig.* y *fam. Darse un tute,* trabajar mucho; darse un hartazgo.

tuteamiento m. Tuteo.

tutear v. t. Dirigirse a una persona hablándole de tú (ú. t. c. pr.).

tutela f. Autoridad conferida por la ley para cuidar de la persona y bienes de un menor. || Función de tutor. || *Fig.* Protección, defensa, salvaguardia: *estar bajo tutela.* || *Territorio bajo tutela,* aquel cuya administración está confiada por la O. N. U. a un Gobierno determinado.

tutelaje m. Acción y efecto de tutelar.

tuteo m. Acción de tutear o tutearse.

tutor, ra m. y f. Persona encargada de la tutela. || — M. Profesor de un centro docente encargado de seguir de cerca los estudios de un grupo de alumnos o de una clase. || *Agr.* Rodrigón.

tutoría f. Cargo de tutor.

tutú m. *Arg.* Ave de rapiña.

tuya f. Árbol conífero de América.

tuyo, ya pron. pos. de 2.ª pers. en ambos géneros. || — *Esta es la tuya,* ahora te toca actuar y demostrar lo que vales. || *Hiciste de las tuyas,* hiciste una cosa muy propia de ti. || *Los tuyos,* tu familia.

tuyuyú m. *Arg.* Especie de cigüeña.

tuza f. *Méx.* Mamífero roedor que vive en galerías subterráneas.

TV, abreviatura de *televisión.*

tweed m. (pal. ingl.). Tejido de lana, generalmente de dos colores, utilizado para la confección de trajes de sport.

u

u f. Vigesimosegunda letra del alfabeto castellano y última de las vocales: *la «u», si no lleva diéresis, es muda cuando va precedida de «g» o de «q».* || — Conj. Se emplea en vez de *o* delante de palabras que empiezan por *o* y por *ho: oriente u occidente; patíbulo u horca.* || — **U,** símbolo químico del *uranio.*

uapití m. Ciervo de gran tamaño que vive en Alaska y Siberia.

ubérrimo, ma adj. Muy fértil.

ubicación f. Posición, situación.

ubicar v. i. Estar situado. Ú. m. c. pr.: *el museo se ubica en la plaza Mayor.* || — V. t. *Amer.* Situar, colocar. | Estacionar un automóvil. || — V. pr. *Arg.* Colocarse en un empleo.

ubicuidad f. Capacidad de estar en varios sitios al mismo tiempo.

ubicuo, cua adj. Que está presente al mismo tiempo en todas partes.

ubre f. Cada una de las tetas de las hembras de los mamíferos.

ucase m. Decreto del zar.

ucraniano, na o **ucranio, nia** adj. y s. De Ucrania.

ucumari m. Cierto oso del Perú.

Ud., abreviatura de *usted.* (Tb. se escribe Vd.)

ufanarse v. pr. Vanagloriarse.

ufanía f. Orgullo.

ufano, na adj. Orgulloso.

ugandés, esa adj. y s. De Uganda.

ugetista adj. y s. De la Unión General de Trabajadores.

ugrofinés, esa adj. Dícese de los finlandeses o de otros pueblos de lengua parecida (ú. t. c. s.). || Aplícase a un grupo de lenguas uraloaltaicas como el estoniano, el finlandés, el húngaro (ú. t. c. s. m.).

uguate m. *Méx.* Caña de maíz.

uistití m. *Méx.* Tití, mono.

ujier m. Ordenanza.

ukase m. Ucase.

ukelele m. Instrumento músico de cuerdas parecido a la guitarra.

úlcera f. Pérdida de sustancia de la piel o de las mucosas a consecuencia de un proceso patológico de destrucción molecular o de una gangrena.

ulceración f. Formación de úlcera.

ulcerante adj. Que ulcera.

ulcerar v. t. Causar úlcera. || *Fig.* Ofender, herir.

ulmáceo, a adj. Dícese de las plantas de la familia de las ulmáceas. || — F. pl. Familia de plantas leñosas que tienen hojas asimétricas y fruto de nuez o drupa.

ulmén m. *Chil.* Entre los araucanos, hombre rico e influyente.

ulmo m. *Chil.* Árbol corpulento de flores blancas.

ulpo m. *Chil. y Per.* Cierta bebida hecha con harina tostada.

ulterior adj. Que está en la parte de allá o que ocurre tras otra cosa.

ultimación f. Fin, terminación.

ultimar v. t. Acabar. || Concertar: *ultimaron el tratado.*

ultimátum m. Resolución terminante comunicada por escrito.

último, ma adj. Aplícase a lo que, en una serie, no tiene otra cosa después de sí: *diciembre es el último mes del año.* || Dícese de lo más reciente: *las últimas noticias.* || Relativo a lo más remoto, retirado o escondido: *vive en el último rincón de Argentina.* || Extremo: *recurriré a él en último caso.* || Más bajo: *éste es mi último precio.*

ultra adj. Que representa una tendencia extrema en una ideología política o de cualquier otra índole: *es un partido ultra en todos los sentidos.* || Se usa como partícula inseparable antepuesta a algunos adjetivos con el significado de excesivo, extremo *(los ultranacionalistas; es una persona ultramentirosa)* y con el de al otro lado de, más allá de *(productos ultramarinos; territorios de ultramar).* || — M. y f. Persona que defiende opiniones extremas, particularmente miembro de un partido político que defiende posiciones mucho más radicales que las de los dirigentes. || Muy conservador, reaccionario intransigente.

ultracorto, ta adj. Dícese de la onda cuya longitud es inferior a un metro.

ultraderecha f. Tendencia más extremista de la derecha en política.

ultraísmo m. Movimiento literario, creado en 1919 por poetas españoles e hispanoamericanos, que proponía una renovación total de la técnica poética.

ultraísta adj. Relativo al ultraísmo. || Partidario del ultraísmo (ú. t. c. s.).

ultraizquierda f. Tendencia más extremista de la izquierda en política.

ultrajador, ra adj. y s. Que ultraja.

ultrajar v. i. Injuriar gravemente.

ultraje m. Ofensa, injuria grave.

ultramar m. País que está en el otro lado del mar.

ultramarino, na adj. Que está del otro lado del mar. || — M. pl. Comestibles traídos de otros continentes. || Tienda o comercio de comestibles.

ultramicroscópico, ca adj. Infinitamente pequeño.

ultramoderno, na adj. Muy moderno.

ultramundano, na adj. Que no está en este mundo.

ultramundo m. El otro mundo.

ultranza (a) m. adv. A muerte: *lucha a ultranza*. ‖ Resueltamente.

ultrarrápido, da adj. Muy rápido.

ultrarrojo, ja adj. Infrarrojo.

ultrasensible adj. Muy sensible.

ultrasonido m. *Fís.* Vibración del mismo carácter que el sonido, pero de frecuencia muy elevada que le hace imperceptible para el oído.

ultrasonoro, ra adj. De los ultrasonidos.

ultratumba adv. Más allá de la tumba, de la muerte.

ultravioleta adj. inv. y s. m. Aplícase a las radiaciones invisibles del espectro situadas más allá del color violado.

ulular v. i. Aullar.

umbelífero, ra adj. Dícese de las plantas de la familia umbelífera. ‖ — F. pl. Familia de plantas herbáceas o leñosas que tienen hojas grandes y flores pequeñas.

umbilical adj. Del ombligo.

umbral m. Parte inferior del vano de la puerta, contrapuesta al dintel: *estaba en el umbral de su casa*. ‖ *Fig.* Principio, origen.

un adj. Apócope de *uno* delante de un sustantivo masculino o de *una* delante de un nombre femenino que empieza por *a* u *ha* acentuado.

unánime adj. General.

unanimidad f. Conformidad entre varios pareceres.

unción f. Extremaunción. ‖ Devoción, gran fervor de una persona.

uncir v. t. Sujetar al yugo.

undécimo, ma adj. Que ocupa el lugar once. ‖ — M. Cada una de las once partes iguales en que se divide un todo.

ungimiento m. Unción.

ungir v. t. Frotar con aceite u otra materia grasa. ‖ Poner óleo sagrado para bendecir o consagrar.

ungüento m. Cualquier medicamento con que se unta el cuerpo.

ungulado, da adj. y s. m. Aplícase a los mamíferos que tienen casco o pezuña. ‖ — M. pl. Grupo de estos mamíferos, herbívoros, que comprende los proboscidios (elefante), los perisodáctilos (caballo, rinocerontes) y los artiodáctilos (porcinos y rumiantes).

ungular adj. De la uña.

unicameralismo m. Existencia de una sola asamblea de diputados.

unicelular adj. De una célula.

unicidad f. Condición de único.

único, ca adj. Solo en su especie: *es mi única preocupación*. Ú. t. c. s.: *es el único que tengo*. ‖ *Fig.* Extraño, extraordinario: *caso único; único en su género*.

unicolor adj. De un solo color.

unicornio m. Animal fabuloso de cuerpo de caballo con un cuerno en mitad de la frente. ‖ Rinoceronte.

unidad f. Propiedad de lo que forma un todo: *es un partido que no busca otra cosa que la unidad del país*. ‖ Condición de aquello que no está dividido en partes: *la unidad del mundo cristiano*. ‖ Estado de aquello que tiene cierta continuidad. ‖ Acuerdo, armonía: *unidad de corazones*. ‖ Tamaño tomado como término de comparación: *unidad de medida, de peso*. ‖ Cada una de las partes semejantes que constituyen un número. ‖ En un número entero de varias cifras, cifra que se encuentra a la derecha. ‖ Elemento de una fuerza militar al mando de un jefe. ‖ Cada uno de los barcos o aviones que componen una flota. ‖ Nombre de una parte de un ordenador o calculadora que efectúa cierto tipo de operaciones. ‖ El primer número de la serie ordinal. ‖ Cada una de las partes, secciones o grupos que integran un organismo: *unidad de producción*. ‖ Calidad de las cosas entre cuyas partes hay coordinación: *hay una gran unidad en los proyectos trazados*. ‖ Condición de la obra artística o literaria en la que sólo hay un tema o pensamiento principal o central: *las unidades de acción, de lugar, de tiempo eran reglas de la literatura clásica que obligaban a que cada obra literaria, debía desarrollarse en simplemente una acción principal, en el mismo lugar y en el espacio máximo de un día*. ‖ Cada uno de los coches que forman un tren. ‖ — *Unidad central de proceso*, en informática, parte de un ordenador o computadora que realiza un programa. ‖ *Unidad de control*, en informática, parte de un ordenador que dirige y coordina la realización de las operaciones que están en el programa. ‖ *Unidad de cuidados intensivos* (u. c. i.) *y unidad de vigilancia intensiva* (u. v. i.), en los hospitales, departamento en el que se atiende a los enfermos o accidentados en estado de gravedad extrema. ‖ *Unidad de entrada-salida*, en informática, parte de un ordenador en la que se verifican los intercambios de información con el exterior. ‖ *Unidad monetaria*, moneda legal que sirve de base al sistema monetario de un país.

unifamiliar adj. Que corresponde a una sola familia: *vivienda unifamiliar*.

unificación f. Acción de unificar.

unificador, ra adj. y s. Que unifica.

unificar v. t. Reunir varias cosas en una. ‖ Uniformar.

uniformar v. t. Hacer uniformes dos o más cosas entre sí. ‖ Dar traje igual a las personas de una colectividad. ‖ — V. pr. Ponerse un uniforme.

uniforme adj. Que posee la misma forma, el mismo aspecto, que no presenta variedades: *colores uniformes*. ‖ Siempre parecido, igual: *movimiento uniforme*. ‖ Que no tiene ninguna variedad: *estilo uniforme*. ‖ Que no cambia, regular: *vida uniforme*. ‖ — M. Traje igual y reglamentario para todas las personas de un mismo cuerpo o institución. ‖ Traje de los militares.

uniformidad f. Carácter de lo que es semejante en todas partes, semejanza.

uniformizar v. t. Hacer uniforme.

unilateral adj. Dícese de lo que se refiere a una parte o aspecto de una cosa: *decisión unilateral*. ‖ Situado en sólo una parte: *estacionamiento unilateral*. ‖ *For.* Que compromete sólo a una de las partes: *pactos unilaterales*.

unión f. Reunión, asociación de dos o varias cosas en una sola: *la unión del alma y del cuerpo*. ‖ Asociación, conjunción, enlace entre dos o más cosas. ‖ Asociación de personas, de sociedades o colectividades con objeto de conseguir un fin común: *unión de productores*. ‖ Conformidad de sentimientos y de ideas: *unión de corazones*. ‖ Casamiento, matrimonio: *unión conyugal*. ‖ Acto que une bajo un solo gobierno varias provincias o Estados. ‖ Provincias o Estados así reunidos: *la*

Unión Americana. || Asociación por la que dos o varios Estados vecinos suprimen la aduana en las fronteras que les son comunes: *unión arancelaria.*

unionense adj. y s. De La Unión (España y El Salvador).

unipersonal adj. Que consta de una sola persona: *gobierno unipersonal.* || Individual, de una sola persona: *propiedad unipersonal.* || Aplícase a los verbos que únicamente se emplean en la tercera persona y en el infinitivo, pero, a diferencia de los impersonales, tienen sujeto expreso: *acaecieron graves disturbios en la ciudad.*

unir v. t. Juntar dos o varias cosas: *unió los dos pisos.* || Asociar: *unir dos empresas.* || Establecer un vínculo de afecto, de cariño, de amistad: *estoy muy unido con él.* || Hacer que se verifique un acercamiento: *las desgracias de la guerra unieron a dos Estados.* || Casar: *los unió el arzobispo* (ú. t. c. pr.). || Mezclar, trabar: *unir una salsa.* || *Med.* Juntar los labios de una herida. || – V. pr. Asociarse, juntarse.

unisón adj. Unísono.

unísono, na adj. Que tiene el mismo tono o sonido que otra cosa.

unitario, ria adj. Compuesto de una sola unidad: *Estado unitario.* Relativo a la unidad y a la centralización política bajo la autoridad de Buenos Aires defendidas en la Constitución de 1819. || Partidario de esta unidad que se oponía al federalismo (ú. t. c. s.).

universal adj. Que pertenece o se extiende a todo el mundo y a todos los tiempos: *Iglesia, historia, exposición universal.* || Que procede de todos: *aprobación universal.*

universalidad f. Carácter de lo que es universal, mundial.

universalización f. Acción y efecto de universalizar.

universalizar v. t. Hacer universal, generalizar.

universidad f. Institución de enseñanza superior constituida por varios centros docentes, llamados, según los países, facultades o colegios en los que se confieren los grados académicos. || Edificio donde reside.

universitario, ria adj. Relativo a la universidad: *título universitario.* || – M. y f. Estudiante en la Universidad o persona que ha obtenido en ella un grado o título. || Profesor de Universidad.

universo m. Mundo, conjunto de lo existente. || La Tierra y sus habitantes. || La totalidad de los hombres: *denigrado por todo el Universo.* || Medio en el que uno vive.

unívoco, ca adj. Dícese de lo que tiene el mismo significado.

uno, na adj. Que no se puede dividir: *la patria es una.* || Idéntico, semejante. || Dícese de la persona o cosa profundamente unida con otra: *estas dos personas no son más que una.* || – Adj. num. Que corresponde a la unidad: *este trabajo duró un día.* || – M. El primero de todos los números: *el uno.* || Unidad: *uno y tres son cuatro.* || – Pron. indef. Dícese de una persona indeterminada o cuyo nombre se ignora: *uno me lo afirmó esta tarde rotundamente.* || Úsase también contrapuesto a otro: *uno tocaba y el otro cantaba.* || – Art. indef. Alguno, cualquier individuo: *un escritor.* || – Pl. Algunos: *unos amigos.* || Un par de: *unos guantes.* || Aproximadamente: *unos cien kilómetros.*

untar v. t. Cubrir con una materia grasa o pastosa.

untuoso, sa adj. Grasiento.

uña f. Parte dura, de naturaleza córnea, que crece en el extremo de los dedos. || Garras de ciertos animales.

uñero m. Inflamación alrededor de la uña. || Uña que crece mal, introduciéndose en la carne.

uppercut m. (pal. ingl.). En boxeo, gancho o golpe de abajo arriba en el mentón.

uralaltaico, ca adj. Aplícase a un grupo de lenguas que comprende el mogol, el turco y el ugrofinés.

uralita f. Cierto material de construcción obtenido por aglomeración de amianto y cemento.

uraloaltaico, ca adj. Dícese de una familia etnográfica que comprende los búlgaros, húngaros, etc. || Uralaltaico.

uranio m. Metal (U) de número atómico 92, de densidad 18,7, que tiene una gran radiactividad y sirve para la producción de la energía nuclear.

urano m. Óxido del uranio.

urbanidad f. Cortesía.

urbanismo m. Conjunto de medidas de planificación, administrativas, económicas y sociales referentes al desarrollo armónico, racional y humano de las poblaciones.

urbanista adj. Urbanístico. || – M. Arquitecto que se dedica al urbanismo.

urbanístico, ca adj. Relativo al urbanismo: *plan urbanístico.*

urbanización f. Acción de urbanizar. || Núcleo residencial urbanizado.

urbanizador, ra adj. Que urbaniza. || – M. y f. Persona que urbaniza.

urbanizar v. t. Hacer urbano y sociable a uno: *urbanizar a un paluardo.* || Hacer que un terreno pase a ser población abriendo calles y dotándolo de luz, alcantarillado y otros servicios municipales.

urbano, na adj. De la ciudad, en contraposición a rural: *propiedad urbana.* || Aplícase al guardia encargado de dirigir el tráfico o circulación de vehículos en una ciudad (ú. t. c. s.). || Cortés, bien educado, de buenos modos: *es una persona extremadamente urbana.* || *Aglomeración urbana,* población o casco urbano de ésta y los núcleos cercanos del área metropolitana.

urbe f. Ciudad grande.

urbi, expr. latina que significa *al mundo entero.*

urco m. Macho de la llama.

urdidor, ra adj. y s. Que urde.

urdimbre f. Conjunto de hilos paralelos colocados en el telar entre los que pasa la trama para formar el tejido. || Estambre urdido para tejerlo. || *Fig.* Maquinación, trama.

urdir v. t. Preparar los hilos de la urdimbre para ponerlos en el telar. || *Fig.* Maquinar, preparar, tramar.

urea f. Sustancia nitrogenada que existe en la sangre y orina.

uremia f. Acumulación en la sangre de principios tóxicos.

uréter m. Cada uno de los dos conductos por los que la orina va de los riñones a la vejiga.

uretra f. Conducto por el que se expulsa la orina de la vejiga.

urgencia f. Carácter de lo que es urgente. || Necesidad apremiante. || Enfermedad o cualquier otra afección que requieren un tratamiento inmediato.

urgente adj. Que urge: *labor urgente.* || Que se cursa con rapidez.

urgir v. i. Exigir una cosa su pronta ejecución, correr prisa: *el asunto urge.* Ú. t. c. impers.: *urge terminar estas obras.* || Ser inmediatamente necesario: *me urge mucho.* || — V. t. Compeler, apremiar.

úrico, ca adj. De la orina.

urinario, ria adj. De la orina. || *Aparato urinario,* conjunto formado por los riñones y las vías que tienen como función expeler la orina (vejiga, uréteres y uretra.) || — M. Lugar para orinar.

urna f. Vasija de forma y tamaño variables donde los antiguos guardaban dinero, las cenizas de los muertos, etc., o con la que sacaban el agua. || En sorteos y votaciones, caja donde se depositan las papeletas: *urna electoral.* || Caja de cristales donde se guardan cosas preciosas, como las reliquias, para que puedan ser vistas sin estropearse. || *Ir a las urnas,* votar.

uro m. Especie de toro salvaje.

urogallo m. Ave gallinácea.

urología f. Parte de la medicina que estudia el aparato urinario.

urólogo, ga m. y f. Especialista en urología.

urraca f. Pájaro domesticable de plumaje blanco y negro y larga cola.

ursulina adj. Dícese de las monjas de una orden agustiniana fundada por Ángela Merici en 1537 (ú. t. c. s. f.).

urticáceo, a adj. Dícese de las plantas pertenecientes a la familia urticácea (ú. t. c. s. f.). || — F. pl. Familia de plantas herbáceas de hojas vellosas y flores apétalas.

urticaria f. Erupción caracterizada por la aparición en la piel de placas o ronchas acompañadas de un fuerte picor.

urubú m. Ave rapaz diurna.

uruguayismo m. Palabra o giro propio del Uruguay. || Carácter de uruguayo. || Amor a Uruguay.

uruguayo, ya adj. y s. Del Uruguay. || — M. Modalidad del castellano hablado en Uruguay.

urundey o **urunday** m. *Riopl.* Árbol terebintáceo cuya madera se emplea en la construcción.

urutaú m. *Arg.* Pájaro nocturno de plumaje pardo oscuro.

urutí m. *Arg.* Pajarito cuyo plumaje es de colores variados.

U.S.A., siglas de *United States of America* (Estados Unidos).

usado, da adj. Gastado por el uso: *un traje usado.* || Utilizado.

usanza f. Uso, costumbre.

usar v. t. Utilizar, emplear habitualmente. || Tener costumbre de llevar: *usar gafas.* || — V. i. Hacer uso de: *usar de su derecho.* || Acostumbrar. || — V. pr. Emplearse: *esta palabra ya no se usa.* || Llevarse habitualmente: *ya no se usan miriñaques.*

ushuaiense adj. y s. De Ushuala (Argentina).

usía com. Vuestra señoría.

usina f. *Riopl.* Fábrica o central de electricidad o gas.

uso m. Acción de utilizar o valerse de algo: *el buen uso de las riquezas; hacer uso de la fuerza.* || Utilización, empleo: *el coche se estropea por su mucho uso.* || Aplicación: *este aparato tiene muchos usos.* || Costumbre, práctica consagrada: *es el uso del*

país. || Acción y efecto de llevar: *uso indebido de condecoraciones.* || — *En uso de,* valiéndose de. || *Fuera de uso,* que ya no se utiliza. || *Tener uso de razón,* haber pasado de la infancia y ser capaz de discernimiento.

usted com. Contracción de *vuestra merced,* que se usa como pronombre personal de segunda persona «de respeto».
— OBSERV. Usted tiene que ir seguido del verbo en tercera persona, pero es una falta muy corriente en Andalucía y en Hispanoamérica el hacer concordar *ustedes* con la segunda persona del plural del verbo como si se tratara de *vosotros.*

usual adj. Acostumbrado.

usuario, ria adj. y s. Aplícase a la persona que emplea cierto servicio: *los usuarios del gas, de la carretera.* || *For.* Aplícase a la persona que disfruta del uso de algo.

usucapión f. Adquisición de una cosa por haberla poseído durante cierto tiempo determinado por la ley sin que la reclame su legítimo dueño.

usufructo m. Derecho de disfrutar de algo cuya propiedad directa pertenece a otro.

usufructuar v. t. Tener o gozar el usufructo de una cosa.

usuluteco, ca adj. y s. De Usulután (El Salvador).

usura f. Interés superior al legalmente establecido que se pide por la cantidad prestada.

usurario, ria adj. Con usura.

usurero, ra m. y f. Persona que presta con usura (ú. t. c. adj.).

usurpación f. Acción de usurpar.

usurpador, ra adj. y s. Que usurpa.

usurpar v. t. Apoderarse o disfrutar indebidamente de un bien o derecho ajeno: *usurpar el poder.*

uta m. Saurio que vive desde Nuevo México a Baja California.

utensilio m. Objeto manual para realizar ciertas operaciones.

uterino, na adj. Relativo al útero.

útero m. Matriz, órgano de gestación de la mujer.

útil adj. Que es de provecho: *obras útiles.* || Eficiente, que puede prestar muchos servicios: *una persona útil.* || Dícese del tiempo o días hábiles. || — M. pl. Utensilios: *útiles de labranza.*

utilidad f. Servicio prestado por una persona o cosa: *la utilidad de una organización.* || Provecho que se saca de una cosa: *la utilidad de los estudios.* || — Pl. Ingresos procedentes del trabajo personal, del capital, etc., que suelen gravarse con un impuesto.

utilitario, ria adj. Que antepone a todo la utilidad y el interés: *persona utilitaria.* || Aplícase al automóvil pequeño y no de lujo (ú. t. c. s. m.).

utilitarismo m. Valoración de las acciones por la utilidad que tienen.

utilización f. Uso.

utilizador, ra adj. Aplícase a la persona que utiliza algo (ú. t. c. s.).

utilizar v. t. Emplear, servirse de.

utillaje m. Conjunto de herramientas, instrumentos o máquinas.

uto-azteca adj. Dícese de una familia de indios, llamada también *yuto-azteca,* que habitaba desde las Montañas Rocosas (Estados Unidos) hasta Panamá (ú. t. c. s.). || Relativo a estos indios. ||

Aplícase a la familia de lenguas que ellos hablaban (ú. t. c. s. m.).

utopía f. Proyecto cuya realización es imposible.

utópico, ca adj. De la utopía: *doctrina completamente utópica.*

utopista m. y f. Persona que imagina utopías o cree en ellas.

utrero, ra m. y f. Novillo que tiene entre dos y tres años de edad.

uva f. Fruto de la vid consistente en granos o bayas blancas o moradas que forman un racimo. ‖ Cada uno de estos granos o bayas. ‖ Fruto del agracejo.

uve f. Nombre de la letra *v.* ‖ *Uve doble,* nombre de la letra *w.*

uveral m. *Amér. C.* Terreno plantado de uveros.

uvero, ra adj. Relativo a las uvas. ‖ — M. Árbol de las Antillas y América Central.

úvula f. Apéndice carnoso y móvil que cuelga de la parte posterior del velo palatino.

¡uy! interj. Denota sorpresa o dolor.

v f. Vigésima tercera letra del alfabeto castellano y décima octava de sus consonantes. ‖ — **V,** cifra romana que vale cinco. ‖ Símbolo químico del *vanadio.* ‖ *Electr.* Símbolo del *voltio.* ‖ *V doble,* la w.

v1, v2 f. Bombas autopropulsadas de gran radio de acción, empleadas por los alemanes en 1944 y 1945. (La V2 es la precursora de los cohetes teledirigidos.)

vaca f. Hembra del toro. ‖ Carne de res vacuna que sirve de alimento. ‖ Cuero de vaca o buey después de curtido. ‖ Asociación de varias personas para jugar dinero en común, por ejemplo en la lotería. (También se dice *vaquita.*)

vacación f. Acción y efecto de vacar un empleo o cargo. ‖ Cargo y dignidad que se encuentran vacantes. ‖ — Pl. Período de descanso. ‖ Período en que se suspenden las clases.

vacada f. Manada de vacunos.

vacancia f. Vacante.

vacante adj. Aplícase al cargo o empleo sin proveer: *sede vacante.* ‖ Sin ocupar: *piso vacante.* ‖ — F. Plaza o empleo no ocupado por nadie.

vacar v. i. Quedar un cargo o empleo sin persona que lo desempeñe. ‖ Cesar uno por algún tiempo en sus habituales negocios o estudios.

vacaray m. *Arg.* Ternero nonato.

vaciado m. Acción de vaciar en un molde un objeto de metal, yeso, etc.: *el vaciado de una estatua.* ‖ Acción de vaciar algún depósito.

vaciar v. t. Dejar vacía una cosa: *vaciar una botella.* ‖ Verter, arrojar: *vaciar escombros.* ‖ Beber: *vaciar el contenido de un vaso.* ‖ Hacer, evacuar: *vaciar una sala pública.* ‖ Formar objetos echando en un molde yeso o metal derretido: *vaciar una estatua.* ‖ Dejar hueca una cosa, ahuecar. ‖ Sacar filo: *vaciar una cuchilla.*

vaciedad f. Cosa vana.

vacilación f. Duda.

vacilar v. i. Moverse por falta de estabilidad, tambalearse, titubear. ‖ Temblar levemente: *luz que vacila.* ‖ *Fig.* Tener poca estabilidad o firmeza: *vacilar las instituciones del régimen.* ‖ Dudar, titubear, estar uno perplejo o indeciso. ‖ *Fam.* Hablar en broma e irónicamente. ‖ Tomar el pelo a alguien. ‖ Hablar mucho a causa de haberse drogado.

vacilón, ona adj. y s. *Fam.* Ponerse vacilón, estar bajo los efectos de drogas estimulantes.

vacío, a adj. Falto de contenido: *saco vacío.* ‖ Que contiene sólo aire: *botella vacía.* ‖ Que no tiene aire: *neumático vacío.* ‖ Que está sin habitantes o sin gente: *ciudad vacía.* ‖ Sin muebles: *habitación vacía.* ‖ Se aplica a la hembra que no tiene cría. ‖ *Fig.* Insustancial, superficial: *espíritu vacío.* ‖ Presun-

tuoso, vano. ‖ — M. *Fís.* Espacio que no contiene materia alguna: *hacer el vacío.* ‖ Espacio en el cual las partículas materiales se hallan muy enrarecidas. ‖ Hueco en un cuerpo cualquiera. ‖ *Fig.* Vacante, empleo sin proveer. ‖ Sentimiento penoso de ausencia, de privación: *su muerte dejó un gran vacío.* ‖ Vanidad, vacuidad, nada.

vacuidad f. Estado de vacío.

vacuna f. Preparación microbiana que, inoculada a una persona o a un animal, inmuniza contra una enfermedad determinada.

vacunación f. Inmunización contra alguna enfermedad por una vacuna.

vacunar v. t. Poner una vacuna.

vacuno, na adj. Relativo a los bueyes y vacas. ‖ — M. Res vacuna.

vacuo, cua adj. Insustancial.

vadear v. t. Atravesar un río por el vado. ‖ *Fig.* Esquivar.

vado m. Lugar de un río en donde hay poca profundidad y que se puede pasar sin perder pie. ‖ Rebajamiento del bordillo de una acera de una calle para facilitar el acceso de un vehículo a una finca urbana.

vagabundear v. i. Llevar vida de vagabundo.

vagabundeo m. Acción de vagabundear. ‖ Vida de vagabundo.

vagabundo, da adj. Que va sin dirección fija, que anda errante de una parte a otra. ‖ — M. Persona que no tiene domicilio determinado ni medios regulares de subsistencia.

vagancia f. Pereza, holgazanería, ociosidad. ‖ Estado del que no tiene domicilio ni medios de subsistencia lícitos.

vagar v. i. Andar errante, sin rumbo. ‖ Andar ocioso.

vagido m. Gemido.

vagina f. Conducto que en las hembras de los mamíferos se extiende desde la vulva hasta la matriz.

vaginal adj. De la vagina.

vago, ga adj. Ocioso, perezoso. Ú. t. c. s.: *la ciudad estaba llena de vagos.* ‖ Indeterminado, confuso, indeciso: *una vaga idea.* ‖ Impreciso.

vagón m. Coche de ferrocarril: *tren que tenía muchos vagones.*

vagoneta f. Vagón pequeño y descubierto usado para transporte. ‖ *Arg. Fam.* Persona sin ocupación. ‖ Sinvergüenza. ‖ Persona de mal vivir.

vaguada f. Fondo de un valle.

vaguear v. i. Vagar.

vaguedad f. Calidad de vago.

vahído m. Desmayo.

vaho m. Vapor tenue.

478

vaina f. Estuche o funda de ciertas armas o instrumentos. || *Bot.* Envoltura alargada y tierna de las semillas de las plantas leguminosas. || *Fam. Amer.* Molestia, contratiempo. || *Fam. Col.* Chiripa, suerte. || – *Com. Fam.* Botarate.

vainica f. Deshilado menudo que las costureras hacen por adorno en la tela.

vainilla f. Planta trepadora cuyo fruto se emplea en pastelería para aromatizar. || Fruto de esta planta.

vaivén m. Balanceo. || *Fig.* Alternativa.

vajilla f. Conjunto de vasos, tazas, platos, fuentes, etc., para el servicio de la mesa.

valdepeñas m. Vino tinto de Valdepeñas (España).

valdiviano, na adj. y s. De Valdivia (Chile).

vale m. Papel o documento que se puede cambiar por otra cosa. || Documento por el que se reconoce una deuda, pagaré. || Contraseña que permite a la persona que la tiene asistir gratuitamente a un espectáculo. || *Amer.* Compañero, camarada, amigo.

valedero, ra adj. Válido.

valedor, ra m. y f. Protector. || *Amer.* Compañero, amigo.

valencia f. Número máximo de átomos de hidrógeno que pueden combinarse con un átomo de cuerpo simple.

valencianidad f. Carácter de valenciano. || Afecto o amor a Valencia.

valencianismo m. Vocablo o expresión propio de Valencia. || Valencianidad.

valenciano, na adj. y s. De Valencia (España y Venezuela). || – M. Lengua hablada en la mayor parte de la región de Valencia (España).

valentía f. Valor.

valentón, ona adj. y s. Bravucón.

valentonada f. Valor.

valer m. Valor, mérito.

valer v. t. Procurar, dar: *sus estudios le valieron gran consideración.* || Ser causa de: *su pereza le valió un castigo.* || – V. i. e impers. Tener una cosa un precio determinado: *esta casa vale mucho dinero.* || Equivaler, tener el mismo significado: *en música, una blanca vale dos negras.* || Servir: *esta astucia no le valió.* || Ser válido, tener efectividad: *sus argumentos no valen.* || Ser conveniente o capaz: *este chico no vale para este cargo.* || Tener curso legal una moneda. || – V. pr. Servirse de una cosa. || Recurrir, acogerse a: *valerse de sus relaciones.*

valerano, na adj. y s. De Valera (Venezuela).

valeriana f. Planta de flores rosas, blancas o amarillentas.

valeroso, sa adj. Valiente.

valet m. (pal. fr.). Sota de la baraja francesa.

valía f. Valor, estimación.

valichú m. *Riopl.* Gualichú.

validación f. Acción de validar.

validar v. t. Hacer válido algo.

validez f. Calidad de válido.

valido m. Favorito.

válido, da adj. Que satisface los requisitos legales para producir efecto: *contrato válido.*

valiente adj. Que está dispuesto a arrostrar los peligros: *un soldado valiente* (ú. t. c. s.). || *Fig.* Grande: *¡valiente frío!* || *Fam.* Menudo: *¡valiente amigo tienes!*

valija f. Maleta.

valimiento m. Privanza.

valioso, sa adj. De mucho valor.

valla f. Cerca que se pone alrededor de algo para defensa o protección o para restablecer una separación. || Obstáculo artificial puesto en algunas carreras o pruebas deportivas: *100 metros vallas.* || *Fig.* Obstáculo, impedimento.

valladar y **vallado** m. Valla.

vallar v. t. Cercar con valla.

valle m. Llanura entre dos montañas. || Cuenca de un río.

vallecaucano, na adj. y s. De Valle del Cauca (Colombia).

vallenato, ta adj. y s. De Valledupar (Colombia).

vallisoletano, na adj. y s. De Valladolid (España).

valón, ona adj. y s. De Valonia. || – M. Lengua hablada en Valonia (Bélgica) y en el N. de Francia.

valor m. Lo que vale una persona o cosa: *artista de valor.* || Precio elevado: *joya de valor.* || *Fig.* Importancia: *no doy valor a sus palabras.* || Interés: *su informe no tiene ningún valor.* || Calidad de valiente, decisión, coraje: *armarse de valor.* || *Fam.* Osadía, desvergüenza, descaro: *¿tienes el valor de solicitarme tamaña acción?* || *Mat.* Una de las determinaciones posibles de una magnitud o cantidad variables. || – Pl. Títulos de renta, acciones, obligaciones, etc., que representan cierta cantidad de dinero. || *Impuesto al valor añadido (I.V.A.),* el que grava el incremento de valor que confieren las empresas a un producto o servicio en cada fase de la producción.

valoración f. Evaluación.

valorar v. t. Determinar el valor de una cosa, ponerle precio, evaluar. || Dar mayor o menor valor a algo o a alguien. || – V. pr. Estimar el valor de algo o alguien.

valorización f. Evaluación.

valorizar v. t. Valorar, evaluar. || Acrecentar el valor de una cosa.

vals m. Baile que ejecutan las parejas con movimiento giratorio. || Su música.

valsar v. i. Bailar el vals.

valuación f. Valoración.

valuar v. t. Valorar.

válvula f. Dispositivo empleado para regular el flujo de un líquido, un gas, una corriente, etc., de modo que sólo pueda ir en un sentido. || Mecanismo que se pone en una tubería para regular, interrumpir o restablecer el paso de un líquido. || Obturador colocado en un cilindro o en un motor de modo que el orificio por el que se aspira la mezcla del carburador se halle abierto mientras baja el émbolo en el cilindro y cerrado cuando se verifica la combustión. || Obturador para dejar pasar el aire en un neumático cuando se infla con una bomba. || *Lámpara de radio: válvula de rejilla.* || *Anat.* Repliegue membranoso de la capa interna del corazón o de un vaso que impide el retroceso de la sangre o de la linfa: *válvula mitral.*

valvulina f. Lubricante hecho con residuos del petróleo.

vampiresa f. Estrella cinematográfica que desempeña papeles de mujer fatal. || Mujer seductora y perversa.

vampiro m. Espectro que, según creencia popular, salía por la noche de las tumbas para chupar la

V

sangre a los vivos. || Mamífero quiróptero de la América tropical parecido al murciélago.

vanagloria f. Presunción.

vanagloriarse v. pr. Jactarse.

vandalaje m. *Amer.* Vandalismo.

vandalismo m. Barbarie.

vándalo, la adj. y s. Dícese del individuo de un ant. pueblo germánico que invadió las Galias, España y África en los siglos v y vi. || — M. y f. *Fig.* Bárbaro.

vanguardia f. *Mil.* Parte de una fuerza armada que va delante del cuerpo principal. || *Fig.* Lo que tiene carácter precursor o renovador: *pintura de vanguardia.*

vanguardismo m. Doctrina artística de tendencia renovadora que reacciona contra lo tradicional.

vanguardista adj. y s. Relativo al vanguardismo o su partidario.

vanidad f. Presunción.

vanidoso, sa adj. y s. Presumido.

vanilocuente y **vanílocuo, cua** adj. Que habla con pompa (ú. t. c. s.).

vano, na adj. Falto de realidad, infundado: *ilusiones vanas.* || Hueco, vacío, falto de solidez: *argumento vano.* || Sin efecto, sin resultado: *proyecto vano.* || Infructuoso, inútil, ineficaz: *trabajo vano.* || Vanidoso, frívolo, presuntuoso: *persona vana.* || — M. Hueco en un muro que sirve de puerta o ventana o espacio entre dos elementos arquitectónicos. || *En vano*, inútilmente.

vapor m. Gas que resulta del cambio de estado físico de un líquido o de un sólido: *vapor de agua.* || Energía obtenida por la máquina de vapor. || Cuerpo gaseoso que desprenden las cosas húmedas por efecto del calor. || Buque de vapor.

vaporización f. Conversión de un líquido en vapor o gas.

vaporizador m. Aparato para vaporizar. || Pulverizador de un líquido.

vaporizar v. t. Hacer pasar del estado líquido al estado gaseoso.

vaporoso, sa adj. Que tiene vapores. || *Fig.* Transparente. | Poco preciso.

vapuleador, ra adj. Que vapulea (ú. t. c. s.).

vapulear v. t. Azotar.

vapuleo m. Paliza.

vaquería f. Establo de vacas.

vaquero, ra adj. Relativo a los pastores de ganado bovino. || *Pantalón vaquero*, pantalón ceñido de tela gruesa. || — M. y f. Pastor o pastora de reses vacunas: *película de vaqueros.* || — M. Pantalón vaquero, tejano.

vaquita f. Vaca en el juego.

vara f. Rama delgada y limpia de hojas. || Palo largo y delgado. || Bastón de mando: *vara de alcalde.* || Medida de longitud de 0,835 m en Castilla, pero que variaba de una a otra provincia. || Listón con esta medida. || Puya del picador. || Cada uno de los dos palos en la parte delantera del coche entre los cuales se enganchan las caballerías. || *Mús.* En el trombón, parte móvil del tubo.

varal m. Vara muy larga. || Cada uno de los palos en que encajan los travesaños de los costados del carro.

varamiento m. Encallamiento.

varar v. i. Encallar una embarcación. || Anclar. || *Fig.* Estancarse un asunto. || — V. t. Botar el buque al agua. || Sacar a la playa y poner en seco una embarcación.

varazo m. Golpe dado con una vara.

varear v. t. Derribar los frutos del árbol con una vara: *varear las nueces.* || Golpear, sacudir con vara o palo.

varec m. Cierta clase de alga.

varego, ga adj. Dícese de un pueblo vikingo de Escandinavia que se estableció en tierras de los eslavos orientales en el primer Estado ruso (ú. t. c. s.). || Miembro en este pueblo (ú. t. c. s.). || Relativo a él.

vareo m. Acción de varear.

vargueño m. Bargueño.

variable adj. Que varía o puede variar, mudable: *tiempo variable.* || *Gram.* Dícese de la palabra cuya terminación varía. || — F. *Mat.* Magnitud indeterminada que, en una relación o función, puede ser sustituida por diversos términos o valores numéricos (constantes).

variación f. Cambio.

variado, da adj. Diverso. || Dícese del movimiento cuya velocidad no es constante.

variante adj. Variable, que varía. || — F. Forma diferente.

variar v. t. Modificar, transformar, hacer que una cosa sea diferente de lo que antes era. || Dar variedad: *variar el programa.* || — V. i. Cambiar: *variar de opinión.*

varice o **várice** f. Dilatación o hinchazón permanente de una vena provocada por la acumulación de la sangre en ella a causa de un defecto de la circulación.

varicela f. Enfermedad eruptiva y contagiosa de carácter leve.

variedad f. Serie de cambios: *la variedad de sus ocupaciones.* || Diferencia entre cosas que tienen características comunes: *gran variedad de tejidos.* || Diversidad: *diversidad de pareceres.* || Subdivisión de la especie en la historia natural. || — Pl. Espectáculo teatral compuesto de diferentes números sin que exista relación alguna entre ellos (canciones, bailes, prestidigitación, malabarismo, etc.).

varietés f. pl. Variedades.

varilla f. Vara larga y delgada. || Cada una de las piezas metálicas que forman la armazón del paraguas o de madera o marfil en un abanico, un quitasol, etc. || Barra delgada de metal: *varilla de cortina.*

vario, ria adj. Diverso, diferente, variado. || Inconstante, cambiadizo. || — Pl. Algunos, unos cuantos: *varios niños.* || — Pron. indef. pl. Algunas personas: *varios piensan in.*

varita f. Vara pequeña. || *Varita de la virtud, de las virtudes o mágica*, la que tienen las hadas, los magos y los prestidigitadores para efectuar cosas prodigiosas.

variz f. V. VARICE.

varón m. Hombre.

varona f. Mujer. || Mujer varonil.

varonil adj. Relativo al varón.

varsoviano, na adj. y s. De Varsovia (Polonia). || — F. Danza polaca, variante de la mazurca. || Su música.

vasallaje m. Condición de vasallo.

vasallo, lla adj. y s. Dícese de la persona que estaba sujeta a un señor por juramento de fidelidad o del país que dependía de otro. || Súbdito.

vasar m. Estante en las cocinas.

vasco, ca adj. y s. Vascongado. || — M. Vascuence.

vascólogo, ga m. y f. Especialista en estudios vascos.

vascongado, da adj. y s. Natural de alguna de las Provincias Vascongadas o relativo a ellas. || — M. Vascuence.

vascuence m. Lengua de los vascongados, navarros y de los habitantes del territorio vasco francés: *el vascuence tiene también los nombres de vasco, éuscaro, eusquero, euskara, euzkara, euskera, euzkera, euscalduna o euskalduna.*

vascular adj. Relativo a los vasos sanguíneos: *sistema vascular.*

vaselina f. Bálsamo.

vasija f. Recipiente.

vaso m. Recipiente, generalmente de vidrio, que sirve para beber. || Cantidad de líquido que cabe en él. || Jarrón para contener flores, etc. || Cada uno de los conductos por donde circula la sangre o la linfa del organismo (hay tres tipos de vasos: las *arterias,* las *venas* y los *capilares*).

vasodilatación f. Aumento de la dilatación de los vasos sanguíneos.

vástago m. Renuevo, brote de una planta. || *Fig.* Hijo, descendiente. || *Mec.* Varilla o barra que transmite el movimiento: *vástago del émbolo.*

vastedad f. Inmensidad.

vasto, ta adj. Grande.

vate m. Poeta.

vaticano, na adj. Relativo al Vaticano. || — M. Corte pontificia.

vaticinador, ra adj. Que vaticina (ú. t. c. s.).

vaticinar v. t. Presagiar, predecir.

vaticinio m. Predicción.

vatio m. Unidad de potencia eléctrica (símb. W), equivalente a un julio o a 10^7 ergios por segundo.

vatio-hora m. Unidad de energía eléctrica (símb. Wh) equivalente al trabajo realizado por un vatio en una hora.

vaudeville [*vodevil*] m. (pal. fr.). Comedia alegre y ligera.

Vd., abreviatura de *usted.*

ve f. Uve, nombre de la letra *v.*

vecinal adj. Relativo al vecindario, a los vecinos. || Municipal.

vecindad f. Condición de vecino. || Conjunto de personas que viven en una ciudad, barrio o casa.

vecindario m. Población, habitantes de una ciudad: *el vecindario de Madrid.* || Conjunto de personas que viven en la misma casa o en el mismo barrio.

vecindona f. Mujer chismosa.

vecino, na adj. Que está próximo o cerca de. || Dícese de las personas que viven en una misma población, en el mismo barrio o en la misma casa (ú. t. c. s.). || *Fam. Cualquier hijo de vecino,* todo el mundo.

vector adj. m. Que es origen de algo: *radio vector.* || — M. Segmento rectilíneo de longitud definida trazado desde un punto dado y que sirve para representar ciertas magnitudes geométricas o magnitudes físicas.

vectorial adj. De los vectores.

veda f. Prohibición de cazar o pescar en una época determinada.

vedado adj. Prohibido. || Dícese del campo o sitio acotado por ley o mandato. Ú. t. c. s. m.: *vedado de caza.*

vedar v. t. Prohibir.

vedeja f. Cabellera muy larga. || Melena del león.

vega f. Huerta.

vegetación f. Conjunto de plantas: *campo de gran vegetación.* || Conjunto de vegetales de una región o terreno determinado. || En medicina, excrecencia morbosa que se desarrolla en una parte del cuerpo, especialmente en la faringe.

vegetal adj. Relativo a las plantas. || *Carbón vegetal,* el de leña. || — M. Ser orgánico que crece y vive incapaz de sensibilidad y movimientos voluntarios.

vegetalina f. Manteca de coco.

vegetar v. i. Germinar y desarrollarse las plantas. || *Fig.* Vivir una persona con vida muy precaria.

vegetativo, va adj. Que concurre a las funciones vitales comunes a plantas y animales (nutrición, desarrollo, etc.), independientemente de las actividades psíquicas voluntarias. || *Fig.* Disminuido, que se reduce a la satisfacción de las necesidades esenciales.

veguer m. Magistrado antiguo de Aragón, Cataluña y Mallorca. || En Andorra, cada uno de los dos delegados de los países protectores (España y Francia).

vehemencia f. Movimiento impetuoso y violento.

vehemente adj. Que obra o se mueve con ímpetu y violencia. || Que se expresa con pasión y entusiasmo. || Fundado, fuerte: *sospechas vehementes.*

vehículo m. Cualquier medio de locomoción: *vehículo espacial.* || Lo que sirve para transportar algo: *vehículo de contagio.* || Lo que sirve para transmitir: *el aire es el vehículo del sonido.* || *Fig.* Medio de comunicación: *la imprenta es el vehículo del pensamiento.*

veintavo, va adj. y s. Vigésimo.

veinte adj. Dos veces diez. || Vigésimo: *la página veinte.* || — M. Cantidad de dos decenas de unidades. || Número veinte: *jugar el veinte.* || Día vigésimo del mes: *llegaré el día veinte de julio.*

veintena f. Conjunto de veinte unidades. || Conjunto aproximado de veinte cosas o personas o de veinte días o años.

veinteno, na adj. y s. Vigésimo.

veinteocheno, na adj. Veintiocheno.

veinteseiseno, na adj. Veintiseiseno.

veintésimo, ma adj. Vigésimo. || Dícese de cada una de las veinte partes iguales en que se divide un todo (ú. t. c. s.).

veinticinco adj. Veinte y cinco. || Vigésimo quinto. || — M. Conjunto de signos con que se representa el número veinticinco.

veinticuatreno, na adj. Relativo al número veinticuatro. || Vigésimo cuarto.

veinticuatro adj. Veinte y cuatro (ú. t. c. s. m.). || Vigésimo cuarto.

veintidós adj. Veinte y dos (ú. t. c. s. m.). || Vigésimo segundo.

veintidoseno, na adj. Vigésimo segundo.

veintinueve adj. Veinte y nueve (ú. t. c. s. m.). || Vigésimo nono.

veintiocheno, na adj. Vigésimo octavo.

veintiocho adj. Veinte y ocho (ú. t. c. s. m.). || Vigésimo octavo.

VA

481

veintiséis adj. Veinte y seis (ú. t. c. s. m.). || Vigésimo sexto.

veintiseiseno, na adj. Relativo al número veintiséis. || Vigésimo sexto.

veintisiete adj. Veinte y siete (ú. t. c. s. m.). || Vigésimo séptimo.

veintitantos, tas adj. Más de veinte y menos de treinta.

veintitrés adj. Veinte y tres (ú. t. c. s. m.). || Vigésimo tercio.

veintiún adj. Apócope de *veintiuno* delante de los sustantivos.

veintiuno, na adj. Veinte y uno (ú. t. c. s. m.). || Vigésimo primero.

vejación f. Acción de vejar.

vejador, ra adj. y s. Que veja.

vejamen m. Vejación.

vejar v. t. Ofender, humillar.

vejatorio, ria adj. Que veja.

vejez f. Condición de viejo.

vejiga f. Bolsa membranosa abdominal que recibe y retiene la orina segregada por los riñones. || Ampolla en la epidermis.

vela f. Acción de permanecer despierto para estudiar, asistir de noche a un enfermo, etc. || Tiempo que se vela. || Asistencia por turno delante del Santísimo Sacramento. || Cilindro de cera, estearina, etc., con una mecha en el interior, utilizado para alumbrar. || Pieza de lona o de cualquier tejido que, puesta en los palos de una embarcación, al recibir el soplo del viento, hace que ésta se mueva sobre las aguas. || — Pl. *Fam.* Moco colgante.

velado, da adj. Tapado por un velo. || Dícese de la voz sorda, sin timbre. || Aplícase a la imagen fotográfica borrosa o confusa por la acción indebida de la luz. || — F. Reunión nocturna de varias personas con intención de divertirse o instruirse.

velador, ra adj. y s. Que vela. || — M. Mesita ovalada con un solo pie. || *Méx.* Guardián nocturno.

velamen m. Conjunto de las velas de una embarcación.

velar adj. Dícese del sonido cuyo punto de articulación está situado en el velo del paladar y de las letras que lo representan, como la *c* (delante de las vocales, a, o, u), *k, q, j, g,* o y *u* (ú. t. c. s. f.).

velar v. i. No dormirse: *veló toda la noche.* || Trabajar, estudiar durante el tiempo destinado al sueño. || Hacer guardia, vigilar. || Prestar cuidado, vigilar. || Tomar medidas de precaución, de defensa: *velaban por conservar sus situaciones.* || Cuidar por el cumplimiento de: *velar por la observancia de las leyes.* || — V. t. Pasar la noche al lado de: *velar a un enfermo.* || Cubrir algo con un velo. || Ocultar.

velatorio m. Vela de un difunto.

veleidad f. Inconstancia.

veleidoso, sa adj. Inconstante.

velero m. Barco de vela.

veleta f. Pieza metálica giratoria colocada en la cumbre de una construcción para indicar la dirección del viento. || — Com. *Fig.* y fam. Persona inconstante, cambiadiza.

vello m. Pelo corto que hay en algunas partes del cuerpo.

vellocino m. Vellón. || *Vellocino de oro,* toisón de oro.

vellón m. Toda la lana del carnero u oveja que sale junta al esquilarla. || Moneda de cobre.

vellosidad f. Vello.

velo m. Tela fina y transparente con que se cubre una cosa. || Prenda de tul, gasa o encaje con que las mujeres se cubren la cabeza, a veces el rostro, en determinadas circunstancias. || Especie de manto que las monjas y novicias llevan en la cabeza. || Banda de tela que cubre la cabeza de la mujer y los hombros del hombre en la ceremonia de las velaciones después de contraer matrimonio. || *Fig.* Todo aquello que oculta o impide la visión. | Lo que encubre el conocimiento de algo: *levantar el velo de su ignorancia.* | Cualquier cosa ligera que oculta algo. | Aquello que impide que alguien pueda comprender con claridad algo. || *Velo del paladar,* membrana que separa las fosas nasales de la boca.

velocidad f. Rapidez con que un cuerpo se mueve de un punto a otro. || Relación de la distancia recorrida por un móvil en la unidad de tiempo. || Rapidez, celeridad en la acción: *velocidad de ejecución.* || Cada una de las combinaciones que tienen los engranajes en el motor de un automóvil: *caja de velocidades.*

velocímetro m. Dispositivo que indica la velocidad.

velocípedo m. Bicicleta.

velocista com. Atleta especializado en las carreras de velocidad.

velódromo m. Pista para carreras de bicicletas.

velomotor m. Motocicleta ligera o bicicleta provista de un motor.

velón m. Lámpara de aceite.

velorio m. Velatorio.

veloz adj. Rápido.

vena f. Cualquiera de los vasos que conduce la sangre al corazón después de haber bañado los tejidos orgánicos. || Filón, veta en un yacimiento mineral: *vena aurífera.* || Porción de distinto color o clase, larga y estrecha, en la superficie de la madera o piedras duras. || Corriente subterránea natural de agua. || *Fig.* Estado de ánimo, impulso, arrebato: *trabajar por venas.* | Madera, pasta, conjunto de disposiciones: *tiene vena de orador.* | Inspiración: *vena poética.*

venablo m. Arma arrojadiza.

venado m. Ciervo común.

venal adj. De las venas, venoso. || Que se adquiere por dinero.

venalidad f. Carácter de aquello que se vende.

venático, ca adj. Que tiene una vena de loco (ú. t. c. s.).

vencedor, ra adj. y s. Triunfador.

vencejo m. Pájaro insectívoro.

vencer v. t. Aventajar al enemigo o al contrincante, derrotar, triunfar: *vencer a los contrarios.* Ú. t. c. i.: *vencer o morir.* || Tener más que otra persona: *vencer a alguien en generosidad.* || Dominar: *le vence el sueño.* || *Fig.* Acabar con, reprimir, refrenar: *vencer la cólera.* | Superar, salvar: *vencer los obstáculos.* | Imponerse: *venció sus últimos escrúpulos.* | Doblegar: *venció la resistencia de sus padres.* | Ser superior a: *vence a todos en elegancia.* || Hacer ceder: *el mucho peso venció las vigas.* || Coronar, llegar a la cumbre: *vencer una cuesta.* || Salvar:

vencer una distancia. || — V. i. Llegar a su término un plazo, un contrato, una obligación, etc. || *Fig.* Dominar: *el orgullo venció en él.* || — V. pr. *Fig.* Reprimirse, dominarse: *vencerse a sí mismo.* || Ceder algo por el peso.

vencido, da adj. Que ha sido derrotado. Ú. t. c. s.: *¡ay de los vencidos!* || Aplícase a los intereses o pagos que hay que liquidar por haber ya pasado el plazo señalado. || Atrasado, acabado un período: *pagar por meses vencidos.*

vencimiento m. Término, expiración de un plazo, contrato, obligación. || Victoria. || Derrota. || Acción de ceder por efecto de un peso.

venda f. Banda de gasa con la que se cubre una herida o de tela para sujetar un miembro o hueso roto.

vendaje m. Acción de cubrir con vendas. || Venda.

vendar v. t. Poner una venda.

vendaval m. Viento fuerte.

vendedor, ra adj. y s. Que vende.

vendeja f. Venta pública.

vender v. t. Traspasar a otro la propiedad de una cosa por algún precio: *vender una casa.* || Exponer al público las mercancías para el que las quiere comprar: *vender naranjas.* || *Fig.* Sacrificar por dinero cosas que no tienen valor material: *vender su conciencia.* | Traicionar, delatar por interés: *vender al amigo.* || — V. pr. Ser vendido. || Dejarse sobornar.

vendetta f. (pal. ital.). Venganza.

vendimia f. Cosecha de la uva. || Conjunto de uvas que se recoge en ésta. || Tiempo en que se hace.

vendimiar v. t. Recoger la uva.

venduta f. *Arg.* y *Cub.* Subasta.

veneciano, na adj. y s. De Venecia (Italia).

veneno m. Cualquier sustancia que, introducida en el organismo, ocasiona la muerte o graves trastornos funcionales. || *Fig.* Lo que puede producir un daño moral.

venenoso, sa adj. Que tiene veneno.

venera f. Concha semicircular de dos valvas de cierto molusco comestible que llevaban cosida en la capa los peregrinos que volvían de Santiago. || Venero, manantial. || Vieira.

venerable adj. Muy respetable.

veneración f. Respeto profundo que se siente por ciertas personas o por las cosas sagradas. || Amor profundo.

venerador, ra adj. Que venera (ú. t. c. s.).

venerar v. t. Tener gran respeto y devoción por una persona. || Dar culto.

venéreo, a adj. Relativo a la cópula carnal. || Aplícase a las enfermedades contraídas por contacto sexual.

venero m. Manantial de agua. || *Fig.* Origen. || Filón, yacimiento de mineral.

venezolanismo m. Palabra o expresión propia de Venezuela. || Carácter venezolano. || Afecto a Venezuela.

venezolano, na adj. y s. De Venezuela. || — M. Modalidad del castellano hablado en Venezuela.

venganza f. Satisfacción que se toma del agravio o daño recibidos.

vengar v. t. Obtener por la fuerza reparación de un agravio o daño. Ú. t. c. pr.: *vengarse de una afrenta.*

vengativo, va adj. Predispuesto a vengarse (ú. t. c. s.).

venia f. Permiso, autorización. || Perdón de la ofensa o culpa. || Saludo hecho inclinando la cabeza. || *Amer.* Saludo militar.

venial adj. Sin gravedad: *culpa venial.* || Pecado *venial,* pecado leve.

venialidad f. Calidad de venial.

venida f. Acción de venir.

venidero, ra adj. Futuro.

venir v. i. Dirigirse una persona o moverse una cosa de allá hacia acá: *su marido va a venir* (ú. t. c. pr.). || Llegar una persona o cosa a donde está el que habla. Ú. t. c. pr.: *¡vente aquí!* || Presentarse una persona ante otra: *vino a verme.* || Ajustarse, ir, sentar: *este traje le viene pequeño.* || Convenir, ir: *me viene bien no ir.* || Proceder: *esta palabra viene del latín.* || Darse, crecer: *el trigo viene bien en este campo.* || Resultar: *la ignorancia viene de la falta de instrucción.* || Conformarse: *terminará por venir a lo propuesto.* || Suceder, acaecer: *la muerte viene cuando menos se espera.* || Seguir una cosa inmediatamente a otra: *después de la tempestad viene la calma.* || Pasar por la mente: *me vino la idea de marcharme.* || Acometer: *le vinieron deseos de comer.* || Estar, hallarse: *su foto viene en la primera página.* || Ser, resultar: *el piso nos viene ancho.* || *Venir a las manos,* pelearse. || *Venir al caso,* tener que ver. || *Venir al mundo,* nacer. || *Fam. Venir al pelo* (o *a punto*), ser muy oportuno. || *Venir a parar,* llegar a cierta consecuencia. || *Venir a ser,* equivaler. || — V. pr. Volver, regresar. || *Venirse abajo* (o *al suelo* o *a tierra*) una cosa, caerse, hundirse; (fig.) frustrarse, malograrse.

venoso, sa adj. Compuesto de venas. || *Sangre venosa,* sangre que las venas de gran circulación conducen al corazón.

venta f. Convenio por el cual una parte *(vendedor)* se compromete a transferir la propiedad de una cosa o de un derecho a otra persona *(comprador)* que ha de pagar el precio ajustado. || Función en una empresa de aquellos que están encargados de dar salida a los productos fabricados o comprados para este efecto. || Servicio comercial de esta función. || Condición de aquello que se vende bien o mal: *artículo de fácil venta.* || Cantidad de cosas que se venden. || Albergue, posada fuera de una población.

ventaja f. Superioridad de una persona o cosa respecto de otra: *tiene la ventaja de ser más hábil.* || Hecho de ir delante de otro en una carrera, competición, etc.: *llevar 20 metros de ventaja a uno.* || Ganancia anticipada que da un jugador a otro. || En tenis, punto marcado por uno de los jugadores cuando se encuentran empatados a 40: *ventaja al saque.*

ventajoso, sa adj. Conveniente.

ventana f. Abertura que se deja en una pared para dar paso al aire y a la luz.

ventanal m. Ventana grande.

ventanilla f. Ventana pequeña. || Ventana en los coches, trenes, aviones, barcos, etc. || Taquilla de las oficinas, de despacho de billetes. || Cada uno de los orificios de la nariz.

ventarrón m. Viento fuerte.

ventear v. impers. Soplar el viento o hacer aire fuerte. || — V. t. Olfatear los animales el viento para orientarse con el olfato. || Poner al viento, airear.

VA

ventero, ra m. y f. Dueño o encargado de una venta.

ventilación f. Acción y efecto de ventilar: *la ventilación de un túnel.* || Abertura para ventilar un local. || Corriente de aire que se establece al ventilarlo. || *Ventilación pulmonar,* movimientos del aire en los pulmones.

ventilador m. Aparato que produce una corriente de aire.

ventilar v. t. Renovar el aire de un recinto (ú. t. c. pr.). || Exponer al viento, airear: *ventilar las sábanas.* || *Fig.* Examinar, tratar de resolver, dilucidar: *ventilar un problema* (ú. t. c. pr.). | Hacer que algo secreto trascienda al conocimiento de la gente. || — V. pr. *Fig.* Salir a tomar el aire. || *Fam.* Matar. | Hacer. || *Fam. Ventilárselas,* arreglárselas, componérselas.

ventisca f. Borrasca de nieve. || Viento muy fuerte.

ventisquero m. Ventisca.

ventorrillo m. y **ventorro** m. Venta, albergue, posada: *comimos en un ventorrillo de la sierra.*

ventosa f. Campana de vidrio en cuyo interior se hace el vacío y que produce un aflujo de sangre en el lugar donde se aplica sobre la piel. || Abertura hecha para dar ventilación. || Órgano con el que algunos animales se adhieren a la superficie de los cuerpos sólidos.

ventosidad f. Pedo.

ventoso, sa adj. Con viento.

ventral adj. Del vientre.

ventricular adj. Del ventrículo.

ventrículo m. Cada una de las dos cavidades inferiores del corazón de donde parten las arterias aorta y pulmonar. || Cada una de las cuatro cavidades del encéfalo en que se encuentra el líquido cefalorraquídeo.

ventrílocuo, cua adj. Dícese de la persona que puede hablar de tal modo que la voz no parece venir de su boca ni de su persona (ú. t. c. s.).

ventura f. Fortuna, suerte.

venturina f. Piedra fina compuesta de cuarzo y mica.

venturoso, sa adj. Afortunado.

ver m. Sentido de la vista. || Aspecto, apariencia: *cosa de buen ver.* || Parecer, opinión: *a mi ver.*

ver v. t. e i. Percibir con la vista: *ha visto el nuevo edificio.* || Percibir con otro sentido: *los ciegos ven con los dedos.* || Examinar, mirar con atención: *ve si esto te conviene.* || Visitar: *fue a ver a su amigo.* || Recibir: *los lunes veo a los representantes.* || Encontrarse: *ayer lo vi en el parque.* || Consultar: *ver al médico.* || Informarse, enterarse: *voy a ver si ha venido ya.* || Saber: *no veo la decisión que he de tomar.* || Prever: *no veo el fin de nuestros cuidados.* || Conocer, adivinar: *vi sus intenciones perversas.* || Comprender, concebir: *no veo por qué trabaja tanto.* || Entender: *ahora lo veo muy claro.* || Comprobar: *veo que no has sido bueno.* || Sospechar, figurarse: *veo lo que vas a decir.* || Ser capaz de: *¡imagínese lo que habrán visto estas paredes!* || Juzgar: *es su manera de ver las cosas* (ú. t. c. pr.). || Tener en cuenta: *sólo ve lo que le interesa.* || Darse cuenta: *no ves lo difícil que es hacerlo.* || Ser juez en una causa. || *Por lo visto* (o *por lo que se ve*), al parecer, según las apariencias. || — V. pr. Mirarse, contemplarse: *verse en el espejo.* || Ser perceptible: *el colorido no se ve.* || Encontrarse en

cierta situación: *verse apurado.* || Tratarse: *nos vemos a menudo.* || Encontrarse, entrevistarse. || Ocurrir, suceder: *esto se ve en todos los países.*

vera f. Lado.

veracidad f. Realidad.

veracruzano, na adj. y s. De Veracruz (México).

veragüense adj. y s. De Veraguas (Panamá).

veranda f. Galería o balcón que corre a lo largo de las casas.

veraneante com. Persona que pasa el verano en un sitio.

veranear v. i. Pasar las vacaciones de verano en cierto sitio.

veraneo m. Acción de veranear: *no ir de veraneo.* || Vacaciones de verano.

veraniego, ga adj. Del verano.

veranillo m. Tiempo breve en que suele hacer calor a finales de septiembre.

verano m. Estación más calurosa del año que, en el hemisferio septentrional, comprende los meses de junio, julio y agosto y, en el hemisferio austral, los meses de diciembre, enero y febrero. || Temporada de sequía, que dura unos seis meses, en Ecuador. || *De verano,* a propósito para ser utilizado en verano: *traje de verano.*

verapacense adj. y s. De Verapaz (Guatemala).

veras f. pl. Realidad, verdad en las cosas que se dicen o hacen. || *De veras,* realmente, de verdad: *te quiero de veras*; en serio, no en broma: *se lo digo de veras.*

veraz adj. Que dice la verdad.

verbal adj. Que se hace de palabra y no por escrito: *promesa verbal.* || Relativo al verbo: *formas verbales.*

verbena f. Planta verbenácea de flores usadas en farmacia. || Feria y fiesta popular nocturna.

verbenáceo, a adj. y s. f. Dícese de plantas dicotiledóneas como la verbena. || — F. pl. Familia que forman.

verbigracia y **verbi gratia** expr. lat. Por ejemplo.

verbo m. Segunda persona de la Santísima Trinidad, encarnada en Jesús: *el Verbo divino.* || Lenguaje, palabra. || *Gram.* Palabra que, en una oración, expresa la acción o el estado del sujeto.

verborrea y **verbosidad** f. Abundancia de palabras inútiles.

verdad f. Condición de lo que es verdadero. || Conformidad de lo que se dice con lo que se siente o se piensa: *decir la verdad.* || Cosa cierta: *esto es verdad.* || Veracidad, autenticidad, certeza: *verdad histórica.* || Sinceridad, buena fe: *un acento de verdad.*

verdadero, ra adj. Conforme a la verdad, a la realidad. || Auténtico, que tiene los caracteres esenciales de su naturaleza: *un verdadero bandido.* || Real, principal: *el verdadero motivo de su acción.* || Conveniente, adecuado: *ésta, y no la anterior, es la verdadera plaza de toros que ha de ocupar.*

verde adj. De color semejante al de la hierba fresca, la esmeralda, etc., y que resulta de una mezcla de azul y amarillo. || Que tiene savia y no está seco: *leña verde.* || Fresco: *hortalizas verdes.* || Que aún no está maduro: *uvas verdes.* || *Fig.* Inmaduro, en sus comienzos: *el negocio está aún verde.* | Libre, escabroso, licencioso: *chiste verde.* | Que tiene inclinaciones galantes a pesar de su edad: *viejo* verde. ‖ *Fig.* y *fam. Poner verde a uno,* insultarle o desacreditarle. ‖ — M. Color verde: *no me gusta el verde.* ‖ Verdor de la planta. ‖ Conjunto de hierbas del campo. ‖ Follaje. ‖ *Fig.* Carácter escabroso: *lo verde de sus palabras.* ‖ *Pop.* Billete de mil pesetas. ‖ *Riopl.* Mate, infusión.

verdear v. i. Volverse una cosa verde. ‖ Tirar a verde. ‖ Empezar a cubrirse de plantas.

verdeo m. Recolección de la aceituna.

verdeoscuro, ra adj. Verde algo oscuro.

verderón m. Ave canora con plumaje verde y amarillo.

verdín m. Algas verdes o mohos que se crían en un lugar húmedo o cubierto de agua. ‖ Cardenillo. ‖ Color verde claro.

verdor m. Color verde. ‖ *Fig.* Lozanía.

verdoso, sa adj. Que tira a verde.

verdugo m. Ministro de la justicia que ejecuta las penas de muerte. ‖ Vara flexible para azotar. ‖ *Fig.* Persona muy cruel, que castiga sin piedad: *este maestro es un verdugo.* ‖ Cosa que mortifica mucho.

verdugón m. Señal o roncha, coloreada o hinchada, que deja en el cuerpo un latigazo o un golpe.

verdulería f. Tienda de verduras. ‖ Palabra o acción escabrosa.

verdulero, ra m. y f. Vendedor de verduras. ‖ *Fig.* Persona escabrosa. ‖ — F. *Fig.* y *fam.* Mujer ordinaria y vulgar.

verdura f. Hortaliza, legumbre.

verecundia f. Vergüenza.

vereda f. Senda, camino estrecho. ‖ *Amer.* Acera de las calles.

veredicto m. Juicio.

verga f. Miembro genital. ‖ Palo colocado horizontalmente en un mástil para sostener la vela.

vergajo m. Látigo.

vergel m. Huerto.

vergonzante adj. Que tiene o que produce vergüenza.

vergonzoso, sa adj. Que es motivo de vergüenza. ‖ Que se avergüenza fácilmente (ú. t. c. s.).

vergüenza f. Turbación del ánimo causada por alguna ofensa recibida, por una falta cometida, por temor a la deshonra, al ridículo, etc.: *pasar vergüenza.* ‖ Timidez, apocamiento: *tener vergüenza.* ‖ Estimación de la dignidad: *si tiene vergüenza lo hará.* ‖ Honor, pundonor: *hombre de vergüenza.* ‖ Oprobio: *la vergüenza de la familia.* ‖ Cosa que indigna, escándalo.

vericueto m. Caminillo. ‖ *Fig.* Lío, enredo.

verídico, ca adj. Verdadero.

verificación f. Comprobación.

verificador, ra adj. Encargado de verificar algo (ú. t. c. s.). ‖ — M. Aparato para verificar.

verificar v. t. Comprobar la verdad o exactitud de una cosa. ‖ Realizar, ejecutar, efectuar: *verificar un sondeo.* ‖ — V. pr. Efectuarse: *el acto se verificó hace tiempo.* ‖ Resultar cierto y verdadero lo que se dijo o pronosticó: *se verificó su predicción.*

verja f. Enrejado metálico utilizado para cerrar una casa, un parque, etc.

vermicida adj. y s. m. Vermífugo.

vermífugo, ga adj. y s. m. Que mata las lombrices intestinales.

vernáculo, la adj. Propio de un país o región: *lengua vernácula.*

veronés, esa adj. y s. Relativo a Verona (Italia).

verónica f. *Taurom.* Lance dado por el lidiador al toro con la capa extendida entre ambas manos.

verosímil adj. Que puede creerse.

verosimilitud f. Lo que parece verdad. ‖ Probabilidad.

verraco m. Cerdo padre. ‖ *Amer.* Cerdo de monte o pecarí.

verruga f. Excrecencia cutánea.

versado, da adj. Instruido.

versal adj. y s. f. Mayúscula.

versalilla o **versalita** adj. y s. f. Mayúscula pequeña.

versallesco, ca adj. Relativo a Versalles, y sobre todo a la corte allí establecida en los siglos XVII y XVIII (Francia). ‖ *Fam.* Muy afectado o refinado.

versar v. i. Dar vueltas, girar alrededor. ‖ *Versar sobre,* referirse a.

versátil adj. Inconstante.

versatilidad f. Inconstancia.

versificación f. Arte de versificar. ‖ Manera en que está versificada una obra.

versificar v. i. Hacer o componer versos. ‖ — V. t. Poner en verso.

versión f. Traducción. ‖ Modo que tiene cada uno de referir o interpretar un mismo suceso. ‖ *En versión original,* aplícase a una película de cine no doblada.

verso m. Reunión de palabras combinadas con arreglo a la cantidad de las sílabas (versos griegos o latinos), al número de sílabas, a su acentuación y a su rima (versos castellanos, alemanes, ingleses) o sólo al número de sílabas y a su rima (versos franceses). ‖ Reverso de una hoja.

vértebra f. Cada uno de los huesos cortos que, enlazados entre sí, forman la columna vertebral.

vertebrado, da adj. y s. m. Aplícase a los animales que tienen vértebras. ‖ — M. pl. División o tipo del reino animal que forman estos animales y comprende de los *peces,* los *reptiles,* los *batracios,* las aves y los *mamíferos.*

vertebral adj. De las vértebras.

vertedero m. Sitio por donde se vierte o echa algo.

vertedor, ra adj. y s. Que vierte.

verter v. t. Derramar, dejar caer líquidos o sustancias pulverulentas: *verter cerveza en el mantel.* ‖ Echar una cosa de un recipiente a otro. ‖ Traducir: *verter un texto inglés al castellano.* ‖ — V. i. Correr un líquido por una pendiente (ú. t. c. pr.).

vertical adj. Que tiene la dirección de la plomada. ‖ *Geom.* Aplícase a la recta o plano perpendicular al horizonte (ú. t. c. s. f.). ‖ — M. Cualquiera de los semicírculos máximos que se consideran en la esfera celeste perpendiculares al horizonte.

verticalidad f. Estado de vertical.

vértice m. Punto en que concurren los dos lados de un ángulo. ‖ Punto donde se unen tres o más planos. ‖ Cúspide de un cono o pirámide.

vertiente adj. Que vierte. ‖ — F. Cada una de las pendientes de una montaña o de un tejado. ‖ *Fig.* Aspecto.

vertiginoso, sa adj. Que causa vértigo o relativo a éste.

vértigo m. Sensación de pérdida del equilibrio, vahído, mareo.

vesania f. Locura, furia.

vesánico, ca adj. y s. Loco.

vesícula f. Ampolla en la epidermis, generalmente llena de líquido seroso. || Bolsa membranosa parecida a una vejiga: *la vesícula biliar.*

vespertino, na adj. De la tarde. || — M. Diario de la tarde.

vestal f. Sacerdotisa de Vesta, diosa romana del hogar.

vestíbulo m. Sala o pieza que da entrada a un edificio o casa y generalmente a sus distintas habitaciones. || Cavidad irregular del laberinto óseo del oído interno que comunica con la caja del tímpano por las ventanas oval y redonda.

vestido m. Prenda usada para cubrir el cuerpo humano.

vestidura f. Vestido.

vestigio m. Huella, señal.

vestimenta f. Conjunto de las prendas de vestir.

vestir v. t. Cubrir el cuerpo con vestidos: *vestir a su hermano* (ú. t. c. pr.). || Proveer de vestidos: *vestir a sus hijos* (ú. t. c. pr.). || Hacer la ropa para alguien: *este sastre viste a toda la familia.* || Cubrir: *vestir un sillón de cuero.* || Fig. Dar mayor consistencia y elegancia a un discurso o escrito. | Disimular, encubrir una cosa con otra. | Adoptar cierto gesto: *vestir su rostro de maldad.* || — V. i. Ir vestido: *vestir bien.* || Ser elegante, ser apropiado para una fiesta o solemnidad: *un traje de vestir.* || Fig. y fam. Dar categoría: *tener un coche deportivo viste mucho.* || — V. pr. Cubrirse: *el cielo se vistió de nubarrones.* || Cambiarse de ropa o vestido poniéndose lo más adecuado para determinada ocasión. || Ser cliente de un sastre o modista, de una determinada tienda de géneros de vestir.

vestuario m. Conjunto de los trajes de una persona. || Conjunto de trajes para una representación teatral o cinematográfica. || Sitio del teatro donde se visten los actores.

veta f. Filón, yacimiento. || Vena de ciertas piedras y maderas.

vetar v. t. Poner el veto.

veteranía f. Antigüedad.

veterano, na adj. Aplícase a la persona que ha desempeñado mucho tiempo el mismo empleo, que lleva muchos años sirviendo en el ejército o al Estado o practicando un deporte (ú. t. c. s.).

veterinario, ria adj. Referente a la veterinaria. || — M. y f. Persona que se dedica a la veterinaria. || — F. Arte de curar las enfermedades de los animales.

veto m. Derecho que tienen algunos jefes de Estado de oponerse a la promulgación de una ley y algunas grandes potencias de declararse en contra de la adopción de una resolución que ha sido aprobada por la mayoría de los votantes en ciertas organizaciones internacionales. || Oposición, denegación.

vetustez f. Vejez.

vetusto, ta adj. Muy viejo.

vez f. Usado con un numeral, indica cada realización de un hecho o acción, o el grado de intensidad de una cosa: *he visto esta película dos veces.* || Ocasión: *se lo dije una vez.* || Tiempo en que le toca a uno actuar, turno: *le tocó su vez.* || — A la vez, simultáneamente. || A su vez, por su turno. || De una vez, de un golpe. || De vez en cuando, en ocasiones. || En vez de, en sustitución de. || Hacer las veces de, servir de. || Tal vez, quizá, acaso.

vía f. Camino: *vía pública.* || Todo lo que conduce de un sitio a otro: *vía aérea.* || Doble línea de rieles paralelos, afianzados sobre traviesas, que sirven de camino de rodadura a los trenes: *vía férrea.* || Canal, conducto: *vías respiratorias.* || *Tecn.* Espacio entre las ruedas del mismo eje de un coche. || Entre los ascéticos, orden de vida espiritual: *vía purgativa.* || *For.* Ordenamiento procesal: *vía ejecutiva.* || — *Estar en vías de,* estar en curso de. || *Vía de comunicación,* cualquier camino terrestre, línea marítima o aérea. || *Vía férrea,* ferrocarril. || — Prep. Pasando por: *Madrid-Londres, vía París.*

vía crucis o **viacrucis** m. inv. Rezo de diversas oraciones siguiendo el camino recorrido por Jesucristo cuando iba hacia el Calvario.

viabilidad f. Calidad de viable.

viable adj. Que puede vivir: *una criatura viable.* || Fig. Realizable.

viaducto m. Puente construido sobre una hondonada para el paso de una carretera o del ferrocarril.

viajante adj. y s. Dícese de la persona que viaja. || — Com. Representante que viaja para vender mercancías en varias plazas.

viajar v. i. Efectuar un viaje.

viaje m. Ida de un sitio a otro bastante alejado: *hacer un viaje a América.* || Ida y venida: *lo hizo en tres viajes.* || Cantidad de una cosa que se transporta de una vez. || Relato hecho por un viajero.

viajero, ra adj. Que viaja (ú. t. c. s.).

vianda f. Alimento.

viático m. Dinero o provisiones que se dan a la persona que va de viaje, dieta. || Sacramento de la Eucaristía administrado a un enfermo en peligro de muerte.

víbora f. Serpiente venenosa. || Fig. Persona maldiciente.

vibración f. Movimiento de vaivén periódico de un cuerpo alrededor de su posición de equilibrio.

vibráfono m. Instrumento de música que se compone de una serie de láminas de acero que se golpean con martillos.

vibrar v. t. Dar un movimiento rápido de vaivén a alguna cosa larga, delgada y elástica. || — V. i. Hallarse un cuerpo sujeto a vibraciones. || Fig. Conmoverse.

vibrátil adj. Que puede vibrar.

vibratorio, ria adj. Que vibra.

vicaría f. Dignidad de vicario. || Territorio de su jurisdicción. || Oficina o residencia del vicario.

vicarial adj. De la vicaría.

vicariato m. Vicaría y tiempo que dura.

vicario m. Cura párroco.

vicealmirante m. Oficial de marina inferior al almirante.

vicecanciller m. Persona que suple al canciller a falta de éste.

vicecancillería f. Cargo de vicecanciller. || Su oficina.

vicecónsul, la m. y f. Funcionario inmediatamente inferior al cónsul.

viceconsulado m. Cargo de vicecónsul. || Su oficina.

vicenal adj. Que sucede, se repite cada veinte años o que dura veinte años.

vicepresidencia f. Cargo de vicepresidente o vicepresidenta.

vicepresidente, ta m. y f. Persona que suple al presidente.

vicerrector, ra m. y f. Funcionario que suple al rector.

vicesecretaría f. Cargo de vicesecretario. || Su oficina.

vicetesorero, ra m. y f. Persona que sustituye al tesorero en ausencia de éste.

vicetiple f. Corista.

viceversa adv. Inversamente.

vichandense o **vichaense** adj. y s. De Vichada (Colombia).

vichador m. *Riopl.* Espía.

vichear v. t. *Riopl.* Espiar.

vichy m. (pal. fr.). Cierta tela de algodón de cuadritos o rayas.

viciar v. t. Corromper física o moralmente: *viciar el aire, las costumbres.* || Adulterar los géneros: *viciar la leche.* || *Fig.* Deformar (ú. t. c. pr.). || — V. pr. Entregarse a los vicios. || Alabearse o pandearse una superficie.

vicio m. Defecto, imperfección grave: *vicio de conformación.* || Mala costumbre: *fumar es un vicio.* || Inclinación al mal: *el vicio se opone a la virtud.*

vicioso, sa adj. Que tiene algún vicio o imperfección: *locución viciosa.* || Entregado a los vicios (ú. t. c. s.).

vicisitud f. Sucesión de cosas opuestas. || — Pl. Sucesión de acontecimientos felices o desgraciados.

víctima f. Persona o animal sacrificado a los dioses: *víctima propiciatoria.* || *Fig.* Persona que se sacrifica voluntariamente: *víctima del deber.* | Persona que padece por culpa ajena o suya: *fue víctima de una estafa.* | Persona dañada por algún suceso: *víctima de un accidente.*

victoria f. Ventaja sobre el contrario en cualquier contienda.

victorioso, sa adj. Que ha conseguido una victoria o conducido a ésta.

vicuña f. Mamífero rumiante de los Andes cubierto de pelo largo y fino. || Tejido hecho con su pelo.

vid f. Planta trepadora, de tronco retorcido, cuyo fruto es la uva.

vida f. Conjunto de los fenómenos que concurren al desarrollo y la conservación de los seres orgánicos: *el principio de la vida de un ser.* || Espacio de tiempo que transcurre desde el nacimiento hasta la muerte: *larga vida.* || Lo que ocurre durante este tiempo: *le encanta contar su vida.* || Actividad: *la vida intelectual de un país.* || Sustento, alimento necesario para vivir: *ganarse bien la vida.* || Modo de vivir: *vida de lujo.* || Costo de la subsistencia: *la vida no deja de subir.* || Biografía: *las «Vidas» de Plutarco.* || Profesión: *abrazar la vida religiosa.* || Duración de las cosas: *la vida de un régimen político.* || *Fig.* Viveza, expresión: *mirada llena de vida.* || Actividad, vitalidad: *persona llena de vida.* || — *En la vida*, nunca. || *Pasar a mejor vida*, morir. || *Vida de perros*, la muy dura. || *Vida eterna*, la de los elegidos después de la muerte.

vidalita f. *Riopl.* Canción melancólica que se acompaña con la guitarra.

vidente adj. y s. Que ve.

video y **vídeo** m. Técnica que permite grabar la imagen y el sonido para reproducirlos más tarde en un televisor. || — Adj. inv. Relativo a esta técnica. ||

— *Señal video*, señal que contiene los elementos necesarios para transmitir una imagen. || *Sistema video*, sistema que hace posible la transmisión de imágenes y sonido a distancia.

videocasete m. Casete que contiene una cinta magnética que permite grabar y reproducir un programa de televisión. || Estuche que contiene la cinta para grabar en video.

videoclip m. Escena grabada en un video, generalmente interpretación de una canción, que se emite por un canal de televisión.

videotex m. Sistema que permite visualizar textos o elementos gráficos en la pantalla de un televisor a partir de una señal de televisión o de una línea telefónica.

vidorra f. *Fam.* Vida comodona.

vidriera f. Bastidor con vidrios con que se cierran puertas y ventanas. Ú. t. c. adj.: *puerta vidriera.* || Ventana cerrada por esta clase de bastidor con vidrios generalmente de colores. || *Amer.* Escaparate.

vidriero m. El que fabrica vidrios. || El que coloca o arregla cristales.

vidrio m. Sustancia dura, frágil y transparente que proviene de la fusión de la sílice con potasa o sosa. || Objeto hecho con esta sustancia. || Cristal de ventana, puerta, etc.

vidriosidad f. Calidad de vidrioso.

vidrioso, sa adj. Frágil como el vidrio. || *Fig.* Delicado: *tema vidrioso.* || Que no brillan (ojos).

vidual adj. Relativo a la viudez, al viudo o a la viuda.

vieira f. Molusco comestible cuya concha es la venera. || Esta concha.

vieja f. Pez de cabeza grande.

viejales m. y f. *Fam.* Viejo.

viejarrón, ona adj. Viejo.

viejo, ja adj. De mucha edad: *mujer vieja.* || Que existe desde hace tiempo: *chiste viejo.* || Deslucido, estropeado por el uso: *coche viejo.* || Que ejerce una profesión desde hace tiempo: *un viejo profesor.* || *Hacerse viejo*, envejecer. || — M. y f. Persona de mucha edad. || *And.* y *Amer.* Voz de cariño aplicada a los padres, cónyuges, etc.: *¡buenos días, viejo!* || — *Fam. El viejo, la vieja*, el padre, la madre. | *Los viejos*, los padres. | *Viejo verde*, persona libidinosa de cierta edad.

vienés, esa adj. y s. De Viena.

viento m. Corriente de aire que se desplaza horizontalmente: *vientos alisios.* || *Fam.* Ventosidad.

vientre m. Cavidad del cuerpo donde están los intestinos. || Conjunto de las vísceras contenidas en esta cavidad. || *Fig.* Estómago: *tener el vientre vacío.* || Panza que tiene una vasija.

viernes m. Sexto día de la semana. || *Viernes Santo*, día aniversario de la muerte de Jesucristo.

vietnamita adj. y s. Del Vietnam.

viga f. Pieza larga de madera, metal o cemento que se utiliza para sostener techos o pisos en las construcciones.

vigencia f. Calidad de vigente.

vigente adj. Que se usa o es válido en el momento de que se trata.

vigesimal adj. Que tiene como base el número veinte.

vigésimo, ma adj. Que ocupa el lugar veinte. || — M. Cada una de las veinte partes iguales en que se divide un todo.

VE

vigía com. Persona que vigila.

vigilancia f. Cuidado y atención en lo que está a cargo de uno. ‖ Servicio encargado de vigilar.

vigilante adj. Que vigila (ú. t. c. s.).

vigilar v. i. y t. Velar con mucho cuidado por una persona o cosa.

vigilia f. Estado del que está despierto o en vela. ‖ Víspera de una festividad religiosa importante. ‖ Oficio que se reza en esos días. ‖ Comida con abstinencia por precepto de la Iglesia.

vigor m. Fuerza. ‖ *Estar en vigor,* estar vigente.

vigoroso, sa adj. Que tiene vigor.

vigués, esa adj. y s. De Vigo (España).

vihuela f. Instrumento músico de cuerda parecido a la guitarra.

vihuelista com. Persona que toca la vihuela.

vikingo, ga adj. Perteneciente o relativo a los vikingos. ‖ — M. Pueblo, e individuo que formaba parte de él, de guerreros, comerciantes y navegantes que realizó innumerables expediciones marítimas desde fines del siglo VIII hasta principios del siglo XI.

vil adj. Bajo, despreciable.

vileza f. Bajeza. ‖ Acción vil.

vilipendiar v. t. Despreciar.

vilipendio m. Desprecio.

villa f. Población pequeña, menor que la ciudad y mayor que la aldea. ‖ Casa del recreo, en el campo. ‖ *La Villa del Oso y el Madroño* o *la Villa y Corte,* Madrid.

villancico m. Composición poética popular con estribillo de asunto religioso que se suele cantar por Navidad.

villanía f. Vileza.

villano, na adj. y s. Que es vecino de una villa o aldea y pertenece al estado llano (ú. t. c. s.). ‖ *Fig.* Ruin. ‖ Rústico.

villarriqueño, ña adj. y s. De Villarrica (Paraguay).

villavicense o **villavicenciuno, na** adj. y s. De Villavicencio (Colombia).

villorrio m. Pequeña aldea.

vilo (en) m. adv. Inquieto.

vinagre m. Producto que resulta de la fermentación acética del vino empleado como condimento.

vinagrera f. Vasija para el vinagre.

vinagreta f. Salsa de aceite, cebolla y vinagre.

vinajera f. Cada uno de los dos jarrillos en que se sirven en la misa el vino y el agua. ‖ — Pl. Conjunto de estos dos jarrillos y de la bandeja donde se colocan.

vinatero, ra adj. Relativo al vino. ‖ — M. y f. Comerciante en vinos.

vinca f. *Arg.* Nopal.

vincapervinca f. Planta de flor azul.

vincha f. *Amer.* Pañuelo o cinta en la frente para sujetar el pelo.

vinchuca f. *Amer.* Chinche.

vinculable adj. Que vincula.

vinculación f. Acción de vincular. ‖ Lo que vincula.

vincular v. t. Unir, ligar.

vínculo m. Unión, nexo.

vindicación f. Venganza.

vindicador, ra adj. y s. Dícese de la persona que vindica.

vindicar v. t. Vengar. ‖ *For.* Reivindicar.

vindicativo, va adj. Vengativo. ‖ Que vindica: *discurso vindicativo.*

vindicta f. Venganza.

vinería f. *Amer.* Despacho de vinos.

vinícola adj. Relativo al cultivo de la vid y a la fabricación del vino: *industria vinícola.* ‖ — M. Viticultor.

vinicultor, ra m. y f. Persona que se dedica a la vinicultura.

vinicultura f. Elaboración de vinos.

vinificación f. Transformación del mosto de la uva en vino.

vinílico, ca adj. Aplícase a una resina sintética obtenida del acetileno.

vino m. Bebida alcohólica que se obtiene por fermentación del zumo de las uvas: *vino tinto.* ‖ Preparación medicinal en la que el vino sirve de excitante.

vinoso, sa adj. Que tiene las propiedades o apariencias del vino.

viña f. Sitio plantado de vides.

viñador, ra m. y f. Cultivador de viñas.

viñamarino, na adj. y s. De Viña del Mar (Chile).

viñatero, ra m. y f. Propietario de viñas. ‖ *Amer.* Viñador, cultivador de viñas.

viñedo m. Terreno de viñas.

viñeta f. Dibujo o estampita puesto como adorno al principio o al final de un libro o capítulo.

viola f. Instrumento músico de cuerda parecido al violín, aunque algo mayor. ‖ — Com. Persona que lo toca.

violáceo, a adj. Violado (ú. t. c. s. m.).

violación f. Penetración en un lugar en contra de la religión, la ley o la moral: *la violación de una iglesia.* ‖ Quebrantamiento de la ley social o moral. ‖ Delito que consiste en abusar de una mujer o menor de edad mediante violencia.

violado, da adj. De color violeta (ú. t. c. s. m.).

violador, ra adj. y s. Que viola.

violar v. t. Infringir, quebrantar: *violar la ley.* ‖ Abusar de una mujer o menor de edad por violencia o por astucia. ‖ Entrar en un sitio prohibido.

violencia f. Fuerza extremada: *la violencia del viento.* ‖ Abuso de la fuerza. ‖ Violación de una mujer. ‖ *Fig.* Molestia, embarazo. ‖ *For.* Fuerza ejercida sobre una persona para obligarla a hacer lo que no quiere.

violentar v. t. Vencer por la fuerza la resistencia de una persona o cosa: *violentar la conciencia.* ‖ *Fig.* Entrar en un lugar o abrir algo contra la voluntad de su dueño. ‖ Deformar, desvirtuar: *violentar un texto.* ‖ — V. pr. *Fig.* Obligarse uno mismo a hacer algo que le molesta.

violento, ta adj. De mucha fuerza o intensidad. ‖ Propenso a encolerizarse, iracundo. ‖ Cohibido, avergonzado. ‖ Molesto.

violeta f. Planta de flores de color morado muy perfumadas. ‖ Flor de esta planta. ‖ — Adj. inv. y s. m. Dícese del color de estas flores.

violetera f. Vendedora de violetas.

violín m. Instrumento músico, derivado de la viola, de cuatro cuerdas templadas de quinta en quinta (sol, re, la, mi) que se toca con un arco. ‖ Violinista.

violinista com. Persona que toca el violín.

violón m. Contrabajo, instrumento músico de cuatro cuerdas, parecido al violín, pero de mayor tamaño y tono más grave. ‖ Persona que lo toca.

violoncelista y **violonchelista** com. Persona que toca el violoncelo, instrumento músico.

violoncelo y **violonchelo** m. Instrumento músico de cuatro cuerdas, parecido al violón, aunque más pequeño. || — Com. Violoncelista.

vipérido, da adj. Relativo a la serpiente.

viperino, na adj. Relativo a la víbora.

virago f. Mujer varonil.

viraje m. Cambio de dirección de un vehículo. || Curva en una carretera. || *Fig.* Cambio completo de orientación, de conducta: *un viraje en la historia.*

virar v. t. En fotografía, someter las pruebas a la acción de ciertas sustancias químicas para variar su color. || Cambiar la nave de rumbo o de bordada (ú. t. c. i.). || — V. i. Cambiar de dirección un vehículo: *virar a la derecha.* || *Fig.* Cambiar de ideas, de opinión, de orientación, de procedimientos en la forma de obrar.

virgen adj. Dícese de la persona que no ha tenido contacto sexual: *una mujer virgen* (ú. t. c. s. f.). || *Fig.* Intacto, íntegro: *nieve virgen.*

Virgen f. La madre de Cristo. || Pintura o escultura que la representa.

virginal adj. Relativo a una virgen.

virginidad f. Entereza corporal de la persona que no ha tenido contacto sexual. || *Fig.* Pureza.

virgo adj. Virgen (ú. t. c. s.). || — M. Virginidad. || *Pop.* Himen.

virguería f. *Fam.* Cosa perfecta. | Filigrana, cosa difícil hecha muy bien. | Refinamiento grande. | Tontería.

viril adj. Varonil.

virilidad f. Calidad de viril.

virreina f. Mujer del virrey.

virreinal adj. Del virrey o virreinato.

virreinato m. Cargo de virrey. || Territorio gobernado por él. || Instituciones que encarnaban el poder de la Corona española en las colonias de América.

virreino m. Virreinato.

virrey m. El que gobierna un territorio en nombre del rey.

virtual adj. Posible, que no tiene efecto actual. || *Fís.* Que tiene existencia aparente pero no real.

virtud f. Capacidad para producir cierto efecto: *la virtud de un medicamento.* || Disposición constante a obrar bien: *persona de virtud.* || Cualidad que se estima como buena en las personas: *la lealtad es una virtud.* || Castidad en las mujeres. || — *En virtud de,* como consecuencia de. || *Virtud cardinal,* cada una de las cuatro (prudencia, justicia, fortaleza y templanza) que son principio de otras. || *Virtud teologal,* cada una de las tres (fe, esperanza y caridad) cuyo objeto directo es Dios.

virtuosismo m. Gran habilidad.

virtuoso, sa adj. Que tiene virtud: *hombre virtuoso.* || Inspirado por la virtud: *conducta virtuosa.* || — M. y f. Persona que domina la técnica de su arte.

viruela f. Enfermedad infecciosa y epidémica caracterizada por una erupción de manchas rojizas (ú. t. en pl.).

virulencia f. Lo que es virulento.

virulento, ta adj. Ocasionado por un virus: *enfermedad virulenta.* || *Fig.* Violento, ensañado.

virus m. Microbio invisible con el microscopio ordinario responsable de las enfermedades contagiosas.

viruta f. Laminilla de madera o metal que salta al cepillar un objeto o al someterlo a una operación semejante.

vis f. Fuerza: *vis cómica.*

visa f. *Amer.* Visado.

visado, da adj. Que ha sido visado. || — M. Visto bueno o autorización que se hace constar en ciertos documentos, especialmente pasaportes, para darles validez.

visaje m. Gesto, mueca.

visar v. t. Examinar un documento poniéndole el visto bueno para darle validez: *visar un pasaporte.*

víscera f. Cualquiera de los órganos situados en las principales cavidades del cuerpo como el estómago, el corazón, los pulmones, el hígado, etc.

visceral adj. De las vísceras.

viscosa f. Celulosa sódica empleada en la fabricación de rayón, fibrana y películas fotográficas.

viscosidad f. Propiedad que tiene un fluido de resistir a un movimiento uniforme de su masa.

viscoso, sa adj. Que tiene viscosidad.

visera f. Parte del yelmo que cubría el rostro parcial o totalmente. || Parte delantera de la gorra, del quepis, etc., para proteger los ojos. || Trozo de cartón o plástico de forma parecida empleada para el mismo uso.

visibilidad f. Calidad de visible.

visible adj. Perceptible con la vista. || *Fig.* Evidente, manifiesto.

visigodo, da adj. Relativo a los visigodos. || — M. y f. Individuo de una parte del pueblo godo que se estableció en España desde 415 hasta 711. || — M. pl. Este pueblo.

visigótico, ca adj. De los visigodos.

visillo m. Cortinilla transparente que se pone detrás de los cristales de las ventanas.

visión f. Percepción por medio del órgano de la vista. || Vista: *perdió la visión de un ojo.* || Percepción imaginaria de objetos irreales: *tener visiones.* || Aparición sobrenatural. || Punto de vista que se tiene sobre un tema.

visionario, ria adj. y s. Que ve visiones.

visir m. Ministro de un príncipe musulmán.

visita f. Acción de ir a visitar a alguien: *visita de cumplido.* || Acción de ir a ver con interés alguna cosa: *visita de un museo.* || Persona que visita: *recibir visitas.* || Acción de ir a ver el médico a un enfermo. || Reconocimiento médico.

visitación f. Visita de la Virgen Santísima a su prima Santa Isabel.

visitar v. t. Ir a ver a uno en su casa. || Recorrer para ver: *visitar un museo.* || Ir a ver como turista: *visitar Galicia.* || Ir el médico a casa del enfermo para reconocerle. || Inspeccionar.

vislumbrar v. t. Ver (ú. t. c. pr.).

vislumbre f. Reflejo. || Indicio.

viso m. Reflejo. || *Fig.* Apariencia: *visos de verdad.* | Tendencia.

visón m. Mamífero carnívoro parecido a la nutria. || Su piel y abrigo hecho con ella.

visor m. Dispositivo óptico para enfocar con máquinas fotográficas o cinematográficas o con armas de fuego, etc.

víspera f. Día anterior a otro. || *En vísperas de,* cerca de, próximo a.

vista f. Facultad de ver, de percibir la luz, los colores, el aspecto de las cosas: *vista aguda*. || Los ojos, órgano de la visión: *tener buena vista*. || Mirada: *dirigir la vista a*. || Aspecto, apariencia. || Extensión de terreno que se ve desde algún sitio, paisaje, panorama. || Cuadro, fotografía de un lugar, monumento, etc.: *una vista de París*. || Fig. Ojo, sagacidad: *tiene mucha vista en los negocios*. || For. Conjunto de actuaciones llevadas a cabo en una causa, audiencia. || — *A la vista*, a su presentación. || *A la vista de*, en vista de. || *A primera vista*, sin examen. || *A vista de pájaro*, desde un punto elevado. || *Conocer a una persona de vista*, conocerla sólo por haberla visto alguna vez. || *Con vistas a*, con el propósito de. || *En vista de*, en consideración a, dado. || Fig. *Hacer la vista gorda*, fingir uno que no se da cuenta de algo. || *Hasta la vista*, hasta pronto. || Fig. *Punto de vista*, criterio, modo de ver. || *Saltar una cosa a la vista*, ser muy visible o evidente. || *Ser corto de vista*, ser miope; (fig.) ser poco perspicaz.

vista m. Empleado que se encarga de registrar en las aduanas.

vistazo m. Mirada rápida: *echar un vistazo al manuscrito de una novela*.

visto, ta p. p. irreg. de *ver*. || For. Juzgado, fórmula con que se da por concluida la vista pública de una causa: *visto para sentencia*. || Muy conocido: *esta clase de espectáculos están muy vistos*. || — *Bien* (o *mal*) *visto*, considerado bien (o mal). || *Por lo visto*, por lo que se ve; según parece, aparentemente. || *Visto que*, puesto que. || — M. *Visto bueno*, aprobación, conformidad.

vistosidad f. Apariencia llamativa.

vistoso, sa adj. Llamativo.

visual adj. Relativo a la visión.

visualización f. En informática, presentación gráfica en una pantalla de los resultados obtenidos en el procesamiento de los datos.

visualizar v. t. Imaginar con rasgos visibles algo que no se ve. || En informática, representar en una pantalla los resultados de un proceso de datos.

vital adj. Relativo a la vida. || Fundamental, esencial.

vitalicio, cia adj. Que dura toda la vida: *cargo vitalicio*. || Dícese de la persona que disfruta de un cargo de esa clase: *senador vitalicio*. || Aplícase a la renta que se paga mientras vive el beneficiario (ú. t. c. s. m.).

vitalidad f. Actividad o eficacia de las facultades vitales, energía.

vitamina f. Cada una de las sustancias químicas orgánicas existentes en los alimentos en cantidades muy pequeñas y necesarias al metabolismo animal.

vitícola adj. Relativo al cultivo de la vid. || — Com. Viticultor.

viticultor, ra m. y f. Persona dedicada a la viticultura.

viticultura f. Cultivo de la vid.

vitíligo m. Enfermedad cutánea caracterizada por manchas blancas debidas a una falta de pigmentación de la piel.

vitivinícola adj. Relativo a la vitivinicultura. || — Com. Vitivinicultor.

vitivinicultor, ra m. y f. Persona dedicada a la vitivinicultura.

vitivinicultura f. Arte de cultivar las vides y elaborar el vino.

vitola f. Anillo de papel que rodea el cigarro puro. || Fig. Aspecto.

vitorear v. t. Aplaudir, dar vivas.

vitoriano, na adj. y s. De Vitoria (España).

vitral m. Vidriera de colores.

vítreo, a adj. De vidrio.

vitrificación f. o **vitrificado** m. Acción y efecto de vitrificar.

vitrificar v. t. Convertir, mediante fusión, una sustancia en materia vítrea. || Dar a los entarimados una capa de materia plástica que los protege. || — V. pr. Convertirse en vidrio.

vitrina f. Armario o caja con puertas de cristales en que se exponen objetos de arte. || Amer. Escaparate.

vitriolo m. Nombre dado antiguamente a todos los sulfatos.

vituallas f. pl. Alimentos.

vituperación f. Censura.

vituperar v. t. Censurar.

vituperio m. Censura.

viudedad f. Viudez. || Pensión que cobran las viudas.

viudez f. Condición de viudo.

viudo, a adj. Dícese de la persona cuyo cónyuge ha muerto y que no se ha vuelto a casarse (ú. t. c. s.).

viva m. Grito de aclamación.

vivacidad f. Viveza.

vivalavirgen m. y f. Persona informal que no se preocupa por nada.

vivales com. inv. Fam. Fresco.

vivar m. Lugar donde viven lo conejos de campo. || Vivero de peces.

vivar v. t. Amer. Vitorear.

vivaracho, cha adj. Muy vivo.

vivaz adj. Vigoroso. || Agudo.

vivencia f. Hecho vivido.

víveres m. pl. Comestibles.

vivero m. Terreno a que se trasladan las plantas desde la almáciga para recriarlas. || Lugar donde se crían o guardan vivos dentro del agua peces, moluscos, etc. || Fig. Semillero, cantera: *un vivero de artistas*. || Manantial, fuente: *vivero de disgustos*.

viveza f. Prontitud en las acciones o agilidad en la ejecución: *la viveza de los niños*. || Perspicacia, sagacidad, agudeza.

vividor, ra adj. Que vive (ú. t. c. s.). || — M. y f. Persona a quien le gusta vivir bien.

vivienda f. Lugar donde habitan una o varias personas, morada.

vivificar v. t. Dar fuerzas.

vivíparo, ra adj. Aplícase a los animales que paren los hijos ya desarrollados y sin envoltura, en oposición a los ovíparos, como los mamíferos (ú. t. c. s.).

vivir m. Vida, conjunto de medios o recursos de vida.

vivir v. t. Estar presente: *viví en México horas inolvidables*. || Participar, tomar parte: *los que vivimos una juventud dorada*. || Pasar: *vivimos tantas horas felices*. || — V. i. Estar vivo: *quien sabe si mañana vivirá*. || Gozar, disfrutar los placeres de la vida: *vivió agradablemente*. || Estar tranquilo, sosegado: *vivir con pocas preocupaciones*. || Durar, subsistir: *sus hazañas vivirán siempre en el recuerdo*. || Habitar, residir: *vivo en París*. || Mantenerse: *gana para poder vivir*. || Conducirse, portarse: *vivir austeramente*. ||

Llevar cierto género de vida: *vivir como un santo.*
|| Tratar: *hay que vivir con todo el mundo.* || Convivir: *vivo con él.* || Aceptar y adoptar las costumbres sociales: *allí aprendí a vivir.*

vivisección f. Disección.

vivo, va adj. Que está en vida, que vive. Ú. t. c. s.: *los vivos y los muertos.* || Fuerte, intenso: *dolor muy vivo.* || Agudo: *olor vivo.* || Brillante: *colores vivos.* || Rápido, ágil en sus movimientos. || *Fig.* Que concibe pronto: *ingenio vivo.* | Rápido en enfadarse. | Despabilado, despierto, listo: *niño muy vivo.* | Astuto, hábil. Ú. t. c. s.: *eres un vivo.* || Expresivo, realista, que da la impresión de la vida: *descripción viva.* || Grande: *viva curiosidad.* || Duradero, que sobrevive, que no ha desaparecido: *recuerdo vivo.* || Dícese de la arista, filo o ángulo muy agudos. || Dícese de las lenguas que se hablan todavía. || — *Fig.* Como *de lo vivo a lo pintado,* muy diferente. || *En carne viva,* dícese de la carne del ser vivo que no está cubierta por la piel a causa de una herida, etc.

vizcacha m. Mamífero roedor semejante a la liebre.

vizcachera f. Madriguera de la vizcacha. || *Arg.* Cuarto de trastos.

vizcaíno, na adj. y s. De Vizcaya (España).

vizcondado m. Título, dignidad y territorio de vizconde.

vizconde m. Título nobiliario inferior al conde.

vocablo m. Palabra.

vocabulario m. Conjunto de palabras utilizadas en una lengua, en el lenguaje de una colectividad.

vocación f. Destino natural de hombre. || Inclinación, tendencia que se siente por cierta clase de vida, por una profesión: *tener vocación para el teatro.* || Inclinación a la vida sacerdotal o religiosa.

vocal adj. Relativo a la voz: *cuerdas vocales.* || Compuesto para ser cantado: *música vocal.* || — F. Sonido del lenguaje producido por la vibración de la laringe mediante una simple aspiración. || Letra que representa este sonido: *el alfabeto castellano tiene cinco vocales* (a, e, i, o, u). || — Com. Miembro de una junta, consejo, etc., que no tiene asignado un cargo o función especial en el organismo a que pertenece.

vocativo m. *Gram.* Forma que toma una palabra cuando se utiliza para llamar a una persona o cosa personificada. || Caso que tiene esta palabra en las lenguas que poseen una declinación.

voceador, ra adj. Que grita mucho (ú. t. c. s.). || — M. y f. Pregonero. || *Méx.* Persona que vende periódicos por las calles.

vocear v. i. Dar voces o gritos. || — V. t. Pregonar los vendedores. || Llamar a uno a voces. || *Fig.* Manifestar, hacer patente. | Publicar, pregonar jactanciosamente una cosa.

voceras com. inv. Boceras.

vocería f. y **vocerío** m. Gritería.

vocero, ra m. y f. Portavoz.

vociferación f. Grito.

vociferador, ra adj. y s. Que vocifera.

vociferar v. t. e i. Decir gritando.

vocinglero, ra adj. y s. Que habla muy fuerte o mucho.

vodevil m. Vaudeville.

vodka m. Aguardiente de centeno.

voivodato m. División administrativa de Polonia.

voladizo, za adj. Dícese de la parte de un edificio que sobresale de la pared: *cornisa voladiza* (ú. t. c. s. m.).

volador, ra adj. Que vuela. || — M. Árbol de América tropical cuya madera se emplea en construcciones navales. || Pez marino cuyas aletas pectorales son tan largas que sirven al animal para saltar en el agua. || Calamar de mayor tamaño y carne menos fina que el común. || Juego de los indios mexicanos consistente en un palo alrededor del cual giran varios hombres colgados de una cuerda a gran distancia del suelo.

voladura f. Explosión.

volandas (en) m. adv. Por el aire.

volante adj. Que vuela, que tiene la facultad de moverse en el aire como los pájaros. || Móvil, que se puede trasladar fácilmente: *equipo volante de cirugía.* || Itinerante: *embajador volante.* || — M. Órgano, generalmente circular, que sirve para dirigir los movimientos de las ruedas de un vehículo por medio de una engranaje o una transmisión. || Rueda parecida empleada para regularizar los movimientos de cualquier máquina. || *Fig.* Automovilismo: *los ases del volante.* || Parte libre que se puede separar de cada hoja de un talonario. || Tira de tela fruncida que se pone en un vestido femenino o en la ropa de algunos muebles: *falda con un volante.* || Hoja de papel alargada que se utiliza para hacer una comunicación. || Esfera de corcho con un penacho de plumas que sirve para lanzársela los jugadores por medio de raquetas. || Juego así realizado. (Se llama también *juego del volante* o *badminton.*)

volantín m. *Amer.* Cometa.

volapié m. *Taurom.* Manera de matar al toro con la espada.

volar v. i. Moverse, sostenerse en el aire ya sea por medio de alas o valiéndose de avión: *volar encima de la ciudad.* || Ir, correr a gran velocidad: *volé en socorro de los heridos.* || Hacer con gran rapidez: *se fueron volando al trabajo.* || Propagarse rápidamente: *sus hazañas vuelan de boca en boca.* || *Fig.* Pasar muy de prisa: *el tiempo vuela.* | Ir por el aire algo arrojado con violencia: *las sillas volaban durante la pelea.* | Desaparecer alguien: *voló el ladrón.* | Gastarse: *el dinero vuela en ciudades tan caras.* | Estar uno muy enojado o muy confuso: *estoy volado de vergüenza.* || — V. t. Hacer saltar o explotar con un explosivo: *volar un buque.* || — V. pr. Emprender el vuelo. || Elevarse en el aire. || *Amer.* Irritarse, encolerizarse.

volátil adj. Que se volatiliza o se evapora. || Que vuela (ú. t. c. s.). || *Fig.* Inconstante (ú. t. c. s.).

volatilización f. Evaporación.

volatilizar v. t. Transformar un cuerpo sólido o líquido en gaseoso (ú. t. c. pr.).

volatinero, ra m. y f. Acróbata.

volcadura f. *Amer.* Vuelco.

volcán m. Montaña formada por lavas y otras materias procedentes del interior del Globo y expulsadas por una o varias aberturas del suelo. || *Fig.* Persona de carácter ardiente, fogoso, apasionado. | Pasión ardiente. | Cosa muy agitada.

volcánico, ca adj. Relativo al volcán. || *Fig.* Agitado, fogoso.

volcanismo m. Conjunto de los fenómenos volcánicos.

volcar v. t. Inclinar o invertir un objeto de modo que caiga su contenido: *volcar un vaso*. ‖ Tumbar, derribar: *volcar a un adversario*. ‖ Turbar la cabeza un olor muy fuerte. ‖ *Fig*. Hacer mudar de parecer: *le volcó con sus argumentos*. ‖ — V. i. Caer hacia un lado un vehículo: *el camión volcó* (ú. t. c. pr.). ‖ — V. pr. *Fig*. Poner uno el máximo interés y esfuerzo para algún fin: *se volcó para conseguir el cargo*. ‖ Extremar, hacer el máximo de: *se volcó en atenciones*.

volea f. Voleo, trayectoria parabólica de la pelota.

voleibol m. *Amer*. Balonvolea.

voleo m. Golpe que se da a una cosa en el aire antes de que caiga: *cogió la pelota a voleo*.

volframio m. Metal (símb. W) de color gris casi negro. (Llámase también *tungsteno*.)

volley-ball m. (pal. ingl.). Balonvolea.

volquete m. Vagón o cualquier vehículo utilizado para el transporte que se descarga haciendo girar sobre el eje la caja que sostiene el bastidor.

volt m. *Fís*. Voltio.

voltaje m. Cantidad de voltios de un aparato o sistema eléctrico.

volteada f. *Arg*. Operación que consiste en separar una parte del ganado acorralándolo los jinetes.

volteado m. *Méx*. Afeminado.

voltear v. t. Dar vueltas a una persona o cosa. ‖ Poner una cosa al revés de como estaba: *voltear el heno*. ‖ Hacer dar vueltas a las campanas para que suenen. ‖ *Fig*. Derribar, derrocar: *voltear un gobierno*. ‖ *Fam*. Suspender en un examen. ‖ *Amer*. Volcar, derramar. ‖ — V. i. Dar vueltas una persona o cosa. ‖ Repicar, echar a vuelo las campanas. ‖ — V. pr. *Méx*. Volverse del otro lado. ‖ Volver la cabeza. ‖ *Amer*. Cambiar de ideas políticas o de partido.

voltereta f. Trecha.

voltímetro m. Instrumento para medir la diferencia de potencial eléctrico entre dos puntos.

voltio m. Unidad de fuerza electromotriz y de diferencia de potencial o tensión (símb. V), equivalente a la diferencia de potencial existente entre dos puntos de un conductor por el cual pasa una corriente de un amperio cuando la potencia perdida entre los mismos es de un vatio.

volúbilis m. *Bot*. Enredadera.

voluble adj. Versátil, cambiante.

volumen m. Libro: *enciclopedia en tres volúmenes*. ‖ Extensión del espacio de tres dimensiones ocupado por un cuerpo: *el volumen de un paralelepípedo*. ‖ Espacio ocupado por un cuerpo: *paquete de gran volumen*. ‖ Intensidad: *voz de mucho volumen*. ‖ Cantidad de dinero empleada o que sirve para realizar las operaciones comerciales: *volumen de ventas*. ‖ Importancia: *volumen de negocios*.

voluminoso, sa adj. Grande.

voluntad f. Facultad o potencia que mueve a hacer o no una cosa: *carece de voluntad*. ‖ Energía mayor o menor con la que se ejerce esta facultad: *ésta es mi voluntad*. ‖ Intención firme de realizar algo: *dar a conocer su voluntad*. ‖ Deseo: *ésa no fue mi voluntad*. ‖ Capricho, antojo: *siempre hací su santa voluntad*. ‖ Libertad para obrar: *lo hizo por su propia voluntad*. ‖ Afecto, cariño: *le tienes poca voluntad a tus profesores*.

voluntariado m. Alistamiento voluntario para hacer el servicio militar o cualquier otra cosa.

voluntario, ria adj. Hecho por la propia voluntad.

voluntarioso, sa adj. Lleno de buena voluntad, de buenos deseos.

voluptuosidad f. Goce intenso.

voluptuoso, sa adj. Dado a los placeres sensuales (ú. t. c. s.).

voluta f. Lo que tiene forma de espiral: *voluta de humo*.

volver v. t. Cambiar de posición o de dirección mediante un movimiento de rotación: *volver la cabeza*. ‖ Dirigir: *volver los ojos hacia uno*. ‖ Dar vueltas: *volver una tortilla*. ‖ Pasar: *volver las páginas de un libro*. ‖ Poner al revés: *volver un vestido*. ‖ *Fig*. Convertir: *volver el vino en vinagre*. ‖ Tornar, hacer que una persona o cosa cambie de estado: *el éxito le ha vuelto presumido*. ‖ Retornar: *han vuelto contra él sus propios argumentos*. ‖ Devolver una cosa a su estado anterior: *producto que vuelve el pelo a su color*. ‖ — V. i. Regresar, retornar: *vuelve a casa*. ‖ Ir de nuevo: *este año volveremos al mar*. ‖ Torcer de camino: *volver a la derecha*. ‖ Reanudar, proseguir: *volvamos a nuestro tema*. ‖ Reaparecer: *el tiempo pasado no vuelve*. ‖ Repetir, reiterar, reincidir (con la prep. a y verbo en infinitivo): *volver a llover*. ‖ *Volver en sí*, recobrar el conocimiento. ‖ — V. pr. Mirar hacia atrás, tornarse: *me volví para verlo mejor*. ‖ Regresar: *vuélvete pronto*. ‖ Cambiar, tornarse, trocarse: *el tiempo se ha vuelto lluvioso*. ‖ Ponerse: *volverse triste*. ‖ *Volverse atrás*, retroceder; (fig.) desdecirse.

vomitar v. t. Arrojar por la boca lo contenido en el estómago: *vomitar la comida*. ‖ *Fig*. Arrojar de sí una cosa algo que tiene dentro.

vomitera f. Vómito grande.

vomitivo, va adj. Que hace vomitar (ú. t. c. s. m.).

vómito m. Acción de arrojar por la boca lo que se tenía en el estómago.

vomitona f. Vómito.

voracidad f. Avidez.

vorágine f. Remolino de agua.

voraz adj. Que devora con avidez.

vos pron. de la 2.ª persona del s. y del pl. Usted. ‖ *Amer*. Tú.

vosear v. t. Hablar de *vos*. ‖ *Amer*. Tutear.

voseo m. Acción de hablar de *vos*. ‖ *Amer*. Tuteo.

vosotros, tras pron. de 2.ª pers. de ambos gén. y núm. pl.: *vosotros lo haréis*.

votación f. Acción de votar.

votante adj. Que vota (ú. t. c. s.).

votar v. i. Dar uno su voto en una deliberación o elección. ‖ Echar votos o juramentos, blasfemar. ‖ — V. t. Decidir o pedir por un voto.

voto m. Promesa hecha a Dios, a la Virgen o a los santos por devoción para obtener determinada gracia. ‖ Cada una de las tres promesas de renunciamiento (pobreza, castidad y obediencia) que se pronuncian al tomar el hábito religioso. ‖ Opinión emitida por cada una de las personas que votan, sufragio. ‖ Derecho a votar: *tener una voz y voto*. ‖ Votante, persona que da su voto. ‖ Deseo ardiente: *votos de felicidad*. ‖ Juramento, reniego, blasfemia: *echar votos*.

voz f. Sonido que produce el aire expelido de los pulmones al hacer vibrar las cuerdas vocales: *voz* *chillona.* ‖ Aptitud para cantar: *voz de bajo.* ‖ Parte vocal o instrumental de una composición musical: *fuga a tres voces.* ‖ Sonido de un instrumento musical. ‖ Persona que canta. ‖ Grito. Ú. t. en pl.: *dar voces de dolor.* ‖ Derecho de expresar su opinión en una asamblea: *tiene voz, pero no voto.* ‖ *Fig.* Rumor: *corre la voz que se ha marchado.* | Impulso, llamada interior: *la voz del deber.* | Consejo: *oír la voz de un amigo.* ‖ *Gram.* Forma que toma el verbo para indicar si la acción es hecha o sufrida por el sujeto: *voz activa.* | Vocablo, palabra: *una voz culta.*

vuelco m. Acción de volcar un vehículo, una embarcación.

vuelo m. Acción de volar: *el vuelo de las aves.* ‖ Recorrido hecho volando sin posarse. ‖ Desplazamiento en el aire de una aeronave: *vuelo sin visibilidad.* ‖ Viaje en avión: *vuelo de varias horas.* ‖ Amplitud de un vestido: *el vuelo de una falda.* ‖ *Fig.* Amplitud de la inteligencia, de la voluntad, envergadura.

vuelta f. Movimiento de un cuerpo que gira sobre sí mismo o que describe un círculo: *la vuelta de la Tierra alrededor de su eje.* ‖ Movimiento con el que se coloca una cosa en la posición opuesta a la que estaba: *el camión dio una vuelta al tropezar con el pretil.* ‖ Recodo, curva: *carretera con muchas vueltas.* ‖ Movimiento con el que una persona abandona un lugar para volver a él: *dar la vuelta a España.* ‖ Paseo: *me di una vuelta por el parque.* ‖ Vez, turno: *elegido en la primera vuelta.* ‖ Regreso, retorno: *estar de vuelta de un viaje.* ‖ Revés: *la vuelta de una página.* ‖ Fila: *collar con tres vueltas.* ‖ Entrega del dinero que se devuelve cuando la cantidad pagada excede al precio de lo comprado: *me dio toda la vuelta en calderilla.* ‖ Devolución de una cosa prestada. ‖ Labor que el agricultor da a la tierra. ‖ Acción de girar o hacer girar un objeto: *dar dos vueltas a la llave.* ‖ Parte doblada en el extremo de una prenda de vestir: *las vueltas del pantalón.* ‖ Cambio, alteración: *la vida da muchas vueltas.* ‖ Cambio repentino y total en una situación. ‖ Figura circular que toma una cosa arrollada: *le dio varias vueltas con una cuerda.* ‖ Parte que sigue a un ángulo: *está a la vuelta de la esquina.*

vuelto m. *Amer.* Vuelta de dinero.

vuestro, tra adj. y pron. pos. de la 2.ª pers. del pl.: *vuestros hijos.*

vulcanización f. Operación de añadir azufre al caucho para darle mayor elasticidad, impermeabilidad y duración.

vulcanizado, da adj. Que ha sido tratado por vulcanización.

vulcanizar v. t. Combinar azufre con el caucho para que éste tenga mayor elasticidad, impermeabilidad y duración.

vulcanología f. Parte de la geología que estudia los volcanes.

vulgar adj. Característico del vulgo. ‖ Que carece de educación, de distinción: *hombre vulgar.* ‖ Poco distinguido: *gusto vulgar.* ‖ Corriente, ordinario: *vida vulgar.* ‖ Que no es especial o técnico: *niña del ojo es el nombre vulgar de pupila.* ‖ Dícese de la lengua hablada por el pueblo, por oposición a la lengua literaria: *latín vulgar.*

vulgaridad f. Carácter del que o de lo que carece de distinción.

vulgarismo m. Término vulgar.

vulgarización f. Acción de dar a conocer a gentes sin gran cultura nociones difíciles o complejas. ‖ Acción de dar un carácter vulgar, de mal gusto.

vulgarizador, ra adj. y s. Que expone de un modo simple los conocimientos complejos de algo: *vulgarizador científico.*

vulgarizar v. t. Poner al alcance de todo el mundo, divulgar: *vulgarizar un método.* ‖ Hacer perder a algo su carácter distinguido: *vulgarizar las costumbres folklóricas.* ‖ — V. pr. Hacerse vulgar.

vulgo m. La mayoría de los hombres, la masa, el pueblo. ‖ Conjunto de personas que desconocen la materia de que se trata.

vulnerabilidad f. Carácter vulnerable.

vulnerable adj. Que puede ser herido. ‖ Que puede ser perjudicado.

vulneración f. Infracción.

vulnerar v. t. *Fig.* Dañar, perjudicar. | Violar, infringir una ley, un contrato. | Lesionar: *vulnerar un derecho.*

vulpeja f. Zorra, mamífero.

vulva f. Órgano genital externo de la mujer.

W

w f. Vigésima cuarta letra del alfabeto castellano y décimo novena de sus consonantes. ‖ — **W,** símbolo químico del *volframio.* ‖ Símbolo del *vatio.*

wagneriano, na [*vag-*] adj. Relativo a Ricardo Wagner.

wagon-lit [*vagon-li*] m. Coche cama.

wapití [*ua-*] m. Uapití.

warrant [*uorrant*] m. (pal. ingl.). Recibo que ampara una mercancía depositada en un muelle o almacén especial y que es negociable como una letra de cambio.

watercloset o **water** [*váter*] m. (pal. ingl.). Retrete.

water-polo m. (pal. ingl.). Polo acuático.

watt [*uat*] m. Vatio.

wau [*uau*] f. Nombre dado en lingüística a la *u* cuando se la considera como semiconsonante, agrupada con la consonante anterior (*guarda*), o como semivocal, agrupada con la vocal precedente (*auto*).

Wb, símbolo del *weber.*

w.c., abreviatura de *watercloset.*

weber [*ueber*] m. (pal. alem.). Unidad de flujo magnético (símb. Wb).

weberio m. Weber.

week-end [*uiken*] m. (pal. ingl.). Fin de semana.

welter [*uelter*] m. (pal. ingl.). En boxeo, semimedio.

western m. (pal. ingl.). Película de cowboys o vaqueros del Oeste norteamericano.

whig [*uig*] m. (pal. ingl.). Dícese en Gran Bretaña de lo relativo o perteneciente a un partido político liberal, creado en 1680, que se opuso al partido tory, de carácter conservador. ‖ Dícese del miembro de este partido (ú. t. c. s.).

whisky [*uiski*] m. (pal. ingl.). Bebida alcohólica fabricada con granos de cereales, principalmente cebada, hecha en Escocia, Irlanda, Canadá y Estados Unidos.

winchester [*uín-*] m. (pal. ingl.). Cierto fusil de repetición.

windsurf m. (pal. ingl.). Tabla a vela. ‖ Deporte practicado con ella.

wolfram o **wolframio** [*vol-*] m. Volframio.

X

x f. Vigésima quinta letra del alfabeto castellano y vigésima de sus consonantes (su nombre es *equis*). || — **x,** representación de la incógnita o de una de las incógnitas en una ecuación algebraica. || — **X,** cifra romana que equivale a diez, pero que, precedida de I, sólo vale nueve. || Sirve también para designar a una persona o cosa que no se quiere o no se puede nombrar más explícitamente: *el señor X; a la hora X.* || *Cromosoma X,* uno de los dos cromosomas sexuales (la dotación cromosómica en el varón es XY y en la hembra XX).

xantofila f. *Bot.* Pigmento amarillo de las células vegetales que se encuentra, junto a la clorofila, en las hojas verdes de las plantas.

xantoma m. Tumor benigno, lleno de colesterol, formado en la piel o debajo de ella, sobre todo en los párpados.

Xe, símbolo químico del *xenón.*

xenofilia f. Simpatía hacia los extranjeros.

xenófilo, la adj. y s. Amigo de los extranjeros.

xenofobia f. Aversión hacia los extranjeros.

xenófobo, ba adj. y s. Afectado de xenofobia.

xenón m. Elemento químico, de la familia de los gases raros, de número atómico 54, que se encuentra en la atmósfera en proporciones ínfimas (simb. Xe).

xerocopia f. Copia fotográfica lograda con la xerografía.

xerocopiar v. t. Reproducir en copia xerográfica.

xerófilo, la adj. Dícese de las plantas adaptadas a los climas que son muy secos y desérticos.

xeroftalmía f. Cierta forma de conjuntivitis, provocada por falta de vitaminas A, en la que el globo del ojo aparece seco y sin brillo.

xerografía f. Procedimiento electrostático para hacer fotocopias. || Esta fotocopia.

xerografiar v. t. Reproducir textos o imágenes por la xerografía.

xi f. Decimocuarta letra del alfabeto griego.

xifoideo, a adj. Del xifoides.

xifoides adj. inv. Aplícase al apéndice situado en la extremidad inferior del esternón (ú. t. c. s. m.).

xihuitl m. Año azteca, compuesto de 20 meses.

xilofonista com. *Mús.* Persona que toca el xilófono.

xilófono m. Instrumento músico de percusión compuesto de unas varillas de madera o de metal de diferentes longitudes que se golpean con dos macillos.

xilografía f. Grabado hecho en madera. || Impresión tipográfica hecha con esta clase de grabado.

xiloxóchitl m. Nombre de varias leguminosas de México.

xiuhmolpilli m. Siglo azteca, equivalente a 52 años.

xochimilca adj. y s. Dícese del individuo de la tribu nahua de este n. que fundó el señorío de Xochimilco en el valle de México.

y

y f. Vigésima sexta letra del alfabeto castellano y vigésima primera de sus consonantes. (Su nombre es *i griega* o *ye*. Esta letra puede ser a la vez vocal y consonante.) ‖ — **Y**, símbolo químico del *itrio*.

y conj. copulativa. Sirve para enlazar dos palabras o dos oraciones con idéntica función gramatical. ‖ Denota idea de adición, oposición o consecuencia. ‖ Cuando va precedida y seguida de una misma palabra, expresa repetición: *días y días*. ‖ Al principio de una cláusula, se emplea para dar énfasis a lo que se dice *(¡y no me lo habías dicho!)* o con valor de adverbio interrogativo *(¿y tu padre, cómo está?)*. ‖ — *Y eso que*, aunque, a pesar de: *no está cansado, y eso que trabaja mucho.* ‖ *Y todo*, incluso; aunque. — OBSERV. Por motivos fonéticos, la letra *y* se cambia en *e* delante de palabras que comienzan por *i* o *hi: España* e *Inglaterra*. Este cambio sólo se realiza cuando la *i* es vocal plena y no semiconsonante *(cobre y hierro)* o cuando *y* no tiene valor tónico en una interrogación *(¿y Isabel?)*.

ya adv. En tiempo anterior: *ya ocurrió lo mismo.* ‖ Actualmente, ahora: *ya no es así.* ‖ Más adelante, más tarde, después: *ya hablaremos.* ‖ Por fin, por último: *ya se decidió.* ‖ Al instante, en seguida: *ya voy.* ‖ Equivale a veces a un adv. de afirmación con el sentido de sí, de acuerdo. ‖ Sirve para dar énfasis a lo que expresa el verbo: *ya lo sé.* ‖ Úsase como conj. distributiva, ora, ahora: *ya en la paz, ya en la guerra.*

yaacabó m. Pájaro insectívoro de América del Sur, con pico y uñas fuertes.

yaazkal m. Planta ornamental de México.

yaba f. *Amer.* Árbol cuya madera se usa en la construcción.

yabirú m. *Arg.* Jabirú.

yabuna f. *Cub.* Hierba gramínea que crece en las sabanas.

yac m. Mamífero rumiante doméstico con largos pelos en la parte inferior del cuerpo y en las patas.

yaca f. Guanábano. ‖ *Méx.* Nombre que se da al tilo.

yacamar m. Pájaro de la América tropical.

yacaré m. *Amer.* Caimán.

yácata f. Restos arquitectónicos de la arqueología tarasca (México).

yacente adj. Que yace: *la tumba tenía encima una estatua yacente.* ‖ — M. Efigie funeraria de un personaje que yace.

yacer v. i. Estar echada o tendida una persona. ‖ Estar enterrado en una tumba: *aquí yace el salvador de la patria.* ‖ Existir o estar una persona o cosa en algún sitio: *aquel tesoro yace sepultado.* ‖ Cohabitar, tener trato carnal.

yacht [*iot*] m. (pal. ingl.). Yate.

yachting [*iotin*] m. (pal. ingl.). Navegación de recreo.

yaciente adj. Yacente.

yacija f. Lecho, cama. ‖ Tumba.

yacimiento m. Disposición de las capas de minerales en el interior de la Tierra. ‖ Acumulación de minerales en el sitio donde se encuentran naturalmente. ‖ *Yacimiento petrolífero*, acumulación de petróleo o sitio en el que existe este producto.

yacio m. Árbol de los bosques de la América tropical.

yack m. Yac.

yaco m. Papagayo. ‖ *Amer.* Nutria.

yacolla f. *Per.* Manta que se echaban sobre los hombros los indios.

yacú m. *Arg.* Ave negra del tamaño de una gallina pequeña.

yagua f. *Col., Méx., Per. y Venez.* Palma cuyas fibras se usan para techar chozas, hacer cestos, etc.

yagual m. *Méx.* Rodete para llevar fardos sobre la cabeza.

yaguané adj. *Arg.* Dícese del animal vacuno que tiene el pescuezo y la región de las costillas de color distinto del resto del cuerpo (ú. t. c. s. m.). ‖ — M. *Arg.* Mofeta.

yaguar m. Jaguar.

yaguareté m. *Arg.* Jaguar.

yaguarú m. *Arg.* Nutria.

yaguarundí m. *Amer.* Eyrá.

yaguasa f. *Venez.* Pato silvestre.

yaguré m. *Amer.* Mofeta.

yak m. Yac.

yambo m. Pie de la poesía griega y latina compuesto de una sílaba breve y otra larga.

yanacón y **yanacona** adj. Dícese del indio que durante el imperio incaico estaba al servicio personal de los soberanos y más tarde de los conquistadores españoles (ú. t. c. s.). ‖ — M. *Bol. y Per.* Indio aparcero de una finca.

yankee, yanque y **yanqui** adj. y s. De los Estados Unidos.

yantar m. (Ant.). Comida.

yantar v. t. (Ant.). Comer.

yapa f. *Amer.* Azogue que se agrega al plomo argentífero para aprovecharlo. ‖ Regalo que hace el vendedor al comprador para atraerlo. ‖ *Méx.* Propina, gratificación. ‖ *Riopl.* Parte última y más fuerte del lazo. (Escríbese también *llapa* y *ñapa*).

yapar v. t. *Amer.* Hacer un robo o yapa. ‖ *Arg.* Agregar a un objeto otro de la misma materia o que sirve para idéntico uso: *yapar un trozo más a un caño.*

yapó m. Marsupial anfibio de orejas grandes.

yaqui adj. Dícese de una tribu amerindia que vivía a orillas del río del mismo nombre (México). || — M. pl. Esta misma tribu. || — M. y f. Individuo que pertenecía a ella.

yaracuyano, na adj. y s. De Yaracuy (Venezuela).

yarará f. *Arg., Bol.* y *Parag.* Víbora de gran tamaño de color gris con manchas blanquecinas.

yaraví m. Canto lento y melancólico de los indios de Perú, Bolivia y otros países sudamericanos.

yarda f. Unidad de longitud anglosajona equivalente a 0,914 m.

yare m. *Amér. C.* y *Venez.* Jugo venenoso de la yuca amarga. || *Venez.* Masa de yuca dulce con la que se suele hacer el casabe.

yarey m. *Cub.* Palmera con cuyas fibras se tejen sombreros.

yaro m. Aro, planta aroidea.

yatagán m. Especie de sable de doble curvatura.

yátaro m. *Col.* Tucán, ave.

yataí o **yatay** m. *Arg., Parag.* y *Urug.* Planta de la familia de las palmas.

yate m. Barco de recreo de velas o con motor.

yaurí m. *Amer.* Serpiente venenosa.

yautía f. *Amer.* Planta tropical de tubérculos feculentos.

yaz m. Jazz.

Yb, símbolo químico del *iterbio*.

ybicuíense adj. y s. De Ybicuí (Paraguay).

ye f. Nombre de la *y*.

yeco m. *Chil.* Cuervo marino.

yedra f. Hiedra.

yegreño, ña adj. y s. De Yegros (Paraguay).

yegua f. Hembra del caballo.

yeguada f. Recua de ganado caballar. || *Amér. C.* Disparate, necedad.

yeguar adj. De las yeguas.

yeísmo m. Pronunciación de la *elle* como *ye*, diciendo por ejemplo, *caye* por *calle*, *poyo* por *pollo*. (El *yeísmo*, fenómeno muy extendido en España y en Hispanoamérica, predomina en las zonas del Río de la Plata y en las Antillas, así como en Filipinas.)

yeísta adj. Relativo al yeísmo. || Que practica el yeísmo (ú. t. c. s.).

yelmo m. Pieza de la armadura que cubría la cabeza y el rostro.

yema f. Brote que nace en el tallo de una planta o en la axila de una hoja y que da origen a una rama, una flor o a varias hojas. || Parte central del huevo de las aves, de color amarillo, también llamada *vitelo*. || Parte de la punta del dedo, opuesta a la uña. || Golosina hecha con azúcar y yema de huevo. || *Fig.* Lo mejor de algo: *la yema de la sociedad.*

yemení y **yemenita** adj. y s. Del Yemen.

yen m. Unidad monetaria del Japón.

yerba f. Hierba. || *Amer.* Mate. || *Yerba mate*, mate.

yerbajo m. *Despect.* Yerba.

yerbal m. *Amer.* Campo de hierba mate. | Sitio cubierto de hierbas.

yerbatero, ra adj. *Amer.* Relativo al mate: *industria yerbatera.* || Dícese del médico o curandero que trata a sus pacientes con yerbas (ú. t. c. s.). || — M. y f. Persona que recoge el mate y comercia con él.

yerbear v. i. *Arg.* Tomar mate.

yerbero, ra m. y f. *Méx.* Persona que vende hierbas en los mercados públicos. || — F. *Arg.* Vasija en que se guarda el mate. | Recipiente de madera utilizado para cebar el mate que está dividido en dos partes en una de las cuales se pone la yerba y en la otra el azúcar.

yermo, ma adj. Despoblado. || Inhabitado. || Sin cultivar: *campo yermo.* || — M. Despoblado, terreno inhabitado. || Sitio inculto.

yerno m. Respecto de una persona, marido de una hija suya. (Su femenino es *nuera*.)

yero m. Planta leguminosa que se emplea para alimento del ganado y de las aves.

yerra f. *Amer.* Acción y efecto de marcar con hierro el ganado.

yerro m. Falta, equivocación cometida por ignorancia. || Falta contra los preceptos morales o religiosos, extravío.

yersey, yérsey o **yersi** m. Jersey. || *Amer.* Tejido de punto.

yerto, ta adj. Tieso, rígido.

yesca f. Materia muy combustible preparada con la pulpa de ciertos hongos, trapos quemados, etc.

yeso m. Roca sedimentaria formada de sulfato de cal hidratado y cristalizado. || Polvo que resulta de moler este mineral previamente calcinado a unos 150 °C.

yeta f. *Arg. Fam.* Mala suerte.

yeti m. Animal legendario del Himalaya.

yeyuno m. Segunda porción del intestino delgado, entre el duodeno y el íleon.

yiddish adj. Dícese de la lengua germánica hablada por las comunidades judías de Europa central y oriental (ú. t. c. s. m.).

yira f. *Arg. Pop.* Prostituta.

yo pron. pers. de primera pers.: *yo iré a verle.* || *Yo que usted,* yo en su lugar, yo fuera usted. || — M. Lo que constituye la propia personalidad, la individualidad. || Apego a sí mismo, egoísmo: *el culto del yo.* || *Fil.* El sujeto pensante y consciente por oposición a lo exterior a él. || *El yo pecador,* rezo que empieza con esas palabras y se dice en latín *confiteor.*

yod f. Nombre dado en lingüística a la *y* cuando se la considera como semiconsonante agrupada con la consonante anterior o como semivocal agrupada con la vocal que la precede.

yodado, da adj. Con yodo.

yodar v. t. Tratar con yodo.

yodato m. Sal del ácido del yodo.

yodo m. Cuerpo simple (I) de número atómico 53, color gris negruzco.

yodurar v. t. Transformar en yoduro. || Preparar con yoduro.

yoduro m. Cualquier cuerpo compuesto por yodo y otro elemento.

yoga m. Sistema filosófico de la India que hace consistir el estado perfecto en la contemplación, la inmovilidad absoluta, el éxtasis y las prácticas ascéticas.

yogi, yogui o **yoghi** com. Asceta indio que, por medio de meditación, éxtasis y mortificaciones corporales llega a conseguir la sabiduría y la pureza perfectas.

yoguismo m. Práctica del yoga.

yogur o **yogurt** m. Leche cuajada por el fermento láctico. (Pl. *yogures*.)

yohimbina f. Alcaloide afrodisiaco.

yoloxóchitl m. Nombre de algunas plantas ornamentales y medicinales de México.

yóquey y **yoqui** m. Jockey.

yoyo m. Juguete formado por un disco ahuecado interiormente como una lanzadera y que sube y baja a lo largo de una cuerda.

yoyote m. Nombre de algunas plantas mexicanas.

ypsilón f. Ípsilon.

yuca f. Mandioca, planta euforbiácea de raíz feculenta comestible. || Planta liliácea de la América tropical cultivada en los países templados como planta de adorno.

yucal m. Campo de yuca.

yucatanense adj. y s. Yucateco.

yucateco, ca adj. y s. De Yucatán (México). || — M. Lengua de los yucatecos.

yudo m. Judo.

yugar v. i. *Arg. Fam.* Hacer algo con mucho esfuerzo.

yugo m. Pieza de madera que se coloca en la cabeza de los bueyes o mulas para uncirlos. || Armazón de madera de la que cuelga la campana. || Horca formada por tres picas debajo de las cuales los romanos hacían pasar a los enemigos derrotados. || *Fig.* Dominio, sujeción material o moral: *el yugo colonial.*

yugoeslavo, va adj. y s. Yugoslavo.

yugoslavo, va adj. y s. De Yugoslavia.

yuguillo m. *Arg.* Tirilla del cuello.

yugular adj. De la garganta: *vena yugular.* || — F. Vena yugular.

yugular v. t. Degollar. || *Fig.* Detener rápidamente.

yunga f. Nombre que se da a los valles cálidos del Perú, Bolivia y Ecuador. || — Adj. De los habitantes de estos valles.

yunque m. Prisma de hierro encajado en un tajo de madera y sobre el que se martillan los metales en la herrería. || *Fig.* Persona muy paciente o perseverante en el trabajo. || Uno de los huesecillos del oído medio que está intercalado entre el martillo y el estribo.

yunta f. Par de mulas, bueyes u otros animales que se uncen juntos.

yupe m. *Chil.* Erizo de mar.

yuruma f. *Venez.* Médula de una palma con que hacen pan los indios.

yuscaranense adj. y s. De Yuscarán (Honduras).

yute m. Fibra textil obtenida de una planta de la misma familia que el tilo.

yuto-azteca adj. y s. Uto-azteca.

yuxtalineal adj. Línea por línea.

yuxtaponer v. t. Poner una cosa al lado de otra (ú. t. c. pr.).

yuxtaposición f. Acción de yuxtaponer. || Situación de una cosa colocada junto a otra.

yuyal m. *Amer.* Sitio lleno de yuyos.

yuyero, ra adj. Que le gusta tomar hierbas medicinales. || — M. y f. Curandero que receta hierbas.

yuyo m. *Amer.* Yerbajo.

Z

z f. Vigésima séptima y última letra del alfabeto castellano, y vigésima segunda de sus consonantes. Su nombre es zeta o zeda.

zabordar v. i. *Mar.* Varar o encallar el barco en tierra.

zacamecate m. *Méx.* Estropajo.

zacapaneco, ca adj. y s. De Zacapa (Guatemala).

zacatal m. *Amer.* Pastizal.

zacate m. *Amér. C.* Pasto.

zacatecano, na o **zacateco, ca** adj. y s. De Zacatecas (México).

zacatilla f. *Méx.* Cochinilla negra.

zacatón m. *Amér. C.* y *Méx.* Hierba alta que sirve de pasto.

zafacoca f. *Amer.* Pelea.

zafacón m. *P. Rico.* Cubo de hojalata para la basura.

zafado, da adj. *Amer.* Descarado. | Vivo, despierto. | Descoyuntado (huesos).

zafar v. t. *Mar.* Soltar, desasir lo que estaba sujeto: *zafar un ancla.* || — V. i. *Amer.* Irse, marcharse. || — V. pr. Escaparse. || *Fig.* Esquivar, librarse de una molestia: *zafarse de una obligación.* | Evitar mañosamente: *zafarse de una pejiguera.* | Librarse de una persona molesta: *zafarse de un pelma.* | Salir con éxito: *zafarse de una situación delicada.* || *Amer.* Dislocarse un hueso.

zafarrancho m. *Fig.* Riña, alboroto, reyerta: *se armó un zafarrancho.* | Desorden que resulta. || *Zafarrancho de combate,* preparativos de combate a bordo de un barco.

zafiedad f. Tosquedad, grosería.

zafio, fia adj. Grosero, tosco.

zafiro m. Piedra preciosa, variedad transparente de corindón, de color azul.

zafra f. Cosecha de la caña de azúcar. || Fabricación de azúcar. || Tiempo que dura esta fabricación.

zaga f. Parte trasera de una cosa. || En deportes, defensa de un equipo.

zagal m. Muchacho. || Pastor joven.

zagala f. Muchacha. || Pastora.

zaguán m. Vestíbulo, entrada.

zaguero, ra adj. Que va detrás. || — M. En deportes, defensa.

zagüí m. *Arg.* Mono pequeño.

zaheridor, ra adj. y s. Que zahiere.

zaherimiento m. Crítica, censura. || Burla. || Mortificación.

zaherir v. t. Herir el amor propio, mortificar. || Burlarse.

zahína f. Planta gramínea con cañas vellosas cuyos granos sirven para hacer pan y de alimento a las aves.

zahones m. pl. Especie de calzón de cuero, con perniles abiertos, que llevan los cazadores y los hombres del campo encima de los pantalones para resguardarlos.

zahorí m. Adivino.

zahúrda f. Pocilga. || *Fig.* Casa sucia. | Tugurio.

zajones m. pl. Zahones.

zalamería f. Halago.

zalamero, ra adj. y s. Halagador.

zalea f. Piel de oveja o de carnero curtida con su lana.

zalema f. *Fam.* Reverencia hecha en señal de sumisión. | Zalamería.

zamacuco, ca m. y f. Persona cazurra. || — F. *Fam.* Borrachera.

zamacueca f. Baile popular de Chile, Perú y otros países sudamericanos. (Llámase generalmente *cueca.*) || Música y canto que acompañan a este baile.

zamarra f. Pelliza, prenda de abrigo en forma de chaquetón hecha con piel de carnero. || Zalea.

zamarrear v. t. Sacudir, zarandear a un lado y a otro. || *Fig.* Maltratar a uno con violencia. | Golpearle.

zamarreo y **zamarreón** m. Acción de zamarrear.

zamba f. *Arg.* Baile popular derivado de la zamacueca. || Samba.

zambaigo, ga adj. y s. *Méx.* Aplícase al mestizo de chino e india o de negro e india o viceversa.

zambardo m. *Arg.* Suerte.

zambo, ba adj. y s. Dícese de la persona que tiene las piernas torcidas hacia fuera desde las rodillas. || *Amer.* Mestizo de negro e india, o al contrario. || — M. Mono americano muy feroz.

zambomba f. Instrumento músico rudimentario, utilizado principalmente en las fiestas de Navidad, formado por un cilindro hueco cerrado por un extremo con una piel tensa a cuyo centro se sujeta una caña, la cual, frotada con la mano humedecida, produce un sonido ronco y monótono. ||*¡Zambomba!,* interj. fam. de sorpresa.

zambombazo m. *Fam.* Porrazo. | Explosión. | Cañonazo. | Gran ruido. | Gran sorpresa.

zambra f. Fiesta con baile y cante flamencos de los gitanos. || *Fam.* Jaleo.

zambullida f. Sumersión: *zambullida en el agua del mar.*

zambullidura f. Zambullida.

zambullimiento m. Acción y efecto de zambullir o zambullirse.

zambullir v. t. Sumergir bruscamente en un líquido. || — V. pr. Meterse en el agua para bañarse: *zambullirse en la piscina.* | Tirarse al agua de cabeza. || *Fig.* Meterse de pronto en alguna actividad: *zambullirse en el trabajo.*

zambullo m. *Amer.* Gran cubo de basuras.

zamorano, na adj. y s. De Zamora (España).

zampa f. Estaca o pilote que se hinca en un terreno poco firme para asegurarlo.

zampar v. t. Meter o esconder rápidamente una cosa en otra de suerte que no se vea. ‖ Comer de prisa, con avidez. ‖ Arrojar, tirar. ‖ Dar, estampar: *le zampó un par de bofetadas.* ‖ Poner: *le zampo un cero a quien no sepa la lección.* ‖ — V. pr. Meterse bruscamente en alguna parte. ‖ Engullir, tragar.

zampeado m. Obra de mampostería o de hormigón armado asentada sobre pilotes que, en los terrenos húmedos o poco firmes, sirve de cimiento a una construcción.

zampear v. t. Afirmar un terreno con zampeados.

zampoña f. Caramillo.

zanahoria f. Planta de raíz roja y fusiforme, rica en azúcar y comestible. ‖ Su raíz.

zanca f. Pata de las aves, considerada desde el tarso hasta la juntura del muslo. ‖ *Fig.* y *fam.* Pierna del hombre o de cualquier animal cuando es muy larga y delgada.

zancada f. Paso largo.

zancadilla f. Acción de derribar a una persona enganchándola con el pie. ‖ *Fam.* Estratagema, manera hábil pero poco leal de suplantar a alguien.

zancadillear v. t. Echar la zancadilla a uno. ‖ *Fig.* Armar una trampa para perjudicar a uno. ‖ — V. pr. *Fig.* Perjudicarse, crearse obstáculos a uno mismo.

zanco m. Cada uno de los dos palos largos con soportes para los pies, que sirven para andar a cierta altura del suelo, generalmente por juego. ‖ *Amer.* Comida espesa y caldo ni salsa.

zancudo, da adj. De piernas largas. ‖ Aplícase a las aves de tarsos muy largos como la cigüeña. ‖ — F. pl. Orden de estas aves. ‖ — M. *Amer.* Mosquito.

zanganería f. Holgazanería.

zángano m. Macho de la abeja maestra.

zángano, na adj. y s. *Fam.* Perezoso, holgazán.

zanja f. Excavación larga y estrecha que se hace en la tierra para echar los cimientos de un edificio, tender una canalización, etc.: *zanja de desagüe.* ‖ *Amer.* Surco que la corriente de un arroyo abre en la tierra.

zanjar v. t. Abrir zanjas en un sitio. ‖ *Fig.* Resolver: *zanjar un problema.* ‖ Obviar un obstáculo. ‖ Acabar: *zanjaron sus discordias.*

zanquilargo, ga adj. y s. *Fam.* De piernas largas.

zapa f. Pala pequeña y cortante que usan los zapadores. ‖ Excavación de una galería. ‖ Piel labrada de modo que forme grano como la de la lija.

zapador m. Soldado de un cuerpo destinado a las obras de excavación o fortificación.

zapallo m. *Amer.* Calabaza.

zapalote m. *Méx.* Plátano de fruto largo. ‖ Maguey de tequila.

zapapico m. Piocha, herramienta semejante a un pico cuyas dos extremidades terminan una en punta y la otra en corte estrecho, que se emplea para excavar en la tierra dura, derribar, etc.

zapar v. t. e i. Trabajar con la zapa: *zapar una posición enemiga.* ‖ *Fig.* Minar: *zapar su reputación.*

zapata f. Zapatilla de grifos. ‖ Parte de un freno por la que éste entra en fricción con la superficie interna del tambor.

zapateado m. Baile español con zapateo. ‖ Su música.

zapatear v. t. Golpear el suelo con los zapatos o los pies calzados. ‖ *Fig.* Maltratar a uno, pisotearle. ‖ — V. pr. *Fam.* Quitarse de encima una cosa o a una persona. ‖ *Fam. Saber zapateárselas,* saber arreglárselas.

zapateo m. Acción de zapatear en el baile.

zapatería f. Taller donde se hacen o arreglan zapatos. ‖ Tienda donde se venden. ‖ Oficio de hacer zapatos.

zapatero, ra adj. Duro, correoso después de guisado: *patatas zapateras.* ‖ — Com. Persona que hace, repara o vende zapatos. ‖ — M. Pez acantopterigio que vive en los mares de la América tropical.

zapateta f. En ciertos bailes, palmada que se da en el zapato al saltar.

zapatiesta f. *Fam.* Escándalo.

zapatilla f. Zapato ligero de suela delgada: *zapatilla de baile.* ‖ Zapato sin cordones y ligero que se usa en casa. ‖ Suela, cuero que se pone en el extremo del taco de billar. ‖ Rodaja de cuero o plástico que se emplea para el cierre hermético de llaves de paso o grifos.

zapato m. Calzado que no pasa del tobillo, generalmente de cuero, y con suela en la parte inferior.

zape m. *Fam.* Afeminado.

¡zape! interj. *Fam.* Voz para ahuyentar a los gatos y también para expresar asombro.

zapotal m. Terreno en el que abundan los zapotes.

zapote m. Árbol americano de fruto comestible muy dulce. (Llamado tb. *chico sapote.*) ‖ Su fruto.

zapoteca adj. y s. Indígena mexicano que, mucho antes de la llegada de los españoles, habitaba en la región montañosa comprendida entre Tehuantepec y Acapulco y actualmente en el Estado de Oaxaca. (Sus grandes centros de cultura fueron Monte Albán y Mitla, donde dejaron muestras del estado avanzado de su arquitectura, urnas funerarias, cerámica y grandes monolitos.)

zapupe m. *Méx.* Nombre de varias plantas amarilidáceas textiles.

zaque m. Cacique chibcha en Tunja (Colombia).

zaquizamí m. Desván. ‖ Cuchitril, cuarto pequeño. ‖ Tugurio.

zar m. Título que tenían el emperador de Rusia o el rey de Bulgaria o Serbia.

zarabanda f. Danza picaresca de España en los s. XVI y XVII. ‖ Su música. ‖ *Fig.* Jaleo, alboroto.

zaragatona f. Planta industrial de México. ‖ Su semilla.

zaragozano, na adj. y s. De Zaragoza (España). ‖ — M. Almanaque en cuyas páginas se encontraban predicciones meteorológicas.

zaragüelles m. pl. Pantalones de perneras anchas que forman pliegues y que usan aún los labradores en Valencia y Murcia. ‖ Calzoncillos blancos que asoman por debajo del calzón corto del traje aragonés.

zarandajas f. Insignificancias.

zarandear v. t. Cribar: *zarandear trigo.* ‖ *Fig.* y *fam.* Agitar, sacudir. ‖ Empujar por todas partes: *zarandeado por la muchedumbre.* ‖ — V. pr. *Amer.* Contonearse.

zarandeo m. Cribado. ‖ Meneo, sacudida. ‖ *Amer.* Contoneo.

zarape m. Sarape, poncho. || *Fig.* y *fam.* Hombre afeminado.

zarcillo m. Arete o pendiente en forma de aro. || Órgano de ciertas plantas trepadoras que se arrolla en hélice alrededor de los soportes que encuentra.

zarco, ca adj. Azul claro: *ojos zarcos.*

zarevich o **zarevitz** m. Heredero del zar.

zariano, na adj. Del zar.

zarigüeya f. Mamífero marsupial americano.

zarina f. Esposa del zar. || Emperatriz de Rusia.

zarismo m. Gobierno absoluto de los zares.

zarista adj. Del zarismo. || — M. y f. Partidario de los zares.

zarpa f. Garra de ciertos animales como el tigre, el león, etc. || Acción de zarpar el ancla. || *Fam.* Mano de una persona.

zarpanel adj. *Arq.* Dícese del arco que consta de varias porciones de círculo tangentes entre sí y trazadas desde distintos centros.

zarpar v. i. Levar el ancla un barco, hacerse a la mar.

zarpazo m. Golpe dado con la zarpa. || *Fam.* Caída, costalada.

zarpear v. t. *Amér. C.* Salpicar de barro.

zarrapastrón, ona y **zarrapastroso, sa** adj. y s. *Fam.* Andrajoso.

zarza f. Arbusto rosáceo muy espinoso cuyo fruto es la zarzamora.

zarzal m. Terreno cubierto de zarzas. || Matorral de zarzas.

zarzamora f. Fruto comestible de la zarza, de color negro violáceo.

zarzaparrilla f. Planta liliácea oriunda de México, cuya raíz, rica en saponina, se usa como depurativo. ||Bebida refrescante preparada con las hojas de esta planta.

zarzuela f. Género musical, genuinamente español, en el que alternan la declamación y el canto. || Su letra y música. || Plato de pescados aderezados con salsa picante.

zarzuelero, ra adj. De la zarzuela: *música zarzuelera.* || — M. Zarzuelista.

zarzuelista m. Autor de la letra o compositor de zarzuelas.

¡zas! m. Onomatopeya del ruido de un golpe o que indica la interrupción brusca de algo.

zascandil m. *Fam.* Hombre entrometido.

zascandilear v. i. *Fam.* Curiosear, procurar saber todo lo que ocurre: *andar zascandileando.* | Vagar. | Obrar con poca seriedad.

zascandileo m. *Fam.* Curioseo. | Falta de seriedad. | Callejeo.

zeda f. Zeta.

zedilla f. Cedilla.

zegrí adj. y s. Miembro de una familia mora del reino de Granada [s. xv]. [Pl. *zegríes* o *cegríes*.]

zéjel m. Composición poética popular de origen hispanoárabe, propia de la Edad Media.

zelayense adj. y s. De Zelaya (Nicaragua).

zenit m. Cenit.

zepelín m. Globo dirigible rígido de estructura metálica inventado por Ferdinand Zeppelin en 1900.

zeta f. Nombre de la letra z.

zigoma m. Hueso del pómulo.

zigoto m. Cigoto.

zigzag m. Serie de líneas quebradas que forman alternativamente ángulos entrantes y salientes. (Pl. *zigzags* o *zigzagues*.)

zigzaguear v. i. Serpentear, andar en *zigzag.* || Hacer zigzags.

zigzagueo m. Zigzag.

zinc m. Cinc. (Pl. *zines*.)

zincuate m. Reptil de México.

zíngaro, ra adj. y s. Gitano nómada húngaro.

zipa m. Cacique chibcha de Bogotá.

zipizape m. *Fam.* Gresca, trifulca.

zircón m. Circón.

¡ziz, zas! interj. *Fam.* Voces con que se expresa un ruido de golpes repetidos.

ziszás m. Zigzag.

zloty m. Unidad monetaria polaca.

Zn, símbolo químico del *cinc.*

zócalo m. Parte inferior de un edificio. || Parte ligeramente saliente en la base de una pared, que suele pintarse de un color diferente del resto. || Pedestal. ||Base de un pedestal. ||Nombre dado en México a la parte central de la plaza mayor de algunas poblaciones y, por extensión, a la plaza entera. || Conjunto de terrenos primitivos, muchas veces cristalinos, que forman como una plataforma extensa, cubierta en su mayor parte por terrenos sedimentarios más recientes. || *Zócalo continental,* plataforma continental.

zocato, ta adj. y s. Zurdo.

zoco m. En Marruecos, mercado.

zodiacal adj. Del Zodíaco.

Zodíaco m. Nombre de una zona de la esfera celeste que se extiende en 8,5° a ambas partes de la eclíptica y en la cual se mueven el Sol, en su movimiento aparente, la Luna y los planetas. Se llama *signo del Zodíaco* cada una de las 12 partes, de 30° de longitud, en que se divide el Zodíaco, y que tiene el nombre de las constelaciones que allí se encontraban hace 2 000 años (*Aries, Tauro, Géminis, Cáncer, Leo, Virgo, Libra, Escorpión, Sagitario, Capricornio, Acuario y Piscis*).

zompopo m. *Amér. C.* Hormiga de cabeza grande.

zona m. Enfermedad, causada por un virus, que se caracteriza por una erupción de vesículas en la piel sobre el trayecto de ciertos nervios sensitivos.

zona f. Extensión de territorio cuyos límites están determinados por razones administrativas, económicas, políticas, etc.: *zona fiscal, militar, vinícola.* || *Fig.* Todo lo que es comparable a un espacio cualquiera: *zona de influencia.* || *Geogr.* Cada una de las grandes divisiones de la superficie terrestre o de otra cosa. || — *Zona de libre cambio* o *de libre comercio,* conjunto de dos o más territorios o países entre los que han sido suprimidos los derechos arancelarios. || *Zona franca,* parte de un país que, a pesar de estar situada dentro de las fronteras de éste, no está sometida a las disposiciones arancelarias vigentes para la totalidad del territorio y tiene un régimen administrativo especial. || *Zonas verdes,* superficies reservadas a los parques y jardines en una aglomeración urbana.

zonación f. Distribución de animales y vegetales según una zona climática.

zoncear v. i. *Amer.* Tontear.

zoncera o **zoncería** f. *Amer.* Tontería. | Insignificancia, pequeñez.

zonchiche m. *Amér. C.* Zopilote.

zonda f. *Arg.* y *Bol.* Viento cálido de los Andes.

zonificar v. t. Dividir en zonas.

zonte m. Medida azteca que se utiliza en México para contar el maíz, frutos, leña, etc., equivalente a cuatrocientas unidades.

zonzapote m. *Méx.* Zapote.

zonzo, za adj. y s. *Fam.* Soso, insulso. | Tonto, necio.

zonzoreco, ca adj. *Amér. C.* Necio, idiota (ú. t. c. s.).

zonzorrión, ona adj. *Arg.* Que es muy zonzo (ú. t. c. s.).

zoo m. Parque zoológico.

zoología f. Parte de las ciencias naturales que estudia los animales.

zoológico, ca adj. De la zoología. || *Parque zoológico,* parque donde se encuentran fieras y otros animales.

zoólogo, ga m. y f. Persona que se dedica a la zoología.

zoom [*sum*] m. (pal. ingl.). Objetivo de distancia focal variable en una cámara cinematográfica. || Efecto de travelling obtenido con este objetivo.

zoospora f. Célula reproductora, provista de cilios vibrátiles que le permiten moverse, que tienen las algas y los hongos acuáticos.

zoosporangio m. *Bot.* Esporangio que produce zoosporas.

zopenco, ca adj. y s. *Fam.* Tonto.

zopilote m. *Amer.* Ave de rapiña negra, de gran tamaño, cabeza pelada y pico corvo, que recibe también el nombre de *aura* o *gallinazo.*

zoquete m. Tarugo, pedazo de madera pequeño sin labrar. || *Fig.* Mendrugo, pedazo de pan duro. || *Fam.* Persona muy torpe y estúpida, cernícalo (ú. t. c. adj.).

zoquiqui m. *Méx.* Lodo, fango.

zorcico m. Composición musical vasca en compás de cinco por ocho. || Su letra. || Baile ejecutado acompañado de esta música.

zorito, ta adj. Zurito.

zorongo m. Pañuelo que llevan arrollado en la cabeza los labradores aragoneses y navarros. || Moño de pelo aplastado y ancho. || Baile popular andaluz. || Su música y canto.

zorra f. Mamífero carnicero de la familia de los cánidos, de cola peluda y hocico puntiagudo, que ataca a las aves y otros animales pequeños. || Hembra de esta especie. || Carro bajo para transportar cosas pesadas. || *Fig.* y *fam.* Borrachera: *dormir la zorra.* | Prostituta.

zorrear v. i. *Fam.* Conducirse astutamente. | Llevar una vida disoluta.

zorrería f. *Fam.* Astucia.

zorrilla f. Vehículo que rueda sobre rieles y que se usa para la inspección de las vías férreas y para algunas obras.

zorrillo y **zorrino** m. *Amer.* Mofeta, mamífero carnicero.

zorro m. Macho de la zorra. || Piel de la zorra empleada en peletería. || *Fig.* y *fam.* Hombre astuto y taimado. | Perezoso, remolón, que se hace el tonto para no trabajar. || *Amer.* Mofeta. || — Pl. Utensilio para sacudir el polvo hecho con tiras de piel, paño, etc., sujetas a un mango. || *Fig.*

y *fam. Hecho unos zorros,* molido, reventado, muy cansado.

zorro, rra adj. Astuto, taimado.

zortziko m. Zorcico.

zorullo m. Zurullo.

zorzal m. Pájaro dentirrostro, semejante al tordo, que tiene el plumaje pardo en la parte superior, rojizo en la inferior y blanco en el vientre.

zote adj. y s. Tonto, zopenco.

zoyatanate m. *Méx.* Cesta o bolsa hecha de zoyate.

zoyate m. *Méx.* Nombre de algunas plantas textiles de México.

zozobra f. Naufragio de un barco. || Vuelco. || *Fig.* Intranquilidad, desasosiego, inquietud, ansiedad.

zozobrar v. i. *Mar.* Naufragar. || Volcarse. || *Fig.* Fracasar, frustrarse una empresa, unos proyectos, etc. || — V. pr. Acongojarse, estar desasosegado.

Zr, símbolo químico del *circonio.*

zueco m. Zapato de madera de una sola pieza. || Zapato de cuero que tiene la suela de madera o corcho.

zuindá m. *Arg.* Ave parecida a la lechuza.

zuliano, na adj. y s. De Zulia (Venezuela).

zulú adj. y s. Dícese del individuo perteneciente a un pueblo negro de África austral (Natal) de lengua bantú.

zumaque m. Arbusto que contiene mucho tanino.

zumaya f. Autillo, ave. || Chotacabras. || Ave zancuda de paso que tiene pico negro y patas amarillentas.

zumbar v. i. Producir un sonido sordo y continuado ciertos insectos al volar, algunos objetos, dotados de un movimiento giratorio muy rápido, etc.: *un abejorro, un motor, una peonza zumban.* || *Amer.* Lanzar, arrojar. || — *Fam. Ir zumbando,* ir con mucha rapidez. || *Zumbarle a uno los oídos,* tener la sensación de oír un zumbido. || — V. t. Asestar, dar, propinar: *zumbarle una bofetada.* | Pegar a uno. | Burlarse de uno. || — V. pr. Pegarse mutuamente varias personas.

zumbido m. Ruido sordo y continuo.

zumbón, ona adj. *Fam.* Burlón.

zumeles m. pl. *Chil.* Botas de potro de los indios araucanos.

zumo m. Jugo, líquido que se saca de las hierbas, flores, o frutas exprimiéndolas: *zumo de naranja.* || *Fig.* Jugo, utilidad, provecho: *sacar zumo a un capital.*

zunchar v. t. Mantener con un zuncho.

zuncho m. Abrazadera, anillo de metal que sirve para mantener unidas dos piezas yuxtapuestas o para reforzar ciertas cosas, como tuberías, pilotes, etc.

zurcido m. Acción de zurcir. || Remiendo hecho a un tejido roto. || *Fig. Un zurcido de mentiras,* hábil combinación de mentiras que dan apariencia de verdad.

zurcir v. t. Coser el roto de una tela. || Suplir con puntadas muy juntas y entrecruzadas el agujero de un tejido. || *Fig.* Combinar hábilmente mentiras para dar apariencia de verdad. | Unir, enlazar una cosa con otra.

zurdo, da adj. Izquierdo: *mano zurda.* || — Adj. y s. Que usa la mano izquierda mejor que la derecha. || — F. Mano izquierda.

zurito, ta adj. Aplícase a las palomas y palomos silvestres.

zurra f. Curtido de pieles. || *Fig.* y *fam.* Tunda, paliza.

zurrapa f. Poso, sedimento que depositan los líquidos: *la zurrapa del café.* || *Fig.* y *fam.* Desecho, cosa despreciable.

zurrapiento, ta y **zurraposo, sa** adj. Que tiene zurrapas, turbio, aplicado a un líquido.

zurrar v. t. Ablandar y suavizar mecánicamente las pieles ya curtidas. || *Fig.* y *fam.* Dar una paliza, pegar.

| Azotar. | Reprender a uno con dureza, especialmente en público.

zurriagazo m. Golpe dado con el zurriago. || *Fig.* Desgracia, acontecimiento desagraciado, imprevisto. | Caída, costalazo.

zurriago m. Látigo, azote.

zurrón m. Morral.

zurubí m. *Arg.* Pez de agua dulce sin escamas y de carne sabrosa.

zurullo m. *Pop.* Mojón.

zurumbela f. *Amer.* Ave de canto armonioso.

zutano, na m. y f. Nombre usado, como Fulano y Mengano, al hacer referencia a una tercera persona indeterminada.

Esta obra se terminó de imprimir en marzo de 2004
en Cía. Editorial Ultra, S.A. de C.V. Centeno 162
Col. Granjas Esmeralda, México 09810, D.F.